大学赤本シリーズ

103

京都大学

理系

総合人間〈理系〉・教育〈理系〉・
経済〈理系〉・理・医・薬・工・農学部

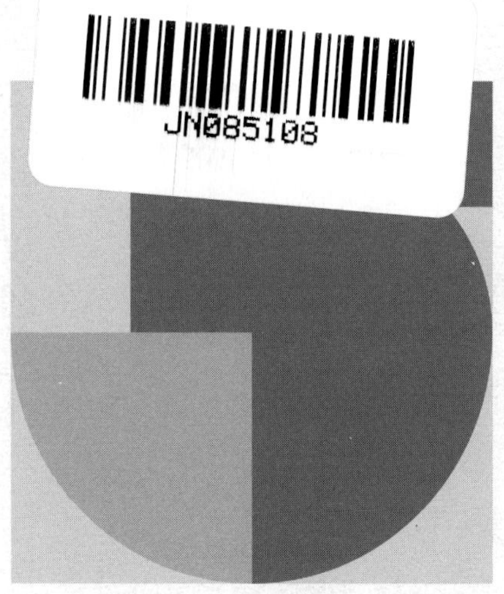

教学社

は　し　が　き

おかげさまで，大学入試の「赤本」は，今年で創刊 70 周年を迎えました。

これまで，入試問題や資料をご提供いただいた大学関係者各位，掲載許可をいただいた著作権者の皆様，各科目の解答や対策の執筆にあたられた先生方，そして，赤本を使用してくださったすべての読者の皆様に，厚く御礼を申し上げます。

以下に，創刊初期の「赤本」のはしがきを引用します。これからも引き続き，受験生の目標の達成や，夢の実現を応援してまいります。

本書を活用して，入試本番では持てる力を存分に発揮されることを心より願っています。

編者しるす

*　*　*

学問の塔にあこがれのまなざしをもって，それぞれの志望する大学の門をたたかんとしている受験生諸君！　人間として生まれてきた私たちは，自己の欲するままに，美しく，強く，そして何よりも人間らしく生きることをねがっている。しかし，一朝一夕にして，この純粋なのぞみが達せられることはない。私たちの行く手には，絶えずさまざまな試練がまちかまえている。この試練を克服していくところに，私たちのねがう真に人間的な世界がはじめて開かれてくるのである。

人生最初の最大の試練として，諸君の眼前に大学入試がある。この大学入試は，精神的にも身体的にも，大きな苦痛を感ぜしめるであろう。あるスポーツに熟達するには，たゆみなき，はげしい練習を積み重ねることが必要であるように，私たちは，計画的・持続的な努力を払うことによって，この試練を克服し，次の一歩を踏みだすことができる。厳しい試練を経たのちに，はじめて満足すべき成果を獲得できるのである。

本書は最近の入学試験の問題に，それぞれ解答を付し，さらに問題をふかく分析することによって，その大学独特の傾向や対策をさぐろうとした。本書を一般の参考書とあわせて使用し，まとはずれのない，効果的な受験勉強をされるよう期待したい。

（昭和 35 年版「赤本」はしがきより）

挑む人の、いちばんの味方

1954年に大学入試の過去問題集を刊行してから70年。赤本は大学に入りたいと思う受験生を応援しつづけてきました。これからも，苦しいとき落ち込むときにそばで支える存在でいたいと思います。

そして，勉強をすること，自分で道を決めること，努力が実ること，これらの喜びを読者の皆さんが感じることができるよう，伴走をつづけます。

そもそも赤本とは…

受験生のための大学入試の過去問題集！

70年の歴史を誇る赤本は，500点を超える刊行点数で全都道府県の370大学以上を網羅しており，過去問の代名詞として受験生の必須アイテムとなっています。

なぜ受験に過去問が必要なのか？

大学入試は大学によって問題形式や頻出分野が大きく異なるからです。

赤本の掲載内容

傾向と対策

これまでの出題内容から，問題の「**傾向**」を分析し，来年度の入試に向けて具体的な「**対策**」の方法を紹介しています。

問題編・解答編

- 年度ごとに問題とその解答を掲載しています。
- 「**問題編**」ではその年度の試験概要を確認したうえで，実際に出題された過去問に取り組むことができます。
- 「**解答編**」には高校・予備校の先生方による解答が載っています。

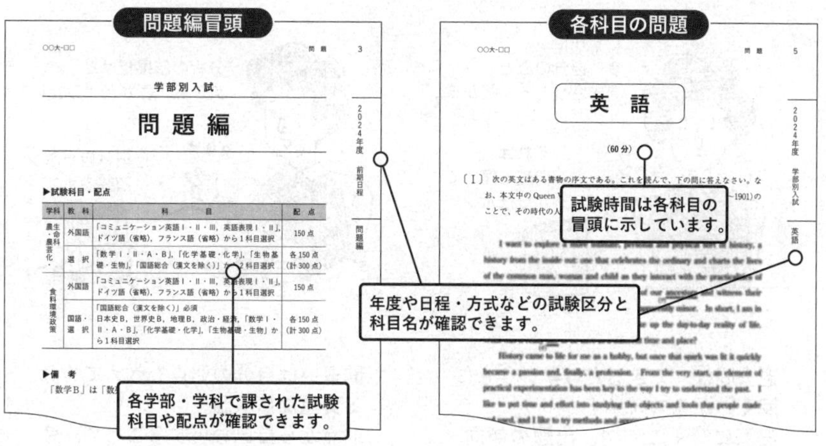

他にも，大学の基本情報や，先輩受験生の合格体験記，在学生からのメッセージなどが載っていることがあります。

掲載内容について

著作権上の理由やその他編集上の都合により問題や解答の一部を割愛している場合があります。
なお，指定校推薦入試，社会人入試，編入学試験，帰国生入試などの特別入試，英語以外の外国語科目，商業・工業科目は，原則として掲載しておりません。また試験科目は変更される場合がありますので，あらかじめご了承ください。

受験勉強は

過去問に始まり，

STEP 1

なにはともあれ

まずは解いてみる

しずかに…
今，自分の心と
向き合ってるんだから

ムーン

それは
問題を解いて
からだホン!

過去問は，**できるだけ早いうちに解く**のがオススメ！
実際に解くことで，**出題の傾向，問題のレベル，今の自分の実力**がつかめます。

STEP 2

じっくり具体的に

弱点を分析する

分析の結果だけど
英・数・国が苦手みたい
スリー
必須科目だホン
頑張るホン

間違いは自分の弱点を教えてくれる**貴重な情報源。**
弱点から自己分析することで，**今の自分に足りない力や苦手な分野**が見えてくるはず！

合格者があかす赤本の使い方

傾向と対策を熟読

（Fさん／国立大合格）

大学の出題傾向を調べるために，赤本に載っている「傾向と対策」を熟読しました。

繰り返し解く

（Tさん／国立大合格）

1周目は問題のレベル確認，2周目は苦手や頻出分野の確認に，3周目は合格点を目指して，と過去問は繰り返し解くことが大切です。

過去問に終わる。

STEP 3

志望校にあわせて

苦手分野の重点対策

明日からはみんなで頑張るよ！
参考書も！ 問題集も！
よろしくね！
呼んだ？
なにを!?
どこから!?
グッ
グッ

参考書や問題集を活用して，苦手分野の**重点対策**をしていきます。**過去問を指針**に，合格へ向けた具体的な学習計画を立てましょう！

STEP 1▶2▶3

サイクルが大事！

実践を繰り返す

やるのはボクだよ〜
STEP 1
解く!!
分析!!
STEP 2
対策!!
STEP 3

STEP 1〜3を繰り返し，実力アップにつなげましょう！**出題形式に慣れること**や，**時間配分を考えること**も大切です。

目標点を決める

（Yさん／私立大合格）

赤本によっては合格者最低点が載っているので，それを見て目標点を決めるのもよいです。

時間配分を確認

（Kさん／私立大学合格）

赤本は時間配分や解く順番を決めるために使いました。

添削してもらう

（Sさん／私立大学合格）

記述式の問題は先生に添削してもらうことで自分の弱点に気づけると思います。

新課程入試

2022年度から新しい学習指導要領（新課程）での授業が始まり，2025年度の入試は，新課程に基づいて行われる最初の入試となります。ここでは，赤本での新課程入試の対策について，よくある疑問にお答えします。

Q1. 赤本は新課程入試の対策に使えますか？

A. もちろん使えます！

OK

旧課程入試の過去問が新課程入試の対策に役に立つのか疑問に思う人もいるかもしれませんが，心配することはありません。旧課程入試の過去問が役立つのには次のような理由があります。

● 学習する内容はそれほど変わらない

新課程は旧課程と比べて科目名を中心とした変更はありますが，学習する内容そのものはそれほど大きく変わっていません。また，多くの大学で，既卒生が不利にならないよう「経過措置」がとられます（Q３参照）。したがって，出題内容が大きく変更されることは少ないとみられます。

● 大学ごとに出題の特徴がある

これまでに課程が変わったときも，各大学の出題の特徴は大きく変わらないことがほとんどでした。入試問題は各大学のアドミッション・ポリシーに沿って出題されており，過去問にはその特徴がよく表れています。過去問を研究してその大学に特有の傾向をつかめば，最適な対策をとることができます。

出題の特徴の例	・英作文問題の出題の有無 ・論述問題の出題（字数制限の有無や長さ） ・計算過程の記述の有無

新課程入試の対策も，赤本で過去問に取り組むところから始めましょう。

Q2. 赤本を使う上での注意点はありますか？

A. 志望大学の入試科目を確認しましょう。

過去問を解く前に，過去の出題科目（問題編冒頭の表）と 2025 年度の募集要項とを比べて，課される内容に変更がないかを確認しましょう。ポイントは以下のとおりです。科目名が変わっていても，実際は旧課程の内容とほとんど同様のものもあります。

英語・国語	科目名は変更されているが，実質的には変更なし。 ▶▶ **ただし，リスニングや古文・漢文の有無は要確認。**
地歴	科目名が変更され，「歴史総合」「地理総合」が新設。 ▶▶ **新設科目の有無に注意。ただし，「経過措置」（Q３参照）により内容は大きく変わらないことも多い。**
公民	「現代社会」が廃止され，「公共」が新設。 ▶▶ **「公共」は実質的には「現代社会」と大きく変わらない。**
数学	科目が再編され，「数学 C」が新設。 ▶▶ **「数学」全体としての内容は大きく変わらないが，出題科目と単元の変更に注意。**
理科	科目名も学習内容も大きな変更なし。

数学については，科目名だけでなく，どの単元が含まれているかも確認が必要です。例えば，出題科目が次のように変わったとします。

旧課程	「数学Ⅰ・数学Ⅱ・数学 A・数学 B（数列・ベクトル）」
新課程	「数学Ⅰ・数学Ⅱ・数学 A・**数学 B（数列）・数学 C（ベクトル）**」

この場合，新課程では「数学C」が増えていますが，単元は「ベクトル」のみのため，実質的には旧課程とほぼ同じであり，過去問をそのまま役立てることができます。

Q3.「経過措置」とは何ですか？

A. 既卒の旧課程履修者への対応です。

多くの大学では，既卒の旧課程履修者が不利にならないように，出題において「経過措置」が実施されます。措置の有無や内容は大学によって異なるので，募集要項や大学のウェブサイトなどで確認しておきましょう。

◯旧課程履修者への経過措置の例

- 旧課程履修者にも配慮した出題を行う。
- 新・旧課程の共通の範囲から出題する。
- 新課程と旧課程の共通の内容を出題し，共通範囲のみでの出題が困難な場合は，旧課程の範囲からの問題を用意し，選択解答とする。

例えば，地歴の出題科目が次のように変わったとします。

旧課程	「日本史 B」「世界史 B」から１科目選択
新課程	「**歴史総合**，日本史探究」「**歴史総合**，世界史探究」から１科目選択※ ※旧課程履修者に不利益が生じることのないように配慮する。

「歴史総合」は新課程で新設された科目で，旧課程履修者には見慣れないものですが，上記のような経過措置がとられた場合，新課程入試でも旧課程と同様の学習内容で受験することができます。

要チェックだホン

新課程の情報は WEB もチェック！
より詳しい解説が赤本ウェブサイトで見られます。
https://akahon.net/shinkatei/

科目名が変更される教科・科目

	旧課程	新課程
国語	国語総合 国語表現 現代文A 現代文B 古典A 古典B	現代の国語 言語文化 論理国語 文学国語 国語表現 古典探究
地歴	日本史A 日本史B 世界史A 世界史B 地理A 地理B	歴史総合 日本史探究 世界史探究 地理総合 地理探究
公民	現代社会 倫理 政治・経済	公共 倫理 政治・経済
数学	数学Ⅰ 数学Ⅱ 数学Ⅲ 数学A 数学B 数学活用	数学Ⅰ 数学Ⅱ 数学Ⅲ 数学A 数学B 数学C
外国語	コミュニケーション英語基礎 コミュニケーション英語Ⅰ コミュニケーション英語Ⅱ コミュニケーション英語Ⅲ 英語表現Ⅰ 英語表現Ⅱ 英語会話	英語コミュニケーションⅠ 英語コミュニケーションⅡ 英語コミュニケーションⅢ 論理・表現Ⅰ 論理・表現Ⅱ 論理・表現Ⅲ
情報	社会と情報 情報の科学	情報Ⅰ 情報Ⅱ

目　次

解答編

※問題編は別冊

2021 年度

●前期日程

2020 年度

●前期日程

2019 年度

●前期日程

2018 年度

●前期日程

解答用紙は，赤本オンラインに掲載しています。
https://akahon.net/kkm/kyt/index.html

※掲載内容は，予告なしに変更・中止する場合があります。

基本情報

沿革

1869（明治 2）	大阪に舎密局（せいみきょく），洋学校開校
1870（明治 3）	理学所（舎密局の後身）と洋学校が合併し，開成所と改称
1880（明治 13）	大阪専門学校（開成所の後身）が大阪中学校と改称
1885（明治 18）	大阪中学校が大学分校と改称
1886（明治 19）	大学分校が第三高等中学校と改称
1889（明治 22）	第三高等中学校が大阪から京都へ移転
1894（明治 27）	第三高等中学校が第三高等学校と改称
1897（明治 30）	京都帝国大学創設。理工科大学開設
1899（明治 32）	法科大学，医科大学開設
1906（明治 39）	文科大学開設
1914（大正 3）	理工科大学が分けられ工科大学，理科大学となる
1919（大正 8）	分科大学を学部と改称。経済学部設置
1923（大正 12）	農学部設置
1947（昭和 22）	京都帝国大学を京都大学と改称
1949（昭和 24）	新制京都大学設置。教育学部設置

1960（昭和 35） 薬学部設置
1992（平成 4） 総合人間学部設置
2004（平成 16） 国立大学法人京都大学設立

エンブレム

京都大学のエンブレムの原型は，1950（昭和 25）年頃，大学庶務課に在籍していた小川録郎氏により考案され．以来「事務局シール」として事務局および部局における印刷物，レターヘッド等に使用されていました。その後，国際交流の進展に伴い，大学としてのエンブレムの必要性が高まり，1990（平成 2）年に京都大学のエンブレムとすることが了承されました。

その後，現代の情報環境における利用，あるいは国際社会へのアイデンティティの提示に即した機能等の検討を行い，形状およびカラーの変更を重ねて，現在にいたっています。

学部・学科の構成

（注）学部・学科および大学院に関する情報は 2024 年 4 月時点のものです。

大 学

●総合人間学部

総合人間学科（数理・情報科学講座，人間・社会・思想講座，芸術文化講座，認知・行動・健康科学講座，言語科学講座，東アジア文明講座，共生世界講座，文化・地域環境講座，物質科学講座，地球・生命環境講座）

●文学部

人文学科（哲学基礎文化学系〈哲学，西洋哲学史〔古代，中世，近世〕，日本哲学史，倫理学，宗教学，キリスト教学，美学美術史学〔美学・芸術学，美術史学，比較芸術学〕 各専修〉，東洋文化学系〈国語学国文学，中国語学中国文学，中国哲学史，インド古典学，仏教学 各専修〉，西洋文化学系〈西洋古典学，スラブ語学スラブ文学，ドイツ語学ドイツ文学，英語学英文学，アメリカ文学，フランス語学フランス文学，イタリア語学イタリア文学　各専修〉，歴史基礎文化学系〈日本史学，東洋史学，西南アジア史学，西洋史学，考古学　各専修〉，行動・環境文化学系〈心理学，言語学，社会学，地理学　各専修〉，基礎現代文化学系〈科学哲学科学史，メディア文化学，現代史学　各専修〉）

●教育学部

教育科学科（現代教育基礎学系，教育心理学系，相関教育システム論系）

●法学部

●経済学部

経済経営学科

●理学部

理学科（数理科学系，物理科学系，地球惑星科学系，化学系，生物科学系）

●医学部

医学科［6年制］

人間健康科学科［4年制］（先端看護科学コース，先端リハビリテーション科学コース，総合医療科学コース）

●薬学部

薬科学科［4年制］

薬学科［6年制］

●工学部

地球工学科（土木工学コース，資源工学コース，環境工学コース，国際コース）

建築学科

物理工学科（機械システム学コース，材料科学コース，エネルギー応用工学コース，原子核工学コース，宇宙基礎工学コース）

電気電子工学科

情報学科（数理工学コース，計算機科学コース）

理工化学科

●農学部

資源生物科学科（植物生産科学コース，応用動物科学コース，海洋生物

科学コース，生物先端科学コース）
応用生命科学科
地域環境工学科
食料・環境経済学科
森林科学科
食品生物科学科

（備考）系・専修・コース等に分属する回生（年次）はそれぞれで異なる。薬学部の学科振分けは 4 回生進級時に行われる。

大学院

●大学院

文学研究科 / 教育学研究科 / 法学研究科 / 経済学研究科 / 理学研究科 / 医学研究科 / 薬学研究科 / 工学研究科 / 農学研究科 / 人間・環境学研究科 / エネルギー科学研究科 / アジア・アフリカ地域研究研究科 / 情報学研究科 / 生命科学研究科 / 総合生存学館（思修館）/ 地球環境学舎 / 経営管理大学院

●専門職大学院

医学研究科社会健康医学系専攻 / 法科大学院 / 公共政策大学院 / 経営管理大学院

大学所在地

吉田キャンパス

桂キャンパス

宇治キャンパス

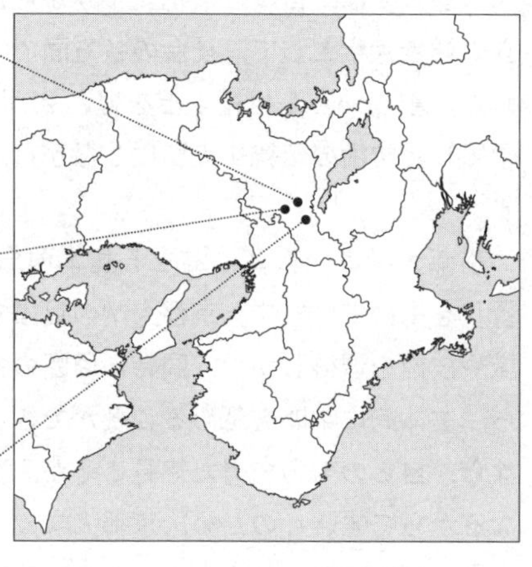

吉田キャンパス

総合人間学部	〒606-8501	京都市左京区吉田二本松町
文学部 教育学部 法学部 経済学部 工学部	〒606-8501	京都市左京区吉田本町
医学部医学科 医学部人間健康科学科	〒606-8501	京都市左京区吉田近衛町
薬学部	〒606-8501	京都市左京区吉田下阿達町
理学部 農学部	〒606-8502	京都市左京区北白川追分町

桂キャンパス　〒615-8530　京都市西京区京都大学桂

宇治キャンパス　〒611-0011　京都府宇治市五ヶ庄

京都大学入学者受入れの方針（アドミッション・ポリシー）

学士課程

京都大学は，日本の文化，学術が育まれてきた京都の地に創設された国立の総合大学として，社会の各方面で活躍する人材を数多く養成してきました。創立から１世紀以上を経た21世紀の今日も，建学以来の「自由の学風」と学術の伝統を大切にしながら，教育，研究活動をおこなっています。

京都大学は，教育に関する基本理念として「対話を根幹とした自学自習」を掲げています。京都大学の目指す教育は，学生が教員から高度の知識や技術を習得しつつ，同時に周囲の多くの人々とともに研鑽を積みながら，主体的に学問を深めることができるように教え育てることです。なぜなら，自らの努力で得た知見こそが，次の学術展開につながる大きな力となるからです。このため，京都大学は，学生諸君に，大学に集う教職員，学生，留学生など多くの人々との交流を通じて，自ら学び，自ら幅広く課題を探求し，解決への道を切り拓く能力を養うことを期待するとともに，その努力を強く支援します。このような方針のもと，優れた学知を継承し創造的な精神を養い育てる教育を実践するため，自ら積極的に取り組む主体性をもった人を求めています。

京都大学は，その高度で独創的な研究により世界によく知られています。そうした研究は共通して，多様な世界観・自然観・人間観に基づき，自由な発想から生まれたものであると同時に，学問の基礎を大切にする研究，ないし基礎そのものを極める研究であります。優れた研究は必ず確固たる基礎的学識の上に成り立っています。

京都大学が入学を希望する者に求めるものは，以下に掲げる基礎的な学力です。

1．高等学校の教育課程の教科・科目の修得により培われる分析力と俯瞰力
2．高等学校の教育課程の教科・科目で修得した内容を活用する力
3．外国語運用能力を含むコミュニケーションに関する力

このような基礎的な学力があってはじめて，入学者は，京都大学が理念として掲げる「自学自習」の教育を通じ，自らの自由な発想を生かしたより高度な学びへ進むことが可能となります。

京都大学は，本学の学風と理念を理解して，意欲と主体性をもって勉学に励むことのできる人を国内外から広く受け入れます。

受入れにおいては，各学部の理念と教育目的に応じて，その必要とするところにしたがい，入学者を選抜します。一般選抜では，教科・科目等を定めて，大学入学共通テストと個別学力検査の結果を用いて基礎学力を評価します。特色入試では，書類審査と各学部が定める方法により，高等学校での学修における行動や成果，個々の学部・学科の教育を受けるにふさわしい能力と志を評価します。

『令和６年度京都大学学生募集要項』より引用。

なお，各学部・学科の入学者受入れの方針（アドミッション・ポリシー）についても，募集要項に記載されています。

入試データ

 入試状況（志願者数・競争率など）

○2024 年 4 月，工学部工業化学科は，工学部理工化学科へ名称を変更した。

○競争率は「受験者数÷合格者数」で算出。

2024 年度 入試状況

学部等			募集人員	志願者数	第 1 段階選抜合格者数	受験者数	合格者数	競争率	入学者数
総合人間	前期	文系	63	234	217	215	64	3.4	119
		理系	53	222	186	180	55	3.3	
文	前期		210	630	630	619	211	2.9	211
教育	前期	文系	48	162	162	154	48	3.2	57
		理系	10	32	32	32	10	3.2	
法	前期		310	766(7)	765(＊)	754	311(2)	2.4	310
経済	前期	文系	197	575(10)	573(7)	555	197(4)	2.8	222
		理系	25	144	123	120	25	4.8	
理	前期		301	815	814	792	295	2.7	295
医	前期		180	529	521	512	194	2.6	194
薬	前期		74	195	195	186	76	2.4	76
工	前期		920	2,718	2,715	2,657	927	2.9	927
農	前期		285	778	778	756	288	2.6	285
合計			2,676	7,800(17)	7,711(14)	7,532	2,701(6)	—	2,696

＊第 1 次選考は実施しない。

（備考）

- 上記以外に総合型選抜・学校推薦型選抜による特色入試と法学部では後期日程による特色入試を実施。
- 法学部後期日程（特色入試）は募集人員 20 名，志願者数 406 名，合格者数 21 名。
- 募集人員は，特色入試（法学部を除く）の入学手続者数確定による最終的な一般選抜（前期日程）の募集人員を示す。
- 法学部・経済学部「文系」の募集人員には外国学校出身者のための選考における募集人員それぞれ 10 名以内を含む。また，（ ）内は外国学校出身者のための入学者選考を示すもので外数。

医学部の学科別入試状況

学部・学科等			募集人員	志願者数	第１段階選抜合格者数	受験者数	合格者数	競争率	入学者数
医	医	前期	105	288	280	275	110	2.5	110
	人間健康科	前期	75	241	241	237	84	2.8	84

工学部・農学部の学科別入試状況

学部・学科等			受入予定数	志願者数	第１段階選抜合格者数	受験者数	合格者数	競争率	入学者数
工	地球工	前期	174	488	488	—	175	—	175
	建築	前期	78	320	320	—	80	—	80
	物理工	前期	231	828	827	—	232	—	232
	電気電子工	前期	124	364	363	—	125	—	125
	情報	前期	88	363	363	—	89	—	89
	理工化	前期	225	355	354	—	226	—	226
農	資源生物科	前期	93	—	—	—	94	—	93
	応用生命科	前期	44	—	—	—	44	—	44
	地域環境工	前期	34	—	—	—	34	—	34
	食料・環境経済	前期	30	—	—	—	30	—	30
	森林科	前期	51	—	—	—	51	—	50
	食品生物科	前期	33	—	—	—	35	—	34

（備考）

- 工学部の学科別受入予定数は，外国人留学生のための選考による入学手続者を除く。
- 工学部の学科別志願者数および第１段階選抜合格者数は，第１志望学科の数を示す。
- 工学部地球工学科の受入予定数および入学者数は，外国人留学生を対象とした国際コース（入学者７名）を除く。
- 農学部は第１～第６志望まで学科を選択できるため，志願者数等は表示していない。

2023 年度 入試状況

学部等			募集人員	志願者数	第 1 段階選抜合格者数	受験者数	合格者数	競争率	入学者数
総合人間	前期	文系	63	224	217	212	64	3.3	118
		理系	53	192	186	184	54	3.4	
文	前期		211	622	620	608	214	2.8	214
教育	前期	文系	49	147	147	143	49	2.9	58
		理系	10	42	35	34	10	3.4	
法	前期		310	686(11)	684(＊)	672(6)	310(3)	2.2	309(3)
経済	前期	文系	199	513(22)	513(15)	495(12)	195(6)	2.5	221(6)
		理系	26	153	121	119	26	4.6	
理	前期		301	789	775	768	305	2.5	305
医	前期		181	556	533	508	192	2.6	191
薬	前期		76	203	203	193	79	2.4	79
工	前期		913	2,530	2,529	2,468	920	2.7	916
農	前期		288	760	759	741	291	2.5	290
合計			2,680	7,417(33)	7,322(26)	7,145	2,709(9)	—	2,701

＊第 1 次選考は実施しない。

（備考）

- 上記以外に総合型選抜・学校推薦型選抜による特色入試と法学部では後期日程による特色入試を実施。
- 法学部後期日程（特色入試）は募集人員 20 名，志願者数 410 名，合格者数 22 名。
- 募集人員は，特色入試（法学部を除く）の入学手続者数確定による最終的な一般選抜（前期日程）の募集人員を示す。
- 法学部・経済学部「文系」の募集人員には外国学校出身者のための選考における募集人員それぞれ 10 名以内を含む。また，（ ）内は外国学校出身者のための入学者選考を示すもので外数。
- 合格者数には追試験の結果を含む。

医学部の学科別入試状況

学部・学科等			募集人員	志願者数	第 1 段階選抜合格者数	受験者数	合格者数	競争率	入学者数
医	医	前期	105	287	265	259	108	2.4	108
	人間健康科	前期	76	269	268	249	84	3.0	83

工学部・農学部の学科別入試状況

学部・学科等			受入予定数	志願者数	第1段階選抜合格者数	受験者数	合格者数	競争率	入学者数
工	地球工	前期	172	425	425	—	174	—	172
	建　築	前期	78	283	283	—	79	—	79
	物理工	前期	230	757	756	—	231	—	231
	電　気電子工	前期	123	366	366	—	124	—	123
	情　報	前期	88	408	408	—	89	—	88
	工業化	前期	222	291	291	—	223	—	223
農	資　源生物科	前期	94	—	—	—	94	—	94
	応　用生命科	前期	45	—	—	—	45	—	45
	地　域環境工	前期	36	—	—	—	36	—	36
	食料・環境経済	前期	29	—	—	—	29	—	29
	森林科	前期	51	—	—	—	53	—	53
	食　品生物科	前期	33	—	—	—	34	—	33

（備考）

- 工学部の学科別受入予定数は，外国人留学生のための選考による入学手続者を除く。
- 工学部の学科別志願者数および第１段階選抜合格者数は，第１志望学科の数を示す。
- 工学部地球工学科の受入予定数および入学者数は，外国人留学生を対象とした国際コース（入学者９名）を除く。
- 農学部は第１～第６志望まで学科を選択できるため，志願者数等は表示していない。

2022 年度 入試状況

学部等			募集人員	志願者数	第１段階選抜合格者数	受験者数	合格者数	競争率	入学者数
総合人間	前期	文系	62	192	191	189	63	3.0	118
		理系	53	207	187	185	55	3.4	
文	前期		211	643	641	620	216	2.9	216
教育	前期	文系	45	158	158	154	46	3.3	56
		理系	10	36	36	34	10	3.4	
法	前期		310	701(19)	700(＊)	694	310(5)	2.2	308
経済	前期	文系	199	458(18)	457(14)	450	195(9)	2.3	219
		理系	26	118	100	98	26	3.8	
理	前期		301	691	676	663	312	2.1	310
医	前期		184	482	468	446	194	2.3	192
薬	前期		78	213	213	206	83	2.5	83
工	前期		928	2,572	2,569	2,518	935	2.7	931
農	前期		290	739	739	717	298	2.4	298
合計			2,697	7,210(37)	7,135(33)	6,974	2,743(14)	—	2,731

＊第１次選考は実施しない。

（備考）

- 上記以外に総合型選抜・学校推薦型選抜による特色入試と法学部では後期日程による特色入試を実施。
- 法学部後期日程（特色入試）は募集人員 20 名，志願者数 360 名，合格者数 22 名。
- 募集人員は，特色入試（法学部を除く）の入学手続者数確定による最終的な一般選抜（前期日程）の募集人員を示す。
- 法学部・経済学部「文系」の募集人員には外国学校出身者のための選考における募集人員それぞれ 10 名以内を含む。また，（　）内は外国学校出身者のための入学者選考を示すもので外数。
- 合格者数には追試験の結果を含む。

医学部の学科別入試状況

学部・学科等			募集人員	志願者数	第1段階選抜合格者数	受験者数	合格者数	競争率	入学者数
医	医	前期	106	265	251	247	109	2.3	109
	人間健康科	前期	78	217	217	199	85	2.3	83

工学部・農学部の学科別入試状況

学部・学科等			受入予定数	志願者数	第1段階選抜合格者数	受験者数	合格者数	競争率	入学者数
工	地球工	前期	175	397	396	—	176	—	174
	建築	前期	79	289	289	—	80	—	80
	物理工	前期	230	755	754	—	232	—	231
	電気電子工	前期	124	404	404	—	125	—	125
	情報	前期	88	402	401	—	89	—	89
	工業化	前期	232	325	325	—	233	—	232
農	資源生物科	前期	93	—	—	—	93	—	93
	応用生命科	前期	46	—	—	—	47	—	47
	地域環境工	前期	34	—	—	—	36	—	36
	食料・環境経済	前期	30	—	—	—	32	—	32
	森林科	前期	54	—	—	—	56	—	56
	食品生物科	前期	33	—	—	—	34	—	34

(備考)

- 工学部の学科別受入予定数は，外国人留学生のための選考若干名を含む。
- 工学部の学科別志願者数および第1段階選抜合格者数は，第1志望学科の数を示す。
- 工学部地球工学科の受入予定数および入学者数は，外国人留学生を対象とした国際コース（入学者9名）を除く。
- 農学部は第1～第6志望まで学科を選択できるため，志願者数等は表示していない。

2021 年度 入試状況

学部等			募集人員	志願者数	第１段階選抜合格者数	受験者数	合格者数	競争率	入学者数
総合人間	前期	文系	62	242	218	216	63	3.4	117
		理系	53	194	186	183	55	3.3	
文	前期		210	652	652	638	213	3.0	213
教育	前期	文系	45	130	130	126	47	2.7	57
		理系	10	34	34	33	10	3.3	
法	前期		310	701(11)	701(＊)	694	310(4)	2.2	310
経済	前期	文系	197	532(23)	529(12)	516	199(8)	2.6	222
		理系	26	99	99	97	26	3.7	
理	前期		301	799	788	772	308	2.5	307
医	前期		177	514	513	487	185	2.6	183
薬	前期		75	175	175	166	79	2.1	79
工	前期		925	2,317	2,316	2,270	931	2.4	929
農	前期		289	656	656	639	299	2.1	298
合計			2,680	7,045(34)	6,997(23)	6,837	2,725(12)	—	2,715

＊第１次選考は実施しない。

(備考)

- 上記以外に総合型選抜・学校推薦型選抜による特色入試と法学部では後期日程による特色入試を実施。
- 法学部後期日程（特色入試）は募集人員 20 名，志願者数 379 名，合格者数 22 名。
- 募集人員は，特色入試（法学部を除く）の入学手続者数確定による最終的な一般選抜（前期日程）の募集人員を示す。
- 法学部・経済学部「文系」の募集人員には外国学校出身者のための選考における募集人員それぞれ 10 名以内を含む。また，(　) 内は外国学校出身者のための入学者選考を示すもので外数。
- 合格者数には追試験の結果を含む。

医学部の学科別入試状況

学部・学科等			募集人員	志願者数	第１段階選抜合格者数	受験者数	合格者数	競争率	入学者数
医	医	前期	105	299	298	292	107	2.7	107
	人　間健康科	前期	72	215	215	195	78	2.5	76

工学部・農学部の学科別入試状況

学部・学科等			受　入予定数	志願者数	第１段階選抜合格者数	受験者数	合格者数	競争率	入学者数
工	地球工	前期	182	321	321	—	176	—	175
	建　築	前期	79	258	258	—	80	—	80
	物理工	前期	231	722	722	—	232	—	232
	電　気電子工	前期	124	321	321	—	125	—	125
	情　報	前期	87	352	351	—	88	—	88
	工業化	前期	229	343	343	—	230	—	229
農	資　源生物科	前期	92	—	—	—	94	—	94
	応　用生命科	前期	45	—	—	—	47	—	47
	地　域環境工	前期	35	—	—	—	36	—	35
	食料・環境経済	前期	30	—	—	—	32	—	32
	森林科	前期	54	—	—	—	56	—	56
	食　品生物科	前期	33	—	—	—	34	—	34

（備考）

- 工学部の学科別志願者数および第１段階選抜合格者数は，第１志望学科の数を示す。
- 工学部地球工学科の入学者数は，外国人留学生を対象とした国際コースの入学者７名を除く。
- 農学部は第１～第６志望まで学科を選択できるため，志願者数等は表示していない。

2020 年度 入試状況

学部等			募集人員	志願者数	第1段階選抜合格者数	受験者数	合格者数	競争率	入学者数
総合人間	前期	文系	62	203	203	201	63	3.2	117
		理系	53	203	186	183	54	3.4	
文	前期		210	698	696	677	213	3.2	213
教育	前期	文系	44	121	121	119	44	2.7	55
		理系	10	39	38	36	11	3.3	
法	前期		310	792(18)	790(＊)	774(15)	311(5)	2.5	310(5)
経済	前期	文系	197	557(24)	557(7)	544(6)	197(4)	2.8	221(4)
		理系	25	119	106	103	25	4.1	
理	前期		306	751	732	727	315	2.3	314
医	前期		177	495	485	456	184	2.5	184
薬	前期		77	169	169	164	80	2.1	80
工	前期		940	2,505	2,503	2,440	936	2.6	933
農	前期		287	695	694	681	292	2.3	292
合計			2,698	7,347(42)	7,280(25)	7,105(21)	2,725(9)	—	2,719

＊第1段階選抜は実施しない。

(備考)

- 上記以外にAO・推薦による特色入試と法学部では後期日程による特色入試を実施。
- 法学部後期日程（特色入試）は募集人員20名，志願者数352名，合格者数22名。
- 募集人員は，特色入試（法学部を除く）の入学手続者数確定による最終的な一般入試（前期日程）の募集人員を示す。
- 法学部・経済学部「文系」の募集人員には外国学校出身者のための選考における募集人員それぞれ10名以内を含む。また，（　）内は外国学校出身者のための入学者選考を示すもので外数。

医学部の学科別入試状況

学部・学科等			募集人員	志願者数	第1段階選抜合格者数	受験者数	合格者数	競争率	入学者数
医	医	前期	105	278	269	262	106	2.5	106
	人間健康科	前期	72	217	216	194	78	2.5	78

工学部・農学部の学科別入試状況

学部・学科等			受入予定数	志願者数	第1段階選抜合格者数	受験者数	合格者数	競争率	入学者数
工	地球工	前期	183	338	338	—	174	—	173
	建築	前期	80	280	280	—	81	—	81
	物理工	前期	232	733	733	—	233	—	233
	電気電子工	前期	127	348	348	—	128	—	127
	情報	前期	87	430	429	—	88	—	88
	工業化	前期	231	376	375	—	232	—	231
農	資源生物科	前期	91	—	—	—	91	—	91
	応用生命科	前期	43	—	—	—	43	—	43
	地域環境工	前期	36	—	—	—	38	—	38
	食料・環境経済	前期	29	—	—	—	29	—	29
	森林科	前期	56	—	—	—	58	—	58
	食品生物科	前期	32	—	—	—	33	—	33

（備考）

- 工学部の学科別志願者数および第１段階選抜合格者数は，第１志望学科の数を示す。
- 工学部地球工学科の入学者数は，外国人留学生を対象とした国際コースの入学者９名を除く。
- 農学部は第１～第６志望まで学科を選択できるため，志願者数等は表示していない。

2019 年度 入試状況

学部等			募集人員	志願者数	第1段階選抜合格者数	受験者数	合格者数	競争率	入学者数
総合人間	前期	文系	62	240	217	215	63	3.4	63
		理系	53	177	177	172	55	3.1	55
文	前期		210	728	727	710	213	3.3	212
教育	前期	文系	44	169	154	153	44	3.5	44
		理系	10	37	35	35	11	3.2	11
法	前期		310	773(16)	773(＊)	759(11)	311(4)	2.4	311(4)
経済	前期	文系	193	519(13)	519(7)	503(7)	193(4)	2.6	193(4)
		理系	25	143	121	120	25	4.8	25
理	前期		306	820	806	800	313	2.6	310
医	前期		174	526	519	490	182	2.7	180
薬	前期		79	182	182	176	83	2.1	83
工	前期		939	2,435	2,434	2,391	937	2.6	936
農	前期		284	762	762	741	292	2.5	291
合計			2,689	7,511(29)	7,426(23)	7,265(18)	2,722(8)	—	2,714(8)

＊第1段階選抜は実施しない。

（備考）

- 上記以外に AO・推薦による特色入試と法学部では後期日程による特色入試を実施。
- 法学部後期日程（特色入試）は募集人員 20 名，志願者数 514 名，合格者数 22 名。
- 募集人員は，特色入試（法学部を除く）の入学手続者数確定による最終的な一般入試（前期日程）の募集人員を示す。
- 法学部・経済学部「文系」の募集人員には外国学校出身者のための選考における募集人員それぞれ 10 名以内を含む。また，（　）内は外国学校出身者のための入学者選考を示すもので外数。

医学部の学科別入試状況

学部・学科等			募集人員	志願者数	第１段階選抜合格者数	受験者数	合格者数	競争率	入学者数
医	医	前期	103	298	291	280	105	2.7	105
	人間健康科	前期	71	228	228	210	77	2.7	75

工学部・農学部の学科別入試状況

学部・学科等			受入予定数	志願者数	第１段階選抜合格者数	受験者数	合格者数	競争率	入学者数
工	地球工	前期	183	313	313	—	175	—	175
	建築	前期	79	272	272	—	80	—	80
	物理工	前期	231	725	725	—	232	—	232
	電気電子工	前期	126	357	356	—	128	—	128
	情報	前期	89	377	377	—	90	—	90
	工業化	前期	231	391	391	—	232	—	231
農	資源生物科	前期	91	—	—	—	93	—	93
	応用生命科	前期	44	—	—	—	44	—	44
	地域環境工	前期	35	—	—	—	38	—	38
	食料・環境経済	前期	29	—	—	—	31	—	31
	森林科	前期	54	—	—	—	54	—	53
	食品生物科	前期	31	—	—	—	32	—	32

（備考）

- 工学部の学科別志願者数および第１段階選抜合格者数は，第１志望学科の数を示す。
- 工学部地球工学科の入学者数は，外国人留学生を対象とした国際コースの入学者 10 名を除く。
- 農学部は第１～第６志望まで学科を選択できるため，志願者数等は表示していない。

2018 年度 入試状況

学部等			募集人員	志願者数	第1段階選抜合格者数	受験者数	合格者数	競争率	入学者数
総合人間	前期	文系	62	262	218	216	63	3.4	63
		理系	53	200	186	180	55	3.3	55
文	前期		210	703	698	681	213	3.2	213
教育	前期	文系	45	158	158	151	45	3.4	45
		理系	10	41	40	39	11	3.5	11
法	前期		310	820(12)	817(＊)	803(9)	310(6)	2.6	309(6)
経済	前期	文系	196	551(21)	550(12)	541(10)	196(7)	2.8	196(7)
		理系	25	131	125	124	25	5.0	24
理	前期		306	751	745	735	311	2.4	307
医	前期		177	561	549	533	187	2.9	187
薬	前期		74	223	223	212	78	2.7	78
工	前期		939	2,704	2,702	2,646	939	2.8	935
農	前期		291	756	756	739	300	2.5	299
合計			2,698	7,861(33)	7,767(24)	7,600(19)	2,733(13)	—	2,722(13)

＊第1段階選抜は実施しない。

(備考)

- 上記以外にAO・推薦による特色入試と法学部では後期日程による特色入試を実施。
- 法学部後期日程（特色入試）は募集人員20名，志願者数372名，合格者数22名。
- 募集人員は，特色入試（法学部を除く）の入学手続者数確定による最終的な一般入試（前期日程）の募集人員を示す。
- 法学部・経済学部「文系」の募集人員には外国学校出身者のための選考における募集人員それぞれ10名以内を含む。また，（　）内は外国学校出身者のための入学者選考を示すもので外数。

医学部の学科別入試状況

学部・学科等			募集人員	志願者数	第1段階選抜合格者数	受験者数	合格者数	競争率	入学者数
医	医	前期	104	333	321	320	106	3.0	106
	人間健康科	前期	73	228	228	213	81	2.6	81

工学部・農学部の学科別入試状況

学部・学科等			受入予定数	志願者数	第1段階選抜合格者数	受験者数	合格者数	競争率	入学者数
工	地球工	前期	182	353	353	—	176	—	176
	建築	前期	79	303	303	—	80	—	80
	物理工	前期	230	821	819	—	231	—	230
	電気電子工	前期	126	370	370	—	127	—	126
	情報	前期	90	413	413	—	91	—	91
	工業化	前期	232	444	444	—	234	—	232
農	資源生物科	前期	94	—	—	—	96	—	96
	応用生命科	前期	46	—	—	—	46	—	45
	地域環境工	前期	37	—	—	—	40	—	40
	食料・環境経済	前期	30	—	—	—	32	—	32
	森林科	前期	54	—	—	—	55	—	55
	食品生物科	前期	30	—	—	—	31	—	31

（備考）

- 工学部の学科別志願者数および第1段階選抜合格者数は，第1志望学科の数を示す。
- 工学部地球工学科の入学者数は，外国人留学生を対象とした国際コースの入学者7名を除く。
- 農学部は第1～第6志望まで学科を選択できるため，志願者数等は表示していない。

合格者最低点

＊ 2024 年 4 月，工業化学科から理工化学科に名称変更。
（備考）法学部・経済学部の外国学校出身者のための選考を除く。

学部・学科		日程		合格者最低点/満点			
				2024 年度	2023 年度	2022 年度	2021 年度
総合人間		前期	文系	472.58/ 800	534.83/ 800	532.00/ 800	532.41/ 800
			理系	447.00/ 800	485.50/ 800	476.00/ 800	438.50/ 800
文		前期		461.66/ 750	512.28/ 750	501.62/ 750	492.33/ 750
教育		前期	文系	526.91/ 900	593.83/ 900	586.32/ 900	580.24/ 900
			理系	488.28/ 900	561.50/ 900	546.50/ 900	519.66/ 900
法		前期		484.75/ 820	545.40/ 820	544.10/ 820	519.75/ 820
経済		前期	文系	486.87/ 800	545.37/ 800	526.62/ 800	538.50/ 800
			理系	534.03/ 900	621.66/ 900	562.91/ 900	553.70/ 900
理		前期		657.25/1200	795.75/1200	711.87/1200	704.37/1200
医	医	前期		844.25/1250	935.87/1250	916.62/1250	871.50/1250
	人間健康科	前期		481.12/1000	562.33/1000	518.28/1000	502.83/1000
薬		前期		511.62/ 950	626.58/ 950	578.00/ 950	534.66/ 950
工	地球工	前期		529.66/1000	625.25/1000	600.66/1000	559.75/1000
	建築	前期		541.75/1000	648.00/1000	608.75/1000	587.75/1000
	物理工	前期		556.37/1000	648.45/1000	630.45/1000	597.03/1000
	電気電子工	前期		548.25/1000	641.28/1000	625.78/1000	576.28/1000
	情報	前期		623.20/1000	697.70/1000	676.50/1000	634.45/1000
	理工化＊	前期		527.78/1000	613.08/1000	592.83/1000	550.45/1000
農		前期		612.33/1050	679.78/1050	644.53/1050	608.53/1050

学部・学科		日程		合格者最低点/満点		
				2020 年度	2019 年度	2018 年度
総合人間		前期	文系	448.91/ 800	464.50/ 800	507.74/ 800
			理系	413.00/ 800	467.50/ 800	496.50/ 800
文		前期		470.25/ 750	476.01/ 750	480.26/ 750
教育		前期	文系	525.13/ 900	559.64/ 900	547.64/ 900
			理系	542.88/ 900	578.56/ 900	588.01/ 900
法		前期		507.46/ 820	505.50/ 820	527.04/ 820
経済		前期	文系	491.55/ 800	490.80/ 800	525.80/ 800
			理系	506.91/ 900	593.53/ 900	587.70/ 900
理		前期		629.35/1200	749.55/1200	740.50/1200
医	医	前期		789.95/1250	915.60/1250	913.30/1250
	人間健康科	前期		481.65/1000	559.15/1000	549.18/1000
薬		前期		503.96/ 950	599.88/ 950	619.41/ 950
工	地球工	前期		513.61/1000	580.15/1000	621.43/1000
	建築	前期		534.40/1000	594.51/1000	644.91/1000
	物理工	前期		539.01/1000	618.80/1000	649.33/1000
	電気電子工	前期		524.86/1000	605.78/1000	628.06/1000
	情報	前期		570.91/1000	638.58/1000	662.81/1000
	工業化*	前期		503.06/1000	578.06/1000	614.76/1000
農		前期		593.96/1050	667.70/1050	668.05/1050

募集要項（出願書類）の入手方法

京都大学ではインターネット出願が導入されており，紙による出願は行われていません。詳細は大学ホームページ等で各自ご確認ください。

入試に関する問い合わせ先

京都大学　教育推進・学生支援部入試企画課
〒606-8501　京都市左京区吉田本町
TEL　075-753-2521
ホームページ https://www.kyoto-u.ac.jp/
（注）問い合わせは，志願者本人が行うこと。

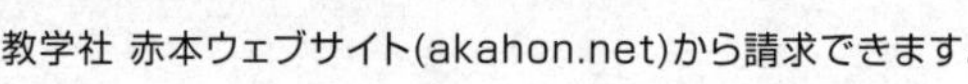

スマホ・ケータイから　QRコードからアクセスしガイダンスに従ってご請求ください。
パソコンから　教学社 赤本ウェブサイト(akahon.net)から請求できます。

気になること、聞いてみました！

在学生メッセージ

大学ってどんなところ？ 大学生活ってどんな感じ？
ちょっと気になることを，在学生に聞いてみました。

以下の内容は 2020〜2023 年度入学生のアンケート回答に基づくものです。ここで触れられている内容は今後変更となる場合もありますのでご注意ください。

メッセージを書いてくれた先輩 ［文学部］H.S. さん ［法学部］Y.M. さん R.U. さん
［理学部］T.K. さん ［工学部］S.O. さん H.Y. さん

大学生になったと実感！

授業時間などの生活スタイルが大きく変わりました。大学の授業は 1 コマ 90 分になったうえに，実験など 2 コマ以上連続で授業が入る科目もあります。また，時間割もある程度自由に決められるので，午後から授業がない日を作るなども大学生ならではのことだと思います。（S.O. さん／工）

高校までと変わったことは，さまざまな都道府県から来た人たちと関わるようになったことです。今までは同じ都道府県の，似たような環境で育った人たちしかいなかったため，とても新鮮でした。出身の都道府県の話を聞くのは面白く，視野が広がったように感じます。（H.Y. さん／工）

毎日同じクラスメイトと顔を合わせる高校とは違い，大学では毎日違う学生と顔を合わせるので，高校生のときよりも自分と違った意見をもつ人たちと触れ合う機会が増えました。また，それに応じて自分の価値観も柔軟になったように感じます。（H.S. さん／文）

高校生のときは先生が知識だけでなく覚え方まで教えてくれるような授業でした。しかし，大学生になると教授は覚え方や知識を教えるというより，興味を抱く取っ掛かりを提供してくれるようなイメージです。これこそが京都大学の学風であるのかもしれませんが，自分から興味をもって自学自習をすることの大切さを実感しました。（R.U. さん／法）

大学生活に必要なもの

課題に取り組んだり提出したりするためにノートパソコンを用意しました。手書きで取り組むにはいずれ限界がきますし，パソコンでないとできない作業も大学生になると出てくると思います。また，タブレットを使ってノートを取る人もいます。（S.O. さん／工）

大学生として必要なものは自律心だと思います。大学に入って自由度が広がったぶん，怠惰になる人も一定数います。そんな中でも，有意義な 4 年間を送れるよう，自分が大学に入った意味や目的を見失わずに，自分を律することが必要なのかなと思いました。（H.Y. さん／工）

この授業がおもしろい！

ILAS セミナーが面白いです。主に 1 回生に向けて開講される授業なのですが，他の一般教養や専門科目とは違い，10 人ずつくらいの少人数で受ける授業で，他科目より専門的なテーマの授業が数多く展開されています。自分の学部・学科とはまったく関係ないテーマも選べるので，文理問わず応募してみるとよいと思います。（S.O. さん／工）

学部・学科関係なく興味がある授業を受けられる ILAS セミナーの建築に関する集中講義です。京都の建築物を 10 人ほどで見て回り，教授からその建築物の歴史や構造について解説してもらいました。高校までの学習とは違い，専門的に研究している教授の話はとても興味深く，面白い授業

でした。また，他学科の人たちと関わる機会にもなり，とても貴重な授業でした。（H.Y. さん／工）

「地球環境学のすすめ」という講義です。この講義は，1回1回の講義を別々の教授が自身の研究分野について語るリレー講義で，焼畑農業の話，マイクロプラスチックの話，Society5.0 の話など，興味深い話を幅広く聞くことができました。また，最終回には，講義してくださった教授が全員登壇し，質疑応答を含めたディスカッションが行われました。高度な舌戦を見ることができ，すごく楽しめました。（Y.M. さん／法）

大学の学びで困ったこと＆対処法

毎週，レポートなどの課題に時間がかかることが大変だと感じています。理系の学生であれば実験の授業が入ることもありますが，実験は事前の予習をしっかりしないとあまり望ましい実験結果になりませんし，実験後のレポートを良いものにするためには時間を要するので心して臨んでください。授業自体は面白いものが多いですよ。（S.O. さん／工）

困ったことは履修を自分で組まなければいけないことです。最初はどんなふうに時間割を組めばよいのかと，かなり困惑しました。興味のある授業を履修するのも大切なことですが，卒業するまでに単位を取りきらないといけないので，自分に負荷がかかりすぎない時間割にすることも大切です。バランスがうまく取れた履修を組むのが難しいなと思います。（H.Y. さん／工）

引用・参考文献については厳しくチェックされます。剽窃にあたらないように文献を引用しつつ，自分の考えを他人に伝わりやすい形で文章にまとめることに苦労していましたが，手を抜かず一生懸命書けば，教授も伝えようとしていることを汲み取ってくださいます。参考文献に関しては，カギカッコで括って引用することを徹底しています。（Y.M. さん／法）

部活・サークル活動

クイズ研究会に所属しています。普段はBOX棟というサークル用の建物でクイズをしたり，休日には全国各地の大会に出たりすることもあります。テレビで見るようなものとは少し違うかもしれませんが，強い人たちが多くて面白いサークルです。(S.O. さん／工)

テニス部に入っています。週4回ほど大学内のテニスコートで練習をしています。大学で部活動をする人は少数派ですが，何かに真剣に取り組むことは楽しく，今では生活の主軸になっています。また，部活動やサークルでは他の学部の人たちとも関わりをもつことができるので，いろいろな分野の話を聞けたりして，とても面白いです。(H.Y. さん／工)

交友関係は？

工学部は比較的クラス単位で受ける授業が多いと思うので，自然と仲良くなっていきました。他にも，ILASセミナーでは学生数が10人ほどと少数なので打ち解けやすいのではないかと思います。同じ高校出身の知り合いなどはいなかったため，先輩との交友関係はほとんどサークルで築き上げていきました。(S.O. さん／工)

入学前にSNSを使って同じ学部に合格した人を探し，メッセージのやりとりをしていました。入学前は大学について右も左もわからなかったため，同じような悩みをもった友達とSNS上で話ができていたのは心強かったです。入学してからは，授業で隣に座った人に積極的に話しかけるなどして友達を増やしていました。また，サークルの新歓には多くの1回生が集まるので，そこでもたくさん友達を作ることができました。新歓は積極的に回ることをおすすめします。(H.S. さん／文)

いま「これ」を頑張っています

中国語の勉強に熱中しています。大学に入って，第二外国語として中国語を学び始めました。文字が簡体字と繁体字で異なっていたり，発音で意味が変わったりと，奥が深くて面白いです。いつか中国に旅行に行くのがいまの夢です。（H.Y. さん／工）

私は美術館に行くのが好きでよく一人で行くのですが，「せっかく京都にいるのだから」とさまざまな神社仏閣も回るようにしています。近くに平安神宮があるため足を運んでみたり，友達と清水寺に行ったりして，日本の文化に触れることも楽しんでいます。（H.S. さん／文）

現在は司法試験合格を目指して法律の勉強に力を入れています。高校時代の勉強とは全然違うように感じられるため，新鮮で楽しいです。また，大学生になり，自分で自由に使えるお金が増えたので，ファッションやグルメ，旅行にも関心を向けています。（Y.M. さん／法）

おススメ・お気に入りスポット

京都市内全域がおすすめスポットです。自転車があれば市内中の観光地や都市部をまわることができます。個人的には，近所にラーメン屋さんがたくさんあって巡るのが楽しみの１つになっているほか，鴨川や比叡山といった自然が豊かなところも落ち着いて過ごせる良い場所だと感じています。人それぞれ好きなものが見つかると思うので，ぜひあちこち探索して自分のお気に入りを発見してほしいです。（S.O. さん／工）

大学のお気に入りスポットは図書館です。中学・高校時代の校内図書館に比べて，蔵書の数が圧倒的に多く，見て回るだけでも面白いです。勉強ができるスペースも多く，テスト前や課題がたまっているときには，図書館に行って集中して勉強しています。（H.Y. さん／工）

普段の生活で気をつけていることや心掛けていること

とにかく健康でいるように心掛けています。一人暮らしで病気にかかったり体調を崩したりすると非常に厄介だと思うので，栄養をちゃんと取って早寝早起きになるように気をつけて過ごしています。夜まで活動している人も多いですが，１限目の授業からスッキリ参加できるような生活を送ることも良い選択だと思います。（S.O. さん／工）

普段の生活で気をつけていることは，朝早くに起きることです。大学では授業が午後からだけという日も多くありますが，昼までだらだらと寝ていると，課題などが追いつかないので，朝起きてするようにしています。夜は授業やバイトで疲れているので，朝に集中して課題に取り組むのがルーティンです。（H.Y. さん／工）

課題は早め早めに終わらせることです。課題の内容は，自分の考えをじっくり練って書かなければならないものが多いため，その場しのぎで完成させた課題はすぐにバレて，評価が低いものとなります。早めに時間を確保して，締切に余裕をもって課題を完成させておけば，時間的余裕もできるし，内容も詰まったものになるので，一石二鳥です。（Y.M. さん／法）

入学してよかった！

周りのレベルが高く，何かに突出した人に多く出会える点が魅力だと思います。自分がわからない授業の内容を教えてくれるような人たちと同じクラスで過ごせるというのは人生のなかでも貴重な時間だと思いますし，学問であれ趣味であれ，自分のなかに飛び抜けて好きなものをもっている人と一緒に生活するのはとても楽しいです。（S.O. さん／工）

この大学に入学してよかったと思うことは，いろいろな環境で育った人たちと出会えたことです。全国から学生が集まってくる大学なので，実家の周りの環境の違いなどを知ることができるのがとても面白いです。また，

総合大学なので，違う学部の人たちとも関わりをもてるのも良い点かなと思います。（H.Y. さん／工）

単位取得，留学，サークル活動など，あらゆる面での制約が少ないこと。自由な学風を押し出しているだけあって，必修科目などは少なく，休学等の措置もすぐにでき，生活面で指摘されることもありません。授業の出席も自由であることがほとんどであるため，本当に自分のやりたいことに没頭できる環境だと思います。（T.K. さん／理）

高校生のときに「これ」をやっておけばよかった

部活動です。高校時代はあまりきちんと取り組んでいなかったため，熱中するものがありませんでした。しかし，大学生になって部活動で真剣に何かに取り組む楽しさを思い出し，高校時代も部活動をもっとしておけばよかったなと思います。（H.Y. さん／工）

パソコンの操作，プログラミングをもっとやっておけばよかったと思っています。大学に入学してからは，プレゼンのために PowerPoint で資料を用意したり，レポートを Word で書いたりと，パソコンを使わない日はないほどになっています。プログラミングができたら，バイトなどに有利にはたらくこともあり，将来のキャリアにもつながりうるので，できて損はまったくないと思います。（Y.M. さん／法）

合格体験記

みごと合格を手にした先輩に，入試突破のためのカギを伺いました。入試までの限られた時間を有効に活用するために，ぜひ役立ててください。

（注）ここでの内容は，先輩方が受験された当時のものです。2025 年度入試では当てはまらないこともありますのでご注意ください。

・アドバイスをお寄せいただいた先輩・

Message

K.N. さん　工学部（地球工学科）
前期日程 2024 年度合格，愛知県出身

心の健康を保つことです。体と異なり心は一度壊れてしまうと長い間治らないので，時には自分を甘やかしてあげることも必要です。

その他の合格大学　同志社大（理工）

H.Y. さん　工学部（電気電子工学科）
前期日程 2024 年度合格，愛知県出身

志望校への合格には，コツコツとした努力と，そのための諦めない心が重要です。受験生の皆さんも，ぜひ諦めない心をもって励んでください！

その他の合格大学　早稲田大（先進理工），豊田工業大（工〈共通テスト利用〉）

T.T. さん　総合人間学部
前期日程 2023 年度合格，京都府出身

合格のために一番重要だったと思うことは，受験は長期戦だということを理解することです。睡眠をしっかり取ったり，家族や友達と話してリフレッシュしたりすることはいい息抜きになりましたし，私の場合こういった息抜きをしなければ最後まで頑張れなかったのではないかと思います。

その他の合格大学　同志社大（文化情報）

S.O. さん　工学部（工業化学科）
前期日程 2023 年度合格，愛知県出身

様々な問題に出合ったときに，ただ解法を覚えるのではなく，「どうしてそう考えるのか」ということを徹底的に深掘りしてください。1 問ずつ大事にすることが重要です。

Y.K. さん 工学部
前期日程 2023 年度合格，京都府出身

勉強を習慣化することだと思います。日々の演習や模試において思い通りにいかなくなるようなときはほとんどの受験生に訪れるので，そのようなときでも決して投げ出さずに勉強と向き合い続けられるよう頑張ってください。

その他の合格大学 東京理科大（先進工〈共通テスト利用〉），同志社大（理工），立命館大（理工〈共通テスト利用〉）

A.M. さん 工学部（工業化学科）
前期日程 2023 年度合格，広島県出身

たくさんの問題集に手を出さずに，いいと思った問題集を完璧にしたのが合格の最大のポイントでした。京都大学といえども一つ一つは基本的なことなので，難しい問題ばかりやっていても対応力は身につかないのではないかと思います。

その他の合格大学 同志社大（理工），立命館大（生命科〈共通テスト利用〉）

入試なんでもQ&A

受験生のみなさんからよく寄せられる，
入試に関する疑問・質問に答えていただきました。

「赤本」の効果的な使い方を教えてください。

A 高校３年生の春に，出題形式への慣れと自分のその時点での実力の把握を目的として，３年分を本番と同じ条件になるように時間を計って解き，その後に残った分を演習問題として１題１題解き進めていくという形で活用していた。全体的に解答時間の不足が自分の一番の課題だったため，１題１題解き進めていく間は，実際の試験より１題当たりの時間が短くなるように設定してその時間内に間に合うように解答するという使い方で演習していたのが効果的だった。（H.Y. さん／工学部）

A 私は，高２の３月に高校の先生の勧めで赤本を手に取り，試しに１年分解いてみました。早い時点で志望大学との距離がどれくらいあるのかを知ることができ，学習計画を立てやすくなるので，有効だったと思います。実際に過去問演習に移行したのは高３の 12 月でした。１週間に１年分と決めて，数学や理科，英語は高校の先生に１～３年分の採点や添削をお願いしました。赤本は解説が丁寧なので，その他の年度は自分だけで進めることができました。また，全教科セットで一気に解く時間はなかなか取れなかったので，教科ごとに取り組みました。

（T.T. さん／総合人間）

1年間の学習スケジュールはどのようなものでしたか？

A　高校3年生の4月は赤本での実戦演習を始めとした出題形式のリサーチを中心に行い，5月から夏休みの終わりまでは正答率8割程度の「解けることが前提の問題」を落とさないための基礎固めを目的に，数学は「Focus Gold」（啓林館）を，化学は「重要問題集」（数研出版）を，物理は「良問の風」（河合出版）をそれぞれ3回解くようにしていた。夏休み以降は徹底的に赤本と模試の過去問での演習で素早く正確な解答ができることを目指し，共通テスト後は本番と同形式の演習を毎日続けた。

（H.Y. さん／工学部）

共通テストと二次試験とでは，それぞれの対策の仕方や勉強の時間配分をどのようにしましたか？

A　京大は共通テストの配点比率が比較的小さいので，共通テスト対策は，2カ月に一度くらいある模試と，12月から共通テスト本番まで学校で行われた問題演習と，学校で購入したテキストを演習するだけにしました。逆に，二次試験対策には力を入れて取り組みました。具体的には，夏の冠模試の前までに数年分解いておいて，その後も受験当日までコツコツ解き進め，結果として全教科11年分終えることができました。なお，京大は数学が独特なので，追加で過去問演習を行いました。

（K.N. さん／工学部）

どのように学習計画を立て，受験勉強を進めていましたか？

A　月初に大まかな勉強のスケジュールを立て，それを遂行するために毎日，次の日の予定を立てるようにしていました。夏以降は時間の感覚をつけるためにも，「毎日化学の赤本を1年分する」といったように計画をルーティーン化して勉強しました。また，調整は隙間時間に行っていました。直前期はそれまでに培った自分の感覚から，1日ずつ綿密に計画を立てて，やるべきことが試験本番までにすべて終わるようにしました。

(Y.K. さん／工)

Q　京都大学を攻略する上で，特に重要な科目は何ですか？
また，どのように勉強をしましたか？

A　数学が重要です。どの学部も数学の配点，とりわけ個別試験の配点は高いはずですから，他の科目で埋め合わせるには限界があります。また，京大の数学は複数の小問を経て最後の結論にたどり着くという形式の問題が少ないです。実は京大の形式は，問題自体の難易度はそれほど高くなく，完答を十分目指せるものも結構あります。対策としては，問題を数多くこなすよりも一つ一つにじっくり時間をかけて，すべての操作に理由が付けられるように考える練習がオススメです。

(S.O. さん／工)

A　京大の二次試験では，理科が比較的対策しやすく重要なのではないかと思います。理科の基礎が出来上がっている人にとっては，時間さえあれば大体解けるものになっています。ただ，時間をかければ解けたとしても，時間内に解けなければ得点できません。理科が得意な人ほど「解けるはずだ」と思い込んでしまい，時間切れになってしまうことが多いのではないでしょうか。こうした致命的なミスを防ぐには，時間を計って過去問に取り組むことが大切です。私は直前期に，解く順番を固定せずに解けそうな問題から解いていく練習を繰り返しました。

(A.M. さん／工)

苦手な科目はどのように克服しましたか？

A　私は英語の点数が安定しませんでした。そんな苦手意識を覚えていた英語を克服するために，私は2つのことを行いました。1つ目は，英文を読んでいて知らない単語が出てきたら後で電子辞書を使って調べて，時間があるときに検索履歴を見て復習するということです。これは，和訳の多い京大英語に非常に役に立ちました。2つ目は，少し遠回りに感じられるかもしれませんが，哲学・科学・文学などのあらゆる知識を身につけるということです。前提知識があるかないかでは，英文の理解のしやすさがかなり異なります。　(K.N. さん／工学部)

A　私は国語が苦手で，根拠を持って解答を書くことができず，なんとなくで書いていたために模試では減点されてばかりでした。総合人間学部では国語も重要だったため何とかしなければと思い，ある予備校の対策授業に参加したのですが，その先生が言っていた通りに，文章の中の逆接に注意したり筆者の主張に線を引いたりするだけで，どの部分を解答に書けばいいのかが明確になり，減点されることが少なくなりました。本文中に線を引くのがめんどうくさいと思っている人も一度試してみることをお勧めします。　(T.T. さん／総合人間)

模試の上手な活用法を教えてください。

A　まず受験前は，ただ漫然と勉強するのではなく，その模試を1つのゴールとして計画を立てることです。次に受験中は，どのような種類の試験であれ，時間配分によく注意し，解答用紙に空白を残さないことです。最後まで得点を最大化する努力をしてください。そして受験後は，記憶が新しいうちに自己採点し，その後は時間をかけて復習をして，同じミスを繰り返さないようにすることです。　(K.N. さん／工学部)

試験当日の試験場の雰囲気はどのようなものでしたか？
緊張のほぐし方，交通事情，注意点等があれば教えてください。

A　試験場は2日間ともとても静かで，独特の緊張感が漂っていました。そのような雰囲気に飲み込まれずに自分の力を最大限発揮するためにも，音楽を聴くなどして自分がリラックスできるようにするとよいと思います。また，試験日はバスや地下鉄，大学までの歩道が非常に混雑するため，時間に十分余裕を持って試験場に着けるようにしておきましょう。可能なら前日までに試験場の下見をしておくとよいと思います。
（Y.K. さん／工）

A　私は大学生協の受験宿泊を申し込んだので，「人が多くてバス・電車に乗れない！」という心配をすることなく会場に着くことができました。ただ，生協のバスの時間は渋滞を考慮して早めに設定されているので，会場に着いてから入室するまで外で待機する時間が長かったです。手が冷えて字が書けなくなるといけないので，カイロを持っていくとよいと思います。また，京大では腕時計等の使用が禁止されていたので，試験室に入るときに外してカバンに入れるのを忘れないようにしてください。時間は試験室の電波時計で確認することができました。（A.M. さん／工）

**Q　併願をする大学を決める上で重視したことは何ですか？
また，注意すべき点があれば教えてください。**

A　私立大学に関しては，合格が確信できる大学を除いて合格発表が前期日程より後に行われることを意識した。大学によっては前期日程の前日や当日に合格発表が行われるので，気になって見てしまった結果が不合格であればメンタルに影響が出るだろうと考えたためである。国公立大学の後期日程に関しては，京大の出題形式がある程度特殊であるため，京大の出題形式に慣れていたとしても違和感がない問題を出題する大学であるかどうかを意識した。
（H.Y. さん／工学部）

受験生へアドバイスをお願いします。

A　受験は自分１人での勝負ではないということを常に頭の片隅に置いておいてください。受験勉強をしていると，程度の大小こそあれ，誰でも終わりの見えない日々に耐え難いつらさを感じるときがきっとあります。そんなときには周りを見渡してみてください。親，祖父母，友だち，先生，そして私を含め全員があなたたちを応援しています。その応援をプレッシャーに感じない程度に心に置いて，合格という恩返しができるように頑張ってください。皆さんの合格を心から願っています。

（K.N. さん／工学部）

科目別攻略アドバイス

みごと入試を突破された先輩に，独自の攻略法や
おすすめの参考書・問題集を，科目ごとに紹介していただきました。

英　語

一般教養としての，科学・哲学の背景知識をもつことがポイント。科学でいえば，自分の受験年度では「量子と波の二重性」を基にした比喩表現が出題されており，自然な和訳のためには量子力学の概念を知っている必要があった。哲学では，模試では Aristotles 程度の人名であれば脚注なしで出題されていたため，著名な思想家・哲学家の名前は押さえておきたい。

（H.Y. さん／工学部）

おすすめ参考書　『ポレポレ英文読解プロセス 50』（代々木ライブラリー）

とにかく語彙があればあるほど文章読解にも英作文にも有利なので，単語・熟語はやっておいたほうがいいです。その上で長文を読む練習をしていくと次第にスラスラと読めるようになると思います。（S.O. さん／工）

おすすめ参考書　『夢をかなえる英単語 新ユメタン 3　スーパーハイレベル』（アルク）

和文英訳でどれだけ得点できるかが勝負だと思います。長文で，日本語として自然な文章になっているので，英語で書きやすいように和文和訳することが大切です。いきなり過去問を解くのはハードルが高いと思うので，まずは短文の英訳から始めるのがおすすめです。　（A.M. さん／工）

数　学

ポイントは誘導のない状態で試行錯誤できる力。京大数学は基本的に誘導がないため，解答を作るには出題分野を見抜き，考えられる解法を全パターン試してみる必要があると思われる。　（H.Y. さん／工学部）

おすすめ参考書　『京大の理系数学 25 カ年』（教学社）

解答にあるすべての操作は，必ず理由があってそれが選ばれているということを常に意識し，問題演習と反省を繰り返すといいと思います。それをきっちりすれば，同じ問題集を何周もする必要はないはずです。

（S.O. さん／工）

おすすめ参考書　『チャート式 基礎からの数学』シリーズ（数研出版）

物　理

必要な情報を見落とさずに正しい図を書くことがポイント。京大物理は，ある程度までは必要な数の正しい式を立ててしまえば解答できてしまうため，いかにケアレスミスをしないか，必要な情報を取りこぼさないかが問われる。　（H.Y. さん／工学部）

おすすめ参考書　『名問の森 物理』シリーズ（河合出版）

力学や電磁気学などの必ず出題されている分野でも，惑星など対策が希薄な部分はあると思います。何が出ても誘導があればある程度は解答できるように基礎を仕上げるべきです。本番は知らないテーマが出ても物怖じしないで考えることが肝要です。　（S.O. さん／工）

おすすめ参考書　『京大の物理 25 カ年』（教学社）

基礎が固まっていれば，解けない問題はあまりありません。ただ，時間内に解き切るのはとても難しいです。途中の問題から易しくなることが多々あるので，問題全体を見渡すようにしていました。（A.M. さん／工）

おすすめ参考書　『名問の森 物理［力学・熱・波動Ⅰ］』（河合出版）

化　学

4つの分野で必要な力が分かれ，理論化学は本質の理解が，無機化学は広く浅い暗記が，有機化学は試行錯誤が，高分子化学はそれまでの化学の知識が重要。(H.Y. さん／工学部)

おすすめ参考書 『理系大学受験 化学の新演習』（三省堂）

全体のうち半分は有機分野です。現役生であってもこの分野は十分満点を狙えるくらいなので，多少時間をかけてでも確実にものにできるように演習をしておくべきです。無機分野も完全に忘れないように，ある程度は知識を持っておかないといざという時に困ります。(S.O. さん／工)

おすすめ参考書 『橋爪のゼロから劇的にわかる無機・有機化学の授業』（旺文社）

生　物

記述が多いので，高校の先生に添削してもらうことをお勧めします。遺伝は頻出で，難しい問題になることが多いので，十分な対策が必要です。(T.T. さん／総合人間)

国　語

現代文は差がつきにくいため，古文の実力が重要。特に京大古文では，和歌に関する設問が多いため「和歌の修辞法を意識した現代語訳」「歌論の主張の把握」を練習するとよい。(H.Y. さん／工学部)

おすすめ参考書 『わかる・読める・解ける Key&Point 古文単語330』（いいずな書店）

現代文は，筆者の主張の部分に線を引くことがすごく大切だなと思いました。それだけで書くべきポイントが明確になり，模試などで減点されることが少なくなりました。古文に関しては，共通テストに比べると読みやすい文章が多いですが，物語が出ている年度もあるので注意が必要です。

（T.T. さん／総合人間）

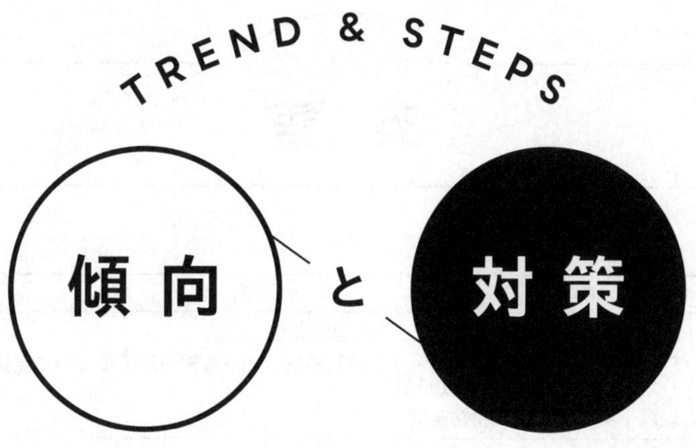

科目ごとに問題の「傾向」を分析し，具体的にどのような「対策」をすればよいか紹介しています。まずは出題内容をまとめた分析表を見て，試験の概要を把握しましょう。

注　意

「傾向と対策」で示している，出題科目・出題範囲・試験時間等については，2024 年度までに実施された入試の内容に基づいています。2025 年度入試の選抜方法については，各大学が発表する学生募集要項を必ずご確認ください。

英 語

年度	番号	項 目	内 容
2024	〔1〕	読 解	(1)・(3)下線部和訳 (2)空所補充
	〔2〕	読 解 英 作 文	(1)・(2)・(4)下線部和訳 (3)下線部の理由について英語で説明（100 語）
	〔3〕	英 作 文	和文英訳
2023	〔1〕	読 解	(1)〜(3)下線部和訳
	〔2〕	読 解	(1)〜(3)下線部和訳
	〔3〕	英 作 文	和文英訳
	〔4〕	英 作 文	会話文の空所補充（4カ所；12 語 2 問，16・24 語）
2022	〔1〕	読 解	(1)下線部説明 (2)・(3)下線部和訳
	〔2〕	読 解	(1)・(3)下線部和訳 (2)下線部和訳・説明
	〔3〕	英 作 文	和文英訳
	〔4〕	英 作 文	自由英作文（100 語）
2021	〔1〕	読 解	(1)〜(3)下線部和訳
	〔2〕	読 解	(1)内容説明 (2)・(3)下線部和訳
	〔3〕	英 作 文	和文英訳
	〔4〕	英 作 文	会話文の空所補充（4カ所；12 語 2 問，16・28 語）
2020	〔1〕	読 解	(1)・(2)下線部説明 (3)下線部和訳
	〔2〕	読 解	(1)・(2)下線部説明
	〔3〕	英 作 文	和文英訳
	〔4〕	英 作 文	問い合わせ文の作成
2019	〔1〕	読 解	(1)・(2)下線部説明 (3)下線部和訳 (4)空所補充
	〔2〕	読 解 英 作 文	(1)・(3)下線部和訳 (2)下線部説明 (4)自由英作文（100 語）
	〔3〕	英 作 文	和文英訳
2018	〔1〕	読 解	(1)下線部説明 (2)下線部和訳 (3)空所補充
	〔2〕	読 解	(1)下線部説明 (2)・(3)下線部和訳
	〔3〕	英 作 文	和文英訳，空所補充
	〔4〕	英 作 文	会話文の空所補充（4カ所）

読解英文の主題

年度	番号	類別	主題	語数
2024	〔1〕	論説	「創造性」の理解と歴史	約 690 語
	〔2〕	論説	単純化された社会的分類	約 530 語
2023	〔1〕	論説	時間を割くべき情報の選択	約 590 語
	〔2〕	論説	説明しがたい意識の存在	約 730 語
2022	〔1〕	論説	人類による環境変動の時代	約 450 語
	〔2〕	論説	蓄積されるデジタル情報の課題	約 600 語
2021	〔1〕	論説	フィクションが育む共感力	約 570 語
	〔2〕	論説	ダーウィンの進化論と一元論的世界観	約 720 語
2020	〔1〕	論説	小さな生き物の脳に備わる高い認知能力	約 560 語
	〔2〕	論説	アメリカ先住民の歴史	約 630 語
2019	〔1〕	論説	仮想現実から学ぶ人間の実像	約 580 語
	〔2〕	論説	写真のデジタル化がもたらす変化	約 580 語
2018	〔1〕	随筆	相手を尊重した手助けの方法	約 550 語
	〔2〕	論説	地球近傍天体の軌道修正と資源活用	約 530 語

深い理解力＝言葉を操る力
日本語・英語を自在に駆使することが不可欠

01 基本情報

試験時間：120 分。

大問構成：近年は大問４題が主流だが，2019・2024 年度は大問３題となっている。

解答形式：2018・2024 年度は読解問題の一部（空所補充）で選択式が出題されたが，それ以外は記述式である。

配　　点：〔１〕〔２〕各 50 点，〔３〕〔４〕各 25 点（2018・2020〜2023 年度），〔１〕50 点，〔２〕75 点，〔３〕25 点（2019・2024 年度）。

解答用紙：下書き用紙付きのＢ５判の解答冊子。

02 出題内容

① 読解問題

出題英文の内容は高度である。抽象度の高い英文と具体的内容の英文が各1題という組み合わせで，科学，歴史，哲学関連の英文が多い。

2023年度は下線部和訳のみの構成であり，かつての出題形式（下線部和訳のみ）を彷彿させるものであったが，2024年度は下線部和訳以外にも，下線部説明に絡めた英作文と，選択式の空所補充が出題された。日本語での下線部説明は出題されなかったものの，近年の内容説明問題の傾向は続いていると言える。2024年度は，下線部の理由を「本文にはない具体例」を挙げながら英語で説明するという，自由英作文の要素を含む問題が出題された。この点では，2019年度も読解問題の中で本文のテーマに絡めた自由英作文が出題されており，これに類似している。

下線部説明は，2019年度〔2〕(2)や2020年度〔2〕(2)のように，時に本文中の情報から言外の意味を推測して，それを論理的に表現することが求められる。2021年度〔2〕(1)は，下線部説明ではなく，設問の指示に該当する箇所を指定された段落から探して，そこを日本語で答えさせる形式であった。2022年度〔1〕(1)は単語の説明と，比喩的表現が用いられた英文の内容説明となっていた。2024年度〔2〕(3)では，先述したように英語での説明を求める問題も加わっている。

空所補充は，2019年度は語形変化を伴う記述式で，2018・2024年度は選択式となっている。2020〜2023年度は出題されなかった。

② 英作文問題

和文英訳：1問につき3〜5文である。英訳の対象となる日本文は，こなれた表現の多い随筆的な文章なので，英訳しやすい日本語にパラフレーズすることが必要である。文全体の構造から言い換える必要に迫られることがよくある。

2018年度は日本文の一部が空所になっており，その空所にふさわしい内容を自分で考えて補い，全体をまとまりのある英文にする必要があった。

自由英作文：2018・2021・2023年度〔4〕の自由英作文問題は，会話文の空所に適切な発言を英語で書く形式で，前後の会話の内容を踏まえたうえで発言の内容を考える必要がある。2019年度ではその〔4〕が姿を消し，代わりに〔2〕の読解問題の中で100語程度の自由英作文が出題された（2024年度〔2〕のうちの英文による説明問題もこれと類似した形式であった）。2020年度は〔4〕が復活し，留学しようとしている大学生になったつもりで奨学金についての問い合わせをする，という問題が出題された。2022年度はトピックに対する自分の考えを理由とともに100語程度の英語で書くというものであった。

03 難易度と時間配分

読解，英作文とも，逐語訳では太刀打ちできず，高度な内容を十分に消化したうえで，日本語・英語で表現する必要があるので，難問である。

英作文は手早くすませて，読解2題に時間を十分かけられるようにしたい。ただし，2022年度のように，読解英文の語数が少なめである代わりに，〔4〕の自由英作文では何を書くべきか検討する時間を要するものもあるため，問題の全体的な構成についても先にチェックしておくべきであろう。

対策

まず一般的な心構えを 01 ～ 03 で，具体的な勉強方法を 04 ・ 05 で述べる。

01 豊かな語彙を蓄える

英語でも日本語でも，単に知っているというレベルではなく，自分がそれを使っているというレベルにある語句を増やしておくことが大切である。特に和文英訳では，問題文の日本語がこなれているので，日本語の中での言い換えができることも大事だ。言葉がその文脈でどういった意味で使用されているのかを読み取り，別の日本語に置き換えていく必要がある。自分が蓄えている英語表現に対応する日本語にパラフレーズできて初めて，和文英訳ができるのだ。また，「へそで茶を沸かす」とか「のどから手が出る」といった慣用表現をそのまま逐語訳する受験生はいないだろうが，案外気がつかないところで，英語としてはおかしいのに日本語をそのまま置き換えていることがあるので，注意することが大切である。

下線部和訳の場合も，同じことが言える。普段から和訳の練習をするときには，知らない語句をすぐ辞書で調べるのではなく，ひとまずこのような意味ではないかと推測して訳文を作ること。それから辞書で確かめるのがよいだろう。その際，英和辞典の見出しに続く訳語はあくまでサンプルであり，何が適当な訳語になるかは文脈によって決まるということを意識しておきたい。自分が考えた訳語が英和辞典に載っていないからといって，それを使うことをためらう必要はない。もちろん，その訳語が本来の定義から大きくずれてはいけないので，日頃から辞書によく目を通しておくことが大切なのは言うまでもない。辞書の見出しに載っていない訳語をどれだけ自分の頭の中の辞書に蓄えているかが，英文和訳の速度と的確さを左右するだろう。

02 文章の把握力を養う

読解でも英作文でも，単語を置き換えただけでは通らないレベルの問題が出題される。必要なのは「結局，何が言いたいのか」ということが理解でき，自分の言葉でそれを説明し直せる力である（読解問題で出題されている下線部説明や空所補充ではこの力がより求められている）。

読解問題は，下線部中心の読解ではなく，全体を素早く的確に読み通せる読解力を養成していくように，日々努力したい。取り上げられているテーマについて，筆者がどのような立場をとっているかに注意し，和訳箇所が全体の流れと食い違わないように解釈しよう。設問箇所に見慣れない語句が入っていることもあるだろうが，前後関係から推測できるように訓練しておきたい。

03 「直訳」を大切にする

読解問題について言えば，「意訳」は必要だが，「飛躍」してはいけないということを心に留めておこう。「意訳」というと，細かいところにこだわらず全体でおおよそこんな意味だとまとめることだと考えている受験生がいる。しかし，大学受験での「意訳」は，「直訳では不自然になる箇所に修正を加える」ことだと考えておきたい。和訳は「内容の説明」ではない。おおよそこんなことだ，が問われているのではないのである。まずは英文そのものを「尊重」して，丁寧に分析するのがよい。主語は，動詞は，文型は，この前置詞句は何を修飾するのか，不定詞・分詞はどういう用法か，そういったことをひとつひとつきちんとみていこう。「直訳」はその言語のしくみがわかっていてこそできる。

英作文問題についても，和訳の際の「直訳」が底力となる。英語から日本語への直訳をしておけば，英語の構造がどういうものか体得できる。それが，こなれた日本語をパラフレーズするときに，どうすれば英語にしやすいかを考える基礎になる。英語は日本語と異なる文構造をもっているので，英作文に必要なのはまず日本語のパラフレーズである。そのためには，英語の単語や構文・イディオムを熟知することが大切であろう。たとえば「象は鼻が長い」はそのままでは英訳できない。これをどうパラフレーズしたらよいかは，英語の構造に精通していないと難しい。「象は長い鼻をもっている」とか「象の鼻は長い」というパラフレーズは，英語の構造を知っているからできることなのである。

04 読解問題の攻略

「必ず訳文を書く」ことを心がけたい。言いたいことがわかっていてもそれをうまく表現できるかどうかは別である。和訳の練習としては，03で述べた「直訳」を心がけること。方法としては，英文を分析したら「何がどうした」という一番土台になるところを必ずメモすること。この段階で文型の要素まで考えておく。そのあとで修飾語句や節を足していく。一度に訳文を作ろうとすると，長い文ではまとまりがつかなくなるため，一番の土台が崩れやすい。修飾語句がどれだけついても「何がどうした」の土台が変わることはないのだ。目に見える形になれば客観的に観察できる。また一読して理解できなくても，書きながらわかることもある。いずれにせよ，部品に分ければそれほど難しくない場合が多い。

勉強の材料としては過去問が第一である。難関校過去問シリーズ『京大の英語 25 カ年』（教学社）を演習しておけば，練習量としてはかなりのものになるだろう。初めから過去問に取り組むのが不安なら，『英文標準問題精講』『基礎英文問題精講』（いずれも旺文社）などを使って，文法や構文の確認もしながら練習を積むとよい。

自分で訳文を書いたら，解答例と比較して，その優れた部分をまねるようにしたい。自分が使える語彙に入っていなかった日本語を覚えるという語句レベルから，文全体の構造を大きく言い換えるというレベルまで，「盗める」ところはどんどん吸収すべきだ。

05 英作文の攻略

これも「まず書く」ことから始まる。読解と同様，過去問が練習材料になる。初めは難しく感じて当然だが，めざすべきレベルがどのようなものかを知っておくことは大切である。04で挙げた『京大の英語 25 カ年』には英作文問題も入っているので，解説をじっくり読んで，どのように日本語をパラフレーズすればよいかを身につけていきたい。そうすれば，土台となる SV をどう設定するか，文を構成するための文型・文構造はどういったものが最適か，修飾語句は何を使って（たとえば，不定詞を使うのか動名詞を使うのか，はたまた関係詞を使うのか現在分詞か過去分詞を使うのか），それをどこに配置するのか，といった見通しが立てられるようになる。長い文を 2 つに分けたり，思い切った意訳をするといった柔軟な判断が求められるので，その点にも留意して読もう。

2018・2021・2023 年度に出題された会話文の空所に適切な発言を英語で書く問題については，本書だけでなく，東大の過去問がよい教材となるだろう。東大では 2010 年度以前には空所を埋めて，会話文や文章を意味の通るものにする問題が出題されている。難関校過去問シリーズ『東大の英語 25 カ年』（教学社）ではその年度の問題も収録されているので参考にするとよいだろう。

2020 年度に出題された「丁寧な文章」という条件のある問い合わせ文や，2019・2022 年度に出題された自由英作文，2024 年度に出題された下線部説明に絡めた英作文は，できるだけ平易な英語で表現することを心がけ，さまざまなタイプの英作文に慣れておきたい。2022 年度のようなテーマ型自由英作文については，金沢大学・広島大学・鹿児島大学など他大学の過去問に多く素材があるので活用するとよい。ただし，いきなり英文を書く練習をするよりも，構成をメモする訓練をまずは徹底しておくことが重要だろう。他にも，赤本プラス『大学入試 すぐ書ける自由英作文』（教学社）など，入試頻出の重要テーマを集めた参考書を通読し応用力をつけておけば，本番でどんなテーマが出題されても，冷静に対応できるだろう。

また，京大レベルの英作文の勉強で受験生が困ることは，自分の書いたものがどれほどの評価を得られるのか，自分では判断しにくいということだろう。解答例が自分の解答と同じになることはまずないからである。できれば添削してくれる人を見つけておきたい。ただし，書きっぱなしでもっていくのは避けたい。自分で検討できることは全部やっておくべきだ。時制や数，冠詞などの点検はどんな内容の英作文でも常にしなくてはならないし，試験場では自分しか頼りにできない。また，辞書で確認できる程度の語法などは自分で点検すべきであって，人にやってもらうものではない。自分で調べのつかないこと，全体的にどう評価されるかということだけをみてもらうように心がけたい。

○京都大学の外国語の出題方針

個別学力検査「英語」では，ただ単に英語を話すだけではなく，英語で書かれた論文や学術的な内容の記事を正しく理解し，その内容を的確にまとめ，それに対する自己の見解を効果的に表現するという，高い英語コミュニケーション能力を身につける上での基礎的な学力とその応用力を問います。この高い英語コミュニケーション能力は，しっかりした語彙力や慣用表現の知識，構文や文法の理解などを基盤としてようやく実現されるものです。

このような基礎的な学力とその応用力を問うために，まとまった内容の英文和訳や和文英訳を求める問題を多用します。語彙知識を問うことに加えて，文法事項のうちでも特に論理的な思考と表現に欠かせない関係代名詞や関係副詞，仮定法，分詞構文などの理解力や，代名詞の指示対象の的確な理解力を問います。未学習の語句の意味を前後の文脈から正しく推測して，文章全体の主旨を速やかに把握する能力も問います。このような出題を通して，単なる訳出ではなく，包括的な英語の理解力と表現力を重視して評価します。

京大「英語」におすすめの参考書

- ✓『京大の英語 25 カ年』（教学社）
- ✓『英文標準問題精講』（旺文社）
- ✓『基礎英文問題精講』（旺文社）
- ✓『東大の英語 25 カ年』（教学社）
- ✓『大学入試 すぐ書ける自由英作文』（教学社）

赤本チャンネルで京大特別講座を公開中

実力派講師による傾向分析・解説・勉強法をチェック →

数　学

年度	番号	項　目	内　容
2024	〔1〕	確率，極限	立方体の面の塗り方と確率，極限
	〔2〕	複素数平面	複素数の絶対値，複素数平面上を動く点の領域と面積 ⊘図示
	〔3〕	ベクトル	2直線がねじれの位置にあるための条件
	〔4〕	数　列	項の偶奇によって異なる漸化式と条件を満たす数列の初項
	〔5〕	微分・積分，極　限	指数関数で表された曲線と領域の面積，極限
	〔6〕	極　限	$2^{\sqrt{k}}$ の整数部分が n 桁である k の個数と極限，はさみうちの原理
2023	〔1〕	積　分，式と証明	問1．部分積分法 問2．整式の除法
	〔2〕	ベクトル	空間における2直線の交点
	〔3〕	確　率	さいころの目と余事象の確率
	〔4〕	微　分	指数関数・分数関数の最大値と最小値
	〔5〕	微分・積分	空間内で線分が通過してできる立体の体積
	〔6〕	三角関数，数　列	$\cos\theta$ による $\cos n\theta$ の表現，2段の数学的帰納法，背理法 ⊘証明
2022	〔1〕	対数関数	常用対数を用いた不等式の証明 ⊘証明
	〔2〕	確　率	3枚の札を取り出す確率
	〔3〕	整数の性質	n で表された3整数の最大公約数
	〔4〕	ベクトル，図形の性質	四面体の対辺上の2点を結ぶ線分の長さの最小値 ⊘証明
	〔5〕	微分・積分	三角関数のグラフと面積，最大値，不等式の証明 ⊘証明
	〔6〕	数　列	数列の周期性と漸化式
2021	〔1〕	ベクトル 確　率	問1．平面に関して対称な点 問2．反復試行の確率
	〔2〕	微　分	線分の長さの最小値，分数関数の微分法
	〔3〕	極　限	三角関数を含む無限級数の和
	〔4〕	積　分	曲線の長さ
	〔5〕	図形と方程式	三角形の外心，垂心の軌跡
	〔6〕	整数の性質 微　分	問1．素数であることの証明 ⊘証明 問2．平均値の定理 ⊘証明

年度	番号	項目	内容	
2020	〔1〕	複素数平面	3次方程式の解が正三角形の頂点になる条件	
	〔2〕	数列，極限	2段の数学的帰納法，三角関数の極限	⊘証明
	〔3〕	ベクトル	単位球面上の4点の位置ベクトルと内積	
	〔4〕	整数の性質	整数に含まれる素因数3の個数の最大値	
	〔5〕	場合の数	4×4のマス目に数字を入れる場合の数，ラテン方陣	
	〔6〕	積分	z軸まわりの回転体をx軸のまわりに回転させてできた立体の体積	
2019	〔1〕	三角関数 積分	問1．2倍角・3倍角の公式と有理数・無理数 問2．部分積分法と置換積分法	
	〔2〕	整数の性質	素数となる条件	
	〔3〕	積分	媒介変数表示された曲線と面積	
	〔4〕	確率，数列	さいころの目の出方と確率，等比数列の和	
	〔5〕	微分	球面に内接する四角錐の体積の最大値	
	〔6〕	複素数平面	ド・モアブルの定理，常用対数	
2018	〔1〕	微分	2つの放物線の接点の存在範囲	⊘図示
	〔2〕	整数の性質	与式が素数となるような自然数	
	〔3〕	三角関数	円に内接する四角形の4辺の長さの積の最大値	
	〔4〕	確率，数列	確率と連立の漸化式	
	〔5〕	微分・積分，極限	曲線の長さと極限	
	〔6〕	空間図形	四面体を切ってできる2つの部分の体積の関係	⊘証明

出題範囲の変更

2025年度入試より，数学は新教育課程での実施となります。詳細については，大学から発表される募集要項等で必ずご確認ください（以下は本書編集時点の情報）。

2024年度（旧教育課程）	2025年度（新教育課程）
数学Ⅰ・Ⅱ・Ⅲ・A・B（数列，ベクトル）	数学Ⅰ・Ⅱ・Ⅲ・A・B（数列）・C（ベクトル，平面上の曲線と複素数平面）

旧教育課程履修者への経過措置

新旧の教育課程で学習指導要領による扱いが異なる事項について，出題にあたり必要に応じた配慮をする。

傾向　計算力・論証力・図形的センスを求める高度な問題多し

01　基本情報

試験時間：150分。

大問構成：大問６題。2019 年度〔１〕，2021 年度〔１〕〔６〕，2023 年度〔１〕は小問集合。

解答形式：全問記述式。

配　　点：〔１〕～〔４〕各 30 点，〔５〕〔６〕各 40 点（2024 年度），〔２〕〔３〕各 30 点，〔１〕〔４〕～〔６〕各 35 点（2023 年度），〔１〕〔４〕各 30 点，〔２〕〔３〕〔５〕〔６〕各 35 点（2022 年度），〔１〕〔６〕各 40 点，〔２〕～〔５〕各 30 点（2021 年度），〔１〕〔２〕各 30 点，〔３〕～〔６〕各 35 点（2020・2018 年度），〔１〕40 点，〔２〕〔４〕〔５〕各 30 点，〔３〕〔６〕各 35 点（2019 年度）。

解答用紙：問題冊子とは別にＡ４判（2019 年度まではＢ５判）の解答冊子があり，１題につき解答用ページは１ページ分の大きさである。ただし，解答用ページに収まらない場合には，続き方をはっきり示して計算用ページに続きを書くことが許されている。

02　出題内容

頻出項目：よく出題されている分野は，微分・積分，確率，三角関数，整数の性質，数列，極限，ベクトル，複素数平面である。

内　　容：証明問題は１，２題出題されることが多いが，2022 年度は３題出題されている。証明問題が出題されていない年度でも，論理を試す問題は出題されている。証明問題では，筋道の論理的厳密さと，それを相手（採点者）に正確に伝えるための表現力が重要な要素となる。

公式に当てはめただけで直ちに解決するという問題は少なく，そのため解法が一通りでないのも特徴である。解決の糸口を探るために，さまざまな可能性を試してみる柔軟性が求められている。

また，図形的な直観力と判断力を必要とする問題も多く，図示問題もときどき出題され，論証問題と合わせ，大きな特徴となっている。図形的知識が複雑な計算の手助けとなることはしばしばあり，それを意図して作られた問題も多い。計算だけで解き進めていると「結局，何をやっているのか」という大局が見失われがちである。普段から図形的判断力を培っておくことが大切であろう。

パズル的な発想を要する問題とか，「まさかこんなところに突破口があるとは」といった，心理的盲点をついた問題が出題されることもある。

高度な計算力を要する問題も多い。特に三角関数の諸公式を自在に活用する力や，積分計算の技術力は，合格のために不可欠である。また，複雑な計算式を地道に，かつ正確に処理していく粘り強い計算力を求められることも多い。

03 難易度と時間配分

2020 年度はそれ以前に比べて難化し，2021～2023 年度は易化傾向が続いたが，2024 年度は再び難化した。各年度ともやや易レベルから難レベルの問題までずらりと並んでいる。

最初にすべての問題に目を通し，解答しやすい問題を見極め，素早く確実に解答することが大事である。その上で，時間に余裕をもって残った問題に取り組みたい。

対策

01 基本事項のマスター

どんな難問も，それを解くのに最低限必要となる公式や解法は，教科書や標準的問題集で十分マスターできる。受験準備の早い段階で意識的に身につけていく必要がある。基本事項の習熟は，それが合格のための十分条件とはならないが，合格に不可欠な応用力を身につけるために絶対的に必要な条件となる。そうした基本点での漏れがあっては，合格は期待できない。三角関数の種々の公式，積分の公式など覚えにくいものは，表を作って毎日点検するのもよいだろう。

02 応用力の育成

漠然と問題量をこなす練習を繰り返していても応用力は身につかない。1 題解くごとに，解法を点検して必ずそこから何かを吸収するという態度が大切である。1 題に対して複数の解法がないかなど多角的にアプローチする習慣をつけ，柔軟な思考力を養いたい。また，問題を解くために使われた公式や解法で少しでも完全マスターに至っていないものがあれば，その場で実戦的に理解し，頭に入れてしまうことである。応用的な解法・技法の数は非常に多く，それらを簡単に体系だてて身につける手段はないというべきである。「その場その場で実戦的に」というのが最も確実な習得方法である。最新の入試問題を集めた『入試問題集』シリーズ（数研出版）の理系向けのものなどを利用して，新たな解法・技法も身につけておきたい。「これは」と思う解法を発見したり，参考書などで学んだりしたときには，使った場面とともに書き留めて自分用の「数学解法ノート」を作るのもよいだろう。

03　頻出項目のチェック

頻出項目や重要項目については，毎日の勉強の中に確実に組み込んで十分な練習を心がけねばならない。いくつかの分野が融合されることや，さまざまな分野からのアプローチが可能なことも多い。あるいは，普段解き慣れていない方向からの，意表をつく出題もある。『京大の理系数学 25 カ年』（教学社）も用いて，どのような問われ方をしても対処できるような柔軟性を身につけるとともに，応用力を必要とする難問にもチャレンジし，いろいろな観点から問題を掘り下げて解く練習もやっておきたい。また，『京大数学プレミアム』（教学社）は，過去 50 年以上にわたる京都大学の過去問から厳選された難問・良問集で，『京大の理系数学 25 カ年』との関連も考慮されており，取り組み甲斐のある 1 冊である。

04　計算力の強化

符号ミスやカッコの処理のミスなど，よくある単純ミスをなくすことはもちろんだが，複雑で手間のかかる計算を最後までやり抜く粘り強さや，計算技術（特に三角関数の式変形と積分技術）の習得に努めなければならない。計算技術が伴わなければ応用性の高い問題を征服することはできないし，妙案を思いついても途中の計算でつまずいては意味がない。計算力は単なる技術の問題ではなく，数学全体を見通す力とも関連していることを知らねばならない。込み入った式や，多くの関連する式が併存しているようなとき，「…を消去して，…について解く」「…の関数とみて増減を調べる」などの大局的な方針を立てる力がなければ，計算は正しい方向に進まないのである。

05 論証問題への対応

論証問題の出題が多い。京大数学で求められる厳密な論理的思考力やそれを正確に採点者に伝えるための表現力は短期間で身につくものではない。日々の勉強の中での考える習慣が大事である。量をこなすことばかりに目を奪われず，ときには，１題１題丁寧に，いろいろな角度から別解を考えてみるのもよい。手間のかかる計算によって苦労して解いた問題が，別の視点から眺めるとあっけなく解けてしまうこともある。そうしたときの驚きと喜びは数学の上達にとって大きな励みとなる。また，使う公式やアプローチの方法がまったく違うにもかかわらず，結果として１つの問題が解けて同じ結論が得られるのは，それらの解法の裏側に共通する何かがひそんでいるからである。それを考えることで数学に対する新しい目が開けてくることもある。まったく無関係だと思っていた分野が実は密接につながっていることを知らされることもある。こうして深く考えることで数学を楽しんでほしい。楽しむ中で自然に身についてくる問題解決の力こそが本物の実力である。

また，狭い意味の受験数学だけでなく，気分転換も兼ねて，ときには数学パズル的なものに親しむことも，柔軟な思考力や幅広い発想を養う上で役に立つだろう。整数問題の力をつける助けになることもある。

さらに，論理的な筋道を正確に要領よく表現する練習もしておかなければ，得点アップにつながらない。教科書や参考書の例題を手本にするのが近道であろう。

06 図形的判断力を養う

論証問題とともに京大数学のもう１つの柱は図形問題である。まず，初等幾何の知識を整理し，要点をピックアップすることをすすめる。自分で納得しながら重要な定理を拾い出してまとめておくのである。次は空間図形の感覚を養うこと。空間ベクトル，体積計算などの問題を通じて，立体図形をとらえるコツを身につけてほしい。三次元空間を正確に頭の中にイメージするのは，誰にとっても易しいことではない。立体図形の全体像をトータルに思い浮かべることが困難な場合でも，ある限定された局面（立体図形を平面で切った断面など）でとらえることによって，比較的たやすくイメージが得られる。

また，見かけは図形と無関係な問題であっても，それを図形的にとらえることで，問題の構造がはっきりすることもある。日頃から図形的な視点で問題を再構成してみる習慣をつけておくとよい。

○京都大学の数学の出題方針

我が国の高等学校と中学校では，身近な現象や事象を「数学」の視点から捉えて数学の問題を作り出すこと，また数学に現れる様々な事項を理解して論理的に考察したり処理したりすること，さらには得られた数学的な知識を利用して身近な現象・事象の理解を深めたり問題解決に役立てることの全般を「数学的活動」と呼んでいます。このような数学的活動を通して，数学における基本的な概念や原理・法則の体系的な理解を深めること，事象や現象を数学的に表現する能力を高めること，さらには学習を通して創造性の基礎を涵養するとともに数学の良さを認識し，数学的な知識を論理的根拠に基づいて積極的に活用して判断しようとする態度を育てることが高等学校における数学学習の目標であると，学習指導要領は定めています。本学の学力検査における数学は，高等学校卒業までに学習する数学について，入学志願者がこの学習目標をどの程度達成しているかを評価し判断するものです。

数学の学力とは，単に計算力や論理力だけを指すものではなく，数学的な直観力や，式や数学の概念を利用した表現力なども含まれるものと考えています。したがって，我が国の小学校入学から高等学校卒業までに学習する数学的な概念，原理，法則，公式などの事項のすべてについて，個々の知識の有無だけを単に評価するのではなく，上述のような総合的な数学力を評価する問題を出題するように心掛けています。このため，個別学力検査では，数学的な表現力を評価するため，論述形式の解答となるような出題を主体にします。

具体的には，計算問題であっても，単に計算結果だけではなく，その過程や背後の論理性を評価するような出題を心掛けています。また，論理を問う問題では直観，類推，帰納，演繹等の数学的考察を正確な数学的表現力で記述する能力を評価できるような出題を心掛けています。数学の問題ではいわゆる「正解」に至ることは大切ですが，「正解に至る論理的に正しい過程」も正解と同様に大切です。

高等学校卒業までに学習する概念，原理，法則，公式といった数学的な知識や事項の記述は，現状では教科書によってその扱いや書き方が多少異なっていますが，本学の数学において出題範囲としている内容について，いずれかの検定済教科書で記述されている事項はすべて出題範囲に含まれていると考えています。現状の数学の高等学校用検定済教科書の内容は，高等学校学習指導要領を踏まえてそこに定められる事項をすべて含みつつ，高等学校卒業までに培われる「数学的活動」の能力によって修得できる程度の事項について幅広く記述されています。したがって，個別学力検査における出題に際しても，高等学校学習指導要領を十分に踏まえた上で，いずれかの検定済教科書で記述されている程度の，高等学校卒業までに得られる論理力から理解できる程度の幅広い事項は出題対象であると考えています。問題作成にあたっては，単発的な個別の数学的知識を問う問題や，解法の暗記によって対処できるような問題を排するように心掛けています。さらに，出題範囲に含まれている複数単元でそれぞれに学習する数学的な知識を論理的・系統的に理解することによって問題解決に到達するいわゆる「融合問題」の出題を通して，数学的な知識の活用力も評価します。

数学（理系）では，出題の範囲に数学Ⅲが含まれます。数学（文系）と数学（理系）の間では出題される問題が異なることがありますが，出題の方針に変わりはありません。

京大「数学」におすすめの参考書

✓『京大の理系数学 25 カ年』（教学社）

✓『京大数学プレミアム』（教学社）

✓『大学入試　最短でマスターする数学Ⅰ・Ⅱ・Ⅲ・A・B・C』（教学社）

✓『大学入試　突破力を鍛える最難関の数学』（教学社）

✓『入試問題集』シリーズ（数研出版）

物　理

年度	番号	項　目	内　容
2024	〔1〕	力　学	ばね付き振り子の単振動，弾性衝突 ⊘描図・論述
	〔2〕	電 磁 気	直線電流がつくる磁場，非一様な磁場中での荷電粒子の運動 ⊘描図
	〔3〕	波　動	光の全反射，光ファイバー，回折格子 ⊘論述
2023	〔1〕	力　学	万有引力，軌道半径が変化した場合の単振動 ⊘描図・論述
	〔2〕	電 磁 気，力学，原子	導体球の電場・電位，球形コンデンサー，円運動，光電効果 ⊘描図
	〔3〕	波　動	複数の偏光板による偏光，透明物体による偏光方向の変化 ⊘描図・論述
2022	〔1〕	力　学	2球の弾性衝突，鉛直面内での円運動，斜方投射 ⊘論述
	〔2〕	電 磁 気	はしご型導体を横切る棒磁石による誘導起電力 ⊘論述（・描図）
	〔3〕	熱 力 学	理想気体の熱サイクル，ゴムヒモの熱力学 ⊘描図・論述
2021	〔1〕	力　学	斜方投射，2物体の繰り返し衝突 ⊘論述
	〔2〕	電 磁 気	折り返し回転する導体棒の起電力，コンデンサーの充電 ⊘描図・論述
	〔3〕	原　子	X線の結晶による反射，中性子波の干渉 ⊘論述
2020	〔1〕	力　学	ばねと糸でつるされた2つの小球の運動 ⊘描図
	〔2〕	電 磁 気	コイル・コンデンサー・ダイオードを含む回路 ⊘論述・描図
	〔3〕	熱 力 学	膨張する立方体中での粒子の運動 ⊘論述
2019	〔1〕	力　学	人工衛星に取り付けた小物体の運動，楕円軌道の周期 ⊘論述
	〔2〕	電 磁 気	軸対称な磁場中を回転する導体棒に生じる起電力，ベータトロン ⊘論述
	〔3〕	波　動	薄膜による光の多重反射と干渉，波の式 ⊘論述
2018	〔1〕	力　学	重力と抵抗力を受ける物体の落下運動 ⊘論述
	〔2〕	電 磁 気，力　学	電界・磁界中の荷電粒子の運動 ⊘描図
	〔3〕	熱 力 学	円筒内の気体の圧力・数密度の高度変化，1粒子あたりの比熱 ⊘論述

基礎事項の正確な理解と応用力・計算力が必要

01 基本情報

出題範囲：物理基礎・物理

試験時間：教育学部理系試験は1科目90分，その他の学部は2科目180分。

大問構成：大問3題。

解答形式：例年，空所を埋めて長文を完成させる形式が中心であるが，近年は論述問題（計算・導出過程を求められる記述式の問題を含む）が増加し，連続して出題されている。描図問題もほぼ毎年出題されている。

解答用紙：B5判の解答冊子である。下書き用のページも用意されている。

02 出題内容

頻出項目：例年，力学から1題，電磁気から1題は必ず出題され，その他の分野から残りの1題というパターンが多い。残りの1題の分野は，2018・2020・2022年度は熱力学，2019・2023・2024年度は波動，2021年度は原子であった。2023年度は，電磁気の大問内で原子の分野についても問われた。

力学の問題では，単振動や円運動に関するものがよく出題されている。

内　　容：各問題の初めには基本的な設問があり，文章の指示，誘導に従って計算していくと結論が導き出せるようになっている。　⇨**対策 01**

2019年度〔3〕，2020年度〔1〕，2021年度〔2〕，2022年度〔2〕，2023年度〔3〕，2024年度〔2〕のように文章の読解力を要する設問が多い。　⇨**対策 02**

2018年度〔1〕(2)・(4)，〔3〕(C)，2019年度〔1〕問1，2020年度〔3〕**く**・**け**，2022年度〔1〕問1，2023年度〔1〕(2)・(3)のようにかなりの計算力を必要とする設問も多い。　⇨**対策 03**

2018年度〔1〕エ・コ，2022年度〔2〕(4)，2023年度〔2〕問2，2024年度〔3〕問1のようにグラフを読み取るといった思考力を要する設問も頻出である。　⇨**対策 04**

高校物理ではまず扱わないような物理現象がしばしば出題されている。2018 年度〔1〕の速さの 2 乗に比例した抵抗力，2019 年度〔3〕の薄膜による光の多重反射，2020 年度〔3〕の断熱膨張，2021 年度〔3〕の中性子に対する重力の影響，2022 年度〔3〕のゴムヒモの熱力学，2023 年度〔3〕の複数の偏光板による偏光，2024 年度〔1〕の振り子の連成振動など，京大らしいユニークな内容である。

⇨**対策 05**

03 難易度と時間配分

全体的に，基本的な設問と，やや難解な設問とがバランスよく組み合わされている。2022 年度は〔2〕問 1 で「説明のために，図を用いてよい」という目新しい形の論述問題があった。2024 年度は〔1〕の連成振動，〔2〕の磁気勾配ドリフト，〔3〕のファイバー・ブラッグ・グレーティングなど京大らしいユニークなテーマが多かったが，計算量は減少し，2023 年度よりやや易化したと思われる。

最初に各問題の初めの基本的な設問を取りこぼしなく素早く解答し，続く難問に時間の余裕をもって取り組みたい。

対策

01 基礎事項の系統的理解

物理の学習には基礎が大切で，まずは力学，電磁気，熱力学，波動，原子の各分野の基礎事項を系統的に理解することである。基礎的な事項をしっかり理解していれば正解できる設問がかなり出題されるので，これを確実に解くことが絶対条件となる。また，力学の諸法則を適用して他の分野，特に熱力学，電磁気，原子物理の現象を考察させる問題がよく出題されている（2018 年度〔2〕，2020 年度〔3〕，2023 年度〔2〕，2024 年度〔2〕）。このため，力学の基礎力と応用力をつけ，他の分野の学習においても力学の諸法則との関連を考えながら学習することが重要である。問題集として『体系物理』（教学社）がおすすめである。

02 題意を正確にとらえる読解力を養う

長い文章の空所補充問題が毎年出題されている。これに対応するには，限られた時間内に題意を正確にとらえる読解力を養っておくことが大切である。そのためには，過去問やそれに類似する問題を解いて練習することが必要である。その際，文章をよく読まないで題意を憶測して解いたり，途中で答えを見たりしないことである。題意を正確にとらえるためには図やグラフを描くことが大切で，これも練習しておきたい。また，計算・導出過程を求められる設問も出題されているので，論理立てて答案を書く練習をしておくこと。

03 迅速かつ正確な計算力を養う

例年かなりの計算力を必要とする設問や，近似式を用いる設問が出題されている。近似計算が必要なパターンはある程度決まっているので（力学の微小振動，熱力学の断熱変化，光波の干渉，原子からの光の放出など），類似問題を多く解いて慣れておくことが大切である。

04 グラフを解析する力を養う

グラフを読み取ったり描かせたりする設問がよく出題されている。これらのグラフは高校の教科書などでは見慣れないものが多いが，問題文をよく理解すればそう難解ではない。対策としては，いろいろな物理法則をグラフで表せばどうなるか，日頃から注意しておくことである。

05 見たこともない問題が出てもあわてない

難解な物理現象を高校物理の範囲で解けるようにアレンジして出題するのが京大の最大の特徴であると言ってもよい。しかし，こういう問題は大変丁寧な誘導があるのでかえって解きやすく，あわてる必要はまったくない。問題文をよく読んで誘導に従って解いていけば十分完答できるものが多い。

○京都大学の物理の出題方針

高等学校で学ぶ物理では，物理学の基本的な概念や原理・法則の理解を深め，体系化された知識に基づいて自然の事物・現象を分析的かつ総合的に考察する能力を身に付けることを目標としています。物理学の基礎知識や考え方は，「力と運動」，「エネルギー」，「電気と磁気」，「波」，「熱と温度」，「分子や原子」といった様々な概念や原理・法則を系統的に理解するために必須のものであり，十分な修得が求められます。

個別学力検査「物理」では，物理学に関する基本的事項の理解度をみるために，本学が指定する出題範囲から，できるだけ分野的な偏りがないように出題します。出題の形式においては，知識の確認，物理的思考，計算力を総合的に判断できるように問題を配置します。さらに，思考の過程と論証力を測る目的の記述式問題も出題します。そして，知識の羅列のみでなく，物理的思考，論証力，計算力を総合的に評価します。

化 学

年度	番号	項　目	内　容
2024	〔1〕	構造・状態	(a)金属結晶の構造　(b)水素吸蔵と気体の法則　⊘計算
	〔2〕	状態・変化	微細な液滴による気体の吸収と平衡　⊘計算
	〔3〕	有　機	(a)非等価な炭素原子と構造決定　(b)アルケンの付加反応と立体構造　⊘計算
	〔4〕	高分子	(a)環状ペプチドの構造と反応　(b)トリペプチドのアミノ酸配列　⊘計算
2023	〔1〕	理論・無機	(a)黒鉛の結晶構造　(b)鉄の製錬と化学平衡　⊘計算
	〔2〕	状態・変化	溶液の蒸気圧とラウールの法則　⊘計算
	〔3〕	有　機	ベンゼンとピリジンの置換体の構造決定・構造異性体
	〔4〕	高分子・変化	ジペプチドとトリペプチドの構造決定　⊘計算
2022	〔1〕	無機・変化	(a)アルカリ土類水酸化物の溶解度・水和物　(b)クロム酸の電離平衡　⊘計算
	〔2〕	状態・変化	(a)弱酸の分配平衡　(b)U字管による浸透圧の測定　⊘計算
	〔3〕	高分子・有機	(a)酸クロリド　(b)酸ジクロリドとアミンとの化合物の構造決定
	〔4〕	高分子・有機	(a)単糖・二糖類の構造　(b)単糖の酸化分解生成物
2021	〔1〕	変　化	電気分解，酸化還元滴定，緩衝液　⊘計算
	〔2〕	変　化	H_2SO_4 の電離平衡，H_2SO_4 と NaOH の中和における反応熱と発熱量　⊘計算
	〔3〕	有機・構造	(a)リグニンの熱分解と生成物の構造決定　(b)バニリンの製法　⊘計算
	〔4〕	高分子・有機	(a)アスパルテームの製法と構造　(b)アミノ酸の性質とトリペプチドの分析（40字）　⊘論述
2020	〔1〕	変化・構造	(a) pH の違いによる CdS の沈殿　(b)最密充填構造におけるイオンの位置　⊘計算
	〔2〕	状態・変化	(a)蒸気圧降下と気液平衡，電気分解　(b)気相平衡における分圧の変化　⊘計算
	〔3〕	有　機	トリエステルの加水分解と構造決定　⊘計算
	〔4〕	高分子・有機	単糖の立体構造，アセタール化による保護

年度	番号	項目	内容
2019	〔1〕	変　　化	(a)沈殿滴定による Cl^- の定量，溶解度積　(b)濃淡電池 ⊘計算
	〔2〕	構造・変化	(a)分子の形と電子対の数　(b)気体反応における平衡定数・モル分率・分圧 ⊘計算
	〔3〕	有機・構造	(a)芳香族炭化水素の性質と構造決定　(b)イミドの加水分解と構造決定 ⊘計算
	〔4〕	高分子・有機	(a)アルドースの反応と異性体　(b)合成高分子化合物，糖を含む界面活性剤
2018	〔1〕	構造・変化	(a)氷の結晶格子と粒子の結合　(b)陽イオン交換膜法，緩衝溶液の電離平衡 ⊘計算
	〔2〕	状態・変化	(a)凝固点降下　(b) CO の燃焼における圧力変化と平衡定数 ⊘計算
	〔3〕	有機・構造	(a)配向性と化合物の合成（50 字 2 問）(b)アリザリンの合成経路，有機化合物の分離 ⊘論述・計算
	〔4〕	有機・高分子	(a)カルボン酸の酸化開裂と構造決定　(b)アミノ酸と等電点　(c)ポリペプチドの構造と中和

有機化合物の構造決定は必出，思考力・応用力・計算力など，高いレベルでの総合力を要す

01　基本情報

出題範囲：化学基礎・化学

試験時間：教育学部理系試験は１科目 90 分，その他の学部は２科目 180 分。

大問構成：大問４題。ただし，１題の中で(a)，(b)などの中問に分けられていて，実質５～９題分になることもある。

解答形式：全問記述式。計算問題では計算過程が要求されることもある。また，論述問題が出題されることもあり，１問当たり 40～50 字程度となることが多い。

解答用紙：Ｂ５判の解答冊子で，解答枠は十分なスペースをもって配置されている。

02　出題内容

大まかに分類して，例年，〔１〕〔２〕は無機・有機の内容が含まれることも多いが，理論中心であり，〔３〕〔４〕は有機分野でほぼ一定している。

①　理論分野

理論分野のすべてが出題対象になっているが，結晶格子，酸・塩基の反応や酸化還元反応がよく扱われている。また，反応速度や化学平衡に関してはかなり高度な内容が問われている。化学平衡は，多くの年度で出題されている。

②　無機分野

無機分野が単独で出題されることはほとんどなく，理論分野の題材として扱われている。無機工業化学が扱われることもある。

③　有機分野

〔3〕で炭化水素，エステルなどを中心に有機化合物が扱われている。平易な内容から高度な考察を要するものまで幅広く出題されている。特に，元素分析やいろいろな反応を利用しての構造決定が中心である。〔4〕は，ほとんど例外なく高分子有機化合物や生体内物質が扱われている。高分子は年度により，天然，合成のどちらかが扱われるが，割合は天然のほうが大きい。両方が同時に出題されたこともある。

03　難易度と時間配分

どの問題も，比較的易しい知識の確認からはじまり，しだいに高度な設問になるように構成されている。問題文の的確な読解力，高い計算力，深い思考力など総合力が要求される問題が多い。また，試験時間に対して問題量が多いので容易に完答できない。まずは，問題すべてに目を通し，できる問題から手をつけるなどの対策をしておきたい。

対策

01　理論分野

過去問を見てあせり，教科書の内容を十分理解しないまま，高度な演習問題にアタックしても挫折感を味わうだけである。まずは標準レベルのものを取りこぼすことのないようにすべきである。そのためには，教科書にある基本的な知識を確かなものにし，理論分野を徹底的に理解すること。教科書の内容の理解を確認し，確実にするために，標準的な問題集を使って演習量を増やしておこう。計算問題では，最終の数値だけを答えるようになっている場合は計算過程による部分点は期待できない。高い計算力が要求されるとともに，計算ミスのないようにすることが大切であるので，日頃から電卓などを使わずに，自分の手で計算するようにしておこう。さらに，有効数字についての知識も確実にしておきたい。

02　無機分野

教科書では，典型元素については周期表の各族ごとに性質や反応が示され，遷移元素については，いくつかの元素が周期ごとに示されている。これは，似た性質の元素や化合物をひとまとめにして学習するようにしているためである。それぞれのまとまりの中で，たとえば，1族ならNa，2族ならCaについてというように，まず代表的な元素をまとめ，他の元素について，その代表的な元素の性質とどこが違うか調べるようにしていくとよい。代表的な元素とその化合物の関係などを図にしておくとわかりやすい。さらに，気体発生反応，化学工業，陽イオンや陰イオンの系統分析といった，別の切り口でまとめるのも有効な方法である。また，扱われる反応について，各種の理論的な考察を加えて量的にとらえる方法も身につけておくとよい。

03　有機分野

断片的に勉強しても，期待したような効果は得られないだろう。炭化水素は特徴的な構造と反応を，ヒドロキシ基やホルミル基などの官能基はそれぞれの関係を，系統的に矢印などで結んで図にしておくと，理解しやすく効果的である。学習を進めるにしたがって，その図を詳しくしていく，あるいは，ときどき書き直すといったことによって，さらに理解が深まる。そして，化合物の異性体や構造決定に関するものを中心に演習問題をやっておこう。

高分子分野については，単量体や重合体の構造・結合の仕方など，細かな点まで覚えられるよう時間をかけて学習しておかなければならない。糖類，アミノ酸，タンパク質，脂質などの天然有機化合物だけでなく，合成繊維，合成樹脂など身近な物質についても興味をもっておくことがまず大切で，それがこの分野の学習意欲に結びつく。意欲的に新聞などの科学記事を読んでおくと，新しい題材についての出題にも対応できるだろう。高分子分野と理論分野の関わりで，計算を要する標準的な問題も十分にこなしておこう。

04 過去問の研究

標準的な問題の演習がある程度まで進んだら，過去の出題例を見てみよう。問題ごとの難易度にもよるが，理解不足の分野は非常に難しく感じられるはずである。あせらずに，〔解説〕に示された論理的思考の流れや道筋を体得し，不得意な分野をなくすように学習していこう。どの問題から解答するのが総合的な得点アップにつながるかを予測しておくのも重要なことである。

05 問題集

『新 理系の化学問題100選』（駿台文庫），『実戦 化学重要問題集 化学基礎・化学』（数研出版）などを用いて演習することを推奨する。

○京都大学の化学の出題方針

高等学校で学ぶ化学では，原子・分子と化学結合の概念を正しく捉えた上で，物質の性質や物質の変化に関する基本的な原理・法則の理解を深めることを目標としています。また，それらの原理・法則をただ記憶するのではなく，観察・実験を通して物質の具体的な性質や反応と結び付けて理解し，それらを活用する能力を身に付けることを目指しています。すなわち，無機物質，有機化合物，高分子化合物などの個々の性質や反応についての知識を単に蓄積するのではなく，それらに基づいて論理的に思考できることが重要です。

個別学力検査「化学」では，化学に関する基本的事項の理解度をみるために，本学が指定する出題範囲から，できるだけ分野的な偏りがないように出題します。出題にあたっては，物質に関する基本的な知識が身についているかを問い，化学の基本となる概念や原理・法則を活用する能力を試します。さらに，反応式，構造式を適切に表記し，定性的あるいは定量的な考察を論理的に記述できるかも問います。

生　物

年度	番号	項　目	内　容
2024	〔1〕	遺伝情報，生殖・発生	(A)細菌の遺伝子の発現調節　(B)ショウジョウバエの発生と遺伝子発現　⊘論述
	〔2〕	動物の反応	興奮の伝達，神経回路，水迷路を用いたマウスの学習　⊘論述
	〔3〕	生態	(A)植物の密度効果，生態系の物質収支　(B)コオロギの繁殖戦略　⊘論述・計算
	〔4〕	体内環境，代謝	体温調節，血糖濃度調節，呼吸（30字他）　⊘論述
2023	〔1〕	代謝，遺伝情報	(A)呼吸反応での H^+ の動き　(B)転写調節タンパク質と電気泳動　⊘論述
	〔2〕	遺伝情報，生殖・発生	(A)マイクロサテライトと染色体の乗換え　(B)動物の初期発生と分節遺伝子
	〔3〕	動物の反応，植物の反応	(A)筋紡錘，誘発筋電図，筋小胞体　(B)オーキシンの極性移動と屈性　⊘論述
	〔4〕	進化・系統，生態	(A)細胞内共生と遺伝子重複　(B)区画法と標識再捕法　⊘論述
2022	〔1〕	動物の反応，遺伝情報，代謝	抑制性シナプス後電位，転写と翻訳，塩基配列の方向性，蛍光標識と競合　⊘論述
	〔2〕	遺伝情報	メダカの性決定とエストロゲン処理，GFP遺伝子導入と卵での蛍光発現　⊘論述・計算
	〔3〕	植物の反応，生態	(A)エチレンによる芽生えの形態制御　(B)植物の資源利用と種間関係　⊘論述
	〔4〕	進化・系統，生態	(A)花と送粉昆虫の共進化　(B)競争と種の共存　⊘論述
2021	〔1〕	遺伝情報	ゲノム編集，転写開始点と遺伝子発現　⊘論述
	〔2〕	遺伝情報	連鎖と組換え，マーカー遺伝子　⊘計算
	〔3〕	植物の反応，動物の反応	(A)イネの開花・光周性　(B)神経回路と情報処理　⊘論述
	〔4〕	植物の反応，生態	(A)植物の防御応答　(B)生態系の物質生産　⊘論述
2020	〔1〕	遺伝情報	(A)スプライシングとその異常　(B) DNAの校正とその異常　⊘論述・計算
	〔2〕	遺伝情報	母性効果遺伝子，連鎖と組換え　⊘計算
	〔3〕	植物の反応	気孔の開口，強光ストレス　⊘論述
	〔4〕	植物の反応，生態	(A)紅藻の生育場所と光環境　(B)植物の種間競争と生産構造　⊘論述

年度	番号	項目	内容
2019	〔1〕	代謝，遺伝情報	酵素の反応，フェニルケトン尿症　✓論述
	〔2〕	生殖・発生，遺伝情報	(A)カイコガと遺伝　(B)発生における位置情報の決定　✓論述・計算
	〔3〕	植物の反応	種子の休眠，光発芽種子の発芽　✓論述
	〔4〕	進化・系統	(A)隔離と種形成　(B)熱水噴出孔の生物　✓論述
2018	〔1〕	植物の反応，遺伝情報，動物の反応	(A)花芽形成，遺伝子の変異　(B)学習，神経の可塑性　✓論述
	〔2〕	生殖・発生，遺伝情報	マウスの卵形成と胚発生・母性因子　✓計算・論述
	〔3〕	進化・系統，遺伝情報	(A)系統分類と人為分類，分子系統と形態の類似　(B)一塩基多型（SNP）と組換え　✓論述・計算
	〔4〕	生態	(A)行動圏と縄張り，群れと順位　(B)誘導防御　✓論述

未知の題材で応用力と理解力をみる 実験・考察問題中心で論述力が必須

01　基本情報

出題範囲：生物基礎・生物

試験時間：教育学部理系試験は1科目90分，その他の学部は2科目180分。

大問構成：大問4題。ただし，大問によっては(A)，(B)などの中問に分けられており，実質は6～8題程度となることが多い。

解答形式：全問記述式。年度による増減はあるが，論述問題の分量が多い。論述問題は解答欄の枠内で述べるものとなっていたが，2023年度以降，解答欄に罫線が引かれるようになった。計算問題は結果のみで過程は要求されていないことが多い。

解答用紙：Ｂ５判の解答冊子。

02　出題内容

京大の生物は，「知識問題」+「考察問題」の2本立てであるが，思考力・総合的な理解力・判断力を必要とするものが中心である。問題はグラフ・模式図などを使って構成されたユニークなものや各種のデータについて考察させるものが多い。

分野としては全般的に幅広く出題されているが，特に頻出の分野は遺伝情報，動物・植物の反応，生殖・発生，代謝，生態，進化・系統である。以下に分野ごとの傾向をあげておく。

①　遺伝情報

遺伝情報の発現やその応用問題が出題されることが多い。この分野は京大の生物における最重要分野といってよく，毎年のように出題されている。形質の分離比などの古典的な遺伝を扱った問題から，遺伝子組換えやPCR法，遺伝子発現の調節などの先端分野までの広い内容が含まれる。

②　動物・植物の反応（反応・調節），体内環境

遺伝分野ほどではないが，この分野も出題頻度が高い。

③　生殖・発生

本分野は文章の空所補充の形で問われることが多かったが，最近は実験考察が中心となっており，遺伝情報とからめて出題されることもある。

④　細胞，代謝

細胞小器官や生体物質についての知識や細胞膜の性質などがよく問われている。また，酵素の性質・酵素反応を中心とした出題が多く，光合成を含めた植物生理がそれに続く。酵素は遺伝情報と，光合成は生態とからめて出題されることもある。

⑤　生態

大問として出題されることがあるほか，植物の光合成とからめて出題されることもある。

⑥　進化・系統

遺伝子頻度の変化など集団遺伝に関連するものや，動植物の進化に関連する出題などは，他分野との関連も含め，よく取り上げられる。

03　難易度と時間配分

空所補充の知識問題は一部に答えにくいものがあるものの，基本的で素直な問題である。しかし，そこは高得点が取れて当たり前であり，考察問題でどれだけ得点できるかがポイントとなる。全体として相互の関連性を踏まえた総合的な知識・論述力も必要であり，かなり難度が高い問題といえる。

また，試験時間に対して論述量が多い。知識問題を先に終わらせ，論述問題になるべく多くの時間がとれるように時間を配分したい。

01 論述の練習

論述問題が必ず出題されている。しかも，実験を踏まえてその考察を書かせるといった思考力を必要とするものが少なくない。よって，次の 02 とともに十分な対策を講じておく必要がある。まず，問題集などで時間や字数を設定して，実際に文章を書いてみることが大切である。わかっているということと，簡潔で要領を得た文章を書けるということは，まったく別のことである。説明の仕方やポイントのとらえ方などは，練習を重ねることによって次第に会得できるものであるが，できれば添削指導を受けるとよい。

02 実験・考察問題

実験結果の資料についての分析や推論は例年出題されているので，問題集などを利用して十分に練習しておくこと。また，教科書の図やグラフ・表などの内容はしっかり理解し，問題集や図説などによく出てくる図やグラフは自分で描けるようにしておくこと。さらに，生物の研究方法に関連した出題にも対応できるように，仮説の設定や実験計画，データ処理の方法，実験器具の使い方や実験方法なども押さえておきたい。

03 頻出分野の重点学習

〔傾向〕であげた頻出分野は十分に学習しておくこと。分子生物学や免疫などについても，最近の話題も含めて十分に学習しておいたほうがよいだろう。また，「生態」や「進化・系統」は，ともに総合的な出題の土台となりやすい分野であるので十分習熟しておきたい。

○京都大学の生物の出題方針

高等学校で学ぶ生物では，生物や生物現象への関心を高め，目的をもって観察・実験を行い，生物学的に探求する能力を身に付けるとともに，生物学の基本的な概念や原理・法則を理解することを目標としています。遺伝子から生態系にいたる様々な生物学的事象についての基礎知識は，現代社会が直面する医療，生命倫理，食料生産，環境保全，生物多様性保全といった重要な課題に対応する上で必須のものであり，十分な修得が求められます。

個別学力検査「生物」においては，生物学に関する基本的事項の理解度をみるために，本学が指定する出題範囲から，できるだけ分野的な偏りがないように出題します。さらに，修得した知識に基づいて，生物や生物現象に関する観察や実験の結果を適切に解釈し結論を導く能力を重視し，それを評価するために，記述・論述問題を取り入れます。

地学

年度	番号	項目	内容
2024	〔1〕	宇宙	(a)太陽の活動 (b)惑星の磁場 ⊘計算・論述
	〔2〕	大気・海洋	海水と大気の大循環，深層循環 ⊘論述・計算
	〔3〕	岩石・鉱物	さまざまな火山活動と火成岩 ⊘論述
	〔4〕	地質・地史	地質図の読解と地史の組み立て ⊘計算・論述
2023	〔1〕	宇宙	宇宙の距離はしご，ビッグバンモデル，宇宙年齢 ⊘論述・計算
	〔2〕	大気	地球のエネルギー収支，自転周期，熱帯低気圧 ⊘論述・計算
	〔3〕	地球	プレートテクトニクスに関わる諸現象 ⊘論述・計算
	〔4〕	地質・地史，岩石・鉱物	日本列島の地質構造と岩石の特徴 ⊘論述・計算
2022	〔1〕	宇宙	(a)活動銀河の種類 (b) M87 の性質 ⊘論述・計算
	〔2〕	大気・海洋	降水のしくみ，反射率，降水と塩分，温帯低気圧，土砂災害 ⊘論述
	〔3〕	地球	地震の性質，地殻熱流量，津波 ⊘計算・論述
	〔4〕	地質・地史	(a)大気の変遷，カンブリア爆発 (b)級化層理，示準化石，地質図の読解 ⊘論述・計算
2021	〔1〕	宇宙	(a)惑星状星雲（30 字） (b)系外惑星と主星の物理的性質 ⊘計算・論述
	〔2〕	大気	大気の熱輸送，オゾン層の形成と変化 ⊘論述
	〔3〕	地球	地球表層の構造，異常震域，地震の観測結果の解析 ⊘論述・計算
	〔4〕	地質・地史	地質図の読解，第四紀の地史・地形 ⊘論述
2020	〔1〕	宇宙	(a)銀河の種類と進化 (b)ブラックホール，恒星の運動 ⊘論述・計算
	〔2〕	大気	大気の安定・不安定，空気塊の上昇，逆転層 ⊘論述・計算
	〔3〕	地球	地震波の伝播と地球内部構造，ジオイド ⊘論述
	〔4〕	地質・地史	地質図の読解 ⊘論述

年度	番号	項目	内容
2019	〔1〕	宇　　宙	恒星の進化，HR 図，星団の特徴（150 字）　⊘計算・論述
	〔2〕	総　　合	惑星の特徴，太陽風，地磁気，太陽放射，温室効果，大気と海洋（100 字 2 問，150 字）　⊘論述・計算
	〔3〕	地　　球，岩石・鉱物	(a)重力異常，津波　(b)マグマの分化，放射年代（40 字）　⊘論述・計算
	〔4〕	地質・地史	地質構造，変成作用，風化作用，黒鉱鉱床（50 字 3 問）　⊘論述
2018	〔1〕	宇　　宙	太陽の進化，連星系　⊘計算
	〔2〕	大気・海洋	エネルギー輸送と大気・海洋の循環，相互作用　⊘論述・描図
	〔3〕	地　　球	球殻状プレートの運動，大陸移動　⊘論述・計算
	〔4〕	岩石・鉱物	ケイ酸塩鉱物の構造，アイソスタシー　⊘論述・計算

論述・計算問題が中心
宇宙，地球，地質・地史，岩石・鉱物は総合理解を

01 基本情報

出題範囲：地学基礎・地学

試験時間：教育学部理系試験は 1 科目 90 分，その他の学部は 2 科目 180 分。

大問構成：大問 4 題。

解答形式：全問記述式。論述・計算問題が中心である。論述問題は字数制限がない場合が多い。計算問題は途中の過程が要求されることが多い。描図問題も出題されることがある。

解答用紙：B 5 判の解答冊子。

02 出題内容

〔1〕宇宙，〔2〕大気・海洋，〔3〕地球，〔4〕地質・地史からの出題を中心に，特に固体地球に関わる諸分野では，複数分野の内容が融合して出題されることが多い。宇宙・地球分野のウエートが大きく，これらには物理的・数学的知識を必要とするものも少なくない。また，自然界の事物を総合的にとらえられる力と，身近な地学現象を観察・分析する際にグローバルな見地に立てるかどうかが試されているといえよう。

03 難易度と時間配分

全体的にみると，特別な難問はあまりなく，よく練られた良問が多い。そのような中では基本的な問題の取りこぼしをなくすことはもちろんであるが，ややハイレベルな応用力を必要とする総合問題に，どれだけ突っ込んで解答していけるか，これが合否のカギを握っているといえる。

試験時間に対して問題の分量が多いので，ひととおり問題を確認し取りかかりやすさを見極めて，確実に解答できるところから手をつけていこう。

対策

01 学習の進め方

❶ 教科書・図表集中心の学習

大部分は教科書で扱われている内容である。教科書のすみずみまで発展事項やコラムも含めて目を通し，また，図表集を徹底的に活用して，まずは「地学基礎」の内容を深め，地学特有のものの見方，考え方に慣れておくことが重要である。

❷ プラス α の学習

地球・宇宙に関する科学は，10年たつと時代遅れといわれるほど，日々進歩発展している。最先端の内容が教科書にすぐに反映されるわけではない。しかし京大が地球・宇宙科学界のリード役の一翼を担っているのは事実であるし，地学が自然災害や環境問題などの実生活と密接に結びついた内容を含んでいるという観点からも，教科書や図表集以外に数冊でよいから，受験勉強が本格的にスタートする前に地球・宇宙関係の一般書にもふれておきたい。『徹底図解 地球のしくみ』『徹底図解 宇宙のしくみ』（いずれも新星出版社）や『ニュートン別冊』シリーズ（ニュートンプレス）などが適当である。さらにはテレビの地球・宇宙関連の特集番組やニュース解説を見ておくことも，教科書的な内容がいきいきとした現実味を帯びたものとして，頭の中に定着するのを助けてくれるであろう。

02 分野別対策

❶ 宇　宙

京大地学では宇宙分野のウエートが大きい。特に太陽の活動とエネルギー，恒星の物理的性質，惑星の特徴と運動などがよく出題される。また太陽系の形成史や恒星の進化，銀河についても要注意である。「地学基礎」では銀河系や宇宙全体のことに踏み込んでいないので，「地学」の詳細な内容を中心に演習を積んでおきたい。

❷ 固体地球

地震をはじめとする地球物理関係の出題が多い。火山とともに自然災害として日常生活に密接につながっており，それらを研究対象とする研究者が多い京大であるから当然の傾向といえる。また，地質・地史，岩石・鉱物分野との融合問題はもちろんのこと，近年，固体地球分野と宇宙分野をまとめて地球惑星科学とし，自然現象を一貫した見方で取り扱うことが多くなったことの反映として，宇宙分野との融合問題も出題されている。したがって，受験対策も各分野の断片的な学習の寄せ集めに終わることなく，広い視野をもって相互に見渡せる力を養わなければならない。特にプレートテクトニクスに関連する諸現象については，詳細な内容まで相互に関連づけて深めておきたい。また，火山と火成岩，原始地球以来の惑星空間・大気・海洋・地球内部をも含めた環境変遷史なども学習を深めておきたい。地質図関係の読図・描図作業も，十分こなしておくこと。

❸ 大気・海洋

基礎的な内容が多いとはいうものの，力学的な内容や大気・海洋の相互作用，エネルギー収支など，用語の暗記学習だけでは対応できないものがあるので心しておくこと。大気大循環や地球環境問題，身近な天気現象との関連などには要注意。

03 論述・計算・描図対策

論述問題の出題内容は基本的なものが多いが，比較的限られた解答欄の中で，短時間に的確でポイントを押さえた解答を手際よく仕上げるのは容易ではない。京大の過去問はもちろんのこと，北海道大・名古屋大・九州大など，出題形式や内容の似た他大学の過去問にもできるだけ多く当たっておくとよい。その場合でも，解答例を見て頭の中でわかったつもりですませるのではなく，必ず自分なりの解釈をして文章に表しておくこと。計算問題では，指数計算や近似計算のテクニックが必要なこともあるので，十分に練習して慣れておきたい。描図問題に対しても，教科書・図表集を漫然と眺めるのではなく，必ずその場で自分の手で描き直し，細かいところまで再確認しておくとよい。特に地質図や等値線図を見て，立体的な構造を的確に思い描けるスキルを身につけておくことが重要である。このように，多様な表現力を身につけることは，進学後にも必ず役に立つであろう。

○京都大学の地学の出題方針

高等学校で学ぶ地学では，日常生活や社会との関連を図りながら，地球と地球を取り巻く環境，および宇宙への関心を高め，目的意識を持って観察・実験などを行い，地学的に探究する能力と態度を育成するとともに，地学の基本的な概念や原理・法則を理解させ，科学的な自然観を養うことを目標としています。

個別学力検査「地学」では，地学に関する基本的事項の理解度をみるために，本学が指定する出題範囲から，できるだけ分野的な偏りがないように出題します。また，個別的な知識を問うだけでなく，地学的な基礎知識を活用して地学的現象を科学的に理解し，総合的かつ論理的に説明し，記述する能力を評価できるような問題を出題します。

国語

年度	番号	種　類	内　容
2024	〔1〕	現　代　文	記述：内容説明
	〔2〕	現　代　文	記述：内容説明
	〔3〕	古　　　文	記述：内容説明，口語訳
2023	〔1〕	現　代　文	記述：内容説明
	〔2〕	現　代　文	記述：内容説明
	〔3〕	古　　　文	記述：内容説明，口語訳
2022	〔1〕	現　代　文	記述：内容説明
	〔2〕	現　代　文	記述：内容説明
	〔3〕	古　　　文	記述：内容説明，口語訳
2021	〔1〕	現　代　文	記述：内容説明
	〔2〕	現　代　文	記述：内容説明
	〔3〕	古　　　文	記述：口語訳，内容説明
2020	〔1〕	現　代　文	記述：内容説明
	〔2〕	現　代　文	記述：内容説明
	〔3〕	古　　　文	記述：口語訳，和歌解釈，内容説明
2019	〔1〕	現　代　文	記述：内容説明
	〔2〕	現　代　文	記述：内容説明
	〔3〕	古　　　文	記述：和歌解釈，内容説明，口語訳
2018	〔1〕	現　代　文	記述：内容説明
	〔2〕	現　代　文	記述：内容説明
	〔3〕	古　　　文	記述：口語訳，内容説明

読解文の出典

年度	番号	類　別	出　典
2024	〔1〕	随　筆	「夕暮れに夜明けの歌を」奈倉有里
	〔2〕	随　筆	「永遠への理想」石原純
	〔3〕	注　釈	「草庵集玉箒」本居宣長
2023	〔1〕	評　論	「芸術とはなにか」福田恆存
	〔2〕	随　筆	「小山わか子さんの歌」福永武彦
	〔3〕	随　筆	「後松日記」松岡行義
2022	〔1〕	随　筆	「日本の伝統」岡本太郎
	〔2〕	小　説	「雲をつかむ話」多和田葉子
	〔3〕	歌　集	「建礼門院右京大夫集」
2021	〔1〕	随　筆	「忘れ得ぬ言葉」西谷啓治
	〔2〕	評　論	「韻と律」岡井隆
	〔3〕	歌　論	「正徹物語」正徹
2020	〔1〕	評　論	「体験と告白」小川国夫
	〔2〕	評　論	「妖怪学新考」小松和彦
	〔3〕	随　筆	「北辺随筆」富士谷御杖
2019	〔1〕	評　論	「科学思想史の哲学」金森修
	〔2〕	評　論	「音を言葉でおきかえること」吉田秀和
	〔3〕	物　語	「落窪物語」
2018	〔1〕	評　論	「意味変化について」佐竹昭広
	〔2〕	評　論	「科学と哲学のつながり」湯川秀樹
	〔3〕	紀行文	「肥後道記」西山宗因

現代文は高度な読解力と的確な表現力が必要
古文は口語訳と内容説明中心の設問

01　基本情報

試験時間：90 分。

大問構成：現代文 2 題，古文 1 題の合計 3 題。例年，〔1〕は文系と共通問題である（設問は理系のほうが 1 問少ない）。

解答形式：全問記述・論述形式。字数制限は例年課されていない。

配　　点：〔1〕40 点，〔2〕〔3〕各 30 点。

解答用紙：B 5 判の解答冊子。解答欄はタテ 14 センチ程度で 1 行につき

20〜25 字程度が目安となる。すべての解答欄に罫線が施されており，1 問につき 2 〜 5 行程度である。

02 出題内容

① 現代文

評論や随筆の出題が多いが，2022 年度には 10 年ぶりに小説も出題された。

本文：出典は明治から現代にかけての作家，評論家や各界研究者の文章で，評論や随筆，小説など幅広く取り上げられている。また，理系らしく，科学者の文章が選ばれることもある。文章量としては，B 5 判でおおむね 2，3 ページ程度で，標準的な入試国語の分量といえる。

内容は，哲学，社会，芸術，文学論，科学論など多岐にわたっている。極端に難解な文章が出題されているわけではないが，京大受験生の水準に合った，適度に抽象性のある文章が取り上げられている。しかも論理だけで固まった文章ではなく，筆者の価値観や深い人間観がにじみ出ているような文章であることも多い。理系独自の問題である〔2〕は，〔1〕に比べて読み取りやすい平易な文章が出題されている。文章を読み書きする際の態度，物事を既存の枠組みとは違う基準で認識することなど，特に理系の学生にとって大事な，基礎教養的な内容のものが選ばれる傾向がある。

設問：傍線部に関する内容や理由を問う，国公立大二次試験型の典型的な問題である。ただ，婉曲的な表現や比喩表現が設問箇所としてねらわれることが多く，そういった表現を具体的にとらえなおす力が要求される。本文の主旨を正確に理解して本質まで深く読み込んでいるか否かが問われる。小説の出題については，文学的文章の問題に典型的な，登場人物の心情表現を問う問題を中心に設問が構成されている。登場人物の行為や，会話文での発言を手がかりに，客観性のある説明を組み立てなければならないので，文学的文章の読解を不得手にしている受験生には難しく感じられるだろう。

② 古　文

標準的な文章で，口語訳と内容説明中心の出題となっている。

本文：2018 年度までは近世文からの出題が多かったが，2019 年度以降は中古～近世文まで幅広く出題されている。文系の古文とは別問題である。現代文の〔2〕と同様に比較的取り組みやすい文章からの出題が続いている。文章量も少なく（10 行以内が多い），内容面でも，前書きや注などの補助情報をさほど必要としないような，比較的わかりやすいものが取り上げられている。和歌を含む文章もよく出題されている。なお，過去には漢文を含む文章が出題されたこともある。

設問：設問のうちかなりの割合を口語訳が占める。内容説明が出る場合も，該当箇所を押さえて，その部分の口語訳をもとにして記述することになるので，基本的に設問全体が口語訳を土台にしているともいえる。また，たとえば，問一で「現代語訳せよ」，問二で「必要なことばを補って現代語訳せよ」などと，同じ大問の中で，設問文の表現を変えて出題されることもある。和歌の解釈もよく出題される。なお，近年，内容要約や主旨型の説明問題もみられるようになってきたので，ある程度文系に近い表現力重視の傾向も出てきていることに注意しておきたい。

03　難易度と時間配分

現代文は難度の高い文章が出題されるので，抽象的な表現にも対処しうる読解力，表現力が要求される。古文は標準的な文章で，文章全体の読解という点でいえば，さほど難しいわけではない。ただし，語句の意味や語法に注意した正確な解答が要求されているといえるだろう。京大国語全体として，一般的な国公立大二次試験型の国語問題と比較すると，要求される解答の精度が高くかなり難度が高い。

解答が全問記述式なので，記述解答を練り上げる時間をできるだけ確保したい。まずは全問の問題文をひととおりながめて，自分の得意・不得意を踏まえて問題の難易を見極めることが重要である。難易に差がある場合は，手がつけやすいものから先に仕上げていくというのが得策である。古文をできるだけ早く済ませ（25 分程度），現代文に多くの時間を残すのも，一つの戦略であろう。

01 現代文

記述量が多いという点が最大の特徴であるから，まずは過去問に当たって実際に解いてみることである。そうすれば，多くの設問箇所が本文の他の部分と対応しており，そこに解答のヒントや説明に利用できる表現があることに気づくであろう。小説も出題されているので，一般的な問題集などを活用して演習しておく必要がある。

02 古　文

口語訳，解釈が中心なのでオーソドックスな勉強法が基本である。すなわち文法と古文単語だが，共通テストの過去問をクリアできるレベルの受験生には問題はないであろう。ただ「適宜ことばを補いながら」などという設問条件がつくこともあるので，主語や目的語などの省略内容の補足や，指示語の具体化などをすることが必要である。こういった解答法のコツについては，『京大古典プレミアム』（教学社）や『京大入試詳解 25 年 古典』（駿台文庫）で学ぶことができるので，積極的に挑戦してほしい。また，古文特有の省略や慣用的な表現には，古典常識の学習も視野に入れつつ慣れておく必要がある。現代文同様，過去問研究を中心に心がけ，本書を活用することでどのような口語訳の解答を作ればよいのか把握してほしい。

和歌の修辞，解釈は頻出なので，『大学入試 知らなきゃ解けない古文常識・和歌』（教学社）などを用い，和歌修辞の項目に目を通し，そこに引かれた例まで頭に入れておこう。「百人一首」の解釈，修辞の理解が役に立つ。漢文も共通テストの過去問をクリアできるレベルの知識は蓄えておくべきである。

03 表現力・記述力

注意しておきたいのは，何が問われているのかという設問意図を明確にくみ取った上で，無駄のない答案作りを心がけること。独断に満ちたものではなく，本文の内容を踏まえたものでなければいけない。また，解答欄はある程度余裕をもって用意されている場合もある。十分考え抜いた上で作成した答案であるなら，多少解答欄に空きができたとしても，いっぱいになるまで無理にそれを埋める必要はない。ただし，その一方で，解答欄が小さく感じられることもある。その場合は簡潔な要約力も必要になってくる。

記述力をつけるためには，ステップを踏んだ学習が必要である。そこで，次のような段階的な学習法を提案しておこう。

❶ 論理的な文章を要約する練習

論理的なひとまとまりの文章を，5分の1から10分の1程度の長さにまとめてみよう。結論だけをまとめるのではなく，もとの文章の展開を再構成して結論に至る，というように，論旨の展開を意識して行うと効果的である。繰り返し練習することで，記述式の解答の原則として，重要なことが末尾になるようにまとめるというやり方が身についてくる。

❷ 文学的な文章の抽象化と，古文の口語訳の練習

論理的な文章の要約に慣れたら，文学的な文章の要約・抽象化に取り組もう。また，古文の口語訳を記述する練習も必要である。可能なかぎり，文章の全訳にも取り組んで，長文解釈への抵抗感を克服したい。

自分で書くだけではなかなか向上しないので，何らかの形で添削を受けて，一定のレベルに達するまで，同じ文章に繰り返し取り組むと効果的である。そのような基礎練習を続けることが自信につながる。

❸ 過去問への取り組み

最初は辞書を使い，時間をかけて，自分なりの最善の解答を作成してみよう。また，時間配分の練習に，京大向けの模擬試験を受けて，カンを養っておくと心強い。あとは，過去問を時間の許すかぎり解いてみること。教学社の難関校過去問シリーズ『京大の現代文25カ年』『京大の古典25カ年』を活用することをすすめる。

○京都大学の国語の出題方針

日本語の文章の論理や論旨，あるいは作者の心情や表現の意図を，的確に理解し，自らの言葉で論理的にその理解を表現できることを評価します。そのため，文章のジャンルとして論説文，随筆，小説など，さらに文体についても明治擬古文まで含め，幅広く問題文を選び，漢字の書き取りや，文章表現の持つ意味，あるいは論理展開の説明をはじめとして，登場人物の言動に託された著者の意図，さらには問題文全体の論旨を問うなど，論述の形式で問題を課します。

古典文法についての正確な理解を持つとともに，古典の修辞などの基礎知識をもち，的確に古文及び漢文の文章を理解できると同時に，原文を現代語訳できることを評価します。そのため，物語や歴史，随筆，日記をはじめとして，ジャンルや時代を限らず，幅広く問題文を選び，語句や修辞の説明，文章の現代語訳，さらに登場人物の言動の理解から問題文全体の論旨に至るまで，さまざまな形式で論述問題を課します。

京大「国語」におすすめの参考書

- ✓『京大古典プレミアム』（教学社）
- ✓『京大入試詳解 25 年 古典』（駿台文庫）
- ✓『大学入試 知らなきゃ解けない古文常識・和歌』（教学社）
- ✓『京大の現代文 25 カ年』『京大の古典 25 カ年』（教学社）

2024年度

解答編

前期日程

解答編

英語

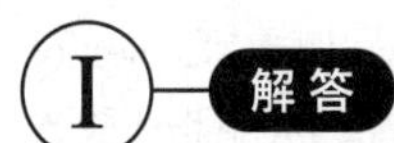

(1)全訳下線部(a)参照。

(2)ア―⑤ イ―③ ウ―① エ―④

(3)全訳下線部(b)参照。

全訳

《「創造性」の理解と歴史》

1 創造性（creativity）に関する文献は，ようやく私たちが日常生活における創造性の重要性を認識し始めた一方で，それがはるか昔から詩人や哲学者によって思索されてきたテーマであることを教えてくれる。実際には，“creativity”という語が私たちの語彙に日常的に登場するようになったのは，20世紀の半ばになってからのことに過ぎない。(a)知られている限り最初にそれが文献で使用された事例は1875年であり，言葉としてはまだ幼い存在だ。“creativeness”という語の方はそれよりも少し前に遡ることができ，1940年頃まではcreativityよりも一般的であったが，どちらの語も稀にしか使われておらず，使用方法も一貫性のないものであった。驚くべきことに，1950年頃以前には，“creativity”をテーマとして明確に取り扱った記事，書籍，評論，講義，百科事典の見出しなど，これに類するものは，ほぼ皆無であった。(私が見つけた辞書の見出しで最も早いものは1966年のものである。) どうやらそれはプラトンやアリストテレスの書物中に（翻訳されたものであっても）登場しない。カントの著作にも見られない（この翻訳についても同様)。ワーズワースやシェリー，またはアメリカのエマーソン，ウィリアム=ジェームズ，ジョン=デューイの著作にも使われていない。思想史家のポール=オスカー=クリステラーが見出したように，創造性は普遍的な概念だと思われがちだが，「哲学的および歴史的に確かな実績があるとは言えない」用語である。それでも，第二次世界大戦の終わり頃，creativity の使用例は急増し，creativity のビッグバンが起きたのだ。

2 私が“creativity”が新しい言葉だと説明すると，必ずと言っていいほど，「以前はそれをどのように呼んでいたのか」という質問を受ける。そして私の返答は，腹立たしく聞こえるかもしれないが真面目なもので，「『それ』というのは何を意味するのでしょうか」と，いつも聞き返す。最初の質問の背景には，２つの前提があり，それらは両方とも正しい。１つ目は，言葉と概念は同じものではないということ。新しい言葉の登場や普及が，全く新しい概念の登場を意味するわけではない。例えば，senior citizen と old person は，どちらも同じ人――つまり年配の人を指す異なる時代の言い方である。２つ目の前提は，現在の私たちが創造性について話すときと同じような内容を，人はどの時代においても話してきたということで，これはいつの時代であっても老いが話題にされてきたのと同じようなことである。創造性（creativity）は，想像力，ひらめき，空想，天才，独創性，さらには創造的想像力や創造的な力といった，創造性という言葉そのものよりもずっと前から存在していた古い概念を表す新しい言葉である，あるいは，少なくとも特定の場合にはその可能性がある，という主張は完全に間違っているわけではない。

3 しかし，現代の creativity が表す概念は，このように古くからある言葉のうち，それと完全につながっていると言えるものは一つもない。「創意工夫」や「発明性」では実用的過ぎて，creativity が持つ芸術的な雰囲気を欠いている。creativity は芸術や科学における偉大な業績を思い起こさせる一方で，その同意語として「天才」という言葉だと，何となく排他的で壮大過ぎる感じがするし，「賢さ」はちょっと平凡過ぎていて，柵から抜け出す豚にでも使えそうな言葉だ。「独創性」は的を射ているようだが，独創性が充実した人生の鍵だ，などと言う人はおらず，どこか魂がこもっていないものだ。creativity と互換して使われることがおそらく最も多い言葉である「想像力」は，生産性の意味合いに欠ける。「空想」と同様に，それは思考の中だけで完結してもよいし，全くの荒唐無稽であることもある。創造性を扱う専門家の間では creativity とは「新しく有用なものを生み出す能力」である，という考え方が一般的である。（この表現は，偶然ではなく，アメリカの特許法から取られている。） つまり，creativityという言葉によって，それ以前の用語ではできないことを思考したり言及したりできるのである。それは既存の概念に対する新しい言葉ではなく，かつては表現不可能であった思考を表現するための手段なのである。戦後の時代に人々がcreativityという言葉を選ぶようになったとき，彼らはその意味を他の概念，つまりほぼ例外なく古くからある概念と微妙に区別して用いていた。この用語に厳密さはないかもしれないが，それは正しく意味深長な曖昧さを持っている。(b)光が粒子であると同時に波でもありうるように，creativityという言葉も精神的であると同時に物質的であり，遊び心があるのと同時に実用的であり，芸術的であると同時に技術的であり，例外的であると同時にありふれたものとして，何とかうまく存在している。どんな単一の定義や理論にも収まらない，このように矛盾した様々な意味や含意を持っているという性質こそが，戦後アメリカにおけるこの言葉の魅力を説明するものである。この時代，まさにそうした要素の均衡が重大な危機に直面していると見なされていたのだ。この言葉が持つ捉えどころのなさは特徴であり，欠陥ということではなかったのである。

解説

creativity（創造性）という言葉とその意味の歴史的ルーツを辿る内容で，概念的な説明が多い文章である。この言葉が最近になって生まれたものであり，以前は表現できなかった概念を言い表す能力を，いかに拡大してきたかを明らかにする。普段は深く意識することのない，言葉とそれが表す概念との関係を改めて考えさせられるものである。

(1)　**Its first known written occurrence was in 1875, …**

「知られている限り最初にそれ（＝creativityという語）が文献で使用された事例は1875年であり，…」

occurrenceは，ここでは「出来事」ではなく，「発生，出現」の意味。ここでは，Itsがcreativityという「新しい言葉」を指しているため，occurrenceは「（言葉の）出現」，つまり，「（言葉が使われた）事例」と意訳される。また，writtenは，「文献などの書面に記述された」ということ。

- first known ～「知られている限り最初の～」

…, making it an infant as far as words go.

「(…であり,) 言葉としてはまだ幼い存在だ」

making 以下は，分詞構文であるため，適当な接続表現でカンマの前後をつなぐ。ここでは，「(…は 1875 年) であり，(言葉としては〜だ)」のようにつなげばよい。make *A B*「*A* を *B* にする」が使われており，*A* に該当する it は「creativity（という言葉)」を指す。*B* に該当する an infant「幼児」は，creativity という言葉がまだ生まれて間もない，つまり,「幼い」ということの比喩表現である。これは，下線部直前の文（In fact, "creativity" has only been …）の,「"creativity" という語が…日常的に登場するようになったのは，20 世紀の半ばになってからのことに過ぎない」，つまり，この言葉の歴史がまだ浅い，という内容からも判断できる。as far as S go は,「Sが及ぶ範囲内においては」が直訳であるが，熟語化して実際には「Sに関する限り，Sとしては」と訳される。Sに入る名詞は，可算名詞なら，通例複数形。ここでは，words という名詞が使われ，冠詞の the が付いていないため，特定の言葉ではなく，漠然と「言葉というもの」を指している。このため，words が creativity という特定の言葉を指しているかのような和訳は誤り。making it an infant …の主語は，その直前の「creativity という言葉が最初に登場したのは 1875 年である」という事実。これは無生物主語の構造であり，和訳すると「(この事実によって) それ（＝creativity という言葉）は言葉としてはまだ幼い存在であると言える」となる。

"Creativeness" goes back a bit further, and was more common than creativity until about 1940, but both were used rarely and in an inconsistent kind of way.

「"creativeness" という語の方はそれよりも少し前に遡ることができ，1940 年頃までは creativity よりも一般的であったが，どちらの語も稀にしか使われておらず，使用方法も一貫性のないものであった」

go back は「(時代を) 遡る」の意味。further（far の比較級）は，既出情報である，"creativity" が登場した 1875 年を基準として,「さらに(遡る)」という意味。creativeness と，than 直後の creativity は，設問で「訳さずに英語のまま表記すること」と指示されているので，それに従うが，それぞれの直後に「〜という言葉〔語〕」を付け足してもよい。both

は，この2つの言葉（creativeness と creativity）を指す。in an inconsistent kind of way の考え方は，in a ～ way「～なやり方で」を基本にして，そこに inconsistent kind of「一貫性のない種類の」が組み込まれた形となっている。したがって，「(どちらの言葉も）一貫性がない（ような）やり方で（使われていた)」となる。

Strikingly, before about 1950 there were approximately zero articles, books, essays, classes, encyclopedia entries, or anything of the sort dealing explicitly with the subject of "creativity."

「驚くべきことに，1950年頃以前には，creativity をテーマとして明確に取り扱った記事，書籍，評論，講義，百科事典の見出しなど，これに類するものは，ほぼ皆無であった」

strike「心を打つ」という動詞から派生した strikingly は，心に強く作用する意味合いを表現するものであり，驚きや感動を表す。about や approximately は数詞の前で「約，およそ～」の意味。anything of the sort は，その直前で列挙した名詞（articles, books, essays, classes, encyclopedia entries）と同種のものなら何でも，という意味で，「～など，それに類するもの」と訳せる（sort は「種類（＝kind)」の意味)。現在分詞の dealing で始まる，dealing explicitly with the subject of "creativity" は，articles から anything of the sort までに列挙された名詞を修飾する。熟語の deal with ～「～を扱う」の目的語である，the subject of "creativity" は，「creativity というテーマ〔主題〕」が直訳（of は同格の用法で「～という…」と訳せる)。

- encyclopedia「百科事典」
- entry「(辞書などの）見出し語，項目」
- explicitly「明示的に」

(2)　4つの空所に対し，選択肢は5つあるため，どれか一つは不要となる。エを含む文の直後にある文が，Like fantasy, it doesn't …「fantasy（空想）という言葉と同様に，それは…」という説明で始まっている。この中にある it は，直前の空所エに入るべき単語を指し，その単語は，fantasy との間に類似性があるものの，fantasy とは別の単語であることがわかる。アを含む文から始まり，この Like fantasy, it doesn't … の文に至るまでの箇所では，creativity という新しい言葉が持つ多様な意味合いを，従来の他の言葉では置き換えられないということを，そうした言葉の具体例を挙げながら説明している。fantasy については，この箇所で言及・説明されていることから，選択肢②の fantasy は不要と判断できる。

ア. 空所直後の too utilitarian「実用的過ぎる」という情報から，実用的な発明品（invention）を連想させる，⑤の inventiveness「発明性」が正解。空所直前にある ingenuity「創意工夫，発明の才，発明品」にも，同様の意味があるため，この2つが併記されている。

イ. 空所前後で，as a synonym…too exclusive and grandiose「(creativity の）同意語としては，…排他的で壮大過ぎる」とあるため，「天才」を意味する genius が候補にあがる。天才はごく一部の人間にしか当てはまらない，という点では「排他的」と言えるため，③の genius が正解。また，この段階で，空所ウの答え（=①の cleverness）に自信があれば，“対比”の構造をつくる接続詞の while によって，イとウの両者がつながれていることを手がかりに，その比較対象として妥当な，類似した単語である genius を積極的に選ぶこともできる。空所直前の the term は，後ろに続く名詞と同格関係になり，the term genius で「天才という言葉」の意味になる。

ウ. 空所直後の pedestrian は形容詞で，ここでは「歩行者」の意味ではなく，「(文体などが）平凡な，ありふれた」の意味。上記で説明したように，イとウに入る言葉は，while を挟む形で互いに対比の関係になっている。イに入る言葉の genius「天才」は壮大な（grandiose）響きがあるが，その一方で，ウに入る言葉はやや「平凡」過ぎる，という対比である。genius 同様に，知力を描写する表現である cleverness「賢さ」が比較対象として妥当に思われる。また，pedestrian 直後にある，something you might attribute to a pig that finds its way out of its pen の意味は「柵から抜け出す豚にでも使えそうなもの〔言葉〕」であり，ここはウに入る名詞と同格の関係になっている。これは要するに「賢い」豚という意味。以上から，①の cleverness が正解。

- attribute *A* to *B*「*A*（性質）が *B*（人・物）に属すると考える，*A* を *B* が持つと考える」
- find *one's* way out of ～「～から苦労して抜け出す」
- pen「(家畜の）囲い，おり」

エ. 先述したように，エを含む文の直後にある文（Like fantasy, it doesn't …）の中にある it が，エに入るべき単語のことを指している。この文，Like fantasy, it doesn't have to leave your head, and it can be utterly preposterous. の和訳は，「fantasy（空想）と同様に，それは思考の中だけで完結してもよいし，全くの荒唐無稽であることもある」であり，これが空所に入る単語の説明文となっている。この内容から，空所には fantasy「空想」とほぼ同じ意味を持つ単語，imagination「想像」が適切である。また，エを主語として，その述語の部分に相当する，lacks a sense of productivity「生産性の意味合いに欠ける」という説明に対しても，作り出された具体的な物を連想させない imagination という単語が持つ架空性と合致する（imaginary は「架空の」という意味）。したがって，④の imagination が正解。

• preposterous「荒唐無稽の，あべこべの」（「前」を意味する pre- と，「後ろ」を意味する post- から成り，順序が矛盾し合う様子がその語源）

⑶　**Just as light can be both particle and wave, …**

「光が粒子であると同時に波でもありうるように…」

Just as S V「～であるのと（ちょうど）同じように」の構文が用いられている。both *A* and *B* は，「*A* と *B* の両方」以外に，「*A*（である）と同時に *B*（でもある）」と訳せる場合がある。

• particle「粒子」

creativity somehow manages to exist as simultaneously mental and material, playful and practical, artsy and technological, exceptional and pedestrian.

「creativity という言葉も精神的であると同時に物質的であり，遊び心があるのと同時に実用的であり，芸術的であると同時に技術的であり，例外的であると同時にありふれたものとして，何とかうまく存在している」

creativity は，「creativity という言葉」のように，言葉としての側面を強調的に訳すとわかりやすい。somehow は，some（何らかの）＋how（方法にて）で，「何とかして，どういうわけか」という意味。somehow manages to exist（as …）は，熟語 manage to *do*「何とか〔やっとのことで〕～できる」が用いられており，「（…として）何とかうまく存在できている」，あるいは，「どういうわけか（…として）存在できている」のように訳せる。後続で列挙されている，相反する特性（mental and material など）を creativity という言葉が同時に有している点について，somehow「どういうわけか」を用いることで，その言葉の妙に着目させている。as simultaneously mental and material の as は，「～として」の意味で，simultaneously mental and material は，先述の both *A* and *B*「*A*（である）と同時に *B*（である）」と同じ構造。simultaneously「同時に」は，mental and material だけでなく，これ以降に列挙されている 3 組のペア（playful and practical, artsy and technological, exceptional and pedestrian）のすべてを修飾する。playful「遊び心のある」という形容詞は，creativity という言葉が持つ，実験的で，自由な発想や楽しみを追求する側面を表しており，practical「実用的な」とは対照的な意味になっている。

- material「物質的な」
- artsy「芸術家風の，芸術品を気取った」
- pedestrian「平凡な，ありふれた」

This contradictory constellation of meanings and connotations, more than any one definition or theory, is what explains its appeal in postwar America,…

「どんな単一の定義や理論にも収まらない，このように矛盾した様々な意味や含意を持っているという性質こそが，戦後アメリカにおけるこの言葉の魅力を説明するものである」

constellation は「stella（星）の集まり」を語源とする語で，「星座」以外に，「（類似したものの）集合」を意味し，a constellation of ～で「様々な～（の集まり）」となる。この文の主語である，This contradictory constellation of meanings and connotations「この矛盾した様々な意味や含意」は，具体的には，前文で列挙された，mental and material「精神的であると同時に物質的」を始めとした矛盾する意味の組み合わせを指している。それは，creativity という語が持つ性質であるため，「このように矛盾した様々な意味や含意を持っているという性質」と訳出するとわかりやすくなる。more than any one definition or theory の箇所は分詞構文で，more の直前に省略されている being を補って考える。more than ～は「～を超える〔上回る〕」の意味から派生して，「～だけではない，（単に）～にとどまらない」という意味で用いられている。その直訳は，「（この矛盾した様々な意味や含意は）どんな一つの定義または理論であっても，それにとどまらない（ものであり）」となり，creativity という概念が単一の定義や理論に収まりきらない多様な要素を含んでいることを強調している。its appeal の it は，creativity を指すため，what explains its appeal in postwar America の和訳は，「戦後アメリカにおけるそれ（＝creativity という言葉）の魅力を説明するもの」となる。

in which the balance between those very things seemed gravely at stake.

「この時代，まさにそうした要素の均衡が重大な危機に直面していると見なされていたのだ」

in which は，直前にある postwar America という時代を先行詞としており，「その時代においては」という意味。〔解答〕では，よりわかりやすい日本語にするために，in which の直前でいったん文を区切っている。those very things「まさにそれらのもの」は，具体的には，mental and material, …, exceptional and pedestrian，あるいは，This contradictory constellation of meanings and connotations のことを指しているため，「まさにそうした概念〔要素〕」などと訳せる。

- gravely「重大に」
- (be) at stake「危機に直面している」

語句・構文

(第1段) literature「文献，資料」 appreciate「～を正しく理解する」 ponder「～を熟考する」 time immemorial「はるか昔」 a regular part of ～「～の欠かせない一部」 Plato or Aristotle「プラトン，あるいは，アリストテレス（の書いた書物）」 ditto「同上，～もまた同じ」 intellectual historian「思想史家」 timeless「時代を超えた」 philosophical「哲学的な」 credential「（相応しい）資格，資質，経歴」 shot upward〔up〕「急上昇した」（shot は shoot の過去形）

(第2段) invariably「いつも，必ず」→vary「変わる」の語根でもある var に，打消しの接頭辞 in- が付き，「相も変わらず」の意味になることから。annoying「腹立たしい，うっとうしい」 sincere「誠実な，本心からの」 assumption「前提」 arrival「到着」 popularization「大衆化，普及」 era「時代」 stuff「もの，こと」 in certain instances「ある特定の場合には，場合によっては」 inspiration「(創造性への) 刺激，ひらめき」 predate「(時間的に)～以前から存在する〔遡る〕」→この直前にある long は副詞で「長い間」の意味。

(第3段) trace back to～「～に遡る」 ingenuity「創意工夫，発明の才」 vibe「(～な) 雰囲気」 invoke「～を引き起こす，(感情など) をかき立てる」 monumental「歴史的価値のある」 synonym「同意語」 hit closer to the mark「的中〔目的，成功〕に近づく」→hit the mark で「的中する，成功する」の意味。fulfilling「充実した」 interchangeably「(互いに) 交換可能で」 productivity「生産性」 phrasing「表現，言い回し」 coincidentally「偶然に一致して」 patent law「特許法」 in other words「言い換えれば，すなわち」 previous「以前の」 inexpressible「表現不可能な」 subtly「微妙に」 distinguish *A* from *B*「*A* と *B* を区別する」 universally「普遍的に」 precise「正確な」 vague「曖昧な」 slipperiness「滑りやすさ」 bug「欠陥」

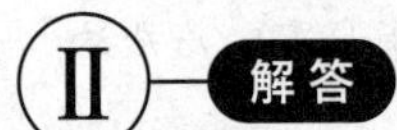

(1)全訳下線部(a)参照。

(2)全訳下線部(b)参照。

(3)〈解答例〉 The diversity and complexity of individual characteristics make it difficult to divide them into easily defined groups. For example, imagine a person reading a book on quantum mechanics in a café. Immediately, you might think that the person is a college student or researcher who is good at science. However, this glimpse overlooks the complexity of human identity. This person might be an artist who is drawn to the profound beauty of physics or they might like fantasy books. Thus, real people's interests and behaviors are complex and diverse and do not fit into simple categories. (80 語以上 100 語以内)

(4)全訳下線部(d)参照。

全訳

《単純化された社会的分類》

1 自分が何を信じているかは明らかである。自分が持っている一連のイデオロギーや信念が何であるかもわかっている。では，他に誰が自分と同じ信念を持ち，同じイデオロギーの世界観を共有しているのだろうか？　マーケティングでは，これをセグメンテーション（市場細分化）とターゲティング（標的市場選定）と呼んでいる。セグメンテーションとは，それぞれが異なっている不均質な人々のグループを取り出し，そこから相違点よりも類似点の方が上回る人々同士を集めた同質的グループへと分ける行為である。人々の集団をセグメント化するとき，異なる好みや属性に基づいたグループごとに人々を分けて，彼らに最適な製品を提供したり，特定の行動が採用されるように促すマーケティングメッセージを伝えたりしやすくする。結局のところ，行動採用に影響を及ぼすこと，これがマーケティングの核心機能である。人々がこうしたセグメントに分割されると，マーケターは自分たちの製品をどのセグメントに提供するべきかを選定する。これがターゲティングという行為である。(a)購入，投票，視聴，購読，参加といった，私たちが求めている行動を採用してくれる可能性が最も高いと思われる，追跡対象とするべき一つの（あるいは複数の）セグメントを私たちは標的として選定する。私たちの製品は潜在的には誰にとっても有用かもしれないが，行動する可能性が最も高い人々に私たちは労力を集中させる。文化が私たちの行動に与える影響を考えると，私たちが属するトライブ（＝共通の興味・関心を持った集団）が生み出す社会的圧力や，アイデンティティとの一致を追求しようとすることから，トライブはそれ自体がマーケティングの標的として非常に魅力的なセグメントとなっている。

2　トライブが現実に存在するという事実からだけでも，この視点は強く考慮されるべきである。トライブは現実に存在する人々で構成され，人々はトライブを利用して，自分が何者であるかを伝え，世界における自分の居場所を区別する。一方，セグメントは実在しない。(b)セグメントとはマーケターによって創造された枠組みであり，人々を均一に近いグループに分類したものである。この分類は，私たちが彼らの属性を識別し，彼らの行動を予測しやすくするために，人々の特性を大まかに置き換えたものを基準にしている。セグメントはすっきりしていて整然としたものである。しかし，現実の人々は複雑で乱雑だ。天体物理学者のニール＝ドグラース＝タイソンがかつてツイートしたように，「科学では，人間の行動が方程式に入ると，物事は非線形になる。だから物理学は簡単で，社会学は難しいの

2024年度　前期日程　英語

だ」。現実の人間は，私たちが最善を尽くしても，きちんとした小さな箱には収まらないのである。

3 マーケターだけがこの罪を犯しているわけではなく，これは私たちの誰もが行っていることだ。私たちは，世界の複雑さを単純化し，その意味を理解しやすくするために，人々を箱の中に入れてしまう。つまり，精度ではなく，効率を求めるのである。例を挙げよう。私の友人のデボラを紹介しよう。デボラはミニバンに乗っている。デボラには子供がいるのか？彼女の子供はスポーツをするのか？ どんなスポーツをしているのか？そしてデボラはどこに住んでいるのか？ これらの質問を読みながら，あなたはおそらくかなり短時間で答えを導き出しただろう。デボラはミニバンに乗っているから，きっと子供たちがいて，彼らはサッカーをしていて，一家は閑静な住宅地に住んでいるに違いない，と考えたのではないだろうか。(d)大体そんなところだろう。さて，問題はここからだ。デボラに関する情報の一つ（彼女はミニバンに乗っている）を与えただけで，あなたは彼女の生活の全体像を頭に浮かべた。これが私たちの行っていることだ。非常に円滑な思考処理でこれを行う，と付け加えてもよいかもしれない。人々のアイデンティティに対して私たちが割り当てる短絡的な特徴に基づいて，私たちは人々を箱に収めようとしているのである。

解説

マーケティングにおいては，多様な人々の特性や傾向を単純化して，「セグメント」と呼ばれるグループに分類し，これを市場ターゲットに設定する。このセグメントの概念に照らし合わせて，現実の人々の行動がいかに複雑で予測しにくいものであるか，という点を強調している。他にも「トライブ」などの専門的用語が用いられているが，最終的には，人々を単純な分類に収めようとする私たち自身の傾向に目を向けさせている。

(1) **We target a segment (or a number of segments) to pursue that we believe will most likely adopt a desired behavior …**

「私たちが求めている行動を採用してくれる可能性が最も高いと思われる，追跡対象とするべき一つの（あるいは複数の）セグメントを私たちは標的として選定する」

segment は「（全体を分割してできる）区分，断片」という意味の単語。第1段第5文（Segmentation is the act of …）で，「セグメンテーションとは…類似点の方が上回る人々同士を集めた同質的グループへと分ける行為」という説明があるため，segment は「(人々の) 分類，分類された集団」などと訳してもよい（〔解答〕ではマーケティング用語として「セグメント」としている)。a segment to pursue は，to pursue の部分が名詞 segment を修飾しているので，「追求するべき〔ための〕セグメント」と訳せる。ただし，この不定詞の直後では，関係代名詞 that で始まる部分が同じ名詞を修飾しているので，この二重の修飾を日本語で表現しにくいかもしれない。関係代名詞 that の先行詞は a segment であり，文構造理解のためにこれを本来の位置に戻すなら，we believe the segment will most likely adopt a desired behavior「そのセグメント（≒集団）が私たちの求める行動を採用する可能性が最も高いと，私たちは信じている」。この中の，the segment の部分だけが，先行詞として前に移動した形になっており，和訳の順序もそれに合わせて，「私たちの求める行動を採用する可能性が最も高いと私たちが信じているセグメント」となる。これに，先ほどの to pursue の和訳を含めると，「私たちの求める行動を採用する可能性が最も高いと私たちが信じている，追求するべきセグメント」となる。名詞直後の to 不定詞と，その名詞をさらに詳しく説明する関係詞句による，このような二重修飾は，たとえば，a person to trust that will always support you なら，「常にあなたを支持してくれる，信頼すべき人」と，基本的には後ろから前へと訳し上げればよい。また，「…と思われる一つの（あるいは複数の）セグメントを，追跡するべきセグメントとして標的に設定する」のように，修飾される名詞（セグメント）を2回訳出する方法もある。

• most likely「最も～する可能性が高い」

• adopt「～を採用する」

(… a desired behavior)―buy, vote, watch, subscribe, attend, etc.

「購入，投票，視聴，購読，参加といった（私たちが求めている行動…)」

buy, vote, watch, subscribe, attend の部分は，すべて動詞が列挙されているが，これらはダッシュ（―）直前の a desired behavior（求められている行動）の具体例になっている。つまり，behavior「行動」という名詞に合わせて，buy などの動詞も「購入」のように，名詞として訳出すればよい。

Although our product may potentially be useful to everyone, we focus our efforts on the people with the highest propensity to move.
「私たちの製品は潜在的には誰にとっても有用かもしれないが，行動する可能性が最も高い人々に私たちは労力を集中させる」

focus *A* on *B* で「*A* を *B* に集中させる」，propensity は「傾向」の意味。the people with the highest propensity to move の直訳は，「最も動く傾向が高い人々」だが，直前文中の a segment … to pursue that … will most likely adopt a desired behavior「私たちが求めている行動を採用してくれる可能性が最も高い…セグメント」の言い換えであり，move「動く」は，マーケティング戦略によってマーケターが「求める行動を人々が取る」ということを指しているため，「行動する可能性が最も高い人々」と訳せる。

⑵ **They are a construct that marketers create where people are placed into homogeneous-like groups …**
「セグメントとはマーケターによって創造された枠組みであり，人々を均一に近いグループに分類したものである…」

They は「それ（ら）は」，または，直前文（Segments, on the other hand, …）中の segments を指しているため，「セグメント（と）は」と訳す。construct には，建造物などの物理的な意味での「構造物」以外に，抽象的な意味での「構造」や「構成概念，概念的枠組み」といった意味がある。そのため，〔解答〕で用いた「枠組み」以外にも，「概念」と訳すこともできる。直前文の Segments … are not real.「セグメントは実在しない」という説明からも，construct が抽象的な「枠組み，概念」であることは推測できる。関係詞 where の先行詞は a construct であり，この枠組みの中で，「人々は同質的な集団へと分類される（people are placed into homogeneous-like groups）」ということ。place は「～を配置する」の意味であるが，place *A* into *B*「*A* を *B*（種類やグループ）に分類する」の用法があり，この受動態が使われている。homogeneous は「同種の，同質の」という意味の形容詞で，これに -like「～に似た，～のような」を付け足すことで，「完全な同質のもの」ではなく，「ある程度は同質に見える，同質っぽい」という含みが強調されている。したがって，「同質の集団」ではなく，「同質的な〔同質に近い〕集団」といった和訳にすること。

based on a rough substitute that helps us identify who they are and predict what they are likely to do.

「この分類は，私たちが彼らの属性を識別し，彼らの行動を予測しやすくするために，人々の特性を大まかに置き換えたものを基準にしている」

based on 以下は，直前の people are placed into homogeneous-like groups「人々は同質的な集団へと分類される」を修飾するものであるが，文が長いため，〔解答〕ではいったん文を区切り，「この分類は…を基準にしている」という形で独立させている（必ずしも区切って訳す必要はない）。a rough substitute の直訳は，「大雑把〔概略的〕な代用品」であるが，「代用品」のままではやや不自然さが残るため，based on の目的語であることを踏まえて「代用基準」などに変えるとよい。さらに言えば，rough の意味合いや，何の代用基準なのかの理解が文脈依存になっているため，少し具体化して和訳したいところ。第 2 段で説明されている，tribes と segments の対比関係から判断すると，a rough substitute は，「実在する多様で複雑な人々の特性を，単純化して大まかに置き換えたもの」ということ。〔解答〕では，これを端的な表現にして，「人々の特性を大まかに置き換えたもの」としている。（ここでの tribe は，血縁や地理的なつながりに基づく「部族」の意味ではなく，共通の興味や価値観を持つ人々の集団を指すもので，「トライブ」と表現される）先述の「tribes と segments の対比関係」については，下線部前後の情報から，トライブは「実在する人々（real people）」で構成され，彼らは「複雑で乱雑（complex and messy）」な存在である一方，セグメントは「実在しない（are not real）」ものであり，「すっきりしていて整然とした（clean and neat）」ものと説明されている。

(3) 下線部(c)の和訳は，「現実の人間はきちんとした小さな箱には収まらない」であり，この理由を問われている。下線部中の neat little boxes「きちんとした小さな箱」が意味するのは，第 2 段第 5 文の Segments are clean and neat.「セグメントはすっきりしていて整然としたものである」の内容から判断して，セグメントのように「人々の特性を大まかに分類して当てはめた，単純明快なカテゴリー」のこと。また，第 2 段第 6 文では，But real people are complex and messy.「しかし現実の人々は複雑で乱雑だ」と述べられていることから，下線部の理由には，「現実の人々の興味や行動は複雑で多様であり，単純なカテゴリーには収まらない（から）」ということが挙げられる。これに「本文にはない具体例」を付け加える必要がある。ちなみに，少ない情報から人々の他の特性を想像し，簡略化する私たちの傾向についての具体例が，第 3 段第 4 文 Meet my friend Deborah. 以降にある。そこでは，筆者の友人であるデボラがミニバンを所有しているという情報から，彼女の生活全体を「推測する私たちの傾向」が指摘されている。基本的には，これと同様の具体例を考えればよいが，下線部の理由としては，現実にはそうした「推測通りの単純なものではない」，という点を強調するべきである。その点に留意した具体例を，先述した理由と共に，「80 語以上 100 語以内」の英文にまとめればよい。

（〈解答例〉の和訳）「個人の特性は多様で複雑なため，簡単に定義できるグループに分けることは難しい。例えば，カフェで量子力学の本を読んでいる人を想像してみてほしい。一見して，その人は科学が得意な大学生か研究者だと思うかもしれない。しかし，このように垣間見ることは，人間のアイデンティティの複雑さを見落としている。この人は物理学の奥深い美しさに惹かれる芸術家かもしれないし，ファンタジー本が好きかもしれない。このように，現実の人々の興味や行動は複雑で多様であり，単純なカテゴリーには当てはまらない」

(4) Sounds about right, right?

「大体そんなところだろう」

That sounds about right.「大体そんなところだろうと思います，妥当な線だと思います」という会話的表現の，That が省略された形。末尾の right? は，「そうでしょう？」という確認程度の働きで，ここでは訳出しなくてもよい。

Well, here’s the thing.

「さて，問題はここからだ」

Here’s（=Here is）は，「さて〔さあ，今〕～がある」という，何かの存在を強調する表現。the thing は，これから述べることに対して用いて，ややもったいぶった前置きとして機能しており，「(聞いてほしいような)こと，（重要な）問題」の意味。

I gave you one data point about Deborah (she drives a minivan),

and you mapped out her entire life.

「デボラに関する情報の一つ（彼女はミニバンに乗っている）を与えただけで，あなたは彼女の生活の全体像を頭に浮かべた」

one data point は，全体のデータ〔情報〕（data）のうちの一つ（one point）という意味。map out は，「（計画，将来など）を（思い）描く」という意味の熟語。

• minivan「ミニバン」（ミニとあるが業務用ではなく個人用のバンという意味で，7～8人乗りのワゴンタイプの車）

This is what we do—with great cognitive fluidity, I might add.

「これが私たちの行っていることだ。しかも，非常に円滑な思考処理でこれを行う」

with 以下は，副詞と同じ働きをして，直前の do を修飾している。一般的に，〔with＋抽象名詞〕で，副詞の働きになる。たとえば，with ease であれば，easily と同じ働きで「簡単に」と訳せる。ここでは，fluidity「流動性」という抽象名詞が使われており，with fluidity で「流動的に，流れるように」といった意味になる。これに，cognitive「認知の，認識力の，知能に関わる」という修飾語がついた形となっている。したがって，with cognitive fluidity は，「認識力の面で流れるように」といった意味になる。I might add「付け加えるなら」という意味の表現で，ここでは with great cognitive fluidity が付け加えられた箇所に相当する。

語句・構文

（第１段） set of ～「一連の～，ひとそろいの～」 ideology「イデオロギー（価値体系，信念）」 beliefs that you hold「あなたが抱いている信念」→hold a belief で「信念を抱く」。out there「外には，世の中には」 worldview「世界観」 cluster「塊，集団」 a population of ～「（生物など）の集団」 divide *A* into *B*「*A* を *B* に分割する」 preference「好み」 attribute「特性，属性」 serve *A* with *B*「*A* に *B* を供給する」 adopt「～を採用する」 offer *A* to *B*「*A* を *B* に提供する」→本文中の the segments to which they will offer their products は，元は they will offer their products to the segments で，to the segments の部分が関係代名詞化して to which になり，the segments が先行詞として前方に移動した形。pursuit「追求」 congruence「一致，調和，合同」 compelling

「抑えきれない，魅力的な」
（第2段） perspective「観点」 call for～「～を必要とする」 if for no other reason than～「～だけの理由だとしても」 be made up of～「～で構成されている，～から成る」 communicate「～を伝える」 demarcate「～を区別する，～の境界を定める」 astrophysicist「天体物理学者」 tweet「(Twitter：現Xに) 投稿する」 equation「方程式」 nonlinear「非線形の」 physics「物理学」 sociology「社会学」
（第3段） (be) guilty of～「～で有罪である，～の罪を犯している」 simplify「～を単純化する」 complexity「複雑さ」 make sense of～「～を理解する」 accuracy「正確さ」 efficiency「効率」 likely「たぶん，おそらく」→形容詞で「可能性が高い」の意味になるが，ここでは副詞。cul-de-sac「袋小路，(欧米の) 閑静な住宅地」→交通の流れを減らし，地域のプライバシーと安全性を高めるために，袋小路や閉じた円形の道路沿いに住宅が並ぶ地域。shortcut「手っ取り早い，短絡的な」 characteristic(s)「特徴」 assign *A* to *B*「*A* を *B* に割り当てる」

III　解答例　**〈解答例1〉** We are often ashamed of our past ignorance and folly, but at the same time, this may also be proof that we have become more mature, recognizing our immaturity. Paradoxically, it is only when we realize our ignorance that it can be said that we become wiser than yesterday. Realizing the existence of yet-undiscovered worlds must be what learning is all about, and this journey of learning never ends.
〈解答例2〉 I am often ashamed of my former ignorance and stupidity, but at the same time, I realize that recognizing the extent of my immaturity has only helped me grow that much. Paradoxically, it is only when I realize my ignorance that I become wiser than I was yesterday. I am sure that the essence of learning lies in becoming aware of worlds that remain unknown to us and that learning is an endless activity.

解説

「かつての自分の無知と愚かさを恥じることはよくある」

• 「〜を恥じる」→罪悪感や後悔から生じる恥ずかしさは，be ashamed of〜「〜を恥ずかしく思う」を用いて表現する。be shy は，内気な性格や臆病である状態を表現するものであるため，ここでは用いられない。主語は明記されていないが，一般的な内容と捉えて we を用いればよい。あるいは，個人の経験として I を用いることもできるが，いずれの場合も，we や I が混在しないように，統一して使用すること。

• 「かつての自分の無知と愚かさ」→「無知」は ignorance，「愚かさ」は folly や stupidity で表現できる。「かつての」には，past「過去の」，あるいは，former「以前の」といった形容詞を添える。主語に一致した所有格を使って，our past ignorance and folly や，my former ignorance and stupidity といった英訳が妥当である。

• 「〜することはよくある」→S often V の形で「S が V することはよくある」の意味。It is common that〔to *do*〕〜 のように，common「一般的な」という形容詞を用いて表現するのであれば，主語には I ではなく，we（あるいは you）を用いる。

「…が，それは同時に，未熟な自分に気づいた分だけ成長したことをも示しているのだろう」

• 「…が，それは同時に〜したことをも示しているのだろう」→but at the same time, …「しかし，同時に」で始める。「それは（未熟な自分に気づいた分だけ成長した）ことをも示している」は，単純に，it also shows that で始めてもよいし，「これは（未熟な自分に気づいた分だけ成長した）ことの証拠でもある」と捉えて，this may also be proof that とすることもできる。〈解答例2〉のように，I を主語にして「…ということがよくわかる」としてもよい。

• 「未熟な自分」→「自分の未熟さ」と考えて，our immaturity や my immaturity とする。

• 「成長した」→文字通り，grow を使ってもよい（内面的な成長にも使える）し，ここでは「成熟した」ということなので，動詞の mature，あるいは，形容詞の mature（be 動詞を補って，be mature の形で使う）を選択してもよい。

•「～した分だけ…する」→the extent of ～「～した程度」を用いて，「自分の未熟さの程度を理解することによって成長することができる」という表現も可能。recognizing the extent of my immaturity を主語とし，述部は has helped me grow とすればよい。help を only で強調してもよい。「その分」を意味する副詞 that much を加えて，成長の程度を示すとより細かいニュアンスを訳出できる。

「逆説的だが，自分の無知を悟ったときにこそ，今日の私は昨日の私よりも賢くなっていると言えるのだ」

•「逆説的だが」→Paradoxically,「逆説的ではあるが」を用いる。少し長めの表現になってしまうが，Though it may seem contradictory,「矛盾しているように聞こえるかもしれないが」なども考えられる。

•「自分の無知を悟ったときにこそ」→「～したときにこそ」の箇所には，強調構文である，it is ～ that …「～こそ…（である）」の形が使える。強調されているのは「自分の無知を悟ったとき」であるから，これを英訳した when we realize our ignorance が，it is の直後に続く。「悟る，実感する」は realize，あるいは，come to realize。他には，recognize / become aware of が使える。

•「今日の私は昨日の私よりも賢くなっている（と言える）」→「～と言える」の箇所は訳出するのであれば，it can be said that で始める。「今日の（私）」や「昨日の（私）」は，英語では形容詞としてよりも副詞として使うことが一般的。「（今日）私は昨日よりも賢い」と単純化して表現すると，we become wiser than yesterday，あるいは，become wiser today than I was yesterday となる（現在形の動詞があるため today は書き表さなくても問題ない）。

「まだまだ知らない世界があることを知る，きっとこれが学ぶということであり，その営みには終わりがないのだろう」

•「まだまだ知らない世界があること」→「まだ知られていない世界の存在」ということなので，the existence「存在」で始まる名詞句で表現できる。「まだ知られていない～」には，～ yet to be known や，yet-undiscovered ～ が使える。したがって，the existence of the world yet to be known (out there) / the existence of yet-undiscovered worlds などと表す（out there は「外には，世の中には」の意味）。もちろん，〈解答例2〉のように関係代名詞を用いて表現してもよい。

• 「学ぶということ」→これは，「学ぶこととはどういうものなのか」，「学ぶことの本質」という意味である。それぞれ，what *A* is all about「*A* とはいったい何なのか，*A* の全て」や，the essence of *A* の形で表現できる。

• 「(…知らない世界があること) を知る，きっとこれが…である」→this「これ」を主語にすると，それが指す内容の「知らない世界があることを知る（こと)」を別途，同格表現で書き表さなくてはならない。その場合は，たとえば，This must be what learning is about: to become aware of the existence of the world yet to be known out there のように，this を先に位置させて，それが指す内容をコロン（：）の後ろに置くことになる。しかし，This が文頭にあることで，それが前文の内容を指すかのような印象を与えるため，いっそのこと this「これ」を使わずに，「まだまだ知らない世界があることを知る（こと)」を主語にすればよい。動名詞を使って，becoming aware of the existence of world yet to be known out there や，realizing the existence of yet-undiscovered worlds とする。「きっと」の箇所は，確信を表す must be ～，あるいは，I am sure that ～ で表す。

• 「その営みには終わりがないのだろう」→「その営み」は，前述の「知らない世界があることを知る」ということなので，this activity「この活動」と表現できる。「*A* には終わりがない」は，*A* is endless や，there is no end to *A* となる。あるいは，「果てしない学習活動」の意味合いを込めて，this journey of learning「この学習の旅路」と比喩的に表現すると，「終わりがない」という表現にもきれいに繋がる。「旅は決して終わらない」という表現を元にして，this journey of learning never ends など。

講評

2024 年度は大問 3 題の出題となり，大問構成では英作文問題が 1 題減ったように見えるが，読解問題の中で英作文が出題されているため，出題構成に実質的に大きな変更があったとは言えない（2019 年度の出題構成に類似している)。

下線部和訳が中心である読解問題の形式に変わりはなく，文脈を捉えたうえで，直訳では不自然さが残る箇所を自分で判断し，逸脱しない範囲での意訳を心がける姿勢が要求されている。それぞれの下線部には，出題の狙いとなっているような難所があり，一筋縄ではいかないところがある。また，読解問題の中で出題された英作文では，「本文にはない具体例」を挙げる必要があり，近年出題されている自由英作文の要素もある。こうした点はすべて，少なくとも，ここ数年の京大英語で問われてきた要素を踏襲したものである。

Ⅰ creativity「創造性」という言葉の歴史とそれが表す概念を扱った内容となっている。英文和訳の他に，4つの空所に文脈上適切な単語を選択肢から選んで補う問題が含まれていた。手掛かりとなる空所前後の語句には，utilitarian や pedestrian など比較的難しい語彙が使われているが，その他の情報からでも推測できるものとなっている。英文和訳では，(1)の as far as words go，(3)の constellation など，和訳するには単語帳の学習からだけでは難しく，実際の英文素材に触れてきた経験値がものを言う箇所が含まれている。

Ⅱ マーケティングの考え方を通じて，私たちが人々の特性を単純化する傾向を訴える文章である。英文和訳が中心であるが，(3)は，下線部の内容に対する理由を，「本文にはない具体例を挙げながら」英語で説明する問題となっていた。内容説明の要素と，自由英作文の要素を併せ持つ点に注意が必要である。英文和訳は，(2)の substitute が意味するところを文脈から理解し，ある程度の意訳ができる力が欲しいところである。

Ⅲ 英作文問題は，ソクラテスによる「無知の知」を彷彿とさせる内容の和文英訳であった。「未熟な自分に気づいた分だけ成長した」における，「～した分だけ…する」の表現方法や，「まだまだ知らない世界があることを知る，きっとこれが学ぶということである」のように，日本語の語順や構成を，そのまま英語に適用できない場合の処理といった点が重要となっている。

2024年度は，2023年度に続き，内容説明問題がほとんど出題されなかった。また，空所補充は2019年度以来と，5年ぶりの出題であった。しかし，多少の出題構成の振れは想定内として，むしろ，過去の既出のパターンへの慣れが重要であることが再確認できたと言える。

数学

1

発想

(1) ちょうど3色で塗る場合とちょうど4色で塗る場合に分けて求める方法と，上面と下面の色が同じ場合と異なる場合に分けて求める方法が考えられる。

(2) ちょうど3色，4色，5色，6色で塗る場合に分けて考えることにより p_n を n で表す方法と，はさみうちの原理を利用する方法が考えられる。

解答 同じ色を三つ以上の面に塗ると，辺を共有する二つの面が同じ色になる場合が出てくるから，同じ色を三つ以上の面に塗ることはできない。

(1) 4色で立方体の六つの面を塗る方法は 4^6 通りあり，どの場合も同様に確からしい。そのうち，辺を共有するどの二つの面にも異なる色が塗られるのは，次の(i)，(ii)の場合で，これらは互いに排反である。

(i) ちょうど3色で，向かい合う3組の面にそれぞれ同じ色を塗る

(ii) ちょうど4色で，向かい合う2組の面にそれぞれ同じ色を塗り，残りの二つの面に残りの2色を1色ずつ塗る

(i)の場合は，4色から3色を選んで向かい合う3組の面にそれぞれ同じ色を塗るので

$${}_4P_3=4\cdot3\cdot2=24 \text{ 通り}$$

(ii)の場合は，向かい合う2組の面の選び方が ${}_3C_2$ 通り，4色の塗り方が $4!$ 通りあるから

$${}_3C_2\cdot4!=3\cdot4\cdot3\cdot2\cdot1=72 \text{ 通り}$$

よって

$$p_4=\frac{24+72}{4^6}=\frac{3}{128} \quad \cdots\cdots(\text{答})$$

別解 4色で立方体の六つの面を塗る方法は 4^6 通りあり，どの場合も同様に確からしい。そのうち，辺を共有するどの二つの面にも異なる色が塗

られるのは，次の(ア)，(イ)の場合で，これらは互いに排反である。上面をA，下面をB，側面を上から見て時計回りにC，D，E，Fとすると

(ア) AとBを同じ色で塗る場合

A，C，Dの塗り方は ${}_4P_3$ 通り，A，C，Dに塗った色をそれぞれ α，β，γ とし残りの色を δ とすると，E，Fの塗り方は $(\beta,\ \gamma)$，$(\beta,\ \delta)$，$(\delta,\ \gamma)$ の3通りあるから

$${}_4P_3\cdot 3=4\cdot 3\cdot 2\cdot 3=72 \text{ 通り}$$

(イ) AとBを異なる色で塗る場合

A，B，C，Dの塗り方は4!通り，A，B，C，Dに塗った色をそれぞれ α，β，γ，δ とすると，E，Fの塗り方は $(\gamma,\ \delta)$ の1通りであるから

$$4!=4\cdot 3\cdot 2\cdot 1=24 \text{ 通り}$$

よって

$$p_4=\frac{72+24}{4^6}=\frac{3}{128}$$

(2) $n\to\infty$ のときを考えるのであるから，$n\geqq 6$ として考える。

n 色で立方体の六つの面を塗る方法は n^6 通りあり，どの場合も同様に確からしい。辺を共有するどの二つの面にも異なる色が塗られる場合のうち，六つの面がすべて異なる色で塗られるのは ${}_nP_6$ 通りあるから

$$\frac{{}_nP_6}{n^6}=\frac{n(n-1)(n-2)(n-3)(n-4)(n-5)}{n^6}<p_n\leqq 1$$

ここで

$$\lim_{n\to\infty}\frac{n(n-1)(n-2)(n-3)(n-4)(n-5)}{n^6}$$

$$=\lim_{n\to\infty}\left(1-\frac{1}{n}\right)\left(1-\frac{2}{n}\right)\left(1-\frac{3}{n}\right)\left(1-\frac{4}{n}\right)\left(1-\frac{5}{n}\right)$$

$$=1$$

よって，はさみうちの原理により

$$\lim_{n\to\infty}p_n=1 \quad \cdots\cdots(\text{答})$$

参考 (1)と同様に考えて p_n を求めると次のようになる。

n 色 $(n\geqq 6)$ で立方体の六つの面を塗るとき，辺を共有するどの二つの面にも異なる色を塗る方法を，使用する色の数で場合分けして考える。

(i)　ちょうど3色のとき

n 色から3色を選んで向かい合う3組の面に同じ色を塗るので

$${}_nP_3 \text{ 通り}$$

(ii)　ちょうど4色のとき

向かい合う2組の面の選び方が ${}_3C_2$ 通り，4色の塗り方が ${}_nP_4$ 通りあるから

$${}_3C_2 \cdot {}_nP_4 \text{ 通り}$$

(iii)　ちょうど5色のとき

向かい合う1組の面の選び方が ${}_3C_1$ 通り，5色の塗り方が ${}_nP_5$ 通りあるから

$${}_3C_1 \cdot {}_nP_5 \text{ 通り}$$

(iv)　ちょうど6色のとき　${}_nP_6$ 通り

(i)～(iv)より

$$p_n = \frac{{}_nP_3 + {}_3C_2 \cdot {}_nP_4 + {}_3C_1 \cdot {}_nP_5 + {}_nP_6}{n^6}$$

解説

《立方体の面の塗り方と確率，極限》

立方体の面の塗り方に関する確率と極限を求める問題である。各面にどの色を塗るかは同様に確からしいので，塗り方の場合の数を考えればよい。

(1)　塗り方の総数は重複順列で 4^6 であり，立方体を回転させて一致するような塗り方も別の塗り方と考える。

〔別解〕のように立方体の各面をA～Fとして，Aから順に塗る色の選び方の数と塗った色を表にすると下のようになる。

	3色	4色	4色	4色
A（上面）	4通り（α）	4通り（α）	4通り（α）	4通り（α）
B（下面）	（α）	（α）	（α）	3通り（β）
C（側面）	3通り（β）	3通り（β）	3通り（β）	2通り（γ）
D（側面）	2通り（γ）	2通り（γ）	2通り（γ）	（δ）
E（側面）	（β）	（β）	（δ）	（γ）
F（側面）	（γ）	（δ）	（γ）	（δ）

各列24通りあるから，塗り方の総数は $24\times4=96$ 通りある。

(2)　$n\to\infty$ のとき $p_n\to1$ であることを推測できたなら，塗り方の一部の場

合の数を n で表して，はさみうちの原理を用いるとよい。〔参考〕のように，塗り方の総数を n で表してもよいが，解答量が多くなる。実際に計算すると

$$p_n=\frac{n(n-1)(n-2)(n^3-9n^2+29n-32)}{n^6}$$

になる。

②

発想

まず，複素数平面上で点 α と正の数 r に対して方程式 $|z-\alpha|=r$，$|z-\alpha|\leqq r$ を満たす点 z の全体が，どのような領域を動くかを確認しておく。次に，点 z は 2 点 x，y を結ぶ線分の中点であるから，点 $\frac{x}{2}$ と点 $\frac{y}{2}$ が動く範囲を調べる。さらに，点 $\frac{x}{2}$ と点 $\frac{y}{2}$ のどちらか一方を固定し，他方を動かしたときの点 z の動く範囲を考える。最後に，固定した方も動かして点 z の動く範囲を求める。

解答

$|x|\leqq 2$　……①

$|y-(8+6i)|=3$　……②

$z=\frac{x+y}{2}$　……③

③より　$x=2z-y$

これを①に代入して　$|2z-y|\leqq 2$

すなわち　$\left|z-\frac{y}{2}\right|\leqq 1$　……④

②より　$\left|\frac{y}{2}-(4+3i)\right|=\frac{3}{2}$　……②′

④より点 z は点 $\frac{y}{2}$ を中心とする半径 1 の円の周と内部を動き，②′より点 $\frac{y}{2}$ は点 $(4+3i)$ を中心とする半径 $\frac{3}{2}$ の円周上を動くことがわかる。

よって，複素数 z が複素数平面において動く領域は，点 $(4+3i)$ を中

心とする半径 $\frac{3}{2}+1=\frac{5}{2}$ と半径 $\frac{3}{2}-1=\frac{1}{2}$ の2つの同心円で挟まれた部分で，右図の網かけ部分（境界線を含む）である。

その面積は

$$\pi\cdot\left(\frac{5}{2}\right)^2-\pi\cdot\left(\frac{1}{2}\right)^2=6\pi \quad \cdots\cdots(\text{答})$$

参考　複素数の絶対値に関する絶対不等式

$$|\alpha+\beta| \leqq |\alpha|+|\beta|$$

（等号は，$\alpha\beta=0$ または $\beta=k\alpha$（k は正の実数）を満たすとき成り立つ）

を用いると次のように式変形できる。

③より　$y=2z-x$

これを②に代入して

$$|2z-(8+6i)-x|=3 \quad \cdots\cdots(*)$$

$$|2z-(8+6i)-x| \leqq |2z-(8+6i)|+|-x|=|2z-(8+6i)|+|x|$$

$$\leqq |2z-(8+6i)|+2 \quad (\because \ ①)$$

より

$$|2z-(8+6i)| \geqq |2z-(8+6i)-x|-2=3-2=1 \quad (\because \ (*))$$

また

$$|2z-(8+6i)|=|2z-(8+6i)-x+x|$$

$$\leqq |2z-(8+6i)-x|+|x|$$

$$\leqq 3+2 \quad (\because \ (*),\ ①)$$

$$=5$$

よって

$$1 \leqq |2z-(8+6i)| \leqq 5 \quad \text{すなわち} \quad \frac{1}{2} \leqq |z-(4+3i)| \leqq \frac{5}{2}$$

解説

《複素数の絶対値，複素数平面上を動く点の領域と面積》

複素数平面上で，円の周および内部を動く点と円周上を動く点を結ぶ線分の中点が動く領域を図示し，その面積を求める問題である。

$|x|\leqq 2$ より，点 x は原点を中心とする半径 2 の円の周と内部を動く。また，$|y-(8+6i)|=3$ より，点 y は点 $(8+6i)$ を中心とする半径 3 の円周上を動く。先に点 $\dfrac{x}{2}$ が動く範囲を調べ，その後，点 $\dfrac{y}{2}$ が動く範囲を調べると，点 z がどのような領域を動くのかがわかる。$\left(\text{点 }\dfrac{x}{2}\text{ が動く円の半径}\right) < \left(\text{点 }\dfrac{y}{2}\text{ が動く円周の半径}\right)$ であるから，求める領域は円から小さい同心円を除いた図形になる。複素数平面の座標軸は普通 x，y であるが，問題に x，y が使われているので，〔解答〕では X，Y とした。

〔参考〕で挙げた不等式 $|\alpha+\beta|\leqq|\alpha|+|\beta|$ は α，β が複素数のときには証明して使用すべきであろう。また，この不等式を用いて式変形することで，$\dfrac{1}{2}\leqq|z-(4+3i)|\leqq\dfrac{5}{2}$ を導くことができるが，これだけでは点 z が不等式 $\dfrac{1}{2}\leqq|z-(4+3i)|\leqq\dfrac{5}{2}$ を満たすすべての範囲を動くかどうか明らかでないので注意すべきである。図形的な考察が必要である。

3

発想

「ねじれの位置にある」の定義や同値条件を確認する。4 点 P，Q，X，Y が同一平面上にないための x，y に関する必要十分条件を求める方法と，QY$\nparallel$PX かつ直線 QY と直線 PX が共有点をもたないための x，y に関する必要十分条件を求める方法が考えられる。いずれの方法でも，4 点 O，A，B，C が同一平面上にないことから，$\overrightarrow{OA}$，$\overrightarrow{OB}$，$\overrightarrow{OC}$ で表したベクトルを比較することになる。

解答 直線 QY と直線 PX がねじれの位置にある，すなわち直線 QY と直線 PX が同一平面上にないための必要十分条件は，4 点 P，Q，X，Y が同一平面上にないことである。

$$\overrightarrow{OP}=\frac{1}{2}\overrightarrow{OA},\quad \overrightarrow{OQ}=\frac{\overrightarrow{OA}+\overrightarrow{OB}}{2}$$

より

$$\overrightarrow{PQ}=\overrightarrow{OQ}-\overrightarrow{OP}=\frac{1}{2}\overrightarrow{OB}$$

$$\overrightarrow{PX}=\overrightarrow{OX}-\overrightarrow{OP}=x\overrightarrow{OC}-\frac{1}{2}\overrightarrow{OA}$$

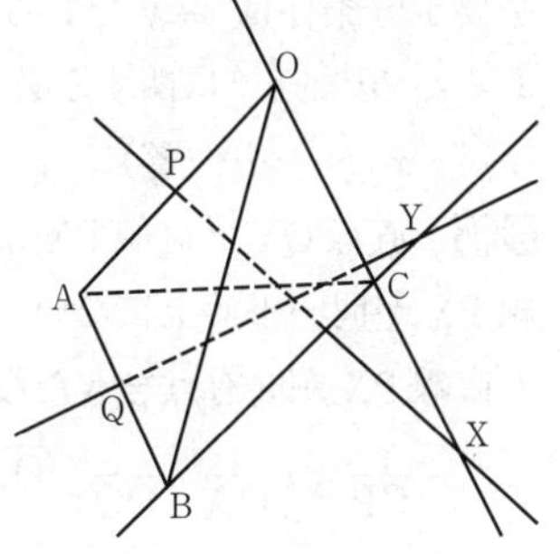

4点O，A，B，Cは同一平面上にないから，3点P，Q，Xは同一直線上にない。

よって，4点P，Q，X，Yが同一平面上にあるための必要十分条件は

$$\overrightarrow{PY}=s\overrightarrow{PQ}+t\overrightarrow{PX}\quad\cdots\cdots①$$

を満たす実数s，tが存在することである。

①より

$$\overrightarrow{PY}=\frac{1}{2}s\overrightarrow{OB}+t\left(x\overrightarrow{OC}-\frac{1}{2}\overrightarrow{OA}\right)$$
$$=-\frac{1}{2}t\overrightarrow{OA}+\frac{1}{2}s\overrightarrow{OB}+tx\overrightarrow{OC}\quad\cdots\cdots①'$$

また

$$\overrightarrow{OY}=\overrightarrow{OB}+\overrightarrow{BY}=\overrightarrow{OB}+y\overrightarrow{BC}=\overrightarrow{OB}+y(\overrightarrow{OC}-\overrightarrow{OB})=(1-y)\overrightarrow{OB}+y\overrightarrow{OC}$$

より

$$\overrightarrow{PY}=\overrightarrow{OY}-\overrightarrow{OP}=(1-y)\overrightarrow{OB}+y\overrightarrow{OC}-\frac{1}{2}\overrightarrow{OA}$$

これと①′より

$$-\frac{1}{2}\overrightarrow{OA}+(1-y)\overrightarrow{OB}+y\overrightarrow{OC}=-\frac{1}{2}t\overrightarrow{OA}+\frac{1}{2}s\overrightarrow{OB}+tx\overrightarrow{OC}$$

4点O，A，B，Cは同一平面上にないから

$$\begin{cases}-\dfrac{1}{2}=-\dfrac{1}{2}t\\ 1-y=\dfrac{1}{2}s\\ y=tx\end{cases}$$

これを解いて　　$t=1$，$y=x$，$s=2(1-y)$

したがって，4点P，Q，X，Yが同一平面上にあるためのx，yに関する必要十分条件は$x=y$である。

ゆえに，4点P，Q，X，Yが同一平面上にないためのx，yに関する

必要十分条件は $x \neq y$ であるから，直線 QY と直線 PX がねじれの位置にあるための x，y に関する必要十分条件は

$x \neq y$ ……(答)

別解 直線 QY と直線 PX がねじれの位置にある，すなわち直線 QY と直線 PX が同一平面上にないための必要十分条件は，QY $\nparallel$ PX かつ直線 QY と直線 PX が共有点をもたないことである。

$$\overrightarrow{OP}=\frac{1}{2}\overrightarrow{OA},\quad \overrightarrow{OQ}=\frac{\overrightarrow{OA}+\overrightarrow{OB}}{2}$$

$$\overrightarrow{OY}=\overrightarrow{OB}+\overrightarrow{BY}=\overrightarrow{OB}+y\overrightarrow{BC}=\overrightarrow{OB}+y(\overrightarrow{OC}-\overrightarrow{OB})=(1-y)\overrightarrow{OB}+y\overrightarrow{OC}$$

直線 QY 上の点を K，直線 PX 上の点を L とすると，実数 k，l を用いて

$$\begin{aligned}\overrightarrow{OK}&=(1-k)\overrightarrow{OQ}+k\overrightarrow{OY}\\&=(1-k)\cdot\frac{\overrightarrow{OA}+\overrightarrow{OB}}{2}+k\{(1-y)\overrightarrow{OB}+y\overrightarrow{OC}\}\\&=\frac{1-k}{2}\overrightarrow{OA}+\left\{\frac{1-k}{2}+k(1-y)\right\}\overrightarrow{OB}+ky\overrightarrow{OC}\end{aligned}$$

$$\begin{aligned}\overrightarrow{OL}&=(1-l)\overrightarrow{OP}+l\overrightarrow{OX}\\&=\frac{1-l}{2}\overrightarrow{OA}+lx\overrightarrow{OC}\end{aligned}$$

と表される。

直線 QY と直線 PX が共有点をもつための必要十分条件は，$\overrightarrow{OK}=\overrightarrow{OL}$ を満たす k，l が存在することである。

$$\frac{1-k}{2}\overrightarrow{OA}+\left\{\frac{1-k}{2}+k(1-y)\right\}\overrightarrow{OB}+ky\overrightarrow{OC}=\frac{1-l}{2}\overrightarrow{OA}+lx\overrightarrow{OC}$$

とおくと，4点 O，A，B，C は同一平面上にないから

$$\begin{cases}\dfrac{1-k}{2}=\dfrac{1-l}{2} & \cdots\cdots(ア)\\[2mm] \dfrac{1-k}{2}+k(1-y)=0 & \cdots\cdots(イ)\\[2mm] ky=lx & \cdots\cdots(ウ)\end{cases}$$

(イ)より $(2y-1)k=1$

(ア)より $k=l$

これと(ウ)より $k(x-y)=0$

よって，$\overrightarrow{OK}=\overrightarrow{OL}$ を満たす k，l が存在するための x，y に関する必要十分条件は，$y\neq\frac{1}{2}$ かつ $x=y$ である。

したがって，直線 QY と直線 PX が共有点をもたないための必要十分条件は

$$y=\frac{1}{2}\quad\text{または}\quad x\neq y\quad\cdots\cdots(エ)$$

また

$$\overrightarrow{QY}=\overrightarrow{OY}-\overrightarrow{OQ}=-\frac{1}{2}\overrightarrow{OA}+\left(\frac{1}{2}-y\right)\overrightarrow{OB}+y\overrightarrow{OC}$$

$$\overrightarrow{PX}=\overrightarrow{OX}-\overrightarrow{OP}=-\frac{1}{2}\overrightarrow{OA}+x\overrightarrow{OC}$$

で，4点O，A，B，Cは同一平面上にないから，$\overrightarrow{QY}\nparallel\overrightarrow{PX}$ となるのは

$$y=\frac{1}{2}\text{ のとき } x\neq y,\ y\neq\frac{1}{2}\text{ のときは常に } \overrightarrow{QY}\nparallel\overrightarrow{PX}\quad\cdots\cdots(オ)$$

である。

(エ)，(オ)より，QY $\nparallel$ PX かつ直線 QY と直線 PX が共有点をもたないための必要十分条件は $x\neq y$ である。

ゆえに，直線 QY と直線 PX がねじれの位置にあるための x，y に関する必要十分条件は $x\neq y$ である。

解説

《2直線がねじれの位置にあるための条件》

2直線がねじれの位置にあるための必要十分条件を求める問題である。2直線がねじれの位置にあるとは，2直線が同一平面上にないことである。

4点P，Q，X，Yが同一平面上にあるための必要十分条件を求め，これを否定してこれらの4点が同一平面上にないための必要十分条件を求める。3点P，Q，Xが同一直線上にあると，4点P，Q，X，Yは必ず同一平面上にあることになるから，まず，3点P，Q，Xが同一直線上にないことを確認したうえで，$\overrightarrow{PY}=s\overrightarrow{PQ}+t\overrightarrow{PX}$ を満たす実数 s，t が存在するための必要十分条件を求める。

〔別解〕では，直線 QY と直線 PX が共有点をもつための必要十分条件を求め，これを否定して，これらの2直線が共有点をもたないための条件(エ)を求めた。2直線 QY，PX が共有点をもつとき，その共有点をZとする

と，(ア)〜(ウ)より $x=y$，$l=k=\dfrac{1}{2y-1}$ であるから，$\overrightarrow{\mathrm{OL}}$ に代入して

$$\overrightarrow{\mathrm{OZ}}=\frac{1-\dfrac{1}{2y-1}}{2}\overrightarrow{\mathrm{OA}}+\frac{y}{2y-1}\overrightarrow{\mathrm{OC}}=\frac{y-1}{2y-1}\overrightarrow{\mathrm{OA}}+\frac{y}{2y-1}\overrightarrow{\mathrm{OC}}$$

ここで，$\dfrac{y-1}{2y-1}+\dfrac{y}{2y-1}=1$ であるから，点 Z は直線 AC 上にあることがわかる。直線 QY は平面 ABC 上にあり，直線 PX は平面 OAC 上にあるから，2 直線 QY，PX が共有点をもつならば，その共有点は 2 平面 ABC，OAC の交線である直線 AC 上にあるのは当然である。

発想

(1)　a_0，a_1，a_2，a_3 がすべて奇数のときを考えるのであるから，漸化式は $a_{n+1}=\dfrac{3a_n+1}{2}$ ……(＊) だけを使えばよい。$a_0=2j-1$（j は自然数）として a_1，a_2，a_3 を j で表す方法と，(＊)から一般項を求める方法が考えられる。

(2)　(1)と同様に，$a_0=2j-1$（j は自然数）として a_1，a_2，…，a_{10} を j で表す方法と，一般項を利用する方法が考えられる。いずれの場合も a_1，a_2，…，a_{10} のすべてを一つ一つ確認するのは手間がかかるので，数学的帰納法を用いて調べる。

解答　自然数 a_0，a_1，a_2，…，a_m がすべて奇数であるとき

$$a_{n+1}=\frac{3a_n+1}{2}\quad (n=0,\ 1,\ 2,\ \cdots,\ m)$$

が成り立つ。このとき

$$a_{n+1}+1=\frac{3}{2}(a_n+1)$$

より，数列 $\{a_n+1\}$ は初項 a_0+1，公比 $\dfrac{3}{2}$ の等比数列になるから

$$a_n+1=(a_0+1)\left(\frac{3}{2}\right)^n\quad (n=0,\ 1,\ 2,\ \cdots,\ m,\ m+1)$$

よって

$$a_0=\left(\frac{2}{3}\right)^n(a_n+1)-1 \quad \cdots\cdots①$$

(1)　a_0, a_1, a_2, a_3 がすべて奇数であるとき，①は $n=0$, 1, 2, 3, 4 で成り立つから，$n=3$ として

$$a_0=\left(\frac{2}{3}\right)^3(a_3+1)-1$$

ここで，a_3 が奇数であるから，$a_3=2k-1$（k は自然数）とおくと

$$a_0=\left(\frac{2}{3}\right)^3\cdot 2k-1=\frac{2^4k}{3^3}-1$$

k が最小となるとき a_0 は最小となり，a_0 が奇数であるような最小の k は $k=3^3$ で，このとき $a_0=15$ である。

逆に，$a_0=15$ のとき

$$a_1=\frac{3a_0+1}{2}=23,\quad a_2=\frac{3a_1+1}{2}=35,\quad a_3=\frac{3a_2+1}{2}=53$$

より，確かに a_0, a_1, a_2, a_3 はすべて奇数である。

したがって，求める a_0 は　　$a_0=15$　……(答)

別解　$a_0=2j-1$（j は自然数）とする。

$$a_1=\frac{3a_0+1}{2}=\frac{3(2j-1)+1}{2}=3j-1$$

$$a_2=\frac{3a_1+1}{2}=\frac{3(3j-1)+1}{2}=\frac{9}{2}j-1$$

$$a_3=\frac{3a_2+1}{2}=\frac{3\left(\frac{9}{2}j-1\right)+1}{2}=\frac{27}{4}j-1$$

であるから，a_1 が奇数であるような j は 2 の倍数，a_2 が奇数であるような j は 4 の倍数，a_3 が奇数であるような j は 8 の倍数である。

よって，a_1, a_2, a_3 がすべて奇数であるような最小の j は　　$j=8$

j が最小のとき a_0 も最小になるから，求める a_0 は

$$a_0=2\cdot 8-1=15$$

(2)　a_0, a_1, a_2, …, a_{10} がすべて奇数であるとき

①は $n=0$, 1, 2, …, 10, 11 で成り立つから，$n=10$ として

$$a_0=\left(\frac{2}{3}\right)^{10}(a_{10}+1)-1$$

ここで a_{10} が奇数であるから，$a_{10}=2l-1$（l は自然数）とおくと

$$a_0=\left(\frac{2}{3}\right)^{10}\cdot 2l-1=\frac{2^{11}l}{3^{10}}-1$$

l が最小となるとき a_0 は最小となり，a_0 が奇数であるような最小の l は $l=3^{10}$ で，このとき $a_0=2^{11}-1$ である。

逆に，$a_0=2^{11}-1$ のとき

$i=0,\ 1,\ 2,\ \cdots,\ 10$ に対して

「$a_i=3^i\cdot 2^{11-i}-1$ で a_i は奇数」　……②

であることを示す。

(i)　$i=0$ のとき $a_0=2^{11}-1$ であるから②は成り立つ。

(ii)　$i=j$（$j=0,\ 1,\ 2,\ \cdots,\ 9$）のとき，②が成り立つと仮定すると

$a_j=3^j\cdot 2^{11-j}-1$ で a_j は奇数

である。これより

$$a_{j+1}=\frac{3a_j+1}{2}=\frac{3(3^j\cdot 2^{11-j}-1)+1}{2}=3^{j+1}\cdot 2^{10-j}-1$$

で，$10-j\geqq 1$ より $3^{j+1}\cdot 2^{10-j}$ は偶数であるから，a_{j+1} は奇数である。

よって，$i=j+1$ のときも②は成り立つ。

(i), (ii)より $i=0,\ 1,\ 2,\ \cdots,\ 10$ について確かに②は成り立つ。

したがって，求める a_0 は　　$a_0=2^{11}-1=2047$　……(答)

解説

《項の偶奇によって異なる漸化式と条件を満たす数列の初項》

a_n の偶奇によって使用する漸化式が異なる数列について，すべての項が奇数になるときの最小の初項を求める問題である。

(1)　〔解答〕では(2)のことも考慮して，あらかじめ一般項を求めた。a_0，a_1，a_2，a_3 がすべて奇数ならば $a_0=\left(\frac{2}{3}\right)^3(a_3+1)-1$ が成り立つから，これより a_0，a_1，a_2，a_3 がすべて奇数であるための必要条件を満たす最小の $a_0=15$ を求め，これが十分条件でもあることを確認する。

〔別解〕では，a_1，a_2，a_3 のそれぞれが奇数であるような条件を求め，すべての条件を満たす最小の a_0 を求めた。

(2)　(1)と同じ方法で $a_0=2^{11}-1$ を求め，これが十分条件でもあることを確認するのであるが，a_1，a_2，$\cdots$，a_{10} の10個を一つ一つ確認するのはかなり手間がかかるので，〔解答〕では数学的帰納法を用いた。

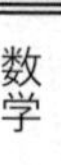

5　発想

(1)　$f(x)=\dfrac{e^x-e^{-x}}{2}$，$g(x)=\dfrac{e^x+e^{-x}}{2}$ として，$f(x)$，$g(x)$ の増減を調べる。さらに，2曲線 $y=f(x)$ と $y=g(x)$ の共有点，2曲線と座標軸および直線 $y=a$ との共有点を調べて領域 D_a を図示し，積分法を用いて D_a の面積を求める。

(2)　(1)で求めた a の関数 S_a を式変形する方法と，積分計算のしやすい関数 M_a，L_a で $M_a<S_a<L_a$ を満たすものを見つけてはさみうちの原理を用いる方法などが考えられる。

解答　(1)　$f(x)=\dfrac{e^x-e^{-x}}{2}$，$g(x)=\dfrac{e^x+e^{-x}}{2}$ とおく。

$f'(x)=\dfrac{e^x+e^{-x}}{2}>0$ であるから，すべての実数 x について $f(x)$ は単調に増加する。

また

$$g'(x)=\frac{e^x-e^{-x}}{2}=\frac{(e^x+1)(e^x-1)}{2e^x}$$

であるから，$g(x)$ の増減表は右のようになる。

x	$\cdots$	0	$\cdots$
$g'(x)$	$-$	0	$+$
$g(x)$	↘	1	↗

さらに

$$g(x)-f(x)=e^{-x}>0$$

であるから，2曲線 $y=f(x)$ と $y=g(x)$ は共有点をもたない。

よって

$$x\geqq 0,\ f(x)\leqq y,\ y\leqq g(x),\ y\leqq a \quad (a\geqq 1)$$

が表す領域 D_a は右図の網かけ部分（境界線を含む）になる。

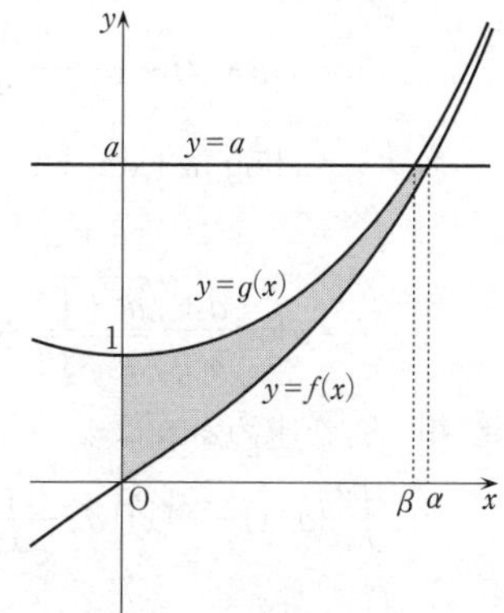

$f(x)=a$ を満たす x を α とすると

$$\frac{e^\alpha-e^{-\alpha}}{2}=a$$

であるから

$$e^{2\alpha}-2ae^{\alpha}-1=0$$

$e^{\alpha}>0$ より　$e^{\alpha}=a+\sqrt{a^2+1}$

$$\alpha=\log(a+\sqrt{a^2+1})$$

$x>0$ で $g(x)=a$ を満たす x を β とすると

$$\frac{e^{\beta}+e^{-\beta}}{2}=a$$

であるから

$$e^{2\beta}-2ae^{\beta}+1=0$$

$$e^{\beta}=a\pm\sqrt{a^2-1}$$

ここで，$a>1$ より

$$a+\sqrt{a^2-1}>a>1$$

$$a-\sqrt{a^2-1}=\frac{a^2-(a^2-1)}{a+\sqrt{a^2-1}}=\frac{1}{a+\sqrt{a^2-1}}<\frac{1}{a}<1$$

$\beta>0$ より $e^{\beta}>1$ であるから

$$e^{\beta}=a+\sqrt{a^2-1},\ \beta=\log(a+\sqrt{a^2-1})$$

よって

$$\begin{aligned}S_a&=\int_0^{\beta}\{g(x)-f(x)\}dx+\int_{\beta}^{\alpha}\{a-f(x)\}dx\\&=\int_0^{\beta}e^{-x}dx+\int_{\beta}^{\alpha}\left(a-\frac{e^x-e^{-x}}{2}\right)dx\\&=\Big[-e^{-x}\Big]_0^{\beta}+\left[ax-\frac{e^x+e^{-x}}{2}\right]_{\beta}^{\alpha}\\&=-e^{-\beta}+1+a(\alpha-\beta)-\left(\frac{e^{\alpha}+e^{-\alpha}}{2}-\frac{e^{\beta}+e^{-\beta}}{2}\right)\\&=a(\alpha-\beta)+1+\frac{e^{\alpha}-e^{-\alpha}}{2}-\frac{e^{\beta}+e^{-\beta}}{2}-e^{\alpha}+e^{\beta}\\&=a\{\log(a+\sqrt{a^2+1})-\log(a+\sqrt{a^2-1})\}+1\\&\qquad\qquad+a-a-(a+\sqrt{a^2+1})+(a+\sqrt{a^2-1})\\&=a\log\frac{a+\sqrt{a^2+1}}{a+\sqrt{a^2-1}}-\sqrt{a^2+1}+\sqrt{a^2-1}+1\quad\cdots\cdots\text{(答)}\end{aligned}$$

参考　S_a を求める式は

$$\int_0^{\alpha}\{g(x)-f(x)\}dx-\int_{\beta}^{\alpha}\{g(x)-a\}dx$$

$$\int_0^{\alpha}\{a-f(x)\}dx-\int_0^{\beta}\{a-g(x)\}dx$$

などいろいろ考えられるが，y についての積分で計算すると次のようになる。

$$y=f(x)=\frac{e^x-e^{-x}}{2}\text{ より}\qquad x=\log(y+\sqrt{y^2+1})$$

$$y=g(x)=\frac{e^x+e^{-x}}{2}\ (x\geqq 0)\text{ より}\qquad x=\log(y+\sqrt{y^2-1})$$

であるから

$$S_a=\int_0^a\log(y+\sqrt{y^2+1})\,dy-\int_1^a\log(y+\sqrt{y^2-1})\,dy$$

ここで

$$\int_0^a\log(y+\sqrt{y^2+1})\,dy$$

$$=\Big[y\log(y+\sqrt{y^2+1})\Big]_0^a-\int_0^a y\cdot\frac{1+\dfrac{y}{\sqrt{y^2+1}}}{y+\sqrt{y^2+1}}dy$$

$$=a\log(a+\sqrt{a^2+1})-\int_0^a\frac{y(\sqrt{y^2+1}+y)}{(y+\sqrt{y^2+1})\sqrt{y^2+1}}dy$$

$$=a\log(a+\sqrt{a^2+1})-\int_0^a\frac{y}{\sqrt{y^2+1}}dy$$

$$=a\log(a+\sqrt{a^2+1})-\Big[\sqrt{y^2+1}\Big]_0^a\quad\left(\because\quad(\sqrt{y^2+1})'=\frac{y}{\sqrt{y^2+1}}\right)$$

$$=a\log(a+\sqrt{a^2+1})-\sqrt{a^2+1}+1$$

同様にして

$$\int_1^a\log(y+\sqrt{y^2-1})\,dy=a\log(a+\sqrt{a^2-1})-\Big[\sqrt{y^2-1}\Big]_1^a$$
$$=a\log(a+\sqrt{a^2-1})-\sqrt{a^2-1}$$

よって

$$S_a=a\{\log(a+\sqrt{a^2+1})-\log(a+\sqrt{a^2-1})\}-\sqrt{a^2+1}+\sqrt{a^2-1}+1$$

(2) (1)で示した領域 D_a の図より

$$\int_0^{\beta}\{g(x)-f(x)\}dx<S_a<\int_0^{\alpha}\{g(x)-f(x)\}dx$$

である。

$$\int_0^{\beta}\{g(x)-f(x)\}dx=\int_0^{\beta}e^{-x}dx=\Big[-e^{-x}\Big]_0^{\beta}=-e^{-\beta}+1$$

同様にして　$\displaystyle\int_0^{\alpha}\{g(x)-f(x)\}dx=-e^{-\alpha}+1$

よって

$$-e^{-\beta}+1<S_a<-e^{-\alpha}+1$$

ここで，$\alpha=\log(a+\sqrt{a^2+1})$，$\beta=\log(a+\sqrt{a^2-1})$ より，$a\to\infty$ のとき，$\alpha\to\infty$，$\beta\to\infty$ であるから

$$\lim_{a\to\infty}(-e^{-\beta}+1)=\lim_{\beta\to\infty}(-e^{-\beta}+1)=1$$

$$\lim_{a\to\infty}(-e^{-\alpha}+1)=\lim_{\alpha\to\infty}(-e^{-\alpha}+1)=1$$

したがって，はさみうちの原理より

$$\lim_{a\to\infty}S_a=1\quad\cdots\cdots(\text{答})$$

別解　**〈その1〉**　$S_a=-\sqrt{a^2+1}+\sqrt{a^2-1}$

$$+a\{\log(a+\sqrt{a^2+1})-\log(a+\sqrt{a^2-1})\}+1$$

$$-\sqrt{a^2+1}+\sqrt{a^2-1}=\frac{-2}{\sqrt{a^2-1}+\sqrt{a^2+1}}\to 0\quad(a\to\infty)\quad\cdots\cdots①$$

$$\log(a+\sqrt{a^2+1})-\log(a+\sqrt{a^2-1})=\log\frac{a+\sqrt{a^2+1}}{a+\sqrt{a^2-1}}$$

$$=\log\frac{1+\sqrt{1+\dfrac{1}{a^2}}}{1+\sqrt{1-\dfrac{1}{a^2}}}$$

$u=\dfrac{1+\sqrt{1+\dfrac{1}{a^2}}}{1+\sqrt{1-\dfrac{1}{a^2}}}$ とおくと

$$\lim_{a\to\infty}u=1\quad\cdots\cdots②$$

である。

$$a\{\log(a+\sqrt{a^2+1})-\log(a+\sqrt{a^2-1})\}=a\log u$$

$$=a(u-1)\frac{\log u-\log 1}{u-1}$$

ここで，②より

$$\lim_{a\to\infty}\frac{\log u-\log 1}{u-1}=1 \quad (\log u \text{ の } u=1 \text{ での微分係数})$$

また，$u=\dfrac{a+\sqrt{a^2+1}}{a+\sqrt{a^2-1}}$ でもあるから

$$a(u-1)=a\left(\frac{a+\sqrt{a^2+1}}{a+\sqrt{a^2-1}}-1\right)$$
$$=\frac{\sqrt{a^2+1}-\sqrt{a^2-1}}{1+\sqrt{1-\dfrac{1}{a^2}}}$$
$$=\frac{2}{(\sqrt{a^2+1}+\sqrt{a^2-1})\left(1+\sqrt{1-\dfrac{1}{a^2}}\right)}\to 0 \quad (a\to\infty)$$

よって

$$a\{\log(a+\sqrt{a^2+1})-\log(a+\sqrt{a^2-1})\}\to 0 \quad (a\to\infty) \quad \cdots\cdots③$$

①，③から

$$\lim_{a\to\infty}S_a=0+0+1=1$$

別解　**〈その 2〉**　(1)より

$$S_a=a\log\frac{a+\sqrt{a^2+1}}{a+\sqrt{a^2-1}}-(\sqrt{a^2+1}-\sqrt{a^2-1})+1$$

ここで

$$\lim_{a\to\infty}(\sqrt{a^2+1}-\sqrt{a^2-1})=\lim_{a\to\infty}\frac{(a^2+1)-(a^2-1)}{\sqrt{a^2+1}+\sqrt{a^2-1}}$$
$$=\lim_{a\to\infty}\frac{2}{\sqrt{a^2+1}+\sqrt{a^2-1}}$$
$$=0 \quad \cdots\cdots(*)$$

また

$$\frac{a+\sqrt{a^2+1}}{a+\sqrt{a^2-1}}=1+\frac{\sqrt{a^2+1}-\sqrt{a^2-1}}{a+\sqrt{a^2-1}}$$

$\dfrac{\sqrt{a^2+1}-\sqrt{a^2-1}}{a+\sqrt{a^2-1}}=h$ とおくと，$(*)$より $a\to\infty$ のとき $h\to 0$ で

$$a\log\frac{a+\sqrt{a^2+1}}{a+\sqrt{a^2-1}}=a\log(1+h)$$

2024年度　前期日程　数学

$$=ah\log(1+h)^{\frac{1}{h}}$$

$$=\frac{a(\sqrt{a^2+1}-\sqrt{a^2-1})}{a+\sqrt{a^2-1}}\log(1+h)^{\frac{1}{h}}$$

$$=\frac{\sqrt{a^2+1}-\sqrt{a^2-1}}{1+\sqrt{1-\frac{1}{a^2}}}\log(1+h)^{\frac{1}{h}}$$

これと，(＊)，$\lim_{a\to\infty}(1+h)^{\frac{1}{h}}=\lim_{h\to 0}(1+h)^{\frac{1}{h}}=e$ より

$$\lim_{a\to\infty}a\log\frac{a+\sqrt{a^2+1}}{a+\sqrt{a^2-1}}=\frac{0}{2}\log e=0$$

よって

$$\lim_{a\to\infty}S_a=\lim_{a\to\infty}\left\{a\log\frac{a+\sqrt{a^2+1}}{a+\sqrt{a^2-1}}-(\sqrt{a^2+1}-\sqrt{a^2-1})+1\right\}$$
$$=0-0+1$$
$$=1$$

解説

《指数関数で表された曲線と領域の面積，極限》

指数関数を含む4つの不等式が表す領域の面積を求め，その極限を求める問題である。

(1)　4つの不等式が表す領域を図示して面積を求める領域を確認することは重要である。$y=f(x)$，$y=g(x)$ と直線 $y=a$ の交点の x 座標をそれぞれ α，β とおき

$$\frac{e^{\alpha}-e^{-\alpha}}{2}=a,\ \ e^{\alpha}=a+\sqrt{a^2+1},\ \ \alpha=\log(a+\sqrt{a^2+1})$$

$$\frac{e^{\beta}+e^{-\beta}}{2}=a,\ \ e^{\beta}=a+\sqrt{a^2-1},\ \ \beta=\log(a+\sqrt{a^2-1})$$

を用いて積分計算を行う。

〔参考〕のように y についての積分によって求めることもできる。部分積分法，$(\sqrt{y^2+1})'=\dfrac{y}{\sqrt{y^2+1}}$ を用いることになるが，計算が楽になるわけではない。

(2)　図から，S_a は「$0\leqq x\leqq\beta$，$f(x)\leqq y\leqq g(x)$」が表す領域の面積より大きく，「$0\leqq x\leqq\alpha$，$f(x)\leqq y\leqq g(x)$」が表す領域の面積より小さいことが確

認できるので，これを利用すると計算が楽になる。

〔別解〕〈その１〉では対数関数の微分係数を利用できるように S_a を変形した。

〔別解〕〈その２〉のように $\lim_{h \to 0}(1+h)^{\frac{1}{h}}=e$ を用いる形に式変形して極限を求めることもできるが，計算量が多くなる。

発想

$2^{\sqrt{k}}$ の整数部分が n 桁，n 桁で最高位の数字が１である条件をそれぞれ n の不等式で表す。それぞれの不等式から，k のとりうる値の範囲を n で表し，N_n，L_n を求める。N_n，L_n は１つの値に定まらないので，$\dfrac{L_n}{N_n}$ を不等式で表し，はさみうちの原理を用いて極限を求める。

解答　a_k の整数部分が n 桁のとき

$$10^{n-1} \leqq 2^{\sqrt{k}} < 10^n$$

であるから

$$\log_2 10^{n-1} \leqq \log_2 2^{\sqrt{k}} < \log_2 10^n$$

$$(n-1)\log_2 10 \leqq \sqrt{k} < n\log_2 10$$

各辺は正であるから

$$(n-1)^2(\log_2 10)^2 \leqq k < n^2(\log_2 10)^2 \quad \cdots\cdots①$$

また，a_k の整数部分が n 桁であり，その最高位の数字が１であるとき

$$10^{n-1} \leqq 2^{\sqrt{k}} < 2\cdot 10^{n-1}$$

であるから

$$\log_2 10^{n-1} \leqq \log_2 2^{\sqrt{k}} < \log_2(2\cdot 10^{n-1})$$

$$(n-1)\log_2 10 \leqq \sqrt{k} < 1+(n-1)\log_2 10$$

各辺は正であるから

$$(n-1)^2(\log_2 10)^2 \leqq k < 1+2(n-1)\log_2 10+(n-1)^2(\log_2 10)^2$$

$$\cdots\cdots②$$

一般に，$p \leqq m < q$（p，q は実数）を満たすような整数 m とその個数 M は，ガウス記号を用いて表すと

(i)　p が整数のとき

q も整数なら $m=p,\ p+1,\ p+2,\ \cdots,\ q-1$ で

$$M=(q-1)-p+1=q-p \quad \cdots\cdots③$$

q が整数でないなら $m=p,\ p+1,\ p+2,\ \cdots,\ [q]$ で

$$M=[q]-p+1 \quad \cdots\cdots④$$

(ii)　p が整数でないとき

q が整数なら $m=[p]+1,\ [p]+2,\ \cdots,\ q-1$ で

$$M=(q-1)-([p]+1)+1=q-[p]-1 \quad \cdots\cdots⑤$$

q が整数でないなら $m=[p]+1,\ [p]+2,\ \cdots,\ [q]$ で

$$M=[q]-([p]+1)+1=[q]-[p] \quad \cdots\cdots⑥$$

$p,\ q$ が整数でないとき，$q-1<[q]<q,\ p-1<[p]<p$ に注意すると

④は　$q-p<M<q-p+1 \quad \cdots\cdots④'$

⑤は　$q-p-1<M<q-p \quad \cdots\cdots⑤'$

⑥は　$q-p-1<M<q-p+1 \quad \cdots\cdots⑥'$

③，④′，⑤′，⑥′ より $q-p-1<M<q-p+1$ が成り立つ。

よって，①より

$$n^2(\log_2 10)^2-(n-1)^2(\log_2 10)^2-1<N_n<n^2(\log_2 10)^2-(n-1)^2(\log_2 10)^2+1$$

すなわち

$$(2n-1)(\log_2 10)^2-1<N_n<(2n-1)(\log_2 10)^2+1 \quad \cdots\cdots⑦$$

②より

$$1+2(n-1)\log_2 10-1<L_n<1+2(n-1)\log_2 10+1$$

すなわち

$$2(n-1)\log_2 10<L_n<2(n-1)\log_2 10+2 \quad \cdots\cdots⑧$$

⑦，⑧の各辺はすべて正であるから

$$\frac{2(n-1)\log_2 10}{(2n-1)(\log_2 10)^2+1}<\frac{L_n}{N_n}<\frac{2(n-1)\log_2 10+2}{(2n-1)(\log_2 10)^2-1}$$

ここで

$$\lim_{n\to\infty}\frac{2(n-1)\log_2 10}{(2n-1)(\log_2 10)^2+1}=\lim_{n\to\infty}\frac{2\left(1-\dfrac{1}{n}\right)\log_2 10}{\left(2-\dfrac{1}{n}\right)(\log_2 10)^2+\dfrac{1}{n}}=\frac{1}{\log_2 10}$$

$$\lim_{n\to\infty}\frac{2(n-1)\log_2 10+2}{(2n-1)(\log_2 10)^2-1}=\lim_{n\to\infty}\frac{2\left(1-\frac{1}{n}\right)\log_2 10+\frac{2}{n}}{\left(2-\frac{1}{n}\right)(\log_2 10)^2-\frac{1}{n}}=\frac{1}{\log_2 10}$$

であるから，はさみうちの原理により

$$\lim_{n\to\infty}\frac{L_n}{N_n}=\frac{1}{\log_2 10}=\log_{10}2 \quad \cdots\cdots(答)$$

解説

《$2^{\sqrt{k}}$ の整数部分が n 桁である k の個数と極限，はさみうちの原理》

$2^{\sqrt{k}}$ の整数部分が n 桁である k の個数と，n 桁で最高位の数字が 1 である k の個数の比の極限を求める問題である。

①，②からそれぞれ N_n, L_n を求めるために，一般論として $p \leqq m < q$（p, q は実数）を満たすような整数 m とその個数 M を考える。p, q が整数であるかないかによって M の値が変わってくる。$\log_2 10$ は無理数である（背理法の問題としてときどき見られる）が，$(\log_2 10)^2$ が無理数であるかどうかは不明なので，p, q が整数であるかないかによって場合分けをして考え，結論として $q-p-1<M<q-p+1$ を導く。

$\log_2 10>1$ であることを用いれば，⑦，⑧から

$$2(n-1)(\log_2 10)^2<N_n<2n(\log_2 10)^2$$
$$2(n-1)\log_2 10<L_n<2n\log_2 10$$

として

$$\frac{2(n-1)\log_2 10}{2n(\log_2 10)^2}<\frac{L_n}{N_n}<\frac{2n\log_2 10}{2(n-1)(\log_2 10)^2}$$

すなわち

$$\frac{(n-1)}{n\log_2 10}<\frac{L_n}{N_n}<\frac{n}{(n-1)\log_2 10}$$

とすることもできる。

講評

微分・積分，確率，数列，空間ベクトルからの出題は例年通り。図示問題が1題出題され，証明問題は出題されなかった。小問誘導が3題，また極限に関する問題が3題と多いのが2024年度の特徴である。

1　立方体の面の塗り分けを題材とした確率と極限の問題。場合の数の問題としては頻出問題といえるが，確率の問題なので注意が必要である。確率の意味を正しく理解していれば平易に感じたかもしれない。

2　複素数平面上の図形に関する標準問題。複素数の絶対値の図形的意味を理解しているかが試されている。

3　空間ベクトルの問題。ねじれの位置の意味を正しく理解していれば解法の方針は立てやすいが，記述方法には注意が必要である。

4　漸化式の問題。(2)を視野に入れて(1)を解くことが重要で，問題の全体像を理解することがポイントとなる。

5　微分・積分と極限の問題。(1)は計算力を要する面積問題である。(2)では，解法によっては煩雑な計算になり手間どったのではなかろうか。

6　整数，桁数，極限の融合問題。整数に関する不等式の処理を正確に行う必要があり，ていねいに説明することが求められている。

2024年度は易しめの問題がなく，5・6はやや難レベルの問題である。5は計算力，3・4・6は論証力が試されている。全体として2023年度より難化したといえる。定義を正確に理解し，論理的思考力，図形感覚，計算力を中心に，数学としての総合的な力を磨いておこう。

物理

I ─ 解答

(1) ア. $-\frac{mg}{L}x$ イ. $\sqrt{\frac{g}{L}}$

ウ. $\frac{1}{2}m{v_0}^2+\frac{1}{2}\cdot\frac{mg}{L}{x_0}^2$ エ. $\sqrt{{v_0}^2+\frac{g}{L}{x_0}^2}$ オ. $\sqrt{\frac{L{v_0}^2}{g}+{x_0}^2}$

問1. おもりAの変位がx_Aのときの加速度をa_Aとすると，$k=\frac{3mg}{L}$のとき，運動方程式は

$$ma_A=-\frac{mg}{L}x_A-kx_A=-\frac{4mg}{L}x_A \qquad \therefore \quad a_A=-\frac{4g}{L}x_A$$

よって，角振動数をω_A，周期をT_Aとすると

$$ {\omega_A}^2=\frac{4g}{L} \qquad \therefore \quad \omega_A=2\sqrt{\frac{g}{L}} \qquad T_A=\frac{2\pi}{\omega_A}=\pi\sqrt{\frac{L}{g}}$$

反発係数が1であるから，$t=0$での衝突直後おもりAは速さv_1で負の向きへ動き出し，おもりBは静止する。おもりAの振幅をD_Aとすると

$$D_A=\frac{v_1}{\omega_A}=\frac{v_1}{2}\sqrt{\frac{L}{g}}$$

おもりBの角振動数をω_B，周期をT_B，振幅をD_Bとすると，イの結果より

$$\omega_B=\sqrt{\frac{g}{L}},\quad T_B=\frac{2\pi}{\omega_B}=2\pi\sqrt{\frac{L}{g}},\quad D_B=\frac{v_1}{\omega_B}=v_1\sqrt{\frac{L}{g}}$$

1回目の衝突は$t=\frac{T_A}{2}$で起こり，衝突直後おもりAは静止しおもりBは速さv_1で正の向きへ動き出す。そのあと$\frac{T_B}{2}$後に2回目の衝突をし$t=0$の状態に戻る。これをくり返すので，x_A，x_Bのグラフは次のようになる。

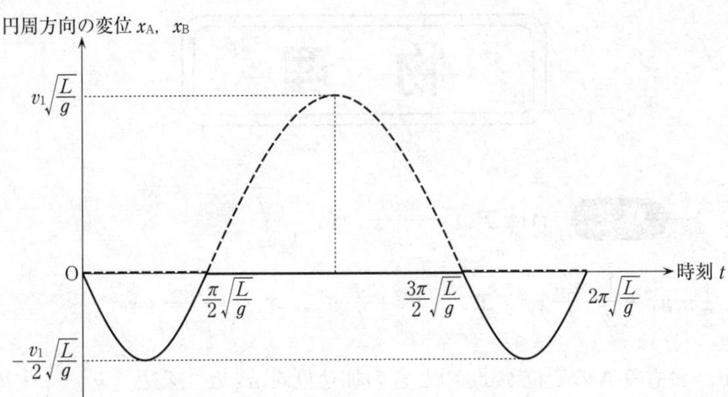

カ. $\dfrac{d}{L}x$　**キ.** $\dfrac{kd^2}{L^2}x$　**ク.** $\sqrt{\dfrac{g}{L}+\dfrac{kd^2}{L^2m}}$

(2)　**ケ.** $\dfrac{d}{L}(x_D-x_C)$　**コ.** $-\dfrac{mg}{L}x_C+\dfrac{kd^2}{L^2}(x_D-x_C)$

サ. $-\dfrac{mg}{L}x_D-\dfrac{kd^2}{L^2}(x_D-x_C)$　**シ.** $\sqrt{\dfrac{g}{L}+\dfrac{2kd^2}{L^2m}}$　**ス.** 1　**セ.** -1

問2.　$s_2=\dfrac{d}{L}(x_D-x_C)$ であるから，s_2 の角振動数は ω_2 である。$\omega_2=2\omega_1$ より

$$\frac{g}{L}+\frac{2kd^2}{L^2m}=4\cdot\frac{g}{L}\qquad\therefore\quad\left(\frac{d}{L}\right)^2=\frac{3g}{L}\cdot\frac{m}{2k}$$

$k=\dfrac{6mg}{L}$ より

$$\left(\frac{d}{L}\right)^2=\frac{3g}{L}\cdot\frac{Lm}{12mg}=\frac{1}{4}\qquad\therefore\quad\frac{d}{L}=\frac{1}{2}\quad\cdots\cdots(\text{答})$$

解説

《ばね付き振り子の単振動，弾性衝突》

(1)　**ア.** x 方向の力は重力の成分 $-mg\sin\theta$ であるから，運動方程式は

$$ma=-mg\sin\theta$$

$\sin\theta\fallingdotseq\theta$, $x=L\theta$ より

$$ma\fallingdotseq-mg\theta=-\frac{mg}{L}x$$

イ. アより

$$a=-\frac{g}{L}x$$

これは単振動を表し，角振動数を ω とすると

$$\omega^2=\frac{g}{L} \qquad \therefore \quad \omega=\sqrt{\frac{g}{L}}$$

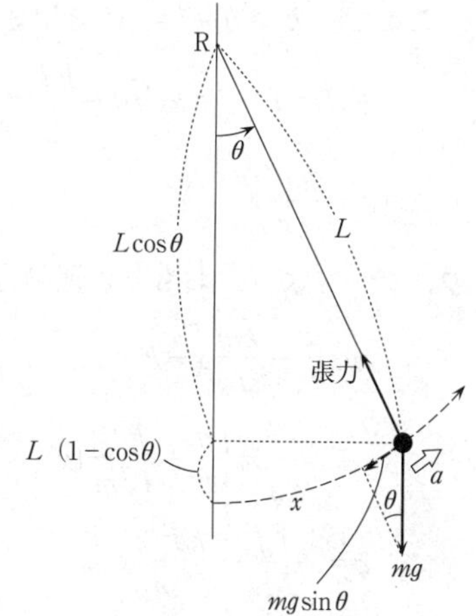

ウ． $x=x_0$ のときの力学的エネルギーを E_0 とすると，点Ｏからの高さが $L(1-\cos\theta_0)$ であるから，$1-\cos\theta_0 \fallingdotseq \frac{\theta_0^2}{2}$，$x_0=L\theta_0$ より

$$E_0=\frac{1}{2}mv_0^2+mgL(1-\cos\theta_0)$$

$$\fallingdotseq \frac{1}{2}mv_0^2+\frac{1}{2}mgL\cdot\theta_0^2=\frac{1}{2}mv_0^2+\frac{1}{2}\cdot\frac{mg}{L}x_0^2$$

エ． $x=0$ のときの速さを v とすると，ウで力学的エネルギー保存則より

$$\frac{1}{2}mv^2=\frac{1}{2}mv_0^2+\frac{1}{2}\cdot\frac{mg}{L}x_0^2 \qquad \therefore \quad v=\sqrt{v_0^2+\frac{g}{L}x_0^2}$$

オ． 振幅を D_0 とすると，振動中心 $x=0$ を通るときの速さが v であるから，イ・エの結果を用いて

$$v=D_0\omega \qquad \therefore \quad D_0=\frac{v}{\omega}=\sqrt{\frac{Lv_0^2}{g}+x_0^2}$$

問１． おもりＡ，Ｂの質量は等しいので，１次元の弾性衝突をすると速度が入れ替わる。おもりＡにはばねが付いているので，周期と振幅がおもりＢとは異なることに注意し，おもりＡ，Ｂが半周期ごとに単振動と静止をくり返すことをグラフに表せばよい。

カ． おもりの変位が x のときのばねの伸びを x' とすると，$x=L\theta$，$x'=d\theta$ より

$$x'=\frac{d}{L}x$$

キ． ばねの弾性力を F'（左向きを正）とすると，点Ｓのまわりの力のモーメントのつりあいより，反時計回りを正として

$$F\cdot L-F'\cdot d=0$$

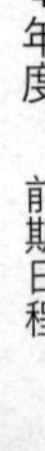

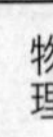

ここで，カより $F'=kx'$ を用いて

$$F\cdot L=F'\cdot d=kx'\cdot d=\frac{kd^2}{L}x$$

$$\therefore\quad F=\frac{kd^2}{L^2}x$$

ク. ア・キより，おもりの運動方程式は

$$ma=-\frac{mg}{L}x-F$$

$$=-m\left(\frac{g}{L}+\frac{kd^2}{L^2m}\right)x$$

$$\therefore\quad a=-\left(\frac{g}{L}+\frac{kd^2}{L^2m}\right)x$$

よって，角振動数を ω' とすると

$$\omega'^2=\frac{g}{L}+\frac{kd^2}{L^2m}\qquad\therefore\quad \omega'=\sqrt{\frac{g}{L}+\frac{kd^2}{L^2m}}$$

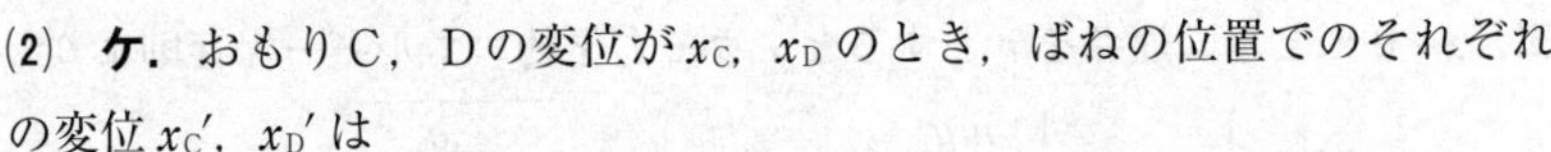

(2) **ケ.** おもりC，Dの変位が x_C，x_D のとき，ばねの位置でのそれぞれの変位 x_C'，x_D' は

$$x_C'=\frac{d}{L}x_C,\quad x_D'=\frac{d}{L}x_D$$

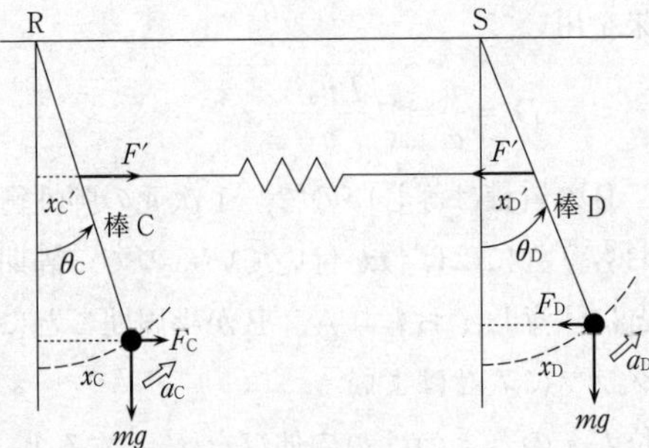

よって，ばねの伸び s_2 は

$$s_2=x_D'-x_C'=\frac{d}{L}(x_D-x_C)$$

コ. 棒Cにはたらくばねの弾性力を F'（引力のとき正）とすると，ケより

$$F'=ks_2=\frac{kd}{L}(x_D-x_C)$$

$s_2>0$ のとき，棒Cにはたらくばねの弾性力は x の正の向きであるから，棒Cにはたらく点Rまわりの力のモーメントのつりあいより，おもりCの位置で棒Cには x の負の向きに力がはたらき，その反作用でおもりCには x の正の向きに力がはたらく。おもりCから棒Cの下端に作用する力の円周方向成分を F_C（左向きを正）とすると

$$F_\mathrm{C}\cdot L=F'\cdot d \qquad \therefore\quad F_\mathrm{C}=\frac{d}{L}F'=\frac{kd^2}{L^2}(x_\mathrm{D}-x_\mathrm{C})$$

よって，おもりCの運動方程式は，クと同様に考えると

$$ma_\mathrm{C}=-\frac{mg}{L}x_\mathrm{C}+F_\mathrm{C}=-\frac{mg}{L}x_\mathrm{C}+\frac{kd^2}{L^2}(x_\mathrm{D}-x_\mathrm{C})$$

サ. $s_2>0$ のとき棒Dにはたらくばねの弾性力は x の負の向きであるから，コと同様に考えると，おもりDには棒Dから x の負の向きに

$$F_\mathrm{D}=\frac{d}{L}F'=\frac{kd^2}{L^2}(x_\mathrm{D}-x_\mathrm{C})$$

の大きさの力がはたらく。よって，おもりDの運動方程式は

$$ma_\mathrm{D}=-\frac{mg}{L}x_\mathrm{D}-F_\mathrm{D}=-\frac{mg}{L}x_\mathrm{D}-\frac{kd^2}{L^2}(x_\mathrm{D}-x_\mathrm{C})$$

シ. $a_\mathrm{C}=-\omega^2x_\mathrm{C}$，$a_\mathrm{D}=-\omega^2x_\mathrm{D}$ をコ・サの運動方程式に代入すると

$$-m\omega^2x_\mathrm{C}=-\frac{mg}{L}x_\mathrm{C}+\frac{kd^2}{L^2}(x_\mathrm{D}-x_\mathrm{C})$$

$$-m\omega^2x_\mathrm{D}=-\frac{mg}{L}x_\mathrm{D}-\frac{kd^2}{L^2}(x_\mathrm{D}-x_\mathrm{C})$$

辺々加えて

$$-m\omega^2(x_\mathrm{C}+x_\mathrm{D})=-\frac{mg}{L}(x_\mathrm{C}+x_\mathrm{D})$$

$X_1=\dfrac{x_\mathrm{C}+x_\mathrm{D}}{2}$ を用いると

$$-m\omega^2X_1=-\frac{mg}{L}X_1 \qquad \therefore\quad \omega=\sqrt{\frac{g}{L}}$$

辺々引いて

$$-m\omega^2(x_\mathrm{C}-x_\mathrm{D})=-\frac{mg}{L}(x_\mathrm{C}-x_\mathrm{D})-\frac{2kd^2}{L^2}(x_\mathrm{C}-x_\mathrm{D})$$

$X_2=\dfrac{x_\mathrm{C}-x_\mathrm{D}}{2}$ を用いると

$$-m\omega^2 X_2 = -\frac{mg}{L}X_2 - \frac{2kd^2}{L^2}X_2 \qquad \therefore \quad \omega = \sqrt{\frac{g}{L} + \frac{2kd^2}{L^2 m}}$$

イより $\omega_1 = \sqrt{\dfrac{g}{L}}$ であるから，$\omega_2 = \sqrt{\dfrac{g}{L} + \dfrac{2kd^2}{L^2 m}}$ となる。

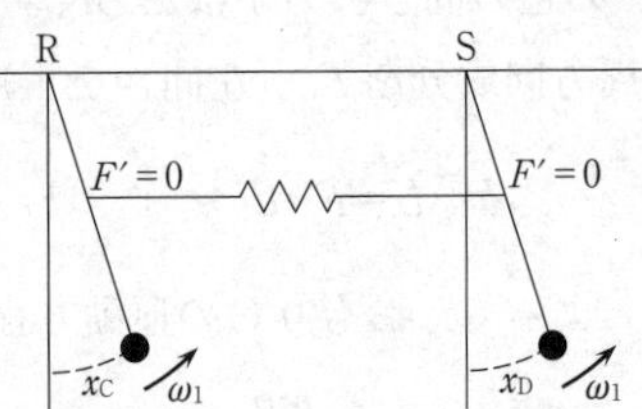

ス. $\omega_1 = \sqrt{\dfrac{g}{L}}$ のとき，アの重力のみによる単振動と同じであるから，棒C，Dにばねの弾性力ははたらかない。

よって，$x_C = x_D$ となる。

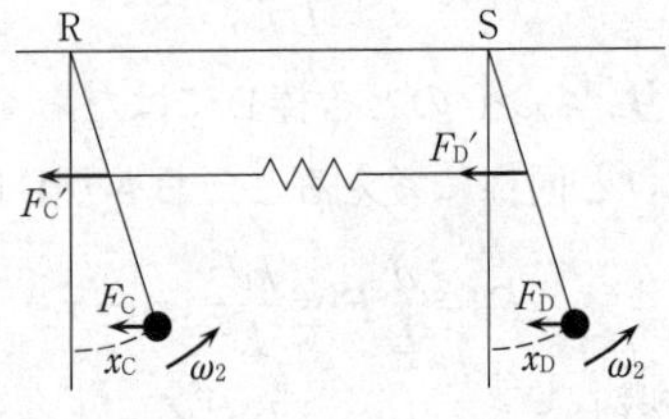

セ. 2つの振り子が同じ角振動数 ω_2 で単振動するとき，キ・クの結果と比較すると棒Cには x_C の向きとは逆向きに $F_C' = \dfrac{kd}{L}x_C$，棒Dにも x_D の向きとは逆向きに $F_D' = \dfrac{kd}{L}x_D$ の弾性力がはたらくが，F_C' と F_D' はばねが両端を引く力であるから，同じ大きさで向きが逆で

$$\frac{kd}{L}x_C = -\frac{kd}{L}x_D$$

よって，$x_C = -x_D$ となる。

問2. シの結果から s_2 の角振動数が ω_2 であることがわかる。

(1)　**イ.** $\dfrac{\mu I}{2\pi r}$　**ロ**—③　**ハ**—①

(2)　**ニ.** $\dfrac{mv_0}{qB_2}$　**ホ.** $\dfrac{\pi m}{qB_2}$

問1． 図：

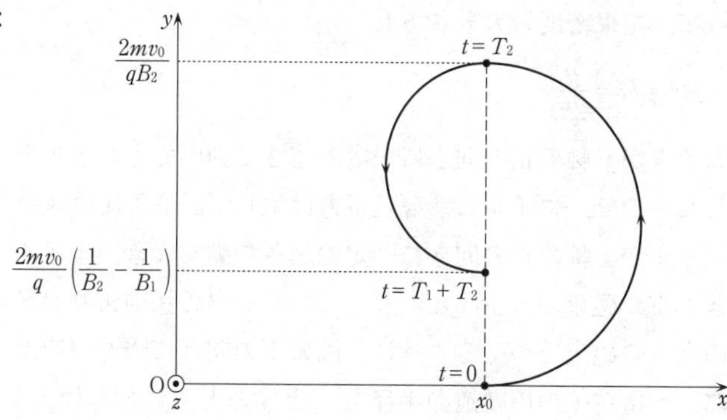

ドリフトを表すベクトルの大きさ：$\dfrac{2mv_0}{q}\left(\dfrac{1}{B_2}-\dfrac{1}{B_1}\right)$

ヘ． $\dfrac{2\pi m x_0}{qa}$　**ト．** $\dfrac{2v_0 d}{\pi x_0}$

問2． ③

(3) **チ**—③　**リ．** $\dfrac{mv_2}{qB_0}$　**ヌ．** $\dfrac{2\pi m}{qB_0}$　**ル**—②　**ヲ．** $\dfrac{v_2-v_1}{\pi}$　**ワ．** $\dfrac{2F}{\pi qB_0}$

問3． ドリフトの平均の速さ：$\dfrac{2E}{\pi B_0}$

図：

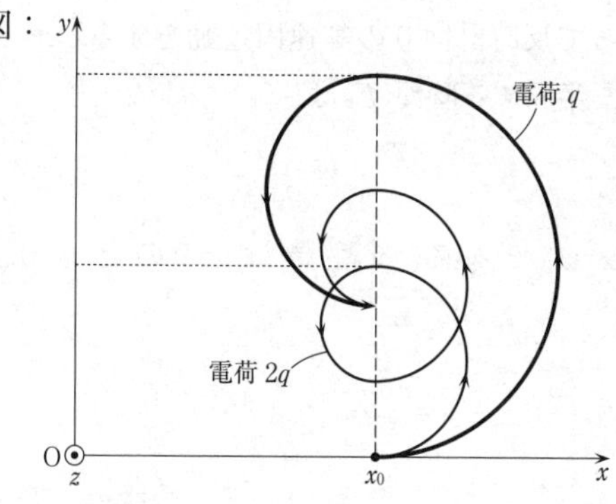

解説

《直線電流がつくる磁場，非一様な磁場中での荷電粒子の運動》

(1) **イ．** 強さ I の直線電流が距離 r 離れた位置につくる磁場の大きさ H は

$$H=\frac{I}{2\pi r}$$

よって，磁束密度の大きさ B は

$$B=\mu H=\frac{\mu I}{2\pi r}$$

ロ. コイルが y 軸の正の向きに一定の速さで動いてもコイルを貫く磁束は変化しないので，コイルに誘導起電力は生じず誘導電流は流れない。

ハ. コイルが x 軸の正の向きに一定の速さで動くとき，コイルを z 軸の負の向きへ貫く磁束が減少する。よって，レンツの法則よりコイルには z 軸の負の向きの磁束をつくるように，図の1の向きに誘導電流が流れる。

(2) **ニ.** 荷電粒子の円軌道の半径を r_2 とすると，運動方程式より

$$m\frac{{v_0}^2}{r_2}=qv_0B_2 \qquad \therefore \quad r_2=\frac{mv_0}{qB_2}$$

ホ. 円運動の周期を T とすると，ニの r_2 を用いて

$$T=\frac{2\pi r_2}{v_0}=\frac{2\pi m}{qB_2}$$

$t>0$ ではじめて $x=x_0$ に到達するまでに半周するから

$$T_2=\frac{T}{2}=\frac{\pi m}{qB_2}$$

問1. 時刻 $t=0$ のとき荷電粒子にはたらくローレンツ力は y 軸の正の向きであり，これが向心力となって反時計回りの等速円運動をする。$x<x_0$ の領域での円軌道の半径 r_1 と，半周する時間 T_1 は

$$r_1=\frac{mv_0}{qB_1},\quad T_1=\frac{\pi m}{qB_1}$$

$t=0$，$t=T_2$，$t=T_1+T_2$ で $x=x_0$ である。y 座標は $t=0$ のとき 0，$t=T_2$ のとき

$$y=2r_2=\frac{2mv_0}{qB_2}$$

$t=T_1+T_2$ のとき

$$y=2r_2-2r_1=\frac{2mv_0}{q}\left(\frac{1}{B_2}-\frac{1}{B_1}\right)$$

よって，軌道は〔解答〕のようになる。ドリフトを表すベクトルの大きさは $t=T_1+T_2$ での y 座標である。

ヘ. $B_1=\dfrac{a}{x_0-d}$，$B_2=\dfrac{a}{x_0+d}$ より

$$T_1+T_2=\frac{\pi m}{qB_1}+\frac{\pi m}{qB_2}=\frac{\pi m}{q}\left(\frac{x_0-d}{a}+\frac{x_0+d}{a}\right)=\frac{2\pi m x_0}{qa}$$

ト． 問1より，ドリフトを表すベクトルの大きさは，B_1，B_2 を用いて

$$\frac{2mv_0}{q}\left(\frac{x_0+d}{a}-\frac{x_0-d}{a}\right)=\frac{4mv_0d}{qa}$$

よって，ドリフトの平均の速さは，へを用いて

$$\frac{\dfrac{4mv_0d}{qa}}{\dfrac{2\pi m x_0}{qa}}=\frac{2v_0d}{\pi x_0}$$

問2． 粒子の速さ v_0 は一定で，$x>x_0$，$x<x_0$ での回転中心は右図の O_2，O_1 となる。よって，最も近い軌道は③である。

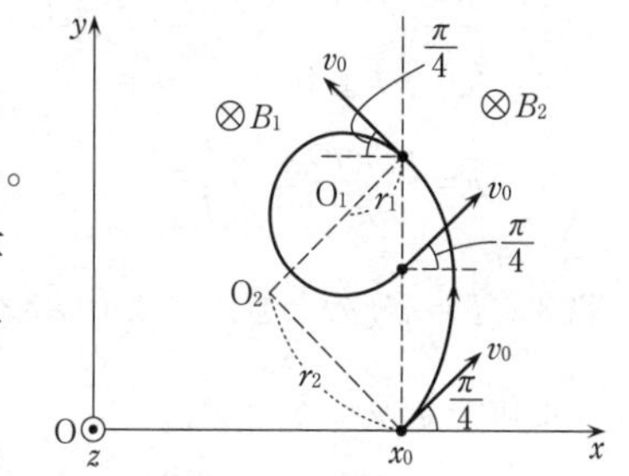

(3)　チ． $x=x_{\min}$ に戻ると外力がした仕事は0になるので，粒子の速さも v_a に戻る。

リ． $x\geqq x_0$ で速さ v_2 の等速円運動をするから，半径を ρ_2 とすると

$$m\frac{{v_2}^2}{\rho_2}=qv_2B_0 \qquad \therefore \quad \rho_2=\frac{mv_2}{qB_0}$$

ヌ． $x\geqq x_0$，$x<x_0$ での周期はともに $\dfrac{2\pi m}{qB_0}$ であるから，$t>0$ で2回目に $x=x_0$ に達するまでの時間は一周期に等しくなる。よって

$$T=\frac{2\pi m}{qB_0}$$

ル． $x<x_0$，$x\geqq x_0$ での円運動の半径を ρ_1，ρ_2 とすると

$$\rho_1=\frac{mv_1}{qB_0},\quad \rho_2=\frac{mv_2}{qB_0}$$

$t=T$ での位置は $x=x_0$ で

$$y=2\rho_2-2\rho_1=\frac{2m}{qB_0}(v_2-v_1)$$

$v_2>v_1$ であるから $y>0$ となり，②である。

ヲ． ドリフトの平均の速さを $\overline{v}$ とすると，ヌ，ルより

$$\bar{v}=\frac{\frac{2m}{qB_0}(v_2-v_1)}{\frac{2\pi m}{qB_0}}=\frac{v_2-v_1}{\pi}$$

ワ. 運動エネルギーの差が $F(\rho_1+\rho_2)$ に等しいから

$$\frac{1}{2}mv_2{}^2-\frac{1}{2}mv_1{}^2=F(\rho_1+\rho_2)$$

$\rho_1=\frac{mv_1}{qB_0}$，$\rho_2=\frac{mv_2}{qB_0}$ より

$$\frac{m}{2}(v_2+v_1)(v_2-v_1)=\frac{mF}{qB_0}(v_1+v_2)\qquad \therefore\quad v_2-v_1=\frac{2F}{qB_0}$$

よって，ヲより

$$\bar{v}=\frac{v_2-v_1}{\pi}=\frac{2F}{\pi qB_0}$$

問3. $F=qE$ のとき，ワより $\bar{v}=\frac{2E}{\pi B_0}$ となる。

電荷が q のとき

$$\rho_1=\frac{mv_1}{qB_0},\ \rho_2=\frac{mv_2}{qB_0},\ T=\frac{2\pi m}{qB_0}$$

電荷が $2q$ のとき，$x<x_0$ と $x>x_0$ の領域の円軌道の半径をそれぞれ ρ_1'，ρ_2' とし，$t>0$ で2回目に $x=x_0$ に達するまでの時間を T' とすると

$$\rho_1'=\frac{\rho_1}{2},\ \rho_2'=\frac{\rho_2}{2},\ T'=\frac{T}{2}$$

となるので，電荷 q の粒子が1周する間に電荷 $2q$ の粒子は2周することになる。また，回転半径が半分になるので，$t=T$ で2つの電荷は $y=2(\rho_2-\rho_1)$ に同時に到達する。よって，〔解答〕のグラフのようになる。

Ⅲ　解答

(1)　**あ.** ϕ_A　**い.** $\frac{\sin\phi_B}{\sin\phi_A}$　**う.** $\frac{n_B}{n_A}$

(2)　**え**－①　**お.** $\sqrt{1-\left(\frac{n_2}{n_1}\right)^2}$　**か.** $\sqrt{n_1{}^2-n_2{}^2}$

(3)　**き.** $\frac{\lambda_1}{\sin\theta}$　**く.** $\frac{N\lambda_1}{4r_1}$　**け.** $\frac{4n_1r_1\sin\theta_0}{N}$　**こ.** $2r_1\sqrt{n_1{}^2-n_2{}^2}$

(4)　**さ.** $2n_1a$

(5) **し.** $\dfrac{\Delta a}{a}=\dfrac{\Delta D}{D}$ **す.** 8×10^{-1}

問1. 温度が T_0 から T になったときの長さの変化を ΔL とする。

$L=L_0\{1+\alpha(T-T_0)\}$ より

$$\frac{\Delta L}{L_0}=\frac{L-L_0}{L_0}=\alpha(T-T_0)$$

ここで，**し**の結果より

$$\frac{\Delta\lambda}{\lambda_0}=A\frac{\Delta a}{a}=A\frac{\Delta D}{D}=A\frac{\Delta L}{L_0}=A\alpha(T-T_0)$$

$$\therefore\quad \alpha=\frac{\Delta\lambda}{A(T-T_0)\lambda_0}$$

図7より，$T-T_0=8\mathrm{K}$ のとき $\Delta\lambda=0.28\mathrm{nm}$ である。また，**す**の結果で $A=\dfrac{7}{9}$ とし，$\lambda_0=1500\mathrm{nm}$ を用いると

$$\alpha=\frac{0.28}{\dfrac{7}{9}\times8\times1500}=30\times10^{-6}〔1/\mathrm{K}〕$$

よって，表1よりXは亜鉛と推定される。 ……(答)

解説

《光の全反射，光ファイバー，回折格子》

(1) **あ.** 反射の法則より　$\phi_A'=\phi_A$

い. 屈折の法則より

$$n_A\times\sin\phi_A=n_B\times\sin\phi_B\qquad\therefore\quad\frac{n_A}{n_B}=\frac{\sin\phi_B}{\sin\phi_A}$$

う. $\phi_A=\phi_R$ のとき $\phi_B=\dfrac{\pi}{2}$ であるから，**い**より

$$\sin\phi_R=\frac{n_B}{n_A}$$

(2) **え.** 全反射は屈折率が大きい媒質から小さい媒質へ光が進むときに起こり得るから，① $n_1>n_2$ である。

お. コアからクラッドへの入射角が $\dfrac{\pi}{2}-\theta_0$ のとき屈折角が $\dfrac{\pi}{2}$ であるから

$$n_1\times\sin\left(\frac{\pi}{2}-\theta_0\right)=n_2\times\sin\frac{\pi}{2}\qquad\therefore\quad\cos\theta_0=\frac{n_2}{n_1}$$

よって

$$\sin\theta_0=\sqrt{1-\cos^2\theta_0}=\sqrt{1-\left(\frac{n_2}{n_1}\right)^2}$$

か. $\theta=\theta_0$ のときの軸方向の入射角を θ_c とすると

$$1\times\sin\theta_c=n_1\times\sin\theta_0=\sqrt{n_1{}^2-n_2{}^2}$$

$$\therefore\quad \sin\theta_c=\sqrt{n_1{}^2-n_2{}^2}$$

全反射されるためには $\theta_{in}<\theta_c$ であればよいから

$$\sin\theta_{in}<\sin\theta_c\qquad\therefore\quad\sqrt{n_1{}^2-n_2{}^2}>\sin\theta_{in}$$

(3) **き.** 右図より

$$\sin\theta=\frac{\lambda_1}{\lambda_R}\qquad\therefore\quad\lambda_R=\frac{\lambda_1}{\sin\theta}$$

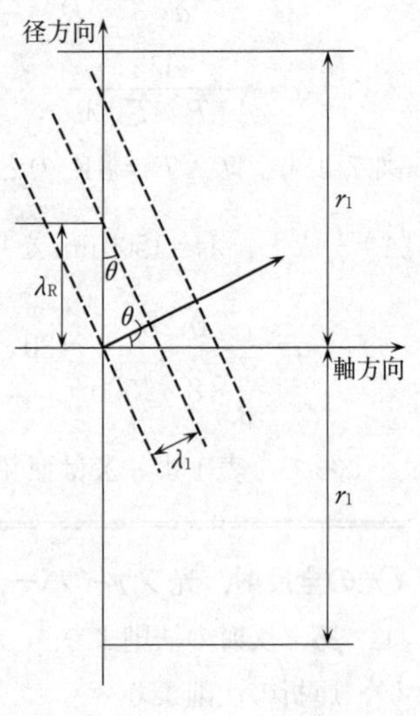

く. コアの直径は $2r_1$ であるから

$$2r_1=\lambda_R\cdot\frac{N}{2}=\frac{N\lambda_1}{2\sin\theta}$$

$$\therefore\quad\sin\theta=\frac{N\lambda_1}{4r_1}$$

け. **く**で $\lambda_1=\dfrac{\lambda_0}{n_1}$ より

$$\sin\theta=\frac{N\lambda_0}{4n_1r_1}$$

全反射して伝わるためには $\theta<\theta_0$ でなければならないから，$\sin\theta<\sin\theta_0$ より

$$\frac{N\lambda_0}{4n_1r_1}<\sin\theta_0\qquad\therefore\quad\lambda_0<\frac{4n_1r_1\sin\theta_0}{N}$$

よって，λ_0 が $C_N=\dfrac{4n_1r_1\sin\theta_0}{N}$ より大きいとき，全反射できず伝わらなくなる。

こ. **け**で $N=2$ より

$$C_2=2n_1r_1\sin\theta_0$$

おの $\sin\theta_0$ を用いると

$$C_2=2n_1r_1\sqrt{1-\left(\frac{n_2}{n_1}\right)^2}=2r_1\sqrt{n_1{}^2-n_2{}^2}$$

(4) **さ.** たがいに a 離れた位置からの散乱光の経路差は $2a$ なので，この

2つの光が強め合う条件は

$$2a = m\lambda_1 = m\cdot\frac{\lambda_0}{n_1} \quad (m=1,\ 2,\ \cdots) \qquad \therefore\ \lambda_0 = \frac{2n_1 a}{m}$$

最も長い波長は $m=1$ のときであるから

$$\lambda_0 = 2n_1 a$$

(5) **し．** D と a の変化の割合は同じであるから

$$\frac{a+\Delta a}{a} = \frac{D+\Delta D}{D} \qquad \therefore\ \frac{\Delta a}{a} = \frac{\Delta D}{D}$$

す． **し**の結果より

$$\frac{\Delta\lambda_0}{\lambda_0} = A\frac{\Delta a}{a} = A\frac{\Delta D}{D}$$

$\lambda_0 = 1500\,\mathrm{nm}$，$D = 10.00\,\mathrm{mm}$ のとき，図6より $\Delta D = 0.030\,\mathrm{mm}$ のとき $\lambda_0 + \Delta\lambda = 1503.5\,\mathrm{nm}$ であるから

$$\frac{3.5}{1500} = A\times\frac{0.030}{10.00} = A\times\frac{3.0}{1000}$$

$$A = \frac{3.5}{1.5\times 3.0} = \frac{7}{9} = 0.77 \fallingdotseq 8.0\times 10^{-1}$$

問1． L が L_0 から $L_0+\Delta L$ になったとき D は $D+\Delta D$ となるので

$$\frac{\Delta D}{D} = \frac{\Delta L}{L_0} = \alpha(T - T_0)$$

となる。

講評

2024年度も理科2科目で180分（教育学部理系試験は1科目で90分），大問3題の出題に変化はなかった。全大問で導出過程を記述する設問が，Ⅰ，Ⅱでグラフの描図問題が出題された。Ⅰは単振り子を次第に複雑な設定にしていく長文の問題で，応用力と根気が試されるような内容であった。最後の連成振動が難しい。Ⅱの磁場中の荷電粒子の運動も同様で，ドリフトという京大らしいユニークなテーマも含まれる長文の問題であった。Ⅲは光ファイバーの伝達条件で，カットオフ波長やファイバー・ブラッグ・グレーティングなどの見慣れないテーマが含まれ，問題文の読解力が問われた。

I　(1)の前半は単振り子の単振動を近似的に求めるという頻出のテーマで，完答を要する。問１はばね付き単振り子と単振り子とのくり返し衝突をグラフを用いて説明する内容で，難問ではないが時間がかかりそうである。後半のばね付き振り子の振動は棒の力のモーメントのつりあいと，おもりにかかる力の関係がわかりにくいが，クリアしたい。(2)はばね付き振り子の連成振動という難しいテーマであるが，問題文に従って解いていけばよい。後半の同じ角振動数で単振動する場合が難しく，差がつくであろう。

II　(1)・(2)は電流がつくる磁場，電磁誘導，磁場中の荷電粒子の運動という頻出のテーマで，確実に解きたい。問１でドリフト，へ・トで磁場勾配ドリフトという見慣れない量が登場するが，難しくはないのであわてないことが肝要である。問２のグラフ選択も容易である。(3)の一定の外力がかかる場合のリード文が長く途中で挫折しそうになるかもしれないが，辛抱強く読めばそう難しい内容ではないことがわかる。問３のグラフは丁寧に描かないと意図が伝わりにくいものになりそうである。このあたりは計算力というより読解力の勝負である。

III　(1)・(2)は光の全反射，光ファイバーの全反射についての頻出テーマで，完答を要する。(3)の径方向の定在波も類題が多い。カットオフ波長は見慣れない量であるが，難しくはない。(4)のファイバー・ブラッグ・グレーティングも光ファイバー中の反射光の干渉であり，用語は難しいが内容は基本的である。(5)は微小な伸縮を反射光の波長のずれから検出する原理で，京大らしいユニークなテーマである。微小量の関係が難しく，ここで差がつくであろう。

全体として，2024年度は３題とも長文で読解力を要し，京大らしいユニークなテーマが含まれていたが，基本的な設問が多く計算量も全体的に少なかったので，2023年度に比べるとやや易化したと思われる。それでも，時間内に全問解くのは難しく，十分な計算力・読解力が必要なのは言うまでもない。

化　学

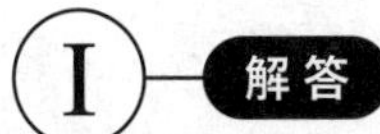

(a)　**問1．Ⅰ．** 0.41　**Ⅱ．** 0.22

問2．あ． 1　**い．** 2

問3．(i)　0.71, 0.50

(ii)　(0.50, 0.50), (1.00, 0.50), (0.50, 0.00), (0.50, 1.00), (0.00, 0.50)

(iii)　(0.50, 0.25), (0.75, 0.50), (0.50, 0.75), (0.25, 0.50)

(b)　**問4．** 0.83mol

問5． 0.74

問6． 6.9L

解説

《(a)金属結晶の構造　(b)水素吸蔵と気体の法則》

(a)　**問1．Ⅰ．** 図1の八面体隙間は，4個のTi原子で形成される一辺の長さ$2r$の正方形の中心にある（この正方形は4個の原子の選び方によって3通り存在するが，大きさはどれも同じである）。よって，八面体隙間に入り得る原子の最大半径Rは

$$2r+2R=2\sqrt{2}\,r$$

$$R=(\sqrt{2}-1)\times r\fallingdotseq(1.41-1)\times r=0.41\times r$$

Ⅱ． 図1の正四面体は図aの立方体に含まれているとみなすことができる。正四面体の一辺の長さは，この立方体の面の対角線の長さに等しいから，立方体の一辺の長さをlとすると

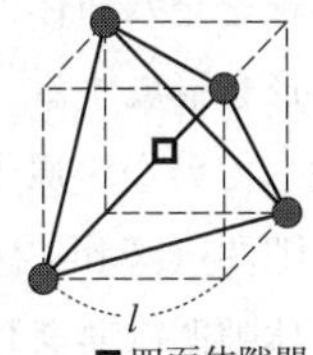

図a

$$2r=\sqrt{2}\,l\qquad l=\sqrt{2}\,r$$

また，四面体隙間はこの立方体の中心にあるから，Ti原子が存在する正四面体の頂点から立方体の中心までの直線を想定し，その距離を求めると

$$\frac{\sqrt{3}\,l}{2}=\frac{\sqrt{6}\,r}{2}$$

この距離とTi原子の半径との差が四面体隙間に入り得る原子の最大半径となる。よって

$$\frac{\sqrt{6}\,r}{2}-r=\left(\frac{\sqrt{6}}{2}-1\right)r=\left(\frac{1.41\times1.73}{2}-1\right)r=0.219r\fallingdotseq0.22r$$

問2． 六方最密構造から図b－1のような六角柱を取り出して考える。この六角柱には6個のTi原子が含まれている。

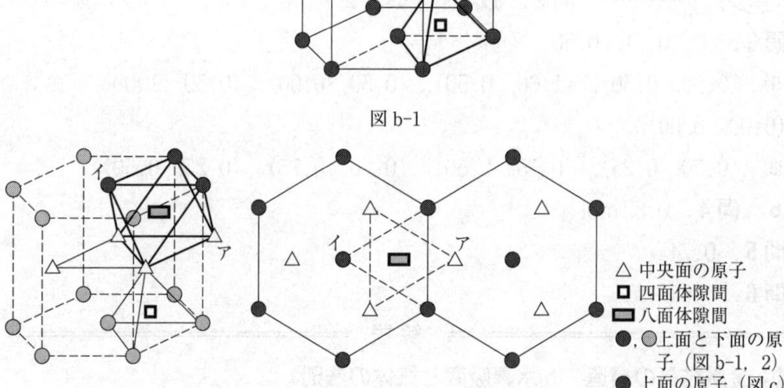

図b-1

図b-2　図c

あ． 図b－1の六角柱とそれに隣り合う六角柱を真上から見たものを図cとする。●は上面，△は中央面の原子を表す。このとき，上面と中央面に破線で描かれて対になっている正三角形の頂点にある合計6個の原子によって正八面体が形成されている（図b－2）。ア，イで示された原子を結ぶ線を正八面体の軸とすると，残りの4個の原子が正八面体の中央部の正方形を形成する（軸の選び方は3通りあるが，必ず上面と中央面の互いに接していない原子を選ぶ）。この正八面体（または正方形）の中心が八面体隙間（図b－2，cの▭）である。なお，どのように軸を選んでも八面体隙間は共通している。また，左側の六角形の上面と中央面の原子について，あと2対の正三角形を考えることができるので，合計3個の八面体隙間が存在する。さらに，中央面と底面との間にも同様の八面体隙間が考えられるから，図b－1の六角柱には合計6個の八面体隙間が存在する。一方，六角柱には6個のTi原子が存在するから，Ti原子1個当たり1個の八面体隙間が存在することになる。

い． 図b－1の中央面にある1つの原子に着目すると，この原子と底面の六角形の辺上で隣り合う2つの原子および中心の原子とで正四面体が形成され，その中心に四面体隙間（□）が存在する。このことは上面の原子との関係でも同様である。よって，中央面の原子について，その直下と直上に四面体隙間（□）がそれぞれ1つ，合計2個形成されていることがわかる（中央面の3原子全体では6個）。これらの四面体隙間は中央面と上面または底面との中間の空間に形成され，しかも上面および底面に存在するいかなる原子も，これらの四面体隙間の直上や直下には存在しない。ただし，このことは，図b－1の中央面の3原子に限ったことではない。なぜなら，六方最密構造は均一・一様な構造であるから，六角柱のとり方を前後・左右・上下にずらして想定すると，上面や底面のすべての原子が中央面の3原子と同じ状態になり得る。よって，中央面の原子に限らず，すべての原子の直上および直下に四面体隙間が1つずつ存在する。しかも，先ほどの中央面の3原子で述べたように，「上面および底面に存在するいかなる原子も，中央面の原子の直上や直下には存在しない」のだから，その四面体隙間は上面や底面の原子と共有されることはない。よって，すべての原子について原子1個当たり2個の四面体隙間が形成されている。

問3．(i)　図2ⓐの体心立方格子の単位格子の下にもう1つ単位格子を配置すると，八面体隙間は2つの単位格子の接続面の中心にあることがわかる。2つの$d_{\mathrm{Ti\text{-}H}}$のうちの1つは，接続面の頂点に位置する4つの原子と八面体隙間との距離で，この値は面の対角線の半分であるから

$$\frac{\sqrt{2}}{2}=\frac{1.41}{2}=0.705\fallingdotseq 0.71$$

もう1つは，体心立方格子の中心の原子と八面体隙間との距離であるから

$$\frac{1}{2}=0.500\fallingdotseq 0.50$$

(ii)　(i)で示したように，与えられた平面の中心が八面体隙間であるから，その座標は（0.50，0.50）。

しかし，八面体隙間は他にも存在する。図dに示すように，4つ

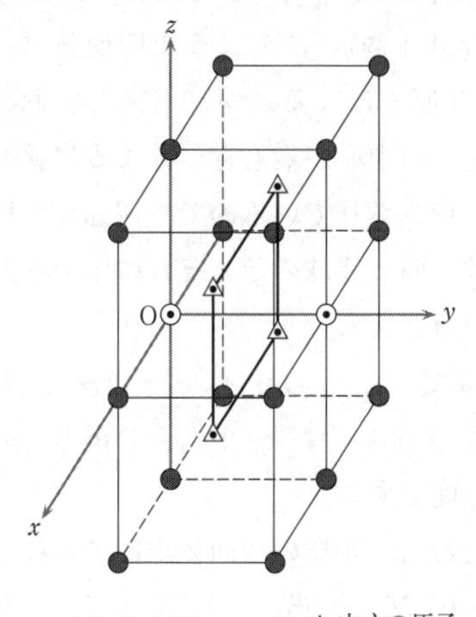

図d

の単位格子の中心原子（▲）は xy 平面に垂直な正方形を形成している。これに対して，座標（0，0，0）と（0，1，0）に存在する原子（⊙）が八面体の頂点に位置している。よって，八面体隙間の座標は（0.00，0.50）となる。同様に考えると，図2ⓑに与えられた xy 平面上の正方形の各辺の中点がすべて八面体隙間であることがわかる。よって，残りの座標は，（0.50，0.00），（0.50，1.00），（1.00，0.50）である。このように複数の八面体隙間が存在するのは，単位格子の頂点の原子と中心の原子は区別された原子ではないからである。体心立方格子内で想定する単位格子を前後・左右・上下にずらすことで頂点の原子と中心の原子を入れ替えることが可能である。すなわち，(i)で2種類の $d_{\mathrm{Ti\text{-}H}}$ があることがわかったが，これは単位格子の頂点の各原子と中心原子に固定的に割り振られた値ではなく，結晶構造中の原子は見方によって2種類（頂点と中心）の間を入れ替わり，それに伴って対応する2種類の $d_{\mathrm{Ti\text{-}H}}$ が存在するのである。

(iii)　図eのように，与えられた単位格子の下にもう1つ単位格子を置く。これらの単位格子の2つの中心原子と，xy 平面上の正方形の一つの辺を共有する2つの原子（4組存在する）とで四面体を想定し，その四面体隙間（□）を考える（四面体隙間は合計4個）。このような四面体は，2組の Ti 原子による二連球（⊙と⊙および▲と▲）の中心が最も近づくように接することで形成されているので，四面体隙間の位置は，両二連球のそれぞれの中心を結ぶ線の中点となる。

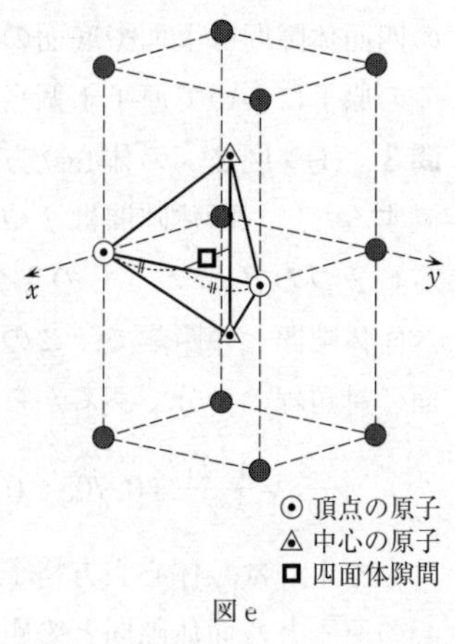

図e

よって，2つの中心原子（▲と▲）を結ぶ線と xy 平面との交点（0.50，0.50）から xy 平面上の正方形の各辺に下ろした垂線の中間点が四面体隙間である。

すなわち，4個の四面体隙間の座標は次のとおりである。

（0.50，0.25），（0.75，0.50），（0.50，0.75），（0.25，0.50）

〔注〕　図eにおいて四面体を構成する原子の組み合わせを中心の原子▲1個と xy 平面上の原子3個とで考えることもできるが，その場合には四面

体隙間は xy 平面上には存在しない。

(b)〔操作1〕容器1と容器2の体積を，それぞれ V_1〔L〕，V_2〔L〕とすると，ボイルの法則より

$$3.00\times10^5\times V_1=2.00\times10^5\times(V_1+V_2)\qquad V_1=2V_2$$

〔操作2〕PdがH原子を吸収しなければ，この操作の終了後の圧力 P〔Pa〕は，ボイルの法則より

$$1.00\times10^5\times V_1=P\times\frac{3}{2}V_1\qquad P=\frac{2}{3}\times10^5\text{〔Pa〕}$$

〔操作3〕このとき容器1に存在していた H_2 の物質量は，$H_2O=18.0$ より

$$\frac{10.0}{18.0}\text{mol}$$

問4．〔操作2〕終了後に容器1と容器2に残った H_2 の総物質量は

$$\frac{10.0}{18.0}\times\frac{3}{2}=0.833\fallingdotseq0.83\text{〔mol〕}$$

問5． PdがH原子を吸収しなければ，〔操作2〕終了後の容器1，2の圧力は

$$1.00\times10^5\times\frac{2}{3}=\frac{2}{3}\times10^5\text{〔Pa〕}$$

よって，圧力差 $\frac{2}{3}\times10^5-5.00\times10^4$〔Pa〕に相当する H_2 がPdに吸収されたことになり，その物質量は

$$\frac{\frac{2}{3}\times10^5-5.00\times10^4}{5.00\times10^4}\times0.833=\frac{0.833}{3}\text{〔mol〕}$$

原子数の比は物質量の比に等しいので

$$\frac{N_{\mathrm{H}}}{N_{\mathrm{Pd}}}=\frac{0.833\times\frac{2}{3}}{\frac{79.5}{106}}=0.740\fallingdotseq0.74$$

問6． 求める H_2 の体積を V〔L〕とすると

$$1.00\times10^5\times V=\frac{0.833}{3}\times8.31\times10^3\times300\qquad V=6.92\fallingdotseq6.9\text{〔L〕}$$

Ⅱ　解答　**問1．ア．**熱運動　**イ．**大きくなる　**ウ．**$n_0-\dfrac{P_1V}{RT}$

エ．$H\left(\dfrac{n_0}{P_1}-\dfrac{V}{RT}\right)$　**オ．**$\dfrac{(f_0-f_A)G}{g_A}$

問2．あ．1　**い．**4　**う．**$\dfrac{1}{2}$

問3．(i)—ⓓ　(ii)—ⓑ

問4．$\left(\dfrac{f_0}{f_f}-1\right)h$

問5．7.0×10^{-3}mol

問6．2.6

解説

《微細な液滴による気体の吸収と平衡》

問1．ア．高温ほど分子の熱運動は激しい。

イ．高温ほど分子の熱運動が激しいから，溶液から空間へ飛び出す分子数が多くなる。そのため，$P_A=H[A]_{max}$ において，同圧なら高温ほど $[A]_{max}$ は小さくなるので，H は大きくなる。

ウ．Aの分圧が P_1〔Pa〕のときの気体状態のAの物質量を x〔mol〕とすると

$$P_1V=xRT \qquad x=\frac{P_1V}{RT}$$

よって，吸収液に吸収されたAの物質量は

$$n_0-x=n_0-\frac{P_1V}{RT}$$

エ．求める吸収液の総体積を v〔L〕とすると，吸収液に溶解したAの濃度 $[A]_{max}$〔mol/L〕は

$$[A]_{max}=\frac{n_0-x}{v}=\frac{n_0-\frac{P_1V}{RT}}{v}$$

よって，式(1)より

$$P_1=H\left(\frac{n_0-\frac{P_1V}{RT}}{v}\right) \qquad v=H\left(\frac{n_0}{P_1}-\frac{V}{RT}\right)$$

オ． 装置に供給されるAの物質量と排出されるAの物質量は等しいから

$$Gf_0=Gf_A+Wg_A \qquad W=\frac{(f_0-f_A)G}{g_A}$$

問2．あ． 吸収液の総体積 v〔L〕は変化しないので，$[\mathrm{A}]_{max}=\dfrac{n_0-\dfrac{P_1V}{RT}}{v}$ と P_1 の値は式(1)を満たす。よって，最終的に吸収されるAの物質量はもとのままであり，液滴の直径を2倍にしても変化しない。

い． 液滴の直径を2倍にすると液滴の表面積は4倍になるので，液滴1個当たりの吸収速度は4倍になる。

う． 液滴の直径を2倍にすると液滴の体積は8倍になるので，液滴の個数は $\dfrac{1}{8}$ 倍になる。よって，液滴全体での吸収速度は，（液滴1個当たりの吸収速度）×（液滴の個数）であるから

$$4\times\frac{1}{8}=\frac{1}{2}\text{ 倍}$$

問3．(i) 吸収が進むと気体のAの物質量は［A］に比例した分だけ減少する。よって，ある時点の気体のAの物質量を n〔mol〕，分圧を P_A〔Pa〕，Aの溶液の濃度を［A］とすると

$$n=n_0-a[\mathrm{A}] \quad (a\text{ は定数}) \qquad P_A=bn=b(n_0-a[\mathrm{A}]) \quad (b\text{ は定数})$$

式(1)より

$$[\mathrm{A}]_{max}=\frac{P_A}{H}=\frac{b(n_0-a[\mathrm{A}])}{H}=c(n_0-a[\mathrm{A}]) \quad \left(c=\frac{b}{H}\text{ は定数}\right)$$

よって，式(2)は

$$v_A=k([\mathrm{A}]_{max}-[\mathrm{A}])=k\{c(n_0-a[\mathrm{A}])-[\mathrm{A}]\}=kcn_0-k(ac+1)[\mathrm{A}]$$

したがって，求めるグラフは，y 軸切片が kcn_0 で，傾きが $-k(ac+1)$ の直線である。よって，ⓓが適している。

(ii) x 座標が0のとき y 座標も0であり，時間の経過とともに y 座標の値は大きくなるが，$n_0-\dfrac{P_1V}{RT}$ に近づくとともにその増加速度は小さくなり，$y=n_0-\dfrac{P_1V}{RT}$ で一定となる。よって，ⓑが適している。

問4． 問1のオより，$W=\dfrac{(f_0-f_f)G}{g_f}$ であるから，これに式(3)から得られ

る $f_f = hg_f$ を代入すると

$$W = \frac{(f_0 - f_f)\,G}{g_f} = \frac{(f_0 - f_f)\,Gh}{f_f} \qquad \frac{W}{G} = \left(\frac{f_0}{f_f} - 1\right)h$$

問5. 最終的な吸収液の pH は 7.00 であるから，$[OH^-] = 1.00 \times 10^{-7}$ を式(5)に代入すると

$$K_a = \frac{[AH^+] \times 1.00 \times 10^{-7}}{[A]} = 1.80 \times 10^{-7} \qquad [AH^+] = 1.80[A]$$

一方，ヘンリーの法則である式(1)について，$P_A = 1.00$〔Pa〕を代入すると

$$1.00 = 8.00 \times 10^2 \times [A]_{max} \qquad [A]_{max} = \frac{1}{8.00 \times 10^2}\text{〔mol/L〕}$$

除去された気体混合物中のAは $[A]_{max}$ と $[AH^+]$ になって 2.00L の吸収液中に存在する。よって，その物質量は

$$([A]_{max} + [AH^+]) \times 2.00 = \left(\frac{1}{8.00 \times 10^2} + \frac{1.80}{8.00 \times 10^2}\right) \times 2.00$$

$$= \frac{1 + 1.8}{4.00 \times 10^2} = 7.0 \times 10^{-3}\text{〔mol〕}$$

問6. 2.00L の塩酸が含んでいた H^+ は，吸収液に溶け込んだAの式(4)による電離によって生じた AH^+ すなわち OH^- によってちょうどすべてが中和され，最終的には pH は 7.00 になったと考えられる。よって

$$\text{塩酸による } [H^+] = [AH^+] = \frac{1.80}{8.00 \times 10^2}\text{〔mol/L〕}$$

したがって，塩酸の pH は

$$pH = -\log_{10}[H^+] = -\log_{10}\left(\frac{2 \times 3^2}{2^3} \times 10^{-3}\right)$$

$$= 3 - 2\log_{10}\frac{3}{2} = 3 - 2 \times (0.48 - 0.30) = 2.64 \fallingdotseq 2.6$$

Ⅲ 解答 (a) **問1.** $C_5H_{10}O$

問2. 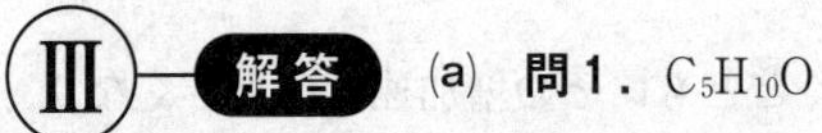

(う)
```
            OH
            |
H＼       ／CH−CH3
   C＝C
H／       ＼CH3
```

(え)
```
H＼  O  ／H
H／C    C＼H
H  |    |  H
H＼C    C／H
H／   C   ＼H
     / \
    H   H
```

(お)
```
      H＼ ／OH
H＼     C     ／H
    C       C
H／   \   /   ＼H
      C−C
   H／ |  | ＼H
      H  H
```

(b) **問3．** (て)，(に)

問4． (と)

問5． **ア．** H　**イ．** CH_3　**ウ．** CH_3　**エ．** H

問6． **オ．** H_3C　**カ．** CH_2-CH_3　**キ．** CH_3

問7． (た)
```
  H＼       ／CH2−CH3
     C＝C
H3C／       ＼CH3
```

(つ)
```
              H3C＼       ／CH3
                   C＝C
H3C−CH2−CH2／       ＼CH2−CH3
```

解説

《(a)非等価な炭素原子と構造決定　(b)アルケンの付加反応と立体構造》

(a) **問1．** (あ)の組成式を $C_xH_yO_z$ とすると，$H_2O=18.0$，$CO_2=44.0$ だから

$$x:y:z=\frac{66.0}{44.0}:\frac{27.0}{18.0}\times 2:\frac{25.8-\left(66.0\times\frac{12.0}{44.0}+27.0\times\frac{2.00}{18.0}\right)}{16.0}$$

$$=1.5:3.0:0.3=5:10:1$$

組成式は　$C_5H_{10}O$（式量86.0）

よって，分子式は　$C_5H_{10}O$

問2． 与えられた情報から直接わかることを整理し，その上で推論を展開すればよい。

(あ)〜(お)は分子式 $C_5H_{10}O$ の構造異性体である。また，不飽和度が1であるからC=C，C=O，環構造のうち1つをもつ。

(あ) 〔情報の整理〕銀鏡反応を示すカルボニル化合物であるからアルデヒドである。よって，これを還元すると第一級アルコールが得られ，さらに分子内脱水と H_2 付加によってアルカンが生じる。また，C*（不斉炭素原

子）をもたない。

〔推論〕(あ)として考えられる構造および生じるアルカンは2通りであり，それを炭素骨格等で示すと次の①，②のようになる。

```
                 還元                     脱水, H2
C−C−C−C−CHO ──────→ C−C−C−C−C−OH ──────→ C−C−C−C−C
     ①                                            ③

               還元                   脱水, H2
C−C−C−CHO ──────→ C−C−C−C−OH ──────→ C−C−C−C
  |                  |                  |
  C                  C                  C
  ②                                     ④
```

(注)　

```
C−C−C*−CHO
      |
      C
```

はC*をもつので不可である。

(い)　〔情報の整理〕ヨードホルム反応を示すカルボニル化合物であるから，構造CH_3−CO−をもつ。これを還元すると第二級アルコールが得られ，さらに分子内脱水とH_2付加によって(あ)と同じアルカンを生じる。また，C*(不斉炭素原子）をもたない。

〔推論〕(い)として考えられる構造および生じるアルカンは2通りであり，それを炭素骨格等で示すと次の⑤，⑥のようになる。

```
             還元                 脱水, H2
C−C−C−C−C ──────→ C−C−C−C−C ──────→ C−C−C−C−C
  ‖                  |                          ③
  O                  OH
  ⑤

           還元               脱水, H2
C−C−C−C ──────→ C−C−C−C ──────→ C−C−C−C
  ‖ |              |  |               |
  O C              OH C               C
  ⑥                                   ④
```

(う)　〔情報の整理〕C=Cを1つもち，これらのC原子はO原子と結合していない。H_2を付加すると非等価な炭素原子が1つ減少し，これを酸化すると(い)が生じた。すると，(い)はCH_3−CO−をもつから，(う)はエーテルではなくアルコールであり，分子末端から2番目の炭素原子がヒドロキシ基をもつことになる。

〔推論〕(う)として考えられる構造および生成するカルボニル化合物は次の3通りであり，それを炭素骨格等で示すと次の⑦，⑨，⑩のようになる。

```
              H2                  酸化
C=C−C−C−C ──────→ C−C−C−C−C ──────→ C−C−C−C−C
      |                  |                  ‖
      OH                 OH                 O
      ⑦                  ⑧                  ⑤
```

```
                    H2                         酸化
C−C=C−C−C ──→ C−C−C−C−C ──→ C−C−C−C−C
        |                   |                   ‖
        OH                  OH                  O
     ⑨                   ⑧                   ⑤

               H2                     酸化
C=C−C−C ──→ C−C−C−C ──→ C−C−C−C
  |   |           |   |           |   ‖
  C   OH          C   OH          C   O
  ⑩              ⑪              ⑥
```

⑦，⑨はH_2付加によっても非等価な炭素原子は減少しないが，⑩は左末端に2つのメチル基が生成することで⑪では非等価な炭素原子（黒丸数字）が1つ減少している。

```
  ❷ ❹ ❺  H2   ❶ ❷ ❸ ❹
C=C−C−C ──→ C−C−C−C
❶ |  |           |  |
  C  OH          C  OH
  ❸              ❶
```

よって，(う)は⑩であり，⑥を生じるから(い)は⑥となる。したがって，(あ)は②である。

(え) 〔情報の整理〕3種類の非等価な炭素原子をもち，二重結合とメチル基がなく環構造をしている。また，ヒドロキシ基ももたない。

〔推論〕(え)はC=C，C=O，OHをもたない環状化合物なので，環状エーテルだと考えられる。また，メチル基のような側鎖をもたないので，6員環の環状エーテルで，3種類の非等価な炭素原子（❶～❸）をもつ。

```
       O    ❶
 H2C❶     CH2
  |        |❷
 H2C❷     CH2
      CH2
      ❸
```

(お) 〔情報の整理〕3種類の非等価な炭素原子およびヒドロキシ基をもつ。脱水させたのち水素を付加すると，すべての炭素原子が等価な(か)が生じた。

〔推論〕すべての炭素原子が等価であるとは，脱水によってO原子が外れることを考慮すると，シクロペンタンが生成したことを意味すると考えられる。よって，(お)はシクロペンタノールであり，その反応は次のとおりである。

```
       OH
      CH                       CH                          CH2
 H2C      CH2  ──脱水→  H2C       CH  ──H2→  H2C         CH2
  CH2−CH2                 CH2−CH2                 CH2−CH2
```

(b)　**問3.** (て)～(ぬ)には不斉炭素原子（C^*）は存在しない。また，Br_2 が付加した化合物の構造は次のとおりである。

(て) $CH_3-CH_2-C^*Br-C^*H-CH_3$
　　　　　　　　CH_3　Br

(と) $CH_3-CH_2-C^*Br-CBr-CH_3$
　　　　　　　　CH_3　CH_3

(な) $CH_3-CH-C^*Br-CBr-CH_3$
　　　　CH_3　CH_3　CH_3

(に) $CH_3-CH_2-CH_2-C^*H-C^*H-CH_3$
　　　　　　　　　　　Br　Br

(ぬ) $CH_3-CH_2-CH_2-C^*H-CH_2-Br$
　　　　　　　　　　　Br

問4. 問3と同様に H_2 が付加した化合物の構造は次のとおりである。

(て) $CH_3-CH_2-CH-CH_2-CH_3$
　　　　　　　　CH_3

(と) $CH_3-CH_2-C^*H-CH-CH_3$
　　　　　　　　CH_3　CH_3

(な) $CH_3-CH-CH-CH-CH_3$
　　　　CH_3　CH_3　CH_3

(に) $CH_3-CH_2-CH_2-CH_2-CH_2-CH_3$

(ぬ) $CH_3-CH_2-CH_2-CH_2-CH_3$

問5. 図2の Br_2 付加の立体構造から考える。

ア．H　イ．CH_3　ウ．CH_3　エ．H

問6. 図2の180°回転および図4の立体構造から考える。

オ．H_3C　カ．CH_2-CH_3　キ．CH_3

問7. **(た)**　図2の Br_2 付加反応および図4の〈考え方〉を用いると

$$\mathrm{(H)(H_3C)C=C(CH_2-CH_3)(CH_3)}$$

(つ)　図4の(ち)の左側のH（紙面の奥側に出ている）を紙面上になるよう回転させると次のような立体構造となる。

H　　　H
C−C
H_3C ‖‖‖‖　　　‖‖‖‖ CH_3
$H_3C-CH_2-CH_2$　　　CH_2-CH_3

これに図２のH_2付加反応を考慮すると

$$\begin{array}{c} H_3C \\ H_3C-CH_2-CH_2 \end{array}\!\!>C=C<\!\!\begin{array}{c} CH_3 \\ CH_2-CH_3 \end{array}$$

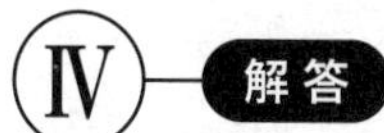

(a)　**問１．** 24 通り

問２． 10.8mg

問３． 1140

問４． 132

問５． 2

問６． $H_2N-CH(-CH_2-CH_2-CH_2-NH_2)-COOH$

(b)　**問７．A1.** バリン　**A2.** アミノ酸Ｘ　**A3.** ロイシン

A4. フェニルアラニン　**A5.** プロリン

解説

《(a)環状ペプチドの構造と反応　(b)トリペプチドのアミノ酸配列》

問１． 組み合わせの数を求めるには，グラミシジンＳをどのようにつくるかを場合の数を用いて考えればよい。

• ５種類５個のアミノ酸を環状に配列する方法の数は，円順列による場合の数であるから，$(5-1)!=24$ 通りである。

• これと同じ環状ペプチドをもう１つつくる。

• ２つの環状ペプチドを，それぞれ同一の箇所（同じペプチド結合）で切断し，図３のように結合するとグラミシジンＳが得られる。得られるグラミシジンＳのアミノ酸配列は，両環状ペプチドをそれぞれ同一のペプチド結合で切断するかぎり，どのペプチド結合を選択しても同一である。なぜなら，図３のグラミシジンＳを直径方向に２等分する切断の方法はいくつもあるが，生じた２つの断片をそれぞれ環状ペプチドに戻すと，いずれももとの環状ペプチドになるからである。

• よって，配列の数は 24 通りである。

問2． 1分子のグラミシジンSは2分子のフェニルアラニンを含むから，加水分解に用いられたグラミシジンSの物質量は

$$\frac{19.80\times10^{-3}}{165.0}\times\frac{1}{2}=6.000\times10^{-5}\,[\mathrm{mol}]$$

一方，1分子のグラミシジンSを加水分解するには10分子の水が必要だから，求める H_2O（分子量18.0）の質量は

$$6.000\times10^{-5}\times10\times18.0\times10^{3}=10.80\fallingdotseq10.8\,[\mathrm{mg}]$$

問3． $\dfrac{68.40\times10^{-3}}{6.000\times10^{-5}}=1140$

問4． アミノ酸**X**の分子量を x とすると

$(117.0+165.0+131.0+115.0+x)\times2-18.0\times10=1140 \qquad x=132$

問5． 1分子のアミノ酸**X**に含まれるN原子の数を n とすると，希硫酸とNaOH水溶液を用いた逆滴定の関係から

$$\frac{228\times10^{-3}}{1140}\times(4+n)\times2+\frac{0.10\times4.0}{1000}=\frac{0.20\times7.0}{1000}\times2$$

$n=2$

問6． アミノ酸**X**の側鎖Rを除いた式量は74.0であるから，Rの式量は

$132-74.0=58$

この値にはN原子1個の原子量が含まれているので，それを除くと

$58-14.0=44$

この値を満たすメチル基と不斉炭素原子を含まないRの構造は

$-CH_2-CH_2-CH_2-NH_2$

よって，アミノ酸**X**の構造式は

```
   CH2-CH2-CH2-NH2
   |
H2N-CH-COOH
```

(b) **問7．** 〔実験4〕P1がニンヒドリン反応を示さないということは，P1のN末端残基にはアミノ基 $-NH_2$ が存在しないことを意味しており，A5はプロリンである。また，P1は側鎖に $-NH_2$ をもつアミノ酸**X**も含まないので，A3，A4はアミノ酸**X**ではない。

〔実験5〕P1とP2はキサントプロテイン反応を示したから，フェニルアラニンを含んでいる。P1とP2に共通するアミノ酸はA4であるから，A4はフェニルアラニンである。

以上より，A3はバリン（分子量 117.0）またはロイシン（分子量 131.0）である。A1とA2はバリン，ロイシン，アミノ酸**X**（分子量 132.0）の可能性がある。

そこで，A1，A2，A3の分子量を $a1$，$a2$，$a3$ とすると，トリペプチドの分子量は，P1＞P2＞P3であるから

$$115.0+165.0+a3>115.0+165.0+a1>a1+a2+a3=380$$

これより，$a3>a1$ であるから，A3とA1の可能な組み合わせは，（ロイシン，バリン）のみとなり，A3はロイシン，A1がバリン，A2はアミノ酸**X**となる。

講評

I (a)　問1のⅡは正四面体と立方体との関係に気づかないと計算量が多くなった。問2は六角柱を用いて考えるが，思考を進めるのに手間取ったと思う。問3(ii)・(iii)では観点を変えて結晶格子を扱わねばならず難しかった。

(b)　問5では，気体としての水素分子とPdに吸収された水素原子とを区別しなければならない。

II　問2では最終的に吸収される物質量は同じでも，吸収速度は異なることをどのように説明できるかが重要であった。問3(i)で2つの座標軸には時間変化の要素がないことの理解が必要であった。問5では吸収液中に存在するAと酸との反応で生じた AH^+ が存在し，それをどう求めるかがポイントであった。問6は吸収液が中性であることから塩酸の H^+ は全量 AH^+ となったのである。

III (a)　炭素原子の非等価の理解が重要であった。

(b)　アルケンへの Br_2 と H_2 の付加反応の構造的違いをもとに考えればよい。

IV (a)　問1は円順列の考えを用いればよい。問5では逆滴定の考え方を理解していればよい。

(b)　ペプチドがニンヒドリン反応を示さないのは，N末端残基にアミノ基が存在しないからである。

生 物

I 解答

(A) 問1. ア. アンチコドン

イ. 調節（リプレッサー）

ウ. オペレーター

問2. エ. A　**オ.** U

問3. 9

問4. ①―(い), (お)

② 細菌内に取りこまれたピリチアミンはピリチアミン二リン酸へ変換され，これが伝令RNAの翻訳開始点付近にあるステムループ構造に結合することで，RNA合成反応が停止する。その結果，チアミン合成酵素群がつくられなくなり，チアミンの合成が抑制される。

(B) 問5. ①―(く)　②―(お)

問6. (い)

問7. A. ① ペアルール遺伝子

② ペアルール遺伝子には，奇数番目の体節の形成に働く遺伝子と，偶数番目の体節の形成に関与する遺伝子があり，後者の遺伝子の働きが失われたことにより，偶数番目の体節が消失した。

B. ① セグメントポラリティー遺伝子

② セグメントポラリティー遺伝子は，各体節の前後の方向性の決定に働く。この遺伝子の働きが失われたことにより，各体節の前半部分の突起構造が後半部分にも形成された。

解説

《(A)細菌の遺伝子の発現調節　(B)ショウジョウバエの発生と遺伝子発現》

(A) 問1. トリプトファンオペロンについて確認しておく。細胞内のトリプトファン濃度が低い場合，調節遺伝子（リプレッサー遺伝子）が転写されて不活性な調節タンパク質（リプレッサー）が合成されるが，この不活性な調節タンパク質はオペレーターに結合しないため，トリプトファン生合成を担う酵素遺伝子群が転写される。細胞内のトリプトファン濃度が過剰になると，不活性な調節タンパク質がトリプトファンと結合して活性型の調節タンパク質となってオペレーターに結合するため，トリプトファン生合成を担う酵素遺伝子群の転写は起こらない。

問2． 右図に示すように，伝令RNA上のコドンと転移RNA上のアンチコドンは，5′→3′方向が逆向きになる。メチオニンを指定するコドンは5′-AUG-3′なので，これに対応するアンチコドンは5′-CAU-3′となる。

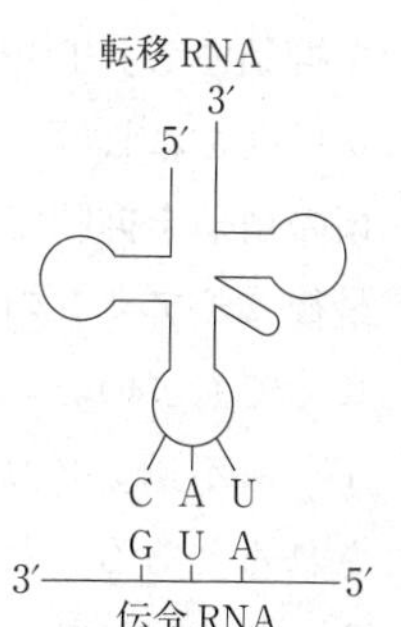

問3． 次図のように折れ曲がれば，分子内で形成される塩基対の数は最大となる（最長のステム構造を形成できる）。この場合，RNAの中央付近の9塩基がループ構造を形成する。

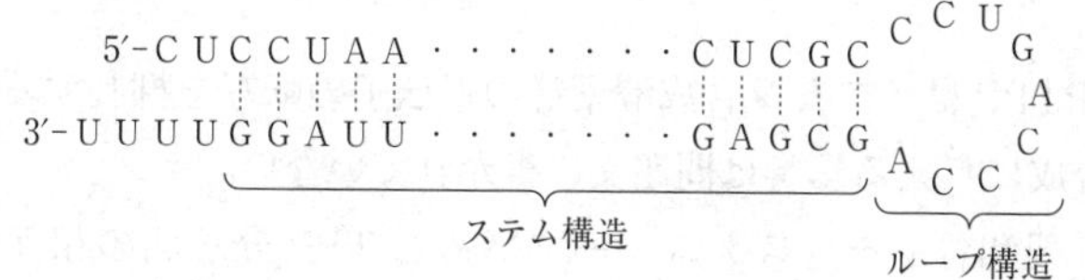

問4． チアミンから生成されるチアミン二リン酸（TPP）はエネルギー代謝に関わる補酵素であるが，細胞内のTPP濃度が過剰になると，次図に示すように，チアミン合成酵素群の遺伝子の伝令RNAのステムループ構造にTPPが結合し，RNA合成が停止する。その結果，チアミン合成酵素を十分に合成できなくなり，過剰なTPPの合成を抑制することができる。

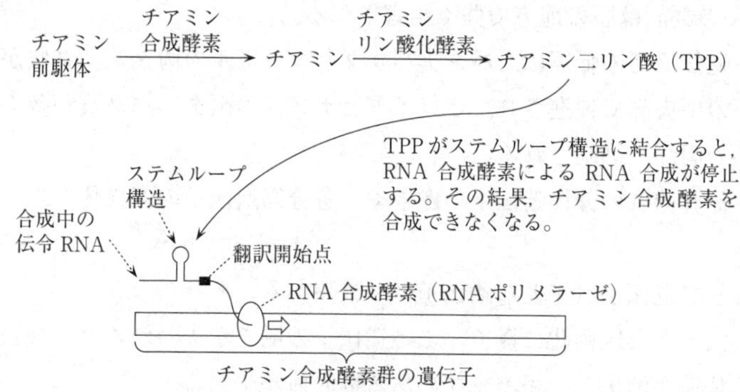

② ピリチアミンはチアミンと類似した抗菌物質で，チアミンと同じ経路によってピリチアミン二リン酸（PTPP）へ変換されるとある。こうして

生成したPTPPはTPPと同様に上図のステムループ構造に結合することで，RNA合成反応を停止させ，チアミンの合成，さらにはTPPの合成を抑制する。TPPはエネルギー代謝に関わる補酵素なので，TPPの合成が抑制されれば，細胞内でのエネルギー代謝が十分に行われなくなり，細菌の増殖を抑制できる（抗菌作用を示す）と考えられる。論述に際しては，最後にチアミンの合成が抑制されることを述べ，抗菌作用については触れなくてもよい。

①　(あ)不適。ピリチアミンはチアミンと同じ経路によってPTPPへ変換されるとあることから，ピリチアミンもチアミンリン酸化酵素の基質となる。したがって，チアミンリン酸化酵素の反応速度が低下することはない。

(い)適切。上述したように，PTPPはチアミン合成酵素群の遺伝子の転写を抑制する。

(う)不適。PTPPはチアミン合成酵素群の遺伝子の転写を抑制するが，転移RNAの合成に与える影響は問題文に書かれていない。

(え)不適。「親和性」を，ステムループ構造とTPP分子間の相互作用の強さと考える。そうすると，PTPPがあっても両者の相互作用の強さは変わらない。

(お)適切。PTPPはチアミン合成酵素群の遺伝子の転写を抑制する。

(B)　問5．①　ナノスタンパク質は胚の後方に偏って存在するので，ハンチバックmRNAの翻訳は胚の後方で強く阻害される。

②　ビコイドタンパク質は胚の前方に偏って存在するので，コーダルmRNAの翻訳は胚の前方で強く阻害される。

問6．遺伝子Xの転写は，ハンチバックとコーダルの両タンパク質が存在する胚の中央部で促進され，ビコイドとナノスの両タンパク質が多く存在する胚の両端で抑制される。

問7．それぞれの分節遺伝子の働きや，各分節遺伝子の変異体を以下にまとめる。

- ギャップ遺伝子（主要な遺伝子は9種類ある）

胚の大まかな区画化に働く。この遺伝子の働きが失われると，複数の連続する体節が消失し，ギャップのある変異体が生じる。

- ペアルール遺伝子（主要な遺伝子は8種類ある）

各遺伝子は，胚の前後軸に沿って7本の帯状に発現し，胚の細かい区画化に働く。たとえば，イーブンスキップド遺伝子とフシタラズ遺伝子は胚の前後軸に沿って交互に発現する。イーブンスキップド遺伝子の働きが失われると，胚の前方から数えて偶数番目の体節が消失し，フシタラズ遺伝子が欠損すると，奇数番目の体節が消失する。

- セグメントポラリティー遺伝子（主要な遺伝子は９種類ある）

各遺伝子は，胚の前後軸に沿って14本の帯状に発現し，各体節（セグメント）の前後の方向性（ポラリティー）の決定に働く。たとえば，エングレイルド遺伝子は各体節の後半部分で発現するが，この遺伝子の働きが失われると，体節の数は変わらないが体節の前後の方向性が失われ，本来各体節の前半部分の構造（突起）が後半部分にも形成される。なお，図４をみると，体節の前半部分の構造（突起）が鏡像対称に形成されているが，鏡像対称という表現がなくても正解になると思われる。

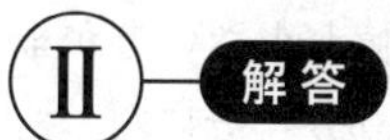

問１．ア． nm　**ウ．** ランビエ絞輪
エ． アセチルコリン

問２． (お)

問３． (え)

問４． (あ)

問５． (え)

問６． • シナプス間隙の神経伝達物質を速やかに分解する。
• シナプス間隙の神経伝達物質を速やかに回収する。

問７． N3，N4，N5

問８． 脳領域阻害マウスでは，目印が１つになるとプラットフォームに到達するまでの時間が長くなる。よって，この脳領域は，１つの目印からプラットフォームの位置を想起させる機能をもつ。

解説

《興奮の伝達，神経回路，水迷路を用いたマウスの学習》

問１．ア． シナプスは約20～50nmの隙間をあけて接続している。赤血球の大きさが7.5μmであることを考慮すると，アの単位がμmであるとは考えられない。

問２． ヒトの有髄神経繊維の伝達速度は，軸索の太さや温度などによって異なり，速いものでは100m/秒程度である。

問3． リード文をみると，$t=0$ から $t=3$ ミリ秒の間，シナプス前膜から一定の速度 A で神経伝達物質がシナプス間隙に放出され，シナプス間隙の神経伝達物質は一定の確率で消失する（半減期は B）。つまり，シナプス間隙で消失していく神経伝達物質の数は，速度 A で放出される神経伝達物質の数に依存する。たとえば，A が10倍になれば，縦軸の目盛りにある（$\times 10^4$ 個）が（$\times 10^5$ 個）になり，グラフの形は変わらない。よって，A の値が1.5倍になれば，単純にグラフの縦軸の値が1.5倍になるだけである。3ミリ秒で最大となり，半減期の4ミリ秒で半減している(え)が正しい。

問4． 半減期が半分（0.5ミリ秒）になれば，神経伝達物質の最大値は図1よりも小さくなる。また，$t=3$ 以降は図1よりも急激に減少していくが，半減期となる3.5ミリ秒で最大値の半分になることから(あ)が正しい。

問5． シナプス間隙の神経伝達物質量が素早く増加するには A の値が大きい方がよく，短時間だけある値以上であるには B の値が小さい方がよい。そこで，A の値が1.5倍に増えた図2の(え)と，B の値が半分になった図2の(あ)を比較すればよい。どちらも，神経伝達物質が5000個に達するまでの時間は大差ないが，5000個以上の時間は(あ)の方が短い。よって，B の値が小さいことが最も重要といえる。

問6． シナプス間隙に放出された神経伝達物質は，酵素によって速やかに分解されたり，シナプス前細胞に速やかに回収されたりすることで，シナプス間隙から除かれる。

問7． 図3から，蛍光輝度が上昇する順番（興奮する順番）は，N0→(N2，N5)→(N3，N4)→N1→(N3，N5)となる。これらの興奮の間隔が等しいことと6つのニューロンは他のニューロンとはシナプスを形成していないことから，次図のような神経回路が考えられる。ただし，破線で囲まれた部分については，どのようにシナプスが形成されているか不明である。破線部②についてはN3またはN4のいずれか，または両方がN1とシナプスを形成していると考えられる。よって，N1とシナプスを形成している可能性があるニューロンは，N3，N4，N5といえる。

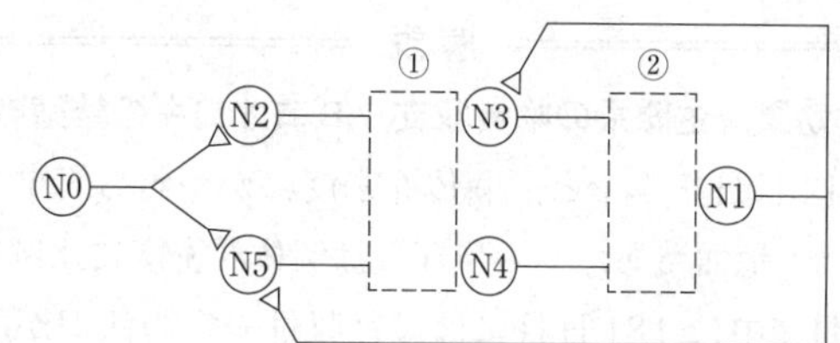

問8． 図5の結果から，どちらのマウスも同程度に記憶が形成されていることがわかる。また，この実験から1カ月後に，目印の数の違いによってどの程度想起できるかを調べた結果が図6である。図6をみると，脳領域阻害マウスは，4つの目印があれば野生型マウスと同じ時間でプラットフォームに到達できるが，目印が1つになると，プラットフォームに到達するまでの時間が長くなる。よって，この脳領域は，1つの目印からプラットフォームの位置を想起させる機能をもつといえる。論述のポイントとしては，「1つの目印からプラットフォームの位置を想起させる」，または「少ない手がかりから記憶を想起させる」などの内容が必要と思われる。

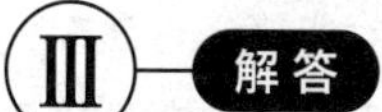

(A)問1． (あ)　**問2．** (う)

問3． 葉の現存量は個体群密度にかかわらず一定である。個体群密度が高くなるほど十分に枝を伸ばすことができないので，枝に分配する同化産物を減らし，幹に分配する同化産物を増やすため，枝の現存量は小さくなり，幹の現存量は大きくなる。

問4． 499gC/(m^2·年)

問5． $C<A<B<D$

問6． (い)，(え)

(B)　問7． ①　寄生バエのメスに産卵されにくい。

②　コオロギのメスを誘引できない。

問8． (え)

問9． (ア)—C　(イ)—B　(ウ)—A

問10． (う)，(え)

問11． 変異タイプのオスは，通常タイプのオスの鳴き声に近づく性質がある。これにより，通常タイプのオスの鳴き声に誘引されたメスを奪い，繁殖の機会を増やしている。また，変異タイプのオスは鳴かないので，寄生バエからの産卵を回避することで生存率が高まる。

解説

《(A)植物の密度効果，生態系の物質収支　(B)コオロギの繁殖戦略》

問1． 図1の12日目をみると，個体群密度にかかわらず平均個体重はほぼ同じなので，土地面積あたりの現存量は個体群密度に比例して大きくなる。また，設問文中に「84日目には最終収量一定の法則が成り立っていた」とあるので，84日目や110日目では土地面積あたりの現存量は一定になる。

問2． 高い個体群密度になると，資源の不足（葉の重なりあいによって光合成量が低下するなど）が原因で，一部の個体が枯死したと考えられる。

問3． 個体群密度が変化しても葉の現存量は一定だが，幹や枝の現存量は変化している。これは，個体群密度が変化することで幹や枝に分配される同化産物が変化するためである。個体群密度が低いと，様々な方向に枝を伸ばして光合成を行うことができるように，幹に分配する同化産物を減らし，枝に分配する同化産物を増やしている。個体群密度が高くなると，他個体との距離が近くなって十分に枝を伸ばすことができないので，枝に分配する同化産物を減らし，幹に分配する同化産物を増やすと考えられる。論述のポイントは，「個体群密度が高くなると枝を伸ばしにくくなる」こと，「個体群密度が高くなると幹に分配する同化産物（有機物，エネルギー）が増える」ことなどである。

問4． 純生産量＝総生産量－呼吸量の式をもとに計算すると

950－451＝499〔gC/(m^2・年)〕

問5． 成長量＝純生産量－（枯死・脱落・被食量）の式より

成長量＝総生産量－（呼吸量＋枯死・脱落・被食量）

よって，各森林生態系の成長量は以下のように求められる。

A：950－(451＋352)＝147〔gC/(m^2・年)〕

B：1720－(772＋720)＝228〔gC/(m^2・年)〕

C：2230－(1140＋1021)＝69〔gC/(m^2・年)〕

D：3050－(1450＋1329)＝271〔gC/(m^2・年)〕

問6． 炭素の循環をイメージして考えると，生態系の有機物の年間蓄積量は，生産者の炭酸同化によって大気中から生態系に取りこまれた炭素量と，生物の呼吸や山火事などによって大気中へ放出された炭素量のバランスで決まる。よって，(い)，(え)が正しい。

(B) **問7．** ①　寄生バエのメスは鳴き声によりオスのコオロギの位置を特定することから，変異タイプのオスは寄生バエに産卵されにくいというメリットがある。

②　コオロギのメスはオスの鳴き声に誘引されることから，変異タイプのオスはメスを誘引できないというデメリットがある。

問8． すべてのオスが通常タイプの島Cでは，サークルから除去したオスの数と，放送を聞いてサークル内に入ってきたオスの数が同じである。一方，変異タイプがいる島A，Bでは，サークルから除去したオスの数に比べて，放送を聞いてサークル内に入ってきたオスの数の方が多い。この傾向は，変異タイプの割合が大きい島Aで顕著である。よって，変異タイプのオスは，通常タイプのオスの鳴き声に近づく性質があるといえる。

問9・問10． 変異タイプのオスは，通常タイプのオスの鳴き声に近づくので，図5の(う)，(え)が変異タイプで，(あ)，(い)が通常タイプである。また，変異タイプが存在しない島Cが島(ア)，変異タイプの割合が大きい島Aが島(ウ)，変異タイプの割合が小さい島Bが島(イ)と考えられる。

問11． 通常タイプのオスは通常タイプのオスの鳴き声に近づくことはないが，変異タイプのオスは通常タイプのオスの鳴き声に近づく性質がある。これにより，通常タイプのオスの鳴き声に誘引されたメスを奪い，繁殖の機会を増やしている。また，変異タイプのオスは鳴かないので，寄生バエからの産卵を回避することができる。なお，本問は，図4，図5の結果にもとづいて説明することを求められているので，寄生バエからの産卵回避については，さほど重要ではないと思われる。

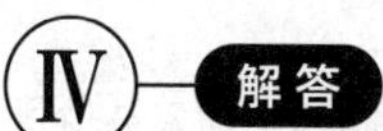

問1．ア． 視床下部　**イ．** 副交感神経
ウ． ランゲルハンス島　**エ．** B細胞
オ． グルコース輸送体　**カ．** グリコーゲン

問2． 寒冷刺激を中枢が感知すると交感神経が興奮し，その軸索末端からノルアドレナリンが放出される。これをアドレナリン受容体で受容した褐色脂肪細胞では，グルコースの取り込みが促進される。また，この過程にインスリンは関与しない。

問3．キ―(う)　**ク**―(き)　**ケ**―(え)　**コ**―(に)　**サ**―(さ)　**シ**―(せ)　**ス**―(け)

①　ATPの合成に利用されず，熱エネルギーとして放出される（30字程

度)

解説

《体温調節，血糖濃度調節，呼吸》

問1． アミノ酸や糖など比較的低分子で極性のある物質は，輸送体（担体）によって細胞内に取り込まれる。ただし，空欄オは，グルコース輸送体とする方が適当である。

問2． 実験1，2からわかることを以下にまとめる。

〈実験1〉 図1左図の条件①と②をみると，交感神経を切除していない褐色脂肪組織のみで，寒冷刺激でグルコース取り込み活性が上昇している。よって，寒冷刺激を感知すると交感神経を通じて褐色脂肪組織におけるグルコースの取り込みが促進されるといえる。また，図1右図の条件①と②をみると，インスリン濃度はほぼ同じである。つまり，寒冷刺激による褐色脂肪組織のグルコースの取り込み促進に，インスリンは関与しないといえる。

〈実験2〉 交感神経の軸索末端から分泌されたノルアドレナリンが，褐色脂肪細胞にあるアドレナリン受容体に結合することで，グルコースの取り込みが促進されるといえる。なお，褐色脂肪組織には褐色脂肪細胞以外の細胞（細胞Xとする）が存在し，ノルアドレナリンははじめに細胞Xに作用し，その結果，褐色脂肪細胞でのグルコースの取り込みが促進された可能性も考えられる。そこで，褐色脂肪細胞だけを試験管内に取り出した実験も行っている。この実験から，ノルアドレナリンは褐色脂肪細胞に直接作用することがわかる。ところで，アドレナリン受容体に注目すると，副腎髄質から分泌されるアドレナリンにも言及したくなるかもしれないが，ここではさほど重要ではないと思われる。

問3． 脂肪が呼吸基質となる場合，まずグリセリンと脂肪酸に加水分解される。その後，グリセリンは解糖系で代謝されてクエン酸回路に入る。一方，脂肪酸はミトコンドリアのマトリックスにおいて，脂肪酸の端から炭素を2個ずつ含む部分で順次切断され，これがコエンザイムAと結合してアセチル CoA となったのち，クエン酸回路に入る。

① 褐色脂肪細胞以外の組織の細胞では，脂肪を分解する際に放出されるエネルギーの一部が H^+ 濃度勾配のエネルギーに変換され，さらにこれが ATP の化学エネルギーに変換される。一方，褐色脂肪細胞では，タンパ

ク質AによりH^+がATP合成酵素を介さずにマトリックスへ流入することで，H^+濃度勾配が解消される。つまり，褐色脂肪細胞では，H^+濃度勾配のエネルギーが別の形のエネルギーに変換されることになる。表1をみると，褐色脂肪細胞では温度上昇がみられるので，H^+濃度勾配のエネルギーは，ATPの合成に利用されず熱エネルギーに変換されたといえる。

講評

大問は例年通り4題で，設問数や論述量は例年とさほど変わらない。大問Ⅱ～Ⅳは取り組みやすい問題が多かったが，大問Ⅰがやや難しい。

Ⅰ　(A)が「細菌の遺伝子の発現調節」，(B)が「ショウジョウバエの発生と遺伝子発現」を扱っている。問4の②は，リボスイッチのしくみを理解するのにやや時間を要する。問7は分節遺伝子の働きを変異体から推理する問題であるが，ある程度予備知識がないと正解は難しい。

Ⅱ　「興奮の伝達，神経回路，水迷路を用いたマウスの学習」を扱っている。問5は問3・問4をヒントに考えるが，問3を間違えると苦戦する。問8の「脳領域の記憶に関する機能」は，一般化して論述すべきかどうか迷ったと思われる。

Ⅲ　(A)が「植物の密度効果，生態系の物質収支」，(B)が「コオロギの繁殖戦略」を扱っている。問3は論点を絞りやすく，標準レベルの論述問題である。問8～問10もあまり難しくはなく，これが正解できれば，問11も論述しやすい。

Ⅳ　「体温調節，血糖濃度調節，呼吸」を扱っている。問2の論述問題は，実験1，2をきちんと把握できれば，さほど難しくはない。問3は設問文中に丁寧な説明がなされており，解きやすかったと思われる。

内容的には，例年並みの難易度といえる。ただ，大問Ⅰで時間をかけすぎると後半がかなり苦しくなる。特に大問Ⅲ，大問Ⅳは基本的な知識を問う問題や標準的な論述問題が多く，後半の出来が得点に大きく影響する。

地学

I 解答 (a)**問1．ア．** 核融合（水素核融合） **イ．** 放射
ウ． 対流 **エ．** 彩 **オ．** コロナ

問2． (あ)

問3． ドップラー効果を受け波長が本来より短くなっているので，プロミネンスは観測者に対して近づいているといえる。このとき光速度を c，本来の波長を λ_0，観測される波長を λ，プロミネンスの視線方向の速度を v とすると次の関係が成り立つ。

$$\frac{v}{c}=\frac{\lambda_0-\lambda}{\lambda_0} \quad すなわち \quad v=\frac{\lambda_0-\lambda}{\lambda_0}c$$

$$v=\frac{0.65628-0.65557}{0.65628}\times 3.0\times 10^5=3.2\times 10^2$$

$$\fallingdotseq 3\times 10^2 〔\mathrm{km/s}〕 \quad \cdots\cdots(答)$$

(b) **問4．カ．** 地球型惑星 **キ．** 太陽風

問5． とけた鉄などの電気をよく通す流体が磁場の中で運動すると誘導起電力が生じ，電流が流れる。その電流は新たな磁場を生み出すので，当初の磁場がわずかなものであってもこのような一連の作用が続くことで，惑星の固有磁場が生成・維持される。

問6． 木星表面と地球表面のいずれも緯度 ϕ における双極子磁場の強さをそれぞれ H_J，H_E とすると

$$H_\mathrm{J}=K\frac{1.6\times 10^{27}\sqrt{1+3\sin^2\phi}}{(7.0\times 10^4)^3},\quad H_\mathrm{E}=K\frac{7.9\times 10^{22}\sqrt{1+3\sin^2\phi}}{(6.4\times 10^3)^3}$$

よって

$$\frac{H_\mathrm{J}}{H_\mathrm{E}}=\frac{1.6\times 10^{27}\times(6.4\times 10^3)^3}{7.9\times 10^{22}\times(7.0\times 10^4)^3}=15.4\fallingdotseq 15$$

（答） 15倍

解説

《(a)太陽の活動 (b)惑星の磁場》

(a) **問1．** 太陽の中心から約20万kmまでの中心核では，1600万K，2×10^{16} Paの下で水素核融合反応が起こり，莫大なエネルギーが生み出さ

れている。それはごく短波長でエネルギーの強い電磁波である γ 線として放射層を伝わっていくが，そこにある高密度の粒子に吸収・再放射を繰り返し，波長はしだいに長くなっていく。中心から約 50 万 km になると粒子の対流によるエネルギー輸送が効率よく行われるようになる。そして温度が低くなって可視光線を発するようになったところが光球で，半径約 70 万 km のうち表面の 300 km 程度の部分にあたる。その外側には薄いガスの層である彩層，さらにその外側にはごく薄いコロナがある。いずれも，皆既日食時でもないかぎり，特殊な望遠鏡を使用しないと見ることはできない。

問2. 中心核で 10^7 K 強，コロナで 10^6 K 強の温度になっていることから正誤を見分ける。中心核から離れるほど温度は下がっていき，中心から約 70 万 km の光球（約 6000 K）で最小となり，その温度に見合う電磁波（可視光線）が宇宙空間に放射されている。光球より外側が，なぜ高温になっているかは，太陽磁場が関係しているらしいものの，そのメカニズムはよくわかっていない。

問3. 高温で電離した状態になっているガスをプラズマとよぶ。問題文中に「比較的温度の低い」とあるが，これはコロナの温度に対してであり，1 万 K 程度あると考えられている。プロミネンスから放射された Hα 線の波長が本来の波長より短くなっていることから，このプロミネンスは観測者に近づいていることがわかる。ドップラー効果の関係式を失念した場合は，次のように考える。放射された光の振動数 f は光源の運動に関係なく一定であり，光源が静止時の波長を λ_0 とすると $c=f\lambda_0$ となる。一方，光源が v で観測者に近づく場合，光が放たれて 1 秒後の状態を考えると，距離 $c-v$ の間にある光の波長 λ は $c-v=f\lambda$ で与えられる（下図）。よって，

$\dfrac{c-v}{c}=\dfrac{\lambda}{\lambda_0}$ より $\dfrac{v}{c}=\dfrac{\lambda_0-\lambda}{\lambda_0}$ が成り立つ。

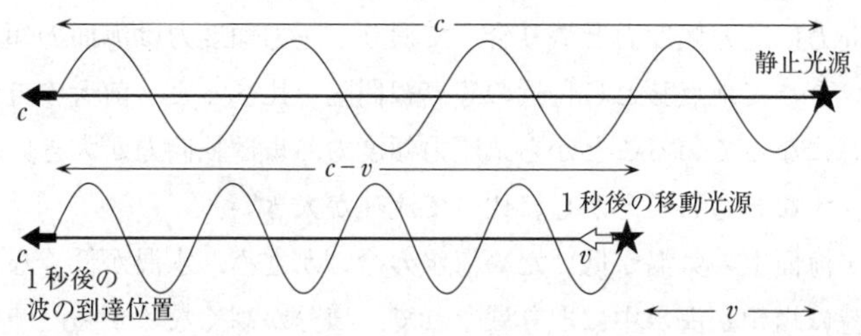

(b) **問4．** 太陽系の惑星は地球型と木星型に大別できる。両者は内部構造を異にするが，多くは惑星内部の活動により固有の磁場を保持している。またそれらは，太陽からやってくるプラズマの流れである太陽風の影響を受け変形している。

問5． 惑星の持つ固有磁場の形成について説明するのがダイナモ理論である。これは，惑星誕生時に内部に閉じ込められた熱による対流で，外部からエネルギーを与えなくても導体が磁場の中を移動し，それによって生じた電流が新たな磁場を誘導することで，しだいに固有の磁場になっていくというものである。また，熱対流の様子が常に一定とは限らないことから，固有磁場の状態が変化することも説明できる。なお，なぜ地球型惑星である金星や火星には固有磁場がないのに水星にはあるのかなど，いまだによくわかっていないことも多い。

問6． 惑星の中心にある棒磁石で近似できる磁場を双極子磁場という。惑星表面におけるその強さは緯度（自転軸を基準にした緯度ではなく棒磁石の長軸方向を基準にした緯度）により異なるが，ここでは同一緯度で考えるので $\sqrt{\ }$ 内も定数とみなし，M_p と r のみで比較すればよい。

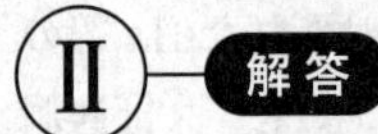

問1．ア． 転向（コリオリの） **イ．** 右
ウ． エクマン **エ．** 圧力傾度 **オ．** 地衡流
カ． 水温躍層（主水温躍層）

問2． (1)名称：偏西風　方位：西　(2)名称：貿易風　方位：東
(3)名称：ハドレー循環
説明：温められた大気が上昇する赤道付近の熱帯収束帯では，雲が発達して降水量が多くなる。また，下降気流となる緯度30°付近の亜熱帯高圧帯では，降水量が少ない。

問3． 緯度が等しいので，転向力の大きさは流速に比例する。亜熱帯環流では転向力は圧力傾度力とつり合っており，圧力傾度力は海面の傾斜に比例する。そこで地点BとC付近の等高線間隔を比べると，前者の方が密で傾斜が急になっていることから，圧力傾度力および転向力が大きいことがわかる。すなわちBの方がCに比べて流速が大きい。

問4． •海面上の気温が低いため海水の冷却が進み，水温が低くなるから。
•結氷時に塩類が海水中に取り残されて，塩分が高くなるから。

問5. **(1)**　深層水の総量を平均滞留時間で割った値が，1年あたりの表層水と深層水の入れ替わり量と考えられる。よって，表層から深層へ流入する年間の海水量は

$$\frac{1.3\times10^{18}\times0.90}{1500}=7.80\times10^{14}\fallingdotseq7.8\times10^{14}〔\mathrm{t/年}〕\quad\cdots\cdots(答)$$

(2)　深層水以外の海水に出入りする量とは，表層に入る降水量と河川や地下水からの流入量の和に深層からの流入量を加えたものであり，これは海面からの蒸発量と深層への流出量の和に等しい。そこで表層における平均滞留時間を T 年とすると，(1)と同様に

$$\frac{1.3\times10^{18}\times0.10}{T}=3.9\times10^{14}+4.6\times10^{13}+7.8\times10^{14}$$

$$T=\frac{1.3\times10^{17}}{121.6\times10^{13}}=1.06\times10^{2}\fallingdotseq1.1\times10^{2}\ 年\quad\cdots\cdots(答)$$

解説

《海水と大気の大循環，深層循環》

問1. 海水や大気は大規模に移動するため，地球の自転による転向力（コリオリの力）の影響を考慮しなければならない。この力を受け，表層の海水を駆動する風の向きに対して，総量でみると海水は北半球では直角右向きに運ばれる（エクマン輸送）。すると海面に高低差がつくられ，このため生じる圧力傾度力が転向力とつり合うことで，海面の等高線に沿う定常的な流れ（地衡流）となる。この流れは北半球では時計回りの環流となる。これに対し，海水の密度差を主因として生じる鉛直方向の循環は，非常にゆっくりとしている。表層の海水は太陽熱により温められ密度が小さく，一方，熱源のない深層には低温・高密度の海水が存在しており，その間の水温の急変部を主水温躍層または水温躍層とよぶ。

問2. **(1)・(2)**　表層の海水は，緯度30°付近では偏西風により駆動されて東向きに流れ，赤道付近では貿易風により駆動されて西向きに流れる。風の場合，「西風」などの名称につける方位は吹いてきた方角を指しており，吹いて行く向きとは逆であることに注意する。**(3)**　赤道付近は，大気が温められて上昇気流が卓越し，それを補償するように地上では大気が収束することから，熱帯収束帯とよばれる。赤道付近で上昇した大気は，上空を中緯度に向けて流れ，転向力の影響も受けながら緯度30°付近で収束して

下降する。この緯度30°付近は，地上で高気圧となることから，亜熱帯高圧帯とよばれる。これらによって構成される鉛直面内の循環がハドレー循環である。降水量は，雲が発達する上昇流域で多く，下降流域では少ない。

問3． 転向力は物体の速さと緯度の正弦に比例するが，BとCは緯度が等しいので，緯度の影響は考えなくてよい。亜熱帯環流では南北で転向力に差があるため，南北方向の流れに渦をつくるような効果が生じ，このため環流内部に輸送される海水量は西側で多く，東側で少なくなる。その結果，海面の等高線は西に偏って間隔が狭くなり，海水が環流の西側を中緯度に向かう部分は東側で低緯度に向かう部分より速くなる（西岸強化）。

問4． 海面上の冷気によって海水は冷やされ，水温が低くなる。さらに結氷が始まると，水は凝固するが塩類は海水中に取り残されるので，塩分が高くなる。低水温と高塩分，これらのいずれもが海水の密度を増大させるので，海水は深層に向かって沈み込んでいく。

問5． ある領域に存在する海水の総量を1年あたりの入れ替わり量で割った値が，平均滞留時間〔年〕とみなせる。ここではその関係を基にして，既知量から未知量を計算する。

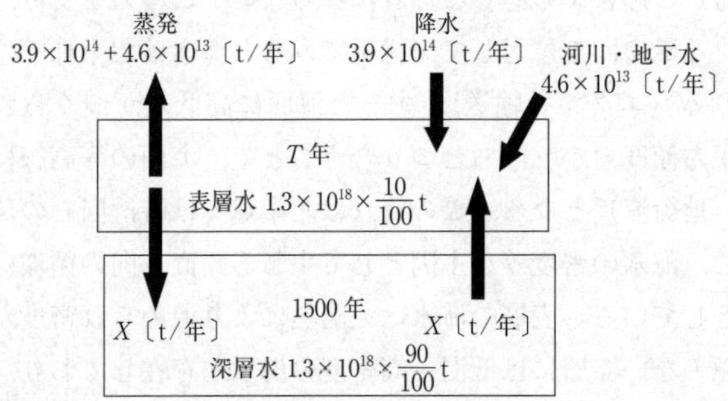

(1)においては，1年間あたりに入れ替わる深層水の量をX〔t/年〕とすると，1500年で$1.3\times10^{18}\times\frac{90}{100}$ tの量が入れ替わるのであるから

$$1500〔年〕\cdot X〔t/年〕=1.3\times10^{18}\times\frac{90}{100}〔t〕$$

という式が成り立つ。同様に(2)においては，1年間あたりに入れ替わる表層水の量は，降水量3.9×10^{14}〔t/年〕と河川や地下水からの流入量4.6×10^{13}〔t/年〕と(1)の深層水と入れ替わる量7.8×10^{14}〔t/年〕の和であ

り，T 年で $1.3\times10^{18}\times\frac{10}{100}$ t の海水が入れ替わるので，滞留時間を T 年とすると

$$(3.9\times10^{14}+4.6\times10^{13}+7.8\times10^{14})〔t/年〕\times T〔年〕$$
$$=1.3\times10^{18}\times\frac{10}{100}〔t〕$$

という式が成り立つことになる。ただし実際には，海水が移動中にまわりと互いに混じり合ったり，逆に移動途中で蒸発・流出したりするため，個々の水分子の滞留時間は千差万別で，あくまでも目安の値である。しかし(1)，(2)の比較からわかるように，海洋表層水の入れ替わりと比べて深層水の入れ替わりにはかなりの長期間を要する。

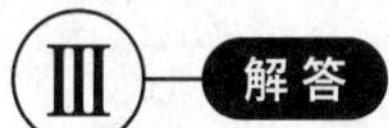

問1．ア―(う)

問2．イ． マグマだまり　**ウ．** ハワイ式

エ． ブルカノ式　**オ．** プリニー式　**カ．** カルデラ　**キ．** 負

問3． 火山フロント（火山前線）

問4． 地下深くに沈み込んでいく海洋プレートから水が分離し，上方のマントルに供給される。するとそこを構成するかんらん岩の融点が低下するので，地下 100km 余の低い温度でも部分溶融してマグマが発生する。

問5．(え)

問6． 名称：斑状組織

特徴：マグマだまりで滞留している間に，一部の融点の高い鉱物がマグマから晶出して大きな結晶に成長し，これが斑晶となる。その後それらを含んだマグマが上昇し急冷されると，鉱物は十分に成長できないため細かい結晶やガラスとなって固結し，斑晶を取り囲む石基となる。

問7．(1)　成層圏

(2)　噴火により成層圏に達した微細なエアロゾルはすぐには降下せず，長期間漂い続けて世界中に広がる。これが太陽光を反射したり散乱することにより，地上に届く太陽エネルギーが減少して気温が低下する。

解説

《さまざまな火山活動と火成岩》

問1． 現在活発な噴気活動中であるか，過去1万年以内に噴火した証拠が

ある火山を活火山とよび，現在日本では111山が指定されている。

問2．イ～オ． 火山噴火の様式は，マグマの粘性により異なる。SiO_2含有率が小さく高温で粘性の低い玄武岩質マグマは揮発性成分が少なく，連続的で比較的穏やかに溶岩流を噴出する（アイスランド式，ハワイ式）。SiO_2含有率が増大すると，間欠的で火山弾やスコリアを含んだ噴火をするようになる（ストロンボリ式）。さらにSiO_2含有率の大きい安山岩質のマグマでは，大量の火山灰を含んだ爆発的な噴火や溶岩流の噴出が起こる（ブルカノ式）。そしてデイサイト質や流紋岩質のマグマでは揮発性成分が多く，激しく爆発して軽石や火山灰を大量に放出する（プリニー式）。

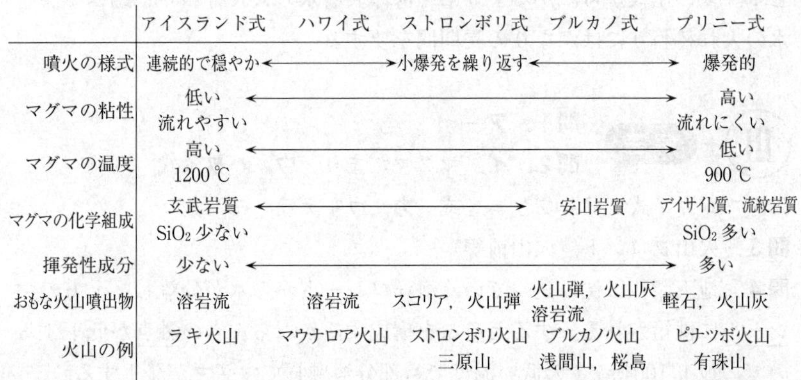

	アイスランド式	ハワイ式	ストロンボリ式	ブルカノ式	プリニー式
噴火の様式	連続的で穏やか	←→	小爆発を繰り返す	←→	爆発的
マグマの粘性	低い 流れやすい	←→	←→	←→	高い 流れにくい
マグマの温度	高い 1200℃	←→	←→	←→	低い 900℃
マグマの化学組成	玄武岩質 SiO_2少ない	←→	←→	安山岩質	デイサイト質，流紋岩質 SiO_2多い
揮発性成分	少ない	←→	←→	←→	多い
おもな火山噴出物	溶岩流	溶岩流	スコリア，火山弾	火山弾，火山灰 溶岩流	軽石，火山灰
火山の例	ラキ火山	マウナロア火山	ストロンボリ火山 三原山	ブルカノ火山 浅間山，桜島	ピナツボ火山 有珠山

カ・キ． 地表面が陥没してカルデラが形成された後，その上に堆積物が載って地下に埋没しても，そこは周囲の岩体・地層より密度が小さいことが多く，重力値が小さくなって負のブーゲー異常をもたらす。

問3・問4． 沈み込む海洋プレートにおいては，高圧のため含水鉱物から水分子が遊離し，その水分子が上方のマントルに供給される。通常のマントル内の温度分布では，どの深さ（圧力）でもマントルを構成するかんらん岩の融点に達しておらず，マグマは発生しない。しかし水が加わると融点が低下し，温度が低くても部分溶融してマグマが発生する。マグマは周囲より低密度のため浮力を受けて上昇し，マグマだまりにいったん滞留した後，噴火する。この現象は沈み込みが深さ100kmを超えるあたりから始まるので，沈み込む傾斜角が一定ならば，地上の火山列は海溝軸とほぼ平行になる。この分布の最も海溝寄りの火山をつないだものが火山フロントである。

問5． 揮発性成分が噴気孔や火口から出てきたものが火山ガスである。一般的には火山ガスの9割以上が水蒸気で，次いで二酸化炭素が多い。地球誕生期に脱ガス作用で形成された原始大気の組成を思い起こせばよい。なお刺激臭のある二酸化硫黄，硫化水素，塩化水素などは少量である。

問6． 火山岩の特徴である斑状組織は，斑晶と石基をそれぞれ構成する鉱物の晶出時期と速度の違いによってつくられたことを述べる。冷却・固結の速度の違いは，晶出場所の違いでもある。マグマだまりではゆっくり冷却されるため鉱物は粗粒に成長する。しかしその過程の途中，晶出鉱物が沈殿してマグマから分離するまでにマグマが上昇し始めると，残りの液体部分は急冷されるため細粒になったり，さらに急速な場合は結晶化することなくガラスとして固結する。

問7． 成層圏に入ると大気の上下方向の運動や降水がほとんどないため，いったん侵入した固体や液体の微粒子であるエアロゾルは，すぐには降下しない。火山灰は細かいものでも数カ月で降下するとみられるが，噴煙中の硫黄酸化物が液体の霧状になった硫酸ミストは数年間漂い続け，太陽光を反射・散乱して遮断するはたらきが大きい。ピナツボ火山の噴火では，世界の平均気温が数年間にわたり最大0.5℃低下した。

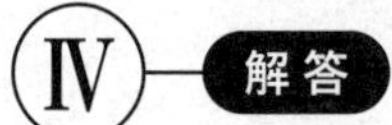

問1． (1)—(い)　(2)—(え)　(3)正断層

問2． (i)—(a)　(ii)—(c)

問3． (1)　$CaCO_3$ の殻を持つ有孔虫の遺骸は炭酸塩補償深度より深いところでは海水中に溶けるので，石灰岩からなるC層は浅いところでしか形成されない。一方 SiO_2 の殻を持つ放散虫の遺骸は深海底にも堆積するので，チャートからなるD層の方が堆積時の水深が深かったと考えられる。

(2)**ア．** パンゲア　**イ．** 古生　**ウ．** 酸素　**エ．** フズリナ（紡錘虫）

問4． (1)　(あ)A層は断層Fによって切られていないが，B層は断層Fで切られていることから，B層の堆積後，A層の堆積前に，断層Fの運動があったと考えられる。(い)・(う)B層は水平でどこも逆転していないが，C層，D層は褶曲して逆転が見られることから，C層やD層が堆積した後，B層の堆積前に，褶曲を形成する地殻変動があったと考えられる。(え)・(お)C層，D層，E層の堆積中には，そのような不連続性は見られない。以上から，不整合面であると考えられるのは(あ)・(い)・(う)である。

(2)(う)→(え)→(お)→(か)→(い)→(き)→(あ)

(3)—(う)

問5． (1)—(い) (2)横臥（押し被せ）

解説

《地質図の読解と地史の組み立て》

問1． たとえば120m，180m等高線と断層線の交点それぞれ2カ所を結んだ方向が走向であり，N30°Eであることがわかる。さらに2本の走向線の間隔が約100mで北西側が低いことから，$\tan\theta=\frac{180-120}{100}=0.6$，$\theta \fallingdotseq 30°$より，傾斜が30°NWであることがわかる。さらに断層の西側のB～E層が東側に対してそれぞれ20～40m低くなっていることから，西側がずり落ちた正断層であることがわかる。

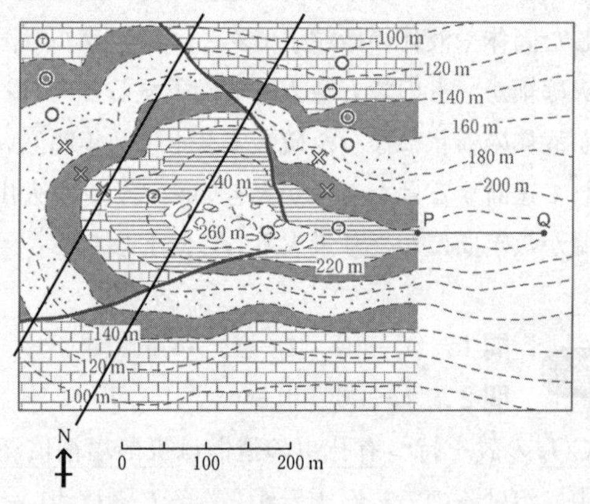

問2． 流れのある水底に砂粒が堆積するとき，堆積場がしだいに下流へ移動していくのに合わせ，斜交葉理（クロスラミナ）が形成される。その後水流の速さや向きが変化すると，新たな条件下で安定になるよう，上部が削られて移動，再堆積する。その結果，斜交葉理どうしが「切る―切られる」の関係になって下位の葉理が上位の葉理に切られた構造ができるので，(a)が上位，水流の向きは(c)であることがわかる。

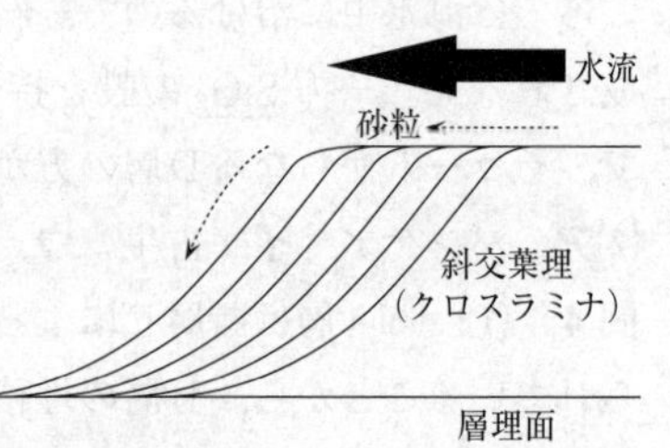

問3． (1) 一般に植物プランクトンが光合成できる限界である水深200m

より深い海を深海とよび，海洋全体の約95％を占める。深海は低温・高圧で，かつ堆積した有機物の分解によりCO_2が多く生産されるため，炭酸塩（おもに$CaCO_3$）はCa^{2+}イオンとHCO_3^-イオンに分かれ水中に溶け出す。

$$CaCO_3 + CO_2 + H_2O \longrightarrow Ca^{2+} + 2HCO_3^-$$

その上限の水深を炭酸塩補償深度といい，海域によって異なるが，およそ4000～5000mとみられている。

(2) 地層が付加した年代と堆積した年代の違いに留意する。美濃一丹波帯には，古生代ペルム紀と中生代三畳紀の境界（PT境界）の大量絶滅期に堆積した地層が含まれている。この大量絶滅の原因については，超大陸の分裂や，現在のシベリアに非常に大規模な玄武岩の噴出が起こり（洪水玄武岩），それにともない地球環境の変化が急激に進んだためではないかという説もあるが，詳細な過程はわからない。その後美濃一丹波帯をはじめ世界各地で，三畳紀のチャートの基底に炭素含有量がきわめて高い黒色の泥岩が見つかり，これが海洋生物の9割の種が絶滅したとみられる大量絶滅の証拠とされている。すなわち，通常は海底に堆積した有機物の分解には酸素が必要だが，海洋が2000万年間にわたり無酸素状態になり（海洋無酸素事変），有機物が分解されずに堆積したというのである。ただし無酸素状態になったため大量絶滅したのか，大量絶滅により光合成が行われなくなって無酸素状態になったのかについては，どちらの考え方もある。

問4． 各地層と断層などの形成順は次のようになる。

C層の堆積（厚さ不明）→D層の堆積（厚さ20m）→E層の堆積（厚さ20m）→褶曲して上部に逆転した地層群が重なる→侵食→断層Fの活動（高度差20mの北西落ち）→B層の堆積（厚さ40m以上）→断層Fの活動（高度差20mの北西落ち）→侵食→A層の堆積（厚さ30m以上）

問5． 高度140m以下のC層，140～160mのD層，160～180mのE層がそのままであるのに対し，180～200mのE層，200～220mのD層が逆転していることから，高度180mの水平面を対称面とする横臥褶曲（押し被せ褶曲）があったことがわかる。そして220mから上には不整合にB層が載っていることから判断する。

講評

地球分野からの出題がなかったが大問４題に変わりはなく，難易度もほぼ変化がなかったといえる。

Ⅰ (a)太陽および(b)太陽系の惑星の活動に関連した内容であった。(a)問３は，2023年度大問Ⅰに続いてドップラー効果が出題された。(b)問６は見慣れない用語や物理量があって読み下すのに手間がかかるが，同じ緯度で考えることに気がつけば，計算自体は難しくない。

Ⅱ 海水と大気の循環に関する内容であった。問２は風の吹く向きと名称の表現の違いに注意する。問５は簡単な模式図を描いて既知の値を記入し，未知の値をどう求めればよいか考えるとよい。10のべき指数の違いに留意して計算する。

Ⅲ マグマの発生と火山活動，火成岩に絞られた内容になった。問７以外はおなじみの内容なので冗長になりがちだが，いかに簡潔にまとめるかがポイント。問７は地球の熱収支における大気の役割の観点から考える。硫酸ミストが主役であるが，そこまで触れる必要はないだろう。

Ⅳ 地層境界面がすべて水平であるにもかかわらず，同じ地層の繰り返しや逆転があることの解釈から始めなければならないという，やや難解な設定であるが，先に問題を最後まで一通り見渡すと，問５(1)の選択肢がヒントになることがわかる。この気づきがポイントとなるだろう。

を加えた注釈書である。その際、『草庵集』についての先行する注釈書である、江戸時代前期・中期の歌人の香川宣阿（一六四七〜一七三五年）の『草庵和歌集蒙求諺解』や、江戸時代中期の国学者の桜井元茂（一六八四〜一七五〇年）の『草庵集難註』の解釈を批判し、誤りを訂正するという体裁をとっている。

講評

一の現代文は、奈倉有里の随筆である。外国語学習について自らの体験をもとに考えを述べたもので、筆者ならではの興味深い観点が示されている。一見平易な文章にみえるが、深い考察が秘められている。設問はこのあたりの理解を試そうとしており、いずれもやや難レベルといえる。たんに本文の表現をなぞっただけの解答では不十分であるとはいえ、どこまで掘り下げて読み込めばよいのか、判断に迷うところである。問三・問四は特にそうである。

二の現代文は、石原純の随筆である。物理学者かつ歌人という経歴を見事に反映したような内容である。古い文章ではあるが、表記は現代語に直してあり、適宜ルビも振ってあるので、読解に手こずることはないだろう。内容も、美術作品の保存に関する科学の役割という平易なものである。設問はいずれも標準レベル。

三の古文は、江戸時代の国学者・本居宣長の注釈書（歌論）からの出題。二〇二三年度と比べて、文章量はやや減少、総解答量（九行）は変化なし、難易度はやや難化した。問一の内容説明問題は、標準的。解答の仕方が二つ考えられるが、どちらにせよ傍線部の正確な現代語訳が前提となる。問二の内容説明問題は、標準〜やや難。これも該当箇所の正確な現代語訳が前提となる。問一・問二ともに「べし」の用法にも注意が必要。問三の現代語訳問題は、難問。「ことわり」が難しいが、傍線部(2)から論理的に読めるかどうかがポイント。「よしなくなるなり」も意味がつかみにくい。

ない）と期待する詠み手の主観である（「あらんか」の「か」は疑問の用法）。ここまでの内容で、「実の理」と「作者の見る心」の対比が明確になるので、「山深く尋ねつつ……花を待ちかねたる心深し」は、作者の心に含めて説明する必要はない。「分けて説くべし」は、〝区別して説明するべきだ〟の意。助動詞「べし」は当然の用法で、傍線部(3)は宣長の主張である。

解答作成のポイントは以下の二点である。

①「実の理」と「作者の見る心」の具体的な内容を、対比的に明らかにする

② その二つを「分けて説くべし」とはどういうことか、「べし」の意味に注意して説明する

問三 「山深く……」の和歌について、「実の理」と「作者の見る心」を分けて説明するべきだという宣長の主張から、諺解ではその二つを分けて説明していないという宣長の批判を読み取ること。したがって、「ことわりたしかならず」は、諺解のように述べると、「実の理」と「作者の見る心」の区別がなく「混雑して」（＝ややこしくて）、〝説明が明確でない〟の意。ここでの「ことわり」は〝筋道立てた説明〟の意で、〝道理・理屈〟では意味が通じにくい。四段動詞「ことわる」に〝筋道を立てて説明する〟の意があり、「ことわり」はそれの名詞に該当する。「理」でなく「ことわり」と表記されていることにも注意したい。「たしかならず」は〝明確でない・はっきりしない〟の意。「山深く分け入る事も」は、〝山の奥深くに分け入ることも〟の意。「よしなくなるなり」は、品詞分解が難しいが、「よしなく」が形容詞「よしなし（由無し）」の連用形、「なる」が四段動詞、「なり」が断定の助動詞と見ておく。ここでの「よしなし」は〝理由がない〟の意と考えられる。諺解の説明では、山深く分け入ることの理由として、山奥での早咲きの桜を期待する「作者の心」が明示されていないので、山深く分け入ることも、〝理由がないことになるのである〟と解せる。〔解答〕では〝理由がわからなくなるのである〟と意訳した。

参考 『草庵集玉箒』は、江戸時代中期・後期の国学者である本居宣長（一七三〇〜一八〇一年）が、中世の僧・歌人である頓阿（一二八九〜一三七二年）の私家集（＝個人和歌集）である『草庵集』の中から、三五二首の和歌を選び、論評もどこも花が（咲くのが）遅い春だなあと思っている（という）意味である。春だなあと終わっているところに、花（が咲くこと）を待ちかねている心が深い。

解説

問一　傍線部(1)を、省略語句を補いつつ現代語訳していく要領で説明すればよい。「いづくもといふ（表現）に里の（花が咲くのが）遅き（という意味）もこもるべし」などと補って考える。「いづく」は〝どこ〟の意。「いふに」の「に」は格助詞と判断する。「花」は〝桜の花〟と考えてよいが、無理に明示する必要はない。「里」は〝人里・村里〟の意。「こもる（籠る）」は、主語・述語の関係から考えて、〝含まれる〟の意。助動詞「べし」は推量の用法。以上から、〈「どこも」という表現に、人里の花が咲くのが遅いという意味も含まれるに違いないということ。〉も一つの解答になり得る（「どこも」は「いづくも」のままでもよい）。しかし、「いづくも」「里の遅きも」と、他に同類があることを表す助詞「も」の働きを考えると、〈「どこも」という表現に、端山や奥山だけでなく、人里でも花が咲くのが遅いという意味が含まれるに違いないということ。〉などと説明したい。ただし、これでは字数が多いので、〔解答〕では表現を縮約した。

解答作成のポイントは以下の二点である。

① **傍線部(1)を、省略語句を補いつつ、現代語訳する要領で説明する**

② **「も」の働きが明らかになるように、「端山の花の遅きのみか、奥山も遅きなり」も説明の要素に加える**

問二　「実の理」の該当箇所、「作者の見る心」の該当箇所、「分けて説くべし」の計三カ所について、それぞれ現代語訳をベースにして、つないで説明すればよい。「実の理」は、「まづ奥山ほど……いよいよ遅き」で、奥山になるほど寒さが厳しくて桜の開花が遅くなるという実際の道理（自然法則）を指す。しかし、「作者の見る心」は、「その道理をしらぬものになりて、里にこそまだ咲かずとも、山の奥には早く咲きそめたる花もあらんかと思ひて」で、早く花を見たい気持ちから道理がわからなくなり、人里ではまだでも山の奥では咲き始めた花もあるだろうか（あるかもしれ

（三）

出典　本居宣長『草庵集玉箒』〈巻二　春部下〉

解答

問一　「いづくも」という表現は、端山や奥山だけでなく、人里でも桜の開花が遅いことを含意するに違いないということ。

問二　実際の道理では、奥山になるほど寒さが増すので、桜の開花はいっそう遅くなるが、作者の主観的な思いでは、その道理をわきまえず、人里ではまだ咲かなくても、山の奥では早く咲き始めた花もあるのではないかと期待するので、両者を区別して説明するべきだということ。

問三　説明が明確でない。これでは山の奥深くまで分け入ることも、その理由がわからなくなるのである。

全訳

山の奥深くまで分け入ると、（人里よりも）ますます風が冷え込んで、どこも（桜の）花が（咲くのが）遅い春だなあ

諺解（げんかい）に言うことには、端山（＝人里近くの低い山）でさえ寒いのに、（まして）山の奥深くまで入るとますます寒いので、端山の花が（咲くのが）遅いばかりか、奥山も（花が咲くのが）遅いのである。どこもという（表現）に、人里の（花が咲くのが）遅い（という意味）も含まれるに違いない。

ただいま（私が）考察すると、この歌も実際の道理（＝自然法則）と作者の見る心（＝詠み手の主観）とを区別して説明するべきである。諺解のように述べると、（実際の道理と作者の心の区別がなく）ややこしくて、説明が明確でない。（これでは）山の奥深くまで分け入ることもその理由がわからなくなるのである。歌の意味は、まず奥山（になる）ほど寒さが厳しいので、花が咲くことは（人里に比べて）ますます遅いのが実際の道理である。しかし作者（＝詠み手）の心は、その道理をわきまえない人になって、人里ではまだ咲かなくても、山の奥では早く咲き始めた花もあるだろうか（あるかもしれない）と思って、山の奥深く（花を）探し求めながら、分け入れば入るほど余寒（＝立春後になお残る寒さ）が強く、ますます風が冷え込んで、まだ花が咲きそうな様子も見えないので、それでは人里だけでなく、山の奥までどこ

すなわち芸術的価値とは異なるけれど、ある種の価値として鑑賞の対象となりうるという趣旨のことが述べられる。以上の二点をまとめればよいだろう。

解答のポイントは以下の通りである。

① **美術作品は破損の恐れがあるために保存には細心の注意が必要である**

② **時代の経過によって生じた寂や気品も鑑賞の対象としなければならない**

問三 終わり二段落では芸術と科学の関係がテーマとなる。まず第七段落では、光の分析などによって絵画や彫刻を再現する方法が説明され、破損による消失の危険を避けることができるという趣旨のことが述べられる。そして最終段落では芸術の本質的価値を永遠に保存するためには、同じ普遍的永遠的価値を有する科学の助けが必要であると結論づけられる。傍線部の「共助」は〝ともに助け合うこと・互助〟の意であるが、本文では芸術が科学の援助を必要とする点のみが記され、その逆については触れられていない。よって右の趣旨に沿って説明すればよいだろう。

解答のポイントは次の三点である。

① **美術作品は破損による消失の危険を免れない**

② **科学的方法を用いれば、常に再現可能であり永遠に持続させられる**

③ **芸術は科学の助けを必要とする**

参考 石原純（一八八一～一九四七年）は理論物理学者・歌人。東京帝国大学理科大学を卒業し、同大学院に進む。ヨーロッパに留学し、アインシュタインらのもとで学び、帰国後は相対性理論を紹介するなど、物理学の啓蒙に大きな役割を果たした。歌人としては伊藤左千夫に師事し、短歌雑誌『アララギ』の発刊に参加した。物理学関係の多くの著書を著したほか、歌集に『靉日（あいじつ）』がある。

解説

本文は随筆であるが、三つの部分に分けて内容を確認しよう。

第一・二段落（成形美術においては……）造形芸術の骨董的価値
造形芸術は自然物を用いるために変化・破損を免れず、骨董的価値を随伴する

第三～六段落（なお一歩を進めて……）芸術の永遠性
芸術はその永遠的な効果においてのみ本質的価値が見出されるが、美術作品は変化・破損を免れない

第七・八段落（けれどももし……）科学の共助
芸術作品を永遠に持続するためには科学を必要とする

問一 第一段落で、「成形美術」すなわち絵画や版画、彫刻、建築、工芸などの造形芸術は、「種々の実在の自然物」を材料として用いるために、時代を追ってさまざまな変化を受けたり、破損されたりすることを免れないこと、対して文芸や音楽は永遠に伝え得ることが指摘される。よって「悲しむべき運命」とはこのような造形芸術の性格をいう。第三段落にも「破損によりて永遠の存続を亡失するという悲しむべき運命」とある。

解答のポイントは次の二点である。

① **造形芸術は自然物を用いて制作される**

② **文芸や音楽とは違い、時代的な変化や破損を免れない**

問二 傍線部の「美術作品」は「成形美術」すなわち造形芸術に同じである。「骨董的に取り扱われなければならない」という点については、二点指摘できる。まず第一段落終わりに「美術作品の保存そのことに或る価値（＝骨董的価値）が帰せられる」とあるように、美術作品は「破損」の危険があるゆえに、その保存自体に価値が生じると言われる。次に、第二段落に「いわゆる寂を生じ気品を増すようになる」とあるように、美術作品は「時代経過」による「自然的変化」によって、寂や気品が生じるのであり、それらは「人間の創作としての芸術の本質に関与するもの」

参考 奈倉有里（一九八二年〜）はロシア文学者。東京生まれ。ペテルブルグの語学学校でロシア語を学び、ロシア国立ゴーリキー文学大学を卒業。その後、東京大学大学院人文社会系研究科博士課程満期退学。現在、早稲田大学講師。著書に『夕暮れに夜明けの歌を』の他、『アレクサンドル・ブローク』『ことばの白地図を歩く』などがある。

ブラート・オクジャワ（一九二四〜一九九七年）はソ連・ロシアの詩人・小説家。またバルドと呼ばれるシンガーソングライターとして、六十年代から八十年代にかけて若者を中心に人気を博した。

出典 石原純『永遠への理想』（岩波書店）

問一 造形芸術は自然物を用いて制作されるために、文芸や音楽とは違い、時代的な変化や破損を免れないから。

問二 美術作品は破損の恐れがあるために保存には細心の注意が必要である一方で、時代の経過によって生じた寂や気品も鑑賞の対象としなければならないということ。

問三 美術作品は破損による消失の危険を免れないけれども、普遍的永遠的価値を有する科学的方法を用いれば、常に再現可能であり、その生命を永遠に持続させることができるゆえに、芸術は科学の助けを必要とするということ。

要旨

造形芸術は種々の実在の自然物を用いて表現されるために、種々の変化を受けたり破損されたりすることを免れない。それが骨董的価値の随伴するゆえんでもある。ではこのような事情のために芸術の永遠性を断念しなければならないのだろうか。その永遠的な効果においてのみ芸術の本質的価値が見出されるというのに。けれども科学が十分に発達して、絵画の模様や彫塑の立体的形体を精確にしるすことが可能となれば、芸術を再現することも可能である。それゆえに芸術はその自己の生命を永遠に持続するために科学を必要とするのである。

以上より解答のポイントは次の二点となる。

① 母語を介して当たり前のように理解していた物事を、新しい言語で名づけ直す

② 物事ひとつひとつが新しい物事として体験され、世界が広がっていく

問四 傍線部の「核心」とは「（言葉の）意味の核心」のことである。なぜ、言葉の意味の核心に「近づいたかと思えばまた遠ざかる」のかというと、直後にあるように「『言葉』と『意味』はひとつにはならない」から、である。これが傍線部の理由であるが、設問は傍線部の理由ではなく、傍線部のように「筆者が言うのはなぜか」と問うているのであるから、筆者がこの「言葉」と「意味」の不合致についてどのように考えているのかを答えなければならない。

そこで傍線部の前後を詳細に検討する。まず、傍線部の前に「ひとつひとつの単語の辞書的な意味を疑わざるをえなくなり」や「普段は自明のものと認識している言葉の意味を考えなおす」とあり、辞書的な、言葉ひとつひとつの単独の意味ではこの詩を理解できないことが述べられている。そこで「緩やかにつながる言葉同士の関連性に目を凝らし、意味の核心に迫ろうとする」。しかし、そうやって核心に迫ろうとしても「核心は近づいたかと思えばまた遠ざかる」と傍線部で筆者は言う。なぜなら、「『言葉』と『意味』はひとつにはならない」とあるように、言葉と意味が完全に合致することは決してないからである。しかしながら、正解に辿り着けないことを、筆者は否定的にはとらえない。「でもだからこそ面白い――そんな感覚が歌にのって伝わってくる」と、「意味の核心」に決してたどり着けないことこそが面白い、と楽しんでいるのである。設問の指示に「『祈り』の歌詞に触れつつ」とあるが、これは「緩やかにつながる言葉同士」の具体例として挙げることでクリアできる。

説明のポイントは次の三点である。

① 意味の核心をとらえるため、ひとつひとつの言葉の辞書的な意味を疑い、言葉同士の関連性に着目する

② 『祈り』の歌詞を「緩やかにつながる言葉同士」の具体例として挙げる

③ 言葉と意味が合致することは決してないが、だからこそ言語とは面白いものである

① **新しい言語を学ぶ**
② **思考をその言語でやり直すような感覚になる**
③ **新しい言葉を覚えたくて心がおどる至福の状態**

問二　傍線部は筆者がロシア語の学習を選択したときの決意を振り返る一節にある。「ロシア語しかない」「『本気を出せるか否か』」とあるように、筆者は自分にとって本気を出せるものはロシア語しかないという強い思いを抱いている。これが傍線部の「加えて」の前提となる内容である。そしてこれに加えて「逃げ場がないような崖っぷち、という場所を探してもいた」とあるのは、ロシア語の学習へと自らを追い込むことをいったものであろう。そのとき筆者は曽祖父のことが頭にあったという。彼は留学経験のある英文学の翻訳者で、「ものすごく変わった人」と思われていたと述べる。「でも、いいじゃないか」「だからなんだっていうんだ」という、ややぞんざいな言い方は筆者の曽祖父への憧れを表している。自分が夢中になれるものなら、たとえ世間一般の普通の道を外れてもかまわない、それがなかったら自分は何者でもないと自らを鼓舞するような心情が読み取れる。これらを端的に説明する。

解答のポイントは次の二点である。

① **本気を出せる道はロシア語しかない**
② **ロシア語の学習へと自分を追い込み鼓舞する心情**

問三　傍線部の前後で、新しい言語を学ぶことで、母語では当たり前のように理解していた物事に新しい名前がつき、その物事ひとつひとつが新たに体験し直されていくといった趣旨のことが述べられている。「新たに歩きはじめる」という比喩的な表現を踏まえれば、これは、幼児が母語をひとつひとつ覚えるたびに、それに対応した物事がひとつひとつ理解されていき、こうしてどんどん世界が広がっていく過程を、外国語学習者が再度たどることをいったものだと考えられる。外国語学習を通じて、既知のはずのひとつひとつの物事が体験し直されていき、世界が広がっていくという点を説明する。

くる。

解説

本文は随筆であるが、四つの部分に分けて内容を確認しよう。

第一～三段落（それから、NHKの……）オクジャワの『祈り』という歌に魅了された

NHKラジオのロシア語講座でオクジャワの『祈り』という歌に魅了された

第四～七段落（そんなふうにして……）言語学習者の幸福

言語学習者には「私」の空白にはやく新しい言葉を流し入れたくなるような、特殊な幸福状態がある

第八～十段落（そうして私が……）ロシアへの留学

ロシア語で語れるようになったが、今でも「聞く」のがいちばん好きだ

第十一段落（新しい言語を学ぶ……）言語への希求

オクジャワの『祈り』には言語への希求のようなものがある

問一　筆者は自らのロシア語学習を振り返りながら、あるとき「恍惚とした感覚に襲われ」た。「『私』という存在が……真っ白になっていき、その空白にはやく新しい言葉を流し入れたくて心がおど」ったという。この体験を振り返り、傍線部のような感想をもらす。「言語学習者の特殊な幸福状態」とはこの、新しい言葉を学びたくて「心がおど」る状態である。「言語というものが思考の根本にある」とは、思考が、意識的な思考、無意識的な思考を問わず、言語によって行われることである。とすれば、「『私』は真っ白になっていき」とは、それまで母語で行っていた思考がすべて消え去り、新しい言語で思考を行うようになることを意味すると考えられる。そしてだからこそ「新しい言葉を流し入れたくて」という気持ちにもなるのだろう。これは外国語で会話したり、思考したりし始めた学習者なら、誰しも経験することであろう。

以上のように考えれば、解答のポイントとして次の三点を指摘できる。

国語

出典　奈倉有里『夕暮れに夜明けの歌を――文学を探しにロシアに行く』〈1　未知なる恍惚〉（株式会社イースト・プレス）

解答

問一　新しい言語を学ぶ過程で、自分という存在が空白に感じられるほど、思考をその言語でやり直すような感覚になり、新しい言葉を覚えたくて心がおどる至福の状態。

問二　本気を出せる道はロシア語しかなく、それなしでは自分は何者にもなりえないと自分を追い込み鼓舞する心情。

問三　母語を介して当たり前のように理解していた物事を、新しい言語で名づけ直すたびに、その物事ひとつひとつが新しい物事として体験され、世界が広がっていくということ。

問四　賢さや幸せといったひとつひとつの言葉の辞書的な意味を疑い、『祈り』の歌詞のなかでつながる「賢い者」と「頭」、「幸せな者」と「お金」の関連性から意味をとらえようとしても、言葉と意味が完全に合致することは決してないのであり、だからこそ言語とは面白いものだと筆者は考えているから。

要旨

筆者はラジオのロシア語講座で出会った『祈り』という歌に心惹かれた。ロシア語に取り組んで数年が経ったころ、「私」という存在が真っ白になっていき、その空白にはやく新しい言葉を流し入れたくて心がおどった。これは言語が思考の根本にあるからこそ得られる、言語学習者の特殊な幸福状態なのだろう。新しい言語を学ぶということは、見知った世界に新しい名前がついていくということであり、それはあの『祈り』のようでもある。この歌には言語への希求のようなものがある。「言葉」と「意味」はひとつにはならない、でもだからこそ面白い――そんな感覚が歌にのって伝わって

////////////////////// · memo · //////////////////////

/////////////////// · memo · ///////////////////

//////////////////// · memo · ////////////////////

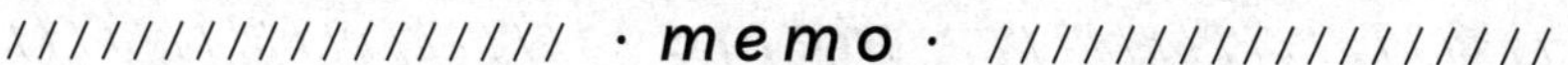

//////////////////// · memo · ////////////////////

2023年度

解答編

解答編

英語

I **解答** ⑴全訳下線部⑴参照。
⑵全訳下線部⑵参照。
⑶全訳下線部⑶参照。

◆全　訳◆

≪時間を割くべき情報の選択≫

言うまでもなく，現代生活の特徴の一つとなっているのは，大部分がインターネットのせいで，私たちは何に注意を向けるべきか，すなわち，たとえほんの数分間でも何に自分の時間を費やすべきか，ということについて，誰もが絶え間なく選択を迫られている，という点だ。現代人の多くは，処理しきれないほどの圧倒的な情報を瞬時に利用できるようになったが，これは注意を払える平均時間が短くなっていることを意味している。⑴考えたり，集中したりするべき「もの」が増えれば増えるほど，一つ一つのことに割ける時間は少なくなっていく。注意を払える時間がこのように減ったことについて，人々はすぐにインターネットのせいにするが，確かにソーシャルメディアがそれに一役買ってはいるものの，完全にそのせいというわけでもない。この傾向は，前世紀初頭，科学技術によってますます多くの情報が利用可能になったことで，世界が初めてつながり始めたころに端を発している。

今日，私たちは，四六時中最新のニュースが舞い込み，生産されては消費される情報の量が急激に増えていく状況にさらされている。共有された公共の議論を形成するさまざまな話題の数が増え続けるにつれて，私たちが個々の話題に割くことのできる時間と注意の量は必然的に縮小されていく。⑵だからといって，こうした情報のすべてに対する私たちの関与の総量が少しでも減ったかというとそうではない。むしろ，私たちの注意を競って引こうとする情報が密になるにつれて，私たちの注意はより散漫としたものになるということであり，結果，公共の議論はますます断片的で表面的なものになっていく。話題の切り替えが早ければ早いほど，前の話題への関心も早く薄れていく。そして，自分の興味のある話題だけに取り組むようになり，結果的に幅広い情報が得られず，自分が最もよく知っている分野以外の情報を評価する自信がなくなる可能性があるのだ。

私たちが触れる情報が，家族や友人や同僚を通じて得たものであろうが，主流メディアである本や雑誌を読んで得たものであろうが，ネットやソーシャルメディア上から得たものであろうが，私たちが出会うすべての話題に，より多くの時間と注意を払うべきだと私は主張しているのではない。というのも，それは不可能なことであろうから。そうではなく，私たちは，重要なもの，役に立つもの，興味深いもの，私たちの注意と時間に値するものとそうでないものを区別する方法を学ばなければならない。ファインマンが，ノーベル賞を受賞した研究について簡潔にまとめてほしいと記者から求められたときに，強調して指摘しているように，私たちが本当に時間をかけて考え，意味をしっかりと理解しようとする話題には，必然的にある程度の献身が必要になる。科学の世界では，あるテーマを真に理解するためには，時間と努力が必要であることがわかっている。その見返りに，最初は理解不能と思われた概念が，理解可能で，わかりやすく，時には単純でさえあることがわかる。最悪でも，そうした概念が実際に複雑なものであることを認めることになるが，それは私たちがその概念を徹底して考えて理解することができないからではなく，それらが本当に複雑だからである。

つまり，これが日常生活における私たち全員への教訓である。ゴミをすべて海に捨てるより，それをリサイクルした方が地球にとってよいということを知るのに，気候科学の博士号が必要であろうか。もちろん，そんなことはない。(3)しかし，時間をかけて一つのテーマをもう少し深く掘り下げ，一つの問題についての根拠となる賛否を比較検討した上で，自分の考えをまとめることは，長い目で見れば，よりよい決断をすることにつながるだろう。

人生のほとんどのことは，最初は難しいものである。しかし，挑戦する覚悟があれば，人は想像をはるかに超えることに立ち向かうことができるのだ。

◀解　説▶

情報過多の現代において，それをインターネットのせいにして終わるのではなく，私たちが価値ある情報を選択する術を身につけ，時間をかけてそれについて考えるという姿勢が重要だと説いている。大学へ進学する，これからの学生に向けたメッセージとも言える内容である。

▶(1) **The more 'stuff' we have to think about and focus on, the less time we are able to devote to each particular thing.**

「考えたり，集中したりするべき『もの』が増えれば増えるほど，一つ一つのことに割ける時間は少なくなっていく」→The＋比較級＋S V～, the＋比較級＋S V…「～すればするほど（ますます）…」の構文。前半は，the more 'stuff' を much 'stuff' と原級に戻して，本来の語順に書き換えると，we have much 'stuff' to think about and focus on となる have の目的語である much 'stuff'「多くの『もの』」が前に移動した形である（あるいは，本来の語順を，we have to think about and focus on much 'stuff' と捉えることも可能である。その場合 have to は「～しなければならない」を意味する助動詞的な役割を果たし，和訳すると「考えたり，集中したりしなければならない『もの』が増えれば増えるほど」となり，いずれにせよ和訳上の大きな違いは現れない）。後半は，devote little time to～「～にほとんど時間を割かない」(devote *A* to *B*「*A* を *B* に捧げる」が元の語順で，little time が前に移動した形)。'stuff' には引用符が付いているので，「多くの『もの』」のように，和訳する際にもカギ括弧でくくるようにする。引用符がある理由は，漠然としたものや情報などの抽象的なものを表す stuff（不可算名詞）と，個別で具体的なものを指すことの多い thing（可算名詞）を対比させて強調しているため。また，stuff には「あまり価値のない情報」といった意味合いもあり，そういったニュアンスを皮肉として表すためと考えられる（これを訳出する必要はなく，カギ括弧を付けておけばよい）。

People are quick to blame the internet for this reduced attention span, (but …)

「注意を払える時間がこのように減ったことについて，人々はすぐにインターネットのせいにする（が…)」→(be) quick to blame は「すぐに〔短絡的に〕～のせいにする」の意味。blame *A* for *B*「*A* を *B* のことで責める」の形が使われている。this reduced attention span は，第1段第2文（Many of us today have …）の最後にある our average attention span is getting shorter の箇所，つまり，「注意を払える平均時間が短くなっている」ことを指している。直訳的には「この減少した注意を払える時間」となるが，自然な日本語にするために，「注意を払える時間がこのように減ったこと」と言い換えればよい。

but while social media certainly plays its part, it is not entirely to blame.

「(…だが) 確かにソーシャルメディアがそれに一役買ってはいるが，完全にそのせいというわけでもない」→play its part「その役割を一部果たしている」は，先に述べた「人々が注意を払える時間を減少させていること」の一因となっていることで，「一役買っている」とか，「責任の一端を担っている」と訳せる。it is not entirely to blame は，S is to blame の形で「Sに責任がある」という意味の慣用表現。not entirely は「完全に～というわけではない」という意味の部分否定をつくる。

▶(2) **It isn't that our total engagement with all this information is any less, but rather that …**

「だからといって，こうした情報のすべてに対する私たちの関与の総量が少しでも減ったかというとそうではない。むしろ，…である」→It isn't that ～ but (rather) that … は，「(だからといって)～ということではない。そうではなく…ということだ」の意味。これは，先述したことに対して予測される“読者や聞き手の誤解をあらかじめ否定する”ときに使われる表現であり，仮主語構文や，一般的な強調構文とは別物として暗記するべき構文（It は先述したことを漠然と指すため，「それ」と訳出しない）。engagement with ～ は「(～への) 取り組み，(積極的な) 関与」の意味。any less の箇所は，little「少ない」の比較級が使われている（any は強意「少しも (～ない)」）ので，our total engagement is any less は，「私たちの (情報への) 関与の合計が少しでも減っている」と訳せる。なお，engagement は抽象的で訳しにくい単語でもあるため，our total engagement with all this information は，下線部直前の the amount of time and attention we are able to devote to each one（個々の話題に割く時間や注意の量）との対比であることから判断して，「私たちがこうした情報すべてに割く時間や注意の総量」と，具体的に訳してもよい。

as the information competing for our attention becomes denser our attention gets spread more thinly,

「私たちの注意を競って引こうとする情報が密になるにつれて，私たちの注意はより散漫としたものになるということであり，」→as S V は「Sが Vするにつれて」の意味であり，compete for ～「～を求めて競い合う」が現在分詞の形で，the information を修飾する語句になっているため，「私たちの注意を求めて競い合う情報」がS，becomes denser「より密になる」がVに相当。主節である our attention gets spread more thinly は「私たちの注意はより薄く広がっていく」が直訳である。

with the result that public debate becomes increasingly fragmented and superficial.

「(その) 結果，公共の議論はますます断片的で表面的なものになっていく」→with the result that ～ は「～という結果と共に」が直訳であるが，前から後ろへと訳し下げていく際には「その結果，～する」と処理できる。public debate は，第2段第2文（As the number of …）中にある our collective public discourse「私たちが共有している公共の議論〔話題〕」を短く言い換えたもので，「公共の議論」や「一般社会の話題」などと訳せる。

- increasingly「ますます～」
- fragmented「断片化した」
- superficial「表面的な」

▶(3) **But taking some time to dig a little deeper into a subject and weighing up the evidence, the pros and cons about an issue, before making up your mind**

「しかし，時間をかけて一つのテーマをもう少し深く掘り下げ，一つの問題についての根拠となる賛否を比較検討した上で，自分の考えをまとめることは」→taking some time to … before making up your mind が文の主語。taking some time … into a subject と weighing up the evidence, … about an issue の2つの動名詞句が and で並列されていて，before 以下は，これら両方の動名詞句を修飾している。take time to *do* は「時間をかけて～する」，weigh up ～ は「～を比較検討する，～の重さを量る」，

pros and cons は「良い点と悪い点，賛否（両論）」の意味。before making up your mind は「決心する前に（～する）」でもよいが，〔解答〕では，前から後ろへと訳し下げており，「(～した）後で決心する」のように処理して，最終的に「(～した）上で自分の考えをまとめる」と自然な日本語にしてある。

• dig into ～「(考えなどを）掘り下げる，詳しく調べる」

• make up *one's* mind「決心する，態度を固める」

can help you make better decisions in the long run.

「長い目で見れば，よりよい決断をすることにつながるだろう」→help you make の箇所は，help *A do*「*A*（人）が～するのを手助けする」が使われている。can より前の部分にくる主語を，上の解説では「～することは…」と訳しているが，無生物主語となっているため，「～することによって…」のように副詞的に訳出してもよい。その場合は，can help *A do* 以降の述語部分についても，「(～することで）*A*（人）は…しやすくなる」のように，*A*（人）を主語に切り替えた和訳をする。

• in the long run「長い目で見れば，結局は」

●語句・構文●

（第 1 段）feature「特徴」 access「(情報などを）入手〔利用〕できること」 far more information than we can ever hope to process「処理することを（今後も含めて）私たちが期待する以上の情報量」→(意訳して)「処理しきれないほどの（圧倒的な量の）情報」，which has meant that …「(そして）そのことは…を意味する」→which の先行詞はカンマより前の部分全体。*A* is traced back to *B*「*A*（出来事）は *B*（時代）に遡る」 ever-increasing「増え続ける」

（第 2 段）be exposed to ～「～にさらされている，(情報など）に触れている」 breaking news「ニュースの速報，飛び込んでくる情報」 exponential「指数関数的な，(増加などが）飛躍的な」 collective「集合の，共有している」 discourse「会話，講演，議論」 inevitably「避けられない」 compress「圧縮する，(時間などを）短縮する」 switch between ～「～を切り替える」 those subjects that interest us「私たちの関心を引く話題」→those「その〔それらの〕」が指しているのは関係代名詞の that 以下であり，それ自体は訳出しなくてよい。broadly「幅広く」 informed「情報を与えられた」 potentially「潜在的に」 evaluate「～を評価する」 sphere「(知識などの) 分野，領域」
(第3段) advocate「～を主張する」 encounter「～に出くわす」 mainstream media「(既存の) 主流メディア」→新聞・雑誌・テレビ・ラジオなどを指し，新興のソーシャルメディアと対比して用いられる。discriminate between ～「～を区別する」 be deserving of ～「～に値する」 emphatically「強調して，きっぱりと」 point out「指摘する」 pithy「簡潔な」 digest「(知識などを) 消化する，会得する」 commitment「深い関与，献身，専念」 impenetrable「突き通せない，不可解な」 turn out to be ～「～であると判明する」 comprehensible「理解可能な」 straightforward「わかりやすい」 acknowledge「～を認める」 complicated「複雑な」 think *A* through「*A* を考え抜く」 thoroughly「徹底して」 make sense of ～「～を理解する」
(第4段) takeaway「結論，(会議などで持ち上がった) 重要な点」 PhD「博士 (の学位)」 rubbish「くず，がらくた」
(第5段) begin with ～「～で〔から〕始める」 cope with ～「(問題など) に取り組む，に対処する」

II 解答

(1)全訳下線部(1)参照。
(2)全訳下線部(2)参照。
(3)全訳下線部(3)参照。

◆全　訳◆

≪説明しがたい意識の存在≫

意識を理解しようとするとき，私たちは何を理解しようとしているのか。哲学者たちは，意識の定義について合意していないばかりか，中には，意識を定義することなどそもそもできない，意識的な経験はそれを体験することでしか理解できない，と考える人もいる。(1)このような哲学者たちは，意識について，ルイ=アームストロングがジャズに対して抱いていたと言われるのと同様の捉え方をしている。すなわち，それが何であるかを尋ねる必要があるのなら，それが何かは決してわからないということだ。事実，意識の定義がわからないと明言する人（そう明言する哲学者たちは実際存在する）にそれを説明しようとするのは，ジャズに馴染みのない人にジャズを説明する作業よりもはるかに難しい。ジャズが何であるかを知らなければ，少なくともジャズに分類される音楽を聴き，その前身であるラグタイム，その従兄弟であるブルース，そしてその分身であるクラシック音楽とそれを比較することはできる。おそらく，こうした訓練によってジャズを感じることができるだろう。しかし，意識の場合は，比較するものがない。意識のないときには何も認識できないのであるから。さらに，ジャズはアームストロングの時代以降，高度に理論化されてきたため，ニューヨーク公共図書館の舞台芸術図書館を訪問すれば，ジャズの本質を知らない人たちもそれを多少は捉えられる可能性が大いにある。

それにもかかわらず，意識について説明した文書が存在し，意識が何かわからないと主張する人たちに意識とは何であるかについての要点を理解させようとしている。これによると，意識とは，覚醒しているときや夢を見ているときの状態であり，夢のない眠りや麻酔，昏睡状態にあるときに欠けているものである。しかし，「意識」という言葉で何を意味するのかは不明だ，という主張をする人にとって，このような説明は通用しない。覚醒した状態のどの側面が意識を説明するものなのか。目を覚ました状態と，夢のない眠りについている状態との間の妥当な差異を知らなければ，それを知ることは難しいだろう。結局，目覚めているときと，夢のない眠りについているときとでは違った脳の活動をしているのだ。しかし，仮に私が「意識は脳の活動の一形態に過ぎない」と伝えたいと思えば，直接そうすることもできたのだが。もちろん，先の意識についての説明で理解できた人もいるかもしれないが，そうした人は，おそらく，その説明を読む前から意識とは何かを理解していたのではないだろうか。

(2)意識とは何かわからないと主張する人に説明できる言葉はないと考えている，まさにそうした哲学者の中には，すでにそれを心得ていると主張する人に対してであれば，意識というものに関して語れることが大いにある者もいるのだ。そして，彼らの議論の中心にあるのは，人が意識を持つには，自分であるとはこういう感じのものだと言える何かが存在していなければならない，という考えである。つまり，岩には内的な体験がないために，あるいは，多くの人がそのようにみなしているために，岩であるとはこういう感じのことだと言えるものは何も存在しないが，その一方で人は，自分であること，すなわち，朝のコーヒーを味わう，子猫の柔らかい毛並みを感じる，その愛らしい子猫に引っかかれたときにヒリヒリと感じる，といったこれらのことが何かしらの形で確かに存在することを知っている。これらの体験は意識的な体験であり，哲学者によって「質的内容」あるいは「クオリア」と呼ばれるものを伴う。すなわち，こうした経験をすることとは「こういう感じのものだと言える何か」が存在するのだ。そして，多くの哲学者によれば，私たちが経験する豊かな体験が何たるかを感じさせてくれるものが存在していることで，人生は価値あるものになっている。確かに，人生の意味が内的な体験にあるのか，それとも世界をよりよい場所にするための外的な行為にあるのかは，考えるべきことではある。しかし，いずれにせよ，意識がなければ，私たちの人生にとって重要な何かが欠けてしまうことは間違いないようだ。

(3)意識を有するとは「自分であるというのはこういうことだ，というような何か」が存在することである，という主張は，「視点」あるいは「観点」を有する，という側面から説明することができる。ここで言う，視点を有するとは，単に意識的な経験の中心であるということである。もちろん，視点を有するという側面から意識を説明しておきながら，その後，視点を有するとはどういうことかを，意識を有するという側面から説明することは，循環的である。しかし，意識を他の何かから説明することはできない（それを持っていない限り，それを理解することはない）という前提に立てば，このような循環は予想されることである。しかしながら，それが好循環であるのか，悪循環であるのかは議論の余地があるだろう。

◀解　説▶

「意識をどう説明するべきか」という，それ自体に答えが出ていない哲学的難題を扱ったものとなっている。過去に出題されたテーマの中にも，哲学的内容は多く取り上げられている（2001 年度〔1〕・2003 年度〔1〕・2006 年度〔1〕・2017 年度〔2〕）。類似した話題に触れておくことで，抽象的な概念がどのように表現されているか，という点も確認しておきたい。

▶(1) **Such philosophers see consciousness as Louis Armstrong purportedly saw jazz :**

「このような哲学者たちは，意識について，ルイ=アームストロングがジャズに対して抱いていたと言われるのと同様の捉え方をしている。すなわち」→頻出表現である see *A* as *B*「*A* を *B* とみなす」は，一般的に *A* も

B も名詞句となるはずだが，ここでは as の後ろが Louis Armstrong purportedly saw jazz と節（SV 構造）の形になっている点に注意が必要。see *A* as *B* の構文としてよりも，S V ～ as S′ V′…「(…するの）と同じように（～する)」（“様態”を表す接続詞の as）という形の中で，see「(～を）捉える，考える」という動詞が使われている，と見る方がわかりやすい。したがって，直訳は「このような哲学者たちは，ルイ=アームストロングがジャズを捉えていたのと同じように，意識を捉えている」となる。これに purportedly「伝えられるところによると」という副詞の意味を添える。また，コロン（：）の記号は「つまり，すなわち」の意味合いであり，この記号直後には「哲学者の意識の捉え方」，あるいは「アームストロングのジャズの捉え方」が具体的に挙げられている。

if you need to ask what it is, you’re never going to know.

「(すなわち）それが何であるかを尋ねる必要があるのなら，それが何かは決してわからないだろう」→上で説明したように，ここは「哲学者の意識の捉え方」(=「アームストロングのジャズの捉え方」）を具体的に表したもの。したがって，it「それ」は「意識」あるいは「ジャズ」のこと。文法上，訳出が難しい箇所はないが，文脈に沿った解釈ができているかは重要であるため，ここで説明しておく。意識（あるいはジャズ）を自ら体感してわかっている人と，そうでない人とがいて，「それが何であるかを尋ねる必要がある」人というのは，後者に当たる。意識やジャズは言葉で説明することが難しいものであるから，自らそれを体感しない限りは「それが何かは決してわからないだろう」ということ。

Indeed, the task of explaining consciousness to someone who professes not to know — and there are philosophers who do profess this — is much more challenging than that of explaining jazz to the uninitiated.

「事実，意識の定義がわからないと明言する人（そう明言する哲学者たちは実際存在する）にそれを説明しようとするのは，ジャズに馴染みのない人にジャズを説明する作業よりもはるかに難しい」→profess は「公言〔明言〕する，自らはっきりと言う」の意味であり，profess not to know は「意識が何かはわからないと明言する」となる。ダッシュ記号で挟まれた挿入部分は，日本語の丸括弧でくくるのと同じであり，〔解答〕のように処理してもよいし，括弧で閉じずに訳し上げてもよい。その場合は，「事実，意識の定義がわからないと明言する哲学者は実際に存在しており，そのように明言する人に意識を説明する作業は…」のようになる。また，この中の this は，not to know (consciousness)「意識（の定義）がわからないこと」を指す。challenging は頻出の形容詞で「力量が問われるほどに難しい，困難だが取り組みがいのある」という意味合いを持つ。この比較級 more challenging に，比較級を強調する much が付いているので「はるかに〔ずっと〕」と訳出する。the task of *A* is＋比較級＋than that of *B* の形において，that は the task を指す代名詞。uninitiated は「十分な知識〔経験〕のない」の意味の形容詞。the＋形容詞で「～な人々」の意味になる原則から，the uninitiated のここでの意味は「ジャズの経験がない人，ジャズを知らない人」。元となっている動詞の initiate は「(新しいことを人に) 手ほどきする」という意味を持つ。

▶(2) **Some of the very same philosophers who think that nothing can be said to enlighten those who claim to not know what consciousness is …**

「意識とは何かわからないと主張する人に説明できる言葉はないと考えている，まさにそうした哲学者の一部は…」→the very same *A* who ～ については，very が「まさに」という意味の強意表現であり，「～するのとまさに同一の *A*（人），～するまさしくその *A*（人）」の意味。enlighten は「(人を) 啓発する，(人に) 教える」の意味であるから，nothing can be said to enlighten の直訳は「～に教えるために言えることは何もない」となる。claim to not know は，claim not to know と同じで，「(～を) 知らないと主張する」の意味。この not の位置については，通常，不定詞を否定する場合は not を to の直前に置くように教えられることも多いが，この場合のように to と原形の間に置かれることもある。not は副詞であるが，not 以外の副詞も含めて，to と原形の間に副詞が置かれる形を“分離不定詞”と呼ぶ。ここでは，後述する解説の claim to already know の対比として，claim to not know が使われており，to already know「すでに知っている」の語順に揃えるために，to not know「知らない」の語順が，通常の not to know よりも優先されている。already know と not know が，“副詞＋動詞の原形”の語順で整頓されていることで，両者の対比関係がわかりやすいものになっている。

- those who ～「～する人々」
- what *A* is「*A* とは何か（ということ）」（他にも,「今の *A*」,「*A* の本質」の意味がある）

have found quite a bit to say about what it is to those who claim to already know.

「すでにそれを心得ていると主張する人に対してであれば，意識というものに関して語れることが大いにあるのだ」→quite a bit は「かなりたくさん（のこと）」という意味の慣用表現で，quite a few や quite a lot と同じ意味。to say about … の不定詞は，直前の名詞句である quite a bit を修飾するので形容詞的用法であり,「…について言うべき〔言うための〕（多くのこと）」が直訳。have found … は「(語るべき多くのこと）を見つけた〔見つけている〕」が直訳で,〔解答〕では自然な日本語にするために「(語るべき多くのこと）がある」と意訳してある。claim to already know「すでに（意識が何かを）知っていると主張する」は，上の解説で触れた“分離不定詞”の形になっており，副詞の already が to と原形の間に置かれている。副詞の位置は自由度が高いが，動詞が複数個ある場合，修飾するべき動詞の近くに置かないと誤解が生じ得る。つまり，claim to know に already を添える場合，already claim や claim already の位置であれば,「すでに主張する」となるが，already know なら「すでに知っている」となる。ここでは後者の意味にする必要があるために分離不定詞の語順になっている。

▶(3) **The claim that to be conscious is for there to be ‘something it is like to be you’**

「意識を有するとは『自分であるというのはこういうことだ，というような何か』が存在することである，という主張は」→the claim that S V「～という主張」の that は,“同格”を表す接続詞であり，それに続く to be conscious is for there to be ‘something it is like to be you’ は，To be happy is to be satisfied with one’s life.「幸福であることとは自分の人生に満足していることである」と同じ文構造で，第 2 文型（SVC）である。there is〔are〕～「～が存在する」の構文に，for *A* to *do*「*A* が～すること」（*A* と *do* の間に主述の関係が成立する）の形が適用されて，

for there to be ～「～が存在すること」となっている（*A* の位置にある there は形式主語で，真主語は「～」で示された位置にくる語句）。something it is like to be you は，関係代名詞の省略を補ってみると，something that it is like to be you であり，先行詞である something を元の位置に戻してみると，it is like something to be you である。さらに，形式主語である it に，真主語の to be you を代入してみると，to be you is like something となる。いったん，これを和訳すると，「自分〔あなた〕であることは何か〔何かしらのもの〕のようである」となる。「意識の定義は難しい」という文脈から判断して，不特定性を示す something「何か，何かしらのもの」とは，「言葉では説明しがたい何か〔もの〕」と言える。前置詞 like は「～のような，～に似ている」という“類似”を表すため，ここまでをまとめて something it is like to be you は，「自分であることは言葉では説明しがたい何かに似たもの〔何かに近い感じのもの〕であり，そういう何か」と訳せる。〔解答〕のように，「自分であるというのはこういうこと〔こういう感じのもの〕だ，というような何か」と，すっきりとした和訳に変換できるとよりよい。

• be conscious「意識がある，意識を有する」

can be described in terms of having a ‘point of view’, or a ‘perspective’.

「『視点』あるいは『観点』を有する，という側面から説明することができる」→describe は「～を説明する〔描写する〕」の意味で，受動態になっている。in terms of ～は「～の観点で，～の面から見ると，～(に特有)の言葉で」を意味する慣用表現。point of view も perspective も「視点，観点」の意味。

To have a point of view in this sense is simply to be the centre of conscious experience.

「ここで言う，視点を有するとは，単に意識的な経験の中心であるということである」→in this sense の直訳は「この意味において」。centre は center と同じ発音，同じ意味で，イギリス英語のスペル表記。be the centre of ～「～の中心である」は，厳密には be at the centre of ～「～の中心にいる」と区別しておきたい。

Of course, to explain consciousness in terms of having a point of

view and then to explain what it is to have a point of view in terms of being conscious is circular.

「もちろん，視点を有するという側面から意識を説明しておきながら，その後，視点を有するとはどういうことかを，意識を有するという側面から説明することは，循環的である」→what it is to have a point of view は，it が形式主語で，to have a point of view が真主語であるので，「視点を有するとはどういうことか」の意味。文の主語は，to explain *A* in terms of *B* and then to explain *B* in terms of *A*「*A* を *B* の面から説明し，その次に *B* を *A* の面から説明すること」に当たる部分で，述語部分が is circular になっている。述語の is が単数扱いであることから，主語の中にある and は 2 つの異なるものを結びつけるというよりは，and の前後が一連の動作として扱われていることになる。また，to explain *A* in terms of *B* and then to explain *B* in terms of *A* について，*A* の位置には「意識を持つこと」，*B* の位置には「視点を持つこと」が入っており，その位置関係が and の前後で，*A* in terms of *B* から *B* in terms of *A* のように入れ替わっている。このことを circular「循環的な」という言葉で筆者は説明しており，下線部直後にある最終文（Yet, on the assumption …）の中でも，such a circle「そのような循環」と言い換えられている（circular は circle の形容詞形）点を確認しておく必要がある。Of course ～ と Yet … は一対で使われて，「もちろん～だが，しかし…だ」という対比の関係をつくるので，いずれか一方が残りの一方の意味を類推するヒントになり得る。したがって，下線部直後の Yet で始まる最終文の解釈も重要になってくる。最終文中に出てくる a vicious circle（文中では a vicious one）「悪循環」はよく使われる表現なので，覚えておきたい。

●語句・構文●

(第1段) consciousness「意識」 philosopher「哲学者」 agreed-upon「同意済みの」 definition「定義」(<define「～を定義する」) classify *A* as *B*「*A* を *B* に分類する」 precursor「先行するもの」 ragtime「ラグタイム（1890年代中頃に起こった音楽スタイルの一種でジャズの母体のひとつとされる)」 alter ego「分身，(自分の分身であるかのように) 信頼できる友人」 presumably「おそらく」 theorize「～を理論化する」

may very well provide…「…を提供する可能性が大いにある」→may well *do*「～する可能性が高い」 insight into～「～（本質など）を見抜くこと」 nature「性質，本質」

（第２段）account「説明」 Consciousness, it is said, is…「意識は…と言われている」→it is said の部分は同文全体を修飾しており，It is said that consciousness is…と同じこと。lack「～がない〔欠落している〕」 anaesthesia は anesthesia「麻酔」のイギリス英語表記。coma「昏睡（状態）」 fall flat「失敗に終わる，通用しない」 illustrate「～を説明する」 relevant difference「（比較し合うもの同士の）重要な〔意味のある〕差」 convey that…「…ということを伝える〔知らせる〕」 proffer「～を提案する〔差し出す〕」

（第３段）refer to *A* as *B*「*A* を *B* と呼ぶ」 qualitative「質的な」 content「内容，中身」 qualia「クオリア」→哲学や脳科学の分野で用いられ，神経感覚によって得られる主観的な質感を表す概念。 reside「（場所に）存在する，宿る」 ponder「思案する，熟考する」

（第４段）virtuous「有徳の」→virtuous circle は「好循環」。 vicious「悪意のある」→vicious circle は「悪循環」。

Ⅲ　**解答例**　〈解答例１〉 Nothing good will happen if you act out of self-interest. You may help others in the hope that you will get something in return later, but the person who benefits from such help can easily forget about it. On the other hand, it is also likely that the person (whom) you helped out of kindness will always be grateful and even return the favor when you are truly in need. The saying “Charity is a good investment” captures the essence of our society.

〈解答例２〉 Acting only for personal gain or advantage is unlikely to lead to positive outcomes. Even if you help another person expecting something in return, the person (who received the help) may tend to forget the assistance quickly. However, there are cases in which a person (whom) you helped out of goodwill remains grateful for it and will (even) extend a helping hand when you really need it later on.

As the saying goes, selfless acts of kindness benefit both the recipient and the giver, and this mindset is what truly matters in our society.

◀解　説▶

「人間，損得勘定で動くとろくなことがない」

• 「損得勘定で動く」→「損」・「得」・「勘定」といった言葉を逐語的に英訳するのではなく，言わんとしていることが伝わる英語を考える。文章全体の流れでみると，“善意からの行動” と対立するものであるから，要は，“利己的な行動” のこと。act out of self-interest〔selfish motives〕「私利私欲〔利己的な動機〕から行動する」と表現できる。「(動機など) から」には from よりも out of を用いる方が一般的。「個人的な利益 (gain) や優位性 (advantage) を求めて行動する」と言い換えて，act for personal gain or advantage などでもよい。このときは，「(利益など) を求めて」を意味する for を用いる。「損か得かを考えて」のように，原文のニュアンスに近づけたい場合は，consider whether something is a loss or gain など。他には for ～ reason「～な理由から」の形を用いた，for beneficial reasons など。

• 「(…と) ろくなことがない」→「(…しても) よいことは何もない」ということ。したがって，Nothing good will happen (if …) などで始めればよい。*A* lead to *B* の形を用いて，… is unlikely to lead to positive outcomes「(…は) よい結果へと導かないだろう」とすることもできる。

「あとで見返りがあるだろうと便宜を図っても，恩恵を受けた方はコロッと忘れているものだ」

• 「あとで見返りがあるだろうと」→in the hope that S will *do*「Sが～するだろうと期待して」を用いて，in the hope that you will get something in return later と表せる。他にも，expect something in return「見返りに何かを期待する〔求める〕」という定型表現が使えるので，expect を分詞構文 (expecting …「…を期待しながら」) の形にして使えばよい。expect a return のように，return そのものを目的語にすることは文法的には可能だが，その場合，一般的には「(投資に対する) 利益を期待する」といった意味で用いられることが多いため，ここでは先に説明した in return の形で使う方がよいだろう。

• 「便宜を図っても」→具体的には何をすることかを文脈から考える。ここでは，「(あなたが) 人を手助けすること」なので，you (may) help others〔someone / another person〕とすればよい。または，「人に特別な扱いをする」と捉えて，give special treatment to someone など。

• 「恩恵を受けた方は」→the person who received the help とか，the person who benefits from such〔your〕help などと表現できる。あるいは，単純に「相手の方は」とも言い換えられるので，the person「その人(は)」だけでも通用する（〈解答例 2〉を参照)。また，the recipient「受益者」という表現も使える。

• 「コロッと忘れているものだ」→「コロッと」の箇所は，「すぐに（忘れる)」あるいは「すっかり（忘れている)」「簡単に（忘れる)」と言い換えて考えればよいので，forget it quickly / forget all about it / easily forget about it（it は the help〔assistance〕や what you did のように具体化してもよい。*ex.* quickly forget what you did）など。「～するものだ」は，may tend to *do*「～する傾向がある，可能性がある」，be likely to *do*「～する可能性が高い」，S often *do*「S はよく～する」，can「～することがある」などで表現できる。

「その一方で，善意で助けた相手がずっと感謝していて，こちらが本当に困ったときに恩に報いてくれることもある」

• 「その一方で」→On the other hand「その一方で」や However「しかしながら」で始めればよい。

• 「善意で助けた相手」→「善意から」あるいは「親切心から」は，out of kindness〔goodwill〕や out of the kindness of your heart など。または，without asking for a return「見返りを求めずに」や，unconditionally「無条件に」と言い換えてもよい。the person (whom) you helped out of kindness のように，関係代名詞の用法を用いて，the person を(whom)… kindness が修飾する形にすることで，文の主語として使えるようにする。

• 「ずっと感謝していて」→always be grateful / remain grateful (for it) / still feel thankful to you / appreciate your help など。

• 「こちらが本当に困ったときに」→「困っている状態にある」は，be in need〔trouble〕という表現があるので，when you are really in need〔trouble〕のようになる（参考：A friend in need is a friend indeed.

「困ったときの友こそ真の友」という in need を使ったことわざもある)。when を使わずに，in times of need という前置詞句なら，短く表現できる。あるいは，「後で本当にそれ（＝助け）が必要なときに」と考えて，when you really need it later on などとすることもできるだろう。

• 「恩に報いてくれる」→単に help you (out)「あなたを助けてくれる」でもよいが，help の多用を避けたいので，「恩返しをする」という表現の return the favor や pay you back を覚えておくとよい。あるいは，extend a helping hand のように表現に少し変化を持たせる。「恩を返す，返礼する」という動詞の reciprocate を用いて，reciprocate your kindness とすることもできる。ちなみに，pay it forward という熟語は，「誰かからもらった恩を別の人を助ける形でつなぐ」という“恩送り”の意味であるため，ここでは用いない。

• 「(…する）こともある」→この箇所を訳出するのであれば，there are cases in which S V「S が V する場合がある」や，S sometimes V（頻度によっては，S often V)，It is also likely that ～ など。「～することさえある」という意味として捉えるのであれば，動詞の直前に even を用いればよい。

「『情けは人のためならず』というが，まさに人の世の真理を突いた言葉である」

• 「『情けは人のためならず』というが」→「情けは人のためならず」は，誤用されやすいことわざで，「相手に情けをかけて助けてやっても結局はその人のためにならない」という意味ではないので注意する。「情け」は“思いやり”の意味であり，「人に親切にするのは，その人のためになるばかりか，やがてはよい報いとして自分に戻ってくる」ということ。英語では，“Your kindness will be rewarded in the end.”「あなたの親切はやがて報われる」や，“Charity is a good investment.”「慈善は最良の投資」と表現される。ことわざの意味を汲み取って表現する場合は，「親切心からの行動は相手だけでなく自分にとってもよいことだ」のように言い換えて，Selfless acts of kindness benefit both the recipient and the giver や，Acts of goodwill not only benefit others but also oneself in the long run (in the long run「長い目で見れば」) など。なお，ことわざと併せて覚えておきたいのが，As the saying goes, “～.”「ことわざにあるように，『〜』である」という表現。

• 「まさに人の世の真理を突いた言葉である」→「(言葉などが) 人間社会の本質をうまく捉えている」のように，英語にしやすい日本語に言い換える。「人の世の真理」は，「人間社会の本質」や「私たちの社会の核心となる価値観」と言えるので，the essence of our society や，the core value of our society など。主語が，the saying “Charity is a good investment”「〜ということわざ〔格言〕」のように，“言葉”や“表現”を表す名詞句の場合，相性のよい動詞としては，capture「(表現などが)〜をうまく捉えている」や，reflect「〜を反映している」などが適切。一方で，selfless acts of kindness benefit both the recipient and the giver のように，ことわざの意味を解説した形で，節 (S V) の構造になっている場合は，and this is the most important concept in our society や，and this mindset is what truly matters in our society のように，接続詞の and を用いて後続の節を続ければよい。ことわざの部分が“言葉”や“表現”としての扱いではなく，“概念”や“考え方”と言えるものに切り換わっているので，concept / mindset / attitude といった語を用いる。

Ⅳ 解答例

〈解答例 1〉 (1) (I have some doubts because) the people around me are all honest and can’t be habitual liars (12 語)

(2) (So, another example might be) telling a friend that you love their cooking even though it wasn’t actually your favorite so that you won’t hurt their feelings (22 語)

(3) (For example, if you forget your homework, you might) make an excuse saying that you were sick in bed (10 語)

(4) (In fact, I suppose that telling white lies is necessary for society because) white lies can prevent unnecessary conflict(s) or hurt feelings and help maintain social harmony (14 語)

〈解答例 2〉 (1) (I have some doubts because) I don’t believe my family and friends lie to me so often (12 語)

(2) (So, another example might be) telling a friend that their new outfit looks nice to avoid hurting their feelings, when, in reality, you don’t

particularly like it（22 語）

(3)(For example, if you forget your homework, you might) say you did it, but forgot to bring it to school（11 語）

(4)(In fact, I suppose that telling white lies is necessary for society because) if we always told the truth, it could hurt people's feelings or cause unnecessary conflict(s)（15 語）

◀解 説▶

「罪のない嘘（white lie）」について語っている2人の会話を，空所補充で完成させる問題。4つの空所があり，それぞれ指定された語数制限がある。この形式は 2021 年度Ⅳとほぼ同じものである。

(会話の日本語訳)

ジョー：今，嘘をつく行為についての記事を読んでいたところなんだよ。ほとんどの人が毎日嘘をついているって知っていたかい？

ナオミ：え？ その情報は正しいの？ (1)＿＿＿＿＿だから，私には少し信じられないわ。

ジョー：確かに僕も最初はそれをすんなりとは受け入れられなかったけれど，その後，「罪のない嘘」のことを考えたんだ。

ナオミ：よくわからないわ。「罪のない嘘」って何なの？

ジョー：それはほとんどの人が害のないものとみなすようなたわいない嘘のことだよ。誰かの新しい髪型について，自分は本当のところ前の髪型の方が気に入っていても，それを素敵だねって言ってあげるようなものさ。その人の気分をよくするために嘘をついているだけさ。

ナオミ：ああ，そういうことね。じゃあ，他にも(2)＿＿＿＿＿がその一例ね。

ジョー：そうだね。でも，罪のない嘘は人の気分をよくするためだけに使われるものではないよ。誰にもさほど害を及ぼさないような小さな嘘なら罪のない嘘に入るんだ。たとえば，宿題を忘れたときに，(3)＿＿＿＿＿するような場合だよ。

ナオミ：正直に言うと，そういう嘘なら前に私もついたことがあるわ。むしろ，(4)＿＿＿＿＿だから，罪のない嘘をつく行為は社会にとって必要なことじゃないかしら。

ジョー：うん，そういった理由からこうした嘘をつくことは大切なことだと思うよ。

▶(1)語数制限は「12語以内」。1つ目のジョーの発言第2文（Did you know …）で彼が言った「大半の人々が毎日嘘をついている」という内容に対して，ナオミがI have some doubts「信じられない」と発言している。したがって，その直後のbecauseに続く空所には，ナオミが，ジョーから聞いた「大半の人々が毎日嘘をついている」という情報を「信じられない」と思う理由を補う。なお，この段階では，ナオミはジョーの言う「嘘」を「罪のない，たわいない嘘」のことだと理解しておらず，「悪意のある，有害な嘘」と捉えている。大多数の人が毎日嘘をついているということが信じられない理由には，それに矛盾する内容が論理展開上は適切であるため，「自分の周囲の人は毎日嘘をついてはいない」といった，ナオミ個人の経験に基づくものにすればよい。たとえば，「私の周りの人々はみんな正直で，常習的な嘘つきではないはずだ（から）」や，「私は家族や友達が私に対してそんなに頻繁に嘘をつくとは思えない（から）」など。

▶(2)語数制限は「24語以内」。3つ目のジョーの発言第2文（It's like telling …）で，誰かの新しい髪型を本意ではないのに褒める行為が「罪のない嘘」（white lie）の具体例として挙げられており，同発言最終文にYou tell the lie just to make them feel better. つまり，「人の気分をよくする」，あるいは「人の気分を害さない」ための嘘であると説明されている。このような嘘の具体例を考えて，another example might beに続ける形で英文を記述する。〔解答例〕では，「友人の料理を実際には好みではなくても，相手の気分を害さないように褒めてあげること」や，「友人の新しい服（outfit）を，本当は特に好みではなくても素敵だと言ってあげることで，気分を害さないようにすること」としている。

▶(3)語数制限は「12語以内」。空所が含まれるジョーの4つ目の発言第3文で，彼はAny small lies that do not really harm anyone「誰にもさほど害を及ぼさないような小さな嘘」と説明している。その具体例として，if you forget your homework, you mightに続く英文を記述する問題。"宿題を忘れたときの言い訳"と考えることができて，「誰にも大きな害を及ぼさない」内容であればよい。〔解答例〕では，「具合が悪かったと言い訳をする」や，「宿題はしたが持ってくるのを忘れたと言う」という内容にしてある。また，前者としては，not feeling well「(やや軽い意味合いで）調子が悪い」という表現を用いて，tell your teacher that you were not feeling well last night などとすることもできるだろう。

▶(4)語数制限は「16 語以内」。telling white lies is necessary for society because に続ける内容なので，「罪のない嘘をつくことが社会にとって必要な理由」として妥当なものを考える。ここまでの会話のやり取りで，「友達の髪型を褒めるなど，人の気分を害することのないようにするための嘘」，あるいは「宿題を忘れた言い訳のような，誰にも大きな害のない嘘」といった説明があったことから，“人間関係や社会生活を円滑にするため”と言える。したがって，「不要な対立を避ける」「人を不用意に傷つけない」「社会の調和を保つ」などの内容を理由の柱とすればよいだろう。逆に「もし常に真実ばかりを言ったとしたら，人を傷つけたり，不要な対立をもたらしたりすることになるから」という表現方法でもよい（〈解答例 2〉を参照)。直後のジョーの最終発言には for those reasons とあるので，複数の理由を含めるよう注意したい。

❖講　評

2023 年度は，読解問題 2 題，英作文問題 2 題の構成であった。読解問題においては，すべてが下線部和訳の問題であり，英文和訳中心であった 2014 年度以前の出題形式に近いものであった。しかし，英作文では，近年の出題傾向である会話形式の問題が含まれており，2016 年度以降出題されている自由英作文が引き継がれている。ただし，2022 年度のような，100 語程度で自分の考えと理由を述べさせる形式ではなく，2021 年度の空所補充形式に近いもので，短めの語数指定が設定されている。

Iは，現代に溢れる情報をどう処理するべきかをテーマとした内容で，2022 年度**II**においても類似したテーマが扱われていた。設問はすべて英文和訳であり，特に難解な文構造などは見られなかったが，(1)の this reduced attention span や(3)に見られる長い主語などは，正しい直訳をベースにして，そこからある程度自然な日本語に表現できるかどうか，といった点で差がつくだろう。

IIは，京大では多く扱われている哲学的テーマであり，“意識とは何か”に関連した内容となっていた。Ⅰと同様に，すべて英文和訳となっていた。特に，(3)の‘something it is like to be you’の和訳が難しく，多くの受験生が苦戦を強いられたことだろう。許容される時間内で，完全な正解までいかずとも，それに近い状態を目指し，深追いしすぎないことも必要かもしれない。

Ⅲの英作文問題は，2017・2021 年度と同様にことわざが扱われていた。しかし，2023 年度で出題された「情けは人のためならず」は，誤用されやすいことわざであるため，そもそもの解釈を間違えないようにする必要がある。また，「損得勘定」「便宜を図る」「恩に報いる」など，こなれた日本語を英訳させる傾向はこれまで通りである。特に，「人の世の真理を突いた言葉」の扱いが難しいだろう。

Ⅳの自由英作文は，2016〜2018・2021 年度の空所を補充する形式に近いものであった。2 人の会話で扱われているトピックは「罪のない嘘（white lie)」であり，誰にとっても身近な内容であろう。空所を補うのに適当な内容さえ思いつけば，さほど難しいものではない。ただし，語数制限がある中で，無理のない文法や表現で十分に記述できるかどうかは，意外と力量が問われるものである。

2023 年度は，2021・2022 年度と比べて，読解問題における難所は少ないようである。しかし，Ⅱ(3)に見られた‘something it is like to be you’のように，高度に抽象的な内容の処理が出題されている点には注意が必要である。

数学

1

◇発想◇　問１．部分積分法を用いて積分計算を行う。
問２．$x^{2023}-1=(x^4+x^3+x^2+x+1)Q(x)+R(x)$　($R(x)$ は３次以下の整式または０）を満たす整式 $Q(x)$，$R(x)$ を求める。$x^{2023}-1$ を直接 $x^4+x^3+x^2+x+1$ で割るのは手間がかかる。$(x^4+x^3+x^2+x+1)(x-1)=x^5-1$ に注目する。

解答　問１．

$$\int_1^4\sqrt{x}\log(x^2)\,dx=\int_1^4 x^{\frac{1}{2}}\cdot 2\log x dx$$
$$=2\left(\left[\frac{2}{3}x^{\frac{3}{2}}\log x\right]_1^4-\int_1^4\frac{2}{3}x^{\frac{3}{2}}\cdot\frac{1}{x}dx\right)$$
$$=2\left(\frac{2}{3}\cdot 4^{\frac{3}{2}}\log 4-0-\frac{2}{3}\int_1^4 x^{\frac{1}{2}}dx\right)$$
$$=2\left(\frac{32}{3}\log 2-\frac{2}{3}\left[\frac{2}{3}x^{\frac{3}{2}}\right]_1^4\right)$$
$$=2\left\{\frac{32}{3}\log 2-\frac{2}{3}\cdot\frac{2}{3}(4^{\frac{3}{2}}-1)\right\}$$
$$=\frac{64}{3}\log 2-\frac{56}{9}\quad\cdots\cdots(答)$$

問２．$X=x^5$ とおくと

$$X-1=x^5-1=(x-1)(x^4+x^3+x^2+x+1)$$
$$x^{2020}-1=X^{404}-1=(X-1)(X^{403}+X^{402}+\cdots+X+1)$$

よって

$$\begin{aligned}&x^{2023}-1\\&=(x^{2020}-1)x^3+x^3-1\\&=(X-1)(X^{403}+X^{402}+\cdots+X+1)x^3+x^3-1\\&=(x-1)(x^4+x^3+x^2+x+1)(X^{403}+X^{402}+\cdots+X+1)x^3+x^3-1\\&=(x^4+x^3+x^2+x+1)(x-1)\{(x^5)^{403}+(x^5)^{402}+\cdots+x^5+1\}x^3+x^3-1\end{aligned}$$

したがって，求める余りは　　x^3-1　……(答)

◀解　説▶

≪問1．部分積分法　問2．整式の除法≫

▶問1．部分積分法 $\int f'(x)g(x)dx = f(x)g(x) - \int f(x)g'(x)dx$　…(＊)，

$\int x^p dx = \frac{1}{p+1}x^{p+1}$ $(p \neq -1)$，$(\log x)' = \frac{1}{x}$ を用いて計算する。(＊)は $\{f(x)g(x)\}' = f'(x)g(x) + f(x)g'(x)$ から導かれる。(＊)を正確に適用しよう。

▶問2．$x^4+x^3+x^2+x+1$ で割るのではなく，x^5-1 で割るのがポイント。

$x^{2023}-1 = (x^5-1)(x^{2018}+x^{2013}+x^{2008}+\cdots+x^3)+x^3-1$ となる。

$a^n-b^n = (a-b)(a^{n-1}+a^{n-2}b+\cdots+ab^{n-2}+b^{n-1})$ の利用を考える。

2

◇発想◇　点Rが直線OD上の点であること，また，直線QRと直線PCの交点をSとすると，Sは直線QR上の点かつ直線PC上の点であることから，$\overrightarrow{OS}$ を $\overrightarrow{OA}$，$\overrightarrow{OB}$，$\overrightarrow{OC}$ と媒介変数を用いて2通りに表すことができる。4点O，A，B，Cが同一平面上にないことから，媒介変数の値を求め，$\overrightarrow{OR}$ を $\overrightarrow{OD}$ で表す。

$\overrightarrow{OD}$ を $\overrightarrow{OP}$，$\overrightarrow{OQ}$，$\overrightarrow{OC}$ で表し，Rが平面PQC上の点であることから，共面条件を用いて $\overrightarrow{OR}$ を $\overrightarrow{OD}$ で表すこともできる。

解答　点Rは直線OD上にあるから，実数 k を用いて

$$\overrightarrow{OR} = k\overrightarrow{OD} = k\overrightarrow{OA} + 2k\overrightarrow{OB} + 3k\overrightarrow{OC}$$

と表される。

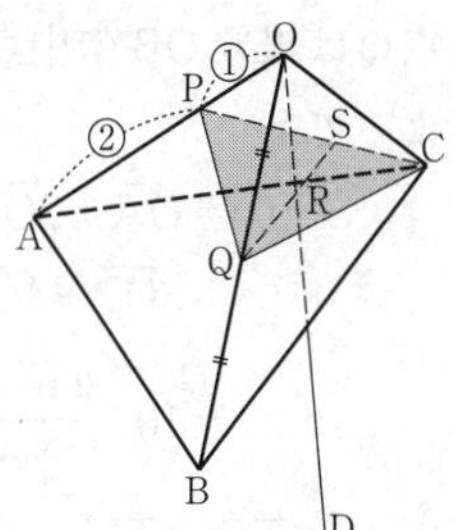

直線QRと直線PCの交点をSとすると，実数 s を用いて

$$\overrightarrow{OS} = (1-s)\overrightarrow{OQ} + s\overrightarrow{OR}$$

$$= \frac{1}{2}(1-s)\overrightarrow{OB} + s(k\overrightarrow{OA} + 2k\overrightarrow{OB} + 3k\overrightarrow{OC})$$

$$= ks\overrightarrow{OA} + \left(2ks - \frac{s}{2} + \frac{1}{2}\right)\overrightarrow{OB} + 3ks\overrightarrow{OC} \quad \cdots\cdots①$$

また，実数 t を用いて

$$\overrightarrow{OS} = t\overrightarrow{OP} + (1-t)\overrightarrow{OC}$$

$$=\frac{t}{3}\overrightarrow{OA}+(1-t)\overrightarrow{OC}\quad\cdots\cdots②$$

と表される。

4点O，A，B，Cは同一平面上にないから，①，②より

$$\begin{cases} ks=\dfrac{t}{3} & \cdots\cdots③ \\ 2ks-\dfrac{s}{2}+\dfrac{1}{2}=0 & \cdots\cdots④ \\ 3ks=1-t & \cdots\cdots⑤ \end{cases}$$

③，⑤より　$3\cdot\frac{t}{3}=1-t$　すなわち　$t=\frac{1}{2}$

これと③より　$ks=\frac{1}{6}$　……⑥

これと④より　$2\cdot\frac{1}{6}-\frac{s}{2}+\frac{1}{2}=0$　すなわち　$s=\frac{5}{3}$

これと⑥より　$k=\frac{1}{10}$

よって，$\overrightarrow{OR}=\frac{1}{10}\overrightarrow{OD}$であるから

$$OR:RD=1:9\quad\cdots\cdots(答)$$

別解　＜共面条件を用いる解法＞

点Pは線分OAを1：2に内分するから　$\overrightarrow{OA}=3\overrightarrow{OP}$

点Qは線分OBの中点であるから　$\overrightarrow{OB}=2\overrightarrow{OQ}$

よって

$$\begin{aligned}\overrightarrow{OD}&=\overrightarrow{OA}+2\overrightarrow{OB}+3\overrightarrow{OC}\\&=3\overrightarrow{OP}+4\overrightarrow{OQ}+3\overrightarrow{OC}\\&=10\cdot\frac{3\overrightarrow{OP}+4\overrightarrow{OQ}+3\overrightarrow{OC}}{10}\end{aligned}$$

$\overrightarrow{OX}=\frac{3\overrightarrow{OP}+4\overrightarrow{OQ}+3\overrightarrow{OC}}{10}$とおくと

$$\overrightarrow{OX}=\frac{3}{10}\overrightarrow{OP}+\frac{4}{10}\overrightarrow{OQ}+\frac{3}{10}\overrightarrow{OC},\quad \frac{3}{10}+\frac{4}{10}+\frac{3}{10}=1$$

ここで，4点O，A，B，Cは同一平面上にないから，4点O，P，Q，Cも同一平面上にない。よって，3点P，Q，Cは異なる点で，点Xは平

面 PQC 上にある。さらに

$$\overrightarrow{QX}=\overrightarrow{OX}-\overrightarrow{OQ}=\frac{3}{10}\overrightarrow{OP}-\frac{6}{10}\overrightarrow{OQ}+\frac{3}{10}\overrightarrow{OC}\quad(\neq\vec{0})$$

$$\overrightarrow{PC}=\overrightarrow{OC}-\overrightarrow{OP}\quad(\neq\vec{0})$$

より，$\overrightarrow{QX}\not\parallel\overrightarrow{PC}$ であるから，直線 QX と直線 PC は交点をもつ。

また，$\overrightarrow{OD}=10\overrightarrow{OX}$ であるから，点 X は直線 OD 上にある。

以上より，点 X を点 R とすると，点 R は直線 OD 上にあり，直線 QR と直線 PC は交点をもつ。このとき，$\overrightarrow{OD}=10\overrightarrow{OR}$ より

OR：RD＝1：9

◀解　説▶

≪空間における 2 直線の交点≫

空間において，ねじれの位置にある 2 直線 OD と PC，およびこれらの直線上にない点 Q があり，直線 QR が 2 直線 OD と PC の両方と交わるような直線 OD 上の点 R に関する条件を考える問題である。

直線 QR と直線 PC の交点を S とおき，問題文の順に従って $\overrightarrow{OS}$ を，$\overrightarrow{OA}$，$\overrightarrow{OB}$，$\overrightarrow{OC}$ と実数 k，s，t で 2 通りに表す。そして，4 点 O，A，B，C が同一平面上にないことを確認して 2 通りに表した式を比較し，連立方程式を作るという定石通りの方法で解くことができる。

〔別解〕では，空間内の 4 点 O，P，Q，C が同一平面上にないとき，点 X が平面 PQC 上にある条件（共面条件）が「$\overrightarrow{OX}=\alpha\overrightarrow{OP}+\beta\overrightarrow{OQ}+\gamma\overrightarrow{OC}$，$\alpha+\beta+\gamma=1$ となる実数 α，β，γ が存在する」ことを用いた。共面条件として「$\overrightarrow{CX}=\alpha\overrightarrow{CP}+\beta\overrightarrow{CQ}$ となる実数 α，β が存在する」を用いる方法もある。異なる 4 点 P，Q，C，X が同一平面上にあり，QX$\not\parallel$CP より直線 QX と直線 PC が交わることになる。

3

◇発想◇　(1)　積 $X_1X_2\cdots X_n$ が 5 で割り切れるための条件は，X_1，X_2，…，X_n のうち少なくとも 1 つが 5 の倍数であることであるから，余事象の確率を考える。

(2)　積 $X_1X_2\cdots X_n$ が 15 で割り切れるための条件は，X_1，X_2，…，X_n のうち少なくとも 1 つが 3 の倍数，かつ少なくとも 1 つが 5 の倍数であることである。ここでも，余事象の確率を考える。

解答　(1)「Yが5で割り切れる」事象をAとすると，余事象$\overline{A}$は「Yが5で割り切れない」すなわち「X_1，X_2，…，X_nがすべて5で割り切れない」事象である。よって，X_1，X_2，…，X_nがすべて5でないときを考えて，$\overline{A}$の確率は

$$P(\overline{A})=\left(\frac{5}{6}\right)^n$$

したがって，求める確率は

$$P(A)=1-P(\overline{A})=1-\left(\frac{5}{6}\right)^n=\frac{6^n-5^n}{6^n}\quad\cdots\cdots(答)$$

(2)「Yが3で割り切れる」事象をBとすると，$\overline{B}$は「Yが3で割り切れない」すなわち「X_1，X_2，…，X_nがすべて3で割り切れない」事象である。よって，X_1，X_2，…，X_nがすべて3でも6でもないときを考えて

$$P(\overline{B})=\left(\frac{4}{6}\right)^n$$

また，$\overline{A}\cap\overline{B}$は「$Y$が3でも5でも割り切れない」事象であるから，$X_1$，$X_2$，…，$X_n$がすべて3，6，5のいずれでもないときを考えて

$$P(\overline{A}\cap\overline{B})=\left(\frac{3}{6}\right)^n$$

Yが15（$=3\cdot5$）で割り切れる事象は$A\cap B$であるから，求める確率は

$$\begin{aligned}P(A\cap B)&=1-P(\overline{A\cap B})\\&=1-P(\overline{A}\cup\overline{B})\\&=1-\{P(\overline{A})+P(\overline{B})-P(\overline{A}\cap\overline{B})\}\\&=1-\left\{\left(\frac{5}{6}\right)^n+\left(\frac{4}{6}\right)^n-\left(\frac{3}{6}\right)^n\right\}\\&=\frac{6^n-5^n-4^n+3^n}{6^n}\quad\cdots\cdots(答)\end{aligned}$$

◀解　説▶

≪さいころの目と余事象の確率≫

1個のさいころをn回投げたときに出た目の積が，5，15で割り切れる確率を求めるもので，ともに余事象の確率を考える問題である。

▶(1)　n個の整数の積が5で割り切れるための条件は，n個の整数のうち少なくとも1個は5で割り切れることである。「少なくとも」なので余事象を考える。

▶(2)　全体集合を U としてベン図を描くと次のようになる。

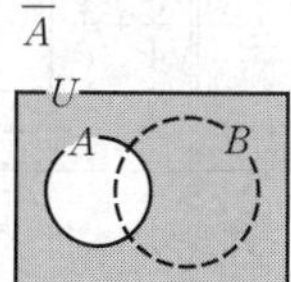

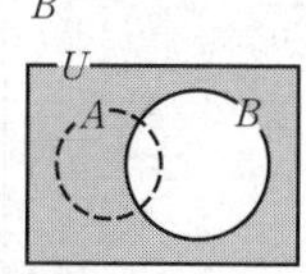

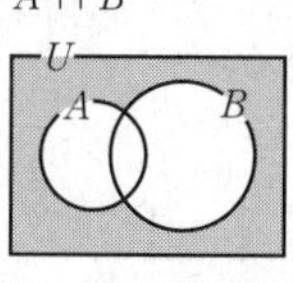

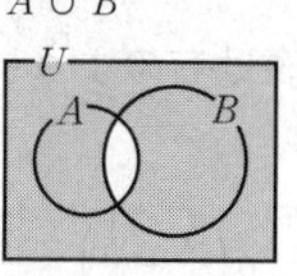

また，ド・モルガンの法則：$\overline{A\cup B}=\overline{A}\cap\overline{B}$，$\overline{A\cap B}=\overline{A}\cup\overline{B}$

和事象の確率：$P(A\cup B)=P(A)+P(B)-P(A\cap B)$

余事象の確率：$P(\overline{A})=1-P(A)$

これらの基本的な事項を使って解けばよい。和事象の確率を $P(\overline{A}\cup\overline{B})=P(\overline{A})+P(\overline{B})-P(\overline{A}\cap\overline{B})$ として用いるのがポイントとなる。

4

◇発想◇　$f(x)$ をそのまま x で微分すると式が長くなり，見づらくなる。微分しやすいように適当に置き換えて計算する。

$e^{-x^2}+\frac{1}{4}x^2+1$ や x^2 を置き換えることが考えられる。$f(x)$ が偶関数であることを利用することもできる。

解答　$f(x)=e^{-x^2}+\frac{1}{4}x^2+1+\dfrac{1}{e^{-x^2}+\frac{1}{4}x^2+1}$　$(-1\leqq x\leqq 1)$

$t=x^2$，$y=e^{-t}+\frac{1}{4}t+1$ とおくと

$$\frac{dy}{dt}=-e^{-t}+\frac{1}{4}=\frac{e^t-4}{4e^t}\quad(0\leqq t\leqq 1)$$

$e=2.71\cdots$ より，$0\leqq t\leqq 1$ のとき $e^t-4<e-4<0$ であるから，$0\leqq t\leqq 1$ における y の増減表は右のようになる。よって

t	0	$\cdots$	1
$\frac{dy}{dt}$		$-$	
y	2	↘	$\frac{5}{4}+\frac{1}{e}$

$$f(x)=y+\frac{1}{y}\quad\left(\frac{5}{4}+\frac{1}{e}\leqq y\leqq 2\right)$$

$g(y)=y+\dfrac{1}{y}$ とおくと

$$g'(y)=1-\frac{1}{y^2}=\frac{(y+1)(y-1)}{y^2}$$

$\dfrac{5}{4}+\dfrac{1}{e}>1$ より，$\dfrac{5}{4}+\dfrac{1}{e}\leqq y\leqq 2$ における $g(y)$ の増減表は右のようになる。

y	$\frac{5}{4}+\frac{1}{e}$	$\cdots$	2
$g'(y)$		$+$	
$g(y)$		↗	$\frac{5}{2}$

また

$$g\left(\frac{5}{4}+\frac{1}{e}\right)=\frac{5}{4}+\frac{1}{e}+\frac{1}{\frac{5}{4}+\frac{1}{e}}$$
$$=\frac{5e+4}{4e}+\frac{4e}{5e+4}$$
$$=\frac{(5e+4)^2+(4e)^2}{4e(5e+4)}$$
$$=\frac{41e^2+40e+16}{4e(5e+4)}$$

したがって，$-1\leqq x\leqq 1$ における $f(x)$ の

最大値は $\dfrac{5}{2}$，最小値は $\dfrac{41e^2+40e+16}{4e(5e+4)}$ ……(答)

参考　$u=e^{-x^2}+\dfrac{1}{4}x^2+1$ とおくと

$$\frac{du}{dx}=-2xe^{-x^2}+\frac{1}{2}x=\frac{x(e^{x^2}-4)}{2e^{x^2}}$$

$\dfrac{du}{dx}=0$ とすると　$x=0,\ e^{x^2}=4$

$e^{x^2}=4$ より　$x^2=\log 4$

ここで，$e=2.71\cdots$ より，$\log 4>\log e=1$ であるから，$x=\pm\sqrt{\log 4}$ で

$\sqrt{\log 4}>1$

よって，$-1\leqq x\leqq 1$ における u の増減表は右のようになる。

x	-1	$\cdots$	0	$\cdots$	1
$\frac{du}{dx}$		$+$	0	$-$	
u	$\frac{5}{4}+\frac{1}{e}$	↗	2	↘	$\frac{5}{4}+\frac{1}{e}$

(以下，〔解答〕と同じ)

◀解　説▶

≪指数関数・分数関数の最大値と最小値≫

指数関数，分数関数を含む関数の最大値と最小値を求める問題である。

$y=e^{-t}+\dfrac{1}{4}t+1>0$ であるから，相加平均と相乗平均の関係を用いれば，

$g(y)=y+\dfrac{1}{y}\geqq 2\sqrt{y\cdot\dfrac{1}{y}}=2$ となるが，$g(y)$ の最小値は 2 ではない。

なぜなら，等号が成立するのは $y=\dfrac{1}{y}$ かつ $y>0$ すなわち $y=1$ のときで，

これは $\dfrac{5}{4}+\dfrac{1}{e}\leqq y\leqq 2$ に含まれないからである。したがって，計算が楽になるように適当に置き換えを行い，微分法を用いて $f(x)$ の最大値と最小値を求めるのが正しい解法である。$f(x)$ が最大値をとるのは $y=2$ すなわち $t=0$ より $x=0$ のときであり，最小値をとるのは $y=\dfrac{5}{4}+\dfrac{1}{e}$ すなわち $t=1$ より $x=\pm 1$ のときである。最大値・最小値をとるときの x の値は問われていないので〔解答〕には書いていないが，書いておいてもよい。また，$f(x)$ や〔参考〕の u は偶関数であるから，$0\leqq x\leqq 1$ の範囲で考えてもよい。

5

◆発想◆　条件より，立体は yz 平面に関して対称で，x 軸周りの回転体であると考えられる。立体の体積は，立体を x 軸に垂直な平面 $x=t$ で切った断面積を積分すれば求めることができる。まず，t と点 P を固定する。(c)より $\mathrm{OQ}=1-\mathrm{OP}$ であるから，Q は yz 平面上で原点 O を中心とする半径 $(1-\mathrm{OP})$ の円周上を動くことになる。このとき，平面 $x=t$ と線分 PQ の交点 X が動く範囲を考える。次に，P を動かしたときの X が描く図形を求める。この図形が，立体を平面 $x=t$ で切った断面である。断面を考える際，微分法を用いるとよいが，途中でベクトルを用いたり，回転させる図形を xy 平面に描いたりする方法もある。

解答　(a)より点 P の座標は $(p,\ 0,\ 0)$ とおけて，(c)より $\mathrm{OP}+\mathrm{OQ}=1$ が成り立つ。さらに，線分 PQ が通過してできる立体を K とすると，(b)より K は yz 平面に関して対称であるから，$x\geqq 0$ の空間で考える。

$t\geqq 0$ に対して，線分 PQ が平面 $x=t$ と共有点をもつのは $0\leqq t\leqq 1$ かつ $t\leqq p\leqq 1$ のときである。

まず，$0<t<1$ に対して，$t<p<1$ のときを考える。

このとき，$\mathrm{OP}=p$ より　　$\mathrm{OQ}=1-p$　……①

平面 $x=t$ と線分 PQ，x 軸の交点をそれぞれ X，T とすると，平面 OPQ において，TX∥OQ より　　TX：OQ＝PT：PO

すなわち　　TX：$(1-p)=(p-t):p$　（①より）

であるから

$$p\cdot \mathrm{TX}=(1-p)(p-t)$$

$$\mathrm{TX}=\frac{(1-p)(p-t)}{p}=-p-\frac{t}{p}+t+1$$

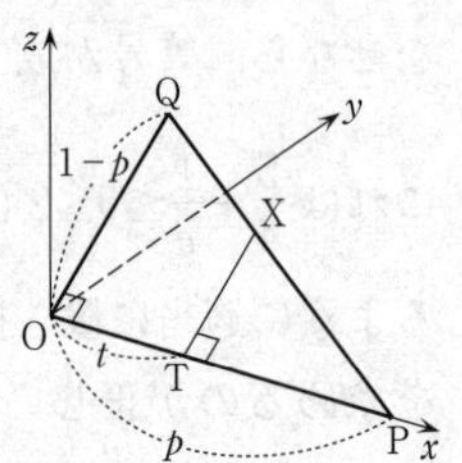

これは，$p=t$，1 のときも成り立つ。

$f(p)=-p-\dfrac{t}{p}+t+1$　$(t\leqq p\leqq 1)$ とおくと

$$f'(p)=-1+\frac{t}{p^2}=-\frac{p^2-t}{p^2}$$

よって，$t\leqq p\leqq 1$ における $f(p)$ の増減表は右のようになる。

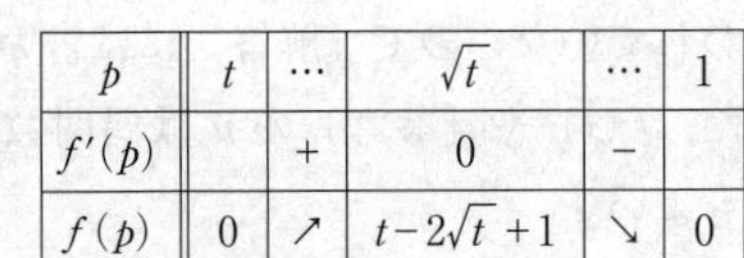

p	t	$\cdots$	$\sqrt{t}$	$\cdots$	1
$f'(p)$		$+$	0	$-$	
$f(p)$	0	↗	$t-2\sqrt{t}+1$	↘	0

これより，$0\leqq f(p)\leqq t-2\sqrt{t}+1$ であるから

$0<t<1$ のとき，$0\leqq \mathrm{TX}\leqq t-2\sqrt{t}+1$

したがって，K を平面 $x=t$ で切った断面を F とすると，F は $0<t<1$ のとき，半径 $(t-2\sqrt{t}+1)$ の円の周と内部である。

また，F は，$t=0$ のとき半径 OQ の円周で，$0\leqq \mathrm{OQ}\leqq 1$ であるから，半径 1 の円の周と内部，$t=1$ のときは 1 点 $(1,\ 0,\ 0)$ になる。

ゆえに，F は

$0\leqq t<1$ のとき，半径 $(t-2\sqrt{t}+1)$ の円の周と内部

$t=1$ のとき，1 点 $(1,\ 0,\ 0)$

であるから，求める休積は

$$2\int_0^1 \pi(t-2\sqrt{t}+1)^2dt$$

$$=2\pi\int_0^1 (t^2-4t^{\frac{3}{2}}+6t-4t^{\frac{1}{2}}+1)\,dt$$

$$=2\pi\left[\frac{t^3}{3}-4\cdot\frac{2}{5}t^{\frac{5}{2}}+6\cdot\frac{t^2}{2}-4\cdot\frac{2}{3}t^{\frac{3}{2}}+t\right]_0^1$$

$$=2\pi\left(\frac{1}{3}-\frac{8}{5}+3-\frac{8}{3}+1\right)$$

$$=\frac{2}{15}\pi\quad\cdots\cdots(\text{答})$$

参考　Qがy軸の$y \geqq 0$の部分を動くときに，線分PQが通過してできる図形Eをx軸の周りに1回転してできる回転体がKであると考えると，次のようになる。

$\mathrm{P}(p,\ 0,\ 0)$，$\mathrm{Q}(0,\ 1-p,\ 0)$　$(0 \leqq p \leqq 1)$として，図形Eの$x \geqq 0$の部分E'を考える。

$0<p \leqq 1$のとき，xy平面上で線分PQの方程式は

$$y=\frac{p-1}{p}x+1-p \quad (0 \leqq x \leqq p)$$

ここで，xを固定して，pが$x \leqq p \leqq 1$を動くときのyの取りうる値の範囲を求める。

$$y=-p-\frac{x}{p}+x+1$$

より

$$\frac{dy}{dp}=-1+\frac{x}{p^2}=-\frac{p^2-x}{p^2}$$

$x \leqq p \leqq 1$におけるyの増減表は右のようになるから

p	x	$\cdots$	$\sqrt{x}$	$\cdots$	1
$\dfrac{dy}{dp}$		$+$	0	$-$	
y	0	↗	$x-2\sqrt{x}+1$	↘	0

$$0 \leqq y \leqq x-2\sqrt{x}+1$$

また，$p=0$のとき，$\mathrm{P}(0,\ 0,\ 0)$，$\mathrm{Q}(0,\ 1,\ 0)$より

$$0 \leqq y \leqq 1 \quad (x=0)$$

したがって，E'は

$$0 \leqq y \leqq x-2\sqrt{x}+1 \quad (0 \leqq x \leqq 1)$$

で表される。

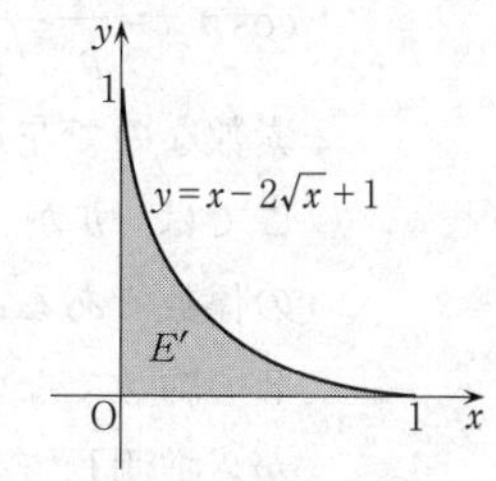

◀解　説▶

≪空間内で線分が通過してできる立体の体積≫

x軸上を動く点とyz平面上を動く点を端点とする線分が通過してできる立体の体積を求める問題である。

立体を平面$x=t$で切ったときの断面積を求めるために，平面$x=t$と線分PQの交点Xの動きを調べる。Qが動くとXも動くが，$\mathrm{P}(p,\ 0,\ 0)$とt $(0<t<p)$を固定すると，Xと定点$\mathrm{T}(t,\ 0,\ 0)$の距離

$TX=-p-\dfrac{t}{p}+t+1$ ……(＊) が定数になるので，XはTを中心とする円周上を動くことがわかる。TX を求めるとき，比 TX：$(1-p)=(p-t)：p$ を用いるには $1-p>0$，$p-t>0$，$p>0$ すなわち（0<）$t<p<1$ であることに注意する。

(＊)で p を動かすことによってXは円の周と内部を動くことがわかり，これが断面 F となる。また，〔参考〕では，立体が x 軸周りの回転体であることを認めて，Qが y 軸の $y\geqq 0$ の部分を動くときの線分 PQ の通過する範囲を求めた。結果的には(＊)と同じ式が出てくる。

なお，曲線 $y=x-2\sqrt{x}+1$ は，点 $\left(\dfrac{1}{2},\ \dfrac{1}{2}\right)$ と直線 $x+y=0$ からの距離が等しい点の軌跡になるので放物線である。

6

◇発想◇ (1) 加法定理，2倍角の公式を用いて導く。

(2) 何をどうすればよいのか，すぐにはわからないだろう。とりあえず，(1)をヒントにして，$n=3$ のときを考えてみる。

「$\cos\theta=\dfrac{1}{p}$，$\theta=\dfrac{m}{3}\pi$（m は正の整数)」とすると，

$\cos m\pi=\dfrac{4}{p^3}-\dfrac{3}{p}$ から $\dfrac{4}{p}=(-1)^m p^2+3p$ と表せる。p は3以上の素数なので左辺は整数でないが，右辺は整数なので矛盾する。ここでは，p が4の約数でないことがポイントで，この4は $\cos^3\theta$ の係数であることに注目する。$n=4$ のときも，p が $\cos^4\theta$ の係数8の約数でないことがポイントとなって矛盾が導かれる。これらから推測して，示すべき事柄を発見する。

解答

(1) $\cos 3\theta=\cos(2\theta+\theta)=\cos 2\theta\cos\theta-\sin 2\theta\sin\theta$

$=(2\cos^2\theta-1)\cos\theta-2\sin^2\theta\cos\theta$

$=(2\cos^2\theta-1)\cos\theta-2(1-\cos^2\theta)\cos\theta$

$=4\cos^3\theta-3\cos\theta$ ……(答)

$\cos 4\theta=2\cos^2 2\theta-1$

$=2(2\cos^2\theta-1)^2-1$

$=8\cos^4\theta-8\cos^2\theta+1$ ……(答)

(2)　まず，n が正の整数であるとき

「係数がすべて整数で，最高次の係数が 2^{n-1} である n 次式 $f_n(x)$ を用いて $\cos n\theta = f_n(\cos\theta)$ と表すことができる」　……(＊)

ことを，数学的帰納法で示す。

〔1〕　$n=1,\ 2$ のとき

$f_1(x)=x,\ f_2(x)=2x^2-1$ とすれば，(＊)は成り立つ。

〔2〕　$n=k,\ k+1$（k は正の整数）のとき(＊)が成り立つと仮定すると，係数がすべて整数で，最高次の係数が 2^{k-1} である k 次式 $f_k(x)$ と最高次の係数が 2^k である $(k+1)$ 次式 $f_{k+1}(x)$ を用いて

$$\cos k\theta = f_k(\cos\theta),\ \cos(k+1)\theta = f_{k+1}(\cos\theta)$$

と表すことができる。

$\cos(k+2)\theta + \cos k\theta = 2\cos(k+1)\theta\cos\theta$ であるから

$$\cos(k+2)\theta = 2\cos(k+1)\theta\cos\theta - \cos k\theta$$

$f_{k+2}(x) = 2f_{k+1}(x)x - f_k(x)$ とおくと，$f_{k+2}(x)$ の係数はすべて整数で，また，$2f_{k+1}(x)x$ は最高次の係数が 2^{k+1} である $(k+2)$ 次式，$f_k(x)$ は k 次式であるから，$f_{k+2}(x)$ は最高次の係数が 2^{k+1} である $(k+2)$ 次式である。この $f_{k+2}(x)$ を用いて，$\cos(k+2)\theta = f_{k+2}(\cos\theta)$ と表すことができる。

よって，$n=k+2$ のときも(＊)は成り立つ。

〔1〕，〔2〕より，すべての正の整数 n について(＊)は成り立つ。

次に，$\cos\theta = \dfrac{1}{p}$（$p$ は 3 以上の素数）のとき，$\theta = \dfrac{m}{n}\cdot\pi$ となるような正の整数 $m,\ n$ が存在すると仮定する。

このとき　　$\cos n\theta = \cos m\pi = (-1)^m$　……①

また，(＊)より，係数がすべて整数で，最高次の係数が 2^{n-1} である n 次式 $f_n(x)$ を用いて $\cos n\theta = f_n(\cos\theta)$ と表すことができるから

$$\cos n\theta = f_n\left(\frac{1}{p}\right)\quad\cdots\cdots②$$

ここで

$$f_n(x) = 2^{n-1}x^n + a_{n-1}x^{n-1} + a_{n-2}x^{n-2} + \cdots + a_1x + a_0$$

（ただし，$a_0,\ a_1,\ \cdots,\ a_{n-2},\ a_{n-1}$ は整数）

とおけるので，①，②より

$$(-1)^m=\frac{2^{n-1}}{p^n}+\frac{a_{n-1}}{p^{n-1}}+\frac{a_{n-2}}{p^{n-2}}+\cdots+\frac{a_1}{p}+a_0$$

両辺に p^{n-1} を掛けて整理すると

$$\frac{2^{n-1}}{p}=(-1)^m p^{n-1}-a_{n-1}-a_{n-2}p-\cdots-a_1p^{n-2}-a_0p^{n-1}\quad\cdots\cdots③$$

p は 3 以上の素数であるから③の左辺は整数でないが，③の右辺は整数であるから矛盾する。

ゆえに，$\cos\theta=\frac{1}{p}$（p は 3 以上の素数）のとき，$\theta=\frac{m}{n}\cdot\pi$ となるような正の整数 m，n は存在しない。　……(答)

◀解　説▶

≪$\cos\theta$ による $\cos n\theta$ の表現，2 段の数学的帰納法，背理法≫

$\cos n\theta$ を $\cos\theta$ の式で表し，これを利用して $\cos\frac{m}{n}\cdot\pi=\frac{1}{p}$（$p$ は 3 以上の素数）となるような正の整数 m，n の存在を調べる問題である。

▶(1)　和積の公式 $\cos3\theta+\cos\theta=2\cos2\theta\cos\theta$，$\cos4\theta+\cos2\theta=2\cos3\theta\cos\theta$ を利用する方法もあるが一般的ではない。加法定理と 2 倍角の公式により容易に求めることができる。

▶(2)　(1)をヒントとして，$\cos n\theta=2^{n-1}\cos^n\theta+a_{n-1}\cos^{n-1}\theta+\cdots+a_1\cos\theta+a_0$（$a_0$，$a_1$，…，$a_{n-1}$ は整数）と表されることを示すのが先決である。これには 2 段の数学的帰納法を用いる。すなわち

〔1〕$n=1$，2 のとき成り立つ

〔2〕$n=k$，$k+1$ のとき成り立つと仮定すると，$n=k+2$ のときも成り立つ

ことを示すのである。〔2〕では，和積の公式

$\cos A+\cos B=2\cos\frac{A+B}{2}\cos\frac{A-B}{2}$ を用いると，

$\cos(k+2)\theta$ と $\cos(k+1)\theta$，$\cos k\theta$ の関係式を作るのが容易である。次に，背理法を用いて，問題の条件を満たす m，n が存在しないことを示す。

$\frac{2^{n-1}}{p}=\cdots$ と変形するのがポイントである。③を見ると，p が 2^{n-1} の約数でなければ，条件を満たす m，n が存在しないことがわかる。なお，n を 0 以上の整数とすると，$\cos n\theta$ は $\cos\theta$ の n 次式（〔解答〕の $f_n(x)$）で表

せ，この n 次式をチェビシェフの多項式という。

$f_0(x)=1$，$f_1(x)=x$，$f_{n+2}(x)=2xf_{n+1}(x)-f_n(x)$ である。

❖講　評

頻出項目である微・積分法，確率，数列，三角関数，空間ベクトルなどからの出題である。存在の有無を判定する高度な思考力を試す問題が出題された。

1　独立した小問 2 問。問 1 は部分積分法の基本的な問題。問 2 は 2023 を使った整式の割り算。ともにそれほど時間はかからない。

2　空間ベクトルの基本的な問題。定型問題といえるものなので取り組みやすい。文系との共通問題である。

3　余事象の確率に関する定型問題。小問 2 問になっていて，(1)は特に易しく，文系との共通問題。(2)も問題集によくある問題である。

4　「数学Ⅲ」の微分法の問題。最大値・最小値を求める標準的なものである。計算力が問われている。計算ミスのないようにしたい。

5　微・積分法の体積問題。受験問題集などで過去に類題を解いたことがあるかどうかで差がついたであろう。

6　三角関数を題材にしたもので，証明問題ともいえるものである。(1)は容易だが，それを(2)のヒントとしてどう使うのかがなかなかわからない。(2)は方針を立てるのにさえ窮したのではないだろうか。

2023 年度は取り組みやすい問題と取り組みにくい問題がはっきり分かれ，全体的には 2022 年度よりやや易化したといえる。1～3はやや易，5はやや難，6(2)は難レベルの問題である。標準問題を完答できるようにした上で，やや難レベルの問題に備え，理系上級問題集で発想力，思考力を養っておこう。

物理

I

解答　(1)　ア．$\frac{1}{2}m(u^2+v^2)$　イ．$-G\frac{Mm}{r}$

ウ．$\frac{2mS^2}{r^2}-\frac{GMm}{r}$

問1．

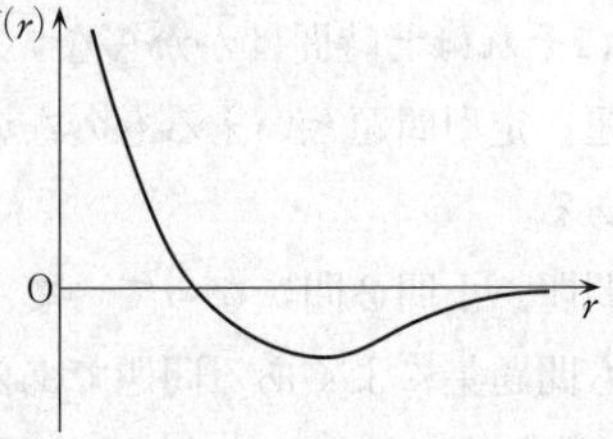

(2)　エ．$2\pi\sqrt{\frac{R^3}{GM}}$　オ．$\frac{\Delta R}{R}v$　カ．$\frac{2GMm}{R^3}$　キ．$\frac{3mv^2}{R^2}$　ク．$\frac{GMm}{R^3}$

ケ．1

(3)　コ．$\sqrt{\frac{A}{R^{k-1}}}$　サ．$\frac{kAm}{R^{k+1}}$　シ．$\frac{(3-k)Am}{R^{k+1}}$　ス．3　セ．$\frac{1}{\sqrt{3-k}}$

問2．$k>3$ のとき，ΔR が正なら合力の増分も正となり，天体Xの中心向きとなる。そして，合力の大きさは，ΔR に比例して大きくなる。その結果，宇宙船Uは天体Xの周りを回りながら次第に速さを増して天体Xに近づき，最終的には天体Xに衝突することになる。

◀解　説▶

≪万有引力，軌道半径が変化した場合の単振動≫

(1)　▶ア．宇宙船Uの速さは $\sqrt{u^2+v^2}$ であるから，運動エネルギーを K とすると

$$K=\frac{1}{2}m\left(\sqrt{u^2+v^2}\right)^2=\frac{1}{2}m(u^2+v^2)$$

▶イ．万有引力の位置エネルギー U は，$r\to\infty$ で $U\to 0$ として

$$U=-G\frac{Mm}{r}$$

▶ウ．$S=\dfrac{1}{2}vr$ より，$v=\dfrac{2S}{r}$ であるから

$$E=K+U=\frac{1}{2}mu^2+\frac{1}{2}m\left(\frac{2S}{r}\right)^2-\frac{GMm}{r}$$

よって　　$V(r)=\dfrac{2mS^2}{r^2}-\dfrac{GMm}{r}$

▶問 1．$V(r)=\dfrac{m}{r^2}(2S^2-GMr)$ であるから，$r\to 0$ のとき $V\to+\infty$，$r\to\infty$ のとき $V\to 0$ である。また，$V(r)=0$ のとき $r=\dfrac{2S^2}{GM}$ である。

$$\frac{d}{dr}V(r)=-\frac{4mS^2}{r^3}+\frac{GMm}{r^2}=-\frac{4mS^2}{r^3}\left(1-\frac{GM}{4S^2}r\right)$$

であるから，$r=\dfrac{4S^2}{GM}$ のとき極小値をとる。極小値は

$$V\left(\frac{4S^2}{GM}\right)=2mS^2\cdot\frac{G^2M^2}{16S^4}-GMm\cdot\frac{GM}{4S^2}=-\frac{G^2M^2m}{8S^2}$$

となる。よって，グラフの概形は〔解答〕のようになる。

(2)　▶エ．円運動の運動方程式より

$$m\frac{v^2}{R}=G\frac{Mm}{R^2}\qquad\therefore\quad v=\sqrt{\frac{GM}{R}}$$

よって，周期 T は

$$T=\frac{2\pi R}{v}=2\pi\sqrt{\frac{R^3}{GM}}$$

▶オ．ケプラーの第二法則より

$$vR=(v+\Delta v)\cdot(R-\Delta R)$$

$\Delta R\times\Delta v$ を無視すると

$$vR\fallingdotseq vR+R\Delta v-v\Delta R\qquad\therefore\quad \Delta v=\frac{\Delta R}{R}v$$

▶カ．万有引力の大きさの増分を ΔF とすると，近似式を用いて

$$\Delta F=G\frac{Mm}{(R-\Delta R)^2}-G\frac{Mm}{R^2}$$

$$=\frac{GMm}{R^2}\left\{\left(1-\frac{\Delta R}{R}\right)^{-2}-1\right\}$$

$$\fallingdotseq \frac{GMm}{R^2}\left(1+\frac{2\Delta R}{R}-1\right)=\frac{2GMm}{R^3}\times\Delta R$$

▶キ．遠心力の大きさの増分を Δf とすると，近似式を用いて

$$\Delta f=m\frac{(v+\Delta v)^2}{R-\Delta R}-m\frac{v^2}{R}$$

$$=\frac{mv^2}{R}\left\{\left(1+\frac{\Delta v}{v}\right)^2\left(1-\frac{\Delta R}{R}\right)^{-1}-1\right\}$$

$$\fallingdotseq \frac{mv^2}{R}\left(1+\frac{2\Delta v}{v}+\frac{\Delta R}{R}-1\right)$$

$$=\frac{mv^2}{R}\left(\frac{2\Delta v}{v}+\frac{\Delta R}{R}\right)$$

ここで，オの結果より $\frac{\Delta v}{v}=\frac{\Delta R}{R}$，エより $v^2=\frac{GM}{R}$ であるから

$$\Delta f=\frac{3mv^2}{R^2}\cdot\Delta R=\frac{3GMm}{R^3}\times\Delta R$$

▶ク．カ，キの結果より

$$\Delta F-\Delta f=-\frac{GMm}{R^3}\times\Delta R$$

▶ケ．半径方向の運動方程式より

$$ma_{\mathrm{R}}=-\frac{GMm}{R^3}\Delta R \qquad \therefore\quad a_{\mathrm{R}}=-\frac{GM}{R^3}\Delta R$$

a_{R} も ΔR も内向きを正とするから，これは単振動を表す。角振動数 ω は

$$\omega^2=\frac{GM}{R^3} \qquad \therefore\quad \omega=\sqrt{\frac{GM}{R^3}}$$

よって，周期 t は

$$t=\frac{2\pi}{\omega}=2\pi\sqrt{\frac{R^3}{GM}}$$

エの T を用いると　$\frac{t}{T}=1$

(3)　▶コ．円運動の運動方程式より，半径方向に垂直な方向の速さを v とすると

$$m\frac{v^2}{R}=\frac{Am}{R^k} \qquad \therefore\quad v=\sqrt{\frac{A}{R^{k-1}}}$$

▶サ．(2)と同様にして

$$\Delta F=\frac{Am}{(R-\Delta R)^{k}}-\frac{Am}{R^{k}}=\frac{Am}{R^{k}}\left\{\left(1-\frac{\Delta R}{R}\right)^{-k}-1\right\}$$

$$\fallingdotseq\frac{Am}{R^{k}}\left(1+\frac{k\Delta R}{R}-1\right)=\frac{kAm}{R^{k+1}}\times\Delta R$$

▶シ．$\Delta f=\dfrac{3mv^{2}}{R^{2}}\cdot\Delta R=\dfrac{3Am}{R^{k+1}}\cdot\Delta R$

よって　　$\Delta F-\Delta f=-\dfrac{(3-k)\,Am}{R^{k+1}}\times\Delta R$

▶ス．半径方向の単振動となるには，内向きの合力 $\Delta F-\Delta f$ が負であればよいから

$$3-k>0\qquad\therefore\quad k<3$$

▶セ．$T_{\mathrm{X}}=\dfrac{2\pi R}{v}=2\pi R\sqrt{\dfrac{R^{k-1}}{A}}=2\pi\sqrt{\dfrac{R^{k+1}}{A}}$ である。また，内向きの加速度を a_{X} とすると

$$ma_{\mathrm{X}}=-\frac{(3-k)\,Am}{R^{k+1}}\cdot\Delta R\qquad\therefore\quad a_{\mathrm{X}}=-\frac{(3-k)\,A}{R^{k+1}}\cdot\Delta R$$

角振動数を ω_{X} とすると

$$\omega_{\mathrm{X}}=\sqrt{\frac{(3-k)\,A}{R^{k+1}}}\qquad\therefore\quad t_{\mathrm{X}}=\frac{2\pi}{\omega_{\mathrm{X}}}=2\pi\sqrt{\frac{R^{k+1}}{(3-k)\,A}}$$

よって　　$\dfrac{t_{\mathrm{X}}}{T_{\mathrm{X}}}=\dfrac{1}{\sqrt{3-k}}$

▶問2．$k>3$ のときは単振動にならず，ΔR が正のとき a_{X} は正であることに注意すればよい。

II 解答

(1)　イ．$4\pi kQ$

(2)　ロ．②　ハ．0　ニ．$k\dfrac{Q}{a}$

(3)　ホ．$kQ\left(\dfrac{1}{a}-\dfrac{1}{b}\right)$

問1．

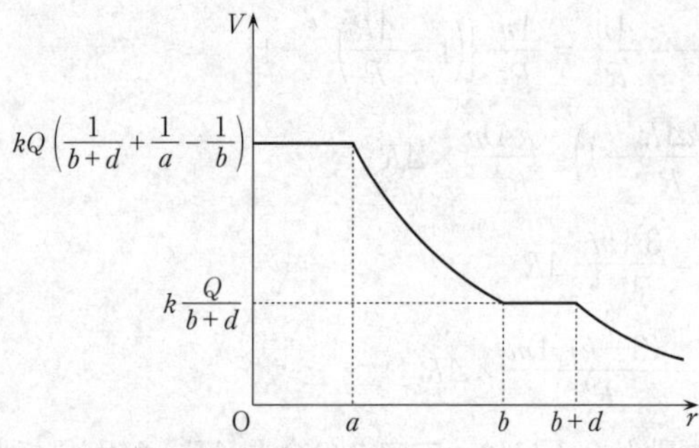

(4)　ヘ．Q　ト．$kQ\left(\dfrac{1}{a}-\dfrac{1}{b}\right)$　チ．$\dfrac{ab}{k(b-a)}$

(5)　リ．$\dfrac{abV_0}{r^2(b-a)}$　ヌ．$\dfrac{abeV_0}{(b+a)(b-a)}$

(6)　ル．$\dfrac{hc}{\lambda}-(W+E_M-E_i)$

問2．グラフの概形：③　$K_C=\dfrac{hc}{\lambda}-W$

◀解　説▶

≪導体球の電場・電位，球形コンデンサー，円運動，光電効果≫

(1)　▶イ．半径rの球面上の電場の強さをEとすると

$$E=k\frac{Q}{r^2}$$

半径rの球の表面積は$4\pi r^2$であるから，球面を貫く電気力線の本数をNとすると，単位面積あたりE本であるから

$$N=E\times4\pi r^2=4\pi kQ$$

(2)　▶ロ．導体内は等電位で電場の強さは0である。よって，内部に電荷は分布せず，球の表面に一様に分布する。

▶ハ．$r<a$の導体内部の電場の強さは0である。

▶ニ．導体表面の電位は，クーロンの法則より$k\dfrac{Q}{a}$である。導体全体は等電位であるから，$r<a$のとき電位は$k\dfrac{Q}{a}$である。

(3)　▶ホ．$a<r<b$のとき，電場の強さは(2)と同じであるから

$$E=k\frac{Q}{r^2}$$

電位差は1C を運ぶときに E がする仕事であるから，$r=a$，$r=b$ の電位を V_a，V_b とすると

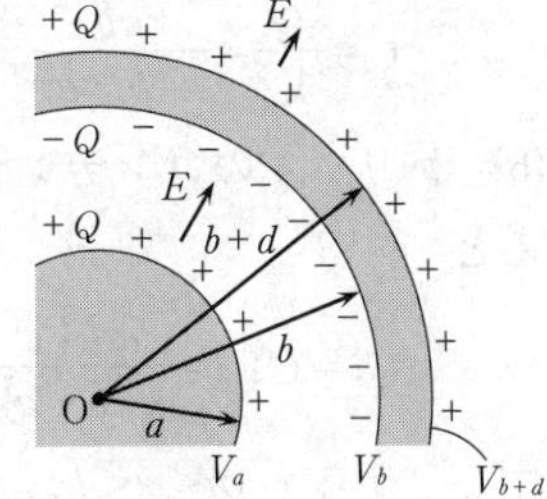

$$V_a-V_b=\int_a^b Edr=\int_a^b k\frac{Q}{r^2}dr=\left[-k\frac{Q}{r}\right]_a^b$$

$$=kQ\left(\frac{1}{a}-\frac{1}{b}\right)$$

▶問１．電場の強さ E は

$b+d<r$，$a<r<b$ のとき

$$E=k\frac{Q}{r^2}$$

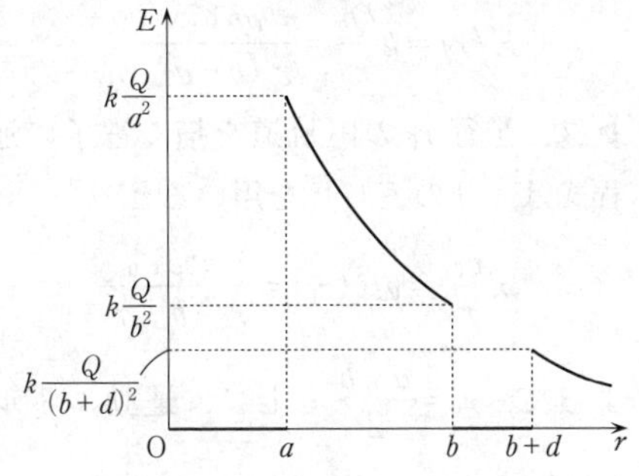

$b<r<b+d$，$0<r<a$ のとき

$$E=0$$

であるから，電位 V は

$b+d<r$ のとき　　$V=k\dfrac{Q}{r}$

$b<r<b+d$ のとき　　$V=k\dfrac{Q}{b+d}$

$r=b$ のとき，$V_b=k\dfrac{Q}{b+d}$ で，$V_a-V_b=kQ\left(\dfrac{1}{a}-\dfrac{1}{b}\right)$ であるから

$r=a$ のとき　　$V_a=kQ\left(\dfrac{1}{b+d}+\dfrac{1}{a}-\dfrac{1}{b}\right)$

$0<r<a$ のとき　　$V=V_a$

である。よって，グラフは〔解答〕のようになる。

(4)　▶へ．地表は大きな導体で，接地すると中空導体球Bの外側表面の電荷 Q が地表に流れる。Bの内側の電荷 $-Q$ は，導体球Aの電荷 Q と引き付けあって動けない。

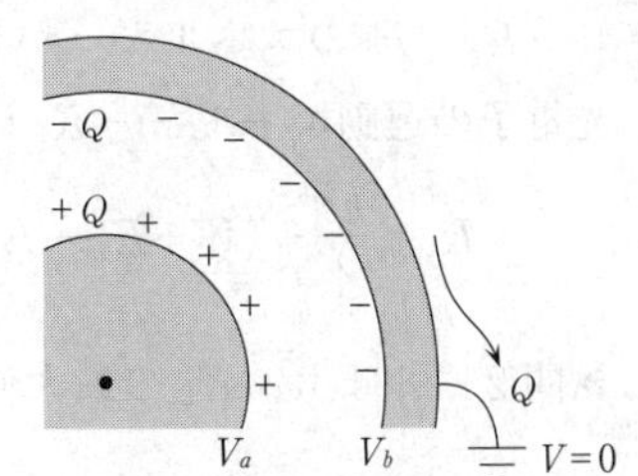

▶ト．接地点の電位は 0 であるから $V_b=0$ となる。よって，ホより

$$V_a=kQ\left(\frac{1}{a}-\frac{1}{b}\right)$$

▶チ．電気容量を C とすると，トの結果で $Q=CV_a$ より

$$C=\frac{Q}{V_a}=\frac{ab}{k(b-a)}$$

(5)　▶リ．(4)のコンデンサーに電位差 V_0 を与えたときの電荷を Q_0 とすると

$$Q_0=CV_0=\frac{abV_0}{k(b-a)}$$

中心Pから r（$a<r<b$）での電場の強さ $E(r)$ は，イより

$$E(r)=k\frac{Q_0}{r^2}=\frac{abV_0}{r^2(b-a)}$$

▶ヌ．半径 r_0 の円軌道を描く電子の運動方程式は，リの $E(r)$ を用いると

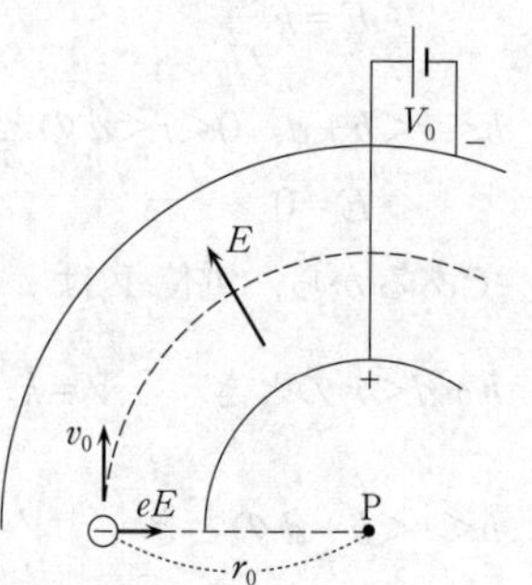

$$m\frac{{v_0}^2}{r_0}=eE(r_0)=\frac{abeV_0}{{r_0}^2(b-a)}$$

よって，$r_0=\dfrac{a+b}{2}$ として，運動エネルギー K_0 は

$$K_0=\frac{1}{2}m{v_0}^2=\frac{abeV_0}{2r_0(b-a)}$$
$$=\frac{abeV_0}{(b+a)(b-a)}$$

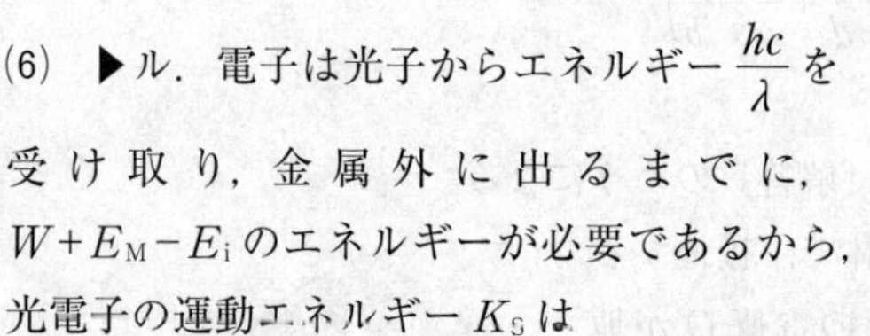

(6)　▶ル．電子は光子からエネルギー $\dfrac{hc}{\lambda}$ を受け取り，金属外に出るまでに，$W+E_{\mathrm{M}}-E_{\mathrm{i}}$ のエネルギーが必要であるから，光電子の運動エネルギー K_{S} は

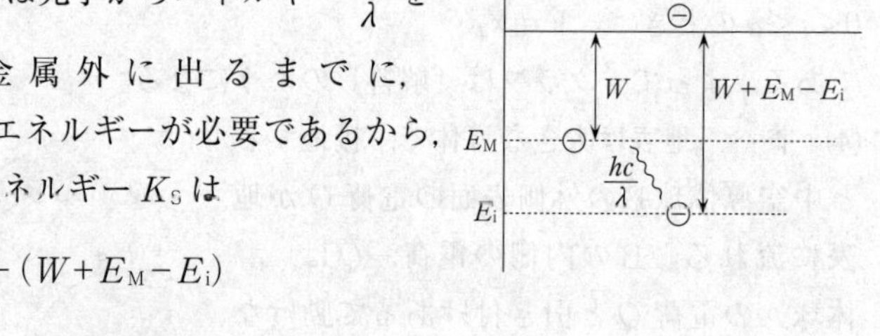

$$K_{\mathrm{S}}=\frac{hc}{\lambda}-(W+E_{\mathrm{M}}-E_{\mathrm{i}})$$

▶問２．ルより，K_{S} の最大値は $E_{\mathrm{M}}-E_{\mathrm{i}}=0$ のとき，$K_{\mathrm{C}}=\dfrac{hc}{\lambda}-W$ である。K_{C} より大きな運動エネルギーの光電子は放出されない。$K_{\mathrm{S}}<K_{\mathrm{C}}$ のとき，光子１個を吸収して光電子が１個放出されるから，光電子の数は K_{S} によらず一定である。よって，グラフは③である。

III 解答

(1) あ．$\cos^2\theta_B$　い．1

(2) う．$\dfrac{1}{4}$　え．$\left(\cos\dfrac{\pi}{2N}\right)^{2N}$　お．$\dfrac{27}{64}$　か．$\dfrac{\pi^2}{4}$

(3) き．$n_x d$　く．$n_y d$　け．$|n_x-n_y|d$　こ．$\left(m+\dfrac{1}{2}\right)\lambda_1$

さ．$\dfrac{\lambda_1}{2|n_x-n_y|}$

問1．

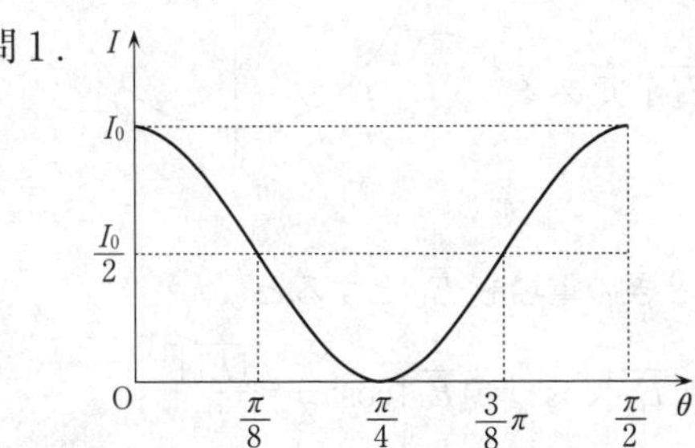

(4) し．1

問2．$|n_x-n_y|\cdot 20d_0=10\lambda_1=\left(m'+\dfrac{1}{2}\right)\lambda_2$　$(m'=0,\ 1,\ 2,\ \cdots)$

であるから

$$\lambda_2=\frac{10}{m'+\frac{1}{2}}\lambda_1=\frac{20}{2m'+1}\lambda_1$$

よって

$$\Delta\lambda=|\lambda_2-\lambda_1|=\left|\frac{2m'-19}{2m'+1}\right|\lambda_1$$

$\Delta\lambda=0$ とすると $m'=\dfrac{19}{2}=9.5$ であるから，$\Delta\lambda$ は m' が 9 か 10 のとき最小になる。

$m'=9$ のとき，$\Delta\lambda=\dfrac{\lambda_1}{19}$，$m'=10$ のとき $\Delta\lambda=\dfrac{\lambda_1}{21}$ であるから，最小値は $m'=10$ のときで

$$\Delta\lambda=\frac{\lambda_1}{21}\quad\cdots\cdots(答)$$

◀解　説▶

≪複数の偏光板による偏光，透明物体による偏光方向の変化≫

(1)　▶あ．$\theta_A = 0$ のとき

$$|\overrightarrow{E_B}| = |\overrightarrow{E_0}|\cos\theta_B$$

であるから，光検出器の信号強度を I とすると

$$I = \left(\frac{|\overrightarrow{E_0}|\cos\theta_B}{|\overrightarrow{E_0}|}\right)^2 I_0 = \cos^2\theta_B \times I_0$$

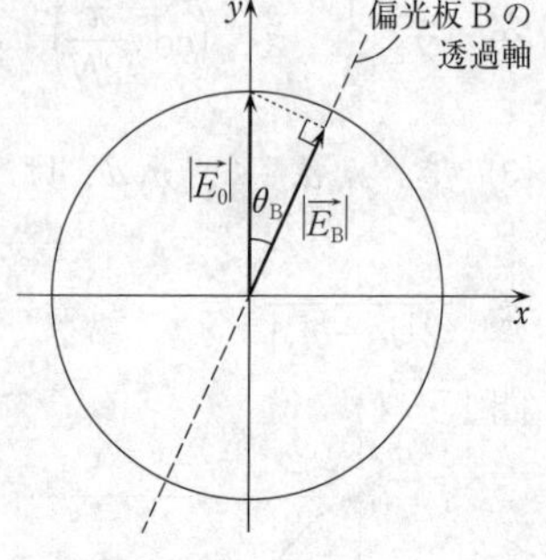

▶い．$\theta_A = \theta_B$ のとき，$|\overrightarrow{E_B}| = |\overrightarrow{E_0}|$ であるから

$$I = 1 \times I_0$$

(2)　▶う．偏光板 C を通過したときの電場を $\overrightarrow{E_C}$ とすると

$$|\overrightarrow{E_C}| = |\overrightarrow{E_0}|\cos\frac{\pi}{4},\quad |\overrightarrow{E_B}| = |\overrightarrow{E_C}|\cos\frac{\pi}{4} = |\overrightarrow{E_0}|\cos^2\frac{\pi}{4} = \frac{|\overrightarrow{E_0}|}{2}$$

であるから

$$I = \frac{|\overrightarrow{E_B}|^2}{|\overrightarrow{E_0}|^2} I_0 = \frac{1}{4} \times I_0$$

▶え．偏光板を 1 枚通過すると，電場の強さは $\cos\left(\frac{1}{N} \times \frac{\pi}{2}\right) = \cos\frac{\pi}{2N}$ 倍になるから，信号強度は $\cos^2\frac{\pi}{2N}$ 倍になる。偏光板 B を含めて，入射光は偏光板を N 枚通過するから，信号強度 I は

$$I = \left(\cos^2\frac{\pi}{2N}\right)^N \times I_0 = \left(\cos\frac{\pi}{2N}\right)^{2N} \times I_0$$

▶お．$N = 3$ のとき，えより

$$\left(\cos\frac{\pi}{6}\right)^6 = \left(\frac{\sqrt{3}}{2}\right)^6 = \frac{27}{64}$$

よって　$I = \frac{27}{64} \times I_0$

▶か．えの結果に近似式を用いて

$$\left(\cos^2\frac{\pi}{2N}\right)^N = \left(1 - \sin^2\frac{\pi}{2N}\right)^N \fallingdotseq \left\{1 - \left(\frac{\pi}{2N}\right)^2\right\}^N$$

$$\fallingdotseq 1-N\cdot\frac{\pi^2}{4N^2}=1-\frac{\pi^2}{4}\times\frac{1}{N}$$

よって　　$I=\left(1-\frac{\pi^2}{4}\times\frac{1}{N}\right)\times I_0$

(3)　▶き・く．（光路長）=（屈折率）×（距離）であるから，x 軸方向成分に対しては n_xd，y 軸方向成分に対しては n_yd である。

▶け．n_x と n_y の大小関係は与えられていないので，光路差は $|n_x-n_y|d$ となる。

▶こ．逆位相になるには，光路差が波長 λ_1 の整数倍＋半波長であればよいから

$$|n_x-n_y|d=\left(m+\frac{1}{2}\right)\lambda_1\quad(m=0,\ 1,\ 2,\ \cdots)$$

▶さ．こより，d の最小値は $m=0$ のとき

$$d_0=\frac{\lambda_1}{2|n_x-n_y|}$$

▶問 1．偏光板Bを通過した電場の成分の大きさは右下図より，$|\overrightarrow{E_0}|\cos 2\theta$ となるから

$$I=\cos^2 2\theta\times I_0$$

となる。

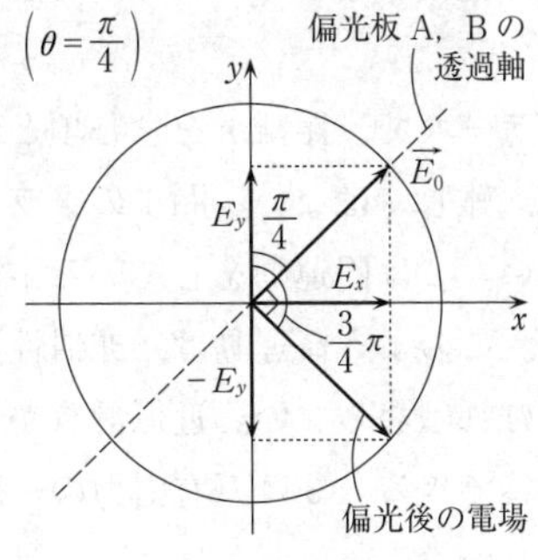

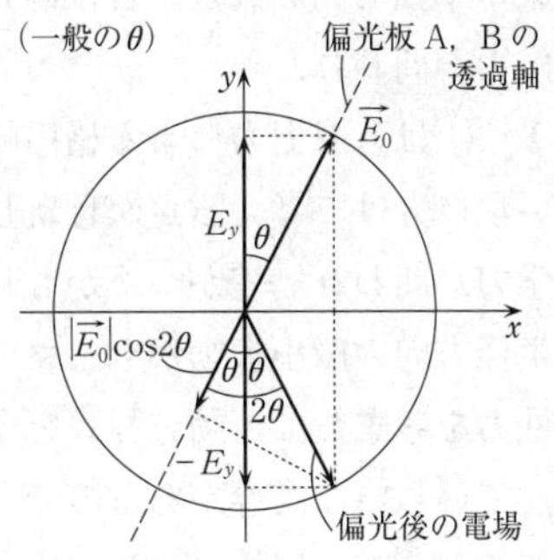

よって

$\theta=0,\ \frac{\pi}{2}$ のとき　　$I=I_0$

$\theta=\frac{\pi}{4}$ のとき　　$I=0$

$\theta=\dfrac{\pi}{8}$, $\dfrac{3}{8}\pi$ のとき　　$I=\dfrac{1}{2}I_0$

よって，グラフは〔解答〕のようになる。

(4)　▶し．$|n_x-n_y|d_0=\dfrac{\lambda_1}{2}$ のとき，$d=20d_0$ の透明物体を用いると

$$|n_x-n_y|\cdot 20d_0=10\lambda_1$$

よって，電場の x 軸方向成分と y 軸方向成分は同位相となるので，信号強度は変わらず，$I=I_0$ となる。

▶問２．$d=20d_0$ のとき，波長 λ_2 で光路差が λ_2 の整数倍＋半波長であればよいが，このうち $\Delta\lambda$ が最小になるような整数を見つける。

❖講　評

2023 年度も理科２科目で 180 分（教育学部理系試験は１科目で 90 分），大問３題の出題に変化はなかった。全大問でグラフを描く設問が出題され，２つの大問で導出課程や説明を記述する論述問題が出題された。Ⅰは万有引力による円運動と軌道のずれ，逆２乗の法則に従わない場合など京大らしい思考力を要するテーマであった。Ⅱも導体球の電場・電位や，球形コンデンサーというユニークなテーマであった。光電効果が単独で問われた。Ⅲは偏光という見慣れないテーマで，問題文の読解力が問われた。

Ⅰ．(1)は万有引力による楕円軌道がテーマで，距離 r を含む項と含まない項に分けて考える点が目新しいが，難しくはない。問１のグラフは数学力が問われ，差がつくかもしれない。(2)は円運動をしている宇宙船の半径方向の微小振動がテーマである。このような運動は，非慣性系で慣性力を考慮して運動方程式を立てなければならない。近似計算が多いが，ていねいな誘導があるので十分完答できる。(3)は万有引力の一般化であるが，(2)と同様にすれば難しくはない。

Ⅱ．(1)・(2)は導体の電場・電位の基本である。(3)の導体球殻も頻出のテーマであるが，$r=a$，$r=b$ の電位差と電位が理解できていないと問１のグラフを誤る。(4)の球形コンデンサーの電気容量は定義から考えればよいが，見慣れないテーマなので戸惑ったかもしれない。(5)は，電場を決める電気量が(4)のコンデンサーで与えられることがポイントである。

複雑な問題文の読解力が問われる。電子の等速円運動は電場がわかれば容易である。(6)の光電効果は，自由電子のエネルギーを考える点が目新しく，よくわからないまま解いた人も多かったと思われる。問 2 のグラフ選択が難しく，差がつくであろう。

Ⅲ．光の偏光面の操作という難解なテーマで，ほとんど手が出なかった人もいたかもしれない。(1)で透過軸方向の電場成分の 2 乗が信号強度に比例することが理解できないと全滅するので，ここは乗り越えたい。(2)は偏光板 A を通過した後の N 枚の偏光板による電場成分の変化を求めさせる内容で，近似式 $\sin\theta \fallingdotseq \theta$ が使えるかどうかがポイントになる。ここで差がつくであろう。(3)は光の偏光の方向によって屈折率が異なるという透明媒質を用いて，偏光方向を操作するという一見難解なテーマであるが，よく読むと光路差による光の干渉であることがわかる。き〜さは解きたい。問 1 は難問で，透明物体の x，y 方向と偏光板 A，B の透過軸方向との関係が理解できるかどうかである。(4)は(3)の干渉条件を利用すれば難しくはない。問 2 は(4)を利用するが，最小の $\Delta\lambda$ となる整数を見つけるのが難しい。

全体として，2023 年度は 3 題とも京大らしいユニークなテーマが含まれたが，2022 年度に比べて計算量がやや減少し，比較的解きやすい設問も多く，やや易化したと思われる。それでも，時間内に全問解くのは大変で，十分な計算力・読解力が必要なのは言うまでもない。

化学

I 解答

(a) 問1．分子間（ファンデルワールス）

問2．2.3

問3．8.5×10^6

(b) 問4．イ．CO　ウ．Fe_3O_4　エ．CO_2

a．1　b．2　c．1　d．1　e．3　f．1　g．1　h．1
i．1　j．2

問5．オ．＞　カ．$1-2x$　キ．＜　ク．$-\frac{50}{21}x^2-x+1$

問6．0.16

◀解　説▶

≪(a)黒鉛の結晶構造　(b)鉄の製錬と化学平衡≫

(a)　▶問1．黒鉛（グラファイト）は，正六角形が連なった網目状平面が層状に重なった構造をしている。正六角形内の炭素原子は共有結合で結ばれているが，層間は弱い分子間力（ファンデルワールス力）によって結合している。

▶問2．図1で示された3層からなる黒鉛において，網かけされた3つの正六角形を含む六角柱をこの層状構造の繰り返し単位と考える。各層に含まれる原子の数は，上層と下層（ともに同数）および中層において

$$\text{上層と下層}：\frac{1}{6}\times6=1\text{個}\qquad\text{中層}：1+\frac{1}{3}\times3=2\text{個}$$

よって，この六角柱に含まれる原子は

$$1\times2+2=4\text{個}$$

したがって，黒鉛の密度は

$$\frac{12}{6.0\times10^{23}}\times4\cdot\frac{1}{5.1\times10^{-16}\times6.7\times10^{-8}}=2.34\fallingdotseq2.3\,[\mathrm{g/cm^3}]$$

▶問3．3層構造である活性炭中のグラフェンにおいても，問2の六角柱繰り返し構造が同一平面方向に無数に広がっていると考えてよい。一方，この六角柱の上層と下層の面は，一般の黒鉛のように上下方向に無数に広

がっている六角柱繰り返し構造の単なる境界ではなく，実体としての3層構造の外面（表面）であるから，それぞれが含む原子の数は

$$\frac{1}{3}\times 6=2\text{個}$$

よって，この3層構造の六角柱繰り返し構造が含む原子の数は

$$2\times 2+2=6\text{個}$$

また，この構造の表面積は題意より六角形の面積の2倍と考えてよいので，求める単位質量あたりの表面積は

$$\frac{5.1\times 10^{-16}\times 2}{\dfrac{12}{6.0\times 10^{23}}\times 6}=8.5\times 10^{6}\,[\mathrm{cm^2/g}]$$

(b)　▶問4．酸化鉄(Ⅲ)が順次還元される反応式(1)～(3)は次のとおりである。

$$3Fe_2O_3+CO \rightleftharpoons 2Fe_3O_4+CO_2 \quad \cdots\cdots(1)$$
$$Fe_3O_4+CO \rightleftharpoons 3FeO+CO_2 \quad \cdots\cdots(2)$$
$$FeO+CO \rightleftharpoons Fe+CO_2 \quad \cdots\cdots(3)$$

また，CO生成の反応式は次のとおりである。

$$C+CO_2 \rightleftharpoons 2CO \quad \cdots\cdots(4)$$

▶問5．反応(3)と反応(4)の圧平衡定数（それぞれK_3，K_4とおく）は，COおよびCO_2の分圧をそれぞれp_{CO}，p_{CO_2}とすると，固体成分は平衡定数に含まれないので

$$K_3=\frac{p_{CO_2}}{p_{CO}}=1.0$$

$$K_4=\frac{p_{CO}{}^2}{p_{CO_2}}=42\,[\mathrm{kPa}]$$

よって，反応(3)および反応(4)の平衡反応が右向きに進行するためには，$\dfrac{p_{CO_2}}{p_{CO}}$，$\dfrac{p_{CO}{}^2}{p_{CO_2}}$がそれぞれ圧平衡定数よりも小さくなければならない（反応物が生成物より過剰）ので

$$p_{CO_2}<1.0\times p_{CO}$$
$$p_{CO}{}^2<42\times p_{CO_2}$$

(注)　平衡状態では　　$p_{CO_2}=1.0\times p_{CO}$，$p_{CO}{}^2=42\times p_{CO_2}$

また，分圧の法則から，$p_{CO}=100x\,[\mathrm{kPa}]$，$p_{CO_2}=100\times(1-x-y)\,[\mathrm{kPa}]$

であるから

反応(3)は　$100\times(1-x-y)<100x$　　$y>1-2x$

反応(4)は　$(100x)^2<42\times100\times(1-x-y)$　　$y<-\frac{50}{21}x^2-x+1$

(注)　CO，CO_2，N_2の混合気体において，COとN_2のモル分率が，それぞれxとyであるから，CO_2のモル分率は，$1-(x+y)$ となる。

▶問6．問5より

$$1-2x<y<-\frac{50}{21}x^2-x+1 \quad \cdots\cdots①$$

すなわち

$$1-2x<-\frac{50}{21}x^2-x+1 \qquad \frac{50}{21}x^2-x=x\left(\frac{50}{21}x-1\right)<0$$

$x>0$であるから　$\frac{50}{21}x-1<0$　　$x<0.42$

よって，式①における$1-2x$の最小値は　$1-2\times0.42=0.16$

したがって，yが0.16以下では式①が成立しないから，反応(3)と反応(4)がともに右向きに進行する気体組成が存在しないことになる。

II

解答

問1．蒸気圧降下

問2．イ．x_CP_A　ウ．$1-x_C$　エ．x_C

問3．オ．P_C　カ．P_1-P_A

問4．キ．P_AP_C　ク．P_C-P_A

問5．ケ．$y_{C3}-x_{C0}$　コ．$2x_{C0}-1$

◀解　説▶

≪溶液の蒸気圧とラウールの法則≫

▶問1．ア．不揮発性溶質の存在によって，揮発性溶媒の蒸気圧が純溶媒よりも低下する現象を蒸気圧降下という。

▶問2．イ・ウ．リード文より，P_Aと混合溶液における成分Aの蒸気圧との差はx_CP_Aに等しい。このことをラウールの法則という。また，成分Aのモル分率をx_Aとすると，混合溶液における成分Aの蒸気圧Pは

$$P_A-P=x_CP_A=(1-x_A)P_A \qquad P=x_AP_A=(1-x_C)P_A$$

(注)　リード文ではx_Aは与えられていないのでx_Cを用いる。なお，

$x_A + x_C = 1$ である。

エ．図 1 より，全蒸気圧は次のように表すことができる。

$$全蒸気圧 = P_A + (P_C - P_A) \times x_C = (1 - x_C) P_A + x_C P_C = x_A P_A + x_C P_C$$

▶問 3．オ．分圧の法則より成分 C の分圧は $y_{C1}P_1$，また，ラウールの法則より成分 C の分圧は $x_{C1}P_C$，よって

$$y_{C1}P_1 = x_{C1}P_C \qquad y_{C1} = \frac{P_C}{P_1} \times x_{C1} \quad \cdots\cdots(1)$$

カ．成分 A，C の分圧は，それぞれ $(1 - x_{C1}) P_A$，$x_{C1} P_C$ であるから

$$P_1 = (1 - x_{C1}) P_A + x_{C1}P_C = P_A + (P_C - P_A) x_{C1} \qquad x_{C1} = \frac{P_1 - P_A}{P_C - P_A}$$

これを式(1)に代入すると

$$y_{C1} = \frac{P_C}{P_1} \times \frac{P_1 - P_A}{P_C - P_A} \quad \cdots\cdots(2)$$

▶問 4．キ・ク．溶液の全量が気体に変わった瞬間ということは，気体中の成分 C のモル分率 y_{C2} について，$y_{C2} = x_{C0}$ が成立することになる。
よって，式(2)について

$$y_{C2} = x_{C0} = \frac{P_C}{P_2} \times \frac{P_2 - P_A}{P_C - P_A}$$

これより

$$P_2 = \frac{P_A P_C}{P_C - (P_C - P_A) x_{C0}}$$

（注）　隔壁移動の初期では，揮発性のより大きい C が A よりも多く蒸発していく（$x_{C1} < x_{C0}$）結果，溶液において x_A が徐々に大きくなり，A の蒸発も激しくなる。そのため，全蒸気圧は図 1 のグラフに沿って徐々に P_A に近づくように低下していく。そして，最終的に溶液がすべて蒸発してしまった瞬間には $y_{C2} = x_{C0}$ という気体組成になる。さらに隔壁移動で気体の体積が増加すれば，気体の法則に従って圧力は低下していく。

▶問 5．ケ．最初に調製された成分 C の物質量は

$$(n_L + n_G) \times x_{C0}$$

また，状態Ⅲについて

$$n_L x_{C3} + n_G y_{C3} = (n_L + n_G) x_{C0} \qquad n_L (x_{C0} - x_{C3}) = n_G (y_{C3} - x_{C0})$$

よって

$$\frac{n_L}{n_G}=\frac{y_{C3}-x_{C0}}{x_{C0}-x_{C3}}$$

コ．$n_L=n_G$ のとき　$y_{C3}-x_{C0}=x_{C0}-x_{C3}$　$y_{C3}+x_{C3}=2x_{C0}$

x_{C3}，y_{C3} について，問 3 での〔解説〕より

$$x_{C3}+y_{C3}=\frac{P_3-P_A}{P_C-P_A}+\frac{P_C}{P_3}\times\frac{P_3-P_A}{P_C-P_A}=\frac{P_3-P_A}{P_C-P_A}\times\left(1+\frac{P_C}{P_3}\right)=2x_{C0}$$

両辺に P_3 をかけて整理すると

$$P_3{}^2+(P_C-P_A)(1-2x_{C0})P_3-P_AP_C=0$$

この 2 次方程式を解くと（$P_3>0$）

$$P_3=\frac{(2x_{C0}-1)(P_C-P_A)+\sqrt{(2x_{C0}-1)^2(P_C-P_A)^2+4P_AP_C}}{2}$$

（注）$2x_{C0}-1<0$ であっても，$P_3>0$ である。

III 解答

問 1．安息香酸

問 2．9

問 3．A．（ベンゼン環に CH_3 と，そのオルト位に NO_2）　B．（ピリジン環の 3 位に $-C(=O)-OH$，5 位に H_3C-）　C．（ベンゼン環に $-C(=O)-OH$ と，そのオルト位に NH_2）

D．（ピリジン環の 3 位に $-C(=O)-CH_3$，5 位に $HO-$）　E．（ベンゼン環に $-C(=O)-OH$ と，そのオルト位に NO_2）　F．（ピリジン環の 3 位と 5 位に $-C(=O)-OH$：$HO-C(=O)-$，$-C(=O)-OH$）

問 4．G．（ピリジン環の 2 位に）$-C(=O)-O-CH(CH_3)-CH_3$　H．（ピリジン環の 2 位に）$-CH_2-CH_2-O-C(=O)-CH_3$

I．（ベンゼン環）$-NH-C(=O)-CH(CH_3)-OH$

◀解　説▶

≪ベンゼンとピリジンの置換体の構造決定・構造異性体≫

▶問1．トルエンやスチレンを過マンガン酸カリウムで酸化すると，ベンゼン環に結合した炭素原子が酸化されて安息香酸を生じる。

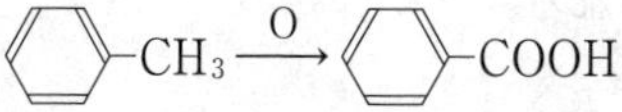

$$C_6H_5-CH_3 \xrightarrow{O} C_6H_5-COOH$$

（注）　スチレンの場合は，安息香酸と二酸化炭素やギ酸などが生じる可能性がある。

▶問2．ピリジン環は炭素原子数が5であるので，この化合物の置換基における炭素原子数は2である。よって，この化合物はピリジンの一置換体または二置換体と考えられる。

＜一置換体の場合＞置換基の化学式は　　$C_7H_9N-C_5H_4N=C_2H_5$

よって，置換基はエチル基であり，3種類の構造異性体（2，3，4位に結合）が考えられる。

＜二置換体の場合＞置換基の化学式は　　$C_7H_9N-C_5H_3N=C_2H_6$

よって，置換基は2つのメチル基である。

(1)　2位に1つ目のメチル基が結合した場合：2つ目のメチル基が3，4，5，6位に結合する構造異性体が考えられる。

(2)　3位に1つ目のメチル基が結合した場合：2つ目のメチル基が4，5位に結合する構造異性体が考えられる（2位，6位の結合は(1)に含まれる）。

なお，1つ目のメチル基が4位に結合するなどのその他の結合もすべて(1)，(2)に含まれる。以上より，構造異性体の数は次の①～⑨の9種類である。

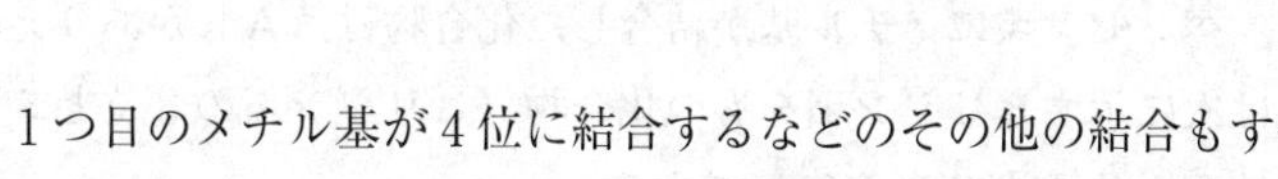

ピリジン環の①～③の位置に $-C_2H_5$（①, ②, ③）
2位に H_3C をもつピリジン環の④～⑦の位置に $-CH_3$（④, ⑤, ⑥, ⑦）
3位に H_3C をもつピリジン環の⑧, ⑨の位置に $-CH_3$（⑧, ⑨）

▶問3．与えられた文(あ)～(か)を読むと，化合物Ａ→Ｅ→Ｃ，Ｂ→Ｆ，Ｄの3つのグループに分けて，その変化をたどるとよいと考えられる。

＜Ａ→Ｅ→Ｃ＞・(い)より，トルエンを混酸でニトロ化すると，*o*-位または*p*-位がニトロ化されたニトロトルエン（分子式 $C_7H_7NO_2$）が得られる。ここで，Ａはベンゼン環において隣接する炭素原子に置換基が結合していることから，Ａは*o*-ニトロトルエンである。

$$\text{C}_6\text{H}_5\text{CH}_3 \xrightarrow{\text{ニトロ化}} o\text{-}\text{CH}_3\text{C}_6\text{H}_4\text{NO}_2$$

•(う)より，o-ニトロトルエンを過マンガン酸カリウムで酸化すると，o-ニトロ安息香酸（E：$C_7H_5NO_4$）が得られる。

$$o\text{-}\text{CH}_3\text{C}_6\text{H}_4\text{NO}_2 \xrightarrow{\text{O}} o\text{-}\text{HO-C(=O)C}_6\text{H}_4\text{NO}_2$$

•(お)より，o-ニトロ安息香酸をスズと濃塩酸で還元すると，o-アミノ安息香酸（アントラニル酸）（C）が生じる。

$$o\text{-}\text{HO-C(=O)C}_6\text{H}_4\text{NO}_2 \xrightarrow{\text{還元}} o\text{-}\text{HO-C(=O)C}_6\text{H}_4\text{NH}_2$$

<B→F>•(う)より，BとFの分子式は，それぞれAとEに等しいから，$C_7H_7NO_2$と$C_7H_5NO_4$である。また，BとFの分子式を比べると，炭素原子数に変化がないことから，Bのメチル基（ベンゼン環またはピリジン環に結合）が酸化されてカルボキシ基が生じたと推測される。

$$-\text{CH}_3 \xrightarrow{\text{O}} -\text{COOH}$$

しかし，ベンゼン環にメチル基が結合した化合物は，Aしかありえないので，Bは次に示すピリジン環をもつ化合物（ピリジン環の3位と5位に置換基が結合；分子式$C_7H_7NO_2$）である。

$$\text{H}_3\text{C-}(\text{C}_5\text{H}_3\text{N})\text{-C(=O)-OH}$$

したがって，F（分子式$C_7H_5NO_4$）は

$$\text{HO-C(=O)-}(\text{C}_5\text{H}_3\text{N})\text{-C(=O)-OH}$$

•(え)より，BとFをメタノールでエステル化すると次のように反応し，それぞれ分子式$C_8H_9NO_2$，$C_9H_9NO_4$のエステルが生じる。

$$\text{H}_3\text{C}\text{-}(\text{pyridine})\text{-}\overset{\text{O}}{\overset{\|}{\text{C}}}\text{-OH} + \text{CH}_3\text{OH} \longrightarrow \text{H}_3\text{C}\text{-}(\text{pyridine})\text{-}\overset{\text{O}}{\overset{\|}{\text{C}}}\text{-O-CH}_3 + \text{H}_2\text{O}$$

B

$$\text{HO-}\overset{\text{O}}{\overset{\|}{\text{C}}}\text{-}(\text{pyridine})\text{-}\overset{\text{O}}{\overset{\|}{\text{C}}}\text{-OH} + 2\text{CH}_3\text{OH}$$

F

$$\longrightarrow \text{H}_3\text{C-O-}\overset{\text{O}}{\overset{\|}{\text{C}}}\text{-}(\text{pyridine})\text{-}\overset{\text{O}}{\overset{\|}{\text{C}}}\text{-O-CH}_3 + 2\text{H}_2\text{O}$$

＜D＞•(か)より，Dはヨードホルム反応を示すので，構造 CH_3-CO- または $CH_3-CH(OH)-$ をもっている。Dの分子式とこれらの構造の化学式との差を求めると

$C_7H_7NO_2 - C_2H_3O = C_5H_4NO$　……①

$C_7H_7NO_2 - C_2H_5O = C_5H_2NO$　……②

②はピリジン環を形成できないので，Dは①を満たす次のようなピリジン環をもつ化合物である。

$$\text{HO-}(\text{pyridine})\text{-}\overset{\text{O}}{\overset{\|}{\text{C}}}\text{-CH}_3$$

▶問4．•(き)より，アルコールJを酸化するとアセトンが得られたから，Jは第二級アルコールの 2-プロパノール（C_3H_7OH）である。

$$\underset{\text{J}}{\text{CH}_3\text{-}\underset{\text{OH}}{\underset{|}{\text{CH}}}\text{-CH}_3} \xrightarrow{\text{O}} \underset{\text{アセトン}}{\text{CH}_3\text{-}\underset{\text{O}}{\underset{\|}{\text{C}}}\text{-CH}_3}$$

よって，カルボン酸Kの分子式は

$C_9H_{11}NO_2 - C_3H_8O + H_2O = C_6H_5NO_2$

Kはカルボキシ基（COOH）をもつことを考慮すると，化合物Gは次のようなピリジン環をもつ化合物である。

(ピリジン環)N C−O−CH(CH$_3$)−CH$_3$
‖
O

なお，Kの構造式は次のとおりである。

(ピリジン環)N C−OH
‖
O

• (く)より，アルコールLの分子式は

$$C_9H_{11}NO_2 - CH_3COOH + H_2O = C_7H_9NO$$

Lのヒドロキシ基に関わる脱水反応を行うと，C=C 結合をもつ化合物Mが得られたから，Lの置換基にはC原子が2つ以上あることになり，Lはベンゼン環ではなくピリジン環をもつ化合物となる。また，化合物Hは不斉炭素原子 C* をもたないから，Lの構造式は次のようになる（ピリジン環に直接結合している炭素原子にヒドロキシ基が結合すると，その炭素原子が C* となる）。

(ピリジン環)N CH$_2$−CH$_2$−OH

よって，Hの構造式は次のとおりである。

(ピリジン環)N CH$_2$−CH$_2$−O−C−CH$_3$
‖
O

なお，Mの構造式は次のとおりであり，これを過マンガン酸カリウムで酸化すると，カルボン酸Kが得られる。

(ピリジン環)N CH=CH$_2$

(ピリジン環)N CH=CH$_2$ $\xrightarrow{O}$ (ピリジン環)N C−OH + H−C−OH
‖　‖
O　O

M　K

• (け)より，化合物Nの分子式は

$$C_9H_{11}NO_2 - C_3H_6O_3 + H_2O = C_6H_7N$$

この分子がピリジン環をもつと示性式は $C_5NH_4-CH_3$ となり，加水分解で生じる化合物ではない。よって，Nはベンゼン環をもつアニリン $C_6H_5NH_2$ である。したがって，化合物Iはアミド化合物であり，化合物Oはカルボン酸である。さらに，Iは C^* を1つもつことから構造式は次のとおりである。

$$C_6H_5-\underset{H}{N}-\underset{\|\atop O}{C}-\underset{|\atop OH}{C^*H}-CH_3$$

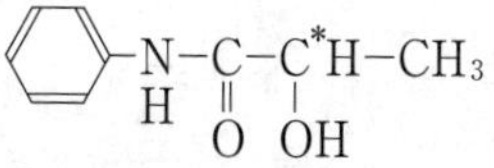

なお，Oの構造式は次のとおりである。

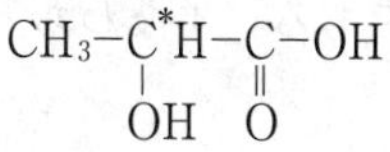

$$CH_3-\underset{|\atop OH}{C^*H}-\underset{\|\atop O}{C}-OH$$

IV

解答

問1．$CH_3-CH_2-\underset{|\atop NH_2}{CH}-COOH$

$H_2N-CH_2-CH_2-CH_2-COOH$　　$H_2N-CH_2-\underset{|\atop CH_3}{CH}-COOH$

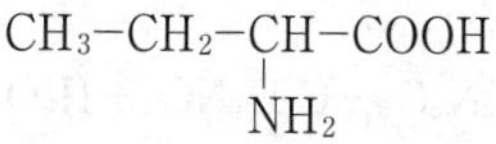

$$H_3C-\overset{NH_2\atop |}{\underset{|\atop CH_3}{C}}-COOH$$

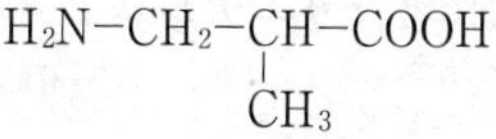

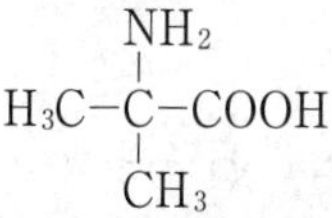

問2．X1．$HOOC-\underset{|\atop NH_2}{CH}-COOH$　　X2．$CH_3-CH_2-\underset{|\atop NH_2}{CH}-COOH$

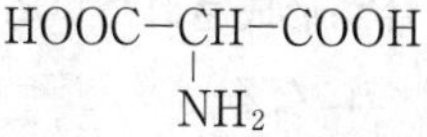

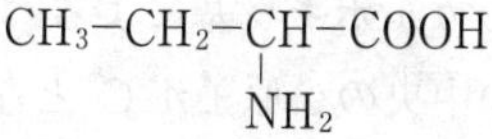

問3．$H_2N-\underset{|\atop {CH_2 \atop {| \atop CH_3}}}{CH}-\underset{\|\atop O}{C}-\underset{|\atop H}{N}-\underset{|\atop COOH}{CH}-COOH$

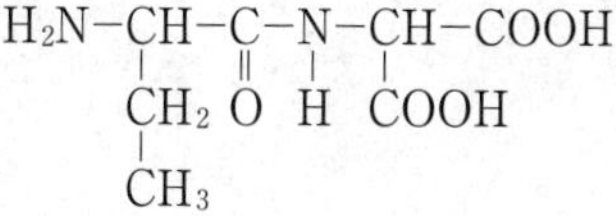

問4．2

問5．Y1．$H_2N-CH_2-CH_2-COOH$

Y2．$H_2N-CH_2-CH_2-\underset{|\atop NH_2}{CH}-COOH$

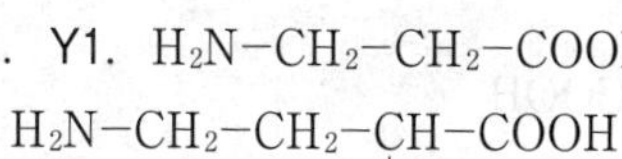

◀解　説▶

《ジペプチドとトリペプチドの構造決定》

▶問1．α-アミノ酸も含めてアミノ基とカルボキシ基の位置を考えると，4種類の構造異性体が得られる。

▶問2．与えられた情報から次のことがわかる。

• X1，X2ともにα-アミノ酸である。

• pH7.0での電気泳動から，X1は酸性アミノ酸であり，X2は中性アミノ酸である。よって，X1とX2をそれぞれ，

$HOOC-R_1-CH(NH_2)-COOH$，$R_2-CH(NH_2)-COOH$（R_1，R_2は炭化水素基）とする。

• X1とメタノールとのエステルは

$H_3COOC-R_1-CH(NH_2)-COOCH_3$

その分子式は$C_5H_9NO_4$であるから，R_1はなしである。すなわち，X1の構造式は

```
HOOC−CH−COOH
      |
      NH2
```

• X2の分子式は　　$C_7H_{12}N_2O_5-C_3H_5NO_4+H_2O=C_4H_9NO_2$

よって，$R_2=C_2H_5$となりエチル基であるから，X2の構造式は次のとおりである。

```
CH3−CH2−CH−COOH
         |
         NH2
```

▶問3．ジペプチドAの不斉炭素原子C^*は1つであるから，X1のアミノ基とX2のカルボキシ基によるペプチド結合が形成されている（逆の場合ではX1の中央のC原子がC^*となり合計2つになる）。

```
                        COOH
H2N−C*H−C−N−CH
     |   ‖  |   \
    CH2  O  H    COOH
     |
    CH3
```

```
                         O
                         ‖
逆の場合は　　H2N−C*H−C−N−C*H−COOH
                    |     |   |
                  COOH    H  CH2
                              |
                             CH3
```

▶問4．Y2中のN原子の数をxとすると，0.1molのY2から$0.1\times x$〔mol〕のアンモニアが生じる。硫酸のアンモニアと水酸化ナトリウムとの反応は，それぞれ

$$2NH_3+H_2SO_4 \longrightarrow (NH_4)_2SO_4$$

$$H_2SO_4+2NaOH \longrightarrow Na_2SO_4+2H_2O$$

よって

$$0.1\times x+\frac{1\times 300}{1000}=\frac{1\times 250}{1000}\times 2 \qquad x=2$$

▶問5．与えられた情報から次のことがわかる。

• Y2が含む2つのN原子はいずれも $-NH_2$ として存在する。

• トリペプチドB（分子量289）は1分子のY1と2分子のY2で構成されている。

• Y2は α-アミノ酸であるが，Y1はそうではない。

• Y1とメタノールのエステルの分子式は $C_4H_9NO_2$ であるので，Y1の分子式は　$C_4H_9NO_2-CH_3OH+H_2O=C_3H_7NO_2$（分子量89）

Y1の示性式を H_2N-R_3-COOH とすると　$R_3=C_2H_4$

Y1は α-アミノ酸ではないので，構造式は

$H_2N-CH_2-CH_2-COOH$

• Y2の分子量を M とすると

$89+2M-18\times 2=289 \qquad M=118$

よって，Y2の示性式を $R_4-CH(NH_2)COOH$ とすると，R_4 の式量は

$118-(13+16+45)=44$

• Y2は2つのアミノ基をもつから，R_4 はアミノ基を1つ含んでいる。よって，R_4 のアミノ基を除いた式量は　$44-16=28$

したがって，化学式は C_2H_4 だと考えられる。

• Y2のCOOHをHに置き換えると $R_4-CH_2-NH_2$ となり，この化合物は C^* をもたないから R_4 には C^* がない。よって，$R_4=-CH_2-CH_2-NH_2$ となり，塩基性アミノ酸Y2の構造式は

$$H_2N-CH_2-CH_2-\underset{\substack{|\\ NH_2}}{CH}-COOH$$

❖講　評

大問4題で出題数や形式はほぼ例年通りであるが，論述問題は見られなかった。また，大問Ⅰのみが(a)，(b)に分かれており，実質5題の出題であった。問題量と難易度を考えると，ほぼ例年通りの出題であったと考えられる。試験時間は2科目で180分（教育学部理系試験は1科目で90分）と変化がなかった。

Ⅰ．(a)　黒鉛の結晶構造と密度および活性炭に絡めた3層構造の黒鉛の表面積と質量の比を求める問題であった。問1は確実に得点しておきたい。問2は少し難しい問題集の例題で扱われているので，練習を積んでいると有利であったかもしれない。問3は無数にグラフェンが重なる通常の黒鉛とは異なり，3層構造の黒鉛に関する問題であるので，そこに含まれる炭素原子の数の扱いが異なる点に気づく必要があった。

(b)　問4は酸化鉄(Ⅲ)から始まる鉄の製錬における反応であるから，確実に得点しておきたい。コークスからCOが生成する反応も製錬における反応式全体が理解できていれば容易であった。問5・問6は製錬における平衡反応とその平衡定数から，正反応が進行する条件を求める問題であった。ルシャトリエの原理や平衡定数には固体成分が含まれないことをもとに考えればよいが，鉄の製錬反応に化学平衡の理論を当てはめるという見慣れない設定に戸惑ったかもしれない。平衡状態からずれているときに，左右どちら向きに反応が進むかについては，平衡状態に向けて進むということを理解する必要があった。また，モル分率そのものの扱いや反応に関与しない窒素のモル分率がどのように影響するかは，実際の製鉄現場で扱われるような内容であったため難しく感じたかもしれない。問6は数学的には問5で得られた不等式を用いて計算すればよいという面があったが，実際の反応において窒素のモル分率がどのように作用するかをイメージできれば自信をもてたのではないだろうか。

Ⅱ．溶液の蒸気圧に関する問題であった。モル分率と蒸気圧の関係はラウールの法則で扱うことができるが，リード文の前半で法則名を示すことをせずにその内容のみが与えられていた。問2はリード文をしっかり読んで理解することで論理的思考力を発揮すればよい。ラウールの法則が適用できる場合，2種類の液体が互いの溶質になることでともに蒸気圧が低下するが，その蒸気圧の和は図1になる点に注意したい。問3は分圧の法則とラウールの法則から y_{C1} と x_{C1} の関係が導けることがわかればよかった。さらに，x_{C1} と P_1 の関係は図1からも読み取れるように，y_{C1} を x_{C1} ではなく P_1 を用いて表すことができるはずである。つまり，P_A と P_C は既知であるから，実測値である P_1 だけを用いた計算によって y_{C1} を求めることができるのである。問4は，すべてが気体に変わった瞬間では $y_{C2}=x_{C0}$ であることに気づくことが重要であった。このことは与えられた実験上の変化をどのように具体的にイメージできているかによって差がついたところであろう。問５では最初に調製された両成分の物質量が，気液共存下で気体と液体にどのように分配されているかをモル分率を用いて表現することが求められた。また，気体と液体の物質量が等しい状態をどのように表現するかも思考力が必要であった。

Ⅲ．ピリジン環をもつ化合物の構造を考えさせる問題で目新しかった。問２はピリジン環をもつ化合物の構造異性体を問うているが，分子式から置換基の種類や位置について落ち着いて順序だてて考えれば得点できただろう。問３・問４ともに与えられた記述を理解し，その内容を組み合わせて化合物の構造を考えていけばよかった。ピリジン環が窒素原子を含んでいるので，ベンゼン環をもつ化合物のアミノ基やニトロ基との違いをしっかり理解しておかないと，構造を考えるうえで見落としや手順を飛ばしてしまうことが生じたかもしれない。与えられた記述が何を示しているか，またそれが相互にどのように関連しているかに気づくことがポイントであった。ただ，ベンゼン環，ピリジン環をもつ化合物はいずれも置換基の位置や数が決められていることで条件を限定することができたから，そのぶん時間の節約につながったと思われる。

Ⅳ．ジペプチドとトリペプチドの構造式や構成アミノ酸の構造式を問う問題であった。α-アミノ酸とそうでないアミノ酸を区別して扱い，そのことが構造や反応に影響を与えて，構造式を限定していることに気づく必要があった。また，それぞれについての情報内容を見落としたりすると解答に至らないことがあった。箇条書きのような形で情報が与えられていないので戸惑ったかもしれない。問１は基本的な問題で確実に得点したい。問２・問３はジペプチドＡについての情報をもとに考えるが，電気泳動の意味や構成アミノ酸がいずれもα-アミノ酸であることなどに注意して，順序だてて考察していけば正解できたと思われる。ただ，不斉炭素原子が１つであることがジペプチドの構造を考えるうえでどのように影響するかがポイントであった。問４はY2の構造を考えるうえで重要な情報であり，単なる計算問題でないことに気づく必要があった。問５はY2の分子量を求め，アミノ酸の側鎖の構造を考察するのであるが，置換基の取り換えによって不斉炭素原子の存在が変化することの意味を，アミノ基の結合位置と関連付けてしっかり見極めなければならない。

生物

I

解答　(A)　問1．ア．ATPの合成　イ．逆らって
ウ．ATPの分解　エ．能動

問2．NADH，$FADH_2$

問3．加熱して液中の酵素を失活させる操作。

問4．O_2の遮断により，電子伝達系での還元型補酵素から酸化型補酵素への酸化反応が起こらなくなる。そのため，クエン酸回路で必要とされる酸化型補酵素が不足し，クエン酸回路が停止してCO_2の発生も停止する。

(B)　問5．①レーンOでは，調節タンパク質が結合した^{32}P標識DNA断片には，調節タンパク質A，Bに加えてAの抗体も結合している。したがって，分子量がより大きくなり，バンドWよりも移動距離の小さい位置にバンドが観察される。

②調節タンパク質Dは^{32}P標識DNA断片と結合せず，調節タンパク質A，Bとも結合しない。したがって，Dと抗体との結合の有無はDNA上の複合体に影響せず，バンドWと移動距離の同じバンドが観察される。

問6．(あ)，(お)

◀解　説▶

≪(A)呼吸反応でのH^+の動き　(B)転写調節タンパク質と電気泳動≫

(A)　▶問1．問題文にある通り，膜間腔に蓄えられた高い濃度のH^+がマトリックスに流入する際のエネルギーでATP合成が起こる。このときのマトリックスへのH^+の流入は，濃度差に従った移動である。ところが，エネルギーが「不十分なときにはATP合成酵素の回転子が逆方向に回転し，機能も逆転する」とあるから，不足しているのは「ATPの合成」にとって必要なエネルギーである。またこのとき，H^+は濃度勾配に「逆らって」輸送され，「ATPの分解」に伴う「能動」輸送が起こっている。

▶問2．ミトコンドリア内のクエン酸回路では，ピルビン酸がアセチルCoAを経て各種有機酸が生じ，脱炭酸反応と脱水素反応を受ける。脱水素反応では，生じた水素が酸化型補酵素NAD^+とFADを還元して，還元型補酵素NADHと$FADH_2$を生じる。

▶問３．実験１は，メチレンブルーを指示薬としてコハク酸脱水素酵素による基質の酸化（脱水素）反応が起こっていることを確認するためのものである。このとき，ツンベルク管内では以下の２つの反応が起こる。

コハク酸＋FAD ⟶ フマル酸＋$FADH_2$

$FADH_2$＋酸化型メチレンブルー(青色)

⟶ FAD＋還元型メチレンブルー(無色)

なお，真空ポンプを用いて酸素を除去しているため，本来なら電子伝達系で酸化型補酵素（FAD）に戻るはずの $FADH_2$ が，この実験ではメチレンブルーの還元に用いられていることになる。上の最初の反応が組織破砕液によるものだと確かめるためには，対照として〈酵素がはたらかなければ反応が起こらない〉ことを実験で示せばよい。したがって，「加熱する」，「不適当な pH 条件に置く」などの酵素がはたらかなくなる操作を加えた実験を行えばよい。

▶問４．好気呼吸において O_2 が必要とされ消費されるのは電子伝達系である。補酵素について見てみると，クエン酸回路で酸化型補酵素がＨを受け取り，還元型補酵素となる。次に起こる電子伝達系では還元型補酵素からＨが取り外され，還元型補酵素は酸化型補酵素に戻る。このとき O_2 供給が停止すると電子伝達系も停止するので，還元型補酵素は酸化型補酵素に戻れず，クエン酸回路で必要となる酸化型補酵素が不足し，クエン酸回路が停止するので CO_2 発生も停止する。

(B)　▶問５．^{32}P 標識 DNA 断片を標識断片と呼ぶことにする。調節タンパク質Ｄは標識断片とは結合しないので，図３において，レーンＭのバンドＷに存在するのはⓐ標識断片＋調節タンパク質Ａ＋調節タンパク質Ｂの３つが結合したものである。

①レーンＯにはＡと結合する抗体が含まれるので，ⓑ標識断片＋抗体の付着した調節タンパク質Ａ＋調節タンパク質Ｂが結合している。ⓑはⓐより付着した（Ａに対する）抗体の分だけ分子量が大きいので，Ｗより移動距離が小さいところにバンドが現れる。

②Ｄに対する抗体を加えた試料を用いたレーンＰでは，標識断片とＤが結合しないので，レーンＭと同じものが生じる。

▶問６．(あ)　不適。図２のグラフの高さが遺伝子Ｘの転写が活性化される度合いを示す。右から２番目のグラフが最も高いため，遺伝子Ｘの転写の活性化には調節タンパク質Cの遺伝子は不要である。

(い)　適切。図2の右端のグラフの高さが右から2番目のグラフより低いことから，調節タンパク質Cの遺伝子を導入することで，選択肢内で述べられているような理由で転写の活性化が抑えられていると考えられる。

(う)　適切。実験3から，調節タンパク質AとBの遺伝子の導入による遺伝子Xの転写の活性化（mRNA量の上昇）は，翻訳阻害剤（＝タンパク質合成の阻害が起こる）の添加により影響を受けない。したがって，遺伝子AとBの増大効果にはタンパク質合成が必要でない。しかし，調節タンパク質Dの遺伝子の導入による場合，翻訳阻害剤の添加でmRNA量の上昇は抑制される。そこで調節タンパク質Dによる遺伝子Xの転写の活性化には，別の調節タンパク質が必要であると考えられる。

(え)　適切。細胞を破砕しないので，生きた細胞で経時的な測定が行える。

(お)　不適・(か)適切。標識していないDNA断片を大過剰に混合したレーンNでは，調節タンパク質A，Bはほとんどすべてが大量に存在する非標識DNA断片と結合する。A，Bと結合した非標識断片は可視化されないため，移動距離が大きいところに調節タンパク質と結合していない標識断片のみ現れる。標識断片と非標識断片で，調節タンパク質との結合の強さに差があるわけではない。

II　解答　(A)　問1．ア．プライマー　イ．6　ウ．13

問2．

マイクロサテライト番号	父親由来の染色体	母親由来の染色体
1	2	4
2	6	3
3	8	3

問3．父親の染色体の6番と7番のマイクロサテライトの間

問4．6番と9番のマイクロサテライトの間

(B)　問5．エ．ギャップ　オ．ペアルール　カ．セグメントポラリティー　キ．ホメオティック

問6．(i)—④　(ii)—①　(iii)—③　A．転写抑制　B．転写活性化

◀解　説▶

≪(A)マイクロサテライトと染色体の乗換え　(B)動物の初期発生と分節遺伝子≫

(A)　▶問1．PCR法では，DNAを増幅させるため，まず増幅開始点にあたる②と③にプライマーを結合させる。図1より，増幅されるDNA断片は②+5塩基対+①+5塩基対+③で，②と③はそれぞれ15塩基対だから，繰り返し配列であるマイクロサテライト①以外に

15+5+5+15=40塩基対

が付着している。

よって，52塩基対のDNA断片に含まれる繰り返し部分の塩基対数は

52−40=12塩基対

CAの繰り返し数は　　12÷2=6回

同様に，66塩基対のDNA断片に含まれるCAの繰り返し数は

(66−40)÷2=13回

▶問2．子がもつマイクロサテライト番号1の繰り返し数は2と4である。母親には2の繰り返し数はないから，2は父親由来である。したがって，4の繰り返し数は母親由来となる。ポイントは，片方の親にない繰り返し数が，他方の親に由来すると考えて解くことである。同じようにマイクロサテライト番号2について考えると，繰り返し数は3と6で，6の繰り返し数が母親にないから，父親由来と考えることができる。6が父親由来と決まった後で，残った方の3が母親由来と考えよう。同様にしてマイクロサテライト番号3（繰り返し数3，8）では，8が父親由来で，もう一方の3が母親由来となる。よって，マイクロサテライト番号1，2，3の順に父親由来が2，6，8で，母親由来が4，3，3となる。

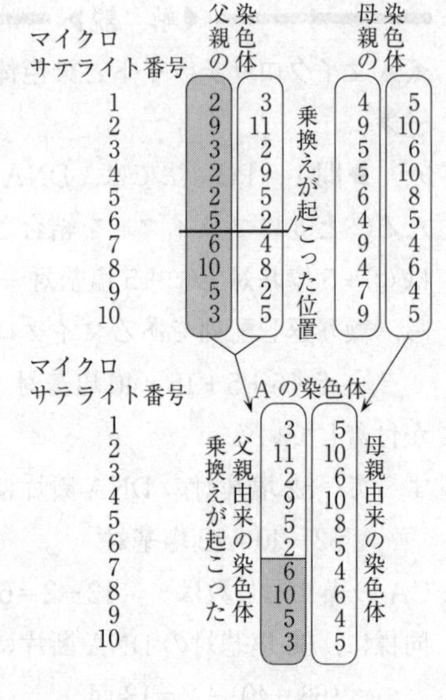

▶問3．第三世代Aの右側の染色体のハプロタイプは，第二世代である母親の右側の染色体のハプロタイプと一致する。したがって，右側の染色体は母親に由来し，左側の染色体が父親に由来する。Aの左側の染色体のハプロタイプを父親の染色体のハプロタイプと比較すれば，右図に示すように，父親の配偶子形成にあたってマイクロサテライト番号6と7の間で乗換えが起こったと考えられる。

▶問4．まず考えなければならないのは，それぞれの染色体が父親，母親のどちらに由来するかである。次頁の図のように問題となる個体の染色体に番号①～⑩を振った。以下1～4の順に考えていく。

1．第二世代において③・④をもつ発症した●と，⑤・⑥をもつ発症していない○に着目する。④と⑥は同じハプロタイプだから，同じ親に由来する。よって，⑥にはX病原因遺伝子（Xとする）はなく，母親由来だと考えられる。だから，Xは③に含まれ，父親由来である。⑤にはXは含まれない。

2．第二世代■の①は③と同じだから父親由来でXをもち，②は母親由来でXをもたない。

3．第三世代●（A）の⑧は母親（Xをもたない）の一方の染色体のハプロタイプと同じだから，母親由来でXをもたない。よって，⑦がXをもつ。

4．第三世代■の⑨は，父親（Xをもたない）の染色体がマイクロサテライト番号3と4の間で乗換えたものだから，Xをもたない。よって，⑩がXをもつ。

上記の1～4をまとめると，Xは①，③，⑦，⑩にあって，⑤にない部分にある。次頁の図に示すように，①，③，⑦，⑩に共通で，⑤にはない部分はマイクロサテライト番号7と8の部分だから，Xは少なくともこの部分を含んでいなければならない。Xを含む範囲としてはマイクロサテライト番号6より下（6は含まない）で，番号9より上（9は含まない）である。

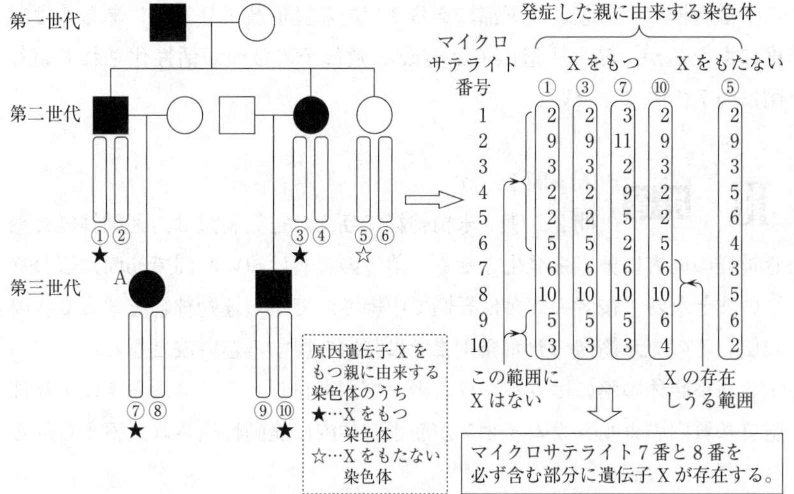

マイクロサテライト番号	①	③	⑦	⑩	⑤
1	2	2	3	2	2
2	9	9	11	9	9
3	3	3	2	3	3
4	2	2	9	2	5
5	2	2	5	2	6
6	5	5	2	5	4
7	6	6	6	6	3
8	10	10	10	10	5
9	5	5	5	6	6
10	3	3	3	4	2

(B)　▶問5．いろいろな動物の初期発生において，分節遺伝子と呼ばれる遺伝子群が重要な役割を果たしている。これらの遺伝子群とその後に続く遺伝子群のはたらきで体が形成される。発生の初期にはギャップ → ペアルール → セグメントポラリティーの順に遺伝子がはたらく（はたらく順は字数の順になっていると覚えると楽である）。その後，ショウジョウバエなどではホメオティック遺伝子群により，各器官が分化する。

なお，BMP遺伝子は誘導された中胚葉を腹側へ向けて運命づけるはたらきをもち，アポトーシス関連遺伝子は細胞死を通していろいろな器官の発生に関与する。SmadはBMP遺伝子とともにはたらいて骨形成などに関与する。Nodal遺伝子は左右の体軸形成に関与する。

▶問6．見極めるポイントは，図4から*Hox 1*遺伝子だけが発現する領域で頭蓋骨が作られると気づくことである。図5から*Hox 1*遺伝子は3′側先端にあり，結局①の部分では3′側の先端にある*Hox 1*遺伝子だけが活性化されて，頭蓋骨が形成されていることになる。3′側の先端にある*Hox 1*遺伝子だけが，他の遺伝子と異なる状態にあるのは，図7では(ii)であり，これが図6①である頭部の遺伝子の状態で，Bが「転写活性化」された状態，Aが「転写抑制」された状態とわかる。以下，3′側の5つの遺伝子（*Hox 1*遺伝子～*Hox 11*遺伝子）が活性化されている(i)は仙椎または腰椎の下部で，④である。3′側の3つの遺伝子が活性化されている(iii)は胸椎で，前肢より下部にある③である。前肢より上部にある②は頸椎にあたるが，*Hox 1* 遺伝子と *Hox 3* 遺伝子の2つが活性化されている図は図7の中にはない。

III 解答

(A)　問1．(う)

問2．(1)　末梢神経に与えた電気刺激は，運動神経と感覚神経の両方に興奮を発生させる。前者の興奮は短い時間で筋肉に伝わり早い波となる。後者の興奮は脊髄で中継されてから運動神経を通って筋肉に伝わるので，筋肉の興奮発生までに時間を要する遅い波となる。

(2)　筋小胞体の膜にはカルシウムポンプが存在し，このはたらきにより細胞質基質内のカルシウムイオンが筋小胞体内に能動輸送され，蓄えられる。

(B)　問3．根冠

問4．拡散と局在性のない取り込み輸送体とにより，細胞は全方向からオーキシンを取り込む。しかし，オーキシンの排出は細胞の特定の部位に局在する排出輸送体によって行われる。このため，植物体内ではオーキシンは排出輸送体が局在する方向に移動する極性移動が起こる。

問5．根と茎は感受性が異なり，オーキシン濃度が高い 10^{-8}～10^{-3}mol/Lでは，根は成長を抑制され，茎は成長が促進される。横倒しにした植物の茎でも下側のオーキシン濃度が高くなるが，茎では根と逆に下側の成長が促進されて茎が上向きに成長する。

問6．師管により輸送されてきた同化産物を取り込んで，呼吸により分解してATPを得る。

◀解　説▶

≪(A)筋紡錘，誘発筋電図，筋小胞体　(B)オーキシンの極性移動と屈性≫

(A)　▶問1．筋収縮時には，錘内筋繊維も（別の運動ニューロンからの刺激によって）収縮するので緩まない。錘内筋繊維が緩んでいないから，筋伸張時には（筋とともに引っ張られることになり）筋伸張を鋭敏に感知できる。もし，錘内筋繊維が緩んでいれば，筋とともに引っ張られることが少ないので，筋伸張を鋭敏に感知しにくい。したがって，錘内筋繊維が収縮しないときと比べ，筋肉の長さの変化（筋の伸張）に対する感度が上がることになる。

▶問２．(1)　図１の手法を誘発筋電図法と呼ぶ。末梢神経に与えた電気刺激は，筋につながる運動神経と筋紡錘からの感覚神経の両方に興奮を発生させる。前者の興奮は短い時間で筋肉に伝わり早い波（M波という）となる。後者の興奮は脊髄で中継されてから運動神経を通って筋肉に伝わるので，筋肉の膜電位の変化までに時間を要する遅い波（H波という）となる。刺激があまり強くない場合（問題文では「適度な強度」となっている）は，運動神経の神経繊維には閾値が高いものが多いので，筋への刺激伝達が少なく膜電位変化が小さくなる。一方，感覚神経の閾値は低いものが多いので，多くの興奮が起こり脊髄での伝達も大きくなり，（脊髄反射によって興奮する）運動神経を経て筋を刺激するので，筋での膜電位変化が大きくなっている。ただし，図１のBに示されている膜電位の変化の様子は，刺激の強度によって変化する。

(2)　細胞外からの刺激による細胞内のカルシウムイオン濃度の変化は，細胞の増殖，筋肉の収縮，免疫応答などの生命現象にとって重要である。カルシウムイオンは，細胞内では小胞体に蓄えられ，その濃度は細胞質基質の約１万倍とされる。小胞体膜に存在するカルシウムポンプ（筋小胞体カルシウム ATPase（SERCA2）など）は細胞質基質側から小胞体内腔へのカルシウムイオンの取り込み（能動輸送）を行い，カルシウムイオン濃度の維持に必須とされている。ポイントは「筋小胞体」「カルシウムポンプ」「能動輸送」の語を組み合わせることである。

(B)　▶問３．根では根冠部に存在するコルメラ細胞が重力方向に移動するアミロプラストをもち，その細胞内分布の変化によって，屈性を示す原因となるオーキシンの分布の差を作り出すと考えられている。

▶問４．根の細胞でのオーキシン取り込み輸送体は AUX タンパク質，排出輸送体は PIN タンパク質（PIN1）である。前者は細胞膜全体に存在するが，後者は根の中心柱では根端側に局在する。この結果，細胞は全方向からオーキシンを取り込むが，中心柱では排出は根端側に向かってだけ起こる。また，拡散による細胞内へのオーキシン移動は全方向からで，細胞内外の pH の違いによって細胞外部への拡散は起こりにくい。これらの結果，植物体内ではオーキシンは排出輸送体が局在する方向に移動する極性移動が起こる。論述のポイントは，「拡散と局在性のない取り込み輸送体による全方向からの細胞内への移動」と「局在性をもつ排出輸送体による一方向の細胞外への移動」の結果としての極性移動という点を述べることである。なお，根の表皮側の細胞ではPINタンパク質（PIN2）が茎側（根端の反対側）に局在し，茎側に向かうオーキシン移動が起こっている。

▶問5．重力方向側（下側）へのオーキシンの偏在と，その結果としての下側の細胞成長促進を述べればよい。

▶問6．同化産物を取り込んでから，それを細胞内で分解してATPを得るのであって，師管などから直接ATPを取り込むのではないことに注意しよう。

Ⅳ　解答　(A)　問1．ア・イ．a・b（順不同）
ウ．キサントフィル　エ．紅藻類　オ．細胞内共生

問2．緑

問3．(あ)，(く)

問4．まず，原始従属栄養性真核生物がシアノバクテリアを取り込み，細胞内共生によって原始的な葉緑体をもつアーケプラスチダが生じた。その後，さらに様々な従属栄養性真核生物がアーケプラスチダを取り込むことで，二次的に葉緑体をもつこととなった。

(B)　問5．移動能力の小さい生物

問6．①区画の数が少ないと，個体数が偏った区画の影響が大きくなり，実際の個体数と大きくずれる可能性がある。

②区画の大きさが小さいと，区画内の個体数に大きなばらつきが出て，密度推定に適さない。

問7．(a)過大　(b)過大　(c)過大　(d)過小

◀解　説▶

≪(A)細胞内共生と遺伝子重複　(B)区画法と標識再捕法≫

(A)　▶問1．緑色植物／緑色藻類は，光合成色素としてクロロフィルa・bとキサントフィルをもつ。それに対して，アサクサノリなど紅藻類は光合成色素としてクロロフィルaとフィコビリンをもつ。両者の葉緑体はシアノバクテリアとの細胞内共生に由来する。

▶問2．緑色植物の吸収スペクトルは500～600nm付近（緑色光）で落ち込む。緑色光を光合成に利用しにくいからである。

▶問3．同じタンパク質の遺伝子をもつということは，その種が共通祖先

種から分化する以前に，そのタンパク質の遺伝子をもっていたということである。

(あ)　誤り。図1(C)より，ツルシラモはチノリモとより近縁である。

(い)　正しい。図1(D)を参考にすると，各タンパク質の遺伝子が分かれた順序はわかるが，時期はわからない。

(う)　正しい。図1(D)の左端に4種のタンパク質の共通祖先遺伝子があったことになる。

(え)　正しい。図1(D)にはシゾンのPE-βタンパク質の遺伝子が示されていない。

(お)　正しい。図1(D)より，3種の藻類はAPC-β，APC-F，PC-βタンパク質の遺伝子を共通にもつ。したがって最初に述べたように，3種の共通祖先は分かれる前にAPC-β，APC-F，PC-βタンパク質の遺伝子をもっていたことになる。

(か)　正しい。図1(D)より，APC-β，APC-Fの共通祖先遺伝子(ア)とPC-βとPE-βの共通祖先遺伝子(イ)が分かれた後で，(ア)の遺伝子からAPC-βタンパク質の遺伝子とAPC-Fタンパク質の遺伝子が分かれているから，APC-βタンパク質の遺伝子は，PC-βタンパク質の遺伝子よりも，APC-Fタンパク質の遺伝子と近縁である。

(き)　正しい。図1(D)より，シゾンだけがPE-βタンパク質の遺伝子をもたないのは，シゾンが分化した後でチノリモとツルシラモの共通祖先で上記の(イ)からPE-βタンパク質の遺伝子が分化したからである。この結果，シゾンはPE-βタンパク質の遺伝子をもたず，チノリモとツルシラモだけがPE-βタンパク質の遺伝子をもつことになる。

(く)　誤り。(ア)の遺伝子と(イ)の遺伝子が，それぞれ1回の重複で生じている。(ア)の重複でAPC-βタンパク質の遺伝子とAPC-Fタンパク質の遺伝子が生じ，チノリモとツルシラモの共通祖先で(イ)の重複によりPC-βタンパク質の遺伝子とPE-βタンパク質の遺伝子が生じている。

▶問4．光合成植物には葉緑体をもたない真核生物が直接にシアノバクテリアを取り込んで葉緑体を獲得したもの（アーケプラスチダあるいは一次植物といい，一次細胞内共生ともいう）と，一次植物を取り込んで二次的に葉緑体を獲得したもの（二次植物や二次細胞内共生という）があると考えられている。アーケプラスチダは一次植物をまとめたグループで，緑色植物／緑色藻類（緑色植物亜界といい，緑藻類と陸上植物が含まれる），紅藻類（紅藻植物門），灰色藻類（灰色植物門）の３つが含まれる。ここでは灰色藻類は取り上げられていないが，葉緑体（色素体）膜が２枚であることが特徴である。

また，ミドリムシやケイ藻類などはアーケプラスチダを二次的に取り込んだグループで，場合によっては三次細胞内共生していたものもあるのではないかと言われている。

論述のポイントは，問題文中の従属栄養性真核生物の系統は「アーケプラスチダを取り込むことで葉緑体を二次的に獲得した」という点である。

(B)　区画法は，密度に着目して，「全個体数÷調査地全体の面積＝１区画の平均個体数÷１区画の面積」として，個体数を求める方法である。また標識再捕法は，標識個体の割合に着目して，「標識個体数÷全個体数＝２回目に捕獲された標識個体数÷２回目に捕獲された個体数」として個体数を求める方法である。

▶問５．区画法に適さない生物の特徴としては，「移動する」「見つけにくい」「分布が偏っている」などが挙げられる。適したものは，その逆に，「移動せず（移動能力が小さく）」「見つけやすく」「分布が偏らない」ものである。ここでは移動能力について述べたが，３点すべてを解答してもよい。

▶問６．移動能力が小さく区画法での調査に適している場合でも，「分布様式」によって個体数推定に留意しなければならない点は多い。調査対象地域内での個体の分布が完全な一様分布であれば，小面積の少数の区画での調査でも，１区画の平均個体数にばらつきが少なく，ほぼ正確な個体数推定も可能であろう。しかし，集中分布である場合は，区画の面積や調査区画数の設定によって，区画ごとの個体数にばらつきが大きく，正しく個体数を推定できない。特に集中分布である場合は，①区画数が少ないと，個体数が偏った区画の影響が大きくなり，実際の個体数が大きくずれてしまう可能性があり，②区画が小さいと，区画内の個体数のばらつきが極端に大きくなる可能性がある。このような理由で，区画法によって推定された個体数が地域の個体数を反映しない場合がある。

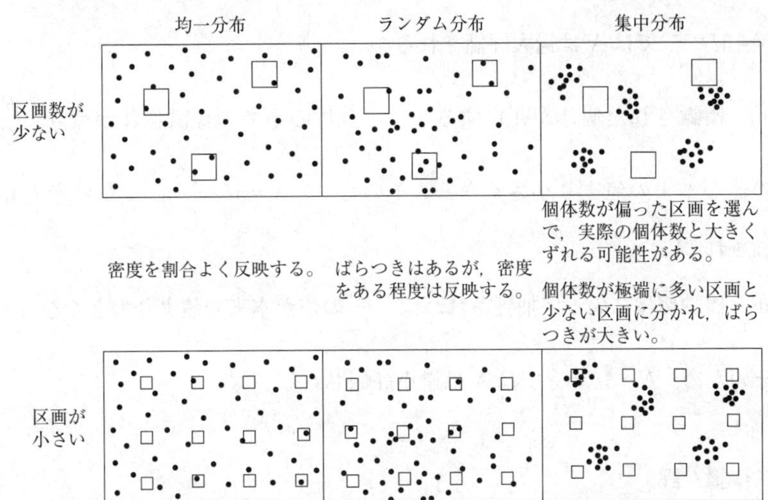
均一分布
ランダム分布
集中分布
区画数が少ない
個体数が偏った区画を選んで，実際の個体数と大きくずれる可能性がある。
密度を割合よく反映する。
ばらつきはあるが，密度をある程度は反映する。
個体数が極端に多い区画と少ない区画に分かれ，ばらつきが大きい。
区画が小さい

▶問7．推定結果が妥当である条件は，「全体の中の標識個体の割合と，サンプル（2回目捕獲）中の標識個体の割合が等しい」ことである。全個体数を N，1回目に捕獲し標識した個体数を M，2回目捕獲数を C，C の中の標識個体数を R とすると，標識個体の割合は

$$\text{全体の中の標識個体の割合}=\frac{M\text{（標識した個体の数）}}{N\text{（全個体数）}}$$

$$\text{2回目捕獲の中の標識個体の割合}=\frac{R\text{（2回目捕獲の中の標識個体数）}}{C\text{（2回目捕獲数）}}$$

両方の標識個体の割合が等しければ，その個体群中の全個体数 N は $\frac{M}{N}=\frac{R}{C}$ より，$N=M\times\frac{C}{R}$ と計算される。

2回目捕獲の標識個体の割合である $\frac{R}{C}$ をもとに考えてみよう。

(a)　2回目捕獲までに，標識個体から標識が外れると，全体の中での標識個体の割合が下がり，2回目捕獲の中の標識個体の割合 $\frac{R}{C}$ が本来の値より小さくなる。そのため，$N=M\times\frac{C}{R}$ では N は過大評価される。

(b)　2回目捕獲の中に，移入した個体（無標識である）が混じって無標識個体が増えるので $\frac{R}{C}$ の値が本来の値より小さくなる。そのため，

$N=M\times\frac{C}{R}$ では N は過大評価される。

(c)　標識された個体が死亡するから，全体の中での標識個体が減り，$\frac{R}{C}$ の値が本来の値より小さくなる。そのため，$N=M\times\frac{C}{R}$ では N は過大評価される。

(d)　標識個体に偏って捕獲されれば，$\frac{R}{C}$ の値が本来の値より大きくなる。そのため，$N=M\times\frac{C}{R}$ では N は過小評価される。

❖講　評

大問は例年通り 4 題だが，4 題とも(A)・(B)に 2 分割されていて，問題の分野が広くなっている。論述中心という点は例年通りである。

Ⅰは(A)が「呼吸反応での H^+ の動き」，(B)が「転写調節タンパク質と電気泳動」を扱っている。(A)の酵素反応，(B)の調節タンパク質とも入試では頻出の出題である。内容的には京大としてはやや易しい。

Ⅱは(A)が「染色体の乗換え」，(B)が「初期発生と分節遺伝子」を扱っている。(A)は遺伝の出題としては標準的で，(B)は前半がやや詳細な知識を必要とし，後半は実験問題としての側面をもつ。標準的な難度である。

Ⅲは(A)が「筋収縮と神経」，(B)が「オーキシンの極性移動」を扱っている。(B)は近年の大学入試では頻出の出題分野である「タンパク質」を輸送体として取り上げている。

Ⅳは「進化・系統」「生態」分野で，(A)が「細胞内共生と遺伝子重複」，(B)が「区画法と標識再捕法」を扱っているが，(A)には「葉緑体の進化」と「タンパク質遺伝子の分化」の異なる 2 つの内容が含まれている。(A)，(B)ともに難度は標準的だが，(B)の論述部分がやや答えにくい。

内容的には，例年並みの難度といえる。2023 年度は複数の大問で「タンパク質」を扱ったものが見られたが，京大に限らず入試における生物の出題では，近年ますます分子生物学分野，特に酵素・抗体をはじめとして受容体・輸送体・調節物質など「タンパク質」の出題が目立つようになってきている。

地学

I

解答　問1．ア．米粒　イ．年周視差法　ウ．位置
エ．分光視差法　オ．ケフェウス座δ型変光星
カ．Ia型超新星　キ．距離はしご

問2．1年を周期として，天球上で長半径0.2″の楕円運動をする。

問3．エ．主系列星におけるスペクトル型と絶対等級の関係
オ．ケフェウス座δ型変光星における変光周期と絶対等級の関係

問4．(1)　Ia型超新星

(2)　見かけの等級を m，天体までの距離を r パーセク，絶対等級を M とすると，$M=m+5-5\log_{10}r$ が成り立つ。したがって

$$-19.3=18.1+5-5\log_{10}r$$

$$\log_{10}r=8.48$$

$$r=10^{8.48}=10^{0.48}\times10^{8}=3.0\times10^{8}〔パーセク〕$$ ……(答)

問5．(1)　2.1×10^{4} km/s

(2)　7×10 km/s/メガパーセク

(3)　宇宙モデル名：ビッグバンモデル

任意の天体までの距離を r，その天体の後退速度を v とすると，動き始めてからそこに到達するまでの時間，すなわち宇宙の年齢は $\frac{r}{v}$ で示される。

ハッブル定数を H とすると，$v=Hr$ より　$\frac{r}{v}=\frac{r}{Hr}=\frac{1}{H}$

$r=1$ メガパーセク $=3.1\times10^{13}\times10^{6}=3.1\times10^{19}$ km，$v=70$ km/s，
1年 $=3.2\times10^{7}$ 秒より

$$\frac{1}{H}=\frac{3.1\times10^{19}}{70}\times\frac{1}{3.2\times10^{7}}=1.3\times10^{10}\fallingdotseq1\times10^{10}\text{ 年}$$ ……(答)

(4)　現在，3K宇宙背景放射と呼ばれる3Kの温度に相当する電磁波が，宇宙のあらゆる方向から同じ強さで到達していることが観測されている。この放射が宇宙全体に満ちているのは，かつて高温であった宇宙が一様・等方に膨張した結果であると考えられ，ビッグバンモデルと整合的である。

◀解　説▶

≪宇宙の距離はしご，ビッグバンモデル，宇宙年齢≫

▶問1．ア．地球の直径は約13000km＝1.3×10^{10}mmであるから，これより10桁小さいと1.3mm程度ということになり，毛髪断面の直径が0.1mm弱，米粒の長さは5mm程度，断面直径が2mm程度なので，比較すれば米粒が適当であろう。

イ・ウ．地球の公転にともなう天体の天球上の見かけの位置変化（年周視差）の大きさがp''であるとき，その天体までの距離は

$$\frac{1}{p}\text{パーセク}=\frac{3.26}{p}\text{光年}$$

と求めることができるが，極めて微小なため検出精度には限界があり，数千光年程度までしか距離を決定できない。

エ．年周視差が測定できない遠方の天体においては，主系列星の場合，スペクトル型を観測できれば，HR図をもとに絶対等級を推定することが可能であり，見かけの等級との比較から距離を求めることができる。このような方法を分光視差法という。

オ．遠方の銀河の場合，銀河内のケフェウス座δ型変光星の変光周期を観測することができれば，変光周期と絶対等級との関係から変光星の絶対等級がわかり，見かけの等級との比較から距離を推定することができる。

カ．さらに遠方の銀河の場合，Ia型超新星を観測することができれば，最も明るくなったときの絶対等級がほぼ一定であるため，そのときの見かけの等級との比較から距離を推定することができる。

キ．天体までの距離は，距離の大きさに応じていくつかの異なった方法を組み合わせることで求めることができる。この天体までの距離に応じた求め方を，宇宙の距離はしごという。

▶問2．距離が5パーセクなので，年周視差（p）は$0.2''$となる。地球の公転軌道面（黄道面）の極方向にある天体は半径pの円運動，黄道面内にある天体は振幅pの往復運動をしているように見えるが，一般には長半径pの楕円運動をするように見え，その周期はいずれも地球の公転周期1年に等しい。

▶問3．エ．主系列星は，スペクトル型と絶対等級との間に相関がみられる。

オ．ケフェウス座δ型変光星は，変光周期と絶対等級との間に相関がみられる。

▶問4．(1)　Ia型超新星は，急激に明るくなって絶対等級は約−19等になることが知られている。

(2)　遠方の天体であっても，絶対等級を知ることができれば，見かけの等級との比較で距離を求めることができる。距離をrパーセク，絶対等級をM，見かけの等級をmとするとき，$M=m+5-5\log_{10}r$が成り立つ。

▶問5．(1)　光速をcとする。右図に波源が静止しているときの波長λの波が1秒間に伝わる様子を示す。この波源が速度vで遠ざかるとき，波長がドップラー効果により$\Delta\lambda$だけ長くなるとすると，振動数は変わらないので

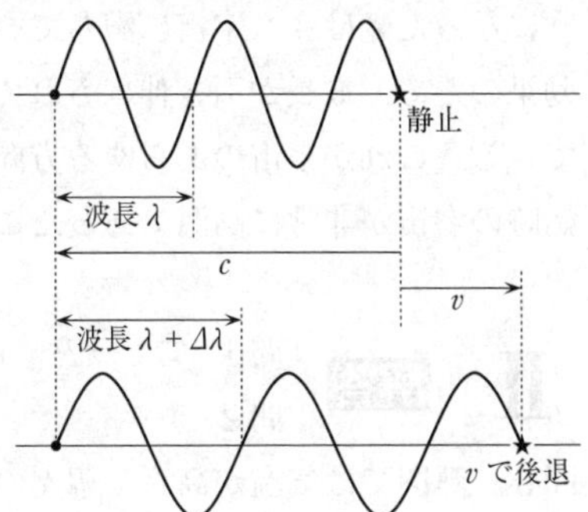

$$\frac{c}{\lambda}=\frac{c+v}{\lambda+\Delta\lambda}$$

$$\frac{c+v}{c}=\frac{\lambda+\Delta\lambda}{\lambda}$$

$$\frac{v}{c}=\frac{\Delta\lambda}{\lambda}$$

よって

$$v=\frac{\Delta\lambda}{\lambda}c=\frac{7.00}{100}\times3.00\times10^5=2.1\times10^4\text{〔km/s〕}$$

(2)　宇宙のあらゆる方向について，距離rにある天体は$v=Hr$で示される速度で遠ざかっていることがスペクトルの赤方偏移から確認され，宇宙は均一に膨張していることがわかった。これをハッブルの法則とよび，通常ハッブル定数$H=\dfrac{v}{r}$は1メガパーセクあたりの速度増加量で表される。

問4(2)より

$$r=3.0\times10^8\text{〔パーセク〕}=3.0\times10^2\text{〔メガパーセク〕}$$

だから

$$H=\frac{2.1\times10^4}{3.0\times10^2}=7\times10\text{〔km/s/メガパーセク〕}$$

⑶　宇宙の始まりから現在まで膨張のしかたが一定であるとすると，距離rだけ離れるまでの時間は

$$\frac{r}{v}=\frac{r}{Hr}=\frac{1}{H}$$

すなわち，ハッブル定数の逆数で求められる。距離の単位の換算に注意すること。

⑷　ビッグバンの38万年後に，宇宙の晴れ上がりにより自由に進めるようになった光は今も宇宙に満ちている。しかし膨張にともなうドップラー効果のため，波長が引き伸ばされて3Kの黒体放射に相当する波長になっている。これが宇宙のあらゆる方向から均一に到達することから，膨張開始時の宇宙が非常に高温であったことが広く認められるようになった。

II　解答

問1．ア．$\pi R^2(1-A)S$　イ．$4\pi R^2\sigma T^4$

問2．(い)

問3．熱圏では気温が高く，個々の大気分子の運動エネルギーは大きいものの，単位体積当たりの大気分子数が非常に少ないため。

問4．水蒸気

問5．地表および大気と雲から宇宙空間に放射・反射される総量は100だから，地表から大気を通過して宇宙空間に放射される量をxとすると

$$100=58+23+7.0+x \qquad x=12$$

よって，地表から放射されるエネルギーに対する割合は

$$\frac{12}{120}=0.1=1\text{割} \quad \cdots\cdots(\text{答})$$

問6．地球は太陽の周りを365日かけて1公転する間に366回自転する。したがって，自転周期は

$$24\times60\times\frac{365}{366}=1436.0\fallingdotseq1436\text{分}=23\text{時間}56\text{分} \quad \cdots\cdots(\text{答})$$

問7．⑴　赤道上では大気の流れに転向力がはたらかないため，渦が発達しづらく，熱帯低気圧は発生しにくい。

⑵　凝結開始高度をH〔km〕とする。そこまで上昇する間の温度は乾燥断熱減率で低下し，高度Hで露点と一致するので

$$30.0-10.0H=22.0-2.00H \qquad H=1.00\,[\text{km}]$$

このときの温度は30.0－10.0＝20.0〔℃〕である。これより上空の温度は湿潤断熱減率で低下し，h〔km〕上昇して－60.0℃になったとすると

$$20.0-5.00h=-60.0 \qquad h=16.0\,[\mathrm{km}]$$

よって，雲頂高度は

$$H+h=1.00+16.0=17\,[\mathrm{km}] \quad \cdots\cdots(答)$$

◀解　説▶

≪地球のエネルギー収支，自転周期，熱帯低気圧≫

▶問１．ア．半径 R の球体は同じ半径 R の円柱状の光束を遮ることから，地球全体が受ける単位時間あたりの太陽放射のエネルギー総量は，太陽定数に地球の断面積を乗じたものとなる。そのうち地球が吸収する割合は，反射分 A を差し引いた $1-A$ である。

イ．シュテファン・ボルツマンの法則は単位面積・単位時間当たりのエネルギー量を表すから，これに地球の表面積を乗じる。

▶問２．物体の単位表面積から単位時間に放射されるエネルギー量は，表面の絶対温度の４乗に比例する（シュテファン・ボルツマンの法則）。また，物体の表面から放射される電磁波のエネルギーが最大となる波長は，表面温度に反比例する（ウィーンの変位則）。

▶問３．大気の気温は，大気分子一つ一つのもつ内部エネルギーの平均値で決まる。熱圏では単位体積当たりの大気分子の数が非常に少ないため，個々の分子は温度が高くエネルギーを多くもっていても，それに分子数を乗じた総和でみるとエネルギー量は少ない。

▶問４．近年温室効果ガスとして最も注目されるのは二酸化炭素であるが，これは産業革命以後の地球温暖化の約６割が，人為的に排出された二酸化炭素に起因することが明らかになってきたためである。水蒸気は時と場所による濃度の変動幅が大きく，一つの数値として表すことが難しいため，通常は水蒸気を除いた成分で語られる。しかし地球全体でみて温室効果に寄与する量としては，多くの波長域で赤外線を吸収する水蒸気が最も多く約５割，次いで二酸化炭素で約２割である。また，雲として存在する水分子も２割近い寄与がある。雲がない夜に放射冷却現象が起こるのはこのためである。

▶問５．エネルギーの流れを図示すると，次のようになる。

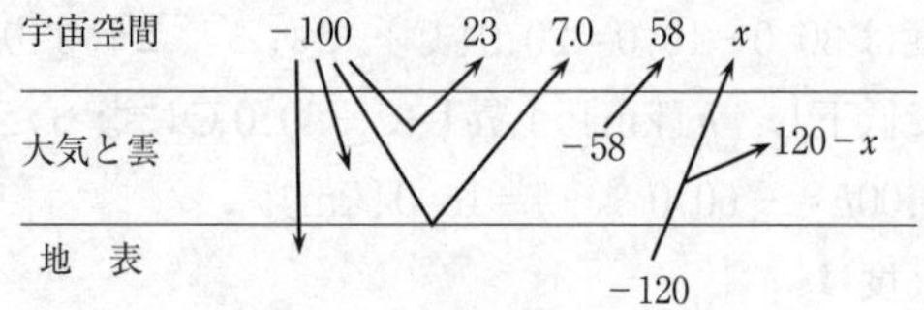

▶問６．地球の自転の向きは公転の向きと同じであるから，１日の間に地球は次のように $\left(\frac{360}{365}\right)^{\circ}$ だけ余分に自転している。

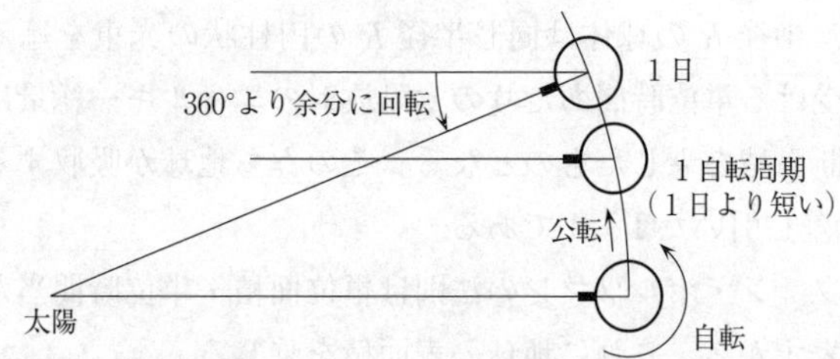

したがって１年＝365日後には360°すなわち１回転分多く自転する。

▶問７．(1)　赤道付近には南北から貿易風が収束してきて，上昇気流が生じやすい。一般にそのような大気の流れに乱れがあると渦が生じる。そこでは外側から内側に向かうにつれてしだいに流速が速くなり（角運動量保存則），行き場を失った大気が上昇気流を強める。すると渦の中心気圧が低下して中心に向かう気圧傾度力が大きくなり，同時に転向力も大きくなるため，等圧線とほぼ平行に渦巻くように吹く風が強まって低気圧はさらに発達する。しかし転向力の強さは緯度の正弦に比例するため赤道上ではほとんどはたらかず，熱帯低気圧は発生しにくい。

(2)　一般に空気塊の上昇にともなう気圧低下により空気塊中の水蒸気圧も低下するため，露点も高度とともに低下する。これを考慮して凝結高度を計算する必要がある。

なお，圏界面高度は緯度や地域，季節によって異なり，赤道域では18km程度あるので，ここで求めた雲頂高度は対流圏の最上部にあたる。圏界面高度まで発達した積乱雲は，その後，圏界面の下を水平方向に広がっていくような雲の形になりやすい。

Ⅲ　解答

問１．収束する

問２．イ．プレートテクトニクス　ウ．残留磁気

問３．(あ)，(う)

問４．⑴　深さ 2900km には，マントルと外核の境界をなす不連続面があり，Ｐ波の伝播速度が不連続に遅くなるため，境界面でＰ波は下方へ屈折し，震央距離 103° から 143° の区間には到達しない。

⑵　深さ 2900km より深いところは液体の外核であるため，横波であるＳ波は伝播することができず，震央距離 103° より遠方には到達できない。

問５．⑴　海岸段丘

⑵　海岸では波による侵食を受けて海面直下に海食台が形成されるとともに，その陸側には海食崖が作られる。それが急激な隆起により持ち上げられると，新たな海食台・海食崖の形成がそれまでより海側の場所で起こり，同様のことが繰り返されて海岸段丘が形成される。

問６．M紀からN紀のある時期まで，２つの地点が属する大陸は同一プレート上にあった。その後両地点の間にプレートの拡大する境界が形成されて大陸が分裂し，両地点の属する大陸はそれぞれ別の運動をするようになったと考えられる。

問７．⑴　観測点ＡとＣ，ＢとＤにはそれぞれ同時に地震波が到着しているので，各２地点の震央距離は等しい。したがって，震央は線分 AC の垂直二等分線 $y=10$ 上にあり，かつ線分 BD の垂直二等分線 $x=10$ 上にある。

よって，震央の位置は　　$x=1\times10$〔km〕，$y=1\times10$〔km〕　……(答)

⑵　観測点ＡとＣ，ＢとＤの初期微動継続時間はそれぞれ 2.8 秒，1.8 秒である。震源の深さを h〔km〕，大森公式の比例定数を k〔km/s〕とすると

Ａ，Ｃに関して　　$h^2+20^2=(2.8k)^2$　……①

Ｂ，Ｄに関して　　$h^2+10^2=(1.8k)^2$　……②

②×2.8^2－①×1.8^2 より　　$(2.8^2-1.8^2)h^2=36^2-28^2$

よって　　$h=\sqrt{111.3}=10.5\fallingdotseq1\times10$〔km〕　……(答)

◀解　説▶

≪プレートテクトニクスに関わる諸現象≫

▶問１．プレートが収束する境界のうち，沈み込み帯では，海洋プレートが陸のプレートの下に沈み込む際に陸のプレートを下方に引きずり込み，プレート境界に沿って海溝やトラフが形成される。

▶問２．イ．地球表層を覆う硬い岩石の層をリソスフェアといい，地殻と

最上部マントルから成る。リソスフェアはいくつかのプレートに分かれ，それぞれが固有の運動をする。この運動にともなって地震・火山活動や地殻変動が起こるという考えが，プレートテクトニクスである。ただしそれ自身では，プレートがなぜ動くかの十分な説明はできていない。プレート運動の原動力は，現在のところ地球中心部から放出されるエネルギーによるマントルの流動であると考えられている。

ウ．マグマが冷却して固結する際，または砕屑物が堆積する際に，含まれる磁性鉱物がその当時の地磁気の向きに合わせて磁化したり整列したりすることが知られている。これが岩石の残留磁気とよばれるものである。

▶問３．(あ)　誤り。津波の伝播速度（v）は水深（h）の平方根に比例する（$v=\sqrt{gh}$）。よって，深い外洋から浅い海岸付近に近づくと，流速はしだいに遅くなる。

(う)　誤り。海岸線に近づくと後方からくる速い波が前方の遅い波に追いついて乗り上げるようになるため，波高はしだいに高くなっていく。

▶問４．深さ2900km付近に不連続面があり，その下は液体の外核でＰ波の伝播速度がマントル内より不連続に遅くなる。そのため，Ｐ波は下方へ屈折する。核を通過してマントル内へ進むときも，同様に下方へ屈折する。震源から斜め下方に射出されたＰ波のうち，この不連続面に接したあと再び地表に到達する地点が，103°地点である。また核内を通過して地表に達するＰ波のうち，到達地点の震央距離が最も小さくなるのが143°である。このため，震央距離103°～143°にＰ波の影（シャドーゾーン）ができる。一方Ｓ波は横波であり，液体を伝播できないので，103°地点以遠がＳ波の影となる。

▶問５．一般にプレート境界に近い陸のプレート上の地点は，普段は境界に近いところは継続的に沈降するが，境界から離れると地殻がたわむためやや隆起し，さらに離れると地殻変動がほとんど起こらなくなる。プレート境界で大地震が発生すると，それまでの上下変動と逆向きの上下変動が急激に起こるが，水平方向の圧縮力により地殻が短縮されているので，前回の大地震後の高度に戻らず上下にずれた位置に落ち着くことがある。このうち上方へのずれが蓄積していくと，段丘が形成される。また海水準自体の長期的な変動によっても，同様のことが起こる。房総半島南部は沈降域と隆起域の境界付近にあって普段の上下変動は少ないが，大地震時に急激に隆起し，その繰り返しで段丘を作りやすい位置にあるといえる。

▶問6．大陸を構成している岩石の中には，形成時の地磁気を残留磁気として保存しているものがある。それを測定し，地層の傾きなどを補正することによって，形成当時の地磁気極の位置を推定することができる。同一大陸にある岩石からはほぼ同じ位置に磁極が推定されるが，その時代的な変化から磁極の移動曲線を描くことができる。これは，磁極は一つで移動しないことを前提にした場合，その大陸が移動したことを意味する。別の大陸で採取された岩石から磁極の位置が異なって推定されることがあり，これは岩石の属する大陸がそれぞれ別の移動をしたことを示唆する。

▶問7．地震波が同時に到着する観測点があれば，震央はそれらの垂直二等分線上に，また震源はその地下にある。そしてそのような組み合わせが複数あれば，震央・震源の位置をそれぞれ一つに決定することができる。

Ⅳ　解答

問1．ア．花こう岩　イ．付加体

問2．(お)

問3．ビカリア

問4．(1)　マグマの冷却にともなって融点の高い鉱物から晶出が始まる。すると残ったマグマの組成は<u>Mg</u>，<u>Fe</u>，<u>Ca</u>の割合が減少し，<u>Na</u>や<u>SiO_2</u>の割合が増加する。これを受け，以後晶出する鉱物の組成も変化する。このようにしてマグマや鉱物の組成がしだいに変化していくはたらきを結晶分化作用という。

(2)　マントル内から高温のマグマが貫入してきたことにより，もともとそこにあった珪長質～中間質の地殻物質が溶融してマグマに取り込まれる。するとマグマの中のSiO_2の割合が増加する。

問5．安山岩，流紋岩

問6．(1)　なし

理由：地殻下底の深さ30kmの温度と圧力は

$$(20\sim30)\times30=600\sim900\,[℃]$$

$$3.0\times10^7\times30=9.0\times10^8\,[\mathrm{Pa}]$$

と考えられ，地殻内の温度・圧力はそれに向かってしだいに増加していく。これは図2の太線の下側で起こる過程であり，地殻内の領域B，Cでは変成反応ⓐは起こらない。また，領域Aにはマグマが貫入してきて同深度の領域より高温になっていると考えられ，やはり変成反応ⓐは起こらない。

(2)　領域D：地殻下底より圧力が高いが，温度も高くなるため，領域Dは図2の太線の下側に位置し，変成反応ⓐが起こることはない。

領域E：地殻下底より圧力は高いが，冷たい海洋プレートの沈み込みにより冷却されて温度は低くなり，図2の太線より上側の温度・圧力条件になる可能性がある。すると，海洋プレートによって領域Eまで持ち込まれた海洋地殻の玄武岩から変成岩Pが形成されることがありうる。これがEの周囲にあるマントル物質が固結してできた超苦鉄質岩Qと隣接した状態で地表にまで持ち上げられると，露頭でその様子が観察されることがある。

◀解　説▶

≪日本列島の地質構造と岩石の特徴≫

▶問1．ここでは，棚倉構造線を東北日本と西南日本の境界としている。中央構造線やその南北に分布する地質帯は，フォッサマグナ以東にも展開しているためである。東北日本は新第三紀以降の火山噴出物に覆われて大規模な花こう岩類の貫入や付加体の形成史がよくわからないが，西南日本はそれがなく，地質帯の分布や形成史がよく研究されている。

▶問2．中央構造線は白亜紀に大陸東縁に生じた大規模な横ずれ断層で，南東側が北西側に対して数千km左横ずれしているため，これをはさんだ南北の地質帯が異なっている。南の外帯側は低温高圧型変成岩を主とする三波川帯，北の内帯側は高温低圧型変成岩を主とする領家帯である。フォッサマグナで中央構造線が大きく屈曲しているのは第四紀の伊豆一小笠原弧の衝突によるものであるが，その後活動は止まり，現在活断層として認識されているのは奈良盆地から伊予灘にかけての区間だけである。

▶問3．新生代新第三紀の示準化石を選ぶ。オパビニアはカンブリア紀，ティラノサウルスは白亜紀，フズリナは石炭紀～ペルム紀，ホモ・ハビリスは第四紀の示準化石である。

▶問4．(1)　マグマは種々の物質の混合物であり，溶融状態にあったマグマが冷却するときは融点の高いものから順次晶出する。それにより，マグマの化学組成が変化し，それに合わせて晶出鉱物も変化していく。

(2)　珪長質～中間質の地殻物質は融点が比較的低く，それより高温の玄武岩質マグマが上昇してくると，その中に溶け込む。このため溶け込んだ物質の量により，マグマの組成がさまざまに変化する。

▶問 5．海嶺の地殻を構成する玄武岩に比べて SiO_2 成分の多い岩石を選ぶ。

▶問 6．地下のある領域の温度・圧力条件がわかったとき，それが図 2 の太線の上下どちらに当たるかで，変成岩 P の形成の有無を判断する。各領域の温度・圧力条件を図示すると，次のようになる。

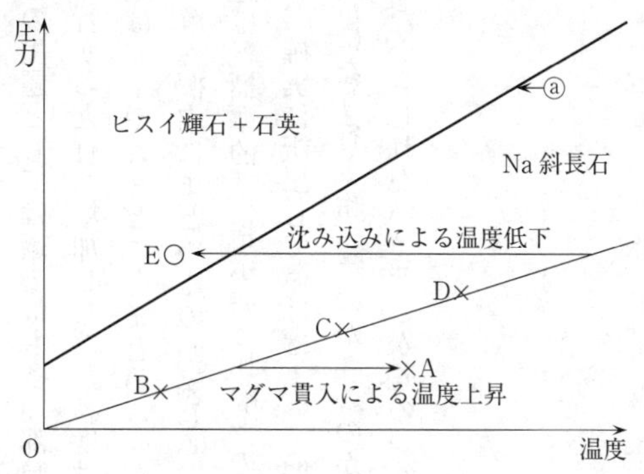

❖講　評

大問 4 題で出題分野にもほぼ変わりはなかったが，論述・計算問題がやや減少したことで，2022 年度より少し易化したといえる。

Ⅰ．2023 年度は(a)，(b)の中間分割がなくなり，全体で宇宙のスケールやビッグバンに関連した内容となった。語群選択問題や論述問題は基本的な内容だったが，計算問題はやや手間のかかる内容だった。特に問 5 は，ドップラー効果の立式や単位の換算に注意が必要。

Ⅱ．地球のエネルギー収支や熱帯低気圧に関する内容であった。問 3 は温度とエネルギーという物理量の違いに，また問 4 は地球温暖化ではなく温室効果全般に関して問われていることに注意する。問 5・問 6 は図を描いて考えられるかどうかがポイントとなる。

Ⅲ．プレートテクトニクスに関わる諸現象に関する内容であった。一つのテーマについてさまざまな角度から出題されることは少なくない。広範な内容を結びつけ総合的に理解しておくことが求められているが，いかに要点をまとめて論述できるかが鍵となる。

Ⅳ．日本列島の地質構造に関する各分野からの総合問題であった。Ⅲと同様，総合的な理解力が必要となる。問 6 は，各領域の温度・圧力条件と変成反応ⓐの位置関係を慎重に見極める必要がある。

はなく、適宜自分の言葉でわかりやすく説明しよう。問三は本文全体の内容にかかわるため、やや難のレベルといえる。まとめ方に工夫がいる。

三の古文は、江戸時代後期の有職故実家の随筆からの出題。問題文の箇所は、本格的な評論（為政者論）で、二〇二二年度の情緒的文章から一転して硬派な内容となった。ただし、文章自体は比較的読みやすかった。文章量は五八〇字程度で、理系の出題としては過去最も多い部類に入り、二〇二二年度と比べて二〇〇字以上増加した。総解答量は二〇二二年度の七行から九行へ増加した。難易度は、二〇二二年度と同程度か、あるいはやや易化したと思われる。問一の理由説明問題は、やや難。どこをまとめるのか、二通りの考え方があり、どちらか一つに決めがたい。〔解答〕で示した方向性は、解答欄内にまとめるのが難しく、〔別解〕で示した方向性は、まとめる箇所がやや把握しにくい。問二の現代語訳問題は、標準的。「指示語と比喩」の条件に注意しつつ、現代語訳の原則に従い、単語・文法を正しく踏まえて、一語一語、確実に訳出していけばよい。問三の内容説明問題は、標準的。まとめるべき箇所ははっきりしている。ただし、「世の常になり行き給ふ」のが「このかしこき新君たち」なので、複数形で明示すること。意味は「世の常」がやや難しかったかもしれない。そこが差のつくポイントだったと思われる。

なっていくのが残念だ〟の意だが、これはいずれ「世の常」になっていくという将来の話でなく、そうなっていく現状が残念だと読み取るべきだろう。

解答作成のポイントは以下の三点である。

① 「世の常になり行き給ふ」の主語が「このかしこき新君たち」であることを明示する

② これらの賢君たちが、治世が経つとどうであるのか説明する

③ 「つひには」どうであるのか説明し、それが残念だと締めくくる

参考　『後松日記』は、江戸時代後期の有職故実家・松岡行義（一七九四〜一八四八年）の随筆（「日記」といえる箇所もあるが、大部分は随筆に分類される）。全二十一巻。二十九歳の文政五年（一八二二年）から、五十五歳で没する嘉永元年（一八四八年）までの二十七年間に、「筆のまにまに（＝筆の赴くままに）」書いたものとするが、有職故実（＝古来の先例に基づく、公家や武家における儀式や習慣など）の深い学識が随所に示されていて、幕末期における有職故実研究の名著とされている。

❖講　評

一の現代文は福田恆存の演劇論である。やや古い文章で、当時の啓蒙主義や教養主義といった時代背景を踏まえて読む必要がある。途中でギリシア演劇について述べるくだりがあるが、これは本文の前の部分を読まないとよくわからないだろう。幸い設問では問われていない。設問はいずれもやや難レベルである。本文中の語句を利用しつつも、適宜自分の言葉を補わないと、わかりやすい説明とはならない。読解力と語彙力ともに不可欠である。

二の現代文は福永武彦の随筆からの出題。短いが内容の濃い文章である。本文を読むにあたって、この文章が書かれた当時、結核は不治の病として恐れられていたことを承知しておく必要がある。また簡潔で抽象的な表現がいくつかあり、深く読み込む必要もある。設問は問一、問二が標準レベル。ただし本文の語句をそのまま引用してまとめるので

②「先君の誤り世に流るる様なり」を説明する

③「我が世にならんことを待ち遠にや思ひゐにけんと推しはからるる（罪深げなり）」を説明する

▼問二 「その」の「そ」は「先考」を指し、「その世」で〝先君の治世・先代〟の意。「またなく」は、形容詞「またなし」の連用形で、〝この上なく・またとなく〟の意。「時めく」は、〝①（時流に乗って）栄える、②寵愛を受ける〟の意で、ここでは①の訳で十分。「し」は、過去の助動詞「き」の連体形で、〝…た〟の意。「いたづら人」は、〝無用な人・用済みの人〟の意。「谷の埋もれ木」は、〝世間から忘れられて顧みられない人・不遇の身の人〟のたとえ。「埋もれ木の」の「の」は、主格（が）と同格（で）のどちらで解してもよい。「引きかへて」は、〝一転して・打って変わって〟の意。「花やぐ」は〝栄える〟の意のたとえ。「花やぐ」の下には、「埋もれ木の」の「の」を主格で訳す場合は「こと」、同格で訳す場合は「人（者）」を補う。〈解答〉の後半は、〝谷の埋もれ木が一転して花を咲かせるように、不遇だった者が一転して栄えることもある〟という訳し方でもよい。同格の構文と見る場合は、〝谷の埋もれ木のように不遇だった者で、一転して花が咲くように栄える者もいる〟といった訳になる。

▼問三 「世の常になり行き給ふ」の主語が「このかしこき新君たち」であることを押さえ、「このかしこき新君たちも……口惜しき」の内容をまとめればよい。ただし、「つひには」とあるので、過程がわかるように説明する。「このかしこき新君たち」とは、第一文の「賢良の君あまた」のことだが、どう賢良なのか必ずしも明らかでないので、「かしこき」の具体的説明にまで踏み込む必要はない。第二文以降で挙げられた「ほめののしる君」の〈権力を誇らず、臣下や人民を慈しみ大切にする心がけ〉や〈改革の気風〉といった点は、あくまで一人の特別な例に過ぎず、他の賢君たちにもどれだけあてはまるかはわからない。「在りふれば」は、〝治世が経っていくと〟の意。「やうやくやすきに流れて、風流妖艶もにくみ給はず、美酒佳肴もまたよしとし給へば」は、〈次第に風流や贅沢の安易な気風に流れて〉くらいに要約するとよい。「つひには先君にたがふ所すくなく」は、「たがふ」が〝違う〟の意なので、〝結局は先君とそう変わることがなくて〟の意。「世の常になり行き給ふなん口惜しき」は、〝世間一般（の君主）になりに

（それと比較する形でことさら）先君の誤りが世間に伝わっている有様である。そういうわけで、（新君は、父が亡くなって）自分の治世になるようなことを待ち遠しく思っていたのだろうかと邪推せずにはいられないのも、本当にそんなはずはないが、（疑念を持たれるだけでも）罪深い様子である。ところで、この賢明善良な新君たちも治世の期間が経っていくと、次第に安易な気風に流れて、風流華美も嫌いなさらないで、うまい酒やごちそうもまた構わないと考えなさるので、しまいには先君と違うところが少なく、ありきたりな為政者におなりになっていくのが残念である。今世間でほめ申し上げているあの新君は、そのようにふがいないことはあるはずもなかろうが、まず一年は喪服姿に目立たなくしなさって、自然と年月が経った後は、新しい法令を下しなさるようなことも、また妥当であろうと自分は思うのである。

▲解　説▼

▼問一　傍線部（1）は、「この頃かしかましくほめののしる君」の政治的姿勢について、筆者が批評している箇所である。解答の手順としては、「急なる」ことの内容を指摘しつつ、それのマイナス点を具体的に説明すればよい。「急なる」は、「先考の服、一年も過ぐさず、五十日の服をはるを待ちて、先考の世のおきて（＝法令）を改め」を指し、その内容を簡潔に指摘する。「急なる」ことのマイナス点は、「全て古き名残はあながちになき様にして……罪深げなり」で、「先君の誤り世に流るる様なり」と「我が世にならんことを待ち遠にや思ひゐにけんと推しはからるる」の二点を中心に説明する。新君は服喪を早く切り上げて先代の法令を性急に改めたので、先君の政治が誤りとして世間の人に認識されていく（あるいは知られるべきでない先君の誤りが世間に漏れ出ていく）し、新君は代替わりを待っていたのかと邪推したくなってしまうから、「わろき」なのだという筆者の考えをつかむこと。なお、〔別解〕の方向性の解答も考えられるので、紹介しておいた。〔別解〕の方向性の場合、以下の②③に代えて、最終文の「まづ一とせは……我は思ふなり」を説明すること。

解答作成のポイントは以下の三点である。

①　「急なる」の説明＝先君の喪をわずか五十日で済ませた、先代の法令（先君の政治）を性急に改めた

出典　松岡行義（ゆきよし）『後松日記（ごしょうにっき）』〈巻之六〉

解答

問一　新君が服喪を短くして先代の法令を性急に改めたために、先君の政治は誤っていたと世間に伝わり、新君は代替わりを待ち望んでいたかのように見えて罪深いから。

別解：まず一年間は先君の喪に服して、自然と年月が経ってから新しい法令を下すのが妥当なのに、新君は五十日の服喪を終えると、早くも先代の法令を改めたから。

問二　先君の治世にこの上なく栄えた者は、無用な人の有様になり、一方で、谷の埋もれ木のように不遇だったのが一転して花が咲くように栄える者もある

問三　今の賢明な新君たちも、治世が経つにつれて風流や贅沢の安易な気風に染まってしまい、結局は先君と同じような世間並みの君主になっていく様子が残念だということ。

◆全　訳◆

天下が（平和に）治まって二百年以上になったので、（今では）文芸と武芸の道がともに盛んになって、賢明善良な君主が大勢いらっしゃるに違いない。そうした君主の中に、最近やかましいくらい（世間の人が）ほめたたえている君主がいらっしゃる。その君主のご様子を聞くと、なるほど高い身分にあって権力を誇りなさらないで、臣下を思いやり、人民を大切にしなさるお心がけは、決して昔の賢明な君主にも劣りなさるはずのないご器量である。しかし、現代風でいらっしゃるのが不満な気持ちがする。その現代風というのは、のんびりした気持ちがおありでなくて性急な姿勢がよくないのである。それというのも、亡父である先代の君主の喪に服することを、一年も過ごさないで、五十日の喪に服することが終わるのを待って、先代の君主の治世の法令を改め、先代の君主の治世にこの上なく栄えた者は、無用な人の有様になり、一方で、谷の埋もれ木のように不遇だったのが一転して花が咲くように栄える者もある。すべて古い（治世の）名残は無理やりないようにして、新君自身の才能の賢明さを甚だしく表すので、分別のない人は新君をほめ申し上げるのに伴い、

解答作成のポイントは以下の二点である。

① 結核療養所の中で暮らす病人は自らの死の予想に苦しみ、その不安に耐えきれない

② 他者の死を厳粛に考えるに堪えず、無関心になろうとする

▼問三　前問と関連する。結核療養所では死は日常であり、自分の死の不安におびえる日々を送る。だから他者の死に対しては無関心にならざるを得ない。筆者はこれを「自己の孤独の内部に在り」「臆病な、自己保存的な、態度」であるといい、傍線部(3)に続ける。そして傍線部の直後で「悲しみを多く感じる機会があることによって……真のパトスに常に洗われている」という。このような文脈から「他者をも自己のうちに持つ」とは他者の死を深く悲しむことであり、「自己を希薄ならしめる」とは感情が乏しくなることであると理解できる（「生活は真のパトスに常に洗われている」とは豊かな感情生活を送るということ）。また小山わか子の歌集について第三段落で、「このような生き方に感動した」「精神生活をのみ純粋に生きる……生の普遍的な姿を簡明に示している」「死を悲しむ心は畢竟生を惜しむ心である」などと述べている。筆者は彼女の生き方の美しさに感動し、生のかけがえのなさを実感している。以上の事情を、まず筆者の体験を示し、それを一般化するという形で説明すればよいだろう。

解答作成のポイントは以下の三点である。

① 小山わか子の歌集を読んで彼女の生の美しさに感動した

② 他者の死を深く悲しむことは自らの死の不安におびえることではない

③ 自己の生活を情感あふれるものにし、生の尊さを実感させるものである

参考　福永武彦（一九一八～一九七九年）は小説家。福岡県生まれ。東京帝国大学仏文科卒業。加藤周一、中村真一郎などと文学グループ「マチネ・ポエティク」を結成する。結核のため七年間を療養所で過ごしたのち、本格的な文学活動を始める。加田伶太郎の筆名で推理小説も書いた。主な作品に『風土』『草の花』『忘却の河』『海市』『死の島』などがある。

第一段落――死者に対する最もよい冥福は彼らの生の記憶を美しく保存することである
第二段落――結核療養所の病人は自らの死の不安ゆえに他者の死に無関心である
第三段落――病者の生は純粋で、その多くの苦しみと不安ゆえに生の普遍的な姿を示している

▼問一　第一段落で、筆者は小山わか子という見知らぬ人が遺した歌集を読み、彼女の人生に思いを馳せる。そして死者の意義は生者の「純粋の生を常に死の記憶によって新しくする」ことにあり、また死者の「生の記憶を常に美しく保存すること」が最大の冥福であると述べる。したがって傍線部(1)の「忘却」とは死者を忘れることであり、それは「死者の最大の敵」であるという。なぜなら死者のことを忘却することは完全に死者を葬り去ることになるからである。二文前に「彼を識る生者の死と共に死ぬ」とあるのも同趣旨である。要するに人は二度死ぬことになる。一度目は生物学的な死であり、二度目は社会的な死である。この事情を説明する。

解答作成のポイントは以下の二点である。
①　死者は生者の記憶の中で生き続ける
②　もし死者の記憶が失われたら真に葬り去られる

▼問二　第二段落では筆者もその一人である結核療養所の病人のことが取り上げられる。周知のように結核は結核菌に感染することによってかかる病気で、かつては国民病と呼ばれるほど蔓延した。一九五〇年ごろまでは治療が困難で不治の病であった。だから「死は常に最も不幸な関心事」なのであり、「僕らはしばしば自らの死の予想に苦しみ……他者の死に対して真に悲しむことをなし得ない」などと筆者はいう。傍線部(2)の「自らの問題の不安には眼をつぶり得ない」とは、もちろん結核による死の不安をぬぐい去ることができないということ。「他者の問題に不安を見ようとしない」とは、前後に「他者の死を厳粛に考えるに堪えない」「ある者は冷淡であり非情である」とあるように、他者の死を悲しむ余裕がなく無関心であらざるを得ないということ。この両者を「ゆえに」とあるように因果関係で説明することになる。

って文化・社会全般に渡る批評活動を展開した。主な著書に『キティ颱風』『龍を撫でた男』などの戯曲や、『作家の態度』『近代の宿命』『人間・この劇的なるもの』などがある。また『シェイクスピア全集』の訳業でも知られる。

出典　福永武彦「小山わか子さんの歌」（『福永武彦全集　第十四巻』所収）

解答

問一　死者は生者の記憶の中で生き続けるのであり、もしその記憶が失われたら死者は真に葬り去られることになるから。

問二　結核療養所の中で暮らす病人は自らの死の予想に苦しみ、その不安に耐えきれないために、他者の死を厳粛に考えるに堪えず、無関心であろうとするということ。

問三　小山わか子の歌集を読んで彼女の生の美しさに感動したように、他者の死を深く悲しむことは自らの死の不安におびえることではなく、自己の生活を情感あふれるものにし、生の尊さを実感させるものであるということ。

◆要　旨◆

死者に対する最もよい冥福は彼らの生の記憶を常に美しく保存することにある。結核療養所の中に生活する病人にとって死は日常であるゆえに他者の死を厳粛に考えるに堪えない。自らの死について考えたくないゆえに他者の死に無関心なのだ。しかし悲しみを多く感じる機会があることによって病人の生活は真のパトスに常に洗われている。というのも、小山わか子さんの死を深く悲しむからである。病者の生は精神生活をのみ純粋に生き、そこに多くの苦しみと不安があるから、かえって生の普遍的な姿を簡明に示している。死を悲しむ心は生を惜しむ心であるのだ。

▲解　説▼

本文は東京療養所短歌雑誌『野火』四巻二号（昭和二十四年）に掲載された「小山わか子さんの歌」の前半の一節である。全体は三段落から成る。

するような演劇をいうと考えられる。そこでは観客も「主体性」や「生きる自覚」を感じ取ることができるわけである。以上より、近代劇における演技を説明しながら、観客の置かれた立場を説明することになる。

解答作成のポイントは以下の三点である。

① 近代劇＝日常生活をそのまま演ずる
② 俳優は自らの演技を楽しみ生きる自覚を感じることができる
③ 観客はそれを見て感心するだけで、そこに主体性はない

▼問四 最終段落で筆者は、劇場でも展覧会場でも音楽会でも、観客は自分の中に閉じこもりながら芸術作品に精神を集中する。そして孤独であることを自覚しても、それを他者と共感する機縁とせず、むしろ孤独であることを良しとして自己を豊かにしようとすることに専念するという趣旨のことが指摘される。これが傍線部(4)にいう「鑑賞のいとなみ」における「孤独」である。それは「芸術の創造」においても同じであるという。これは第五・六段落ですでに述べられていたことで、たとえば俳優は演技に快感をおぼえ「自我狂」に陥っている。芸術家も鑑賞者も自我に至高の価値をおいて、互いに没交渉であるがために「孤独におちいっている」。両者のこのような事情を説明することになるが、「本文全体を踏まえて」という設問の指示を踏まえれば、本来芸術活動とはどうあるべきかという点も説明すべきであろう。その手がかりは第五段落の「精神の自由」や「主体性」「生きる自覚」といった語句である。これらを用いて芸術本来のあり方を前提において説明すればよい。

解答作成のポイントは以下の三点である。

① 芸術とは芸術家と鑑賞者が交流を通じて互いに精神の自由を得、生きる自覚をもつものである
② 現代の芸術家は自我を表現することに、鑑賞者もまた自我を豊かにすることに専念している
③ ともに自分の中に閉じこもっている

参考 福田恆存（一九一二～一九九四年）は評論家、劇作家。東京都生まれ。東京帝国大学英文科卒業。保守的立場に立

①　ドラマとはタブローのように観客が舞台をただ眺めるものではない
②　観客が主体的に拍手をしたり声をかけたりする
③　俳優と呼応する形で演劇が進行する

▼問二　「この呼吸」とは、ピーター・パンの要請に応じて、「一瞬の機」を逃さず子供たちが拍手することをいう。これが「映画では不可能」だという。その理由は、同段落の少し前で「もし映画だったら……未来は映写機のなかにしまわれているのです」と述べられるように、映画は俳優の演技をカメラで撮ってフィルムに保存し、将来スクリーン上で再現するという方法をとるからである。つまり演技は過去に終わっている。しかも演じられる場所はそのほとんどが観客の見知らぬ所であり、外国であることも少なくない。これとは対照的に、演劇は劇場という場所に俳優と観客が一堂に会し、上演される時間を共有する。だから俳優と観客との呼応関係が成り立つといえる。解答は映画と演劇を対比させる形で説明する。

解答作成のポイントは以下の三点である。

①　映画＝俳優が過去に演じたものを観客がスクリーン上で見る
②　演劇＝俳優と観客が同じ時空間を共有する
③　演劇＝絶妙のタイミングで呼応し合う

▼問三　近代劇は観客よりも俳優の方が快感を得られるというのが傍線部(3)の趣旨である。まず近代劇は「ものまね」であると筆者はいい、「ものまねは演技であって演戯ではない」という。「演技」においては「日常生活そのままを演ずる」のであり、「いかにも真に迫っている」感じを出すところが俳優の腕の見せ所であり、観客はそこに感心する。ただし観客は感心するだけで、「主体性」も「精神の自由」も「生きる自覚」もない（傍線部の続き）。それを多少なりとも感じることができるのは俳優である。これに対して「演戯」は第三段落に「舞台における演戯の主体は平土間にあるのだ」とあるように、本文から読み取るかぎり、筆者の考える真の演劇、すなわち観客が主体的に俳優と呼応

賞の営みにおいて誰もが孤独に陥っている。自我を富ませようとして芸術が利用されているのである。

◀解　説▶

本文は七段落から成り、大きく三つの部分に分けることができる。

第一・二段落（演劇はあらゆる芸術の……演劇の独擅場ではないか。）

演劇の本質——観客こそが演劇の主体である

第三～五段落（この一事で明瞭ですが……それを欲しているのですから。）

演劇の発生——頭唱者と合唱団が俳優と観客の起源である

第六・七段落（しかし、今日では……しかけになっております。）

今日の演劇——俳優も観客も孤独に陥っている

▶問一　傍線部(1)の前後で「タブロー」と「ドラマ」が対比され、前者が「《見られるもの》」であるのに対して、後者は「《為されるもの》」であるといわれる。「タブロー」は注にあるように「活人画」のことである。要するに絵画の中の人物を実際の人間に置き換えたものをいい、これは確かに《見られるもの》である。これに対して「ドラマ」が《為されるもの》であるとはどういうことか。それはいうまでもなく舞台に俳優が登場して演目を演じることである。しかし筆者は傍線部に続けて、「為す主体が観客であ」り「為される場所が舞台ではなくて劇場である」といい、これが「演劇のリアリティ」だという。では観客が主体であるとはどういうことか。そのヒントが第二段落の『ピーター・パン』である。この童話劇ではピーター・パンが観客席の子供たちに手をたたくように頼むと、子供たちが夢中で手をたたくという。このように観客が俳優に呼応する形で演劇が進行する様態をいったものと考えられ、そこに観客の主体性を見出しているのだろう。他にも声をかけたり立ち上がったりすること（スタンディングオベーション）も観客の主体性の表れといえよう。

解答作成のポイントは以下の三点である。

国語

一

解答

出典　福田恆存（つねあり）『芸術とはなにか』〈九　カタルシスということ〉（『福田恆存全集　第二巻』所収）

問一　ドラマはタブローのように観客が舞台をただ眺めるものではなく、観客が拍手をしたり声をかけたりして俳優と呼応する形で進行するものだということ。

問二　俳優が過去に演じたものを観客がスクリーン上で見る映画と違い、演劇は俳優と観客が時空間を共有しながら絶妙のタイミングで呼応し合うものだから。

問三　日常生活をそのまま演ずる近代劇では、俳優は自らの演技を楽しみ生きる自覚をもつことができるが、観客はそれを見て感心するだけで、そこに主体性はないから。

問四　芸術とは本来、芸術家と鑑賞者が交流を通じて互いに精神の自由を得、生きる自覚をもつものである。しかし自我に至高の価値をおく現代では、芸術家は自我を表現することに、鑑賞者もまた自我を豊かにすることに専念して、ともに自分の中に閉じこもっているということ。

◆要　旨◆

演劇はあらゆる芸術の母胎である。ドラマは為されるものであり、ドラマが真に為されるものであるゆえんは、それを為す主体が観客であるからであり、為される場所が舞台ではなく劇場であるからである。演劇のリアリティは劇場に、その平土間にある。しかし今日では演劇の主体は劇作家や俳優である。彼らは観客を自分たちを映す鏡にして自我狂に陥っている。だが観客もまた舞台上に自分らしきもの、自我を見出し、手に入れようとしている。現代では、芸術の創造や鑑

//////////////////// ・memo・ ////////////////////

2022年度

解答編

解答編

英語

I

解答　(1)人類は凍土以外の大地を変貌させ，ほぼすべての大河を治水し，自然界以上の窒素固定や二酸化炭素排出量をもたらし，その生物量は他の哺乳類を凌駕している。このように人類が地球全体に及ぼす広範な影響力を持っていることから，現代は「人類の時代」という，地質学上の新たな時代にあると言えるということ。

(2)全訳下線部(b)参照。

(3)全訳下線部(c)参照。

◆全　訳◆

≪人類による環境変動の時代≫

人間は「すべての地と，地を這うすべてのもの」を支配することになる，というのは現実のものとなった預言のひとつである。どんな尺度で見ようとも，同じことが言える。今や人々は凍土でない大地の半分以上，およそ2,700万平方マイルにわたる土地を直接的に，そして残りの半分は間接的に変貌させた。私たちは，世界の主要な河川のほとんどをダムでせき止めたり，迂回させたりしている。私たちの肥料工場やマメ科の作物はすべての陸上にある生態系を合わせたよりも多くの窒素を固定しており，飛行機や車，発電所からは，火山の約100倍もの二酸化炭素が排出されている。純粋な生物量という点ではその多さは尋常ではなく，現在，人間の総重量は自然界の哺乳類に対して8対1以上の比率で上回っている。家畜（主に牛や豚）の重量を足せば，この比率は22対1にまで達する。『米国科学アカデミー紀要』の最近の論文によると，「実際に，人間と家畜の総量は魚を除くすべての脊椎動物を合わせたよりも重い」のである。私たちは種を絶滅させるだけでなく，おそらく種を生み出す主な原因にもなっている。人類がもたらす影響力はそれほど広範囲に及ぶものであるため，私たちは「人新世（アントロポセン）」という新しい地質年代に生きている，と言われている。この人間の時代においては，最も深い海溝や南極の氷床の真ん中を含めて，どこへ行っても『ロビンソン・クルーソー』のフライデーのような人間の足跡がすでにあるのだ。

このような時代の転換から得られる明確な教訓は，自分が望むものには注意が必要である，ということだ。大気や海水の温度上昇，海洋の酸性化，海面上昇，退氷，砂漠化，富栄養化，といったものは人類の成功の裏にある副産物の一端に過ぎない。(b)「地球変動」と手ぬるい表現で呼ばれる現象の進行速度はあまりにも急激であるため，地球史上でこれに匹敵するような出来事はごくわずかしかなく，直近のものでも恐竜の君臨に終焉をもたらした6600万年前の小惑星衝突にまで遡る。前例のない気候，類を見ない生態系，全く先の見通せない未来を人間は作り出している。現段階では人間の関与規模を縮小し，影響を減らすことが分別のある判断なのかもしれない。しかし，これを執筆している現時点で80億人近くもの多くの人間がいて，ここまで踏み込んだ状況では，後戻りするのは現実的ではないように思われる。

こうして私たちは前例のない苦境に立たされている。(c)自然をどう制御するかという問題に対して答えが存在するとすれば，それはさらなる制御であろう。ただし，ここで言う制御の対象とは，人間から独立して存在する（またはそう思われている）自然のことではない。むしろ，これからの取り組みというのは作り変えられた惑星で始まるが，その矛先は巡り巡ってその取り組み自体に舞い戻るものである。つまり，自然を制御するというよりも，自然の制御という行為それ自体をうまく「制御」しようとすることだ。

◀解　説▶

環境問題そのものを扱った内容は意外にも京大では少ない。人類が前例のない規模の傷跡を地球に残していることから，現代を the Anthropocene（人新世，アントロポセン）という新しい地質学上の時代区分としてみなす，という見解が示されている。この用語は2021年度の早稲田大学でも取り上げられており，環境問題の議論を中心にますます目にする機会が増えるだろう。

▶(1)まず，下線部の単語 the Anthropocene 自体の意味については，下線部前後の情報から，それが「時代」を表す用語であることを確認しておく。

ダッシュ記号（―）の前後は言い換え（＝同格）の関係となることが多く，下線部直前にあるダッシュ記号においても，a new geological epoch「新しい地質学上の時代」と，the Anthropocene とが同格の関係になっている（epoch は「(注目するべき画期的な）時代」の意味)。また，下線部直後（In the age of man「人間の時代においては」）の the age of man が，この the Anthropocene をさらに言い換えた表現となっているため，それが「人間の時代」を意味する語と推測される。これは必須語彙の anthropology「人類学」の anthropo- が「人間」を意味する接頭辞であるという知識と，man も「人間」を意味するという共通点からも推測可能。辞書では「人新世」と訳されるが，説明問題であるためその知識は不要。

次に，なぜこの時代を「人間の時代」と呼ぶのか，という理由を説明する必要がある。それは，冒頭文（That man should have dominion …）の「人間は『すべての地と，地を這うすべてのもの』を支配する」という内容や，特に下線部を含む文中の So pervasive is man's impact の和訳から，「人類が地球全体に及ぼす影響力が大きい」ことが理由だとわかる。So pervasive is man's impact, it is said that we live in a new geological epoch の文では，so ～ that …「とても～なので…」の構文が使われており，so pervasive の部分が強調されて文頭に移動し，その主語 man's impact と動詞 is が入れ替わる倒置が起き，さらに接続詞 that が省略されている。

最後に，「本文中に列挙された具体的な特徴から４つ」を答案に含める必要がある。これは第１段第３～９文（People have, by now, … of creation of species.）までの内容が，大きく４つに分けられる点から，それぞれを端的な日本語にして説明に加える。１つ目は同段第３文（People have, by now, …）で「人類が凍土以外の大地を変貌させた」という地形への影響，２つ目は第４文（We have dammed …）で「主要な河川のほとんどをダムでせき止めたり，迂回させたりした」という河川への影響，３つ目は第５文（Our fertilizer plants …）で「自然界以上に窒素を固定して，二酸化炭素を排出した」という化学物質のバランスに対する影響，４つ目は第６～９文（In terms of sheer … of creation of species.）にかけて言及された「生物量（biomass）で見ると他の哺乳類を圧倒している」という人類の総量の多さが他の種へ及ぼす影響，となっている。これらを答案にまとめる際には，上記4つの特徴を列挙した後で，「人類が地球全体に及ぼす影響力が大きい」という理由に触れ，文末は「(～という)時代」のように締めくくる。なお，下線部の後ろにある第1段最終文（In the age of man,…）は関係代名詞 that の先行詞が nowhere である点に注意しつつ和訳すると，その主旨は「人類の足跡がない場所などどこにもない」となる。この内容は下線部より前の So pervasive「(人類の影響力は）広範囲に及ぶ」ということの補足であり，意味が重複するので追加的に記述する必要はない。

▶(2) **Such is the pace of what is blandly labeled “global change” that**

「『地球変動』と手ぬるい表現で呼ばれる現象の進行速度はあまりにも急激であるため…」→主語＋is such that S V の形で「(主語）の程度は甚だしいので…」という意味になる頻出の構文が用いられている。この構文は本問のように such が強調のために文頭にきて，Such is＋主語＋ that S V の語順（主語と動詞が疑問文と同じ語順）になることも多い。label *A* *B* で「*A* を *B* と名付ける〔呼ぶ〕」となるが，ここでは *A* に当たる言葉が what，*B* に当たる言葉が “global change” であり，それが受動態の語順になっているため，what is labeled “global change”「『地球（規模の）変動』という名前で呼ばれているもの」となる。the pace of what is labeled “global change”「『地球変動』という名前で呼ばれているもの〔現象〕の（進行）速度」が主語であり，これを先述した構文（Such is＋主語＋that …）で用いると，「『地球変動』という名前で呼ばれている現象の速度がとても甚だしいので…」というのが直訳になる。最後に blandly「穏やかに，もの柔らかに，淡々と」という副詞が is labeled を修飾しているので，それを和訳に追加するが，頻出と言える語彙ではないので，せめて否定的なイメージの語であろうと推測するとよい。“global change” の引用符（“　”）自体に皮肉的意味合い，つまり，この呼称では緊急さが感じられず「(表現として）甘い，生ぬるい」といった意味合いがあり，blandly がそれを体現していると言える。形容詞形の bland も「(人が）愛想のよい，(食べ物が）口当たりのよい」と肯定的な意味もあれば，「(人が）つまらない，(食べ物が）味気ない」と否定的な意味もあわせ持ち，文脈に左右される点に注意したい。

(… that) there are only a handful of comparable examples in earth's history, the most recent being the asteroid impact that ended the reign of the dinosaurs, sixty-six million years ago.
「地球史上でこれに匹敵するような出来事はごくわずかしかなく，直近のものでも恐竜の君臨に終焉をもたらした6600万年前の小惑星衝突にまで遡る」→comparableは「比較できる」という意味のほかに「匹敵する」の意味でもよく使われる。この場合，comparable examplesが，何に「匹敵する事例」なのか，という点は文脈から「急激な地球規模の変動」と判断し，和訳する際には「これ〔それ〕」という代名詞で表現して，「これに匹敵する事例」とする。カンマ（,）の後ろは分詞構文（＝接続詞で前後をつなぐ代わりに，接続される側の動詞を現在分詞に変える構文）となっている。わかりやすくするために，いったん分詞構文を解除するならば，現在分詞のbeingを動詞wasに戻して，カンマの直後に接続詞andを補えばよい。したがって，and the most recent (example) was the asteroid impact … と書き換えられ，基本的な和訳は「そして，直近の事例は小惑星衝突だった」。ただし，最上級には「最も～なものでさえ」のようにevenの意味合いが含まれる用法があり，the most recent (example) is … は「直近のものでさえ…にまで遡る」といった和訳がより自然なものとなる。なお，sixty-six million years agoの直前にカンマがあるのは修辞的要素であるため，この箇所を必ずしも最後に訳出する必要はない。

- a handful of ～「一握りの～，ごくわずかの～」
- asteroid「小惑星」
- impact「衝突」
- end「～を終わらせる」
- reign「統治，支配，君臨」

▶(3) **If there is to be an answer to the problem of control, it's going to be more control.**
「自然をどう制御するかという問題に対して答えが存在するとすれば，それはさらなる制御であろう」→there is S「Sが存在する」のis直前に助動詞と同じ働きをする〔be to不定詞〕が割り込むと，there〔is to〕be Sという形になる。〔be to不定詞〕は一般的な助動詞（will, can, should

など）が持っているのと同じ意味をすべて持ちあわせている。If there is to be ～の場合，is to は助動詞 will に置き換えられ，意味は「もし～が存在することになるとしたら」が直訳。If there is to be ～は，実際の使用場面では「～を得るためには（…が必要だ）」という意図を伝達したいときに用いられるため，「答えを得るためにはさらなる制御が必要だろう」のように和訳してもよい。下線部中に control「制御」という語が繰り返されているが，後で説明する通り，制御の対象となるものが途中で切り替わっている。そのため，最初の the problem of control「制御の問題」には，「何を」制御するのかに相当する言葉を補っておくべきで，それは「自然（環境）」である。これは下線部直前の And so we face a no-analog predicament.「こうして私たちは前例のない苦境に立たされている」にある，a no-analog predicament「前例のない苦境」が，第 2 段第 4 文（Humans are producing…）で挙げられた no-analog climates, no-analog ecosystems, a whole no-analog future「前例のない気候，類を見ない生態系，全く先の見通せない未来」のこと，つまり「（人間がもたらした）激変する自然環境」のことを指している，という点から判断する。no-analog の analog にはデジタルの反対であるアナログ以外に「類似物（の）」という意味があるため，「他に類を見ない」という意味になる。it's going to be … の it は前出の answer を指す。文末の more control「さらなる制御」については，これが「何を」制御することなのかは，続く 2 文でこれから説明される形を取っているため，「何を」に当たる言葉を，この段階で補うことはむしろしない。

Only now what's got to be managed is not a nature that exists — or is imagined to exist — apart from the human.

「ただし，ここで言う制御の対象とは，人間から独立して存在する（またはそう思われている）自然のことではない」→Only now には注意が必要。〔only＋時を表す語句〕は，「（時）になってようやく」の意味で用いられることがほとんどであるが，ここではそれだと意味が通らない。むしろ，直訳に近い「今だけ」，あるいは「（本文の）ここにおいてのみは」という意味の方が，前後をつなぐ役目として機能する。Only now の直前で more control「さらなる制御」と述べたが，「ここで言う（制御とは…）」のように，直前の内容を条件づけるイメージで「ただし」とか，「しかし，ここでは」と訳すのが正しい。only だけでも「ただし，だがしかし」という接続詞としての用法がある。what's got to be managed は，「管理されるべきもの」が直訳であるが，これは前出の more control を言い換えた表現。not a nature から次の文（Instead, the new effort …）にかけては，not *A* but *B*「*A* ではない，*B* だ」（*B* を強調するための用法）と同じ構造になっている点に注意。ここでは but の代わりに，（ピリオドを挟んで）Instead「むしろ」が用いられている。a nature that exists — or is imagined to exist — apart from the human のダッシュ記号で挟まれている部分は，丸括弧で囲まれているのと同じで，動詞 exists と並列関係にある動詞句となっている。また，apart from the human の部分は，この２つの動詞（句）の両方と結びついているため，「人間から独立して存在している（あるいは存在していると想像されている）自然」という意味。これは「人間の手が加えられていない純粋な自然」のことを表している。

- have got to *do*「～しなければならない」→what's got to be managed の what's は，what has の短縮形。

Instead, the new effort begins with a planet remade and spirals back on itself — not so much the control of nature as the *control of* the control of nature.

「むしろ，これからの取り組みというのは作り変えられた惑星で始まるが，その矛先は巡り巡ってその取り組み自体に舞い戻るものである。つまり，自然を制御するというよりも，自然の制御という行為それ自体をうまく『制御』しようとすることだ」→上で説明したように，Instead の直後からダッシュ記号の直前までの the new effort begins with a planet remade and spirals back on itself の部分は，not *A* but *B*「*A* ではない，*B* だ」の *B* に相当する部分。しかし，この箇所だけ見ても難解な内容なので，ほかに手がかりを探す。すると，ダッシュ記号より後ろで not so much *A* as *B*「*A* ではない，むしろ *B* だ」の構文が使われており，ここでも not *A* but *B* と同じ働きをする表現が使われている。これらが言い換えの関係同士であることから，ここまで *B* と表記したもの同士は同じような意味になると考えられる。*B* のひとつに相当する the *control of* the control of nature「自然の制御の『制御』」は，先ほどの難解な箇所の，特に（the new effort）spirals back on itself「（これからの努力は）それ自身に舞い戻ってくる」の内容を理解するうえでのヒントになる。主語である the new effort は，下線部中の 1 文目の an answer to the problem of control「自然をどう制御するかという問題に対する答え」となるべき取り組みのことであるため，the new effort は「自然を制御するための（今後の）取り組み」を意味する。したがって，spiral(s) back on itself の itself が指すものを「自然を制御する取り組み（the new effort）それ自体」と捉えてみる。そうすれば，和訳が「自然を制御するための今後の取り組みは…（その対象が）自然を制御する取り組みそれ自体に舞い戻るものだ」と循環する形のものになり，これは先述したヒントである the *control of* the control of nature「自然の制御の『制御』」とも整合性が取れる。また，同箇所の a planet remade については，第 1 段第 3 文（People have, by now, …）の「大地のほとんどを変貌させた」や，直前の Only now で始まる文中の「人間から独立して存在すると思い込んでいる自然」という内容から，それが意味するのは「人の手によって作り変えられた惑星〔地球〕」であろうと考えられる。下線部全体の主旨は，「純粋な自然はもはや存在せず，あるのは人間が変えてしまった自然であり，これからは自然の制御を『制御〔管理，抑制〕する』（*control*）ことが求められる」であり，直訳から意訳をする際にはこれに沿わせるようにするとよい。

• begin with ～「～で〔から〕始まる」

• a planet remade「（人間によって）作り変えられた惑星」→a planet (which has been) remade (by the human) がもとの形。

●語句・構文●

（第 1 段）dominion「支配（力），統治（権）」 creep「這う，這うように進む」→creepeth は古い時代の表記で，creep の三人称・単数・現在形 creeps に同じ。当該部分は旧約聖書からの引用。prophecy「予言，預言」 harden into ～「固まって～になる」 just about any ～「ほぼすべての～，～は何でも」 metric「測定基準」 transform「～の形を変える」 ice-free「不凍の，氷結しない」 square mile(s)「平方マイル」 dam「ダムでせき止める」 divert「～をそらす〔迂回させる〕」 fertilizer plant「肥料工場」 legume「マメ科植物」 crop(s)「作物，収穫物」 fix nitrogen

「窒素を固定する」→窒素固定は，土壌細菌や根粒菌などの生物が空気中の窒素分子を体内に取り込み，アンモニアなどの窒素化合物に変換する現象で，生態系の窒素循環に影響する。all ～ combined「～すべてを合わせたもの」 terrestrial「地球の，陸地の」 ecosystem「生態系」 power station(s)「発電所」 emit「～を排出する」 carbon dioxide「二酸化炭素」 volcano「火山」 in terms of ～「～の観点では」 sheer「完全な，純粋な」 biomass「生物量，バイオマス（代替エネルギーを供給する植物）」 stark-staring「完全に（狂った）」→口語表現で否定的な意味合いで用いられる。*A* outweigh *B*「*A* は *B* より重い，*A* は重さの点で *B* を上回る」 mammal「哺乳類」 by a ratio of *A* to *B*「*A* 対 *B* の比率で」 add in ～「(追加して)～を取り入れる」 domesticate「～を家畜化する〔飼い慣らす〕」 a paper「学術論文」 observe「(意見など）を述べる」→直後には that 節や引用符が続く。 livestock「家畜」 vertebrate「脊椎動物」 driver「原動力」 extinction「絶滅」 geological「地質学上の」 trench「海溝，塹壕，堀」 Antarctic「南極（の)」 ice sheet「氷床」 bear *one's* footprint「(土地などに)（人）の足跡がある」

(第2段) turn of events「情勢の変化」 atmospheric「大気の」 acidification「酸性化」 sea-level rise「海面上昇」 deglaciation「退氷，氷河の後退」 desertification「砂漠化」 eutrophication「富栄養化」 by-product「副産物，副作用」 a whole no-analog ～「全く前例のない～」→ a whole new ～「全く新しい～」という頻出表現に近い意味となっている。prudent「良識的な，用心深い」 scale back「規模を縮小する」 commitment「献身，深い関与，約束，義務」→本文中の our commitments は「人類の地球環境への深い関与」の意味。 as of ～「～の時点では」 impracticable「実行不可能な」→we are stepped in so far, return seems impracticable では，so ～ that … 構文「とても～なので…」の that が省略された形になっており，「とても遠くまで踏み込んだ状況であるので，後戻りは現実的でないように思われる」という意味。

(第3段) predicament「苦境，窮地」

II 解答 (1)全訳下線部(a)参照。

(2) (和訳)「私たちは情報の波にのまれているが，知識には飢えている」

(説明) 現代人はインターネットのおかげで膨大な量の情報を得ている一方で，そこから効率よく情報を検索することができずに，その知識を把握しきれていないということ（を指している）。

(3)全訳下線部(c)参照。

◆全 訳◆

≪蓄積されるデジタル情報の課題≫

図書館の歴史とその蔵書が時を経るごとにどのように発達してきたのかを分析する際，私たちは多くの点で知識そのものがどのようにして生き残ってきたのかを物語ることになる。図書館に今ある本はその1冊1冊が，つまり，集まることでより大きな知識体系と化す蔵書のすべてが，この時代まで何とか残存してきた書物なのである。

デジタル情報が到来するまでは，図書館や公文書館には，その蔵書である紙を守るためのしっかりとした戦略があった。これらの機関はその責任を読者と共有していた。たとえば，オックスフォード大学のボドリアン図書館を新たに利用する人は全員，400年以上もの間変わらず，「図書館に火や炎を持ち込まない，あるいはその中で火をつけない」ことを正式に誓うことを今でも要求される。温度や相対湿度を一定に保つこと，浸水や火災の防止，本棚の整理整頓を徹底することが，保存戦略の基本であった。デジタル情報は本質的に安定性に欠けるため，技術そのもの（ファイル形式，オペレーティング・システム，ソフトウェアなど）に対してだけでなく，さらに積極的な保存対策が求められる。(a)大手のIT企業，とりわけソーシャルメディア関連の企業にとっては，知識の保存に純粋な商業的意味合いしかないため，彼らが提供するオンラインサービスが広く採用されたことによって，この不安定さはさらに増幅している。

世界の記憶がオンライン上にますます蓄積されていくことで，私たちはこの記憶を，現在インターネットを支配している大手IT企業に効率よく引き渡している。「検索する」という言葉は紙媒体の書物にある索引を調べること，あるいは，百科事典や辞書の適切な文字の見出し語を見つけることを意味していた。それが今では，検索ボックスに単語や用語や質問をタイピングして，後はコンピュータに任せることを意味するだけである。かつて，社会は人の記憶を訓練することを重視し，記憶力を改善することに特化した訓練法を考案したほどであった。そのような時代はもう過ぎ去った。しかしながら，私たちのデジタル化された記憶に対して大手 IT 企業が行使する支配力は巨大であり，そのためインターネットの利便性は危険を伴う。図書館や公文書館を含む一部の機関は，ウェブサイト，ブログ記事，ソーシャルメディア，さらにはEメールやその他の個人所有のデジタルコンテンツを独自に保存することで，支配権を取り戻そうと躍起になっているのが現状である。

「私たちは情報の波にのまれているが，知識には飢えている」と，ジョン=ネイスビッツは早くも 1982 年に，彼の著書『メガトレンド』の中で指摘している。それ以降，「デジタル・アバンダンス」という概念が生まれ，デジタル世界の重要な一面を理解しやすくなった。その一面について，図書館員である私は日常生活で考えることが多い。コンピュータとインターネットの接続環境がある利用者なら誰でも入手できるデジタルの情報量は圧倒的であり，あまりに多すぎて把握することなどできない。図書館員や公文書館職員は現在，得られた大量の知識をどうすれば効率的に検索できるのかを懸命に模索している。

デジタル世界は矛盾に満ちている。一方では，知識の創造はかつてないほど容易になり，文書や画像などの情報をコピーすることも簡単にできるようになった。膨大なデジタル情報を貯蔵することが今や可能になっただけでなく，それは驚くほど安価なものとなった。しかし，貯蔵と保存は同義ではない。デジタル情報は意図的な破壊に対してばかりでなく，放置に対しても驚くほど脆弱であるため，オンライン上に蓄積されている知識は失われる危険性にさらされている。(c)また，私たちがオンライン上の交流を通して日々作り出す知識は，多くの人の目に触れないものである一方で，商業利用や政治目的のために社会の利益に反する形で操作され，利用される可能性がある，という問題もある。この知識を破壊されることは，プライバシーの侵害を懸念する多くの人々にとって短期的には望ましいことかもしれないが，それは結果的に社会にとって不利益となる可能性がある。

◀解　説▶

情報がデジタル化されることが当然の時代となっているが，その脆弱性に警鐘を鳴らす内容となっている。情報のデジタル化についての内容であるが，冒頭の段落や内容説明問題の下線部英文など，文体は一部いかにも文学的な表現となっているところがある。

▶(1) **This instability has been amplified by the widespread adoption of online services provided by major technology companies,**

「大手のIT企業が提供するオンラインサービスが広く採用されたことによって，この不安定さはさらに増幅している」→純粋な和訳問題であるので，This instability「この不安定さ」の指示語Thisが指す内容を明示する必要はない。amplifyは「～を増幅させる」という意味で，ここでは受動態なので，そのまま訳せば「(この不安定さは）増幅させられている」であるが，〔解答〕のように能動態に戻して訳してもよい。the widespread adoption of～「～の幅広い採用」という名詞句は，「～が広く採用された（こと)」のように動詞的に訳出するとよい。technology companiesは「テクノロジー〔技術系〕企業」，「デジタル企業」，「IT（関連）企業」などの訳出が考えられる。provided by以下は，直前の名詞句online servicesを修飾している。

(… major technology companies,) especially those in the world of social media, for whom preservation of knowledge is a purely commercial consideration.

「(大手のIT企業,）とりわけソーシャルメディア関連の企業にとっては，知識の保存に純粋な商業的意味合いしかないため，(彼らが…)」→この箇所は直前にあるmajor technology companiesを補足説明するものであるため，最終的には1つ上の説明にある和訳の「大手のIT企業」の直後の位置に挿入する。2つのカンマで挟まれている部分は丸括弧で囲まれている状態，つまり，(especially those in the world of social media）という形であるのと同じで，その前後にあるmajor technology companiesとfor whom preservation of…は，本来は連続するものとして考える必要がある。thoseはcompaniesのことを指す代名詞で，worldは「業界，分野」の意味。for whomの先行詞はmajor technology companiesであり，and〔because〕for themと言い換えられるため，「そして〔なぜなら〕彼らは…」と訳せる。a considerationのように，可算名詞としてconsiderationが使われる場合は，「(何かを決めるときに）考慮するべき事柄，動機」の意味があるので，a commercial consideration は「商業的な観点で考慮されるべき事柄」，「商業的動機」などと訳せる。

• preservation「保存」

▶(2)下線部の和訳，その具体的な内容の説明の両方に答える問題となっている。

"We are drowning in information, but are starved of knowledge,"

「私たちは情報の波にのまれているが，知識には飢えている」→drowning「溺れている」，starved「飢えている」という動詞が比喩表現であるため，和訳ではそのままに近い状態で訳出し，説明ではこれらが具体的にどういう状態を指しているのかを記述する。drowning in information の和訳は「情報に溺れている」，あるいは「情報の波にのまれている」となり，starved of knowledge は「知識に飢えている」となる。内容の説明については，下線部の位置が段落の冒頭にある点に注目する。英語の論説文では，１つの段落につき１つのテーマを含み，先に抽象的なことや結論を述べ，その後でより具体的に説明する，という構成が原則であるため，下線部の具体的な説明はその後ろから，基本的には同段落の最後まで続くはず。同段落の第３文（The amount of digital …）では，インターネットにより得られる「デジタル情報の量は圧倒的であり，あまりに多すぎて把握することなどできない」，第４文（Librarians and archivists are …）では，「得られた大量の知識（the mass of available knowledge）をどうすれば効率的に検索できるのかを懸命に模索している」とあり，これらは共に「情報に溺れている」と「知識に飢えている」という表現の具体的内容と言える。つまり，we are drowning in information は「現代はインターネットのおかげで情報量が圧倒的に多い」ということ，そして we are starved of knowledge は「効率的な情報の検索ができずに，大量の知識を把握しきれていない」ということを意味している。

▶(3) **There is also the problem that the knowledge we create through our daily online interactions is invisible to most of us, but it can be manipulated and used against society for commercial and political gain.**

「また，私たちがオンライン上の交流を通して日々作り出す知識は，多くの人の目に触れないものである一方で，商業利用や政治目的のために社会の利益に反する形で操作され，利用される可能性がある，という問題もある」→the problem that SV の that は同格関係を導く接続詞であるので，「…という問題」と訳す。the knowledge の直後には関係代名詞の that〔which〕が省略されている（関係代名詞を用いる前の元の語順は，we create (the) knowledge through our daily online interactions)。invisible は「目に見えない」という意味そのまま。it が指すのは the knowledge … interactions「オンライン上の交流を通して日々作り出される知識」。manipulated「操作される」と used「利用される」は and を用いた並列の関係で結ばれており，2つともがこの直後にある against society for commercial and political gain につながっている。そのため，和訳の順序は「商業利用や政治目的のために社会の利益に反する形で操作され，利用される」のように訳し上げるが，～(操作される) and …（利用される）の箇所は「…と～」のように後ろから訳さないこと。

- online「オンライン上の」
- interaction「交流」
- against「～に不利に」
- gain「利益」

Having it destroyed may be a desirable short-term outcome for many people worried about invasions of privacy but this might ultimately be to the detriment of society.

「この知識を破壊されることは，プライバシーの侵害を懸念する多くの人々にとって短期的には望ましいことかもしれないが，それは結果的に社会にとって不利益となる可能性がある」→Having it destroyed の it が指すのは，上の説明の it と同じで the knowledge … interactions「オンライン上の交流を通して日々作り出される知識」。have *A done* の形は，特に break や destroy など「壊す」という意味の動詞が *done* の位置にくる場合，「*A* を～される」という被害を表す和訳になる。したがって，主語の部分は「それ〔この知識〕を破壊されること」という和訳になる。many people の直後には who are が省略された形で，many people (who are) worried about ～「～について不安に思っている多くの人々」という意味。this が指しているのは Having it destroyed である。to the detriment of ～ は「～に損害が及ぶほど」という意味でよく使われる表現で，ここではbe動詞の補語として用いられている。

- desirable「望ましい」
- short-term「短期間の」
- outcome「結果」
- invasion「侵害」
- ultimately「最後には，結局は」

●語句・構文●

(第1段) evolve「発達する，進化する」 institution「施設，機関」 build up into～「積み重ねて～になる」 body「集まり，大量のかたまり」

(第2段) advent「到来」 archive「公文書（館），記録保管所」 well-developed「(策などが) よく練られた」 strategy「戦略」 preserve「～を保存する」 paper「紙」→大問Iの第1段にあるa recent paperではpaperが「学術論文」の意味で可算名詞となっているが，「(材質としての) 紙」は不可算名詞であるため，不定冠詞のaはついていない。be required to *do*「～する必要がある」 formally「正式に，公式に」 swear not to *do*「～しないことを誓う」 bring into the Library, or kindle therein, any fire or flame「図書館に火や炎を持ち込まない，あるいはその中で火をつけない」→bringとkindle「(火) をおこす〔つける〕」の目的語は共にany fire or flameである。stable「安定した」 relative humidity「相対湿度」→天気予報などでよく聞く一般的な「湿度」のこと。avoidance「回避」 flood「浸水」 well-organized「よく整理された」 shelving「棚」 be at the heart of～「～の中心にある」 inherently「本質的に」 proactive「(行動が) 先を見越した，積極的な」 approach「方法，取り組み」

(第3段) be placed online「オンライン上に配置される」 outsource「～を（外部に）委託する，～を外注する」 the internet「インターネット」→以前はthe Internetと大文字で表記されていたが，インターネットがすっかり普及した現状を踏まえて，普通名詞として扱うために小文字でも表記される。phrase「語句（複数の単語の集まり）」 look up～「～を（辞書などで）調べる」 index「索引」 alphabetical「アルファベット（順）の」 entry「(辞書の) 見出し語」 encyclopedia「百科事典」

term「用語」 let *A do*「*A* に（自由に）〜させる」 value「〜を重視する」 devise「〜を考案する」 sophisticated「洗練された，高度な」 control exercised by *A* over *B*「*B* に対して *A* が行使する支配〔管理〕（権）」 take back 〜「〜を取り戻す」 independently「自主的に」

（第4段） point out 〜「〜を指摘する」 as early as 〜「早くも〜には，〜には既に」 abundance「豊富さ，おびただしさ」 coin「（言葉など）を造る」 librarian「司書，図書館員」 overwhelmingly「圧倒的に」 comprehend「〜を把握する〔理解する〕」 be concerned with 〜「〜を心配する」 mass「多量」

（第5段） contradiction「矛盾」 nor has it been easier to …「…することもかつてないほど簡単になった」→nor VS という倒置の語順になっている（=and it has not been easier to … (,) either.）。text「文書」 storage「貯蔵」 on a vast scale「大規模に」 inexpensive「安価な」 be at risk of 〜「〜の危険がある」 vulnerable to 〜「〜に対して弱い，〜の影響を受けやすい」 neglect「放置，怠慢」 deliberate「意図的な」

III 解答例

〈解答例1〉 Among the many pleasures of travel, the view from a train window has a charm of its own. Of course, a beautiful nature seen through train windows is really a feast for the eyes, but simply looking at familiar towns and cities can be fascinating as well. All the people you see there, who may remain strangers to you forever, are living lives of sorrow and joy. Thinking about this, I can somewhat distance myself from my problems and feel relieved.

〈解答例2〉 There are many pleasures of traveling, and the view from a train window is not bad. You will surely enjoy seeing the pure beauty of nature, but you can also find it enjoyable to observe the mundane countryside and cityscapes. The people you see there, whom you may never meet, are all living with their own joys and sorrows. When I think of this, my worries seem somehow distant and my heart feels lighter.

◀解　説▶

「数ある旅の楽しみのなかで，車窓からの眺めというのもまた捨てがたい」

• 「数ある旅の楽しみのなかで」→前置詞句で表現するなら，Among the many pleasures of travel, … となる。SV 構造で表現する場合は，「旅には多くの楽しみが存在するが」と言い換えて，There are many pleasures of traveling, and … のように書き始めることができる。

• 「車窓からの眺め（というのも）」→「車窓」は，旅行なので「電車の窓」のように具体的に言い換えて a train window などとする。「眺め」は view（可算名詞）か scenery（不可算名詞）でよい。view は「情景」に近く，ある人の目に飛び込んでくる像であり，人によって映り方，捉え方の異なる主観的なものであるため，ほかに「見解，意見」という意味にもなる。一方で，scenery は「風景」に近く，地形や物の配置というより客観的な要素に焦点が当てられる語。したがって，the view from a train window〔train windows〕となる。

• 「（～も）また捨てがたい」→比喩的表現であるため，文字通りに「捨てる」という英語を用いるのは危険。具体的には「（～にも）（独自の）魅力がある」のように言い換えられるので，これを英訳する手順で進めれば，たとえば，have a charm「魅力がある」や not (so) bad「悪くない，なかなかよい」となる。「～もまた捨てがたい」というのは，旅行の数ある魅力のなかで，「車窓からの眺め」にも“そこにしかない”魅力があるからだ，と言えるので，〈解答例 1〉のように，名詞＋of its own「独特な〔独自の〕～」や，ほかにも unique などを追加してもよい。

「そこに美しい自然が広がっていれば，ただただ目の保養になる。でも，ありふれた田舎や街並みを眺めているのも悪くない」

• 「*A* は目の保養になる。でも *B* も悪くない」→まず，この 2 文の関係性が，「もちろん〔確かに〕*A* だ。しかし，*B* だ」という，相関譲歩の構造になっていることを押さえる。したがって，大枠として Of course *A* but *B* や，It is true *A* but *B* のような構文を用いることを意識しておきたい。

• 「そこに美しい自然が広がっていれば」→「広がる」は修辞的表現なので，「（自然が）ある，（自然が）見える」などに言い換えておく。また，ここを後続の「目の保養になる」の主語として扱うのであれば，「車窓から見える美しい自然」のように言い換えられるので，「（広がっ）ていれば」という末尾の表現は不要で，たとえば a beautiful nature seen through train windows となる。他にも，ここでの「自然」は地形的特徴としての客観的なものであるため，上で説明した scenery（不可算名詞）を使って，the beautiful natural scenery you see there などとしてもよい。

• 「ただただ目の保養になる」→「目の保養」は慣用的な日本語表現であり，そのままでは英訳しづらい。ただし，これに相当する英語の慣用的表現として，（be）a feast for the eyes「目の保養（となる）」がある。日本語レベルで言い換えると，「～を見て楽しむ」ということなので，enjoy seeing ～を使って表現できる。その場合は，人（you, we）を主語にして，先述した「美しい自然」（the beauty of nature など）を目的語にする。

• 「（でも，）ありふれた田舎や街並みを眺めているのも悪くない」→ここから先は，前出の「美しい自然」との対比であり，目に入ってくる景色それ自体の美しさという直接的な効用ではなく，それがもたらしてくれる心理的側面という間接的な効用に焦点が移っている。したがって，「眺めているのも悪くない」に対して，enjoy seeing ～を用いると「景色そのものを楽しむ」という直接的要因を表すため，やや不適切。たとえば，「～を見ることにも魅力はある」（looking at ～ is also fascinating / find it enjoyable to observe ～）のように表現するのであれば問題ない。「ありふれた」は，ここでは「見慣れた」と同義であるため，familiar が使える。他には mundane「平凡な」や ordinary「普通の」などがある。「田舎や街並み」は towns and cities，あるいは the countryside and cityscapes など（厳密には countryside は「自然が残っている」イメージが強い単語であり，前出の「（美しい）自然」との対比として最適な語かどうかは微妙だが，「美しい自然」に対して「ありふれた自然」と著者が言っている可能性もあるため問題ない）。これらをまとめると，（simply）looking at familiar towns and cities can be fascinating（as well）となる。文末の as well は「～もまた」の意味で，also に同じ。

「そこに見かける，きっとこの先出会うこともなさそうな人々は，みなそれぞれにその人なりの喜びや悲しみとともに暮らしている」

• 「そこに見かける，きっとこの先出会うこともなさそうな人々は，みな」→「そこに見かける人々みな」を先に英訳して（All）the people you see there とし，その直後に「彼らと出会うことは恐らくないだろう（が)」(whom you may never meet) という補足説明を，カンマで挟んだ関係詞句にして挿入する（継続〔非制限〕用法)。「この先出会うこともなさそう」というのは,「ずっと知り合うことのない人々」と捉えて，たとえば，who may remain strangers to you forever とすることもできる。

• 「それぞれにその人なりの喜びや悲しみとともに暮らしている」→are living with their own joys and sorrows のように，日本語そのままに近い形で英訳できる。ほかには,「〜な生活を送る」という表現の live (a)＋形容詞＋life や，live a life of＋抽象名詞（例：live a life of boredom「退屈な生活を送る」) を用いるのもよい。〈解答例 1〉の are living lives of sorrow and joy は，of＋抽象名詞が，形容詞と同じ働きをする表現を使っており，このような抽象名詞は不可算であるため，不定冠詞 a をつけたり，複数形にしたりしない。上記の with their own joys and sorrows では,「喜び〔悲しみ〕をもたらす事柄」という個々の“具体的”な出来事とみなしているため，複数形になっている。「その人なりの」という箇所を強調する必要があるなら，*one's* own＋名詞「(人) 自身の〜」を用いればよい。

「そう思うと，自分の悩み事もどこか遠くに感じられて，心がふっと軽くなる気がするのだ」

• 「そう思うと」→「このように考えると」と言い換えて，分詞構文 Thinking about this, または，接続詞 when を用いて When I think of this, など。ほかにも，this idea makes O C「この考えがOをCにする」という無生物主語の構文もよく使われる（Cの位置には形容詞や原形不定詞が置かれ，たとえば This idea makes my worries seem somehow distant. のように英訳される)。

• 「自分の悩み事もどこか遠くに感じられて」→「遠くに感じる」という表現は，英語でも S seem(s) distant「(S) が遠いように思われる」や distance *A* from *B*「*B* から *A* を遠ざける」のように距離表現がそのまま使えて，後者であれば I can distance myself from my problems とする。距離表現とは別のものに言い換えるのであれば,「(悩み事が) それほど深刻なものではない（ように思われる)」と考えて，my worries don't seem so serious など。「どこか」は somewhat「幾分，少々」や

somehow「どういうわけか，何となく」で表現できる。

• 「心がふっと軽くなる気がするのだ」→人を主語にして「ほっとする」という言い方の feel relieved が使える。また，心を主語にして my heart feels lighter という言い方もある。「ふっと」の部分は無理に英訳する必要はないが，unexpectedly「不意に」，somehow「どういうわけか」，suddenly「突然に」で表現できる。

Ⅳ 解答例

〈解答例 1〉 The most important aspect of university research is having a strong motive. I have two reasons for this opinion. First, you will reach your goal in the long run. Research entails a lot of hard work and the results may not be immediate, but if you have a strong will to achieve your goal, it can be sustained by being patient and overcoming difficulties. Second, one's research is more likely to contribute to society. Our motives tend to be stronger when they stem from the desire to help others. So, it can be said that stronger motives lead to a better world. (102 語)

〈解答例 2〉 The most important part of conducting research at university is systematizing knowledge. It is said that there is a strong relationship between memory and storytelling. So, organizing information makes it easier to remember things and helps you memorize them for a long time. A good memory will enable you to work more efficiently when writing the thesis for your Bachelor's degree. In addition, by systematizing knowledge, you can organize your own thoughts and gain new ideas and perspectives. Using the existing findings of senior researchers as the foundation, you can strive for new insights in a particular field of research. (100 語)

◀解　説▶

大学で研究をするうえで最も重要と考えることを 100 語程度の英語で説明させる自由英作文問題。また，2つの理由を含めることが条件となっている。100 語程度の論説文では，前置きや結論などを書く余裕はなく，英語の論理構成としての典型である，主張→（2つの）理由，という順番に従って書くことになる。

従って書くことになる。

〈解答例1〉では，最も重要なことを「研究への強い動機」とし，その理由は，それが(1)「研究を成功へと導く要因である」，(2)「社会貢献の気持ちから生じるものである」という点を説明している。〈解答例2〉では，最も重要なことを「研究に必要な知識の体系化」とし，それによって(1)「情報を記憶しやすくなる」，(2)「新しい着想を得られる」という点を理由として挙げている。2つ理由を挙げる場合に，1つ目の理由を思いついた段階ですぐに英訳する作業を開始してしまうと，後で思わぬところで頓挫し，すべてを書き直す事態に陥ったときに無駄な時間を費やすことになりかねない。まずは，落ち着いて構成をしっかりと準備することを優先する。また，理由を列挙する構成の英文を実際に書くための定型表現は，当然いくつか覚えておかなければならない。たとえば，〈解答例1〉のように，主張を述べた直後で，I have two reasons for this opinion. First, …. Second, ….「この主張には2つ理由がある。1つ目は…。2つ目は…」と続けていくパターンがあるし，〈解答例2〉のように，1つ目の理由を挙げた後に，In addition, … で2つ目の理由を始める形も多い。この形式に慣れていない受験生の答案によくあるのが，2つの理由のうち，いずれか一方の分量が多くて，残りの一方は語数制限に圧迫されて極端に少ない，という状況である。これも先述した，事前に構成をしっかりと練っておくことで回避しやすくなる。以下に，〈解答例〉の和訳とその中で使用した語句や英作文で使えそうな表現をそれぞれ挙げておく。

(〈解答例1〉の和訳）「大学の研究で最も重要な点は強い動機を持つことである。この主張には2つ理由がある。1つ目は，長い目で見たときに目標に到達するということだ。研究には苦労が多く，結果がすぐに得られるものではないが，目標到達への強い意志があれば，忍耐強く，困難を克服することで研究を続けることができる。2つ目は，研究が社会に貢献できる可能性が高くなる点にある。人の動機というのは他人の役に立ちたいという思いから生じるものであるときに，より強いものとなる傾向がある。したがって，強い動機ほどより社会に貢献できると言えよう」

- in the long run「長期的な視点で見ると」
- entail「～を（必然的に）伴う」
- immediate「即時の」

- a strong will to *do*「〜しようとする強い意志」
- sustain「〜を維持する」
- overcome difficulties「困難を克服する」
- be likely to *do*「〜する可能性が高い，〜しやすい」
- *A* stem from *B*「*A* は *B* に由来する〔から生じる〕」
- *A* lead to *B*「*A* は *B* という結果につながる」

(〈解答例２〉の和訳)「大学で研究を行ううえで最も重要なことは，知識を体系化することである。記憶とストーリー性には強い関係があると言われている。したがって，情報を整理することで，物事を覚えやすくなり，また，長く記憶することができるようになる。記憶力がよければ，学士論文を書く際にも効率よく作業ができる。また，知識を体系化することで，自分自身の思考も整理され，新しい発想や視点が得られる。先輩研究者の既存の研究成果を土台に，特定の研究分野で新たな知見を得ようと努力することができるのだ」

- conduct research「研究を行う」
- systematize「〜を体系化する，〜を順序立てる」
- organize「〜を整理する，(考えなど) を体系化する」
- make it easier to *do*「〜しやすくする」
- enable *A* to *do*「*A* が〜できるようにする」
- thesis for *one's* Bachelor's degree「学士論文」
- perspective「視点」
- existing「既存の〜」
- senior researcher(s)「先輩研究者，上級研究員」
- foundation「基礎，土台」
- strive for 〜「〜を目指して努力する」
- insight「知見，洞察 (力)」

❖講　評

2022年度は，読解問題2題，英作文問題2題の構成であった。読解問題においては，英文和訳が4問で，内容説明が2問となっており，バランスの取れた内訳となっている。2016年度以降出題されている自由英作文については，2022年度でも引き継がれている。ただし，これまでに多く見られた，会話文の空所を補充するような条件付き自由英作文ではなく，100語程度で自分の考えと理由を述べさせる形式に変わっており，他大学でもよく見られる形式の典型的な自由英作文となっている。

Ⅰは，環境問題を扱った内容であるが，「人新世（アントロポセン）」と呼ばれる，人類の手により激変する地球環境とこれからの自然との向き合い方に目を向けさせる文章となっている。3問の設問のうち，2問が下線部の和訳問題で，1問が内容説明問題となっている。(3)の下線部和訳は，control という語が5つも含まれており，直訳的な和訳のままでは意味が通りにくいところがある。ここを意訳するうえでは，文章全体を理解しておかなければならず，その意味では内容説明問題を解くのに近いものがある。

Ⅱは，インターネットにより溢れる情報をどう管理するべきか，という問題提起の色合いが強い文章。Ⅰと同様に，3問の設問のうち，2問が下線部和訳で，1問が和訳したうえでの内容説明問題である。下線部和訳はいずれも，京大レベルとしては特に難解な文構造というものではなく，比較的解きやすい。また，内容説明の問題も標準的なものと言えるので，ここで失点をしないようにしたい。

Ⅲの英作文問題は，2021年度と同様，やや長めの和文英訳となっている。「捨てがたい」「自然が広がっている」「目の保養」などの日本語表現を英訳するうえでは，文の前後関係を参考にまずしっかりとそれらの本意を捉える必要がある。これは京大和文英訳の伝統とも言える要素で，受験生もしっかりとその要求に応えられるよう，過去問で対策を積んでおこう。

Ⅳの自由英作文は，2016年度から2021年度までは空所を補充する形式が多く，それ以外であっても，書く内容そのものについては制約の多い問題が続いていた。しかし，2022年度は与えられたトピックについて，自分の考えを述べさせるものとなっており，書く内容についての自由度は広がっている。他大学の入試問題や英検などで頻出の，テーマ型自由英作文の形式とほぼ同じと言える。しかし，英単語の正しい用法，文法知識，重要構文の理解は前提条件であり，内容が首尾一貫したものになっているか，論理展開は適切か，具体性に欠けるものとなっていないか，といった点で差がつくだろう。

2022年度は，2021年度と比較すると，読解問題は易化したが，自由英作文の出題形式を比べると，2022年度の方が時間を要するものとなっており，全体的な難易度の変化という点では調整が図られている。ただし，読解問題においても，**I**(3)の下線部和訳にある spirals back on itself や the *control of* the control of nature のように，循環構造の表現は，より高次元の思考プロセスを要するため油断できない。抽象的な内容の文章こそ自分を鍛える材料と心得て，普段の長文対策に臨みたい。

数学

1

◇発想◇ $5.5=\log_4 4^{5.5}$ であるから，$\log_4 2022<5.5$ は容易に示すことができる。問題は $5.4<\log_4 2022$ である。$5.4=\log_4 4^{5.4}$ で，$4^{5.4}<2022$ を直接示すことは難しい。ヒントとして $\log_{10}2$ が与えられているので，$\log_{10}5=1-\log_{10}2$ と合わせて，2または5のみを素因数にもつ整数 n で，$n<2022$ を満たす最大のものを考える。$5^4<2022<5^5$ であるから，$n=2^a\cdot 5^b$（a，b は0以上の整数で $b\leqq 4$）の中から適切なものを見つける。

解答 底 $4>1$ であるから，$2022<2048=2^{11}$ より

$$\log_4 2022<\log_4 2^{11}=\frac{\log_2 2^{11}}{\log_2 4}=\frac{11}{2}=5.5$$

また，$2022>2000=2\cdot 10^3$ より

$$\log_4 2022>\log_4(2\cdot 10^3)=\frac{\log_{10}(2\cdot 10^3)}{\log_{10}4}=\frac{\log_{10}2+3}{2\log_{10}2}=\frac{1}{2}+\frac{3}{2\log_{10}2}$$

$$>\frac{1}{2}+\frac{3}{2\cdot 0.3011}\quad(\because\ \log_{10}2<0.3011)$$

$$>0.5+4.9\quad\left(\because\ \frac{3}{2\cdot 0.3011}=4.98\cdots\right)$$

$$=5.4$$

$\therefore\ 5.4<\log_4 2022<5.5$ （証明終）

◀解　説▶

≪常用対数を用いた不等式の証明≫

$0.301<\log_{10}2<0.3011$ を用いて $\log_4 2022$ の値を小数第1位まで求める問題である。$\log_4 2022$ を評価するために $2000<2022<2048$ を利用することに気づくことがポイントとなる。

$5.5=\log_4 4^{5.5}=\log_4 2^{11}=\log_4 2048>\log_4 2022$ は容易にわかる。
$5.4<\log_4 2022$ を示すには，〔発想〕で述べたように $n=2^a\cdot 5^b$（a，b は0

以上の整数で $b \leqq 4$）の中から $n<2022$ を満たす最大の n を見つける必要がある。直観的に $n=2000$ が思い浮かべばそれでもよいが，b について場合分けをして考えれば次のようになる。$n<2022$ を満たす最大の n は

$b=0$ のとき　$n=2^{10}=1024$　$(a=10)$

$b=1$ のとき　$n=2^8\cdot5=1280$　$(a=8)$

$b=2$ のとき　$n=2^6\cdot5^2=1600$　$(a=6)$

$b=3$ のとき　$n=2^4\cdot5^3=2000$　$(a=4)$

$b=4$ のとき　$n=2\cdot5^4=1250$　$(a=1)$

となるから，$n=2000$ を見つけ出し，$\log_4 2000>5.4$ を示すことになる。なお，$4^{5.4}=1782.8\cdots$ なので，2または5のみを素因数にもつ整数 n で，$1783 \leqq n<2022$ を満たすものは $n=2000$ だけである。

2

◇発想◇　条件を満たす札の取り出し方の総数を求める方法は，

(i)　X，$Y-1$，$Z-2$ の組合せを考える方法

(ii)　Y に対する X，Z の組合せを考え，$3 \leqq Y \leqq n-2$ に対するそれらの場合の数の和を計算する方法

(iii)　余事象を考える方法

が挙げられる。計算量が少ないのは(i)であり，(i)に近い方法として重複組合せを利用する方法もある。

解答　$n\,(\geqq 5)$ 枚の札から3枚の札を同時に取り出す場合の数は ${}_n\mathrm{C}_3$ 通りで，これらは同様に確からしい。

X，Y，Z が整数のとき，「$Y-X \geqq 2$ かつ $Z-Y \geqq 2$」と「$Y>X+1$ かつ $Z>Y+1$」が同値であることに注意すれば

「X，Y，Z は1から n までの整数で，$Y-X \geqq 2$ かつ $Z-Y \geqq 2$」　……(＊)

となる条件は

「X，Y，Z は整数で，$1 \leqq X<Y-1<Z-2 \leqq n-2$」

となることである。

よって，1から $(n-2)$ までの $(n-2)$ 個の整数から異なる3個の整数を選び，小さい順に X，$Y-1$，$Z-2$ とする場合の数と（＊）となる場合の数は等しく，${}_{n-2}\mathrm{C}_3$ 通りである。

したがって，求める確率は

$$\frac{{}_{n-2}\mathrm{C}_3}{{}_n\mathrm{C}_3}=\frac{\dfrac{(n-2)(n-3)(n-4)}{3\cdot2\cdot1}}{\dfrac{n(n-1)(n-2)}{3\cdot2\cdot1}}=\frac{(n-3)(n-4)}{n(n-1)}\quad\cdots\cdots(答)$$

参考　$(n-3)$ 個の○を横一列に並べ，それらの間と両端の $(n-2)$ カ所から3カ所を選んで左から順に x，y，z を入れて，x，y，z と $(n-3)$ 個の○の計 n 個に対して左から順に 1～n の番号をつける。このときの x，y，z の番号をそれぞれ X，Y，Z と定めるときの $(X,\ Y,\ Z)$ の組の総数は，(＊)となる $(X,\ Y,\ Z)$ の組の総数に等しく，${}_{n-2}\mathrm{C}_3$ である。

$$\underbrace{{}^{\vee}\bigcirc{}^{\vee}\bigcirc{}^{\vee}\bigcirc{}^{\vee}\cdots\cdots{}^{\vee}\bigcirc{}^{\vee}\bigcirc{}^{\vee}}_{(n-3)\text{ 個}}$$

別解　<その1：数列の和を計算する解法>

$n(\geqq5)$ 枚の札から3枚の札を同時に取り出す場合の数は ${}_n\mathrm{C}_3$ 通りで，これらは同様に確からしい。

「X，Y，Z は1から n までの整数で，$Y-X\geqq2$ かつ $Z-Y\geqq2$」

……(＊)

より，$Y=k$ とおくと，$k=3,\ 4,\ \cdots,\ n-2$ で

X は $1,\ 2,\ \cdots,\ k-2$ の $(k-2)$ 通り

Z は $k+2,\ k+3,\ \cdots,\ n$ の $(n-k-1)$ 通り

であるから，$(X,\ Z)$ の組は $(k-2)(n-k-1)$ 通りある。

よって，(＊)となる場合の数は

$$\begin{aligned}\sum_{k=3}^{n-2}(k-2)(n-k-1)&=\sum_{l=1}^{n-4}l(n-l-3)\\&=\sum_{l=1}^{n-4}\{(n-3)l-l^2\}\\&=(n-3)\cdot\frac{1}{2}(n-4)(n-3)\\&\qquad-\frac{1}{6}(n-4)(n-3)(2n-7)\\&=\frac{1}{6}(n-3)(n-4)\{3(n-3)-(2n-7)\}\\&=\frac{1}{6}(n-2)(n-3)(n-4)\end{aligned}$$

したがって，求める確率は

$$\frac{\frac{1}{6}(n-2)(n-3)(n-4)}{{}_n\mathrm{C}_3}=\frac{(n-3)(n-4)}{n(n-1)}$$

＜その２：余事象を用いる解法＞

$n\,(\geqq 5)$ 枚の札から３枚の札を同時に取り出す場合の数は ${}_n\mathrm{C}_3$ 通りで，これらは同様に確からしい。このうち，$Y-X=1$ となる事象を A，$Z-Y=1$ となる事象を B とする。

A について，$X=k$，$Y=k+1$ とすると，$k=1,\ 2,\ \cdots,\ n-2$ で，Z は $k+2,\ k+3,\ \cdots,\ n$ の $(n-k-1)$ 通りあるから，要素の個数は

$$n(A)=\sum_{k=1}^{n-2}(n-k-1)=(n-1)(n-2)-\frac{1}{2}(n-2)(n-1)$$

$$=\frac{1}{2}(n-1)(n-2)$$

B について，$Y=k$，$Z=k+1$ とすると，$k=2,\ 3,\ \cdots,\ n-1$ で，X は $1,\ 2,\ \cdots,\ k-1$ の $(k-1)$ 通りあるから，要素の個数は

$$n(B)=\sum_{k=2}^{n-1}(k-1)=\sum_{l=1}^{n-2}l=\frac{1}{2}(n-2)(n-1)$$

また，$A\cap B$ について，$X=k$，$Y=k+1$，$Z=k+2$ とすると，

$k=1,\ 2,\ \cdots,\ n-2$ より，要素の個数は　$n(A\cap B)=n-2$

よって，$A\cup B$ の要素の個数は

$$n(A\cup B)=n(A)+n(B)-n(A\cap B)$$

$$=\frac{1}{2}(n-1)(n-2)+\frac{1}{2}(n-2)(n-1)-(n-2)$$

$$=(n-2)^2$$

$Y-X\geqq 2$ かつ $Z-Y\geqq 2$ となる確率は $A\cup B$ の余事象の確率であるから

$$1-\frac{(n-2)^2}{{}_n\mathrm{C}_3}=1-\frac{(n-2)^2}{\frac{n(n-1)(n-2)}{3\cdot 2\cdot 1}}$$

$$=\frac{n(n-1)-6(n-2)}{n(n-1)}$$

$$=\frac{(n-3)(n-4)}{n(n-1)}$$

◀解　説▶

≪3枚の札を取り出す確率≫

番号のついた n 枚の札から3枚の札を取り出すときに，条件を満たす確率を求める問題である。

$Y-X \geqq 2$ かつ $Z-Y \geqq 2$ となる $(X,\ Y,\ Z)$ の組の総数を求めることが目標である。$1 \leqq X < Y-1 < Z-2 \leqq n-2$ となる $(X,\ Y,\ Z)$ の組の総数を求めればよいことに気づけば，${}_{n-2}\mathrm{C}_3$ になることがわかる。〔参考〕のように，$(n-3)$ 個の○の間と両端から3カ所を選んで $x,\ y,\ z$ を入れるという考え方もわかりやすい。これは重複組合せの考え方である。(＊)より $X-1 \geqq 0,\ Y-X-2 \geqq 0,\ Z-Y-2 \geqq 0,\ n-Z \geqq 0$ で

$$(X-1)+(Y-X-2)+(Z-Y-2)+(n-Z)=n-5$$

であるから，(＊)となる場合の数は，$X-1,\ Y-X-2,\ Z-Y-2,\ n-Z$ の4個のものから $(n-5)$ 個のものを選ぶ重複組合せの総数に等しく

$${}_4\mathrm{H}_{n-5}={}_{4+(n-5)-1}\mathrm{C}_{n-5}={}_{n-2}\mathrm{C}_{n-5}={}_{n-2}\mathrm{C}_3$$

となる。$X-1,\ Y-X-2,\ Z-Y-2,\ n-Z$ が，それぞれ x の左，x と y の間，y と z の間，z の右にある○の数である。

〔別解〕＜その1＞は Y に注目して Σ 計算によって求める方法，＜その2＞は「$Y-X \geqq 2$ かつ $Z-Y \geqq 2$」の余事象「$Y-X=1$ または $Z-Y=1$」の確率を利用する方法である。〔解答〕より少し計算量は増えるが，混乱することはない。

3

◇発想◇　3つの整数の最大公約数をいきなり求めるのは難しいので，まず2つの整数の最大公約数を考える。n^2+2 と n^4+2 の最大公約数を考えるのに，ユークリッドの互除法を利用する方法，最大公約数を g として $n^2+2=gK,\ n^4+2=gL$（$K,\ L$ は互いに素な整数）とおく方法がある。いずれの方法でも，最大公約数になり得る整数を絞り，それらの整数が A_n になるかを確認することになる。

解答　n^4+2 と n^2+2 の最大公約数を g とすると

$$n^4+2=(n^2+2)(n^2-2)+6$$

より，g は n^2+2 と6の最大公約数に等しい。

よって，g は6の正の約数であるから，A_n も6の正の約数，すなわち1，2，3，6のいずれかである。

6を法として

(i) $n\equiv 0$ のとき

$$n^2+2\equiv 2,\ n^4+2\equiv 2,\ n^6+2\equiv 2$$

より，n^2+2, n^4+2, n^6+2 はいずれも2の倍数であるが，6の倍数ではない。よって　$A_n=2$

(ii) $n\equiv \pm 1$ のとき

$$n^2+2\equiv 1+2\equiv 3,\ n^4+2\equiv 1+2\equiv 3,\ n^6+2\equiv 1+2\equiv 3$$

より，n^2+2, n^4+2, n^6+2 はいずれも3の倍数であるが，6の倍数ではない。よって　$A_n=3$

(iii) $n\equiv \pm 2$ のとき

$$n^2+2\equiv 4+2\equiv 0,\ n^4+2\equiv 16+2\equiv 0,\ n^6+2\equiv 64+2\equiv 0$$

より，n^2+2, n^4+2, n^6+2 はいずれも6の倍数である。

よって　$A_n=6$

(iv) $n\equiv 3$ のとき

$$n^2+2\equiv 9+2\equiv 5,\ n^4+2\equiv 81+2\equiv 5,$$
$$n^6+2\equiv (n^2)^3+2\equiv 9^3+2\equiv 3^3+2\equiv 29\equiv 5$$

より，n^2+2, n^4+2, n^6+2 はいずれも2の倍数でも3の倍数でもない。

よって　$A_n=1$

(i)〜(iv)より，n を6で割った余りを r とすると

$$A_n=\begin{cases}1 & (r=3\text{のとき})\\ 2 & (r=0\text{のとき})\\ 3 & (r=1,\ 5\text{のとき})\\ 6 & (r=2,\ 4\text{のとき})\end{cases}$$ ……(答)

参考　$n^4+2=(n^2+2)(n^2-2)+6$

$n^6+2=(n^2+2)(n^4-2n^2+4)-6$

より，n^4+2 と n^2+2, n^6+2 と n^2+2 の最大公約数は，ともに n^2+2 と6の最大公約数に等しい。

よって，A_n は n^2+2 と6の最大公約数に等しいから，1，2，3，6のいずれかである。6を法として

(i) $n\equiv 0$ のとき，$n^2+2\equiv 2$ より，n^2+2 は2の倍数であるが6の倍数で

はない。よって　$A_n=2$

(ii)　$n\equiv\pm1$ のとき，$n^2+2\equiv3$ より，n^2+2 は 3 の倍数であるが 6 の倍数ではない。よって　$A_n=3$

(iii)　$n\equiv\pm2$ のとき，$n^2+2\equiv0$ より，n^2+2 は 6 の倍数であるから

$$A_n=6$$

(iv)　$n\equiv3$ のとき，$n^2+2\equiv5$ より，n^2+2 は 2 の倍数でも 3 の倍数でもない。よって　$A_n=1$

別解　＜その 1：互除法を用いない解法＞

n^2+2 と n^4+2 の最大公約数を g とすると

$$n^2+2=gK,\ n^4+2=gL\quad(K,\ L \text{ は互いに素な整数})$$

と表される。

$$n^4+2=(n^2+2)(n^2-2)+6$$

より

$$gL=gK(n^2-2)+6\quad\text{すなわち}\quad g\{L-K(n^2-2)\}=6$$

g，$L-K(n^2-2)$ は整数であるから，g は 6 の正の約数である。

よって，A_n も 6 の正の約数，すなわち 1，2，3，6 のいずれかである。

(以下，〔解答〕と同じ)

＜その 2：合同式を用いない解法＞

(A_n が 1，2，3，6 のいずれかである，までは〔参考〕と同じ)

m を整数として

(i)　$n=6m$ のとき

$$n^2+2=2(18m^2+1)=6\cdot6m^2+2$$

より，n^2+2 は 2 の倍数であるが 6 の倍数ではない。よって　$A_n=2$

(ii)　$n=6m\pm1$ のとき

$$n^2+2=36m^2\pm12m+3=3(12m^2\pm4m+1)$$
$$=6(6m^2\pm2m)+3\quad(\text{複号同順})$$

より，n^2+2 は 3 の倍数であるが 6 の倍数ではない。よって　$A_n=3$

(iii)　$n=6m\pm2$ のとき

$$n^2+2=36m^2\pm24m+6=6(6m^2\pm4m+1)\quad(\text{複号同順})$$

より，n^2+2 は 6 の倍数である。よって　$A_n=6$

(iv)　$n=6m+3$ のとき

$$n^2+2=36m^2+36m+11=2\cdot3(6m^2+6m+1)+5$$

より，n^2+2 は2の倍数でも3の倍数でもない。よって　$A_n=1$

(以下，〔解答〕と同じ)

◀解　説▶

≪n で表された3整数の最大公約数≫

自然数 n を用いて表された3つの整数の最大公約数を求める問題である。2つの自然数 a, b に対し，$a\div b$ の商を q, 余りを r とすると

　a と b の最大公約数は，b と r の最大公約数に等しい。 ……(＊)

ユークリッドの互除法は，このことを利用して2つの自然数の最大公約数を求めるものである。また，r は余りでなくてもよく，$a=bq+r$ と表されるとき(＊)は成り立つ。これを利用して，n の次数がより低い2整数の最大公約数を求める問題に帰着できる。A_n が1，2，3，6のいずれかであることがわかれば，あとは確認作業である。ただし，n による場合分けが必要で，〔解答〕では6を法とする合同式（mod6）を用いた。mod2とmod3を併用して考えてもよい。〔参考〕のように，n^4+2 と n^6+2 の最大公約数も，n^2+2 と6の最大公約数に等しいことを確認しておけば，n^2+2 を調べるだけですむ。

〔別解〕＜その1＞は前半部分を定番通り，2つの自然数 a, b の最大公約数を g として，$a=ga'$, $b=gb'$（a' と b' は互いに素な自然数）と表した。また，＜その2＞は後半部分を，$n=6m$, $6m\pm1$, $6m\pm2$, $6m+3$（m は整数）と場合分けした。n は自然数なので，$n=6m-5$, $6m-4$, $6m-3$, $6m-2$, $6m-1$, $6m$（m は自然数）としてもよいが，m を整数としても成り立つので，煩雑さを避けるため複号を用いた。

4

◇発想◇　(i)図形の性質を用いる方法と，(ii)ベクトルを用いる方法が考えられる。直線PGと辺OAの交点をMとすると，Mは辺OAの中点であることに注目する。

(1)　(i)の方法では，(平面BCM)⊥OA を示す，または OP＝AP を示す。(ii)の方法では，$\overrightarrow{OA}\cdot\overrightarrow{OB}$, $\overrightarrow{OB}\cdot\overrightarrow{OC}$, $\overrightarrow{OC}\cdot\overrightarrow{OA}$ の値を求め，$\overrightarrow{OP}=(1-t)\overrightarrow{OB}+t\overrightarrow{OC}$ とおいて $\overrightarrow{PG}\cdot\overrightarrow{OA}=0$ を示す。

(2)　(i)の方法では，(1)から OP の最小を考えればよいことがわかる。あるいは，△BCM において PM の最小値を考えてもよい。

(ii)の方法では，$|\overrightarrow{PG}|^2$ を t で表し，$0 \leqq t \leqq 1$ における最小値を求める。

解答　(1)　直線 PG と辺 OA の交点を M とすると，G が△OAP の重心であることから，M は辺 OA の中点である。

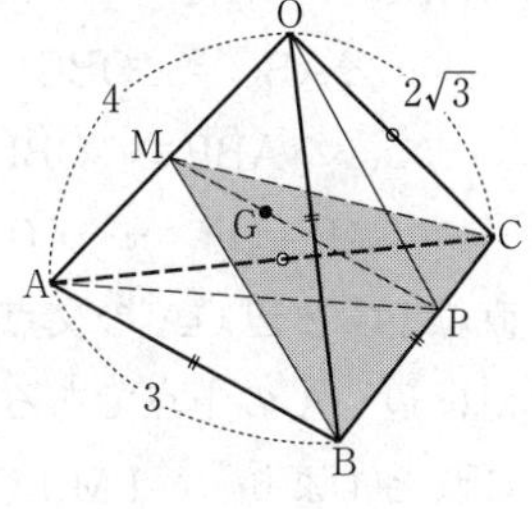

これと，OB＝AB より　　$BM \perp OA$，

OC＝AC より　　$CM \perp OA$

であるから，(平面 BCM)$\perp$OA である。

PG は平面 BCM 上の直線であるから

$PG \perp OA$　　∴　$\overrightarrow{PG} \perp \overrightarrow{OA}$　　　　　　（証明終）

(2)　G は△OAP の重心で，(1)より $PM \perp OA$ であるから

$$PG = \frac{2}{3}PM = \frac{2}{3}\sqrt{OP^2 - OM^2} = \frac{2}{3}\sqrt{OP^2 - 2^2} \quad \cdots\cdots①$$

よって，PG が最小になるのは OP が最小になるときである。

△OBC において，OC が最大辺で

$$OC^2 = (2\sqrt{3})^2 = 12,\ OB^2 + BC^2 = 3^2 + 3^2 = 18$$

より，$OC^2 < OB^2 + BC^2$ であるから，△OBC は鋭角三角形である。

したがって，OP が最小になるのは $OP \perp BC$ のときで，このとき

BP＝t とおくと

$$OP^2 = OB^2 - BP^2 = OC^2 - CP^2$$

すなわち　　$OP^2 = 3^2 - t^2 = (2\sqrt{3})^2 - (3-t)^2$

よって　　$t = 1$，$OP^2 = 8$

①に代入して，PG の最小値は

$$PG = \frac{2}{3}\sqrt{8 - 2^2} = \frac{4}{3} \quad \cdots\cdots(\text{答})$$

参考　OB＝BC であるから，辺 OC の中点を N とすると，$OC \perp BN$ である。$OP \perp BC$ のとき

$$\triangle OBC = \frac{1}{2}OC \cdot BN = \frac{1}{2}BC \cdot OP$$

ここで，$BN = \sqrt{OB^2 - ON^2} = \sqrt{3^2 - \sqrt{3}^2} = \sqrt{6}$ であるから

$$OP = \frac{OC \cdot BN}{BC} = \frac{2\sqrt{3} \cdot \sqrt{6}}{3} = 2\sqrt{2}$$

とすることもできる。

別解　(1)　＜その1：三角形の合同を用いる解法＞

$\triangle ABC \equiv \triangle OBC$（∵　$AB=OB=3$，$AC=OC=2\sqrt{3}$，BCは共通）より

$\angle ABC=\angle OBC$　すなわち　$\angle ABP=\angle OBP$　……(ア)

よって，$\triangle ABP \equiv \triangle OBP$（∵　$AB=OB=3$，(ア)，BPは共通）より

$AP=OP$　……(イ)

直線PGと辺OAの交点をMとすると，Gが△OAPの重心であるから，Mは辺OAの中点である。

これと(イ)より　　$PM \perp OA$　　∴　$\overrightarrow{PG} \perp \overrightarrow{OA}$

＜その2：ベクトルを用いる解法＞

$\overrightarrow{OA}=\vec{a}$，$\overrightarrow{OB}=\vec{b}$，$\overrightarrow{OC}=\vec{c}$ とおくと　　$|\vec{a}|=4$，$|\vec{b}|=3$，$|\vec{c}|=2\sqrt{3}$

$$|\overrightarrow{AB}|^2=|\vec{b}-\vec{a}|^2=|\vec{b}|^2-2\vec{a}\cdot\vec{b}+|\vec{a}|^2=25-2\vec{a}\cdot\vec{b}$$

$|\overrightarrow{AB}|=3$ より　　$3^2=25-2\vec{a}\cdot\vec{b}$

よって　　$\vec{a}\cdot\vec{b}=8$

$$|\overrightarrow{AC}|^2=|\vec{c}-\vec{a}|^2=|\vec{c}|^2-2\vec{c}\cdot\vec{a}+|\vec{a}|^2=28-2\vec{c}\cdot\vec{a}$$

$|\overrightarrow{AC}|=2\sqrt{3}$ より　　$(2\sqrt{3})^2=28-2\vec{c}\cdot\vec{a}$

よって　　$\vec{c}\cdot\vec{a}=8$

Pは辺BC上の点であるから，実数 t を用いて

$$\overrightarrow{OP}=(1-t)\vec{b}+t\vec{c}\quad(0\leqq t\leqq 1)$$

と表される。ここで

$$\overrightarrow{PG}=\overrightarrow{OG}-\overrightarrow{OP}=\frac{1}{3}(\overrightarrow{OA}+\overrightarrow{OP})-\overrightarrow{OP}=\frac{1}{3}(\overrightarrow{OA}-2\overrightarrow{OP})\quad\cdots\cdots(ウ)$$

であるから

$$\begin{aligned}\overrightarrow{PG}\cdot\overrightarrow{OA}&=\frac{1}{3}[\vec{a}-2\{(1-t)\vec{b}+t\vec{c}\}]\cdot\vec{a}\\&=\frac{1}{3}\{|\vec{a}|^2-2(1-t)\vec{a}\cdot\vec{b}-2t\vec{c}\cdot\vec{a}\}\\&=\frac{1}{3}\{4^2-2(1-t)\cdot 8-2t\cdot 8\}\\&=0\end{aligned}$$

$\overrightarrow{PG}\neq\vec{0}$，$\overrightarrow{OA}\neq\vec{0}$ であるから　　$\overrightarrow{PG}\perp\overrightarrow{OA}$

(2)　（〔別解〕＜その2＞の続き）

$$|\overrightarrow{BC}|^2=|\vec{c}-\vec{b}|^2=|\vec{c}|^2-2\vec{b}\cdot\vec{c}+|\vec{b}|^2=21-2\vec{b}\cdot\vec{c}$$

$|\overrightarrow{BC}|=3$ より　　$3^2=21-2\vec{b}\cdot\vec{c}$

よって　　$\vec{b}\cdot\vec{c}=6$

(ウ)より

$$\begin{aligned}|\overrightarrow{PG}|^2&=\frac{1}{9}|\vec{a}-2(1-t)\vec{b}-2t\vec{c}|^2\\&=\frac{1}{9}\{|\vec{a}|^2+4(1-t)^2|\vec{b}|^2+4t^2|\vec{c}|^2\\&\qquad-4(1-t)\vec{a}\cdot\vec{b}+8(1-t)t\vec{b}\cdot\vec{c}-4t\vec{c}\cdot\vec{a}\}\\&=\frac{1}{9}\{16+36(1-t)^2+48t^2-32(1-t)+48(1-t)t-32t\}\\&=\frac{1}{9}(36t^2-24t+20)\\&=4\left(t-\frac{1}{3}\right)^2+\frac{16}{9}\end{aligned}$$

$0\leqq t\leqq 1$ であるから，$|\mathrm{PG}|^2$ は $t=\frac{1}{3}$ のとき最小値 $\frac{16}{9}$ をとる。

よって，PG の最小値は　　$\sqrt{\frac{16}{9}}=\frac{4}{3}$

◀解　説▶

≪四面体の対辺上の 2 点を結ぶ線分の長さの最小値≫

4 面のうち 2 面が合同な二等辺三角形である四面体に関する問題である。問題文にはベクトルが用いられているが，図形の性質を利用して解く方がわかりやすく記述量も少なくてすむ。

▶(1)　中学校で学んだ「点 B が 2 点 O，A から等距離にある $\Longleftrightarrow$ 点 B は線分 OA の垂直二等分線上にある」から BM⊥OA がわかる。M は辺 OA の中点で，△OAB は OB＝AB の二等辺三角形であるから BM⊥OA としてもよい。また，直線 l と平面 α 上の交わる 2 直線 m，n に対し「$l\perp m$ かつ $l\perp n\Longrightarrow l\perp\alpha$」であり，「$l\perp\alpha\Longrightarrow l$ は α 上のすべての直線と垂直」である。〔別解〕＜その 1＞は AP＝OP を示すために三角形の合同を用いた。

▶(2)　△OBC が鋭角三角形であることに注意する。もし，∠OBC≧90°（∠OCB≧90°）ならば，OP の最小値は OB＝3（OC＝$2\sqrt{3}$）になる。

OP⊥BC のときの OP は三平方の定理を利用する。〔参考〕のように面積を利用するなどの方法もある。

〔別解〕＜その 2 ＞は，ベクトルの内積を計算して(1)を示し，(2)はベクトルの大きさを t の 2 次関数として表し，その最小値を求めた。

5

◆発想◆　(1)　図を描いて，積分計算をする。

(2)　$f(t)$ の増減を調べるのであるが，$f'(t)=0$ を満たす t を具体的に求めることはできない。$0<t<\frac{\pi}{2}$ において $f'(t)=0$ を満たす t がいくつあるのかも含めて考察し，増減表を作る。

(3)　$\theta=0$，$\frac{\pi}{6}$，$\frac{\pi}{4}$，$\frac{\pi}{3}$，$\frac{\pi}{2}$ のときの $\sin\theta$，$\cos\theta$ の値は既知であるから，α をこれらの値で評価し，$0<\theta<\frac{\pi}{2}$ において $\sin\theta$ は単調増加，$\cos\theta$ は単調減少であることを利用して示す。

解答　(1)　$S=\int_0^{\frac{\pi}{2}}\cos^3 x dx$

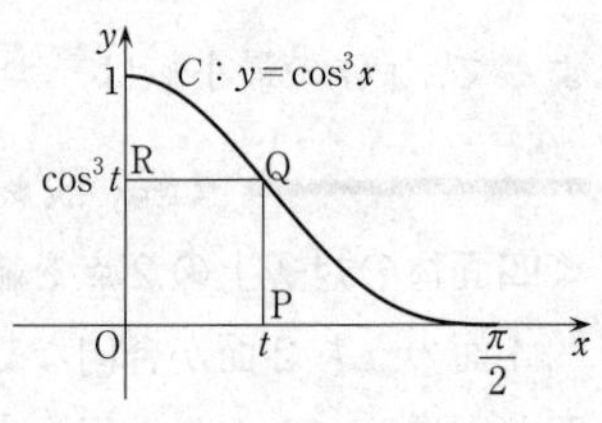

$=\int_0^{\frac{\pi}{2}}(1-\sin^2 x)\cos x dx$

$=\int_0^{\frac{\pi}{2}}(\cos x-\sin^2 x\cos x)\, dx$

$=\left[\sin x-\frac{1}{3}\sin^3 x\right]_0^{\frac{\pi}{2}}$

$=\frac{2}{3}$　……(答)

参考　$\cos 3x=4\cos^3 x-3\cos x$ より，$\cos^3 x=\frac{1}{4}\cos 3x+\frac{3}{4}\cos x$ であるから

$$S=\int_0^{\frac{\pi}{2}}\cos^3 x dx=\int_0^{\frac{\pi}{2}}\left(\frac{1}{4}\cos 3x+\frac{3}{4}\cos x\right)dx=\left[\frac{1}{12}\sin 3x+\frac{3}{4}\sin x\right]_0^{\frac{\pi}{2}}=\frac{2}{3}$$

(2)　$f(t)=t\cos^3 t\ \left(0<t<\frac{\pi}{2}\right)$ であるから

$$f'(t)=\cos^3 t+t\cdot 3\cos^2 t\cdot(-\sin t)=\cos^2 t(\cos t-3t\sin t)$$

$g(t)=\cos t-3t\sin t$ とおくと，$f'(t)=(\cos^2 t)g(t)$ で

$$g'(t)=-\sin t-3(\sin t+t\cos t)=-(4\sin t+3t\cos t)$$

より，$0<t<\dfrac{\pi}{2}$ で $g'(t)<0$ であるから，$g(t)$ は $0\leqq t\leqq\dfrac{\pi}{2}$ で単調に減少する。さらに

$$g(0)=1>0,\quad g\left(\frac{\pi}{2}\right)=-\frac{3}{2}\pi<0$$

であるから，$0<t<\dfrac{\pi}{2}$ において $g(t)=0$ を満たす t がただ1つ存在する。

この t を t_0 とすると，$0<t<\dfrac{\pi}{2}$ において $f'(t)=0$ を満たす t は $t=t_0$ だけで，$f(t)$ の増減表は右のようになる。

t	(0)	$\cdots$	t_0	$\cdots$	$\left(\frac{\pi}{2}\right)$
$f'(t)$		$+$	0	$-$	
$f(t)$		↗	極大 かつ最大	↘	

よって，$f(t)$ は最大値をただ1つの $t=t_0$ でとる。　（証明終）

$g(t_0)=0$ であるから　　$\cos t_0-3t_0\sin t_0=0$

$0<t_0<\dfrac{\pi}{2}$ より，$\sin t_0\neq 0$ で　　$t_0=\dfrac{\cos t_0}{3\sin t_0}$

$t_0=\alpha$ とするから　　$\alpha=\dfrac{\cos\alpha}{3\sin\alpha}$

したがって　　$f(\alpha)=\alpha\cos^3\alpha=\dfrac{\cos^4\alpha}{3\sin\alpha}$　（証明終）

(3)　$g(t)$ は $0\leqq t\leqq\dfrac{\pi}{2}$ で単調に減少し，$g(\alpha)=0$ であるが

$$g\left(\frac{\pi}{6}\right)=\cos\frac{\pi}{6}-3\cdot\frac{\pi}{6}\sin\frac{\pi}{6}=\frac{2\sqrt{3}-\pi}{4}>0\quad(\because\ \ \pi<3.2<2\sqrt{3})$$

より，$\dfrac{\pi}{6}<\alpha<\dfrac{\pi}{2}$ である。

よって，$0<\cos\alpha<\dfrac{\sqrt{3}}{2}$，$\sin\alpha>\dfrac{1}{2}$ であるから

$$\frac{f(\alpha)}{S}=\frac{\dfrac{\cos^4\alpha}{3\sin\alpha}}{\dfrac{2}{3}}=\frac{\cos^4\alpha}{2\sin\alpha}<\frac{\left(\dfrac{\sqrt{3}}{2}\right)^4}{2\cdot\dfrac{1}{2}}=\frac{9}{16}$$

$\therefore\quad \dfrac{f(\alpha)}{S}<\dfrac{9}{16}$　（証明終）

◀解　説▶

≪三角関数のグラフと面積，最大値，不等式の証明≫

三角関数のグラフと x 軸，y 軸で囲まれる図形の面積，および長方形の面積の最大値を求め，これらの面積比を評価する問題である。

▶(1)　$\displaystyle\int_0^{\frac{\pi}{2}}\cos^3 x dx$ を計算する。〔解答〕は置換積分法を，〔参考〕は3倍角の公式を用いた。

▶(2)　$0<t<\dfrac{\pi}{2}$ では $\cos^2 t>0$ であるから，$f'(t)=0$ とすると $\cos t-3t\sin t=0$ である。これを満たす t が $0<t<\dfrac{\pi}{2}$ にただ1つ存在することを，$g(t)=\cos t-3t\sin t$ の単調性と $g(0)\,g\left(\dfrac{\pi}{2}\right)<0$ によって示す。このことは，$\cos t-3t\sin t=0$ を $\dfrac{1}{3t}=\tan t$ $(\cos t\neq 0)$ と変形して，$y=\dfrac{1}{3t}$ と $y=\tan t$ のグラフの共有点を考えることによってもわかる。なお，$g(t)$ の連続性については当然のことである。

▶(3)　$\alpha>\dfrac{\pi}{6}$ に気づくことがポイントである。$g\left(\dfrac{\pi}{4}\right)=\dfrac{\sqrt{2}\,(4-3\pi)}{8}<0$ であるから，実際には $\dfrac{\pi}{6}<\alpha<\dfrac{\pi}{4}$ となる。$\pi<3.2$，$1.7<\sqrt{3}$ は認めてよいであろう。

6

◇発想◇　具体的に数列の項を書き並べると

$\{x_n\}$：0，3，7，9，15，22，27，…

$\{y_n\}$：0，2，4，3，5，7，6，…

$\{x_n-y_n\}$：0，1，3，6，10，15，21，…

これより，$\{x_n-y_n\}$ の一般項が推測できるが，それをどう示すかである。漸化式で注目すべきは $\cos\left(\dfrac{2\pi x_n}{3}\right)$ であり，x_n を3で割った余りが 0，1，2 のとき，$\cos\left(\frac{2\pi x_n}{3}\right)$ の値はそれぞれ 1，$-\frac{1}{2}$，$-\frac{1}{2}$ になる。x_1，x_2，x_3，x_4，…を 3 で割った余りはそれぞれ 0，0，1，0，…で規則性がある。したがって，まずこのことを示すことから始める。

解答　$m=0$，1，2，… について

「x_{3m+1}，x_{3m+2}，x_{3m+3} は整数で，3 で割った余りはそれぞれ 0，0，1 である」 ……①

ことを数学的帰納法で示す。

［1］　$m=0$ のとき

$$x_1=0$$

$$x_2=x_1+1+2\cos\left(\frac{2\pi x_1}{3}\right)=3$$

$$x_3=x_2+2+2\cos\left(\frac{2\pi x_2}{3}\right)=7$$

よって，①は成り立つ。

［2］　$m=k$（$k=0$，1，2，…）のとき①が成り立つと仮定すると

$$x_{3k+3}=3l+1 \quad (l \text{ は整数})$$

と表される。このとき

$\cos\left(\frac{2\pi x_{3k+3}}{3}\right)=\cos\left(2\pi l+\frac{2}{3}\pi\right)=-\frac{1}{2}$ であるから

$$\begin{aligned} x_{3(k+1)+1}=x_{3k+4}&=x_{3k+3}+(3k+3)+2\cos\left(\frac{2\pi x_{3k+3}}{3}\right)\\ &=(3l+1)+(3k+3)+2\cdot\left(-\frac{1}{2}\right)\\ &=3(l+k+1) \quad (l+k+1 \text{ は整数}) \end{aligned}$$

$\cos\left(\frac{2\pi x_{3k+4}}{3}\right)=\cos\{2\pi(l+k+1)\}=1$ であるから

$$\begin{aligned} x_{3(k+1)+2}=x_{3k+5}&=x_{3k+4}+(3k+4)+2\cos\left(\frac{2\pi x_{3k+4}}{3}\right)\\ &=3(l+k+1)+(3k+4)+2\cdot 1\\ &=3(l+2k+3) \quad (l+2k+3 \text{ は整数}) \end{aligned}$$

$\cos\left(\dfrac{2\pi x_{3k+5}}{3}\right)=\cos\{2\pi(l+2k+3)\}=1$ であるから

$$\begin{aligned} x_{3(k+1)+3}=x_{3k+6}&=x_{3k+5}+(3k+5)+2\cos\left(\frac{2\pi x_{3k+5}}{3}\right)\\ &=3(l+2k+3)+(3k+5)+2\cdot 1\\ &=3(l+3k+5)+1 \quad (l+3k+5\text{ は整数}) \end{aligned}$$

よって，$m=k+1$ のときも①は成り立つ。

［1］，［2］より，$m=0,\ 1,\ 2,\ \cdots$ について①は成り立つ。

$x_{n+1}=x_n+n+2\cos\left(\dfrac{2\pi x_n}{3}\right)$ と①より，$m=0,\ 1,\ 2,\ \cdots$ として

$$x_{n+1}-x_n=n+2\cos\left(\frac{2\pi x_n}{3}\right)=\begin{cases} n+2 & (n=3m+1\text{ のとき})\\ n+2 & (n=3m+2\text{ のとき})\\ n-1 & (n=3m+3\text{ のとき}) \end{cases}$$

$y_{3m+1}=3m,\ y_{3m+2}=3m+2,\ y_{3m+3}=3m+4$ であるから

$$y_{n+1}-y_n=\begin{cases} y_{3m+2}-y_{3m+1}=2 & (n=3m+1\text{ のとき})\\ y_{3m+3}-y_{3m+2}=2 & (n=3m+2\text{ のとき})\\ y_{3(m+1)+1}-y_{3m+3}=-1 & (n=3m+3\text{ のとき}) \end{cases}$$

よって，$z_n=x_n-y_n$ とおくと

$$\begin{aligned} z_{n+1}-z_n&=(x_{n+1}-y_{n+1})-(x_n-y_n)\\ &=(x_{n+1}-x_n)-(y_{n+1}-y_n)\\ &=n \end{aligned}$$

これと，$z_1=x_1-y_1=0-0=0$ より，$n\geqq 2$ のとき

$$z_n=z_1+\sum_{k=1}^{n-1}k=\frac{1}{2}(n-1)n$$

これは $n=1$ のときも成り立つ。

したがって　　$x_n-y_n=z_n=\dfrac{1}{2}n(n-1)$　……(答)

◀解　説▶

≪数列の周期性と漸化式≫

三角関数を含む漸化式で定義された数列と，3項ごとに等差数列をなす数列に関する問題である。

具体的に数列の項を順に書き並べ，周期性を発見することがポイントである。

帰納的に x_n が整数で，$2\cos\left(\dfrac{2\pi x_n}{3}\right)$ が，2，2，-1 を繰り返すことを示すことで，$x_{n+1}-x_n$ を n で表すことができる。数学的帰納法の[2]では，①を仮定するが，x_{3k+1}，x_{3k+2} を3で割った余りが0であることを用いずに証明できる。$l+k+1$，$l+2k+3$，$l+3k+5$ が整数であることも書いておくとよい。

全体的に記述量が多いので，解答スペースに収めて書くのに工夫が必要かもしれない。

❖講　評

「数学Ⅲ」からの出題は少ないものの，頻出項目である微・積分法，数列，整数の性質，ベクトル，確率などからの出題で，証明問題は4問と多め，[4][5]に誘導となる小問がある。2022年度の特徴は，いろいろな解法を考えられる問題が多いことである。

[1]　2022を用いた常用対数による評価の問題。ヒントをうまく使えば解きやすく，記述量も少なくてすむ。

[2]　札の番号に関する確率の問題。解法はいくつか考えられるが，組合せを考えれば少ない記述量で答えにたどり着ける。

[3]　最大公約数の標準問題。これもいくつか解法が考えられる。互除法，合同式を利用すれば，記述量を減らすことができる。

[4]　四面体に関する問題。設定はよく見かけるもので，解きやすい。問題文にはベクトルが用いられているが，図形の性質を用いてもよく，いくつか解法が考えられる。

[5]　「数学Ⅲ」の微・積分法の標準問題。計算ミスに注意したい。(2)・(3)の証明は関数の単調性を用いて丁寧に説明すべきである。

[6]　数列の一般項を求める問題。周期性の発見がポイントとなる。数学的帰納法による証明が正しく記述できるかも重要である。

2022年度は取り組みやすい問題が多く，記述量も少なめで，2021年度よりやや易化した。[1][2]はやや易，[6]はやや難の問題である。解法は多様，記述量は少なめということで，センスのよい簡潔な答案が要求されている。日頃から別解を考えるなど，解法の研究を積み重ねておこう。

物理

I

解答　(1)　ア．MV　イ．$\frac{1}{2}mv'^2+\frac{1}{2}MV^2$

ウ．$\frac{M+m}{2m}V$　エ．$\frac{M-m}{2m}V$　オ．$M>m$　カ．$\frac{M-m}{2m}\sqrt{\frac{2R}{g}}V$

キ．$\sqrt{2gR}$　ク．$M=3m$

(2)　ケ．$\sqrt{gR\cos\theta}$　コ．$\sqrt{gR(2+3\cos\theta)}$　サ．$\frac{1}{2}\sqrt{\frac{gR}{2}}$

シ．$\frac{3}{2}\sqrt{\frac{3gR}{2}}$　ス．$\frac{V_1}{g}(V_2+\sqrt{V_2{}^2+2gR})$

問1．小球Aが壁から離れてはじめに静止していた位置に落下するまでの時間を t とすると

水平方向：$V_\theta\cos\theta\cdot t=R\sin\theta$

鉛直方向：$V_\theta\sin\theta\cdot t-\frac{1}{2}gt^2=-R(1+\cos\theta)$

２式より t を消去し，$V_\theta=\sqrt{gR\cos\theta}$ を用いて整理すると

$$2\cos^3\theta+3\cos^2\theta-1=0$$

$$(2\cos\theta-1)(\cos\theta+1)^2=0$$

$0\leqq\theta\leqq\frac{\pi}{2}$ であるので，$\cos\theta=\frac{1}{2}$ の場合のみである。　（証明終）

(3)　問2．半円筒の上端から水平投射されたときの速さを V_1 とすると，力学的エネルギー保存則より

$$\frac{1}{2}MV^2=\frac{1}{2}MV_1{}^2+2MgR \qquad \therefore \quad V_1=\sqrt{V^2-4gR}$$

上端から床面に落下するまでの時間 t_1 と，下端から床面に達するまでの時間 t_2 の比は，高さの平方根の比となり，$\frac{t_1}{t_2}=\sqrt{3}$ であるから

$$\frac{L_1}{L_2}=\frac{V_1t_1}{Vt_2}=\sqrt{\frac{3(V^2-4gR)}{V^2}}$$

よって，$\dfrac{L_1}{L_2}$ は，V が大きくなるにつれて $\sqrt{3}$ に近づく。

◀解　説▶

≪2球の弾性衝突，鉛直面内での円運動，斜方投射≫

(1) ▶ア．水平方向右向きを運動量の正の向きとすると，跳ね返り後の小球A，Bの向きに注意して，水平方向の運動量保存則より

$$mv=-mv'+MV$$

▶イ．小球A，Bの重力の位置エネルギーは同じであるから，運動エネルギーのみを考えて，力学的エネルギー保存則より

$$\frac{1}{2}mv^2=\frac{1}{2}mv'^2+\frac{1}{2}MV^2$$

▶ウ・エ．アより $v'=-v+\dfrac{M}{m}V$ であるから，イの式に代入して

$$mv^2=m\left(v^2-\frac{2M}{m}vV+\frac{M^2}{m^2}V^2\right)+MV^2$$

$$=mv^2-2MVv+\frac{M(M+m)}{m}V^2$$

$$\therefore\quad v=\frac{M+m}{2m}V$$

$$v'=-\frac{M+m}{2m}V+\frac{M}{m}V=\frac{M-m}{2m}V$$

別解　小球Aと小球Bの衝突は弾性衝突であるから，はね返り係数を1として

$$1=\frac{V+v'}{v}\qquad\therefore\quad v'=v-V$$

アの式に代入して

$$mv=-m(v-V)+MV\qquad\therefore\quad v=\frac{M+m}{2m}V$$

$$v'=\frac{M+m}{2m}V-V=\frac{M-m}{2m}V$$

▶オ．$v'>0$ であればよいから，エより $M>m$ となる。

▶カ．小球Bが跳ね返されてから床面に落下するまでの時間を t とすると

$$\frac{1}{2}gt^2=R\qquad\therefore\quad t=\sqrt{\frac{2R}{g}}$$

小球Bは水平方向へ速さ v' の等速度運動をするので

$$L_B = v't = \frac{M-m}{2m}\sqrt{\frac{2R}{g}}V$$

▶キ．小球Aの力学的エネルギー保存則より

$$\frac{1}{2}MV^2 = MgR \qquad \therefore \quad V = \sqrt{2gR}$$

▶ク．小球Aは半円筒の端から左向きに速さ V で水平投射されるから，$V = v'$ であれば小球Bの落下地点と同じ地点に落下する。よって，エの式より

$$V = \frac{M-m}{2m}V \qquad \therefore \quad M = 3m$$

(2)　▶ケ．離れる瞬間，小球Aは，重力の中心O向きの成分 $Mg\cos\theta$ を向心力として，半径 R，速さ V_θ の円運動をするから，円運動の運動方程式より

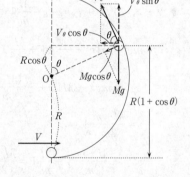

$$M\frac{{V_\theta}^2}{R} = Mg\cos\theta$$

$$\therefore \quad V_\theta = \sqrt{gR\cos\theta}$$

▶コ．離れる瞬間の小球Aの半円筒下端からの高さは $R(1+\cos\theta)$ であるから，力学的エネルギー保存則より

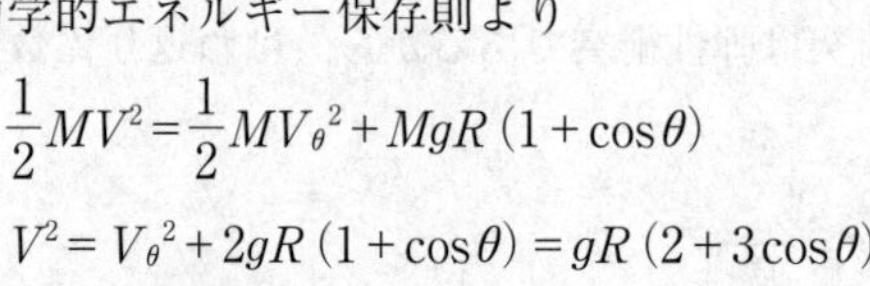

$$\frac{1}{2}MV^2 = \frac{1}{2}M{V_\theta}^2 + MgR(1+\cos\theta)$$

$$V^2 = {V_\theta}^2 + 2gR(1+\cos\theta) = gR(2+3\cos\theta)$$

$$\therefore \quad V = \sqrt{gR(2+3\cos\theta)}$$

▶サ．V_1 は半円筒の壁から離れた瞬間の水平方向左向きの速さに等しいから，$\cos\theta = \frac{1}{2}$ のとき

$$V_1 = V_\theta\cos\theta = \sqrt{gR\cos\theta}\cdot\cos\theta = \frac{1}{2}\sqrt{\frac{gR}{2}}$$

▶シ．はじめの位置に落下する直前の速さは，力学的エネルギー保存則より V に等しい。$\cos\theta = \frac{1}{2}$ のとき

$$V^2 = gR\,(2+3\cos\theta) = \frac{7}{2}gR$$

$V^2 = V_1{}^2 + V_2{}^2$ であるから

$$V_2{}^2 = V^2 - V_1{}^2 = \frac{7}{2}gR - \frac{1}{8}gR = \frac{27}{8}gR$$

$$\therefore\quad V_2 = \frac{3}{2}\sqrt{\frac{3gR}{2}}$$

▶ス．小球Aは，はじめの位置で鉛直上向きに速さ V_2 で跳ね返るから，床面に落下するまでの時間を t' とすると

$$V_2t' - \frac{1}{2}gt'^2 = -R$$

$$gt'^2 - 2V_2t' - 2R = 0 \qquad \therefore\quad t' = \frac{1}{g}\left(V_2 + \sqrt{V_2{}^2 + 2gR}\right)$$

よって

$$L_A = V_1t' = \frac{V_1}{g}\left(V_2 + \sqrt{V_2{}^2 + 2gR}\right)$$

▶問1．〔解答〕に示した水平方向と鉛直方向の式より t を消去する。

$$t = \frac{R\sin\theta}{V_\theta\cos\theta}\ ,\quad V_\theta = \sqrt{gR\cos\theta}$$

したがって

$$-R\,(1+\cos\theta) = V_\theta\sin\theta\cdot\frac{R\sin\theta}{V_\theta\cos\theta} - \frac{g}{2}\cdot\frac{R^2\sin^2\theta}{V_\theta{}^2\cos^2\theta}$$

$$= R\cdot\frac{\sin^2\theta}{\cos\theta} - \frac{R}{2}\cdot\frac{\sin^2\theta}{\cos^3\theta}$$

$$-\cos\theta\,(1+\cos\theta) = 1-\cos^2\theta - \frac{1-\cos^2\theta}{2\cos^2\theta}$$

$$-2\cos^3\theta = 2\cos^2\theta - 1 + \cos^2\theta$$

$$\therefore\quad 2\cos^3\theta + 3\cos^2\theta - 1 = 0$$

これを因数分解して

$$2\cos^2\theta\,(\cos\theta+1) + \cos^2\theta - 1 = 0$$

$$2\cos^2\theta\,(\cos\theta+1) + (\cos\theta-1)(\cos\theta+1) = 0$$

$$(2\cos^2\theta + \cos\theta - 1)(\cos\theta+1) = 0$$

$$(2\cos\theta-1)(\cos\theta+1)(\cos\theta+1) = 0$$

$$(2\cos\theta-1)(\cos\theta+1)^2 = 0$$

よって，$\cos\theta=\dfrac{1}{2}$ のみが解である。

(3)　▶問 2．水平距離は水平方向の速さと落下時間の積で，落下時間は高さの平方根に比例するから，$\dfrac{L_1}{L_2}=\dfrac{\sqrt{3}\cdot\sqrt{V^2-4gR}}{V}$ となる。なお，半円筒の壁から離れないための V の最小値を V_0 とすると

$$M\frac{(V_0{}^2-4gR)}{R}=Mg \qquad \therefore \quad V_0{}^2=5gR$$

このとき

$$\frac{L_1}{L_2}=\frac{\sqrt{3}\cdot\sqrt{gR}}{\sqrt{5gR}}=\sqrt{\frac{3}{5}}$$

となる。よって，$\sqrt{\dfrac{3}{5}}\leqq\dfrac{L_1}{L_2}\leqq\sqrt{3}$ であることがわかる。

Ⅱ　解答

(1)　イ．vBa　ロ．$\dfrac{2vBa}{2R_1+R_\infty}$　ハ．$\dfrac{2v^2B^2a^2}{2R_1+R_\infty}$

(2)　問 1．

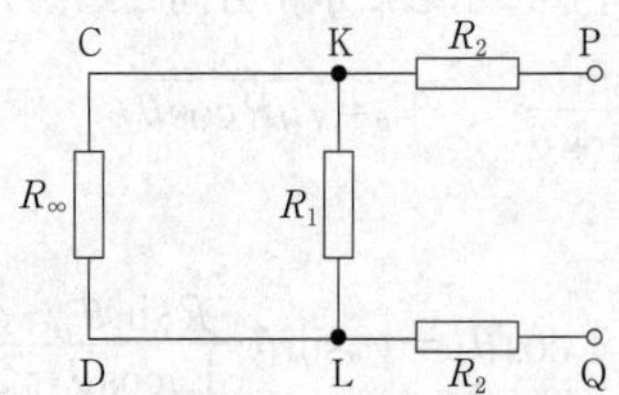

K と L より左側の部分の抵抗値を R_∞ とすると，P と Q より左側の抵抗値も R_∞ である。よって，合成抵抗の式より

$$R_\infty=\frac{1}{\dfrac{1}{R_\infty}+\dfrac{1}{R_1}}+2R_2=\frac{R_1R_\infty}{R_1+R_\infty}+2R_2$$

$R_1:R_2=4:1$ より，$R_2=\dfrac{R_1}{4}$ であるから

$$2R_\infty(R_1+R_\infty)=2R_1R_\infty+R_1(R_1+R_\infty)$$
$$2R_\infty{}^2-R_1R_\infty-R_1{}^2=0$$
$$(2R_\infty+R_1)(R_\infty-R_1)=0$$

$R_\infty>0$ より，$R_\infty=R_1$ となる。

（証明終）

(3)　ニ. $\dfrac{2E}{3R}$　ホ. $\dfrac{1}{4}$　ヘ. $\dfrac{1}{8}$

(4)　ト. $\dfrac{3V_d}{Ba}$　チ. $\dfrac{E-V_d}{R}$　リ. $\dfrac{V_d}{2R}$　ヌ. $\dfrac{E-3V_d}{R}$

(5)　ル. $\dfrac{E}{3R}$　ヲ. $-\dfrac{5E}{12R}$　ワ. $\dfrac{7E}{24R}$

◀解　説▶

≪はしご型導体を横切る棒磁石による誘導起電力≫

(1)　▶イ. 図2(c)のようにはしご型導体が速さ v で左に動いていると考えると，導体中の自由電子はP→Qの向きにローレンツ力 $f=evB$ を受けて移動し，Pが正，Qが負に帯電し，P→Qの向きに電場 E が生じる。自由電子はローレンツ力と電場からの力 eE がつり合うと移動が止み，

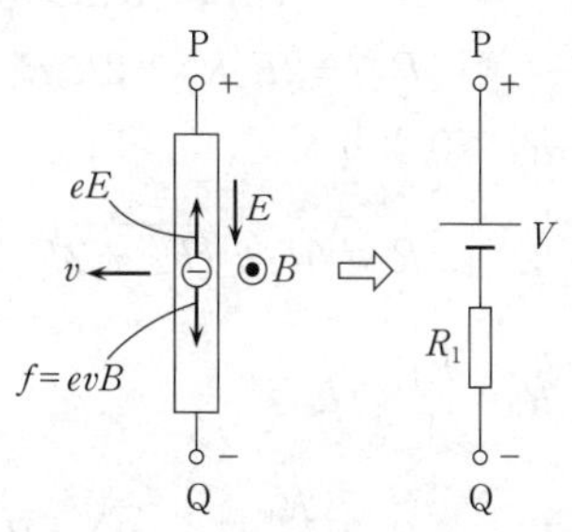

$eE=evB$ より $E=vB$ となる。よって，PQ 間の起電力 V は，$V=Ea=vBa$ となり，Pが高電位となる。

▶ロ. QからPへ流れる電流を I とすると，図2(b)で左右の対称性より，P→CとP→C′ に流れる電流はともに $\dfrac{I}{2}$ となる。よって，右図の閉回路についてキルヒホッフの第二法則より

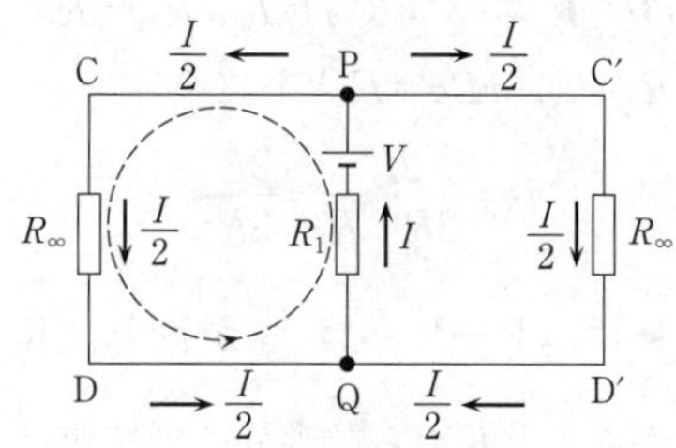

$$V=R_1I+R_\infty\cdot\frac{I}{2}=\frac{2R_1+R_\infty}{2}I$$

$$\therefore\quad I=\frac{2}{2R_1+R_\infty}V=\frac{2vBa}{2R_1+R_\infty}$$

▶ハ. 単位時間当たりに全抵抗で消費されるエネルギー，すなわち消費電力の和が失われるから，これを補うだけの仕事をしなければならない。よって，単位時間当たりの仕事，すなわち仕事率を P とすると

$$P=R_1I^2+R_\infty\cdot\left(\frac{I}{2}\right)^2\times 2$$

$$=\left(R_1+\frac{R_\infty}{2}\right)\cdot\left(\frac{2vBa}{2R_1+R_\infty}\right)^2=\frac{2v^2B^2a^2}{2R_1+R_\infty}$$

(2)　▶問１．KとLで切り離した回路に R_1 と２つの R_2 を接続したものがPとQで切り離した回路になる。このどちらの抵抗も R_∞ となることから，R_∞ を R_1，R_2 で表すことができる。合成抵抗を考えて

$$R_\infty=\frac{R_1R_\infty}{R_1+R_\infty}+2R_2$$

$$R_\infty{}^2+R_1R_\infty=R_1R_\infty+2R_2R_\infty+2R_1R_2$$

$$R_\infty{}^2-2R_2R_\infty-2R_1R_2=0$$

$R_\infty>0$ より

$$R_\infty=R_2+\sqrt{R_2{}^2+2R_1R_2}=R_2\left(1+\sqrt{1+\frac{2R_1}{R_2}}\right)$$

$R_2=\dfrac{R_1}{4}$ のとき

$$R_\infty=\frac{R_1}{4}(1+\sqrt{9})=R_1$$

となる。

(3)　▶ニ．ロで $I=I_0$，$R_\infty=R$，$R_1=R$，$vBa=E$ として

$$I_0=\frac{2E}{2R+R}=\frac{2E}{3R}$$

▶ホ．P→Kへは $\dfrac{I_0}{2}$ が流れ，KからLとKから左半分の抵抗値はともに R であるから，KからLに流れる電流は $i_1=\dfrac{I_0}{4}$ となる。

▶へ．ホと同様に考えると，$i_2=\dfrac{i_1}{2}=\dfrac{I_0}{8}$ となる。

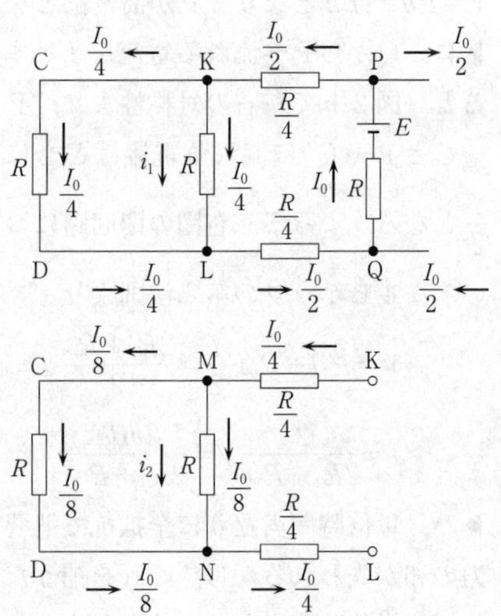

(4)　▶ト．発光ダイオードに電流が流れないとき，PQ 間の電圧 V_{PQ} は，$I_0=\frac{2E}{3R}$ を用いて

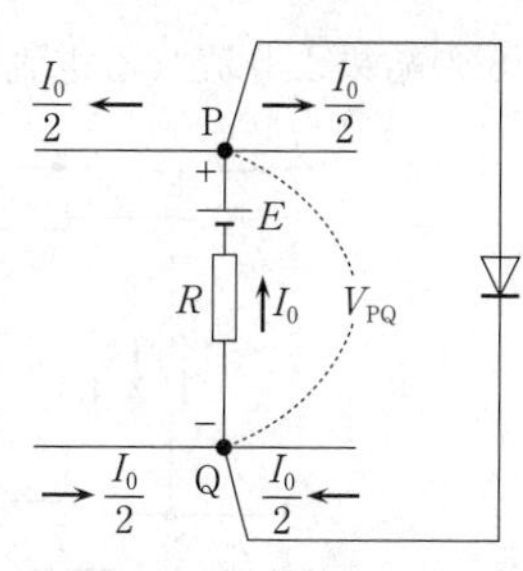

$$V_{PQ}=E-RI_0=\frac{E}{3}=\frac{vBa}{3}$$

$v=v_0$ のとき $V_{PQ}=V_d$ であるから

$$\frac{v_0Ba}{3}=V_d \qquad \therefore \quad v_0=\frac{3V_d}{Ba}$$

▶チ．速さが v_0 より大きいとき，ダイオードに電流が流れ，ダイオードの順方向電圧が V_d となる。よって，Q から P に流れる電流を I_0 とすると

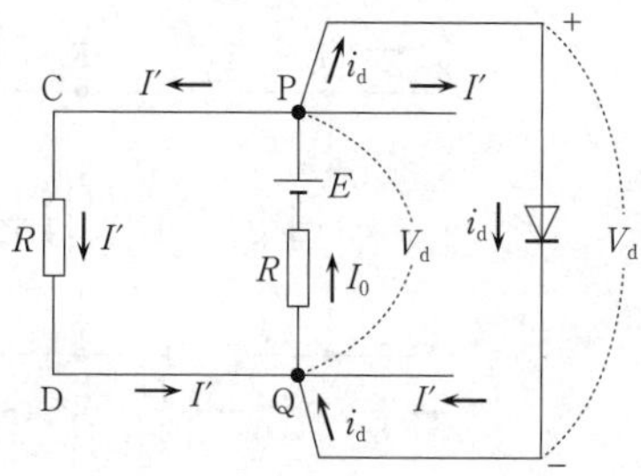

$$E=V_d+RI_0$$

$$\therefore \quad I_0=\frac{E-V_d}{R}$$

▶リ．$v>v_0$ で発光ダイオードに電流が流れているとき，左右の半無限回路には V_d の電圧がかかる。また，問 1 より，端点 P と端点 Q の間の合成抵抗値 R_∞ は R であるから，左側の半無限回路を P→C→D→Q と流れる電流を I' とすると

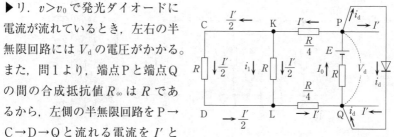

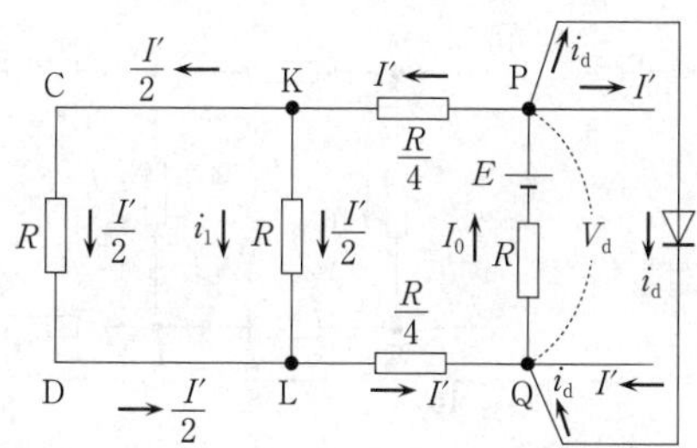

$$V_d=RI' \qquad \therefore \quad I'=\frac{V_d}{R}$$

ホの結果より，K から L に流れる電流 i_1 は

$$i_1=\frac{I'}{2}=\frac{V_d}{2R}$$

▶ヌ．発光ダイオードに流れる電流を i_d とすると

$$I_0=2I'+i_d$$

$$\therefore \quad i_d=I_0-2I'=\frac{E-V_d}{R}-\frac{2V_d}{R}=\frac{E-3V_d}{R}$$

(5)　▶ル〜ワ．K と L 間，P と Q 間，K′ と L′ 間を棒磁石が横切るとき，

(3)の結果より流れる電流は下図のようになる。

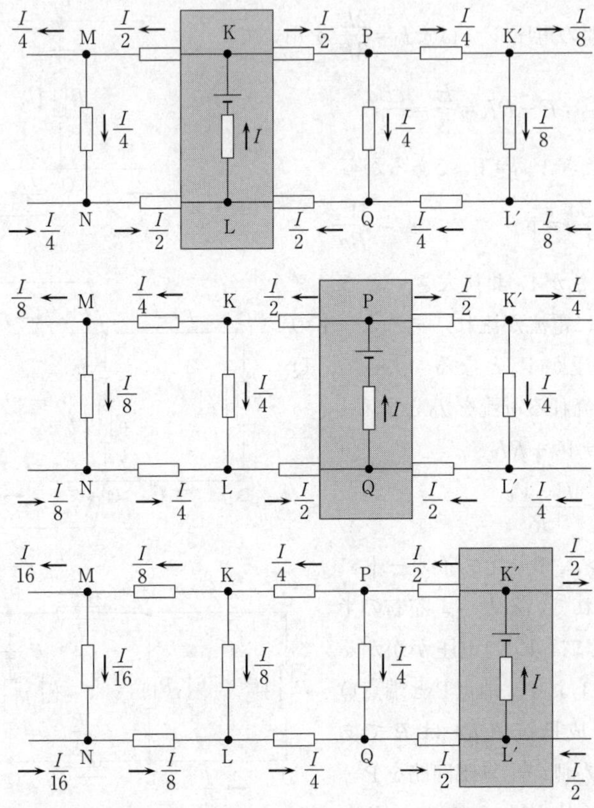

ここで，ニより $I=\dfrac{2E}{3R}$ である。3つを重ね合わせると

$$I_0=-\frac{I}{4}+I-\frac{I}{4}=\frac{I}{2}=\frac{E}{3R}$$

$$i_1=-I+\frac{I}{4}+\frac{I}{8}=-\frac{5}{8}I=-\frac{5E}{12R}$$

$$i_2=\frac{I}{4}+\frac{I}{8}+\frac{I}{16}=\frac{7}{16}I=\frac{7E}{24R}$$

となる。

Ⅲ 解答

(1)　あ．$\dfrac{nRT}{SL}$　い．$nC_V\Delta T$　う．0　え．$\dfrac{nRT}{L}$

お．②・③　か．①

(2)　き．$\Delta Q+AT(L-L_0)\Delta L$　く．$\dfrac{AT(L-L_0)\Delta L}{K}$

問1．

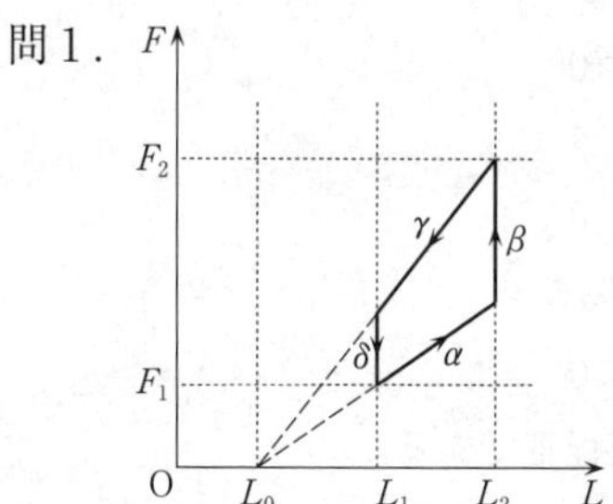

け．$-\dfrac{1}{2}AT_A(L_1+L_2-2L_0)(L_2-L_1)$

こ．$-\dfrac{T_B}{T_A}$　さ．0　し．①

問2．断熱的に長さ L を大きくして膨張すると，(1)の理想気体は外部に仕事をし内部エネルギーが減少するので温度も下がる。(2)のヒモは外部から仕事をされるので内部エネルギーが増加し温度も上がる。

◀解　説▶

≪理想気体の熱サイクル，ゴムヒモの熱力学≫

(1)　▶あ．理想気体の状態方程式より

$$p\cdot SL=nRT \qquad \therefore \quad p=\frac{nRT}{SL}$$

▶い．気体が吸収した熱量 ΔQ は $\Delta Q=nC_V\Delta T$ で，定積変化であるから，これは内部エネルギーの変化に等しい。よって

$$\Delta U=\Delta Q=nC_V\Delta T$$

▶う．内部エネルギー U は温度 T に比例するから，T を一定に保つとき，$\Delta U=0$ である。

▶え．気体は圧力 p で体積が $\Delta V=S\Delta L$ 増加するから，外部にした仕事 ΔW は

$$\Delta W=p\cdot\Delta V=\frac{nRT}{SL}\cdot S\Delta L=\frac{nRT}{L}\Delta L$$

▶お．気体が吸収した熱量をΔQ，内部エネルギーの増加をΔU，外部にした仕事をΔWとすると，熱力学第一法則より　$\Delta Q=\Delta U+\Delta W$

過程Ⅰは等温圧縮であるから

$\Delta U=0$，$\Delta W<0$　よって　$\Delta Q<0$

過程Ⅱは定積で圧力が増し，温度が上昇するから

$\Delta U>0$，$\Delta W=0$　よって　$\Delta Q>0$

過程Ⅲは等温膨張であるから

$\Delta U=0$，$\Delta W>0$　よって　$\Delta Q>0$

過程Ⅳは定積で圧力が減り，温度が下降するから

$\Delta U<0$，$\Delta W=0$　よって　$\Delta Q<0$

したがって，$\Delta Q>0$となるのは過程Ⅱと過程Ⅲである。

▶か．図2より，過程Ⅲで気体が外部に対してする仕事のほうが，過程Ⅰで気体が外部からされる仕事より大きいので，仕事の総量は正である。

(2)　▶き．熱力学第一法則より

$\Delta Q=\Delta U+\Delta W$

$F=AT(L-L_0)$ より　$\Delta W=-F\Delta L=-AT(L-L_0)\Delta L$

よって　$\Delta U=\Delta Q-\Delta W=\Delta Q+AT(L-L_0)\Delta L$

▶く．$\Delta U=K\Delta T$ときの結果より，断熱変化$\Delta Q=0$のとき

$K\Delta T=AT(L-L_0)\Delta L$

$$\therefore\quad \Delta T=\frac{AT(L-L_0)\Delta L}{K}$$

▶問1．$F=AT(L-L_0)$ より，$L=L_0$のとき$F=0$である。

- 過程α：$T=T_A$が一定でLがL_1からL_2まで変化するから，F-Lグラフでは（L_0，0）と（L_1，F_1）を結ぶ直線の，LがL_1からL_2の部分となる。
- 過程β：$L=L_2$が一定でTがT_AからT_Bまで増加し$F=F_2$となるから，$L=L_2$に沿ってFがF_2まで増加する線分となる。
- 過程γ：$T=T_B$が一定でLがL_2からL_1まで減少するから，（L_2，F_2）と（L_0，0）を結ぶ直線のLがL_2からL_1の部分となる。
- 過程δ：$L=L_1$が一定でTがT_BからT_Aまで減少するから，過程γの終点と過程αの始点を結ぶ線分となる。

よって，〔解答〕のグラフとなる。

▶け．ヒモの張力の向きは L が増加する向きと逆であるから，ヒモの長さが ΔL（>0）増加するとき，ヒモが外部にする仕事

$$\Delta W=-F\Delta L=-AT(L-L_0)\Delta L$$

は負となり，ヒモは外部から仕事をされることになる。問1のグラフより過程 α では L が増加するので，ヒモがする仕事 W_1 は負となり，台形の面積を求めればよい。$F_1=AT_A(L_1-L_0)$，$F_1'=AT_A(L_2-L_0)$ より

$$W_1=-\frac{1}{2}(F_1+F_1')(L_2-L_1)=-\frac{1}{2}AT_A(L_1+L_2-2L_0)(L_2-L_1)$$

である。

▶こ．過程 γ の終点は $T=T_B$，$L=L_1$ であるから，$F_2=AT_B(L_2-L_0)$，$F_2'=AT_B(L_1-L_0)$ として，$W_3>0$ より

$$W_3=\frac{1}{2}(F_2+F_2')(L_2-L_1)=\frac{1}{2}AT_B(L_1+L_2-2L_0)(L_2-L_1)$$
$$=-\frac{T_B}{T_A}\times W_1$$

▶さ．過程 β と過程 δ は $\Delta L=0$ であるから，$W_2=W_4=0$ である。

▶し．この1サイクルでヒモが外部にした仕事 W は

$$W=W_1+W_2+W_3+W_4$$
$$=W_1-\frac{T_B}{T_A}W_1=\frac{T_A-T_B}{T_A}W_1$$

$W_1<0$，$T_A<T_B$ であるから，$W>0$ となる。

▶問2．系の長さ L を断熱的に大きくすると，理想気体の温度が下がる（断熱膨張）のはよく知られているが，ヒモの場合は逆に温度が上がる。

❖講　評

2022 年度も理科 2 科目で 180 分（教育学部理系試験は 1 科目で 90 分），大問 3 題の出題に変化はなかった。2021 年度同様，全大問で導出過程や説明を記述する論述問題が出題された。**I** は 2 球の弾性衝突，鉛直面内での円運動，斜方投射等の基本的なテーマを組み合わせた内容で，計算量は多いが解きやすかったであろう。**II** は，はしご状の無限回路による電磁誘導で，類題はあるものの，思考力を要する京大らしいテーマで，難問であった。**III** は前半の熱サイクルは頻出のテーマであるが，後

半のゴムヒモの熱力学は目新しいテーマであった。丁寧な誘導があり計算量も少ないので，難しくはなかったであろう。

Ⅰ．(1)ア～クの2球の弾性衝突，(2)ケ～スの鉛直面内での円運動と斜方投射は完答しなければならない。問1の証明は計算量が多く，証明方法もいくつかあるので，いかに手早く計算できるかで差がつくであろう。(3)問2は逆向きに投げ返すという，あまり見たことがないテーマで，戸惑った受験生もいたであろうが，水平投射の到達距離が落下時間と速さの積になるという当たり前のことに気付けば容易である。

Ⅱ．(1)イ～ハは磁場を横切る導体棒に生じる起電力と直流回路の基本で，完答が求められる。図2(c)のように，磁場から見ると導体棒が左へ動くことに注意しないと，誘導起電力の向きを間違える。(2)問1の半無限回路網の合成抵抗値は，問題文をよく読んで回路図を描いてみるとわかるであろうが，全く手が出なかった受験生も多かったであろう。類題を解いたことがあるかどうかで差がつく。(3)ニ～へも問題文に従って回路図を描くとわかりやすい。(4)の発光ダイオードを接続したときが難しい。トはPQ間の抵抗Rによる電圧降下を考えればよいが，チ～ヌは問題文の意味が取りづらく，困惑した受験生も多かったであろう。PQ間の電位差がV_dに置き換わったと考えて解けばよい。(5)ル～ワは3つの回路図を描けば容易である。

Ⅲ．(1)あ～かは定積・等温変化からなる理想気体の熱サイクルで，頻出のテーマである。当然，完答しなければならない。(2)のゴムヒモの熱力学は京大らしいテーマで，FやUの見慣れない式に惑わされてはいけない。き・くは，問題文の指示に従えば自然に解ける。問1のグラフは，$L=L_0$のとき$F=0$であることさえ間違えなければ難しくはない。け～しは，Lが増加するときヒモがする仕事が負であることに注意しないと，符号が逆になる。問2は理想気体とヒモとでする仕事の符号が逆であることから，温度の増減も逆になることを述べればよい。

全体として，2022年度はⅠが計算量が多く，Ⅱが難解な内容，Ⅲが目新しいテーマで，2021年度に比べてやや難化したと思われる。時間内に全問を解くのは大変で，十分な計算力，読解力が必要である。

化学

I

解答 (a) 問1．ア．高く　イ．大きい
ウ．アルカリ土類金属元素　エ．H_2

問2．(お)

問3．オ．4.8　カ．9.2

(b) 問4．$4FeCr_2O_4 + 7O_2 + 8Na_2CO_3 \longrightarrow 2Fe_2O_3 + 8Na_2CrO_4 + 8CO_2$

問5．キ．1　ク．$[H^+]$　ケ．$2K_2[H^+]^2$

問6．コ．1.3×10^{-6}　サ．1.7×10^{-2}　シ．2.6×10^{-14} $(mol/L)^3$

ス．6.7×10^{-2}

◀解　説▶

≪(a)アルカリ土類水酸化物の溶解度・水和物　(b)クロム酸の電離平衡≫

(a) ▶問1．ア・イ．1族の元素（アルカリ金属元素）は価電子が1個であるのに対し，2族の元素は2個であるから，その分金属結合が強く融点が高い。また，同一周期では，2族の方が原子核の正電荷が多く最外殻電子に対する引力が強いため原子半径は小さくなり，さらに原子量も大きいことから密度は大きい。

ウ．2族の中でもCa，Sr，Ba，Raは性質がよく似ているのでアルカリ土類金属元素と呼ばれ，同じ2族のBe，Mgと区別される。

エ．（反応例）$Ca + 2H_2O \longrightarrow Ca(OH)_2 + H_2$

▶問2．各水酸化物が無水物として沈殿すると，溶解度よりそれぞれの質量は

$Ca(OH)_2$　$5.0-0.16=4.84$〔g〕

$Sr(OH)_2$　$5.0-0.82=4.18$〔g〕

$Ba(OH)_2$　$5.0-3.8=1.2$〔g〕

$Ca(OH)_2$，$Sr(OH)_2$の値は2.3gより大きいので，ビーカー(iii)は$Ba(OH)_2$の水和物（$Ba(OH)_2\cdot nH_2O$）が沈殿したものと考えられる。よって，ビーカー(iii)の飽和溶液中の$Ba(OH)_2$（無水物）の質量をx〔g〕とすると，溶質と溶液の質量の比について

$$\frac{x}{105-2.3}=\frac{3.8}{103.8} \qquad x=3.759\fallingdotseq 3.76\text{〔g〕}$$

ここで $Ba(OH)_2=171$，$H_2O=18$ だから

$$(5.0-3.76)\times\frac{171+18n}{171}=2.3 \qquad n=8.1\fallingdotseq 8$$

これより，水和水の蒸発に伴う質量減少率を求めると

$$\frac{8\times 18}{171+8\times 18}\times 100=45.71\fallingdotseq 45.7\text{〔\%〕}$$

したがって，当てはまるグラフは(C)である。

一方，水酸化カルシウム，水酸化ストロンチウムのいずれかは無水物として沈殿しているので，それぞれの水酸化物の熱分解による質量減少率を求めると

$$\underset{\text{(式量 74)}}{Ca(OH)_2}\longrightarrow CaO+H_2O \qquad \frac{18}{74}\times 100=24.32\fallingdotseq 24.3\text{〔\%〕}$$

$$\underset{\text{(式量 122)}}{Sr(OH)_2}\longrightarrow SrO+H_2O \qquad \frac{18}{122}\times 100=14.75\fallingdotseq 14.8\text{〔\%〕}$$

また，無水物に対応する一段階のみの質量減少を示しているグラフは(B)であるから，(B)はカルシウムのグラフとなる。すなわち，$Ca(OH)_2$ は無水物として沈殿する。

以上より，(A)ストロンチウム，(B)カルシウム，(C)バリウムとなる。

別解　図1のグラフで起きている反応は

$$M(OH)_2\cdot nH_2O\longrightarrow M(OH)_2+nH_2O$$

$$M(OH)_2\longrightarrow MO+H_2O$$

の二段階である。(B)のグラフでは，沈澱が無水物であるため，二段階目の反応のみが起こっている。

グラフ(A)～(C)の金属Mの原子量を M_A，M_B，M_C とすると，水酸化物の無水物と二段階目で放出される水の質量の関係より

(A)　$$\frac{18}{M_A+34}=\frac{6.77}{100-54.1} \qquad \therefore\ M_A=88.0$$

(B)　$$\frac{18}{M_B+34}=\frac{24.3}{100} \qquad \therefore\ M_B=40.0$$

(C)　$$\frac{18}{M_C+34}=\frac{5.71}{100-45.7} \qquad \therefore\ M_C=137.1$$

よって，(A)ストロンチウム，(B)カルシウム，(C)バリウムとなる。

▶問 3．オ．$Ca(OH)_2$ は無水物として沈殿するから

$$5.0-0.16=4.84\fallingdotseq 4.8\,[\mathrm{g}]$$

カ．(A)がストロンチウムのグラフであるから，水和水の放出について

$$\frac{18n}{122+18n}\times 100=54.1 \qquad n=7.9\fallingdotseq 8$$

よって，ビーカー(ii)に沈殿する $Sr(OH)_2\cdot 8H_2O$ の質量を x〔g〕とすると，(A)のグラフより，無水物の質量は

$$x\times\frac{100-54.1}{100}=\frac{45.9}{100}\times x\,[\mathrm{g}]$$

ビーカー(ii)の飽和溶液の溶質と溶液の質量の比について

$$\frac{5.0-\dfrac{45.9}{100}\times x}{105-x}=\frac{0.82}{100+0.82} \qquad x=9.19\fallingdotseq 9.2\,[\mathrm{g}]$$

なお，無水物の質量は，$Sr(OH)_2\cdot 8H_2O=266$ だから，次のように計算してもよい。

$$x\times\frac{122}{266}\,[\mathrm{g}]$$

(b)　▶問 4．下線部の反応は酸化還元反応であるから，まず係数を考えずに反応物と生成物および酸化数を並べると次のようになる。なお，生成物に炭素原子を含む化合物が与えられていないので，炭酸ナトリウムの酸に対する性質や Na_2CrO_4 の生成から二酸化炭素の発生を考慮する。

$$\underset{+2}{\underline{Fe}}\underset{+3}{\underline{Cr}}{}_2O_4+\underset{0}{\underline{O}}{}_2+Na_2CO_3 \longrightarrow \underset{+3}{\underline{Fe}}{}_2\underset{-2}{\underline{O}}{}_3+Na_2\underset{+6}{\underline{Cr}}\underset{-2}{\underline{O}}{}_4+CO_2$$

よって，還元剤 $FeCr_2O_4$ 中の Fe と Cr の酸化数の増加量は，1 化学式当たり，$1+3\times 2=7$ である。

一方，酸化剤 O_2 の酸化数の減少量は 1 分子当たり 4 であるから，過不足なく反応するためには，両者の物質量比は

$$FeCr_2O_4 : O_2=4 : 7$$

なお，Na_2CO_3 の係数は両辺の原子数の保存から決めればよい。

$$4FeCr_2O_4+7O_2+8Na_2CO_3 \longrightarrow 2Fe_2O_3+8Na_2CrO_4+8CO_2$$

別解　題意より反応物，生成物は次のように考えられる（a～f は係数）。

$$aFeCr_2O_4+bO_2+cNa_2CO_3 \longrightarrow dFe_2O_3+eNa_2CrO_4+fCO_2$$

$a=2$ とおくと，Feの数より $d=1$，Crの数より $e=4$，Naの数より $c=4$，

Cの数より $f=4$，Oの数より $b=\frac{7}{2}$ となるから，全体を2倍すると

$a=4,\ b=7,\ c=8,\ d=2,\ e=8,\ f=8$

よって，化学反応式は

$$4FeCr_2O_4+7O_2+8Na_2CO_3 \longrightarrow 2Fe_2O_3+8Na_2CrO_4+8CO_2$$

▶問5．$[Cr]_{TOTAL}=[CrO_4{}^{2-}]+[HCrO_4{}^-]+2[Cr_2O_7{}^{2-}]$ である。

式(3)より　$[HCrO_4{}^-]=\dfrac{[CrO_4{}^{2-}][H^+]}{K_1}$

式(4)および式(3)より

$$[Cr_2O_7{}^{2-}]=K_2[HCrO_4{}^-]^2=\frac{K_2}{K_1{}^2}\times[CrO_4{}^{2-}]^2[H^+]^2$$

よって

$$[Cr]_{TOTAL}=[CrO_4{}^{2-}]+\frac{[CrO_4{}^{2-}][H^+]}{K_1}+\frac{K_2}{K_1{}^2}\times[CrO_4{}^{2-}]^2[H^+]^2\times 2$$

$$=[CrO_4{}^{2-}]\left(1+\frac{[H^+]}{K_1}+\frac{2K_2}{K_1{}^2}\times[H^+]^2[CrO_4{}^{2-}]\right)$$

▶問6．コ．線A上では，$[HCrO_4{}^-]=[CrO_4{}^{2-}]$ であるから，式(3)より

$K_1=[H^+]$

よって　$pH=-\log_{10}K_1=-\log_{10}(1.25\times10^{-6})\fallingdotseq-\log_{10}(1.3\times10^{-6})$

サ．線B上では，$[Cr_2O_7{}^{2-}]=[HCrO_4{}^-]$ であるから，式(4)より

$$K_2=\frac{1}{[Cr_2O_7{}^{2-}]}=60$$

$$[Cr_2O_7{}^{2-}]=\frac{1}{60}=1.66\times10^{-2}\fallingdotseq1.7\times10^{-2}\text{〔mol/L〕}$$

シ．線C上では，$[Cr_2O_7{}^{2-}]=[CrO_4{}^{2-}]$ であるから

$$\frac{K_1{}^2}{K_2}=\frac{[CrO_4{}^{2-}]^2[H^+]^2}{[Cr_2O_7{}^{2-}]}=[CrO_4{}^{2-}][H^+]^2$$

よって　$[CrO_4{}^{2-}]=\dfrac{K_1{}^2}{K_2}\times\dfrac{1}{[H^+]^2}$

したがって，シの値は

$$\frac{(1.25\times10^{-6})^2}{60}=2.60\times10^{-14}\fallingdotseq2.6\times10^{-14}\,(\text{mol/L})^3$$

ス．線B上では，$[Cr_2O_7{}^{2-}]=\frac{1}{60}$ mol/L であるから点Dでも同じ値であり，しかも点Dでは３つのイオン種の値が等しいから

$$[Cr]_{TOTAL}=[CrO_4{}^{2-}]+[HCrO_4{}^{-}]+2[Cr_2O_7{}^{2-}]$$
$$=\frac{1}{60}+\frac{1}{60}+\frac{1}{60}\times 2=\frac{4}{60}$$
$$=0.0666\fallingdotseq 6.7\times 10^{-2}\text{〔mol/L〕}$$

Ⅱ　**解答**

(a)　問１．$n-\frac{m}{M}$

問２．ア．2.5×10^{-1}　イ．$K_c[HA]_t{}^2$　ウ．$\frac{8K_c[HA]_t{}^2+4[HA]_t}{5[HA]_w}$

エ．1.6　オ．8.0×10　カ．1.3×10

問３．1.9

問４．キ．小さくなる　ク．大きくなる　ケ．大きくなる

(b)　問５．1.0×10

問６．1.1×10^{-4} mol/L

問７．(i)―(う)　(ii)―(あ)　(iii)―(あ)

◀解　説▶

≪(a)弱酸の分配平衡　(b)U字管による浸透圧の測定≫

(a)　▶問１．蒸発皿に残った物質は HA の二量体であろうがなかろうが，HA としての物質量は，$a=\frac{m}{M}$〔mol〕である。よって

$$b=n-a=n-\frac{m}{M}$$

▶問２．ア．pH4.0 であるから，電離定数 K_a について

$$K_a=\frac{[H^+][A^-]_w}{[HA]_w}=\frac{1.0\times 10^{-4}\times[A^-]_w}{[HA]_w}=2.5\times 10^{-5}$$

$$[A^-]_w=2.5\times 10^{-1}\times[HA]_w$$

イ．$K_c=\frac{[(HA)_2]_t}{[HA]_t{}^2}$ だから　　$[(HA)_2]_t=K_c[HA]_t{}^2$

ウ．　$b=([A^-]_w+[HA]_w)\times 0.10=1.25\times[HA]_w\times 0.10$

$a=(2[(HA)_2]_t+[HA]_t)\times 0.10=(2K_c[HA]_t{}^2+[HA]_t)\times 0.10$

よって

$$\frac{a}{b}=\frac{2K_c[HA]_t^2+[HA]_t}{1.25[HA]_w}=\frac{8K_c[HA]_t^2+4[HA]_t}{5[HA]_w}$$

エ．$[HA]_t=P_{HA}[HA]_w$ だから，ウの式は

$$\frac{a}{b}=\frac{8K_cP_{HA}^2[HA]_w^2+4P_{HA}[HA]_w}{5[HA]_w}$$

$$=1.6K_cP_{HA}^2[HA]_w+0.8P_{HA}$$

オ．$\frac{[HA]_w}{[HA]_w+[A^-]_w}\times 100=\frac{[HA]_w}{1.25[HA]_w}\times 100=80=8.0\times 10$〔%〕

カ．$1.6K_cP_{HA}^2[HA]_w=1.6K_cP_{HA}^2\times\left(0.80\times b\times\frac{1}{0.10}\right)$

$$=12.8\times K_cP_{HA}^2\times b\fallingdotseq 1.3\times 10\times K_cP_{HA}^2\times b$$

▶問３．次に示す式(5)をグラフにしたものが図２である。

$$\frac{a}{b}=0.8P_{HA}+13K_cP_{HA}^2b$$

よって，図２より $b=0$ のとき縦軸切片は $\frac{a}{b}=1.5$ と読み取れるから

$$\frac{a}{b}=0.8P_{HA}=1.5 \qquad P_{HA}=1.87\fallingdotseq 1.9$$

▶問４．キ．弱酸は濃度が大きくなると電離度は小さくなる。

ク．会合度 r は次のように表すことができる。

$$r=\frac{2[(HA)_2]_t}{2[(HA)_2]_t+[HA]_t}=\frac{2K_c[HA]_t^2}{2K_c[HA]_t^2+[HA]_t}$$

$$=\frac{2K_c[HA]_t}{2K_c[HA]_t+1}$$

よって，$[HA]_t$ が大きくなると r は１に近づくことになるので，会合度 r は大きくなると考えられる。

ケ．式(5)で考える。

$$\frac{a}{b}=0.8P_{HA}+1.3\times 10\times K_cP_{HA}^2\times b$$

n が増加すると b が増加する。そして，b が増加すると $\frac{a}{b}$ も増加する。

(b)　▶問５．液面の高さの差の半分である 2.5cm 分の水が移動したから

$4.0\times 2.5=10=1.0\times 10$〔$cm^3$〕

▶問6．水の移動が止まったときのNaCl水溶液の濃度は

$$x\times\frac{100}{100+10}=\frac{x}{1.10}$$

NaClが電解質であることを考慮して，このときの浸透圧Πをファントホッフの法則により示すと

$$\Pi=cRT=\frac{x}{1.10}\times2\times8.31\times10^{3}\times300=5.0\times100$$

$$x=1.10\times10^{-4}\fallingdotseq1.1\times10^{-4}\text{〔mol/L〕}$$

▶問7．(i)　浸透圧は絶対温度に比例するので水面の高さの差は長くなる。

(ii)　U字管の断面積を大きくすると，液面差1.0cmに対して移動する水の量が大きくなるので，水溶液の濃度はより低下する。そのため浸透圧は低下し液面差は5.0cmに至らない。

(iii)　図3の右側の状態のときに等量のショ糖を加えると，U字管の左右のショ糖濃度は左側が小さく右側が大きくなる。そのためショ糖による浸透圧は右側の方が大きくなるので，その分だけ左側から右側へ水が移動して液面の差は短くなる。

III　解答

(a)　問1．ア．アラミド　イ．HCl

問2．A．C_6H_5–NH_2（ベンゼン環–NH_2）　D．$H_3C-C(=O)-Cl$

問3．$H_2N-CH_2-CH_2-CH_3$　　$H_2N-CH(CH_3)-CH_3$

問4．$H_2N-CH(C_6H_5)-C(=O)-O-CH_3$

(b)　問5．F．$H_2N-CH_2-CH_3$　G．$Cl-C(=O)-CH(CH_3)-C(=O)-Cl$

問6．$H_3C-CH_2-N(H)-C(=O)-CH(CH_3)-C(=O)-O-C_6H_5$

◀解 説▶

≪(a)酸クロリド (b)酸ジクロリドとアミンとの化合物の構造決定≫

(a) ▶問1．ア．アラミド（aramid）とは aromatic polyamide（芳香族ポリアミド）のことである。

イ．図1より，H_2Oの代わりにHClが脱離する縮合反応であることがわかる。高校での，アジピン酸ジクロリドとヘキサメチレンジアミンとによるナイロン66の合成（界面重合）実験を思い出すとよい。

▶問2．(あ)より $R^1-\underset{\underset{O}{\|}}{C}-Cl+H_2N-R^2 \longrightarrow CH_3-\underset{\underset{O}{\|}}{C}-NH-C_6H_5$ であるから，

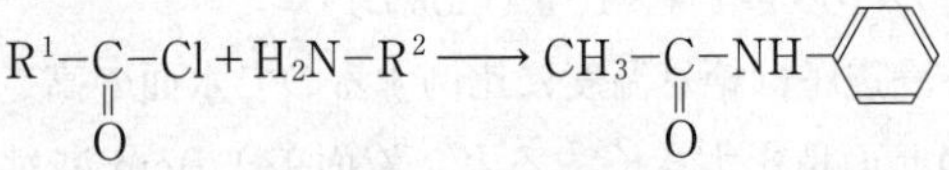

アミンAはアニリン $H_2N-C_6H_5$，

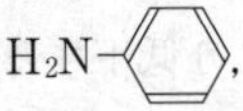

酸クロリドDは酢酸クロリド $CH_3-\underset{\underset{O}{\|}}{C}-Cl$ である。

▶問3．(い)より $CH_3-\underset{\underset{O}{\|}}{C}-Cl+H_2N-R \longrightarrow C_5H_{11}NO+HCl$ であるから，アミンBの示性式は $C_3H_7-NH_2$ である。よって，考えられる構造式は次の2通りである。

$$H_3C-CH_2-CH_2-NH_2 \qquad H_3C-\underset{\underset{CH_3}{|}}{CH}-NH_2$$

▶問4．(う)より

$$\underset{\text{C}}{C_9H_{11}NO_2}+CH_3-\underset{\underset{O}{\|}}{C}-Cl \longrightarrow \underset{\text{E}}{C_9H_9O_2-\underset{\underset{H}{|}}{N}-\underset{\underset{O}{\|}}{C}-CH_3}+HCl$$

アミドEの加水分解で酢酸，メタノール，ベンゼン環をもつアミノ酸が得られたのであるから，Eはアミド結合のほかにメチルエステルの構造がある。

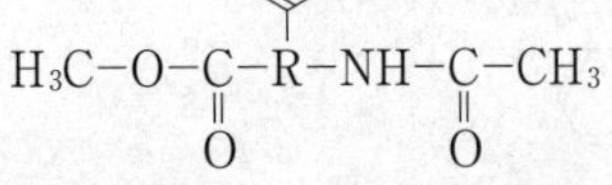

$$H_3C-O-\underset{\underset{O}{\|}}{C}-\overset{\overset{C_6H_5}{|}}{R}-NH-\underset{\underset{O}{\|}}{C}-CH_3$$

分子式より，R＝CHとなる。したがって，アミンCの構造式は

$$C_6H_5-\overset{*}{C}H(NH_2)-C(=O)-O-CH_3$$ （C* は不斉炭素原子）

(b)　▶問 5．アミン F を R^1-NH_2，ジクロリド G を $Cl-CO-R^2-CO-Cl$ とすると

$$2R^1-NH_2+Cl-CO-R^2-CO-Cl$$
$$\longrightarrow R^1-NH-CO-R^2-CO-NH-R^1+2HCl$$

化合物 H（分子式 $C_8H_{16}N_2O_2$）

よって　$2R^1+R^2=C_6H_{14}$　……①

〔H の部分的な加水分解〕

$$R^1-NH-CO-R^2-CO-NH-R^1+H_2O$$
$$\longrightarrow R^1-NH-CO-R^2-COOH+R^1-NH_2$$

化合物 I

〔I とフェノールの脱水縮合〕

$$R^1-NH-CO-R^2-COOH+C_6H_5OH$$
$$\longrightarrow R^1-NH-CO-R^2-COO-C_6H_5+H_2O$$

エステル J（分子式 $C_{12}H_{15}NO_3$）

よって　$R^1+R^2=C_4H_9$　……②

式①，②より　$R^1=C_2H_5$，$R^2=C_2H_4$

さらに，化合物 F，G，H は不斉炭素原子をもたず，化合物 I，J は不斉炭素原子を 1 つもつことから，F と G の構造式は

$$H_3C-CH_2-NH_2$$
F

$$Cl-C(=O)-CH(CH_3)-C(=O)-Cl$$
G

I と J は，分子全体では対称性がないので，G の中央の炭素原子が不斉炭素原子 C* となる。そのため R^2 は $-CH_2-CH_2-$ ではない。

▶問 6．エステル J の構造式は

$$H_3C-CH_2-N(H)-C(=O)-\overset{*}{C}H(CH_3)-C(=O)-O-C_6H_5$$

Ⅳ 解答

(a)　問1．8

問2．

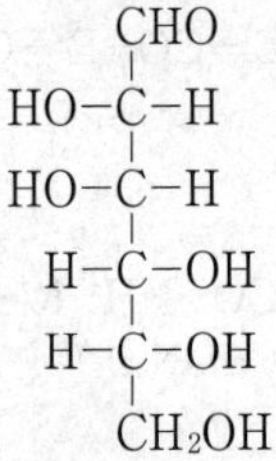

```
      CHO
       |
  HO-C-H
       |
  HO-C-H
       |
   H-C-OH
       |
   H-C-OH
       |
      CH2OH
```

問3．B―(オ)　C―(ア)　D―(エ)

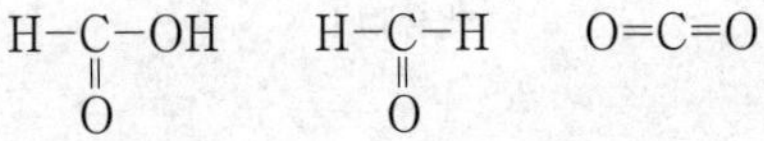

(b)　問4．(Ⅰ)　H−C(=O)−OH　　H−C(=O)−H　(5：1)

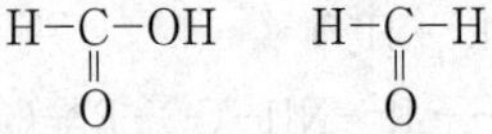

(Ⅱ)　H−C(=O)−OH　　H−C(=O)−H　　O=C=O　(3：2：1)

問5．H−C(=O)−OH

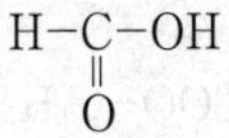

問6．

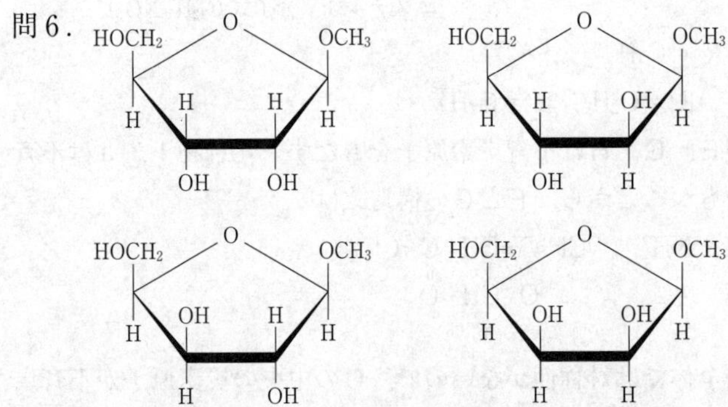

◀解　説▶

≪(a)単糖・二糖類の構造　(b)単糖の酸化分解生成物≫

(a)　▶問1．五員環構造の例を示すと次のようになる。不斉炭素原子 C^* が3つ存在するので，立体異性体の数は，$2^3=8$ 種類である。なお，これらの異性体は4組の鏡像異性体からなる。

▶問2．図2にあるように，アルドースAはエンジオール構造をもつ反応中間体を介してグルコースと平衡関係にあるアルドース（分子末端に−CHOが存在）であるから，構造式はグルコースと同じであるが，(2)の炭素原子に結合する−CHO，−H，−OHの立体配置が異なると考えられる。よって，図1(iii)の表記にならってグルコースと異なる立体構造を示すと次のようになる。なお，図1(iii)のような表記法をフィッシャーの投影式という。

```
      CHO
       |
HO－C－H
       |
HO－C－H
       |
 H－C－OH
       |
 H－C－OH
       |
      CH2OH
```

▶問3．与えられた二糖類を構成する各単糖の炭素原子に番号をつけると次のようになる。なお，アルドースは六員環構造，ケトースは五員環構造を形成している。

(ア)　(イ)

(ウ)　(エ)　(オ)

二糖類が還元性を示すのは，構成する単糖の還元性を示す構造（アルドースの場合は1位の炭素原子，ケトース（フルクトース）の場合は2位の炭素原子）がグリコシド結合に関与していない場合である。よって，還元性を示す二糖は，(ウ)・(エ)・(オ)である。

次に，情報(あ)〜(う)と各二糖との対応関係を示す。

(あ)　B，Dは(ウ)・(エ)・(オ)，Cは(ア)・(イ)である。

(い)　C，Dは(ア)・(ウ)・(エ)，Bは(イ)・(オ)である。

(う)　(エ)では，2つのアルドースにおいて，4位の炭素原子に結合する$-OH$の立体配置のみが異なっているので，Dは(エ)である。

したがって，(あ)・(い)よりBは(オ)，Cは(ア)と決まる。

(b)　▶問4．鎖状構造のグルコースおよびフルクトースにおいて，図4の各反応式の左辺に示された構造を見つけ，最終生成物が得られるまで反応を次々と進めていけばよい。以下にその例を示すが，最終生成物は他の反応経路をとっても同じである。なお，線で囲った部分が反応対象の構造である。

(I)　(グルコース)

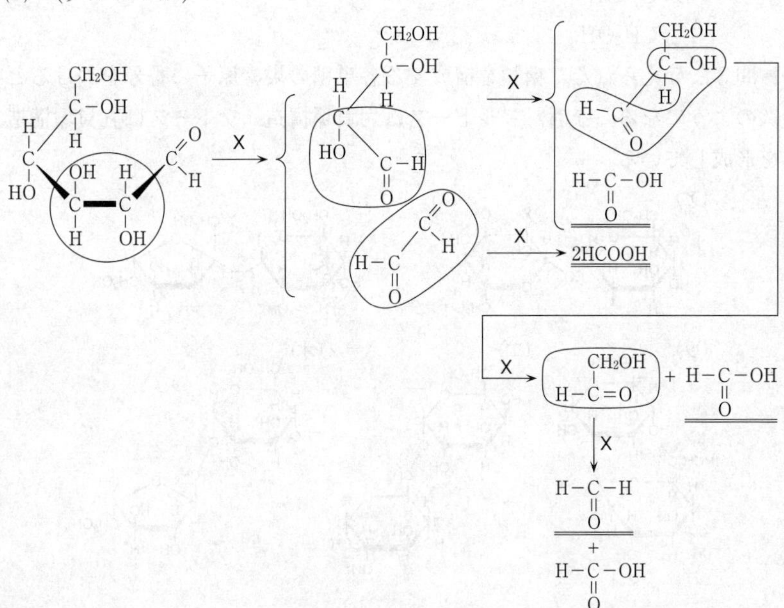

以上より　　HCOOH：HCHO＝5：1

(II)　(フルクトース)

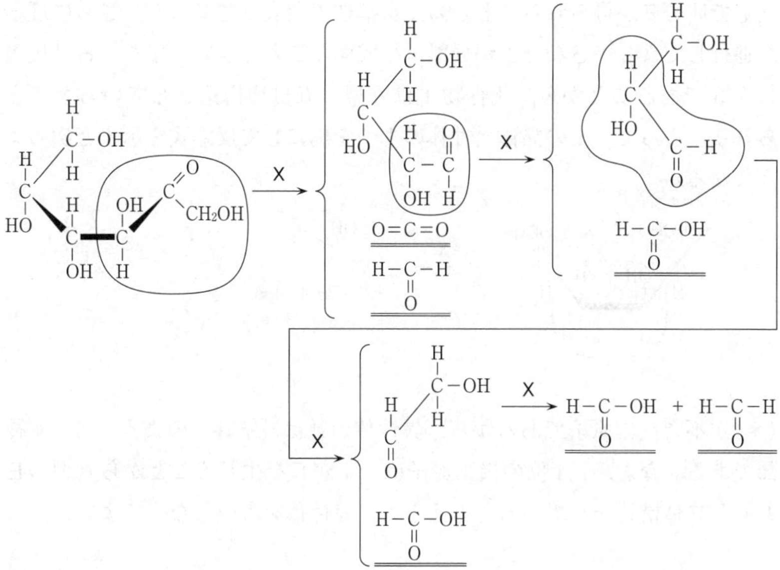

以上より　　HCOOH：HCHO：CO_2＝3：2：1

▶問5．化合物Eの反応経路は次のとおりである。

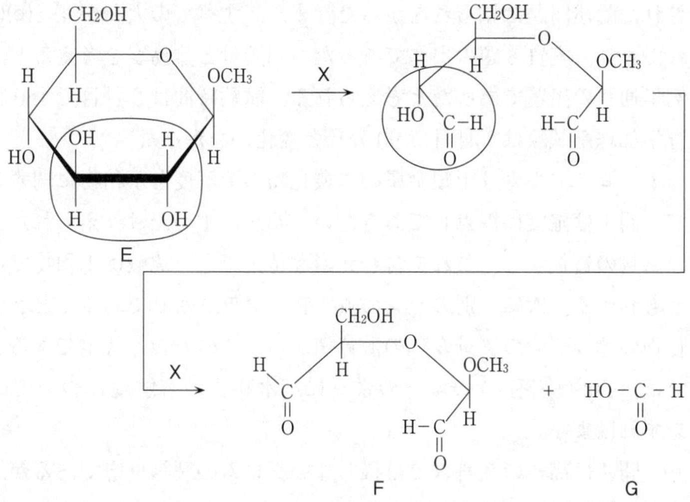

化合物Fの分子量は化合物Gより大きいことに注意すると，GはHCOOH

となる。

▶問６．化合物Ｈはグルコースより炭素数が１つ少ないが，反応剤Ｘとの反応で同じＦが得られることから，環構造の開裂は生じるが，さらに反応が進行してより小さな分子が分離・生成することはない。また，Ｈは炭素数が５であることから，化合物Ｉはβ型の五員環構造をしていると考えられる。よって，Ｉの立体異性体の１つを例にして反応式を示すと次のようになる。

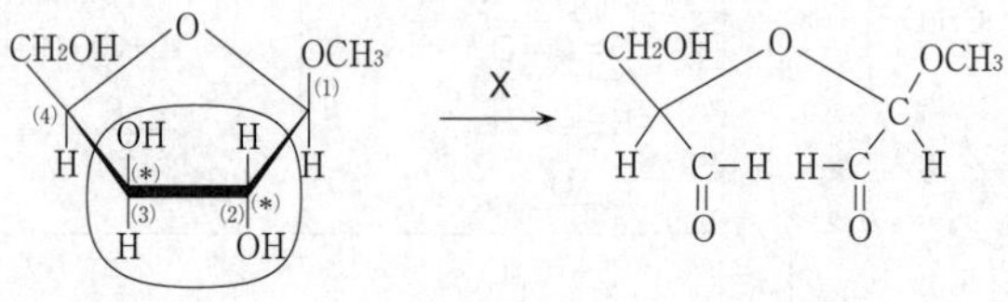

(＊)が不斉炭素原子であるから，異性体の数は〔解答〕のように $2^2=4$ 種類である。なお，1,4 位の炭素原子は，ＩがＦを生じることからβ型のＥと同じ立体構造をしていると考えられ，異性体を考慮しなくてよい。

❖講　評

大問４題で出題数や形式はほぼ例年通りであるが，2021 年度に出題された論述問題は見られなかった。また，すべての大問が(a)，(b)に分かれており，実質８題の出題であった。問題量と難易度を考えると，ほぼ例年通りの出題であったと考えられる。試験時間は２科目で 180 分（教育学部理系試験は１科目で 90 分）と変化がなかった。

Ⅰ．(a)　アルカリ土類金属の水酸化物の溶解度と水和物に関する問題で，問１は確実に得点しておきたい。問２は１つだけ与えられた沈殿乾燥試料の質量から，これを含む元素が特定でき，沈殿は水和物であることもわかる。次に，別の元素の無水物のグラフが(B)であることと，水酸化物の熱分解での質量変化の計算値から，この元素も特定できる。問３では，$CuSO_4 \cdot 5H_2O$ の場合のように，水和物の溶解度についての計算をすればよい。

(b)　問４は高校の教科書では扱わないクロムの製錬反応であるが，やみくもに係数を当てはめようとするのではなく，酸化還元反応としての原子ごとの酸化数の変化に基づいて考える方が短時間で解答できる。問5・問6は与えられた文章をしっかり理解し，その展開をたどれる読解力と思考力が求められている。図2の本質的な意味は難しいが，解答に際しては3つの境界線上では2つの成分の値が等しいことを，それまでに導いた式に当てはめればよいことに気付くことが重要である。点Dについても同様である。

Ⅱ. (a)　4つの成分が関係する複雑な平衡状態に関する出題である。与えられた文章の展開に沿って論理的思考を進めていけばよい。分配係数も平衡定数の一種である。ただし，文章の展開の中で，どのような必要性に基づいてそのような操作（式の変形や代入）をしているのかが自覚できると解答への見通しが立ち，時間を短縮することができる。問3では図2の読解がポイントで，与えられた3つの測定値から横軸の値が0のときの縦軸の値を読み取り，その値を式(5)に適用すればよい。問4においてもその重要性が繰り返されている。

(b)　問5は確実に得点できるはずであるが，問6ではその意味するところを活用しなければならない。そして，そのことがもっとも重要になってくるのが問7(iii)であり，問題文の「…さらに添加した…」をどう読み取り，どうイメージ化できるかが大きなポイントである。

Ⅲ. (a)　高校でのアジピン酸ジクロリドとヘキサメチレンジアミンを用いたナイロン66の合成実験を思い出せば，反応そのものは理解できる。問1～問3では，与えられた物質はすべて既知であるから確実に得点したい。問4では，Eの加水分解で3つの成分が得られたこと，およびその1つがメタノールであることから，Eはアミノ酸とメタノールのエステル結合をもつことがわかる（すなわち，Cも同様である）。また，酢酸は酸クロリドD由来であることもわかる。これらのこととCの分子式から，原子数の保存を用いて構造式を導くことができる。例年の有機化合物についての構造決定の問題と比べると標準的である。

(b)　(a)の応用的要素が強い問題であるが，難易度は高いとはいえない。Hの分子式およびHの部分的な加水分解（アミド結合の1つに対する）による生成物IとフェノールとでJ生じるエステルJの分子式から，FとGの炭化水素基が求められる。ただし，Gの炭化水素基の構造には2通りの可能性があるが，不斉炭素原子についての情報から一方に決めることができる。反応によって不斉炭素原子が生じたり，消滅したりする状況については十分に理解しておくとよい。

Ⅳ．(a)　単糖，二糖に関する構造と性質に関する問題である。問 1 は，炭素数が 4 のときの五員環構造であるから，炭素原子はすべて五員環構造に含まれており，不斉炭素原子は 3 つであることに注意したい。問 2 では，反応中間体の存在によって，グルコースとは異なる構造をもつアルドースが生じることを理解し，それをフィッシャーの投影式で示すことが求められている。問 3 では，見慣れない二糖類を含む構造式について，単糖における還元性を示す基がどのようになっているかを正確に読み取ることが求められている。すなわち，炭素原子の番号を正しく配当することが必要である。また，通常の単糖の表記とは異なり，紙上での回転を伴う単糖の表記についてもしっかり読み取る必要がある。

(b)　糖類の特定の構造を酸化分解する反応剤の反応例が提示されているが，高校の教科書では扱われないものである。しかし，問 4 や問 5 は，反応例のような構造が存在する限り分解反応が進行することを理解することが重要で，その態度・方針のもと，順序を追って取り組めば十分に解答可能である。また，問 6 は，ＥとＩの酸化分解によって，同じＦが得られることが重要である。すなわち，ＥとＩには共通する構造があり，Ｉの全不斉炭素原子に伴う立体異性体をすべて解答する必要はないことに気付くことがポイントである。

生物

I 解答

問1．(え)

問2．(い)・(お)・(き)

問3．ア．mRNA（伝令 RNA）　イ．tRNA（転移 RNA）　ウ．翻訳

問4．5'-CTA-3'

問5．(お)

問6．(1)　• 細胞を培養した容器を複数用意する。

• 各容器に，濃度 c_1 の結合体 Q-Lb と，それぞれ異なる濃度の化合物 S を含むように調整した溶液を加える。

• 蛍光測定装置を用いて，各容器内の細胞の蛍光強度を測定する。

(2)　加えた化合物 S の濃度が低くなるほど，蛍光強度が低下して f_1 に近づく。一方，化合物 S の濃度が高くなるほど，蛍光強度が上昇して f_0 に近づく。

◀解　説▶

≪抑制性シナプス後電位，転写と翻訳，塩基配列の方向性，蛍光標識と競合≫

▶問1．アセチルコリンなどの神経伝達物質がシナプス後細胞の受容体に結合すると，シナプス後細胞の細胞膜上にあるナトリウムチャネルから Na^+ が流れ込み，膜電位が大きく＋側に傾く（脱分極）。このときの膜電位変化を興奮性シナプス後電位（EPSP）といい，EPSP が閾値を超えると活動電位が発生する。一方，γ-アミノ酪酸（GABA）などの神経伝達物質がシナプス後細胞の受容体に結合すると，Cl^- が細胞内に流れ込み，静止時よりも膜電位はさらに下がる（過分極）。このときに見られる膜電位変化を抑制性シナプス後電位（IPSP）と呼ぶ。よって「下がる」・「抑制性シナプス後電位（IPSP）」の組み合わせ(え)が解答である。なお，抑制性シナプス後電位が生じたときには，活動電位が発生しにくい状態になっている。

▶問2．リード文より，各物質を加えたときの Cl^- の流入量を確認する。問1の〔解説〕通り，Cl^- の流入量と活動電位の生じやすさは反比例の関

係になっている。よって，「どちらも含まない」溶液を加えた場合は，Cl^- の流入がなく，活動電位の生じやすさは「しやすい」であり，「両方を含む」溶液を加えた場合は，Cl^- の流入が多く，活動電位の生じやすさは「しにくい」と考えられる。神経伝達物質 La のみを含む溶液を加えた場合には，量は少ないが Cl^- が流入するので，活動電位の生じやすさは「ややしにくい」と考えられる。また，化合物 Lb のみを含む溶液を加えた場合には Cl^- の流入はないので，活動電位の生じやすさは「しやすい」である。(あ)〜(く)の表を活動電位の生じやすさで書き直すと次の通り。よって，解答は(い)・(お)・(き)である。

	左欄	結果	右欄	問題での符号の向き	問題での符号の正誤
(あ)	ややしにくい	＜	しやすい	＞	×
(い)	ややしにくい	＜	しやすい	＜	○
(う)	しやすい	＝	しやすい	＞	×
(え)	しやすい	＝	しやすい	＜	×
(お)	ややしにくい	＞	しにくい	＞	○
(か)	ややしにくい	＞	しにくい	＜	×
(き)	しやすい	＞	しにくい	＞	○
(く)	しやすい	＞	しにくい	＜	×

▶問３．図２は，X-フェニルアラニンと結合した tRNA が mRNA に結合しているところを図示したもので，タンパク質合成である翻訳の基本的内容。

▶問４．塩基間の水素結合の数によって決定される相補的塩基対はAとT(U)，CとGである。図２には mRNA のコドン（5'-UAG-3'）が示されているが，この mRNA をもたらすような DNA の塩基配列を考えればよい。すなわち，3'-ATC-5' である。なお，DNA の２本鎖のうち，mRNA の鋳型になる側の鎖をアンチセンス鎖と呼び，転写されない側の鎖はセンス鎖と呼ばれる。よって，問われているアンチセンス鎖の DNA 配列とは，5'-UAG-3' の鋳型になる側の鎖である。例にならい，解答では 5'-CTA-3' と表記することに注意する。

▶問５．結合体 Q-Lb と化合物 Lb は，受容体Rの部位Bにおいて可逆的かつ競争的に結合する。これは，酵素反応における基質とそれによく似た構造をもつ阻害物質との間で酵素の活性部位を奪い合う関係（競争的阻害）と同じような関係と考えることができる。すなわち，結合体 Q-Lb の濃度が一定のとき，Lb の濃度が極めて高ければ，ほぼすべての受容体Rの部位BにLbが結合するので，蛍光色素Kはほぼすべてが発光し，蛍光強度は最大の f_0 となる。一方，Lb の濃度が 0 であるときは蛍光強度は f_1 と一致する。よって，解答は(お)のグラフとなる。

▶問 6．(1)　前問の実験を参考に考えればよい。未知の化合物Sの濃度を変えて一定濃度（c_1）の結合体 Q-Lb とともに細胞に加え，細胞から発せられる蛍光強度を測定すればよい。その上で，化合物Sと細胞の蛍光強度の関係をグラフに表し，化合物Sの濃度が高くなるにつれ蛍光強度が f_0 に近づき，濃度低下とともに蛍光強度が f_1 に近づくものとなれば，化合物Sは部位Bに結合する物質であるとわかる。したがって，解答は「細胞を培養した容器を複数用意する」「一定濃度（c_1）の結合体 Q-Lb といろいろな濃度の化合物Sを細胞に加える」「蛍光測定装置で蛍光強度を測定する」という内容になる。

(2)　(1)の〔解説〕通り，化合物Sが受容体Rの部位Bに結合する物質であれば，化合物Sの濃度が高くなるにつれ蛍光強度は f_0 に近づき，化合物Sの濃度が低くなるにつれ蛍光強度は f_1 に近づく。

II　解答

問 1．(1) XX　(2) XY　問 2．(1) YY　(2) $\frac{1}{4}$

問 3．(1)雌　(2) XX

問 4．遺伝子の発現には，核での mRNA 転写，リボソームへの mRNA の移動と翻訳が必要である。そのため GFP が合成されるまでに時間を要するから。

問 5．個体Eでは卵母細胞を含む全細胞で GFP 遺伝子が発現しているため，個体Eが産生した卵の細胞質には GFP が含まれる。受精直後にはこの卵母細胞由来の GFP が残存しているから。

問 6．個体Eでは GFP 遺伝子が相同染色体のうちの一方に導入された。個体Eの産生する卵の半数には GFP 遺伝子を持つ染色体が配分されるため，それが胚で GFP を発現させたから。

問 7．受精卵は雄親の精子からの細胞質を引き継がない。実験 2 では雌親がTGメダカであるため，卵母細胞由来のGFPが存在するが，実験3では雌親が野生型メダカであるため，卵の細胞質にGFPが存在しないから。
問8．雄である個体FのGFP遺伝子の導入部位はX染色体上にあり，このX染色体は次世代では雌だけが受け継ぐから。

◀解　説▶

≪メダカの性決定とエストロゲン処理，GFP遺伝子導入と卵での蛍光発現≫

▶問1．エストロゲンメダカの雌の性染色体の組合せは，XXまたはXYである。野生型メダカの雄はXYだから，エストロゲンメダカの雌XXと交配すれば，F_1はXX（雌）：XY（雄）=1：1，エストロゲンメダカの雌XYと交配すれば，F_1はXX：XY：YY=1：2：1である（下表）。よって，F_1が雌：雄=1：1となった個体AはXX，雌：雄=1：3となった個体BはXYである。

個体A（XX）からの卵

精子	X	X
X	XX（雌）	XX（雌）
Y	XY（雄）	XY（雄）

個体B（XY）からの卵

精子	X	Y
X	XX（雌）	XY（雄）
Y	XY（雄）	YY（雄）

▶問2．上記の表の個体Bとの交配から得られるF_1のうち，YYの雄は性染色体をYしか持たない。したがって，この個体からの精子はYを持つものだけとなる。これと野生型メダカの雌（XX）とを交配した場合，生じる個体はすべてXYとなるので，雄だけが生じる。他のF_1（XXの雌，XYの雄）と野生型メダカを交配した場合には，必ず雌と雄が生じる。よって，個体Cの性染色体の組合せはYYである。また，F_1中でのYYが占める割合は$\frac{1}{4}$である。

▶問3．問2の〔解説〕通り，個体CはYYの雄であり，交配相手の個体Dは野生型メダカの雌で，XXである。

▶問4．DNAから形質が発現するまでの間にはmRNAへの転写とタンパク質への翻訳の過程が必要となる。遺伝子が直接形質を発現するのではなく，タンパク質が形質を発現することに注意しよう。また，核内で転写されたmRNAは細胞質へ移動し，そこで翻訳されるが，この過程には一定時間を要するので，遺伝子導入から形質発現（蛍光観察）までには時間を要する。

▶問5．受精直後からすべての受精卵で緑色蛍光が観察されたことから，この蛍光は親由来のGFPタンパク質によるものであると推測できるだろう。細胞内にGFP遺伝子がなくても，細胞質中にGFPタンパク質（あるいはそのmRNA）が存在すれば，緑色蛍光が観察できる。実験2では雌親がGFP遺伝子を持つTGメダカであるから，その卵母細胞に由来する受精卵の細胞質には子の遺伝子組成とは無関係にGFPタンパク質が含まれ，受精卵は緑色蛍光を発することになる。

▶問6．胚発生にともない受精卵の細胞質中に含まれるGFPタンパク質はやがて消失するが，GFP遺伝子を持つ半数の胚では，その遺伝子によりGFPタンパク質が発現し，緑色蛍光が観察され続けたと考えられる。なお，リード文中に「人工遺伝子が染色体の一か所に挿入され」とあるが，挿入される場所は，常染色体上または性染色体上のどちらかである。実験2の個体Eの場合，常染色体またはX染色体の相同染色体のうちの一方に導入されている。常染色体をA，導入された人工遺伝子を＊で示すと，実験2の交配は下図のようになる。図からわかるように，常染色体に導入された場合も，X染色体に導入された場合も，ともに雌の$\frac{1}{2}$，雄の$\frac{1}{2}$が蛍光を発することになる。

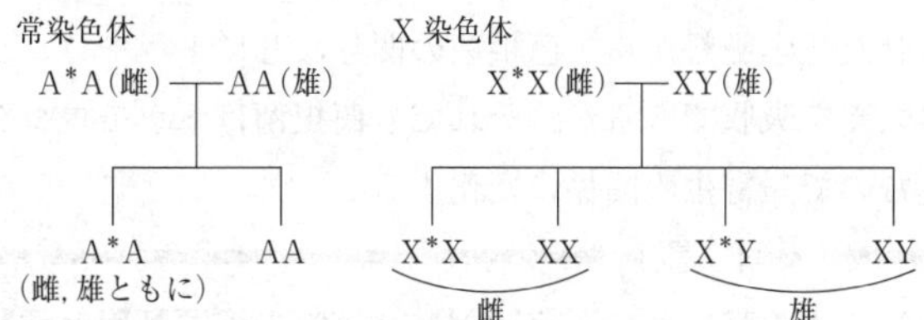

よって，本問ではGFP遺伝子の導入場所はどの染色体上でもよく，特に言及する必要はないだろう。

▶問7．受精の際，精子からは核だけが卵に送り込まれるので，受精卵は精子からの細胞質を引き継がない。したがって，実験3の場合，雄親由来のGFPタンパク質は受精卵に引き継がれず，また，野生型メダカの雌が作り出す卵にはGFPタンパク質が含まれないため，受精直後の受精卵には緑色蛍光は現れない。

▶問8．緑色蛍光が雌の個体のみで観察されたことから，雄親のTGメダカ由来のGFP遺伝子が雌にだけ引き継がれていると考えられる。よって，この雄親ではGFP遺伝子がX染色体に導入されていることがわかる。

III **解答** (A)　問１．負の重力屈性

問２．(1)　胚軸の肥大成長を促進する。胚軸の伸長成長を抑制する。胚軸先端の屈曲を促進する。

(2)　障害物との接触が大きい先端部での屈曲を促進することで茎頂分裂組織を損傷から守るとともに，胚軸の強度を増すことで地表に到達しやすくする。

問３．変異体Aを暗条件のもとエチレンを添加して生育させる。エチレン応答反応に異常がある場合には，芽生えは図１の条件４の結果のような形態に育つ。エチレン合成に異常がある場合には，芽生えは図１の条件３の結果のような形態に育つ。

(B)　問４．ア．最終収量一定　イ．相利共生

問５．混植の場合，インゲンマメの蔓がトウモロコシに巻きつくことで葉の位置が上がり，光の利用効率が上がる。また，インゲンマメの根に共生する根粒菌が窒素固定を行うため，土壌からの栄養分の供給が増加し，栄養分の利用効率が上がる。

問６．(1)―(え)

(2)　投入された化学肥料から，菌根菌の関与なしにトウモロコシは十分なリンなどの栄養を吸収できるが，それでも菌根菌はトウモロコシから有機物を取り込むので，寄生の関係に変化する。

◀解　説▶

≪(A)エチレンによる芽生えの形態制御　(B)植物の資源利用と種間関係≫

(A)　▶問２．(1)　エチレン（C_2H_4）は，植物の成長やストレスに対する応答を制御するシグナル分子として働く気体状のホルモンである。エチレンは種子の発芽，老化，果実の成熟，細胞伸長，傷害に対する応答などで重要な役割を果たしている。ここで取り上げられているシロイヌナズナの発芽種子に対するエチレン処理では，三重反応と呼ばれる顕著な反応が観察される。三重反応とは①胚軸の肥大成長，②胚軸・根の伸長成長抑制，③フックの過剰な湾曲である。フックとは芽生えの先端部の屈曲部分をいう。条件３の結果が三重反応が現れた場合を示している。

⑵　先端部のフックと呼ばれるかぎ状の屈曲構造は，子葉や茎頂を物理的障害から保護する働きがあり，物理的障害に対して脆弱な子葉や茎頂を無事に地表に送り出すことに役立っている。

▶問３．変異株Aがエチレン合成系に異常を持つ場合を考えてみよう。エチレンを合成できないのだから，エチレン合成阻害剤を添加された条件４の正常株と同じ状態である。これにエチレンを与えれば応答反応には異常がないのだから，三重反応が現れ，条件３のような結果になる。

一方，変異株Aがエチレン応答反応に異常を持つ場合は，エチレンを添加しても応答反応は起こらず三重反応は現れないので，条件４と同じような結果になる。

Ⓑ　▶問５．蔓性のインゲンマメは周囲の植物体などに巻きついて成長する。トウモロコシと混植した場合は，垂直に伸びたトウモロコシの茎に巻きついて葉を高い位置に持ち上げ，効率よく光合成を行うことができる。トウモロコシの側からすると，インゲンマメとは草姿や葉の付き方も異なるので，利用できる光は大きくは落ち込まない。栄養面からみると，トウモロコシは植物へのリン供給に効果の高い菌根菌との共生関係が密接で，混植した場合はインゲンマメにもその効果が及ぶ。また，インゲンマメでは根粒菌による窒素固定により，畑全体の窒素利用効率が上がる。なお，根粒菌と菌根菌は別種の菌で，植物との共生の仕方が異なるので混同しないようにしよう。

▶問６．植物の三大栄養素（窒素・リン・カリウム）のうちリン（リン酸）はやせた土地では不足しやすく，リンの供給効率を高める菌根菌は，やせた土地に適したトウモロコシなどの作物の栽培で重要と考えられている。ところが化学肥料を大量に使用すると，菌根菌によるリン供給なしでも十分なリン吸収が可能となるので，作物にとって菌根菌からの供給は必要がない。そのため，両者の関係は相利共生から，作物への菌根菌の寄生に変化することになる。

Ⅳ　解答

Ⓐ　問１．蜜の生産（蜜の合成）

問２．図２と図４から口器長が長く花筒長との差が大きいほど摂取する蜜量が大きくなるとわかる。よって，より長い口器長を持つものが生存や繁殖に有利となるような自然選択が働いている。

問３．図３と図４から花筒長が長く口器長との差が小さいほど柱頭に付着する花粉が多くなるとわかる。よって，より長い花筒長を持つものが繁殖に有利となるような自然選択が働いている。

問４．花筒長と口器長がともに遺伝的形質であるという条件。

(B)　問５．競争的排除

問６．(あ)

問７．(あ)

問８．(う)

問９．資源利用の重なりが小さくなるように変化すれば，２種間の種間競争は弱まるようになり，結果として両者の共存の可能性が高くなる。

◀解　説▶

≪(A)花と送粉昆虫の共進化　(B)競争と種の共存≫

(A)　▶問１．被子植物の花が持つ「目立つ色彩」「花弁や花筒などの形態」「香りや蜜」などは，種子の形成に直接役立つものではなく，虫などの花粉を媒介する動物（送粉者という）を引き寄せるためのもので，これがコストにあたる。このうち，「開花中に」とあるから蜜（の生産）を解答とした。

▶問２．図２および図４からわかるように，口器長が短いものほど摂取した蜜量が少なくなっている。蜜はこの昆虫の生存に必要な資源であると考えられるため，口器長の短いものは十分な蜜量を摂取できず，生存できずに子孫を残しにくいと考えられる。

▶問３．図３および図４からわかるように，花筒長が短いものほど柱頭に付着した花粉の個数が少なくなっている。そのため，花筒長が短いものは十分な受粉の機会を得られず，子孫を残しにくいと考えられる。

▶問４．遺伝しない変異は，進化の対象とならないことに注意する。

(B)　▶問５．種間競争の結果，一方の種が絶滅する現象を競争的排除といい，資源利用などの面で生態的地位が近く，種間競争が激しい場合に見られる。

▶問６．リード文上部にあるように競争は「繁殖能力や生存率の低下をもたらす」ので，強い種内競争は個体数を減少させるように働き，個体数の増加はゆるやかになると考えられる。

▶問７．種Ａの個体数が減少すれば，競争関係にある種Ｂとの資源の奪い合いなどは小さくなり，種間競争の効果は弱まると考えられる。

▶問８．上記のことから，種内競争が強い場合は，種間競争が弱まるので，競争的排除が働きにくくなり，これらの２種は，より共存しやすいと考えられる。

▶問９．利用する資源の重なりが，２種が独立して生息している地域では大きく，共存している地域では小さくなるように進化したとしよう。すると，一方の種が利用できる資源の幅が小さくなるので種内競争は大きくなると考えられる。種内競争が大きくなれば，結果として種間競争が小さくなり，２種はより安定的に共存しやすくなると考えられる。

❖講　評

大問は例年通り４題。ⅢとⅣの２題が(A)・(B)に２分割されている点，論述中心という点も例年通りである。

Ⅰは神経細胞表面の受容体に関連して，電位変化，蛍光標識，転写とその方向性，競争的関係を扱っている。論述量は少ないが，内容的にはやや多岐にわたる。

Ⅱはメダカへの遺伝子の導入と性決定に関する出題で，卵の細胞質内での形質発現を取り上げたもの。論述問題が多いので，要領よく答える必要がある。初期の受精卵で母親由来の細胞質内のタンパク質が働くことを理解していれば，問題内容を理解することは容易だろう。

Ⅲは(A)がエチレンによる発芽種子の形態形成の調節。(B)は生態で，資源利用と種間関係の変化を扱ったもの。どちらも論述力で差がつく。解答枠をうまく使って答えよう。

Ⅳは(A)が送粉者と花の共進化を扱い，(B)は生態面からの資源分割や種の共存を扱っている。同じく論述中心とはいえ，答えるべき内容がはっきりしていて想定される字数も少なく，Ⅲよりはずっと答えやすい。

Ⅲの(B)やⅣに見られるような生態や進化を扱った出題が他大学よりやや多く見られる傾向がある。

内容的には，実験やグラフなどのデータの読み取りと用語の理解，その上で与えられた資料を高校での学習内容に結びつけることができるかが問われている。しかし，実際には論述に大きく比重がかかった出題といえる。解答に要する総字数は 1000 字を超えると予想され，時間的には極めて厳しい。

地学

I **解答**

(a)　問１．ア．楕円銀河　イ．セイファート銀河

ウ．渦巻銀河　エ．クェーサー

問２．放射スペクトルの赤方偏移が大きいこと。

(b)　問３．(1)　M87 の見かけの等級が 8.8 等級，地球からの距離が 1.7×10^7 パーセクなので，絶対等級を M とすると次の関係式が成り立つ。

$$M-8.8=5-5\log_{10}(1.7\times10^7)$$

$$M=13.8-5\times7.23=-22.3\fallingdotseq-22 \text{ 等級}$$ ……(答)

(2)　M87 の絶対等級は太陽より

$$5-(-22)=27=1\times2+5\times5 \text{ 等級}$$

小さいので，その明るさは太陽の

$$2.5^2\times100^5\fallingdotseq6\times10^{10} \text{ 倍}$$ ……(答)

問４．(1)　公転半径を天文単位，公転周期を年，質量を太陽質量の倍数で表したときのケプラーの第三法則の右辺は，系全体の質量を表す。ここでは M87 の中心から距離 $3.2\times10^4\times2.1\times10^5$ 天文単位にある天体が，周期 6.7×10^8 年で公転していることから，M87 の質量は太陽の

$$\frac{(3.2\times10^4\times2.1\times10^5)^3}{(6.7\times10^8)^2}=6.7\times10^{11}\fallingdotseq7\times10^{11} \text{ 倍}$$ ……(答)

(2)　明るさの比よりも質量の比の方が 10 倍程度大きいことから，M87 には光をあまり放射しないが大質量の天体が存在していると考えられる。

問５．(1)　地球から $1.7\times10^7\times2.1\times10^5$ 天文単位離れた位置にあるリングの視直径が 4.0×10^{-5} 秒角だから，実直径は

$$2\times3.1\times1.7\times10^7\times2.1\times10^5\times\frac{4.0\times10^{-5}}{360\times60\times60}=6.8\times10^2 \text{ 天文単位}$$

よって，直径 100 天文単位の太陽系の

$$\frac{6.8\times10^2}{100}=6.8\fallingdotseq7 \text{ 倍}$$ ……(答)

(2)　中心部に巨大なブラックホールがあり，そこからは光が放射されず，背後から来る光も吸収されてしまうこと。

⑶ 棒渦巻銀河である銀河系の中心部にあるブラックホールに比べ，楕円銀河であるM87の中心部にある巨大なブラックホールは質量が大きく，大量の物質が高速で落ち込んでいるため。

◀解 説▶

≪(a)活動銀河の種類 (b) M87 の性質≫

(a) ▶問１．ハッブルは光学望遠鏡を用いて可視光線で銀河を観測し，その形態をもとに分類を行った。その後，新たな望遠鏡の開発や解析技術の進展などにより，新たな銀河像がわかってきた。特に可視光線ではわからない強いエネルギーの電磁波を放射する銀河の存在が明らかになり，これらはまとめて活動銀河と呼ばれている。主要な活動銀河は，電波銀河，セイファート銀河，クェーサーの３種類に分類される。いずれも中心核にあるブラックホールに向かって物質が落ち込んでいくときに解放された重力エネルギーが，強い電磁波として放射されているものと考えられている。可視光線で見た形態的には，電波銀河は楕円銀河，セイファート銀河は渦巻銀河であることが多い。クェーサーは非常に遠方にあるため恒星状にしか見えないが，放射エネルギーははるかに大きく，巨大なブラックホールをともなう古い銀河であると考えられている。

▶問２．ドップラー効果によって放射スペクトルが波長の長い方にずれる赤方偏移が大きいと，ハッブルの法則より天体が遠方にあることがわかる。

(b) 一般に望遠鏡は口径が大きいほど分解能がよく，遠方の細かいものまで判別できる。また，電波は宇宙空間での吸収が他の電磁波と比べて少ない。そこで，地球上の各地に配置した電波望遠鏡でVLBIの手法を用いた同時多点観測が行われるようになった。2019 年には 17 メガパーセク（5500 万光年）先のおとめ座銀河団中にある M87 に超巨大ブラックホールが存在していることが明らかにされ，話題になった。

▶問３．⑴ 絶対等級の定義から，絶対等級 M，見かけの等級 m，距離 r パーセクの間には $M-m=5-5\log_{10}r$ の関係が成り立つので，問題文で与えられた値を代入して M を求める。

⑵ 天体の明るさに関する等級の定義により，１等級小さくなるごとに明るさは $10^{0.4}\fallingdotseq 2.5$ 倍に，５等級小さくなるごとに明るさは 100 倍になることを用いる。また，次のように計算することもできる。

$$10^{0.4(5+22)}=10^{10.8}=10^{0.4\times 2}\times 10^{10}\fallingdotseq 2.5^2\times 10^{10}\fallingdotseq 6\times 10^{10}$$

▶問 4．(1)　質量 M と質量 m の 2 天体が重心間の距離 a 天文単位，公転周期 p 年で公転しているとき，質量を太陽質量の倍数で表すと，拡張されたケプラーの第三法則は，$\frac{a^3}{p^2}=M+m$ と表される。ただし $m \ll M$ の場合，a は系の重心から質量 m の天体までの距離，右辺は M で近似できる。

(2)　光比より質量比の方が大きいことから，暗くても大質量の物質もしくは天体の存在が推測できる。ダークマターやブラックホールの存在可能性について言及してもよいが，比の値の比較だけではその正体が何であるか特定できないので，ここでは直接わかる事実として，光の放射量は少ないが大質量の天体が存在するという程度にとどめておいてよい。

▶問 5．(1)　距離 r にある視直径 p 秒角の天体の実直径は，

$2\pi r \times \frac{p}{360 \times 60 \times 60}$ である。r の単位に注意する。

(2)　ブラックホールはその巨大な質量のため空間がゆがみ，光でも進路が曲げられるため，背後からの光は遮られ，内部からの光は外へ放射されなくなっている。M87 の中心にある暗い部分は，まさにその様子を捉えたものであり，ブラックホールの存在が実証されたといえる。その質量は太陽の約 65 億倍あると推定されている。

(3)　活動銀河が放射するエネルギーは，ブラックホールに落ち込む物質の質量や速度が大きいほど強くなる。M87 の巨大なブラックホールがおとめ座銀河団の中核となる大質量のものであるのに対し，銀河系の中心にあるブラックホールは太陽質量の 400 万倍程度の比較的小さいものであると考えられている。そのため，銀河系の中心ではブラックホールに落ち込む物質の質量や速度が M87 より小さく，放射されるエネルギーがそれほど強くない。

II　解答

問 1．ア．露点　イ．エーロゾル　ウ．砂漠　エ．北東　オ．南東

問 2．空気塊が上昇する場合には，周囲との<u>熱</u>のやりとりなく上昇するとみなしてよい。このとき，上空ほど<u>気圧</u>が低いので空気塊は膨張し，周囲の空気を押しのけるための<u>仕事</u>をすることで<u>エネルギー</u>を失い，温度が下がる。

問3．(1)　暖かい雨は，降下速度の速い大きな雲粒が降下速度の遅い小さな雲粒を吸収して成長し，雨滴となって降るものである。したがって，小さな雲粒しかできない場合は，速度差があまり生じないため成長が遅れ，雨はできにくくなる。

(2)　0℃以下のとき，図1のように過冷却水に対する飽和水蒸気圧は氷に対する飽和水蒸気圧より大きい。このため，過冷却水滴に対しては不飽和なので水滴は蒸発して水蒸気となり，氷晶に対しては過飽和なので水蒸気が昇華して付着することで氷晶が成長する。

問4．雪の反射率（アルベド）は大きいため，降雪によって雪原ができると，地表が吸収する太陽放射エネルギーは減少する。

問5．降水量が蒸発量を上回る熱帯域や中緯度の海域では海水の塩分が低く，蒸発量が降水量を上回る亜熱帯海域では塩分が高い。

問6．低緯度側の暖気と高緯度側の寒気がぶつかるところで，南北に大きな温度差が生じること。

問7．土石流，斜面崩壊（土砂崩れ，崖崩れ，山崩れでも可）

◀解　説▶

≪降水のしくみ，反射率，降水と塩分，温帯低気圧，土砂災害≫

▶問1．空気塊中に含まれる水蒸気の分圧が増加したり，温度低下にともなって飽和水蒸気圧が減少したりする場合，水蒸気圧と飽和水蒸気圧が等しくなると凝結が始まる。このときの温度を露点という。ただし，通常は凝結核となるものが必要であり，エーロゾル（エアロゾル）と呼ばれる空気中の微粒子（海塩粒子，土壌粒子，火山灰，煙粒子など）がこの役割を果たす。地球規模で大気の大循環を見たとき，熱帯域と中緯度域では上昇気流が盛んで降水が多く，亜熱帯域では下降気流が卓越して乾燥し蒸発が活発である。これらのことは，大気による熱輸送にも大きく関わっている。

▶問2．空気は断熱作用が強い物質である。したがって空気塊が上昇・下降するときに生じる膨張・収縮は，断熱変化と考えてよい。膨張・収縮にともなう外界との仕事のやりとりに際して内部エネルギーの減少・増加が生じ，それにともなって温度の低下・上昇が起こる。解答においては，単に空気塊が膨張することだけでなく，それが断熱的に行われることを説明に加える必要がある。

▶問3．雲粒は半径 10^{-2}mm 程度と非常に小さいため軽く，空気抵抗の影響が大きいので降下速度が極めて小さい。そのためわずかな上昇気流でも空中に浮かんだ状態が維持される。したがって降水（降雨や降雪）が起こるためには，雲粒が継続して成長することが必須となる。その過程の要因となるのが，⑴「暖かい雨」では雲粒の大きさによる降下速度の違い，⑵「冷たい雨」では過冷却水と氷に対する飽和水蒸気圧の違いである。

▶問4．雪原が白く輝くのは，ほぼすべての波長域の可視光線をよく反射する，すなわち反射率（アルベド）が高いからである。このため雪原が広がると地表が吸収できる太陽放射エネルギーが減少し，地表の温度を下げる効果がある。これは，過去に数回あった全球凍結の要因の一つと考えられている。逆に氷床が融解して裸地が増えると，地表が吸収するエネルギーが増加して温暖化が加速するとも考えられている。

▶問5．海面への降水量と蒸発量の大小関係が直接影響を及ぼすのは，海水に溶けている塩類の濃度，すなわち塩分である。

▶問6．中緯度域上空には偏西風が吹き，寒気と暖気の境界となっている。それによって生じる南北の大きな温度差と転向力の影響で偏西風は蛇行するが，遠心力もはたらくため気圧の尾根付近では流速が速く，気圧の谷付近では遅い。そのため気圧の谷の西側では寒気が地上に下降し，東側では暖気が地上から上昇してくる。これを受けて気圧の谷の西側の地上には高気圧が発生し，東側の地上には温帯低気圧が発生する。また高密度の寒気が下降し，低密度の暖気が上昇することによって生じる位置エネルギーの差が，温帯低気圧を発達させるエネルギー源となっている。

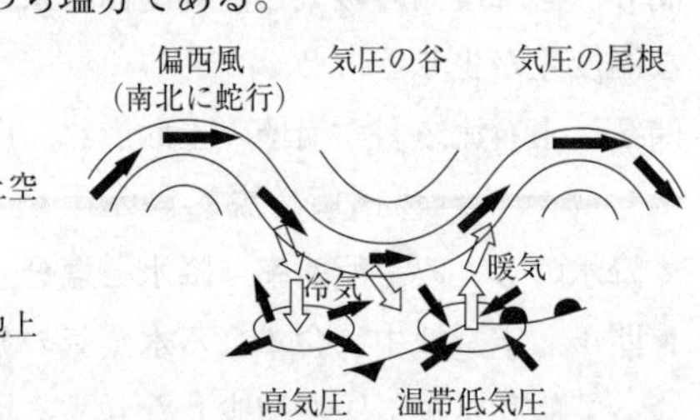

▶問7．大雨が降ると河川の流量・流速が一気に増え，地下への浸透量も増す。このため普段は流されないような河床の堆積物が増水によって一気に押し流され，土石流となることがある。また傾斜が急で不安定な斜面では地中に浸透した水によって結合が弱まり，重力によって崩れることがある。これが斜面崩壊と総称される現象で，短時間で起こることが多い。形状や規模により土砂崩れ，崖崩れ，山崩れなどと呼ばれることもある。

Ⅲ **解答** 問１．ア．ひずみ　イ．正　ウ．地殻

問２．(え)

問３．(え)

問４．１回の地震で解放されるエネルギーは M の値が１大きくなるごとに $10^{1.5}$ 倍になるので，$M5.0$ を基準として $M8.0$ までの地震のエネルギーの総和は

$$10000+10^{1.5}\times1000+10^{3}\times100+10^{4.5}\times10$$
$$=(1+3.2+10+32)\times10^{4}=4.6\times10^{5}$$

また，$M9.0$ の地震１回のエネルギーは $M5.0$ の 10^{6} 倍だから

$$\frac{10^{6}}{4.6\times10^{5}}=2.1\fallingdotseq2\text{ 倍}\quad\cdots\cdots(\text{答})$$

問５．四国沖にある海溝からマントル中に沈み込んでいくフィリピン海プレートに引きずり込まれるようにして，陸側のユーラシアプレートは大地震の直前まで継続して沈降する。

問６．津波の伝播速度は重力加速度と水深の積の平方根で表されるから，到達時間は

$$\frac{7.2\times10^{3}\times10^{3}}{\sqrt{1.0\times10\times4.0\times10^{3}}}=3.6\times10^{4}\text{ 秒}=\frac{3.6\times10^{4}}{60\times60}$$
$$=1\times10\text{ 時間}\quad\cdots\cdots(\text{答})$$

問７．地殻熱流量に，対象となる時間と地球の全表面積をかけた値が，地球内部から地表に流れ出る総熱量になるから

$$9.0\times10^{-2}\times3.0\times10^{8}\times4\times3.0\times(6.4\times10^{6})^{2}\fallingdotseq1.3\times10^{22}\,[\mathrm{J}]$$

これは地震波の総エネルギーの

$$\frac{1.3\times10^{22}}{4.0\times10^{18}}=3.2\times10^{3}\fallingdotseq3\times10^{3}\text{ 倍}\quad\cdots\cdots(\text{答})$$

◀解　説▶

≪地震の性質，地殻熱流量，津波≫

▶問１．地下の岩石に大きな力が加わり続けると，しだいにひずみが蓄積していく。それが限界を超えると断層面に沿ってすべり，ひずみは解放され，そのエネルギーが地震波となって周囲へ伝わっていく。これが地震の発生である。プレート拡大境界では横方向へ引っ張る力が大きいので，正断層型の地震が発生しやすい。逆にプレート収束境界では横方向からの圧

縮力が大きいので，逆断層型または横ずれ断層型の地震が多く発生する。このような地震を起こすエネルギーも，もとをたどれば地球内部の熱がマントルを流動させ，プレート運動を生じさせていることから来る。その地球内部のエネルギーは，地殻熱流量としても確認することができる（問7参照）。

▶問2．(あ)　不適。断層面内で最初にすべり始めた点を震源という。そこからすべり（破壊）が広がっていくが，方向により破壊の速度や到達範囲は異なり，必ずしも震源が破壊面の中心であるとは限らない。

(い)　不適。現在日本で用いられている気象庁震度階級は0～7までであるが，5と6にはそれぞれ弱（－）と強（＋）があり，全部で10段階ある。

(う)　不適。過去には物の揺れ方や被害状況を見て震度が決められていたが，現在の日本では震度計を用い，地震波による地面の揺れを加速度の大きさで測って換算し，震度が決定されている。

(え)　適切。地震波が震源から観測点に到達するまでの所要時間を走時と呼ぶ。

▶問3．(あ)　不適。進行方向と振動方向が垂直な地震波はS波であり，P波は両者が平行な地震波である。

(い)　不適。横波であるS波は液体や気体中を伝わることができない。

(う)　不適。表面波の速度はS波の速度よりも遅い。したがってS波より遅れて観測点に到達する。

(え)　適切。表面波は物体内部を伝わる実体波であるP波やS波に比べて振幅が比較的大きくゆっくり振動する波であり，減衰しにくいので実体波より遠方まで伝わる。巨大地震が起こると，地球を何周も回るような表面波が観測されることもある。

▶問4．1回の地震で解放されるエネルギーは，Mの値が1大きくなるごとに$10^{1.5}$倍になる。しかし，ある一定地域内で一定期間に発生する地震の回数は，Mの値が1大きくなるごとにおよそ10^{-1}倍になることが経験的に知られている。そこで〔解答〕に示したような総エネルギー量に関する関係式が成り立つ。地震による地球内部のエネルギーの解放は，おもに低頻度でかつ局在する巨大地震によって行われると考えてよい。

▶問5．沈み込み境界では，2枚のプレートが普段は固着しているため，沈み込むプレートに引きずられるようにしてもう一方のプレートも沈んでいく。そのため生じたひずみが限界を超えると，上側のプレートは一気に跳ね上がる。その様子が海溝に比較的近い観測点では図１のような地殻変動として観測される。

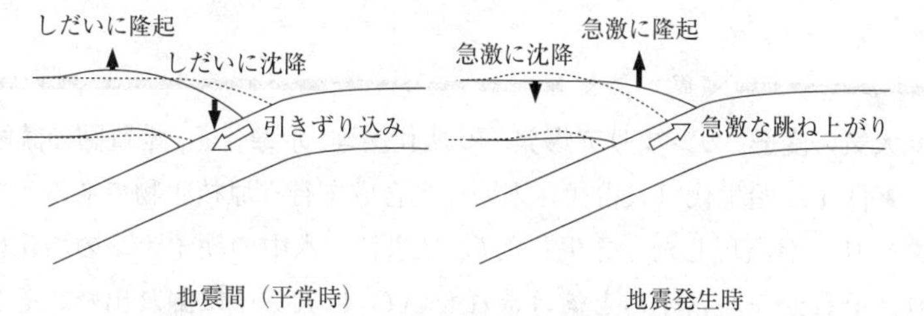

▶問６．津波は長波の一種であり，その伝播速度は $\sqrt{gh}$（g：重力加速度，h：水深）で表される。大洋中央部では数百 m/s の速さに達するが，陸に近づくにつれて減速するため，後から来る海水が先に進む海水の上にせり上がるようにして波高が高くなる。

▶問７．地殻熱流量は単位時間，単位面積あたりの熱量である。1〔W〕=1〔J/s〕であることに注意して計算する。〔解答〕に示したように，地殻熱流量は一見わずかなように見えるが，途切れることなく，また全地表面から普遍的に放出されるので，総量では非常に大きなものとなっている。

Ⅳ　解答

(a)　問１．ア．シアノバクテリア　イ．オゾン
ウ．成層　エ．温室効果ガス　オ．メタン

問２．大気から海水中に溶解した二酸化炭素は，地表の岩石の風化によって生じ海洋に運ばれてきたカルシウムイオンと結合して炭酸カルシウムとなる。これが海洋底に堆積し，地下に埋没した。また，植物の光合成によって吸収された二酸化炭素は，植物の死後石炭として地中に固定された。

問３．世界各地の原生代初期の地層中に縞状鉄鉱層が広く分布していることから，発生した酸素はまず海水中に存在していた鉄イオンと結合して不溶性の酸化鉄となり，海底に沈殿したと考えられる。

問４．大型で硬い外骨格を持つ動物が増えた。

(b)　問５．級化層理（級化構造）

問６．•進化速度が速く種としての生存期間が限られている生物は，それが産出した地層の堆積年代を特定できるため，示準化石として有用である。

• 環境にあまり影響されず広範囲に分布する生物は，遠く離れた地域の地層の同時性を対比することができるため，示準化石として有用である。

問7．(う)

問8．1.7×10^2 m

◀解　説▶

≪(a)大気の変遷，カンブリア爆発　(b)級化層理，示準化石，地質図の読解≫

(a)　▶問1．始生代（太古代）末期，光合成を行う原核生物であるシアノバクテリアが出現した。発生したO_2は当初，水中の鉄イオンの酸化に使われ，それが一段落すると溶けきれないO_2は大気中に漏れ出た。そして大気中のO_2が増えるにつれ上空のO_3濃度も増し，4億年前頃には成層圏にオゾン層が形成されて地上に届く有害紫外線量が減り，生物の上陸を促した。現在の大気の温室効果に最も寄与しているのはH_2O（水蒸気）であるが，温暖化に大きく関わってきたのが人為起源のCO_2であることは疑う余地がない（IPCC第6次報告書）。またCH_4（メタン）は温室効果が高く，今後問題になるとみられている。

▶問2．問題の文脈から見て，27億年前までに起こった石灰岩化作用について述べる。原始地球の大気の80％以上を占めていたCO_2は，27億年前頃の光合成開始までに100分の1近くまで減少した。最大の要因は，海水中に溶けたCO_2と，地表の岩石を構成する

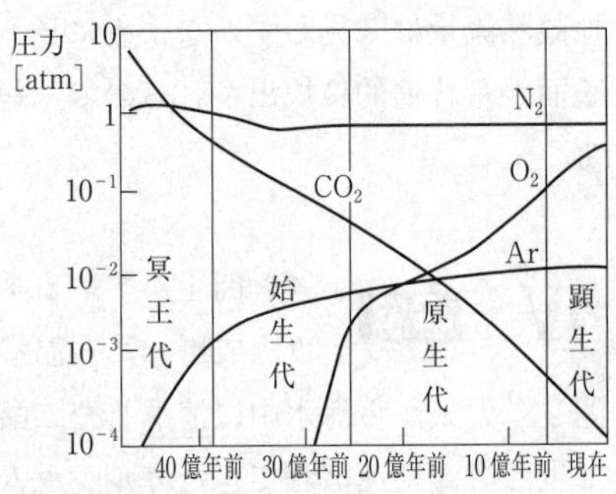

ケイ酸塩鉱物の化学的風化で発生して海中に運ばれてきたCaイオンが結合し，$CaCO_3$となって沈殿して海水から除去されたことである。このためCO_2の海水への溶解が促進され，大気中からの除去が進んだ。なお，光合成開始後大気中のO_2は急増したが，CO_2が生体の有機物として固定された後化石燃料として地下に埋没した量は，石灰岩として埋没した量の数十分の1程度である。また，生物の死後遺骸が腐敗するとCO_2は元の大気中に戻る。このため地下に埋もれて化石燃料化しない限り，大気中からの除去は進まない。したがって「光合成」という指定語があるからと言って，光合成によるCO_2の固定という説明をするだけでは，解答として

不十分である。

▶問3．光合成により発生したO_2は大気中に出る前に，まず海水中に多量に溶存していたFeイオンと結合することに消費され，酸化鉄となって沈殿した。このはたらきには何らかの理由で盛衰があったため，酸化鉄の多い赤茶けた部分と酸化鉄が少なく白っぽい泥質の部分が交互に重なった構造を作り，現在鉄鉱石として大規模に採掘されている縞状鉄鉱層となった。

▶問4．6億年ほど前に全球凍結が終わると，エディアカラ生物群と呼ばれる多種多様な大型生物が一気に増えた。そして，酸素呼吸と他の生物の捕食により効率よくエネルギーを得る動物が現れ，カンブリア紀に入るとそれらが爆発的に増加した。それが，硬い外骨格を持ち運動性に優れたバージェス動物群である。

(b)　▶問5．さまざまな粒径の砕屑物が混合した状態で運ばれてきて流速が衰えると，大きいものからしだいに小さいものへ順次堆積していく。すると1回のサイクルで形成された層内では，砕屑物の粒径が下位ほど大きく，上位ほど小さい構造ができ，これを級化層理または級化構造という。

▶問6．その化石を含む地層の堆積年代を特定するために用いる化石を示準化石という。したがって，化石となった古生物の生息期間が特定の時代に限られることが第一の条件となる。また，離れた地域の地層の対比に利用するためには，その古生物は環境とは無関係に広範囲に分布していたものであることが望ましい。

▶問7．図1から凝灰岩層の高度は，A：360m，B：330m，C：300m，D：360mであることがわかる。高度の等しい点を結んだ直線，ここでは直線ADの方向が走向，それに直交する方向で低くなっていく向きが傾斜であるから，(う)西南西が正しい。

▶問8．高度320mにある地点Eの位置には，凝灰岩層の高度150mの走向線が通る（右図）。よって地表からの深さは

$$320-150=170〔\mathrm{m}〕$$

と予想できる。

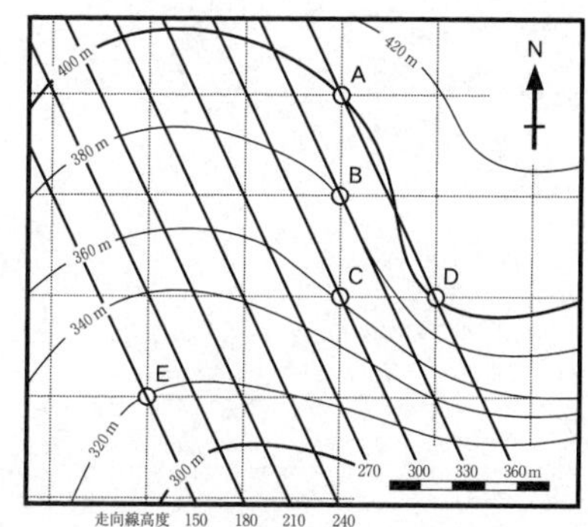

❖講 評

大問4題で出題分野も2021年度と変わりはなかったが，論述問題や計算問題が増え，2021年度よりやや難化したといえる。

Ⅰ 近年話題になった活動銀河やブラックホールに関連した内容であった。(a)問1の語群には活動銀河に関係しそうな用語が多く挙げられており，正確な理解が求められている。(b)計算自体は天体に関する一般的な関係式を用いるものだが，結果が次の問題に影響するので慎重さを要する。

Ⅱ 大気分野から幅広い内容で出題された。個々の論述は頻出の内容だが，問題数が多く解答欄の大きさも限られているため，確実にわかっている要点だけに絞り込む力が必要となる。参考図を描いて考えるのもよいだろう。

Ⅲ 地震とそれにともなう諸現象の物理に関する内容であった。計算問題は有効数字1けたで答えるよう指示があるので，途中の計算は2けたで行うこと。また，指数の扱いには十分注意して計算を行いたい。

Ⅳ 大気の変遷史と地質図読解に関する内容であった。問2は光合成という用語にとらわれすぎないことがポイントである。石灰岩と縞状鉄鉱層の形成は大気のCO_2とO_2の組成比の変化に大きな影響を及ぼした。問7・問8は簡単な走向線を描いて考えるとよい。

作成するのはなかなか難しい。問二の理由説明問題も標準的。「切実な気持ちだけが伝わった」とあることを解答の中心に置きつつ、その理由として、ドイツ人青年とその発言の特徴を補って説明すること。問三の内容説明問題は、やや難。解答の方向性としては、「そういう風な」という指示語の指示内容に含まれる比喩表現についての筆者の考察を説明しながら、違和感や不自然さという「手触り」を説明することになる。その際に、その違和感や不自然さが、「何か本当に言ってみたい」という切実な気持ちを伝えるというプラスの効果をもつということにも言及すること。「どのような『手触り』か」と問われているので、「〜手触り（感触）」といった文末で締めくくりたいが、単に「〜手触り」と最後に付ければいいというわけではなく、その文末でうまくおさまるよう、「手触り」の内容も含めながら文章をまとめるのが少々厄介である。

三の古文（歌集）は、鎌倉時代前期の私家集（＝個人の歌集）からの出題。歌集の出題は、二〇〇五年度後期日程（文理共通）の『四条宮下野集』以来。文章量は三六〇字程度で、二〇二一年度から約一〇〇字程度減少した。総解答量も二〇二一年度の八行から七行へ減少した。難易度は、二〇二一年度と同程度で、およそ標準的であろう。ただし、生前の資盛と過ごした過去の事柄の箇所と、死別後の執筆段階の現在の箇所を分けて考える必要があり（時間軸で言えば、エピソード→死別→現在の感懐）、そこをあいまいなままにして読むと、思わぬミスをしかねない。問一の心情説明問題は標準的。ただし、引き歌自体の意味を答えるのでなく、作者の心情として説明し直さなければならないので、一定の注意は必要である。「あはれ」は現代語の否定的な意味に引きずられないようにしたい。問二の現代語訳問題は、やや難。「適宜ことばを補いつつ」とあるが、二行の解答欄では適宜補う余裕がなく、どこにどう補うかで迷うところ。「返す返す」と「むつかし」は、文脈に即した適訳が難しいが、語義からは外さないように訳したい。問三の現代語訳問題は標準的。「さこそ」は、古歌の一節の「はかなし」だけでなく、文脈的には「ただ時の間のさかりこそあはれなれ」も指していると判断して訳せるかどうかがポイント。「こそ〜けめ、…」は、「こそ」の逆接用法かどうか微妙なところで、逆接なしの訳も認められるだろう。

答量は、二〇二一年度から二行増加して一五行であり、内容説明問題が三問、理由説明問題が一問という設問形式であった。文章量は二〇二一年度に比べると二〇〇字ほど減少し、二七〇〇字程度で、記述量は増加したものの、全体的な難易度は、二〇二一年度と比較して同程度と言える。問一の内容説明問題は標準的。日本の若者が本来受け継ぐべきはずなのは日本の古典芸術のはずなのに、それが当たり前ではなくなっているという「残酷」な現実について、「コーリン」「タンニュー」「ダ・ヴィンチ」「ミケランジェロ」などの具体例を一般化して説明すること。問二の内容説明問題も標準的。傍線部(2)の直前と直後だけでなく、竜安寺のエピソードが始まる前のところまでの内容を踏まえて、「とらわれない新しい目で」という要素も解答に盛り込みたい。問三の理由説明問題も標準的。傍線部(3)直前の「うっかり敵の手にのりかかって」の具体的内容である「神妙に石を凝視しすぎるくせがついた」という表現を、「むぞうさな気分でぶつかって」という対比表現を踏まえつつ解釈する必要がある。また、「アブナイ」というのが筆者自身の自覚であることにも言及すること。問四は、本文全体を踏まえた内容説明問題で、やや難。解答の該当箇所がやや押さえにくかったが、問三までの内容も踏まえ、伝統主義への批判、自由な視点で単純素朴に芸術と向き合うこと、自身が新しい伝統を生み出す存在となること、という三点を中心に、筆者の主張する「ほんとうの芸術家」について説明する。

三の現代文(小説)は、語り手である「わたし」が、かつて日本語を教えていた外国人学生の発した言葉について思いを巡らせた文章。小説からの出題ではあるものの、問題文として取り上げられた部分は、随筆として読んでも差しつかえのない内容である。設問数は三問、総解答量は一〇行で、二〇二一年度から一行増加した。文章量は、二〇二一年度からやや減少し、二一〇〇字程度だった。問題の難易度については、二〇二一年度と比較して特に変化はない。京大の現代文では、理系の問題であっても、芸術論や文芸論、ことばや表現に関する文章などがよく出題される。したがって、いろいろなテーマの文章に取り組んで慣れておく必要がある。問一の内容説明問題は標準的。とは言うものの、「紙飛行機のようなもの」「尖った先がもし眼球に刺さってしまったら」という、大意となる比喩表現の解釈自体は難しくはないが、「紙とは言え」というニュアンスを説明したり、日記との対比を盛り込んだりと、完成度の高い解答を歌）は、〝朝顔をどうしてはかないと思ったのだろうか。人のことをも朝顔の花はそう見ているだろう〟の意で、古歌の「さ」は「はかなし」を指すので、それを踏まえた傍線部(3)の「さ」も、「はかなし」を指すが、それだけでなく、文脈的には「ただ時の間のさかりこそあはれなれ」も指す。〈あなたたちは短い人生の盛りを謳歌しているに過ぎない、人の命だってはかないもんさ〉という朝顔の予想である（その後、資盛は壇ノ浦の戦いで戦死し、二人は死別）。花や鳥が人間同等の心を持っているという認識は、古典ではよく見られることである。係助詞「こそ」は「けめ」に係っていて、「けめ」は過去推量の助動詞「けむ」の已然形。「けめ」の下が「。」でなく「、」になっていることに注意すると、「人をも、花はげにさこそ思ひけめ、」は、①強勢逆接用法、②単なる挿入句、③「人をも、……あらざりける」が一続きの心内文なので「、」表記にした、のおよそ三通り考えられるが（②、③の場合は逆接の意はなし）、〔解答〕では①の用法とみなした。

参考　『建礼門院右京大夫集』は、鎌倉時代前期、貞永元年（一二三二年）ごろか、その数年後に成立した私家集（＝個人の歌集）。上下二巻で、長い期間をかけて書きためた草稿をまとめたものと思われる。作者は、平安時代末期～鎌倉時代初期に活躍した歌人・藤原伊行女（これゆきのむすめ）で、高倉天皇の中宮・平徳子（建礼門院）に仕えた右京大夫という女房である。平資盛との恋愛を中心に、平家の貴公子たちとの風雅な交流、平家の没落と資盛の戦死、その後の後鳥羽院への出仕などについて、約三百六十首の歌が収められている。詞書（＝詠歌事情を書いた文章）が長いものが多く、歌日記的な作品である。

❖講　評

一の現代文（随筆）は、「伝統主義」を批判し、自由な態度で自身が新しい伝統創造の主体となるべきだということを主張した、芸術家による文章。大問一では、随筆または評論の出題が基本だが、単純に区別できない出題も多く、今回は随筆的筆致の評論的な文章である。設問数は例年と変わらず記述問題四問であり、説明問題のみであった。総解

②　引用の和歌を全体的に踏まえる

②　①を作者の状況や立場に合わせた心情説明にする。「人」を資盛と明示するのは必須

③　来訪を待ち望む気持ち（期待する気持ち）など、心情の締めくくり方にも配慮したい

▼問二　いつ、いつから年月が多く積もったのか、補うのがポイントである。すると、和歌からも「その折の雪のあした」以来とわかる。「その」は、「ただひきあけて入り来たりし人（＝資盛）の面影」「いとなまめかしく見えし」などを受けていることも押さえたい。前書きにあるような「死別した」ときからではないので、その点は注意すること。なお、「年月多く積もりぬれど」は、「積もり」が「雪」の縁語として用いられているので、〝年月が（雪のように）多く積もり重なったけれども〟などと補って訳せるが、解答欄の大きさ（二行）の都合で補わなくてよいだろう。「心には近きも」は、〝（私の）心には最近なのも〟の意で、訳文としてはもう少し整えたい。「返す返す」は、〝①繰り返し繰り返し・何度も、②重ね重ね・どう考えても・本当に〟の意で、ここでは②の意味のほう。「むつかし」は、〝①不快だ・いやだ、②うっとうしい・厄介だ〟の意で、ここでは①のような嫌悪の感情でなく、自分の気持ちにうまく対処できずに持てあますといった意味合いで、②の意味に当たる。文脈的には〝困ったことだ・苦しい〟くらいが適訳だろう。なお、〝（あの雪の朝から）年月が多く経ったが、脳裏に（優美なお姿が）昨日のことのように思い浮かぶのも、本当に苦しい〟などと補って訳すのもよい。

▼問三「山里なるところにありし折、……とて見しことも」が、前書きに言うところの「平資盛と過ごした」「山里での一齣」であることに注意（「ただ今の心地するを」以降が執筆時点での現在の感懐）。「艶なる有明に起きいでて」ともあるので、一夜を共にした後朝（きぬぎぬ）のワンシーンである。したがって、朝顔を、短い花盛りなのがはかないと言って見ていたのは、作者一人でなく、作者と資盛の二人と考えたい。そこから、傍線部(3)の「人」は、単に人間一般でなく、その二人を意識したもの。「げに」は、〝なるほど・本当に〟の意で、今になって振り返ると、朝顔が思ったような結果になったと頷く気持ちの含みである。「さ」は指示副詞で、〝そう・そのように〟の意。注の古歌（藤原道信の

山里にある住居に住んでいたとき、風情のある明け方に起き出して、庭先の垣根に咲いていた朝顔を、「ただほんのわずかな間の花の盛りこそはかなくて悲しいことです」と言って（資盛様と）見ていたことも、たった今の気持ちがするが、（朝顔の花の盛りをはかないと言って見ていた）人間の私たちをも、朝顔の花はなるほどそう（＝一時的な人生の盛りのはかない命と）思っていただろうが、（実際のところ）並大抵にははかない例ではなかったなどと、自然と思い続けられることばかりさまざまである。

（その後私たちが死別する）身の上をなるほど（私たち自身が）知らないで（いたから）こそ、朝顔の花をまもなくしぼんで散るものと（まるで人ごとのように）言っていたのだろう

◀解　説▶

▼問一　過去の助動詞「き」の連体形「し」に着目すれば、「雪の深く積もりたりしあした、……いとなまめかしく見えしなど」の箇所が、問題の前書き部分に言うところの「（存命の）平資盛と過ごした」「雪の日の出来事」であるとわかる。したがって、そこに含まれる傍線部(1)は、過去の、資盛存命中のある雪の朝の作者の心情である（「常は忘れがたく覚えて」以降が作者の執筆時点での現在の感懐）。「けふ来む人を」は、引き歌の技法で、古歌全体の内容を示唆する。古歌は平兼盛の歌で、〝山里は雪が降り積もって道もない。今日来てくれたらその訪問客を感心だと見よう〟ほどの意（「来む人」の「む」は婉曲・仮定の用法）。ただし、それを作者の状況や立場に合わせて考える必要がある。歌では「山里」だが、本文の詞書では「里（＝実家・自宅）」であるし、「人」は「資盛」に置き換えて解釈する。「あはれ」は、作者の場合、単なる訪問客でなく恋人の資盛に対する心情になるので、〝いとしい・すてきだ〟くらいの意にとれるが、ストレートに〝うれしい〟くらいもよいだろう（少なくとも肯定的な意味を示すこと）。古典常識的には、単なる空想でなく、自分の気持ちを察して来てほしいという強い期待感がうかがえる。「この（口ずさんでいる）ときの作者の心情」としては、そこまで指摘してまとめたい。

解答作成のポイントは以下の三点である。

後も、バイエルン芸術アカデミーの、ドイツ語が母語でない作家による作品に与えられるシャミッソー賞、泉鏡花文学賞、谷崎潤一郎賞、伊藤整文学賞など受賞多数。二〇一六年にはドイツで最も権威ある文学賞であるクライスト賞を日本人で初めて受賞した。主な著書に『ヒナギクのお茶の場合』『容疑者の夜行列車』『海に落とした名前』『ボルドーの義兄』などがある。

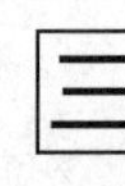

出典　『建礼門院右京大夫集』〈上〉

解答

問一　雪が深く積もって道もなくなった自分の家に、今日資盛がわざわざ会いに来てくれたら、どんなにすてきでうれしいことだろうと、恋人の来訪を待ちこがれてしまう心情。

問二　あの雪の朝に優美なお姿を見てから、年月が多く経ったが、最近の出来事に感じられるのも、重ね重ね困ったことだ

問三　朝顔の花の盛りをはかないと言って見ていた人間の私たちのことを、朝顔の花は、なるほど短い盛りのはかない命と思っていただろうが

◆全　訳◆

雪が深く積もっていた朝、実家で、荒れている庭を部屋の中から見て、「けふ来む人を（＝今日やって来たらその人を）」と口ずさみながら、薄柳の衣、紅梅の薄衣など（の春向きの服）を着て座っていたところ、枯野の織物の狩衣、蘇芳の衣、紫の織物の指貫を着て、すっと（戸を）引き開けて入って来たあの人の面影は、私の（冴えない）姿とは違って、たいそう優美に見えたことなどが、いつも忘れがたく思い出されて、（あの雪の朝から）年月が（雪のように）多く積もり重なったけれども、私の心にはつい最近のことに感じられるのも、何度思っても苦しい。

年月がすっかり（雪のように）積もり重なっても、（資盛様が優美な姿でおいでになった）あのときの雪の朝はやはり恋しい

①「切実な気持ちだけが伝わった」という、理由の中心を明示する
②「出たい」という言葉が、文脈もなく、意味も不明な唐突な言葉だったことを説明する
③「鱒男」の普段の印象についても言及する

▼問三　まず、傍線部(3)の「そういう風な手触り」が、「何か本当に言ってみたい時の文章」にある手触りであることを押さえておこう。「そういう風な」という指示語は、「『春が来ると』という文節を他人の庭の木から折ってきて接ぎ木した」ような（＝アンバランスで不自然な）、また、教科書では「まちがいだ」と書かれているが、しかし、とっさに間違っているかどうか「確信が持てなくなった」ような（＝文法的にあいまいな）表現、ということを示している。こうした〈不自然さやあいまいさ〉については、さらに最終段落で、「どこでもない場所から一般論を述べている。話し手の存在は薄い」「自分はどこにもいないのに、急に濃い欲望、出たい気持ちを述べている」「そこに矛盾があるのかもしれない」と、具体的に説明されている。したがって、解答の方向性としては、「鱒男」の「出たい」という発言の不自然さ、あいまいさについて具体的に説明した上で、だからこそ「何か本当に言ってみたい」という気持ちが切実に伝わってくる（問二）、そういう効果をもった感触（不自然だが、プラスの効果がある感触）であることを説明していけばよい。

解答作成のポイントは以下の三点である。

①「出たい」という発言の不自然さ、矛盾点を具体的に説明する
②「出たい」という発言がもつ効果について言及する
③矛盾した、不自然な表現だからこそという、逆説的なニュアンスがわかるように説明する

参考　多和田葉子（一九六〇年～）は東京生まれの小説家、詩人。早稲田大学第一文学部ロシア文学科卒業。ハンブルク大学大学院修士課程、チューリッヒ大学大学院博士課程修了、博士号（ドイツ文学）を取得。一九八二年よりドイツに在住し、日独二カ国語で作品を発表している。『かかとを失くして』で群像新人文学賞、『犬婿入り』で芥川賞を受賞。その

意を払わなければならないということ〉という、解答の大枠はできあがる。ここで注意したいのは、傍線部の「紙とは言え」というニュアンスをどう説明するか、ということである。文字通り解釈すると〈紙のような威力のなさそうなものであるとは言え〉ということになる。これを「手紙」に置き換えて考えると、「手紙」は相手と直接対面してやり取りするツールではないことから、〈(手紙に書かれた)言葉は単なる文字の羅列であって、威力のなさそうなものであるとは言っても〉のような解釈ができる。さらに、筆者は、「手紙」(←責任があるもの)を、自分に向けて書く「日記」(←責任がないもの)と対比させているので、その対比関係にも言及したい。

解答作成のポイントは以下の四点である。

①「手紙(の言葉)」の説明であることを明示する

②「一人の人間に向かって真っ直ぐ飛ばさなければ」「尖った先がもし眼球に刺さってしまったら」という比喩表現を解釈する

③「紙とは言え」のニュアンスが出るように工夫する

④「日記」との違いにも言及する

▼問二　「鱒男」とひそかに名付けていた青年の「出たい」という発言に対して「どきっとした」理由については、傍線部(2)の二つ後の文に、「とにかく出たいのだ、という切実な気持ちだけが伝わった」と説明されている。さらに、「切実な気持ちだけが伝わった」理由としては、「前も後ろもなし」(=前後の文脈もなく唐突に)発せられた言葉であったこと(傍線部直後の文)、また、「もう少し言ってくれないと意味が分からない」(二つ後の段落)と「鱒男」に言ったことからもわかるように、〈意味も不明瞭な言葉だったこと〉が挙げられるだろう。さらに、「口が重く、実直で無骨な印象」「最低限の守りの真実しか言わず」(第三段落)などと説明されている「鱒男」のキャラクターも大いに影響していると考えることができる。

解答作成のポイントは以下の三点。

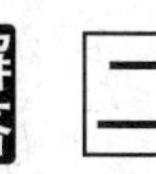

出典　多和田葉子「雲をつかむ話」（『雲をつかむ話』講談社）

解答

問一　単なる文字であっても、日記とは違って手紙の言葉は他者に向けて直接送るものであるため、不用意に相手を傷付けないよう、細心の注意を払う必要があるということ。

問二　寡黙で最低限の事実しか言わない実直な青年が唐突に発した言葉は、脈絡もなく文意も不明なものだったが、それだけに、かえって切実な気持ちが伝わってきたから。

問三　一般論として主観を消しつつ自己の強い欲望を述べると、文法的にあいまいで内容的にも矛盾した表現になるが、不自然だからこそ何かを伝えたいという気持ちがより切実に伝わってくるような不思議な魅力を伴った手触り。

◆要　旨◆

寡黙で実直な印象の「鱒男」が、日本語集中講座の文法の稽古中に何の脈絡もなく「出たい」と言った。とにかく出たいのだ、という切実な気持ちだけは伝わってきて、どきっとしたが、あまりに突飛だったので言葉を促したところ、彼はさらに「春が来ると、出たいです」という文を作ってみせた。「春が来ると」という自己を消去した一般論と「出たい」という自分の強い欲望をつなげたその文は、文法的にも、文意的にも違和感を覚えるものだったが、何かを本当に伝えたいときの文章というのは、そういう風な手触りなのかもしれない、と「わたし」は思うのだった。

▲解　説▼

▼問一　まず、傍線部(1)を含む一文の内容から、傍線部が「手紙（の言葉）」を説明したものであることに留意すること。傍線部の「尖った先がもし眼球に刺さってしまったら」という比喩は、〈（不用意な言葉で）相手を傷付けてしまったら〉などと解釈できるだろう。さらに、傍線部直前の「一人の人間に向かって真っ直ぐ飛ばさなければならない」という比喩は、〈相手に向けて直接届けなければならない〉という意味だと解釈できるので、以上の内容をまとめれば、〈手紙は、相手に向けて直接届けなければならないものなので、相手を傷付けてしまわないように十分に注

▼問四 ここまで確認してきた内容や小林秀雄のエピソードを踏まえると、傍線部(4)の「美」が意味しているものとは、〈教養によって理解されるような、権威主義的な伝統に倣った美(の評価)〉(問三)であることは明らかである。したがって、そのような「美」に「絶望し退屈している者」とは、そういった美では〈感性を刺激されない者〉とか〈心を動かされることがない者〉のことだと解釈できるだろう。筆者は、それこそが「ほんとうの芸術家」だと考えているのであり、さらに、「ほんとうの芸術家」は、〈既成の伝統観から自由に〉(問二)、〈単純素朴に芸術に向き合い〉(問三)、〈それよりももっと優れたものを作るという気魄をもって新たな伝統を生み出し、継承していくような〉(問二)存在であると言える。以上の内容をまとめて解答を作成すること。

解答作成のポイントは以下の三点である。

① 傍線部(4)の「美」が意味している内容を説明する

② ①のような美に「絶望し退屈している」とはどういうことか、わかりやすく説明する

③ 本当の芸術家の芸術に対する態度に言及しつつ、新たな伝統を作り出すという役割を説明する

参考 岡本太郎(一九一一〜一九九六年)は、神奈川県生まれの芸術家。父は漫画家の岡本一平、母は歌人で小説家の岡本かの子。一九二九年に東京美術学校に入学するも、同年に両親と渡欧し、その後十一年間パリに滞在。ピカソの影響を受け、抽象美術のグループに参加。また、G・バタイユの創設した、神秘主義と政治革命を目指す「社会学研究会」に加わる。パリ大学で哲学、社会学、民族学を修め、一九四〇年に帰国。戦後は、前衛派の主流として花田清輝、野間宏らと前衛芸術を推進した。六十年代以後、各国の国際展に出品して海外でも評価を得る。また、『今日の芸術』『日本の伝統』など多くの著作を著し、評論家としても活躍するほか、舞台装置やモニュメントの制作など、活躍は多岐にわたった。なかでも、一九七〇年の日本万国博覧会ではテーマ展示プロデューサーをつとめ、『太陽の塔』を設計し、大きな話題をよんだ。主な著作に『日本再発見』『忘れられた日本』『美の呪力』などがある。

いご用です」と筆者が述べていることを踏まえて説明する。さらに、「それは……とらわれない新しい目で伝統を直視するチャンスをあたえる」とあるので、〈伝統や権威にとらわれない自由な視点で〉という手段にも言及したい。

解答作成のポイントは以下の三点である。

① 傍線部(2)とセットになっている記述を踏まえて、嘆きの内容を具体的に説明する
② 「自分が法隆寺になればよい」という表現が意味する内容を、傍線部直後の記述から説明する
③ 「とらわれない新しい目で伝統を直視する」という要素も盛り込む

▼問三　何が「どうもアブナイ」のかについては、傍線部(3)の直前で、「用心していながら、逆に、うっかり敵の手にのりかかっていたんじゃないか」と説明されている。ここで、「敵」とされているのは、「日本のまちがった伝統意識」であり、その具体的内容は、ここまででも「登録商標つきの伝統」「いい気な伝統主義」「ペダンティックなヴェール」「ヘンに観念的なポーズ」などと言い表されていたように、〈権威主義的な伝統主義〉である。そういった「まちがった伝統意識をくつがえすため」には、「文化的に根こぎにされてしまった人間」のように「むぞうさな気分でぶつかって」いくべきなのに、ついうっかり「神妙に石を凝視しすぎるくせがついた」という趣旨からすると、「神妙に石を凝視しすぎる」というのは、〈伝統主義者のような見方をしてしまう〉や〈観念的なものを読み取ろうとしてしまう〉などと解釈できるだろう。ここまでが「アブナイ」の具体的内容だが、さらに、設問文での「筆者が言うのはなぜか」という問い方を踏まえると、単に具体的内容を説明するだけでなく、筆者自身が、うっかり「アブナイ」状態になっていることに気づいたという、筆者自身の自覚にも言及する必要がある。

解答作成のポイントは以下の三点である。

① 「敵」の具体的内容を明示した上で、それを敵とみなす理由と目的を説明する
② 「敵の手にのりかかって」という表現が意味する内容を、本来あるべき態度と対比させながら説明する
③ 筆者自身の自覚であることに言及する

が新しい伝統を作り出すのが、本当の芸術家なのである。

▲解　　説▼

▼問一　まず、傍線部(1)の「どっちが」という指示語は、〈日本の古典芸術と西洋の古典芸術のどちらが〉ということである。「(そのどちらが)これからの世代に受けつがれる伝統だか分からなくな」ると筆者は述べているが、ここで想定されている「これからの世代」というのは、当然、〈日本の若い世代〉である。日本の若い世代にとって、受け継ぐべき伝統は、本来なら当然、日本の古典芸術であるはずなのに、それが「分からなくなって」くるということは、〈受け継がれるべき伝統が日本のものであることが、当たり前ではなくなっている〉ということである。その根拠として、光琳や探幽といった日本の古典芸術よりも、ダ・ヴィンチやミケランジェロといった西洋の古典芸術のほうが知名度が高いという事実が、傍線部(1)の直前に説明されているので、その点も踏まえて解答をまとめること。

解答作成のポイントは以下の三点である。

① (日本の)若い世代が本来受け継ぐべき伝統は日本のものであるべきという前提(一般的見解)を押さえる

② ①という前提が、当たり前ではなくなっているということを示す

③ ②である理由を一般化して補う

▼問二　「自分が法隆寺になればよいのです」という傍線部(2)が、直前の「今さら焼けてしまったことを嘆いたり、それをみんなが嘆かないってことをまた嘆いたりするよりも」という記述とセットになっていることを押さえる。ここで、「今さら焼けてしまったことを嘆」くというのは、〈伝統が失われたことを嘆く〉ということであり、「それをみんなが嘆かないってことをまた嘆」くというのは、〈伝統を軽んじる傾向や、教養の低下を嘆く〉ということである。また、「自分が法隆寺になればよい」については、傍線部(2)の後で「失われたものが大きいなら、ならばこそ、それを十分に穴埋めすることはもちろん、その悔いと空虚を逆の力に作用させて、それよりもっとすぐれたものを作る。……そしてそれを伝統におしあげたらよい」、そして、そのためであれば、「一時的な空白、教養の低下なんぞ、お安

国語

一

解答

出典　岡本太郎『日本の伝統』〈一　伝統とは創造である　法隆寺は焼けてけっこう〉（光文社知恵の森文庫）

問一　自国文化より西洋の古典芸術に馴染みのある今日の日本の若者を見ると、後世に継承される伝統が日本のものであることも当然とは言えなくなってしまうということ。

問二　日本古来の伝統や、伝統をありがたく思う気持ちの喪失、教養の低下を嘆くよりも、そういった状況への悔いや空虚感を逆に創造の契機として、権威にとらわれない自由な視点で伝統を生み出す存在になるべきだということ。

問三　権威主義的な風潮に対抗しようとして、かえって作品にまとわりつく観念性に惑わされ、単純素朴な態度で見ることを忘れかけている自身のあり方に気づかされたから。

問四　権威にもとづく伝統主義によって評価づけられ、教養で理解されるような美には感性を刺激されず、むしろ、伝統とされてきたものを単純素朴に眺め、それを乗り越えてより優れたものを作ることにより、自らが新たな伝統を作り出そうという気概を持った存在。

◆要　旨◆

今日の若い世代は、西洋の芸術に比べて日本の古典芸術や伝統に明るくなく、その喪失にも大きな関心を寄せていない。伝統主義者たちはそんな現実を呪い、教養の低下を嘆いている。しかし、既存の権威主義的な伝統主義に終止符を打ち、新しい視点で伝統を直視することこそが、新しい伝統を生み出す力となる。本当の芸術とは、既成の伝統意識にとらわれずに単純素朴に芸術と向き合ってもなお、感性に響き、心を揺さぶるものであり、そういった作品を生み出すことで自ら

//////////////////// · memo · ////////////////////

2021年度

解答編

解答編

英語

I **解答** (1)全訳下線部(1)参照。
(2)全訳下線部(2)参照。
(3)全訳下線部(3)参照。

◆全　訳◆

≪フィクションが育む共感力≫

物語を語る行為は，有史以来，人類とともにある活動である。私たちは物語の本能を持って生まれた物語る動物である，とさえ言えるかもしれない。朝，仕事に出かけ，同僚に会って前日の晩にあったことを彼らに語る。夜，帰宅して家族に会い，昼間にあったことを彼らに語る。私たちは話をするのが好きで，話を聞くのが好きである。物語はどこにでも存在しており，ニュース，世間話，夢，ファンタジー，報告書，告白など枚挙にいとまがない。

とりわけ，私たちは小説，漫画，映画，連続テレビドラマといった様々なフィクションの物語を楽しむのに多くの時間を費やしている。フィクションが私たちにとってよいものであるかどうかを検討してみることが多少なりとも有用であるのは間違いない。実際のところ，これは古代の哲学者にまで遡るほど長い歴史を有する問題である。プラトンは自分の理想とする国家から詩人を排除したことで有名であるが，これは彼が，詩人の創作したものは突き詰めれば事実ではない，と考えたためである。最も簡単な言い方をするならば，彼は詩を嘘であるとみなしたのである。彼は，フィクションとして提供されたものはそれ自体の正当性を示すことができない，と考えていた。彼の最も聡明な弟子であったアリストテレスはこれとは異なる考えを抱いていた。アリストテレスの理論の一つの重要な点とされているのは次の点である。(1)歴史は個別的なことを語り，出来事が起きた際の詳細一つ一つに専念するのに対して，詩は偶発的な要素の介入を許さずに，普遍的なことを浮かび上がらせる。それゆえに詩は正当化されるものである。

この議論が現代にまで続くなかで，古くからあるこの問題を扱う新たなアプローチが心理学分野の研究者たちによって示された。様々な実験から，フィクションには私たちを変える力があることが明らかになってきている。報告によれば，(2)「ノンフィクションを読むとき，人は心の中に壁を作った状態でそれを読む。内容に対して批判的で，疑い深い状態になっているのである。しかし，物語に没頭しているときには，心の壁は取り払われる。感情がたかぶり，それにより人はゴムのような，成形されやすい状態へと変わるようである」。これはかなり単純であるようにも聞こえるが，重要なのは研究者が私たちに，フィクションを読むことで共感が育まれる，ということを伝えようとしている点である。読者がフィクションの世界に没頭しているとき，その人は物語の登場人物の立場に自分自身を当てはめ，この活動が繰り返し行われることで，他人を理解する力が磨かれていく。つまり，実世界における対人的な感受性を育むことで，フィクション，とりわけ文学作品は私たちをよりよい方向へと形成してくれるのである。

このことは必ずしも目新しいことではないが，フィクションの重要性に対する科学的根拠の存在は確かに心強いものがある。とは言え，慎重な区別がここでは必要である。確かに，人はフィクションを読むことで，現に周囲の人々をよりよく理解した振る舞いをするようになる。しかしながら，共感が必ずしも社会的利益につながるとは限らない。この話題に関する最近の記事では次のように指摘されている。「あなたが出会うであろう，共感力の非常に豊かな人々のなかには，経営者や弁護士が含まれる。(3)彼らは相手の気持ちを瞬時に把握し，それに基づき行動し，そして取引を成立させたり裁判に勝ったりすることができる。結果的に，相対する側の人は苦悩したり，挫折を味わったりすることになるだろう。反対に，他人を理解するのが得意ではない，あるいはそれが得意であっても，把握した相手の感情に基づいて行動する力は持っていない，読書好きで内向的な性格の人々を誰もが知っている」（ここで言う読書好きな人々とは，フィクションの愛読者のことを指している。）共感的理解と共感的行動は異なるものである。フィクションを読むことと関連して，それらがどのように，なぜ異なっているのかという点に関しては，これからさらなる研究で解明が進んでいくことを期待する。

◀解　説▶

心理学の研究によると，小説などのフィクションを読むことで共感力が養われる，という内容。前半の途中で言及されている哲学者プラトンとアリストテレスに関する話題は背景知識がないと難しいところもあるが，対比構造を意識して和訳につなげたい。なお，彼らの時代における「詩」は，現代の「文学」と捉えておくとわかりやすい。

▶(1) **while history expresses the particular, concentrating on specific details as they happened, poetry can illuminate the universal, not allowing the accidental to intervene.**

「歴史は個別的なことを語り，（出来事が）起きた際の詳細一つ一つに専念するのに対して，詩は偶発的な要素の介入を許さずに，普遍的なことを浮かび上がらせる」→while は「～する一方で」という対比を表す接続詞であり，このことから while 節内にある the particular と主節内にある the universal が対比関係にあることがわかる（両方 the のついた名詞だが，互いに対比される名詞には定冠詞がつきやすい）。前者は「個別的なこと，特定のこと」，後者は「普遍性，全般的なこと」の意味。SV ～, concentrating on …と，SV ～, not allowing …の現在分詞の箇所は，それぞれ直前の節（SV 構造を持つまとまり）に付随する分詞構文。この 2 つは「（V して，）…に専念する」や「（V して，）…を許さない」のようにカンマの前から後ろへと順に訳し下げていくか，「…に専念しながら（V する）」や「…を許さずに（V する）」のように，前にある節内の動詞（V）を修飾する形で訳し上げるかのいずれかの処理をする。concentrating on specific details as they happened について，they は specific details「（ある出来事の）個々の〔特定の〕詳細」を指し，as は「（～した）通りの〔ままの〕」，または「（～した）ときの」という意味。したがって，「（それらが）起きた当時の〔起こったままの〕詳細一つ一つに集中する」という意味になる。they は訳出しなくてもよいが，するのであれば「個々の詳細」のままでは不自然な日本語になるため，単に「それ（が）」とするか「出来事（が）」くらいに意訳してもよい。not allowing the accidental to intervene については，allow *A* to *do*「*A* が～するのを許す」の構造に注意して，the accidental「偶発的なこと」と

intervene「介入する」との主述関係をはっきりとさせた和訳にする。

• illuminate「～に光を当てる」

Hence the justification.

「それゆえに詩は正当化されるものである」→Hence「それゆえに」の後ろには主語や動詞といった文構造がなく，名詞のみが続いているため，日本語にする際には，文脈から判断して主語や述語のある文らしい形に訳し変える必要がある。第２段第５文（Put in the simplest terms, …）に，プラトンは「詩を嘘であるとみなした」とあり，続く第６文には，He did not believe something offered as fiction could justify itself.「彼は，フィクションとして提供されたものはそれ自体の正当性を示すことができない，と考えていた」とある。そして第７文（His brightest pupil …）に「アリストテレスはこれとは異なる考えを抱いていた」とあることからわかるように，下線部は，プラトンの考え方とは対立するアリストテレスの主張である。したがって，プラトンの「詩は正当性を示すことができない」という主張の反対，つまり「詩は正当化されるものだ」といった和訳を文脈から判断することができる。

▶(2) **"when we read nonfiction, we read with our shields up. We are critical and skeptical. But when we are absorbed in a story, we drop our intellectual guard.**

「ノンフィクションを読むとき，人は心の中に壁を作った状態でそれを読む。内容に対して批判的で，疑い深い状態になっているのである。しかし，物語に没頭しているときには，心の壁は取り払われる」→with our shields up は，with O C「O が C である状態で」という付帯状況の表現が使われており，直訳すれば「盾を構えた状態で」となる。この表現は直後の文中にある critical and skeptical「批判的で懐疑的」という表現で言い換えられている。また，But より後ろには drop our intellectual guard「頭の中の守りの構えを解く」という対照的な表現があるが，この intellectual は「知性のすぐれた」というよりは，「知力に関する，知力を要する」という意味の用法である。〔解答〕では，直後の emotionally との関連から「心の」という表現を用いている。それに対応させる形で，with our shields up「盾を構えた状態で」を「警戒しながら」や「心の中に壁を作った状態で」などと意訳することもできる。

• critical「批判的な」
• skeptical「懐疑的な」
• be absorbed in ～「～に夢中になっている」

We are moved emotionally, and this seems to make us rubbery and easy to shape.”

「感情がたかぶり，それにより人はゴムのような，成形されやすい状態へと変わるようである」→move は「(人の心）を揺り動かす」の意味の他動詞。this が指しているのは直前の内容，つまり「人は物語を読むときには警戒心を解いていて，心を揺り動かされること」。make us rubbery and easy to shape は，make O C「O を C の状態にする」の形であるため，暫定的な直訳は「このことが私たちを rubbery and easy to shape な状態にする」である。rubbery は「ゴムのような，弾性のある」，shape は「～を形づくる〔成形する〕」の意味。*A* is easy to *do*（他動詞）の構文は，it is easy to *do A* と書き換えられる（*ex.* This book is easy to read. ＝It is easy to read this book.）という基本原則から，make us easy to shape は make it easy to shape us に同じであり，その和訳は「私たちを成形しやすい状態にする」となる。また，shape の目的語が us であることは，第 3 段最終文（So, nurturing our interpersonal …）の中に shape us とあることからも推測できる（fiction, especially literary fiction, can shape us for the better「フィクション，とりわけ文学作品は私たちをよりよい方向へと形成してくれる」)。

▶(3) **They can grasp another person’s feelings in an instant, act on them, and clinch a deal or win a trial.**

「彼らは相手の気持ちを瞬時に把握し，それに基づき行動し，そして取引を成立させたり，裁判に勝ったりすることができる」→grasp は「～を把握〔理解〕する」，in an instant は instantly に同じで「すぐに」，act on ～は「～に基づいて行動する」という意味。act on them の them は another person’s feelings を指す。clinch a deal は熟語で「取引を成立させる，商談をまとめる」という意味。clinch は“釘の先を曲げて何かを固定する”というイメージで，そこから派生した意味を持つ（「～を固定する，結びつける」など)。win はこの場合は他動詞で「(勝負事）に勝つ」の意味。

• trial「裁判，審理」

The result may well leave the person on the other side feeling anguished or defeated.

「結果的に，相対する側の人は苦悩したり，挫折を味わったりすることになるだろう」→may well *do* は「～するのももっともだ，恐らく～するだろう」という助動詞の慣用表現。leave O C で「O を C の状態のままにする」の意味で，O には the person on the other side「相手」，C には feeling anguished or defeated「苦悩や敗北感を抱いている」が相当する。

• anguish「～を惨めにする〔苦しめる〕」

• defeat「～を打ち負かす」

Conversely, we have all known bookish, introverted people who are not good at puzzling out other people, or, if they are, lack the ability to act on what they have grasped about the other person."

「反対に，他人を理解するのが得意ではない，あるいはそれが得意であっても，把握した相手の感情に基づいて行動する力は持っていない，読書好きで内向的な性格の人々を誰もが知っている」→bookish は book に形容詞化接尾辞 -ish「～のような，～じみた」が付いた形で「本好きの」の意味。introverted は「内向的な」の意味（反意語は extroverted「外向的な」）。bookish も introverted も後ろの people を修飾している。who 以下は people を先行詞とする関係代名詞節。puzzle out ～ は「(謎・問題など) を解く」という意味で，ここでは目的語が other people となっているので「他人を理解する，他人の考えを読み取る」の意味（2文前の grasp another person's feelings の言い換え）。if they are は直後の省略を補うと，if they are (good at puzzling out other people) であり，if は even if「たとえ～だとしても」と同じで，「たとえ他人の考えを読み取るのが得意であっても」という譲歩の意味。lack は「～を欠いている，～がない」という意味の他動詞で，構造的には who に続いて（…）people who lack the ability to *do*「～する能力のない（…な）人々」となる。

• conversely「逆に」

●語句・構文●

（第1段） go so far as to *do*「～しさえする」 narrative「物語」 instinct「本能」 during the day「昼間の間」→the day は「昼間の明るい

時間帯」を指している。 gossip「世間話，うわさ話」 confession「告白，白状」→「愛の告白」の意味とは限らず，正直に打ち明けること全般に使える。 so on and so forth「～などなど，～など挙げればきりがない」

(第2段) a deal of ～「多くの～」 consume「～を消費する，～を取り込む」→ここでは目的語に書物や映画がきているので，「～を読んだり見たりする」の意。 fictional「事実に基づかない，架空の，フィクションの」 cartoon「漫画」 serial「連続（物）」（be）of some use「いくらか役に立つ」→(be) of use で（be）useful に同じ。 ponder「～を思案する」 go back to ～「（時代など）に遡る」 philosopher「哲学者，哲人」 Plato「プラトン」→古代ギリシャの哲学者（ソクラテスの弟子であり，アリストテレスの師）。 famously「周知のとおり」 exclude「～を排除する」 poet「詩人」→個々の「詩」は poem，集合的に「詩（というもの）」を指すのが poetry。 ideal「理想的な」 republic「国，共和国」→ここでは「プラトンが理想とした国」を指す。 , for SV「というのも～だから」→この for は接続詞。 creation(s)「創作物」 ultimately「突き詰めれば」 untrue「真実でない」 Put in the simplest terms「最も簡単に言い換えれば」→To put it in the simplest terms に同じで，この put は「（言葉など）を（～に）置き換える」の意。 regard *A* as *B*「*A* を *B* とみなす」 offer「～を提供する」 justify「～を正当化する」 bright「賢い，聡明な」 pupil「生徒，弟子」 Aristotle「アリストテレス」→古代ギリシャの哲学者（プラトンの弟子）。

(第3段) debate「討論」 psychology「心理学」 deal with ～「（問題など）に対処する〔取り組む〕」 experiment「実験」 emerge「現れる」 modify「～の一部を修正する」 reportedly「報告によると」 simplistic「単純な」 cultivate「（能力など）を育てる」 empathy「共感（力）」（be）immersed in ～「～に没頭する」 practice「実践」 sharpen「（能力など）を磨く」 nurture「～を育てる」→nurturing our … の箇所は分詞構文。 interpersonal「人間関係の」→inter- は「～の間の」の意味の接頭辞。 sensitivity「感受性」 literary「文学の」 for the better「よい方向へ」

(第4段) news「新しいこと」 comforting「心地よい」 nevertheless「それでも，にもかかわらず」 distinction「明確な区分」（be）in order

「必要である，適切である」→普通は「整然とした，秩序だった」の意味であるが，ここでは文語的な用法になっている。 social good「社会的利益」 article「記事」 point out ～「～を指摘する」 empathetic「共感的な」 businesspeople「実業家，経営者」 be meant to *do*「～することになっている，～しなければならない」→"義務・運命" を表す。 keen reader (s)「愛読者」 sympathetic「思いやりのある」 in connection with ～「～に関連して」 further「さらに」→ここでは副詞。 explore「～を調査する〔研究する〕」

Ⅱ　**解答**　(1)『種の起源』が，長らくヨーロッパの精神を支配してきた，そして依然として支配している二つの大きな世界観のうちの一方と対立し，もう一方と調和するものであるという事実。

(2)全訳下線部(a)参照。

(3)全訳下線部(b)参照。

◆全　訳◆

≪ダーウィンの進化論と一元論的世界観≫

チャールズ=ダーウィンの考えに対する初期の重要な反応の一つは，才能豊かなジャーナリストであるジョージ=ヘンリー=ルイスからのものであった。ルイスの一節を読んだダーウィンは，その記事の著者のことを「素晴らしい文章を書く人物であり，この問題についての知識がある人物」であると，友人に宛てた手紙で評している。実際，現代のある学者が述べているように，当時，「トマス=ハクスリーは別として，ルイスほど公正に，かつ，しっかりとした知識でダーウィンの理論を扱った科学論者は他にいなかった」のである。以下は，ダーウィンの最も著名な書物の背景についてルイスが記したものである（一部改変)。

『種の起源』は新時代を切り開いた。それは，事実との整合性や適用される範囲の広さにおいて，それまでの理論すべてを凌駕する説を提示した。それは長期に及ぶ研究から導き出されたもので，その結果，多くの人々にとって不明瞭であった考えが明瞭に書き表されていたため，その影響はすぐさまヨーロッパ全体に及んだ。扱われているのは古くからある問題であるが，そこに示された概念は斬新なものであったため，それは学者たちに革命的熱狂をもたらした。今の時代においてこれほど広く影響を及ぼした著作はない。これほどの影響は，それが偉大な発見により科学を充実させた見事な著作であるという事実ではなく，むしろこの著作が，長らくヨーロッパの精神を支配してきた，そして今なお支配している二つの大きな世界観のうちの一方と対立し，もう一方と調和するものであるという事実に起因している。一方の世界観は強大な敵と直面し，他方の世界観は強力な擁護者を獲得した。「種の起源」という論題が抱える重要性は，その背後におぼろげに見えてくる，より重大な論題に依拠している，というのは直ちに明らかであった。その論題とは何か？

(a)ギリシャにおける自然科学の幕開けから，その後のすべての時代にかけての見解の歴史をたどってみると，様々な形で発現する生命はすべて共通の根から育った花に過ぎないという真実，つまり，どんな複雑な形態もより単純な既存の形態から進化したのだという真実について，明確に捉えた洞察ではなく，直観的感覚とも言える考え方を示唆する数多くの記録が繰り返し登場しているのを認めることになるだろう。進化に関するこのような捉え方は，対立，嘲笑，反論を何とか切り抜けてきたが，この強さの理由は，この捉え方が，あらゆる現象をひとつの共通性へと落とし込み，あらゆる知識を統一的にまとめることから一元論と呼ばれる世界観に合致している点にある。この世界観は，対立関係にある，つまり二元論の，エネルギーと物質，命と体を区別して対置するような世界観とは相容れないものである。思想の歴史は，この二つの一般的な世界観のせめぎ合いと言える。人は皆，いくらかは教育によって，そして大部分は生まれながらにして，一元論か二元論かのいずれかの概念を抱く傾向にあると言えるかもしれないと私は考えている。進化論を受け入れるか拒絶するかが，大抵の場合，一元論と二元論のどちらの考え方を支持するのかによって完全に決まってきたという点については，疑いの余地はほとんどないであろう。

(b)そして，この観点からわかるのは，この観点以外では説明がつかないであろうことだが，それは自然選択説の証拠や反証材料を正しく評価する能力がまったくない人々が，いとも簡単に，そして熱心にそれを受け入れたり，あるいはそれに「反論」したりする理由である。このような人々には生物学の基礎知識がないが，それにより彼らが自信満々にこの問題について意見を述べるのをやめることはない。これに対して生物学者は，それがもし天文学に関する説だったとしても，人々は同じようにその程度の乏しい知識で反論するのであろうか，と冷たく問うている。なぜ反論しないなどということがあるだろうか。彼らは優れた立場から問題を判断する能力が自分にはあると考えているのである。彼らは自分たちの全般的な世界観の正しさを心の底から信じているため，あらゆる仮説について，それが自分の世界観と調和するものであるか，それとも対立するものであるかに応じて，その真偽を結論づけている。

これまでもそうであったし，これからもずっとこの状況は続くであろう。進化論は，一元論的世界観から必然的に導かれる推論であり，それは一元論と二元論の対立関係がなくなるまで，相反する学派間の論争の場であり続ける。私自身は一元論の最終的な勝利を信じているため，進化論は，科学文化の広がりと共にそれが受け入れられることで，一元論の勝利を早めることになる大きな影響力の一つであると考えている。

ダーウィンは自分の著作に関するルイスの見解を気に入ったようで，この記事やいくつかの関連文書を読んだとき，彼はこのジャーナリストに宛てた手紙を送り，それらを書籍として出版するように促している。現代科学の視点から言えば，ルイスの述べていることは時代遅れかもしれないが，彼が非常に興味深い著述家であることには変わりない。

◀解　説▶

ダーウィンの著した『種の起源』に関する論争の背後には，一元論と二元論という相反する世界観の対立問題があることを指摘した記事が紹介されている。この記事は同時代を生きたジョージ=ヘンリー=ルイスによるものであり，当時の時代背景や哲学的観点を意識して読み解きたい。

▶(1)『種の起源』が大きな影響力を持った「要因」としてルイスが最重要視しているものを第2段（*The Origin of Species* … What is that question?）から探し，その内容を日本語で記述する問題。ただし，設問では「文章全体から判断して」と指示されているので，答えに該当する箇所の判断根拠を第2段の外にも確認しておく必要がある。まず，「『種の起源』の影響力」を念頭に第2段を見ると，第5文に，This extent of influence is less due to *A* than (due) to *B*「この影響力の大きさは *A* によるものというよりはむしろ *B* によるものである」とある。原因を表す表現の due to ～「～が原因で」が使われていることから,『種の起源』が大きな影響力を持った「要因・原因」がここで言及されているのがわかる。また, less *A* than *B*「*A* というより〔ではなく〕(むしろ) *B*」は, than より後ろの *B* にあたる語句が強調される構造。したがって, この第 5 文の than to より後の箇所 (the fact of its being a work … the minds of Europe) が, ルイスが最重要視している要因であると推測される。そのなかで, the fact of its being a work which clashed against one and chimed with the other of the two great conceptions of the world「それ (=『種の起源』) が, 二つの大きな世界観のうちの一方と対立し, もう一方と調和する著作であるという事実」と述べられているが, この「二つの世界観」というのは, 第 3 段第 2・3 文 (This idea about … life and body.) にある, one general conception of the world which has been called the monistic と the rival, or dualistic, conception, つまり「一元論的な世界観」と「二元論的な世界観」のことである。続けて, 第 2 段の外にある情報とのつながりを確認すると, 第 3 段最終文 (There can be …) に「進化論を受け入れるかどうかは, この一元論と二元論のどちらを支持するかによって決まる」とある。これをより一般化した内容を第 4 段最終文 (Profoundly convinced of …) でも繰り返し述べており, そこには, 人々が「あらゆる仮説の真偽を, 自分の世界観 (一元論または二元論) と調和するか, 衝突するかに応じて判断する」とある。さらに, 第 5 段最終文 (For myself, believing …) には, ルイス自身が「一元論の最終的な勝利を信じている」,「進化論は一元論の勝利を早めることになる大きな影響力の一つである」とあることから, ルイスによるこの文章が『種の起源』と一元論的世界観とのつながりを重要視した主張となっていることがわかる。この裏付けに従って, 解答は先述の「最重要視している要因」として推測した箇所 (第 2 段第 5 文の than to より後ろの内容) で間違いないと判断し, それを日本語に訳せばよい。訳す際には, the fact of its being a work の its が直後の動名詞 being の意味上の主語である点, そして which 以下には, one and the other of the two「二つ (の～) のうち一方と残りのもう一方」の構造が使われている点に注意。

▶(2) **If we trace the history of opinion from the dawn of science in Greece through all succeeding epochs,**

「ギリシャにおける自然科学の幕開けから，その後のすべての時代にかけての見解の歴史をたどってみると」→trace は「(跡など) をたどる」の意味が元であり，ここでは「(証拠や手がかりを元に) 調べる」という訳を当てはめてもよい（なお，trace は 2020 年度の **I** (3)の下線部でも登場している)。opinion は，生物種の起源が何であるかということの見解であるため，「見解」，「思想」，「理論」，「考え方」のように訳出すればよい。from *A* through *B* は「*A* から *B* にかけて（の)」という“期間”を表す表現。dawn は「夜明け，(事の) 始まり，幕開け」の意味。all succeeding epochs の succeed は「成功する」ではなく，「(物事が) 後に続く」の方の意味。したがって，「(ギリシャにおける自然科学の幕開けの) 後に続くすべての時代」という訳になる。

• epoch「(歴史上注目に値するような) 時代」

we shall observe many constantly-reappearing indications of what may be called an intuitive feeling rather than a distinct vision

「明確に捉えた洞察ではなく，直観的感覚とも言える考え方を示唆する数多くの記録が繰り返し登場しているのを認めることになるだろう」→ここからが主節。shall は基本的には will と同じだが文語的で「必ず」というニュアンスが強い。「～を認める〔目撃する〕ことになるだろう」と訳せる。observe の目的語は many 以下で非常に長いため，たとえば「認められるのは～である」のように動詞を先に訳してしまうことも可能。constantly-reappearing は形容詞で「何度も消えては再び現れている，繰り返し登場している」という意味。indications（of ～）は「(～を) 示唆するもの」，あるいは「(～の) 兆し」という意味だが，indications が可算名詞扱いであるので，「示唆するもの」を具体的に「示唆する記録」などと意訳してもよい。また，what may be called … は，what is called ～「～と呼ばれるもの」という基本の形が元となっており，この what「(～である) もの」についても具体的には opinion のことであるので，「考え方」，「見解」のように訳出するとわかりやすくなる。*A* rather than *B*「*B* というよりは〔ではなく〕*A*」の *B* と *A* にあたる a distinct vision「明確な洞察〔見解〕」と an intuitive feeling「直観的感覚」は対比的な表現となっている。ここまでをまとめると，「明確に捉えた洞察ではなく，直観的感覚とも言える考えを示唆する，繰り返し登場する数多くの記録を認めることになるだろう」となり，訳としてはこれで十分である。〔解答〕ではindicationsを修飾する語句が長すぎる印象を避けるために，constantly-reappearingを「…（名詞）が繰り返し登場している」という叙述用法の形に訳し変えてある。

• intuitive「直観的な」

… of the truth that all the varied manifestations of life are but the flowers from a common root — that all the complex forms have been evolved from pre-existing simpler forms.

「様々な形で発現する生命はすべて共通の根から育った花に過ぎない（という真実），つまり，どんな複雑な形態もより単純な既存の形態から進化したのだという真実の…」→ofから文末までは，rather thanで結ばれた２つの対比的な名詞an intuitive feelingとa distinct visionを修飾する形容詞句。the truth that … はthatが同格の用法であるため「…という真実」と訳す。manifestation は「現れること，発現」であり，manifestations of lifeは「生命〔生物〕の発現」の意。butは副詞であり，onlyと同じ意味で「ただの～，～に過ぎない」(*ex.* He is but a child.「彼はほんの子どもだ」)。ダッシュ（—）の後ろは（the truth）that all the complex … のようにthe truthを補って考えるとわかりやすいが，前出のthe truth that all the varied … のthat節と同格の関係になっているので，この両者を「つまり」という言葉でつなぐとよい。

• varied「多様な」

• evolve from ～「～から進化する」

• pre-existing「既存の，前から存在する」

▶(3) **And this explains, what would otherwise be inexplicable, (the surprising ease and passion …)**

「そして，この観点からわかるのは，この観点以外では説明がつかないであろうことだが，（それは…の）理由である」→this explains ～は，this explains why SVの形を取ることも多く，今回のようにwhy節の代わりに名詞句がきている場合でも「このことが説明するのは〔…の理由／なぜ…なのか〕である」のようにwhyの意味合いを訳出できる。thisが指すのは直前文（There can be little …）の that 以下（進化論を受け入れるか否かは一元論と二元論のどちらの世界観を有しているかで決まるということ)。ただし，これを明示する必要はなく「このこと」，または「この観点」くらいに訳し留める。explains の目的語は the surprising ease and passion 以下であるが，その箇所と同格関係にある名詞句 what would otherwise be inexplicable が直前に挿入されている。この would は仮定法過去形で，if 節の代わりの働きをしている otherwise「もし別の方法であれば」と関連し合っている。挿入句らしく，「(次のことは）別の方法では説明がつかないであろうことだが」のように"前置き"的に訳すのがよい。

• inexplicable「説明がつかない」

the surprising ease and passion with which men wholly incompetent to appreciate the evidence for or against natural selection have adopted or "refuted" it.

「自然選択説の証拠や反証材料を正しく評価する能力がまったくない人々が，いとも簡単に，そして熱心にそれを受け入れたり，あるいはそれに『反論』したりする（理由)」→men の直後に who are を補って考えると，men（who are）wholly incompetent to appreciate the evidence for or against natural selection のように who … natural selection が先行詞 men を修飾しているのがわかる。和訳は，「自然選択説の証拠や反証材料を正しく評価する能力がまったくない人々」となる。with which 以下は the surprising ease and passion「驚くべき安易さと熱情」を先行詞とする関係詞節で，直訳すれば，「(…する能力がまったくない）人々がそれ（= natural selection）を受け入れたり，あるいはそれに『反論』したりする驚くべき安易さと熱情」となる。これでは日本語としてあまりにも不自然であるため，少し工夫がいる。まず，元々の文構造が見抜きやすくなるよう関係代名詞に先行詞を代入すると，with which は with the surprising ease and passion となる。with＋抽象名詞は副詞と同じ働きをするため，with ease や with passion は，それぞれ easily や passionately と同じ意味である。したがって，自然な日本語にするためには，「驚くべき安易さと熱情」のように名詞として処理するのではなく，「驚くほどに〔いとも〕簡単に，そして熱心に」のように副詞的に処理するのがよい。

• (be) incompetent to *do*「～する能力のない」

• appreciate「～の真価がわかる，～を正しく認識する」

• natural selection「自然選択（説）」(「自然淘汰」に同じで，特に初期では「自然選択」と呼ばれた)

• for or against ～「～に賛成，あるいは反対（の）」

• refute「～に反論する，～を反証する」

Elementary ignorance of biology has not prevented them from pronouncing very confidently on this question

「このような人々には生物学の基礎知識がないが，それにより彼らが自信満々にこの問題について意見を述べるのをやめることはない」→ elementary ignorance of biology は a lack of basic knowledge of biology「生物学の基礎知識の欠如」のこと。*A* prevent *B* from *doing* は「*A* は *B* が～するのを妨げる」という意味の表現で，これが否定文（has not prevented）で使われているので，「*A* は *B* が～する妨げとはならない」の意味になる。無生物主語なので副詞的に訳したい。them は「彼ら」でよいが，それが指しているのは，直前文中の men wholly incompetent to appreciate the evidence for or against natural selection である点はおさえておく必要がある。

• pronounce on ～「～について意見を述べる」

; and biologists with scorn have asked whether men would attack an astronomical hypothesis with no better equipment.

「(これに対して）生物学者は，それがもし天文学に関する説だったとしても，人々は同じようにその程度の乏しい知識で反論するのであろうか，と冷たく問うている」→and の直前にセミコロン（；）があるが，ここでは“対比”を表しており，この記号の前の「生物学の知識がない人」と後ろの biologists「生物学の専門家」との対立を示唆している。with scorn は先述した，「with＋抽象名詞は，副詞と同じ働きになる」の原則から，scornfully「軽蔑して，冷たく」と訳し，動詞 have asked を修飾していると考える。have asked whether … の箇所は，「…かどうかを尋ねる」という純粋な質問〔疑問〕文として解釈してよいだろう。equipment は「装備，知識」の意味があり，ここでは特に「知識」の意味。no better *A* than *B* で「*B* と同じくらいよくない〔乏しい〕*A*」という表現があるが，これをもとに考えると，with no better equipment は「（自然選択説に意見するときのと）同じくらいに乏しい知識で」という意味。than 以下の省略を補うならば，with no better equipment (than is being used to adopt or refute natural selection) のようになる。

- astronomical「天文学の」
- hypothesis「仮説，理論」

Why not?

「なぜ反論しないなどということがあろうか」→Why not? には３つの用法があり，１つ目が「なぜ～しないのか」という純粋な否定疑問文。２つ目は「なぜ～しないのか，いやするべきだ〔はずだ〕」という修辞疑問文。３つ目は「もちろん，ぜひ」という勧誘などに対する同意を表す口語的表現。ここでは勧誘に対する返答ではないため，３つ目は除外して考える。Why not? には，その具体的内容がわかるような記述が先に存在するのが前提であり，ここでは直前文中の biologists with scorn have asked whether men would attack an astronomical hypothesis with no better equipment がそれに当たる。したがって，Why not? の省略を補うと，Why (would men) not (attack an astronomical hypothesis with no better equipment)? となる。これが否定疑問文なのか修辞疑問文なのかを判断するためにこれより後の記述を参照すると，直後の第４文（They feel themselves …）は「彼らは優れた立場からその問題を判断する能力があると考えている」，続く最終文（Profoundly convinced of …）は「彼らはあらゆる仮説の真偽を自分の世界観と調和するか対立するかに応じて判断している」という内容である。よって，人は知識がなくても科学分野の仮説に対して意見を述べるとルイスは考えているとわかる。したがってこの Why not? は「なぜ反論しないのか？」という否定疑問文ではなく，「なぜ反論しないということがあろうか（いや，きっと反論するだろう）」という修辞疑問文であると判断できる。この点が理解できているかは出題のねらいの一つであると考えられるので，省略を補ったこの疑問文をなるべく端的に訳して〔解答〕のような形にまとめるとよい。

●語句・構文●

（第１段）significant「重大な，意義深い」 response「反応」 highly-talented「優秀な」 capitally「見事に」 state「述べる」 apart from ～

「～は別として」 fairness「公正さ」 modification「部分的な修正〔編集〕」

(第2段) origin「起源」 species「(生物の) 種」 propose「提案する」 surpass「～を上回る」 predecessor「先行するもの」 product「産物」 long-continued「長く持続する」 thereby「それによって」 articulate「明瞭な」 inarticulate「不明瞭な」 mind(s)「(知性の面からみた) 人」 rapidly「急速に」 become European「ヨーロッパ的なものになる」→ここでは「ヨーロッパ全体に影響を与える」という意味。 purpose「目標, 目的」 novel「新しい, 斬新な」 agitate「(感情など) を掻き乱す」 school(s)「学派, 同じ思想の人々」 revolutionary「革命的な, 画期的な」 our time「(著者から見て) 現代」→直訳は「私たちの時代」。 general「一般的な, 全般的な」 extent「程度, 規模」 masterly「見事な」 enrich A with B「B で A (の質など) を高める〔豊かにする〕」 clash against ～「～と対立する」 chime with ～「～と調和する」 rule「～を支配する」 enemy「敵」 mighty「強力な, 強大な」 champion「擁護者, 推進派」 immediately「即座に」 evident「明白な」 derive A from B「B から A を得る〔受け継ぐ〕, A の由来を B にたどる」 loom「ぼうっと現れる」

(第3段) evolution「進化」 ridicule「冷笑, 冷やかし」 refutation「反論, 反駁」 persistence「粘り強さ」 harmonize with ～「～と調和する」 monistic「一元論の」 reduce A to B「A を B へと簡略化する」→この reduce は「(より単純な形態に) まとめる, 還元する」の意。 phenomena「現象」→phenomenon の複数形。 community「共通性」 be irreconcilable with ～「～と相容れない〔共存できない〕」 rival「競合する」→ここでは形容詞。 dualistic「二元論の」 oppose「(2つのもの) を対置する, 対立させる」 matter「物質」 struggle「奮闘」 somewhat「幾分, いくらか」 still more「さらにたくさん」→still は比較級を強調する用法。 by (*one's*) constitution「(人の) 生来的な体質〔性質〕上」 be predisposed toward(s) ～「～の傾向がある, ～しやすい」 acceptance「受容」 rejection「拒絶」 Darwinism「ダーウィニズム, 進化論」 in the vast majority of cases「大抵の場合」 wholly「すっかり, 完全に」 attitude of mind「考え方, 心構え」

(第4段) (be) competent to *do*「～する能力がある」 Profoundly convinced of～「～を心の底から確信しているので」→文頭にあったBeingが省略された受け身の分詞構文。 conclude O to be C「OをCだと結論づける」 according as SV「～に応じて」

(第5段) development hypothesis「発達理論」→Darwinismの言い換えで進化論のこと。 inevitable「避けられない，必然の」 deduction「推論，導き出された結論」 battle-ground「戦場，論争の場」 contending「競合する」 monism「一元論」 dualism「二元論」 triumph「勝利」 the former「(2つあるうちの) 前者」 look on *A* as *B*「*A*を*B*とみなす」 in conjunction with～「～と併せて」 hasten「～を加速する〔急がせる〕」

(第6段) observation (s) on～「～に関する所見」 publish「(書籍) を出版する」 from the point of view of～「～の観点から」 date「～を古くさくする〔時代遅れにさせる〕」

III 解答例

〈解答例1〉 Needless to say, it is important to keep in mind the saying, "Better safe than sorry." However, it is sometimes necessary to have the courage to take a step forward before worrying about the results. You might experience adversity, but the accumulation of such failures can make you mature. The experience of surviving many failures will surely help you greatly to overcome an unprecedented problem.

〈解答例2〉 Of course, it is important to be well-prepared for doing something new. However, there are times when you should dare to take a risk before worrying about the consequences. You might get hurt, but mistakes can lead you to develop into a mature person. Through the experience of never giving up and bouncing back over and over again, you will certainly be able to develop a great ability to survive the most difficult situations you will ever face.

◀解 説▶

「言うまでもなく，転ばぬ先の杖は大切である」

• 「言うまでもなく」→副詞的に処理するのであれば，needless to say

「言うまでもなく」, of course「もちろん〔確かに〕」, obviously「明らかに」など。形式主語で始める It goes without saying that SV なども考えられる。いずれにせよ，後ろに続く，「しかし」で始まる文との相関性を意識しておきたい。

• 「転ばぬ先の杖」→英語のことわざであれば，Look before you leap.「飛ぶ前に見よ」, Better safe than sorry.「後悔より無難の方がよい」, Prevention is better than cure.「治療よりも予防の方がよい」などで言い換えられる。英語のことわざを使わずに，それが意味する内容を英語にする場合は，「何か（新しいこと）をする前にしっかりとした備えをしておくこと」などの日本語に言い換えたものを英訳する。この日本語の言い換えをする際には，後続の「結果をあれこれ心配する前に一歩踏み出す勇気」と対比の関係であることを手掛かりにする。「(～に) 備えておく」は，be (well-) prepared to *do*〔for *doing*〕で表現でき，これは物理的な備え以外に，心の準備の意味合いでも使われる。

• 「(～は) 大切である」→「転ばぬ先の杖」をどのように表現するかで変わってくるが，それを英語のことわざで表すなら，「～ということわざを心に留めておくことは大切だ」のように言葉を少し補うとよい。その場合は，keep *A* in mind「*A* に留意する」(〈解答例 1〉は *A* に当たる語句が in mind の直後に移動）などの表現が補える。Look before you leap. のように，ことわざそのものが動詞で始まるものである場合は，そのまま It is important to *do* に続けて表現してもよい。

「しかし，たまには結果をあれこれ心配する前に一歩踏み出す勇気が必要だ」

• 「しかし」→等位接続詞である but は文頭でも使用されることはあるが，文法上は本来的な用法ではないため，正式な文体や文章では however を用いる方がよい。

• 「たまには」→「ときには」と同じと考えて sometimes でよい。他にも there are times when SV「～な時もある」と when 節につなげることも可能。

• 「結果をあれこれ心配する前に」→骨組みは before SV。「～を心配する」は worry about ～。「あれこれ」の部分は英訳する必要はないが，too much などで対応してもよい。「結果」は (the) results

〔consequences〕のように複数形にするのが自然。

• 「一歩踏み出す」→take a step forward が慣用的表現としてよく使われる。別の表現で言い換えれば，take a risk「リスクを負う」などでも意味が通る。

• 「〜する勇気が必要だ」→have the courage to *do*「〜する勇気を持つ」や dare to *do*「敢えて〜する」を用いて，it is necessary to や you should に続けて使う。

「痛い目を見るかもしれないが，失敗を重ねることで人としての円熟味が増すこともあるだろう」

• 「痛い目を見る」→「失敗をする」と捉えて experience failure でもよいが，原文のニュアンスを表すのであれば failure を adversity「逆境，困難」などの語に変える。または，get hurt「傷つく」なども可能（この場合の hurt は「感情を害する〔傷つける〕」の意味）。

• 「失敗を重ねることで」→「そのような失敗の積み重ね」と考えて，the accumulation of such failures とする。または，単に mistakes（複数形）を主語にして，「失敗が（人を〜にする）」というつなげ方で対応することも可能（〈解答例２〉を参照）。

• 「人としての円熟味が増す」→「円熟味」は，形容詞である mature「（人の心身などが）成熟した」を make O C の骨組みに当てはめて make you mature「人を成熟させる」とする。他にも develop into a mature person「成熟した人へと育つ」などを lead *A* to *do* に当てはめて，lead you to develop into a mature person など。「人としての」を as a person として追加してもよいが，意味的にはなくても同じであるため，冗長な印象を与える。

「あきらめずに何度も立ち上がった体験が，とんでもない困難に直面した時に，それを乗り越える大きな武器となるにちがいない」

• 「あきらめずに何度も立ち上がった体験」→「〜した体験」は the experience of *doing*。「あきらめずに何度も立ち上がる（こと）」は，「多くの失敗を切り抜ける（こと）」と言い換えて surviving many failures，あるいは，bounce back「すぐに立ち直る」という表現を用いて，never giving up and bouncing back over and over again〔repeatedly〕「決してあきらめずに繰り返し立ち直る（こと）」などが考えられる。

• 「とんでもない困難に直面した時に，それを乗り越える」→「とんでもない困難に直面した時に」を when SV の構造で表してもよいが，「とんでもない困難を乗り越える」とまとめてしまえば when 節は不要になる。「とんでもない困難」は，形容詞 unprecedented「前例のない，かつてない」を用いて，an unprecedented problem「前例のない問題」，あるいは，「人が直面する最も難しい状況」と言い換えて the most difficult situations you will ever face などとする。「～を乗り越える」は，overcome「～を克服する」や survive「～を乗り切る」などであり，これらの動詞を選定する際には，目的語になる名詞との相性（コロケーション）に注意する。先の an unprecedented problem や the most difficult situations you will ever face を使うのであれば，overcome や survive が，problem や situation を目的語に取れる動詞であることに確信を持ったうえでそれらを選定することが求められる。

• 「(～する）大きな武器となる」→言い換えが必要であり，「あきらめずに何度も立ち上がった体験」という“物事”を主語にするのであれば「(…した体験は)～するのに大いに役立つ」となる。他にも，“人”を主語にするのであれば「(人は)～できる優れた能力を身につけられる」と言い換えられる。これらはそれぞれ，help *A* greatly to *do*, develop a great ability to *do* などの表現を用いて対処できる。

• 「～にちがいない」→「きっと…だろう」や「間違いなく…だろう」と考えて，surely や certainly という副詞を使う。

Ⅳ

解答例 〈解答例 1〉 (1) (Maybe you found that pasta terrible because) there happened to be some ingredients that you dislike in the pasta（12 語）

(2) (Another possibility is that) the chef had a cold and his sense of taste had not yet fully recovered（15 語）

(3) (For example,) if your grandparents do not know how to use a computer, you think that all older people are not good at using a computer（24 語）

(4) (I'll) go to that restaurant several times more and try other dishes too（12 語）

〈解答例 2〉 (1) (Maybe you found that pasta terrible because) you didn't have a taste for some seasoning like truffles or cheese（12 語）

(2) (Another possibility is that) you might have expected too much of the food just because the restaurant was new（15 語）

(3) (For example,) if the first person you meet in a new country you visit is rude, you tell your friends that everyone in the country is rude（25 語）

(4) (I'll) visit the restaurant again and try other types of pasta（10 語）

◀解　説▶

会話文の空所補充問題であり，2018 年度Ⅳに近い形式となっている。ただし，小問ごとに語数制限があり，(3)では一部使用する語が指定されている点は新しい。会話は，hasty generalization「軽率な一般化」という間違った論理展開についての話題である。

（会話の日本語訳）

ノア：昨日，新しくできたレストランへ行ったよ。

エマ：どうだった？

ノア：パスタを食べたけれど，ひどい味だった。きっとあのレストランの料理はどれもひどいものだよ。

エマ：でも，あなたはまだ一度しかそこへ行ったことがないのよね？　そのレストランの料理の全部がまずいというのは言い過ぎだと思うわ。もしかしたら(1)＿＿＿＿だから，あなたはそのパスタがまずいと思ったのかもしれないわ。それか，(2)＿＿＿＿ということもあり得るわね。

ノア：君が正しいのかもしれないね。

エマ：先日読んだ本では，これは軽率な一般化と呼ばれていて，一つかそこらの事例から極端に一般化された結論を導き出すことを意味するらしいわ。日常生活のなかでは軽率な一般化をしやすいのよ。何かを買うときだけではなくて，他の状況でも同じことをよくしているわ。たとえば，(3)＿＿＿＿。

ノア：君が言っていることは本当によくわかるよ。僕は(4)＿＿＿＿することにするよ。そうすれば，あのレストランについての自分の主張が正しいかどうか確かめられそうだから。

エマ：それはいいわね！　極端な一般化は避けるようにしないとね。

▶(1)語数制限は「8 語以上 12 語以下」。空所のある文に至る直前で，エマは，ノアがまだ一度しかそのレストランへ行ったことがないのに，その店の料理全部がまずいというのは言い過ぎだと思う，と述べている。したがって，空所に入る内容も，一部の情報から全部を推測することは正しくない可能性があることと矛盾しないものでなければならないため，このレストランそれ自体やその料理全体を否定するような内容であってはならない。その上で，ノアが「そのパスタをまずいと感じた」理由としてつながる内容を空所に補う必要がある。たとえば，ノアが注文したパスタに対する個人的な好みの問題が考えられるが，他にも偶発的な要因を含むものであればおおむね問題ない。〈解答例 1〉の和訳は，「何かあなたがたまたま苦手な具材がパスタに含まれていた（から，あなたはそのパスタがまずいと思ったのかもしれない)」。〈解答例 2〉は，「トリュフやチーズのような味付けがあなたの口に合わなかった（から，あなたはそのパスタがまずいと思ったのかもしれない)」。

▶(2)語数制限は「12 語以上 16 語以下」。空所直前の Another possibility「別の可能性」とは，前文で述べられた「パスタがまずかった」ことに対するもう一つの理由として考えられることである。空所(1)のある文（Maybe you found …）とは「別の可能性」を指摘する必要があるので，(1)をただ言い換えた内容になっていないか注意する。(1)の〔解答例〕のように，たまたまそのパスタだけまずかった，つまり，他のパスタは美味しいかもしれない，という指摘をすでにしているのであれば，それとは別の視点から，たとえば，「シェフの調子が悪かった」「料理の手順を間違えた」「ノアの評価基準が非常に厳しくなっていた」などの理由が考えられる。〈解答例 1〉の和訳は「シェフが風邪を引いていて味覚が完全には戻っていなかった（ということもあり得る)」。〈解答例 2〉は，「そのレストランが新しいからといって料理に期待しすぎてしまった（ということもあり得る)」。

▶(3)語数制限は「20 語以上 28 語以下」，さらに「if を用いて」という使用する語の指定がある。日常生活のなかでしてしまいがちな hasty generalization「軽率な一般化」，つまり，3 つ目のエマの発言第 1 文（The other day, …）にあるように「一つ程度の事柄から推測して全体像を決めつけてしまうこと」の例を挙げる。ただし，空所のある文の直前文（We often do this …）で「何かを買うときだけではなくて…」とあるので，買い物以外の場面での事例とすること。〈解答例１〉の和訳は，「(たとえば,) もし自分の祖父母がコンピュータの使い方を知らなければ，お年寄りは皆コンピュータを使うのが苦手と考える」。〈解答例２〉は「(たとえば,) 初めて訪問した国で最初に会った人がもしも失礼な人であったら，その国の人は皆失礼だと友人に教える」。

▶(4)語数制限は「８語以上12語以下」。エマに指摘された(1)，あるいは(2)の内容を受けて，ノアがこのレストランの料理すべてがまずいと決めつけるべきではない，という考えに同調していることは，空所のある文の直前のノアの発言（I totally understand what you mean.）からわかる。さらに，空所の直後に続く文（That way, …）では「あのレストランについて自分の言ったことの真偽を検証してみる」と発言していることから，空所に入る文は「再度そのレストランに行って違う料理も試してみる」という内容が入ることが予想される。「再びそのレストランに行く」と「違う料理も試す」の２つを and でつないで表現するのが最も一般的な解答となるだろう。〈解答例１〉の和訳は，「もうあと何回かそのレストランへ行って，違う料理も試してみる（ことにするよ)」。〈解答例２〉は，「再度そのレストランに行って，別のパスタ料理を試してみる（ことにするよ)」。

❖講　評

2021年度は，読解問題２題，英作文問題２題の構成であった。読解問題においては，内容説明に属する設問が１問のみで残りはすべて英文和訳と，一見すると英文和訳中心であった2014年度以前の出題形式を彷彿とさせるものであった。また，2016年度以降出題されている自由英作文については，2016〜2018年度と同じ，会話文の空所補充という形式での出題で，2021年度は語数制限や使用する語の指定があるものであった。

Ｉは，小説などのフィクション作品を読むことで共感力が育まれる，という研究結果に関する文章になっており，３問の設問すべてが下線部を和訳する問題となっている。ただし，(1)の Hence the justification.の箇所は文脈から言葉を補いつつ和訳する必要がある。また，(3)では

anguished や introverted などの難単語が使用されており，これらを知らない場合には前後の内容から語義をある程度推測する力が要求される。

Ⅱは，ダーウィンの進化論についての対立を一元論と二元論の対立として捉えた人物の記事を取り上げた文章となっている。(1)が内容説明に類する問題で，残り 2 問は英文和訳。しかし，(1)も第 2 段から設問の内容に該当する箇所を選び，それを日本語で記述させる問題であるため，自分の言葉で要約するような記述問題というよりは，英文和訳問題に近いと言える。逆に(3)の下線部和訳は，Why not? の箇所を和訳するうえで，下線部の外にある情報とのつながりや段落の構成などを見抜く必要があり，その意味では内容説明問題に類するとも言える。

Ⅲの英作文問題は，2020 年度と同様，やや長めの和文英訳となっている。「転ばぬ先の杖」ということわざが登場しており，2017 年度Ⅲの英作文でも「生兵法は大怪我のもと」が扱われていた。ことわざそれ自体も大切だが，「(ことわざ，あるいはその教訓を）心に留めておく，肝に銘じる」という表現が共起しやすく，そのように周辺で使われそうなものを学習できているかどうかで差がつく。逆に，「痛い目を見る」は，2017 年度の英作文問題に「痛い目にあう」という表現があり，同じように見えるが，文脈で捉えて言い換えてみると違ってくる。点ではなく線で捉えることが大切と言える例であろう。「円熟味が増す」といった抽象的表現に対処できるかという点も分岐点であったと思われる。

Ⅳの自由英作文は，hasty generalization「軽率な一般化」という誤った論理展開について語っている 2 人の会話を，空所補充で完成させる問題。空所に補うべき内容，つまり，英訳する以前の日本語の段階で前後とつながらない，前の発言と矛盾がある，といったことを避ける必要がある。この形式の自由英作文では，この下準備がむしろ大切で，そこさえしっかりとしていれば，語数制限や使用する語の制約（(3)では「if を用いて」の指定あり）があっても，難しいレベルの英訳ではないだろう。

2021 年度は，2020 年度まで増加傾向にあった内容説明問題が 1 問に減り，2014 年度以前の英文和訳中心の設問に近づいたようにも見えるが，Ⅰ(1)やⅡ(3)のように下線部を和訳する中で，内容説明問題を解くのと同じような力が要求されている箇所がある。また，2016 年度以降出題されてきた自由英作文も，出題形式についてはある程度のパターンが出揃ってきたと思われる。近年の出題傾向に大きな変わりはないと捉えられるので，過去問の学習を大切にしておきたい。

数学

1

◇発想◇　問1．線分 PQ の中点Mが平面 ABC 上にあるから

$$\overrightarrow{AM}=s\overrightarrow{AB}+t\overrightarrow{AC}$$

と表すことができる。また，PM⊥(平面 ABC) であるから PM⊥AB，PM⊥AC である。これらのことから，ベクトルの内積や成分計算によって s，t を求める。平面の方程式を用いる方法もある。

問2．1回目から $(n-1)$ 回目までの試行において，3種類の色が記録される場合の数を考える。3^{n-1} 通りには，1種類の色だけの場合，2種類の色だけの場合が含まれているので注意する。

解答　問1．線分 PQ の中点をMとする。

3点A，B，Cは一直線上になく，点Mは平面 α 上にあるから，実数 s，t を用いて

$$\overrightarrow{AM}=s\overrightarrow{AB}+t\overrightarrow{AC}$$

と表される。$\overrightarrow{AB}=(-1,\ -1,\ 0)$，$\overrightarrow{AC}=(-1,\ 0,\ 2)$ より

$$\overrightarrow{AM}=(-s-t,\ -s,\ 2t)$$

これと，$\overrightarrow{AP}=(0,\ 1,\ 1)$ より

$$\overrightarrow{PM}=\overrightarrow{AM}-\overrightarrow{AP}=(-s-t,\ -s-1,\ 2t-1)$$

PM⊥α より，PM⊥AB，PM⊥AC であるから

$$\begin{cases}\overrightarrow{PM}\cdot\overrightarrow{AB}=(s+t)+(s+1)=0\\ \overrightarrow{PM}\cdot\overrightarrow{AC}=(s+t)+2(2t-1)=0\end{cases}$$

すなわち　$\begin{cases}2s+t=-1\\ s+5t=2\end{cases}$　より　$s=-\dfrac{7}{9}$，$t=\dfrac{5}{9}$

よって，$\overrightarrow{PM}=\left(\dfrac{2}{9},\ -\dfrac{2}{9},\ \dfrac{1}{9}\right)$ であるから

$$\overrightarrow{OQ}=\overrightarrow{OP}+2\overrightarrow{PM}=(1,\ 1,\ 1)+\left(\frac{4}{9},\ -\frac{4}{9},\ \frac{2}{9}\right)=\left(\frac{13}{9},\ \frac{5}{9},\ \frac{11}{9}\right)$$

したがって，点Qの座標は　$\left(\dfrac{13}{9},\ \dfrac{5}{9},\ \dfrac{11}{9}\right)$　……(答)

問２．n 回の試行において，玉の色の記録のされ方は全部で 4^n 通りある。

１回目から $(n-1)$ 回目までの試行に対して

赤色以外の１種類の色だけが記録されるのは　　3 通り

赤色以外の２種類の色だけが記録されるのは

$${}_3C_2(2^{n-1}-2)=3(2^{n-1}-2) \text{ 通り}$$

であるから，赤色以外の３種類の色全てが記録されるのは

$$3^{n-1}-3(2^{n-1}-2)-3=3^{n-1}-3\cdot2^{n-1}+3 \text{ 通り}$$

よって，n 回目の試行で初めて赤玉が取り出されて４種類全ての色が記録済みとなるのは

$$(3^{n-1}-3\cdot2^{n-1}+3)\cdot1=3^{n-1}-3\cdot2^{n-1}+3 \text{ 通り}$$

したがって，求める確率は　$\dfrac{3^{n-1}-3\cdot2^{n-1}+3}{4^n}$　……(答)

別解　問１．＜平面の方程式を用いる解法＞

$\overrightarrow{AB}=(-1,\ -1,\ 0)$，$\overrightarrow{AC}=(-1,\ 0,\ 2)$ であるから，$\vec{n}=(2,\ -2,\ 1)$ とすると，$\vec{n}\cdot\overrightarrow{AB}=0$，$\vec{n}\cdot\overrightarrow{AC}=0$ となるから，$\vec{n}$ は平面 α の法線ベクトルの１つである。よって，α の方程式は

$$2(x-1)-2y+z=0$$

すなわち　$2x-2y+z-2=0$　……(ア)

線分 PQ の中点をMとすると，PM⊥α であるから，実数 k を用いて

$$\overrightarrow{PM}=k\vec{n}=(2k,\ -2k,\ k)$$

と表される。したがって

$$\overrightarrow{OM}=\overrightarrow{OP}+\overrightarrow{PM}=(2k+1,\ -2k+1,\ k+1)$$

より，Mの座標は $(2k+1,\ -2k+1,\ k+1)$ で，Mは α 上にあるから，(ア)より

$$2(2k+1)-2(-2k+1)+(k+1)-2=0$$

これより　$k=\dfrac{1}{9}$

であるから，$\overrightarrow{PM}=\left(\dfrac{2}{9},\ -\dfrac{2}{9},\ \dfrac{1}{9}\right)$ となり

$$\overrightarrow{OQ}=\overrightarrow{OP}+2\overrightarrow{PM}$$

$$=(1,\ 1,\ 1)+\left(\frac{4}{9},\ -\frac{4}{9},\ \frac{2}{9}\right)$$

$$=\left(\frac{13}{9},\ \frac{5}{9},\ \frac{11}{9}\right)$$

ゆえに，点Qの座標は　$\left(\frac{13}{9},\ \frac{5}{9},\ \frac{11}{9}\right)$

◀解　説▶

≪問1．平面に関して対称な点　問2．反復試行の確率≫

▶問1．問題文にただし書きがあるので，それに従って計算を進めればよい。「線分 PQ の中点Mが平面 α 上にある」について，〔解答〕は $\overrightarrow{AM}$ を $\overrightarrow{AB}$ と $\overrightarrow{AC}$ で表し，〔別解〕ではMの座標を α の方程式に代入した。α の法線ベクトル $\vec{n}$ は，$\vec{n}\cdot\overrightarrow{AC}=0$ より $\vec{n}=(2,\ y,\ 1)$ とおけ，$\vec{n}\cdot\overrightarrow{AB}=0$ より $y=-2$ とすれば容易にわかる。

$Q(a,\ b,\ c)$ とおき，$M\left(\frac{a+1}{2},\ \frac{b+1}{2},\ \frac{c+1}{2}\right)$ が α 上にあることと，$\overrightarrow{PQ}=(a-1,\ b-1,\ c-1)=l\vec{n}$（$l$ は実数）と表されることから $(a,\ b,\ c)$ を求めてもよいが，記述量が少し増えるので注意したい。

▶問2．赤色以外の3種類以下の色が記録されるのが 3^{n-1} 通りである。白色と青色の2種類の色が記録されるのは，2^{n-1} 通りから白色のみと青色のみの2通りを除いて $(2^{n-1}-2)$ 通りである。したがって，赤色以外の2種類の色だけが記録されるのは ${}_3C_2(2^{n-1}-2)$ 通りとなる。

2

◇発想◇　まず，点Pの x 座標を p として，曲線上の点Pにおける接線の方程式を求める。次に，接線と x 軸の交点Qの座標を求める。これより L を p で表すことができるので，p の取りうる値の範囲に注意して L の最小値を求める。計算を楽にするため，$\sqrt{\quad}$ が出てこないように L^2 を計算したり，文字を置き換えたりするとよい。

解答　$y=\frac{1}{2}(x^2+1)$　……①より　　$y'=x$

曲線①上の点 $P\left(p,\ \frac{1}{2}(p^2+1)\right)$ における接線の方程式は

$$y-\frac{1}{2}(p^2+1)=p(x-p)\quad すなわち\quad y=px-\frac{1}{2}(p^2-1)$$

$p=0$ のとき，$y=\dfrac{1}{2}$ となり，これは x 軸と交わらない。よって $p\neq 0$ で，x 軸との交点Qの x 座標は

$$x=\frac{1}{2}\left(p-\frac{1}{p}\right)$$

よって

$$L^2=\left\{p-\frac{1}{2}\left(p-\frac{1}{p}\right)\right\}^2+\left\{\frac{1}{2}(p^2+1)\right\}^2$$
$$=\frac{1}{4p^2}(p^2+1)^2+\frac{1}{4}(p^2+1)^2$$
$$=\frac{(p^2+1)^3}{4p^2}$$

ここで，$p^2=t$ とおくと $t>0$（$\because$　$p\neq 0$）で　$L^2=\dfrac{(t+1)^3}{4t}$

$f(t)=\dfrac{(t+1)^3}{4t}$ とおくと

$$f'(t)=\frac{1}{4}\cdot\frac{3(t+1)^2t-(t+1)^3}{t^2}=\frac{(t+1)^2(2t-1)}{4t^2}$$

よって，$t>0$ における $f(t)$ の増減表は右のようになる。

t	(0)	$\cdots$	$\frac{1}{2}$	$\cdots$
$f'(t)$	／	$-$	0	$+$
$f(t)$	／	↘	$\frac{27}{16}$	↗

したがって，L^2 は $t=\dfrac{1}{2}$ で最小値 $\dfrac{27}{16}$ をとる。

$L>0$ であるから，L の取りうる値の最小値は

$$\sqrt{\frac{27}{16}}=\frac{3\sqrt{3}}{4}\quad\cdots\cdots（答）$$

◀解　説▶

≪線分の長さの最小値，分数関数の微分法≫

放物線の接線において，接点と x 軸との交点との距離の最小値を求める問題である。

接点の x 座標を p として，L^2 を p で表すのは容易である。このとき，$p\neq 0$ に注意する。L を p で表すと $L=\dfrac{(p^2+1)^{\frac{3}{2}}}{2|p|}$ となるので，$|p|=u$ とお

いて $L=\dfrac{(u^2+1)^{\frac{3}{2}}}{2u}$ を微分してもよい。$p=\pm\dfrac{\sqrt{2}}{2}$ のとき L が最小値をとることがわかる。

3

◆発想◆　複素数の極形式を用いる方法が考えられる。

$\alpha=\dfrac{1}{2}\left(\cos\dfrac{\pi}{6}+i\sin\dfrac{\pi}{6}\right)$ とおいて，ド・モアブルの定理を用いると，α^n の実部が $\left(\dfrac{1}{2}\right)^n\cos\dfrac{n\pi}{6}$ となることがわかる。よって，$\dfrac{1}{2}(\alpha^n+\overline{\alpha^n})$ の極限を考える。

$a_n=\left(\dfrac{1}{2}\right)^n\cos\dfrac{n\pi}{6}$，$S_l=\sum_{n=0}^{l}a_n$ とおいて，$\lim_{l\to\infty}S_l$ を求める方法も考えられる。$a_{k+6m}=\left(-\dfrac{1}{64}\right)^m a_k$ であることを利用して $\lim_{N\to\infty}S_{6N-1}$ を求める。$\lim_{N\to\infty}S_{6N-1}$ が収束することがわかれば，$\lim_{n\to\infty}|a_n|=0$ を用いて $\lim_{l\to\infty}S_l$ を求めることができる。

解答　$\alpha=\dfrac{1}{2}\left(\cos\dfrac{\pi}{6}+i\sin\dfrac{\pi}{6}\right)$ とおくと，0 以上の整数 n に対して，ド・モアブルの定理より

$$\alpha^n=\left(\frac{1}{2}\right)^n\left(\cos\frac{n\pi}{6}+i\sin\frac{n\pi}{6}\right)$$

が成り立つから

$$\left(\frac{1}{2}\right)^n\cos\frac{n\pi}{6}=\frac{1}{2}(\alpha^n+\overline{\alpha^n})=\frac{1}{2}(\alpha^n+\overline{\alpha}^n)\quad\cdots\cdots①$$

よって，自然数 N に対して

$$\sum_{n=0}^{N-1}\left(\frac{1}{2}\right)^n\cos\frac{n\pi}{6}=\frac{1}{2}\left(\sum_{n=0}^{N-1}\alpha^n+\sum_{n=0}^{N-1}\overline{\alpha}^n\right)\quad\cdots\cdots②$$

$\alpha\neq1$，$\overline{\alpha}\neq1$ より

$$\sum_{n=0}^{N-1}\alpha^n+\sum_{n=0}^{N-1}\overline{\alpha}^n$$

$$=\frac{1-\alpha^N}{1-\alpha}+\frac{1-\overline{\alpha}^N}{1-\overline{\alpha}}$$

$$=\frac{(1-\alpha^N)(1-\overline{\alpha})+(1-\alpha)(1-\overline{\alpha}^N)}{(1-\alpha)(1-\overline{\alpha})}$$

$$=\frac{2-(\alpha+\overline{\alpha})-(\alpha^N+\overline{\alpha}^N)+\alpha\overline{\alpha}(\alpha^{N-1}+\overline{\alpha}^{N-1})}{(1-\alpha)(1-\overline{\alpha})}\quad\cdots\cdots③$$

ここで

$$0\leqq\left(\frac{1}{2}\right)^N\cos\frac{N\pi}{6}\leqq\left(\frac{1}{2}\right)^N,\ \lim_{N\to\infty}\left(\frac{1}{2}\right)^N=0$$

であるから，はさみうちの原理によって

$$\lim_{N\to\infty}\left(\frac{1}{2}\right)^N\cos\frac{N\pi}{6}=0$$

これと①より

$$\lim_{N\to\infty}(\alpha^N+\overline{\alpha}^N)=\lim_{N\to\infty}2\cdot\left(\frac{1}{2}\right)^N\cos\frac{N\pi}{6}=0\quad\cdots\cdots④$$

これより，$\lim_{N\to\infty}(\alpha^{N-1}+\overline{\alpha}^{N-1})=0$　……⑤ も成り立つ。

また

$$\alpha+\overline{\alpha}=\cos\frac{\pi}{6}=\frac{\sqrt{3}}{2},\ \alpha\overline{\alpha}=\left(\frac{1}{2}\right)^2=\frac{1}{4}\quad\cdots\cdots⑥$$

したがって

$$\sum_{n=0}^{\infty}\left(\frac{1}{2}\right)^n\cos\frac{n\pi}{6}=\lim_{N\to\infty}\frac{1}{2}\left(\sum_{n=0}^{N-1}\alpha^n+\sum_{n=0}^{N-1}\overline{\alpha}^n\right)\quad(\because\ ②)$$

$$=\frac{2-(\alpha+\overline{\alpha})}{2(1-\alpha)(1-\overline{\alpha})}\quad(\because\ ③,\ ④,\ ⑤)$$

$$=\frac{2-(\alpha+\overline{\alpha})}{2\{1-(\alpha+\overline{\alpha})+\alpha\overline{\alpha}\}}$$

$$=\frac{2-\frac{\sqrt{3}}{2}}{2\left(1-\frac{\sqrt{3}}{2}+\frac{1}{4}\right)}\quad(\because\ ⑥)$$

$$=\frac{4-\sqrt{3}}{5-2\sqrt{3}}$$

$$=\frac{14+3\sqrt{3}}{13}\quad\cdots\cdots(答)$$

参考　$\left(\sum_{n=0}^{N-1}\alpha^n\right.$ の実部を考えて，次のようにすることもできる$\Big)$

$\alpha^n=\left(\frac{1}{2}\right)^n\left(\cos\frac{n\pi}{6}+i\sin\frac{n\pi}{6}\right)$ より

$$\sum_{n=0}^{N-1}\alpha^n=\sum_{n=0}^{N-1}\left(\frac{1}{2}\right)^n\cos\frac{n\pi}{6}+i\sum_{n=0}^{N-1}\left(\frac{1}{2}\right)^n\sin\frac{n\pi}{6}\quad\cdots\cdots(*)$$

また，$\alpha\neq1$ であるから

$$\sum_{n=0}^{N-1}\alpha^n=\frac{1-\alpha^N}{1-\alpha}=\frac{1}{1-\alpha}-\frac{\alpha^N}{1-\alpha}$$

ここで

$$\frac{1}{1-\alpha}=\frac{1}{1-\frac{1}{2}\left(\frac{\sqrt{3}}{2}+\frac{1}{2}i\right)}$$

$$=\frac{4}{(4-\sqrt{3})-i}$$

$$=\frac{(4-\sqrt{3})+i}{5-2\sqrt{3}}$$

$$=\frac{(14+3\sqrt{3})+(5+2\sqrt{3})i}{13}$$

であるから，$\frac{\alpha^N}{1-\alpha}=p_N+q_Ni$（$p_N$，$q_N$ は実数）とおいて，$(*)$の実部を考えると

$$\sum_{n=0}^{N-1}\left(\frac{1}{2}\right)^n\cos\frac{n\pi}{6}=\frac{14+3\sqrt{3}}{13}-p_N\quad\cdots\cdots(**)$$

さらに，$0\leqq p_N\leqq\sqrt{p_N{}^2+q_N{}^2}=\left|\frac{\alpha^N}{1-\alpha}\right|=\frac{|\alpha^N|}{|1-\alpha|}$ で，$|\alpha|=\frac{1}{2}<1$ より

$\lim_{N\to\infty}|\alpha^N|=\lim_{N\to\infty}|\alpha|^N=0$ であるから　　$\lim_{N\to\infty}\frac{|\alpha^N|}{|1-\alpha|}=0$

よって，はさみうちの原理により　　$\lim_{N\to\infty}p_N=0$

これと$(**)$より

$$\sum_{n=0}^{\infty}\left(\frac{1}{2}\right)^n\cos\frac{n\pi}{6}=\lim_{N\to\infty}\sum_{n=0}^{N-1}\left(\frac{1}{2}\right)^n\cos\frac{n\pi}{6}=\frac{14+3\sqrt{3}}{13}$$

別解　＜周期性を用いる解法＞

$a_n=\left(\frac{1}{2}\right)^n\cos\frac{n\pi}{6}$，$S_l=\sum_{n=0}^{l}a_n$（$n$，$l$は0以上の整数）とおく。

$$\sum_{k=0}^{5}a_k=1+\frac{1}{2}\cdot\frac{\sqrt{3}}{2}+\left(\frac{1}{2}\right)^2\cdot\frac{1}{2}+\left(\frac{1}{2}\right)^4\cdot\left(-\frac{1}{2}\right)+\left(\frac{1}{2}\right)^5\left(-\frac{\sqrt{3}}{2}\right)$$
$$=\left(\frac{1}{2}\right)^6(64+16\sqrt{3}+8-2-\sqrt{3})$$
$$=\frac{5(14+3\sqrt{3})}{64}\quad\cdots\cdots(ア)$$

mを0以上の整数，$k=0$，1，2，3，4，5とすると

$$a_{k+6m}=\left(\frac{1}{2}\right)^{k+6m}\cos\left(\frac{k\pi}{6}+m\pi\right)$$
$$=\left(\frac{1}{2}\right)^{6m}\cdot\left(\frac{1}{2}\right)^k\cdot(-1)^m\cos\frac{k\pi}{6}$$
$$=\left(\frac{1}{64}\right)^m\cdot(-1)^m\cdot\left(\frac{1}{2}\right)^k\cos\frac{k\pi}{6}$$
$$=\left(-\frac{1}{64}\right)^m a_k$$

よって，Nを自然数として

$$S_{6N-1}=\sum_{m=0}^{N-1}\sum_{k=0}^{5}a_{k+6m}$$
$$=\sum_{m=0}^{N-1}\sum_{k=0}^{5}\left(-\frac{1}{64}\right)^m a_k$$
$$=\sum_{m=0}^{N-1}\left(-\frac{1}{64}\right)^m\cdot\frac{5(14+3\sqrt{3})}{64}\quad(\because\ (ア))$$

$\left|-\frac{1}{64}\right|<1$であるから

$$\lim_{N\to\infty}S_{6N-1}=\frac{5(14+3\sqrt{3})}{64}\cdot\frac{1}{1+\frac{1}{64}}=\frac{14+3\sqrt{3}}{13}\quad\cdots\cdots(イ)$$

また，$\left|\cos\frac{n\pi}{6}\right|\leqq 1$より$0\leqq|a_n|\leqq\left(\frac{1}{2}\right)^n$と$\lim_{n\to\infty}\left(\frac{1}{2}\right)^n=0$から，はさみうちの原理により

$$\lim_{n\to\infty}|a_n|=0\quad すなわち\quad \lim_{n\to\infty}a_n=0\quad\cdots\cdots(ウ)$$

$k=1,\ 2,\ 3,\ 4,\ 5$ に対して

$$S_{6N-1-k}=S_{6N-1}-(a_{6N-1}+a_{6N-2}+\cdots+a_{6N-k})$$

であるから，(イ)，(ウ)より

$$\lim_{N\to\infty}S_{6N-1-k}=\frac{14+3\sqrt{3}}{13}$$

したがって　　$\displaystyle\sum_{n=0}^{\infty}\left(\frac{1}{2}\right)^n\cos\frac{n\pi}{6}=\lim_{l\to\infty}S_l=\frac{14+3\sqrt{3}}{13}$

◀解　説▶

≪三角関数を含む無限級数の和≫

（等比）×（cos）型の無限級数の和を求める問題である。問題集や参考書にある $\displaystyle\sum_{n=0}^{\infty}\left(\frac{1}{2}\right)^n\cos\frac{n\pi}{2}$ であれば無限等比級数を考えて求めることができるが，$\cos\dfrac{n\pi}{6}$ となっているのでそう簡単にはいかない。

複素数の極形式，ド・モアブルの定理を用いて，複素数の実部を考えるとわかりやすい。教科書では複素数の極限は定義されていない。したがって，複素数 α に対して $\displaystyle\lim_{N\to\infty}\alpha^N$ という表現は避けるべきである。$\alpha^N+\overline{\alpha}^N$（$=\alpha^N+\overline{\alpha^N}$），$\alpha\overline{\alpha}$ は実数なので lim を使っても問題ない。〔解答〕，〔参考〕ではこういうことにも注意して記述した。問題文に「和」とあるので収束すると考えられるが，収束することも含めて解答しておくべきである。部分和，はさみうちの原理を用いるとよい。

〔別解〕では，余弦の周期性を利用した。$\displaystyle\lim_{N\to\infty}S_{6N-1}$ を求め（この値を S とする），$\displaystyle\lim_{n\to\infty}a_n=0$ であることから

$$\lim_{N\to\infty}S_{6N-2}=\lim_{N\to\infty}(S_{6N-1}-a_{6N-1})=S-0=S$$

$\displaystyle\lim_{N\to\infty}S_{6N-3}$，$\displaystyle\lim_{N\to\infty}S_{6N-4}$，$\displaystyle\lim_{N\to\infty}S_{6N-5}$，$\displaystyle\lim_{N\to\infty}S_{6N-6}$ も同様に S となることから $\displaystyle\lim_{l\to\infty}S_l$ が収束し，和は S である。

4

◇発想◇　曲線の長さの公式を用いる。まず $\sqrt{1+\left(\frac{dy}{dx}\right)^2}$ を計算する。積分区間に注意して，できるだけ簡単な式に変形する。次に定積分の計算である。置換積分，部分分数分解の利用を考える。

解答　$y=\log(1+\cos x)$ より，$\frac{dy}{dx}=-\frac{\sin x}{1+\cos x}$ であるから

$$\sqrt{1+\left(\frac{dy}{dx}\right)^2}=\sqrt{1+\frac{\sin^2 x}{(1+\cos x)^2}}$$
$$=\sqrt{\frac{(1+\cos x)^2+\sin^2 x}{(1+\cos x)^2}}$$
$$=\sqrt{\frac{2(1+\cos x)}{(1+\cos x)^2}}$$
$$=\sqrt{\frac{2}{1+\cos x}}$$
$$=\sqrt{\frac{1}{\cos^2\frac{x}{2}}}$$

$0\leqq x\leqq\frac{\pi}{2}$ のとき，$0\leqq\frac{x}{2}\leqq\frac{\pi}{4}$ より $\cos\frac{x}{2}>0$ であるから

$$\sqrt{1+\left(\frac{dy}{dx}\right)^2}=\frac{1}{\cos\frac{x}{2}}$$

よって，求める長さを L とすると

$$L=\int_0^{\frac{\pi}{2}}\frac{dx}{\cos\frac{x}{2}}=\int_0^{\frac{\pi}{2}}\frac{\cos\frac{x}{2}}{\cos^2\frac{x}{2}}dx=\int_0^{\frac{\pi}{2}}\frac{\cos\frac{x}{2}}{1-\sin^2\frac{x}{2}}dx$$

$\sin\frac{x}{2}=u$ とおくと，$\frac{1}{2}\cos\frac{x}{2}dx=du$ で

x	$0\to\frac{\pi}{2}$
u	$0\to\frac{1}{\sqrt{2}}$

であるから

$$L=\int_0^{\frac{1}{\sqrt{2}}}\frac{2}{1-u^2}du$$

$$=\int_0^{\frac{1}{\sqrt{2}}}\left(\frac{1}{1+u}+\frac{1}{1-u}\right)du$$

$$=\Big[\log|1+u|-\log|1-u|\Big]_0^{\frac{1}{\sqrt{2}}}$$

$$=\log\left(1+\frac{1}{\sqrt{2}}\right)-\log\left(1-\frac{1}{\sqrt{2}}\right)$$

$$=\log\frac{\sqrt{2}+1}{\sqrt{2}-1}$$

$$=2\log(\sqrt{2}+1)\quad\cdots\cdots(\text{答})$$

◀解　説▶

≪曲線の長さ≫

曲線の長さを求める問題で，公式を用い，定積分の計算を行うものである。

曲線 $y=f(x)$ $(a\leqq x\leqq b)$ の長さは

$$\int_a^b\sqrt{1+\left(\frac{dy}{dx}\right)^2}\,dx=\int_a^b\sqrt{1+\{f'(x)\}^2}\,dx$$

曲線 $x=f(t)$，$y=g(t)$ $(\alpha\leqq t\leqq\beta)$ の長さは

$$\int_\alpha^\beta\sqrt{\left(\frac{dx}{dt}\right)^2+\left(\frac{dy}{dt}\right)^2}\,dt=\int_\alpha^\beta\sqrt{\{f'(t)\}^2+\{g'(t)\}^2}\,dt$$

で求められる。$\sqrt{1+\left(\frac{dy}{dx}\right)^2}$ の計算では，半角の公式を用い，$\cos\frac{x}{2}>0$ を確認して $\sqrt{\quad}$ をはずす。定積分の計算では

$$\frac{1}{\cos\frac{x}{2}}=\frac{2\left(\sin\frac{x}{2}\right)'}{1-\sin^2\frac{x}{2}}\quad,\quad\frac{2}{1-u^2}=\frac{1}{1+u}+\frac{1}{1-u}$$

と変形することがポイントとなる。

5

◆発想◆ (1)　外心Kは辺 BC の垂直二等分線上にあるから，半径を求めて利用する方法と，△KBC が二等辺三角形であることを利用する方法が考えられる。

(2)　垂心をHとすると，AH⊥BC かつ BH⊥CA から，直線の傾きを利用する方法と，ベクトルの内積を利用する方法が考えられ

る。

解答　(1)　△ABC の外接円の半径を R とすると，正弦定理より

$$2R=\frac{\mathrm{BC}}{\sin\angle\mathrm{BAC}}=\frac{2\sqrt{3}}{\sin\frac{\pi}{3}}=4\quad すなわち\quad R=2$$

△ABC の外心を K とすると，K は辺 BC の垂直二等分線である y 軸上にあるから，K の座標を $(0,\ k)$ とおくと，$\mathrm{KB}^2=R^2$ より

$$3+(k+1)^2=4\quad よって\quad k=0,\ -2$$

$k=-2$ のとき，外接円の方程式は $x^2+(y+2)^2=4$ となり，常に $y\leqq 0$ であるから，A の y 座標が正であることに反する。

$k=0$ のとき，外接円の方程式は $x^2+y^2=4$ となり，(＊)を満たす。

よって，△ABC の外心の座標は　　$(0,\ 0)$　……(答)

(2)　(1)より，点 A は円 $x^2+y^2=4$ の $y>0$ の部分を動く。

A の座標を $(a,\ b)$ とおくと

$$a^2+b^2=4,\quad -2<a<2,\quad b>0\quad ……①$$

△ABC の垂心を $\mathrm{H}(X,\ Y)$ とおくと，H は A を通り BC に垂直な直線 $x=a$ と，B を通り CA に垂直な直線

$$y+1=-\frac{a-\sqrt{3}}{b+1}(x+\sqrt{3})$$

の交点であるから

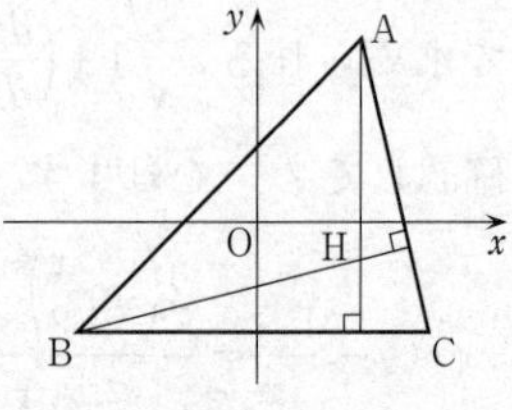

$$\begin{cases} X=a & ……② \\ Y+1=-\dfrac{a-\sqrt{3}}{b+1}(X+\sqrt{3}) & ……③ \end{cases}$$

②を③に代入して

$$\begin{aligned} Y+1&=-\frac{(a-\sqrt{3})(a+\sqrt{3})}{b+1} \\ &=-\frac{a^2-3}{b+1} \\ &=\frac{b^2-1}{b+1}\quad (\because\ ①) \\ &=b-1 \end{aligned}$$

よって　　$b = Y + 2$

これと②を①に代入して

$$X^2 + (Y+2)^2 = 4,\quad -2 < X < 2,\quad Y > -2$$

したがって，求める軌跡は

点 $(0,\ -2)$ を中心とする半径 2 の円の $y > -2$ の部分　……(答)

別解　(1)　＜二等辺三角形を用いた解法＞

△ABC の外心を K とする。K は辺 BC の垂直二等分線である y 軸上にあるから，K の座標を $(0,\ k)$ とすると，(＊)より

$$\angle \mathrm{BKC} = 2\angle \mathrm{BAC} = \frac{2}{3}\pi,\quad k > -1$$

である。△KBC は KB = KC の二等辺三角形であるから

$$\angle \mathrm{KBC} = \frac{1}{2}\left(\pi - \frac{2}{3}\pi\right) = \frac{\pi}{6}$$

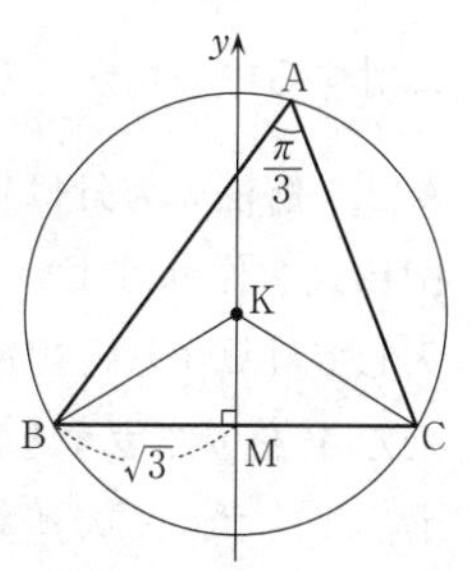

辺 BC の中点を M とすると $\angle \mathrm{KMB} = \dfrac{\pi}{2}$ であるから

$$\mathrm{KM} = \mathrm{BM}\tan\frac{\pi}{6} = \sqrt{3}\cdot\frac{1}{\sqrt{3}} = 1$$

これと M$(0,\ -1)$，$k > -1$ より　　$k = 0$

よって，△ABC の外心の座標は $(0,\ 0)$ である。

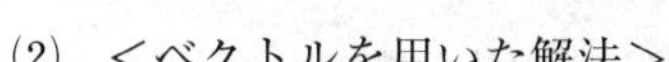

(2)　＜ベクトルを用いた解法＞

(①までは〔解答〕と同じ)

△ABC の垂心を H$(X,\ Y)$ とおく。

$\overrightarrow{\mathrm{AH}} = (X-a,\ Y-b)$，$\overrightarrow{\mathrm{BH}} = (X+\sqrt{3},\ Y+1)$，$\overrightarrow{\mathrm{BC}} = (2\sqrt{3},\ 0)$，$\overrightarrow{\mathrm{CA}} = (a-\sqrt{3},\ b+1)$ で，「$\overrightarrow{\mathrm{AH}} \perp \overrightarrow{\mathrm{BC}}$」かつ「$\overrightarrow{\mathrm{BH}} = \vec{0}$ または $\overrightarrow{\mathrm{BH}} \perp \overrightarrow{\mathrm{CA}}$」より，$\overrightarrow{\mathrm{AH}}\cdot\overrightarrow{\mathrm{BC}} = 0$ かつ $\overrightarrow{\mathrm{BH}}\cdot\overrightarrow{\mathrm{CA}} = 0$ であるから

$$\begin{cases} 2\sqrt{3}\,(X-a) = 0 & \cdots\cdots(ア) \\ (X+\sqrt{3})(a-\sqrt{3}) + (Y+1)(b+1) = 0 & \cdots\cdots(イ) \end{cases}$$

(ア)より　　$X = a$

これを(イ)に代入して

$$(a^2 - 3) + (Y+1)(b+1) = 0$$

①より $a^2 - 3 = 1 - b^2$ であるから

$$1-b^2+(Y+1)(b+1)=0$$

$$(b+1)(Y+2-b)=0$$

$b+1\neq 0$ より　　$b=Y+2$

(以下,〔解答〕と同じ)

◀解　説▶

≪三角形の外心，垂心の軌跡≫

底辺を固定し，頂角が $\dfrac{\pi}{3}$ であるように動くときの△ABC の垂心の軌跡を求める問題である。

▶(1)　図を描けば容易にわかるが，何らかの説明は必要である。〔解答〕は正弦定理で外接円の半径を求めて利用した。〔別解〕は外接円の弧 BC に対する中心角が $\dfrac{2}{3}\pi$ であることを利用した。

▶(2)　解法の方針ははっきりしている。①，②，③を連立して X と Y の関係式を作ればよい。$a=X$ を③に代入して b を X と Y で表し，①に代入して計算すると複雑になる。②を③に代入し，さらに①を用いて，いったん Y を b で表すと計算が楽になる。〔別解〕のようにベクトルを用いても，①，(ア)，(イ)の連立方程式を解くことになり，〔解答〕と同様の計算をすることになる。$\angle\mathrm{ABC}=\dfrac{\pi}{2}$ $\left(\angle\mathrm{ACB}=\dfrac{\pi}{2}\right)$ のとき，H と B（C）が一致するので，〔解答〕および〔別解〕では考慮して記述した。

6

◇発想◇　問１．n が２以上の整数で素数でないとき，２以上の整数 p, q を用いて，$n=pq$ と表されることを利用して，もとの命題の対偶を示す，または背理法で示すことを考える。$3^{pq}-2^{pq}$ が２以上の整数の積で表されることを示せばよい。

問２．曲線上の点 $(t,\ f(t))$ における接線が原点を通るような t の条件を求め，それを満たす t が存在することを示す。平均値の定理を使うことを思い浮かべ，t の存在を示すことができるような関数を考える。

解答　問１．n を２以上の整数とする。示すべき命題の対偶「n が素数でないならば，3^n-2^n は素数でない」を示す。

n が素数でないならば，２以上の整数 p，q を用いて，$n=pq$ と表される。このとき

$$\begin{aligned}&3^n-2^n\\&=(3^p)^q-(2^p)^q\\&=(3^p-2^p)\{(3^p)^{q-1}+(3^p)^{q-2}\cdot 2^p+(3^p)^{q-3}\cdot(2^p)^2+\cdots+(2^p)^{q-1}\}\end{aligned}$$

ここで，3^p-2^p，$(3^p)^{q-1}+(3^p)^{q-2}\cdot 2^p+(3^p)^{q-3}\cdot(2^p)^2+\cdots+(2^p)^{q-1}$ はともに整数である。また，$p\geqq 2$ であるから

$$\begin{aligned}3^p-2^p&=(3-2)(3^{p-1}+3^{p-2}\cdot 2+3^{p-3}\cdot 2^2+\cdots+2^{p-1})\\&\geqq 1\cdot(3^{p-1}+2^{p-1})\geqq 3+2=5\end{aligned}$$

さらに，$q\geqq 2$ であるから

$$\begin{aligned}&(3^p)^{q-1}+(3^p)^{q-2}\cdot 2^p+(3^p)^{q-3}\cdot(2^p)^2+\cdots+(2^p)^{q-1}\\&\geqq(3^p)^{q-1}+(2^p)^{q-1}\geqq 3^2+2^2=13\end{aligned}$$

よって，3^n-2^n は２以上の２つの整数の積で表されるから素数でない。

したがって，対偶が真であるから，もとの命題も真である。

すなわち，3^n-2^n が素数ならば n も素数である。　　（証明終）

問２．曲線 $y=f(x)$ 上の点 $(t,\ f(t))$ における接線の方程式は

$$y-f(t)=f'(t)(x-t)$$

この接線が原点を通る条件は

$$-f(t)=-tf'(t)\quad \text{すなわち}\quad tf'(t)-f(t)=0\quad \cdots\cdots①$$

が成り立つような実数 t が存在することである。

$g(x)=\dfrac{f(x)}{x}$ $(x\neq 0)$ とおくと，$f(x)$ は微分可能であるから，$g(x)$ は $1\leqq x\leqq a$ で連続，$1<x<a$ で微分可能である。よって，平均値の定理より

$$\frac{g(a)-g(1)}{a-1}=g'(c)\quad \cdots\cdots②,\ 1<c<a$$

を満たす実数 c が存在する。

$$g'(x)=\frac{xf'(x)-f(x)}{x^2}$$

と②より

$$\frac{\dfrac{f(a)}{a}-f(1)}{a-1}=\frac{cf'(c)-f(c)}{c^2}$$

であるから

$$cf'(c)-f(c)=\frac{c^2\{f(a)-af(1)\}}{a(a-1)}=0\quad(\because\ \ f(a)=af(1))$$

したがって，$t=c$ とすると①を満たすから，曲線 $y=f(x)$ 上の点 $(c,\ f(c))$ における接線は原点を通る。

ゆえに，曲線 $y=f(x)$ の接線で原点を通るものが存在する。

（証明終）

◀解　説▶

≪問１．素数であることの証明　問２．平均値の定理≫

▶問１．対偶法または背理法を用いた素数に関する証明問題である。〔解答〕は対偶法で示した。$3^{pq}-2^{pq}$ を因数分解することで，3^n-2^n が２以上の２つの整数の積で表されることがわかる。背理法では，3^n-2^n が素数かつ n が２以上の整数で素数でない（n は合成数）として矛盾を導くが，3^n-2^n が２以上の２つの整数の積で表されることと，3^n-2^n が素数であることが矛盾することになるので，本質的には対偶法と変わらない。

▶問２．平均値の定理はロルの定理から証明でき，ロルの定理は平均値の定理の特別な場合である。

「ロル（Rolle）の定理：

関数 $g(x)$ が閉区間 $[\alpha,\ \beta]$ で連続，開区間 $(\alpha,\ \beta)$ で微分可能で $g(\alpha)=g(\beta)$ ならば

$$g'(c)=0,\ \ \alpha<c<\beta$$

を満たす実数 c が存在する」

本問では，$f(a)=af(1)$ であるから $\dfrac{f(1)}{1}=\dfrac{f(a)}{a}$ $(a\neq 0)$ が成り立つ。

したがって，$g(x)=\dfrac{f(x)}{x}$ ……(＊) とおけば $g(1)=g(a)$ を満たし，ロルの定理が使えるので，(＊)とおくことに気づく。〔解答〕は平均値の定理を用いたが，ロルの定理を用いて証明することもできる。

❖講　評

「数学Ⅲ」を中心に，整数，図形，確率に関する問題で，例年通り頻出分野から出題されている。5が関連のある小問 2 問，1 6がともに独立した小問 2 問の構成になっているのが 2021 年度の特徴である。

1　問 1 が空間図形，問 2 が確率からの出題で，ともに方針の立てやすい問題である。雑に解こうとするとミスをしやすいので注意したい。

2　「数学Ⅲ」の微分法の問題。分数関数の微分をする前に少し工夫がいるが，計算は容易である。

3　三角関数を含む無限級数の問題。三角関数の扱い方を考えるのに時間がかかるかもしれない。記述方法にも注意が必要である。

4　曲線の長さを求める典型問題。公式を使って立式し，置換積分法を用いて計算するだけなので取り組みやすい。

5　三角形の外心と垂心を題材にした軌跡の問題。計算を少し工夫しないと時間がかかってしまうので注意が必要である。

6　証明問題 2 問。問 1 は因数分解に気づくか，問 2 は平均値の定理の利用に気づき適切な関数を作れるか，ということが試されている。

2021 年度は全体的に取り組みやすい問題が多く，2020 年度より易化した。1 2はやや易，4 5は標準問題である。3 6は少しレベルの高い問題で，方針を立てるまで少し時間がかかるが，記述量は多くない。2021 年度は記述の精度によって大きな差がついたであろう。論理的で評価の高い答案の書き方をマスターしておきたい。

物理

I

解答 (1) ア．$\sqrt{V^2-2gh}$ イ．$\sqrt{1-\dfrac{V^2\cos^2\theta}{V^2-2gh}}$

ウ．$-mV_0+MV_0$ エ．$-2V_0$ オ．$\dfrac{3M-m}{M+m}V_0$ カ．$\dfrac{M-3m}{M+m}V_0$

キ．3 ク．2 ケ．$\dfrac{2V^2}{g}\sin^2\theta-3h$

(2) コ．$a_{n-1}+1$ サ．$n+1$

シ．$\dfrac{(n+1)^2V^2\sin^2\theta}{2g}-n(n+2)h$

問1．(i) n 回目の衝突直前の小球の速度は $-a_{n-1}V_0$，ボールの速度は V_0，衝突直後の小球の速度は a_nV_0，ボールの速度は0であるから，運動量保存則より

$$-ma_{n-1}V_0+M_nV_0=ma_nV_0$$
$$M_n=(a_{n-1}+a_n)m$$

サの結果より，$a_n=n+1$ であるから

$$M_n=(n+n+1)m=(2n+1)m$$

$$\therefore\quad \frac{M_n}{m}=2n+1\text{ 倍}\quad\cdots\cdots(\text{答})$$

(ii) (i)の結果より，$2n+1\leqq 10$ であるから，n の上限は4である。$h=0$ のとき，シの結果より

$$h_n=\frac{(n+1)^2V^2}{2g}\sin^2\theta$$

よって $\dfrac{h_n}{h_0}=(n+1)^2$

したがって，$n=4$ のとき

$$\frac{h_4}{h_0}=25\text{ 倍}\quad\cdots\cdots(\text{答})$$

◀解　説▶

≪斜方投射，２物体の繰り返し衝突≫

(1)　▶ア．投げ上げた点を重力の位置エネルギーの基準点として，小球の力学的エネルギー保存則より

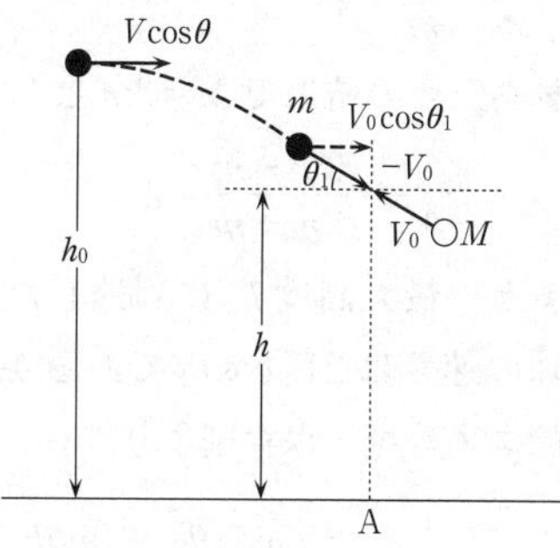

$$\frac{1}{2}mV^2=\frac{1}{2}mV_0{}^2+mgh$$

$$\therefore\quad V_0=\sqrt{V^2-2gh}$$

▶イ．衝突直前まで小球の水平方向の速さは変わらないから

$$V_0\cos\theta_1=V\cos\theta$$

$$V_0{}^2(1-\sin^2\theta_1)=V^2\cos^2\theta$$

アの結果より

$$(V^2-2gh)(1-\sin^2\theta_1)=V^2\cos^2\theta$$

$$\sin^2\theta_1=1-\frac{V^2\cos^2\theta}{V^2-2gh}$$

$$\therefore\quad \sin\theta_1=\sqrt{1-\frac{V^2\cos^2\theta}{V^2-2gh}}$$

▶ウ．図１(b)より，運動量保存則は

$$mv_1+Mw_1=-mV_0+MV_0$$

▶エ．はねかえり係数が１であるから

$$1=-\frac{v_1-w_1}{-V_0-V_0}=-\frac{v_1-w_1}{-2V_0}$$

▶オ・カ．エの結果より

$$w_1=v_1-2V_0$$

ウの結果に代入して

$$mv_1+M(v_1-2V_0)=-mV_0+MV_0$$

$$(M+m)v_1=(3M-m)V_0$$

$$\therefore\quad v_1=\frac{3M-m}{M+m}V_0$$

よって

$$w_1=\frac{3M-m}{M+m}V_0-2V_0=\frac{M-3m}{M+m}V_0$$

▶キ．カの結果で $w_1=0$ として

$$\frac{M}{m}=3$$

▶ク．オの結果で $M=3m$ として

$$\frac{v_1}{V_0}=\frac{9m-m}{3m+m}=2$$

▶ケ．最大高度 h_1 に到達したときの小球の速さは $2V_0\cos\theta_1$ であるから，力学的エネルギー保存則より

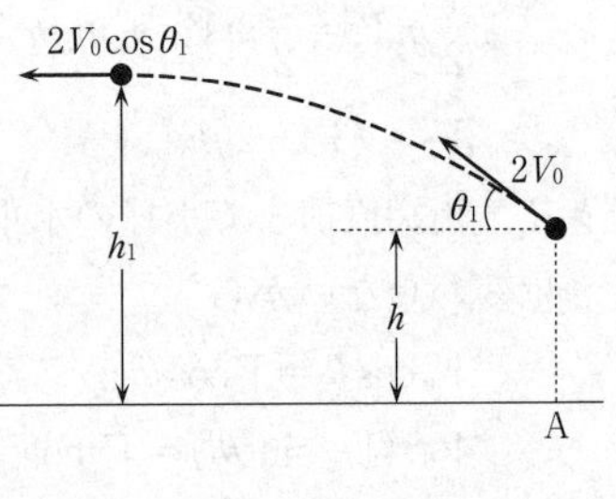

$$\frac{1}{2}m(2V_0\cos\theta_1)^2+mgh_1$$

$$=\frac{1}{2}m(2V_0)^2+mgh$$

$$h_1-h=\frac{2V_0{}^2}{g}(1-\cos^2\theta_1)=\frac{2V_0{}^2}{g}\sin^2\theta_1$$

ア，イの結果を用いて

$$h_1-h=\frac{2}{g}\cdot(V^2-2gh)\cdot\left(1-\frac{V^2\cos^2\theta}{V^2-2gh}\right)$$

$$=\frac{2}{g}(V^2-2gh-V^2\cos^2\theta)$$

$$=\frac{2V^2}{g}\sin^2\theta-4h$$

$$\therefore\quad h_1=\frac{2V^2}{g}\sin^2\theta-3h$$

(2)　▶コ．n 回目の衝突直後の小球の速度成分が $v_n=a_nV_0$ のとき，衝突直前の小球の速度成分は，$n-1$ 回目の速度成分の向きが逆になっていることに注意すると，$-v_{n-1}=-a_{n-1}V_0$ である。

よって，はねかえり係数が1であるから

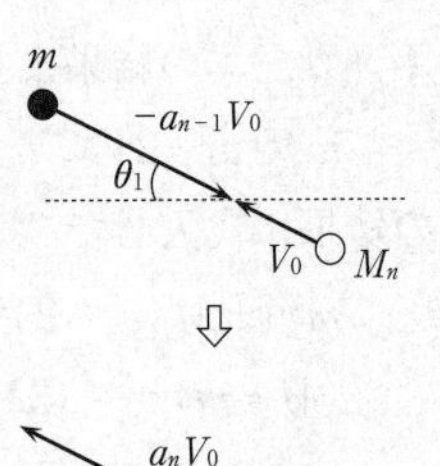

$$1=-\frac{a_nV_0-0}{-a_{n-1}V_0-V_0}$$

$$\therefore\quad a_n=a_{n-1}+1$$

▶サ．(1)クの結果より $a_1=2$ であるから，a_n は初項が2，公差が1の等差数列である。よって

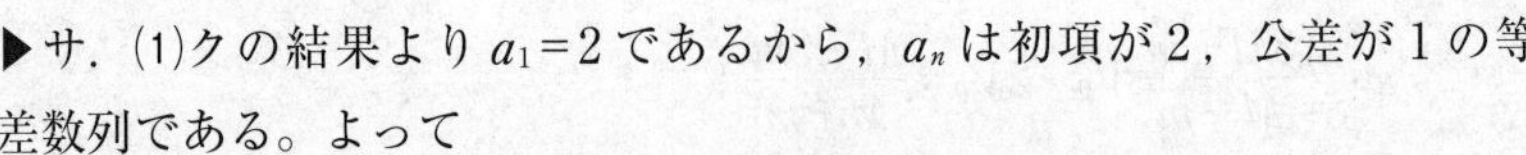

$$a_n=2+(n-1)\times 1$$
$$=n+1$$

▶シ．同じ高度 h で衝突するとき，運動の対称性より速度の方向と水平面とのなす角は常に θ_1 である。$v_n=(n+1)V_0$ であるから，$n+1$ 回目の衝突前に小球が到達する最大高度を h_n とすると，ケと同様，力学的エネルギー保存則より

$$\frac{1}{2}m\{(n+1)V_0\cos\theta_1\}^2+mgh_n=\frac{1}{2}m\{(n+1)V_0\}^2+mgh$$

$$h_n-h=\frac{(n+1)^2}{2g}\cdot V_0{}^2(1-\cos^2\theta_1)=\frac{(n+1)^2}{2g}\cdot V_0{}^2\sin^2\theta_1$$

ア，イの結果を用いて

$$h_n-h=\frac{(n+1)^2}{2g}(V^2\sin^2\theta-2gh)$$

$$=\frac{(n+1)^2V^2\sin^2\theta}{2g}-(n+1)^2h$$

$$\therefore\quad h_n=\frac{(n+1)^2V^2\sin^2\theta}{2g}-n(n+2)h$$

▶問１．(i)　コと同様，n 回目の衝突直前の速度が $-a_{n-1}V_0$ であることに注意し，運動量保存則の式を作ればよい。

(ii)　(i)の結果から n の上限が求まる。$h=0$ のときは，シの結果から n が大きいほど h_n は大きいとしてよい。

II　解答

(1)　イ．$\dfrac{\pi L^2B}{2T}$　ロ．$\dfrac{\pi L^2B}{2TR}$　ハ．RI^2　ニ．$\dfrac{Q}{C}I$

ホ．$\dfrac{\pi L^2IB}{2T}$

(2)　ヘ．$\dfrac{\pi L^2BC}{2T}$　ト．RC

問１．

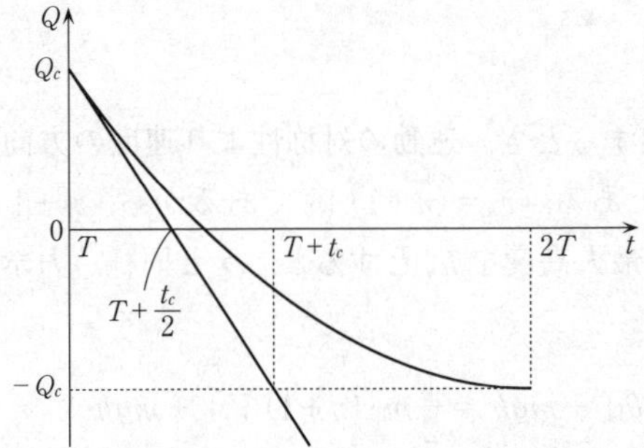

(3)　チ．$1-x$　リ．$-(1-x)^2$　ヌ．$(1-x)(1-x+x^2)$

問２．式(iii)で，$Q_\infty=Q_c$，$Q_0=-\frac{4}{9}Q_c$，$Q(t_1)=\frac{4}{9}Q_c$ とすればよいから，

$t_1-t_0=T$ として

$$\frac{4}{9}Q_c=Q_c+\left(-\frac{4}{9}Q_c-Q_c\right)x$$

$$\frac{13}{9}x=\frac{5}{9}\qquad\therefore\quad x=\frac{5}{13}\quad\cdots\cdots(\text{答})$$

ここで，$a=\frac{1}{t_c}$ より $x=e^{-\frac{T}{t_c}}$ であるから

$$e^{\frac{T}{t_c}}=\frac{1}{x}=\frac{13}{5}=2.6$$

$e\fallingdotseq 2.72$ を考慮すると

$$\frac{T}{t_c}<1\qquad\therefore\quad T<t_c\quad\cdots\cdots(\text{答})$$

◀解　説▶

≪折り返し回転する導体棒の起電力，コンデンサーの充電≫

(1)　▶イ．角速度 $\omega=\frac{\pi}{T}$ のとき，時間 Δt の間に閉回路 OPYO を貫く磁束密度の増加 $\Delta\Phi$ は

$$\Delta\Phi=B\cdot\pi L^2\cdot\frac{\omega\Delta t}{2\pi}$$

$$=\frac{\pi L^2B}{2T}\Delta t$$

よって，起電力の大きさ V は

$$V=\frac{\Delta\Phi}{\Delta t}=\frac{\pi L^2B}{2T}$$

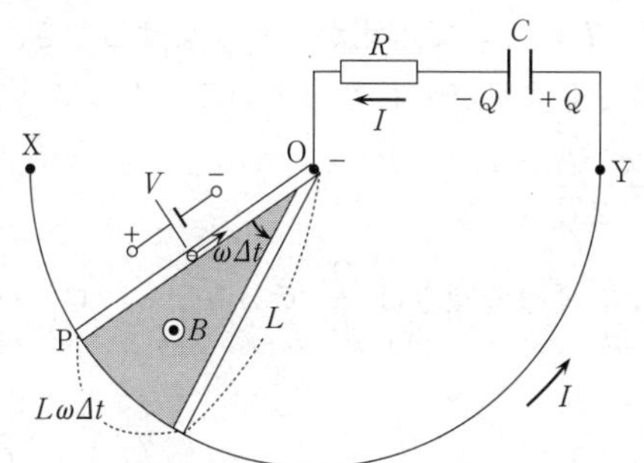

導体棒中の自由電子はP→O の向きにローレンツ力を受けて動くから，電流はO→P の向きに流れ出す。この向きが正であるから，Vの符号は正である。

▶ロ．電流Iは正の向きに流れ出す。最初，コンデンサーの電位差は0であるから，$t=0$での電流をI_0とすると，イの結果より

$$V=RI_0 \qquad \therefore\quad I_0=\frac{V}{R}=\frac{\pi L^2B}{2TR}$$

▶ハ．抵抗に流れる電流Iが変化しないとき，Δtの間に抵抗で消費されるジュール熱をW_Rとすると

$$W_R=RI^2\times\Delta t$$

▶ニ．コンデンサーに蓄えられる電荷がQから$Q+\Delta Q$に変化するとき，静電エネルギーの増加量をΔUとすると，$(\Delta Q)^2$の項を無視して

$$\begin{aligned}\Delta U&=\frac{(Q+\Delta Q)^2}{2C}-\frac{Q^2}{2C}\\&=\frac{2Q\Delta Q+(\Delta Q)^2}{2C}\\&\fallingdotseq\frac{Q}{C}\Delta Q=\frac{Q}{C}I\times\Delta t\end{aligned}$$

▶ホ．$V=IR+\dfrac{Q}{C}$に注意すると，イ，ハ，ニの結果より

$$\begin{aligned}W_R+\Delta U&=\{RI^2+(V-RI)I\}\Delta t\\&=IV\Delta t\end{aligned}$$

$$=\frac{\pi L^2 IB}{2T}\times\Delta t$$

(2)　▶へ．時刻 $t=T$ において電流が 0 とみなせるとき，コンデンサーは充電が終了していて電位差が V になっている。よって

$$Q_c=CV=\frac{\pi L^2 BC}{2T}$$

▶ト．$t=0$ における接線の傾きは $\frac{Q_c}{t_c}$ であるから，ロ，への結果を用いると

$$I_0=\frac{Q_c}{t_c}$$

$$\therefore\quad t_c=\frac{Q_c}{I_0}=\frac{2TR}{\pi L^2 B}\cdot\frac{\pi L^2 BC}{2T}=RC$$

▶問1．折り返すと起電力の向きが逆になるので，$t=T$ での電流を I_0' とすると，電荷は Q_c であるから，キルヒホッフの第2法則より

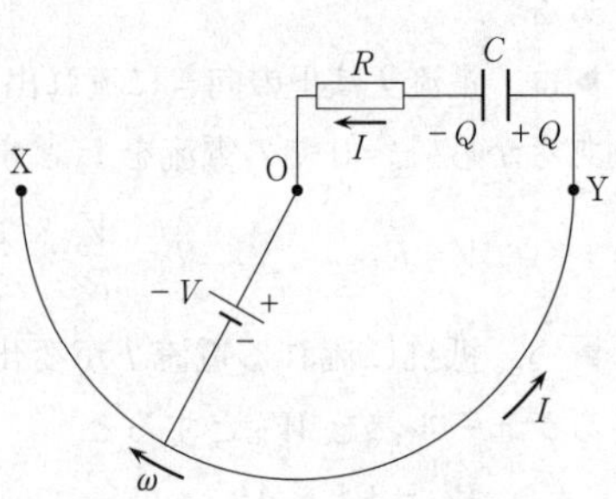

$$-V=RI_0'+\frac{Q_c}{C}$$

$t=T$ のとき $V=\frac{Q_c}{C}$ であるから，$t_c=RC$ を用いると

$$I_0'=-\frac{2Q_c}{RC}=-\frac{2Q_c}{t_c}$$

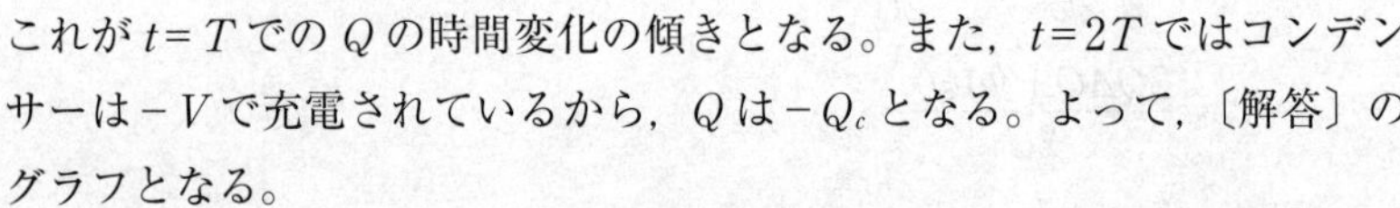
これが $t=T$ での Q の時間変化の傾きとなる。また，$t=2T$ ではコンデンサーは $-V$ で充電されているから，Q は $-Q_c$ となる。よって，〔解答〕のグラフとなる。

(3)　▶チ．$0\leqq t\leqq T$ のとき，Q_0 は $t_0=0$ での電気量，Q_∞ は導体棒が Y に到達する前に充電が終了したときの電気量であるから，$Q_0=0$，$Q_\infty=Q_c$ である。

よって，式(iii)で $t-t_0=T$ に注意すると

$$Q(T)=Q_c-Q_c e^{-aT}$$

$x=e^{-aT}$ であるから

$$Q(T)=(1-x)\times Q_c$$

▶リ．$T\leqq t\leqq 2T$ のとき，$Q_0=Q(T)=(1-x)Q_c$，Q_∞ は導体棒が折り返して X に到達する前に充電が終了したときの電気量 $-Q_c$ であるから

$$\begin{aligned}Q(2T)&=-Q_c+\{(1-x)Q_c+Q_c\}e^{-a(2T-T)}\\&=-Q_c+(2-x)xQ_c\\&=-(1-x)^2\times Q_c\end{aligned}$$

▶ヌ．$2T\leqq t\leqq 3T$ のとき　　$Q_0=Q(2T)=-(1-x)^2Q_c$

Q_∞ は導体棒が再び折り返したから，チと同じく Q_c である。よって

$$\begin{aligned}Q(3T)&=Q_c+\{-(1-x)^2Q_c-Q_c\}e^{-a(3T-2T)}\\&=Q_c+\{-(1-x)^2-1\}xQ_c\\&=\{1-(1-x)^2x-x\}Q_c\\&=(1-x)(1-x+x^2)\times Q_c\end{aligned}$$

▶問 2．時間が経過しても最大値は $\dfrac{4}{9}Q_c$，最小値は $-\dfrac{4}{9}Q_c$ のまま一定であるから，$t=t_0$ のとき $Q_0=-\dfrac{4}{9}Q_c$，$t_1=t_0+T$ のとき $Q(t_1)=\dfrac{4}{9}Q_c$ となる。

$Q_\infty=Q_c$ であるから，これらから x が求まる。

T と t_c の大小関係は，与えられた e の値から考えればよい。

III　解答

(1)　あ．$2d\sin\theta$　い．$2d\sin\theta=k\lambda$

(2)　う．$\cos\theta=n\cos\theta'$　え．$\dfrac{\lambda}{n}$　お．$\dfrac{4\pi d}{\lambda}\sqrt{n^2-\cos^2\theta}$

か．$2d\sqrt{n^2-\cos^2\theta}=k\lambda$

(3)　き．$\dfrac{\lambda_0}{\sqrt{1-\dfrac{2gs}{{v_0}^2}}}$

問 1．きの波長を λ とすると，位相差 $\Delta\theta$ は近似式を用いて

$$\begin{aligned}\Delta\theta&=2\pi\cdot\frac{l}{\lambda_0}-2\pi\cdot\frac{l}{\lambda}\\&=\frac{2\pi l}{\lambda_0}\left(1-\sqrt{1-\frac{2gs}{{v_0}^2}}\right)\end{aligned}$$

$$\fallingdotseq \frac{2\pi l}{\lambda_0}\left\{1-\left(1-\frac{gs}{{v_0}^2}\right)\right\}$$

$$=\frac{2\pi lgs}{\lambda_0 {v_0}^2}\quad \cdots\cdots(答)$$

問２．(i)　問１の結果に $v_0=\dfrac{h}{m\lambda_0}$ を代入すると，$\alpha=\dfrac{\pi}{2}$ のとき

$$\Delta\theta=\frac{2\pi m^2 l\lambda_0 gs}{h^2}$$

$$=2\pi\cdot\frac{m^2 g}{h^2}\cdot ls\cdot\lambda_0$$

$$=2\pi\times 6.25\times 10^{13}\times 10^{-3}\times 1.40\times 10^{-10}$$

$$=2\pi\times 8.75$$

$\Delta\theta=2\pi\times k$（$k=0,\ 1,\ 2,\ \cdots$）のとき強め合うから，$k=0$ から $k=8$ までの９回である。……(答)

(ii)　角度が α のとき，s が $s\times\sin\alpha$ になるから，(i)の結果を考慮すると

$$\Delta\theta=2\pi\times 8.75\times\sin\alpha$$

はじめて弱め合うとき，$\Delta\theta=\pi$ であるから

$$\pi=17.5\pi\sin\alpha$$

$$\therefore\quad \sin\alpha=\frac{1}{17.5}=0.0571\fallingdotseq 5.7\times 10^{-2}\quad\cdots\cdots(答)$$

◀解　説▶

≪Ｘ線の結晶による反射，中性子波の干渉≫

(1)　▶あ．原子Ｐと原子Ｑで反射された２つのＸ線の経路差は，右図より $2d\sin\theta$ である。

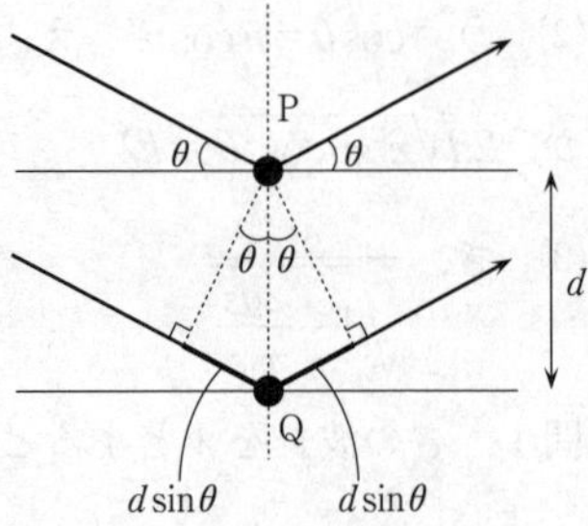

▶い．経路差がＸ線の波長 λ の正の整数倍のとき強め合うから

$$2d\sin\theta=k\lambda\quad (k=1,\ 2,\ \cdots)$$

(2)　▶う．入射角が$\dfrac{\pi}{2}-\theta$，屈折角が$\dfrac{\pi}{2}-\theta'$であるから，屈折の法則より

$$1\times\sin\left(\frac{\pi}{2}-\theta\right)=n\times\sin\left(\frac{\pi}{2}-\theta'\right)$$

$$\therefore\quad \cos\theta=n\cos\theta'$$

▶え．屈折率の定義より

$$n=\frac{\lambda}{\lambda'}\qquad \therefore\quad \lambda'=\frac{\lambda}{n}$$

▶お．2つのX線の経路差は$2d\sin\theta'$で，結晶中の波長λ'ごとに位相差は2π生じるから，う，えの結果を用いると

$$2\pi\times\frac{2d\sin\theta'}{\lambda'}=\frac{4\pi nd}{\lambda}\sqrt{1-\cos^2\theta'}$$

$$=\frac{4\pi nd}{\lambda}\sqrt{1-\left(\frac{\cos\theta}{n}\right)^2}$$

$$=\frac{4\pi d}{\lambda}\sqrt{n^2-\cos^2\theta}$$

▶か．おの結果より

$$\frac{4\pi d}{\lambda}\sqrt{n^2-\cos^2\theta}=2\pi\cdot k\quad(k=1,\ 2,\ \cdots)$$

$$\therefore\quad 2d\sqrt{n^2-\cos^2\theta}=k\lambda$$

(3)　▶き．$\alpha=\dfrac{\pi}{2}$のとき，中性子が辺 DC 上を動くときの速さをvとすると，力学的エネルギー保存則より

$$\frac{1}{2}m{v_0}^2=\frac{1}{2}mv^2+mgs$$

$$\therefore\quad v=\sqrt{{v_0}^2-2gs}$$

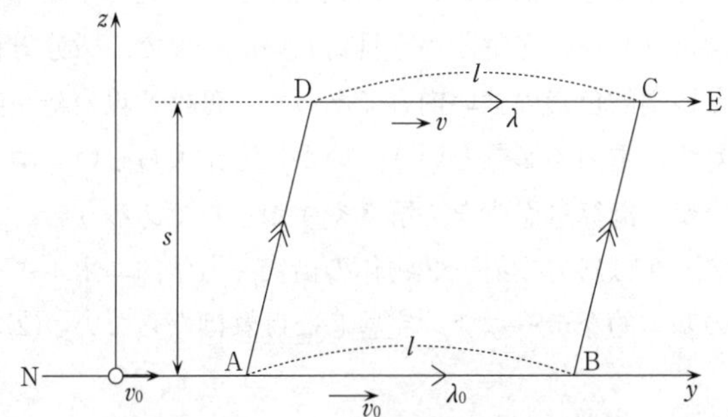

よって，このときの中性子波の波長をλとすると，$\lambda_0=\dfrac{h}{mv_0}$を用いて

$$\lambda=\frac{h}{mv}=\frac{h}{mv_0\sqrt{1-\dfrac{2gs}{{v_0}^2}}}$$

$$=\frac{\lambda_0}{\sqrt{1-\dfrac{2gs}{{v_0}^2}}}$$

▶問 1．辺 BC と辺 AD を動くときの速さは同じなので波長も同じとなり，ここでは位相差は生じない。辺 AB を通るとき $2\pi\times\dfrac{l}{\lambda_0}$，辺 DC を通るとき $2\pi\times\dfrac{l}{\lambda}$ だけ位相が変化するので，$\lambda>\lambda_0$ に注意してこの差を計算すればよい。

▶問 2．(i)　角度αを増加させると位相差は増加し，2π 増加するごとに強め合う。よって，$\alpha=\dfrac{\pi}{2}$ のときの位相差が 2π の何倍になるかを計算すれば，強め合う回数が求まる。

(ii)　位相差が 2π の半整数倍の π，3π，…のとき弱め合うので，はじめて弱め合うのは π のときである。

❖講　評

2021 年度も理科 2 科目で 180 分（教育学部理系試験は 1 科目で 90 分），大問 3 題の出題に変化はなかった。2021 年度は全大問で導出過程を記述する論述問題が出題された。**Ⅰ**は斜めに落下してくる小球にボールを繰り返し衝突させる内容で，一見複雑そうであるが運動の対称性を利用すればそう難しくはない。**Ⅱ**は磁場中を折り返して回転する導体棒によるコンデンサーの充電という目新しいテーマで，微分方程式の解や漸化式など数学的色彩の強い内容であった。**Ⅲ**はＸ線の結晶内での屈折，中性子に対する重力の影響という，いかにも京大らしいユニークなテーマであったが，計算量が少なく解きやすかったであろう。

Ⅰ．(1)ア～ケは斜方投射，2 物体の衝突，力学的エネルギー保存則などの力学の基本的なテーマで，完答しなければならない。(2)コが本問の

ポイントで，運動の対称性から n 回目の衝突直前の速度が $-a_{n-1}V_0$ となることに気付かなければならない。シも対称性から衝突する角度が常に θ_1 であることに気付くかどうかである。ここをクリアすれば，問 1 の計算もそれほど難しくはないので，十分完答できる。

Ⅱ．(1)イ～ホは磁場中を回転する導体棒という頻出のテーマで，当然完答しなければならない。(2)へ・トも充電中のコンデンサーの電気量の時間変化の基本で，図 2 から容易に解答できる。問 1 は起電力の向きと充電終了後のコンデンサーの電気量の符号が逆になることに気付かないと難しいが，ここはクリアしたい。(3)が難しい。(ii)の微分方程式や，(iii)の解を見て困惑した受験生も多かったと思われる。Q_∞，Q_0，a，x などの意味を問題文から理解しないと，文字通り意味不明になってしまう。チ・リがうまく導けるかどうかで差がつく。問 2 も(iii)で Q_0，$Q(t_1)$ がどう表せるかが理解できないと解けない。

Ⅲ．(1)あ・いはX線のブラッグ反射の基本である。(2)う・えも屈折の法則の基本であるが，結晶中の屈折率 n が 1 より小さいとあるので戸惑った人もいたかもしれない。お・かは位相に慣れていないと難しいが，解けないと合格はおぼつかない。(3)は中性子ビームの重力による位相のずれと干渉という難解なテーマであるが，物質波の式も与えられており，容易に解ける。問 1 の近似計算，問 2 の数値計算も時間はかからない。

全体として，2021 年度は 3 題とも導出過程を示す論述問題が含まれたものの，2020 年度に比べて計算量は減少し，解きやすいテーマも多く，やや易化したと思われる。しかし，時間内に全問を解くのはやはり大変で，十分な計算力，読解力が必要である。

化学

I

解答 問1．ア．Cu^{2+}　イ．還元　ウ．I^-　エ．酸化　オ．I_2　カ．I_3^-

問2．$2Cu^{2+}+5I^- \longrightarrow 2CuI+I_3^-$

問3．$I_3^-+2S_2O_3^{2-} \longrightarrow 3I^-+S_4O_6^{2-}$

問4．9.10mol

問5．$-\log_{10}K_a$

問6．(a)$2H_2O \longrightarrow 4H^++O_2+4e^-$　(b)$Cu^{2+}+2e^- \longrightarrow Cu$

問7．1.00mol

問8．9.0×10％

◀解　説▶

≪電気分解，酸化還元滴定，緩衝液≫

▶問1・問2．『　』内の文章の変化に関して，次の各反応が進行している。

$Cu^{2+}+e^- \longrightarrow Cu^+$

$Cu^++I^- \longrightarrow CuI$

$2I^- \longrightarrow I_2+2e^-$

$I^-+I_2 \longrightarrow I_3^-$

最終的に CuI と I_3^- が生成するので，それら以外の化学種を消去すると，〔解答〕のイオン反応式が得られる。

▶問3．手順(2)の滴定における酸化剤および還元剤の半反応式は，次の通りである。

酸化剤：$I_3^-+2e^- \longrightarrow 3I^-$　……①

還元剤：$2S_2O_3^{2-} \longrightarrow S_4O_6^{2-}+2e^-$　……②

①＋②より，〔解答〕のイオン反応式が得られる。この手順の中でデンプンは指示薬であり，青紫色が消えたところで I_3^- が全て反応する。

▶問4．問2・問3の反応式より，2.00mL の水溶液中に溶けている Cu^{2+} の物質量は，滴定に要した $S_2O_3^{2-}$ の物質量に等しいことがわかる。よって

$$0.1000\times\frac{18.20}{1000}=1.820\times10^{-3}\,[\text{mol}]$$

水溶液全体の体積は10.00Lより

$$1.820\times10^{-3}\times\frac{10.00\times10^{3}}{2.00}=9.10\,[\text{mol}]$$

▶問5．この緩衝液中にはCH_3COOHとCH_3COO^-が共存し，この溶液に酸を加えると

$$CH_3COO^- + H^+ \longrightarrow CH_3COOH \quad \cdots\cdots③$$

塩基を加えると

$$CH_3COOH + OH^- \longrightarrow CH_3COO^- + H_2O \quad \cdots\cdots④$$

の反応が進行し，pHはあまり変化しない。ここで，CH_3COOHやCH_3COO^-の量に大きな違いがあった場合，③や④の反応のどちらかが起こりにくくなる。つまり，$[CH_3COOH]=[CH_3COO^-]$で緩衝作用の能力は最も大きくなる。このときの$[H^+]$は

$$K_a=\frac{[CH_3COO^-][H^+]}{[CH_3COOH]} \quad より \qquad [H^+]=K_a$$

▶問6．陽極では水の酸化が，陰極ではCu^{2+}の還元が起こる。

▶問7．流れた電子〔mol〕とCuの析出量〔mol〕の比は2：1より

$$\frac{193\times1000}{9.65\times10^4}\times\frac{1}{2}=1.00\,[\text{mol}]$$

▶問8．理論量は問7より1.00mol，実際の析出量は問4より

$$1.00\times10.0-9.10\,[\text{mol}]$$

となる。よって

$$\frac{1.00\times10.0-9.10}{1.00}\times100=9.0\times10\,[\%]$$

Ⅱ 解答

問1．ア．8.9×10^{-2}　イ．1.1×10^{-2}

問2．ウ．-1　エ．-1　オ．$-Q_1$　カ．$-Q_1-Q_2$

問3．キ．1.0　ク．0.29　ケ．2.0　コ．0.89　サ．2.0×10

問4．シ．ルシャトリエ　ス．小さくなる　セ．大きくなる

問5．ソ．$0.25q$ (80)　タ．$0.75q$ (40)

◀解　説▶

≪H_2SO_4の電離平衡，H_2SO_4と$NaOH$の中和における反応熱と発熱量≫

▶問１．ア．電離反応(1)はほぼ完全に進行するため，(1)で生じるH^+については

$$[H^+]=0.080\,[mol/L]$$

$V_{NaOH}=0\,[mL]$では，SO_4^{2-}の存在比率が0.11となるので，電離反応(2)で生じるH^+については

$$[H^+]=0.080\times0.11=0.0088\,[mol/L]$$

よって，全体では

$$[H^+]=0.080+0.0088=0.0888\fallingdotseq8.9\times10^{-2}\,[mol/L]$$

イ．$K=\dfrac{[H^+][SO_4^{2-}]}{[HSO_4^-]}=\dfrac{0.0888\times0.080\times0.11}{0.080\times0.89}$

$$=0.0109\fallingdotseq1.1\times10^{-2}\,[mol/L]$$

▶問２．NaOHaqを加えたことにより

$$H^++NaOH\longrightarrow H_2O+Na^+\quad\cdots\cdots①$$

$$HSO_4^-+NaOH\longrightarrow Na^++SO_4^{2-}+H_2O\quad\cdots\cdots②$$

の反応が進行する。つまり加えたNaOHの物質量は，H^+の減少量$\Delta n(H^+)$と，HSO_4^-の減少量$\Delta n(HSO_4^-)$の和に等しい。これらは負の値となるので，式(4)が成り立つ。

また，NaOHaqをV_{NaOH}〔mL〕加えたとき，式①による発熱量は式(5)から

$$-1\times Q_1\times\Delta n(H^+)$$

式②による発熱量は式(5)・式(6)から

$$-1\times(Q_1+Q_2)\times\Delta n(HSO_4^-)$$

となる。

▶問３．キ～コ．NaOHaqを40mL加えたとき，NaOHの物質量は$40a$〔mol〕となるので式(5)による発熱量は$40a\times Q_1$〔kJ〕である。またH_2SO_4の物質量も$40a$〔mol〕で表せ，HSO_4^-の存在比が0.89から0.60に減少しているので，$40a\times(0.89-0.60)$〔mol〕のHSO_4^-が電離したことになる。よって，式(6)による発熱量は$40a\times(0.89-0.60)\times Q_2$〔kJ〕となる。同様にNaOHaqを80mL加えたとき，NaOHの物質量は$80a$〔mol〕となり，式(5)による発熱量は$80a\times Q_1=40a\times2.0Q_1$〔kJ〕である。また$40a\times0.89$〔mol〕の$HSO_4^-$が電離したことになり，式(6)による発熱

量は $40a \times 0.89 \times Q_2$〔kJ〕となる。

サ．式(8)・式(9)より

$$4.2 \times 80 \times 0.54 \times 10^{-3} = 3.2 \times 10^{-3} \times (Q_1 + 0.29Q_2)$$

$$Q_1 + 0.29Q_2 = 56.7$$

$$4.2 \times 120 \times 0.76 \times 10^{-3} = 3.2 \times 10^{-3} \times (2Q_1 + 0.89Q_2)$$

$$2Q_1 + 0.89Q_2 = 119.7$$

が成り立ち，これを解くと

$$Q_2 = 20.3 \fallingdotseq 2.0 \times 10 \text{〔kJ〕}$$

▶問 4．$Q_2 > 0$ より，式(6)における HSO_4^- の電離は発熱反応となり，ルシャトリエの原理から温度を上げると反応は左に進んで H^+，SO_4^{2-} は減少する。よって，電離定数は小さくなり pH は大きくなる。

▶問 5．NaOH が 30mL に対して H_2SO_4 が 10mL の場合には HSO_4^- の存在比は 0 で，量的関係の条件は $q(80)$ と同じになる。ただし，反応する H_2SO_4 の量は $\frac{10}{40}$ となる。NaOH が 30mL に対して H_2SO_4 が 30mL の場合には HSO_4^- の存在比は 0.60 で，量的関係の条件は $q(40)$ と同じになる。ただし，反応する H_2SO_4 の量は $\frac{30}{40}$ となる。

III　解答　(a)　問 1．

A．O−CH_3（ベンゼン環）　B．O−CH_3，O−CH_3（ベンゼン環）　C．O−CH_3，O−CH_3，CH_2−CH_3（ベンゼン環）

D・E．OH，O−CH_3，CH_3（ベンゼン環）　O−CH_3，OH，CH_3（ベンゼン環）

問２．F.

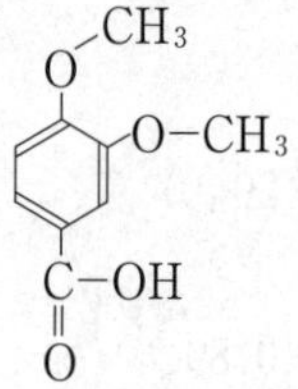

$$\begin{array}{c}\text{O}-\text{CH}_3\\ \text{O}-\text{CH}_3\\ \text{C}_6\text{H}_3\\ \text{C}(=\text{O})-\text{OH}\end{array}$$

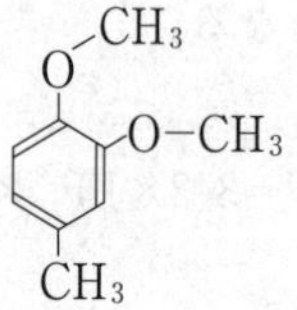

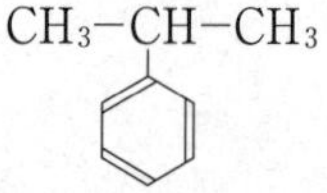

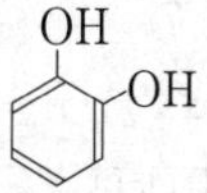

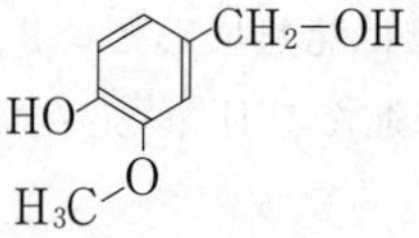

G.

$$\begin{array}{c}\text{O}-\text{CH}_3\\ \text{O}-\text{CH}_3\\ \text{C}_6\text{H}_3\\ \text{CH}_3\end{array}$$

H.

$$\begin{array}{c}\text{O}-\text{CH}_3\\ \text{O}-\text{CH}_3\\ \text{C}_6\text{H}_3\\ \text{C}(=\text{O})-\text{H}\end{array}$$

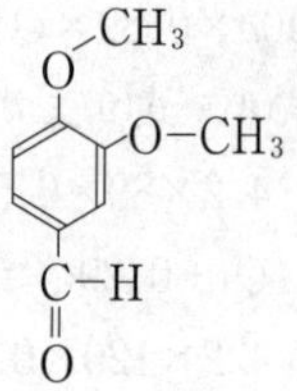

(b)　問３．I．$CH_3-CH(C_6H_5)-CH_3$　　J．$C_6H_4(OH)_2$（1,2-ジヒドロキシベンゼン）

K．$HO-C_6H_3(O-CH_3)-CH_2-OH$　　L．$HO-C_6H_3(O-CH_3)-CH=CH-CH_3$（H と CH_3 がトランス）

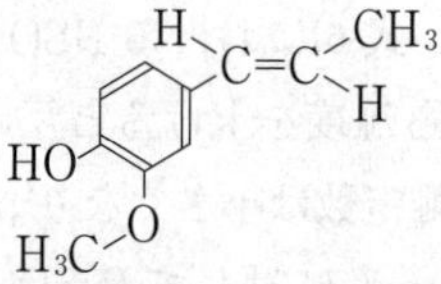

問４．2.61×10^8 kg

◀解　説▶

≪(a)リグニンの熱分解と生成物の構造決定　(b)バニリンの製法≫

(a)　▶問１・問２．AおよびBは，右図のようにフェノールおよびグアイアコールのヒドロキシ基がメトキシ基に変化した化合物である。

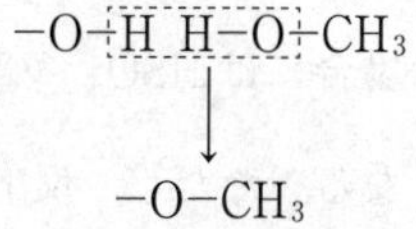

$-O-H \quad H-O-CH_3 \rightarrow -O-CH_3$

Cの酸化生成物FがBと CO_2 に熱分解していることから，FはBの２つのメトキシ基を有しつつ，CO_2 に分解される置換基も有すると考えられる。これはBとCの分子式の差 C_2H_4 より炭化水素基である。また，図１からリグニンを熱分解したとき四置換ベンゼンは生成せず，三置換ベンゼンが生成する場合，置換基は1,2,4 位に位置することが推定される。よって，Cは次図のようにBにエチル基が導入された化合物であり，FはCのエチル基がカルボキシ基になった化合物とわかる。

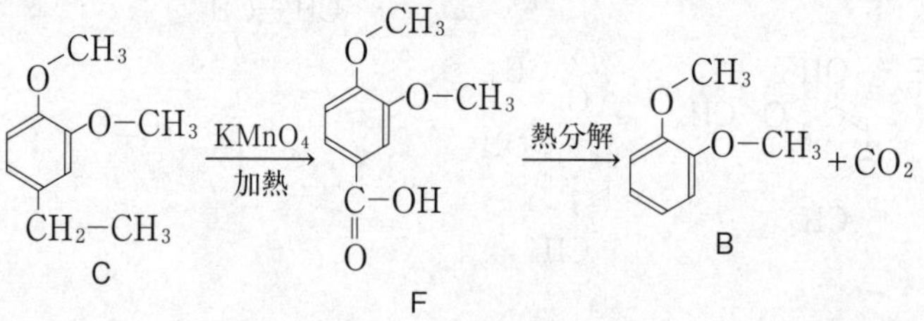

$$\underset{\text{C}}{(CH_3O)_2C_6H_3-CH_2-CH_3} \xrightarrow[\text{加熱}]{KMnO_4} \underset{\text{F}}{(CH_3O)_2C_6H_3-C(=O)-OH} \xrightarrow{\text{熱分解}} \underset{\text{B}}{C_6H_4(O-CH_3)_2} + CO_2$$

DおよびEについてはFから逆に反応をたどって考えると，次図のように

Fのカルボキシ基がアルデヒド基に還元された化合物がH，さらに置換基Xに還元された化合物がGと推定できる。

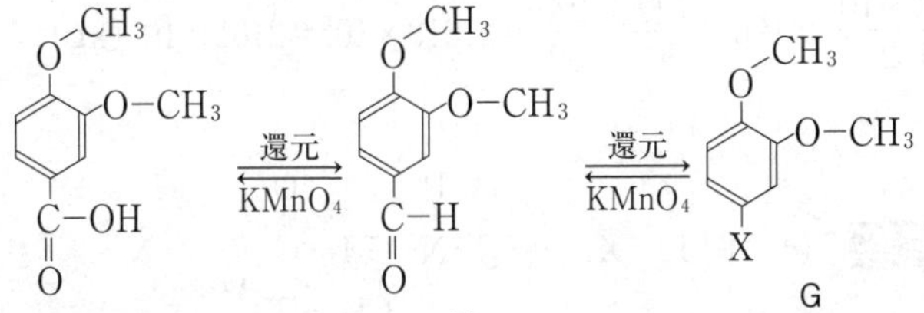

F ⇄(還元 / $KMnO_4$) H ⇄(還元 / $KMnO_4$) G

さらに次図のように，Gからメタノールを脱離させることでDまたはEの構造が推定できるが，2つのメトキシ基をヒドロキシ基にすると，構造異性体の存在がなくなる。したがって，DとEはヒドロキシ基とメトキシ基を1つずつ有し，Xは分子式から考えてメチル基と推定できる。

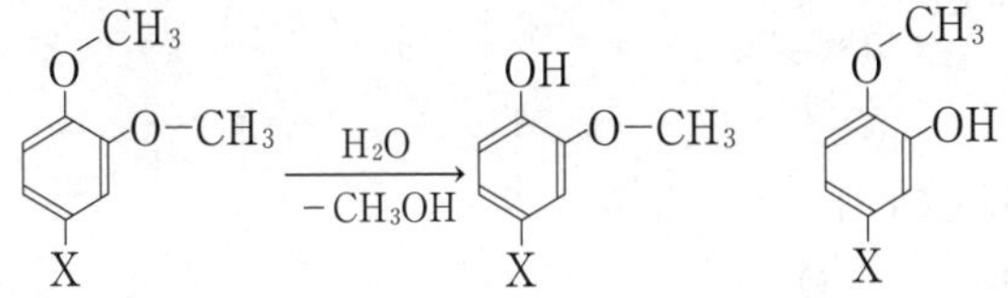

G →(H_2O / $-CH_3OH$) DとE

(b)　▶問3．Iはクメン法によるフェノール合成の中間生成物クメンとわかる。Jはグアイアコールからメタノールを脱離させて考えると，*o*-位にヒドロキシ基が2つ結合したカテコール（*o*-ベンゼンジオール）と推定できる。さらに，グアイアコールに $-CHO$ が導入されるとバニリンが得られるので，Kは酸化されると $-CHO$ になる置換基が存在することがわかる。この置換基はホルムアルデヒドによって導入されるので，$-CH_2-OH$ と考えられる。

Lのオゾン分解でバニリンが生成することから，Lは右図の構造と考えられる。Lの分子式が $C_{10}H_{12}O_2$ よりRの部分は $CH-CH_3$ で，Lはトランス型ということで〔解答〕の構造となる。

▶問4．構成単位Mの物質量と製造されるバニリンの物質量は等しいので，必要な構成単位Mは

$$\frac{3.04\times10^7}{152}\times196\,[\text{kg}]$$

リグニンはその $\frac{100}{50}$ 倍，スギ材はさらにその $\frac{100}{30}$ 倍必要となるので

$$\frac{3.04\times10^7}{152}\times196\times\frac{100}{50}\times\frac{100}{30}=2.613\times10^8\fallingdotseq2.61\times10^8\,[\mathrm{kg}]$$

Ⅳ　解答

(a)　問1．X．

$$\mathrm{H{-}\overset{\overset{O}{\|}}{C}{-}\overset{\overset{H}{|}}{N}{-}\underset{\underset{CH_2{-}\underset{\underset{O}{\|}}{C}}{|}}{CH}{-}\overset{\overset{O}{\|}}{C}}\ \text{(ring: }-\mathrm{C(=O)}-\mathrm{O}-\mathrm{C(=O)}-\text{)}$$

Y．

$$\mathrm{H{-}\overset{\overset{O}{\|}}{C}{-}\overset{\overset{H}{|}}{N}{-}\underset{\underset{\underset{COOH}{|}}{CH_2}}{\underset{|}{CH}}{-}\overset{\overset{O}{\|}}{C}{-}\overset{\overset{H}{|}}{N}{-}\underset{\underset{\underset{C_6H_5}{|}}{CH_2}}{\underset{|}{CH}}{-}\overset{\overset{O}{\|}}{C}{-}O{-}CH_3}$$

Z．

$$\mathrm{H{-}\overset{\overset{O}{\|}}{C}{-}\overset{\overset{H}{|}}{N}{-}CH{-}COOH}$$
$$\mathrm{CH\ \text{の下に}\ {-}CH_2{-}\overset{}{\underset{\underset{O}{\|}}{C}}{-}\underset{\underset{H}{|}}{N}{-}\underset{\underset{\underset{C_6H_5}{|}}{CH_2}}{\underset{|}{CH}}{-}\overset{\overset{O}{\|}}{C}{-}O{-}CH_3}$$

問2．

$$\mathrm{H_2N{-}\underset{\underset{\underset{COOH}{|}}{CH_2}}{\underset{|}{CH}}{-}\overset{\overset{O}{\|}}{C}{-}\overset{\overset{H}{|}}{N}{-}\underset{\underset{\underset{C_6H_5}{|}}{CH_2}}{\underset{|}{CH}}{-}\overset{\overset{O}{\|}}{C}{-}O{-}CH_3}$$

(b)　問3．プロリン，グルタミン酸

問4．a．カルボキシ　b．酸性　c．4　d．負

Ⅰ．$\mathrm{H_3N^+{-}\underset{\underset{\underset{\underset{\underset{COO^-}{|}}{CH_2}}{|}}{CH_2}}{\underset{|}{CH}}{-}COO^-}$　Ⅱ．$\mathrm{H_2N{-}\underset{\underset{\underset{\underset{\underset{COO^-}{|}}{CH_2}}{|}}{CH_2}}{\underset{|}{CH}}{-}COO^-}$

問5．ⅰ）無水酢酸

ⅱ）ラクタムが加水分解されて生じたアミノ基が，無水酢酸でアセチル化されたから。（40字以内）

問6．グルタミン酸—ヒスチジン—プロリン

問7．

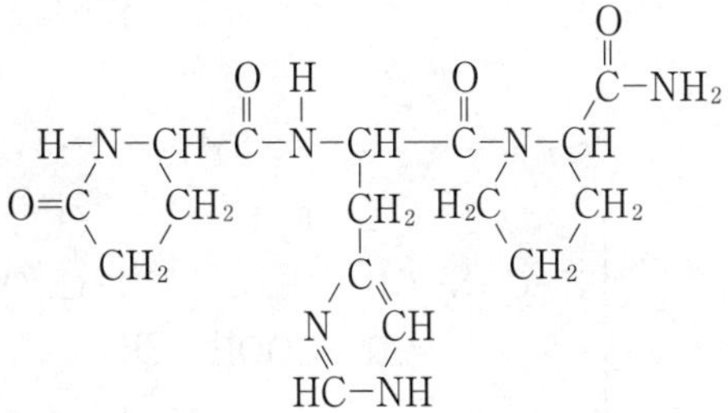

```
                                              O
                                              ‖
          O  H          O              C−NH2
          ‖  |          ‖             /
 H−N−CH−C−N−CH——C−N−CH
   /   \          |        /   \
O=C    CH2       CH2    H2C    CH2
   \   /          |        \   /
    CH2           C         CH2
                /  ⫽
               N    CH
               ‖    |
               HC−NH
```

◀解　説▶

≪(a)アスパルテームの製法と構造　(b)アミノ酸の性質とトリペプチドの分析≫

(a)　▶問1．題意より，Xが得られる反応の流れは次図のように考えられる。

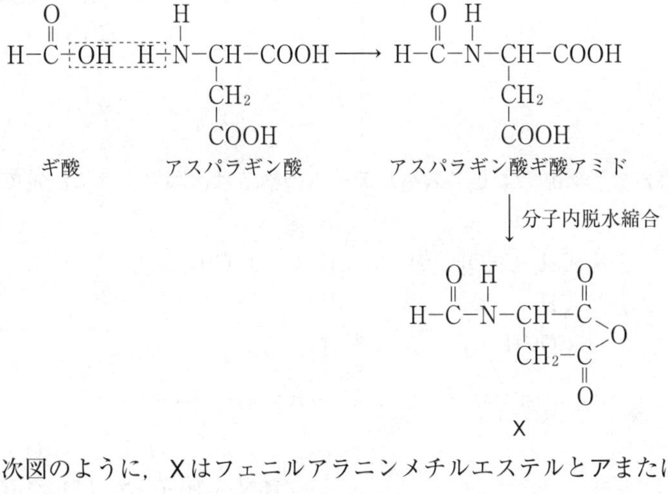

```
   O              H                                 O  H
   ‖              |                                 ‖  |
H−C−OH   H−N−CH−COOH  ——→  H−C−N−CH−COOH
                   |                                       |
                  CH2                                     CH2
                   |                                       |
                  COOH                                    COOH
 ギ酸        アスパラギン酸              アスパラギン酸ギ酸アミド

                                                 |  分子内脱水縮合
                                                 ↓
                                        O  H          O
                                        ‖  |          ‖
                                     H−C−N−CH−C
                                                |       \
                                                |        O
                                                |       /
                                               CH2−C
                                                      ‖
                                                      O
                                                  X
```

さらに次図のように，Xはフェニルアラニンメチルエステルとアまたはイの位置で開環してアミド結合ができる。つまり，構造異性体YまたはZが生成することになるが，下線部①よりアスパルテームの構造は推定できるので，アで開環して生成した化合物がアスパルテームのギ酸アミドYとわかる。

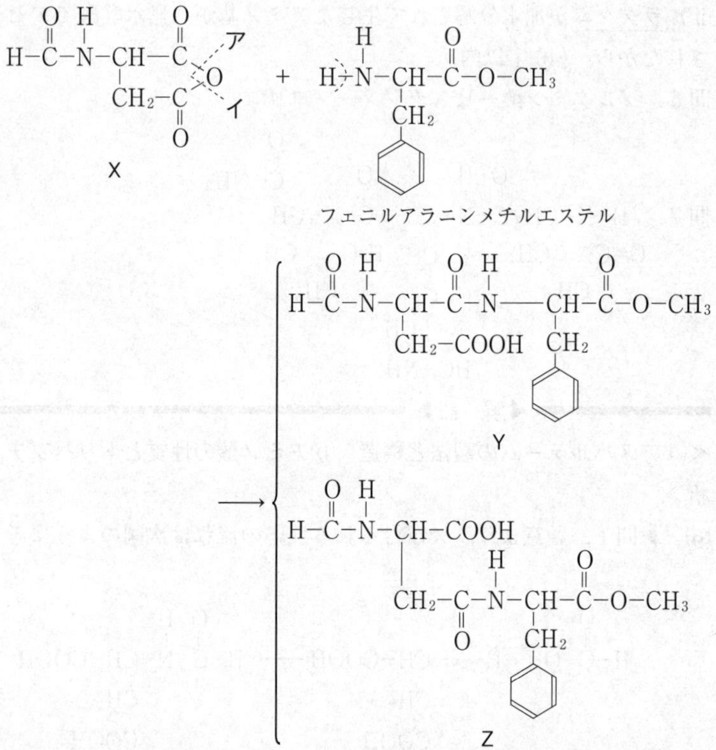

X ＋ フェニルアラニンメチルエステル ⟶ Y, Z

X: $H-C(=O)-NH-CH(-CH_2-C(=O)-)-C(=O)-O-$（ア, イ）

フェニルアラニンメチルエステル: $H-NH-CH(CH_2C_6H_5)-C(=O)-O-CH_3$

Y: $H-C(=O)-NH-CH(CH_2-COOH)-C(=O)-NH-CH(CH_2C_6H_5)-C(=O)-O-CH_3$

Z: $H-C(=O)-NH-CH(COOH)-CH_2-C(=O)-NH-CH(CH_2C_6H_5)-C(=O)-O-CH_3$

▶問２．下線部①よりアスパルテームの構造は次図のように決定できる。

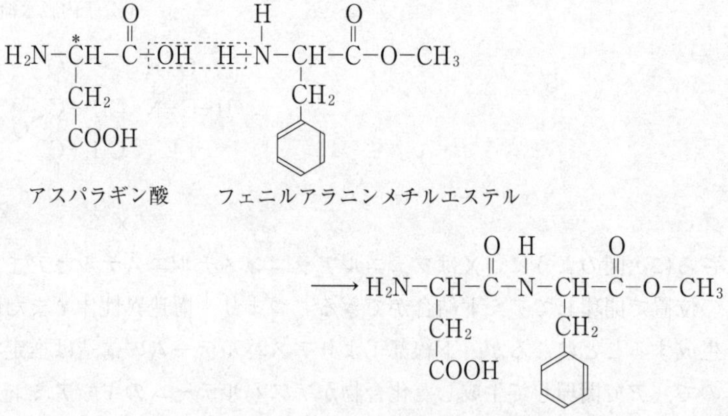

$H_2N-\overset{*}{C}H(CH_2-COOH)-C(=O)-OH$　$H-NH-CH(CH_2C_6H_5)-C(=O)-O-CH_3$

アスパラギン酸　　フェニルアラニンメチルエステル

⟶ $H_2N-CH(CH_2-COOH)-C(=O)-NH-CH(CH_2C_6H_5)-C(=O)-O-CH_3$

アスパルテーム

(b)　▶問３．(ウ)について，プロリンは遊離の $-NH_2$ を持たずニンヒドリン反応における呈色は弱くなる（黄色）ため，プロリンの存在が予想できる。さらに，Aの炭素数からヒスチジンとプロリンの炭素数を引けば5となるので，残る1種類はグルタミン酸とわかる。

▶問4．等電点では各イオンの電荷の和が0になり，双性イオンが最も多く存在する。等電点より pH が小さくなれば陽イオンが増加し，電気泳動では陰極に移動し，pH が大きくなれば陰イオンが増加し，陽極に移動する。

グルタミン酸は水溶液中で次図のような4種類のイオンが平衡状態で存在し，等電点は3.22より，pH6.0では陰イオンになり電気泳動を行えば陽極側に移動する。

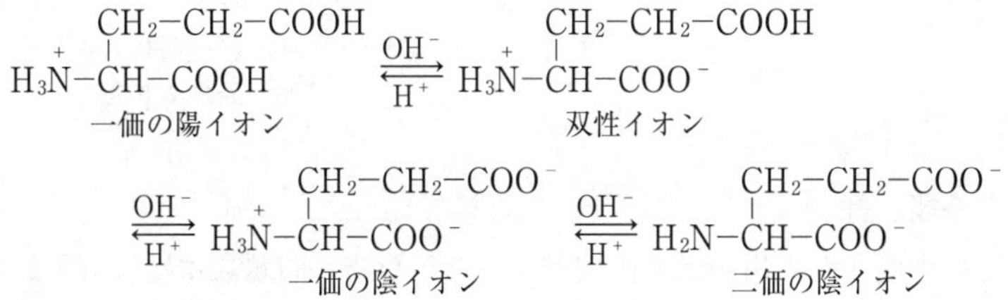

$$\underset{\text{一価の陽イオン}}{H_3\overset{+}{N}-\underset{}{CH}(CH_2-CH_2-COOH)-COOH} \underset{H^+}{\overset{OH^-}{\rightleftarrows}} \underset{\text{双性イオン}}{H_3\overset{+}{N}-CH(CH_2-CH_2-COOH)-COO^-}$$

$$\underset{H^+}{\overset{OH^-}{\rightleftarrows}} \underset{\text{一価の陰イオン}}{H_3\overset{+}{N}-CH(CH_2-CH_2-COO^-)-COO^-} \underset{H^+}{\overset{OH^-}{\rightleftarrows}} \underset{\text{二価の陰イオン}}{H_2N-CH(CH_2-CH_2-COO^-)-COO^-}$$

また，グルタミン酸のような等電点が酸性側にあるアミノ酸は，右図のように側鎖にカルボキシ基を持ち，酸性アミノ酸と呼ばれる。

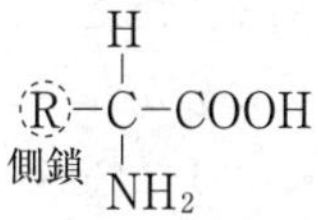

$$\underset{\text{側鎖}}{Ⓡ}-C(H)(NH_2)-COOH$$

▶問5．ⅰ）アセチル化は $-NH_2$ や $-OH$ のHがアセチル基 $-CO-CH_3$ で置換する反応で，一般的な試薬として無水酢酸が使われる。

ⅱ）アセチル化が進行しないのはAに $-NH_2$ が存在しないからであり，NaOH の存在でアセチル化が進行したのは，ラクタムが加水分解され $-NH_2$ が生じたためである。

▶問6．Aについては，㈭よりヒスチジンのカルボキシ基側でペプチド結合ができていることから，ヒスチジンはC末端側には位置しない。また，㈹より五員環構造のラクタムは右図のようにグルタミン酸内でできると考えられるので，グルタミン酸はN末端側に位置する。よって，Cについても「グルタミン酸―ヒスチジン―プロリン」の配列となる。

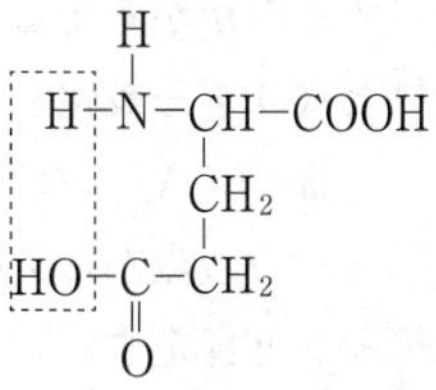

$$H-N(H)-CH(COOH)-CH_2-CH_2-C(=O)-OH$$

グルタミン酸

▶問7．トリペプチドCの構造は次図のようになり，(ケ)によって，Cのカルボキシ基をメチルエステル化し，さらにアンモニアと反応させて得られた脂肪酸アミドがAとわかる。

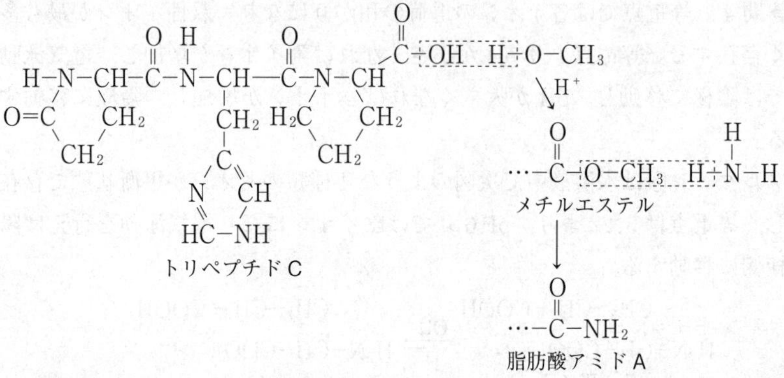

❖講　評

大問4題の出題数や出題パターン・形式・問題数はほぼ例年通りである。ただし，論述問題が3年ぶりに出題された。Ⅲ，Ⅳは(a)，(b)の中問に分かれている。

Ⅰ．$CuSO_4aq$ の電気分解とヨウ素滴定を組み合わせた問題で，知識・計算ともにそれほど高度な内容ではなく，比較的解きやすかったのではないだろうか。

Ⅱ．H_2SO_4 の電離平衡に関わって，NaOH を加えたことによる量的変化，平衡移動，発熱量などを考えさせる問題でやや難しい。特にオ〜コの空所補充は思考力が問われ，間違うと後の空所補充にも影響するので注意が必要である。NaOH の量に注目するのか，H_2SO_4 の量に注目するのかが考えるポイントになる。ソ・タの空所補充については，式(8)と式(9)を一般化し，それぞれの条件と照らし合わせて違いを考えよう。

Ⅲ．(a)A・Bの構造は容易にわかる。Cはリグニンの構造をよく見て，またOの数からメトキシ基とエチル基が1,2,4位に置換した三置換ベンゼンと推定する。D・EはFからさかのぼって構造を追っていこう。全体を通して，メトキシ基の数とその変化に着目して考えるのがポイントとなる。

(b)問3．バニリンの製法の各過程で関係する物質を決定する問題だが，学習した有機化学の知識を当てはめ，かつ前後の化合物の構造から予想して考えよう。問4は問3の理解とは関係なく単独で解ける問題で，計算も複雑ではない。

Ⅳ．(a)アスパルテームの構造を推定する問題だが，アミノ酸の構造が与えられているので考えやすい。問1では実際の合成法に関して中間生成物が問われているが，下線部①でアスパルテームの構造は容易に理解できるので，問2を先に考えた方が問1もわかりやすい。

(b)ペプチドの構造推定の問題だが，わかりやすい条件設定なのでやはり考えやすい。ポイントはニンヒドリン反応の結果からプロリンの存在が決定できるか，ラクタムの五員環構造がどの部分でできているか，である。また，Cが推定できてAがわかるので，与えられているAの分子式は，炭素数以外は最終確認で利用しよう。問4はアミノ酸の一般的な性質に関する問題で，確実に解答したい。

生物

I 解答

問1．(え)

問2．(え)

問3．(き)

問4．(1)―(き)

(2)　系統Cと野生株・系統Aの違いは開始コドン②の有無であり，開始コドン②を失った系統Cはタンパク質X2をつくれない。したがって，暗条件下で系統Cの根が短かったのは，タンパク質X2が暗条件での根の伸長に必要であると考えられるから。

◀解　説▶

≪ゲノム編集，転写開始点と遺伝子発現≫

▶問1．GFPの蛍光によってある遺伝子の発現を確認するためには，その遺伝子が発現する条件下でGFP遺伝子断片も転写されなければならない。したがって，GFP遺伝子断片は開始コドンより後ろで，かつ転写が終わる終止コドンより前に挿入されていなければならない。(え)に挿入されたときには，タンパク質X1（赤色光条件）とX2（暗条件）の発現とともに蛍光が現れ，その位置が可視化できることになる。

このほか，転写開始点である(あ)や(う)に挿入されると，転写開始点の機能が失われ転写が起こらない。(い)では，タンパク質X1の葉緑体移行シグナルが破壊される上，タンパク質X2が発現してもGFPは発現しないから不適当。(お)はそれより前で転写が終わっていて，GFP遺伝子断片は転写されない。

▶問2．表1から，暗条件下では系統A・Bとも細胞質基質にだけ蛍光が観察されたのに対し，赤色光条件下では，フィトクロムを合成できる系統Aでは葉緑体に蛍光が観察され，フィトクロムのない系統Bでは葉緑体で蛍光が見られない。これは系統Aでのみ葉緑体移行シグナルを持つタンパク質X1がつくられていることを示している。したがって，暗条件→フィトクロムなし（A・Bとも）→タンパク質X2生成（A・Bとも）→細胞質基質に蛍光（A・Bとも）。赤色光条件→フィトクロム生成（Aのみ）→

タンパク質 X1 生成（Aのみ)→葉緑体に蛍光（Aのみ)。よって,「赤色光刺激により活性化されたフィトクロムの働きによって，遺伝子Xの転写開始点が転写開始点②から転写開始点①に切り替わり，葉緑体に局在するタンパク質がつくられる」となり，解答は(え)となる。

▶問3．タンパク質 X2 の開始コドン②を失った系統Cは，暗条件（赤色光条件でも）でタンパク質 X2 は生成されない。またタンパク質 X1 は赤色光条件で生成される。したがって，系統Cにおいては，GFP の蛍光は暗条件では観察されず，赤色光条件ではタンパク質 X1 が観察される部位である葉緑体で観察されることになり，解答は(き)となる。

▶問4．(1)「赤色光条件では3つの系統はいずれも正常な生育を示した」から，〈赤色光条件でタンパク質 X1 が生成すれば，根の生育は正常〉だが，3つの系統とも同じ結果ではタンパク質 X1 の有無による根の伸長に関する結果の違いはわからない。しかし,「暗条件では，野生株と系統Aに比べて，系統Cの芽生えの根が短くなっていた」から，〈暗条件で（系統Cのように）タンパク質 X2 が生成しないと，根の生育は不十分〉で，タンパク質 X2 の有無により結果が異なり，解答は(き)「タンパク質 X2 は暗条件で根の十分な伸長に必要である」とわかる。

(2)　3つの系統の違い（タンパク質 X2 生成の有無）と生育の違い（暗条件での根の生育の差）を関連付けて述べる。

II　解答

問1．ア．連鎖　イ．遺伝子型

問2．(う)

問3．25％

問4．(1) 12％　(2) 8.0％

問5．(い)

問6．(1)遺伝子座A　(2) 2.0％

◀解　説▶

≪連鎖と組換え，マーカー遺伝子≫

▶問1．ア．体色と疾病の分離のしかたから，連鎖であることがわかる。

イ．個体の遺伝子の組み合わせのパターンを意味する用語は遺伝子型という。

▶問2．「…なら，…とはならないはず」と考えて，消去法で答える。

(あ)　常染色体優性遺伝なら，「ともに劣性形質（疾患を発症していない）であるオスとメスの交配結果に優性形質（疾患を発症する）の個体は出現しない」。

(い)　性染色体優性遺伝なら，「ともに劣性形質（疾患を発症していない）であるオスとメスの交配結果に優性形質（疾患を発症する）個体は出現しない」。

(え)　性染色体劣性遺伝なら，「優性形質（疾患を発症していない）であるオスの交配結果に劣性形質（疾患を発症する）であるメスの子は出現しない」。

(あ)・(い)・(え)のどの場合も，オス１とメス１を交配した結果から，不適当とわかる。以上のことから解答は(う)常染色体劣性遺伝である。

▶問３．いま，問２から遺伝子座ＸとＡはどちらも常染色体上にあるとわかっている。疾患遺伝子をｘ，正常（疾患でない）遺伝子をＸ，白色遺伝子をａ，黒色遺伝子をＡとする。Ｘ（ｘ）とＡ（ａ）が独立であれば，いずれも疾患を発症していない黒色のオス（表現型［XA］）と黒色のメス（表現型［XA］）を交配し，生まれたマウスの中に疾患を発症するマウス（遺伝子型 xx__；_はＡまたはａ）と白色のマウス（遺伝子型__aa；_はＸまたはｘ）が出現したから，両親はいずれも XxAa である。したがって，出現した白色のマウス$\left(\text{全体の}\dfrac{1}{4}\right)$のうち疾患を発症すると想定されるマウス（遺伝子型 xxaa）の割合は全体の$\dfrac{1}{16}$であり，白色のマウスのうち疾患を発症すると想定されるマウス（遺伝子型 xxaa）の割合は

$$\frac{1}{16}\div\frac{1}{4}\times100=25〔\%〕$$

▶問４．オス１～３およびメス１～３は，すべて本文中のパネル１に示されたような染色体を持っている。これにあわせて，図１の子の染色体構成から，体色の遺伝子Ａとａの位置（B1-C1 と B2-C2 のどちらの染色体にＡまたはａがあるか）を考える。白色個体（aa）は必ず B2-C2 を持つことから遺伝子ａは B2-C2 の染色体上にあるため，染色体上の遺伝子の（組換え前の）もとの配置は B1-A-C1 と B2-ａ-C2 である。

図１の中で，B-C 間で二重組換えがないから B1-C1 や B2-C2 は組換わ

った配偶子ではない。よって，B1-C1 と B2-C2 の組み合わせは B-C 間で組換えが起こっていない配偶子に由来した個体で，B1-C2 や B2-C1 を持った個体は組換えが起こった配偶子を持つ個体である。

いま，親から子へと伝わった配偶子数は，オス 1 とメス 1 の組み合わせ（以下，組 1 と呼ぶ）で 16（子 8 匹分），オス 2 とメス 2 の組み合わせ（組 2）で 16（子 8 匹分），オス 3 とメス 3 の組み合わせ（組 3）で 18（子 9 匹分），全部で（16＋16＋18＝）50 である。

このうち，B と C の間で組換えの起きた配偶子に由来するものは，図 1 で「B-C 間の組換え」が「あり」となっているもので，B1-C2 または B2-C1 であるもの。その数は組 1 の左から 3・4・8 番目，組 2 の 3・4・8 番目，組 3 の 4・5・8・9 番目，合わせて 10 だから，B-C 間での組換え価を出しておくと

B-C間での組換え価
＝組換えの起きた配偶子（B1-C2 または B2-C1）数÷全配偶子数×100
＝10÷50×100＝20〔%〕

次に，A は B-C 間にあり，二重組換えはないことから，A-B 間や，A-C 間で組換えの起きた配偶子は必ず上記の B-C 間で組換えの起きた配偶子の中にある。そのうち A-B 間で組換えの起きた配偶子は ① B1-a-C2 と ② B2-A-C1 で，A-C 間で組換えの起きた配偶子は③ B1-A-C2 と④ B2-a-C1 である（右図）。

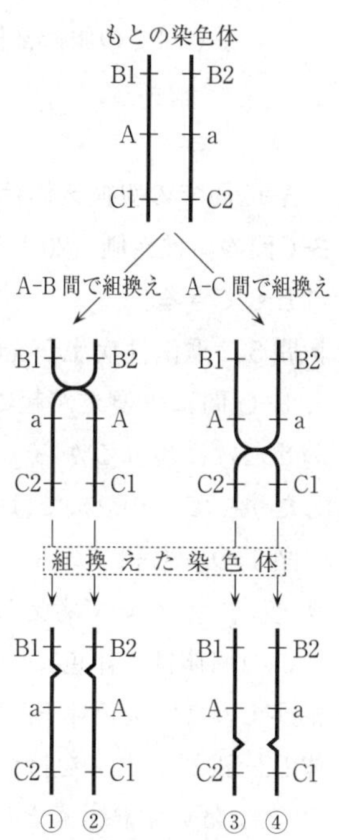

①～④のいずれかの染色体を持つ配偶子が B2-C2（組換えていない）の配偶子との組み合わせで生じた子が，図 1 中で「B-C 間の組換え」について「あり」となっているものである。

① B1-a-C2 が B2-C2 の配偶子（二重組換えがないから B2-a-C2）と組み合わさると，白色［a］の子となる。組 1 の左から 4 番目，組 2 の 8 番目，組 3 の 5 番目の計 3 個体がそれにあたる。

② B2-A-C1 が B2-C2 の配偶子と組み合わさると，黒色［A］の子となる。組 1 の左から 3 番目，組 3 の 4 番目と 8 番目の計 3 個体がそれにあたる。

③ B1-A-C2 が B2-C2 の配偶子と組み合わさると，黒色［A］の子となる。組 2 の 3 番目の 1 個体である。

④ B2-a-C1 が B2-C2 の配偶子と組み合わさると，白色［a］の子となる。組 1 の左から 8 番目，組 2 の 4 番目，組 3 の 9 番目の計 3 個体がそれにあたる。

A-B 間での組換え価は，A-B 間で組換えの起きた配偶子数が上記の①と②の数値を合わせた 6 であることから

A-B間での組換え価＝組換えの起きた配偶子（① または②）数
÷全配偶子数×100
＝6÷50×100＝12〔%〕

A-C 間での組換え価は，A-C 間で組換えの起きた配偶子数が上記の③と④の数値を合わせた 4 であることから

A-C間での組換え価＝組換えの起きた配偶子（③または④）数
÷全配偶子数×100
＝4÷50×100＝8.0〔%〕

A-C 間での組換え価は，二重組換えなしと A が B-C 間にあることから，B-C間の組換え価（20%）－A-B間の組換え価（12%）＝8.0〔%〕で求めることもできる。

▶問 5．遺伝性疾患が発現する個体（遺伝子型 xx）は，B2-C2 の配偶子と B-C 間に組換えが起こった B1-C2 または B2-C1 の配偶子との組み合わせだけに現れるから，疾患遺伝子 x のもとの配置は B2-x-C2 である。したがって，(う)や(え)ではない。

図 1 のうち組 2 の左から 3 番目（B1-C2，B2-C2，黒色［A］・疾患あり［x］）について考える。

この個体は，体色については Aa，疾病については xx である。また，組換えのない染色体 B2-C2 と組換えの起きた染色体 B1-C2 を持つ。染色体 B2-C2 は a と x を持つから，染色体 B1-C2 は A と x を持つ。B1 と A，C2 と x はいずれももとは同じ染色体上にあったから，組換えの起きた染色体は B1-A と x-C2 の 2 つの部分が組み合わさったものである。よって，遺伝子座 X は遺伝子座 A と C の間にあり，解答は(い)である。

▶問 6．問 5 より，組換えが起こる前のもとの染色体で a と x を持つものの遺伝子配置は B2-a-x-C2 である。これと A と X の遺伝子座間で組換え

が起こって，⑤ B2-a-X-C1 または⑥ B1-A-x-C2 となった配偶子により子が作られた場合，⑤からは［aX］（白色・正常），⑥からは［Ax］（黒色・疾患）の子ができる。前者は存在せず，後者は組2の左から3番目の1個体。よって，A-X 間の組換え価は　　1÷50×100=2.0〔%〕

A-C 間の組換え価は8.0％であったから，遺伝子座Xに最も近いのは遺伝子座Aである。

Ⅲ　解答

(A)　問1．低温

問2．(お)

問3．(1)―(お)　(2)―(あ)

(3)　日長が品種Aの限界暗期である12時間より短くなり，花芽が形成される9月下旬には屋外の気温が20℃以下となり生育が遅れ，開花時期である10月下旬以降には屋外の気温が9℃を下回り，生育が停止するので，開花は起こらない。

問4．(え)

(B)　問5．ア．錐体細胞　イ．膜電位

問6．(1)―(い)　(2)―(え)

(3)　興奮頻度が大きい神経細胞が，接続する神経細胞の抑制性シナプスを通して，周囲の興奮頻度の小さい神経細胞からの中枢へ伝達する興奮頻度をより小さくする。これによって，中枢に伝わる興奮頻度の大小の差を広げる。

問7．活性化された酵素は，反応前後で消費されることなく，少数の酵素があればセカンドメッセンジャーを産生する反応を繰り返し触媒できる。

◀解　説▶

≪(A)イネの開花・光周性　(B)神経回路と情報処理≫

(A)　▶問1．春化は通常，長日植物の花芽形成が「低温」により促進されることをいう。

▶問2．花芽形成を促進するものは，(お)フロリゲンである。また，(あ)～(か)の植物ホルモンのうち，フロリゲン以外はタンパク質ではない。

▶問3．(1)　品種Aの限界暗期は12時間。札幌市の日長が12時間より短くなるのは，9月下旬以降である。温室（平均気温26℃）での花芽形成はその時期に始まり，約35日後に開花が起こるから開花時期は(お)10月下旬以降となる。

⑵　品種Dの開花はあまり日長に左右されず，種まき後ほぼ 90 日前後で開花する。したがって，5月下旬に種をまき温室で栽培すると，およそ 90 日後の㈠8月下旬に開花すると考えられる。

⑶　短日植物のイネの品種Aは，温室で栽培した場合，限界暗期の 12 時間より短い日長で花芽形成が始まる。したがって，札幌市の日長グラフから花芽形成の開始は 9 月下旬，開花はその約 35 日後の 10 月下旬～11 月上旬となる。しかし，札幌市の日平均気温グラフから，それ以前に平均気温は生育がほぼ停止する 9℃を下回るので，屋外で栽培した場合，開花は起こらない。ポイントは，「限界暗期 12 時間→花芽形成開始 9 月下旬→26℃での開花可能時期 10月下旬以降（約 35 日後）→気温低下（10月下旬以降は 9℃以下）→屋外では生育不可 → 開花せず」である。

▶問 4．品種Bは種まきから開花まで，日長が適していても少なくとも 90 日あまりの期間を要することが，図 1 からわかる。また，3月から 4 月ごろまではホーチミン市の日長は 12 時間程度なので，12 月初旬の種まき後，開花までの日数は 100 日程度（時期は 3 月から 4 月ごろ）と見てよいだろう。ところが品種C・D・Eは日長 12 時間程度の条件（この時期のホーチミン市の日長条件）下では，すべて開花までの日数が 90 日に満たず，この時期には開花は終わっている。図 1 のグラフから品種Cは 75 日程度，品種Dは 90 日程度，品種Eは 50 日弱程度である。現存量の一日あたりの増加量は全品種で同一であり，生育期間を通し一定だから，この場合，各品種の開花期における現存量は種まき後から開花までの日数に単純に比例する。よって，品種Bが 100，品種Cは 75，品種Dは 90，品種Eは 50 と見てよいことになる。したがって，解答は㈣である。

(B)　▶問 5．ア．視細胞には，明暗を区別する桿体細胞と色を区別する錐体細胞がある。

イ．イオンチャネルが開閉すると細胞内の各種のイオン濃度が変化するから,「各種イオン濃度」でも間違いではないのだが，興奮伝達などの現象では結果としての「膜電位」の変化が問題にされることが多い。

▶問 6．⑴　神経細胞「g」が「d」と「f」に興奮性シナプスをつくっていると「b」の興奮頻度（頻度量 2）が「g」を通して「d」と「f」にも（頻度量 2）で伝わる。「d」と「f」にはもとから（頻度量 1）の興奮頻度が起こっていたから，これによって，合わせて（頻度量３）の興奮頻度が起こり，解答のグラフは(い)となる。

(2)　逆に，「g」が「d」と「f」に抑制性シナプスをつくっていれば，「b」興奮→「g」興奮→「d」・「f」抑制となる。このとき，「d」・「f」はどちらも抑制されるから，図３の右側のグラフと比べると，「d」・「f」のグラフの大きさ（山）がどちらも小さくなったものとなり，解答のグラフは(え)となる。

(3)　コントラストの強調とは「より大きなものはさらに大きく」または「より小さいものはさらに小さく」すること，あるいはその両方をすることである。この場合は，(2)のしくみによって，「d」・「f」の興奮頻度が「g」が関わることで，もと（関わらない場合）の半分程度となっていることがポイントで，「より小さいものはさらに小さく」することにあたる。したがって，論述内容は「興奮頻度の大きい神経細胞が抑制性シナプスを通して（周囲の）興奮頻度が小さい神経細胞からの興奮頻度をより小さくする」というものとなる。

▶問７．酵素の特徴といえば「反応前後で変化しない（消費されない）」ことである。したがって，（少数の）受容体によって活性化された酵素は，少数であっても「反応の前後で消費されないから，繰り返し触媒としてはたらく」ことで，より大きな反応を引き起こすことができる。

Ⅳ　解答

(A)　問１．師管

問２．ファイトアレキシンと総称される抗菌物質が合成され，病原体の活動を抑制する。

問３．条件２では昆虫Ｂが葉を食害したことにより，防御応答が起こった。その結果，植物体内に誘導された防御応答により，昆虫Ａによる根での食害が抑制されたから。

問４．条件３では，先に昆虫Ａが接種されているので，昆虫Ａによる根の食害により植物体内で防御応答が誘導された。それにより後から接種された昆虫Ｂの葉への食害が抑制され，昆虫Ｂによる防御応答が誘導されず，昆虫Ａの食害は抑制されなかったから。

(B)　問５．総生産量は到達する光エネルギー量に依存する。赤道域はその年間総量が大きく，変動も小さい。中緯度域は変動が大きく，総量も小さくなる。その結果，赤道域の総生産量の方が大きい。

問６．(あ)・(い)・(う)・(お)

問７．生産効率＝生産量÷同化量＝(同化量－呼吸量)÷同化量 である。したがって，呼吸量が相対的に大きいほど低くなる。無脊椎動物と異なり，恒温動物である哺乳類では，体温維持のため呼吸量が大きくなるので，生産効率は低くなる。

◀解　説▶

≪(A)植物の防御応答　(B)生態系の物質生産≫

(A)　▶問１．師管は植物体の植物ホルモンなどの情報を伝達する経路として非常に重要である。

▶問２．植物が病原体に感染した場合，感染部位で起こる主な防御応答には次のようなものがある。

①感染部位ではファイトアレキシンと総称される抗菌物質が合成され，病原体の活動を抑制する。

②感染部位の細胞が急速に細胞死する反応（過敏感反応と呼ばれる）が起こり，周辺への感染部位の拡大を抑制する。

③病原菌の侵入部位にパピラと呼ばれる構造物がつくられ，侵入部位の周辺の細胞の細胞壁にリグニンが蓄積して硬化する。

解答は①～③のいずれかを答えればよいだろう。

▶問３．昆虫などに食われる（食害の）場合には，病原体の感染の場合と異なる反応が起こる。食害を受けた植物ではシステミンという植物ホルモンが合成され，さらにシステミンによってジャスモン酸と呼ばれる植物ホルモンが合成される。ジャスモン酸はタンパク質分解酵素阻害物質の合成を誘導し，阻害物質は植物細胞に蓄積される。これを摂食すると昆虫の体内でタンパク質の消化が妨げられるので，昆虫はこの植物を食べなくなり，食害が減少する。これが防御応答である。要するに食害→植物ホルモンの働き（防御応答・阻害物質合成）→食害抑制という図式となる。

条件２では，昆虫Ａの接種に先立つ昆虫Ｂの葉の食害により誘導された防御応答の結果，昆虫Ａの食害（昆虫Ａの摂食量や体重増加量）が減少していることになる。

▶問４．昆虫Ｂによる葉の食害と，昆虫Ａによる根の食害のどちらにおいても防御応答が誘導される。応答結果は根から葉，葉から根の双方向的に効果を現す。昆虫Aの条件1と条件3での体重増加量が条件2より大きく，昆虫Bの増加量が逆になっているのは，昆虫Aの食害時に昆虫Bの食害に対する防御応答がすでに起き，昆虫Bの食害による防御応答は起きなかったためと判断される。

(B)　▶問5．簡単に言えば，入射する光エネルギーの年間総量の違い（赤道域＞中緯度域）である。このほか，降水量なども関係するだろうが，リード文には触れられていないので，光エネルギーの年間総量の違いだけを述べればよい。

▶問6．(あ)は純生産量に影響し，一次消費者の同化量に影響する。(い)は生産者の同化量にあたる総生産量を変化させる要因で，生産者の段階で起こる変化である。(う)は生産者では生産効率＝純生産量÷総生産量だから，エネルギー効率の分母にあたる総生産量の割合の変化に関連している。(お)は生産者から移行するエネルギー量（被食量）の一部に含まれるが，これが変化すると，実際に一次消費者へ移行するエネルギー量（一次消費者の同化量）が変化してしまう。したがって，これらの変化はすべて生産者から一次消費者へのエネルギー効率に影響を与える要因といえる。

これに対して，(え)は生産者の段階ではなく一次消費者の段階内で起こる変化であるから，生産者から一次消費者に移行するエネルギーの割合であるエネルギー効率には直接影響しない。

❖講　評

大問は例年通り4題。ⅠとⅡはどちらも遺伝情報に関する出題で，京大の頻出分野である。ⅢとⅣは，どちらも(A)・(B)に2分割され，それぞれ独立した問題となっている。

Ⅰ．非常に素直な実験問題で，実験内容をきちんと考察し解答を組み立てていけばよい。取り組みやすい。

Ⅱ．非常に差がつきやすい問題で，2021 年度のハイライト。時間もかかることから，取り組む順序としては最後にまわした方がよかっただろう。計算そのものは至って簡単だが，染色体上の遺伝子の配置，組換えの起こり方などを試行錯誤的に考えることになるであろうことから，実力が問われる。

Ⅲ．(A)はグラフの読み取りと内容の把握，(B)もグラフの形状と「コントラストの強調」をどう結びつけるかが問題。

Ⅳ．(A)はあまり見かけない植物の防御応答が問われているが，標準的な問題でホルモン名などは問われていない。(B)は生産量や同化量などの用語をきちんと理解できているかがポイント。

実験やグラフなどのデータの読み取りと用語の理解，その上で与えられた資料を高校での学習内容に結びつけることができるかが問われた出題であった。

地学

I 解答

(a) 問1．ア．ヘリウム　イ．水素　ウ．白色わい星

問2．(1) 1×10^{-4} パーセント

(2) 2×10^{5} 個

(3) その方向は星間物質が濃く，惑星状星雲からの光が遮られるため。(30 字以内)

(b) 問3．波長帯：可視光線

理由：太陽の表面温度を 5800 K，放射エネルギーが最大となる波長を 0.50μm，主星の放射エネルギーが最大となる波長を λ〔μm〕とすると，ウィーンの変位則より次の関係が成り立つ。

$$0.50\times5800=\lambda\times4500 \qquad \lambda\fallingdotseq0.64〔\mu\text{m}〕$$

この波長は可視光線の波長帯に含まれる。

問4．(1) 1秒

(2) 1等

(3) 主星が放射したエネルギーが半径 1.5×10^{8} km の球面に均等に届くとし，その一部である半径 7.5×10^{3} km の円盤が受けるエネルギーの割合を考える。

$$\frac{\pi\times(7.5\times10^{3})^{2}}{4\pi\times(1.5\times10^{8})^{2}}=\frac{(5.0\times10^{-5})^{2}}{4}=6.25\times10^{-10}\fallingdotseq6.3\times10^{-10}\text{倍}$$

……(答)

(4) 惑星の見かけの明るさは，主星の見かけの明るさの $6.3\times10^{-10}=6.3\times100^{-5}$ 倍であるとする。明るさが 100^{-1} 倍になるごとに等級は5等大きくなり，明るさが 6.3 倍になると等級は2等小さくなるので，主星の見かけの等級が1等のとき，惑星の見かけの等級は

$$1+5\times5-2=1+23=24\text{等}$$ ……(答)

(5) 質量 M〔太陽質量〕の主星のまわりを質量が無視できる惑星が半径 a〔天文単位〕，周期 p〔年〕で公転しているとき，ケプラーの第三法則より

$\frac{a^3}{p^2}=M$ が成り立つ。主星の絶対等級が 6 等で太陽より暗いので，質量光度関係より $M<1$ と考えられる。ここで $a=1$ なので $p>1$ となるから，この惑星の公転周期は 1 年より長い。

◀解　説▶

≪(a)惑星状星雲　(b)系外惑星と主星の物理的性質≫

(a)　▶問 1．星の進化過程は質量によって異なる。質量が太陽のおよそ 0.5～7 倍の場合，水素の核融合反応によりできたヘリウムが，巨星の中心部で核融合反応を始めるが，その量が少ないためまもなく燃え尽きて放射圧を失い，収縮して白色わい星となる。このとき外層の水素は宇宙空間に放出され，惑星状星雲として観測される。これより小質量の星は水素が燃え尽きたあとヘリウムの核融合反応が起こらず冷却されて輝きを失う。逆に大質量の星では核融合反応が先の段階へ進み，炭素＋酸素，珪素＋マグネシウム，鉄が星の質量に応じて順次合成される。最後には超新星爆発を起こし，外層部は飛散して星間物質となり，残された中心核は中性子星やブラックホールとなる。

▶問 2．(1)　主系列星の寿命に対する惑星状星雲の存在期間の割合だから

$$\frac{1\times10^4}{100\times10^8}\times100=1\times10^{-4}\text{パーセント}$$

(2)　天の川銀河の天体のうち，現在から 100 億年前までの間に誕生したものは主系列星，100 億年前から 100.0001 億年前までの間に誕生したものは惑星状星雲として現存するが，それ以前に誕生したものはすでに消えている（下図）。

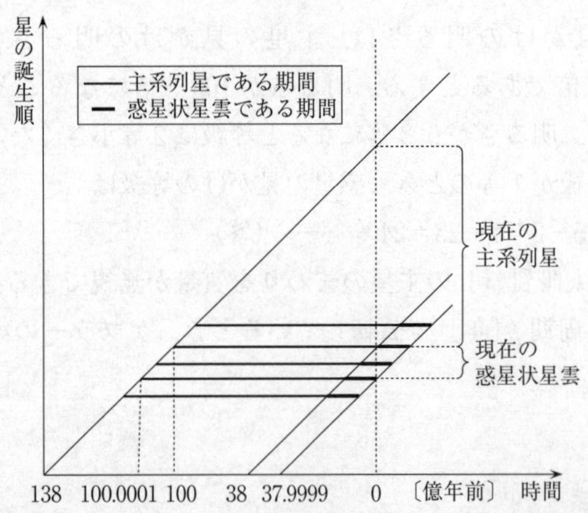

主系列星は一定の割合で誕生しているので，現在の主系列星に対する惑星状星雲の存在比は，前問と同じ割合の 1×10^{-4} パーセントであると考えることができる。よって

$2000\times10^{8}\times1\times10^{-4}\times10^{-2}=2\times10^{5}$ 個

(b)　▶問３．恒星の表面温度 T〔K〕と，その恒星が放射する電磁波のエネルギーが最大となる波長 λ〔μm〕との間には，$\lambda T=2.9\times10^{3}$〔$\mu$m·K〕という関係が成り立つことが知られている。これをウィーンの変位則と呼ぶ。比例定数の値がわからなくても，太陽の λ と T が既知であれば立式できる。10000 K を超えるような高温の恒星ほど，短波長の可視光線や紫外線を強く放射するので青白色～白色に見え，太陽程度の温度だと黄色に見える。さらに本問の主星を含む太陽より低温の恒星は赤色に見える。

▶問４．(1)　１パーセクとは，年周視差が１秒になる距離のことである。すなわち底辺１天文単位，高さ１パーセクの直角三角形の頂角が１秒になる。したがって惑星が主星から最も離れて見えるとき，２星間の距離は視線と直交方向に１天文単位なので，このとき離角は１秒となる。

(2)　絶対等級は星を距離 10 パーセクに置いたときの等級なので，それを 10 分の１の距離である１パーセクまで近づけると $10^{2}=100$ 倍明るく見え，５等小さくなって $6-5=1$ 等となる。

(3)　主星はあらゆる方向にエネルギーを放射し，途中で吸収されることなく惑星の公転半径と等しい半径をもつ球面に均等に到達し，そのうち惑星はその断面積に相当するエネルギーを受けると考える。

(4)　天体の見かけの明るさが 100^{-1} 倍になるごとに等級は５等大きくなる。したがって明るさが $10^{-10}=(100^{-1})^{5}$ 倍になると，等級は $5\times5=25$ 等大きくなる。また表１から，明るさが 6.3 倍になると等級は２等小さくなるので，明るさが主星の 6.3×10^{-10} 倍の惑星の等級は主星より $25-2=23$ 等大きい。

(5)　惑星系や公転しあう連星系に関するケプラーの第三法則は，２星の質量を M_1，M_2〔太陽質量〕，公転周期を p〔年〕，公転半径（連星の中心間の距離）を a〔天文単位〕とすると $\dfrac{a^3}{p^2}=M_1+M_2$ で表される。惑星の場合 $M_2\fallingdotseq0$ とみなせるので，右辺は主星の質量 M_1 とみなしてよい。

II　解答　問１．ア．海洋　イ．潜熱　ウ．成層圏　エ．低緯度
オ．塩素原子

問２．ハドレー循環は，熱帯から亜熱帯に向かう低緯度域の熱輸送を担う。また偏西風波動は南北方向に蛇行し，中緯度域から高緯度域への熱輸送を担う。

問３．海中生物の光合成活動により発生した酸素分子が大気中にあふれ出すと，太陽からの紫外線によってオゾン分子が生成され，オゾン層が形成された。すると地上に達する有害紫外線が減り，生物の陸上への進出が可能になった。

問４．上空ほど紫外線は強く，また上空ほど大気分子の密度が小さく熱容量が小さいため，温度が上昇しやすいから。

問５．(1)　フロンは，成層圏内の大気の流れによって極域へ運ばれる。冬季の極域上空に形成される極成層圏雲にフロン起源の塩素分子が蓄積され，春になると紫外線を受けて塩素原子が生成されるから。

(2)　南極域には安定した極渦が形成され，極成層圏雲も多く発生する。一方，北極域では海陸分布の影響を受けて極渦が蛇行し，対流圏から伝わってくる波動によって成層圏突然昇温が起こりやすいため，南極域上空ほど低温にならずに極成層圏雲が形成されにくい。

問６．黒点数の多い時期は太陽の活動が活発であり，太陽から放射される紫外線量が多くなるため，オゾンの生成量も多くなるから。

◀解　説▶

≪大気の熱輸送，オゾン層の形成と変化≫

▶問１．太陽からの入射エネルギーは，低緯度域から高緯度域に向かうほど少ない。このため高温の低緯度域から低温の高緯度域に向かって熱輸送が生じる。輸送を担うのは大気と海洋の流れで，両者の量的な割合はおよそ 2:1 である。なお大気は，大気自体の温度変化にともなう吸発熱だけでなく，大気中に含まれる水蒸気の状態変化にともなう潜熱による輸送も行っている。地球に発生した生命の光合成活動により大気中に酸素分子が増加すると，太陽から来る紫外線によってオゾン分子が生成され，成層圏内にオゾン層が形成された。しかし近年，人間の作り出したフロンなどの物質から生じる塩素原子によりオゾン分子が大量に分解され，オゾン層に穴が空くような現象（オゾンホール）が生じている。

▶問２．赤道域の強い日射で温められた大気は上昇し，圏界面付近に達すると高緯度向きに流れ出して熱を輸送する。しかし転向力を受け緯度 30 度付近に収束すると下降気流になり，その後地上に沿って高緯度・低緯度の両方に向かって流れていく。この低緯度域における大気の循環がハドレー循環である。緯度 30 度付近から 60 度付近の間では，偏西風が南北方向や上下方向に蛇行しながら地球を取り巻くように西から東へ向かって吹いており，これを偏西風波動と呼ぶ。暖気が高緯度まで，寒気が低緯度まで入り込むことで，中緯度域から高緯度域への熱輸送が行われている。

▶問３．海洋中に誕生した生物が光合成活動を始めると，発生した酸素分子は当初は鉄イオンの酸化沈殿に消費されたが，やがて大気中にあふれ出すようになった。すると太陽から来た紫外線の作用によってオゾン分子が生成され，その生成と分解がつり合う高度にオゾン層が形成された。その結果，地上に達する有害紫外線が減少し，生物はよりエネルギー効率のよい呼吸法を求めて進化し，陸上にまで生活圏を広げることが可能となった。

▶問４．オゾンから発生する熱は，オゾン自体の濃度が高いほど，また紫外線強度が強いほど多くなるため，発熱量の大小は濃度だけでは決まらない。また成層圏の温度は大気分子が個々に持つエネルギーで決まり，各分子が受け取る熱量が多いほど高温になる。この二つの要因により，オゾン層すなわちオゾン濃度が極大になる高度より，大気温度が極大になる高度の方が高くなっている。

▶問５．(1)　オゾンはおもに太陽放射を強く受ける低緯度域で生成され，成層圏中の流れによって極域に運ばれるが，年間を通じて紫外線の弱い極域ではあまり生成されない。またフロンも人間活動の活発な中低緯度域で多く生成され，上昇して成層圏の極域へ運ばれる。冬季の極域上空に形成される極成層圏雲に伴ってオゾンの分解プロセスが進むので，オゾン生成の少ない極域で，オゾンの分解が進むことになる。

(2)　南極域には低温の氷床で覆われた大陸があり，特に冬季になると強い西風に囲まれるようにして安定な極渦が生まれ，著しく低温になって極成層圏雲も多く形成される。一方，北半球は海陸分布や山脈の配置が複雑で，比較的変化の大きい対流圏の大気の波動に影響を受けやすいため，北極域では安定した極渦が生じにくい。また成層圏突然昇温が起こりやすく，南極域ほど低温にはならず極成層圏雲が形成されにくい。

▶問６．紫外線強度を軸にして，黒点数すなわち太陽活動の変化と，オゾン生成量の変化を結びつけて述べる。

Ⅲ　解答

問１．ア．地殻　イ．マントル　ウ．アセノスフェア
エ．モホロビチッチ不連続面（モホ面）

問２．小さい

問３．玄武岩，斑れい岩

問４．プレートが海嶺軸から離れるにつれ表面からしだいに冷えていくと，その下にあるアセノスフェアの物質も上部からしだいに熱を奪われ，硬くなってプレートに付け加わるため。

問５．日本海溝に沿ったところには，負のフリーエア異常が見られる。これは海洋プレートの沈み込みにより，密度の小さい堆積物や地殻がマントル内に引きずり込まれることで，アイソスタシーが成り立っていないためである。

問６．この深発地震は，沈み込んだ太平洋プレートの内部で起こっている。このとき震源から近畿地方や中部地方に向かう地震波は，プレートよりも軟らかいアセノスフェアを通過するとき大きく減衰する。一方東日本の太平洋側へ向かう地震波は硬いプレート内を通過するため，減衰が少ない。このため震央付近より震度が大きくなる。

問７．(1)　(i)―D　(ii)―(う)

(2)　震源距離は大森公式より

$8.0\times5.0=40$〔km〕

震源の深さが 24km なので，震央距離は

$\sqrt{40^2-24^2}=3.2\times10$〔km〕　……(答)

◀解　説▶

≪地球表層の構造，異常震域，地震の観測結果の解析≫

▶問１．地球表層は構成物質の違いによって地殻（花こう岩質や玄武岩質の岩石）とその下のマントル（かんらん岩質の岩石）に区分される。それらの境界面は発見者にちなみモホロビチッチ不連続面（モホ面）と呼ばれ，その下で地震波速度が急激に大きくなる。地表面からマントル最上部までの岩石は硬いがその下は比較的軟らかく，その物性の違いに着目して上層をリソスフェア，下層をアセノスフェアと区分する。リソスフェアはいく

つかの岩盤に分かれて移動しており，プレートとも呼ばれる。

▶問2．S波速度は伝播する物質が軟らかいほど小さく，同じ硬さなら密度が大きいほど小さい。アセノスフェアは，その深さにおける岩石の融点に近い温度になっていて軟らかいため，S波速度が小さくなっている。

▶問3．表面はおもに玄武岩質マグマが海底に噴出し急冷されて固結した玄武岩，下層はおもに玄武岩質マグマがゆっくり冷却されて固結した斑れい岩である。

▶問4．リソスフェアとアセノスフェアは同じ物質であることに着目する。プレートが移動とともに冷却されていくと，その下にある軟らかいアセノスフェアも上部からしだいに冷えて硬化し，リソスフェアに付加していく。このためプレートの厚さは，しだいに増していく。

▶問5．海溝からマントル内に海洋プレートが沈み込んでいくと，その表面にあった堆積物が一部地下に持ち込まれたり，地殻が下向きの力を受けて引きずり込まれたりするため，その付近ではアイソスタシーが成立していない。これらはマントル物質よりも低密度なので，地表の重力が標準より小さくなる。海面上での測定の場合，測定値から標準重力を引き去ったものがフリーエア異常になるので，その値は海溝付近で負となる。なおアイソスタシーが成り立っている場合には，フリーエア異常は0になる。

▶問6．沈み込んでいく海洋プレート（スラブ）内で深発地震が発生することがある。このとき震源から上方に向かう地震波（下図A）は軟らかいアセノスフェアを通過するため，地震波の減衰が大きい。このため地表に到達するまでにエネルギーを失って震度が小さくなる。一方，硬いプレート内を通過していく地震波（下図B）は減衰の程度が小さい。このため遠方であっても震央付近より震度が大きくなることがある。このように，震央から遠いにもかかわらず震度が大きくなる領域を異常震域と呼ぶ。

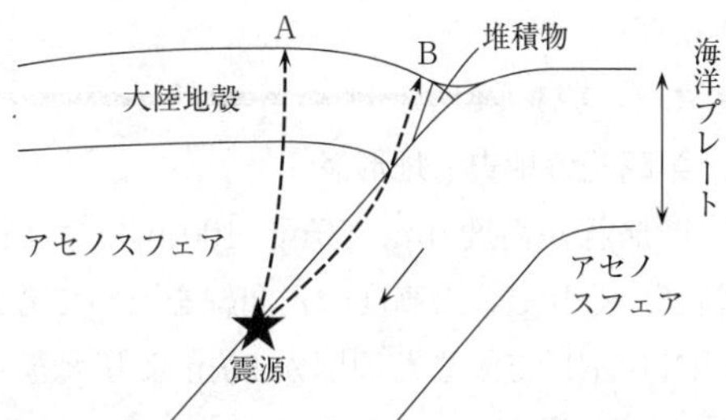

▶問7．(1)　初動の上下成分が下向き，南北成分が北向きなので，この観測点には北から引き波がやってきて，北の斜め下向きに揺れ始めたと考えられる。よって震源は観測点から見て北方の地下にあり，これを満たすのはDである。またDの初動が北向きであるから，この地域にはたらく圧縮力は南北方向であり，断層面の南西側の地盤が北西向き，北東側の地盤が南東向きにずれ動いた右横ずれ断層であることがわかる。

(2)　大森公式 $D=kT$ から震源距離 (D) を求め，さらに震央距離 (d) と震源の深さ (h) との間に三平方の定理 $d=\sqrt{D^2-h^2}$ を適用して解く。ここで，$k=8.0$〔km/s〕，$T=5.0$〔s〕，$h=24$〔km〕である。

Ⅳ　解答

問1．(1)―(う)　(2)―(あ)

(3)　断層の種類：逆断層

理由：貫入岩体と，B層とC層の境界面のずれの向きが逆なので，横ずれ断層ではない。また上盤にあたる西側が下盤にあたる東側より断層面に沿った高い位置にあるので，上盤が相対的にずり上がったことになるから。

問2．新第三紀

問3．(あ)・(え)

問4．C層→B層→安山岩→断層→A層

問5．火砕流は火山砕屑物が噴出した火山ガスによって巻き上げられ一体となって流下する現象で，一般に高温である。一方，土石流は砕屑物が大量の流水によって押し流される現象で，低温である。

問6．(1)　ア．海食崖　イ．海食台（波食台）

(2)　時期：温暖化する時期

理由：温暖化が進行するときは海面が上昇し，土地の隆起の向きと一致するため，岩盤の同一水準のところに侵食作用がはたらくことで平坦面が大きく広がりやすいから。

◀解　説▶

≪地質図の読解，第四紀の地史・地形≫

▶問1．(1)・(2)　断層線が高度0m，50m，100mの等高線と交わっている点各2カ所を結び，それぞれの高度の走向線を引いて考える。その向きから走向は南北（N0°E）で，また間隔が50mより大きく西の方が低いことから傾斜は30°Wを選ぶ。

⑶　貫入岩体は傾斜が90°ではなく南に傾斜しているので，南北走向の横ずれ断層であっても断層の両側で地表に現れる貫入岩の位置や高度に食い違いが生じることがある。したがって逆断層であれば合理的に説明できることを示す以外に，横ずれ断層の可能性を否定することも必要である。

▶問２．ビカリアは新第三紀の代表的な示準化石である。またアジア大陸東縁にあった地塊が，火成活動の激化によって生じたリフト帯で大陸から分離し始めたのが2000万年前頃，それらの間にできた日本海が拡大するとともに東西に分かれた地塊が逆向きに回転しながら移動し，現在の日本列島の位置にほぼ落ち着いたのが1500万年前頃で，新第三紀にあたる。

▶問３．ヌンムリテスは古第三紀の代表的な示準化石である。㈠は4000万～5000万年前，㈣は３千数百万年前の出来事で，いずれも古第三紀にあたる。なお，㈡は約700万年前で新第三紀，㈢は約１億8000万年前で三畳紀末～ジュラ紀の出来事である。

▶問４．古第三紀にＣ層，新第三紀にＢ層が堆積した。それらの地層に安山岩が貫入したあと，逆断層の活動があった。いったん陸化して侵食を受け平坦面が形成され，沈降したあと第四紀にＡ層が不整合に堆積し，水平を保ったまま再び隆起した。断層と不整合の新旧関係は，不整合面が逆断層の両側でどちらも高度150ｍにあることから判断する。

▶問５．安山岩質～デイサイト質マグマの活動でできた火山では，火山灰を多量に含んで高密度になった噴煙柱の崩落や，溶岩ドームの崩壊などで突発的な火山ガスの噴出があると，火山砕屑物がガスに巻き上げられて摩擦を失い数十～百 km/h の高速で一気に山麓まで流れ下ることがあり，火砕流と呼ばれている。数百℃の高温であることが多いが，それほど高温にならない流れの存在も知られている。

　普段は穏やかに流れる山間部の河川でも，豪雨後の異常出水によって谷底に堆積した土砂が数十 km/h の高速で押し流されることがある。また地すべりや山体崩壊によって生じた多量の水を含んだ土砂が下流に向かって流出することがあり，これらは土石流と呼ばれている。数十トンの岩塊が流されることもある。

▶問６．海岸では波の侵食作用によって岩盤が削られ，海面直下に海食台（波食台）と呼ばれる平坦地がつくられることがある。これが進行すると水際がしだいに陸の方に移り，そこには急傾斜の崖ができる。これが海食崖である。しかしこの地域が連続的に隆起を続けたとすると，逐次海面の高さで侵食作用がはたらくので，平坦地はできない。平坦地がつくられるには，海面と土地の相対的な高度関係が一定期間変化しないことが必要である。海岸段丘すなわち平坦地に段差がある場合，土地の隆起が間欠的に起こったか，隆起が連続的な場合は海面変動があったと考えられる。前者の場合は段丘面の年代は地域によって異なる可能性があるが，後者の場合だと広域にわたって同じような年代を示すことになる。

❖講　評

例年通り論述・計算問題が中心の大問 4 題で，出題分野の構成も 2020 年度と変わらなかった。しかし小問数が増えたこともあり，難易度としては 2020 年度よりやや難化したといえる。

Ⅰ　2021 年度は(a)惑星状星雲，(b)惑星系の 2 つの中問構成であった。(a)存在期間の比が存在確率になること，(b)ウィーンの変位則の比例定数もしくは太陽の波長 λ と表面温度 T を知っているかどうかがポイント。計算自体は難しいものではないが，小問の流れに沿って順次計算を進めることになり，結果が次の計算に影響するので慎重さが必要となる。

Ⅱ　問 2 以降の論述問題は，字数制限こそないが解答欄の大きさは限られているため，内容的にいくらでも深めていける中で，どれだけ要点を絞って説明を組み立てるかが腕の見せ所となる。特にオゾンホールの消長メカニズムは難易度が高いといえる。

Ⅲ　固体地球のうちプレートと地震に特化した内容であった。問 3 は語群中にかんらん岩がないので，海洋地殻の代表的な岩石として考える。問 5 は海面上での測定であること，問 6 は震源の深さからみてスラブ内地震であることに留意して説明する。

Ⅳ　2021 年度は地質図の読解に加え，第四紀の地史と地形に関する内容であった。問 1 (3)は断層面も貫入岩体も鉛直ではないので，選択肢を肯定側だけでなく否定側からも見る注意深さが必要である。また適宜断面図を描くなどの工夫もあるとよい。問 6 (2)は絶対的な高度ではなく，岩盤と海面の相対的な高度で侵食作用のはたらく水準が決まることに気づいたかどうかがポイント。

説明は、三行内にまとめにくい点で、やや難。「歌を沙汰ある」を具体的に説明した最終文をまとめるほかに、「本文全体を踏まえて」説明する必要があるが、本文の要点としては、「歌をよく心得たる人は、歌上手にもなるなり」、「心得ぬ所などあらば、人に尋ね問ひ侍るべきなり」に集約できるので、これらの点もうまく盛り込みたい。

容を読み取って説明する必要がある点に注意。問四の理由説明も標準的。言葉が「忘れ得ぬ言葉」となる際の、「書物から来た言葉の場合」と「生き身の人間の口から自分に語られた場合」の違いを対比的に説明させるという点で、問三と似たようなタイプの設問だと言える。難易度は標準的だが、比喩を交えた抽象的な表現をうまく説明する表現力が問われる設問である。

二の現代文（評論）は、五七音数律の特殊な組み合わせという短歌の制約の中で思想内容を表現するという、どの時代にも共通する詠歌の難しさについて書かれた文章。設問数は三問、総解答量は九行で、二〇二〇年度から変化はないが、文章量は二〇二〇年度からやや増加した。問題の難易度については、特に変化はない。京都大学の現代文では、理系の問題であっても、芸術論や文芸論がよく出題されている。したがって、いろいろなテーマの文章に取り組んで慣れておく必要がある。問一の傍線部の根拠を説明する問題は、やや難。傍線部の内容説明であればそれほど難しくはないのだが、根拠が問われているという点で、解答に工夫が必要となる。抽出しがたい、不自然、人工の約束という側面を持つ、と答えるだけでは傍線部の内容説明にしかならず、根拠の説明とは言いがたいということに注意が必要である。問二の理由説明は標準的。いつの時代でも短歌を詠むことは難しいと筆者が考える理由を、定型詩という短歌の制約に関連づけ、本文の内容に即して説明する。問三の内容説明も標準的。斎藤茂吉の歌が、定型詩である短歌を詠む難しさを自覚した上での試みであることを、そのねらいと工夫に言及しながら説明すること。

三の古文（歌論）は、室町時代の歌論からの出題で、二〇二〇年度まで主流であった近世作品からは外れた。歌論の出題は、二〇一四年度の『百人一首聞書』・『牛の涎』以来。文章量は四五〇字程度で、ほぼ平均的な量である。総解答量は二〇二〇年度の九行から八行へ減少した。難易度は、難しかった二〇二〇年度に比べるとやや易化し、およそ標準的であろう。問一の現代語訳は標準的。逐語訳自体は、理系の受験生でも問題のないレベルのはずだが、ことばの補いでやや間違いやすい。問二の理由説明も標準的。傍線部(2)の直前の箇所を中心にまとめればよいと見当はつくはず。「おけば」の「おく」の解釈が大きなポイント。傍線部の後に「そのままおく」とあるのもヒントになる。問三の理由の解説、歌人たちの逸話、和歌に関する幅広い見解などを、二百項目余りの箇条書き形式で、主に随筆風に記している。藤原定家への傾倒・崇拝が強く、定家の唱えた美的理念である余情妖艶を範とし、幽玄（＝言葉では言い表せないような奥深い幻想的な情趣）を歌体の理想とする正徹の立場がよく示されている。

❖講　評

㊀の現代文（随筆）は、学生の頃の何気ない友人の言葉が「忘れ得ぬ言葉」になったというエピソードから、「本当の人間関係」について語った文章。大問㊀では、二〇一八年度から二〇二〇年度まで評論の出題が続いていたが、二〇二一年度は随筆の出題となった（二〇一三年度から二〇一七年度までも随筆の出題）。設問数は例年と変わらず四問であり、説明問題のみであった。漢字の書き取りは二〇一七年度以降、出題されていない。総解答量は、二〇二〇年度と同じく十三行であり、内容説明が二問、理由説明が二問という設問形式であった。文章量は二〇二〇年度と比べてほとんど変わらず、二九〇〇字程度で、文章自体はそれほど難解ではないが、抽象的な表現も多く、簡潔な表現でわかりやすく説明するのはやや難しい。全体的な難易度は、二〇二〇年度と比較して同程度と言えるだろう。問一の理由説明は標準的。ただし、どこまで説明するかという点において、やや注意が必要である。友人の言葉が「忘れ得ぬ言葉」となった理由が問われているため、友人の言葉を、筆者が考える「忘れ得ぬ言葉」の内容と関連づけて説明する必要がある、と判断できる。第三段落の内容だけで解答をまとめてしまうと、次の問二と解答の内容がほとんど重複してしまうという点も、盛り込むべき範囲を判断する材料になるだろう。問二の内容説明は、「罪のない」ことの具体的内容は捉えやすいが、それが「罪あることと映って来た」という表現がどういうことを意味しているのかを説明するのは、やや難しい。傍線部直後の「おとなに近い段階に押し上げられた」がヒントになる。問三の内容説明は標準的。「世間知らず」という言葉の、以前に言われたときの意味内容を簡潔に説明した上で、それとは全く別の意味内容を対比的に説明すること。「本当の意味での『世間』」といった本文中の表現をそのまま使うのではなく、その表現が示している意味内

り、その点も説明に加えること。

解答作成のポイントは以下の二点である。

①「歌をよく心得たる人は、歌上手にもなるなり」を踏まえ、歌の理解が作歌上達の条件であることを示す

②「心得ぬ所などあらば、人に尋ね問ひ侍るべきなり」「会などにあひても、……心得られねどもおけば」を踏まえ、歌に理解できない点があるのに、質問せずにそのまま放置することを説明する

▼問三「歌詠みどもあつまりて」とあり、歌は詠まずに、「歌を沙汰ある」のが、作歌上達のための一番の練習法だというのだから、「歌を沙汰ある」は、〃(歌人たち同士で)歌を批評する・歌を議論する〃ほどの意とわかる。あとは、それが、本文の主旨である〈作歌上達の条件である、歌をよく理解すること〉につながることを示していけば、「本文全体を踏まえ」た説明になる。「歌詠みどもあつまりて」「歌を沙汰ある」ことの利点の一つは、〈質問しやすい環境〉を生むことである。また、皆で歌を批評し合うのは、「衆議判の歌合」に近いので、さらに利点として、「非を沙汰し、是をあらはす(＝歌の悪い点を指摘し、よい点を明らかにする)」であり、その過程を通じて、「人はさ心得たれども、我はさは心得ず」のように〈他人と自分との解釈の違いを知ることができる〉とし、おそらくこれは独りよがりを直すことを言ったものであろう。歌の独りよがりな解釈を是正していけば、当然、正しい解釈(理解)につながり、作歌も上達するはずである。

解答作成のポイントは以下の三点である。

①「歌を沙汰ある」の意味を明らかにする

②①の利点を説明する＝質問しやすい・歌の巧拙を明確にし、他人と自分の解釈の違いを知る(独りよがりを直す)

③②が歌をよく理解し、作歌上達につながることを説明する

参考『正徹物語』は、室町時代前期の歌人・僧である正徹(一三八一〜一四五九年)の歌論書である。全二巻。自詠歌

「をば」の「ば」は、接続助詞の「ば」ではなく、強調の係助詞「は」が濁音化したもので、「をば」は単に〝を〟と訳す。「詠まば」の「ば」は、未然形に付いているので、順接仮定条件を表す接続助詞で、〝詠むならば〟の意。指示副詞の「かく」は、〝このように〟の意で、ここでは〝この古歌のように〟などと具体化する。さらに、「かくは」は、〝この古歌のようには（上手に・うまく）〟などと補って訳す。「え」は、下に打消語を伴い、〝～できない〟の意になる呼応の副詞。ここでは、打消推量（打消当然）の助動詞「まじ」の連体形「まじき」と呼応し、〝～できないだろう（～できるはずがない）〟の意。「よ」は詠嘆の間投助詞（終助詞）。以上により、〔解答〕のように訳せばよい。ただし、「ここの詞をば」は、〝（本歌取りで）この言葉を用いて〟の意味合いか、〝この言葉の箇所を〟の意味合いか、実は微妙な問題をはらむ。傍線部は「この詞をば」でなく、「ここの詞をば」となっていることに留意すると、後者と見る方がより適切なようにも思われる。〔解答〕はどちらにでもとれるが、後者の解釈を明確にする場合は、〝この古歌のここの言葉の箇所を自分が今詠むならば、この古歌の言葉のようには上手に詠むことができないだろうよ〟などと訳せる。

▼問二　傍線部(2)は、〝自分の歌の実力が上がる（作歌が上達する）はずがない〟の意。解答としては、作歌が上達する条件を示した上で、その条件を欠いているから、という流れで説明するとよい。「歌をよく心得たる人は、歌上手にもなるなり」とあるので、〈作歌が上達する条件とは、歌をよく理解すること〉である。しかし、「会などにあひても、……心得られねどもおけば」とある。「られ」は、助動詞「らる」の未然形で、ここでは可能の用法。「ね」は打消の助動詞「ず」の已然形。「ども」は逆接の接続助詞。「おけ」は四段動詞「おく」の已然形で、この「おく（置く）」は、文脈から〝そのままにする・放っておく・放置する〟の意と判断する。したがって、作歌が上達しない理由は、〈歌会などに出席しても、歌に理解できない点があるのに放置するから〉と、解答の骨格は決まる。ただし、筆者は、「上手の歌には、……心得ぬ所などあらば、人に尋ね問ひ侍るべきなり」と、優れた歌人の歌に理解できない点があれば、人に質問するべきだと述べているので、逆に言えば、〈質問しないから〉放置することになるのであ

問三　皆で歌を批評すれば、質問もしやすく、歌の短所や長所を明確にでき、他人との解釈の違いを知って独りよがりを直すことで、作歌上達のための歌の理解力がつくから。

◆全　訳◆

歌人は知識を気にかけてはならない。ただ歌の心（＝感興や意味内容）をよく理解して納得するのがよいのである。「よく心得て」とは、理解するという意味である。歌をよく理解した人は、作歌が上手にもなるのである。我々は古歌を見るときも、「この歌の心はどのような意味か。これは幽玄(ゆうげん)の歌か、長高体(ちょうこうたい)（の歌）と言うのがよいだろうか」などと当てはめるものである。「（この古歌の）ここの言葉を自分が今詠むならば、この古歌のようには（上手に）詠むことができないだろうよ」などと思うものです。優れた歌人の歌には、歌ごとに気をつけて（意味を）考えて理解できない所などがあるならば、人に質問するべきなのです。歌会などに出席しても、すぐに（歌を書きつける）懐紙短冊をくりひろげて（文台に）置いて、（歌の意味が）理解できないのに（質問もせずに）そのままにしておくと、自分の作歌の実力が上がることもあるはずがないのである。また、（歌の意味が）理解できないのに、その歌の詠み手が（こういう意味ですと）おっしゃってしまうと、「そういう意味であるようだ」と思って、（質問もせずに）そのままに放っておく人もいる。こちらからは「（あなたの歌は）理解できないのですよ」とは申し上げにくいことである。（私の和歌の師である）了俊が申しなさったことは、歌人たちが集まって、歌を詠まないで、歌を批評するのが（作歌上達のための）一番の練習法である。また、（参加者が議論して歌の優劣を定める）衆議判の歌合に一回でも出席してしまえば、千回二千回（歌を詠んで）練習しているよりも役に立つ。（衆議判では）たがいに欠点を指摘し、長所を明らかにするので、「他人はそのように理解しているけれども、自分はそうは理解していない」などという（他人との解釈の違いを通じて独りよがりを直す）ことがあるのである。

▲解　説▼

▼問一　「ここの詞(ことば)」は、前の「古歌」「この歌」を受けているので、〝(この古歌の)ここの言葉〟などと補って訳す。

て、茂吉の短歌を挙げている。具体的には、〈ラテン語を使って音韻上の親和性をたかめたり〉、〈語の選択によって「沈痛なひびき（独特の響き）」をこもらせたり〉というのが、この短歌における茂吉の工夫であるが、彼はそれを「（短歌の）この厳密な定型の約束」という条件の中でするために、彼の教養を結集させて「古今東西の語を（貪欲に）求め」たということであり、その結果としてこの短歌があるのである。以上の内容を理解した上で、解答をまとめればよい。

解答作成のポイントは以下の三点である。

① 短歌定型律という制約の中で、という条件を示す
② 表現内容に独特の響きをこめるために、というねらいを示す
③ 古今東西の語を貪欲に求めた、という工夫の内容を説明する

参考 岡井隆（一九二八〜二〇二〇年）は、愛知県出身の歌人、詩人、文芸評論家。慶應義塾大学医学部卒業。短歌結社「アララギ」では写実に根差した短歌を詠んだが、慶應義塾大学医学部在学中に歌誌『未来』を創刊。内科医として病院に勤務する傍ら、前衛短歌運動に取り組み、思想性や社会性を反映する表現の可能性を広げた。塚本邦雄、寺山修司とともに前衛短歌の三雄の一人とされる。短歌だけでなく現代歌論を確立したとされる評論や発言でも歌壇を超えて注視された。主な作品に『禁忌と好色』『親和力』『ウランと白鳥』（歌集）、『注解する者』（詩集）などがある。

出典 正徹（しょうてつ）『正徹物語』〈上〉

解答

問一　この古歌のここの言葉を自分が今詠むならば、この古歌のようには上手に詠むことができないだろうよ。

問二　作歌の上達のためには、他人の歌の意味をよく理解することが必要なのに、歌会などでも、歌の理解できない点を人に質問もせずに、理解しないまま放置するから。

るリズム」を有しており、そのリズムは、五七五七七という短歌の「特殊な連結法——組み合わせ」の枠には収まりきらないものだからである。だからこそ、「到底、抽出しがたい」し、「不自然と呼ぶよりほかない」と筆者は述べているのである。したがって、解答の核となる部分は、〈日本語は、短歌のような特殊な組み合わせの枠には収まりきらないほど、生き生きと多彩で変化するリズム（音数律）を持っているから〉ということになる。

解答作成のポイントは以下の三点である。

① 日常語が、短歌の「特殊な組み合わせ」の枠に収まらないものであることを説明する

② ①の理由として、日本語のリズムが多彩で変化するものであることを明示する

③ 日本語が七五音数律に還元されやすいことと、音数の組み合わせ方とは、別物であることを踏まえる

▼問二　傍線部（2）の考えに対して、筆者は二段落後（第八段落）で「古代においても、中世にあっても、短歌は、現代と変わらぬ、むつかしさを抱えていたとみるべき」と述べている。その理由として、「定型詩型は、（…あらゆる内容を…集約せねばならぬという意味では、）日常語の自然なリズムと闘い、それを断ち切り、また強引に接続するというエネルギッシュな作業を、詩人に要求するもの」であること（第七段落）、さらに、短歌が「日常語の世界に単に反してあるのではなく、そこに基礎を置いて、……（反日常ではなく）非日常的世界へと昇華する」ものであること（第八段落）が挙げられている。こういった作業は、〈時代による言葉の違いに左右されない難しさ〉なのだと筆者は考えているのである。

解答作成のポイントは以下の二点である。

① 短歌が定型詩型であるということを明示する

② 難しさが、言葉によるものではなく、定型詩型であることや、短歌の性質によるものであることを説明する

▼問三　傍線部（3）は、斎藤茂吉の短歌についての説明である。そもそも、筆者は、「一部の自覚した人たち」についての、「ある表現内容を、この厳密な定型の約束のもとに表明するために、古今東西に語を求める態度」の具体例とし

二

出典　岡井隆「韻と律」(『現代短歌入門』〈第七章〉講談社学術文庫)

解答

問一　日常語は、たとえ七五音数律に還元できるとしても、短歌のような特殊な五拍七拍の組み合わせの枠には収まりきらない、多彩で変化する音数律を有していること。

問二　型に束縛される短歌には、日常に基礎を置きつつ言葉の自然なリズムを断ち切って非日常的な世界を創るという、どの時代にも共通する困難があると考えられるから。

問三　茂吉の歌は、定型詩の厳密な約束のもと、音韻上の親和性を高めつつ表現内容に独特の響きをこめるために、教養を結集し古今東西の語を貪欲に求めた結果だということ。

◆要　旨◆

日本語は、多彩で変化するリズムを有しているため、たとえ七五音数律に還元されるとしても、「五七五七七」という短歌の特殊な組み合わせを自然と生むという必然性はない。定型詩であるからには短歌も人工的な制約に縛られるのであり、その制約の中で、日常に基礎を置きながら、表現内容を非日常的世界へと昇華させる短歌を作るということは、いつの時代のどんな言葉においても困難さを有している。斎藤茂吉の歌は、そういった困難の中で、うたうべき内容を厳密な定型の約束のもとに表明するために、彼の全教養をあげて古今東西に語を求めた例として挙げられるのである。

▲解　説▼

▼問一　第四段落の「(たとえ、日本語の散文のリズムが、結局は、七五音数律のヴァリエーションに還元できるとしても。) 短歌の五拍七拍のこの特殊な組み合わせ方は、不自然と呼ぶよりほかない」という記述が、傍線部(1)の言い換えであることに注意する。第二・第三段落で説明されていたように、五七(七五)の音数律に還元しやすいというのは日本語の自然な特徴であるにせよ、それが、五七五七七という特殊な連結法(組み合わせ)になるのは、必然ではない。なぜなら、日常語や散文のリズムは、「乱雑で即興的で無方向な、またそれだけに生き生きと多彩で変化す

自分のうちへ紛れ込んでしまう」とある。「筆者のマーク」とは〝筆者の個性〟の意と解釈できるので、ここは〈筆者の個性が薄れて、抽象的な意味内容だけが内面化されて定着する〉などと簡潔にまとめることができるだろう。一方、「生き身の人間」の言葉の場合は、問一でも確認したように、傍線部(4)の後に、「(言葉を発した)人間がその人間としての実在性をもって自分のうちに定着し、自分とつながりながら自分の一部にな」り、その言葉は「自分のうちで血肉の域を越えて骨身に響くものになってくる」とある。つまり〈他者がその実在性を保ったまままつながることで自分のうちに定着し、自分に深く働きかけるものとなる〉などと解釈することができるだろう。以上の内容を理解した上で、説明すればよい。ただし、「(言葉が)血肉の域を越えて骨身に響く」といった比喩表現は、そのまま使わずに、言い換えて説明することも必要なので、注意しよう。

解答作成のポイントは以下の二点である。

①書き手の個性が薄れることと、発話者が他者としての実在性を保ったままという対比ポイントに留意して説明する

②「筆者のマーク」「骨身に響く」といった比喩表現を別の表現で言い換えて説明する

参考　西谷啓治（一九〇〇～一九九〇年）は、石川県出身の哲学者。京都帝国大学文学部哲学科に入り、西田幾多郎に師事する。京都帝大講師、助教授を経て、教授に就任。「近代の超克」の対談に参加し、戦後に公職追放される。追放解除後、京大教授に復帰し、定年退官後は名誉教授となる。ドイツ神秘主義などを研究するが、後半生は禅仏教に傾倒するなど、特定の宗教ではなく、東洋思想と西洋の宗教、哲学を広く研究し、人間存在と宗教との本質的な結びつきを探求した。仏教、キリスト教、神道などさまざまな宗教の研究者による「現代における宗教の役割研究会」の会長を、設立以来、十数年務めた。著書に『ニヒリズム』『神と絶対無』『宗教とは何か』などがある。

となの段階、乃至はおとなに近い段階に押し上げられたと思っている」とあるので、ここで言う「罪」とは、〈幼さ・自分の至らなさ・愚かさ〉などを意味していると解釈できるだろう。以上の内容を踏まえて解答をまとめたい。

解答作成のポイントは以下の三点である。

① 一つ目の無邪気さの説明をする＝自己中心的な自分

② 二つ目の無邪気さの説明をする＝自己中心的な自分に気付いていなかったこと

③ 「罪」の内容を明示する

▼問三　筆者はかつて「『世間知らず』といわれても、殆ど痛痒を感じなかった」のだが、それは〈物質的にも精神的にもいろいろな種類の苦痛を嘗めてきたため、友人達よりはずっと「世間」を知っていると自負していた〉からである。ここから、以前言われたような「世間知らず」とは、〈人生や日々の生活での苦労を知らない〉ことを意味していることがわかる。一方、筆者が友人の言葉によって自覚した「世間知らず」という場合の「世間」とは、傍線部(3)の直後に説明されているような、〈他者に触れ、他者とのつながりのなかで自分というものを見る眼が開けて初めて、触れることが出来るようなもの〉、すなわち〈他者とのつながりのなかで自分を知ることによって実感できるようなもの〉である。そういう意味での「世間」を知らなかった、ということに思い至った、というのが傍線部(3)の内容である。

解答作成のポイントは以下の二点である。

① 以前言われた「世間知らず」と、別の意味の「世間知らず」の違いがわかるように説明する

② 本当の意味での「世間」の内容をわかりやすく説明する

▼問四　「生き身の人間」の言葉が、「忘れ得ぬ言葉」になるとはどういうことかを、「書物から来た言葉」との違いを明確にしながら説明する。まず、「書物から来た言葉」の場合は、傍線部(4)の前に、「繰返し想起され反芻されているうちに、……筆者のマークがだんだん薄れて」きて、「言葉の抽象的な意味内容だけが自分のうちに定着して、……

▲解　説▼

▼問一　「からかい半分の軽い気持で」発した友人の何気ない言葉が、「私には『忘れ得ぬ言葉』になってしまった」のは、その言葉が「何かハッとさせるものをもっていた」からであり、具体的には「それまで気が付かなかった自分の姿に気が付いたというような気持」にさせるものがあったから、ということである。しかし、ただ〈自分の姿に気付かせてくれたから〉と答えるだけでは表面的な説明となってしまう。友人の言葉が忘れられない理由を問われているだけなら、その解答でもよいが、ここでは、友人の言葉が「私には『忘れ得ぬ言葉』になってしまった」理由が問われているため、筆者の考える「忘れ得ぬ言葉」がどういうものであるかを明らかにし、友人の言葉がそれにあてはまるものであったことを説明しなければならない。筆者が考える「忘れ得ぬ言葉」とは、第五段落の傍線部(4)の後で、想起され反芻されるうちに「独立した他の人間がその人間としての実在性をもって自分のうちに定着し、自分とつながりながら自分の一部になる。彼の言葉は自分のうちで血肉の域を越えて骨身に響くものになってくる」と説明されている。あとは解答欄との兼ね合いになるが、ここでは少なくとも〈言葉を発した人間がその人間としての実在性をもって自分のうちに定着する〉という要素は拾っておきたい。

解答作成のポイントは以下の二点である。

① 友人の言葉が、それまで気付かなかった自分に気付かせてくれたことを説明する

② 筆者の考える「忘れ得ぬ言葉」の特徴と関連づけて説明する

▼問二　傍線部(2)の「その自分の『罪のない』こと」とは、〈「散々厄介をかけながら好い気持でしゃべっていたわたし」の無邪気さ〉のことである。ここで言う無邪気さとは、具体的には、第三段落で説明されているような〈自分自身のことで一杯になっていて、彼の友情や犠牲について思うことがなかったという自己中心的な自身の姿〉であり、さらには〈そういう自己中心的な自分にそれまで無自覚であったこと〉である。この二つのことに気付いたことによって、そういった無邪気さを「罪あること」と認識したのだが、傍線部(2)の後に「実際に、私はそれ以来自分がお

国語

一

解答

出典　西谷啓治「忘れ得ぬ言葉」

問一　何気ない友人の言葉は、筆者自身のあり方を気付かせてくれただけでなく、その言葉を語った友人の実在性を伴いながら筆者の中に定着し、想起、反芻され続けるから。

問二　散々世話になったことを少しも顧慮することがなかった自己中心的な自分と、そんな自分に無自覚だったことに気付き、身をもって自らの幼さを痛感させられたということ。

問三　人生の苦労を知らないということではなく、他者の実在に触れ、そのつながりの中で自分を捉え、世間を実感として知る経験がなかったことに気付いたということ。

問四　書物の言葉は、書き手の個性が薄れ、抽象的な意味内容だけが内面化されて自分の一部として定着するが、生身の人間の言葉は、他者の実在性を保ちながら自分とつながる形で自分の一部となり、働きかけるものとなるから。

◆要　旨◆

学生の頃の友人の何気ない言葉が、筆者にとっては「忘れ得ぬ言葉」となった。その言葉によって、無自覚だった自分の姿に気付かされ、その言葉を発した友人の存在に実在的に触れたことで、本当の意味での「世間」に触れることが出来たのである。このような「生き身の人間」の言葉は、他者という実在性を保ったまま自分のうちに定着し、想起、反芻されながらより実在性を高めつつ自分の一部となり、時を経るにつれてその他者との関係性が深まるのである。生死を越えて実感を増す、このような不思議な「縁」を備えた人間関係こそが、本当の人間関係なのである。

//////////////////// · memo · ////////////////////

2020年度

解答編

解答編

英語

I **解答** (1)•水面に生じる光の屈折を補正し，獲物を目がけて水を噴射できる点。

•噴射した水が獲物に当たる直前で最大の勢いとなるように，獲物との距離を測れる点。

•獲物の動き方が変わっても，獲物に噴射した水を命中させられる点。

(2)本当の意味での脳ではないが，複雑な学習や情報伝達を行える高い認知能力を備えた，数の上では脊椎動物に遠く及ばないものの，昆虫の中では最高の部類となる約96万個の神経細胞の密な集まり。

(3)全訳下線部参照。

◆全　訳◆

≪小さな生き物の脳に備わる高い認知能力≫

人間の認知能力がいかに優れているかを主張する様々な学説は，人間とチンパンジーを比較することでもっともらしいものになっている。認知の進化を問題にするのなら，この着眼点だけでは不公平だ。マタベレアリのような社会性昆虫に見られる協調性の進化を考えてみよう。シロアリの攻撃を受けたとき，このアリは仲間の救護をする。化学物質による信号を送ることで応援を要請すると，負傷したアリは巣に連れ戻される。彼らが回復する機会が増えることは群れ全体にとっての利益となる。アカヤマアリには簡単な算術演算をする能力と，その結果を仲間のアリに伝える能力が備わっている。

高度な神経制御が必要となる生物学的適応に関して言えば，他にも注目に値する事例を進化は示してくれる。テッポウウオは，空気と水の境界で生じる光の屈折を補正しながら，獲物に対して連続的に水を噴射することができる。また，テッポウウオは，噴射した水が獲物に当たる直前で最大の勢いとなるように，獲物との距離を捕捉することもできる。室内実験では，獲物の軌跡が変化しているときでも，テッポウウオは標的に水を噴射できることがわかっている。水を噴射して獲物を捕らえる行為は，テッポウウオのそれがなければ動物界で単独とみなされるはずの行為である投てきで用いられるのと同じ間合いを要する技術だ。人間の場合，投てきをするようになったことで，脳がさらなる飛躍的な発達を遂げた。では，テッポウウオの場合はどうか。その並外れた狩猟技術に要する計算は，およそ6個の神経細胞の相互作用に基づいて行われている。それゆえ，微小な神経網は，かつて考えられていたよりもはるかに広く動物界に存在している可能性がある。

ミツバチの研究から，微小脳が持つ認知能力が脚光を浴びている。ミツバチには本当の意味での脳は存在しない。しかしながら，彼らの神経細胞の密度は昆虫の中で最も高い部類にあり，およそ96万個の神経細胞がある。とは言え，脊椎動物に比べれば圧倒的に少ない数ではあるが。ミツバチの脳の大きさを，その体の大きさに合わせて標準化したとしても，相対的な脳の大きさは，ほとんどの脊椎動物よりも小さい。昆虫の行動は，脊椎動物の行動よりも単純で，柔軟性や修正力を欠いているはずである。しかし，ミツバチは花粉や蜜をたくさんの多様な花から採る方法を素早く学習する。彼らは子の世話をし，分業を行い，8の字ダンスを使って遠く離れた食糧や水の在処や性質に関する情報を互いにやり取りしている。

カール=フォン=フリッシュによる初期の研究は，そのような能力が柔軟性を欠いた情報処理や融通が利かない行動プログラムから生じるはずがない，と示唆している。ミツバチは学習し，記憶する。この結論を裏付けるために行われた最近の実験的研究は，ミツバチの認知能力についての驚くべき考えを提示した。彼らの世界の捉え方は，連想をつなげていくことだけで成り立っているわけではない。それははるかに複雑で，柔軟で，統合的な捉え方である。ミツバチは文脈依存型の学習や記憶，さらにはある種の概念形成も行っている。ハチは目に入る映像を，左右対称や放射対称といった抽象的な特徴に基づいて分類することができる。つまり，彼らは風景を一般化することで理解し，初めて見るものを自発的に分類するようになるのだ。彼らは最近，社会学習や道具の利用が可能な種に格上げされた。

いずれにせよ，ミツバチの脳が脊椎動物の脳よりもはるかに小さいからといって，それが脊椎動物に匹敵する認知処理，あるいは少なくともそのような認知処理に由来する行動を妨げる根本的な制約となっているようには思われない。哺乳類とハチの類似点には驚くべきものがあるが，元をたどっていっても同じ神経学上の発達を遂げてはいないはずだ。ミツバチの神経構造が未知のままである限りは，この類似性の原因を断定することはできない。

◀解　説▶

高度な認知能力は脳の大きさで決まったり，人間のみに備わっていたりするものではない。ミツバチの脳を例に，神経系の集まりから成る微小な脳でも，高度な学習や情報伝達の能力を有することに目を向けさせる内容となっている。

▶(1)テッポウウオが獲物に水を噴射する能力の特長は，下線部直後の連続する 3 つの文でそれぞれ説明されている。

1 つ目は，第 2 段第 2 文（The banded archerfish is …）の spit a stream of water at its prey, compensating for refraction at the boundary between air and water で，a stream of water は「ひとつながりの水流」，つまり，連続的に水を噴射することを意味する。compensate for ～ は「～の埋め合わせをする，～の補償をする」という意味の動詞句だが，ここでは「(refraction「(光の）屈折」) を補正する，相殺する」の意味。

2 つ目は，同段第 3 文（It can also track the distance …）の track the distance of its prey, so that the jet develops its greatest force just before impact で，track「～を追跡する，探知する」は，ここでは「(the distance「距離」) を測る，把握する」の意味。so that 以下は，so that ～ が「～するように」という目的を表す用法で，impact は「(水が獲物に）当たること」を意味するので，「噴射した水が獲物に当たる直前で最大の勢いとなるように」と訳せる。

3 つ目は，同段第 4 文（Laboratory experiments show …）の spits on target even when the trajectory of its prey varies であり，trajectory は「軌道，軌跡」の意味で，ここでは「獲物が動く際に通った軌跡」のことを表している。動詞 vary は「異なる，変わる」の意味であるため，even when 以下は「獲物がどのような動きをしても」と意訳することもできる。

▶(2)下線部は第３段第１文（Research on honeybees …）中にあり，この段落はミツバチの minibrains がテーマとなっている。したがって，その説明は下線部直後から同段最終文にわたる。この箇所を要約する際に，まず同段第２文（Honeybees have no …）と第３文（Their neuronal density, however, …）の対比構造を意識したい。つまり，「（ミツバチの微小脳は）本当の意味での脳ではない」が，「そのニューロン（神経細胞）の集まりの密度はとても高い（昆虫の中で最も高い部類）」という点。次に，ミツバチの脳と，脊椎動物の脳との対比がなされている点も重要となる。第３文の後半では with roughly 960 thousand neurons―far fewer than any vertebrate とあり，脳を形成するニューロンの数について vertebrate「脊椎動物」との比較がなされているし，第４文（Even if the brain size …）では，脳の大きさについて脊椎動物との比較がなされている。最後に，第６・７文（But honeybees learn … food and water.）では，このように神経細胞の数や脳の大きさで脊椎動物に劣るにもかかわらず，ハチに高度な認知能力が備わっている，ということを示す具体的な行動の例が列挙されている点も重要。ただし，「花粉の採取方法の学習」，「子の世話」，「分業」，「８の字ダンスによる情報伝達」といった具体例は，内容説明を要求される設問では全てについて記述する必要はない。むしろ，「高度な認知能力が備わっている」という要点に言及することが大切。

▶(3)**In any case, the much smaller brain of the bee does not appear to be a fundamental limitation for comparable cognitive processes, or at least their performance.**

「いずれにせよ，ミツバチの脳が脊椎動物の脳よりもはるかに小さいからといって，それが脊椎動物に匹敵する認知処理，あるいは少なくともそのような認知処理に由来する行動を妨げる根本的な制約となっているようには思われない」→主語 the much smaller brain of the bee は，そのまま名詞句として「ミツバチの脳がはるかに小さいこと（は）」と訳してもよいが，「ミツバチの脳がはるかに小さいからといって」のように理由を表す副詞節として処理してもよい。much smaller brain の much は，比較級を強調する用法。比較級 smaller は，「ミツバチの脳」が何と比較して小さいと言っているのか，同様に，comparable「（～に）匹敵する，相当する」も何に匹敵すると言っているのかを考える必要がある。第３段第３・

4文（Their neuronal density, however, … lower than most vertebrates.）では脊椎動物とミツバチの脳が対比されていることから，smaller や comparable の和訳にはその比較対象として「脊椎動物」を書き足しておくのがよいだろう。limitation for ～「～に対する制限」は，「～を制約するもの，～を妨げる制約，～の足かせ」などと訳す。limitation for の目的語は，comparable cognitive processes と their performance の２つが or で並列されているので，limitation 以下の直訳は「(脊椎動物に）匹敵する認知処理，あるいは少なくともその（＝認知処理の）遂行に対する制約」となり，答案としてはこのままでよい。or 以下が長く複雑な内容の場合は，よりわかりやすい日本語に意訳するために or at least 以下を補足的な表現として処理することも可能。なお，their performance も「認知処理の遂行」という和訳でも十分であるが，具体的には第３段で挙げられた「花粉の採取方法の学習」や「８の字ダンスによる情報伝達」といったミツバチの行動を意味するので，そのような訳語を用いてもよいだろう。

• fundamental「根本的な，本質的な」

The similarities between mammals and bees are astonishing, but they cannot be traced to homologous neurological developments.

「哺乳類とハチの類似点には驚くべきものがあるが，元をたどっていっても同じ神経学上の発達を遂げてはいないはずだ」→they が指すのは The similarities「類似点」。trace は「～の跡を追う，たどる」が基本的な意味の動詞で，「(痕跡をたどって歴史など）を明らかにする」の意味もある。受け身（be traced to ～）の形では「～に端を発する，元をたどれば～にいきつく」と訳せるので覚えておきたい。

• homologous「(性質などが）一致する，同種の」→homo- は「同一の」を意味する接頭辞。

• neurological「神経学の」

As long as the animal's neural architecture remains unknown, we cannot determine the cause of their similarity.

「ミツバチの神経構造が未知のままである限りは，この類似性の原因を断定することはできない」→As long as ～は「～である限りは」という条件を意味する接続表現。the animal「その動物」とは，「ミツバチ」のことを指すので，そのように訳す。architecture は「建築，構造」の意味があるので the animal's neural architecture は「ミツバチの神経構造」。their similarity の their は 1 つ前の英文中にある mammals and bees を指しているので，「両者の類似性」としてもよい。

• determine「～を確定させる」

●語句・構文●

(第 1 段) doctrine「(信条・理論などの根本的) 原理，学説」 cognitive「認知力の」 superiority「優位性」 plausible「(説明などが) もっともらしい」 comparison「比較」 evolutionary「進化（論）の」 cognition「認知」 focus「注目，着目」 cooperation「協力」 social insect「社会性〔群居性〕昆虫」 termite「シロアリ」 provide「～を提供する」 medical service「医療，治療」 call for ～「～を要求する」 by means of ～「～の手段で」 chemical「化学の」 nest「巣」 chance of recovery「回復の可能性」 benefit「～の利益となる」 entire「全体の」 colony「(動植物の) 集団，コロニー」 perform「～を遂行する」 arithmetic operation「算術演算」 convey *A* to *B*「*A* を *B* に伝達する」

(第 2 段) when it comes to ～「～ということになると」 adaptation「(生物学上の) 適応」 require「～を要する」 sophisticated「高度な」 neural「神経（系）の」 spectacular「注目に値する」 (banded) archerfish「テッポウウオ」 spit「(唾・水など) を吐く」 prey「獲物」 boundary「境界」 laboratory「研究所（の）」 experiment「実験」 throwing「物を投げる行為，投てき」 otherwise「(前に述べたことを受けて) そうでなければ」→ここでは Spit hunting is a technique that requires the same timing used in throwing を受けて，「もしテッポウウオの水噴射による狩りの技術が投てきと同じタイミングを要する技術でなかったならば」という意味。regard *A* as *B*「*A* を *B* とみなす」 kingdom「王国，(～の) 世界」 enormous「桁外れの」 calculation「計算」 extraordinary「並外れた」 interplay「相互作用，交流」 neuron「ニューロン（脳の神経細胞)」 widespread「広い範囲に存在している」 previously「以前（は)」

(第 3 段) bring *A* to light（本文では bring to light *A* の順)「*A* を明るみに出す」 capability「能力」 neuronal「ニューロンの」 density「密

度」 normalize「～を標準化する」 their relative brain size is lower than most vertebrates「ミツバチの相対的な脳の大きさは大半の脊椎動物よりも小さい」→size には small を使うのが普通だが，ここでは相対的な大きさについて述べており，rate や ratio「比率，割合」に近い意味で使われているため，それらと相性がよい形容詞 low が用いられている。behavior「行動」 complex「複雑な」 flexible「柔軟な」 modifiable「修正可能な」 extract「～を抽出する」 pollen「花粉」 nectar「(花の) 蜜」 care for ～「～の世話をする」 distribution「配分」 waggle dance「(ミツバチの) 8の字ダンス，尻振りダンス」→waggle は「(～を) 振る（こと)」。inform「～に知らせる」 location「場所，在処」

(第4段) inflexible「柔軟性のない」 rigid「厳正な，融通の利かない」 behavioral「行動の」 experimental「実験的な」 confirm「～を確かめる」 conclusion「結論」 astonishing「驚くべき」 picture「理解，捉え方，イメージ」 competence「能力」 representation「表象，想像，概念」 consist of ～「～から成る」 associative chain「連想の鎖」→(心理学用語)「空腹→食べる」，「眠い→寝る」というように，直近の状態から直後の行動などを思いつくことを繰り返していく思考方法。integrative「統合的な」 context-dependent「文脈依存型の」 concept formation「概念形成」 classify「～を分類する」 image「映像，目に映るもの」 abstract「抽象的な」 feature「特徴」 bilateral「左右対称の，両側にある」 symmetry「対称（性)」 radial「半径の，放射状の」 comprehend「～を理解する」 landscape「風景」 general「一般的な」

spontaneously「自発的に」 come to *do*「～するようになる」 new images「初めて目に映るもの」 promote *A* to *B*「*A* を *B* に格上げする」 species「(生物の) 種」 (be) capable of ～「～の能力がある」

II 解答

(1)現在のアメリカ東部沿岸に先史時代の先住民が暮らしていた時代は，世界の水の多くが北半球に広がる氷河内に閉じ込められていたために海面が現在よりもかなり低く，フロリダの場合，陸地面積は現在の2倍であった。当時は，狩猟対象としていた大型動物が絶滅したことで海産物に依存した生活を送る諸部族が沿岸部に集まっていたのだが，海面が上昇したことで，その地域が考古学上の証拠の大半もろとも，今では海に沈んでしまっているから。

(2)沿岸部に暮らす初期のアメリカ先住民は，豊かな河川や泉，燃料，海や山の幸といった食糧資源，温暖な気候といった恵まれた環境のおかげで，狩猟採集をしながら小規模の集団で移動生活を送っており，その後始まる農耕を中心とした定住生活の時代と違い，考古学的な証拠が得られにくいため。

◆全　訳◆

≪アメリカ先住民の歴史≫

部族間で異なる様々な信仰があるにもかかわらず（あるいは，それこそが一因かもしれないが），北アメリカは，古今その地に暮らしてきたインディアンを育み，同時にその彼らによって形成されてきたインディアンの故郷として一律的に捉えられてしまっている。こういった故郷のあちこちで，スペイン，イギリス，フランス，オランダ，それから後にはアメリカといった多様な帝国や民族国家がこそこそと上がりこみ，道中その土地を地図に記録して領土権を主張していった。しかし，彼らの手によって確立されたこれらの地図や占領地はいずれも，外国からの移民がその住居や村や町や都市をインディアンの祖国「の上に」築いたという事実を消し去ったり，覆い隠したりはしなかった。それゆえ，新世界の歴史は白人によって作られ，インディアンの人々に対して行われたものであるという古いモデルをいつまでも使い続ける歴史は，この地の本当の歴史とは言えない。むしろ，歴史家コリン=キャロウェイが示唆したように，カボットやコロンブスとともに新世界の歴史が始まったのではなく，彼ら，そして彼らに続いた者たちによって，すでにここに展開していた歴史に，ヨーロッパの歴史が持ちこまれたに過ぎないのである。

ヨーロッパ人が初めて大西洋岸に到達したとき，彼らは数百の部族が豊かに暮らす，とても肥沃な大地に上陸した。先史時代の最初のインディアンが，現在のアメリカ東部にあたる場所に現れたとき，世界の水はその多くが北半球の大部分に広がっていた氷河の内側に閉じ込められていたため，海面は現在よりもかなり低かった。このため，沿岸考古学では，人々の居住に関してごく断片的な記録しか発見されていない。

たとえそうだとしても，フロリダ州とノースカロライナ州にある5千年前の貝塚からは，この地域の沿岸部に暮らしていた人々の活気あふれる文化をうかがい知ることができる。バージニア州だけでも数千におよぶ先史時代の村落の遺跡の存在が判明している。このような初期の部族がどのように組織されていたのか，また彼らが自分たちをどのように理解していたのかを知るのは難しい。比較的暮らしやすい生活をもたらしたもの，つまり，豊かな河や小川や泉，豊富な燃料，水産および陸産の非常に安定した食糧資源，そして比較的温暖な気候といった要因が，この領域の考古学を困難なものにしている。この初期の段階では，沿岸部のインディアンたちは 150 人ほどから成る小さな集落で暮らしており，1 年のある時期には沿岸部で，また別の時期にはもっと内陸の場所で過ごし，魚や狩った獲物，場当たり的に採集した木の実やベリー類からカロリーの大半を摂取して，転々と移り住む傾向があったようだ。摂取できたカロリーの量に応じて，人口は潮の流れのように増減していたと思われる。考古学的証拠から，紀元前 2500 年から紀元前 2000 年の間に諸々の部族が土器を作り始めていたことがわかっているが，これは彼らが定住型の暮らしに近づいていったこと，貯蔵の必要性があったこと（このことは同様に，食糧に余剰があったことを示している），生きていくために植物への依存をより強めていったことを示している。それより少し後の時代，東部の沿岸や森林地域に暮らすインディアンは，ヒマワリ，シロザ，ウリ，アカザ，タデ，キクイモを植えたり，栽培したりしていた。

スペイン君主からフロリダの地を探検し，そこに植民する明示的な権限を得たポンセ=デ=レオンは 1513 年にフロリダに到達したが，そのときすでに，インディアンがそこに暮らし始めてから少なくとも 1 万 2 千年が経過していた。海面が現在よりも低く，先史時代のフロリダの陸地は現在の 2 倍の面積があったので，考古学上の証拠は大半が海に沈んでいる。また気候は現在よりもずっと乾燥しており，バイソンやマストドンといったあらゆる種類の大型生物が生息していた。大型生物が（気候変動や狩猟により）絶滅すると，今度は海産物が原始時代や旧石器時代の大規模社会を支えた。フロリダで農業が始まったのは遅く，紀元前 700 年頃になってようやく始まったのだが，フロリダの内陸に暮らす部族のなかには，スペイン人が征服に来た際にもまだ農業形態を一切持たない部族もあった。おそらく，淡水域や汽水性の水域の豊富な生態系が十分過ぎるほどあり，多くの様々な部族を支えてきたからだろう。1513 年の初め頃にスペイン人が出会ったのは，膨大で異質な部族集団であり，少しその例を挙げるだけでも，アイス族，アラファイ族，アマカノ族，アパラチー族，ボント族，カルーサ族，チャトト族，チネ族，グアレ族，ジョロロ族，ルカ族，マヤカ族，マヤイミ族，モコソ族，パカラ族，ペンサコーラ族，ポホイ族，サルクエ族，テケスタ族，ティミクア族，ビスカイノ族など，多様な部族があった。

◀解　説▶

アメリカ先住民の歴史を一様に捉える傾向があるが，実際には先住民といっても，多様な民族（部族）が存在しており，その数だけ違った歴史がある。先史の考古学的な証拠が得られにくい事情に触れつつ，正しい歴史の捉え方について考えさせる論評となっている。設問数は2つと少ないが，解答を論理的でわかりやすいものにするためには行間を読む必要がある。

▶(1)下線部の意味は，「沿岸考古学からは，人々の居住に関してごく断片的な記録しか発見されていない」。この理由を，第2段と第4段の内容を参考にまとめる問題。

まずは第2段から得られる情報を見ていく。第1文（When Europeans first …）には，ヨーロッパ人が the Atlantic coast に到達したときに，すでにそこが homeland to hundreds of tribes「数百の部族が暮らしている場所」であったとあり，当時の沿岸部に先住民が暮らしていたことがわかる。続く第2文（When prehistoric first Indians …）では，the water levels were considerably lower than they are now とあり，当時は海面が現在よりもかなり低かったことが説明されている。したがって，当時の沿岸部が現在は海底に沈んでいるため，そこに暮らしていた先住民の遺物や遺跡も海底に沈んでいて発見しにくいから，というのが主たる理由。このことは，第4段第2文（Because of the lower water levels, …）でも，「海面が現在よりも低く，先史時代のフロリダの陸地は現在の2倍の面積があったので，考古学上の証拠は大半が海に沈んでいる」と，より具体的に説明されている。

第4段では，第2段ですでに述べた内容の具体的事例として，現在のフロリダに暮らしていた先住民のことが挙げられているのである。また，第4段第4文（As megafauna died out …）によると，先史時代のアメリカ先住民が狩猟していた megafauna「大型動物」が絶滅したため，彼らは the fruits of the sea「海産物」に依存した生活を送るようになった。

これが，海面上昇により現在は海底に沈んでしまった当時の沿岸部に多くの人々が暮らしていたとされる理由。これらの内容を〔解答〕のようにまとめればよいが，この際には「考古学上の証拠の大半が海に沈んでいるから」という主たる理由が最後にくるようにする。

▶(2)まずは，下線部が含まれている英文（What made for a relatively easy life…）の意味を正しく捉えることが重要。What made for a relatively easy life－abundant rivers, … and a relatively mild climate－makes for bad archaeology.「比較的暮らしやすい生活をもたらしたもの（豊かな河や…比較的温暖な気候）が，考古学の進展を阻んでいる」という意味。made for や makes for とあるが，これは make for ～で「～を促進する，～を生み出す」という意味の熟語。先住民に「暮らしやすい生活をもたらしたもの」とは，端的には“恵まれた（自然）環境”のことだが，それがなぜ「考古学の進展を阻んでいる」のかを考える。考え方としては，この「恵まれた自然環境」が，下線部直後に続く内容とどう関係するのかを見ていけばよい。下線部直後の文（It seems that, …）には，初期の先住民が「小さな集落で生活」しており，fairly mobile「転々と移り住む傾向のある」人々であったという説明があることから，「恵まれた環境」が「移動型の狩猟採集生活」を可能にした，という因果関係を導ける。また，bad archaeology「進展しない考古学」とは，「考古学上の証拠が少ない」ことを意味すると考えられるため，「移動型の狩猟採集生活」をしていたために考古学的証拠があまり残っていない，という論理展開だと判断できる。反対に，同段の第 7 文（Archaeological evidence suggests that …）の時代（2500 and 2000 BCE「紀元前 2500 年から紀元前 2000 年」）になると，人々は clay pots「土器」を作り始め，a more sedentary lifestyle「より定住型の（農耕）生活」へと移行したことが説明されている。逆に言えば，「移動型の狩猟採集生活」は，土器のような証拠が出土しないため，考古学的証拠が得られにくいことになり，先述した内容の裏付けともなる。この第 7 文以降は，「土器」を作り始め，「定住型の暮らし」へと移行していった後の時代の話題であり，その直前までの「初期の部族」の時代の話題と区別して考える必要がある。したがって，第 7 文以降の内容は，〔解答〕のように対比的情報として，「（土器のような証拠が残っている）農耕を中心とした定住生活の時代と違い，考古学的な証拠が得られにくい」のようにまとめればよい。

●語句・構文●

(第1段) despite「～にもかかわらず」→前置詞なので，直後には名詞（句）がくる。variety「多様性」 tribal「部族の」 in part「部分的に，一部には」 uniformly「一様に，一律的に」 see *A* as *B*「*A* を *B* とみなす」 homeland「母国，故郷，ホームランド」 various「多様な」 empire「帝国」 nation-state「民族国家」 Dutch「オランダ」 crawl「這う」 claim「(所有権などの) 権利を主張する」 neither *A* nor *B*「*A* も *B* もない」 conquest「征服（地），占領（地）」 enable「～を可能にする」 eradicate「～を根絶する」 obscure「～を覆い隠す」 immigrant「(流入してくる) 移民」 on top of～「～の上に，～に加えて」 persist in～「～に固執する」 those who *do*「～する人々」 unfolding「展開している」

(第2段) the Atlantic「大西洋（の)」 incredibly「信じられないほど」 fecund「肥沃な」 tribe「部族，種族」 prehistoric「先史（時代）の」 emerge「出現する」 what is now the eastern United States「現在のアメリカ東部」 water level「海面，水位」 considerably「かなり，相当」 trap「～を閉じ込める」 glacier「氷河」 hemisphere「半球」 coastal「沿岸の」 archaeology「考古学」 uncover「～を明らかにする」 fractured「断片的な」 habitation「居住」

(第3段) shell midden「貝塚」 vibrant「活発な」 region「地域」 名詞＋alone「～だけ」 site「場所，遺跡」 early「初期の」 organize「～を組織する」 relatively「比較的」 abundant「豊富な」 stream「小川」 spring「泉」 plentiful「豊富な」 fuel「燃料」 fairly「かなり」 constant「一定の」 aquatic「水産の」 terrestrial「陸産の」 source「源」 spending part of the year on the coast, part farther inland「1年のある時期には沿岸部で，また別の時期にはもっと内陸の場所で過ごす」→後半は（spending）part（of the year）farther inland と補って考える。inland は副詞で「内陸で」の意味。game「(狩りの) 獲物」 opportunistic「場当たり的な，運任せの」 harvest「収穫」 shrink「縮む，減少する」 tide「潮流」 depending on～「～次第で」 availability「手に入りやすさ」 BCE「紀元前（Before the Common Era)」→BC

(Before Christ) に同じ。sedentary「定住性の」 storage「蓄え，貯蔵」 in turn「今度は，同様に」 surplus「余剰」 reliance on～「～への依存」 sustenance「栄養，生計の手段」 woodland「森林地帯（の）」 cultivate「～を栽培する」 sunflower「ヒマワリ」 lamb's-quarter「(植物) シロザ」 gourd「ウリ，ヒョウタン」 goosefoot「(植物) アカザ」 knotweed「(植物) タデ」 Jerusalem artichoke「(植物) キクイモ」

(第４段) explicit「明示的な，明確な」 permission to *do*「～する許可」 crown「王冠，君主」 explore「～を探索する」 settle「～に植民する」 land mass「陸塊」 be double～「～の２倍である」 bison「(動物) バイソン」 mastodon「(古代生物) マストドン」 die out「絶滅する」 Archaic「原始時代の」 Paleolithic「旧石器時代の」 agriculture「農業」 be late in coming「来るのが遅い」 appear「登場する」 presumably「おそらく」 fresh「真水の，淡水の」 brackish「半塩水の，汽水性の」 ecosystem「生態系」 more than enough「十分過ぎる，有り余るくらいに」 encounter「～に出会う」 vast「広大な」 heterogeneous「異質な，異種の」 collection of～「～の集団」 among them the Ais…「(そして) 彼らのなかにはアイス族…がいた」→among them (being) the Ais …のように being が省略された分詞構文。主語である the Ais 以下の部分が長いため，場所を表す語句である among them が先にきた倒置の形。

III 解答例

〈解答例１〉 When I was a poor college student, I barely managed to buy records, and I used to listen to the ones that I did buy over and over again until they became worn out. Of course, I remembered every title and lyric of those records. But now, CDs and downloaded music I bought online that I have never played, are just piled up or left unopened. I sometimes even buy the same products without knowing it. I strongly feel that it is true that people find things to be important and treat them as such only when they are not easily gained.

〈解答例２〉 In my school days, when I was still poor, I played the records that I had gotten after a great struggle so many times that they became worn out. I remembered all the titles of the songs and was able to recite those songs. However, now, I have a lot of CDs and downloaded songs that I have never listened to since buying them online. They are just piled up or left in the download folder. There are even times when I carelessly buy those songs that I already have. It is definitely clear that you value things more when they are scarce.

◀解　説▶

「お金のなかった学生時代にはやっとの思いで手に入れたレコードをすり切れるまで聴いたものだ」

• 「お金のなかった学生時代には」→副詞節（接続詞＋SV）で表現するなら When I was a poor college〔university〕student，副詞句（前置詞＋名詞）で表現するなら In my school days, when I was still poor となる。

• 「やっとの思いで手に入れたレコード」→節（SV）で表現するなら I barely managed to buy records である。この barely は「かろうじて～する」の意味。records を the ones で受けて次につなげればよい。日本語と同じく句（名詞句）の構造で表現するなら the records that I had gotten after a great struggle など。

• 「(レコードが) すり切れる」→become worn out となる。worn は wear「～をすり減らす〔摩耗する〕」の過去分詞。

• 「(～になる) まで（レコードを）聴いたものだ」→「繰り返し聴いた」や，「何回も聴いた」ということなので，over and over again や many times を足すのがよい。「(今はしていないが昔は)～したものだ」には used to *do* を用いる。「(～になる) まで」は until SV を用いるか，「何度も聴いたので～になる」と変換して，listen to the records so many times that SV のように so ～ that … の構文が使える。

「歌のタイトルや歌詞も全部憶えていた」

• 「(～の) 全部」→every を使う場合は，その後の名詞が単数形になる点に注意。また，all of ～ という言い方はあるが，every of ～ は誤用。

• 「歌詞」→lyric を使うか，「それらの歌を暗唱する」と変換して，recite those songs とすればよい。

「それが今ではネットで買ったきり一度も聴いていない CD やダウンロード作品が山積みになっている」

• 「それが今では」→But now を用いるか，あるいは However で始めて

now, …と続ける。

- 「〜したきり一度も…していない」→「〜して以来（一度も）…ない」と言い換えられるので，現在完了形と since「〜して以来」の組み合わせで表せる（have never *done* since SV〔*doing*〕)。または，関係代名詞を2つ制限用法で使って「〜買って，一度も聴いていないCD…」とする。
- 「ネットで *A* を買う」→buy *A* online
- 「山積みになっている」→「CD」に対しては，それが物体なので実際に「山積みになっている」わけであるから be piled up という表現が使えるが，「ダウンロード作品」はデータなので，「山積みになっている」は比喩表現であり，厳密には「放置されている」などの日本語に変換される。したがって，be left unopened「(データなどが）開かれていないままである」や，be left in the download folder「ダウンロードフォルダの中に入ったままである」を，be piled up と or でつなぎ，併記しておくとよい。
- 「(〜な）CDやダウンロード作品が山積みになっている」→「CDやダウンロード作品」(名詞）を修飾する語句が長いうえに，「(それが）山積みになっている」と続けて一文で表す場合，日本語と英語の構造上の違いから，読みづらい英文とならないような配慮が必要。I have a lot of CDs and downloaded songs that I have never listened to since I bought them online. They are just piled up … のように，2文に分割して表現するのもよい。

「持っているのに気付かず，同じ作品をまた買ってしまうことさえある」

- 「〜してしまうことさえある」→「〜することがある」はS sometimes *do* や，There are times when SV で表現できる。「〜さえ」を表す even を使う場合にはその位置に注意が必要で，S sometimes even *do* や，There are even times when SV となる。
- 「(持っているのに）気付かず」→「知らないうちに」という表現の without knowing〔realizing〕it, あるいは「不注意に」と捉えて carelessly で表現する。また，具体的には「それ（ら）をすでに持っていることを忘れて」という意味なので，分詞構文 forgetting that I already have it〔them〕を使うのもよい。
- 「同じ作品」→「同じ商品〔製品〕」なら the same products,「すでに持っている歌」なら the〔those〕songs that I already have など。

「モノがないからこそ大切にするというのはまさにその通りだと痛感せずにいられない」

• 「～はまさにその通りだと痛感せずにいられない」→「～ということは全く正しいと強く感じる」と言い換えて，I strongly feel that it is true that ～とするか，「～はまったく明らかだ」としてIt is definitely clear that ～などとする。

• 「モノ」→thingsやwhat we〔you〕haveなどとする。

• 「(～を) 大切にする」→value「～を重要視する」や，cherish〔treasure〕「～を大切にする」などとする。または，find things to be important and treat them as such「モノを大切だと感じ，実際に大切なものとしてそれらを扱う」のように説明的な表現でもよい。

• 「モノがないからこそ大切にする」→貧しくモノを手に入れるのに苦労した時代はその一つ一つを大切にしていたが，豊かになるとそのありがたみを忘れてしまう，というそれまでの内容をまとめたものである。したがって，「モノが簡単に手に入らないときだけ人はそれを大切にする」など，自分が英訳しやすい日本語へと変換しておくとよい。〈解答例１〉では，only when ～「～なときだけ」を用いて，people find things to be important and treat them as such only when they are not easily gainedとし，〈解答例２〉では，scarce「乏しい」を使ってyou value things more when they are scarceとしている。

Ⅳ　解答例

〈解答例１〉（To whom it may concern,）

I am a Japanese university student, and I am thinking about studying at your university to further my education. However, I need financial aid to achieve this, and I would like to know whether I can apply for your scholarship program. I have only been able to find general information about the requirements for the program on your website. I would appreciate it if you could tell me more detailed information, especially in terms of how to prove my academic achievement and demonstrate financial need. I would be grateful for any information. Thank you for your kind attention to this request.

(Best regards, Y. Yoshida)

〈解答例２〉 (To whom it may concern,)

I am writing about the scholarship program I saw on your website. I would like to know if I can get a scholarship payment before applying for admission to a university. I am a Japanese college student who is planning to study at Boston University from next year. However, my financial situation is less than ideal. I am looking for financial aid that I can use for the cost of passage and moving to Boston. If the program is not suitable for me, it would be helpful if you could give me information about another grant. A quick reply would be much appreciated〔I would appreciate it if you could reply at your earliest convenience〕.

(Best regards, Y. Yoshida)

◀解　説▶

奨学金に関する問い合わせをする英文（電子メール，または手紙文）を書く問題であるが，「丁寧な」表現であることがポイント。解答欄は，12センチの罫線が11本引かれており，１行あたり８語前後まで書けるので，「解答欄におさまるように」するためには，100語程度の英文が目安となる（〈解答例１〉は101語，〈解答例２〉は104語である）。

書く内容は，奨学金についての問い合わせであり，実際に奨学金の審査に使われる申請書類ではないため，個人情報や申請に至った細かい理由などを詳細に説明する必要はない。まずは，問い合わせに必要な最低限の情報を「吉田さん」になりきって考え，状況設定をしておく。

〈解答例１〉は大学の担当者に対して問い合わせている設定。伝えるべき内容を，①留学を考えている日本人学生で奨学金が必要な状況にある，②奨学金制度の応募要件を満たしているかを確認したい，③成績と経済状況の証明方法を知りたい，の３項目に設定した。

〈解答例２〉は基金や財団に問い合わせている設定。伝えるべき内容を，①大学への出願前に奨学金の受給が可能か知りたい，②留学を計画している日本人学生で奨学金が必要な状況にある，③渡航費用をまかなうための奨学金を探している，④要件に合わない場合は別の奨学金制度を紹介してほしい，の４項目に設定した。

設問の指示にある「丁寧な」表現としてよく使われるものは，I would like to *do*「～したいと考えています」，I would appreciate it if you could *do*「～していただけるとありがたいです」。また，結びでよく使われる感謝の表現として，I would be (most) grateful for～「(これから)～があると大変ありがたいです」，(I) thank you for your kind attention (to this request)「(この問い合わせに) 目を通していただき，ありがとうございます」，(I) thank you for your time in this matter「この件についてお時間を割いてくださり，ありがとうございます」などがある。また，日本の手紙文では礼儀として「突然のご連絡大変失礼いたします」といった書き出しが多いが，英語ではこのような謝罪的表現から始めることは普通しない。大学の生活で実際に使いそうな英語表現を使用させる問題はこれからも出題される可能性があるため，対策としてそのような場面で使用する用語を事前に覚えておくことが大切である。「奨学金についての問い合わせ」という場面で使えそうな表現としては，study abroad「留学する」，*one's* current financial situation「現在の経済状況」，apply for～「～を申請する」，enroll in college「大学に入る」，academic achievement「成績」，requirements for～「～に必要な条件」，be eligible to apply「申請する資格がある」，deepen *one's* study of～「～の研究をさらに深める」，further (*one's*) education〔studies〕「進学する，より高度な教育を受ける」(further は動詞)，admission to (a) college「大学への入学 (許可)」，submit an (*one's*) application online「ネットで申請する」，send an (*one's*) application in a printed format「書類で申請する」，letter(s) of recommendation「推薦書」などがある。

❖講　評

2020年度は，読解問題2題，英作文問題2題の構成であった。大問数だけで見ると2019年度から1題増えたが，実際に出題された内容を見ると，問題の総量および読解問題と英作文問題の比率には，ここ数年大きな変化はない。また，自由英作文が出題されているという点も，2016年度以降と変わっていない。読解問題の語数は2題で約1,190語であり，2018年度の約1,080語，2019年度の約1,160語から若干増加した。しかし，読解問題の設問数は2019年度が計8問であったのに対し，2020 年度は計 5 問と減っているため，解答時間の観点では影響ないと思われる。

Ⅰは，昆虫などの小さな脳でも，人間と同じような認知能力を発揮するものがあるということを述べた文章で，内容説明が 2 問，下線部和訳が 1 問の計 3 問。内容説明はいずれも答えの根拠となる箇所が明確であり，該当箇所を正確に和訳する力さえあれば，基本的には解答しやすい問題となっている。

Ⅱは，アメリカ先住民の歴史を，その多様性や考古学的証拠という観点から説明する文章であり，内容説明が 2 問のみの構成であった。いずれも解答の根拠となる情報のある段落が，設問のなかであらかじめ指定されていた。しかし(1)は 2 つの段落に分散した情報をうまくまとめて記述する力を要し，また(2)では，問いのねらいを理解することに加え，段落中に因果関係のヒントとなるディスコースマーカー（because, so, therefore など）がないため，それに頼らず文脈を捉える力が必要であり，書かれている情報から言外の意味を推測する力も求められている点が難所であった。

Ⅲの英作文問題は，やや長めの和文英訳となっている。「やっとの思いで手に入れた」や「ネットで買ったきり」などのこなれた日本語表現を基本的な英語で言い換える力が必要である。逆に，「すり切れる」や「山積みになっている」には，対応する基本的な熟語的表現を使えばよいのだが，その知識がないと苦労することになる。

Ⅳの自由英作文は，留学に必要な奨学金について，担当者に向けた問い合わせの「丁寧な文章」を書くという，条件付きの自由英作文問題となっている。ビジネスシーンのメール文書や大学生活で教授に送るメール（または手紙文）などでは，日本語と英語の表現方法に差がある。文化的な違いのためである。丁寧な表現方法はもちろん，このような文化的違いも踏まえて対策をしているかがカギとなる。

2020 年度は，大問構成も各設問の構成もシンプルであるが，文法や単語の知識を基礎として，文単位ではなく文章全体の理解ができているかを効率的に問うことができる問題となっている。解いてみれば実感できるが，日頃から文化や科学に興味を持っているか，といったことまでが少なからず影響してくるあたりは京大英語の特徴と言える。

数学

1

◇発想◇　実数係数の3次方程式(∗)の解が，1つは実数，2つは互いに共役な虚数になることを確認して，とりあえず3次方程式の解と係数の関係を書いてみる。次に，正三角形である条件を用いるのであるが，これには正三角形の重心・外心を利用する方法と，中線の長さを利用する方法とが考えられる。いずれの方法も，正三角形の一辺の長さが$\sqrt{3}a$であることを用いることになる。角の大きさや回転を考えてもよい。

解答　$z^3+3az^2+bz+1=0$　……(∗)　(a，b は実数，$a>0$)

(∗)は実数を係数とする3次方程式であるから，3つの相異なる解は

(i)　すべて実数

(ii)　1つが実数，2つが互いに共役な虚数

のいずれかであるが，3つの解が複素数平面上で正三角形の頂点になっているから，(ii)である。

したがって，(∗)の解を

r，w，$\overline{w}$　(r は実数，w は虚数)

とおくと，3次方程式の解と係数の関係より

$$\begin{cases} r+w+\overline{w}=-3a & \cdots\cdots① \\ r(w+\overline{w})+w\overline{w}=b & \cdots\cdots② \\ rw\overline{w}=-1 & \cdots\cdots③ \end{cases}$$

①より，$\dfrac{r+w+\overline{w}}{3}=-a$ であるから，点$(-a)$は正三角形の重心であり，正三角形の重心と外心は一致するから，点$(-a)$は正三角形の外心でもある。正三角形の外接円の半径を R とすると，正弦定理より

$$R=\frac{\sqrt{3}a}{2\sin\frac{\pi}{3}}=a$$

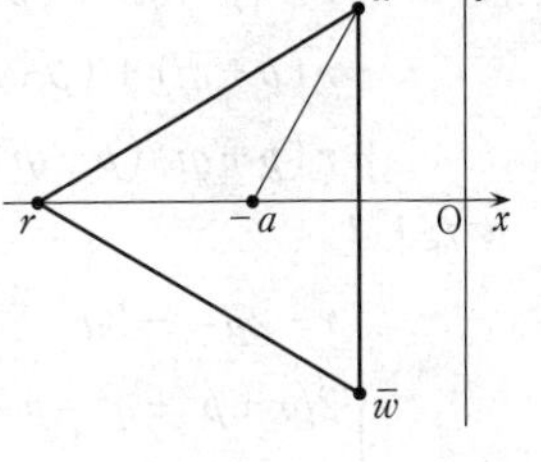

であるから

$$r=-a\pm R=-a\pm a=0,\ -2a$$

0 は(＊)の解ではないから

$$r=-2a \quad \cdots\cdots④$$

また，点 w は点 r を点 $(-a)$ のまわりに $\pm\frac{2}{3}\pi$ だけ回転した点であるから

$$w+a=(r+a)\left\{\cos\left(\pm\frac{2}{3}\pi\right)+i\sin\left(\pm\frac{2}{3}\pi\right)\right\}$$

$$=-a\cdot\frac{-1\pm\sqrt{3}i}{2} \quad (\text{複号同順}) \quad (\because\ ④)$$

よって　$w=\dfrac{-1\pm\sqrt{3}i}{2}a$

このとき　$\overline{w}=\dfrac{-1\mp\sqrt{3}i}{2}a$　(複号同順)

これより

$$w+\overline{w}=-a,\quad w\overline{w}=a^2 \quad \cdots\cdots⑤$$

であるから

③，④，⑤より　$-2a\cdot a^2=-1$　すなわち　$a=\dfrac{1}{\sqrt[3]{2}}$

②，④，⑤より　$b=-2a\cdot(-a)+a^2=3a^2=\dfrac{3}{\sqrt[3]{4}}$

④より　$r=-2a=-\sqrt[3]{4}$

以上より

$a=\dfrac{1}{\sqrt[3]{2}}$，$b=\dfrac{3}{\sqrt[3]{4}}$

(＊)の 3 つの解は，$-\sqrt[3]{4}$，$\dfrac{-1+\sqrt{3}i}{2\sqrt[3]{2}}$，$\dfrac{-1-\sqrt{3}i}{2\sqrt[3]{2}}$　……(答)

別解　＜正三角形の中線の長さを用いる解法＞

(6 行目までは〔解答〕と同じ)

したがって，(＊)の解を

$$r,\ p+qi,\ p-qi \quad (p,\ q,\ r \text{は実数},\ q>0)$$

とおくと，3 次方程式の解と係数の関係より

$$\begin{cases} r+(p+qi)+(p-qi)=-3a \\ r(p+qi)+(p+qi)(p-qi)+(p-qi)r=b \\ r(p+qi)(p-qi)=-1 \end{cases}$$

すなわち

$$\begin{cases} r+2p=-3a & \cdots\cdots(\text{ア}) \\ 2pr+p^2+q^2=b & \cdots\cdots(\text{イ}) \\ r(p^2+q^2)=-1 & \cdots\cdots(\text{ウ}) \end{cases}$$

正三角形の一辺の長さが $\sqrt{3}a$ であるから

$$(p+qi)-(p-qi)=\sqrt{3}ai \quad \text{すなわち} \quad q=\frac{\sqrt{3}}{2}a \quad \cdots\cdots(\text{エ})$$

また，正三角形の中線の長さは $\dfrac{3}{2}a$ になるから

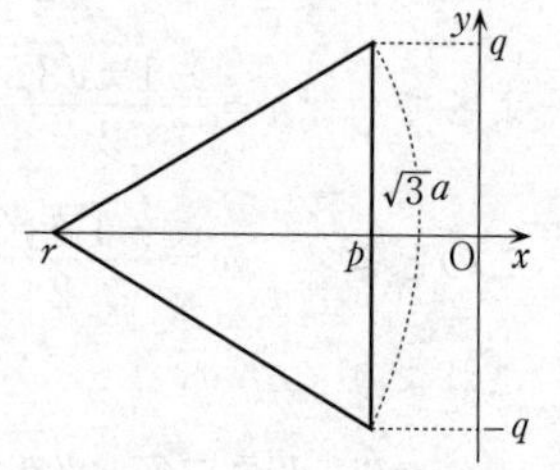

$$p-r=\pm\frac{3}{2}a \quad \cdots\cdots(\text{オ})$$

((ア)−(オ)×2)÷3 より

$$r=-a\mp a=-2a,\ 0$$

0 は(＊)の解ではないから

$$r=-2a \quad \cdots\cdots(\text{カ})$$

(ア)，(カ)より　$p=-\dfrac{1}{2}a \quad \cdots\cdots(\text{キ})$

よって，(ウ)，(エ)，(カ)，(キ)より

$$-2a\left\{\left(-\frac{1}{2}a\right)^2+\left(\frac{\sqrt{3}}{2}a\right)^2\right\}=-1 \quad \text{から} \quad a=\frac{1}{\sqrt[3]{2}}$$

(イ)，(エ)，(カ)，(キ)より

$$b=2\left(-\frac{1}{2}a\right)(-2a)+\left(-\frac{1}{2}a\right)^2+\left(\frac{\sqrt{3}}{2}a\right)^2=3a^2=\frac{3}{\sqrt[3]{4}}$$

また　$p\pm qi=\dfrac{-1\pm\sqrt{3}i}{2}a=\dfrac{-1\pm\sqrt{3}i}{2\sqrt[3]{2}}$

以上より

$$a=\frac{1}{\sqrt[3]{2}},\ b=\frac{3}{\sqrt[3]{4}},\ \text{3つの解は}-\sqrt[3]{4},\ \frac{-1\pm\sqrt{3}i}{2\sqrt[3]{2}}$$

◀解　説▶

≪３次方程式の解が正三角形の頂点になる条件≫

実数係数の３次方程式の解が表す複素数平面上の点が，正三角形の頂点になる条件を考える問題である。

２重解，３重解をそれぞれ解が２個，３個と数えると，実数係数の３次方程式は，実数解３個，または実数解１個と虚数解２個のいずれかで，虚数解は互いに共役であること，互いに共役な複素数の表す２点は実軸に関して対称であること，それに３次方程式の解と係数の関係などは，基本事項として確認しておく。

さて，３つの解の表す点が一辺の長さ $\sqrt{3}a$ の正三角形の頂点となっている条件をどのように表現するかである。〔解答〕では，$\dfrac{r+w+\overline{w}}{3}$ の表す点が正三角形の重心かつ外心であることから，正三角形の外接円の半径が a で，１つの頂点を外心のまわりに $\pm\dfrac{2}{3}\pi$ だけ回転させた点が他の２つの頂点になることを用いた。〔別解〕では，互いに共役な虚数の表す２頂点を両端とする辺の長さが $\sqrt{3}a$ で，実軸上の中線の長さが $\dfrac{3}{2}a$ であることを用いた。〔解答〕や〔別解〕のほかに，$|w-r|=\sqrt{3}a$ や，$w-r=(\overline{w}-r)\left(\cos\dfrac{\pi}{3}+i\sin\dfrac{\pi}{3}\right)$ を用いる方法も考えられるが，計算が複雑になるので注意が必要である。

2

◇発想◇　(1)　解と係数の関係を利用して，数学的帰納法で証明する。ただし，通常の数学的帰納法ではなく，２段の数学的帰納法を用いる。

(2)　$-1\leqq\sin(\alpha^n\pi)\leqq 1$ であるが，数列 $\{(-\alpha)^n\}$ は発散するので，このままでは $\lim_{n\to\infty}(-\alpha)^n\sin(\alpha^n\pi)$ を求めることはできない。(1)で証明した「$\alpha^n+\beta^n=2M_n$（M_n は整数)」であることの利用を考える。

解答　解と係数の関係より

$$\begin{cases} \alpha+\beta=2p & \cdots\cdots① \quad (p\text{ は正の整数}) \\ \alpha\beta=-1 & \cdots\cdots② \end{cases}$$

すべての正の整数 n に対し

「$\alpha^n+\beta^n$ は整数であり，さらに偶数である」 ……(＊)

ことを数学的帰納法で証明する。

〔1〕 $n=1$, 2 のとき

$n=1$ のとき，①で p は整数であるから $2p$ は偶数である。

よって，(＊)は成り立つ。

$n=2$ のとき，①，②より

$$\alpha^2+\beta^2=(\alpha+\beta)^2-2\alpha\beta=4p^2+2=2(2p^2+1)$$

$2p^2+1$ は整数であるから，$2(2p^2+1)$ は偶数である。

よって，(＊)は成り立つ。

〔2〕 $n=k$, $k+1$ (k は正の整数) のとき(＊)が成り立つと仮定すると

$$\alpha^k+\beta^k=2M_k,\ \alpha^{k+1}+\beta^{k+1}=2M_{k+1} \quad (M_k,\ M_{k+1}\text{ は整数})$$

とおける。このとき

$$\begin{aligned}\alpha^{k+2}+\beta^{k+2}&=(\alpha^{k+1}+\beta^{k+1})(\alpha+\beta)-\alpha\beta(\alpha^k+\beta^k)\\&=2M_{k+1}\cdot 2p+2M_k\\&=2(2pM_{k+1}+M_k)\end{aligned}$$

$2pM_{k+1}+M_k$ は整数であるから，$2(2pM_{k+1}+M_k)$ は偶数である。

よって，$n=k+2$ のときも(＊)は成り立つ。

〔1〕，〔2〕より，すべての正の整数に対し，(＊)は成り立つ。

（証明終）

(2)　$|\beta|=\left|-\dfrac{1}{\alpha}\right|$　$(\alpha\neq 0)$　（∵ ②）

$$=\frac{1}{|\alpha|}$$

$$<1 \quad \cdots\cdots③ \quad (\because\ |\alpha|>1)$$

(1)より，$\alpha^n+\beta^n=2M_n$ (M_n は整数) とおけるから

$$\sin(\alpha^n\pi)=\sin\{(2M_n-\beta^n)\pi\}=\sin(2M_n\pi-\beta^n\pi)=-\sin(\beta^n\pi)$$

また，②より $-\alpha=\dfrac{1}{\beta}$ であるから

$$\lim_{n\to\infty}(-\alpha)^n\sin(\alpha^n\pi)=\lim_{n\to\infty}\left(\frac{1}{\beta}\right)^n\{-\sin(\beta^n\pi)\}$$
$$=\lim_{n\to\infty}\left\{-\frac{\sin(\beta^n\pi)}{\beta^n\pi}\cdot\pi\right\}$$

ここで，$n\to\infty$ のとき，③より $\beta^n\to 0$ であるから　　$\beta^n\pi\to 0$

したがって　　$\displaystyle\lim_{n\to\infty}\frac{\sin(\beta^n\pi)}{\beta^n\pi}=1$

よって　　$\displaystyle\lim_{n\to\infty}(-\alpha)^n\sin(\alpha^n\pi)=-\pi$　……(答)

◀解　説▶

≪２段の数学的帰納法，三角関数の極限≫

２次方程式の解を用いて作られた数列のすべての項が偶数であることを証明し，それを用いて三角関数を含む極限を求める問題である。

▶(1)　２段の数学的帰納法を用いる。すなわち

〔１〕$n=1$，２のとき成り立つ

〔２〕$n=k$，$k+1$ のとき成り立つと仮定すると，$n=k+2$ のときも成り立つ

ことを示す。

また，偶数であることを示すのであるから，$2p$，$2(2p^2+1)$，$2(2pM_{k+1}+M_k)$ の p，$2p^2+1$，$2pM_{k+1}+M_k$ が整数であることは明記しておく。

▶(2)　$|\alpha|>1$ から $|\beta|<1$ として，与式を β に関する式に変形して考える。最後は $\displaystyle\lim_{x\to 0}\frac{\sin x}{x}=1$ を用いる。

なお，$x^2-2px-1=0$ の判別式を D とすると，$\dfrac{D}{4}=p^2+1>0$ であるから，α，β は実数である。また，$p>0$，$|\alpha|>1$ と①，②を合わせると，$-1<\beta<0$，$1<\alpha$ であることがわかる。したがって，数列 $\{(-\alpha)^n\}$ は振動することがわかる。

3

◇発想◇　球面上の４点Ａ，Ｂ，Ｃ，Ｄの位置関係がわかりにくい。とりあえずわかることは，$|\overrightarrow{OA}|=|\overrightarrow{OB}|=|\overrightarrow{OC}|=|\overrightarrow{OD}|=1$ と $\overrightarrow{OA}\cdot\overrightarrow{OB}=\overrightarrow{OC}\cdot\overrightarrow{OD}=\dfrac{1}{2}$ から，△OAB と△OCD は正三角形にな

ることである。一般性を失わないように，点A，B（またはC，D）の座標を定め，順にC，D（A，B）の座標を求めていく方法が考えられる。また，ベクトルの垂直を調べて4点の位置関係を考え，角の大きさを求める方法も考えられる。

解答　$|\overrightarrow{OA}|=|\overrightarrow{OB}|=1$，$\overrightarrow{OA}\cdot\overrightarrow{OB}=\dfrac{1}{2}$ から

$$\cos\angle AOB=\frac{\overrightarrow{OA}\cdot\overrightarrow{OB}}{|\overrightarrow{OA}||\overrightarrow{OB}|}=\frac{1}{2}$$

$0\leqq\angle AOB\leqq\pi$ より，$\angle AOB=\dfrac{\pi}{3}$ であるから，△OABは一辺の長さが1の正三角形である。これより辺ABの中点をMとすると，OM⊥ABである。したがって，原点Oを通り直線ABに平行な直線を x 軸，直線OMを y 軸，原点Oを通り x 軸と y 軸に垂直な直線を z 軸とし，

$A\left(\dfrac{1}{2},\ \dfrac{\sqrt{3}}{2},\ 0\right)$，$B\left(-\dfrac{1}{2},\ \dfrac{\sqrt{3}}{2},\ 0\right)$ とおいても一般性は失わない。

よって，$\overrightarrow{OA}=\left(\dfrac{1}{2},\ \dfrac{\sqrt{3}}{2},\ 0\right)$，$\overrightarrow{OB}=\left(-\dfrac{1}{2},\ \dfrac{\sqrt{3}}{2},\ 0\right)$ で，$\overrightarrow{OC}=(c_1,\ c_2,\ c_3)$

とすると，$\overrightarrow{OA}\cdot\overrightarrow{OC}=-\dfrac{\sqrt{6}}{4}$，$\overrightarrow{OB}\cdot\overrightarrow{OC}=-\dfrac{\sqrt{6}}{4}$，$|\overrightarrow{OC}|^2=1$ より

$$\begin{cases}\dfrac{1}{2}c_1+\dfrac{\sqrt{3}}{2}c_2=-\dfrac{\sqrt{6}}{4} & \cdots\cdots① \\ -\dfrac{1}{2}c_1+\dfrac{\sqrt{3}}{2}c_2=-\dfrac{\sqrt{6}}{4} & \cdots\cdots② \\ {c_1}^2+{c_2}^2+{c_3}^2=1 & \cdots\cdots③\end{cases}$$

①，②より　　$c_1=0$，$c_2=-\dfrac{\sqrt{2}}{2}$

これと③より　　$c_3=\pm\dfrac{\sqrt{2}}{2}$

$\overrightarrow{OD}=(d_1,\ d_2,\ d_3)$ とすると，$\overrightarrow{OC}\cdot\overrightarrow{OD}=\dfrac{1}{2}$，$\overrightarrow{OA}\cdot\overrightarrow{OD}=\overrightarrow{OB}\cdot\overrightarrow{OD}$，

$\overrightarrow{OA}\cdot\overrightarrow{OD}=k>0$，$|\overrightarrow{OD}|^2=1$ より

$$\begin{cases} -\dfrac{\sqrt{2}}{2}d_2 \pm \dfrac{\sqrt{2}}{2}d_3 = \dfrac{1}{2} & \cdots\cdots ④ \\ \dfrac{1}{2}d_1 + \dfrac{\sqrt{3}}{2}d_2 = -\dfrac{1}{2}d_1 + \dfrac{\sqrt{3}}{2}d_2 & \cdots\cdots ⑤ \\ \dfrac{1}{2}d_1 + \dfrac{\sqrt{3}}{2}d_2 = k > 0 & \cdots\cdots ⑥ \\ {d_1}^2 + {d_2}^2 + {d_3}^2 = 1 & \cdots\cdots ⑦ \end{cases}$$

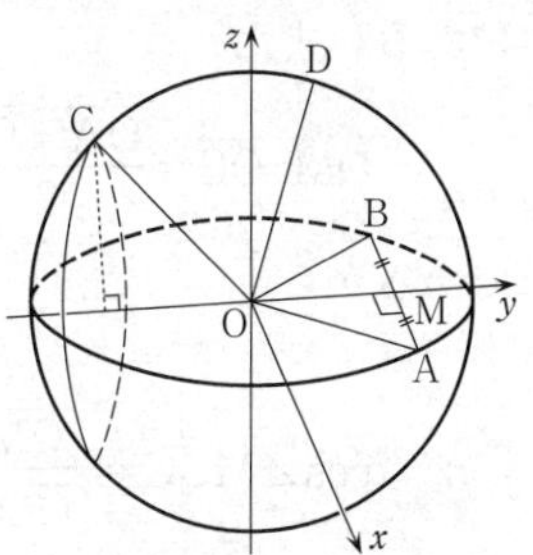

⑤より　$d_1 = 0$

これと⑥より　$k = \dfrac{\sqrt{3}}{2}d_2$　……⑧

ここで，$k>0$ より　$d_2 > 0$

④より　$d_3 = \pm\left(d_2 + \dfrac{\sqrt{2}}{2}\right)$

これと $d_1 = 0$ を⑦に代入して

$${d_2}^2 + \left(d_2 + \frac{\sqrt{2}}{2}\right)^2 = 1 \quad \text{すなわち} \quad 4{d_2}^2 + 2\sqrt{2}\,d_2 - 1 = 0$$

$d_2 > 0$ であるから　$d_2 = \dfrac{-\sqrt{2} + \sqrt{6}}{4}$

これと⑧より

$$k = \frac{\sqrt{3}}{2} \cdot \frac{-\sqrt{2} + \sqrt{6}}{4} = \frac{3\sqrt{2} - \sqrt{6}}{8} \quad \cdots\cdots(\text{答})$$

別解　＜ベクトルの垂直を利用する解法＞

（「△OAB は一辺の長さが 1 の正三角形である」までは〔解答〕と同じ）

したがって，辺 AB の中点をMとすると

$$\overrightarrow{AB} \perp \overrightarrow{OM} \quad \cdots\cdots (ア), \quad |\overrightarrow{OM}| = \left|\frac{\sqrt{3}}{2}\overrightarrow{OA}\right| = \frac{\sqrt{3}}{2}$$

$\overrightarrow{OA}\cdot\overrightarrow{OC} = \overrightarrow{OB}\cdot\overrightarrow{OC} = -\dfrac{\sqrt{6}}{4}$，$\overrightarrow{OA}\cdot\overrightarrow{OD} = \overrightarrow{OB}\cdot\overrightarrow{OD} = k > 0$ より

$\overrightarrow{OC} \neq \vec{0}$，$\overrightarrow{OD} \neq \vec{0}$ で

$$\overrightarrow{AB}\cdot\overrightarrow{OC} = (\overrightarrow{OB} - \overrightarrow{OA})\cdot\overrightarrow{OC} = \overrightarrow{OB}\cdot\overrightarrow{OC} - \overrightarrow{OA}\cdot\overrightarrow{OC} = 0$$
$$\overrightarrow{AB}\cdot\overrightarrow{OD} = (\overrightarrow{OB} - \overrightarrow{OA})\cdot\overrightarrow{OD} = \overrightarrow{OB}\cdot\overrightarrow{OD} - \overrightarrow{OA}\cdot\overrightarrow{OD} = 0$$

であるから，$\overrightarrow{AB} \perp \overrightarrow{OC}$，$\overrightarrow{AB} \perp \overrightarrow{OD}$ である。

これと(ア)より，3点M，C，Dは，原点Oを通り直線 AB に垂直な平面上

にある。また

$$\overrightarrow{\mathrm{OM}}\cdot\overrightarrow{\mathrm{OC}}=\frac{\overrightarrow{\mathrm{OA}}+\overrightarrow{\mathrm{OB}}}{2}\cdot\overrightarrow{\mathrm{OC}}=\frac{1}{2}(\overrightarrow{\mathrm{OA}}\cdot\overrightarrow{\mathrm{OC}}+\overrightarrow{\mathrm{OB}}\cdot\overrightarrow{\mathrm{OC}})=-\frac{\sqrt{6}}{4}$$

であるから

$$\cos\angle\mathrm{MOC}=\frac{\overrightarrow{\mathrm{OM}}\cdot\overrightarrow{\mathrm{OC}}}{|\overrightarrow{\mathrm{OM}}||\overrightarrow{\mathrm{OC}}|}=\frac{-\frac{\sqrt{6}}{4}}{\frac{\sqrt{3}}{2}\cdot 1}=-\frac{\sqrt{2}}{2}$$

$0\leqq\angle\mathrm{MOC}\leqq\pi$ より　　$\angle\mathrm{MOC}=\frac{3}{4}\pi$

$|\overrightarrow{\mathrm{OC}}|=|\overrightarrow{\mathrm{OD}}|=1,\ \overrightarrow{\mathrm{OC}}\cdot\overrightarrow{\mathrm{OD}}=\frac{1}{2}$ から

$$\cos\angle\mathrm{COD}=\frac{\overrightarrow{\mathrm{OC}}\cdot\overrightarrow{\mathrm{OD}}}{|\overrightarrow{\mathrm{OC}}||\overrightarrow{\mathrm{OD}}|}=\frac{1}{2}$$

$0\leqq\angle\mathrm{COD}\leqq\pi$ より　　$\angle\mathrm{COD}=\frac{\pi}{3}$

よって

(i)　$\angle\mathrm{MOD}=\angle\mathrm{MOC}-\angle\mathrm{COD}=\frac{3}{4}\pi-\frac{\pi}{3}$ のとき

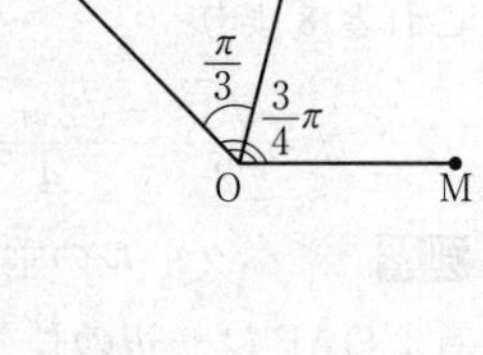

$$\cos\angle\mathrm{MOD}=\cos\frac{3}{4}\pi\cos\frac{\pi}{3}+\sin\frac{3}{4}\pi\sin\frac{\pi}{3}$$
$$=\frac{-\sqrt{2}+\sqrt{6}}{4}$$

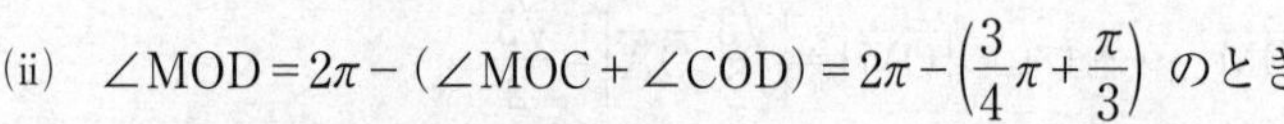

$$\overrightarrow{\mathrm{OM}}\cdot\overrightarrow{\mathrm{OD}}=\frac{\sqrt{3}}{2}\cdot 1\cdot\frac{-\sqrt{2}+\sqrt{6}}{4}=\frac{3\sqrt{2}-\sqrt{6}}{8}>0$$

(ii)　$\angle\mathrm{MOD}=2\pi-(\angle\mathrm{MOC}+\angle\mathrm{COD})=2\pi-\left(\frac{3}{4}\pi+\frac{\pi}{3}\right)$ のとき

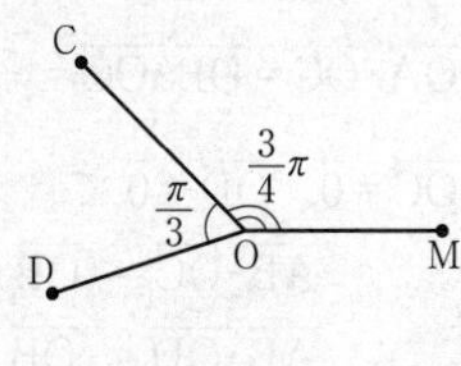

$$\cos\angle\mathrm{MOD}=\cos\left(\frac{3}{4}\pi+\frac{\pi}{3}\right)$$
$$=\cos\frac{3}{4}\pi\cos\frac{\pi}{3}-\sin\frac{3}{4}\pi\sin\frac{\pi}{3}$$
$$=\frac{-\sqrt{2}-\sqrt{6}}{4}$$

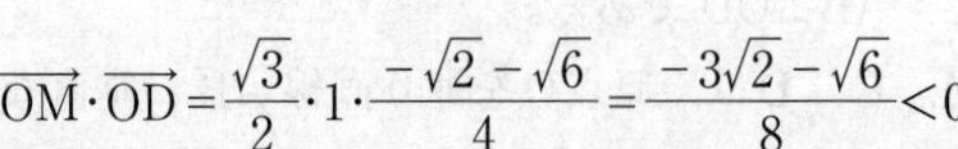

$$\overrightarrow{\mathrm{OM}}\cdot\overrightarrow{\mathrm{OD}}=\frac{\sqrt{3}}{2}\cdot 1\cdot\frac{-\sqrt{2}-\sqrt{6}}{4}=\frac{-3\sqrt{2}-\sqrt{6}}{8}<0$$

また

$$\overrightarrow{OM}\cdot\overrightarrow{OD}=\frac{1}{2}(\overrightarrow{OA}+\overrightarrow{OB})\cdot\overrightarrow{OD}=\frac{1}{2}(\overrightarrow{OA}\cdot\overrightarrow{OD}+\overrightarrow{OB}\cdot\overrightarrow{OD})=k$$

で，$k>0$ であるから，(i)，(ii) より

$$k=\frac{3\sqrt{2}-\sqrt{6}}{8}$$

◀解　説▶

≪単位球面上の4点の位置ベクトルと内積≫

原点Oを中心とする半径1の球面上にある4点の位置ベクトルの内積を考える問題である。

△OABが正三角形であることに注目して，2点A，Bの座標を設定する。座標設定は，$A(1,\ 0,\ 0)$，$B\left(\frac{1}{2},\ \frac{\sqrt{3}}{2},\ 0\right)$ などいろいろ考えられる。A，Bの座標をもとに点Cの座標を求め，さらに点Dの座標を求める。$k>0$ からDの座標は1通りに定まる。なお，△OCDが正三角形であることに注目して，2点C，Dの座標を設定し，点A，Bの座標を求めることもできる。

〔別解〕は，線分ABの中点をMとすると $\overrightarrow{OM}\cdot\overrightarrow{OD}=k$ になることに注目して，∠MODを求めようというものである。内積の垂直条件より，$\overrightarrow{AB}\perp\overrightarrow{OM}$，$\overrightarrow{AB}\perp\overrightarrow{OC}$，$\overrightarrow{AB}\perp\overrightarrow{OD}$ がわかり，4点O，M，C，Dが同一平面上にあることを導く。最後は平面上の4点O，M，C，Dの位置関係を考える。∠MODが2通り考えられることに注意し，$k>0$ から1通りに決定する。

4

◆発想◆　$B(a)=b$ の意味を考えると，b は a に含まれる素因数3の個数を表していることがわかる。したがって，$A(m,\ n)$ は $f(m,\ n)$ に含まれる3の個数であるから，$A(m,\ n)$ の最大値を求めるには，$f(m,\ n)$ ができるだけ多く3で割り切れるような $(m,\ n)$ の組を考えることになる。m，n を3で割ったときの余りで分類し，$f(m,\ n)$ が3で割り切れるときの $(m,\ n)$ の組を求める。さらに $f(m,\ n)$ が 3^2，3^3，…で割り切れるような条件を繰り返し求めていく。

解答 以下，合同式はすべて法を3とする。

m，n は整数（$1\leqq m\leqq 30$，$1\leqq n\leqq 30$）で，n は3で割り切れないから

$$m^3\equiv\begin{cases}0 & (m\equiv 0)\\ 1 & (m\equiv 1),\\ 2 & (m\equiv 2)\end{cases}\quad n^2+n\equiv\begin{cases}2 & (n\equiv 1)\\ 0 & (n\equiv 2)\end{cases}$$

より

$$f(m,\ n)=m^3+n^2+n+3\equiv\begin{cases}0 & (m\equiv 0,\ n\equiv 2\ ;\ m\equiv 1,\ n\equiv 1)\\ 1 & (m\equiv 1,\ n\equiv 2\ ;\ m\equiv 2,\ n\equiv 1)\\ 2 & (m\equiv 0,\ n\equiv 1\ ;\ m\equiv 2,\ n\equiv 2)\end{cases}$$

したがって，$(m,\ n)\equiv(0,\ 1)$，$(1,\ 2)$，$(2,\ 1)$，$(2,\ 2)$ のとき

$$A(m,\ n)=0$$

(I) $(m,\ n)\equiv(0,\ 2)$ のとき

$m=3m_1$（$m_1=1,\ 2,\ 3,\ \cdots,\ 10$），$n=3n_1+2$（$n_1=0,\ 1,\ 2,\ \cdots,\ 9$）とおくと

$$\begin{aligned}f(m,\ n)&=3(9m_1{}^3+3n_1{}^2+5n_1+3)\\&=3\{3(3m_1{}^3+n_1{}^2+n_1+1)+2n_1\}\end{aligned}$$

(i) $n_1\equiv 1,\ 2$ のとき，$3(3m_1{}^3+n_1{}^2+n_1+1)+2n_1$ は3で割り切れないから

$$A(m,\ n)=1$$

(ii) $n_1\equiv 0$ のとき，$n_1=3n_2$（$n_2=0,\ 1,\ 2,\ 3$）とおくと

$$\begin{aligned}f(m,\ n)&=3^2(3m_1{}^3+9n_2{}^2+5n_2+1)\\&=3^2\{3(m_1{}^3+3n_2{}^2+n_2)+2n_2+1\}\end{aligned}$$

(ア) $n_2\equiv 0,\ 2$ のとき，$3(m_1{}^3+3n_2{}^2+n_2)+2n_2+1$ は3で割り切れないから

$$A(m,\ n)=2$$

(イ) $n_2\equiv 1$ のとき，$n_2=1$ で

$$f(m,\ n)=3^3(m_1{}^3+5)$$

• $m_1\equiv 0,\ 2$ のとき，$m_1{}^3+5$ は3で割り切れないから

$$A(m,\ n)=3$$

• $m_1\equiv 1$ のとき，$m_1=3m_2+1$（$m_2=0,\ 1,\ 2,\ 3$）とおくと

$$f(m,\ n)=3^4(9m_2{}^3+9m_2{}^2+3m_2+2)$$

$=3^4\{3(3m_2{}^3+3m_2{}^2+m_2)+2\}$

$3(3m_2{}^3+3m_2{}^2+m_2)+2$ は3で割り切れないから

$A(m,\ n)=4$

(II)　$(m,\ n)\equiv(1,\ 1)$ のとき

$m=3m_1+1$ $(m_1=0,\ 1,\ 2,\ \cdots,\ 9)$，$n=3n_1+1$ $(n=0,\ 1,\ 2,\ \cdots,\ 9)$ とおくと

$$f(m,\ n)=3(9m_1{}^3+9m_1{}^2+3m_1+3n_1{}^2+3n_1+2)$$
$$=3\{3(3m_1{}^3+3m_1{}^2+m_1+n_1{}^2+n_1)+2\}$$

$3(3m_1{}^3+3m_1{}^2+m_1+n_1{}^2+n_1)+2$ は3で割り切れないから

$A(m,\ n)=1$

(I)，(II)より

$A(m,\ n)$ の最大値は　　4　……(答)

最大値を与えるような $(m,\ n)$ は

$m=3m_1=3(3m_2+1)$　$(m_2=0,\ 1,\ 2,\ 3)$

$n=3n_1+2=3\cdot3n_2+2=3\cdot3\cdot1+2=11$

であるから，$A(m,\ n)$ の最大値を与えるような $(m,\ n)$ は

$(m,\ n)=(3,\ 11),\ (12,\ 11),\ (21,\ 11),\ (30,\ 11)$　……(答)

◀解　説▶

≪整数に含まれる素因数3の個数の最大値≫

整数 m，n で表された正の整数に含まれる素因数3の個数の最大値を考える問題である。

$f(m,\ n)=3^bc$ (b，c は整数で c は3で割り切れない）の形に書いたときの b の最大値を求めるのであるから，$f(m,\ n)$ ができるだけ多くの3で割り切れるような m，n を定めなければならない。最初に，m，n を3で割った余りで分類し，$f(m,\ n)$ が3で割り切れる組合せが(I)，(II)の2通りであることを確認する。(I)の場合は，m_1，n_1，n_2 を3で割った余りで分類し，$f(m,\ n)$ をどんどん3で割っていく。これ以上3で割り切れなくなったら終了である。3で割り切れないことを示すために，3でくくって1または2が残る形にしておくとよい。本問を合同式だけで記述することは難しいが，合同式を併用すると書きやすい部分もあるので，〔解答〕では3を法とする合同式を用いた。「mod 3」をそれぞれに記すことは大変なので，最初に「法を3とする」と明記した。

5

◇発想◇　まず1行目，次に2行目，さらに3，4行目の順に入れる数字を考えていく。このとき，2行目の入れ方に2つのパターンがあり，これによって3，4行目の入れ方に違いが生じることに注意する。また，1行目の次に，1列目，その後2～4行目の2～4列目に入れる数字を決めていく方法も考えられる。この方法では，2～4行目の1列目の数字によって，その行の2～4列目に入れる数字がある程度絞られることに注目する。

解答　a_1, a_2, a_3, a_4 を1～4の相異なる整数とする。

1行目の入れ方は 4! 通りある。

1行目を

a_1	a_2	a_3	a_4

とすると，1，2行目の入れ方は

(i)

a_1	a_2	a_3	a_4
a_2	a_1	a_4	a_3

a_1	a_2	a_3	a_4
a_3	a_4	a_1	a_2

a_1	a_2	a_3	a_4
a_4	a_3	a_2	a_1

(ii)

a_1	a_2	a_3	a_4
a_2	a_3	a_4	a_1

a_1	a_2	a_3	a_4
a_3	a_1	a_4	a_2

a_1	a_2	a_3	a_4
a_4	a_1	a_2	a_3

a_1	a_2	a_3	a_4
a_2	a_4	a_1	a_3

a_1	a_2	a_3	a_4
a_3	a_4	a_2	a_1

a_1	a_2	a_3	a_4
a_4	a_3	a_1	a_2

の9通りある。

(i)の場合

a_1	a_2	a_3	a_4
a_2	a_1	a_4	a_3

で考えると，1～3行目は

a_1	a_2	a_3	a_4
a_2	a_1	a_4	a_3
a_3	a_4	a_1	a_2

a_1	a_2	a_3	a_4
a_2	a_1	a_4	a_3
a_3	a_4	a_2	a_1

a_1	a_2	a_3	a_4
a_2	a_1	a_4	a_3
a_4	a_3	a_1	a_2

a_1	a_2	a_3	a_4
a_2	a_1	a_4	a_3
a_4	a_3	a_2	a_1

の4通りあり，4行目は1通りに決まる。

他の2つの場合も同様であるから

$3\cdot4\cdot1=12$ 通り

(ii)の場合

a_1	a_2	a_3	a_4
a_2	a_3	a_4	a_1

で考えると，1～3行目は

a_1	a_2	a_3	a_4
a_2	a_3	a_4	a_1
a_3	a_4	a_1	a_2

a_1	a_2	a_3	a_4
a_2	a_3	a_4	a_1
a_4	a_1	a_2	a_3

の２通りあり，４行目は１通りに決まる。

他の５つの場合も同様であるから

$$6\cdot 2\cdot 1=12 \text{ 通り}$$

(i)，(ii)より，求める入れ方は

$$4!(12+12)=576 \text{ 通り} \quad \cdots\cdots(\text{答})$$

別解１ ＜１行目と１列目を先に考える解法＞

a_1，a_2，a_3，a_4 を１～４の相異なる整数とする。

１行目の入れ方は 4! 通りある。

１行目を

a_1	a_2	a_3	a_4

とする。

１列目の２～４行目に入る数字は a_2，a_3，a_4 のいずれかであるから，入れ方は 3! 通りある。

何行目の１列目に a_2，a_3，a_4 が入るかは考えずに，１列目が a_2，a_3，a_4 である行の１～４列目を考えると

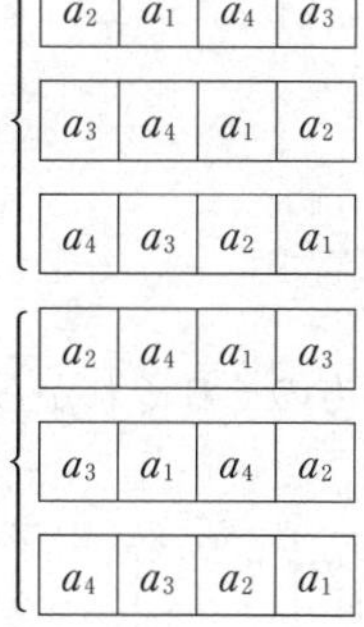

a_2	a_1	a_4	a_3
a_3	a_4	a_1	a_2
a_4	a_3	a_2	a_1

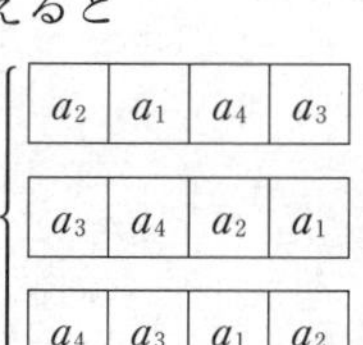

a_2	a_1	a_4	a_3
a_3	a_4	a_2	a_1
a_4	a_3	a_1	a_2

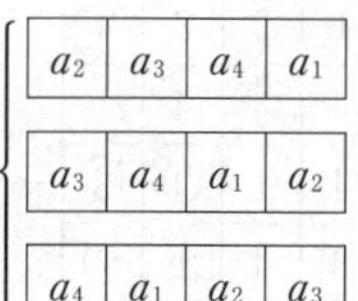

a_2	a_3	a_4	a_1
a_3	a_4	a_1	a_2
a_4	a_1	a_2	a_3

a_2	a_4	a_1	a_3
a_3	a_1	a_4	a_2
a_4	a_3	a_2	a_1

の４通りある。

よって，求める入れ方は

$$4!\cdot 3!\cdot 4=576 \text{ 通り}$$

別解２ ＜具体例を考える解法＞

行を上から順に j 行目（$j=1$，2，3，4），列を左から順に k 列目（$k=1$，2，3，4）とし，第 j 行目の第 k 列目のマスを（j，k）で表す。

１行目の入れ方は　$4!=24$ 通り　……(ア)

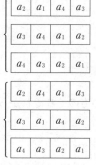

1行目が左から順に1，2，3，4のときを考える。他の場合も同様である。

次いで，2が入るマス目を考えると，右下図で2行目，3行目，4行目を入れ替えた

　　3!＝6通り　……(イ)

が考えられる。

1	2	3	4
2			
		2	
			2

これら6通りは右図の2行目，3行目，4行目の入れ替えで得られるので，右図の場合で考える。

次いで，3を2行目のどこに入れるかで次の(i)，(ii)が考えられる。

(i)

1	2	3	4
②	3		
		②	
			②

(ii)

1	2	3	4
②			3
		②	
			②

(i)のとき

まず，2行目が決まり，次いで（3，4），（4，3）が決まり，次の1通りとなる。

1	2	3	4
②	③	4	1
4	1	②	3
3	4	1	②

(ii)のとき

まず，（3，4）が1と決まり，次いで2行目の決め方のそれぞれから（4，3）が決まり，次の3通りとなる。

1	2	3	4
②	1	4	③
3	4	②	1
4	3	1	②

1	2	3	4
②	1	4	③
4	3	②	1
3	4	1	②

1	2	3	4
②	4	1	③
4	3	②	1
3	1	4	②

よって，(i)または(ii)で4通り　……(ウ)

(ア)〜(ウ)から，全部で　　24·6·4＝576通り

◀解　説▶

≪4×4 のマス目に数字を入れる場合の数，ラテン方陣≫

4×4 のマス目に 1 ～ 4 の数字を，どの行，どの列にも同じ数字が 1 回しか現れない入れ方の総数を求める問題である。ラテン方陣（ラテン方格ともいう）に関する問題である。

1 行目の数字の入れ方のそれぞれに対して，2 行目の数字の入れ方は 9 通りある。これは 4 個のものの完全順列の数（モンモール数）である。この 9 通りのうち，(i)の 3 通りは，1 行目の 2 つの数字 2 組をそれぞれ入れ替えたものである。この場合は，3 行目の数字の入れ方が 4 通りずつある。また，(ii)の場合は，3 行目の数字の入れ方は 2 通りずつある。これらは具体的に数字を入れてみて確認するとよい。

〔別解 1〕では，1 行目と 1 列目の 7 個のマス目への数字の入れ方それぞれに対して，残りの 9 個のマス目への数字の入れ方が 4 通りあることを確認した。

〔別解 2〕では，1 行目に数字を入れた後，特定の数字（例えば 2）が入る場所を決めてしまってから，残りの数字の入れ方を考えた。

〔解答〕〔別解 1〕ともに一般性を考えて，マス目に入れる数字を a_1～a_4 で表した。〔別解 2〕のように，具体的に 1 ～ 4 の数字を入れ，他の場合も同様に考えられることから場合の数を計算しても，説明をつけておけばよいであろう。

6

◇発想◇　図形 S を平面 $z=u$ $(0<u\leqq\sqrt{\log 2})$ で切ったときの断面は，点 $(0,\ 0,\ u)$ を中心とする円である。また，S を平面 $x=t$ $(-1\leqq t\leqq 1)$ で切ったときの断面は曲線である。この曲線を S_t とすると，立体 V を平面 $x=t$ で切ったときの断面は，S_t を x 軸のまわりに 1 回転させてできる図形である。この図形は，点 $(t,\ 0,\ 0)$ を中心とする 2 つの同心円に挟まれた部分である。この同心円の半径を調べて断面積を求め，積分計算によって V の体積を求める。

解答　$z=\sqrt{\log(1+x)}$　$(0\leqq x\leqq 1)$ より

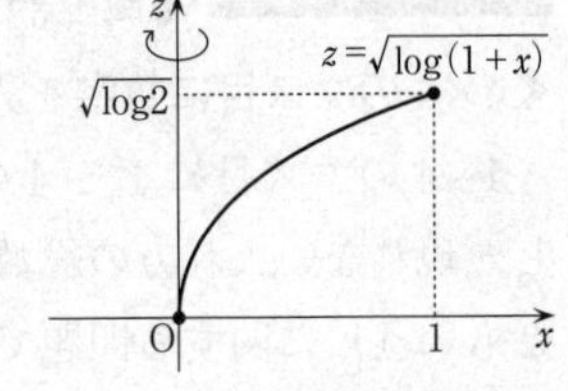

$$x=e^{z^2}-1\quad(0\leqq z\leqq\sqrt{\log 2})$$

よって，図形 S を平面 $z=u$ $(0\leqq u\leqq\sqrt{\log 2})$ で切ったときの断面は

　$0<u\leqq\sqrt{\log 2}$ のとき，点 $(0,\ 0,\ u)$ を中心とする半径 $e^{u^2}-1$ の円

　$u=0$ のとき，点 $(0,\ 0,\ 0)$

であるから

$$x^2+y^2=(e^{u^2}-1)^2\quad(0\leqq u\leqq\sqrt{\log 2})$$

である。したがって，S は

$$x^2+y^2=(e^{z^2}-1)^2\quad(0\leqq z\leqq\sqrt{\log 2})$$

で表される。

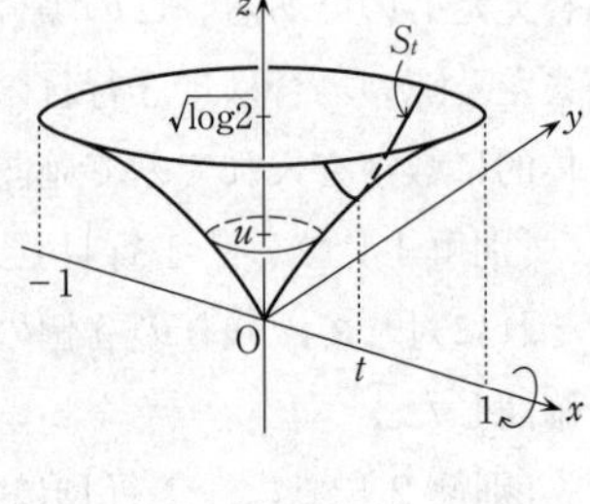

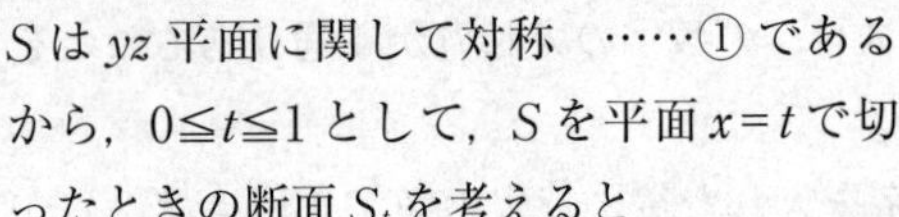

S は yz 平面に関して対称　……①　であるから，$0\leqq t\leqq 1$ として，S を平面 $x=t$ で切ったときの断面 S_t を考えると

$$t^2+y^2=(e^{z^2}-1)^2,\ x=t\quad(0\leqq z\leqq\sqrt{\log 2},\ 0\leqq t\leqq 1)$$

ここで，$y^2\geqq 0$ であるから　　$t^2\leqq(e^{z^2}-1)^2$

$t\geqq 0$，$e^{z^2}-1\geqq 0$　$(\because\ z\geqq 0)$ より

$$t\leqq e^{z^2}-1\quad すなわち\quad \sqrt{\log(t+1)}\leqq z$$

よって

$$S_t:y^2=(e^{z^2}-1)^2-t^2,\ x=t$$

$$(\sqrt{\log(t+1)}\leqq z\leqq\sqrt{\log 2}\quad ……②,\ 0\leqq t\leqq 1)$$

である。

S_t 上の点 $(t,\ y,\ z)$ と点 $O_t(t,\ 0,\ 0)$ の距離を d とすると

$$d=\sqrt{y^2+z^2}=\sqrt{(e^{z^2}-1)^2-t^2+z^2}\quad(平面\ x=t\ 上)$$

で，d は z が②の範囲のとき単調に増加するから，d は

　$z=\sqrt{\log 2}$ で最大値

$$d_1=\sqrt{\log 2+1-t^2}$$

　$z=\sqrt{\log(t+1)}$ で最小値

$$d_2=\sqrt{\log(t+1)}$$

をとる。

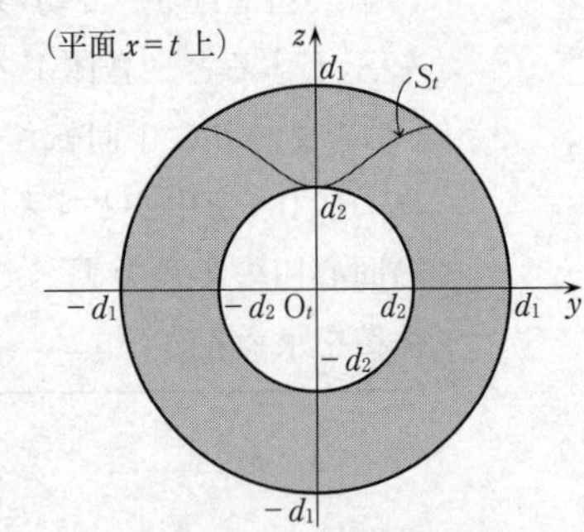

立体 V を平面 $x=t$ $(0\leqq t\leqq 1)$ で切ったときの断面 V_t は，S_t を x 軸のまわりに1回転させるとき，S が通過した部分であるから，$0<t\leqq 1$ のとき，V_t は点 $O_t(t,\ 0,\ 0)$ を中心とする半径 d_1 と d_2 の同心円に挟まれた部分で，その面積は

$$\pi d_1{}^2-\pi d_2{}^2=\pi\{\log 2+1-t^2-\log(t+1)\}$$

これは $t=0$ のときも成り立つ。

①より，V も yz 平面に関して対称であるから，V の体積は

$$2\int_0^1\pi\{\log 2+1-t^2-\log(t+1)\}dt$$

$$=2\pi\left[(\log 2+1)t-\frac{t^2}{3}-(t+1)\log(t+1)+t\right]_0^1$$

$$=2\pi\left(\frac{5}{3}-\log 2\right)\ \cdots\cdots(答)$$

◀解　説▶

≪z 軸まわりの回転体を x 軸のまわりに回転させてできた立体の体積≫

曲線を z 軸のまわりに1回転させてできる図形を，さらに x 軸のまわりに1回転させてできる立体の体積を求める問題である。

$x=e^{z^2}-1$ より，$\dfrac{dx}{dz}=2ze^{z^2}$，$\dfrac{d^2x}{dz^2}=2(2z^2+1)e^{z^2}$ である。よって，

$0\leqq z\leqq\sqrt{\log 2}$ において，$\dfrac{dx}{dz}\geqq 0$，$\dfrac{d^2x}{dz^2}>0$ から，z の関数 x は単調増加で，グラフは下に凸，〔解答〕の図のようになる。これを z 軸のまわりに1回転させてできる図形（立体）が S であるから，S を回転軸に垂直な平面で切ったときの断面は円（または点）になる。

回転体 V の体積を求めるには，V を回転軸（x 軸）に垂直な平面 $x=t$ で切ったときの断面積を考えるのが基本である。この断面 V_t は，S を平面 $x=t$ で切ったときの断面 S_t を x 軸のまわりに1回転させてできる図形であり，S_t は平面 $x=t$ 上の曲線であるから，V_t は2つの同心円に挟まれた図形（または円）である。この2つの同心円の半径が，S_t と x 軸との距離の最大値 d_1 と最小値 d_2 であることを理解し，d_1，d_2 を求めることがポイントとなる。なお，積分計算では

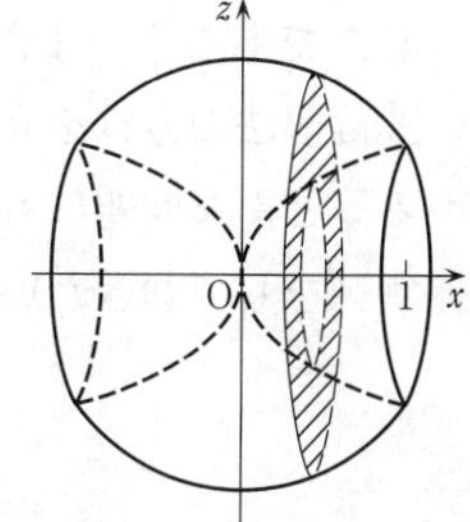

$$\int \log(t+1)\,dt = \int (t+1)'\log(t+1)\,dt$$
$$= (t+1)\log(t+1) - \int (t+1)\frac{1}{t+1}\,dt$$
$$= (t+1)\log(t+1) - t + C \quad (C\text{ は積分定数})$$

を利用した。

❖講　評

「数学Ⅲ」を中心に，整数，場合の数，空間ベクトルと，頻出分野からの出題である。珍しく[2]に小問誘導形式の証明問題がある。[3][5]は文系との共通問題である。

[1]　複素数平面と図形の問題。正三角形という条件をどう表すかである。方針を誤ると手こずることになる。

[2]　(1)2段の数学的帰納法であるが，確実に証明しておきたい。(2)は三角関数の極限である。(1)の利用の仕方がわかれば解決できる。

[3]　球面に関する空間図形の問題。何から進めていけばよいかすぐにはわからない。球面上の4点の位置関係を理解するのに苦労したであろう。

[4]　整数問題。3で割り切れるように考えていくのであるが，解答にたどり着くまで，根気よく場合分けを繰り返していかなければならない。

[5]　場合の数を求める問題。ミスのないように，順々に慎重に数え上げていくことが大切である。

[6]　積分法の体積問題。z 軸かつ x 軸のまわりの回転なので，経験がないとどういう立体になるのか理解するのに時間がかかったであろう。

2020 年度は一筋縄ではいかない問題がずらりと並び，2019 年度より難化した。[1][2]は標準問題といえるが，[1]は慣れていないと難しく感じたであろう。また，[4][5]は解答を進めていくのに時間がかかり，[3][6]は解法の方針を立てるまでに時間を要する，やや難レベルの問題である。どんな問題にも柔軟に対応し，なんとか解決の糸口を見つけられる訓練をしておきたい。

物理

I

解答 (1) ア．$l+\dfrac{mg}{k}$　イ．d　ウ．$l-\dfrac{mg}{k}$　エ．$\dfrac{2mg}{k}$

オ．$\dfrac{1}{2}\sqrt{\dfrac{k}{m}\left\{d^2-\left(\dfrac{2mg}{k}\right)^2\right\}}$　カ．$\pi\sqrt{\dfrac{2m}{k}}$　キ．2

(2) ク．$\dfrac{mg}{k}$　ケ．0　コ．$\sqrt{\dfrac{m}{k}}v$　サ．$\sqrt{v^2-2gL}$　シ．0　ス．0

セ．$4gL-\dfrac{mg^2}{k}$

問1．

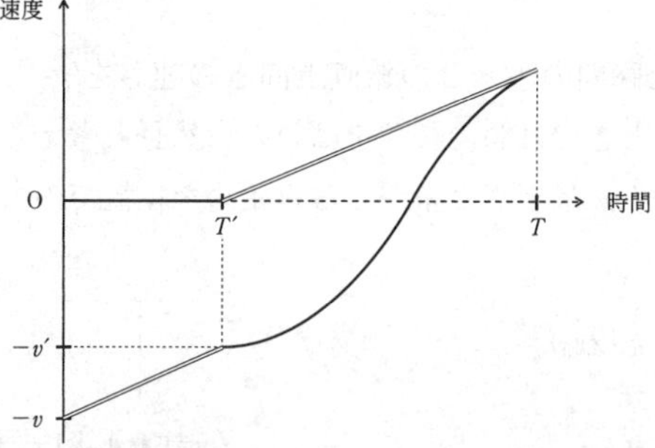

◀解　説▶

≪ばねと糸でつるされた2つの小球の運動≫

(1) ▶ア．小球2がつり合いの位置のとき，ばねが自然長から x_0 伸びているとすると，力のつり合いより

$$kx_0=mg \qquad \therefore \quad x_0=\frac{mg}{k}$$

小球2はつり合いの位置を振動中心とする単振動をするから，その位置は

$$l+x_0=l+\frac{mg}{k}$$

▶イ．振動中心から d だけ引き下げて手を離すから，振幅は d である。

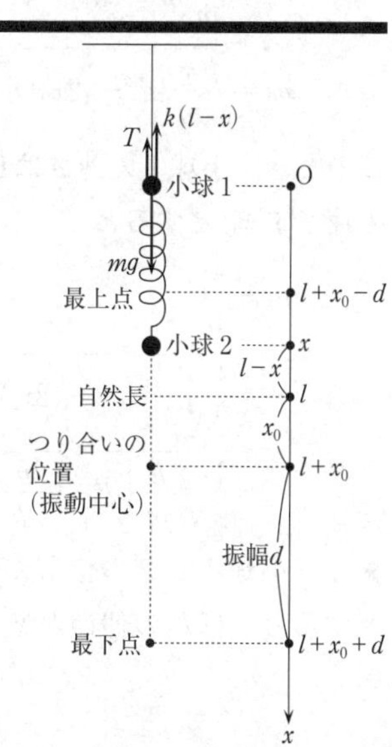

▶ウ．小球2の位置が x（$<l$）のとき，糸の張力の大きさを T とすると，小球1にはたらく力のつり合いより

$$T+k(l-x)=mg$$

糸がたるみ始めた瞬間，$T=0$ であるから

$$l-x=\frac{mg}{k}\qquad\therefore\quad x=l-\frac{mg}{k}\quad(=l-x_0)$$

▶エ．振幅が d であるから，小球2の単振動の最上点は $l+x_0-d$ である。よって，運動の途中で糸がたるむ条件は，ウより

$$x>l+x_0-d$$

$$l-\frac{mg}{k}>l+x_0-d$$

$$\therefore\quad d>\frac{mg}{k}+x_0=\frac{2mg}{k}\quad(=2x_0)$$

▶オ．糸がたるみ始めた瞬間の小球2の鉛直上向きの速さを v_0 とする。小球2が振動中心にあるときのばねの長さをばねの自然長と考えると，重力の影響は無視できるから，最下点と糸がたるみ始めた位置での力学的エネルギー保存則より

$$\frac{1}{2}kd^2=\frac{1}{2}mv_0{}^2+\frac{1}{2}k(2x_0)^2$$

$$v_0{}^2=\frac{k}{m}\{d^2-(2x_0)^2\}$$

$$\therefore\quad v_0=\sqrt{\frac{k}{m}\{d^2-(2x_0)^2\}}$$

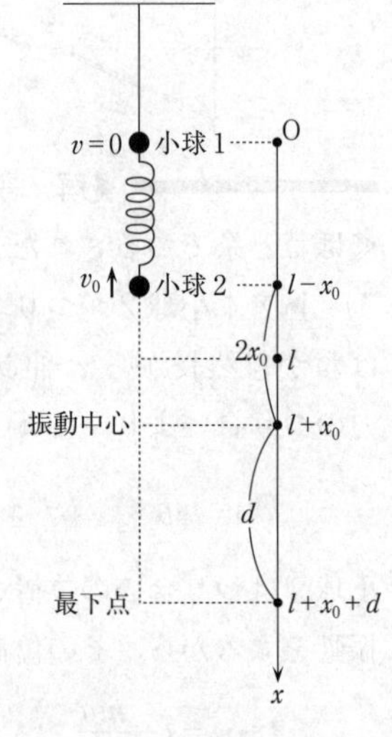

このとき，小球1の速さは0であるから，重心の速さを v_G とすると

$$v_G=\frac{v_0}{2}$$

$$=\frac{1}{2}\sqrt{\frac{k}{m}\{d^2-(2x_0)^2\}}$$

$$=\frac{1}{2}\sqrt{\frac{k}{m}\left\{d^2-\left(\frac{2mg}{k}\right)^2\right\}}$$

▶カ．小球1，2の位置が x_1，x_2 のときの小球1，2の加速度を a_1，a_2 とすると，ばねの伸びが x_2-x_1-l であることに注意して，運動方程式よ

り

$$ma_1 = mg + k(x_2 - x_1 - l)$$
$$ma_2 = mg - k(x_2 - x_1 - l)$$

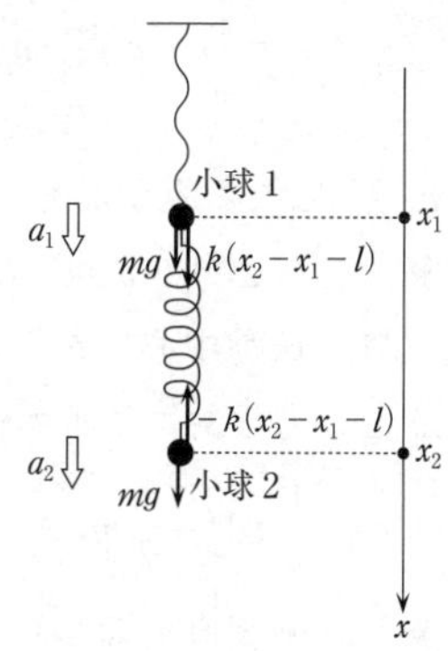

よって

$$a_2 - a_1 = -\frac{2k}{m}(x_2 - x_1 - l)$$

小球 1 から見た小球 2 の相対位置を $x = x_2 - x_1$, 相対加速度を $a = a_2 - a_1$ とすると

$$a = -\frac{2k}{m}(x - l)$$

これは角振動数 $\omega = \sqrt{\frac{2k}{m}}$ の単振動を表すから，

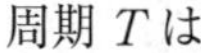

周期 T は

$$T = \frac{2\pi}{\omega} = 2\pi\sqrt{\frac{m}{2k}} = \pi\sqrt{\frac{2m}{k}}$$

▶キ．重心Gから見たときの小球 1，2 は速度 v_G, $-v_G$ で単振動を始め，$\frac{T}{2}$ 後に $-v_G$, v_G となる。このとき小球 1 の速度が最小値（負の向きの速さが最大）となるので，小球 1 から見た小球 2 の相対速度は

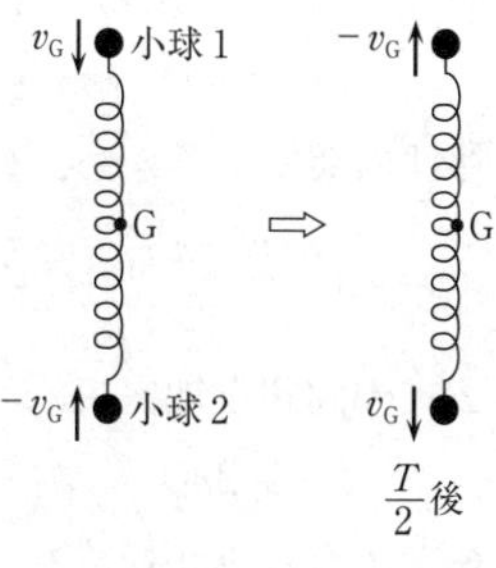

$$v_G - (-v_G) = 2v_G$$

となる。

(2)　▶ク．小球 1 の位置を x_0' とすると，力のつり合いより

$$kx_0' = mg \qquad \therefore \quad x_0' = \frac{mg}{k} \quad (= x_0)$$

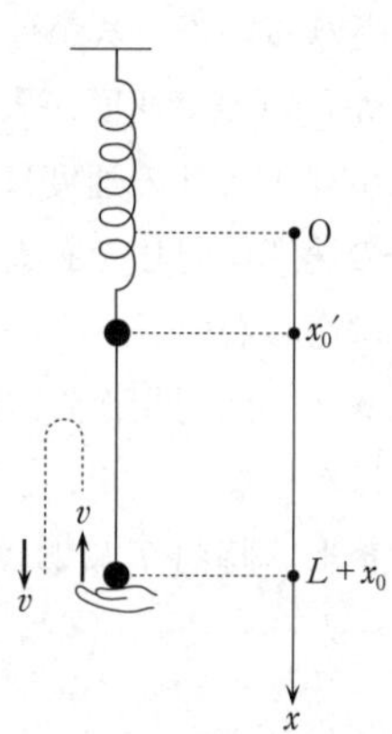

▶ケ．たるみがなくなった直後の小球 1，2 の速さを v_1, v_2 とすると，力学的エネルギー保存則より

$$\frac{1}{2}mv^2 = \frac{1}{2}mv_1{}^2 + \frac{1}{2}mv_2{}^2 \qquad \therefore \quad v^2 = v_1{}^2 + v_2{}^2$$

運動量保存則より

$$mv = mv_1 + mv_2 \qquad \therefore \quad v_1 = v - v_2$$

よって

$$v^2=(v-v_2)^2+v_2{}^2=v^2-2vv_2+2v_2{}^2$$

$$v_2(v_2-v)=0 \qquad \therefore \quad v_2=0,\ v$$

$v_2=v$ はたるみがなくなる直前の速度であるから，直後の速度は0である。

▶コ．ケより，$v_2=0$ のとき $v_1=v$ であるから，小球1は力のつり合いの位置（振動中心）から速度 v で単振動を始める。よって，振幅を A とすると，力学的エネルギー保存則より

$$\frac{1}{2}kA^2=\frac{1}{2}mv^2 \qquad \therefore \quad A=\sqrt{\frac{m}{k}}v$$

▶サ．衝突直前の小球2の速さを v_2 とすると，力学的エネルギー保存則より

$$\frac{1}{2}mv^2=\frac{1}{2}mv_2{}^2+mgL \qquad \therefore \quad v_2=\sqrt{v^2-2gL}$$

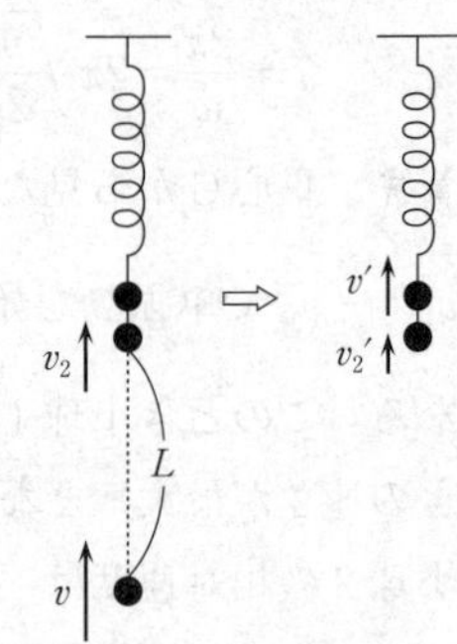

衝突直後の小球1，2の鉛直上向きの速さを v'，v_2' とすると，運動量保存則より

$$mv_2=mv'+mv_2' \qquad \therefore \quad v'+v_2'=v_2$$

弾性衝突であるから，はね返り係数の式より

$$1=\frac{v'-v_2'}{v_2} \qquad \therefore \quad v'-v_2'=v_2$$

2式の両辺を加えて

$$2v'=2v_2 \qquad \therefore \quad v'=v_2=\sqrt{v^2-2gL}$$

▶シ．たるみがなくなる前後で小球1，2の力学的エネルギーの和が保存されるので，糸がピンと張る現象は2球の弾性衝突と同じになり，質量が等しいので速度が入れ替わる。時刻 T の直後に糸がたるまないためには小球1と2の速度は同じでなければならないので，時刻 T の直前も2球の速度は同じである。よって，小球1から見た小球2の速度は0でなければならない。

▶ス．問題文から，時刻 T で小球1にはたらくばねの力 F は0でなければならないので，小球1の位置はばねの自然長の位置で，$x=0$ である。

▶セ．時刻 T における小球1，2の速さを v'' とすると，力学的エネルギーがそれぞれ保存するから

小球1：$\frac{1}{2}mv'^2+\frac{1}{2}kx_0{}^2=\frac{1}{2}mv''^2+mgx_0$

小球 2 ：$mg(L-x_0)=\frac{1}{2}mv''^2$

よって，$x_0=\frac{mg}{k}$ を用いると

$$\frac{1}{2}mv'^2+\frac{1}{2}kx_0{}^2=mgL$$

$$v'^2=2gL-\frac{k}{m}x_0{}^2=2gL-\frac{mg^2}{k}$$

サの v' の結果より

$$v^2-2gL=2gL-\frac{mg^2}{k}$$

$$\therefore\quad v^2=4gL-\frac{mg^2}{k}$$

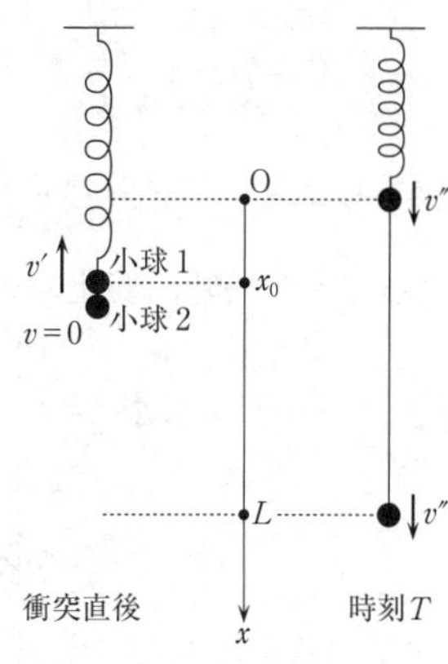

▶問 1．小球 1 の速度は $0\leqq t<T'$ のとき 0，$t=T'$ のとき $-v'$，$T'<t<T$ のとき単振動の速度，$t=T$ のとき v'' である。小球 2 の速度は $t=0$ のとき $-v$，$0<t<T'$ のとき加速度 g の等加速度運動，$t=T'$ の直前で $-v'$，直後で 0，$T'<t<T$ のとき加速度 g の等加速度運動，$t=T$ のときき v'' である。よって，〔解答〕のグラフとなる。

II　解答

(1)　イ．$-V$　ロ．I　ハ．$\frac{\pi}{2}$　ニ．$\frac{Q_0}{\sqrt{LC}}$

(2)　ホ．$\frac{E}{r}$　ヘ．$-V'$　ト．I　チ．$\frac{\pi}{2}\sqrt{LC}$

問 1．時刻 T_1 におけるコンデンサーの電圧を V_1 とすると，コイルに蓄えられていた初期のエネルギーは $\frac{1}{2}LI_0{}^2$，電源から供給されるエネルギーは $E(CV_1-CE)$，コンデンサーに蓄積されるエネルギーは $t=0$ のとき $\frac{1}{2}CE^2$，$t=T_1$ のとき $\frac{1}{2}CV_1{}^2$ であるから

$$\frac{1}{2}CV_1{}^2-\left(\frac{1}{2}CE^2+\frac{1}{2}LI_0{}^2\right)=E(CV_1-CE)$$

$$CV_1{}^2-2CEV_1+CE^2=LI_0{}^2$$

$$C(V_1-E)^2=LI_0{}^2$$

$$V_1 - E = \pm\sqrt{\frac{L}{C}}I_0$$

$V_1 > E$ より　　$V_1 = E + \sqrt{\frac{L}{C}}I_0$　……(答)

よって，V の時間変化のグラフは次のようになる。

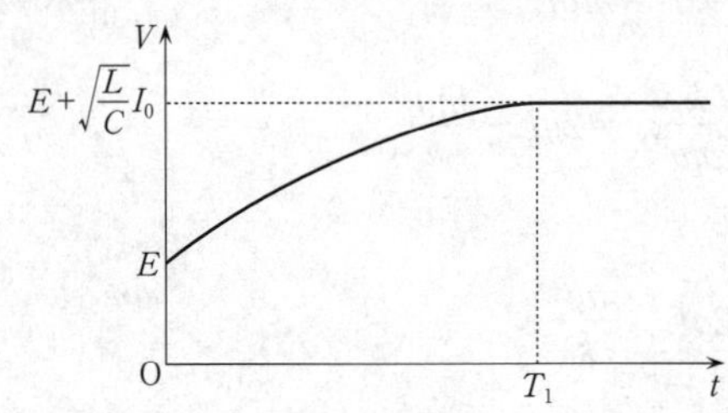

(3)　リ．E　ヌ．$-\frac{V}{R}$　ル．$E-V$　ヲ．$I-\frac{V}{R}$

問２．$L\frac{\Delta I_1}{\Delta t_1} = E$，$L\frac{\Delta I_2}{\Delta t_2} = E - V_0$，$\Delta t_1 = \alpha\Delta t_2$ より

$$L(\Delta I_1 + \Delta I_2) = (\alpha E + E - V_0)\Delta t_2$$

$\Delta I_1 + \Delta I_2 = 0$ より

$$\alpha E + E - V_0 = 0 \qquad \therefore \quad V_0 = (1+\alpha)E \quad \text{……(答)}$$

$C\frac{\Delta V_1}{\Delta t_1} = -\frac{V_0}{R}$，$C\frac{\Delta V_2}{\Delta t_2} = I_0 - \frac{V_0}{R}$，$\Delta t_1 = \alpha\Delta t_2$ より

$$CR(\Delta V_1 + \Delta V_2) = (-\alpha V_0 + RI_0 - V_0)\Delta t_2$$

$\Delta V_1 + \Delta V_2 = 0$ より

$$I_0 = \frac{(1+\alpha)V_0}{R} = \frac{(1+\alpha)^2 E}{R} \quad \text{……(答)}$$

$\alpha = 1$ のとき，$V_0 = 2E$ である。また，$\Delta t_1 = \Delta t_2 = \frac{T}{2}$ より

$$\Delta V_1 = -\frac{V_0}{CR}\Delta t_1 = -\frac{TE}{RC}$$

よって，電圧 V の変化は次のグラフのようになる。

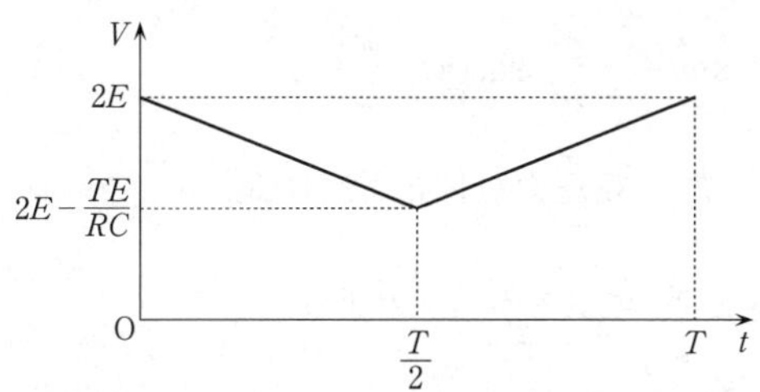

問 3．$\Delta t_1=\alpha\Delta t_2$ のとき　　$V=V_0=(1+\alpha)E$

よって，図 4 の抵抗で消費される電力 P は

$$P=\frac{V^2}{R}=\frac{(1+\alpha)^2E^2}{R}$$

図 5 の抵抗で消費される電力 P_0 は

$$P_0=\frac{E^2}{R}$$

よって　　$\dfrac{P}{P_0}=(1+\alpha)^2$ 倍　……(答)

◀解　説▶

≪コイル・コンデンサー・ダイオードを含む回路≫

(1)　▶イ．スイッチを閉じるとコンデンサーは放電するから，図 1 の矢印の向きを電流 I の向きとすると $\Delta I<0$ である。よって，コンデンサーの電圧 V との間の関係は

$$-L\frac{\Delta I}{\Delta t}=V\qquad\therefore\quad L\frac{\Delta I}{\Delta t}=-V$$

▶ロ．$\Delta Q=C\Delta V=I\Delta t$ より

$$C\frac{\Delta V}{\Delta t}=I$$

(注)　$I<0$ のとき，$\Delta Q<0$，$\Delta V<0$ である。

▶ハ．I は 0 から負方向に流れ始めるので，振動電流の振幅（＝最大値）を I_0，角振動数を ω とすると，時刻 t において

$$I=-I_0\sin\omega t$$

とおくことができる。よって，ロの結果より

$$\frac{\Delta V}{\Delta t}=\frac{I}{C}=-\frac{I_0}{C}\sin\omega t$$

$$\therefore \quad V=\frac{I_0}{\omega C}\cos\omega t=-\frac{I_0}{\omega C}\sin\left(\omega t-\frac{\pi}{2}\right)$$

よって，V は I に対して $\dfrac{\pi}{2}$ だけ位相が遅れる。

▶ニ．V の振幅は $\dfrac{Q_0}{C}$ であるから，ハより

$$\frac{Q_0}{C}=\frac{I_0}{\omega C} \qquad \therefore \quad I_0=\omega Q_0$$

電気振動の周期が $T=2\pi\sqrt{LC}$ であるから

$$\omega=\frac{2\pi}{T}=\frac{1}{\sqrt{LC}}$$

よって　$I_0=\dfrac{Q_0}{\sqrt{LC}}$

(2)　▶ホ．コイルの誘導起電力が 0 でダイオードに電流が流れないから

$$E=rI \qquad \therefore \quad I=\frac{E}{r}$$

▶ヘ．下図の閉回路で，抵抗がないから

$$E-L\frac{\Delta I}{\Delta t}-V=0 \qquad \therefore \quad L\frac{\Delta I}{\Delta t}=-(V-E)=-V'$$

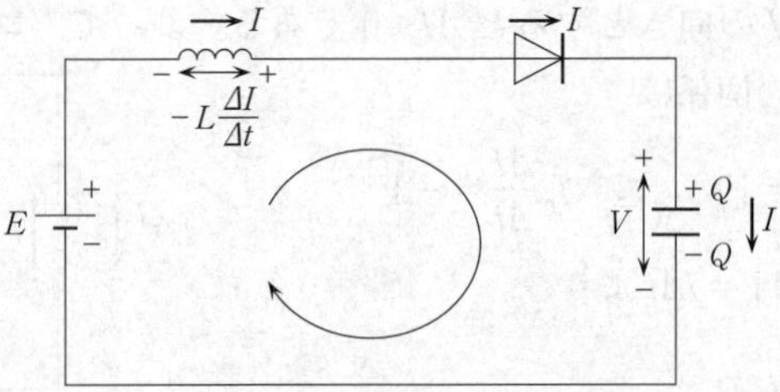

▶ト．$\Delta Q=C\Delta V$，コンデンサーは充電されるので，$I=\dfrac{\Delta Q}{\Delta t}$ であるから

$$C\frac{\Delta V'}{\Delta t}=C\frac{\Delta(V-E)}{\Delta t}=C\frac{\Delta V}{\Delta t}=\frac{\Delta Q}{\Delta t}=I$$

▶チ．式(iii)の電気振動の周期は $T=2\pi\sqrt{LC}$ としてよいから，I が I_0 から 0 になるときの時刻 T_1 は

$$T_1=\frac{T}{4}=\frac{\pi}{2}\sqrt{LC}$$

▶問１．ハと同様に考えると，$V'=V-E$ の振幅が $\dfrac{I_0}{\omega C}=\sqrt{\dfrac{L}{C}}I_0$ となるから

$$V_1-E=\sqrt{\frac{L}{C}}I_0 \qquad \therefore \quad V_1=E+\sqrt{\frac{L}{C}}I_0$$

と考えてもよい。

(3)　▶リ．I は Δt_1 の間に ΔI_1 変化するから，下図の閉回路で

$$E-L\frac{\Delta I_1}{\Delta t_1}=0 \qquad \therefore \quad L\frac{\Delta I_1}{\Delta t_1}=E$$

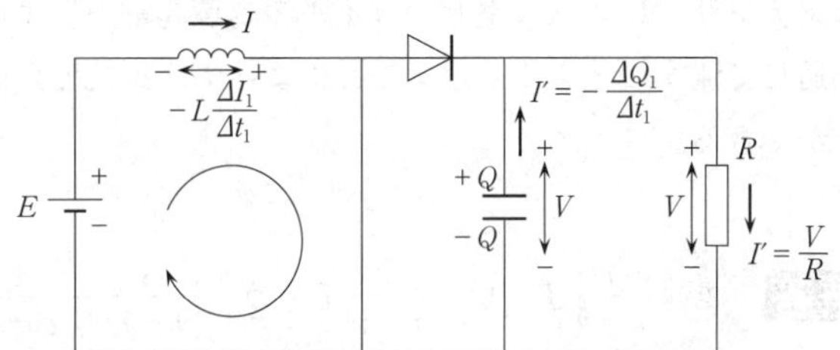

▶ヌ．コンデンサーは放電するから，コンデンサーの電荷が Δt_1 の間に ΔQ_1（<0）変化したとき，コンデンサーと抵抗に流れる電流を I' とすると

$$I'=-\frac{\Delta Q_1}{\Delta t_1}$$

$\Delta Q_1=C\Delta V_1$，$I'=\dfrac{V}{R}$ より　　$C\dfrac{\Delta V_1}{\Delta t_1}=\dfrac{\Delta Q_1}{\Delta t_1}=-I'=-\dfrac{V}{R}$

▶ル．下図の閉回路で

$$E-L\frac{\Delta I_2}{\Delta t_2}-V=0 \qquad \therefore \quad L\frac{\Delta I_2}{\Delta t_2}=E-V$$

▶ヲ．コンデンサーに流れる電流を I'' とすると，コンデンサーの電荷が Δt_2 の間に ΔQ_2（<0）変化するから

$$I''=-\frac{\Delta Q_2}{\Delta t_2}$$

抵抗 R に流れる電流は $I+I''$ であるから，$\Delta Q_2=C\Delta V_2$，$I+I''=\frac{V}{R}$ より

$$C\frac{\Delta V_2}{\Delta t_2}=\frac{\Delta Q_2}{\Delta t_2}=-I''=I-\frac{V}{R}$$

▶問２．$\Delta I_1+\Delta I_2=0$，$\Delta V_1+\Delta V_2=0$ を利用できるように，式(iv)，(v)を変形すればよい。$\alpha=1$ のとき，V のグラフは $t=\frac{T}{2}$ に対して対称的になる。

▶問３．コンデンサーによる放電と，コイルの誘導起電力による電流をダイオードを通じて流すことをくり返すことによって，抵抗での消費電力を増やすことができる。

III　解答

あ．$\frac{v}{v+w}L$　い．$\frac{v}{v-w}L$　う．$\left(\frac{1}{v-w}+\frac{1}{v+w}\right)L$

え．$\frac{2L}{v}$　お．$\frac{mv^2}{L^3}$　か．2　き．$\frac{v(v'+w)}{v'(v-w)}L$　く．$-2(a+3)$　け．6

こ．$\frac{a+3}{3}$　さ．$\gamma-1$　し．$\frac{5}{3}$

問１．エネルギー保存の関係式は

$$\frac{5}{3}\cdot\frac{1}{2}mv^2+\frac{1}{2}Mw^2=\frac{5}{3}\cdot\frac{1}{2}mv'^2+\frac{1}{2}Mw'^2\quad\cdots\cdots(答)$$

運動量保存の関係式は

$$mv+Mw=-mv'+Mw'\quad\cdots\cdots(答)$$

２式より　$v'=\dfrac{\left(\frac{5}{3}-\frac{m}{M}\right)v-2w}{\frac{5}{3}+\frac{m}{M}}$　……(答)

問２．問１の v' で $\frac{m}{M}\fallingdotseq 0$ とすると　$v'=v-\frac{6}{5}w$

よって，式(i)より　$a=\frac{6}{5}$　……(答)

この結果より

$$\gamma=\frac{\frac{6}{5}+3}{3}=\frac{21}{15}=\frac{7}{5}\quad\cdots\cdots(答)$$

◀解　説▶

≪膨張する立方体中での粒子の運動≫

▶あ．下図より，$t_1<0$ に注意して

$$-vt_1-wt_1=L\qquad\therefore\quad t_1=-\frac{L}{v+w}$$

$$L_1=-vt_1=\frac{v}{v+w}L$$

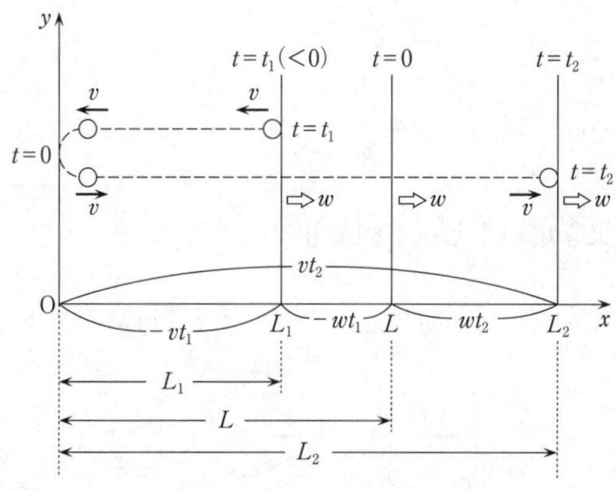

▶い．上図より

$$vt_2-wt_2=L\qquad\therefore\quad t_2=\frac{L}{v-w}$$

$$L_2=vt_2=\frac{v}{v-w}L$$

▶う．あ，いより

$$T_{12}=t_2-t_1$$

$$=\frac{L}{v-w}+\frac{L}{v+w}=\left(\frac{1}{v-w}+\frac{1}{v+w}\right)L$$

▶え．与えられた近似式を用いると

$$T_{12}=\frac{L}{v}\left(1-\frac{w}{v}\right)^{-1}+\frac{L}{v}\left(1+\frac{w}{v}\right)^{-1}$$

$$\fallingdotseq\frac{L}{v}\left(1+\frac{w}{v}\right)+\frac{L}{v}\left(1-\frac{w}{v}\right)$$

$$=\frac{2L}{v}$$

▶お．$\overline{F_x}<0$ に注意すると，粒子が受ける力積は粒子の運動量変化に等しいから，えの結果を用いて

$$-\overline{F_x}\cdot T_{12}=mv-(-mv)=2mv$$

$$\therefore\quad |\overline{F_x}|=\frac{2mv}{T_{12}}=\frac{mv^2}{L}$$

よって，圧力 P は　　$P=\dfrac{|\overline{F_x}|}{L^2}=\dfrac{mv^2}{L^3}$

▶か．はね返り係数が 1 であるから

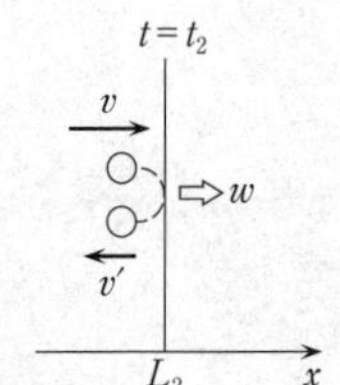

$$1=\frac{v'+w}{v-w}$$

$$\therefore\quad v'=v-2w$$

よって，$a=2$ となる。

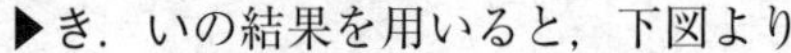
▶き．いの結果を用いると，下図より

$$L_2=v'(t_3-t_2)=\frac{v}{v-w}L\qquad\therefore\quad t_3-t_2=\frac{v}{v'(v-w)}L$$

よって

$$L_3=(v'+w)(t_3-t_2)=\frac{v(v'+w)}{v'(v-w)}L$$

▶く．おの結果で v を v'，L を L_3 と置き換え，きの結果を用い，与えられた近似式を用いると，$v'=v-aw$ であるから

$$P'=\frac{mv'^2}{{L_3}^3}$$

$$=m(v-aw)^2\cdot\left\{\frac{v(v-aw+w)}{(v-aw)(v-w)}L\right\}^{-3}$$

$$=\frac{mv^2}{L^3}\left(1-a\frac{w}{v}\right)^2\cdot\left\{1-(a-1)\frac{w}{v}\right\}^{-3}\cdot\left(1-a\frac{w}{v}\right)^3\cdot\left(1-\frac{w}{v}\right)^3$$

$$\fallingdotseq P\left\{1-2a\frac{w}{v}+3(a-1)\frac{w}{v}-3a\frac{w}{v}-3\frac{w}{v}\right\}$$

$$=P\left(1-2a\frac{w}{v}-6\frac{w}{v}\right)$$

$$=P\left\{1-2(a+3)\frac{w}{v}\right\}$$

$$\Delta P=P'-P=-2P(a+3)\frac{w}{v}$$

$$\therefore\quad \frac{\Delta P}{P}=-2(a+3)\times\frac{w}{v}$$

▶け．くと同様にして

$$\Delta V=(L_3)^3-V$$

$$=\left\{\frac{v(v-aw+w)}{(v-aw)(v-w)}L\right\}^3-V$$

$$=\left\{1-(a-1)\frac{w}{v}\right\}^3\cdot\left(1-a\frac{w}{v}\right)^{-3}\cdot\left(1-\frac{w}{v}\right)^{-3}\cdot V-V$$

$$\fallingdotseq\left\{1-3(a-1)\frac{w}{v}+3a\frac{w}{v}+3\frac{w}{v}\right\}V-V$$

$$=6\frac{w}{v}\cdot V$$

よって　$\dfrac{\Delta V}{V}=6\times\dfrac{w}{v}$

▶こ．く，けの結果を用いると

$$\frac{\Delta P}{P}+\gamma\frac{\Delta V}{V}=0$$

$$-2(a+3)\frac{w}{v}+\gamma\cdot 6\frac{w}{v}=0$$

$$\therefore\quad \gamma=\frac{a+3}{3}$$

▶さ．粒子の物質量を n，気体定数を R とすると，理想気体の状態方程式より

$$(P+\Delta P)(V+\Delta V)=nR(T+\Delta T)$$

$$PV=nRT$$

比をとって

$$\left(1+\frac{\Delta P}{P}\right)\left(1+\frac{\Delta V}{V}\right)=1+\frac{\Delta T}{T}$$

$$1+\frac{\Delta P}{P}+\frac{\Delta V}{V}+\frac{\Delta P}{P}\cdot\frac{\Delta V}{V}=1+\frac{\Delta T}{T}$$

微小量の 2 次以上を無視し，式(iv)を用いると

$$-\gamma\frac{\Delta V}{V}+\frac{\Delta V}{V}=\frac{\Delta T}{T}$$

$$\therefore \quad \frac{\Delta T}{T}+(\gamma-1)\times\frac{\Delta V}{V}=0$$

▶し．この結果で $a=2$ として

$$\gamma=\frac{a+3}{3}=\frac{5}{3}$$

▶問 1．v' を導出する途中計算を示しておくと

$$\frac{5}{3}mv^2+Mw^2=\frac{5}{3}mv'^2+Mw'^2$$

$$w'=\frac{m}{M}(v+v')+w$$

よって

$$\frac{5}{3}\frac{m}{M}v^2+w^2=\frac{5}{3}\frac{m}{M}v'^2+\left\{\frac{m}{M}(v+v')+w\right\}^2$$

$$\frac{5}{3}\frac{m}{M}(v^2-v'^2)=\frac{m^2}{M^2}(v+v')^2+\frac{2mw}{M}(v+v')$$

$$\frac{5}{3}(v+v')(v-v')=\frac{m}{M}(v+v')^2+2w(v+v')$$

$$\frac{5}{3}(v-v')=\frac{m}{M}(v+v')+2w$$

$$\left(\frac{5}{3}+\frac{m}{M}\right)v'=\left(\frac{5}{3}-\frac{m}{M}\right)v-2w$$

$$\therefore \quad v'=\frac{\left(\frac{5}{3}-\frac{m}{M}\right)v-2w}{\frac{5}{3}+\frac{m}{M}}$$

▶問 2．γ は比熱比で，二原子分子気体のとき $\gamma=\frac{7}{5}$ となる。

❖講　評

2020 年度も理科 2 科目で 180 分（教育学部理系試験は 1 科目で 90 分），大問 3 題の出題に変化はなかった。**Ⅰ**は糸とばねにつながれた 2 つの小球の鉛直運動で一見解きやすそうに見えるが，単振動，重心の運動，相対運動，弾性衝突などが複雑にからみ合う難問であった。**Ⅱ**はコイルの自己誘導とコンデンサーの充放電がダイオードを介してつながり合うという目新しいテーマであった。**Ⅲ**は膨張する立方体中の粒子の運動から断熱変化のポアソンの法則を導くという，いかにも京大らしいテーマであったが，二原子分子に適用する場合などの計算が膨大な難問であった。

Ⅰ．⑴ア～エは鉛直方向のばねの単振動の基本で，完答しなければならない。オ～キは 2 つの小球の重心運動と相対運動で，どのような運動になるか想像できれば難しくはない。⑵ケは小球 1，2 の速度が同じになると思い込んでしまうと誤る。力学的エネルギーの和が保存されるので，弾性衝突と同じになることに注意しよう。サは弾性衝突とあるので問題ない。ケとサは同じ質量の物体が弾性衝突するとき速度が入れ替わることを知っていれば，計算の手間が省ける。シ～セは難解である。問題文に従えば解答はできるが，本当にこうなるのか半信半疑で解いた受験生も多かったであろう。問 1 はサ～セから描けるが，ここまでたどり着くのは大変である。

Ⅱ．⑴イ～ニは振動回路の基本で完答したいが，$I<0$ であるから，ΔQ，ΔV も負となることに注意しないと間違える。ハは I が $-\sin\theta$ の形，V が $\cos\theta$ の形になることに気付けば計算は省ける。ニはコンデンサーとコイルに蓄えられるエネルギーから求めてもよい。⑵は充電されているコンデンサーをさらに充電する方法である。ダイオードがあるためコンデンサーは放電しない。ホ～チは問題文に従って解いていけば難しくはない。問 1 は電源から供給されるエネルギーの理解がポイントである。⑶は難しい。リ・ヌはコイルを含む回路とコンデンサーを含む回路が独立なので考えやすいが，ル・ヲは 2 つの回路が結合されるので，I と V が共有されることになる。ここで差がつくであろう。問 2 は単なる式変形と言えなくもないが，時間がかかる。V のグラフは難しくはない。問 3 は計算だけなら容易であるが，ダイオードを用いることで電

源電圧よりも大きな電力を作り出せることは興味深い。

Ⅲ．あ〜えは粒子と壁の等速度運動であるが，$t_1<0$ に注意しないと間違える。おは気体分子の圧力の求め方と同様である。かの弾性衝突も頻出で，ここまでは完答しなければならない。きが意外と難しく差がつくであろう。く・けは難しい。膨大な近似計算が必要で，手が出なかった受験生も多かったであろう。こ〜しはポアソンの法則を手掛かりとして解答した受験生もいたと思われる。問１は保存則を書きくだすのは容易であるが，v' の導出にはやはり多くの計算が必要である。問２は問１が解けなければ無理である。

全体として，2020年度は３題とも2019年度に比べて計算量が増加し，かなり難化したと思われる。時間内に解くのは極めて難しく，各大問の前半を確実に解き，後半の解ける設問を見極める力が必要である。

化学

I

解答　(a)　問1．ア．4　イ．1.0×10^{-14}　ウ．2.1×10^{-6}
エ．5.0×10^{-9}　オ．4.2×10^{-12}　カ．1.4×10^{4}
キ．2.4×10^{8}　ク．2.4×10^{8}　ケ．2.4×10^{8}　コ．7.1×10^{8}
サ．5.0×10^{-2}　シ．4.2×10^{-19}　ス．3.0×10^{-10}
(b)　問2．あ．1　い．2　う．2
問3．え．0.66
問4．お． 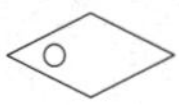　か．$\frac{1}{8}$　き． 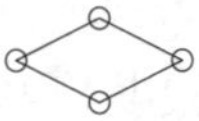　く．$\frac{5}{8}$
け． 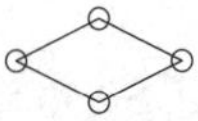　こ．$\frac{3}{8}$　さ． 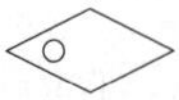　し．$\frac{7}{8}$

◀解　説▶

≪(a) pH の違いによる CdS の沈殿　(b)最密充填構造におけるイオンの位置≫

(a)　▶問1．ア．$K_{a1}=\frac{[H^+][HS^-]}{[H_2S]}=\frac{[H^+]^2}{1.0\times10^{-1}}=1.0\times10^{-7}$

$[H^+]=1.0\times10^{-4}\,(mol/L)$　　∴　$pH=4$

イ．Sを含む3種類の化学種について，モル濃度の比は

$$[H_2S]:[HS^-]:[S^{2-}]=\frac{[H^+][HS^-]}{K_{a1}}:[HS^-]:\frac{[HS^-]K_{a2}}{[H^+]}$$
$$=\frac{[H^+]}{K_{a1}}:1:\frac{K_{a2}}{[H^+]}$$

となる。

pH＝4の場合，$[H^+]=1.0\times10^{-4}\,(mol/L)$なので

$$[H_2S]:[HS^-]:[S^{2-}]=\frac{1.0\times10^{-4}}{1.0\times10^{-7}}:1:\frac{1.0\times10^{-14}}{1.0\times10^{-4}}$$
$$=1.0\times10^{3}:1:1.0\times10^{-10}$$

$[H_2S]+[HS^-]+[S^{2-}]=1.0\times10^{-1}\,(mol/L)$なので

$$[S^{2-}]=1.0\times10^{-1}\times\frac{1.0\times10^{-10}}{1.0\times10^{3}+1+1.0\times10^{-10}}\fallingdotseq1.0\times10^{-14}\,(mol/L)$$

ウ．〔Cd^{2+}〕〔S^{2-}〕≧2.1×10^{-20} (mol/L)^2 で沈殿が生じるので

$$[Cd^{2+}][S^{2-}]=[Cd^{2+}]\times1.0\times10^{-14}\geqq2.1\times10^{-20}$$

$$[Cd^{2+}]\geqq2.1\times10^{-6}\ (mol/L)$$

エ．pH＝7 の場合，イと同様に

$$[H_2S]:[HS^-]:[S^{2-}]=\frac{1.0\times10^{-7}}{1.0\times10^{-7}}:1:\frac{1.0\times10^{-14}}{1.0\times10^{-7}}$$

$$=1.0:1:1.0\times10^{-7}$$

よって

$$[S^{2-}]=1.0\times10^{-1}\times\frac{1.0\times10^{-7}}{1.0+1+1.0\times10^{-7}}\fallingdotseq5.0\times10^{-9}\ (mol/L)$$

オ．ウと同様に

$$[Cd^{2+}][S^{2-}]=[Cd^{2+}]\times5.0\times10^{-9}\geqq2.1\times10^{-20}$$

$$[Cd^{2+}]\geqq4.2\times10^{-12}\ (mol/L)$$

カ．〔H^+〕＝1.0×10^{-14} (mol/L) のとき，〔OH^-〕＝1.0 (mol/L) なので

$\dfrac{[[Cd(OH)]^+]}{[Cd^{2+}][OH^-]}=K_{b1}$ より

$$[[Cd(OH)]^+]=K_{b1}[Cd^{2+}][OH^-]$$

$$=1.4\times10^4\times[Cd^{2+}]\times1.0$$

$$=1.4\times10^4\times[Cd^{2+}]$$

キ．$\dfrac{[Cd(OH)_2]}{[[Cd(OH)]^+][OH^-]}=K_{b2}$ より

$$[Cd(OH)_2]=K_{b2}[[Cd(OH)]^+][OH^-]$$

$$=1.7\times10^4\times1.4\times10^4\times[Cd^{2+}]\times1.0$$

$$=2.38\times10^8\times[Cd^{2+}]$$

$$\fallingdotseq2.4\times10^8\times[Cd^{2+}]$$

ク．同様に

$$[[Cd(OH)_3]^-]=K_{b3}[Cd(OH)_2][OH^-]$$

$$=1.0\times2.38\times10^8\times[Cd^{2+}]\times1.0$$

$$=2.38\times10^8\times[Cd^{2+}]$$

$$\fallingdotseq2.4\times10^8\times[Cd^{2+}]$$

ケ．同様に

$$[[Cd(OH)_4]^{2-}]=K_{b4}[[Cd(OH)_3]^-][OH^-]$$

$=1.0\times 2.38\times 10^{8}\times [Cd^{2+}]\times 1.0$

$=2.38\times 10^{8}\times [Cd^{2+}]\fallingdotseq 2.4\times 10^{8}\times [Cd^{2+}]$

コ．　$[Cd]_{total}=[Cd^{2+}]+1.4\times 10^{4}\times [Cd^{2+}]+3\times (2.38\times 10^{8}\times [Cd^{2+}])$

$=(1+1.4\times 10^{4}+7.14\times 10^{8})\times [Cd^{2+}]\fallingdotseq 7.1\times 10^{8}\times [Cd^{2+}]$

サ．pH＝14 の場合，イと同様に

$$[H_2S]:[HS^-]:[S^{2-}]=\frac{1.0\times 10^{-14}}{1.0\times 10^{-7}}:1:\frac{1.0\times 10^{-14}}{1.0\times 10^{-14}}$$

$$=1.0\times 10^{-7}:1:1.0$$

よって

$$[S^{2-}]=1.0\times 10^{-1}\times \frac{1.0}{1.0\times 10^{-7}+1+1.0}\fallingdotseq 5.0\times 10^{-2}\,(\text{mol/L})$$

シ．ウと同様に

$[Cd^{2+}][S^{2-}]=[Cd^{2+}]\times 5.0\times 10^{-2}\geqq 2.1\times 10^{-20}$

$[Cd^{2+}]\geqq 4.2\times 10^{-19}\,(\text{mol/L})$

ス．コより

$[Cd]_{total}=7.14\times 10^{8}\times 4.2\times 10^{-19}$

$=29.98\times 10^{-11}\fallingdotseq 3.0\times 10^{-10}\,(\text{mol/L})$

(b)　▶問２．あ．八面体間隙は面心立方格子の辺の中心と立方体の中心にあるので単位格子には４個含まれ，S^{2-} も単位格子中に４個含まれるので１倍。

い．四面体間隙は面心立方格子を８等分した小立方体の中心にあるので単位格子には８個含まれる。よって，２倍。

う．図３より，相対的な高さ１と０の面上に配置されたイオンは，右図のような個数分が単位格子に含まれる。さらに，相対的な高さ $\frac{1}{2}$ の面上には１個分の原子が含まれるので

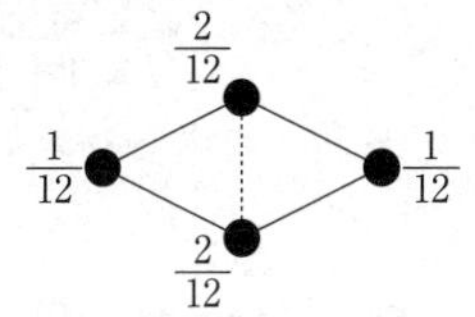

$$\frac{1}{12}\times 4+\frac{2}{12}\times 4+1=2\text{個}$$

▶問３．え．右図のように S^{2-} 間距離を a〔nm〕，正四面体の高さを x〔nm〕とし，破線部分で切っ

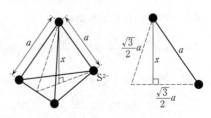

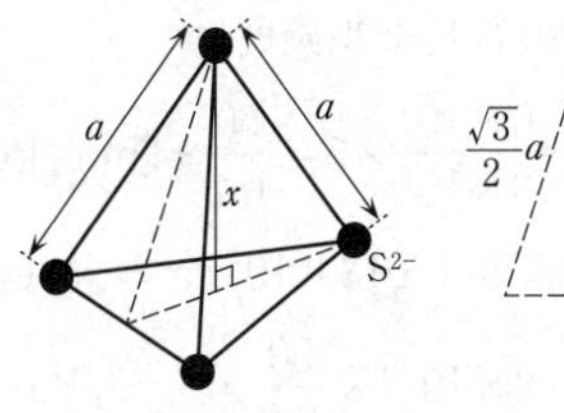

た断面を考える。格子の高さは $2x$ となるので，まず x の値を求める。

$$\sqrt{\left(\frac{\sqrt{3}}{2}a\right)^2-x^2}+\sqrt{a^2-x^2}=\frac{\sqrt{3}}{2}a$$

$$\sqrt{\left(\frac{\sqrt{3}}{2}a\right)^2-x^2}=\frac{\sqrt{3}}{2}a-\sqrt{a^2-x^2}$$

$$\left(\frac{\sqrt{3}}{2}a\right)^2-x^2=\left(\frac{\sqrt{3}}{2}a\right)^2+a^2-x^2-\sqrt{3}a\sqrt{a^2-x^2}$$

$$\sqrt{3}\sqrt{a^2-x^2}=a \qquad 3(a^2-x^2)=a^2 \qquad x=\sqrt{\frac{2}{3}a^2}=\frac{\sqrt{6}}{3}a$$

よって

$$h=2x=\frac{2\sqrt{6}}{3}a=\frac{2\times 2.4}{3}\times 0.41=0.656\fallingdotseq 0.66\,\text{〔nm〕}$$

▶問４．次図は高さ０の断面上のある S^{2-} を上から見たときの四面体間隙の位置と，格子を横から見たときの間隙の高さの概略を表す。つまり Cd^{2+} は高さ $\frac{1}{8}$, $\frac{3}{8}$, $\frac{5}{8}$, $\frac{7}{8}$ の位置に配列され，Cd^{2+} は間隙に１つおきに存在するので，$\frac{1}{8}$ と $\frac{5}{8}$ または $\frac{3}{8}$ と $\frac{7}{8}$ の２つの高さの組み合わせが考えられる。

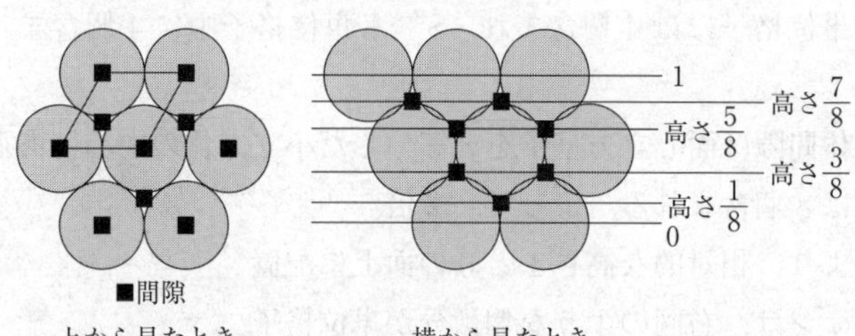

Ⅱ 解答

(a) 問１．求める物質量を x〔mol〕とすると，NaCl, $CaCl_2$ は完全に電離するので，水溶液中に溶解しているイオン粒子の質量モル濃度は

$$x\times\frac{1.0\times 10^3}{1.3\times 10^2}\times 5=\frac{50}{1.3}x\,\text{〔mol/kg〕}$$

また，図２より 1.013×10^5 Pa の大気圧における沸点上昇度は２K なので

$$2=5.2\times 10^{-1}\times\frac{50}{1.3}x \qquad \therefore\ x=0.1\,\text{〔mol〕} \quad \cdots\cdots\text{(答)}$$

問２．3.6×10^4

問３．陰極Ａ：$2H_2O+2e^- \longrightarrow 2OH^- + H_2$

陽極Ｂ：$2Cl^- \longrightarrow Cl_2+2e^-$

問４．1.2×10^5

(b)　問５．1.0×10^5

問６．$p_{CO_2}+p_{CO}=P_1$

問７．(i)5.0×10^4Pa　(ii)$\dfrac{8}{3}$

(iii)　操作１開始時および操作２終了後の平衡までに反応したCO_2の物質量をそれぞれ，n〔mol〕およびa〔mol〕とすると，平衡状態における物質量の関係は以下のようになる。

$$\begin{array}{llll} CO_2 + & C\,(固) \rightleftharpoons & 2CO & 全物質量 \\ n-a & & 2a & n+a \end{array}$$

物質量比と分圧比は等しくなるので，$p_{CO_2}:p_{CO}=2.5\times10^4:5.0\times10^4=1:2$より

$$n-a:2a=1:2 \qquad \therefore\quad a=\frac{n}{2}$$

全物質量は　　$n+a=\dfrac{3}{2}n$〔mol〕

次に，操作３終了後の平衡までに反応したCO_2の物質量をb〔mol〕とすると，平衡状態における物質量の関係は以下のようになる。

$$\begin{array}{llll} CO_2 + & C\,(固) \rightleftharpoons & 2CO & 全物質量 \\ n-b & & 2b & n+b \end{array}$$

ここで，$p_{CO_2}:p_{CO}=1.0\times10^5:1.0\times10^5=1:1$より

$$n-b:2b=1:1 \qquad \therefore\quad b=\frac{n}{3}$$

全物質量は　　$n+b=\dfrac{4}{3}n$〔mol〕

$PV=nRT$より，$V=\dfrac{nRT}{P}$となるので

$$\frac{V_2}{V_1}=\frac{\dfrac{\dfrac{4}{3}nRT}{P_2}}{\dfrac{\dfrac{3}{2}nRT}{P_1}}=\frac{8}{9}\times\frac{P_1}{P_2}=\frac{8}{9}\times\frac{3}{8}=\frac{1}{3}\quad\cdots\cdots(\text{答})$$

◀解　説▶

≪(a)蒸気圧降下と気液平衡，電気分解　(b)気相平衡における分圧の変化≫

(a)　▶問２．$T=87$〔℃〕での飽和水蒸気圧は，図２より 625×10^2Pa なので，操作Ⅰでバルブを閉じたあとの空気の圧力は

$$1.013\times10^5-625\times10^2=388\times10^2\text{〔Pa〕}$$

$T=27$〔℃〕まで下げたときの空気の圧力は，シャルルの法則より

$$388\times10^2\times\frac{273+27}{273+87}=323.3\times10^2\fallingdotseq323\times10^2\text{〔Pa〕}$$

$T=27$〔℃〕での蒸気圧は，図２より 33.2×10^2Pa なので

$$323\times10^2+33.2\times10^2=356.2\times10^2\fallingdotseq3.6\times10^4\text{〔Pa〕}$$

▶問３．Na，Ca はイオン化傾向が大きく，陰極には析出しない。

▶問４．流れた電子の物質量は

$$\frac{1.00\times10^2\times10^{-3}\times(32\times60+10)}{9.65\times10^4}=2.00\times10^{-3}\text{〔mol〕}$$

イオン反応式より，発生する気体の総物質量も 2.00×10^{-3}mol となるので，発生した気体の圧力を x〔Pa〕とすると，状態方程式より

$$x\times\frac{3.00\times10^2}{1.00\times10^3}=2.00\times10^{-3}\times8.31\times10^3\times300$$

$$\therefore\quad x=1.662\times10^4\text{〔Pa〕}$$

よって，容器内の全圧は

$$1.013\times10^5+1.662\times10^4=1.17\times10^5\fallingdotseq1.2\times10^5\text{〔Pa〕}$$

(b)　▶問５．平衡状態における各成分の分圧は，図３より $p_{CO_2}=1.0\times10^5$〔Pa〕のとき $p_{CO}=1.0\times10^5$〔Pa〕と読み取れるので，(2)式に代入する。

▶問６．容器内の全圧を P_1 に保っているので，$p_{CO_2}+p_{CO}=P_1$ が成り立つ。

▶問７．(i)　求める圧力を y〔Pa〕とすると，CO_2 の分圧は $7.5\times10^4-y$〔Pa〕となり，点Ｂは平衡状態にあるので

$$K_P=\frac{y^2}{7.5\times10^4-y}=1.0\times10^5$$

が成り立つ。よって

$y^2+1.0\times10^5y-7.5\times10^9=0 \qquad (y+1.5\times10^5)(y-0.5\times10^5)=0$

$\therefore \quad y=5.0\times10^4$〔Pa〕

(ii) $p_{CO_2}=p_{CO}$ なので　$p_{CO}=K_P=1.0\times10^5$〔Pa〕

$P_2=p_{CO_2}+p_{CO}=2.0\times10^5$〔Pa〕

よって　$\dfrac{P_2}{P_1}=\dfrac{2.0\times10^5}{7.5\times10^4}=\dfrac{8}{3}$

III 解答 問1．

A．$CH_3-C_6H_4-CH_2-O-CO-CH=CH-CO-O-CH_2-CO-O-CH(CH_3)-CH(CH_3)-CH_3$（C=C 部分はトランス形：各 C に H）

B．$HO-CO-CH=CH-CO-O-CH_2-CO-OH$（トランス形）

C．$HO-CH_2-CO-O-CH(CH_3)-CH(CH_3)-CH_3$

D．$CH_3-C_6H_4-CH_2-O-CO-CH=CH-CO-OH$（トランス形）

E．$HO-CO-CH=CH-CO-OH$（トランス形）

F．$HO-CO-CH_2-OH$

G．$H_3C-CH(OH)-CH(CH_3)-CH_3$

H．$CH_3-C_6H_4-CH_2-OH$（パラ位）

◀解 説▶

≪トリエステルの加水分解と構造決定≫

▶問1．A 1.00×10^{-3}mol の質量は，348×10^{-3}〔g〕=348〔mg〕で，この中に含まれるC，HおよびOをそれぞれ W_C，W_H および W_O〔mg〕とすると

$$W_C=836\times\frac{12}{44.0}=228〔mg〕$$

$$W_H=216\times\frac{2.0}{18.0}=24.0〔mg〕$$

$$W_O=348-228-24.0=96.0〔mg〕$$

原子数の比は

$$C:H:O=\frac{228}{12}:\frac{24.0}{1.0}:\frac{96.0}{16}=19:24:6$$

よって，Aの組成式は $C_{19}H_{24}O_6$ となるが，分子量が348なので分子式も $C_{19}H_{24}O_6$ である。また，O原子の数が6なのでエステル結合の数は3，最終的にAを加水分解して得られる物質は4種類となる。題意より，これらはE～Hとわかる。

(え) 分子式 $C_4H_4O_4$ のジカルボン酸はマレイン酸かフマル酸とわかるが，フマル酸は無極性分子のため，極性分子であるマレイン酸に比べて溶解度は小さい。よって，Eはフマル酸である。

(お) 次式のように，3-メチル-1-ブテンに水を付加させると，3つの $-CH_3$ をもつ3-メチル-2-ブタノールが得られ，Gと考えられる。

```
H2C=CH-CH-CH3 + H2O ──→ H3C-CH-CH-CH3
       |                     |  |
       CH3                  OH CH3
                               G
```

(か) Hはエステルの加水分解生成物なので，ヒドロキシ基かカルボキシ基またはその両方を有し，酸化されてテレフタル酸が得られるので，次図のような種々の化合物が考えられる。分子量を求めると，122となるのは *p*-メチルベンジルアルコールで，Hと決められる。

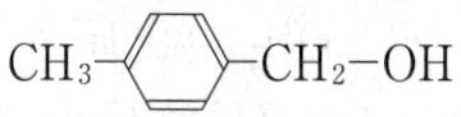

$CH_3-C_6H_4-CH_2-OH$　　$CH_3-C_6H_4-COOH$

H（分子量 122） 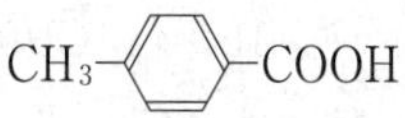　　（分子量 136）

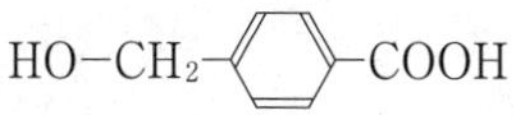

$HO-CH_2-C_6H_4-COOH$　　など

（分子量 152）

E，GおよびHの分子式はそれぞれ $C_4H_4O_4$，$C_5H_{12}O$ および $C_8H_{10}O$ より，Fの分子式は

$$C_{19}H_{24}O_6+3H_2O-C_4H_4O_4-C_5H_{12}O-C_8H_{10}O=C_2H_4O_3$$

と求められる。

(あ)　Bの炭素数はEとFの炭素数の和より 6 とわかる。

(い)　Cの分子式は $(C_7H_{14}O_3)_n$ となるが，Aの酸素数から考えて $n=1$ しか考えられない。

(う)　Dの分子式は $(C_3H_3O)_n$ となるが，エステル結合が残っており，かつカルボキシ基をもつのでOの数は 4 以上の偶数となり，Aの酸素数から考えて $n=4$ しか考えられない。よって，Dは分子式が $C_{12}H_{12}O_4$ で，その炭素数からEとHがエステル結合した次図の構造と決められる。

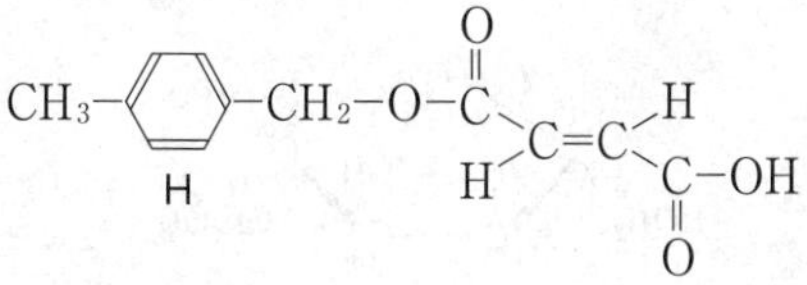

$CH_3-C_6H_4-CH_2-O-C(=O)-CH=CH-C(=O)-OH$

H　　E

FはE（Dの末端でもある）とエステル結合しBを構成するが，次図のようにGは末端にしか配置できないので，FはGともエステル結合してAを構成する。つまり，ヒドロキシ基とカルボキシ基をもつヒドロキシ酸（グリコール酸）である。

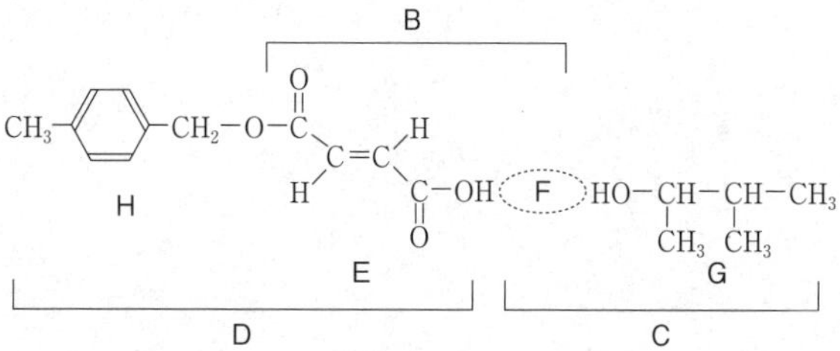

$CH_3-C_6H_4-CH_2-O-C(=O)-CH=CH-C(=O)-OH$　(F)　$HO-CH(CH_3)-CH(CH_3)-CH_3$

Ⅳ　解答

問 1．ア．H　イ．CH_2OH　ウ．OH　エ．H

問 2．(i)　Ⅰ．C2　Ⅱ．C3　（Ⅰ・Ⅱは順不同）

Ⅲ．C4　Ⅳ．C6　（Ⅲ・Ⅳは順不同）

(ii)

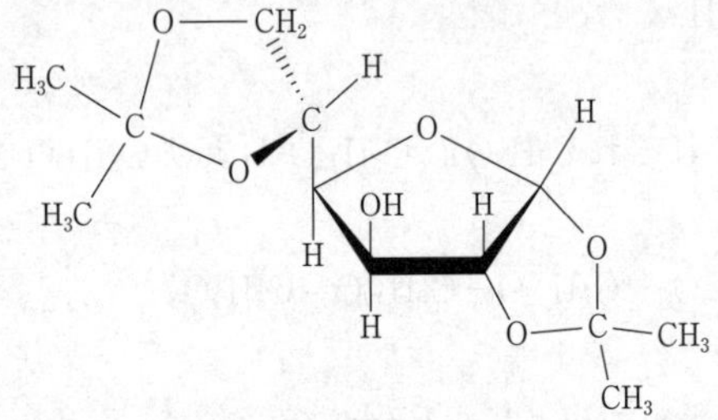

問 3．C1

◀解　説▶

≪単糖の立体構造，アセタール化による保護≫

▶問 1．L-ソルボースの C5 に結合した −OH が C2 の C=O と反応し五員環構造を形成した場合，次図のように 2 種類の異性体が考えられるが，図 4 の C2 と C4 に結合した −OH の位置関係から，α 構造の L-ソルボフラノースとなる。

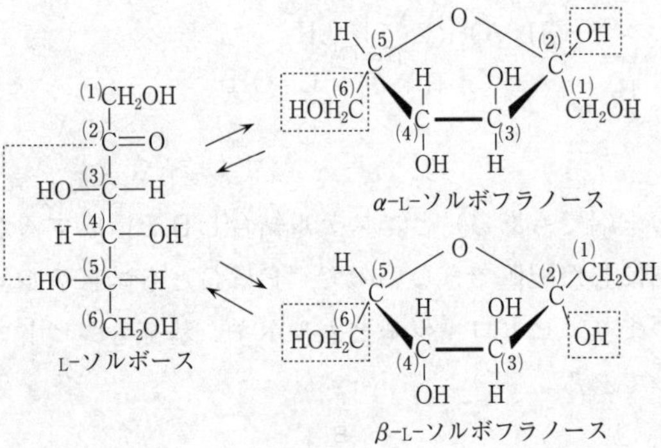

▶問 2．(i)　右図のように C2 と C3 に結合した −OH は環の面に対して同じ側にあって近接しており，アセトンと 1,2-型環構造をつくる。また，C4 と C6 に結合した −OH も環の面に対して同じ側にあって近接しているが，C5 が間にはさまれているので 1,3-型環構造をつくる。

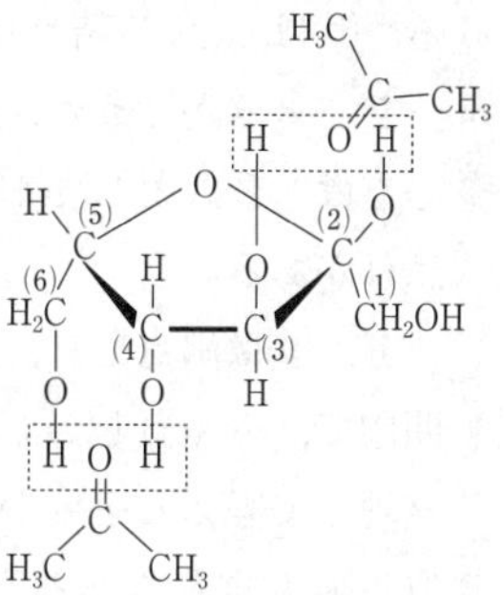

(ii)　D-グルコースは C1 の −CHO と C4 に結合した −OH で反応し，五員環構造（グルコフラノース）を形成する。この場合もソルボース同様，α 構造と β 構造の 2 種類が考えられるが，題意より，環の面に対して同じ側に近接する −OH が 2 組必要なので，次図のような α 構造のグルコフラノースと考え，アセタール化させる。

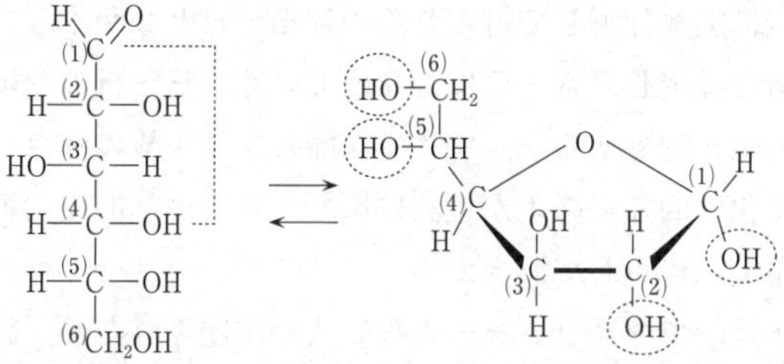

D-グルコース　　α-D-グルコフラノース

▶問 3．L-アスコルビン酸は，2-ケト-L-グロン酸の C1 の −COOH と C4 に結合した −OH で脱水縮合してできる。−COOH と −OH で水がとれてエステル結合ができる場合，次図のように −COOH の OH と −OH の H で脱水する。

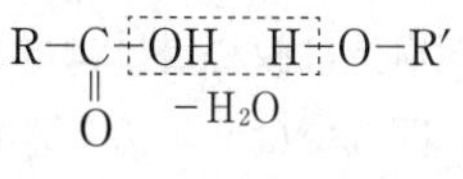

$$\mathrm{R{-}C(=O){-}OH \quad H{-}O{-}R'} \quad (-\mathrm{H_2O})$$

❖講　評

大問 4 題の出題数や出題パターン・形式・問題数は，ほぼ例年通りである。ただし，2019 年度に続いて論述問題は出題されなかった。

Ⅰ．(a)は pH の違いによる S^{2-} の濃度と CdS が沈殿する Cd^{2+} の濃度を，H_2S の電離平衡と CdS の溶解平衡を考慮して求める問題である。やや難しく，途中で間違うと後の計算に影響するので，注意が必要である。(b)はCdSの結晶構造に関する問題である。間隙の位置関係をイメージできるかどうかが問われ，特に問4が難しい。正四面体の高さの求め方は，公式として知っている方がよい。Ⅰで時間をかけすぎてしまう恐れがある。

Ⅱ．(a)は沸点上昇，蒸気圧，気体の圧力，電気分解が組み合わさった問題で，やや難しい。操作Ⅰ～Ⅲの容器内の物理的・化学的状態をよく整理して考える必要がある。グラフをどのように読み取るか，また読み取る値も重要であろう。(b)はCO_2とCOの気相平衡に関する問題である。温度変化があり，図3の見方も含め平衡状態の捉え方がやや難しい。中でも問7の(ii)・(iii)は思考力が問われる。Ⅱも時間がかかりそうである。

Ⅲ．トリエステルとその加水分解生成物の構造推定の問題で，珍しく小問としての出題がない。元素分析の結果から化合物Aはトリエステル，さらに完全に加水分解して得られるのはE～Hとわかるので，まずはそれらの構造を推定し，A～Dにつなげていく。E～Hの中には比較的推定しやすい化合物もあるが，マレイン酸とフマル酸の沸点の違いのように，細かな化学的知識の差が正誤に影響する。標準的な内容なので，この問題で確実に得点しておきたい。

Ⅳ．2年連続でフィッシャーの投影式が出題されたが，説明が丁寧で投影式の意味は理解できるはずである。ただし，環を形成したときの官能基の位置を考えるには慣れが必要なので，戸惑うかもしれない。与えられた構造式の一部もよく吟味しながら考える必要がある。問1で間違うと問2に影響するが，逆に問2(i)の考察から問1が検証できる可能性もある。「保護」の理論と問2(i)が正しく理解できているかどうかで問2(ii)の正誤が決まるが，グルコースの五員環構造は教科書にはあまり出ていないので，やはり戸惑うかもしれない。問3では，エステル結合によって脱離したH_2OのOの由来を知っておく必要がある。

生物

I

解答 (A) 問1．ア．イントロン　イ．スプライシング
ウ．リボソーム　エ．小胞体　オ．ゴルジ体

問2．Ⅰ．エキソン3　Ⅱ．エキソン4

問3．Ⅰ型変異では，エキソン2が欠失したことによりエキソン3領域のコドンの読み枠にずれが起こり，翻訳されたエキソン3領域のアミノ酸配列が正常配列とは全く異なるものとなるため，抗体A3と特異的に結合する配列はポリペプチドY-ⅰには存在しなくなるから。

問4．(い)・(え)

問5．Ⅰ．$\frac{1}{2}$　Ⅱ．$\frac{1}{8}$

(B) 問6．A1．(あ)

A2．相補鎖を鋳型にして，標識DNAの20番目に続けて21番目にCをもつヌクレオチドを結合させる。

B1．(う)

B2．21番目にCが結合した標識DNAを，22番目以降のDNAと結合させる。

問7．(い)

問8．Ⅰ．C（シトシン）・T（チミン）

Ⅱ．未修復の塩基対をもつプラスミドの複製では，Gをもつ鎖を鋳型にしたG-C塩基対のプラスミドと，いったんUをもつ鎖を鋳型に相補的なAをもつ鎖を合成し，さらに，この鎖を鋳型にしたA-T塩基対のプラスミドが作られる。Uは前者ではCに，後者ではTに置換される。

◀解　説▶

≪(A)スプライシングとその異常　(B)DNAの校正とその異常≫

(A)　▶問1．RNAポリメラーゼはイントロンの有無にかかわらず，DNAの転写開始点から終了点まで連続して転写するので，転写されたmRNA前駆体にはアミノ酸配列の情報をもつ領域のエキソンと，もたない領域のイントロンの両方が含まれる。成熟したmRNAになるためには，いくつ

かの過程を経る必要がある。その一つがイントロン部分を切り出すことで，この過程がスプライシングである。このほかにも mRNA の先頭（5' 末端）には CAP 構造，末尾（3' 末端）にはポリ A 鎖が付加される。その後，成熟した mRNA をもとにリボソームで翻訳が行われ，タンパク質が合成される。分泌されるタンパク質の場合，先頭部分にあるシグナルペプチドの働きで，タンパク質は小胞体に取り込まれ，切断や糖の付加などの加工を受けながらゴルジ体に運ばれ，分泌顆粒となって細胞膜へ移動する。

▶問２．下図に①正常型ポリペプチドＹと変異型の②ポリペプチドＹ-ⅰ，③ポリペプチドＹ-ⅱに関するアミノ酸数，コドン数と読み取られた塩基数およびそれらの塩基配列を示した。図からわかるように，②ポリペプチドＹ-ⅰではエキソン３のコドンの読み取りに読み枠のずれ（フレームシフト）が起こった結果，エキソン３末尾付近の TGA（UGA）が終止コドンとなり，読み取りが終了する。③ポリペプチドＹ-ⅱでは読み枠のずれが起こらないので，エキソン４末尾の終止コドン TAA（UAA）で読み取りが終了する。

①正常型ポリペプチドＹ

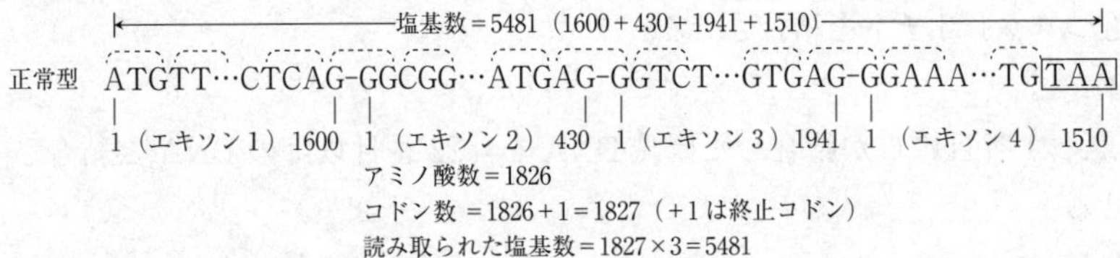

②ポリペプチドＹ-ⅰ

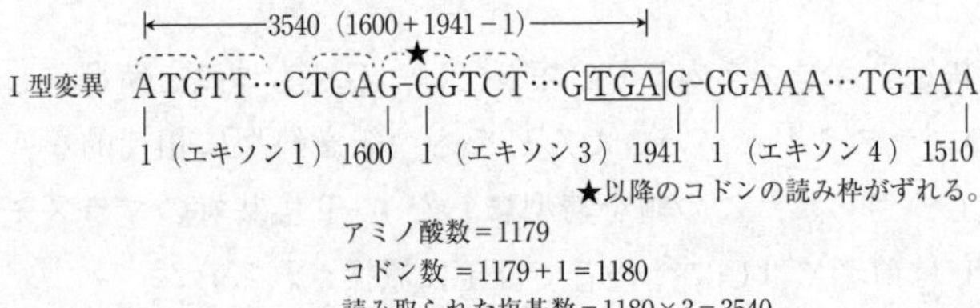

③ポリペプチドＹ-ⅱ

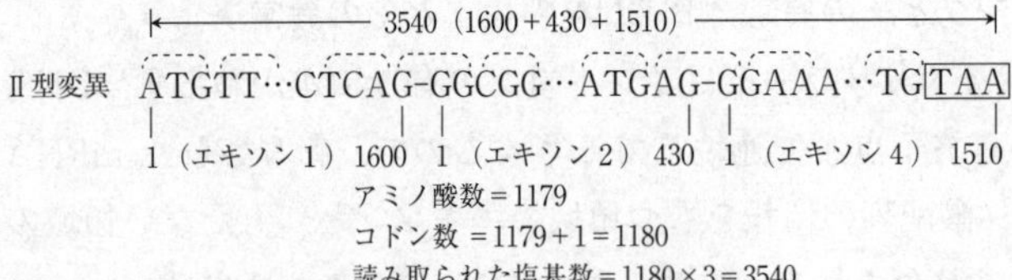

▶問３．上図に示したように，変異型のポリペプチド Y-ｉでは，エキソン３の★以降のコドンの読み枠がずれるので，この部分のアミノ酸配列は大きく変化する。このため，ポリペプチド Y-ｉには抗体 A3 と特異的に結合するようなアミノ酸配列が存在しないことになる。

▶問４．正常なポリペプチドYは，エキソン４によってコードされるアミノ酸配列をもつが，上図からわかるようにポリペプチド Y-ｉはその部分をもたない。前駆型三量体の形成にはエキソン４によってコードされるアミノ酸配列が必要となるので，ポリペプチド Y-ｉは正常なポリペプチドYと前駆型三量体を形成しない。よって，前駆型三量体は Y-ｉを含まず，成熟型三量体にも Y-ｉは含まれない。

▶問５．ヘテロ接合体細胞では，正常なポリペプチドYと変異型ポリペプチドがほぼ同量ずつ作られ，小胞体に送られる。

Ⅰ型変異のヘテロ接合体細胞では，ポリペプチドYはポリペプチド Y-ｉとは三量体を形成しないので，正常なポリペプチドYの量に相当するだけの（ポリペプチドYのみからなる）前駆型三量体が作られる。したがって，その量は正常遺伝子 *Y* をホモにもつ場合の，ほぼ $\frac{1}{2}$ と考えられる。

Ⅱ型変異のヘテロ接合体細胞では，ポリペプチドYがポリペプチド Y-ⅱとランダムに組み合わさって前駆型三量体を形成する。しかし，これらの前駆型三量体のうち成熟型三量体として分泌されるのは，正常なポリペプチドYのみからなるものである。前駆型三量体のポリペプチドが３つとも正常なポリペプチドYからなる確率は $\left(\frac{1}{2}\right)^3=\frac{1}{8}$ であり，これが分泌される成熟型三量体の量と考えられる。

(B)　▶問６．DNA ポリメラーゼには，エラー訂正機能が備わっている場合がある。これを DNA の校正と呼んでいる。この実験では，除去された部位に正しくヌクレオチドが挿入されて，正常な塩基対へと修復される DNA の校正を扱っている。

実験１において，損傷塩基除去関連タンパク質を加えない試料１では，標識 DNA は 39 塩基長だが，損傷塩基除去関連タンパク質を加えた試料２では 20 塩基長となり，損傷塩基除去関連タンパク質に含まれる AP エンドヌクレアーゼで，標識DNAのヌクレオチド鎖がUの手前で切断されているとわかる。試料3と4からは，切断されたヌクレオチド鎖はタンパク質Aと化合物Zの両方が存在（作用）すれば塩基長が21となり，酵素であるタンパク質Aの働きで，化合物Zを反応材料に，切断されたヌクレオチド鎖にヌクレオチドが1つ付加されたとわかる。よって，タンパク質Aは，正しいヌクレオチドを付加する働きをもつ(あ)DNAポリメラーゼである。さらにタンパク質Bが加わった試料5の結果は，試料4で21番目の塩基が修復されたヌクレオチド鎖が，残りの部分のヌクレオチド鎖と結合して，39塩基からなる1本鎖に修復されたことを示している。したがって，タンパク質Bは，2つのヌクレオチド鎖を結合させる(う)DNAリガーゼである。

以上のことから，タンパク質Aは「相補鎖を鋳型にして，標識DNAの20番目に続けて21番目にCをもつヌクレオチドを結合させる」ものであり，タンパク質Bは「21番目にCが結合した標識DNAを，22番目以降のDNAと結合させる」ものであることになる。

なお，(い)DNAヘリカーゼは，DNAの2本鎖をほどく酵素，(え)RNAポリメラーゼは，DNAなどを鋳型にRNAを合成する酵素，(お)ヒストンは，DNAを巻きつけ，核内に染色体として収納するタンパク質で，いずれも修復とは無関係である。

▶問7．問6でも解説したように，21番目の塩基Uをもつヌクレオチドは切り取られて，塩基Cをもったものに修復（置換）される。この反応には，DNAポリメラーゼとともにDNAの構成分子である塩基Cをもつヌクレオチドが用いられる。これが，化合物Zにあたる(い)デオキシシチジン三リン酸である。なお，選択肢の他の化合物は塩基の種類あるいは糖の種類が正しくない。

▶問8．塩基対G-UをもつDNA鎖を組み込んだプラスミドの複製は，以下のように起こる。まず，プラスミドDNAの2本鎖が1本鎖になる。続いて，それぞれの1本鎖を鋳型に相補鎖が形成されるが，Uをもつ鎖を鋳型にすると，Uがもつ水素結合の数（2個）や位置から，相補的な塩基にはAが選ばれる。そのAをもつ鎖を鋳型として，さらに相補的な鎖が形成されると，元のUの位置にTが入った鎖ができる。一方，Gをもつ鎖を鋳型にすると，相補鎖はCをもつことになる。これらが複製を繰り返すので，得られるプラスミドはG-C塩基対をもつもの，あるいはA-T塩基対をもつもののいずれかになる。すなわち，UはCまたはTに置換されることになる。

II

解答　問1．極体

問2．$\frac{1}{20}$

問3．ア．$\frac{9}{40}$　イ．$\frac{1}{4}$　ウ．$\frac{1}{40}$　エ．$\frac{1}{40}$　オ．$\frac{1}{4}$　カ．$\frac{9}{40}$

問4．「体色が暗黒色，かつ産卵した受精卵がすべてふ化しない雌個体」の遺伝子型は*ggee*であり，両親のどちらからも遺伝子型*ge*の配偶子を受け取る。そこで，F_1個体が作る配偶子の中で遺伝子型*ge*の卵や精子の占める割合を考える。

F_1個体のうち，ふ化する卵を産む雌個体の遺伝子型は(i) *GgEE*，(ii) *GgEe*（*G-E*，*g-e*が連鎖），(iii) *GgEe*（*G-e*，*g-E*が連鎖），(iv) *Ggee*であり，それぞれの割合は(i)$\frac{9}{20}$，(ii)$\frac{9}{20}$，(iii)$\frac{1}{20}$，(iv)$\frac{1}{20}$である。

(i)〜(iv)の各雌個体が作る卵のうち，遺伝子型*ge*のものが占める割合は，(i)では0，(iv)では$\frac{1}{2}$で，組換え価10％を考慮すると，(ii)では$\frac{9}{20}$，(iii)では$\frac{1}{20}$である。

よって，ふ化する卵を産む雌個体が作る卵全体の中で，遺伝子型*ge*の卵の占める割合は(i)$\frac{9}{20}\times 0$，(ii)$\frac{9}{20}\times\frac{9}{20}$，(iii)$\frac{1}{20}\times\frac{1}{20}$，(iv)$\frac{1}{20}\times\frac{1}{2}$で，これらの合計は　$\frac{81}{400}+\frac{1}{400}+\frac{1}{40}=\frac{92}{400}=\frac{23}{100}$

また，*ggEe*の雄個体が作る精子の$\frac{1}{2}$が遺伝子型*ge*であり，この精子と受精して生じた個体の$\frac{1}{2}$が求める雌個体の割合だから，その割合は

$$\frac{23}{100}\times\frac{1}{2}\times\frac{1}{2}=\frac{23}{400}\quad\cdots\cdots(\text{答})$$

◀解　説▶

≪母性効果遺伝子，連鎖と組換え≫

▶問２．雌親の遺伝子産物が卵の細胞質を通じて，子供の形質に現れるという G（g）のような遺伝子を母性効果遺伝子という。組換え価 10％から $GE:Ge:gE:ge=n:1:1:n$ とおいて，$10=100\times\dfrac{1+1}{n+1+1+n}$ を解く。$n=9$ となるので，これから，g と E を同時にもつ卵の占める比率は $\dfrac{1}{20}$ となる。

▶問３．遺伝子型 $GgEe$ の雌個体と $ggEe$ の雄個体との交配結果を下表に示す。

配偶子の遺伝子型とそれが占める割合

$GgEe$ の雌個体が作る配偶子　$\dfrac{9}{20}GE$，$\dfrac{1}{20}Ge$，$\dfrac{1}{20}gE$，$\dfrac{9}{20}ge$

$ggEe$ の雄個体が作る配偶子　$\dfrac{1}{2}gE$，$\dfrac{1}{2}ge$

交配結果

雄＼雌	$\frac{9}{20}GE$	$\frac{1}{20}Ge$	$\frac{1}{20}gE$	$\frac{9}{20}ge$
$\frac{1}{2}gE$	$\frac{9}{40}GgEE$	$\frac{1}{40}GgEe$	$\frac{1}{40}ggEE$	$\frac{9}{40}ggEe$
$\frac{1}{2}ge$	$\frac{9}{40}GgEe$	$\frac{1}{40}Ggee$	$\frac{1}{40}ggEe$	$\frac{9}{40}ggee$

よって，各遺伝子型の期待される値は

$$GgEE=\frac{9}{40},\quad GgEe=\frac{9}{40}+\frac{1}{40}=\frac{1}{4},\quad Ggee=\frac{1}{40}$$

$$ggEE=\frac{1}{40},\quad ggEe=\frac{9}{40}+\frac{1}{40}=\frac{1}{4},\quad ggee=\frac{9}{40}$$

▶問４．F_1 雌個体のうち，遺伝子型 $ggEE$，$ggEe$，$ggee$ の雌個体は，ふ化する卵を産まないから F_2 の計算には関与しない。また，「体色が暗黒色，かつ産卵した受精卵がすべてふ化しない雌個体」の遺伝子型は $ggee$ であるから，F_1 雌個体が作る配偶子の中で遺伝子型 ge の配偶子の占める割合を中心に考えていけばよい。$GgEe$ の中に，G–E（g–e）が連鎖したもの（GE/ge）と G–e（g–E）が連鎖したもの（Ge/gE）の２種類があることに注意すると，ふ化する卵を産む F_1 雌個体の遺伝子型は，(i) $GgEE$（GE/gE），(ii) $GgEe$（GE/ge），(iii) $GgEe$（Ge/gE），(iv) $Ggee$（Ge/ge）

の４種類である。まず，(i)〜(iv)のそれぞれが F_1 雌個体全体に占める割合を求める。ふ化する卵を産む F_1 雌個体全体を１とすると，(i)〜(iv)の割合は問３から(i)$\frac{9}{20}$，(ii)$\frac{9}{20}$，(iii)$\frac{1}{20}$，(iv)$\frac{1}{20}$ である。次に，(i)〜(iv)のそれぞれの F_1 雌個体が作る卵のうちで遺伝子型 ge の卵が占める割合を考える。(i)は遺伝子型 ge の卵は作らず（割合は０），(iv)は $\frac{1}{2}$ である。組換えが問題になる(ii)と(iii)の場合，遺伝子型 ge の卵は(ii)では組換えが起こっていないので $\frac{9}{20}$，(iii)では組換えが起こっているので $\frac{1}{20}$ である。よって，ふ化する卵を産む F_1 雌個体が作る卵全体の中で，遺伝子型 ge の卵が占める割合は $\frac{9}{20}\times0+\frac{9}{20}\times\frac{9}{20}+\frac{1}{20}\times\frac{1}{20}+\frac{1}{20}\times\frac{1}{2}=\frac{23}{100}$ である。また，$ggEe$（gE/ge）の雄個体が作る精子の $\frac{1}{2}$ が遺伝子型 ge であることから，生じる F_2 個体中で遺伝子型 $ggee$ の占める割合は，$\frac{23}{100}\times\frac{1}{2}=\frac{23}{200}$ となる。さらにその $\frac{1}{2}$ が求める雌個体の割合であるから，解答は $\frac{23}{200}\times\frac{1}{2}=\frac{23}{400}$ となる。

III　解答

問１．(あ)・(う)・(え)

問２．(1)　(a)フォトトロピン　(b)青色

(2)　(c)活性化された H^+ ポンプによる H^+ の排出が起こり，孔辺細胞は過分極を起こす。これにより，濃度勾配に逆らって K^+ チャネルから K^+ の取り込みが行われ，細胞の浸透圧が上昇する。

(d)細胞の浸透圧が上昇すると，水が流入し膨圧が上昇する。気孔側の細胞壁が厚く反対側が薄い孔辺細胞では，膨圧上昇により薄い側が伸長して細胞が湾曲し，気孔の開口が起こる。

問３．ア―(い)　イ―(え)　ウ―(く)

◀解　説▶

≪気孔の開口，強光ストレス≫

▶問１．(あ)セン類，(う)タイ類，(え)ツノゲケ類はコケ植物と総称される植物群で，これらのグループは維管束や根をもたない。

(い)ヒカゲノカズラ類はシダ植物であり，維管束および根をもつ。

▶問２．気孔の開口は青色光を受容するフォトトロピンにより促進される。青色光が照射されると，フォトトロピンはH^+ポンプを活性化し，ATPが消費されてH^+が細胞外へ能動輸送される。これにより細胞内の電位が下がって細胞内外の電位差が増大し（過分極），それに応じて細胞膜にあるK^+チャネルが開き，電位が下がった孔辺細胞内にK^+が取り込まれ，孔辺細胞内に蓄積される。その結果，孔辺細胞の浸透圧が上昇し，水の流入→膨圧上昇→孔辺細胞の変形の過程を経て，気孔が開口する。

▶問３．光エネルギーは，光合成反応に利用される以外にも様々な反応で消費される。吸収した光エネルギー量が消費可能な量を超えると，強光ストレスや光阻害が起こる。そのため，植物は過剰なエネルギーを安全に処理するためのしくみをもっている。たとえば，光合成色素でもあるキサントフィルは過剰な光エネルギーを(い)熱エネルギーとして放出する。また，気孔が閉じ，CO_2供給が不足した状態で光があたると，$NADPH+H^+$が消費されず，光化学系Ⅰでは電子を受け取る(え)$NADP^+$が不足する。その結果，強力な酸化力をもつ有害な活性酸素が生じるが，(く)カロテンには，この活性酸素を除去する働きがある。

Ⅳ　解答

(A)　問１．光合成効率は青紫色光と赤色光で高いが，緑色光では低くなっている。

問２．図４から，紅藻Bの生育場所（水深8m）の光環境は主に緑色光からなり，光も弱いとわかる。図１から，紅藻Bは紅藻Aより緑色光をよく吸収し，図３から緑色光での光合成の効率が高いとわかる。図２から，紅藻Bは紅藻Aより光飽和点が低く，弱い光に適応しているとわかる。以上のことから，紅藻Bはその生育場所の光環境によく適応しているといえる。

(B)　問３．アゾトバクター，クロストリジウム，ネンジュモなどから２つ

問４．(お)

問５．(あ)・(え)

問６．$7.5g/m^2$の低い窒素肥料条件下では，クローバーは共生する根粒菌からの窒素供給により十分に生育し，優占種となる。$22.5g/m^2$の十分な窒素肥料条件下では，より背丈の高くなるライグラスが光をめぐる競争に勝ち，優占種となる。

◀解　説▶

≪(A)紅藻の生育場所と光環境　(B)植物の種間競争と生産構造≫

(A)　▶問1．一般的な植物の緑葉の作用スペクトルは，緑色光である中波長（波長 500〜600 nm）では低く，青〜紫色光の短波長と赤色光の長波長では高くなっている。

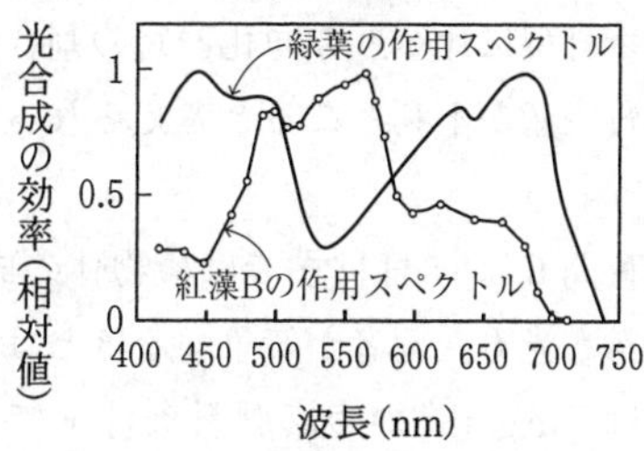

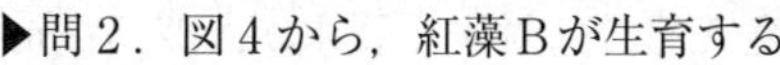

▶問2．図4から，紅藻Bが生育する場所の光環境を述べ，図1〜3から，その光環境で，紅藻Bが紅藻Aより有利な根拠を述べる。

(B)　▶問3．高校の授業内容を考慮すると，アゾトバクター，クロストリジウム，ネンジュモから2つ挙げるのが妥当だろう。窒素固定を行う生物には根粒菌や放線菌，シアノバクテリア（ラン藻），ある種の嫌気性細菌，メタン菌など一部の古細菌がある。これらのものには，種によって特定の植物や動物（シロアリなど）と共生するものもある。

▶問4．群落内部の光強度の変化は，おおむね群落上層からの葉面積を累積したものによって決まると考えてよい。113 日目の窒素肥料条件が 0 g/m^2 の群落では，群落最上面の少し下（高さの相対値 0.7 ぐらい）から葉面積の累積が急激に増加するから，このあたりから光強度も急激に低下すると考えられる。高さの相対値が 0.7 前後で光強度の相対値が急激に低下する特徴のグラフはCである。グラフFもグラフCと似ているが，高さの相対値が 0.7 までの光強度の低下が少なすぎる。窒素肥料条件が 22.5 g/m^2 の群落では，葉面積の累積が徐々に増加するから，高さの相対値が1に近いところから光強度が緩やかに低下すると考えられ，グラフAが妥当である。

▶問5．(あ)・(え)典型的なイネ科型個体群の物質生産における利点を述べたもので正しい。

(い)誤り。文の前半「広葉型個体群では葉が群落上層に局在」は現象としては正しいが，「弱光下での個体群呼吸量が多い」こととは無関係である。

(う)誤り。「群落下層に当たる光は弱い」ことと「イネ科型個体群の方が蒸散が少な」いことは無関係である。

なお，(い)は文の後半の「弱光下での個体群呼吸量が多い」の意味がとらえにくいが,「イネ科型個体群に比べ, 広葉型は弱光下（中下層）での個体群呼吸量が多い」という意味にとらえれば, 中下層において, 広葉型はイネ科型に比べ, 非同化器官の割合が高いことから呼吸量が多く, その分物質生産が不利となると考えられるので, (い)を適切とすることも可能であろう。

▶問 6．84 日目までは植物体の成長量が大きくないので, 要求される肥料も光も, 両者が競争するほどは必要とされていない。しかし, それ以後は $7.5\,g/m^2$ の窒素肥料条件下では窒素肥料に対する要求が, $22.5\,g/m^2$ の窒素肥料条件下では光に対する要求が, 優占種の決定要因となる。

❖講　評

大問は例年通り 4 題。**Ⅰ**・**Ⅳ**が(A)・(B)に 2 分割されている。**Ⅰ**はほぼ単一の分野から出題されているが, **Ⅳ**の(A)と(B)は異なる分野の出題である。論述問題は, 2019 年度の 10 問より減少して 9 問となった。導出過程の記述を要する計算問題が, 遺伝分野の**Ⅱ**で出題されたが, 計算というよりは考え方を問うものとなっている。描図問題はなく, 論述問題に重点が置かれた出題であるところは変わりがない。

Ⅰ．(A)・(B)とも DNA の塩基配列に関する出題である。イントロンの異常によるフレームシフトや DNA の校正は, 京大としてはそれほどではないにしても, やや難度の高い出題である。

Ⅱ．2020 年度の出題で最も差がつくと考えられる, 遺伝に関する出題。組換えを扱った点では標準的な難度といえなくはないが, 内容的には問 4 の解答の仕方がかなり難しい。

Ⅲ．植物の色素を扱った問題としては, やや出題頻度の低いフォトトロピンとカロテノイドの働きを取り上げたもの。詳細な知識が必要とされる。

Ⅳ．(A)は藻類の生育場所の光環境と光合成効率を扱うもので, (B)は植物群落の生産構造と競争を窒素固定とからめて扱ったものである。論述問題にしっかり対応できれば, 標準的な出題であるといえる。

難度は例年よりはやや低下しているものの, 高校で学ぶ知識を一歩進めた「考える力」を必要とするという出題の性格は変わっていない。2020 年度のポイントは,「考えた内容をいかに説明するか」という論述問題の本質的な内容が問われる出題であった点にあるといえよう。

地学

I

解答　(a)　問1．ア．楕円　イ・ウ．渦巻，棒渦巻

問2．A．種族Ⅱの星　B．球状星団

問3．宇宙初期に生まれた恒星のうち，寿命が短い大質量星はすでに寿命を終えてしまい，その後星が形成されなかった銀河においては，寿命が長く表面温度が低い赤みがかった小質量星が多くを占めるから。

(b)　問4．星間塵による吸収がないとすると，恒星Xの明るさは1万倍になり，見かけの等級は

$18-5\times2=8$ 等

となる。恒星Xまでの距離は 10^4 パーセクなので，その絶対等級は

$8+5-5\log_{10}10^4=-7$ 等　……(答)

問5．恒星Xの軌道半径は 1.5×10^{11}〔km〕$=10^3$〔天文単位〕である。そこで，ブラックホールの質量を太陽質量の x 倍とすると，ケプラーの第三法則より

$$\frac{(10^3)^3}{15^2}=x$$

$x=4.4\times10^6\fallingdotseq4\times10^6$ 倍　……(答)

問6．(1)　距離が 10^4 パーセクのとき，1天文単位を見込む角度は 10^4 分の1秒である。よって，恒星Xと銀河系中心の距離 10^3 天文単位を見込む角度は

$$\frac{10^3}{10^4}=1\times10^{-1}\text{ 秒}$$　……(答)

(2)　X－E　Y－B

(3)　恒星Xは観測者から遠ざかるように運動しているので，ドップラー効果により本来よりも長い波長が観測される。一方，恒星Yは観測者に近づくように運動しているので，本来よりも短い波長が観測される。また，波長のずれの大きさは，運動速度が速いほど大きい。ケプラーの第三法則より，公転速度は恒星Xの方が速いので，恒星Xの方が恒星Yより波長のずれが大きくなる。

◀解　説▶

≪(a)銀河の種類と進化　(b)ブラックホール，恒星の運動≫

(a)　▶問１．恒星などの集団である銀河は，その構造によって楕円銀河，渦巻銀河や棒渦巻銀河，不規則銀河に大別される。銀河の分布密度の高い領域では銀河どうしが衝突することがあり，互いに通り抜けることもあれば，互いの重力圏を脱しきれず合体することもある。こうしてできた巨大な銀河が楕円銀河ではないかと考えられている。衝突時に星間物質の密度が急増し恒星が一気に生まれるが，その後は恒星形成の頻度が急減するため寿命の短い青白く輝く恒星の割合は少なくなり，全体として赤みがかって見える。逆に渦巻銀河や棒渦巻銀河では，今なお恒星の誕生～超新星爆発のサイクルが一定の割合でくり返され，星間ガスや若い恒星が比較的多い。

▶問２．銀河中心部の恒星の多い領域を取り巻く球状の空間がハローで，そこには固有の運動を行う球状星団が散在している。球状星団には大質量で寿命が短い星や星間ガスは少なく，銀河形成の初期から残る種族Ⅱの星で占められている。

▶問３．通常，星間物質の重力集中→恒星の誕生→大質量星の超新星爆発→星間物質の飛散というサイクルがくり返される。しかし，質量が太陽程度の星で約百億年，太陽の半分程度の星では数百億年と，小質量の星ほど寿命が長い。また，このような星ほど，表面温度が低く赤みがかって見える。したがって，新たな星の形成がないと，しだいに大質量で青白く輝く星の割合は少なくなり，全体が赤みがかって見えるようになる。

(b)　▶問４．銀河系の円盤部，特に中心部には星間塵が多く分布し，その方向から来る光を吸収している。天の川を見上げたとき，川の中に中州があるように見えるのは，このためである。天体の等級は，明るさ（光度）が100倍明るくなるごとに５等ずつ小さくなるよう定義されているので，１万$=100^2$倍明るいと等級は$5\times2=10$等小さくなる。また，距離dパーセク$\left(年周視差\dfrac{1}{d}秒\right)$にある天体の見かけの等級$m$と絶対等級$M$の間には

$$M-m=5-5\log_{10}d$$

の関係がある。

▶問５．一般に質量 x〔太陽質量〕の天体が軌道半径 a〔天文単位〕で，質量 y〔太陽質量〕の中心天体の周りを周期 p〔年〕で公転するとき，これらの間に成り立つケプラーの第三法則は

$$\frac{a^3}{p^2}=x+y$$

と表される。なお，連星系の場合には，２星間の距離を a とおく。

▶問６．(1)　距離の単位であるパーセクは，年周視差が１秒になる距離と定義され，下図のような関係がある。

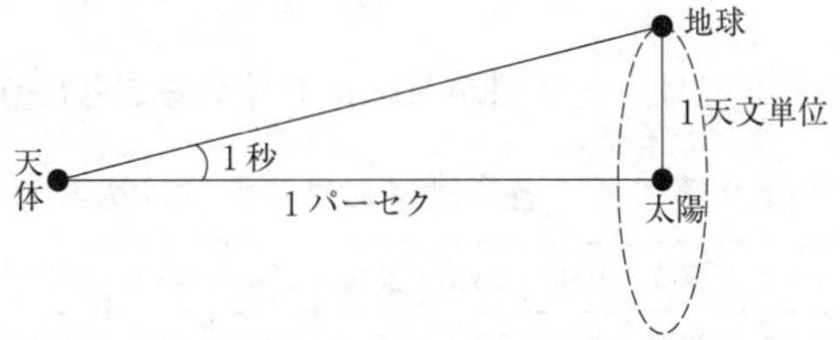

年周視差は微小角なので距離に反比例する。したがって，距離 d パーセクの天体なら年周視差は $\frac{1}{d}$ 秒となり，この距離にある２天体間の実距離が p 天文単位なら，それを見込む角度は $\frac{p}{d}$ 秒となる。

(2)・(3)　観測者に対し天体が視線方向に速度 v で遠ざかる（ただし $v \ll c$, c：光速度）場合，その天体からの光はドップラー効果により，本来の波長 λ から $\Delta\lambda=\frac{v}{c}\lambda$ だけ長く観測される（赤方偏移）。すなわち後退速度に比例して波長が長く観測される。逆に天体が近づく場合は $\Delta\lambda<0$，すなわち波長は短く観測される。また，恒星の公転速度を v，軌道半径を a，公転周期を p とすると，$v=\frac{2\pi a}{p}$ が成り立つ。これとケプラーの第三法則から，公転速度は軌道半径の平方根に反比例することがわかる。

II　解答

問１．ア．条件つき　イ．絶対　ウ．逆転
エ・オ．成層，熱

問２．•風が山地の斜面に沿って上昇する場合
•低気圧の中心のように風が周囲から吹き込んでくる場合

問３．(1)　高度 500m までは乾燥断熱減率にしたがって上昇するので

$$28.0-1.0\times\frac{500}{100}=23.0=2.3\times10〔℃〕$$　……(答)

⑵　高度 500m での露点が 23.0℃であるから，地上における露点は

$$23.0+0.2\times\frac{500}{100}=24.0〔℃〕$$

地上における 28.0℃，24.0℃の飽和水蒸気圧はそれぞれ 37.8hPa，29.8 hPa なので，求める相対湿度は

$$\frac{29.8}{37.8}\times100=78.8\fallingdotseq7.9\times10〔\%〕$$　……(答)

⑶　500m より上空では，空気塊が 500m 上昇するごとに $0.5\times\frac{500}{100}=2.5$〔℃〕ずつ温度が下がるので，各高度における温度は次のようになる。

高度〔m〕	500	1000	1500	2000	2500	3000	3500	4000
温度〔℃〕	23.0	20.5	18.0	15.5	13.0	10.5	8.0	5.5

上表と表 1 より，空気塊の上昇が止まる高度は，空気塊の温度と周囲の気温が等しくなる 3000m と 3500m の間にあることがわかる。その高度を h〔m〕とすると

$$10.5-0.5\times\frac{h-3000}{100}=10.1-\frac{10.1-8.6}{5}\times\frac{h-3000}{100}$$

が成り立つ。よって

$$h=3200=3.2\times10^3〔m〕$$　……(答)

問 4．⑴　よく晴れた夜には，放射冷却により地表の温度が大きく低下し，それに接する下層の空気も熱を奪われて，上空の空気よりも低温になるため。

⑵　下層に低温・高密度の空気があると上下の混合が起こりにくく，汚染物質が滞留しやすくなるため。

◀解　説▶

≪大気の安定・不安定，空気塊の上昇，逆転層≫

▶問 1．ア・イ．上昇する空気塊は，上空ほど気圧が低いため膨張し，内部エネルギーを失って温度が下がる。周囲との熱の出入りがないとき，その割合は約 1.0℃/100m（10℃/km）で，これを乾燥断熱減率とよぶ（下図一点鎖線）。しかし空気塊中の水蒸気が凝結すると，放出された潜熱に

より降温の割合は下がって約 0.5℃/100m（5℃/km）となり，これを湿潤断熱減率とよぶ（下図二点鎖線）。一方，空気塊の周囲の大気の温度低下の割合（気温減率）は，対流圏で平均すると約 0.65℃/100m（6.5℃/km）であるが，条件によってさまざまに変わる。気温減率＞1.0℃/100m の場合，空気塊がいったん持ち上げられると周囲の大気より高温になり，その後は強制力がなくても上昇し続ける。このような大気の状態を絶対不安定とよぶ。気温減率＜0.5℃/100m の場合，空気塊を上昇させても周囲より低温なため，強制力がなくなると下降して元に戻る。このような大気の状態を安定とよぶ。これらの中間の場合（上図破線はその一例），乾燥空気塊に対しては安定だが，上昇中に水蒸気の凝結が始まると，ある高度からは強制力がなくても上昇する。これを条件つき不安定とよぶ。

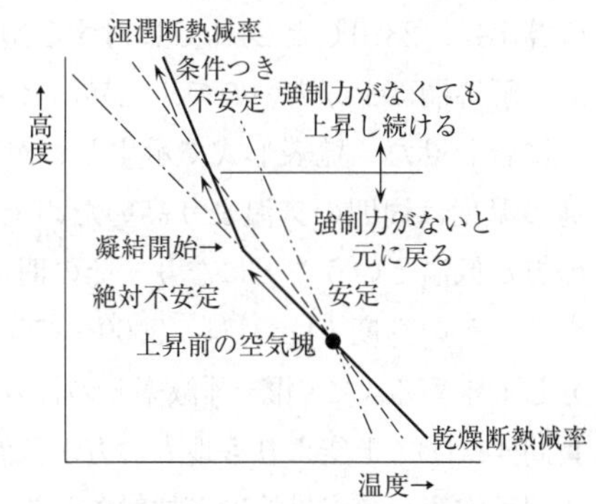

▶問 2．風下に山地があって水平方向に迂回して吹くことができないとき，風は後ろから押されるようにして山腹を登っていく。また，低気圧の中心に吹き込んできた風は行き場を失い上昇流となり，上空から周囲へ吹き出す。他にも強制的に上昇流が生じる例として，次のような例が考えられる。

- 寒冷前線や温暖前線など，寒気と暖気がぶつかる場合
- 赤道収束帯など，両側から風が吹き寄せてきてぶつかる場合
- 強い日射によって，局地的に地表付近の空気が温められた場合

▶問 3．(1)　高度 h_0〔m〕にある t_0〔℃〕の空気塊が h〔m〕まで上昇すると，その温度は，飽和していないときは $t_0-1.0\times\frac{h-h_0}{100}$〔℃〕となり，飽和しているときは $t_0-0.5\times\frac{h-h_0}{100}$〔℃〕となる。

(2)　簡略な計算では，空気塊が上昇（膨張）しても，その空気塊中の水蒸気圧は変化しないとみなすが，実際には大気圧の減少にともない空気塊中の水蒸気圧も減少する。したがって，その空気塊の露点も低下する。本問の空気塊の場合，高度 500m で 23.0℃になって飽和したが，この空気塊

が地上にあったときの露点も23.0℃というわけではない。〔解答〕に示したように計算すると，地上での露点は24.0℃である。よって，相対湿度の算出は，28.0℃と24.0℃に対する飽和水蒸気圧をもとにする。

(3)　解答欄は十分広いので，上昇にともなう空気塊の温度変化を求め，表1に合わせた一覧表形式で示すとわかりやすい。高度3000mまでは空気塊の温度は周囲の気温より高いため上昇を続けるが，3500mでは空気塊の方が低温ということになり，その間で等温になり上昇が止まることがわかる。その高度h〔m〕は，3000～3500mの間の気温減率をもとに比例配分して求める。この際，「減率」の符号に注意すること。

▶問4．(1)　上空よりも地表の方が低温になる要因を答える。よく晴れた夜間は宇宙への赤外放射が放射される一方となるため，地表面の放射冷却が進む。するとそこに接する空気が熱を奪われ，低層からしだいに気温が下がっていく。

(2)　逆転層があると，そこでは下層ほど低温・高密度であるため大気が安定になり，上下の混合が起こりにくく，汚染物質を含んだ空気が滞留しやすくなる。

Ⅲ　解答

問1．ア．Fe　イ．冷却　ウ．固化　エ．B　オ．遅

問2．P波速度，km/s

問3．地球の中心までB層が占めているならば，震央距離103°～143°の観測点にP波は到達しないが，詳細な観測によると，震央距離110°付近に微弱なP波が到達していることがわかったことから。

問4．(1)　海溝やトラフから大陸側に向かってしだいに深くなっていくような面に沿って，深さ700km程度まで震源が分布する。

(2)　(i)鉛直方向　(ii)押し

問5．h・k

問6．その付近の物質の平均密度よりも大きい密度をもつ物質。

◀解　説▶

≪地震波の伝播と地球内部構造，ジオイド≫

▶問1．地球は誕生以来，地表面から宇宙空間に向かって放熱し冷却してきた。したがって，一般に中心に向かうほど高温になる。よって，B層とC層の主成分である鉄は，圧力が一定ならば，より低温のB層で固体，よ

り高温のC層で液体となるはずである。ところがそれが逆転しているのは，中心に向かうほど圧力も増大するためである。鉄の融点は圧力が増大するほど，すなわち深くなるほど高くなる。したがって実際の温度が，その深さにおける融点を上回っていれば液体（B層），下回っていれば固体（C層）となり，両者が等しいところが2層の境界面になる。

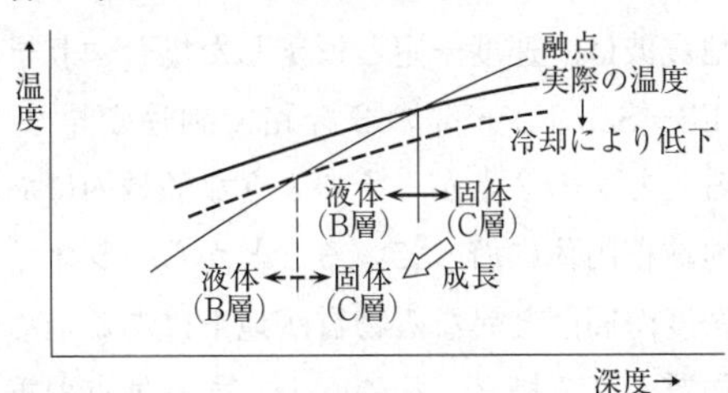

上図の太矢印に示すように，境界面の深さは地球の冷却につれて浅くなることがわかる。このようにしてC層は成長する。

▶問2．P波速度は媒質の密度や硬さに関係して変化する。大まかにみると，液体より固体の方が速く，同じ物質で同じ状態なら深くなるほど速い。このため，図1のような変化をする。

▶問3．上に液体層，下に固体層があるとき，固体の方が伝播速度が速いため，境界面に入射するP波は上向きに屈折する。また入射角が大きいと，全反射することもある。このようにして，震央距離55°付近の境界面に入射するP波は進路を大きく上方へ曲げられ，震央距離110°付近の地表に到達する。この観測結果から，深さ5100km付近に液体から固体に変わる境界面の存在が推定されるようになった。

▶問4．(1)　海洋プレートが海溝やトラフから大陸側に向かって，マントル中を沈み込んでいくため，その形状に合わせて深発地震の震源が分布する。これが和達・ベニオフ面とよばれるものである。ただし深さ約700km付近になると，高温高圧のため岩石が急激に破壊されることがなくなり，深発地震の震源分布もこの深さまでとなる。

(2)　震源となる断層が最初どのようにずれるかが，P波の揺れ方を決める。右図のような震源と観測点を通る東西方向の鉛直断

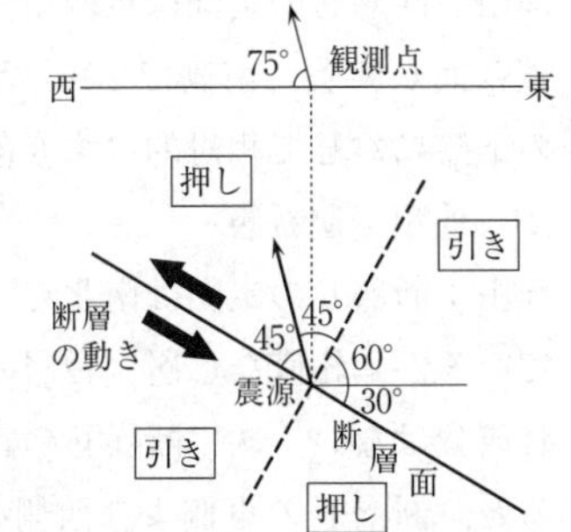

面をとると，観測点は押しの領域にあり，最も大きく押し出されるのは，水平方向から測って西の上方 30＋45＝75° の向きと考えられる。よって，疎密波であるＰ波による揺れは，この観測点では西上方 75° の方向に大きくなり，水平方向より鉛直方向の成分の方が大きいといえる。

▶問５．震源と観測点を結ぶ経路上に地震波を速く伝える領域があれば，その経路を通る地震波は，速度一定と仮定した場合より早く観測点に到達する。E1→S5，E2→S2，E2→S3 の３経路で到達が早まることから，それらの交点であるｈとｋの２点が，そのような領域内にあるとわかる。

▶問６．地形が地球楕円体に沿っていることから，ジオイド面に凹凸をもたらす要因は，密度が周囲と異なる物質が地下にあるためと考えられる。浅い所に高密度物質がある場合，その直上にある地点の重力は地球楕円体に垂直だが，周囲の地点の重力は高密度物質の方に傾く。したがってジオイドは，高密度物質の上で地球楕円体より高くなる。低密度物質がある場合はこの逆で，地球楕円体より低くなる。なお，マントルの対流とジオイド面の凹凸の関係は複雑で，上昇流・下降流との単純な位置関係だけで凹凸を説明するのは難しく，マントル深部まで含めた大規模な構造を考慮する必要があると考えられている。

Ⅳ　解答

問１．ア．示準　イ．示相

問２．全球凍結（スノーボールアース）

問３．Ｃ層からは中生代の示準化石であるモノチスの化石が産出し，Ｄ層からは古生代の示準化石であるフデイシの化石が産出しているので，Ｄ層が先に堆積したと考えられる。

問４．(1)　種類：正断層

理由：断層Ｅの走向は東西で，南に傾斜しており，水平なＢ層の下底の不整合面が断層の南側で 20m 低くなっていることから，南側の上盤が北側の下盤に対して相対的にずり落ちたことがわかる。

(2)　種類：逆断層

理由：断層Ｆの走向は南北で，等高線との交点の配置をみると西に傾斜しているが，鉛直なＣ層・Ｄ層の境界面を変位させていないことから，横ずれ成分はない。次に断層Ｅの露頭線上で東西に並ぶ２地点の高度を比較すると，断層Ｆの東側より西側の方が 40m 高いことから，西側の上盤が東側の下盤に対して相対的にずり上がったことがわかる。

問5．観察される順序：B→E→C

断層が現れる深度：断層Eの走向は東西なので，X地点の下では高度500mにあり，地表からの深度520－500＝20〔m〕に現れる。

地層の境界の深度：掘削地点はB層内にある。C層との境界面は水平で高度500mにあり，地表からの深度520－500＝20〔m〕に現れる。

問6．(1)　関係：不整合関係

理由：境界面は水平なので，断層とは考えにくい。B層は断層Eによって変位しており断層活動以前に堆積したが，A層は断層Eを覆っており断層活動の後に堆積したと考えられるから。

(2)　関係：不整合関係

理由：境界面は水平なので，断層とは考えにくい。境界面の上位は水平な地層，下位は垂直な地層なので傾斜が異なり，下位の地層の堆積時期と上位の地層の堆積時期には不連続があると考えられるから。

◀解　説▶

≪地質図の読解≫

▶問1．地層の堆積した時代を特定するために有用な化石を示準化石とよび，産出数が多く広く分布するが，種としての生存期間の短い古生物の化石がこれに当たる。また，地層の堆積した環境を特定するために有用な化石を示相化石とよび，限られた環境に分布するが産出数が多く，種としての生存期間の長い古生物の化石がこれに当たる。

▶問2．地球は温暖化と寒冷化を繰り返してきた。その中で先カンブリア時代のある時期に，当時の大陸分布を考慮した上での赤道域まで氷河があったことがわかり，地表面が赤道域まで氷床に覆われるような寒冷期があったのではないかと考えられるようになった。これを全球凍結（スノーボールアース）とよび，少なくとも原生代初期（約24～22億年前）と原生代末期（約7億年前と約6億年前）の3回あったとみられている。地表面が氷床に覆われると，太陽放射の反射率が増え吸収率が減るので，寒冷状態は長く続く。

▶問3．地層から示準化石が産出する場合，その地層の堆積した時代や，複数の地層の上下（新旧）関係がわかる。なお，地層中に上下のわかる構造が認められる場合や，不整合・貫入・断層で接している場合でも，それらに関係する地層の上下関係がわかるが，本問の場合，図１に示される地質構造（垂直）のみでは，Ｃ層・Ｄ層の上下関係を判定することはできない。

▶問４．断層の走向は与えられているので，まず傾斜の向きを図１から読み取り，その上で上盤・下盤が上下どちらにずれているかを考える。(1)は水平面の高度差から，(2)は断層Ｅの高度差から求める。ただし，断層Ｅは南に傾斜しているため，断層Ｆに水平方向の変位があっても見かけ上東西で高度差は生じるので，それがないことを押さえておく必要がある。

▶問５．Ｘ地点の東方 300 m にある高度 500 m の地点に断層Ｅと不整合面があることから，両者が同時に観察されることがわかる。断層と地層境界面の深度については，単に値だけを答えるのではなく，それに至る過程も述べる必要がある。なお，断層Ｆの走向は南北なので，Ｘ地点の下では高度 460 m にあると考えられ，掘削範囲には現れない。また，Ａ層との境界面は水平で高度が高いので，掘削範囲には現れず，Ｃ層とＤ層の境界は垂直なので，掘削地点の下には存在しない。

▶問６．傾斜している断層面がその後の地殻変動を受けて水平になったり，大規模な地すべりが発生してそのすべり面（断層面）が水平になったりすることもないわけではないが，断層の形成過程を考えると，水平な地層境界面が断層であることはほとんどないといってよく，最適解にはならない。整合か不整合かを判断するには，「切る―切られる」の関係に着目するとよい。本問では，(1)は断層Ｅ，(2)は上下の地層の傾斜に着目する。なお，「切る―切られる」の関係が見つからないとき，整合か平行不整合かは，上下の地層の形成された時代の連続性を示準化石などで判断する。

❖講　評

例年通り論述・計算問題が中心の大問４題の構成であった。入試改革に先立ち，深い考察と表現力を要する論述問題が増えてきているとはいえ，込み入った計算や多分野にまたがる問題は少なくなり，難易度としては 2019 年度よりやや易化したといえる。なお，2020 年度は論述の字数制限はなかった。

Ⅰ　(a)銀河，(b)ブラックホールと恒星の２つの中問構成になった。(a)銀河の色に関する出題は見慣れないが，恒星の寿命に関する知識を応用する。(b)天体に関する計算問題が主であった。いずれも扱うべき公式は基本的なものなので，注意深く求めたい。

Ⅱ　2020 年度は 2019 年度のような総合問題ではなく，大気分野に限定された出題であった。問２は例がいくつも考えられるが，確実に述べられる事例に絞る。問３は，空気塊の上昇にともなう水蒸気圧と露点の変化を考慮した計算になるので，注意深く行う必要がある。表を用いるなど，解答の表現に一工夫あるとよい。

Ⅲ　これも地球分野に特化した内容であった。問４(1)は和達・ベニオフ面の形状に関して述べ，二重深発面や逆断層型，アスペリティなどには触れなくてよい。また，問６は高密度物質があることまでを答えればよく，それが対流とどう関係しているかに触れる必要はない。このように，何が求められているかをよく見極めること。なお，問４(2)は結果のみを答える形式だが，下書き頁に断面図を描くなどして慎重に考える必要がある。

Ⅳ　例年通り 2020 年度も地質図の読解問題であった。問４～問６は，２本の断層の断層面が傾斜しているので，それらの関係を立体的に把握するのがやや難しく，普段の地質図読解の練習量の差が現れるといってよい。問３までで着実に得点したとしても，ここで差がつくだろう。

「継ぎて」「まし」の解釈がポイント。「妹」は重要古語として知っておきたい語。「継ぎて」は意味の把握が難しかっただろう。傍線部の「まし」は、学校等でなかなか習わない用法で、反実仮想の一種で反実希望の用法とみなせるが、理系受験生は意味を文脈判断できれば十分である。問三の内容説明問題もやや難。内容の把握はおそらくできただろうが、うまく説明するのは簡単でない。

分たちの弱点から目を逸らすためであるという事実のどういう点が矛盾しているのかをうまく説明する必要がある。問四の理由説明問題は標準的。「リアリズム小説」が決定論に行き着くという点だけでなく、それの何が問題であるかという点まできちんと指摘しておきたい。

[二]の現代文（評論）は、大正から昭和にかけての近代化に伴い、日本の美の理想的姿だけでなく、日本人の精神や文化、人間全体に重要な役割を果たす陰翳を生み出す「闇」の領域が消失していったことについて述べた文章からの出題。設問数は三問、総解答量は九行で二〇一九年度から変化はないが、文章量は二〇一九年度からやや増加した。問題の難易度は二〇一九年度と比べて特に変化はない。京大の現代文では、理系の問題でも芸術論や文芸論がよく出題される。したがって、色々なテーマの文章に取り組んで慣れておく必要がある。問一の内容説明問題は標準的。「危機」の具体的内容は本文の記述から拾いやすい。〈陰翳の消失〉につながる「『闇』の喪失」の「闇」が「眼に見える闇」であることにも言及すること。問二の理由説明問題も標準的。妖怪を出没させるような不気味で謎めいた領域が消滅していったということを、電灯の普及によって「闇」が消滅したということだけでなく、それによって人間が管理できる範囲が広がったという要因も踏まえて説明する。問三の理由説明問題は、やや難。大人たちの心情に訴えかけて心を揺さぶったという点に注意し、近代化が進んでいた大正期という時代背景も踏まえて、『かなりや』という童謡が暗示する「謎めいた闇の空間」の消失を惜しむ気持ちが大人たちにあったことを説明する方向で解答をまとめること。

[三]の古文（随筆）は、江戸時代後期の考証随筆（内容的には評論）からの出題。二〇一九年度は久しぶりに近世作品からはずれたが、二〇二〇年度は再び理系で主流の近世作品に戻った。文章量は約四〇〇字あまりで、二〇一九年度の約三〇〇字からは増加したが、過去のほぼ平均的な量にとどまる。総解答量は二〇一九年度の七行から九行へ増加した。難易度は、二〇一九年度に比べて難化し、過去の平均的な難易度と比べてもやや難しかったと思われる。十分に文系並みと言える。問一の現代語訳問題は難。「事もかかれざりし」が「事も欠かれざりし」とはなかなか気づきにくい。「れ」の用法もつかみにくい。問二の心情説明問題（実質的には内容説明問題）はやや難。「妹」「せめて〜なりとも」

手段・方法を表す語で、〝〜でもって・〜によって〟の意。「用（よう）」は〝作用・働き〟の意。「なし」は四段動詞「なす」の連用形で、〝する〟の意。よって、「思ひよらぬ詞もて、その用をなしたる」は、〝思いがけない言葉によって、それらの言葉の作用をしている（それらの言葉の意味を表している）〟という意味である。「たがひに」は〝「ふるく」も「後世」もともに〟の意。「べし」は推量・当然の助動詞で、〝〜に違いない（だろう）・〜はずだ〟の意。

解答作成のポイントは以下の二点である。

① 「そ」の指示内容として、「ふるくはありて……なき詞ども」を明らかにする

② 傍線部(3)を、「その用をなしたる」の内容がわかるように説明する

参考 『北辺随筆』は、江戸時代後期の国学者・富士谷御杖（一七六八〜一八二三年）の考証随筆である。文政二年（一八一九年）刊行。四巻四冊から成り、言語・歌文・有職故実など、百五十八項目を考証する。

❖講　評

一の現代文（評論）は、人間の真実を追求する上での「リアリズム小説」の限界と、「体験談」とは異なる「告白」という方法で真実を追求していく可能性を示唆した文章からの出題。設問数は例年と変わらず四問であり、漢字の書き取りの出題もなく、説明問題のみであった。総解答量は、二〇一九年度より一行減少して十三行であり、内容説明問題が三問、理由説明問題が一問という設問形式であった。文章量は二〇一九年度と比べると七〇〇字ほど増え、また、比喩表現が多く、問題文全体の主旨もつかみにくい文章であったため、二〇一九年度と比較すると難易度は上がったと言えるだろう。問一の内容説明問題は標準的。「体験談」が武勇談になってしまう心理について、指示語の指示内容を明らかにしながら説明すること。問二の内容説明問題はやや難。「共有の過敏な粘膜」という比喩表現に留意し、共有される弱点について明示しつつ説明する。自分の欠点を並べ立てると相手を攻撃することができるという理屈をうまく説明するのが厄介である。問三の内容説明問題は標準的。人間が自分たちの弱点について書いたり読んだりするのは、自

を」の「まし」を、②の用法と解釈していると判断できる。②は反実仮想の一種で、「ましかば」「ませば」「せば」などの仮定条件を伴わず、事実に反する希望を表す用法で、この和歌の「まし」（二つとも）は一般的に②の用法と解釈されている。「を」は詠嘆を表す間投助詞なので、「見ましを」は〝見たい（見たかった）のになあ・見られたらよい（見られたらよかった）のになあ〟ほどの意に解せる。したがって、傍線部(2)は現実には無理だが、という含意の希望（空想）である。踏み込んで説明すれば、〈恋人の家さえ見られなくて残念だという気持ち〉というまとめ方もできるが、筆者はそこまで詳しく説明していないので、それはなくてよい。

解答作成のポイントは以下の二点である。

①「妹が家も」について、「妹がかほの……せめてその家なりとも」を訳す形で説明する

②「継ぎて見ましを」を、「まし」の意味合いに注意して、訳す形で説明する

参考までに、『万葉集』の和歌をもう少し全体的に見ておこう。詠歌事情ははっきりしないが、どうやら大和国にいる恋人の女性のもとに、離れた土地から贈った歌らしい。その女性の家は低い平地にあり、詠み手（天智天皇）は離れた土地にいて、いろいろなものに視界を遮られて女性の家も見えないのが現実だが、もしも大和国にある大島という山の山頂に女性の家があったら、視界を遮られずに、離れた場所からでもその家をいつも眺められるのにという理屈の歌である。ただし、「…ましかば～まし」「…ませば～まし」「…せば～まし」などの仮定条件を伴う反実仮想の構文をとらず、感情の赴くままに詠んだかのような表現の仕方なので、意味がわかりにくくなっている。

▼問三　「その用」の「そ」は、「ふるくはありて後世（こうせい）はなく、後世はありてふるくはなき詞ども」を指しているので、「ふるくはありて」以降の内容をまとめればよいことになる。「ふるく」は〝昔・古い時代〟の意。「後世」は〝後の時代〟の意。「せめて」という言葉の場合、「中昔（＝平安時代ごろ）まで」が「ふるく」、鎌倉時代以降が「後世」ということになる。したがって、「後世」を〝今・現在〟と言い換えて説明するのはあまり厳密でない。「よくたづねなば」は〝よく調べたならば〟の意だが、これは説明に加えなくてよい。傍線部の「詞もて」の「もて（以て）」は、

ることから、ここでは①の〝どうして（なぜ）〟の意味とわかる。「いにしへ人」は〝昔の人・古い時代の人〟の意。「事もかか」が難しいが、四段動詞「事かく（事欠く）」の未然形「事かか」に強調の助詞「も」が割り込んだ形。「事かく（事欠く）」は〝不自由する・（なくて）困る〟の意。「れ」は、受身・尊敬・自発・可能の助動詞「る」の未然形で、文脈から、ここでは尊敬あるいは自発の用法と判断される（打消語を伴う「る・らる」は可能の意になりやすいが、ここではそうでない）。「ざり」は打消の助動詞「ず」の連用形。「し」は過去の助動詞「き」の連体形。係助詞「ぞ」は、疑問語（ここでは「いかでか」）とともに用いて〝〜なのか・〜か〟の意を表す。以上により、〝どうして昔の人は、今の日常語で使う意味での「せめて」という言葉がなくても、不自由なさらなかったのか（自然と不自由しなかったのか）〟などと訳せる（かっこ内は「れ」が自発の場合の訳）。尊敬・自発のどちらかに絞るには決め手に欠けるだろう。なお、「かか」を「書か」と考えて、〝書くことができなかったのか〟などと訳しても文意は通じないので、それは間違いである。

▼問二　筆者は、「妹が家も」の「も」の文字が後の時代の「せめて」という意味に該当すると述べた上で、傍線部(2)を、「妹がかほの見まほしきが本意なれど、それかなはねば、せめてその家なりとも、継ぎて見ましを」と明確に解釈しているので、そこを訳す要領で説明すればよい。「妹」は、男性が女性を親しみを込めて呼ぶ語で、〝恋人の女性・妻・姉妹〟の意。「妹が」の「が」は連体修飾格を表す格助詞で、〝の〟の意。「まほしき」は希望の助動詞「まほし」の連体形で、〝〜たい〟の意。「かなは」は四段動詞「かなふ（叶ふ）」の未然形で、〝思いどおりになる〟の意。「ね」は打消の助動詞「ず」の已然形で、〝〜ない〟の意。「ば」は順接確定条件を表す接続助詞で、〝〜ので〟の意。「せめて〜なりとも」は〝せめて〜だけでも〟の意で、希望の最小限を表す。「継ぎて」は、「日を継ぎて」の意味合いで、〝毎日・いつも〟の意。「まし」には、①反実仮想（〝もしも…ならば〜だろうに〟）、②反実希望（〝〜たいのに・〜たらよいのに〟）、③ためらいの意志（〝〜しようかしら〟）、④単なる推量や意志（〝〜だろう・〜しよう〟）の用法があるが、筆者は、「せめてその家なりとも（＝〝せめてその家だけでも〟）」と述べているので、「継ぎて見まし

問三　昔はあった言葉が後の時代にはもうなく、あるいは後の時代にはある言葉が昔はなかった例が多いが、それらの言葉の意味を、実は思いがけない言葉によって、後の時代でも昔でも表してきたに違いないということ。

◆全　訳◆

「せめて」という言葉は、中古（の平安時代ごろ）までは、ただ（胸に）迫ってという意味でばかり用いた。『古今和歌集』（の小野小町の歌）に、「（あの人のことが）たいそう胸に迫って恋しいときは（恋人の姿を夢で見るために）夜の衣服を裏返して着る」（とあるし）、そのほか、例を挙げるときりがない。しかしその後（の時代では）、現在日常語で言うのと同じ（意味での）「せめて」（という言葉）を、歌にも詠むこととなった。実際に事の内容によっては、（そう）言いたく思われるときも多々ある言葉であるのに、どうして昔の人は、（今の日常語で使う意味での）この（「せめて」という）言葉がなくても不自由なさらなかったのかと、理解しがたく感じていたが、『万葉集』、巻の二に、「せめていとしいあなたの家だけでも毎日見られたらなあ。大和にある大島（という山）の山頂に（あなたの）家があったらよいのになあ」という（天智天皇の）歌を見て、初めて思い知ったのは、この「妹が家も」という「も」の文字である。これはとりもなおさず後の時代の「せめて」という意味なのである。そのわけは、いとしい女性の顔が見たいのが本心ではあるが、それは思いどおりにならないので、せめてその女性の家だけでも、毎日見たいのになあという意味だからである。

この例によって考えると、古い時代にはあっても後の時代にはもうなく、（あるいは逆に）後の時代にはあっても古い時代にはなかった言葉があれこれ多いのも、よく調べたならば、思いもしない言葉で、それらの言葉の意味を表していることが、どちらの時代にもあるに違いないと思われる。さらに詳細に探究するべきである。

◀解　説▶

▼問一　「この詞（ことば）」は、「いま俗言にいふに同じき（〝せめて～だけでも〟の意味の）せめて」という言葉を指す。「いかでか」は、副詞「いかで」に係助詞「か」がついた語で、〝①【疑問】どうして・どのようにして（～か）、②【反語】どうして（～か、いや～ない）、③【願望】なんとかして（～たい）〟の意で、直後に「心得がたくおぼえしに」とあ

「闇の領域」はどんどん失われていく状況にあり、だからこそ、歌の中で暗示されているような「闇の領域」が失われていくことを惜しむ気持ちが少なからずあったのだと解釈することができるだろう。〈大人たちは、「明るさと暗さが漂う」歌の中に、失われていきつつある「闇の領域」を感じ取り、それが失われていくことを惜しむ気持ちを持っていたからこそ、心を揺さぶられたのだ〉ということに帰結する。以上の内容を的確に読み取った上で、解答を作成すること。

解答作成のポイントは以下の三点である。

① 「近代化」という背景に言及する
② 大人たちが『かなりや』の歌に〈闇の世界〉を感じ取っていたことを明示する
③ 失われていく〈闇の世界〉を惜しむ気持ちであることを指摘する

参考 小松和彦（一九四七年〜）は、東京都生まれの文化人類学者、民俗学者。東京都立大学大学院社会科学研究科博士課程修了。口承文芸論、妖怪論、シャーマニズム、民間信仰などの研究に従事する。信州大学助教授、大阪大学教授を経て、二〇一九年三月まで国際日本文化研究センター所長を務めた。鬼、妖怪、異人などを入口に、日本文化の深奥に迫る文化人類学、民俗学の第一人者である。主な著書に『神隠しと日本人』『異界と日本人―絵物語の想像力』などがある。

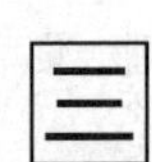

出典 富士谷御杖（みつえ）『北辺（きたのべ）随筆』〈巻之四　せめて〉

解答

問一　どうして昔の人は、今の日常語で使う意味での「せめて」という言葉がなくても不自由なさらなかったのか

問二　いとしい女性の顔を見たいのが本心だが、それは望みどおりにならないので、せめてその女性の家だけでも、毎日眺めたいのになあという気持ち。

こと〉が挙げられるが、同時に〈(海の向こうからやってきた西洋文明によって)人間の完全な管理下に置かれたこと〉も挙げられるだろう(傍線部(2)の直後の段落)。これらの要因によって、「前近代が抱えもっていた深い闇の恐怖空間」、「謎めいた闇の空間」が消滅していったのだが、ここで、「妖怪」とは何かといえば、〝人間の理解を超える奇怪で異常な現象や、あるいはそれらを起こす、不可思議な力を持つ非日常的・非科学的な存在〟という意味であるので、〈この人間にとって謎めいた闇の恐怖空間が消えてしまったことが、「妖怪」を消失させた大きな要因である〉と考えることができよう。以上の内容をまとめて解答を作成すればよい。

解答作成のポイントは以下の二点である。

①「闇の領域」が人々の身辺から消えた要因を明らかにする

②社会が人間の管理下に置かれたことで、人間の理解を超えた不気味な領域が消失したことについて言及する

▼問三　傍線部(3)の「大人たちの心情に訴えかけ」たとされる大正期の童謡『かなりや』では、「かなりや」が「海の向こうからやってきた西洋の文明」を象徴している一方で、「後ろの山」「背戸」という言葉が「前近代が抱えもっていた深い闇の恐怖空間」、「謎めいた闇の空間」を暗示している、と筆者は述べている(傍線部(2)の直後の段落)。そして、そうした「謎めいた闇の空間」は、当時の子どもたちだけでなく、大人にとっても「まだしっかり生きていた」のであり、『かなりや』という童謡に〈闇の世界〉を感じ取っていたのは、「子どもたちだけではなく、大人たちにとっても同様であった」とする(最終段落)。では、なぜそれが「大人たちの心情に訴えかける」ことができたのか。ここで、傍線部(3)の後に「それゆえ大人たちの心を揺さぶり支持された」とあることから、大人たちは、『かなりや』の歌に〈闇の世界〉を感じ取ることで、心が揺さぶられ、心情を刺激された、ということになる。ここまで確認してきたように、「近代化の波が庶民のあいだにも押し寄せ」、「闇の領域が人々の身辺から消え」始めたのが大正デモクラシーの時代である(傍線部(2)を含む段落)。そんな近代化が進む時代にあっても、大人たちは完全に「謎めいた闇の空間」を忘れてしまったわけではなく、その空間は「まだしっかり生きていた」わけである。しかし、

◆要　旨◆

光りと闇の織りなす陰翳に日本の美の理想的姿を見出したのは谷崎潤一郎であるが、陰翳の作用は、日本人の精神や日本文化全体、さらにいえば人間全体にとっても重要である。谷崎は、陰翳を生み出す「闇」の喪失の危機を文学者の鋭い感性で感じ取っていたが、その進行は、大正以降、近代化によって電灯が普及し、社会が人間の管理下に置かれたことによる。大正期に流行った童謡『かなりや』は、西洋文明の到来によって消失していきつつある闇の空間の存在を暗示しており、だからこそ、大人たちの心情に訴えかけ、心を揺さぶったのである。

▲解　説▼

▼問一　まず、傍線部(1)の「『闇』の喪失」について、ここでの「闇」は、谷崎の文章の引用の後に述べられているように、「眼が効かない漆黒の闇」ではなく、「光りと闇の織りなす陰翳」を生み出すような「眼に見える闇」であることに注意すること。この「光りと闇の織りなす陰翳」に、谷崎は「日本の美の理想的姿」を見出したわけであるが、筆者はさらに、「陰翳の作用の重要性は……、美のみではなく、日本人の精神や日本文化全体、さらにいえば人間全体にとっても重要なこと」だと述べている。したがって、「危機」というのは、〈眼に見える闇の喪失→光りと闇の織りなす陰翳の消失〉による〈日本の美の理想的姿、日本人の精神や日本文化、人間全体にとって重要なものの消失〉という意味での「危機」だということになる。以上の内容を簡潔にまとめたい。

解答作成のポイントは以下の二点である。

①「闇」が「眼に見える闇」（だからこそ「陰翳」が生まれる）であることに言及する

②〈闇の喪失→陰翳の消失〉がもたらす問題点を、「陰翳の作用の重要性」に即して簡潔にまとめる

▼問二　傍線部(2)の「それとともに」という指示語は、〈闇の領域が人々の身辺から消えるとともに〉という内容を指すので、この問題は、結局、闇の領域が消えるとともに多くの妖怪たちの姿も消え去ってしまったと筆者が言うのはなぜか、について答えることになる。「闇の領域」が消滅した理由としては、まず、〈近代化に伴って電灯が普及した

の内容を踏まえて解答を作成する。

解答作成のポイントは以下の二点である。

① リアリズム小説が、「体験談」の問題点を補うものであったことを明らかにする

② リアリズム小説を追求した結果たどりついた「決定論」の問題点を指摘する

参考 小川国夫（一九二七〜二〇〇八年）は、静岡県出身の小説家。幼少期から病弱で自宅療養を余儀なくされたが、その時期に相当量の読書をしたことにより後に大きな影響を受けることとなった。二十歳でカトリックに入信し、その頃から小説を書き始める。東京大学文学部国文科に入学後、在学中に私費でフランスへ留学、帰国後は大学に復学せずそのまま創作活動に入る。ヨーロッパでの体験を自伝風に描いた『アポロンの島』が島尾敏雄に激賞されたことを契機に作家として自立、古井由吉、黒井千次らと共に内向の世代の作家と目された。主な作品に『逸民』『悲しみの港』『ハシッシ・ギャング』などがある。

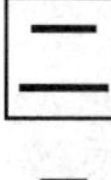

出典 小松和彦『妖怪学新考――妖怪からみる日本人の心』〈第一部　妖怪と日本人　五　変貌する都市のコスモロジー　「闇」の喪失〉（洋泉社）

解答

問一　眼に見える闇が消え、光と闇の織りなす陰翳が失われると、日本の美の理想的姿や日本人の精神と文化、さらには人間にとって重要なものが消失してしまうという意味で。

問二　近代化の進展に伴う電灯の普及によって闇が消え、社会が人間の管理下に置かれてしまったことで、人間に不気味さを感じさせるような謎めいた領域が消失したから。

問三　近代化が進む大正期でも、謎めいた闇の空間は大人たちにまだ馴染みのあるものであり、明るさと暗さが漂う童謡が暗示していた闇の空間を哀惜する気持ちがあったから。

▼問三　②　他人と自分で共有される弱点の内容を具体的に説明する

傍線部(3)の「人間が人間に対して抱くこの種の興味」とは、直前の段落で「人間はなぜ自分たちの弱点について書いたり読んだりするのだろうか」として説明されているような、〈人間の弱点について書き、また、それを読むことへの興味〉のことである。これが「矛盾している」ことを説明するわけだが、「文中のアウグスチヌスの議論を参考に」という設問条件が大きなヒントとなる。アウグスチヌスの見解は、傍線部(3)の直後に繰り返し説明されているが、簡単にまとめると〈人間が自分たちの弱点について書いたり読んだりするのは、それによって自分の弱点を認識したり見つめ直したりするためではなく、自分の弱点を認識せずに目を逸らすためである〉ということである。この〈大切なことに目を向けるためではなく、それから目を逸らすために〉という点が、本来あるべき目的からすると反対の結果になっているゆえに「矛盾している」と言い得る。そのことがわかるように説明する必要がある点に注意したい。

解答作成のポイントは以下の二点である。

①「人間が人間に対して抱くこの種の興味」の具体的内容を明示する

②どのような点が「矛盾している」のかがわかるように説明を工夫する

▼問四　傍線部(4)の「真実は小説でなければ語り得ない」というのは、「体験談」と比べた上での表現であることに注意すること。つまり、これまで確認したように、「体験談」は美化による脚色が施され、その結果、「しばしば真実を覆ってしまうもの」であるという認識がここにはある。逆に、小説（リアリズム小説）は、そういった美化によって真実を覆うのではなく、「体験談からは現れてこない人間の真実に気付いて、これをあらわにする方法」であった。しかし、リアリズム小説がもたらしたのは、「〈人生はひとつの崩壊の過程に過ぎない〉」ということ、すなわち「いくら努力しようとも人生は不幸へ向かう無意味な過程に過ぎない」（〔注〕を参照のこと）という不毛な「決定論」であり、それでは人間の生の多様な真実はとらえきれない。そのために、信念自体が失われてしまったのである。以上

▲解　説▼

▼問一　傍線部(1)冒頭の「それ」という指示語が指している内容は、〈自分が臆病であることを隠そうとする心理〉である。この心理と並列されているのが「それにこだわっている自分も見抜かれたくない」という心理、すなわち、〈自分が臆病であるかどうか、といったことにこだわる自分を隠そうとする心理〉である。これらの心理について、〈体験談を武勇談として美化して話したがる心の奥にあるものだ〉というのが第一段落から第四段落までの意味段落の主旨であり、傍線部が意味する内容である。以上のことを理解した上で解答をまとめればよい。

解答作成のポイントは以下の三点である。

① 傍線部冒頭の「それ」が何を指示しているかを明示する

② 「それにこだわっている自分も見抜かれたくない」を、指示内容を明らかにして説明する

③ ①と②の両方の心理が、体験談を武勇談として語ろうとする心の奥にあるものであることを説明する

▼問二　傍線部(2)の直後に、「つまり、人間にはこうした共有の過敏な粘膜がある」という言い換え表現があることに留意しよう。傍線部(2)は、〈自分の欠点を相手のこととして並べ立てれば、相手（他人）を有効に罵ることができる〉ということだが、それは〈自分の欠点は相手の欠点でもある〉ということを意味する。これが、「こうした共有の過敏な粘膜」という比喩で表現されているわけだが、ではその具体的な内容とは何か。誰にとっても自分の〈真実〉はこの上なくつらいものであり、だからこそ人間は、それを隠すために自分の体験を美化して語ろうとする（問一参照）。そういう心理は誰にでもあるもの（＝共有のもの）であり、しかし、それは人から指摘されたくない、傷つきやすい部分（＝過敏な粘膜）でもある。だからこそ、〈そういった自分の欠点を相手のこととして並べ立てると、相手も自分と同じように傷つくのだ〉ということになる。以上の内容を踏まえて解答を作成すればよい。

解答作成のポイントは以下の二点である。

① 「共有の過敏な粘膜」という比喩表現に注意して説明する

国語

解答　**出典**　小川国夫「体験と告白」

問一　自分の勇敢さを相手に誇示しようとする心の奥には、自分が臆病だということだけでなく、臆病かどうかにこだわる自分をも隠そうとする意識が働いているということ。

問二　真実を隠して見栄を張ったり、そんな自分を隠そうとしたりすることは誰もが共通に持つ弱点であるから、それを列挙することで相手に痛烈な攻撃を加えられるということ。

問三　人間が自分たちの弱点について書いたり読んだりするのは、人間が本来持つ弱点を自分のこととして直視するためではなく、むしろ、他者をあわれみ酔いしれることで、自分の弱点を見ずに済ませるためだということ。

問四　体験談では隠されてしまう人間の真実を暴くリアリズム小説では、人生は不幸への過程であるという決定論に帰着してしまい、人生の多様な真実をとらえきれなかったから。

◆要　旨◆

人間の真実を明らかにする上で、事実を美化してしまう「体験談」は全てが真実とは言えない。そのため、リアリズム小説は人間の弱点を暴くことで真実を追求しようとしたが、多くの人間は他者の不幸にばかり目を向け、自身のあわれさを直視しようとしない。また、不幸な人生という決定論に帰着するリアリズム小説では、多様な真実を十分に表現しきれない。しかし、人々が口々に語る生の言葉の広がりが人生の外貌を形づくる以上、人間の真実を追求するための、言葉への飽くなき挑戦は続いていくだろう。その際、「体験談」とは異なる「告白」という観念が鍵になるのである。

2019年度

解答編

解答編

英語

I **解答** ⑴仮想現実を構成する要素のすべてが人間の身体の動きを厳密に反映した働きをしなくてはならないため，仮想現実の研究者たちは人々がどのように現実と関わっているのかを説明する際に，物事の名前を表す言葉よりも動作を表す言葉を好んで用いるということ。

⑵人々は他人を見る際に，無意識のうちに頭と目を動かしており，そのことで得られる極めて多様な視覚情報を自分と自分が見ている相手との間でやり取りしているということ。

⑶全訳下線部参照。

⑷(ア) make　(イ) benefits　(ウ) surpass　(エ) forgetting

◆全　訳◆

≪仮想現実から学ぶ人間の実像≫

仮想現実は自分が別世界にいるかのような，それは地球ではあり得ない奇想天外な環境であるかもしれないし，さらには人間のものとは全く違う姿で自分がそこにいるのかもしれないが，そういう総合的な幻想を生み出す一つの手段である。しかし，それは同時に，認知や知覚という観点から「現実の」人間とは何なのかを考える壮大な実験道具でもある。

たとえば，仮想現実装置の視覚的側面が機能するためには，人が周りを見回す際にその仮想現実の世界で目に映るはずのものを計算しなくてはならない。視点が移動すると仮想現実を制御するコンピュータは絶え間なく，そして可能な限り即座に，その仮想世界が現実のものであったならば目に飛び込んでくるはずの画像をすべて算出する必要がある。人が右を見ようと首を回すと，仮想世界の風景はその分左へと回転しなくてはならないが，これは風景の方は動かず，その人の外側に独立して存在しているという錯覚を生み出すためだ。先行するメディアデバイスと違って，仮想現実装置はその構成要素の１つ１つが人間の身体の動きを厳密に反映した働きをしなくてはならない。

そのため仮想現実の研究者たちは人々がどのように現実と関わっているのかを説明する際に，名詞よりも動詞を好んで用いる。視覚は，神経系によって遂行され，主に頭と目の動きを通して具体化される絶え間のない実験に基づいている。身体と脳は絶えず現実世界を調査し，検証しようとしているのである。

周りを見回してみて，ほんの少しだけ頭を動かした際に何が起きているのかを意識してみよう。頭をほんのわずかに動かしただけでも，異なる距離にある物体の縁の位置を比べると，頭の動きに応じてそれらの配置がずれていくのがわかる。また，さまざまな物体の明るさの加減や表面の質感がわずかに変化していくのも見て取れるだろう。他人の肌を見てみると，頭の位置を変えながら自分がその肌の内側の情報までも集めようとしているのがわかる。人間の肌や目はこれほどのことが可能となるまで，ともに進化してきた。他人を見るときに，よく注意してみると，頭をわずかに動かすことで得られる情報が極めて多様にあり，自分と今見ているその人物との間でそれらが盛んにやり取りされているのがわかる。すべての人々の間では視覚運動に基づく情報交換が密かに行われている。

脳の観点からすれば，現実とは次の瞬間がどのようなものになるかを予測することであるが，その予測には絶えず調整が必要となる。変化しないものではなく，変化するものを探し求めそれに気づくことで視覚は機能しており，したがって，次の瞬間見えてくるものにはそれについての神経系による予測が存在していることになる。神経系は科学者集団と少し似たような振る舞い方をしており，好奇心がとても旺盛で，外の世界がどのようになっているのかに関する考えを常に検証している。その「科学者集団」に別の仮説を支持するよう一時的に納得させることができれば，仮想現実システムは成功したことになる。仮想現実の世界を予測の根拠とすべき世界として扱えるほど十分な量の刺激を神経系が与えられると，仮想現実が現実のことのように感じられ始める。

仮想現実技術の信奉者には，やがては仮想現実が人間の神経系を上回って，その技術をさらに改良しようとすることに意味がなくなるだろうと考えている人もいる。私はこの技術にまつわる状況をそのように捉えてはいない。理由のひとつは，人間の神経系は何億年にもおよぶ進化の恩恵を受けているという点だ。科学技術が人間の身体を包括的に上回ることが可能だと考えるとき，私たちは人間の身体と物理的現実について自分たちが持っている知識を忘れてしまっている。宇宙に広がる粒子の細かさにも限界はあり，調整が必要とされる場合にはすでに，人間の身体はこの上なく見事に調整されているのだ。

◀解　説▶

仮想現実（バーチャルリアリティ，VR）に関する話題だが，単に高度な先端技術として紹介，あるいは評価されているのではなく，筆者はこの技術が人間の神経系の複雑さを超えるとは考えていない，という点をおさえておきたい。バーチャルリアリティ技術の信奉者に対する反証的内容となっており，このような話題の展開は京大の長文でよく見られる傾向である。

▶(1) **That is why**

「そういう訳で」→下線部を単に和訳する問題ではなく，「どのようなことを意味しているか」という内容説明の問題なので，ここは具体的に言い換える。That は直前の内容，すなわち第２段最終文（Unlike prior media devices, …）の内容を指しているので，まずはここの正確な和訳が必要。注意したいのは，その中の in (tight) reflection of ～という表現で「～を（厳密に）反映して，～に（ぴったりと）合わせて」の意味。したがって，第２段最終文（Unlike prior media devices, every component of virtual reality must function in tight reflection of the motion of the human body.）の和訳は「先行するメディアデバイスと違って，仮想現実（装置）はその構成要素の１つ１つが人間の身体の動きを厳密に反映した働きをしなくてはならない」である。Unlike prior media devices「先行するメディアデバイスと違って」の部分は That が指す内容に含める必要はない。ここまでより，That is why は「仮想現実を構成する要素のすべてが人間の身体の動きを厳密に反映した働きをしなくてはならないため」のように言い換えておくのが正しい。

virtual reality researchers prefer verbs to nouns when it comes to describing how people interact with reality.

「仮想現実の研究者たちは人々がどのように現実と関わっているのかを説

明する際に，名詞よりも動詞を好んで用いる」→prefer *A* to *B* は「*B* より *A* を好む」，when it comes to *doing* は「～するということになると」という意味の熟語表現。「名詞よりも動詞を好む」の部分については，文字通りそのままの解釈でよい。抽象的に感じられるかもしれないが，これ以降で他に具体的に説明されたり，言い換えられたりしている箇所は見当たらないので，無理に下線部より後ろの内容を説明に盛り込もうとしないこと。ただし，下線部の直前文（Unlike prior media devices, …）では，仮想現実の制御について，人間の「身体の動き」にぴったり一致させることが重要とあるので，下線部中の verbs「動詞」はこの「身体の動き」を受けての表現だと判断される。nouns や verbs はそのまま「名詞」や「動詞」としておいてもよいし，やや説明的に「物事の名前を表す言葉」や「動作を表す言葉」と言い換えてもよい。下線部の内容説明としては，上で説明した That is why を具体的に言い換えたものと，この箇所の和訳をつなげるだけでよい。

- describe「～を描写する〔説明する〕」
- interact with ～「～と交流する」

▶(2)下線部の中の a secret visual motion language「視覚運動に基づく秘密の言語」は，すでに一度説明された事柄を端的な表現で短めに言い換えるという英語の文章によく見られる形であり，基本的には下線部の直前文（If you look at another person, …）の中にある an infinite variety of tiny head motion messages「頭をわずかに動かすことで得られる極めて多様な情報」を言い換えたもの。したがって，この下線部の直前文の内容を中心に説明をすればよい。ただ，この箇所を理解するのにもそれ以前の内容が重要で，下線部の含まれている第4段（Look around you and …）全体の流れを理解する必要がある。特に，第4段第4文（Look at another person's skin and you will see that you are probing into the interior of the skin as your head moves.）は，「他人の肌を見てみると，頭の位置を変えながら自分がその肌の内側（の情報）を綿密に調査しているのがわかる」という意味であるが，人間の目が他人の肌の表面的な部分以外についても観察し，そのために非常に詳細な情報を集めている，という主旨であることがわかれば，先ほど説明した an infinite variety of tiny head motion messages「頭をわずかに動かすことで得られる極めて多様な情報」の理解に役立つ。下線部の直前文（If you look at another person, …）では，see *A doing*「*A* が～しているのがわかる」が使われており，you will see an infinite variety of tiny head motion messages bouncing back and forth between … は「頭をわずかに動かすことで得られる極めて多様な情報が…の間で盛んにやり取りされているのがわかる」という意味。また，同文中の if you pay close attention「よく注意してみると（…がわかる）」という表現が，下線部中の secret「秘密の」で表されていて，「普段は気づかない，無意識の」といったように説明できる。

▶(3) **Your nervous system acts a little like a scientific community ; it is greedily curious,**

「神経系は科学者集団と少し似たような振る舞い方をしており，（それは）好奇心がとても旺盛であり」→nervous system は「神経系」。community は「共同体，集団」の意味なので，a scientific community は「科学者集団，科学研究団体」くらいに訳せばよい。a little「少々」は act like ～「～のように振る舞う」の前置詞 like「～に似た」を修飾しているので「～に少々似た」となる。セミコロン（；）の前後の関係は，抽象的内容とその具体的説明となっている。it は your nervous system のことであり，セミコロンの前後で主語が他のものと切り換わっていないので，つなげて訳す際には「それ」と訳出しなくてもよい。greedily「貪欲に」は curious「好奇心の強い」を強調しているので，この 2 語をまとめて「好奇心がとても旺盛な」などと処理する。

constantly testing out ideas about what's out in the world.

「外の世界がどのようになっているのかに関して（自分の）考えを常に検証している」→constantly testing out は分詞構文の形で，接続詞を用いて書き換えると and it is constantly testing out に等しい。what's out は「（何かの内側から見て）外にあること」を意味する。in the world は out と同格に取って「外側つまり世界に」となる。よって out in the world は人間の身体の内部にある神経系から見た「外の世界」のことと解釈できる。

• test out ～「～を試す〔検証する〕」

A virtual reality system succeeds when it temporarily convinces the

“community” to support another hypothesis.

「その『科学者集団』に別の仮説を支持するよう一時的に納得させることができれば，仮想現実システムは成功したことになる」→convince *A* to *do* は「*A* を説得して〜させる，*A* を〜するように納得させる」の意味。“community” は既出の a scientific community を端的に言い換えたもので，神経系の比喩であるが，和訳する上ではそのまま「科学者集団」とする。another hypothesis「別の仮説」は，「科学者集団」に比喩される神経系が現実の世界に基づいて打ち立てたのとは別の仮説ということだが，ここもそのままの和訳に留めておけばよい。

- temporarily「一時的に」
- hypothesis「仮説」

Once the nervous system has been given enough cues to treat the virtual world as the world on which to base expectations, virtual reality can start to feel real.

「神経系が仮想現実の世界を予測の根拠とすべき世界として扱えるほど十分な量の刺激を与えられると，仮想現実が現実のことのように感じられ始める」→the world on which to base expectations の和訳がポイント。on which の後ろが SV 構造になっておらず，代わりに to 不定詞となっているが，これには〈前置詞＋関係代名詞＋to *do*〉という構文が用いられている。この構文は頻出の形である〈前置詞＋関係代名詞＋S V〉の構文に書き換えられるので，和訳しにくい場合に試すとよい。まず，不定詞の位置にある *do* とセットで用いられる前置詞が，関係代名詞の直前に移動している点は，この頻出の構文と同じ（ここでは base *A* on *B*「*A* の根拠を *B* に置く」の前置詞 on が which の直前に移動）。次に SV 構造の S（V は to *do* の部分に相当）だが，これは Once 直後の節内における主語 the nervous system である。to 不定詞（ここでは to base）の意味上の主語が文全体の主語と一致している場合，to 不定詞の直前に意味上の主語をわざわざ書き表さない（意味上の主語が文全体の主語と異なる場合は，(for) *A* to *do* の *A* のように不定詞の直前にそれが置かれる）。最後に関係代名詞の直後には S be が省略されていると考え，to 不定詞は be to 構文（be to の部分が助動詞に置換できる構文）として捉える。したがって，書き換えると the world on which it（＝the nervous system）is to base expectations，よりわかりやすいのは on を後ろに戻し，is to を適当な助動詞に置換して，the world which it should base expectations on「(それが) 予測の根拠とするべき世界」となる。

- once S V「いったん〔一度〕～すると」
- enough *A* to *do*「～するほど十分な数〔量〕の *A*」
- cue「手がかり，(ある行動を促す) 刺激」

▶(4)(ア) make sense で「意味を成す」という意味の基本熟語であるため，空所直後の sense から察しをつけて make を空所に補ってみる。空所が含まれる文の virtual reality will eventually become better … try to improve it anymore の箇所は，2つの節が so that で接続されている。so that は結果を導く接続表現であるため，so that より前の節が原因，後ろの節が結果という関係になるはず。空所があるのは後ろの節内であるので，空所に make を補ったときに，前の節の内容に対する結果となっていれば問題ない。make を補うと it would not make sense to try to improve it anymore「それ (＝仮想現実の技術) をさらに改良しようとすることに意味がなくなるだろう」となり，so that の前で述べられた内容である「やがては仮想現実 (の技術) が人間の神経系を上回るだろう」に対する結果として適切である。

(イ) benefit from ～ で「～の恩恵を受ける，～から利益を得る」の意味。空所がある段落の第1文 (Some virtual reality believers …)・第2文 (I do not see …) から，仮想現実の技術がいつか人間の神経系を上回るという考えに筆者が反対していることがわかる。それに続く空所が含まれる第3文は，One reason is that … で始まり，筆者が反対する根拠となっている。空所直後には from hundreds of millions of years of evolution「何億年にもおよぶ進化から」とあるので，人間の神経系が長期におよぶ進化の産物であることを主張し，つまりは技術が簡単にそれを上回るはずがないとする論だと判断される。この主旨に近づき，人間の神経系は「何億年にもおよぶ進化の恩恵を受けている」という意味となるのは benefit である。主語が単数，時制は現在であるため，三単現の -s を補って benefits とする。

(ウ) surpass は「～を上回る」という意味の動詞。空所がある段落の第1文 (Some virtual reality believers …) の中に，virtual reality will eventually become better than the human nervous system「仮想現実の技術がやがては人間の神経系を上回る」という箇所がある。空所前後の technology「技術」と our bodies「人間の身体」から考えて，空所が含まれる文は，前半の When で始まる節で第 1 文のこの箇所を言い換えていると判断できる。つまり，technology は第 1 文中の virtual reality を指し，our bodies は第 1 文中の the human nervous system のことを指している。空所の位置関係から，この両者に挟まれている動詞句 become better than ～「～よりよくなる」を換言した動詞が空所に入ると考えられるため，surpass が正解となる。

㈤空所が含まれる文は When で始まる前半の節で「科学技術が人間の身体を包括的に上回ることが可能だと考えるとき」とあるが，㈠で説明したように筆者はこのような考え方に反対の立場であるため，この後に続く主節部分は，たとえば「私たちは（何か）間違っている」とか「私たちは（何か）見落としている」といった否定的な内容になるはず。選択肢として与えられた動詞の中では，forget のみが否定的意味合いを持つため，これを空所に補う。ただし，空所の直前に be 動詞 are があるため，進行形と捉えて forgetting とすればよい。

●語句・構文●

（第 1 段） virtual「事実上の，仮想の」 means「手段」 comprehensive「包括的な，総合的な」 illusion「錯覚」 fantastical「空想的な」 alien「異質の」 far from ～「～にはほど遠い」 and yet「しかし，しかも」 farthest-reaching→far-reaching「広範囲の，（計画などが）遠大な」の最上級。apparatus「機器」 in terms of ～「～の観点からすると」 cognition「認知」 perception「知覚」

（第 2 段） in order for *A* to *do*「*A* が～するためには」→ここでは *A* に当たる語句が the visual aspect of the virtual reality。visual「視覚の」 aspect「側面」 work「（機械などが）うまく機能する」 calculate「～を計算する〔算出する〕」 wander「さまよう」 constantly「絶え間なく」 instantly「すぐに」 whatever graphic images they would see were the virtual world real「その仮想世界が現実のものであったならば目に飛び込んでくるはずの画像のすべて」→were the virtual world real の部分は if が省略されたことによる倒置が起きている（＝if the virtual world were real)。look to the right「右を見る」 in compensation「埋め合わせに，その代わりに」 stationary「動かない，変化しない」 independent「独立した」 unlike「～とは違って」 prior「以前の，先行する」 media device「端末，メディアデバイス」 component「構成要素」 function「機能する」

（第3段） vision「視覚」 continuous「連続した」 experiment「実験」 carry *A* out「*A* を実行する」 nervous system「神経系」 actualize「～を実現する」 in large part「主に」 probe「～を調査する」 test「～を試す」

（第4段） a tiny bit「ほんの少し」 absolutely「完全に」 edge「端，縁（へり）」 object「物体」 distance「距離」 line up「立ち並ぶ」 in response to～「～に応じて」 subtle「わずかな」 lighting「照明」 texture「質感」 skin「肌，皮膚」 interior「内側，内部」 evolve「進化する」 pay close attention「よく注意してみる」 infinite「無限な」 a variety of～「多様な～」 bounce back and forth (between～)「(～の間を) 往復する」

（第5段） from *one's* point of view「～の観点では」 expectation「予測，期待」 what S be like「Sはどのようなものか」 adjust「調整する」 pursue「～を追求する」 notice「～に気がつく」 constancy「不変（性），恒常性」 neural「神経の」 be about to *do*「今にも～するところである」 a neural expectation exists of what is about to be seen「次の瞬間見えてくるものには，それについての神経系による予測が存在している」→本来は a neural expectation of what is about to be seen exists の語順だが，動詞 exists の位置が前に移動しているので注意。

（第6段） eventually「最終的には，やがては」 improve「～を改善する」 things「状況，事態」 that way「そのように」 hundreds of millions of～「何億もの～」 evolution「進化」 physical「物理的な」 infinitely「無限に」 fine「(粒が) 細かい」 grain「粒子」 finely「立派に，細かく」 as～as anything can ever be「この上なく～」

II 解答

(1)全訳下線部(a)参照。

(2)〈解答例１〉かつては，たとえピントがずれたものでも撮影した写真を保存することが愛着を意味し，写真を廃棄することは例えば無関心を意味していたが，現在では写真を何枚撮影しても追加料金は発生せず，後で選定できるように数十枚分もの撮影をしておくことが可能となったため，それらのデジタル画像を修整し，選定し，タグ付けし，分類し，さらにその大半を削除するという作業が愛着を意味し，反対にただデジタル画像を保存しておくことは無関心を意味するように変化した，ということ。

〈解答例２〉写真を何度撮影しても追加料金は発生せず，何であれ写真を撮る際には，後で選定できるように数十枚分もの撮影をしておくことが可能となったことで，愛する人を撮影した写真に対する扱いが，かつてはたとえピントがずれたものでも廃棄せずに保存するという作業であったのに対し，現在ではデジタル画像が豊富に存在するため，写真を修整し，選定し，タグ付けし，分類し，その大半を削除するという作業へと変化した，ということ。

(3)全訳下線部(c)参照。

(4)〈解答例１〉 I use my camera phone mainly to capture memories. Unlike digital cameras, many of us can carry around our camera phones on a daily basis. We can record unexpected events with them〔our camera phones〕and use them as photo albums that we can look through whenever and wherever we want to. Recently, I ran into an old friend at a mall and took a photo to commemorate our reunion. We went to a café later, where we shared our recent photos and talked about the memories associated with them. Camera phones make it easier to record memories. (95語)

〈解答例２〉 The greatest benefit of a camera phone is its contribution to maintaining relationships. Thanks to my camera phone, I continue to keep in touch with a friend who moved to a remote country a year ago. It would be difficult and time-consuming to tell another person everything you want to say by letter or e-mail without including images. In a video call, you do not have to explain everything because video images convey much more information. My friend got a dog the other day, and I just had to see it on screen instead of reading about its description. This convenient device supports relationships. (104 語)

〈解答例 3〉 Camera phones provide the easiest way to express yourself. If you were an artist, it would be rather obsolete to show your art-work only at an art gallery. These days, even ordinary people are expressing themselves on social networking sites. Wherever they go, they take selfies when they find objects or sceneries that they like, and share these with others on the spot via their camera phones. I like touring by bicycle. While traveling, I take photos of beautiful scenery or things I find interesting and upload them on SNSs, along with simple comments. It is easy to express yourself with a camera phone. (104 語)

◆全　訳◆

≪写真のデジタル化がもたらす変化≫

最初の市販向けデジタルカメラは 1990 年に発売された。(a)その後 10 年の間に，デジタルカメラは写真家や写真を専門に研究する学者の間に多大な不安をもたらした。この転換によって写真はおしまいだと断言する者まで現れた。最初，これはあまりにも大きな変化であったために技術再編として分類されることはなく，技術転換として捉えられた。古きものが終わりを迎え，新しいものが誕生したのだ，と。

デジタル画像は複写や複製，そして編集も容易に可能である。最後の編集に関しては，それによって写真が表現し得るものの可変性がより顕著となった。また，それは私たちが自分自身や自分の生活を表現する方法を容易で安価で迅速なものへと変えてくれた。追加の写真にもはや追加料金は付随しないし，何の写真を撮るにせよ，後で選定できるように私たちは 10 枚，20 枚，30 枚と写真を撮影することが可能で，実際そのようにしている。このことは，個々の画像の価値を変えただけでなく，その保存や廃棄という行為の両方に伴うとされていた情緒的意味合いを変化させた。最愛の人たちの現像写真は，ピントがずれていても，画像が不鮮明でも，現像段階で失敗があったとしても，かつては取っておかれたものだ。デジタル画像が豊富に撮影されるという状況下で，愛する者のためにかける手間は，今では写真を修整し，選定し，タグ付けし，分類し，その大半を削除する作業を意味するようになった。写真を削除するのを受け入れるという最近のこの流れは写真の社会的価値が減少したことの表れだという主張を耳にすることもあるが，非常に多くのデジタル撮影による画像がプリントアウトされたり，さまざまなデバイスのロック画面の画像に設定されたり，パソコン画面の壁紙として使用されたりしている。全体的にみれば，デジタル化によって写真の中心的役割が写真そのものから写真を撮影する行為へと変化していったと言えるだろう。

最初のカメラ付き携帯電話が登場したのは21世紀が始まってすぐのことだ。2001年初頭，BBCが日本で発明された最初のカメラ付き携帯電話について報道した。世界中でこれを読んだ人々が，この風変わりな発明の使い道について自分なりの考えを投稿した。10代の若者にはさまざまな利用方法（衣服の買い物の効率化，自分が人気アイドルに会ったことの証明，友人たちとのデートのお膳立て）があるだろうが，大人にとっては全く無意味なものだろうと言う者もいた。スパイ活動をしたり，競争相手の作品をこっそり写真に撮ったり，交通事故や怪我をいち早く知らせたりする手助けとなる実用的な道具だと考える者もいた。(c)さらに，旅行中の人が家族と連絡を取り合ったり，趣味に興じる人が美術品や収集物を他人に披露したりするのにそれは適しているかもしれないと考える者もいた。私が個人的に気に入っているうちのひとつは，公園で出会う人懐っこい犬の写真が撮れるように，自分の国でこの機器が手ごろな価格で手に入るようになる日が待ちきれないと書いた人たちの投稿だ。ビデオ通話ができるようにカメラを携帯電話の画面側に付けるべきだと提案した者もいたが，この機能が実現したのは2003年になってからのことだ。

あるデジタル文化研究者は，カメラを常に携帯しているという事実が，見る，記録する，議論する，記憶するといった行為の対象となり得る範囲や現に対象となっているものに変化をもたらすと主張している。写真を研究する学者の中には，カメラ付き携帯電話とそれで撮影する画像に3つの社会的利用方法があると主張する者がいる。その3つとは，記憶の保存，人間関係の維持，自己表現である。これとは対照的に，カメラ付き携帯電話は他の携帯可能な画像生成機器と全く同じで，1980年代に家庭用ビデオカメラに割り当てられていた利用方法や意味合いである，記録，コミュニケーション，自己表現は何ら変化していないと主張する学者もいる。この意味においては，科学技術や写真の社会的役割に関する文化的憶測は多様な再編を遂げ，変化したものの，その社会的役割は変わっていないように思われる。

◀解　説▶

写真を現像するのが一般的であったアナログの時代と，デジタルカメラにより撮影されたデジタル画像を加工，選別，削除するのが当たり前となった今日とを比較し，変化したものと，そうでないものとを考察している。論説文は，過去と現在といった対比構造を意識して読み進めていく必要がある。

▶(1) **In the decade that followed, it created a lot of anxiety in photographers and photography scholars.**

「その後10年の間に，デジタルカメラは写真家や写真を専門に研究する学者の間に多大な不安をもたらした」→In the decade that followed は，the decade を先行詞として，主格の関係代名詞 that と動詞 follow「(事が)次に起こる，続く」の過去形が用いられている。したがって，直訳は「(デジタルカメラが登場した1990年の) 次に続いた10年の間に」。it はデジタルカメラを指す。

Some went as far as declaring photography dead as a result of this shift.

「この転換によって写真はおしまいだと断言する者まで現れた」→go as far as *doing*〔to *do*〕は「～さえする」という表現で even と同じ。declaring photography dead の箇所は，declare *A* (to be) ～「*A* が～であると断言する」が用いられているので，「写真はおしまいであると断言する」の意味。photography には「写真の技術，写真撮影業」といった意味もあるが，あえてそれらにする必要のある文脈ではないため，ここでは「写真」と訳すのが一番よい。shift は「変化，転換」で，this shift はデジタルカメラの登場による状況の変化を表しているが，和訳では「この転換」に留める。

▶(2)内容説明の問題であるが，まずは下線部の意味が正しく取れていることが必要。this has altered the emotional meanings we attributed both to keeping and getting rid of individual photographs の意味は「このこ

とは個々の写真の保存や廃棄という行為の両方に伴うとされていた情緒的意味合いを変化させた」である。attribute *A* to *B* が用いられているが，ここでは「*A* の性質が *B* にあると考える」の意味で，*A* にあたるのは the emotional meanings。省略されている目的格の関係代名詞に注意する（the emotional meanings (that) we attributed both to…）。ここで，attributed の過去形と meanings の複数形に着目すると，過去に keeping individual photographs と getting rid of individual photographs という２つの行為に対して何らかの感情的な意味合いがあったのだと考えられる。さらに，has altered「変化した」の具体的な説明が求められているので，「過去に～であったものが，現在は…のようになった」のような内容にする必要がある。

下線部中の this より後の「個々の写真の保存や廃棄という行為の両方に伴うとされていた情緒的意味合いを変化させた」は抽象的であり，具体的に書き換える必要がある。keeping「保存」と getting rid of「廃棄」についての具体的な説明は下線部の直後の第２段第６文（Printed images of loved ones …）と同段第７文（In the context of the massive …）にそれぞれある。第２段第６文では「最愛の人たちの現像写真は，ピントがずれていても，画像が不鮮明でも，現像段階で失敗があったとしても，かつては取っておかれたものだ」とあり，昔は写真をとにかく keeping「保存」することに例えば〈愛着〉という意味があったとわかる。昔の getting rid of「廃棄」には言及されていないが，行為として反対のことなので，感情にも〈愛着〉の反対で〈無関心〉などが想定される。同段第７文では「(デジタル画像が豊富に存在する現在は) 愛する者のためにかける手間は，写真を修整し，選定し，タグ付けし，分類し，その大半を削除する作業へと変化した」とあり，今では愛する人の画像を編集して最高のものを選び，最後に不要になった大半を削除するという getting rid of「廃棄」が〈愛着〉を意味するとわかる。反対にデジタル画像を大量に撮ってそのままにしておくことは〈無関心〉を意味すると考えられる。

また，this が指す内容は，直前の文である第２段第４文（Additional shots now come with …）の内容，つまり「追加の写真に料金は必要なく，何を撮るにせよ後で選定できるように 10 枚，20 枚，30 枚と写真を撮影することが可能である」ということである。this が指す内容と，写真の扱い方に込められた感情の変化について，本文の言葉から逸脱しすぎない範囲で要約し，足りない部分は推測によって補いつつ答案にまとめる。この点を踏まえて，〈解答例１〉では，本文に直接的には書かれていないが推測可能な〈無関心〉という感情的意味について言及している。一方，〈解答例２〉では，〈無関心〉に相当する感情的意味に直接は言及していないが，基本的には〈解答例１〉と同じ内容の説明となっている。いずれの解答例も，写真の保存や廃棄に付随する感情的意味が過去と現在とで逆転してしまったことを説明している点で共通している。下線部中の the emotional meanings に焦点を当てるならば，meanings が複数形になっている点を考慮して，〈愛着〉と〈無関心〉という２つの感情的意味の両方に言及している〈解答例１〉の方がより具体的な説明であると言える。下線部がこの箇所だけに引かれている問題であったならば，〈無関心〉に相当することばで説明を加えておく必要性はより確実なものとなるだろう。実際には，下線部中に this has altered … の部分も含まれており，まずは指示語 this が指す内容を具体的に説明しなくてはならない問題となっている。this が指す内容を適切に説明し，写真の保存や廃棄に付随する感情的意味が過去と現在とで逆転してしまったことを説明できていればよい，というのが正答の条件であると判断して〈解答例２〉も可としている。〈解答例２〉では，this より後ろの部分の具体的な説明は，概ね下線部の後ろに続く２文（Printed images of loved ones …）を和訳したものを中心としている。

▶(3) **Yet others thought …**

「さらに，…と考える者もいた」→Yet には「しかし」の意味もあるが，第３段第４文（Some said it could have …）から下線部を含めた同段最終文（Someone suggested the camera …）までの各文が，日本で開発されたカメラ付き携帯電話に対する人々の反応の列挙であるため，前後の文が逆接の関係にはなっていない。そのため，ここでは「さらに」の意味。

it might be nice for travelers to keep in touch with their families or hobbyists to show art or collections to others.

「旅行中の人が家族と連絡を取り合ったり，趣味に興じる人が美術品や収集物を他人に披露したりするのにそれは適しているかもしれない」→it might be nice for *A* to *do*「*A* が～するのにいいかもしれない」の形では

to 不定詞の意味上の主語が for *A* である。ここでは，*A* to *do* の位置に相当する語句が，（hobbyists の直前にある方の）or で並列されている。1つ目が travelers to keep in touch with their families「旅行中の人が家族と連絡を取り合う」で，2つ目が hobbyists to show art or collections to others「趣味に興じる人が美術品や収集物を他人に披露する」。

• keep in touch with 〜「〜と連絡を取り続ける」

• hobbyist「空いた時間を趣味のために費やす人」

My personal favourites include …

「私が個人的に気に入っているもののなかには…がある」→複数形名詞〔集合名詞〕の主語＋include 〜 で「（主語）のなかに〜がある〔いる〕」と訳せる。主語が集合の全体を表し，include の目的語がその部分を表す。favourites は，（筆者が）気に入っている意見〔アイディア〕のこと。

commenters who wrote they couldn't wait for the device to be available at a reasonable price in their home country, so they can take pictures of the friendly dogs they meet at the park.

「公園で出会う人懐っこい犬の写真が撮れるように，自分の国でこの機器が手ごろな価格で手に入るようになる日が待ちきれないと書いた人たち（の投稿）」→commenters は「コメントを書いた人々」だが，ここでは「コメントをした人々の記事〔投稿〕」と扱って問題ない。the device は「カメラ付き携帯電話」のこと。so (that) *A* can *do* は「*A* が〜できるように」という目的の用法で処理できる。so の直前にカンマがある場合には結果の用法であることが多いが絶対的なルールではない。文脈重視で判断するのだが，ここでは目的でも結果でも処理可能で，結果として扱うのなら「自分の国でこの機器が手ごろな価格で手に入って，（その結果として）公園で出会う人懐っこい犬の写真が撮れるようになるのが待ちきれない…」となる。

• wait for *A* to *do*「*A* が〜するのを待つ」

• available「手に入る」

• reasonable「（値段が）手ごろな」

Someone suggested the camera needs to be on the front to allow for video calls, which didn't happen in practice until 2003.

「ビデオ通話ができるようにカメラを携帯電話の画面側に付けるべきだと

提案した者もいたが，この機能が実現したのは2003年になってからのことだ」→allow for ～ は「～を可能にする」の意味。which が指しているのは「(携帯電話の画面側にカメラが付いたことで可能な）ビデオ通話（の機能)」のことで，継続用法であるのでカンマの前を先に訳してから「(…であったが)，それは～」と続ける。which didn't happen until 2003 の直訳は「それは2003年まで起こらなかった」だが，「それは2003年になって（ようやく）実現した」とか，「それが実現したのは2003年になってからのことだった」のように意訳する。

• in practice「実際には」

▶(4)下線部の three social uses が指しているのは，その直後の to capture memories「記憶の保存」，to maintain relationships「人間関係の維持」，to express yourself「自己表現」の３つであり，このうち重視する１つを選び，理由を「具体例を挙げて」100語程度の英語で述べる問題。まずは自分がどれを選んだかを明確にし，次に自分が考えるその強みや有益な点を述べ，それを具体的に表した事例を挙げる，という展開が一般的な英文の構成であるため無難と言える。口語ではないので，I think で書き始めないように練習しておくとよい。また，具体例を書く際には For example を用いるのが一般的だが，〈解答例〉のように一切使わずに書き表すこともできる。書く内容に対して語数制限が厳しい場合は，これらの機能語やディスコースマーカーを敢えて使わないこともある。

〈解答例１〉は「記憶の保存」を重視する場合で，和訳は次の通り。「カメラ付き携帯電話を主に記憶の保持に使っている。デジタルカメラと違って日々それを持ち歩いている人が多い。予期せぬ出来事をカメラ付き携帯電話で記録でき，いつでもどこでも好きなときに見ることができるフォトアルバムとしてそれを利用できる。最近，私はショッピングモールで旧友にばったり出会い，再会を記念して写真を撮った。それから喫茶店へ行き，最近の写真を見せ合ってそれらにまつわる出来事を話した。カメラ付き携帯電話があれば手軽に記憶を保存できる」

〈解答例２〉は「人間関係の維持」を重視する場合で，和訳は次の通り。「カメラ付き携帯電話の一番の利点は人間関係の維持を助けることだ。私はカメラ付き携帯電話のおかげで，１年前に遠くの国へ引っ越した友人と今でも連絡を取り合っている。写真のない手紙やＥメールで自分の伝えたいことすべてを伝えるのは難しく，時間も取られるだろう。ビデオ通話にすれば，ビデオ画像の方がはるかに多くの情報を伝達できるので，すべてを説明する必要はない。友人が先日犬を飼い始めた。それがどんな犬であるかの説明を読む必要はなく，画面で犬を見るだけでよかった。この手軽な機器は関係性を維持してくれる」

〈解答例3〉は「自己表現」を重視する場合で，和訳は次の通り。「カメラ付き携帯電話を使えば自己表現が最も手軽に行える。仮にあなたが芸術家なら，画廊だけに自分の作品を展示するのは時代遅れだろう。今では，一般の人々でさえ，ソーシャルネットワーク上で自己表現を行っている。どこへ行っても，彼らは気に入った物や風景を見つけると自撮りをして，カメラ付き携帯電話でその場でそれを共有する。私は自転車ツーリングが好きだ。移動中に，自分が興味を持った美しい景色や物を写真に撮り，簡単なコメントを添えてその写真をSNSにアップロードしている。カメラ付き携帯電話があれば自己表現は簡単にできる」

●語句・構文●

(第1段) commercially available「商用の，市販の」 launch「～を開始する，(新商品など)を発売する」 initially「最初は」 too steep a change「急すぎる変化」→too「～すぎる」は直後が形容詞または副詞でなければならないため，a steep change に too を付けると形容詞 steep が a よりも優先されて，この語順になる。be classified as ～「～と分類される」 reconfiguration「再編成」 break「急な変化」

(第2段) digital「デジタル(の)」 image「画像，映像」 duplicate「(データなど)を複製する」→copy は「(紙など)を複写する」。edit「～を編集する」 the latter「(2つあるうちの)後者，(3つ以上あるものの)最後の方」→the latter の直前にある copied, duplicated and edited の最後である edited「編集可能なこと」を指している。flexibility「柔軟性」 what photos can be seen as representing「写真が表現し得るもの」→representing「～を表している」の目的語が what「もの，こと」であり，それが前へ移動している。be seen as ～「～とみなされる」の部分は和訳するとくどくなるので省いている。obvious「明白な，顕著な」→made the flexibility of … more obvious には make O C「OをCにする〔変える〕」の第5文型が使われていて，Cの位置が more obvious。

additional「追加の」 shot「撮影した写真」 any given ～「任意の～，どんな～でも」 sort through ～「～を分類する」 transform「～を（すっかり）変える」 individual「個々の」 alter「～を変更する」 loved ones「愛する人たち」 used to *do*「昔は～したものだ（が今はしていない)」 out of focus「ピントがずれている」 blurry「ぼやけた，不鮮明な」 development「(写真の）現像」 in the context of ～「～という状況下にあって」 massive「極めて多い」 the labour of love「愛情からかける手間」→the が付いているので既出の情報である第 2 段第 6 文（Printed images of loved ones used to …）を指しており，「愛する者のためにかけていたその手間」と訳せる。tag「タグ付けをする」 categorize「～を分類する」 delete「～を削除する」 majority of ～「～の大半」 occasionally「時折」 claim「～を主張する」 emergent「現れつつある」 acceptance「受容，容認」 be indicative of ～「～を示している」 their diminished social worth「写真の社会的価値が減少したこと」→their は前にある photos を指す。現像した写真を壁に貼ったりする習慣が減ってきていることを意味している。plenty of ～「豊富な～」 lock-screen「(携帯端末などの）ロック画面」 device「機器，（スマートフォンなどの）端末」 overall「全体的にみれば」 digitalization「デジタル化」 shift ～ from *A* to *B*「～を *A* から *B* に変える」 focus「焦点，中心」

(第 3 段） date back to ～「(起源などが)～に遡る」 offer「～を提供する」 peculiar「一風変わった」 invention「発明（品)」 streamline「～を効率化する」 outfit「衣服」 prove「～だと証明する」 a pop idol「人気アイドル」 set up *A* on a date「*A*（人）にデートのお膳立てをする」 pretty「かなり」 pointless「無意味な」 practical「実用的な」 aid「補助（器具)」 sneak「こそこそした」

(第 4 段） propose「～を提案する」 capture「～を記録する」 maintain「～を維持する」 no different from ～「～と何ら変わらない」 portable「持ち運び可能な」 image making device「画像生成機器」 the uses and meanings attributed to home videos「家庭用ビデオカメラに割り当てられていた利用方法や意味合い」→attribute *A* to *B*「*A*（性質など）が *B* にあると考える」が受け身の形となっていて，which were が attributedの直前に省略されていると考える。home video「家庭用ビデオカメラ」remain「(変わらず) 留まる」despite「～にもかかわらず」cultural imaginaries about it「それ（＝写真の社会的役割）に関する文化的憶測」→itは同文中のthe social function of photographyを指す。

III **解答例** 〈解答例1〉 When you hear the word "minority," perhaps you first think of a small group of people within a much larger group. It is misleading, however, to take the idea of a minority as just a matter of numbers. Any group that is defined by such attributes as race or religion can be referred to as a minority as long as its members are oppressed in society in terms of their historical or cultural backgrounds. In this sense, even a group that has a large number of members can be considered to be a minority. For example, in society where most of the managers in any organizations are male, women can be thought of as a minority.

〈解答例2〉 A "minority" might be associated with a small group within society, but it is dangerous to deal with the problems of minorities only from the viewpoint of number. If those groups that consist of people of the same race or religion are being oppressed in society due to its historical or cultural prejudices, they are minorities. Considering this, a group that is large in number can still be a minority. If men, for instance, dominate managerial positions in an organization, female workers there can be regarded as a minority.

◀解　説▶

「『マイノリティ』という言葉を聞くと，全体のなかの少数者をまず思い浮かべるかもしれない」

- 「『マイノリティ』という言葉を聞くと，～をまず思い浮かべるかもしれない」→英作文は主節の動詞に何を使うのかを優先的に考えていく。動詞は大切な要素なので，語法（その動詞の正しい使い方）に関して自信があるものを選定する。「*A*を聞くと*B*を思い浮かべる」の場合，主節の動詞は「(*B*を) 思い浮かべる」であり，これにthink of ～「～のことを思う〔思い浮かべる〕」を用いるなら，その主語はyouとなる。次に「*A*を聞くと」が when you hear *A* で表せる。listen to ～ は，意識的に人の話などにじっくりと耳を傾ける場合に用いる。「(短めの音や単語など) を耳にする」，「(自然に)～が聞こえてくる」という意味の hear がここでは適当。また，think of ～ 以外にも *A* is associated with *B*「*A* を聞くと *B* を連想する」という表現を知っていれば，この動詞を中心に考えて，主語には the word “minority” や a “minority” を用いる。「～かもしれない」には，S might V や perhaps S V「ひょっとしたら～」がよく使われる。

• 「全体のなかの少数者」→「少数者」は a small group (of people)，a small number of people などで表せる。「全体のなかの」は，「社会における」と捉えて in society としてもよい（society は可算名詞・不可算名詞の両方があるが，a classless society「階級のない社会」のように間に形容詞を挟む場合に a を付けることが多く，society 単独で使う場合は無冠詞になるのが普通)。あるいは，「より大きな集団のなかの（小集団)」という意味で（a small group）within a much larger group とするのも可。

「しかし，マイノリティという概念を数だけの問題に還元するのは間違いのもとである」

• 「(～するの) は間違いのもとである」→「(～するの) は誤解を招く〔危険だ〕」と捉えて it is misleading〔dangerous〕to *do* とするか，「～は間違いだろう」なら it would be wrong to *do* となる。

• 「しかし」→等位接続詞の but ではなく，接続副詞の however, を用いる場合は，〈解答例 1〉のように文中に置かれることが多いが，位置に自信がなければ文頭で However, S V とすればよい。いずれにせよ，however 直後にカンマを付けること。

• 「マイノリティという概念」→そのまま the idea of a minority とするか，the problems of minorities「マイノリティの抱える問題」とかえても要点は変わらない。概念や単語としての minority ではなく，具体的な「マイノリティに相当する集団」を言い表す場合は可算名詞として扱うので a を付けたり，複数形 minorities とする。

• 「(マイノリティという概念を) 数だけの問題に還元する」→「還元する」とは「もとの性質に戻す」という意味で，ここでは「社会的弱者としてさまざまな意味合いを持つマイノリティ」を「少数のものという狭い意味でのマイノリティ」へと落とし込んで捉えること。「還元する」を直訳しようとせずに，要は「数だけの問題として捉える〔受け取る〕」とか，「数の観点でのみ問題を扱う」ということだと判断して，take ～ as just a matter of numbers や，deal with ～ only from the viewpoint of number のように英訳できる。

「人種あるいは宗教のような属性によって定義づけられる集団は，歴史的，文化的な条件によって社会的弱者になっている場合，マイノリティと呼ばれる」

- 「(…集団は) マイノリティと呼ばれる」→主節の動詞となる箇所なのでここから考えていく。「*A* は *B* と呼ばれる」なら *A* is called *B*, *A* is referred to as *B* など。… can be referred to as a minority のように助動詞 can「～し得る」を付けて断言する形を避けることも多い。「呼ばれる」という動詞を英語にすることが目的ではなく，和文の内容が伝わる英文を作るのが本来的作業。例えば，「歴史的，文化的な条件によって社会的弱者になっている場合」はその集団は「マイノリティである」と言えるので，〈解答例 2〉の they are minorities のように，*A* is *B*「*A* は *B* である」の形で表現することも可。
- 「人種あるいは宗教のような属性によって定義づけられる集団」→「*B* によって定義づけられる *A*」の形であれば，*A* that is defined by *B* となる。*A* は any group「どんな集団でも」とすることで「(集団に属する人々の) 数は問題ではない」ということが強調できる。*B* には such attributes as race or religion「人種あるいは宗教のような属性」が入る。また，「属性」をそのまま attribute で表すのが難しい場合などは，「同じ人種や宗教を持つ人々から構成される集団」と日本語を言い換えればよい。その場合は *A* consist of *B*「*A* は *B* から構成される」を活用して，those groups that consist of people of the same race or religion となる。
- 「(…集団は) 歴史的，文化的な条件によって社会的弱者になっている場合」→「～になっている場合」は，if や when の他に as long as ～「～な限りは」などの接続詞が使える。「社会的弱者になっている」は (be) the weak in society でもよいが，響きがよくないのでマイノリティの問題を扱う場合などは婉曲的に (be) not represented in society「社会で評価されていない」という表現がよく使われる。ただ，受験生レベルでは高度な表現となるので，「社会で虐げられている」と捉えて，be oppressed in society とすればよい。他にも「社会的に弱い立場にある」と考えて，be in a socially weak position としてもよい。「歴史的，文化的な条件によって」の「条件」は，マイノリティの歴史的・文化的な「背景」から，とも解釈できるし，社会の歴史的・文化的な「偏見」による，という意味とも取れる。前者なら in terms of their historical or cultural backgrounds, 後者なら due to its historical or cultural prejudices となる（ただし，their や its の部分はそれが指す名詞に応じて適当な代名詞にする）。

「こうした意味で，数としては少なくない集団でもマイノリティとなる」

- 「こうした意味で」→そのまま In this sense で始めるか，分詞構文を用いて Considering this, …「この点を考慮すれば，…」などとする。
- 「（…でも）マイノリティとなる」→consider *A* to be *B*「*A* を *B* とみなす〔考える〕」を用いるなら，その受動態を使って … can be considered to be a minority「…はマイノリティと考えられ得る」と表せる。もっと単純に … can be a minority「…はマイノリティになり得る」でも要点は同じ。
- 「数としては少なくない集団でも」→主語になる箇所なので名詞句で表現したいので，a group を先行詞にして関係詞節で修飾する。「数としては少なくない」は「（集団の構成員の）数が多い」ということなので，a group that has a large number of members や a group that is large in number と表す。

「例えば，組織の管理職のほとんどが男性である社会では，女性はマイノリティと考えられる」

- 「組織の管理職のほとんどが男性である社会では」→「管理職」は managerial position(s)，あるいは「運営者」と言い換えて manager(s) とする。「どの組織でもその運営者のほとんどが男性である社会では」なら in society where most of the managers in any organizations are male。「ある組織で男性が管理職を支配しているなら」として if を使えば，if men dominate managerial positions in an organization となる。male は形容詞なので be male のように be 動詞の補語として，man は名詞なので men と複数形で用いる。
- 「女性はマイノリティと考えられる」→すでに「マイノリティと呼ばれ

る」や「マイノリティとなる」の箇所で使ったのと全く同じ動詞表現を単純に繰り返すと英語らしくない英訳となるため注意が必要。また上記の〔解説〕で登場していない表現である think of A as B や regard A as B の受動態を用いるなど，表現力に幅を持たせておく必要がある。women can be thought of as a minority，female workers there can be regarded as a minority のようになるが，female は形容詞で用いることが多いので female workers「女性労働者」のように名詞 workers を補う必要がある。

❖講　評

2019年度は，読解問題2題，英作文問題1題の構成で，2017・2018年度と比べると英作文に関する大問が1つ減っている。しかし，大問Ⅱの読解問題の中で，その話題に関連した100語程度の自由英作文が出題されている。そのため，問題の総量や読解問題と英作文問題の割合は概ね同じと言える。自由英作文が連続して出題されているという点では2016年度以降変わっていない。読解問題の語数は2題で約1,160語であり，2017・2018年度とほぼ同じである。

Ⅰは，バーチャルリアリティの技術が進むほど現実の人間がどれほど高度に進化しているかがわかる，という内容の文章になっており，内容説明が2問，下線部和訳が1問，空所補充が1問の計4問。(2)の主に a secret visual motion language についての説明を求めた問題は，段落全体の意味をつかむインプットと，自分の理解を適切に日本語で説明するアウトプットの両方の能力が問われるもので，受験生の間で差が出やすいものとなっている。

Ⅱは，デジタルカメラやカメラ付きの携帯電話が登場したことによる変化についての英文で，内容説明が1問，下線部和訳が2問，カメラ付き携帯電話の利点に関する自由英作文が1問の計4問。内容説明や下線部和訳は特に難解というものではなく，京大の例年の難度から考えると少し易しめにも感じる。(4)の自由英作文も，カメラ付き携帯電話について与えられた3つの利用方法から1つ選択できるため，自分の取り組みやすいものを選べばそれほど難しいものではない。ただし，自由英作文への慣れと時間配分への注意が必要だろう。

Ⅲの英作文問題は，やや長めの和文英訳となっている。マイノリティの概念に関する社会学的な話題で，「還元する」や「属性によって定義づけられる」といった堅い表現も登場するが，日本語の意味を文脈に沿った形で解釈できれば英訳自体は柔らかめの表現で実現できるだろう。マイノリティに関する英文を読んだことがある受験生ならなお有利と言えるので，日頃からさまざまな話題の英文に触れておきたいところ。

2019 年度も出題形式の変化が多少見られたが，全体的な難易度や分量は，例年と大きく変わっていない。むしろ各設問の難易度的にはやや易化したが，形式の変化にも落ち着いて対処できるかは重要なポイントと言える。2018 年度の〔講評〕で「思考力を問うための試験問題には，パターン化を避けようとするための工夫がしばしば見られる。受験生も形式の変化に動揺することなく，本質的理解を追求するよう日々の学習において心がけることが肝要だろう」としたが，再度留意したい。

数学

1

◇発想◇　問 1．2 倍角・3 倍角の公式を用いて，$\cos\theta$，$\cos 2\theta$，$\cos 3\theta$ の関係式を導くのであるが，$\cos\theta$ は無理数，$\cos 2\theta$ と $\cos 3\theta$ は有理数であることに注目する。$\cos^2\theta$ や $\cos^3\theta$ は無理数か有理数か不明であるから，導く関係式は $\cos\theta$ の 1 次式でなければならないということである。問題文のただし書きは，求まった θ の値に対して $\cos\theta$ が無理数であることを確認するときに用いる。

問 2．部分積分法，置換積分法を用いて積分計算を行う。

解答　問 1．$\cos 3\theta=4\cos^3\theta-3\cos\theta=\cos\theta\{2(2\cos^2\theta-1)-1\}$

$$=\cos\theta(2\cos 2\theta-1)$$

$2\cos 2\theta-1\neq 0$ とすると

$$\cos\theta=\frac{\cos 3\theta}{2\cos 2\theta-1}\quad\cdots\cdots①$$

$\cos 2\theta$ と $\cos 3\theta$ がともに有理数であれば①の右辺も有理数であるから，$\cos\theta$ は有理数になる。

よって，$\cos\theta$ は有理数ではないが，$\cos 2\theta$ と $\cos 3\theta$ がともに有理数となるなら

$$2\cos 2\theta-1=0\quad すなわち\quad \cos 2\theta=\frac{1}{2}\quad（有理数）$$

である。$0<\theta<\frac{\pi}{2}$ より，$0<2\theta<\pi$ であるから

$$2\theta=\frac{\pi}{3}\quad ゆえに\quad \theta=\frac{\pi}{6}$$

このとき　$\cos 3\theta=\cos\frac{\pi}{2}=0$　（有理数）

また，$\cos\theta=\cos\frac{\pi}{6}=\frac{\sqrt{3}}{2}$ より　$2\cos\theta=\sqrt{3}$　$\cdots\cdots②$

ここで，3 は素数であるから $\sqrt{3}$ は有理数でない。

$\cos\theta$ が有理数であるとすると，②の左辺も有理数になるが，これは②の右辺が有理数でないことに矛盾する。

よって，$\cos\theta$ は有理数でない。

したがって　　$\theta=\dfrac{\pi}{6}$　……(答)

問 2．(1)　$\displaystyle\int_0^{\frac{\pi}{4}}\frac{x}{\cos^2 x}dx=\Big[x\tan x\Big]_0^{\frac{\pi}{4}}-\int_0^{\frac{\pi}{4}}\tan x dx$

$$=\frac{\pi}{4}+\int_0^{\frac{\pi}{4}}\frac{-\sin x}{\cos x}dx$$

$$=\frac{\pi}{4}+\Big[\log|\cos x|\Big]_0^{\frac{\pi}{4}}$$

$$=\frac{\pi}{4}+\log\frac{1}{\sqrt{2}}$$

$$=\frac{\pi}{4}-\frac{1}{2}\log 2 \quad \cdots\cdots(\text{答})$$

(2)　$\displaystyle\frac{1}{\cos x}=\frac{\cos x}{\cos^2 x}=\frac{\cos x}{(1+\sin x)(1-\sin x)}$

$$=\frac{\cos x}{2}\left(\frac{1}{1+\sin x}+\frac{1}{1-\sin x}\right)$$

であるから

$$\int_0^{\frac{\pi}{4}}\frac{dx}{\cos x}=\frac{1}{2}\int_0^{\frac{\pi}{4}}\left(\frac{\cos x}{1+\sin x}-\frac{-\cos x}{1-\sin x}\right)dx$$

$$=\frac{1}{2}\Big[\log|1+\sin x|-\log|1-\sin x|\Big]_0^{\frac{\pi}{4}}$$

$$=\frac{1}{2}\left\{\log\left(1+\frac{1}{\sqrt{2}}\right)-\log\left(1-\frac{1}{\sqrt{2}}\right)\right\}$$

$$=\frac{1}{2}\log\frac{\sqrt{2}+1}{\sqrt{2}-1}$$

$$=\frac{1}{2}\log(\sqrt{2}+1)^2$$

$$=\log(\sqrt{2}+1) \quad \cdots\cdots(\text{答})$$

参考　$\displaystyle\int_0^{\frac{\pi}{4}}\frac{dx}{\cos x}=\int_0^{\frac{\pi}{4}}\frac{\cos x}{\cos^2 x}dx=\int_0^{\frac{\pi}{4}}\frac{\cos x}{1-\sin^2 x}dx$

$\sin x=u$ とおくと，$\cos x dx=du$ で，

x	$0\to\frac{\pi}{4}$
u	$0\to\frac{1}{\sqrt{2}}$

より

$$\int_0^{\frac{\pi}{4}}\frac{dx}{\cos x}=\int_0^{\frac{1}{\sqrt{2}}}\frac{du}{1-u^2}=\frac{1}{2}\int_0^{\frac{1}{\sqrt{2}}}\left(\frac{1}{1-u}+\frac{1}{1+u}\right)du$$
$$=\frac{1}{2}\Big[-\log|1-u|+\log|1+u|\Big]_0^{\frac{1}{\sqrt{2}}}$$
$$=\frac{1}{2}\left\{-\log\left(1-\frac{1}{\sqrt{2}}\right)+\log\left(1+\frac{1}{\sqrt{2}}\right)\right\}$$

（以下，〔解答〕と同じ）

◀解　説▶

≪問1．２倍角・３倍角の公式と有理数・無理数　問2．部分積分法と置換積分法≫

問1．三角関数に有理数・無理数の問題を融合したものである。$\theta=\frac{\pi}{6}$ が条件を満たすことはわかるが，これ以外にないことを示さなければならない。$\cos 3\theta=\cos\theta(2\cos 2\theta-1)$ を導くことがポイントとなる。式変形の途中で $\cos 3\theta=\cos\theta(4\cos^2\theta-3)=\cos\theta\left(4\cdot\frac{1+\cos 2\theta}{2}-3\right)$ と半角の公式を用いてもよい。有理数であるかないかについては注意が必要である。有理数同士の加減乗除の結果は0で割ることを除いて有理数であることは用いてよい。しかし，有理数と有理数でない数，有理数でない数同士の加減乗除の結果は有理数であるかないか不明である。例えば，(有理数)×(有理数でない数)＝(有理数でない数) としてはいけないということである。0×(有理数でない数)＝0は有理数である。問題文で「無理数」とはしないで「有理数ではない」としているのは，このことを強調していると考えられる。したがって，背理法を用いて適切に説明することが重要となる。なお，本問では，「p が素数のとき，$\sqrt{p}$ が有理数でない」ことは証明しなくてよいが，$\sqrt{2}$ が無理数であることを示す方法と同様にして証明することができる。

問2．(1)　$(\tan x)'=\frac{1}{\cos^2 x}$ であるから，部分積分法 $\int f(x)g'(x)dx$

$=f(x)g(x)-\int f'(x)g(x)\,dx$ を用いる。また，置換積分法により

$\int\frac{f'(x)}{f(x)}dx=\log|f(x)|+C$（$C$ は積分定数）である。

(2)　$\frac{1}{(1+\sin x)(1-\sin x)}=\frac{1}{2}\left(\frac{1}{1+\sin x}+\frac{1}{1-\sin x}\right)$ と部分分数分解し，置換積分法を用いる。

2

◆発想◆　p が素数ならば，p は2または奇数である。また，連続する2整数 n，$(n+1)$ は一方が偶数，他方が奇数である。このことをふまえて整数の偶奇に注目すると，$f(n)=n^2+2n+2$（n は整数）では n と $f(n)$ の偶奇が一致することに気がつく。したがって，n と $|f(n)|$，$(n+1)$ と $|f(n+1)|$ の偶奇が一致することから，$f(n)$，$f(n+1)$ がどのような整数であるかを考える。

解答　整数 n は

$$n=2k,\ 2k+1\quad（k \text{ は整数}）$$

のいずれかの形で表される。

(i)　$n=2k$ のとき

$$|f(n)|=|f(2k)|=|8k^3+8k^2+2|=2|4k^2(k+1)+1|$$

$|4k^2(k+1)+1|$ は整数であるから，$|f(n)|$ は偶数である。

よって，$|f(n)|$ が素数となるのは $|f(n)|=2$ だけであるから

$$|4k^2(k+1)+1|=1\quad すなわち\quad 4k^2(k+1)+1=\pm 1$$

これより

$$4k^2(k+1)=0\quad\cdots\cdots①\quad または\quad 2k^2(k+1)=-1\quad\cdots\cdots②$$

①より　$k=0,\ -1$　このとき　$n=0,\ -2$

$|f(0)|=2$，$|f(1)|=5$ はともに素数，

$|f(-2)|=2$，$|f(-1)|=3$ もともに素数である。

②は，$k^2(k+1)$ が整数であるから，左辺は偶数，右辺は奇数となり，②を満たす整数 k は存在しない。

(ii)　$n=2k+1$ のとき

$$|f(n+1)|=|f(2(k+1))|=2|4(k+1)^2(k+2)+1|$$

$|4(k+1)^2(k+2)+1|$ は整数であるから，$|f(n+1)|$ は偶数である。

よって，$|f(n+1)|$ が素数となるのは $|f(n+1)|=2$ だけであるから

$$|4(k+1)^2(k+2)+1|=1 \quad \text{すなわち} \quad 4(k+1)^2(k+2)+1=\pm 1$$

これより

$$4(k+1)^2(k+2)=0 \quad \cdots\cdots③$$

または

$$2(k+1)^2(k+2)=-1 \quad \cdots\cdots④$$

③より　$k=-1,\ -2$　このとき　$n=-1,\ -3$

$|f(-1)|=3,\ |f(0)|=2$ はともに素数，

$|f(-3)|=7,\ |f(-2)|=2$ もともに素数である。

④は，$(k+1)^2(k+2)$ が整数であるから，左辺は偶数，右辺は奇数となり，④を満たす整数 k は存在しない。

(i)，(ii)より，求める整数 n は

$$n=-3,\ -2,\ -1,\ 0 \quad \cdots\cdots(\text{答})$$

◀解　説▶

≪素数となる条件≫

整数の偶奇に注意して，素数となる条件を考える問題である。偶数の素数は2だけであることがポイントとなる。

$f(x)=x^3+2(x^2+1)$ に注意すれば，n と $f(n)$，$(n+1)$ と $f(n+1)$ の偶奇は一致することがわかる。n，$n+1$ は一方が偶数，他方が奇数であるから，$|f(n)|$，$|f(n+1)|$ の一方が偶数，他方が奇数となる。したがって，$|f(n)|$ と $|f(n+1)|$ がともに素数となる条件は，$|f(n)|=2$ または $|f(n+1)|=2$ である。

以上のような流れで n を求めることになる。②を満たす整数 k が存在しないことを示す際も，両辺の偶奇に注目するとよい。また，(ii)は(i)と同様なので記述量を減らすことも可能である。

なお，(i)の $|f(n)|=2|4k^2(k+1)+1|$ を見れば，$k\leqq -2$ または $1\leqq k$，すなわち n が「$n\leqq -4$ または $2\leqq n$」の偶数のとき $|f(n)|$ は素数にならないことがわかる。また，(ii)の $|f(n+1)|=2|4(k+1)^2(k+2)+1|$ から，$k\leqq -3$ または $0\leqq k$，すなわち n が「$n\leqq -5$ または $1\leqq n$」の奇数のとき $|f(n+1)|$ は素数にならないことがわかる。これらのことから，$n=-3,\ -2,\ -1,\ 0$ のときの $|f(n)|$ と $|f(n+1)|$ を調べるという解法

も可である。

3

◇発想◇　三角形 ABC を xy 座標平面上におき，適切に座標を定める。点Pの描く曲線の方程式を求めるのであるが，曲線の方程式を，t を媒介変数として表示する方法と，t を消去して y を x で表す方法が考えられる。いずれの方法でも，Pの描く曲線と線分BC によって囲まれる部分を確認し，定積分によって面積を計算する。

解答　三角形 ABC は鋭角三角形であるから，直線 BC を x 軸に，点B を通り直線 BC に垂直な直線を y 軸にとり，頂点の座標を A$(a,\ b)$，B$(0,\ 0)$，C$(c,\ 0)$，ただし，$0<a<c,\ b>0$ とすることができる。

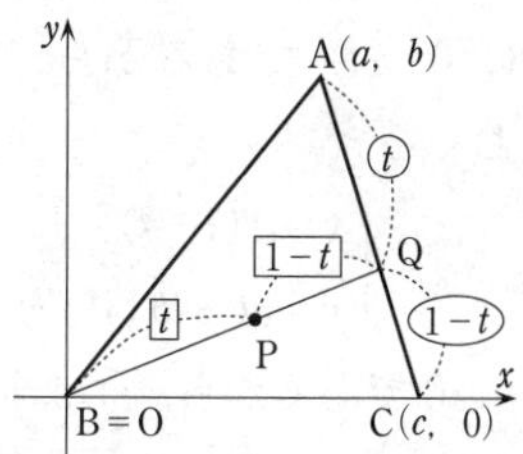

Q$(ct+(1-t)a,\ (1-t)b)$ であるから，P の座標を $(x,\ y)$ とおくと

$$\begin{cases} x=t\{ct+(1-t)a\}=(c-a)t^2+at \\ y=t(1-t)b=-b(t^2-t) \end{cases}$$

これがPの描く曲線の方程式である。これより

$$\frac{dx}{dt}=2(c-a)t+a$$

$$\frac{dy}{dt}=-b(2t-1)$$

で，$c-a>0,\ a>0,\ b>0$ であるから，$0<t<1$ における $x,\ y$ の変化は右のようになる。

t	(0)	…	$\frac{1}{2}$	…	(1)
$\frac{dx}{dt}$		+	+	+	
x	(0)	→	$\frac{a+c}{4}$	→	(c)
$\frac{dy}{dt}$		+	0	−	
y	(0)	↑	$\frac{b}{4}$	↓	(0)

よって，求める面積を T とすると

$$T=\int_0^c ydx$$

$$=\int_0^1\{-b(t^2-t)\}\{2(c-a)t+a\}dt$$

$$=b\int_0^1\{2(a-c)t^3+(2c-3a)t^2+at\}dt$$

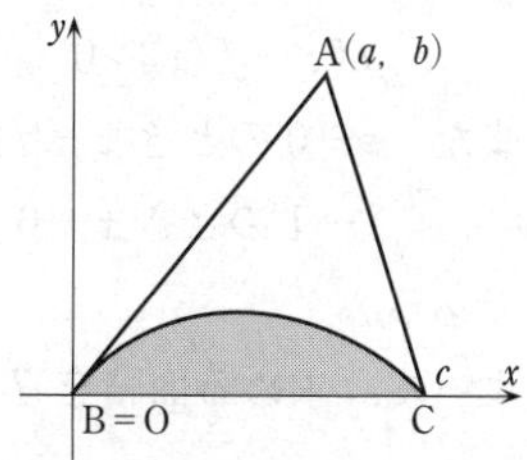

$$=b\left[\frac{a-c}{2}t^4+\frac{2c-3a}{3}t^3+\frac{a}{2}t^2\right]_0^1$$

$$=b\left(\frac{a-c}{2}+\frac{2c-3a}{3}+\frac{a}{2}\right)$$

$$=\frac{bc}{6}$$

$S=\dfrac{bc}{2}$ であるから　　$T=\dfrac{1}{3}S$　……(答)

別解　＜媒介変数を消去する解法＞

三角形ABCは鋭角三角形であるから，直線ACを y 軸に，点Aを通り直線ACに垂直な直線を x 軸にとり，頂点の座標をA$(0,\ 0)$，B$(a,\ b)$，C$(0,\ c)$，ただし，$a>0$，$0<b<c$ とすることができる。

Q$(0,\ ct)$ であるから，Pの座標を $(x,\ y)$ とおくと

$$\begin{cases} x=a(1-t) & \cdots\cdots① \\ y=ct^2+b(1-t) & \cdots\cdots② \end{cases}$$

$a>0$ であるから，①より

$$1-t=\frac{x}{a},\quad t=1-\frac{x}{a}$$

これと②より

$$y=c\left(1-\frac{x}{a}\right)^2+b\cdot\frac{x}{a}=\frac{c}{a^2}x^2-\frac{2c-b}{a}x+c\quad (=f(x)\ とおく)$$

直線BCの方程式は　　$y=\dfrac{b-c}{a}x+c$　$(=g(x)\ とおく)$

これより

$$g(x)-f(x)=-\frac{c}{a^2}x(x-a)$$

であるから，$0<t<1$ のとき，$0<x<a$ で

$$g(x)-f(x)>0$$

また，$t\to 0$ のとき $x\to a$ で　　$g(x)-f(x)\to 0$

　　$t\to 1$ のとき $x\to 0$ で　　$g(x)-f(x)\to 0$

である。

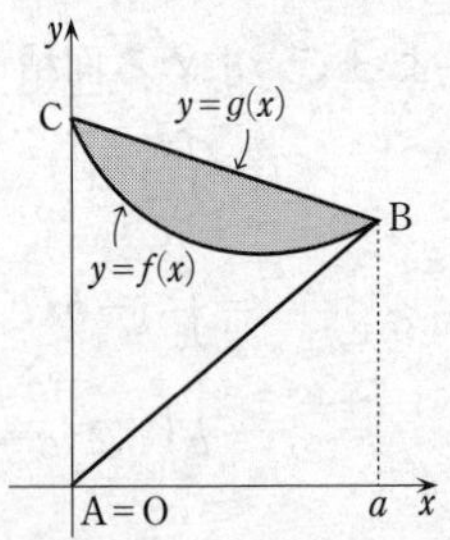

よって，求める面積を T とすると

$$T=\int_0^a\{g(x)-f(x)\}dx$$
$$=-\frac{c}{a^2}\int_0^a x(x-a)\,dx$$
$$=\frac{c}{a^2}\cdot\frac{a^3}{6}$$
$$=\frac{ac}{6}$$

$S=\dfrac{ac}{2}$ であるから　　$T=\dfrac{1}{3}S$

◀解　説▶

≪媒介変数表示された曲線と面積≫

三角形の内部を動く点の軌跡の方程式を媒介変数表示し，その曲線と三角形の一辺によって囲まれる部分の面積を求める問題である。

まず，座標軸を設定する。設定の仕方によって計算量に差が出てくる。曲線と辺 BC によって囲まれる部分の面積を求めるのであるから，直線 BC を x 軸にとるのがよいであろう。P の描く曲線の方程式を，t を媒介変数として媒介変数表示して，定積分によって面積を計算するのであるが，P の描く曲線の概形を確認しておかなければならない。$0<t<1$ のとき，$\dfrac{dx}{dt}>0$，$y>0$ の確認は必須である。x，y の変化を表にし，曲線の概形を図示しておくとよい。△ABC が鋭角三角形，すなわち $0<a<c$ であることがここで関係してくる。あとは $\displaystyle\int_0^c ydx=\int_0^1 y\frac{dx}{dt}dt$ として計算すればよい。

〔別解〕のように直線 AC を y 軸にとると，P の描く曲線の方程式から容易に t を消去することができる。その結果，曲線は放物線の一部になることがわかる。

なお，$0<t<1$ であるから P の描く曲線は両端を含まないが，$t\to 0$ のとき P→B，$t\to 1$ のとき P→C に近づき，辺 BC は両端 B，C を含むから，曲線と辺 BC で囲まれることになる。

4

◆発想◆　条件を満たす目の出方を具体的に書いてみる。4以下の目が出る事象をA，5以上の目が出る事象をBとして，X_1，X_2，…，X_nの出方を順に並べると，A，A，…，A，B，B，…，B，A，A，…，Aとなる。ただし，Bの前にあるAの個数をp個，Bの個数をq個とすると，$0\leqq p\leqq n-1$，$1\leqq q\leqq n-p$であり，Bの後にあるAの個数は$(n-p-q)$個となる。この条件を満たす目の出方の確率の総和を求める。

解答　1つのさいころを1回投げて，4以下の目が出る事象をA，5以上の目が出る事象をBとする。

条件を満たすX_1，X_2，…，X_nの出方を順に並べると

$A,\ A,\ \cdots,\ A,\ B,\ B,\ \cdots,\ B,\ A,\ A,\ \cdots,\ A$　……①

ただし，Bの前にあるAの個数をp個，Bの個数をq個　……②とすると，$X_0=0$であることから

$0\leqq p\leqq n-1,\ 1\leqq q\leqq n-p$　……③

で，このときBの後にあるAの個数は$(n-p-q)$個で，$0\leqq n-p-q\leqq n-1$となる。

①かつ②となるような目の出る確率は

$$\left(\frac{2}{3}\right)^p\left(\frac{1}{3}\right)^q\left(\frac{2}{3}\right)^{n-p-q}=\frac{2^{n-q}}{3^n}\quad\cdots\cdots④$$

求める確率は，p，qが③を満たすときの確率④の総和であるから

$$\sum_{p=0}^{n-1}\sum_{q=1}^{n-p}\frac{2^{n-q}}{3^n}=\frac{2^n}{3^n}\sum_{p=0}^{n-1}\sum_{q=1}^{n-p}\left(\frac{1}{2}\right)^q$$

$$=\frac{2^n}{3^n}\sum_{p=0}^{n-1}\frac{1}{2}\cdot\frac{1-\left(\frac{1}{2}\right)^{n-p}}{1-\frac{1}{2}}$$

$$=\frac{1}{3^n}\left(2^n\sum_{p=0}^{n-1}1-\sum_{p=0}^{n-1}2^p\right)$$

$$=\frac{1}{3^n}\left(2^n\cdot n-\frac{2^n-1}{2-1}\right)$$

$$=\frac{(n-1)\,2^n+1}{3^n}\quad\cdots\cdots(答)$$

◀解　説▶

≪さいころの目の出方と確率，等比数列の和≫

条件をみたすようなさいころの目の出方の確率を求める問題である。

1つのさいころを1回投げたとき，4以下の目が出る確率は $\dfrac{2}{3}$，5以上の目が出る確率は $\dfrac{1}{3}$ で，条件をみたす目の出方は

$$\underbrace{A,\ A,\ \cdots,\ A}_{p\,回},\ \underbrace{B,\ B,\ \cdots,\ B}_{q\,回},\ \underbrace{A,\ A,\ \cdots,\ A}_{(n-p-q)\,回}\quad\cdots\cdots①$$

ただし　　$0\leqq p\leqq n-1,\ 1\leqq q\leqq n-p$　……③

のときである。この①，③を導くのが本問のポイントである。①のように出る確率を $p,\ q,\ n$ で表し，まず p を固定して $q=1,\ 2,\ \cdots,\ n-p$ のときの確率の和を計算する。その和に対して $p=0,\ 1,\ \cdots,\ n-1$ のときの値の総和を計算する。

$$\sum_{p=0}^{n-1}1=\underbrace{1+1+\cdots+1}_{n\,個}=n,\quad \sum_{p=0}^{n-1}2^p=1+2+\cdots+2^{n-1}=\frac{2^n-1}{2-1}$$

であることに注意する。

5

◇発想◇　球面と四角錐を座標空間内において考える方法と，幾何的に考える方法がある。変数の取り方はいろいろ考えられるが，四角錐の体積の公式を考慮すれば，球の中心と四角錐の底面との距離，または四角錐の高さを変数にすると，体積を表す式に $\sqrt{\ }$ が出てこないので計算しやすい。変数を用いて体積を表した後は，微分法を用いて最大値を求める。

解答　半径1の球面を S，正方形 $\mathrm{B_1B_2B_3B_4}$ を含む平面を α とする。S の方程式を $x^2+y^2+z^2=1$，α の方程式を $z=-t$ $(0\leqq t<1)$ としても一般性を失わない。

S と α が交わってできる円を C とすると，C の方程式は

$x^2+y^2=1-t^2$，$z=-t$ であるから，C の半径は $\sqrt{1-t^2}$ である。

正方形 $\mathrm{B_1B_2B_3B_4}$ は C に内接するから，面積は

$$4\cdot\frac{1}{2}(\sqrt{1-t^2})^2=2(1-t^2)$$

点Aの z 座標を a とすると，$-1\leqq a\leqq 1$（$a\neq -t$）で，四角錐の高さは $|a+t|$ であるから，t を固定して考えると，$t\geqq 0$ より，$|a+t|$ は $a=1$ のとき最大値 $1+t$ をとる。

このとき，四角錐の体積を $f(t)$ とすると

$$f(t)=\frac{1}{3}\cdot 2(1-t^2)(1+t)$$

$$=-\frac{2}{3}(t^3+t^2-t-1)$$

求める最大値は，$0\leqq t<1$ における $f(t)$ の最大値である。

$$f'(t)=-\frac{2}{3}(3t^2+2t-1)$$

$$=-\frac{2}{3}(t+1)(3t-1)$$

よって，$0\leqq t<1$ における $f(t)$ の増減表は右のようになるから，求める最大値は

t	0	…	$\frac{1}{3}$	…	(1)
$f'(t)$		+	0	−	
$f(t)$		↗	$\frac{64}{81}$	↘	

$$f\left(\frac{1}{3}\right)=\frac{64}{81}\quad\cdots\cdots(答)$$

別解　＜幾何的に考える解法＞

球面の中心をO，正方形 $B_1B_2B_3B_4$ を含む平面を α とし，Oが α 上にないときを考える。

Oから α に垂線OHを下ろすと，$OB_1=OB_3$，$OB_2=OB_4$ であるから，Hは線分 B_1B_3 の中点かつ線分 B_2B_4 の中点，すなわち正方形 $B_1B_2B_3B_4$ の2本の対角線の交点である。

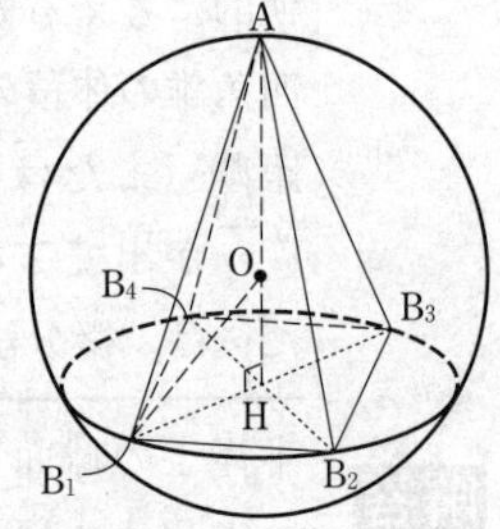

四角錐の高さを h とすると，h は点Aから α へ下ろした垂線の長さで

$$h\leqq OA+OH=1+OH$$

が成り立つ。ここで等号が成り立つのは，半直線HO上にAがあるときで，そのとき，h は最大値 $1+OH$ をとり，底面 $B_1B_2B_3B_4$ を固定したとき，四角錐の体積は最大となる。

このとき，AH$=x$ とおくと，$1<x<2$ で

$$B_1H^2=OB_1{}^2-OH^2=1^2-(x-1)^2=2x-x^2$$

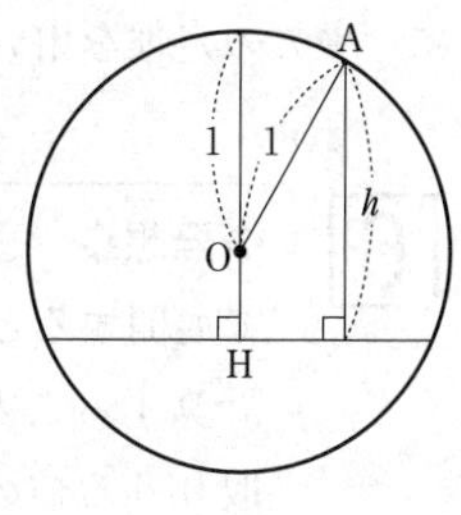

であるから，正方形 $B_1B_2B_3B_4$ の面積は

$$4\cdot\frac{1}{2}B_1H^2=2(2x-x^2)$$

四角錐の体積を $V(x)$ とおくと

$$V(x)=\frac{1}{3}\cdot2(2x-x^2)x=-\frac{2}{3}(x^3-2x^2)\quad\cdots\cdots①$$

である。

Oが α 上にあるときは，OH$=0$，$x=1$ として①が成り立つ。

よって，$1\leqq x<2$ の範囲で $V(x)$ を考えると

$$V'(x)=-\frac{2}{3}(3x^2-4x)=-2x\left(x-\frac{4}{3}\right)$$

$1\leqq x<2$ における $V(x)$ の増減表は右のようになるから，求める最大値は

$$V\left(\frac{4}{3}\right)=\frac{64}{81}$$

x	1	…	$\frac{4}{3}$	…	(2)
$V'(x)$		+	0	−	
$V(x)$		↗	$\frac{64}{81}$	↘	

◀解　説▶

≪球面に内接する四角錐の体積の最大値≫

半径1の球面に内接する四角錐の体積の最大値を求める問題である。

四角錐の体積は $\frac{1}{3}\times$(底面積)$\times$(高さ) であるが，まず底面を固定して高さが最大になるときを考える。そのときの点Aの位置は直感的にわかるが，説明をつけておくべきである。Aの位置を定め，変数を用いて高さの最大値を表す。次に，底面（正方形）を動かして，体積が最大になるときを考える。

〔解答〕では，底面の z 座標を $-t$ $(0\leqq t<1)$ とした。球面の中心と底面との距離を変数 t としたことになる。底面は正方形であるから，外接円の半径，すなわち対角線の長さの $\frac{1}{2}$ がわかれば，面積は容易に求められる。

〔別解〕では，四角錐の高さを変数 x $(1\leqq x<2)$ とした。球面の中心から底面に垂線を下ろす際，中心が底面上にある場合に注意する。$\triangle OB_1H$

に三平方の定理を用いて B_1H^2 を x で表す。

6

◆発想◆　まず，$(1+i)^n+(1-i)^n$ を計算する。二項定理を用いて展開すると複雑になる。ここは，ド・モアブルの定理を用いて計算することがポイントである。次に，常用対数を用いて n の取りうる値の範囲を調べる。常用対数表の注意書きには，「小数第5位を四捨五入し，小数第4位まで掲載している」とある。例えば，$0.30095 \leqq \log_{10}2 < 0.30105$ ということである。常用対数の値を不等式で表し，計算を進めていかなければならない。

解答　ド・モアブルの定理より

$$
\begin{aligned}
&(1+i)^n+(1-i)^n\\
&=\left\{\sqrt{2}\left(\cos\frac{\pi}{4}+i\sin\frac{\pi}{4}\right)\right\}^n+\left[\sqrt{2}\left\{\cos\left(-\frac{\pi}{4}\right)+i\sin\left(-\frac{\pi}{4}\right)\right\}\right]^n\\
&=(\sqrt{2})^n\left(\cos\frac{n\pi}{4}+i\sin\frac{n\pi}{4}\right)+(\sqrt{2})^n\left\{\cos\left(-\frac{n\pi}{4}\right)+i\sin\left(-\frac{n\pi}{4}\right)\right\}\\
&=(\sqrt{2})^n\left\{\left(\cos\frac{n\pi}{4}+i\sin\frac{n\pi}{4}\right)+\left(\cos\frac{n\pi}{4}-i\sin\frac{n\pi}{4}\right)\right\}\\
&=(\sqrt{2})^n\cdot 2\cos\frac{n\pi}{4}\\
&=2^{\frac{n}{2}+1}\cos\frac{n\pi}{4}
\end{aligned}
$$

よって，求める n は

$$2^{\frac{n}{2}+1}\cos\frac{n\pi}{4}>10^{10}\quad\cdots\cdots①$$

をみたす最小の正の整数 n である。

$\cos\dfrac{n\pi}{4}\leqq 1$ より　　$2^{\frac{n}{2}+1}\cos\dfrac{n\pi}{4}\leqq 2^{\frac{n}{2}+1}$

これと①より　　$2^{\frac{n}{2}+1}>10^{10}$

この式の両辺は正であるから，常用対数をとって

$$\left(\frac{n}{2}+1\right)\log_{10}2>10$$

常用対数表より，$0.30095 \leqq \log_{10}2 < 0.30105$　……②であるから

$$n+2 > \frac{20}{\log_{10}2} > \frac{20}{0.30105} = 66.4\cdots \quad \text{より} \qquad n > 64.4$$

n は正の整数であるから　　$n \geqq 65$

$n=65$ のとき

$$2^{\frac{n}{2}+1}\cos\frac{n\pi}{4} = 2^{\frac{67}{2}} \cdot \frac{1}{\sqrt{2}} = 2^{33}$$

$$\log_{10}2^{33} = 33\log_{10}2 < 33 \times 0.30105 = 9.93465 < 10 = \log_{10}10^{10}$$

(∵　②)

すなわち，$2^{33} < 10^{10}$ であるから，①を満たさない。

$66 \leqq n \leqq 70$ のとき，$\cos\frac{n\pi}{4} \leqq 0$ であるから①を満たさない。

$n=71$ のとき

$$2^{\frac{n}{2}+1}\cos\frac{n\pi}{4} = 2^{\frac{73}{2}} \cdot \frac{1}{\sqrt{2}} = 2^{36}$$

$$\log_{10}2^{36} = 36\log_{10}2 \geqq 36 \times 0.30095 = 10.8342 > 10 = \log_{10}10^{10}$$

(∵　②)

すなわち，$2^{36} > 10^{10}$ であるから，①を満たす。

ゆえに，求める n の値は　　$n=71$　……(答)

参考　$0.300 < \log_{10}2 < 0.302$ としても

$$\frac{20}{\log_{10}2} > \frac{20}{0.302} = 66.2\cdots$$

$$33\log_{10}2 < 33 \times 0.302 = 9.966$$

$$36\log_{10}2 > 36 \times 0.300 = 10.8$$

であるから，〔解答〕と同じ結果を導くことができる。

◀解　説▶

≪ド・モアブルの定理，常用対数≫

実数になるような虚数の n 乗の和を計算し，不等式を満たす最小の正の整数 n を求める問題である。

虚数を極形式に直し，ド・モアブルの定理を用いて式変形を行い，与式と同値である不等式①を導く。常用対数を用いて①を解くのであるが，常用対数表を見て，$\log_{10}2 = 0.3010$ としてはいけない。ただし書きに注意し

て，$\log_{10}2$ を不等式で評価しなければならない。したがって，①を直接解くのではなく，まず必要条件を求め，次にそのうち十分条件でもあるものを確認する方法がよい。

〔解答〕では $\cos\frac{n\pi}{4} \leqq 1$ を用いて計算を進めたが，①より $\cos\frac{n\pi}{4} > 0$ であるから，少し手間はかかるが，$n=8k$，$8k\pm1$（k は整数）の場合を考えてもよい。

$n=8k$ のときは $\cos\frac{n\pi}{4}=1$ であるから，〔解答〕と同様にして

$$8k=n>64.4 \quad より \quad k \geqq 9 \quad すなわち \quad n \geqq 72$$

$n=8k\pm1$ のときは $\cos\frac{n\pi}{4}=\frac{1}{\sqrt{2}}$ であるから，〔解答〕と同様にすると

$$2^{\frac{n+1}{2}}>10^{10} \quad より \quad n+1>66.4\cdots \quad よって \quad n>65.4$$

$n=8k+1$，$8k-1$ のいずれのときも $k \geqq 9$ となり

$$n=8k+1 のとき \quad n \geqq 73,\ n=8k-1 のとき \quad n \geqq 71$$

したがって，$n=71$ のときを確認することになる。

なお，〔参考〕のように $\log_{10}2$ の存在範囲を少し広くとっても問題ない。

❖講　評

7年ぶりに独立した小問が出題された。証明問題は出題されていないが，論理を問う問題や立体図形に関する問題は例年通り出題されている。

1　独立した小問2問。問1は三角関数の有理数・無理数に関する問題で，方針を立てるのに少し時間がかかったのではなかろうか。問2は「数学Ⅲ」としては基本的な積分計算である。

2　整数問題。素数に関する標準的な問題で，素数2に注目できるかがポイントとなる。

3　積分法の面積問題。ベクトルにこだわると時間を浪費する。適切に座標軸を設定しないと計算量が多くなるので注意が必要である。

4　確率と数列の融合問題。条件の意味を正確に読み取ることが重要。さらに，条件を式に直し等比数列の和を計算する際に間違いやすい。

5　立体と微分法の融合問題。問題設定はよくあるもので，何を変数にとればよいかがわかっていれば解きやすい。

6　ド・モアブルの定理と対数の問題。常用対数表を用いて適切に評価できるかが問われている。

京大らしく小問誘導のない出題に戻った。45は文系との共通問題である。記述量は少なめで2018年度より易化したといえる。とはいえ，1問2を除けば，解法の方針や記述方法に注意を要するものが並び，34はやや難レベルの問題である。論理的な思考力・表現力および図形感覚を身につけておくことが重要である。

物理

I

解答　(1)　ア．$G\dfrac{Mm_{\mathrm{A}}}{(R+a)^2}$　イ．$m_{\mathrm{A}}(R+a)\omega^2$

ウ．$G\dfrac{Mm_{\mathrm{B}}}{(R-b)^2}$　エ．$m_{\mathrm{B}}(R-b)\omega^2$　オ．1　カ．-1

キ．$3m_{\mathrm{A}}\omega^2$

(2)　ク．$\sqrt{\dfrac{GM}{R}}$　ケ．$1-\dfrac{\theta}{2\pi}$　コ．$2\left(\dfrac{T_1}{T_0}\right)^{\frac{2}{3}}-1$　サ．$\sqrt{\dfrac{2d}{R+d}}$

問1．サの結果を用いると

$$\Delta V=V_1-V_0=\left(\sqrt{\frac{2d}{R+d}}-1\right)V_0=\left(\sqrt{\frac{\frac{2d}{R}}{1+\frac{d}{R}}}-1\right)V_0$$

ケ，コの結果より，$\theta\ll\pi$ のとき

$$\frac{d}{R}=2\left(\frac{T_1}{T_0}\right)^{\frac{2}{3}}-1=2\left(1-\frac{\theta}{2\pi}\right)^{\frac{2}{3}}-1$$

$$\fallingdotseq 2\left(1-\frac{\theta}{3\pi}\right)-1=1-\frac{2\theta}{3\pi}$$

よって

$$\sqrt{\frac{\frac{2d}{R}}{1+\frac{d}{R}}}=\sqrt{\frac{2-\frac{4\theta}{3\pi}}{2-\frac{2\theta}{3\pi}}}=\left(1-\frac{2\theta}{3\pi}\right)^{\frac{1}{2}}\cdot\left(1-\frac{\theta}{3\pi}\right)^{-\frac{1}{2}}$$

$$\fallingdotseq\left(1-\frac{\theta}{3\pi}\right)\cdot\left(1+\frac{\theta}{6\pi}\right)$$

$$\fallingdotseq 1-\frac{\theta}{3\pi}+\frac{\theta}{6\pi}=1-\frac{\theta}{6\pi}$$

したがって

$$\Delta V=\left(1-\frac{\theta}{6\pi}-1\right)V_0=-\frac{1}{6\pi}\cdot\theta V_0$$

となり，ΔV は θ と V_0 に比例する。比例係数は

$$\frac{\Delta V}{\theta V_0}=-\frac{1}{6\pi}\quad\cdots\cdots(答)$$

◀解　説▶

≪人工衛星に取り付けた小物体の運動，楕円軌道の周期≫

(1)　▶ア・イ．小物体Aにはたらく万有引力の大きさを F_A，角速度 ω で小物体Aと共に円運動する観測者から見たときの遠心力の大きさを f_A とすると

$$F_A=G\frac{Mm_A}{(R+a)^2},\quad f_A=m_A(R+a)\omega^2$$

小物体Aにはたらく力のつりあいより，$F_A+N_A=f_A$ となる。

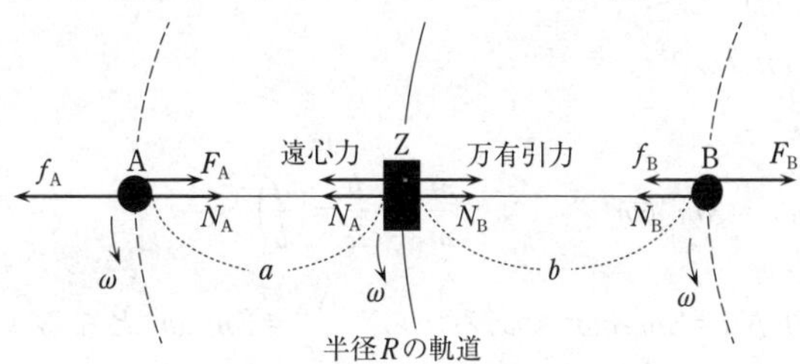

▶ウ・エ．同様にして，小物体Bにはたらく万有引力の大きさを F_B，遠心力の大きさを f_B とすると

$$F_B=G\frac{Mm_B}{(R-b)^2},\quad f_B=m_B(R-b)\omega^2$$

小物体Bにはたらく力のつりあいより，$F_B=N_B+f_B$ となる。

▶オ．人工衛星Zが小物体を取り付ける前の力のつりあいの式は

$$G\frac{Mm_Z}{R^2}=m_ZR\omega^2\quad\cdots\cdots①$$

取り付けた後の力のつりあいの式は

$$G\frac{Mm_Z}{R^2}+N_B=m_ZR\omega^2+N_A$$

よって，同じ円軌道を角速度 ω で動き続けるとき，$N_A=N_B$ である。

▶カ．式①より $\frac{GM}{R^2}=R\omega^2$ であることを用いると，ア・イより

$$N_A=m_A(R+a)\omega^2-G\frac{Mm_A}{(R+a)^2}$$

$$= m_A\left\{(R+a)\,\omega^2 - R\omega^2\left(1+\frac{a}{R}\right)^{-2}\right\}$$

$$\fallingdotseq m_A\left\{(R+a)\,\omega^2 - R\omega^2\left(1-\frac{2a}{R}\right)\right\}$$

$$= 3m_A a\omega^2$$

$$N_B = G\frac{Mm_B}{(R-b)^2} - m_B(R-b)\,\omega^2$$

$$= m_B\left\{R\omega^2\left(1-\frac{b}{R}\right)^{-2} - (R-b)\,\omega^2\right\}$$

$$\fallingdotseq m_B\left\{R\omega^2\left(1+\frac{2b}{R}\right) - (R-b)\,\omega^2\right\}$$

$$= 3m_B b\omega^2$$

$N_A = N_B$ より

$$3m_A a\omega^2 = 3m_B b\omega^2 \qquad \therefore \quad \frac{m_A}{m_B} = \frac{b}{a} = \left(\frac{a}{b}\right)^{-1}$$

▶キ．カより $N_A = 3m_A a\omega^2$ であるから，$\dfrac{N_A}{a} = 3m_A\omega^2$ となる。

(2)　▶ク．速さ V_0，半径 R の等速円運動であるから

$$m_Z\frac{{V_0}^2}{R} = G\frac{Mm_Z}{R^2} \qquad \therefore \quad V_0 = \sqrt{\frac{GM}{R}}$$

▶ケ．円軌道を角度 $2\pi-\theta$ 回転する時間が楕円軌道の周期と同じであればよいから

$$T_0\times\frac{2\pi-\theta}{2\pi} = T_1 \qquad \therefore \quad \frac{T_1}{T_0} = 1-\frac{\theta}{2\pi}$$

▶コ．ケプラーの第三法則より，公転周期の 2 乗は長半径の 3 乗に比例するから

$$\frac{{T_0}^2}{R^3} = \frac{{T_1}^2}{\left(\dfrac{R+d}{2}\right)^3}$$

$$\frac{R+d}{2R} = \left(\frac{T_1}{T_0}\right)^{\frac{2}{3}} \qquad \therefore \quad \frac{d}{R} = 2\left(\frac{T_1}{T_0}\right)^{\frac{2}{3}} - 1$$

▶サ．ケプラーの第二法則より

$$\frac{1}{2}V_1R = \frac{1}{2}V_Dd$$

力学的エネルギー保存則より

$$\frac{1}{2}m_{\mathrm{U}}V_1{}^2-G\frac{Mm_{\mathrm{U}}}{R}=\frac{1}{2}m_{\mathrm{U}}V_{\mathrm{D}}{}^2-G\frac{Mm_{\mathrm{U}}}{d}$$

2式より V_{D} を消去し，$GM=RV_0{}^2$ を用いると

$$V_1{}^2-\frac{2GM}{R}=\left(\frac{R}{d}V_1\right)^2-\frac{2GM}{d}$$

$$\left\{\left(\frac{R}{d}\right)^2-1\right\}V_1{}^2=2\left(\frac{R}{d}-1\right)V_0{}^2$$

$$\left(\frac{R}{d}+1\right)V_1{}^2=2V_0{}^2 \qquad \therefore \quad \frac{V_1}{V_0}=\sqrt{\frac{2d}{R+d}}$$

▶問1．$(1+\delta)^x \fallingdotseq 1+x\delta$ および，δ^2 の項を無視する近似を用いて変形していけばよい。

II 解答

(1) イ．$B_0\left(1-\dfrac{r}{R}\right)$　ロ．$e\omega B_0 r\left(1-\dfrac{r}{R}\right)$

ハ．$\omega B_0 r\left(1-\dfrac{r}{R}\right)$　ニ．$\dfrac{1}{6}\omega B_0 R^2$

(2) ホ．$B_0\left(1-\dfrac{r}{R}\right)\Delta S$

問1．下図で $\Phi_R=\dfrac{1}{3}\pi R^2 B_0$ は底面積 πR^2，高さ B_0 の円錐の体積である。

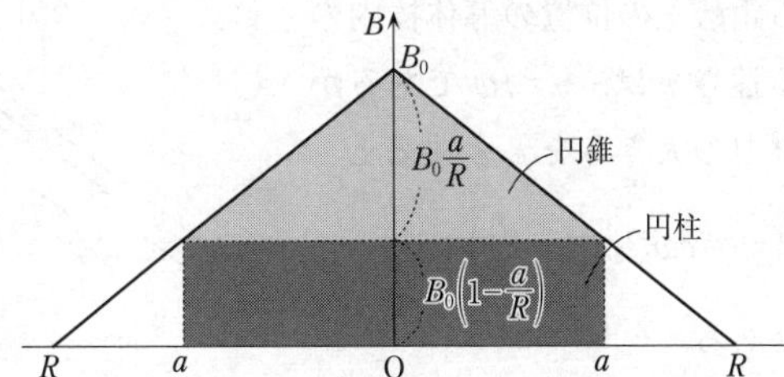

一方，Φ_a は底面積 πa^2，高さ $B_0\left(1-\dfrac{a}{R}\right)$ の円柱と，底面積 πa^2，高さ $B_0\dfrac{a}{R}$ の円錐の体積の和であるから

$$\Phi_a=\pi a^2\cdot B_0\left(1-\frac{a}{R}\right)+\frac{1}{3}\cdot\pi a^2\cdot B_0\frac{a}{R}$$

$$=\pi B_0a^2\left(1-\frac{a}{R}+\frac{a}{3R}\right)=\pi B_0a^2\left(1-\frac{2a}{3R}\right)$$

(3)　へ．$\dfrac{ba}{2}\left(1-\dfrac{2a}{3R}\right)$　ト．$\dfrac{eba}{2m}\left(1-\dfrac{2a}{3R}\right)t$

問２．トの速さを v とおくと，半径 a が一定の円運動であるから

$$m\frac{v^2}{a}=evB \qquad \therefore \quad v=\frac{eaB}{m}$$

ここで，$B=B_0\left(1-\dfrac{a}{R}\right)=bt\left(1-\dfrac{a}{R}\right)$ であるから，トより

$$\frac{eba}{2m}\left(1-\frac{2a}{3R}\right)t=\frac{eabt}{m}\left(1-\frac{a}{R}\right)$$

$$\frac{1}{2}\left(1-\frac{2a}{3R}\right)=1-\frac{a}{R}$$

$$\therefore \quad \frac{a}{R}=\frac{3}{4} \quad \cdots\cdots(答)$$

◀解　説▶

≪軸対称な磁場中を回転する導体棒に生じる起電力，ベータトロン≫

(1)　▶イ．$B(r)$ は $r=0$ で B_0，$r=R$ で 0 で，r の１次関数で減少するから

$$B(r)=B_0\cdot\frac{R-r}{R}=B_0\left(1-\frac{r}{R}\right)$$

▶ロ．点Oから距離 r の位置の導体棒内の電子が回転する速さ v は，$v=r\omega$ であるから，ローレンツ力の大きさを f_r とすると

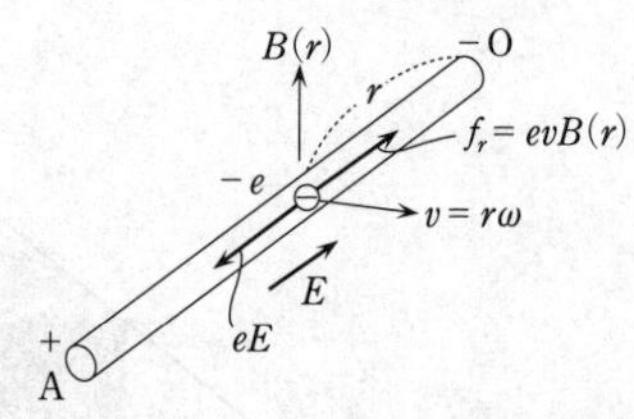

$$f_r=evB(r)=e\omega B_0r\left(1-\frac{r}{R}\right)$$

向きはA→Oである。

▶ハ．電子はO側へ移動し，Aが正，Oが負に帯電し，A→Oの向きに電場が生じる。その大きさは E であるから，電子は電場からO→Aの向きに大きさ eE の力を受け，これがローレンツ力とつりあう。よって

$$eE=e\omega B_0r\left(1-\frac{r}{R}\right) \qquad \therefore \quad E=\omega B_0r\left(1-\frac{r}{R}\right)$$

▶ニ．ハの結果より，E は r の関数なので $E=E(r)$ とする。

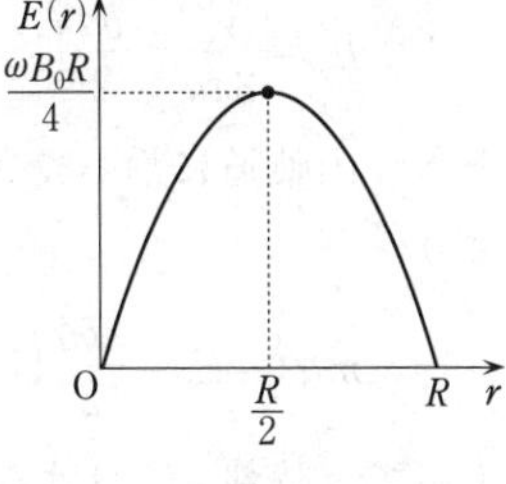

$$E(r)=\frac{\omega B_0}{R}r(R-r)$$

与えられた $f(x)=(x-p)(q-x)$ で，$p=0$, $q=R$ として電位差を V とすると，V は $E(r)$ と r 軸で囲まれた面積なので

$$V=\frac{\omega B_0}{R}\cdot\frac{(R-0)^3}{6}=\frac{1}{6}\omega B_0R^2$$

別解　$V=\int_0^R E(r)\,dr=\omega B_0\int_0^R\left(r-\frac{r^2}{R}\right)dr$

$$=\omega B_0\left[\frac{r^2}{2}-\frac{r^3}{3R}\right]_0^R=\omega B_0\left(\frac{R^2}{2}-\frac{R^2}{3}\right)=\frac{1}{6}\omega B_0R^2$$

(2)　▶ホ．イの結果より

$$\Delta\Phi=B(r)\Delta S=B_0\left(1-\frac{r}{R}\right)\Delta S$$

▶問１．問題文に与えられた式を用いるが，Φ_a は円柱の上に円錐があることに注意。Φ_a は積分を用いて，次のように求めてもよい。$z=0$ の面内で点Oからの距離が r と $r+dr$ の間の円環の面積は $2\pi r\cdot dr$ であるから，この円環を貫く磁束を $d\phi$ とすると

$$d\phi=B(r)\cdot 2\pi rdr=2\pi B_0r\left(1-\frac{r}{R}\right)dr$$

よって，半径 a の円を貫く磁束 Φ_a は

$$\Phi_a=\int_0^a d\Phi=2\pi B_0\int_0^a\left(r-\frac{r^2}{R}\right)dr=2\pi B_0\left[\frac{r^2}{2}-\frac{r^3}{3R}\right]_0^a$$

$$=2\pi B_0\left(\frac{a^2}{2}-\frac{a^3}{3R}\right)=\pi B_0a^2\left(1-\frac{2a}{3R}\right)$$

(3)　▶へ．$B_0=bt$ のとき，問１の結果より

$$\Phi_a=\pi ba^2\left(1-\frac{2a}{3R}\right)t$$

よって，半径 a の円軌道に沿って発生する起電力の大きさを V' とすると

$$V'=\frac{\Delta\Phi_a}{\Delta t}=\pi ba^2\left(1-\frac{2a}{3R}\right)$$

円軌道に沿った電場の大きさを E_a とすると，円周は $2\pi a$ であるから

$$E_a\times 2\pi a=V'$$

$$\therefore \quad E_a = \frac{V'}{2\pi a} = \frac{ba}{2}\left(1 - \frac{2a}{3R}\right)$$

▶ト．円軌道に沿った電子の加速度の大きさを α とすると，運動方程式より

$$m\alpha = eE_a = \frac{eba}{2}\left(1 - \frac{2a}{3R}\right) \qquad \therefore \quad \alpha = \frac{eba}{2m}\left(1 - \frac{2a}{3R}\right)$$

よって，時刻 t における電子の速さを $v(t)$ とすると，$t=0$ で静止していたので

$$v(t) = \alpha t = \frac{eba}{2m}\left(1 - \frac{2a}{3R}\right)t$$

▶問２．電子の回転半径を一定に保ったまま加速する装置をベータトロンという。実際のベータトロンの磁場は図３のような１次関数的な変化ではないが，本問はそれをモデル化したものである。

Ⅲ　解答

あ．$\dfrac{\lambda}{n}$　い．$-pE\sin 2\pi\left(ft + \dfrac{z}{\lambda}\right)$

う．$qE\sin 2\pi\left(ft - \dfrac{nz}{\lambda}\right)$　え．$pqq'E$　お．$-\dfrac{4\pi nD}{\lambda}$

問１．いと式(ii)の結果より

$$E_{R_0} + E_{R_1} = -pE\sin 2\pi\left(ft + \frac{z}{\lambda}\right) + pqq'E\sin\left\{2\pi\left(ft + \frac{z}{\lambda}\right) + \phi\right\}$$

$\theta = 2\pi\left(ft + \dfrac{z}{\lambda}\right)$ とおき，加法定理を用いると

$$\begin{aligned} E_{R_0} + E_{R_1} &= -pE\sin\theta + pqq'E\sin(\theta + \phi) \\ &= (qq'\cos\phi - 1)\,pE\sin\theta + pqq'E\sin\phi \cdot \cos\theta \end{aligned}$$

よって，$a = (qq'\cos\phi - 1)\,pE$，$b = qq'\sin\phi \cdot pE$ として与えられた合成の式を用いると

$$\begin{aligned} A^2 &= a^2 + b^2 \\ &= \{(qq'\cos\phi - 1)^2 + (qq'\sin\phi)^2\}p^2E^2 \\ &= (q^2q'^2 - 2qq'\cos\phi + 1)\,p^2E^2 \quad \cdots\cdots(答) \end{aligned}$$

か．$\dfrac{2m-1}{4n}$　き．$(qq'+1)\,pE$　く．$\dfrac{m}{2n}$　け．$qq'(1+p^2)\,E$

こ．$\dfrac{2m-1}{4n}$　さ．$qq'(1-p^2)E$

問２．$\dfrac{D}{\lambda}=\dfrac{m}{2n}$ のとき，全ての透過光の電場の位相は等しいので，干渉光の振幅は

$$qq'E(1+p^2+p^4+\cdots)=qq'E\sum_{k=0}^{\infty}(p^2)^k=\frac{qq'E}{1-p^2}$$

$p^2+qq'=1$ より，$qq'=1-p^2$ であるから，干渉光の振幅は E となる。
よって，光の強度は　　E^2　……(答)

$\dfrac{D}{\lambda}=\dfrac{2m-1}{4n}$ のとき，透過光 T_i と T_{i+1} の電場の位相は逆位相なので，干渉光の振幅は

$$qq'E(1-p^2+p^4-p^6+\cdots)=qq'E\sum_{k=0}^{\infty}(-p^2)^k=\frac{qq'E}{1+p^2}$$

$qq'=1-p^2$ より，干渉光の振幅は $\dfrac{1-p^2}{1+p^2}E$ となる。

よって，光の強度は　　$\left(\dfrac{1-p^2}{1+p^2}\right)^2E^2$　……(答)

問３．特定の波長の光を選択して抽出するには，波長によって光の強度が大きく変わるほうがよい。よって，薄膜Xを用いるのがより適当である。
また，図２の薄膜Xのグラフより，弱い光の強度は０に近くなっている。
光の強度が最小のとき $\left(\dfrac{1-p^2}{1+p^2}\right)^2E^2$ であるから，薄膜Xの p の値は１に近い。

◀解　説▶

≪薄膜による光の多重反射と干渉，波の式≫

▶あ．屈折率 n の薄膜中では光の速さは $\dfrac{1}{n}$ になるから，波長も $\dfrac{1}{n}$ になる。

▶い．面Ａ（$z=0$）の入射光Ｉの電場は $E\sin 2\pi ft$，反射光 R_0 の電場は振幅 pE で，位相が π ずれるので（固定端反射）

$$pE\sin(2\pi ft+\pi)$$

この電場が，$z=0$ から z 軸の負の向きに波長 λ で伝わるので

$$E_{\mathrm{R}_0}=pE\sin\left\{2\pi\left(ft+\frac{z}{\lambda}\right)+\pi\right\}$$　（答は，この π を含む式でもよい）

$$= -pE\sin 2\pi\left(ft+\frac{z}{\lambda}\right)$$

▶う．面A（$z=0$）の透過光 T_1' の電場は，振幅 qE で位相変化は0なので $qE\sin 2\pi ft$ である。

この電場が，$z=0$ から z 軸の正の向きに波長 $\frac{\lambda}{n}$ で伝わるので

$$E_{T_1'} = qE\sin 2\pi\left(ft-\frac{nz}{\lambda}\right)$$

▶え・お．下図のように振幅は面Bの反射で p 倍，面Aの透過で q' 倍になり，R_1 光の振幅は $pqq'E$ となる。

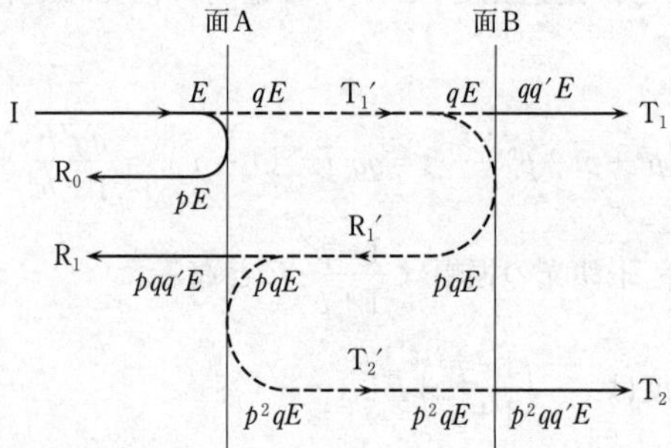

面Bでの反射の位相変化は0なので，R_0 光に比べて光学距離は $2nD$ だけ長いので，位相は R_0 光より

$$2\pi\times\frac{2nD}{\lambda}=\frac{4\pi nD}{\lambda}$$

遅れる。よって

$$E_{R_1} = pqq'E\sin\left\{2\pi\left(ft+\frac{z}{\lambda}\right)-\frac{4\pi nD}{\lambda}\right\}$$

別解　え・お．面B（$z=D$）での透過光 T_1' の電場は，$E_{T_1'}$ の式より

$$qE\sin 2\pi\left(ft-\frac{nD}{\lambda}\right)$$

反射光 R_1' の電場は，振幅 pqE で位相変化は0（自由端反射）なので

$$pqE\sin 2\pi\left(ft-\frac{nD}{\lambda}\right)$$

この電場が，$z=D$ から z 軸の負の向きに波長 $\frac{\lambda}{n}$ で伝わるので

$$E_{R_1'}=pqE\sin 2\pi\left[\left\{ft+\frac{n(z-D)}{\lambda}\right\}-\frac{nD}{\lambda}\right]$$

面A（$z=0$）での R_1' 光の電場は，$E_{R_1'}$ の式より

$$pqE\sin 2\pi\left\{\left(ft+\frac{-nD}{\lambda}\right)-\frac{nD}{\lambda}\right\}$$

$$=pqE\sin 2\pi\left(ft-\frac{2nD}{\lambda}\right)$$

R_1 の電場は，振幅 $pqq'E$ で位相変化は0なので

$$pqq'E\sin 2\pi\left(ft-\frac{2nD}{\lambda}\right)$$

この電場が，$z=0$ から z 軸の負の向きに波長 λ で伝わるので

$$E_{R_1}=pqq'E\sin 2\pi\left\{\left(ft+\frac{z}{\lambda}\right)-\frac{2nD}{\lambda}\right\}$$

$$=pqq'E\sin\left\{2\pi\left(ft+\frac{z}{\lambda}\right)-\frac{4\pi nD}{\lambda}\right\}$$

▶問1．与えられた合成の式を用いて E_{R_0} と E_{R_1} の和を求めればよい。

▶か．A^2 が最大となるのは $\cos\phi=-1$ のときであるから，おの結果より

$$\phi=-\frac{4\pi nD}{\lambda}=-(2m-1)\pi\quad(m=1,\ 2,\ \cdots)$$

$$\therefore\quad D=\frac{2m-1}{4n}\lambda$$

▶き．このとき

$$A^2=(q^2q'^2+2qq'+1)p^2E^2$$

$$=(qq'+1)^2p^2E^2$$

$$\therefore\quad A=(qq'+1)pE$$

▶く．T_1 光の $z=D$ での電場は $qq'E\sin 2\pi\left(ft-\dfrac{nD}{\lambda}\right)$ であり，z 軸の正の向きに $z-D$ 進むので

$$E_{T_1}=qq'E\sin 2\pi\left(ft-\frac{z-D}{\lambda}-\frac{nD}{\lambda}\right)$$

T_2' 光の $z=0$ での電場は $p^2qE\sin\left(2\pi ft-\dfrac{4\pi nD}{\lambda}\right)$ であり，これが z 軸の正の向きに z 進むので

$$E_{T_2'}=p^2qE\sin 2\pi\left(ft-\frac{nz}{\lambda}-\frac{2nD}{\lambda}\right)$$

T_2 光の $z=D$ での電場は $p^2qq'E\sin 2\pi\left(ft-\frac{nD}{\lambda}-\frac{2nD}{\lambda}\right)$ であり，これが z 軸の正の向きに $z-D$ 進むので

$$E_{T_2}=p^2qq'E\sin 2\pi\left(ft-\frac{z-D}{\lambda}-\frac{nD}{\lambda}-\frac{2nD}{\lambda}\right)$$

ここで，$2\pi\left(ft-\frac{z-D}{\lambda}-\frac{nD}{\lambda}\right)=\theta'$，$-\frac{4\pi nD}{\lambda}=\phi$ とおくと

$$E_{T_1}=qq'E\sin\theta',\ E_{T_2}=p^2qq'E\sin(\theta'+\phi)$$

となる。

T_1 光と T_2 光の干渉光は問 1 と同様に

$$\begin{aligned}E_{T_1}+E_{T_2}&=qq'E\sin\theta'+p^2qq'E\sin(\theta'+\phi)\\&=qq'E\sqrt{p^4+2p^2\cos\phi+1}\sin(\theta'+\beta')\end{aligned}$$

振幅を A' とすると

$$A'=qq'E\sqrt{p^4+2p^2\cos\phi+1}$$

である。

T_1 光と T_2 光の干渉光の強度が最大となるのは $\cos\phi=1$ のときで，このとき R_0 光と R_1 光の干渉光の強度は最小となっている。よって

$$\phi=-\frac{4\pi nD}{\lambda}=-2\pi m\quad(m=1,\ 2,\ \cdots)$$

$$\therefore\ D=\frac{m}{2n}\lambda$$

▶け．$\cos\phi=1$ のとき　　$A'=qq'(1+p^2)E$

▶こ．くより，T_1 光と T_2 光の干渉光の強度が最小となるのは $\cos\phi=-1$ のときである。かと同じ条件であり，このとき R_1 光と R_2 光の干渉光の強度は最大となっている。

▶さ．$\cos\phi=-1$ のとき，$p^2<1$ に注意して　　$A'=qq'(1-p^2)E$

▶問 2．$\frac{D}{\lambda}=\frac{2m-1}{4n}$ のとき，下図より T_{i+1} 光の振幅は T_i 光の p^2 倍で位相が等しくなる。

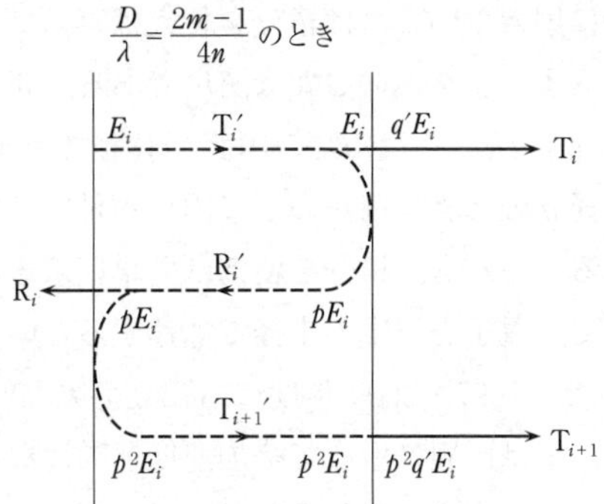

また，$\frac{D}{\lambda}=\frac{m}{2n}$ のときは，さで示したように，T_{i+1} 光の振幅は T_i 光の p^2 倍で位相が逆位相になる。よって，これらを無限個加えればよい。

▶問 3．図 2 の薄膜X，薄膜Yのグラフから，薄膜Xのほうが抽出しやすいのは明らかである。薄膜Xの p の値は，$\left(\frac{1-p^2}{1+p^2}\right)^2 \fallingdotseq 0$ より $p \fallingdotseq 1$ であることがわかる。

❖講　評

2019 年度も理科 2 科目で 180 分（教育学部理系試験は 1 科目で 90 分），大問 3 題の出題に変化はなかった。**Ⅰ**は万有引力による運動で，楕円軌道の複雑な計算が出題された。**Ⅱ**は磁束が空間的，時間的に変化するときの電磁誘導で，目新しい内容であった。**Ⅲ**は光の多重反射という京大らしいユニークなテーマで，波の式を直接扱うという，複雑な計算が必要な難問であった。

Ⅰ．⑴ア〜オは万有引力，遠心力の基本で，完答しなければならない。カ・キは近似式を含む面倒な計算で，ここで時間を取られすぎると失敗する。⑵ク・ケは容易。コは受験生になじみの薄いケプラーの第三法則で，差がつくかもしれない。サのケプラーの第二法則は類題も多く，解きやすかったであろう。問 1 の近似計算は複雑で時間がかかる。θ^2 の微小量を無視せよとは書かれていないが，近似計算に慣れていれば当然無視できたであろう。

Ⅱ．⑴イ〜ハはローレンツ力と電場の基本であるが，イを誤ると全滅するので，慎重に解きたい。ニは積分を使えば容易であるが，与えられた公式を用いてもよい。(2)ホの $\Delta\Phi$ は簡単である。問1は，問題文にある Φ_R の式が底面積 πR^2，高さ B_0 の円錐の体積であることを利用するのであるが，半径 a のときは円錐の下に円柱が付いていることに気がつくかどうかである。これも，積分を使えば簡単に求まる。(3)は磁束を時間的に変化させて，電子を一定の半径で加速するという，ベータトロンについての内容で，1997・2009年度にも出題されている。への誘導電場は頻出である。トは円周に沿って等加速度運動になる。問2はベータトロン条件を求める内容で，難しくはない。

Ⅲ．薄膜による光（電場）の多重反射という目新しいテーマで，多くの受験生は戸惑ったであろう。計算も複雑で，完答は難しいと思われる。あの薄膜中の波長は問題ないが，い・うの電場の式が書けなかった受験生が多かったのではなかろうか。え・おは反射や透過ごとに振幅の変化を考えて，位相のずれも考えなければならない。問1は三角関数の和をまともに計算しなければならず，この辺りでお手上げになった受験生がほとんどであろう。か～さの干渉条件と振幅は，実は問1が解けなくても解答できる。通常の薄膜干渉と同じになるが，そこに気付いた人は得点できたはずである。問2は難しそうであるが，透過光の振幅の絶対値が p^2 倍になっていくことに気付けばよい。

全体として，2019年度は3題とも京大らしいユニークなテーマで，計算量も多く，2018年度に比べて難化したと思われる。時間内に解くのは難しく，各大問の前半を確実に解き，後半の解ける設問を見極める力が必要となる。

化学

I

解答 (a) 問1．$Cr_2O_7^{2-}+H_2O$

問2．Ⅰ．6.0×10^{-5}　Ⅱ．3.0×10^{-6}

問3．2.0×10^{-2}mol/L

(b) 問4．Ⅲ．1.8×10^{-7}　Ⅳ．5.4×10^{-10}　Ⅴ．6.0×10^{-6}

問5．ア－2　イ－1　ウ－2

◀解　説▶

≪(a)沈殿滴定による Cl^- の定量，溶解度積　(b)濃淡電池≫

(a)　▶問1．水溶液中で CrO_4^{2-} は $Cr_2O_7^{2-}$ と次式のような平衡状態にあり，酸性にすると平衡が右に移動して $Cr_2O_7^{2-}$ が増加する。

$$2CrO_4^{2-}+2H^+ \rightleftarrows Cr_2O_7^{2-}+H_2O$$

また，塩基性条件下では次式のように褐色の Ag_2O が生成するため，滴定に影響を与える。

$$2Ag^++2OH^- \longrightarrow Ag_2O+H_2O$$

▶問2．AgCl と Ag_2CrO_4 では AgCl の方が溶解度が小さいため，少量の CrO_4^{2-} を含む Cl^- 水溶液に Ag^+ を滴下すると，まず白色の AgCl が沈殿し，その後暗赤色の Ag_2CrO_4 が沈殿する。ここが滴定の終点と考えられ，含まれていた Cl^- の量が求められる。このような K_2CrO_4 を指示薬とする沈殿滴定をモール法という。

Ⅰ．$[Ag^+]^2[CrO_4^{2-}]\geqq K_{sp}$　（Ag_2CrO_4 の溶解度積）

を満たすところで沈殿が生じる。よって

$$[Ag^+]^2[CrO_4^{2-}]=[Ag^+]^2\times1.0\times10^{-3}=3.6\times10^{-12}\,(mol/L)^3$$

$$[Ag^+]^2=3.6\times10^{-9}$$

$$[Ag^+]=6.0\times10^{-5}\,[mol/L]$$

Ⅱ．水溶液中には $[Ag^+][Cl^-]=1.8\times10^{-10}\,(mol/L)^2$ を満たす Ag^+ と Cl^- が沈殿せずに溶解している。よって

$$[Ag^+][Cl^-]=6.0\times10^{-5}\times[Cl^-]=1.8\times10^{-10}\,(mol/L)^2$$

$$[Cl^-]=3.0\times10^{-6}\,[mol/L]$$

▶問3．Ag^+ の滴下に伴い AgCl が沈殿するが，滴定の終点では

$[Ag^+]=[Cl^-]$ となる。
このとき，$[Ag^+][Cl^-]=1.8\times10^{-10}(mol/L)^2$ が成り立つので，$[Ag^+]=[Cl^-]=\sqrt{1.8}\times10^{-5}$〔mol/L〕となる。
ちょうどここで指示薬が変化すれば，正しい滴定終点を知ることができるが，K_2CrO_4 の量によっては操作上の滴定終点と正しい滴定終点が異なってしまう。実際に題意の条件では，$[Ag^+]=6.0\times10^{-5}$〔mol/L〕で Ag_2CrO_4 が沈殿するので，やや過剰に Ag^+ を滴下することになる。そこで

$$[Ag^+]=\sqrt{1.8}\times10^{-5}\text{〔mol/L〕}$$

で Ag_2CrO_4 の沈殿が生じるには

$$[Ag^+]^2[CrO_4{}^{2-}]=(\sqrt{1.8}\times10^{-5})^2\times[CrO_4{}^{2-}]$$
$$=3.6\times10^{-12}(mol/L)^3$$
$$[CrO_4{}^{2-}]=2.0\times10^{-2}\text{〔mol/L〕}$$

であればよい。

(b)　▶問４．Ⅲ．水溶液Ａには $[Ag^+][Cl^-]=1.8\times10^{-10}(mol/L)^2$ を満たす Ag^+ が溶解している。題意より，$[Cl^-]=1.0\times10^{-3}$〔mol/L〕なので

$$[Ag^+]\times1.0\times10^{-3}=1.8\times10^{-10}(mol/L)^2$$
$$[Ag^+]=1.8\times10^{-7}\text{〔mol/L〕}$$

Ⅳ．水溶液Ｂも同様に

$$[Ag^+]\times1.0\times10^{-3}=5.4\times10^{-13}(mol/L)^2$$
$$[Ag^+]=5.4\times10^{-10}\text{〔mol/L〕}$$

Ⅴ．水溶液Ａに溶解している Ag^+ の濃度は

$$[Ag^+][Cl^-]=[Ag^+]\times2.0\times10^{-3}=1.8\times10^{-10}(mol/L)^2$$
$$[Ag^+]=9.0\times10^{-8}\text{〔mol/L〕}$$

電流が流れなくなったことより，水溶液ＡおよびＢの Ag^+ の濃度が等しくなっていることがわかる。よって，水溶液Ｂの Ag^+ も 9.0×10^{-8} mol/L となるので

$$[Ag^+][Br^-]=9.0\times10^{-8}\times[Br^-]=5.4\times10^{-13}(mol/L)^2$$
$$[Br^-]=6.0\times10^{-6}\text{〔mol/L〕}$$

▶問５．Ag^+ の濃度は水溶液Ｂの方が小さいため
　水溶液Ｂの電極では　　$Ag \longrightarrow Ag^+ + e^-$　（酸化）
　水溶液Ａの電極では　　$Ag^+ + e^- \longrightarrow Ag$　（還元）

の反応がおこり，濃度差を小さくしようとする方向に反応が進行する。その結果，e^- は水溶液Bの電極から水溶液Aの電極に移動する，つまり電流は水溶液Aから水溶液Bの方向へ流れる。水溶液Aでは Ag^+ が減少するため AgCl が溶解する。このようなしくみで電流を取り出す装置を濃淡電池という。

II 解答 (a)　問1．ア．共有　イ．非共有　ウ．二酸化炭素
エ．0　オ．水　カ．2　キ．4　ク．0
ケ．アンモニア　コ．1

問2．(1) $\left[\,\ddot{\text{O}}::\text{N}::\ddot{\text{O}}\,\right]^+$　(2)直線形

(b)　問3．あ．$\dfrac{[\mathrm{B}]^2}{[\mathrm{A}]}$　い．K_cRT　う．$\dfrac{K_p}{p}$

問4．え．0.5　お．2

問5．容器1内の全圧が p のとき，平衡移動によって変化したAの分圧を x とする。ここで，コックを開く前後と新しい平衡に達するまでの分圧の変化を次式のように考える。

	A	⟷ 2B
コックを開く前	$\dfrac{p}{2}$	$\dfrac{p}{2}$
コックを開いた瞬間	$\dfrac{p}{6}$	$\dfrac{p}{6}$
新たな平衡	$\dfrac{p}{6}-x$	$\dfrac{p}{6}+2x$

新たな平衡状態でも $K_p=\dfrac{p}{2}$ が成り立つので

$$\frac{\left(\dfrac{p}{6}+2x\right)^2}{\dfrac{p}{6}-x}=K_p=\frac{p}{2}$$

$$72x^2+21px-p^2=0$$

$$(24x-p)(3x+p)=0$$

$$x=\frac{p}{24},\quad -\frac{p}{3}\ (\text{不適})$$

これより　$\dfrac{\dfrac{p}{6}-\dfrac{p}{24}}{\dfrac{p}{6}}=\dfrac{4-1}{4}=0.75$ 倍　……(答)

◀解　説▶

≪(a)分子の形と電子対の数　(b)気体反応における平衡定数・モル分率・分圧≫

(a)　▶問1．E原子の周りに二重結合に関わる2組の電子対が配置される場合，右図のような直線形であれば電子対の間の反発が最小となる。またE原子の周りに4組の電子対が配置される場合，電子対が右図の位置関係にあれば，反発が最小となる。したがって，5つの条件を考慮した表1の物質の電子対の様子，および分子の形は次図のようになる。

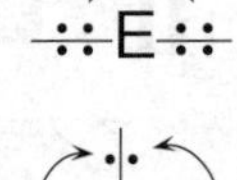

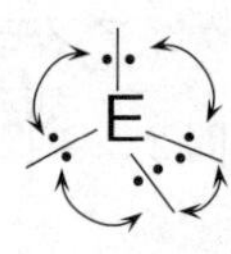

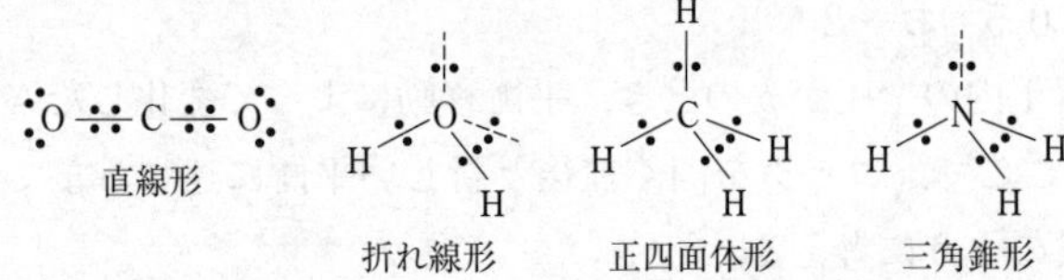

ただし，折れ線形，正四面体形，三角錐形における共有結合の結合角はそれぞれ異なる。

▶問2．N^+ の価電子数はC原子と同じなので，CO_2 と同じ電子対の配置と形になると考えられる。ただし，実際には次式のような共鳴構造となるため，常にN原子上に正電荷が存在するわけではない。

$$O^+ \leftarrow N{=}O \rightleftarrows O{=}N^+{=}O \rightleftarrows O{=}N \rightarrow O^+$$

(b)　▶問3．い．平衡状態における化合物AおよびBの物質量を n_A および n_B，気体の体積を V とすると，AおよびBそれぞれについて

$$p_AV=n_ART \qquad \therefore \quad p_A=\frac{n_A}{V}RT=[A]RT$$

$$p_BV=n_BRT \qquad \therefore \quad p_B=\frac{n_B}{V}RT=[B]RT$$

が成り立つ。よって

$$K_p=\frac{(p_B)^2}{p_A}=\frac{([B]RT)^2}{[A]RT}=\frac{[B]^2}{[A]}RT=K_cRT$$

う．分圧＝全圧×モル分率 より，$p_A=p\times x_A$，$p_B=p\times x_B$ が成り立つので

$$K_p=\frac{(p_B)^2}{p_A}=\frac{(x_Bp)^2}{x_Ap}=\frac{(x_B)^2}{x_A}p=K_xp \qquad \therefore \quad K_x=\frac{K_p}{p}$$

▶問４．え．x_A と x_B が等しくなるときは，$x_A=x_B=0.5$ となるので

$$K_x=\frac{(0.5)^2}{0.5}=0.5$$

お．K_x が 0.5 のときは，$K_x=\frac{K_p}{p}=0.5=\frac{1}{2}$ より，p が K_p の２倍のときである。

▶問５．コックを開く直前のＡとＢの物質量は等しく，それぞれの分圧は $\frac{p}{2}$，コックを開いた瞬間に気体の体積は３倍になるので，ボイルの法則からそれぞれの圧力は $\frac{p}{6}$ となる。全圧が下がったので，ルシャトリエの原理に従って分子数の増加する向きに平衡が移動する。そのため，Ａが減少しＢが増加するが，温度が変化していないので圧平衡定数 K_p は $\frac{p}{2}$ に保たれる。

Ⅲ 解答

(a) 問１．ア．アセトンまたは $H_3C-C(=O)-CH_3$

イ．エチレングリコール（1,2-エタンジオール）または $CH_2(OH)-CH_2(OH)$

問２．A．CH_3，H_3C，CH_3（1,3,5-トリメチルベンゼン）　B．CH_3，CH_3，CH_3（1,2,3-トリメチルベンゼン）　D．$CH_2-CH_2-CH_3$（プロピルベンゼン）

問３．J．CH_3，O_2N，NO_2，H_3C，CH_3，NO_2（ベンゼン環）　K．CH_3，H_2N，NH_2，H_3C，CH_3，NH_2（ベンゼン環）

問４．37.5 g

(b) 問５．M．HO－C＝O（ベンゼン環に結合）　O．H－N－H（ベンゼン環に結合）

問6．

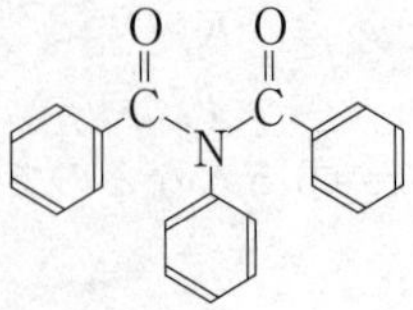

(構造式)

問7．

(構造式)

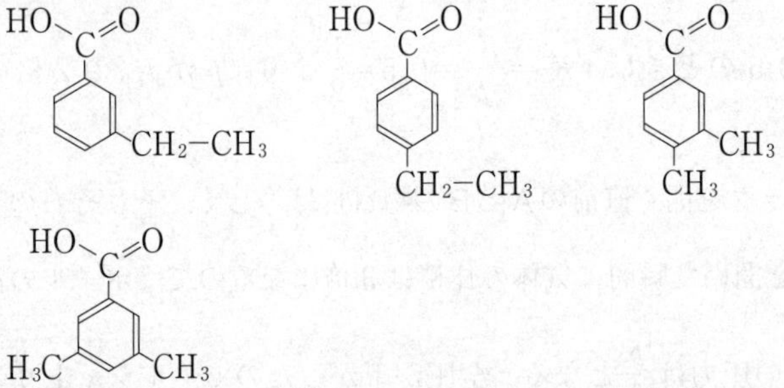

◀解 説▶

≪(a)芳香族炭化水素の性質と構造決定 (b)イミドの加水分解と構造決定≫

(a) ▶問1・問2．題意の芳香族炭化水素の異性体として，次のあ～くの8種類が考えられる。

あ い 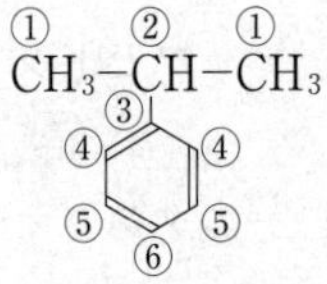 う

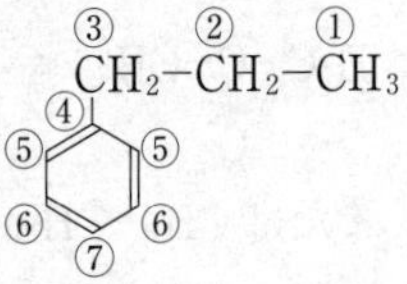

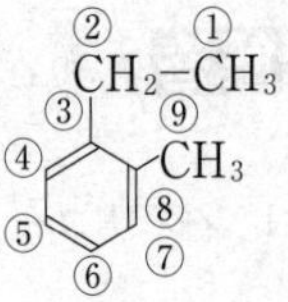

え 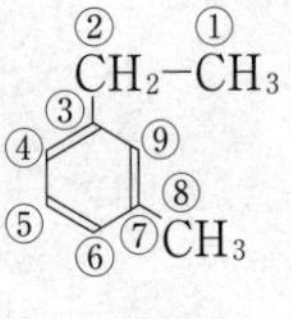 お 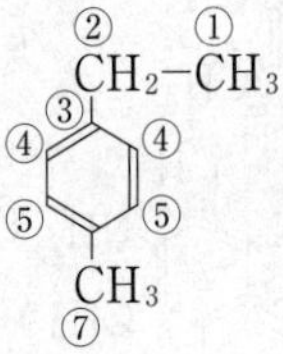 か 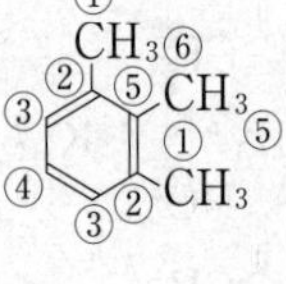 き

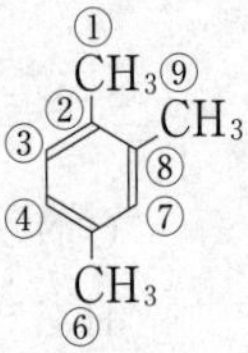

く

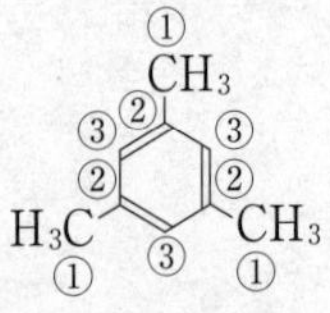

○数字が同じ炭素は等価の炭素である。

これらの中で，３種類の化学的に非等価なC原子が存在する化合物はくだけで，これがAとなる。６種類の化学的に非等価なC原子が存在する化合物は，いとかで，このうちい（クメン）は，次式のように空気酸化後，分解するとフェノールとアセトンが生成する（クメン法）。

$$CH_3-CH(C_6H_5)-CH_3 \xrightarrow{\text{空気酸化}} CH_3-C(O-O-H)(C_6H_5)-CH_3 \xrightarrow{\text{分解}} C_6H_5OH + CH_3-\underset{\|}{C}-CH_3$$

い（クメン）　　クメンヒドロペルオキシド

よって，Cはい，Bはかとなる。

７種類の化学的に非等価なC原子が存在する化合物は，あとおで，あを酸化すると安息香酸が得られる。よって，Dはあ，Eはおとなる。おを酸化するとテレフタル酸（化合物Ｉ）となり，エチレングリコールと縮合重合させるとポリエチレンテレフタラートが得られる。残るう・え・きには化学的に等価なC原子がない。

▶問３．Aのニトロ化合物に関しては，置換する $-NO_2$ の数により次図のような３種類が考えられ，さが３種類の化学的に非等価なC原子をもつ。よって，Jはさとなる。

け　　こ　　さ

そして，さの３つの $-NO_2$ を $-NH_2$ に還元した化合物がKとなり，やはり３種類の化学的に非等価なC原子をもつ。

▶問４．化合物Ｉ（テレフタル酸）の燃焼の化学反応式は

$$2C_8H_6O_4 + 15O_2 \longrightarrow 16CO_2 + 6H_2O$$

よって，燃焼したＩの物質量は

$$\frac{88.0}{44.0} \times \frac{2}{16} = 0.25\,[\text{mol}]$$

C_9H_{12} のモル質量は 120 g/mol より，求める質量は

$$0.25\times\frac{100}{80.0}\times120=37.5〔\mathrm{g}〕$$

(b)　イミドを完全に加水分解すると，2つのカルボン酸と1つの第一級アミンが生成することがわかる。そしてイミドにおけるカルボン酸由来およびアミン由来部分は右図のようになる。

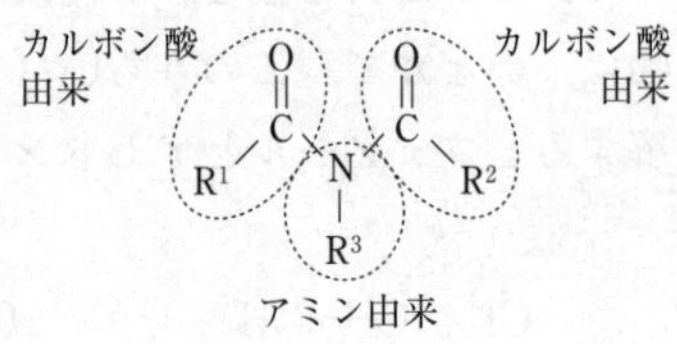

▶問5．化合物Oをさらし粉水溶液に加えたところ赤紫色に呈色したことより，化合物Oはアニリン（分子式 C_6H_7N）とわかり，R^3 はベンゼン環となる。また完全な加水分解で1種類のカルボン酸Mが得られるので，$R^1=R^2$ となり，イミドの分子式 $C_{20}H_{15}NO_2$ から考えて，R^1，R^2 もベンゼン環となる。つまり，Mは安息香酸（分子式 $C_7H_6O_2$）である。

また，アミドNの加水分解の結果からも，次式のようにMの分子式は $C_7H_6O_2$ とわかる。

$$C_{13}H_{11}NO+H_2O-C_6H_7N=C_7H_6O_2$$

なお，Lが完全に加水分解される反応は次のようになる。

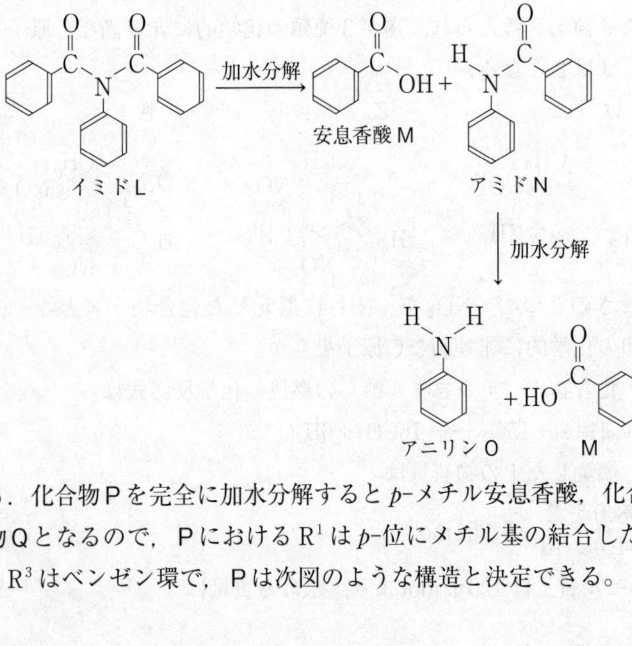

イミドL　—加水分解→　安息香酸M ＋ アミドN

アミドN　—加水分解→　アニリンO ＋ M

▶問6．化合物Pを完全に加水分解すると *p*-メチル安息香酸，化合物O，化合物Qとなるので，Pにおける R^1 は *p*-位にメチル基の結合したベンゼン環，R^3 はベンゼン環で，Pは次図のような構造と決定できる。

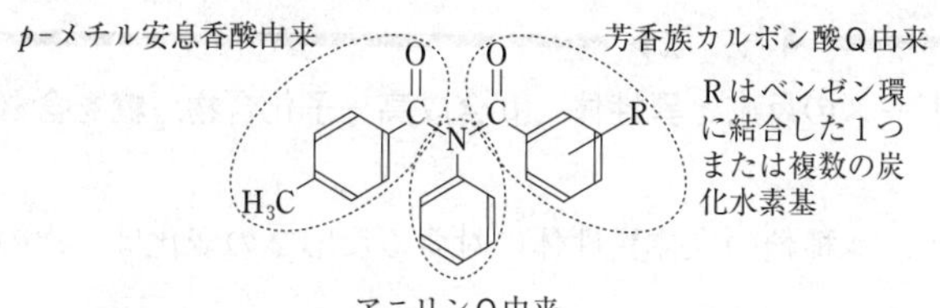

これより，Q中の炭化水素基Rは

$$C_{23}H_{21}NO_2 - C_8H_7O - C_6H_5N - C_7H_4O = C_2H_5$$

となり，Qは $-COOH$ に対して *m*-位や *p*-位に $-C_2H_5$ または2つの $-CH_3$ が結合した化合物とわかる。

Ⅳ 解答

(a) 問1．

$$\begin{array}{c} CHO \\ | \\ H-C-OH \\ | \\ CH_2OH \end{array} \qquad \begin{array}{c} CHO \\ | \\ HO-C-H \\ | \\ CH_2OH \end{array}$$

問2．(あ)，(え)，(か)，(き)

問3．H．

$$\begin{array}{c} CHO \\ | \\ HO-C-H \\ | \\ HO-C-H \\ | \\ CH_2OH \end{array} \qquad \begin{array}{c} CHO \\ | \\ H-C-OH \\ | \\ H-C-OH \\ | \\ CH_2OH \end{array}$$

G．(い)，(く)

(b) 問4．I．

$$\begin{array}{c} O \qquad\qquad\qquad H \\ \| \qquad\qquad\qquad | \\ HO-C-(CH_2)_{10}-N-H \end{array}$$

J．

```
        CH2
      /     \
  H2C         C=O
   |           \
  H2C           O
     \         /
      H2C — CH2
```

問5．

```
              CH2OH
               |
       H       C ------ O    (OH)
        \     / |         \   /
         C   H             C
        / \                / \
      HO   OH    H        H
            \    |      /
             C ---- C
             |      |
             H      O
                    |
              CH2OH |
               |    |
       H       C ------ O   |
        \     / |        \  |
         C   H             C
        / \                / \
     [HO]  OH    H            H
            \    |      /
             C ---- C
             |      |
             H      OH
```

問6．け－2　こ－3　さ－2　し－1　す－2　せ－2

◀解　説▶

≪(a)アルドースの反応と異性体　(b)合成高分子化合物，糖を含む界面活性剤≫

(a)　▶問１．４種類の立体異性体に対する反応２の変化は，次のようになる。

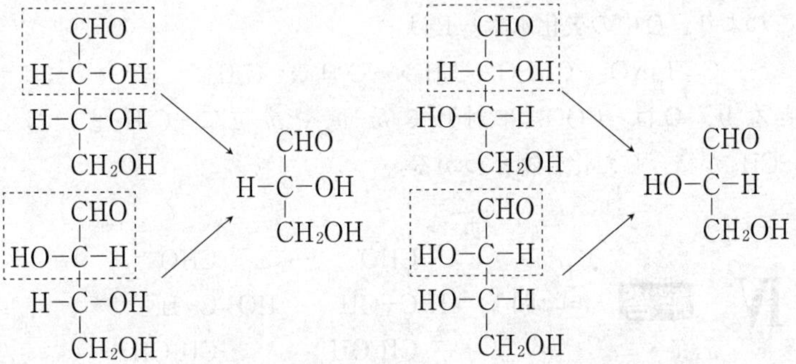

CHO
H−C−OH
H−C−OH
CH_2OH

CHO
HO−C−H
H−C−OH
CH_2OH

→

CHO
H−C−OH
CH_2OH

CHO
H−C−OH
HO−C−H
CH_2OH

CHO
HO−C−H
HO−C−H
CH_2OH

→

CHO
HO−C−H
CH_2OH

▶問２．例えば(あ)に対して反応１を行い，生成した化合物（あ′）とその鏡像体の関係は次のようになる。ここで，（あ′）の鏡像体を紙面上で 180° 回転させると（あ′）と重なる。

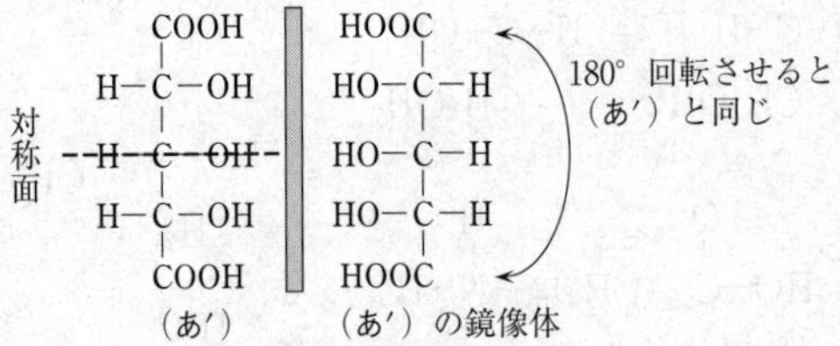

COOH
H−C−OH
H−C−OH
H−C−OH
COOH
（あ′）

対称面

HOOC
HO−C−H
HO−C−H
HO−C−H
HOOC
（あ′）の鏡像体

180° 回転させると（あ′）と同じ

つまり（あ′）は不斉炭素原子を持つが分子内に対称面があり，鏡像異性体が存在しない。このような化合物をメソ体という。

同様に考えて，(え)，(か)，(き)に反応１を行って生成する化合物もメソ体となる。

▶問３．ＥまたはＦから反応１および反応２を遡って考えると，物質の変化は次のようになり，Ｇとして(あ)，(い)，(き)，(く)が考えられる。

```
                                        (き)
                                             CHO
                                              |
                                        HO−C−H
                                              |
                                        HO−C−H
                                              |
       COOH               CHO        ↗  HO−C−H
        |                  |                  |
  HO−C−H    ⟶    HO−C−H                 CH2OH
        |                  |            (く)
  HO−C−H         HO−C−H       ↘           CHO
        |                  |                  |
       COOH             CH2OH            H−C−OH
        E                  H                  |
                                        HO−C−H
                                              |
                                        HO−C−H
                                              |
                                            CH2OH
                                              G
```

```
                                        (い)
                                             CHO
                                              |
                                        HO−C−H
                                              |
                                         H−C−OH
                                              |
       COOH               CHO        ↗   H−C−OH
        |                  |                  |
   H−C−OH    ⟶     H−C−OH                 CH2OH
        |                  |            (あ)
   H−C−OH          H−C−OH      ↘           CHO
        |                  |                  |
       COOH             CH2OH            H−C−OH
        F                  H                  |
                                         H−C−OH
                                              |
                                         H−C−OH
                                              |
                                            CH2OH
                                              G
```

ただし(あ)と(き)は反応１でメソ体が生成するため，題意に合わない。

(b)　▶問４．ナイロン 66 やナイロン６のようなポリアミドが，１種類のモノマーで合成されるには，モノマー分子の末端にアミノ基とカルボキシ基をもつか，環状で分子内アミド結合をもつ必要がある。Ｉは分岐のない炭化水素鎖とあるので前者となる。また，Ｊを重合して得られる高分子は化学式から推定してポリエステルであり，かつＪは ε-カプロラクタムと同じ環状構造をもつことが題意より読み取れるので，ε-カプロラクトンと呼ばれる環状エステルとなる。Ｊを重合させると次式のようにポリカプロラクトンと呼ばれる生分解性プラスチックとなる。

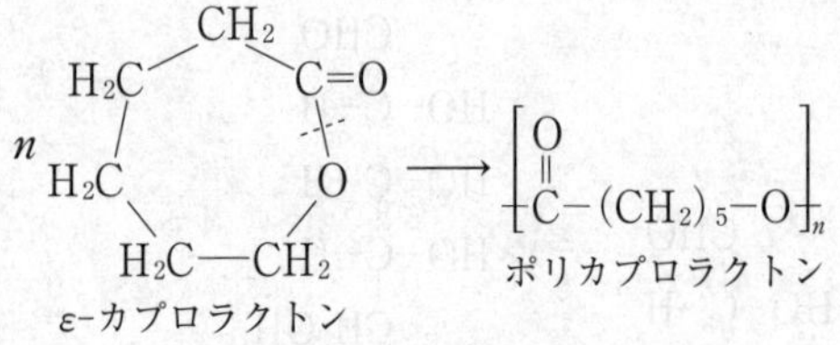

ε-カプロラクトン → ポリカプロラクトン

▶問5．オレイン酸の化学式は $C_{17}H_{33}COOH$ なので，Ｋは直鎖状 C_{17} の炭化水素鎖の両端に $-OH$ と $-COOH$ を有する。Ｌは題意に従って次図の構造となるが，ヘミアセタール構造を有するのでフェーリング液を還元する。したがって，ＭはＬのヘミアセタール構造に関わる１位のＣ原子の位置で脱水縮合する必要がある。

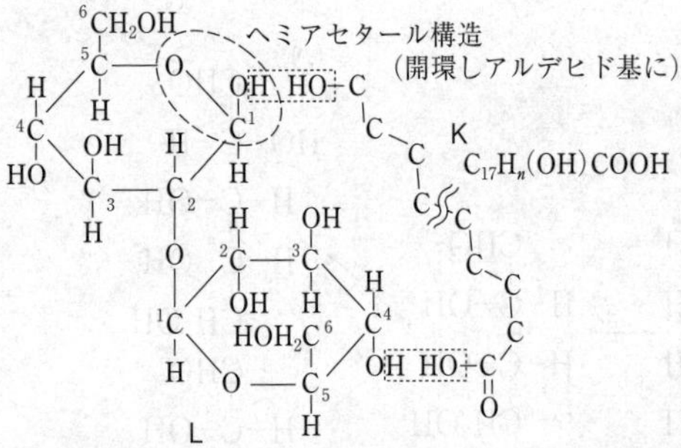

ヘミアセタール構造
（開環しアルデヒド基に）
K
$C_{17}H_n(OH)COOH$
L

▶問6．Ｍは，二糖部分が複数の $-OH$ を有する親水基，ヒドロキシ酸部分は炭化水素基が疎水基となる，非イオン性の界面活性剤である。しかし，Ｍを加水分解したＮは pH に依存して変化する界面活性作用を示すので，イオン性の界面活性剤に変化したことになる。つまり，Ｎは次図のようにＭのエステル結合が加水分解されて，カルボキシ基をもつ化合物となる。

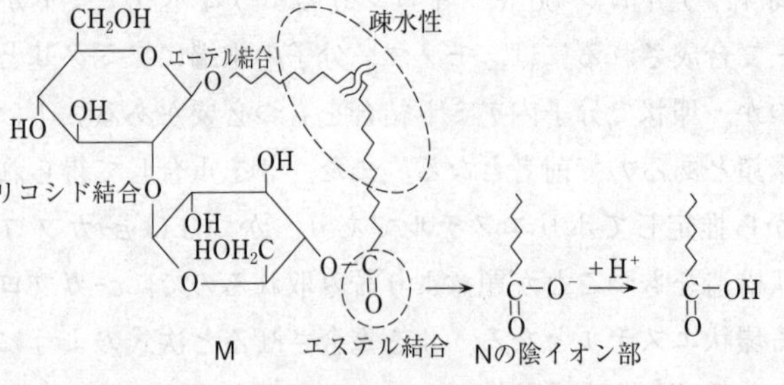

疎水性
エーテル結合
グリコシド結合
エステル結合
M
Ｎの陰イオン部
$+H^+$

グリコシド結合やエーテル結合が分解してもイオン性の原子団は現れない。また，エーテル結合が分解した場合には，ヘミアセタール構造の開裂によりアルデヒド基が生じるため，Nはフェーリング液を還元するので，題意に合わない。さらにカルボキシ基は弱酸の官能基で，H^+ を加え pH を小さくすると電離度が小さくなり，この部分の疎水性がイオンの場合より強くなる。つまり親水基は二糖由来の部分となり，この部分を外側に向け，ヒドロキシ酸由来部分を内側に向けて集合し，ミセルとなる。

❖講　評

大問 4 題の出題数や出題パターン・形式はほぼ例年通りである。2019 年度の問題量はやや増加となったが，論述問題が出題されなかった。

Ⅰ．(a)はモール法による沈殿滴定の問題だが，説明と誘導が丁寧であり解きやすかったのではないだろうか。(b)は Ag^+ の濃淡電池と溶解度積を組み合わせた問題である。濃淡電池については詳しく学習しないかもしれないが，やはり説明が丁寧なので，初見でも理解しやすい。

Ⅱ．(a)は分子やイオンの電子対と，その反発による形を考える問題で標準的である。確実に解答したい。(b)は気相平衡における，濃度平衡定数・圧平衡定数・モル分率平衡定数および平衡移動の量的関係に関する問題で，やや難しい。モル分率平衡定数については初めて聞く受験生も多かったのではないだろうか。問 5 に関しては着目する平衡定数により，複数の解法がある。

Ⅲ．(a)は芳香族炭化水素を，まずは等価（不等価）なC原子の数で分類し，さらに性質の違いで構造を決定する問題である。まずは異性体をすべて書き出し，炭素の環境が正しく判断できれば難しくはない。(b)はイミドの加水分解生成物の性質から，イミドの構造を決定する問題である。イミドについてはなじみがないだろうが，説明を読めば構造や反応は容易に理解できる。比較的単純な $C_{20}H_{15}NO_2$ の構造を考える中から，複雑な $C_{23}H_{21}NO_2$ を考えるコツがつかめるはずである。

Ⅳ．(a)はアルドースの立体構造と性質に関する問題で，フィッシャーの投影式に慣れていなかったり，メソ体の知識がない受験生にはやや難しかったであろう。(b)は環境に配慮したナイロンやポリエステルの構造と，糖を含む界面活性剤の問題で，特に後者の構造をイメージするのは難しい。Ⅰ～Ⅲで時間を使い過ぎると答えきれない。また，Ⅳでは構造式を正確に書く力が求められる。

生物

I　解答

問1．(お)

問2．(い)

問3．P^{b} は構造が不安定で 25℃では正常型酵素 P^{wt} と同程度の活性をもつが，37℃では立体構造が変化して，活性が低下するから。

問4．正常型遺伝子 P^{wt} をもたない患者Kは，正常型のホモである遺伝子型 $P^{wt}P^{wt}$ の人に比べて９％と非常に低い酵素活性しかもたないので，この疾患を発症する。両親は P^{wt} をヘテロにもち，父親では 55%，母親では 54%と約半分の酵素活性をもつので発症しない。

◀解　説▶

≪酵素の反応，フェニルケトン尿症≫

▶問1．体内でタンパク質の分解などにより生じたアミノ酸は，酵素反応によりピルビン酸やオキサロ酢酸などの有機酸に分解され，クエン酸回路に利用される。フェニルアラニンの場合は，フェニルアラニン水酸化酵素（これが正常型酵素 P^{wt} にあたる）により，まずチロシンに代謝される。その後，アミノ基が取り除かれて，いくつかの反応を経て有機酸へと代謝される。フェニルケトン尿症はフェニルアラニンからチロシンへの反応が正常に進行しないことにより起こるので，(お)のチロシンが正解である。

▶問2．酵素反応は，酵素分子が触媒となって効率よく化学反応を進行させる反応である。この反応では，まず酵素分子は基質分子と結合して酵素基質複合体を形成する。この複合体では，酵素がないときよりずっと小さいエネルギーで基質分子を生成物に変化させる。これが，酵素は反応に必要な活性化エネルギーを小さくするということである。このため反応する基質分子数が飛躍的に増加する。

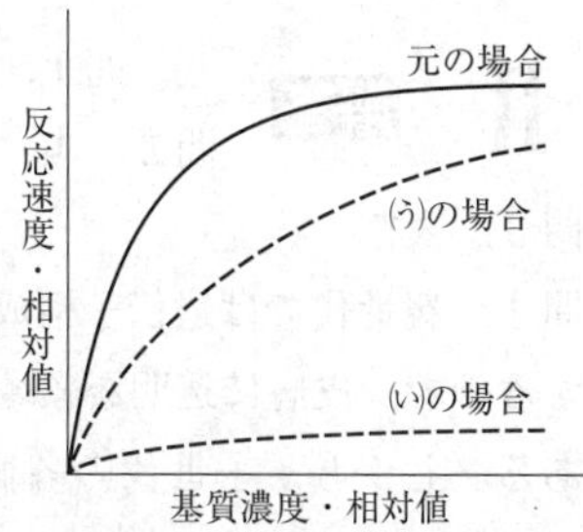

酵素反応で反応速度が小さくなる理由としては，(う)の酵素分子と基質分子が結合する力が弱まった場合と，(い)の活性化エネルギーが大きくなった場合が考えられる。(う)

の場合には基質濃度を高くすれば反応速度は大きくなるが，(い)の場合には基質濃度を高くしても反応速度は大きくならない（前図)。図1を見ると，酵素 P^a は(い)の場合に近い。よって，正解は(い)となる。

▶問3．酵素などタンパク質は，ポリペプチド鎖間に形成される水素結合などにより折りたたまれて一定の立体構造をとる。水溶性のタンパク質では，親水性アミノ酸は折りたたまれた構造の表面上に多く位置し，疎水性アミノ酸は内部に多く位置する。酵素 P^b では，本来なら折りたたまれた内部に位置する疎水性アミノ酸が親水性アミノ酸に置換されているので，立体構造が不安定で，温度上昇などにより容易に変化する。この結果，25℃では正常型酵素 P^{wt} と同程度の活性を示すが，37℃では，構造の崩れにより活性が低下すると考えられる。

▶問4．フェニルケトン尿症は正常型遺伝子 P^{wt} に起こった異常だが，この異常については遺伝子解析の結果，世界で450種以上の変異が同定されている。いずれの場合も程度の差はあっても，フェニルアラニン水酸化酵素活性が低下または失われて血液中にフェニルアラニンが蓄積し，フェニルケトン尿症の症状が現れる。

ヒトの体温は約37℃なので，表1の37℃の数値を用いて，父親（$P^{wt}P^a$），母親（$P^{wt}P^b$），患者K（P^aP^b）の，正常型をホモにもつ人（$P^{wt}P^{wt}$）に対する酵素活性の割合（%）を推定すると，父親は $\frac{38+4}{38+38}\times100\fallingdotseq55$〔%〕，母親は $\frac{38+3}{38+38}\times100\fallingdotseq54$〔%〕，患者Kは $\frac{4+3}{38+38}\times100\fallingdotseq9$〔%〕となる。父親と母親は発症していないので，正常型をホモにもつ人に比べて約50%の活性があれば発症しないことになり，患者Kのように非常に低い活性しかもたない場合は発症することになる。

Ⅱ　解答

(A)　問1．ア．雌　イ．雄　ウ．雌

問2．エ．開放血管系　オ．毛細血管をもたない。

問3．表割

問4．親世代では遺伝子構成の異なる Z^AZ^A，Z^AZ^a，Z^aZ^a の体細胞が混在するので，皮膚に透明な領域がまばらに形成された表現型が現れる場合がある。しかし，子世代の各個体の体細胞は単一の配偶子に由来するので

Z^aW となり，皮膚全体の細胞が同じ透明の表現型となる。

(B)　問５．形成体（オーガナイザー）

問６．(1)　$X=\dfrac{\log_e a-\log_e c}{b}$

(2)　野生型の指３が生じる位置を $X_{野}$ として，上記(1)の式に $a=1.0$, $b=0.030$, $c=0.50$ を代入すると $\log_e 1.0=0$, $\log_e 0.50=\log_e\dfrac{1}{2}=-\log_e 2$ $=-0.69$ だから

$$X_{野}=\frac{\log_e a-\log_e c}{b}=\frac{\log_e 1.0-\log_e 0.50}{0.030}$$
$$=\frac{0-(-0.69)}{0.030}=23\,〔\mu\mathrm{m}〕$$

よって，野生型の指３の位置は原点の前方 23μm となる。

変異型の指３が生じる位置を $X_{変}$ とすると，$X_{変}$ については，SSH の分泌量が２倍になるから，$a=2.0$ であり，これと $b=0.030$, $c=0.50$ を上記(1)の式に代入する。

$$X_{変}=\frac{\log_e 2.0-\log_e 0.50}{0.030}=\frac{0.69-(-0.69)}{0.030}$$
$$=\frac{1.38}{0.030}=46\,〔\mu\mathrm{m}〕$$

変異型の指３の位置は原点の前方 46μm となるので，位置の変化は

$$X_{変}-X_{野}=46-23=23\,〔\mu\mathrm{m}〕$$

よって，変異型個体における指３の位置は前方に 23μm 変化する。

……(答)

(3)　(い)・(え)・(お)

◀解　説▶

≪(A)カイコガと遺伝　(B)発生における位置情報の決定≫

(A)　▶問１．ア．皮膚が透明になるこの変異体は油蚕（あぶらこ）と呼ばれる。雌の場合を考える。野生型の卵に，下線部②の核の分裂が卵の中心部で盛んに行われる時期に変異原を注入すると，Z染色体上の遺伝子 A に機能欠損型の変異が起こった場合には，その変異した遺伝子 a をもつ核は Z^aW の遺伝子型となる。この核をもつ細胞の分裂により形成される領域の皮膚組織は透明になる。遺伝子 A に変異が起こらなかった場合には，

遺伝子型はZ^AWのままであるから，その核をもつ細胞の分裂により形成される領域は白色の皮膚組織となる。この両者が混在するため，白色の領域と透明な領域がまばらに現れる。雄の場合を考えると，核内に２本あるＺ染色体上の遺伝子Aの両方が遺伝子aに変異しなければ，透明な領域が現れない。同じ核内の２本のＺ染色体に変異が同時に起こる確率は低いから，Z^aZ^aの核をもつ雄は極めて少ない。よって，白色の領域と透明な領域がまばらに形成される幼虫は雌のほうが多い。

イ・ウ．まばらな領域をもつ幼虫を育てて，その雌を野生型の雄（Z^AZ^A）と交配する場合，野生型の雄の配偶子はZ^A染色体をもつものだけだから，次世代は必ずZ^A染色体をもち，すべて野生型となる。これに対して，まばらな領域をもつ雄（Z^AZ^A，Z^AZ^a，Z^aZ^aが混在）を野生型の雌と交配する場合には，野生型の雌からの配偶子（Z^A染色体とW染色体が半数ずつ）と，まばらな領域をもつ雄からの配偶子（多数のZ^A染色体と少数のZ^a染色体）が組み合わされる。このとき，実験１でまばらな領域が現れた個体であっても，変異したZ^a染色体をもつ細胞は少数であり，これらの個体が作り出す配偶子において，Z^a染色体をもつものは少数となる。この交配の結果，半数は野生型の雄，残り半数は多数の野生型の雌と少数の変異型の雌が現れる。したがって，まばらな領域をもつ雄の個体を交配に用いた場合にだけ，次世代の雌の幼虫の一部に皮膚全体が透明になったものが現れる。

▶問２．昆虫類の血管系は開放血管系であり，毛細血管をもたない。

▶問４．問１の〔解説〕で述べたように，変異原の注入によって親世代では変異した遺伝子aをもつ細胞群だけが透明な皮膚組織となり，白色の皮膚組織とまばらに混在する。これに対して，子世代は単一の受精卵から発生したものであり，すべての体細胞は同じ染色体（遺伝子）をもち，すべて同じ表現型となるので，皮膚全体が一様になる。

(B) ▶問５．発生において，隣接する未分化な細胞群に作用して一定の組織に分化させる誘導作用をもつものを形成体（オーガナイザー）と呼ぶ。

▶問６．(1) 式(i)について，両辺の自然対数をとって

$$\log_e y=\log_e ae^{-bx}=\log_e a+\log_e e^{-bx}$$
$$=\log_e a-bx$$

移項して整理すると

$$x=\frac{\log_e a-\log_e y}{b}$$

モルフォゲン濃度 $y=c$ のとき，位置 $x=X$ だから

$$X=\frac{\log_e a-\log_e c}{b}$$

⑵　上記の式を用いて，野生型では $a=1.0$，$b=0.030$，$c=0.50$ を代入，変異型では $a=2.0$，$b=0.030$，$c=0.50$ を代入して，位置 X を計算すればよい。

⑶　誘導現象では，誘導する側で起こることと，誘導される側で起こることを考えることがポイントである。変異型における指 3 形成位置の変化はモルフォゲン濃度の上昇によるものだが，野生型における指 3 の位置に変異型の指 3 が形成されるためには，化合物の処理により①モルフォゲン濃度が低下する，または②誘導される領域の反応性が低下する，のいずれか（あるいは両方）が引き起こされることが考えられる。(い)と(お)は①の場合，(え)は②の場合であるので，この 3 つが正解となる。

Ⅲ　解答

問 1．ア．休眠　イ．アブシシン酸

問 2．発芽抑制を引き起こすのは長波長の遠赤色光で，葉を通過後の光にはクロロフィルなどにより吸収されにくい遠赤色光が多い。

問 3．(い)

問 4．鳥が丸飲みにできる程度の大きさで，果肉や油脂分を含む外皮をもつ種子は，鳥に選択的に摂食され，種子そのものは糞として排出される。鳥は移動能力が高いので種子も広く散布される。そのため，ギャップや林縁部などの光条件のよい場所に散布された場合に，光発芽の性質をもつことで以後の生育面で有利になる。

◀解　説▶

≪種子の休眠，光発芽種子の発芽≫

▶問 1．生物が成長や活動を，一時的に停止または極度に低下させた状態を休眠という。植物では種子，胞子，芽などにみられ，乾燥，低温，高温などの不利な環境条件に対する抵抗力が増大する。種子などの休眠の原因が植物ホルモンである場合はアブシシン酸が原因である場合が多い。

▶問２．発芽を促進する植物ホルモンのジベレリンの合成は，フィトクロムという色素タンパク質で調節されている。赤色光（波長660nm付近）が照射されているときに増加する活性型（Pfr型・遠赤色光吸収型）はジベレリンの合成を促進して，発芽が促進される。一方で，遠赤色光（波長730nm付近）が照射されているときに増加する不活性型（Pr型・赤色光吸収型）はジベレリンの合成を促進せず，発芽が抑制される。

ここで，植物の葉を通過する前後の光の波長とエネルギー量の関係を示すと下図のようになる。

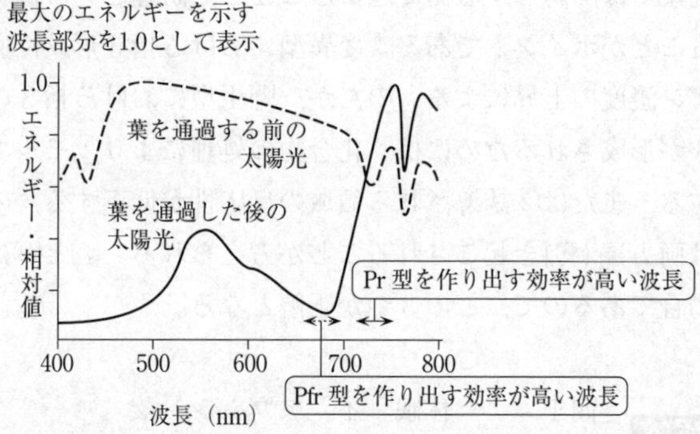

この変化はクロロフィルなど光合成色素による光の吸収に起因し，遠赤色光は光合成色素によってあまり吸収されないため，葉を通過した後の光に多く含まれる。したがって，葉を通過した後の光が照射されると，活性型が減少して発芽が抑制される。解答としては，発芽抑制を引き起こす光の特徴として（赤色光が少なく，）遠赤色光が多い点を，光の特徴が変化する理由としてクロロフィルなどの光合成色素によって赤色光が吸収される点を述べる。

▶問３．ジベレリンの合成を調節する色素（光受容体）はフィトクロムであり，促進するのは活性型，すなわち遠赤色光吸収型であるから，正解は(い)である。

▶問４．移動することができない植物にとって，種子散布は分布域を広げる機会である。種子が生育に適した環境に到達する確率を高めるため，多様な種子散布の様式が進化した。そのうちのひとつが，鳥による散布であり，果肉や油脂分を含む外皮を報酬として提供する代わりに，種子の長距離移動を鳥類に託すものである。動物は似たような環境を利用することが多いので，この種子を餌とする鳥の出現場所は親木の生育場所（生育に適している場所）に似ている可能性が高く，種子にとって生育に適した場所に散布される可能性も高くなる。さらに，光発芽という特性は，ギャップや林縁部など光条件のよい場所に散布された場合に，発芽後の順調な生育可能性を高めることができるので，生存上有利にはたらくことになる。

Ⅳ **解答**　(A)　問1．ア．生殖的隔離　イ．遺伝的浮動

問2．移動個体の数が少ないほど，大陸の集団との違いが大きくなりやすい。集団が小さくなるので，偶然による遺伝子頻度の変化の影響が大きくなるからである。

問3．被子植物は，他の動物や風などを利用することによって種子を広範囲に散布し，分布を広げることができる。一方，陸産貝類は，移動範囲が狭く，その範囲で交配するため，分布が広がりにくい。そのため，陸産貝類の方が，地理的隔離が起こりやすく，種分化率が高い。

(B)　問4．ウ．触媒　エ．古細菌（アーキア）

問5．熱水成分からの電子が電子伝達系を移動して海水成分に引き渡される反応を利用して，細胞膜内外に水素イオン（H^+）濃度勾配を発生させる。この濃度勾配を用いてATPを合成し，このATPを用いて炭酸同化を行う。

問6．シロウリガイの共生細菌では遺伝子数が減少しており，その生存や繁殖には宿主細胞からの物質の供給が不可欠だから。

◀解　説▶

≪(A)隔離と種形成　(B)熱水噴出孔の生物≫

(A)　▶問1．地理的隔離の結果，形質に差異が生じ，交配が不可能となった状態は生殖的隔離と呼ばれ，生殖的隔離が起こると種分化が起こる。また，偶然による集団内の遺伝子頻度の変化は遺伝的浮動と呼ばれる。

▶問2．大きな母集団から移動などによって小集団が形成された場合，遺伝子頻度が元の母集団と大きく異なったものになる場合が多い。このような現象はびん首効果と呼ばれる。

▶問3．被子植物の種子は鳥など移動能力の高い動物を利用したり，風を利用したりして移動するので，高い分散能力をもつ。しかし，カタツムリなどの陸産貝類にはそのような手段をもつものは極めて少なく，分散能力

が低い。この結果が，種分化率の差になっている。

(B)　▶問4．RNAワールド説によると，生物の進化の初期段階ではRNAが遺伝情報を担い，リボザイムとしてもはたらいていたと考える。ウについては直前に「遺伝」とあるので，もう一つの機能である触媒を答える。エについては熱水噴出孔周辺に特徴的にみられるドメインであるから古細菌があてはまる。

▶問5．下線部に，「酸化されやすい熱水成分」と「還元されやすい海水成分」とあるので，これがヒントとなるであろう。両者間での電子の授受を利用して電子伝達系を駆動し，細胞膜内外に水素イオン濃度勾配を発生させる。この濃度勾配にしたがって水素イオンがATP合成酵素内を流れる際にATPが合成され，このATPが炭酸同化をはじめとする物質生産に利用される。

▶問6．シロウリガイの共生細菌は，過去に独立生活をしていた時期には自らが行っていた代謝などの機能を，宿主細胞に肩代わりさせることで，その機能に関与する遺伝子を失っていった。一方，シロウリガイは，食物を一切摂らず，鰓の共生細菌から栄養を摂取して生活している。両者は極めて密接な共生（相互依存）関係にあるといえ，共生細菌を宿主細胞から分離して培養することは難しい。これに対し，チューブワームとその共生細菌との関係は，共生する細菌を毎世代環境から取り込むこと，共生細菌の遺伝子数の多さから，前者の関係ほど密接ではないと考えられる。

❖講　評

大問は例年通り4題。2題が(A)・(B)に2分割されている。分割されていないものも含め，複数分野にまたがる出題が多い。論述問題については，2018年度の15問から，さらに減少して2019年度は10問となった。計算問題として，生物の出題としては珍しく対数を扱ったものが出題されているが，例年通り論述問題に重点が置かれた出題であるところは変わりがない。

Ⅰはフェニルケトン尿症に見られる酵素の変異とその遺伝を扱ったもので，酵素の立体構造を問題にした典型的な出題である。

Ⅱの(A)は人工的な変異原を用いたモザイク様個体の作出と伴性遺伝を組み合わせた出題である。(B)は，拡散によるモルフォゲン濃度の変化の数式化を扱ったもので，対数の扱いを要求する点で生物の問題としては目新しい。計算そのものはそれほど難しくはない。

Ⅲはフィトクロムと光発芽種子と光の波長を取り上げたもので，ごく標準的な問題である。

Ⅳの(A)は遺伝的浮動とびん首効果，種分化と（個体の）分散，(B)は熱水噴出孔の生物群の特徴を取り上げたもの。やや難度の高い論述問題である。

全体としてみると，高校で学ぶ知識そのものより一歩進めてそこから考える力を問題にするという出題の性格は例年と変わらないが，論述量は減少し，難度も例年よりは易化している。とはいっても，Ⅱの(B)やⅣなどは生物は暗記すればよいと考えている受験生には取りつきにくかったであろう。

地学

I **解答** 問1．ア．4　イ．鉄　ウ．超新星

問2．①－Y　②－Z

問3．⑴$1\times10^{-2}$ 秒　⑵$1\times10^{3}$ パーセク

問4．星団Ⅰを構成する主系列星のうち，HR 図上で最も左上にある恒星Aの寿命が，星団Ⅰの年齢を表していると考えられる。恒星Aの光度は太陽の 16 倍あるので，恒星A，太陽の質量をそれぞれ M，$M_{\circ}$ とすると，光度が質量の４乗に比例することから

$$16=\left(\frac{M}{M_{\circ}}\right)^{4}$$

$$M=2.0M_{\circ}$$

主系列星の寿命は消費可能な水素の量に比例し，さらに恒星の質量に比例する。一方，光度が単位時間あたりの水素消費量に比例することから，消費可能な水素が尽きるまでの時間は，質量の４乗に反比例するといえる。よって，恒星Aの寿命は，太陽の寿命が 100 億年であることから

$$1.0\times10^{10}\times\frac{2.0}{2.0^{4}}=1.25\times10^{9}\fallingdotseq1.3\times10^{9}\text{ 年}\quad\cdots\cdots(\text{答})$$

問5．⑴　星団Ⅰでは太陽の質量の２倍以上の恒星が主系列を離れているので，白色わい星が存在し，新星が出現する可能性はある。一方，星団Ⅱは主系列の左上の大質量星がまだ寿命を迎えていない若い星団で，白色わい星は生まれていないと考えられ，そのため新星も出現する可能性はない。したがって，新星が発生したのは星団Ⅰである。(150 字程度)

⑵　光度は単位時間あたりの水素消費量に比例する。求める質量，太陽の質量をそれぞれ m，$M_{\circ}$ とすると，太陽の寿命である 100 億年間に消費される全水素量は $0.1M_{\circ}$，新星の光度は太陽の１万倍なので

$$\frac{m}{0.1}=\frac{0.1M_{\circ}}{1\times10^{10}}\times1\times10^{4}$$

$$\frac{m}{M_{\circ}}=\frac{0.1\times0.1\times1\times10^{4}}{1\times10^{10}}=1\times10^{-8}$$

(答)　1×10^{-8} 倍

◀解　説▶

≪恒星の進化，HR 図，星団の特徴≫

▶問１．恒星の一生のうち大部分の期間を占める主系列星の段階では，中心部で水素原子核４個がヘリウム原子核１個に変わる核融合反応が生じ，莫大なエネルギーが生み出される。その期間や次の段階への進化の過程は恒星の質量によって異なり，太陽程度の質量の場合はガスを宇宙空間に放出して中心部に白色わい星を残す。大質量の恒星は，中心部で鉄を合成する核融合反応まで達した後，超新星爆発を起こして中性子星やブラックホールとなる。

▶問２．HR 図上では，主系列星は左上から右下にかけて帯状に分布し，赤色巨星はその右上方（図１中の領域Y），白色わい星は左下方（領域Z）に分布する。なお領域Xは，寿命の短い大質量の星が位置していた領域である。

▶問３．(1)　天体までの距離と年周視差は反比例の関係にあり，距離をパーセク単位で表すと，年周視差の逆数で示される。よって距離が 100 パーセクのとき，年周視差は　$\frac{1}{100}=1\times10^{-2}$ 秒

(2)　同じ表面温度をもつ主系列星は，絶対等級がほぼ等しい。また天体の見かけの等級が５等級暗いことは，見かけの明るさが 100 分の１であることを意味しており，見かけの明るさは天体の距離の２乗に反比例することから，恒星Cは恒星Aの $\sqrt{100}=10$ 倍の距離にあると考えられる。よって

$$100\times10=1\times10^{3}\text{ パーセク}$$

▶問４．星団を構成する主系列星はほぼ同時に誕生したと考えられるが，HR 図上で左上にある大質量星から順に寿命を終え，主系列を離れる。したがって現在最も左上に位置する星の寿命が，星団の年齢を表していると考えてよい。一般に，主系列星の光度すなわち単位時間に放出するエネルギー量は，単位時間あたりの水素消費量に比例する。これが星の質量の４乗に比例し，また，消費可能な水素量は星の質量に比例することから，結局，主系列星の寿命は質量の３乗に反比例するといえ，大質量の星ほど短時間で赤色巨星へ移行することがわかる。

▶問５．(1)　星団Ⅱには，HR 図上で左上方の大質量の星が存在する。つまり星団が誕生してまだ間もないことがわかる。大質量の星から順次赤色

巨星へと進化していくので，白色わい星に変化するような太陽質量の10倍以下の恒星はまだ主系列段階にあり，新星現象を生み出すような白色わい星は存在していない。

(2)　光度は単位時間あたりのエネルギー発生量，すなわち水素消費量に比例する。よって，それぞれの星の消費可能な水素の総量を核融合反応終了までの時間で割った値が，それぞれの光度の比と等しくなる。

Ⅱ　解答

問１．ア．地球型　イ．天王星　ウ．太陽風
エ．熱帯収束　オ．亜熱帯高圧

問２．太陽からきたプラズマ粒子は，地球磁場の影響で地球の後方に集まりプラズマシートを形成する。太陽活動が活発化すると荷電粒子が磁力線に沿って極域の上空へ侵入するようになり，大気分子と衝突して発光する。これがオーロラである。(100 字程度)

問３．B

問４．太陽放射中の紫外線が地表に達していた頃は，生物は海中にしか生息できなかった。しかし光合成生物の繁栄により大気中の酸素濃度が増し，一部がオゾンに変化してオゾン層が形成されると，紫外線が遮られて生物の陸上進出が可能となった。(100 字程度)

問５．(1)　大気層：$0.2S+(R/100)E=2A$　地球表面：$0.5S+A=E$

(2)　(1)の２式から A を消去して E を求めると

$$E=\frac{120S}{200-R}$$

であるから，S が一定のとき，R が増えると E は大きくなる。
シュテファン・ボルツマンの法則より，E が大きくなると T は上昇する。
ゆえに，S が一定のとき，R が増えると T が上昇する。

問６．日本周辺には亜熱帯環流の一部である黒潮と分流した対馬海流が流れており，いずれも暖流である。冬季の日本海上にはユーラシア大陸からの低温で乾燥した北西季節風が吹くため，蒸発にともなう潜熱輸送が特に大きい。太平洋上では水温の高い黒潮からの放射・顕熱による熱輸送が特に大きく，潜熱による熱輸送も大きい。(150 字程度)

◀解　説▶

≪惑星の特徴，太陽風，地磁気，太陽放射，温室効果，大気と海洋≫

▶問１．太陽系の惑星は，内部構造や大気組成に基づいて地球型（水星・金星・地球・火星）と木星型に大別され，さらに後者は木星型（木星・土星）と天王星型（天王星・海王星）に区分できる。これらの惑星が存在する空間には，太陽から放射された電磁波だけでなくプラズマ粒子が絶えず吹きつけており，これは太陽風とよばれている。

地球に入射した太陽放射エネルギーの緯度差によって引き起こされる地球大気の大循環は，地球自転にともなう転向力の影響を受けて，各半球で大きく３つの循環に分かれている。そのうち最も低緯度にある循環がハドレー循環である。

▶問２．太陽から吹きつける太陽風のプラズマ粒子は地球磁場の存在により進路を曲げられ，磁力線間隔の広い地球の影の部分に吹きだまりのように集められてプラズマシートを形成する。太陽活動が活発化すると太陽風のエネルギーが高まり，シート中にある荷電粒子が加速されて磁力線に巻き付くようにして極域の上空に侵入するようになる。これが大気分子と衝突すると分子を励起して発光させ，オーロラとなる。プラズマ粒子が直に地球大気圏に突入し，大気との摩擦熱で光を放つのではない。

▶問３．地球磁場の様子は，地球中心部に自転軸に対して約 10° 傾けて置いた棒磁石のまわりにできる磁場で近似できる。地表の小磁針のＮ極が北を指すことから，仮想的な棒磁石は北極側にＳ極，南極側にＮ極を向けていることがわかる。したがってこの棒磁石のつくる磁力線は，南極側から出て北極側に向かう。

▶問４．太陽放射に含まれる紫外線は生物に有害であるため，紫外線が地球大気に吸収されることなく地表に達していた時代には，生物は安全な海中にしか生息できなかった。太古代末頃，酸素発生型光合成生物の活動が活発になると，生じた酸素は海水中の鉄イオンと結合して縞状鉄鉱層を形成し，その後さらに生じた酸素は大気中に放出されるようになって，大気中の酸素濃度が上昇した。その酸素の一部はおもに大気上層で紫外線を吸収してオゾンに変化し，オゾン濃度はしだいに増加してオゾン層が形成された。有害な紫外線が十分遮られるようになると，陸上も生物にとって安全となり，光合成や呼吸の効率に優れた陸上への生物の進出が始まった。

▶問5．(1)　大気層への入射エネルギー$0.2S+(R/100)E$と大気層からの放射エネルギー$A+A=2A$がつりあっている。
同様に，地球表面への入射エネルギー$0.5S+A$と地球表面からの放射エネルギー$(R/100)E+(1-R/100)E=E$がつりあっている。
(2)　(1)の2式からAを消去してEを求め，シュテファン・ボルツマンの法則に代入してTを求めると

$$T=\sqrt[4]{\frac{120S}{200-R}\cdot\frac{1}{\sigma}}$$

となり，Sが一定のとき，Rが大きくなるとTが大きくなることがわかる。
▶問6．日本周辺には亜熱帯環流の一部を成す暖流の黒潮が流れており，その一部は日本海へも対馬海流として流入している。冬季の日本海上には大陸から低温で乾燥した北西季節風が吹き込んでいる。そのため温度差の大きい海面から大気への放射と伝導による顕熱輸送が効率よく行われるだけでなく，飽和水蒸気量の増大によって蒸発が盛んに起こり，潜熱輸送が非常に大きくなっている。太平洋上では，高水温の黒潮からの放射や顕熱による熱輸送が効率よく行われるほか，脊梁山脈を越えてフェーン現象で乾燥化した風が吹くため，潜熱輸送も大きくなっている。全体として，日本周辺の熱輸送は他と比べて大きくなっている。

Ⅲ　解答

(a)　問1．ア．ジオイド　イ．地球楕円体
ウ．標準重力　エ．ブーゲー　オ．逆

問2．重力加速度の実測値から，測定点の標高による影響を取り除く補正をフリーエア補正とよび，この補正を施した値から標準重力を差し引いたものをフリーエア異常という。アイソスタシーが成り立っている地域では，マントル内のある一定の深さにある均衡面より上にある物質の質量がどこでも等しい。フリーエア補正後の値は測定点の地下にある物質の質量を反映したものなので，アイソスタシーが成り立っている地域ではどこでもほぼ等しく，異常値は顕著に表れない。
問3．津波は長波であるから，その速さは，重力加速度をg，水深をhとすると$\sqrt{gh}$で表される。

$$\frac{1.7\times10^4\times10^3}{\sqrt{1.0\times10^1\times4.0\times10^3}}=\frac{1.7\times10^7}{2.0\times10^2}=8.5\times10^4〔\mathrm{s}〕$$ ……(答)

(b) 問4．カ．100　キ．水　ク．かんらん　ケ．玄武岩　コ．枕状溶

問5．圧力

問6．マグマが冷却して融点の高い鉱物から順に晶出し，残液の成分が変化していくこと。(40 字程度)

問7．(1) カリウム-アルゴン法

(2) ある放射性同位体の半減期を T とすると，時間 t 経過後のその同位体の存在比は $\left(\frac{1}{2}\right)^{\frac{t}{T}}$ になるから

$$\frac{1}{32}=\left(\frac{1}{2}\right)^5=\left(\frac{1}{2}\right)^{\frac{t}{1.0\times10^7}}$$

$$5=\frac{t}{1.0\times10^7}$$

$t=5.0\times10^7$ 年　……(答)

◀解　説▶

≪(a) 重力異常，津波　(b) マグマの分化，放射年代≫

(a) ▶問1．重力の向き（鉛直線）に垂直な方向を連ねた閉曲面のうち，大洋域で平均海水面に一致するものをジオイドとよび，ジオイドの形と大きさに最もよく近似する回転楕円体を地球楕円体とよぶ。ジオイドと地球楕円体の差は最大で 100m 程度になる。重力の実測値は場所により異なるが，別の場所の値と比較するためには，補正が必要となる。補正後の値と標準重力との差が重力異常で，これは地下構造を反映している。

▶問2．フリーエア補正（高度補正）は測定点の標高の違いによる影響を取り除くものである。したがって補正後の値は，測定点の地下にある物質の質量だけを反映したものと考えてよい。アイソスタシーが成立している地域では，マントル内にある均衡面における圧力がどこでも等しい。すなわち地表の測定点の地下にある物質の質量がどこでも等しいことになる。よって補正後の重力加速度はどこでも等しく，差は生じない。つまり異常は顕著に出ない。ただし実際は，標高の基準はジオイド，標準重力の基準は地球楕円体で両者には差があること，さらに地球内部の密度分布の不均質性などもあり，フリーエア異常が全く 0 になるわけではない。

▶問３．津波は海面に生じる通常の波とは異なり，水深に対して波長が非常に長い長波の一種である。その速さは一般に，水深と重力加速度の積の平方根で求められる。太洋上では200m/s（700km/h）以上に達するほど速く，太平洋をおよそ１日で横断する。

(b)　▶問４・問５．プレートの沈み込み帯では，海洋プレートが持ち込んだ水のはたらきによりかんらん岩の融点が低下し，深さ100kmを超えるあたりからマグマが発生する。発生したマグマは玄武岩質であるが，上昇途中で他のマグマと混合したり地殻物質を溶かし込み，安山岩質に変化する。一方，プレートの拡大境界やホットスポットでは，地下深部から上昇してきた物質が圧力低下により融け始め，玄武岩質マグマを発生する。これが海底に噴出して急冷されると，枕状溶岩となる。

▶問６．本源マグマは玄武岩質であるが，冷却にともなって融点が高く苦鉄質成分の多い鉱物から順次晶出し，沈積していく。すると残ったマグマの苦鉄質成分の割合は減少する。このようにして，冷却にともないマグマの成分がしだいに変化していく過程が結晶分化作用である。残留マグマの成分の変化にともない，次に晶出する鉱物の成分も変化していく。

▶問７．放射性同位体が時間の経過とともに壊変して別の元素に変わっていく過程は，温度や圧力などの条件に左右されず，一定の割合で進む。存在量が半分になるまでの時間を半減期といい，これは放射性同位体の種類によって決まっている。半減期 T の放射性同位体のある時点の存在量を N_0，そこから時間 t 経過後の存在量を N とすると

$$\frac{N}{N_0}=\left(\frac{1}{2}\right)^{\frac{t}{T}}$$

の関係がある。炭素14法は有機物に対しては広く用いられるが，火山岩の年代測定には向かない。またウラン-鉛法やウラン-トリウム法は火山岩にも用いられるが，深成岩の年代測定に用いられることが多い。

Ⅳ　解答

問１．d

問２．正断層

問３．泥岩→凝灰岩→断層→花こう岩

問４．(1)　ア．Al_2SiO_5　イ．紅柱石　ウ．珪線石　エ．SiO_2

オ．$CaCO_3$　カ．多形（同質異像）

(2)　接触変成作用

(3)　珪藻，放散虫

(4)　釘などの金属でひっかいて傷がつかなければ石英，傷がつけば方解石である。

問5．石英は化学的風化に対して強いが，斜長石・カリ長石や黒雲母は水と反応して粘土鉱物に変化しやすいため。(50字程度)

問6．温度変化により膨張と収縮をくり返すと鉱物間に隙間が生じ，岩石が表面から順に同心円状に割れていき，玉ねぎ状構造となる。(50字程度)

問7．日本列島が大陸から分離し，その間にできた日本海の海底で起こった火山活動の噴出物が黒鉱鉱床のもとになった。(50字程度)

◀解　説▶

≪地質構造，変成作用，風化作用，黒鉱鉱床≫

▶問1．地層境界線とある高度の等高線の交点を複数見つけて結ぶと，その高度の走向線になる。図1の場合，地層境界の走向線の向きは南北で，かつ西側にある走向線ほど高度が低い。よって傾斜は50°Wになる。また断層露頭の走向線は北からやや東に振れており，かつ南東側ほど低い。よって走向・傾斜はN20°E，60°SEになる。

▶問2．図1の中央付近にある地層境界線と断層線の交点の高度を見ると，断層の北西側は約230m，南東側は220mである。断層面は南東に傾き，上盤である南東側が下がっているので，正断層である。

▶問3．地層境界面は西に傾斜しているので，下位にある泥岩が先，凝灰岩が後から堆積した。そして断層が活動してずれた後，それらを切るように花こう岩が貫入した。

▶問4．(1)　鉱物が安定に存在できる温度・圧力条件は鉱物ごとに決まっており，それ以外の条件下にさらされると，新しい条件下で安定な別の鉱物に変わる。このとき，結晶構造が変わっても化学組成が変化しない鉱物の関係を多形とよぶ。

(2)　マグマが貫入してきたとき，その周囲にあった鉱物がマグマから得た熱の作用で別の鉱物に変わることを，接触変成作用とよぶ。この作用の及ぶ範囲は比較的狭く，接触部からせいぜい数百メートルに限られる。

(3)　珪藻，放散虫の主成分はSiO_2で，チャートのもとになる。一方，サンゴ，フズリナ，ウミユリの主成分は$CaCO_3$で，石灰岩のもとになる。

(4)　硬度の違いに注目する。石英と方解石の両者がそろっていてそれらを区別するときは，互いにこすり合わせて判別することもできる。他に，酸性の水に浸すと方解石が発泡して溶けることでも区別は可能である。

▶問5．花こう岩を構成する鉱物のうち，石英は化学的に安定で風化を受けにくい。一方，長石類や黒雲母は岩石の割れ目にしみこんできた水と反応して粘土鉱物に変化する。そして粘土が洗い流されると石英粒だけが残り，真砂（まさ）とよばれるようになる。

▶問6．岩石を構成する鉱物によって膨張率が異なるため，温度変化がくり返されると鉱物同士に隙間が生じて結合が切れ，岩体表面からはがれるようにして玉ねぎ状構造をつくる。もともと花こう岩は地下の圧力の強いところで固結したものなので，地表に露出する際に圧力から解放されて膨張しようとすることでも破壊がさらに進む。

▶問7．大陸東縁にリフト帯（地溝帯）が形成され，それが拡大するとともに海水が浸入して日本列島が大陸から分離した。その間にできた日本海では海底火山活動が活発になった。これをグリーンタフ変動とよぶ。このとき海底に堆積した硫化物を多く含む噴出物が，のちの黒鉱鉱床のもとになった。

❖講　評

例年通り論述・計算問題中心で，大問4題の構成であった。大問ごとの総合化が進んでいるが，描図問題は出題されず，また計算問題も手間のかかるものが少なくなった。難易度としては2018年度並みといえる。

Ⅰ　恒星の進化と星団の距離に関するもので，一部2018年度Ⅰと内容が重なるところもあった。冒頭のリード文が長いが，恒星の寿命，質量や光度に関する重要な情報が含まれているので，読み飛ばしのないよう慎重に取りかかりたい。問5(1)は長めの字数制限がついていたが，解答する上での留意点が書かれているので，注意深く述べたい。

Ⅱ　宇宙・地球・地史・大気・海洋分野にまたがる総合問題であった。語句指定を含む論述（3問）や計算など量的にやや多く，断片的な知識の暗記だけではきちんと対応できない。ここでどれだけ力を発揮できたかが，合否の鍵となっただろう。

Ⅲ　問２の論述には字数制限はないが，冗長にならないようキーワードを絞り要領よくまとめたい。重力異常ではブーゲー異常の意味を問われるものはよくあるが，フリーエア異常とアイソスタシーの関係を問うものは珍しい。理解の厳密さがポイントとなる。

Ⅳ　地質図の読解とケイ酸塩鉱物，風化，黒鉱鉱床に関する出題であった。地質図は等高線の形が複雑なので，高度の読み取りミスのないよう注意したい。問１～問３のすべての正誤に関わってくる。

とを意味しているということを理解し、「対象に一つの枠をはめてしま」うことを避けて「無性格な中性的な言葉で呼ぶ」ことは、批評の本義からはずれたものだということを指摘すればよい。その際に「無性格な中性的な言葉」といった比喩表現は適宜言い換えて説明すること。問三の理由説明問題も標準的。「批評のほうが、その対象よりわかりやすいと考える」ことが間違いであることを、「批評は解説ではない」こと、「批評がそれ自身、一つの作品」であることという二点から説明する。批評と批評対象はどちらも一つの作品であるため、わかりやすさの比較は成り立たない、という筆者の主張を理解して解答をまとめること。

三の古文（物語）は、平安時代中期の作り物語からの出題。理系では、二〇一三年度から二〇一八年度まで、六年連続で近世作品が出題されていたが（ただし二〇一五年度の『雑々集』は室町時代後期成立の可能性もある）、二〇一九年度は久しぶりに近世作品からはずれた。物語の出題も、二〇一二年度の擬古物語『苔の衣』以来となった。問題文の文章量は約三〇〇字で、例年と比べても最も短い部類に入る。総解答量は二〇一八年度の一〇行から七行に減少した。難易度は、二〇一八年度に比べてやや易化した。普段から古文学習をしっかり積んできた受験生にとっては、学力を十分に発揮できる問題だった。問一の和歌の現代語訳問題は標準的。「つゆ」の掛詞だけは難しい。「消えよ」は歌意がはっきりするように訳したい。問二の内容説明問題は標準～やや難。「とありともかかりとも」の具体化がポイントで、場面状況やあこきの発言内容をしっかり押さえる必要がある。「よきことはありなむや」は、単なる現代語訳にならないようにすること。問三の現代語訳問題は標準的。「殿」が少しわかりにくかったか。あとは、「まじけれ」「ば」「消え失せ」「なむ」「わざ」「もがな」「思ほす」と、基本文法や基本古語が問われている。それぞれに得点が設定されていると考えて、丁寧な訳出を心がけたい。

ら二〇一七年度までは随筆からの出題が続いていたが、二〇一九年度は二〇一八年度に続き評論からの出題となった。設問数は例年と変わらず四問であり、二〇一八年度と同様に漢字の書き取りの出題もなく、説明問題のみであった。総解答量は、一行減って十四行であったが、理由説明問題が三問、内容説明問題が一問と、理由説明問題が目立った。とは言うものの、問題文の文章量は二〇一八年度と比べると一頁ほど減り、表現面での読みにくさも特になかったため、二〇一八年度と同程度の難易度で、ある程度取り組みやすい印象である。問一の理由説明問題は標準的。「事態」の内容を明らかにし、「遥かに複雑」という比較の表現を踏まえた解答を工夫すること。問二の理由説明問題も標準的。問三の内容説明問題も標準的。「〈経験からの退却〉」という近代科学の特徴とは趣を異にする寺田寅彦の物理学の特徴を説明しつつ、「〈実験〉」が前提とする経験と「〈経験〉」とが違うものであることを、両者の違いが明確になるように説明する。問三の内容説明問題はやや易。トレサン伯爵の〈電流〉に関する言説が科学とは到底言いがたいものであったことを、その理由と合わせて説明する。「惜しむかのような風情」という表現のニュアンスが出るように解答を工夫する必要がある。問四の理由説明問題はやや易。トレサン伯爵の〈電流〉に関する言説が科学とは到底言いがたいものであったことを、その理由と合わせて説明する。「し損ない」という表現意図を汲んで、本人は物理学的言説であろうとしているつもりだが、そのようにはなっていないという点を指摘しておきたい。

二の現代文（評論）は、良い批評家の心構えや能力について述べた上で、批評も一つの言語芸術であり作品であることを述べた文章である。設問数は三問、総解答量は九行で二〇一八年度から変化はなく、問題文の文章量もほぼ同じ。問題の難易度は二〇一八年度と比べて特に変化はなく、標準的。しかし、芸術批評というテーマは、特に理系の受験生にとって読みにくさを感じるものだったかもしれない。一般に芸術論を苦手とする受験生は多いが、京大の現代文では、理系の問題であっても芸術論や文芸論がよく出題される。したがって、いろいろなテーマの文章に取り組んで慣れておく必要がある。問一の理由説明問題は標準的。「自分の考えを筋道たてて説明したり、……訂正したり」というのは「手間をかける」ことの具体的内容であって、理由ではないことに注意。「他人を説得し、納得させるため」という直接の理由を押さえること。問二の内容説明問題も標準的。「批評の降伏」というのが、批評を断念すること、諦めるこ

▼問三「尼になりても」は〝(たとえ)尼になっても〟の意。「殿」は唐突でわかりにくいが、〝貴人の邸宅・御殿〟の意があり、ここでは姫君が住んでいる邸宅(＝父中納言の邸宅)を指す。「まじけれ」は打消推量の助動詞「まじ」の已然形で、ここでは不可能の用法。「けれ」は過去の助動詞ではないので、注意。接続助詞「ば」は、已然形に付いているので、順接確定条件で、〝～ので〟の意。「ただ」は〝ひたすら・ただもう〟の意で、「思ほす」に係ると見るのが妥当。「消え失せ」は下二段動詞「消え失す」の連用形。傍線部直前に「いかで死なむと思ふ心深し」とあるので、傍線部(1)の「消ゆ」と同じく、〝死ぬ〟の意。〝この場からいなくなる〟の意ではない。「な」は完了(強意)の助動詞「ぬ」の未然形。「む」は推量の助動詞「む」の連体形で、ここでは婉曲の用法。婉曲の〝～ような〟は訳出してもしなくてもかまわない。「わざ」は〝方法・手段〟の意。「もがな」は願望の終助詞で、〝～があればいいになあ〟の意。「思ほす(おもほす)」は「思す(おぼす)」と同じく「思ふ」の尊敬語で、〝お思いになる〟の意。「思ほす」は主に平安時代中期頃まで用いられ、その後「思す」に取って代わられた。なお、「殿の内離るまじければ」について、当時は尼になっても、邸内の片隅に暮らし、修行生活を行う例が多かった。

参考　『落窪物語』は平安時代中期の作り物語。『源氏物語』よりは少し前の、十世紀末に成立したと見られる。作者は源順(したごう)とする説もあるが、未詳。全四巻。継子いじめの物語で、書名は主人公の姫君が落ち窪んだ部屋に住まわされたことに由来する。継母の虐待に耐えかねた落窪の姫君は、恋人となった少将道頼と侍女のあこき(あこぎ)によって救出され、幸福を得るに至る。一方で、姫君をいじめた継母は道頼から執拗な報復を受ける、という筋書きである。当時の貴族社会の有様をかなり写実的に描いていて、『源氏物語』に影響を与えた作品としても位置づけられる。

❖講　評

㈠の現代文(評論)は、近代科学の成立の経緯を明らかにした上で、それからすればやや異色とも言える寺田寅彦の物理学が示唆する可能性について考察した文章。㈠では、二〇一二年度に小説が出題されて以降、二〇一三年度か接仮定条件の用法で、〃～ならば〃の意。「立ち帰り」は、設問文に「姫君が亡くなった実母に呼びかけたものである」とあるので、〃あの世からこの世に帰ってくる〃の意。「立ち」には「(あの世を) 発ち」の意を掛けていると思われるが、明示する必要はないだろう。「共にを」の「を」は、注にあるように強意の間投助詞で、特に訳出の必要はない。「消えよ」は下二段動詞「消ゆ」の命令形。この「消ゆ」は、「母君、我を (あの世に) 迎へたまへ」とあるので、〃この世から消える・死ぬ〃の意を明示すること。なお、「つゆ (露)」「消えよ」の縁語関係もわかるように訳しておきたい。

▼問二　「かかり」は「かくあり」の縮約した形なので、「とありともかかりとも」は、「とありともかくありとも」として考える。傍線部初めの「と」と「かく」はそれぞれ副詞で、「と～かく～」とセットの形で〃ああ～こう～〃の意の連語になり、漠然と何かを指し示す言い方である。「とも」は逆接仮定条件を表す接続助詞で、〃(たとえ) ～としても・～ても〃の意。よって、「とありともかかりとも」は、〃(たとえ) ああであってもこうであっても (いずれにせよ)〃の意である。あとは、「と」と「かく」の指示内容を明らかにしたい。そこで文脈を押さえると、姫君はあこきから少将との結婚話を聞かされたところなので、〃(たとえ) 少将と結婚しても、あるいは結婚せずにこのままの生活を続けても (いずれにせよ)〃くらいの意に解することができる (順番を逆に考えてもよい)。「よきことはありなむや」は、助詞「や」の用法に注意。直後に「幸ひなき身と知りて」とあるので、〃よいことはきっとあるだろうか、いやないだろう〃と訳せる。したがって、「や」は疑問でなく反語の用法とわかる。あとは説明問題なので、〈よいことはないだろう (もう幸福は望めない)〉などと、反語の結論内容を明確化して説明したい。また「女親のおはせぬに」(=〃母親がいらっしゃらないのだから〃) を理由として加えてもよい。

解答のポイントは以下の二点である。

①「とありともかかりとも」の具体化＝少将と結婚しても、しなくても (この邸で生活を続けても)

②「よきことはありなむや」の「や」の意味の明確化＝よいことはないだろう (幸福になれるとは思えない)

問三　たとえ尼になっても、この邸の中から出て行くことはできそうにないので、ひたすらこの世から消えて死んでしまうような方法があればいいのになあとお思いになる。

◆全　訳◆

八月一日頃であるだろう。姫君は一人横になって、眠ることもできないままに、「母君様、私を（あの世に）お迎えください」と（言い）、「つらい」と言いながら、

私に少しでも情けをかけてくださるならば、（あの世からこの世に）帰ってきて、露が消えるように一緒に死んでください。つらいこの世を離れてしまいましょう。

気休めに（このように歌を）詠んでも何のかいもない。翌朝、（侍女のあこきが姫君と）お話をしての折に、「帯刀がこのように（少将と姫君の結婚話を）申しておりますのは、どのようにしましょうか。こうして（つらい境遇でいらっしゃる）ばかりでは、どうして、一生をお過ごしになれましょうか、いえなれないでしょう」と言うが、（姫君は）返事もしない。（あこきが）困っているうちに、（継母が）「三の君の手を洗うお水を差し上げなさい」と言ってお呼びになるので、（あこきは）立ち去った。（姫君の）心の中では、ああであってもこうであっても（＝少将と結婚して暮らしても、このままの生活を続けても、どちらにせよ）、よいことはきっとあるだろうか、いやないだろう、（実の）母親がいらっしゃらないのだから、幸せのない身の上だと知って、なんとかして死にたいと思う心が深い。たとえ尼になっても、この邸内を離れることはできそうにないので、ひたすら（この世から）消えて死んでしまうような方法があればいいのになあと（姫君は）お思いになる。

▲解　説▼

▼問一　「つゆ」は、副詞の「つゆ」と名詞の「露」の掛詞になっている。副詞の「つゆ」は〝少しでも〟の意で、「かけば」に係る。名詞の「露」は「消えよ」と縁語の関係にある。「あはれ」は名詞で、ここでは〝情け・憐れみ・同情〟ほどの意。「かけ」は下二段動詞「かく（掛く・懸く）」の未然形。接続助詞「ば」は、未然形に付いているので、順

う。批評家が対象の核心を簡潔な言葉で言い当てるとき（問二）、その表現には批評家自身の好みや主観的傾向を含んだ考えが反映されていることになる（問一）。つまり、批評とは、作品を介在させながら批評家が自らの思想を表明したものだとも言い得るのである。だからこそ、「読まれ、刺激し、反発され、否定され、ときに共感され、……」といった読み手の反応を引き起こすのである。そう考えれば、批評も一つの作品だという筆者が言わんとすることを理解できるだろう。以上の内容を踏まえた上で解答を作成する。

解答作成のポイントは以下の二点である。

① 批評が単なる解説ではなく一つの作品であることを明示する

② 批評が一つの作品であるとはどういうことかを（問一・問二を踏まえて）補って説明する

参考 吉田秀和（一九一三～二〇一二年）は、東京都生まれの音楽評論家。東京帝国大学仏文科卒業。『音楽芸術』誌に『モーツァルト』を連載し、本格的に評論活動を始める。チェリストの斎藤秀雄や作曲家の柴田南雄とともに「子供のための音楽教室」を開設し、初代室長となる（一期生には小澤征爾（指揮者）、中村紘子（ピアニスト）、堤剛（チェリスト）らがいる）。また、日本の前衛作曲家たちが大同団結した二十世紀音楽研究所の創設にかかわり所長となるなど、音楽評論だけでなく、実践的な活動にも精力的に取り組んだ。日本に音楽批評を定着させた業績によって文化功労者に選ばれ、文化勲章を受章。主な著書に、『吉田秀和全集』『セザンヌ物語』『永遠の故郷』など。

出典 『落窪物語』〈巻一〉

解答

問一　母君が私に少しでも情けをかけてくださるならば、あの世から帰ってきて、露が消えるように一緒に死んでください。

問二　少将と結婚しても、今のままの生活を続けても、どのみち母のいない自分に人生の好転はないだろうということ。

▼問二 「対象の核心を簡潔な言葉でいいあてる」批評は、同時に、言葉によって「対象に一つの枠をはめて」しまうことにもなる。しかし、批評がこの「レッテルをはるやり方」からまぬがれるのは至難の業である。なぜなら、そもそも批評とは、言葉で対象に「名前を与える作業」であり、それを避けると「批評」そのものが成立しなくなってしまうからである。「批評の降伏」とは、作品を「無性格な中性的な言葉で呼ぶ」ことを指しているが、「無性格な中性的な言葉」とは、〈対象を明確に特徴づけるわけではない無難な言葉〉のことであり、対象に枠をはめることを避けて無難な言葉で形容することは批評の断念を意味することになる。それを筆者は「批評の降伏」と比喩して言っているのである。以上の内容を理解したうえで解答をまとめればよい。

解答作成のポイントは以下の三点である。

① 批評の両面性を説明する

② 「無性格な中性的な言葉」をわかりやすく言い換える

③ ①と②の関係性を「降伏」というニュアンスが伝わるように説明する

▼問三 傍線部（3）は、「批評を読めば作家なり作品なりがわかりやすくなるだろうという考え」が「誤解」であるという筆者の主張を、比較の視点で言い換えたものであることに留意したい。すなわち、〈「批評」と「対象（作品）」を比較して「批評」のほうがわかりやすいと考えるのは誤解だ〉ということである。その理由として、「批評は解説ではない」こと、さらに「批評がそれ自身、一つの作品だから」ということが挙げられる。この二点をつなげると、〈批評は作品の単なる解説ではなく、それ自身一つの作品だから〉ということになる。つまり、批評を作品の解説だとする一般的な認識では、作品より批評のほうがわかりやすいといった印象が生じかねないが、筆者は、〈批評は作品の解説ではなく、批評自身も一つの作品であるから、作品と作品を比較してどちらがわかりやすいというのはおかしい〉と考えているのである。しかし、では、「批評がそれ自身、一つの作品だ」とはどういうことなのだろうか。

ここで「批評は作品を、作家を理解するうえで、役に立つと同じだけ、邪魔をするだろう」という記述に注目しよあるため、それ自身、対象と同じく一つの作品だと言えるから。

◆要　旨◆

良い批評家の条件とは、自分の考えを絶対視せず、自分の好みや主観的傾向を意識して、読者を説得し、納得させる心構えと能力があることである。また、対象の核心を簡潔な言葉でいいあてる力がなければならない。これは、対象に一つの枠をはめてしまうことにもなるが、それこそが批評であって、無難な言葉で対象を表すだけでは批評とは言えない。また、批評は作品を説明した解説ではなく、それ自身が言葉を用いた一つの作品である。したがって、批評のほうが対象よりわかりやすいと考えるのは間違いである。

▲解　説▼

▼問一　まず、傍線部（1）を含む一文で、「他人を説得し、納得させるため」に、「手間をかける」と述べられていることから、「手間をかける」直接の理由は、「他人を説得し、納得させる」ことである。また、良い批評家とは、「自分の考えをいつも絶対に正しいと思わず、むしろ自分の好みや主観的傾向を意識して」いる批評家のことだとわかる。以上の内容を踏まえると、〈良い批評家は、好みや主観が含まれる自分の考えを絶対視せず、読者を納得させようとするから〉などと答えをまとめることができる。さらに、良い批評家は、自分とは考えを異にする読者の存在を想定しているであろうことにも言及しておきたい。なぜなら、自分と似た考えを持つ読者であれば、説得に「手間をかける」必要もないわけで、自分とは異なった考えを持つ読者を想定するからこそ、筋道をたてて説明したり、正当化につとめたり……という「手間をかける」のである。

解答作成のポイントは以下の三点である。

①　良い批評家の条件を説明する
②　「手間をかける」直接の理由を説明する
③　想定される読者についても言及する

的な経験的直観を基盤として推論を重ねたものは、考察の対象や方法いずれにおいても「〈経験からの退却〉」を前提とした科学とは言いがたい。しかし、トレサン伯爵自身はあくまでも「物理学的言説であろうとし」ていたのだから、その言説は「し損ない」と言うより他ないものだということになる。以上の内容を踏まえて解答を作成すること。

解答作成のポイントは以下の三点である。

①「〈経験からの退却〉のし損ない」とされている、トレサン伯爵の言説の特徴をまとめる

② どういった点が「し損ない」なのかを説明する

③「し損ない」という言葉のニュアンスに留意する

参考 金森修（一九五四～二〇一六年）は、北海道札幌市出身の哲学研究者。専門は、フランス哲学、科学思想史、生命倫理学。東京大学教養学部教養学科フランス分科卒業。同大学院人文科学研究科比較文学比較文化博士課程満期退学。数理哲学者のジャン＝トゥサン・ドゥサンティに指導を仰いでパリ第一大学で学び、哲学博士号を取得。筑波大学助教授、東京水産大学教授、東京大学教授を歴任する。主な著書に『バシュラール――科学と詩』『サイエンス・ウォーズ』『〈生政治〉の哲学』などがある。

出典 吉田秀和「音を言葉でおきかえること」

解答

問一　良い批評家は、好みや主観的傾向を含んだ自分の考えを決して絶対視することなく、自分とは違った考えを持つ読者の存在を想定し、その読者を説得し納得させようとするから。

問二　批評とは、的確な言葉で作品を特徴づける行為であり、対象に枠をはめてしまうことを恐れて無難な言葉を用いるのは、評価し分類する批評の仕事の断念になるということ。

問三　批評は、作品の単なる解説ではなく、批評家が自らの感性や思想を駆使して対象の核心を端的に言い表したもので

筆者は述べているのである。

解答作成のポイントは以下の三点である。

①「〈実験〉」が前提とする経験の特殊性を具体的に説明する

②「〈経験〉」が「日常的な経験」を指していることを示す

③「〈経験〉」と、「〈実験〉」が前提とする経験とが異質なものであることを説明する

▼問三　「惜しむ」には、〝大切にする・もったいないと思う・残念がる〟などの意味があるが、ここでは〝残念がる〟という意味で用いられていることに留意する。「近代科学の〈経験からの退却〉」とは、《近代科学が日常的な経験を排除していること》を意味しているが、寺田寅彦（の物理学）はそのことを「惜しむ」、すなわち、残念がっているかのようである、と筆者は述べる。なぜなら、寺田寅彦は、「割れ目、墨流し、金平糖」「市電の混み具合」といった「日常世界での経験」を研究や考察の対象として好んで取り上げており、そういった著作にこそ彼らしさが存分に発揮されているからである。以上の内容を踏まえて、解答を作成すること。「〜かのような風情」は、〝〜であるように思える・〜という印象を受ける〟などの意味合いであり、言い換えて説明する。また、後述されているトレサン伯爵とは違い、寺田寅彦の研究はれっきとした科学的手法にのっとったものであったということにも言及しておきたい。

解答作成のポイントは以下の三点である。

①「〜を惜しむかのような風情」だと筆者が感じる根拠を説明する

②寺田寅彦とトレサン伯爵との違いを盛り込む

③「〜を惜しむかのような風情」という表現のニュアンスを上手く出せるように工夫する

▼問四　「〈経験からの退却〉のし損ない」とされているトレサン伯爵の言説の特徴は、「日常的水準での直観が基盤となり、その直観からそのまま連続的な推論がなされている」ところにある。問三でも確認したように、「〈経験からの退却〉」とは、日常的な経験を排除するという近代科学の特徴を意味しているが、トレサン伯爵の言説のような、日常

◀解　説▶

▼問一　まず、傍線部(1)の「事態」というのは、《近代科学が生まれた経緯》を指していることを押さえる。また「遥かに複雑」という表現から、その経緯が、「観念から経験へ」という従来の一般的な理解と比較した上で「複雑」なものであると述べていることがわかる。さらに「複雑」の具体的内容を確認すると、傍線部(1)の直後に「それは、今述べたばかりの〈常識〉とは、むしろ逆方向を向いている」とあり、さらに「伝統的経験へのこの上ない不信感、それこそが、近代科学の黎明期に成立した特殊な眼差しだったのだ」とあることから、《(従来の理解とは違って) 混乱の集積であるに過ぎない日常的な経験を信用し過ぎないことが近代科学を成立させた》ことを指して、「複雑」と述べていることがわかる。以上の内容を理解した上で解答を作成する。なお、「観念から経験へ」という表現もそのまま用いずに、言葉を補って説明を加えた上で解答に盛り込みたい。

解答作成のポイントは以下の三点である。

①「事態」が何を指しているかを明示する

②何と何を比べて「遥かに複雑」と述べているのかを押さえる

③「観念から経験へ」をわかりやすく説明する

▼問二　「〈実験〉は、〈経験〉の漫然とした延長ではない」と筆者がわざわざ否定するのは、実験が経験を扱うものであり、したがって、経験を観察することが実験の第一歩になる、という認識が一般的にあるからだろう。しかし、「〈実験〉」とは、「一定の目的意識により条件を純化し、可能な限り感覚受容を装置によって代替させることで、緻密さの保証をする」、「原基的構想がどの程度妥当かを、〈道具と数〉の援助を介在させながら試してみること」であり、だからこそ、実験が扱う経験は「極めて構築的な経験、極めて人工的な経験」だと言える。一方、傍線部(2)の「〈経験〉」とは、従来「観察」の対象とされてきた「日常的な経験」のことであり、「ごちゃごちゃとした混乱の集積であるに過ぎ」ないものである。両者は「経験」と言っても全く違うものであり、それゆえに「延長ではない」と

国語

出典　金森修（おさむ）『科学思想史の哲学』〈第三部　科学思想史とその〈外部〉　小文Ⅵ　日常世界と経験科学――寺田寅彦論〉（岩波書店）

解答

問一　観念的な思考から経験的な観察への移行という常識的な理解とは異なり、実際には、混乱の集積である日常的経験を疑う姿勢が近代科学の誕生を促したと言えるから。

問二　科学における実験が前提としているのは、明確な目的意識によって条件を厳密化し、装置や数字を介在させて緻密さを保証する極めて人工的な経験であり、観察の対象とされる雑然とした日常的経験とは異質なものだから。

問三　寺田寅彦の物理学では、近代科学の手法に立脚しながらも、日常世界での経験が研究の対象として好んで取り上げられているため、科学が日常世界での経験を切り捨てることを彼自身が残念がっている印象を受けるということ。

問四　トレサン伯爵の言説は、物理学であろうとしながらも実は日常的経験における直観を基盤とした連続的推論であり、対象や方法のいずれにおいても科学とは言いがたいから。

◆要　旨◆

観念から経験への移行が西欧近代科学を成立させたという従来の常識的な理解とは違い、むしろ、混沌とした日常的世界での経験を捨象することこそが、近代の科学的認識に必要な前提である。そういった認識からすると、科学的手法にのっとって学問的な物理学を究めながらも日常的経験を対象として好んで取り上げた寺田寅彦の物理学は異色であり、また、興味深い可能性を持つものだと言える。すなわち、文化全体の中で捉えられる自然科学という、西欧近代科学とは違った自然科学の可能性を示唆しているのである。

////////////////////// · memo · //////////////////////

2018年度

解答編

解答編

英語

I **解答** ⑴自分は突如現れては人々を救済する能力がある救済者で，自分には答えや為すべきことがわかっているが，助けを必要とする方の人間は救済者が現れるのをただ待っているだけだと思い込み，自分本位で一方的な手助けの仕方を選択してしまう心理状態。

⑵全訳下線部参照。

⑶アー④　イー①　ウー⑤　エー②　オー⑥

◆全　訳◆

≪相手を尊重した手助けの方法≫

すべての人々にとって幸運なことだが，多くの人々は他人を手助けすることに関心を抱いており，自分の仕事や人生をその目的に費やす人々もいる。もちろん，そこまで高い意識を持つ人ばかりというわけではなく，ほとんどの人は時には利己的になってしまうものだ。進化生物学者や心理学者なら，私たちは「常に」利己的なものであり，私たちが他人を助けようとする場合，それは単に自己満足を達成しようとしているのに過ぎないと主張するかもしれない。しかしながら，動機がどうであれ，同僚や家族や友人，さらには赤の他人にさえ救いの手を差し伸べる人々の数は著しく多いものだ。

立派な行為ではあるが，他人を手助けすることは危険性もはらんでおり，それは人助けが実際には利己的な行為であり得ることに関連したものだ。この危険性とは，「救世主コンプレックス」と呼ばれる状態に陥ることである。これは，まさにその名のとおり，自分はどこからともなく現れては人々を救済する使命にあると感じている人物が周囲に対して取る立ち居振る舞いや姿勢のことだ。これは手助けの仕方としては公平なものではなく，救済者は，自分はすべての答えを握り，何をするべきかもわかっているが，助けを必要としている人々は救済者が現れるのをただ待っているだけだと決めつけているのだ。

これは確かに問題だが，救世主コンプレックスが抱える本当の落とし穴に足を取られて，最も慈悲深い本能の一つ，すなわち人に手を貸そうとする本能までも消し去ってはならない。そのためには，自分が人々の救済者であると思い込んだり，そうであるかのように振る舞ったりすることなく彼らを支援するべきなのだ。

つまり，「実際に」手助けをすることに劣らず重要なのは，「どのように」手助けするかであり，だからこそ「どのようにお手伝いしましょうか」という問いかけで切り出すことが不可欠だ。この問いかけで始めれば，謙虚な姿勢で指示を仰いでいることになる。あなたは，相手がその人自身の人生の専門家であることを認めているのであり，何らかの援助を供給しつつも，相手が自らの人生に責任を持ち続ける機会を与えていることにもなる。

先日，私は『ザ・モス』という番組の中で素晴らしい話を聴いた。その話では，「どのように」手助けするかを相手に尋ねることの大切さが強調されていた。『ザ・モス』は実話を取り上げているラジオ番組やポッドキャスト配信であり，それらの実話は世界各地から来た人々によって生放送で語られる。そこで語られる話はどれも魅力的なのだが，先日，その中で自分の自立についての価値観を語った 80 歳代の女性による話が放送された。彼女は常に自分のことは自分で行い，80 歳を過ぎてもまだそのようにできていることを喜んでいた。そんな折，彼女は脳卒中で倒れた。

入院している間，ニューヨーク市の彼女が暮らすアパートの住民たちが，彼女にとって初めての脳卒中であるため，これから必要になるはずの歩行器を使った生活がしやすいようにと，彼女の部屋を少しばかりリフォームしたのだった。彼女は隣人たちと付き合いはあったものの，親しい友人関係にあるわけではなかったので，はじめは非常に驚いた。しかし，彼らの善意ある行動により，彼女は他人にいくらか依存することで，自分の生活が実際に豊かになること，そして特にこれは彼女がお礼をした場合について言えることだと認識するようになった。そこで彼女は，隣人たちが中に入っておしゃべりをすることを歓迎する旨の看板を部屋の玄関ドアに吊り下げた。それから彼女は，おしゃべりをするために頻繁に隣人たちが訪問してくれた様子を語り，彼らが何か手伝ってくれようとする際には，決まって「どのように」手伝いましょうか，と問いかけてくれた点を感謝とともに強調していた。どのように支援すればよいのかを尋ねることで，彼らは彼女が自分の自立と尊厳とを保てるようにしてくれていたのだ，と彼女は説明した。

◀解　説▶

人を支援する際には，“How can I help ?”と問いかけることで，相手の自立を損なうことなく，その人を援助することが大切だという論旨。人間関係にまつわる，生活に身近な内容ではあるが，途中で言及される“the savior complex”は「メサイア〔救世主〕コンプレックス」とも呼ばれ，問題を抱える人に優しくし，優越感に浸ることで自己満足を得ようとする心理を指す精神分析の用語であり，学術的内容への素養や関心が問われている点もおさえておきたい。

▶(1) **the savior complex**

savior は「救済者，救世主」で，動詞 save の派生語。complex は「コンプレックス，強迫観念，固定観念」の意味。日本語の「コンプレックス」は一般的に「劣等感」の意味で用いられる傾向が強いが，英語で「劣等感」は an inferiority complex，逆に「優越感」は a superiority complex と表すことからもわかるとおり，本来は「コンプレックス」単独で「劣等感」の意味はなく，「無意識のまま抱えている複雑な感情」のこと。下線部のある第２段はこの the savior complex「救世主コンプレックス」を話題に導入し，これについて説明するための段落である。そのため，下線部の内容説明には，下線部直後の２文（This is just what … for a savior to come along.）が該当し，この箇所の和訳を参考に答えをまとめる。まず，第２段第３文（This is just what …）の一（ダッシュ）以降，an attitude or stance toward the world where you believe you are the expert who can suddenly appear to save others「自分はどこからともなく現れては人々を救済する専門家〔熟達者〕だと感じている人物がその世界に対して取る立ち居振る舞いや姿勢のこと」が，the savior complex の定義。続く同段最終文（It is an uneven approach to …）では，the savior complex がどのような問題点を抱えるものなのかを説明している。特に，an uneven approach to helping とあるように「対等な関係でない援助の仕方」が，同段冒頭文（Although admirable …）中で前置きした

risk「危険（性），問題点」となるわけだから，この部分は答案に欠かせない。「対等な関係でない援助の仕方」というのは具体的には，やはり同段冒頭文中で前置きされている helping can actually be selfish の部分から，「利己的な〔自分本位の〕援助の仕方」と言い換えてもよい。

▶(2) **All of which is to say that**

「つまり〔要するに〕」→that is to say「つまり，すなわち」の基本熟語のバリエーションである。which is to say も同じ意味だが，that（指示代名詞）が，接続詞の働きを兼ね備える関係代名詞 which に変化すると，前の文との連続性が高まる。that も which も直前の内容を指す代名詞である点は変わらない。また，which is to say は，カンマの後ろで使う（非制限用法）ことが多いので，文中で用いるイメージが強いかもしれないが，要は直前文との連続性を示す働きであるため，前文さえ存在していれば，文頭で用いられることもある。下線部も文頭で用いる which のパターンで，これに修飾語句 all of が付いている形。直訳すると「前で述べたことすべてはつまり～ということに集約される」程度になる。

***how* you help matters just as much as that you *do* help,**

「『実際に』手助けをすることに劣らず重要なのは，『どのように』手助けするかであり」→斜字体の箇所は強調されているので「 」付きで訳出する。*A* matters just as much as *B*「*B* に（ちょうど）同じく *A* は重要だ」 この matter は「重要である」の意。*A* と *B* の位置にある how S V「どのように～するのか（ということ）」と，that S′ V′「～ということ」はいずれも名詞節。that you *do* help の do は助動詞で，直後の動詞を強調し，「実際に～する」と訳す。

which is why it is essential to begin by asking, “How can I help?”

「だからこそ『どのようにお手伝いしましょうか』という問いかけで切り出すことが不可欠だ」→which はカンマの前の部分（*how* you help matters…）の内容を指すので，which is why … は and that is why …「だから，そういう訳で」に等しい。“How can I help?” は，直前で *how* you help matters「『どのように』手伝うかが重要である」と強調されているので，「どのようにお手伝いしましょうか」のように手助けの仕方を尋ねる和訳にする。

If you start with this question, you are asking, with humility, for

direction.

「この問いかけで始めれば，謙虚な姿勢で指示を仰いでいることになる」→進行形の部分（you are asking）は，「(If 節で述べられた条件を満たすとき，あなたは)～していることになる」とか，「～するのと同じことだ」のように訳す。with humility は「謙虚に」のように副詞として処理する（with＋抽象名詞＝副詞)。

• start with ～「～で始める」
• ask for ～「～を求める」
• humility「謙虚，謙遜」
• direction「指示」

You are recognizing that others are experts in their own lives, and you are affording them the opportunity to remain in charge, even if you are providing some help.

「あなたは，相手がその人自身の人生の専門家であることを認めているのであり，何らかの援助を供給しつつも，相手が自らの人生に責任を持ち続ける機会を与えていることにもなる」→直前の文にある If 節からの続きであるため，進行形の部分（You are recognizing と you are affording）は，直前の文中にある進行形（you are asking）と同じ用法。文頭に If you start with this question が省略されていると考えるとよい。others「他者」は，「助けを必要とする人々」のことで「相手」くらいに訳せる。afford *A* *B* の形で「*A*（人）に *B*（物）を与える」の意味となる。in charge は後ろに of their own lives が省略されていると考える。(be) in charge of ～で「～の責任がある，～を管理している，～の責任〔担当〕者である」の意味。to remain の意味上の主語は them（＝others「(助けを必要としている）人々」)。afford them the opportunity to remain in charge (of their own lives), even if you are providing some help の直訳は，「あなたは何らかの援助を提供しながらも，彼らが（自分自身の人生に）責任を持ったままでいられる機会を彼らに与える」となる。「何らかの手助けと同時に，彼らには自身の人生の主導権を握らせたままにしておく機会をも提供する」と意訳するのもよい。

• expert in ～「～における専門家」
• opportunity to *do*「～する機会」

▶(3)第６段は，第５段で紹介された『ザ・モス』というラジオ番組で取り上げられた 80 歳代のある女性の話の続き。第５段最後の２文（She loved the fact that … had a stroke.）で，彼女は人に頼らず自活していることに満足していたが，脳卒中で倒れた，というところまでが述べられている。その点を踏まえて，以下の検討をする。

ア．第６段第１文（While she was in the hospital, …）の内容から，女性のアパートの住人らが，何らかの目的で彼女の居住部屋を少し改装したことがわかる。同段第３文（But their gesture of goodwill …）に goodwill「善意」や，enrich her life「彼女の生活を豊かにする」とあることから，改装の目的はもちろん彼女の利益のために行ったこと。また，空所直後の a walker は「歩行器」なので，その直前には，「(道具）を使って」という意味の前置詞 with（“道具”の with）がくる。これらの点から，空所には④の live there with を補って，「彼女が歩行器を使ったそこでの生活がしやすくなるように」とする。for *A* to *do*「*A* が～する」は，*A* と *do* の間に主述関係が成り立つ点に注意。

イ．同じアパートの住人らが部屋を改装してくれたことに対する彼女の反応が，空所以降から順を追って説明されている。したがって，ものごとを列挙する際，最初に用いられる表現の To begin with「まず，最初は」が最も適切であるため，空所には①の begin with を補う。空所直後の she was taken aback は「彼女は驚いた」の意。

ウ．空所の直前には inspire *A* to *do*「*A* が～するよう触発する」，直後には that 節があることから，that 節を直後に伴う動詞の原形が空所に入る。第５段では，他人に頼らずに自立していることに女性が満足していたとあったが，第６段第５文（She then recounted how …）の後半には「彼ら（＝アパートの住人たち）が手伝ってくれる際には，決まって『どのように』手伝いましょうか，と問いかけてくれた点を感謝とともに強調した」とあり，彼女が他人の手助けを受け入れていることがわかる。つまり，住人による予期せぬ善意の行動をきっかけに，彼女の「認識」が変わったことが伺えるので，空所には⑤の recognize を補うのが正しい。

エ．空所直前の welcome *A* to *do*「*A* が～するのを歓迎する」は，*A* と *do* が主述の関係になる点に注意する。隣人たちが何をするのを女性は歓迎したのかを考えればよい。第６段第５文（She then recounted how her neighbors …）の前半に,「それから彼女は, おしゃべりをするために頻繁に隣人たちが訪問してくれた様子を語った」とあるので, 隣人たちが歓迎されたことは「彼女のところに立ち寄りおしゃべりをすること」。したがって, 空所には②の come in for「～を求めて〔～のために〕(部屋の）中へ入る」を補う。

オ．第 6 段第 5 文（She then recounted how her neighbors …）には, they always asked *how* they could help「彼ら（＝アパートの住人たち）は, 決まって『どのように』手伝いましょうか, と問いかけてくれた」とある。この質問の仕方は, 第 4 段（All of which is to say that … で始まる段落）で述べられていた主旨, つまり, 相手に「どのように」手助けをしましょうか, と問いかけることで, 相手を尊重し, その人の生活における自立性を奪わないようにすること, に通じるものである。空所を含む文の冒頭にある By asking her how they could help は, 手助けの仕方を相手に問いかけるという手法であるため, それにより得られるのは, 女性自身の自立や尊厳の維持と考えられる。空所前後の語句は, 彼女が自分の自立と尊厳を「保持する」ことができる, という動作で結ばれるのが適切。したがって, ⑥の retain が入る。

●語句・構文●

(第 1 段) devote their careers and lives to it「彼らの職業や生活をそれ〔人を手助けすること〕に捧げる」→devote *A* to *B*「*A* を *B* に捧げる」 inclined「したいと思っている, 傾向のある」 self-interested「利己的な, 自分本位の」 some of the time「時には」 regardless of ～「～にかかわらず」 remarkable「著しい」 help *A* out「*A* を手助けする」(help out *A* の語順でもよいが, *A* が代名詞の場合は不可） colleague「同僚」

(第 2 段) admirable「称賛に値する, 立派な」 actually「実際には」 selfish「利己的な, 自分本位の」 prey「えじき, 獲物」 fall prey to ～「～の犠牲〔えじき〕となる」 attitude or stance toward ～「～に対する立ち居振る舞いや立場」 approach「取り組み方」 *A* in need「困っている *A*（人)」→the person or group (who is) in need のように, 間の〔関係詞＋be 動詞〕が省略されている。wait for *A* to *do*「*A* が～するのを待つ」 come along「やって来る, 現れる」

(第 3 段) genuine「本物の, 真の」 pitfall「落とし穴, 隠れた危険」

humane「人道的な，思いやりのある」 one of the most humane instincts (that) there is「(存在している) 最も人間らしい本能の一つ」→先行詞の後に there is が続く場合，主格の関係代名詞は省略できる（例：Father explained to me the difference (which) there is between the two.「父親は2つの間にある違いを説明してくれた」)。trick「(～するための) こつ〔秘訣〕」

(第5段) underscore「～を強調する」 feature「(番組などで)～を特集する」 in *one's* eighties「(人が) 80 歳代の」 independence「自立（していること)」 stroke「脳卒中」

(第6段) apartment「(集合住宅内の) 1世帯分の住居」→アパートの建物全体は apartment building〔apartment house〕。minor「小規模な」 renovation「(建物・家具などの) 修復，改築，リフォーム」→英語の reform には，建物のリフォームという意味はなく，「(制度・組織などの) 改革」の意。cordial「誠心誠意の」→cordial with ～「～(人) と親しい」 gesture「意思表示の行為〔言葉〕，(感情などの) 証」 enrich「～を豊かにする」 favor「(善意からの) 親切な行為」 recount「～を詳しく話す，列挙する」 come by「立ち寄る」 gratitude「感謝（の気持ち)」 offer to *do*「～することを申し出る」 dignity「威厳，尊厳」

II 解答

(1)衝突回避や資源回収の効率化のために小惑星や彗星の軌道を変えること。その資源を宇宙で使う燃料にその場で加工するか，そこから地球への資源供給を行うこと。

(2)全訳下線部(b)参照。

(3)全訳下線部(c)参照。

◆全 訳◆

≪地球近傍天体の軌道修正と資源活用≫

現在地球の海に存在する水が小惑星や彗星によってもたらされたのかどうかは別にしても，それらには非常に有益な資源が大量に含まれていることは明らかだ。将来，地球上にある資源への需要が産出可能な分量を上回ることになれば，小惑星や彗星が不可欠なものとなることがわかるだろう。

彗星や小惑星に接近飛行し，それらに着陸することで（すでにこれらは実現しているが），大きなことをいくつか実践できる。1つ目は，それらの軌道を変えられるということだ。万一地球と衝突する軌道上にある天体を見つけた場合，器用に少しだけそれを押すことで，確実にそれを地球から逸らすことができる。十分早い段階で天体を捉えていれば，それが地球に衝突しないようにするための軌道修正は比較的小さくて済む。あるいはまた，採掘する価値があるほど十分な量の魅力ある資源を含有する天体を見つけた場合，それが地球や月の周囲を巡る新たな安定した軌道を通るように，その軌道を変えてしまうこともできる。これにより，回収した資源を地球に持ち帰るのに必要な移動コストが削減されるだろう。２つ目は，対象となる天体の軌道をそのままにしておこうが，地球や月を周回する軌道へと修正しようが，いずれにせよ，天体の資源をその場で加工処理して宇宙で使用する燃料とすることもできるし，場合によっては地球で必要とされる別の需要を満たすこともできるということだ。小惑星や彗星が宇宙に浮かぶ最初のサービスステーションとなり，水や燃料や建築材料を提供することが可能になるのだ。

小惑星や彗星の軌道修正や，それらからの資源採掘，そのどちらも達成可能な目標だ。しかしながら，こうした天体をどのようにして発見するのか。それらのすべてを発見したという判断はどのようにして行うのか。天体の軌道の算出方法や，地球への衝突の危険性があるかどうかの判断，そして天体の構成要素の見極めをどのようにして行うのだろうか。

私たちが関心を強く抱いている天体は，いわゆる地球近傍天体（NEOs）である。(b)それらを発見するには忍耐か幸運のいずれかが必要だ。小惑星は，太陽系の惑星とほぼ同じく，主に太陽系平面から数度の範囲内に存在するが，彗星はあらゆる方向からやって来る可能性がある。それらはまた非常に素早く移動していることもある。このため，天体に接近飛行し，場合によっては，どうにか危険なものではなくなる程度にその軌道を変えるというのは非常に難しいことである。

このような困難な状況であっても，地球近傍天体を発見するための方法は，空全体を監視しながら天体の痕跡，つまり，星々を背にして移動する暗い光の点を見つけることしかない。地球近傍天体も，惑星それ自体にやや似て，暗く光る遊星のように映る。

小惑星と彗星の表面はいずれも非常に暗い色をしているため，一般的にそれらは光をあまり反射しない。このため，それらの天体はごくわずかに光る程度で，たくさんの光を集める巨大な望遠鏡を用いない限りは，それらすべてを発見することはないかもしれない。(c)しかしながら，NASAによる資金援助のもとで，十分活用されていない小型望遠鏡をネットワーク化するNEO探索計画がある。これらの望遠鏡は観測可能な天空領域を最大限にする目的で，一般的に広い視野を備えているが，それでも直径100メートル未満の非常に暗い天体を検知するのには困難を伴う。何よりも，これらの望遠鏡は，本来はNEO探索に特化して利用されるべきだろうが，実際にはそれらを利用できる限られたわずかな時間帯にだけNEO探索に使用される程度なのだ。

◀解　説▶

地球に接近する小惑星や彗星の軌道を修正したり，そこに眠る資源を将来有効活用したりする可能性について述べた文章。下線部和訳ではrendezvousやtrajectoryなど難しい語彙もあるが，文脈や周辺知識から推測できるようにしたい。たとえば，小惑星イトカワに着陸した探査機「はやぶさ」が地球へのサンプルリターンに成功した話題なども周辺知識として役立つだろう。

▶(1)下線部を含む文の冒頭By rendezvousing and landing on comets and asteroids「彗星や小惑星にランデブー飛行〔接近飛行〕し，それらに着陸することによって」は，下線部の「大きなこと」を達成するための手段であり，「大きなこと」の具体的な答えではない。具体的内容は下線部直後のFirstと，第2段最後から2文目にあるSecondによって列挙されている。端的には，小惑星や彗星について，First直後の「それらの軌道を変えること」(to alter their orbits)，そしてSecondのある文の主節部分「そこに眠る資源を（宇宙空間上，あるいは地球上で）活用すること」(to process the materials …）が答案の中心となる。Firstで挙げられた軌道修正には，想定される2つの目的があり，1つは同段第3文（Should we find …)，もう1つは同段第5文（Alternatively, should we find …）で述べられている。いずれも仮定法If S should V「万一SがVすることがあれば」のifが省略されて，倒置が起きた形となっている。つまり，第3文なら，If we should find one on a collision course with Earth, … に同じ。Ifで始まるこの2カ所の内容も盛り込みたいので，前者を「衝突回避（のため)」，後者を「資源回収の効率化（のため)」のように要約するとよい。与えられた解答欄のスペースから 75 字程度が目安となるので，不要な部分はそぎ落とし，短く答案にまとめる。

• rendezvous「ランデブー飛行〔接近飛行〕をする」 2つの宇宙船などがドッキングなどの準備段階として同じ軌道に乗って，接近した状態で飛行すること。

• collision「衝突」（<collide「衝突する」）

▶(2) **Finding them takes either patience or luck.**

「それらを発見するには忍耐か幸運のいずれかが必要だ」→Finding them は無生物主語なので，「それらを発見するためには」など，目的を表す副詞句のように和訳するとよい。them は Near-Earth Objects（NEOs）のことであるので，「地球近傍天体」や「NEO」とするのも可。take は「(時間・労力など）を必要とする」の意味。

• patience「忍耐」

Asteroids are mainly contained to within a few degrees of the plane of the solar system, much like the planets, but comets could come from any direction. They could also be moving really quickly.

「小惑星は，太陽系の惑星とほぼ同じく，主に太陽系平面から数度の範囲内に存在するが，彗星はあらゆる方向からやって来る可能性がある。それらはまた非常に素早く移動していることもある」→be contained「(ある物の中に）含まれている，入っている」は，ここでは「(ある範囲内に）存在する」の意味。to within a few degrees of ～「～から数度の範囲内までに」は，前置詞の to と within（それぞれ“程度”と“範囲”を表す）が並んだ二重前置詞。the plane of the solar system は，plane が「面，平面」の意味で，惑星の公転軌道面が円盤型に広がる太陽系のこと。much like ～「～とよく似て」は asteroids と planets の分布位置が近いことを言っている。comets could come と They could also be moving の could はいずれも可能性を表す。They は直前の文中にある comets のみを指しているように見えるが，下線部のある第 4 段冒頭文にある Near-Earth Objects（NEOs），すなわち地球に接近する asteroids と comets の総称を指す。次の段落（第 5 段）においても，them や their の形でこの代名詞が継続使用され，その最終文（Somewhat like the planets …）から，それがNEOsを指していることが確認できる。

• asteroid「小惑星」

• comet「彗星」

This makes it challenging to rendezvous with one and perhaps modify its trajectory enough to somehow make it safe.

「このため，天体に接近飛行し，場合によっては，どうにか危険なものではなくなる程度にその軌道を変えるというのは非常に難しいことである」→This「このこと」は，直前で述べられた「天体が非常に素早く移動している」ことを指す。it は形式目的語で to rendezvous 以下の内容を指す。This makes it challenging to *do* は，無生物主語であるため，「このことにより～することが非常に難しいものとなっている」のように訳せる。one は小惑星や彗星などNEOと呼ばれる地球近傍天体のうちの１つを指す代名詞。perhaps は「ことによると，場合によっては」の意で modify にかかる。modify「修正〔変更〕する」の目的語である trajectory の意味は知らなくても文脈から推測できる。make it safe の it は地球に接近する天体のことであり，それを「安全なものにする」というのは，第２段第３文（Should we find one on a collision course …）にあるように，地球衝突回避のためにそれを少し押すことである。これは，その「軌道を変える」と言い換えられる。したがって，modify の対象である trajectory は「軌道」とわかる。

• challenging「困難だがやりがいのある」

• somehow「どうにかして，何とかして」

▶(3) **However, there are NEO search programs funded by NASA that network underutilized small telescopes.**

「しかしながら，NASA による資金援助のもとで十分活用されていない小さな望遠鏡をネットワーク化するNEO探索計画がある」→関係代名詞 that の先行詞は NEO search programs で，直後の network は動詞で「～をネットワーク化する，～を連携させる」の意。

• funded by ～「～によって資金援助を受けた」

• underutilized「十分に活用されていない」

• telescope「望遠鏡」（＜tele-「遠くを」＋scope「見る鏡」）

These telescopes generally have large fields of view for maximiz-

ing the areas of sky that can be monitored,

「これらの望遠鏡は観測可能な天空領域を最大限にする目的で一般的に広い視野を備えている（が…）」→field of view で「視野」の意。ここでは望遠鏡の視野のこと。for maximizing the areas of sky の for は“目的”を表す。

• maximize「～を最大化する」

• monitor「～を監視する，観察する」

but they still struggle to detect the really faint objects that have diameters below one hundred meters.

「…だが，それでも直径 100 メートル未満の非常に暗い天体を検知するのには困難を伴う」→they は小型望遠鏡のこと。struggle to *do* は「～するのに苦労する」の意味。faint は「光がかすかな，暗い」の意味。object は「物体」という意味だが，ここでは「（小）天体」のように具体的に訳す。diameters below X（数詞）は「X に満たない直径」。

• detect「～を見つける，検出する」

• diameter「直径」（*cf.* radius「半径」）

●語句・構文●

（第 1 段）significant quantities of ～「かなりの量の～」 Earthbound「地に根付いた，地上の」 outweigh「～より重い，～に勝る」→動詞の接頭語 out- には「～より（…の点で）優れている」の意味もある（例：outdo「～をしのぐ」，outnumber「～より数で勝る」，outpace「～より（足が）速い」，outrun「～より速く走る」，outwit「～の裏をかく」）。producible「産出可能な」 essential「絶対不可欠な」

（第 2 段）land on ～「～に着陸する」 orbit「軌道」 subtly「巧妙に，器用に，繊細に」 Caught early enough, the changes in the orbit needed for it to miss Earth are relatively minor.「十分早い段階で天体を捉えていれば，それが地球に衝突しないようにするための軌道修正は比較的小さくて済む」→Caught early enough は受け身の分詞構文だが，厳密に書き表す場合は It caught early enough（独立分詞構文の形）が正しい。この It（および主節中にある it）は，直前の文中の one on a collision course with Earth「地球に衝突する軌道上の天体」のこと。直前の文で Should we find one …「万一，地球に衝突する軌道上の天体を見つけたら…」と述べたばかりであるため，Caught early enough とだけ述べても，be caught「見つけられる」の主語が「その天体（＝it)」であることは文脈から明白。したがって，文頭にあるべき It が抜け落ちた形となっている（懸垂分詞構文)。接続詞と主語を補うと，If it is caught early enough, the changes … となる。alternatively「あるいは」 enough interesting materials to make it worth exploiting「それ〔天体〕を採掘する価値があるほど十分な量の魅力的資源」→enough は，interesting という形容詞単独を修飾しているのではなく，interesting materials「魅力的資源」という名詞句を修飾している。enough＋名詞（可算名詞の場合は必ず複数形）＋to *do*「～するほど十分な数〔量〕の（もの)」 exploit「～を搾取する，(資源を）開発する〔採掘する〕」 stable「安定した，一定の」 commute「通勤〔通学〕する，(定期的に同じ経路を長距離）移動する」 space-based「宇宙に拠点を置く」 service station「給油所，サービスステーション」

(第3段）orbital「軌道の」(＜orbit） modification「修正，変更」(＜modify） mining「採掘（すること)」(＜mine「(鉱物などを）採掘する」) achievable「達成可能な」 pose a（～）threat「(～な）脅威を与える」 impact「衝突，衝撃」

(第4段）so-called「いわゆる」

(第5段）the only way S V is if S′ V′「S が V するための唯一の道〔方法〕は S′ が V′ することだ」→way と if は，それぞれ「(ある方向へ続く）道」と「いくつかある方向性のうちの1つ」と捉えれば互いに同様の意味で，「～へと至るのは唯一…する場合だけだ」と訳せる。この表現中では the only way の後の動詞には主に be going to, will, can などの助動詞が付く。signature「(他と区別される）特徴」 pinpoint「ごく小さな点」 somewhat「少々，やや」 wandering star「遊星，迷星」(惑星のことであるが，wandering star は惑星の古い呼び方)

(第6段）typically「通常は，一般的に」 spot「～を発見する」 on top of all that「さらにそのうえ」 NEO hunting「NEO（地球近傍天体）の探索」 a fraction of the available time「それらを利用できる時間の内，限られたわずかな時間（に)」→直前に“期間”を表す前置詞 for が省略されており，are only used にかかっている。a fraction of ～「何分の1かの〔わずかな〕～」 when perhaps they should be entirely dedicated to it「小型の望遠鏡をつないだもの（＝they）は，NEO 探索（＝it）のためだけに利用されるべきときに」→この when は接続詞で“譲歩”の when と捉えて，「～であるにもかかわらず」とか，「本来は～であるべきところを」と訳せる。be dedicated to ～「～に専念する」（<dedicate *A* to *B*「*A* を *B* に捧げる」）

III 解答例

〈解答例 1〉 While〔Whilst〕talking about the popularity of Japanese food among tourists from abroad, one person said he doubted their ability to savor its taste because their cultural backgrounds are different. Can this be true? In my opinion, it is actually the dietary choices of your childhood environment that determine your food preferences. Americans who were raised in health-conscious households, for example, are likely to be comfortable with Japanese cuisine. I should add that despite sharing a common culture, not all Japanese people have the same taste for Japanese food due to variations in home life.

〈解答例 2〉 When someone said that more and more foreign tourists have been hooked on Japanese cuisine, another person said he was doubtful about whether people from abroad could appreciate its taste given that they have different cultural backgrounds. Would you support his opinion? If what he said is true, it means that in the same way, Japanese people could also hardly appreciate the taste of food from other countries. In the first place, considering that Japanese people have been raised in different circumstances, it follows that even Japanese people could not appreciate Japanese food.

◀解　説▶

文章単位の和文英訳だが，途中の空所には欠如した文を考えて補わなくてはならない。空所前後の流れがつながるようにしなくてはならないし，問題文の指示である「全体としてまとまりのある英文」にするためには，与えられた和文の箇所に工夫が必要になることもあるだろう。特に空所の後ろに続く和文の箇所をどう取るか，またどうしたら文脈が空所の内容とつながるようになるかには熟慮を要する。

解答欄は，長さ 12.1cm の罫線が 12 本引かれている。1 行あたり約 8 語の単語が書けるので，全体で 95 語前後の分量の英文を書けばよい。また，空所に入る英文の数は 1 文か，短めのもの 2 文までが限度であろう。

まずは，文全体の論理展開に矛盾が生じないように，先に大まかな全体の流れを決めておく。特に，「文化」と「育った環境」が別ものだと考える場合と，同じものだと考える場合で空所と続きの英文の内容が変わるので，どちらの解釈を取るか決めておく必要がある。〈解答例 1〉では別もの，〈解答例 2〉では同じものと解釈して英訳している。

「海外からの観光客に和食が人気だという話になったときに，文化が違うのだから味がわかるのか疑問だと言った人がいたが，はたしてそうだろうか」

•「～だという話になったときに」→「～について話している際に」なら While〔Whilst〕talking about ～,「誰かが～だと言ったときに」と解釈するなら When someone said that ～と表せる。the topic「話題」を用いるなら When the topic of our conversation switched to the fact that ～ なども可。

•「海外からの観光客に和食が人気だ（という話）」→talking about の目的語としてなら，the popularity of Japanese food among tourists from abroad「海外からの観光客のあいだの和食人気」のような名詞句にする必要がある。said that の続きとしてなら，more and more foreign tourists have been hooked on Japanese cuisine「ますます多くの外国人観光客が和食にはまっている」のような節（SV 構造）の形で表す。

•「～だと言った人がいたが」→「私たちの中の誰か一人が言った」のなら，one person said that S V など。When someone said ～ で始めたのなら，another person said that S V のように，some と another〔other〕の呼応表現を意識したい。また，said に続く S V は，時制の一致に留意する。

•「文化が違うのだから」→「ある人の生まれ育った文化」という意味で「文化」と言う場合には，「文化的背景」という意味の cultural background を用いるのが普通。because 以外にも，「～を考慮すれば」という意味の given that S V も使える。

•「（その）味がわかる」→savor「～を堪能する」を用いて savor its taste

や，appreciate「〜の本当のよさがわかる」を用いて appreciate its taste とする。「味を判断する」と考えて，judge its taste とするのも可。

•「(味がわかるのか）疑問だ」→doubt や be doubtful about 〜「〜を疑わしく思う」を用いると，その目的語は their ability to judge its taste「和食の味を判断する彼らの能力」（名詞句）や，whether people from abroad could appreciate its taste「海外からの人々に和食の味がわかるかどうか」（名詞節）となる（could は時制の一致による)。

•「(…だと言った人がいた）が，はたしてそうだろうか」→…, but can this be true？ この可能性を表す助動詞の can「〜であり得る」は，疑問文で使用すると，強い疑いの気持ちを含意して，「はたして〜だろうか」の意味となる。「あなたならこの人物の言うことを支持するだろうか」と言い換えれば，Would you support his opinion？なども可。

(空所部分について)

「はたしてそうだろうか」（＝文化的背景のせいで外国人には日本食の味がわからないと言えるのか）に続けやすいのは，この人物の主張の盲点をつくか，反論を述べる内容である。〈解答例１〉は，「人の味覚を決定するのは実のところ子供の頃の食事環境だと考える。たとえば，健康志向の家庭で育ったアメリカ人は日本食になじむ可能性は高いだろう」と，味覚の決定要因が文化的背景ではなく，別のところにあると主張している。〈解答例２〉の和訳は，「この人物の言うことが本当ならば，日本人も同様に外国の料理の味はわからないということになる」。これは外国人の立場を，日本人に置き換えることで先の主張の矛盾点を考えさせるものである。仮定法過去形 could を用いることで，「日本人には外国の料理の味がわからない，そんなことはあり得るだろうか」と，その可能性が低いことを示唆している。

「さらに言うならば，日本人であっても育った環境はさまざまなので，日本人ならわかるということでもない」

•「さらに言うならば」→「さらに」と単純に“追加”として捉えるなら，Moreover〔What's more〕, I should add that S V など。“強意”表現と捉えるなら，One could go so far as to say that S V「極言すれば〜」，in the first place「そもそも」など。大きく逸脱しない限りは，与えられた日本語をそのまま英訳することより，空所とのつながりを重視した表現を使う方がよい。

•「日本人であっても」→「日本人同士のあいだでも」と言い換えられるので，even among Japanese people などとするか，あるいは，次に続く「育った環境はさまざまなので」の主語に Japanese people を用いればそれで済む。

•「育った環境はさまざま（なので）」→「環境」を主語にすれば，the environments in which they have been brought up are different from one another (, so …)，「日本人」を主語にするなら，considering that Japanese people have been raised in different circumstances など。

•「日本人ならわかるということでもない」→省略されている「わかる」の目的語（＝和食の味）を補う必要がある。また，ここは抽象的な言い回しなので，空所に補う英文の内容に応じた，多少自由度のある和文英訳と捉えるのがよい。また，文章全体の整合性を保つためには，もう少し具体的な内容の表現にすることもあるだろう。〈解答例１〉では，「(文化は同じでも）育った（家庭）環境は違うので，日本人なら（皆が同じように和食の味を）わかっているということでもない」のように，丸括弧内の情報を補足しながら英訳（despite sharing a common culture, not all Japanese people have the same taste for Japanese food due to variations in home life）してある。〈解答例２〉では，「日本人ですら日本食の味がわからないということになる」と捉え，it follows that even Japanese people could not appreciate Japanese food という英文にしてある。

Ⅳ　解答例

〈解答例１〉 (1) Could you tell me whose essay again? And I would like to know the spelling of the writer's name, too.

(2) I would appreciate it if you would tell me the guidelines I should follow.

(3) I have written an essay in English about accepting foreign workers. The main point was that we need to have a variety of perspectives by learning about different cultures so we can coexist with foreigners.

(4) This term, we have covered a lot of themes〔topics〕. Is there anything I should focus on especially while I am studying?

〈解答例2〉 (1) Could you tell me the name of the writer again? I'd like to make a note.

(2) Could you please clarify them for me?

(3) I have written some essays in English, but now I think they were more like journals because I didn't know much about the report format. I will refer to the example of the format on the course website.

(4) Are there any good chapters in the textbook for reviewing the basics?

◀解　説▶

2017年度に引き続き，対話文中の空所に入る発言を補う問題となっているが，2017年度のようなディベート的要素のない，単純な会話のやり取りであるため，補うべき英文の内容は比較的容易に推測できる。空所はすべて，学生が教師に対して発言している箇所なので，丁寧な英語表現を知っているかどうかが重要なポイントとなる。

(会話の日本語訳)

〔教師の研究室で〕

教師：どうぞ座ってください。

学生：お会いくださって，ありがとうございます。

教師：昨日の授業に出られなかったのは残念ですね。宿題についての質問があるのでしょう。基本的には，短めのレポートをパソコンで作成して今度の木曜日に私に提出すればよいです。レポートをタイピングするためのパソコンはお持ちですか。

学生：はい，新しいノートパソコンがあります。もう一度，レポートのテーマを教えてくださいませんか。

教師：ロンドンとニューヨークの類似点と相違点について説明してください。まず，類似点から始めて，その後に相違点に触れるように。情報を集めるために，最初にグレンドンによるエッセーを読んでください。講座のウェブサイトにそれが掲載してあります。

学生：(1)＿＿＿＿＿＿＿＿＿＿＿＿＿＿＿＿

教師：グレンドンですか。G，l，e，n，d，o，nです。ファーストネームはサラで，スペルはS，a，r，a，hです。

学生：ありがとうございます。ウェブサイトを見てみます。レポートの書式についての細かい注意点を自分がすべて把握しているのか自信がありません。(2)＿＿＿＿＿＿＿＿＿＿

教師：わかりました。1つ目は，パソコンでタイプしたレポートを印刷しなくてはなりません。また，名前と日付をレポート用紙の左上に入力してください。次に，わかりやすい表題を必ず記載してください。今回のレポートは段落を分けて書くことが大切です。繰り返しになりますが，まずは類似点を最大4つまで述べて，それから3つの主要な相違点だとあなたが考えるものについて説明してください。読んで調べた内容からの情報をもとに，自分の主張に対する根拠を必ず挙げてください。書式の記入例についても講座のウェブサイトに掲載してあります。英語でも，日本語でも，あるいは他の言語でもかまわないので，あなたがこれまでに書いたことのある小論文やレポートについて聞かせてください。

学生：(3)＿＿＿＿＿＿＿＿＿＿

教師：わかりました。あ，それから2週間後に最終試験があるので忘れないように。それに向けての勉強をしっかりしてくださいね。

学生：(4)＿＿＿＿＿＿＿＿＿＿

教師：それはよい質問です。教科書の第1章から第4章までを勉強しておくことをお薦めします。

解答欄は，長さ 12.1cm の罫線が，(1)，(2)，(4)はそれぞれ2本引かれているが，(3)だけ4本引かれている。1行あたり約8語の単語が書けるので，(1)，(2)，(4)は基本的には1文，(3)は2文程度が目安となる。

▶(1)空所前の教師の発言で「グレンドンによるエッセー」に触れており，空所の後でも教師は「グレンドンのことですか」と同じ名前を繰り返していることから，学生がエッセーの著者である Glendon の名前を確認したくて，聞き返している場面。さらに，教師はスペルまで丁寧に説明しているので，学生はスペルも尋ねたのかもしれない。そこで，「どなたのエッセーかもう一度聞かせてもらってよいですか。できれば著者の名前のスペルも教えてください」といった内容の英文にする。〈解答例2〉では，スペルを尋ねる代わりに，「(著者の名前を) メモに取りたい」と伝えている。丁寧に何かを頼むときは，Could you ～？や Would you ～？などで始める。疑問詞で始めて末尾に again をつけると，聞き返したり，再確認したりしたいときの表現となる（例：What was your name again ?「お名前は何とおっしゃいましたか」）。

▶⑵空所直前で「書式（format）に関して細かい点のすべてを理解できているか自信がありません」と学生は発言しており，空所の後で教師は Okay と承諾したうえで，the report format に関して守るべき注意点を列挙している。このことから，学生はレポートの書式に関する注意点を確認させてもらいたいと訴えたことが推測できる。〈解答例 1 〉は「従うべき指針を教えていただけると有り難いのですが」，〈解答例 2 〉は「それら（＝all of the details）を明確に示してもらってもよろしいですか」という内容。I would appreciate it if S could〔would〕V「～していただけると有り難いです」は，it が必要なので注意する。

▶⑶空所直前で，教師が「（どの言語かに関係なく）あなたがこれまでに書いたことのある小論文やレポートについて聞かせてください」と質問しているので，空所に入る学生の発言内容は，比較的自由に考えられる。〈解答例 1 〉の和訳は，「外国人労働者の受け入れについての小論文を英文で書いたことがあります。外国人と共生するために異文化について学び，さまざまな視点を持つ必要があるというのが主張でした」。〈解答例 2 〉の和訳は，「英語でいくつか小論文を書いたことがありますが，今思うと，レポートの書式についてあまり知らなかったので，それらはどちらかと言えば日記のようでした。学内ウェブサイトの書式サンプルを参照してみます」。

▶⑷空所直前で，教師が「 2 週間後の最終試験」の勉強をするようにと発言している。これに関して，学生が何かを質問したため，空所の後で教師は，テスト勉強に関する具体的な助言をしている。もちろん，「どこが試験に出ますか」というようなテスト内容についての直接的な質問をしているわけではないので，少し工夫が必要である。〈解答例 1 〉では，「今学期はたくさんのテーマを扱いました。勉強の際に特に優先するべきものは何かありますか」としている。〈解答例 2 〉では，「基本の復習をするのに教科書の単元でちょうどよいところはありますか」と，基本をおさらいするための助言を求める発言にしている。

❖講 評

2018年度は，読解問題2題，英作文問題2題の構成で，2017年度と基本的には同じである。しかし，大問Ⅲの和文英訳では，日本語の文章の一部が空所になっており，そこを埋める自由英作文が必要な問題となっていた。大問Ⅳは，2017年度と同様，会話文中の空所を補う自由英作文の形式であったが，どちらかと言えば会話力を純粋に試す問題であり，2017年度のような高い論理的思考力を要するものではなかった。読解問題の語数は2題で約1,080語であり，2017年度とほぼ同じであった。

Ⅰは，他人を手助けする際には相手を尊重した手助けの仕方が重要だという内容の文章になっており，内容説明が1問，下線部和訳が1問，空所補充が1問の計3問。(1)の the savior complex について説明する問題は，解答の根拠となる箇所の判断はさほど難しいものではないが，うまく日本語にまとめるのに手間取るかもしれない。文章全体の語彙レベルは比較的易しかった。(3)の空所補充も，選択肢同士で紛らわしいものは特になく，解きやすいものとなっていた。

Ⅱは，地球に接近する小惑星や彗星の軌道修正や資源活用について論じた英文で，内容説明が1問，下線部和訳が2問の計3問。(1)の内容説明は，解答欄におさまるようにするための言葉の取捨選択がポイントとなる。(2)の下線部和訳では，rendezvous や trajectory のように，受験生の多くは見慣れないであろう語彙が含まれていた。すぐに辞書に頼らないで読み進める練習を普段から心がけておくことが，これらの語彙の推測に役立つことだろう。

Ⅲの英作文問題は，従来の和文英訳から，和文英訳＋自由英作文の混合問題となっている。与えられた日本語の文章の中ほどが空所になっており，その前後と論理的につながるような英文を考えた上で，文章全体を英訳するもの。あらかじめ与えられた日本語の解釈の仕方に注意が必要な内容となっており，論理的思考力と英作文能力ともに高度なレベルが要求される。

Ⅳは，会話文の空所に入る適当な発言を書くという自由英作文問題で，2016・2017年度に引き続き出題された。ただし，2018年度では空所の数は2カ所から4カ所に増え，その代わり，空所に入れるべき応答文の内容は，前後の流れから比較的容易に推測できるものとなっている。空所はすべて，教師に対しての学生の発言であるため，丁寧な英語表現を意識する必要がある。

2018 年度の全体的な難易度や分量は，京大の標準レベルとも言える出題であった。2017 年度と同様に，2018 年度の読解問題は，文章も特に読みづらいというものではなく，下線部和訳も難解なものではない。ただし，日本語でうまくまとめる高度な文章能力がないと，内容説明問題に手間取り，試験時間内での解答が厳しくなってくるだろう。また，新しい試みが見られたⅢの英作文問題では，こなれた日本語の英訳といった従来からの特徴はあまり見られない。しかし，日本語を分析する力が要求されるという点では，従来通りと言える。思考力を問うための試験問題には，パターン化を避けようとするための工夫がしばしば見られる。受験生も形式の変化に動揺することなく，本質的理解を追求するよう日々の学習において心がけることが肝要だろう。

数学

1

◇発想◇　(1) $f(x)=ax^2$, $g(x)=b(x-1)^2+c$ とおくと，C_1 と C_2 が接する条件は，$f(X)=g(X)$ かつ $f'(X)=g'(X)$ を満たす実数 X が存在することである。C_1 と C_2 が接する条件を，$f(x)=g(x)$ が x の2次方程式でかつ重解をもつこととして解くこともできる。

(2) C_1 と C_2 の接点を $(X,\ Y)$ とおくと，(1)より X，Y は a と c で表されているから，これと条件(i)より a，c を消去して X，Y の不等式を導く。

解答　(1)　$f(x)=ax^2$, $g(x)=b(x-1)^2+c$ $(abc\neq 0)$ とおく。

条件(ii)より，C_1 と C_2 の接点の x 座標を X とすると

$$\begin{cases} f(X)=g(X) \\ f'(X)=g'(X) \end{cases}\quad \text{すなわち}\quad \begin{cases} aX^2=b(X-1)^2+c & \cdots\cdots① \\ 2aX=2b(X-1) & \cdots\cdots② \end{cases}$$

②で $X=1$ とすると $a=0$ となり，$a\neq 0$ に反するから　　$X\neq 1$　……③

よって　　$b=\dfrac{aX}{X-1}$　……④

これを①に代入して

$$aX^2=aX(X-1)+c \qquad aX=c$$

$a\neq 0$ より　　$X=\dfrac{c}{a}$　　このとき　　$f(X)=\dfrac{c^2}{a}$

したがって，C_1 と C_2 の接点の座標は　　$\left(\dfrac{c}{a},\ \dfrac{c^2}{a}\right)$　……(答)

(2)　C_1 と C_2 の接点の座標を $(X,\ Y)$ とすると，(1)より

$$X=\frac{c}{a}\ \cdots\cdots⑤,\quad Y=\frac{c^2}{a}\ \cdots\cdots⑥$$

ここで $c\neq 0$ より，$X\neq 0$，$Y\neq 0$　……⑦ である。

⑥÷⑤ より　　$c=\dfrac{Y}{X}$　……⑧

これと⑤より　　$a=\dfrac{Y}{X^2}$　……⑨

⑧，⑨を条件(i)に代入して

$$1+\left(\frac{Y}{X}\right)^2\leqq 2\cdot\frac{Y}{X^2}\qquad X^2+Y^2\leqq 2Y\quad (X^2\neq 0)$$

よって

$$X^2+(Y-1)^2\leqq 1\quad (X\neq 1,\ X\neq 0,\ Y\neq 0)\quad \cdots\cdots⑩\quad (\because\ ③,\ ⑦)$$

したがって，接点 $(X,\ Y)$ は⑩を満たす範囲になければばならない。逆に，この範囲の $(X,\ Y)$ に対して，⑨，④，⑧で a，b，c を与えて C_1，C_2 を考えると，$abc\neq 0$ で①，②すなわち条件(i)，(ii)が成り立ち，$(X,\ Y)$ はこの C_1，C_2 の接点になっている。

ゆえに，C_1 と C_2 の接点が動く範囲は

$$x^2+(y-1)^2\leqq 1\quad (x\neq 0,\ x\neq 1)$$

で，右図の網かけ部分（境界線を含む，ただし，y 軸上の点および点 $(1,\ 1)$ は除く）である。

……(答)

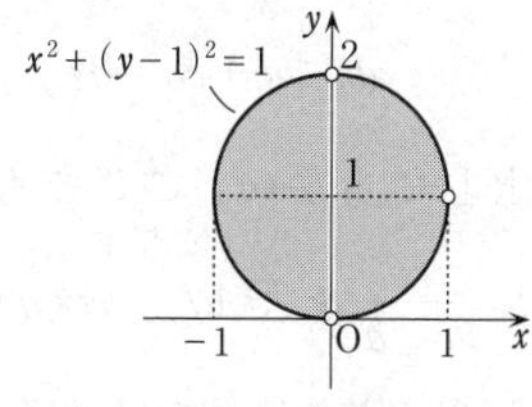

別解 (1) ＜2次方程式の重解条件を用いる解法＞

$$ax^2=b(x-1)^2+c$$

とすると

$$(a-b)x^2+2bx-(b+c)=0\quad \cdots\cdots(ア)$$

条件(ii)より $a-b\neq 0$ で，(ア)の判別式を D とすると

$$\frac{D}{4}=b^2+(a-b)(b+c)=0\quad \cdots\cdots(イ)$$

このとき，(ア)の解は重解で　　$x=-\dfrac{b}{a-b}$　……(ウ)

(イ)より　　$b(c-a)=ca$

この式の（右辺）$\neq 0$ であるから　　$c-a\neq 0$

よって　　$b=\dfrac{ca}{c-a}$

これを(ウ)に代入して　　$x=-\dfrac{\dfrac{ca}{c-a}}{a-\dfrac{ca}{c-a}}=\dfrac{c}{a}$　$(a\neq 0)$

したがって，C_1 と C_2 の接点の座標は　$\left(\dfrac{c}{a},\ \dfrac{c^2}{a}\right)$

◀解　説▶

≪２つの放物線の接点の存在範囲≫

２つの放物線の接点の存在範囲を求め，図示する問題である。

▶(1)　C_1 と C_2 が接するための必要十分条件は，①と②の２式が成り立つことである。この２式から b を消去して，X を a と c で表す。②より $b(X-1)=aX$ であるから，これを①に代入して $aX^2=aX(X-1)+c$ としてもよいが，〔解答〕では(2)で除外点を見落とさないように，④で b を a と X で表した。

〔別解〕では，重解条件である判別式 $D=0$ を用いた。(イ)を変形して

$$ab-bc+ca=0 \qquad -ab=c(a-b) \qquad -\frac{b}{a-b}=\frac{c}{a}$$

としてもよい。ここでも(2)で除外点を見落とさないように，$c-a\neq0$，$b=\dfrac{ca}{c-a}$ を入れた。$c\neq a$ から $x=\dfrac{c}{a}\neq1$ がわかる。

▶(2)　点の軌跡を求めるときと同様に，接点を $(X,\ Y)$ とおき，(1)と条件(i)を用いて a と c を消去，X と Y の式を作る。その際，除外点をすべて求めることが重要である。$a\neq0$，$b\neq0$，$c\neq0$ を確認するとよい。$Y\neq0$ は $X\neq0$ のときに含まれるので，除外する点は $X=0$，1 の点である。

2

◇発想◇　n^3-7n+9 に，$n=1,\ 2,\ 3,\ 4$ を代入して計算すると，順に 3，3，15，45 となるので，n^3-7n+9 は 3 の倍数であると推測し，まずこれを証明する。3 の倍数であることの証明は，n の 3 次式であることから連続する 3 整数の積を利用する方法と，n を 3 で割ったときの余りで分類する方法が考えられる。n^3-7n+9 が 3 の倍数であることがわかれば，素数となることから，$n^3-7n+9=3$ を解けばよい。

解答　$n^3-7n+9=(n-1)n(n+1)-3(2n-3)$　（n は整数）

ここで，$(n-1)n(n+1)$ は連続する 3 整数の積であるから 3 の倍数，

$2n-3$ は整数であるから，$3(2n-3)$ も 3 の倍数である。

よって，n^3-7n+9 は 3 の倍数で，これが素数となるとき

$$n^3-7n+9=3$$
$$n^3-7n+6=0$$
$$(n-1)(n-2)(n+3)=0$$

ゆえに　　$n=-3,\ 1,\ 2$　……(答)

別解　＜n を 3 で割ったときの余りで分類する解法＞

整数 n は，整数 k を用いて，$n=3k,\ 3k\pm1$ のいずれかで表される。

$$N=n^3-7n+9$$

とおくと

(i)　$n=3k$ のとき

$$N=27k^3-21k+9=3(9k^3-7k+3)$$

$9k^3-7k+3$ は整数であるから，N は 3 の倍数である。

(ii)　$n=3k\pm1$ のとき

$$N=(3k\pm1)^3-7(3k\pm1)+9$$
$$=27k^3\pm27k^2+9k\pm1-21k\mp7+9$$
$$=3(9k^3\pm9k^2-4k+3\mp2)\quad(複号同順)$$

$9k^3\pm9k^2-4k+3\mp2$ は整数であるから，N は 3 の倍数である。

(i)，(ii)より，N は 3 の倍数である。

(以下，〔解答〕と同じ)

◀解　説▶

≪与式が素数となるような自然数≫

整数 n の 3 次式の値が素数になるような n を求めるのであるが，内容は n の 3 次式の値が 3 の倍数であることを示す問題である。

素数というだけでは見当がつかないので，まず n^3-7n+9 の n に具体的に整数をいくつか代入してみて，的確に推測する。そして，その推測が正しいことを証明するという手法をとることが大切である。n^3-7n+9 が 3 の倍数であることを見抜くことがポイントとなるが，それを証明するには，連続 3 整数の積が 6 の倍数であることを用いるとよい。3 の倍数で素数であるのは 3 だけであるから，あとは容易である。

〔別解〕のように，$n=3k,\ 3k\pm1$（k は整数）と分類して，3 の倍数であることを示すこともできる。$n^3-7n+9=n(n^2-7)+9$ と変形して，n

が 3 の倍数でないときには n^2-7 が 3 の倍数であることを用いてもよい。

3

◇発想◇　適当な変数を用いて各辺の長さを表し，k の最大値を求める。変数を角の大きさにする場合と辺の長さにする場合が考えられる。

$\angle\mathrm{BAC}=\theta$ とおき，正弦定理を用いて各辺の長さを表す。または，円の中心をOとしたとき，$\angle\mathrm{OAB}=\theta$ とおき，各辺の長さを余弦を用いて表す方法も考えられる。

辺の長さを変数にする場合はトレミーの定理を用いると楽になる。

解答　$\angle\mathrm{BAC}=\theta$ とおくと，$0<\theta<\alpha$ で，条件(ii)より

$$\angle\mathrm{ACB}=\pi-(\alpha+\theta),\ \angle\mathrm{CAD}=\alpha-\theta$$

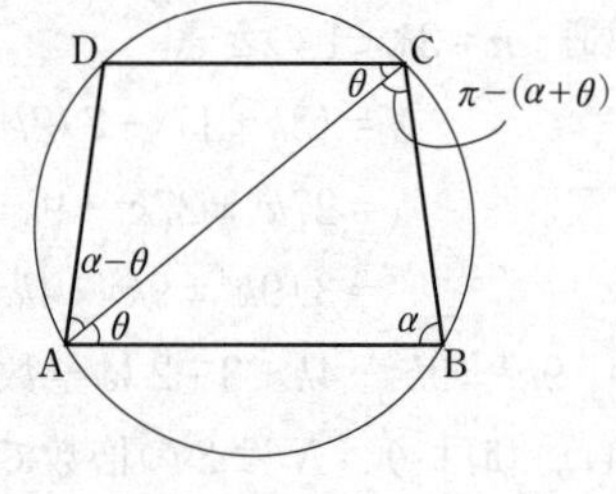

また，条件(i)より，四角形 ABCD は円に内接するから，$\angle\mathrm{BCD}=\pi-\alpha$ より

$$\angle\mathrm{ACD}=\angle\mathrm{BCD}-\angle\mathrm{ACB}=\theta$$

また，△ABC，△CDA の外接円の半径が 1 であるから，正弦定理より

$$\frac{\mathrm{AB}}{\sin\{\pi-(\alpha+\theta)\}}=\frac{\mathrm{BC}}{\sin\theta}=\frac{\mathrm{CD}}{\sin(\alpha-\theta)}$$

$$=\frac{\mathrm{DA}}{\sin\theta}=2$$

よって

$$\mathrm{AB}=2\sin\{\pi-(\alpha+\theta)\}=2\sin(\alpha+\theta)$$

$$\mathrm{BC}=\mathrm{DA}=2\sin\theta$$

$$\mathrm{CD}=2\sin(\alpha-\theta)$$

であるから

$$k=\mathrm{AB}\cdot\mathrm{BC}\cdot\mathrm{CD}\cdot\mathrm{DA}=16\sin(\alpha+\theta)\sin(\alpha-\theta)\sin^2\theta$$

$$=16\cdot\left\{-\frac{1}{2}(\cos2\alpha-\cos2\theta)\right\}\cdot\frac{1-\cos2\theta}{2}$$

$$=-4(\cos2\theta-\cos2\alpha)(\cos2\theta-1)$$

$\cos2\theta=t$ とおくと，$0<2\theta<2\alpha\leqq\pi$ より，$\cos2\alpha<t<1$　……①　で

$$k=-4(t-\cos 2\alpha)(t-1)$$
$$=-4\left(t-\frac{1+\cos 2\alpha}{2}\right)^2+(1+\cos 2\alpha)^2-4\cos 2\alpha$$
$$=-4\left(t-\frac{1+\cos 2\alpha}{2}\right)^2+(1-\cos 2\alpha)^2$$
$$=-4\left(t-\frac{1+\cos 2\alpha}{2}\right)^2+4\sin^4\alpha$$

$\cos 2\alpha<\dfrac{1+\cos 2\alpha}{2}<1$ であるから，①より

k は，$t=\dfrac{1+\cos 2\alpha}{2}$ で最大値 $4\sin^4\alpha$ をとる。　……(答)

参考1　円の中心をOとし，$\angle\mathrm{OBC}=u$ とおくと　$0<u<\dfrac{\pi}{2}$

$0<u\leqq\alpha$ のとき

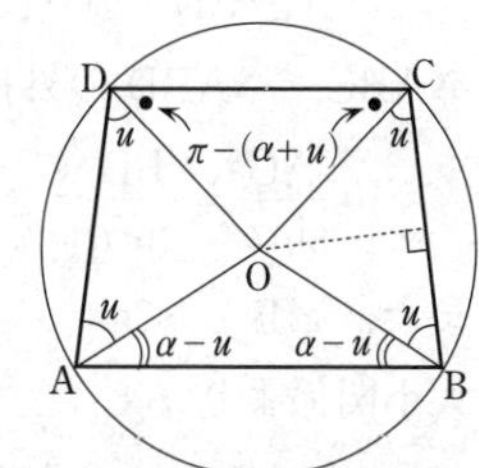

$\angle\mathrm{OCB}=u$

$\angle\mathrm{OAB}=\angle\mathrm{OBA}=\alpha-u$

$\angle\mathrm{ODA}=\angle\mathrm{OAD}=\alpha-(\alpha-u)=u$

$\angle\mathrm{OCD}=\angle\mathrm{ODC}=\pi-\alpha-u=\pi-(\alpha+u)$

$\alpha<u<\dfrac{\pi}{2}$ のとき，同様に

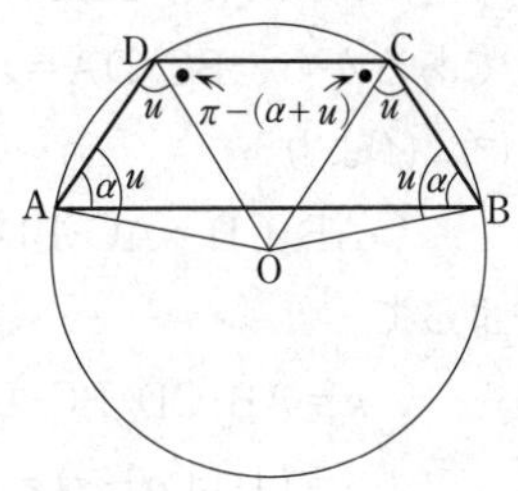

$\angle\mathrm{OCB}=\angle\mathrm{ODA}=\angle\mathrm{OAD}=u$

$\angle\mathrm{OAB}=\angle\mathrm{OBA}=u-\alpha$

$\angle\mathrm{OCD}=\angle\mathrm{ODC}=\pi-(\alpha+u)$

円の半径は 1 であるから

$\mathrm{AB}=2\cos(\alpha-u)$

$(\because\ \ \cos(u-\alpha)=\cos(\alpha-u))$

$\mathrm{BC}=\mathrm{DA}=2\cos u$

$\mathrm{CD}=2\cos\{\pi-(\alpha+u)\}=-2\cos(\alpha+u)$

よって

$$k=\mathrm{AB}\cdot\mathrm{BC}\cdot\mathrm{CD}\cdot\mathrm{DA}=-16\cos(\alpha+u)\cos(\alpha-u)\cos^2 u$$
$$=-16\cdot\frac{1}{2}(\cos 2\alpha+\cos 2u)\cdot\frac{1+\cos 2u}{2}$$
$$=-4(\cos 2u+\cos 2\alpha)(\cos 2u+1)$$

$\cos 2u = s$ とおくと，$0 < 2u < \pi$ より，$-1 < s < 1$ ……② で

$$k = -4(s + \cos 2\alpha)(s+1)$$
$$= -4\left(s + \frac{1+\cos 2\alpha}{2}\right)^2 + (1-\cos 2\alpha)^2$$
$$= -4\left(s + \frac{1+\cos 2\alpha}{2}\right)^2 + 4\sin^4\alpha$$

$0 < 2\alpha \leqq \pi$ より，$-1 < -\dfrac{1+\cos 2\alpha}{2} \leqq 0$ であるから，②より

k は，$s = -\dfrac{1+\cos 2\alpha}{2}$ で最大値 $4\sin^4\alpha$ をとる。

別解　＜トレミーの定理を利用する解法＞

四角形 ABCD が円に内接するから，トレミーの定理より

$$\mathrm{AB}\cdot\mathrm{CD} + \mathrm{BC}\cdot\mathrm{DA} = \mathrm{AC}\cdot\mathrm{BD} \quad \cdots\cdots(ア)$$

△ABC，△ABD の外接円の半径が 1 であるから，正弦定理より

$$\frac{\mathrm{AC}}{\sin\alpha} = \frac{\mathrm{BD}}{\sin\alpha} = 2 \qquad \mathrm{AC} = \mathrm{BD} = 2\sin\alpha \quad \cdots\cdots(イ)$$

また，$\angle\mathrm{BAC} < \alpha = \angle\mathrm{ABC}$，$\angle\mathrm{ABD} < \alpha = \angle\mathrm{DAB}$ と，三角形の辺と角の大小関係より

$$\mathrm{BC} < \mathrm{AC} = 2\sin\alpha,\ \mathrm{DA} < \mathrm{BD} = 2\sin\alpha \quad (\because\ (イ))$$

であるから，$\mathrm{BC}\cdot\mathrm{DA} = z$ とおくと　$0 < z < (2\sin\alpha)^2 = 4\sin^2\alpha$ ……(ウ)

(ア)，(イ)より

$$\mathrm{AB}\cdot\mathrm{CD} = \mathrm{AC}\cdot\mathrm{BD} - \mathrm{BC}\cdot\mathrm{DA} = 4\sin^2\alpha - z$$

よって

$$k = \mathrm{AB}\cdot\mathrm{CD}\cdot\mathrm{BC}\cdot\mathrm{DA}$$
$$= (4\sin^2\alpha - z)z$$
$$= -(z - 2\sin^2\alpha)^2 + 4\sin^4\alpha$$

$0 < 2\sin^2\alpha < 4\sin^2\alpha$ であるから，(ウ)より

k は，$z = 2\sin^2\alpha$ で最大値 $4\sin^4\alpha$ をとる。

参考2　$\angle\mathrm{ABC} = \angle\mathrm{DAB} = \alpha$ で，四角形 ABCD は円に内接するから

$$\angle\mathrm{BCD} = \angle\mathrm{CDA} = \pi - \alpha$$

より，四角形 ABCD は BC＝DA，AB∥DC の等脚台形である。

$\mathrm{BC} = \mathrm{DA} = x$，$\mathrm{AB} = y$ とおく。

$0<\alpha \leqq \dfrac{\pi}{2}$ より，DC≦AB で，頂点C，Dから辺 AB に垂線 CE，DF を下ろすと

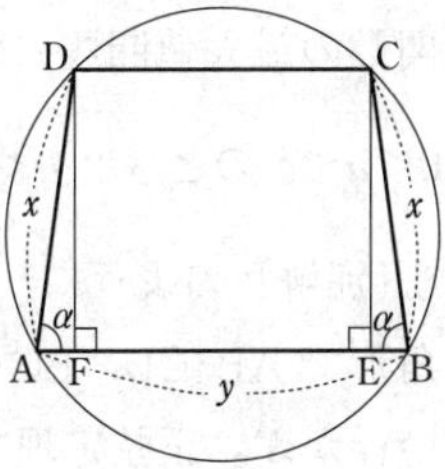

$$\mathrm{AF}=\mathrm{BE}=x\cos\alpha$$

$$\mathrm{CD}=\mathrm{EF}=y-2x\cos\alpha$$

また，△ABC の外接円の半径が 1 であるから，正弦定理より

$$\mathrm{AC}=2\sin\alpha$$

△ABC に余弦定理を用いて

$$(2\sin\alpha)^2=x^2+y^2-2xy\cos\alpha$$

$$y^2-2x\cos\alpha\cdot y+x^2-4\sin^2\alpha=0$$

$y>\mathrm{BE}=x\cos\alpha$ より

$$\begin{aligned}y&=x\cos\alpha+\sqrt{x^2\cos^2\alpha-(x^2-4\sin^2\alpha)}\\&=x\cos\alpha+\sqrt{4\sin^2\alpha-x^2(1-\cos^2\alpha)}\\&=x\cos\alpha+\sqrt{(4-x^2)\sin^2\alpha}\\&=x\cos\alpha+\sqrt{4-x^2}\cdot\sin\alpha\quad(\because\ \sin\alpha>0)\end{aligned}$$

$$\begin{aligned}\mathrm{CD}&=y-2x\cos\alpha\\&=\sqrt{4-x^2}\cdot\sin\alpha-x\cos\alpha\end{aligned}$$

よって

$$\mathrm{AB}\cdot\mathrm{CD}=y\cdot\mathrm{CD}=(4-x^2)\sin^2\alpha-x^2\cos^2\alpha=4\sin^2\alpha-x^2$$

したがって

$$\begin{aligned}k&=\mathrm{AB}\cdot\mathrm{CD}\cdot\mathrm{BC}\cdot\mathrm{DA}\\&=(4\sin^2\alpha-x^2)x^2\\&=-(x^2-2\sin^2\alpha)^2+4\sin^4\alpha\end{aligned}$$

$\angle\mathrm{BAC}<\alpha=\angle\mathrm{ABC}$ より　BC<AC　すなわち　$0<x<2\sin\alpha$

よって　$0<x^2<4\sin^2\alpha$

$0<2\sin^2\alpha<4\sin^2\alpha$ であるから

k は，$x^2=2\sin^2\alpha$ すなわち $\mathrm{BC}=\mathrm{DA}=\sqrt{2}\sin\alpha$ のとき最大値 $4\sin^4\alpha$ をとる。

◀解　説▶

≪円に内接する四角形の 4 辺の長さの積の最大値≫

半径 1 の円に内接する四角形で，1 組の隣り合う 2 角が等しい四角形の

4 辺の長さの積の最大値を求める問題である。

∠BAC＝θとおき，正弦定理，積和の公式，半角の公式を用いて，2 次関数の最大値問題に帰着する。〔参考 1〕のように∠OBC＝uとおくと，$0<u\leqq\alpha$のときと$\alpha<u<\dfrac{\pi}{2}$のときがあるので複雑になる。

〔別解〕のように，辺の長さを変数にとる方法もある。円に内接する四角形で AB･CD，BC･DA が問題に見えているので，トレミーの定理が思い浮かぶ。正弦定理を用いて AC，BD を求め，トレミーの定理を使えば計算量が少なくて済む。〔参考 2〕のように，BC＝DA＝xとおいて余弦定理を用いてkを求めると，〔別解〕とよく似た式を導くことができる。

4

◇発想◇ $\dfrac{-1+\sqrt{3}i}{2}$（＝ωとおく）が 1 の 3 乗根の 1 つであることに注目して，z_nが 1，ω，$\overline{\omega}$ $\left(=\dfrac{-1-\sqrt{3}i}{2}\right)$のいずれかになることを確認する。$z_n=1$，$z_n=\omega$，$z_n=\overline{\omega}$となる確率をそれぞれ$a_n$，$b_n$，$c_n$として，条件から連立の漸化式を作り，$a_n$を求める。

解答　$\omega=\dfrac{-1+\sqrt{3}i}{2}$とおくと

$$\omega^2=\frac{1-2\sqrt{3}i-3}{4}=\frac{-1-\sqrt{3}i}{2}=\overline{\omega}$$

$$\overline{\omega}\omega=1$$

$$\overline{\overline{\omega}}=\omega$$

(i)より　　$z_1=\omega$　または　$z_1=1$

(ii)より，$k=2,\ 3,\ \cdots,\ n$ $(n\geqq2)$ に対し

$z_{k-1}=\omega$のとき　　$z_k=\omega^2=\overline{\omega}$

$z_{k-1}=1$のとき　　$z_k=\omega$　または　$z_k=1$

$z_{k-1}=\overline{\omega}$のとき　　$z_k=\overline{\omega}\omega=1$　または　$z_k=\overline{\overline{\omega}}=\omega$

よって，帰納的にz_kは 1，ω，$\overline{\omega}$のいずれかとなる。

$z_k=1$，$z_k=\omega$，$z_k=\overline{\omega}$となる確率をそれぞれa_k，b_k，c_k $(k=1,\ 2,\ \cdots,\ n)$とすると

$$a_1=\frac{1}{2},\ b_1=\frac{1}{2},\ c_1=0 \quad \cdots\cdots①$$

以下，$n\geqq 2$ とし，$k=2,\ 3,\ \cdots,\ n$ に対し

$$\begin{cases} a_k=\dfrac{1}{2}a_{k-1}+\dfrac{1}{2}c_{k-1} & \cdots\cdots② \\ b_k=\dfrac{1}{2}a_{k-1}+\dfrac{1}{2}c_{k-1} & \cdots\cdots③ \end{cases}$$

また　$a_{k-1}+b_{k-1}+c_{k-1}=1 \quad \cdots\cdots④$

①，②，③より　$a_k=b_k \quad (k\geqq 1)$

これと④より，$k\geqq 2$ に対して

$$2a_{k-1}+c_{k-1}=1 \quad \text{すなわち} \quad c_{k-1}=1-2a_{k-1}$$

これを②に代入して

$$a_k=\frac{1}{2}a_{k-1}+\frac{1}{2}(1-2a_{k-1})=-\frac{1}{2}a_{k-1}+\frac{1}{2}$$

よって

$$a_k-\frac{1}{3}=-\frac{1}{2}\left(a_{k-1}-\frac{1}{3}\right) \quad (k=2,\ 3,\ \cdots,\ n)$$

したがって，$k=1,\ 2,\ \cdots,\ n\ (n\geqq 1)$ に対し，数列 $\left\{a_k-\dfrac{1}{3}\right\}$ は初項

$a_1-\dfrac{1}{3}=\dfrac{1}{6}$，公比 $-\dfrac{1}{2}$ の等比数列であるから

$$a_k-\frac{1}{3}=\frac{1}{6}\left(-\frac{1}{2}\right)^{k-1} \quad (k=1,\ 2,\ \cdots,\ n)$$

ゆえに，求める確率は

$$a_n=\frac{1}{3}+\frac{1}{6}\left(-\frac{1}{2}\right)^{n-1}=\frac{1}{3}\left\{1-\left(-\frac{1}{2}\right)^n\right\} \quad \cdots\cdots(答)$$

参考　④の代わりに，$c_k=b_{k-1}$ ……④′ を用いて，次のように解くこともできる。

①，②，③より　$a_k=b_k \quad (k\geqq 1)$

これと④′ より　$c_k=a_{k-1}$

これと②より，$k=2,\ 3,\ \cdots,\ n-1\ (n\geqq 3)$ に対して

$$a_{k+1}=\frac{1}{2}a_k+\frac{1}{2}c_k=\frac{1}{2}a_k+\frac{1}{2}a_{k-1}$$

よって

$$a_{k+1}+\frac{1}{2}a_k=a_k+\frac{1}{2}a_{k-1} \quad \cdots\cdots⑤$$

$$a_{k+1}-a_k=-\frac{1}{2}(a_k-a_{k-1}) \quad \cdots\cdots⑥$$

の2通りに変形できる。

$a_2=\frac{1}{2}a_1+\frac{1}{2}c_1=\frac{1}{4}$ （∵　①）であるから，$k=2,\ 3,\ \cdots,\ n\ (n\geqq 2)$ に対して

⑤より　$a_k+\frac{1}{2}a_{k-1}=a_2+\frac{1}{2}a_1=\frac{1}{2}$ ……⑤′

⑥より，数列 $\{a_k-a_{k-1}\}$ は初項 $a_2-a_1=-\frac{1}{4}$，公比 $-\frac{1}{2}$ の等比数列であるから

$$a_k-a_{k-1}=-\frac{1}{4}\left(-\frac{1}{2}\right)^{k-2}=-\left(-\frac{1}{2}\right)^k \quad \cdots\cdots⑥'$$

⑤′×2＋⑥′ より　$3a_k=1-\left(-\frac{1}{2}\right)^k$

すなわち　$a_k=\frac{1}{3}\left\{1-\left(-\frac{1}{2}\right)^k\right\}$　$(k=2,\ 3,\ \cdots,\ n\ ;\ n\geqq 2)$

これは $k=1$ のときも成り立つから

$$a_n=\frac{1}{3}\left\{1-\left(-\frac{1}{2}\right)^n\right\}$$

◀解　説▶

≪確率と連立の漸化式≫

コインを投げた結果によって複素数の列 $z_1,\ z_2,\ \cdots,\ z_n$ が決定されるときの確率に関する問題である。

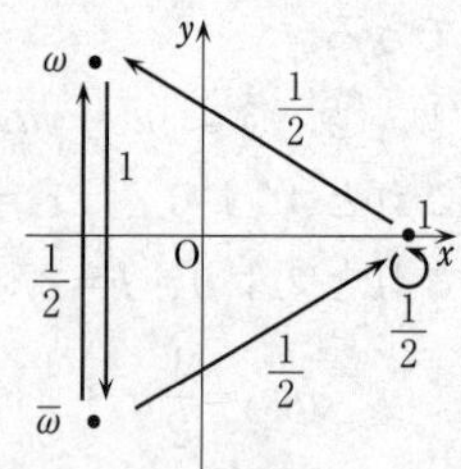

複素数1，ω，$\overline{\omega}$ の表す点を複素数平面上に図示すると右図のようになる。この3点が(i)，(ii)で定められた確率で変化するとき，$z_n=1$ となる確率を求める。そのためには，連立の漸化式を作り，それらを解く方法がわかりやすい。数列 $\{a_n\}$，$\{b_n\}$，$\{c_n\}$ に関する3つの漸化式から，$\{b_n\}$，$\{c_n\}$

を消去して $\{a_n\}$ に関する漸化式を作る。〔解答〕では隣接2項間の漸化式，〔参考〕では隣接3項間の漸化式にして a_n を求めた。n は自然数であるので，添え字 k については注意して記述するとよい。$n \geqq 2$ に対し，$k=1,\ 2,\ \cdots,\ n-1$ とすると，②，③，④はそれぞれ

$$a_{k+1}=\frac{1}{2}a_k+\frac{1}{2}c_k,\quad b_{k+1}=\frac{1}{2}a_k+\frac{1}{2}c_k,\quad a_k+b_k+c_k=1$$

と書ける。

5

◇発想◇　(1)法線に平行なベクトルの1つを $\vec{n}$ とすると，$\overrightarrow{\mathrm{AB}}=\dfrac{\vec{n}}{|\vec{n}|}$ である。$\vec{n}$ を t で表し，$\overrightarrow{\mathrm{OB}}=\overrightarrow{\mathrm{OA}}+\overrightarrow{\mathrm{AB}}$ で点Bの座標を求める。法線の方程式を求め，その法線上に点 $\mathrm{B}(u(t),\ v(t))$ があることと $\mathrm{AB}=1$ とから $u(t)$，$v(t)$ を求めることもできる。

(2) $\mathrm{A}(x,\ y)$ とし，$f(t)=\sqrt{\left(\dfrac{dx}{dt}\right)^2+\left(\dfrac{dy}{dt}\right)^2}$，$g(t)=\sqrt{\left(\dfrac{du}{dt}\right)^2+\left(\dfrac{dv}{dt}\right)^2}$

とおくと，$L_1(r)=\displaystyle\int_r^1 f(t)\,dt$，$L_2(r)=\displaystyle\int_r^1 g(t)\,dt$ であるが，計算が複雑にならないようにしたい。先に $f(t)$，$g(t)$ を簡単にした後，$L_1(r)-L_2(r)=\displaystyle\int_r^1\{f(t)-g(t)\}dt$ を計算する。

解答　(1)　$y=\log x$ より $y'=\dfrac{1}{x}$ であるから，点Aにおける法線の傾きは $-t$ である。よって，法線に平行なベクトルの1つは $\vec{n}=(1,\ -t)$ と表せる。

このとき，$\overrightarrow{\mathrm{AB}}/\!/\vec{n}$，$|\overrightarrow{\mathrm{AB}}|=1$，Bの x 座標は t より大きいことから

$$\overrightarrow{\mathrm{AB}}=\frac{\vec{n}}{|\vec{n}|}=\left(\frac{1}{\sqrt{1+t^2}},\quad -\frac{t}{\sqrt{1+t^2}}\right)$$

$$\overrightarrow{\mathrm{OB}}=\overrightarrow{\mathrm{OA}}+\overrightarrow{\mathrm{AB}}=\left(t+\frac{1}{\sqrt{1+t^2}},\quad \log t-\frac{t}{\sqrt{1+t^2}}\right)$$

したがって，点Bの座標は

$$(u(t),\ v(t))=\left(t+\frac{1}{\sqrt{1+t^2}},\quad \log t-\frac{t}{\sqrt{1+t^2}}\right)\quad \cdots\cdots(\text{答})$$

また

$$\frac{d}{dt}u(t)=1-\frac{\frac{1}{2}\cdot\frac{1}{\sqrt{1+t^2}}\cdot 2t}{(\sqrt{1+t^2})^2}=1-\frac{t}{(1+t^2)^{\frac{3}{2}}}$$

$$\frac{d}{dt}v(t)=\frac{1}{t}-\frac{\sqrt{1+t^2}-t\cdot\frac{1}{2}\cdot\frac{1}{\sqrt{1+t^2}}\cdot 2t}{(\sqrt{1+t^2})^2}$$

$$=\frac{1}{t}-\frac{(1+t^2)-t^2}{(1+t^2)^{\frac{3}{2}}}=\frac{1}{t}-\frac{1}{(1+t^2)^{\frac{3}{2}}}$$

よって

$$\left(\frac{du}{dt},\ \frac{dv}{dt}\right)=\left(1-\frac{t}{(1+t^2)^{\frac{3}{2}}},\ \frac{1}{t}-\frac{1}{(1+t^2)^{\frac{3}{2}}}\right)\ \cdots\cdots(\text{答})$$

(2)　点Aの座標を $(x,\ y)$ とおくと，$x=t,\ y=\log t\ (t>0)$ より

$$\sqrt{\left(\frac{dx}{dt}\right)^2+\left(\frac{dy}{dt}\right)^2}=\sqrt{1^2+\left(\frac{1}{t}\right)^2}=\frac{\sqrt{t^2+1}}{t}\quad(\because\ \ t>0)$$

よって　$L_1(r)=\displaystyle\int_r^1\frac{\sqrt{t^2+1}}{t}dt$

また　$1-\dfrac{t}{(1+t^2)^{\frac{3}{2}}}=1-\dfrac{1}{1+t^2}\sqrt{\dfrac{t^2}{1+t^2}}>0\ \ \cdots\cdots①$

であるから

$$\sqrt{\left(\frac{du}{dt}\right)^2+\left(\frac{dv}{dt}\right)^2}=\sqrt{\left\{1-\frac{t}{(1+t^2)^{\frac{3}{2}}}\right\}^2+\left\{\frac{1}{t}-\frac{1}{(1+t^2)^{\frac{3}{2}}}\right\}^2}$$

$$=\sqrt{\left\{1-\frac{t}{(1+t^2)^{\frac{3}{2}}}\right\}^2\left(1+\frac{1}{t^2}\right)}$$

$$=\left\{1-\frac{t}{(1+t^2)^{\frac{3}{2}}}\right\}\frac{\sqrt{t^2+1}}{t}\quad(\because\ \ ①,\ t>0)$$

よって　$L_2(r)=\displaystyle\int_r^1\left\{1-\frac{t}{(1+t^2)^{\frac{3}{2}}}\right\}\frac{\sqrt{t^2+1}}{t}dt$

したがって

$$L_1(r)-L_2(r)=\int_r^1\left[\frac{\sqrt{t^2+1}}{t}-\left\{1-\frac{t}{(1+t^2)^{\frac{3}{2}}}\right\}\frac{\sqrt{t^2+1}}{t}\right]dt$$

$$=\int_r^1 \frac{dt}{1+t^2}$$

ここで，$t=\tan\theta$ とおくと　$\dfrac{dt}{d\theta}=\dfrac{1}{\cos^2\theta}$

$0<r<1$ より，$r=\tan\theta_0$　……② を満たす θ_0 が $0<\theta_0<\dfrac{\pi}{4}$ に存在し

t	$r\to 1$
θ	$\theta_0\to\dfrac{\pi}{4}$

であるから

$$L_1(r)-L_2(r)=\int_{\theta_0}^{\frac{\pi}{4}}\frac{1}{1+\tan^2\theta}\cdot\frac{1}{\cos^2\theta}d\theta$$

$$=\int_{\theta_0}^{\frac{\pi}{4}}d\theta$$

$$=\Big[\theta\Big]_{\theta_0}^{\frac{\pi}{4}}$$

$$=\frac{\pi}{4}-\theta_0$$

②より，$\displaystyle\lim_{r\to+0}\theta_0=0$ であるから

$$\lim_{r\to+0}(L_1(r)-L_2(r))=\lim_{r\to+0}\left(\frac{\pi}{4}-\theta_0\right)=\frac{\pi}{4}\quad\cdots\cdots(答)$$

別解　(1)　＜法線の方程式を用いた解法＞

$y=\log x$ より $y'=\dfrac{1}{x}$ であるから，点Aにおける法線の方程式は

$$y-\log t=-t(x-t)$$

点B$(u(t),\ v(t))$ は法線上にあるから

$$v(t)-\log t=-t\{u(t)-t\}\quad\cdots\cdots(ア)$$

また，AB＝1 より AB^2＝1 であるから

$$\{u(t)-t\}^2+\{v(t)-\log t\}^2=1$$

(ア)を代入して整理すると

$$(1+t^2)\{u(t)-t\}^2=1$$

$$\{u(t)-t\}^2=\frac{1}{1+t^2}$$

$u(t)>t$ であるから　　$u(t)=t+\dfrac{1}{\sqrt{1+t^2}}$

これと(ア)より

$$v(t)=-t\{u(t)-t\}+\log t=\log t-\frac{t}{\sqrt{1+t^2}}$$

(以下，〔解答〕と同じ)

◀解　説▶

≪曲線の長さと極限≫

曲線上の点Aにおける法線上に，Aとの距離が1である点Bをとり，Aが動くときにAとBが描く曲線の長さの差の極限を求める問題である。

▶(1)　直線 AB の傾きが $-t$，$\mathrm{AB}=1$，$u(t)>t$ であることから，点Bの座標を求める。ベクトルを用いると計算量が少なくて済む。〔別解〕のように法線の方程式を用いると計算量が増える。

▶(2)　$L_2(r)$ を求めるための積分計算が煩雑である。$\dfrac{dv}{dt}=\dfrac{1}{t}\cdot\dfrac{du}{dt}$ に注目すれば　$\sqrt{\left(\dfrac{du}{dt}\right)^2+\left(\dfrac{dv}{dt}\right)^2}=\dfrac{du}{dt}\cdot\dfrac{\sqrt{t^2+1}}{t}$　$\left(\because\ \dfrac{du}{dt}>0,\ t>0\right)$

これに $\sqrt{\left(\dfrac{dx}{dt}\right)^2+\left(\dfrac{dy}{dt}\right)^2}=\dfrac{\sqrt{t^2+1}}{t}$，$1-\dfrac{du}{dt}=\dfrac{t}{(1+t^2)^{\frac{3}{2}}}$ も考え合わせれば

$$\sqrt{\left(\frac{dx}{dt}\right)^2+\left(\frac{dy}{dt}\right)^2}-\sqrt{\left(\frac{du}{dt}\right)^2+\left(\frac{dv}{dt}\right)^2}=\left(1-\frac{du}{dt}\right)\cdot\frac{\sqrt{t^2+1}}{t}=\frac{1}{1+t^2}$$

が見えてくる。

6

◇発想◇　(1)幾何的に示す方法とベクトルを用いて示す方法が考えられる。前者の方法では△QAB について考える。後者の方法では $\overrightarrow{\mathrm{AB}}\cdot\overrightarrow{\mathrm{PQ}}=0$ を示す。

(2)四面体 ABCD を平面 α で切ってできる2つの部分の体積を計算する方法は手間がかかる。図形の対称性を利用して，2つの部分が合同であることを示す方がわかりやすい。

解答　(1)　△ACD と△BDC において

AC＝BD，AD＝BC，CD＝DC

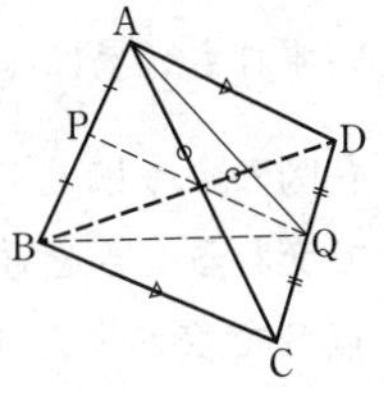

であるから，3 辺相等より　　△ACD≡△BDC

よって　　∠ACD＝∠BDC　……①

△ACQ と△BDQ において

　　AC＝BD，CQ＝DQ　(∵　Q は辺 CD の中点)

　　∠ACQ＝∠BDQ　(∵　①)

であるから，2 辺夾角相等より　　△ACQ≡△BDQ

よって　　AQ＝BQ

したがって，△QAB は QA＝QB の二等辺三角形で，P は辺 AB の中点であるから，AB⊥PQ である。　(証明終)

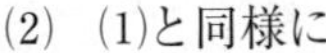

⑵　⑴と同様に

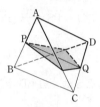

　　△CAB≡△DBA

　　(AC＝BD，BC＝AD，AB＝BA の 3 辺相等)

より　　∠CAB＝∠DBA

よって

　　△CAP≡△DBP

　　(AC＝BD，AP＝BP，∠CAP＝∠DBP の 2 辺夾角相等)

であるから　　CP＝DP

したがって，△PCD は PC＝PD の二等辺三角形で，Q は辺 CD の中点であるから，CD⊥PQ である。　……②

⑴より AB⊥PQ で，P は辺 AB の中点であるから，2 点 A，B は直線 PQ に関して対称である。

同様に，②より CD⊥PQ で，Q は辺 CD の中点であるから，2 点 C，D は直線 PQ に関して対称である。

よって，四面体 ABCD は直線 PQ に関して対称である。平面 α による四面体 ABCD の断面も直線 PQ に関して対称であるから，四面体 ABCD を平面 α で切ってできる 2 つの部分も直線 PQ に関して対称である。

ゆえに，2 つの部分は合同であるから体積は等しい。　(証明終)

参考　四面体 ABCD の体積を V とし，平面 α で四面体 ABCD を切って分けた 2 つの部分のうち，頂点 A を含む方の体積を V' とする。このとき，$V'=\frac{1}{2}V$ であることを示す。

平面 α が，3 点 A，B，Q を通るとき，3 点 C，D，P を通るときは，

いずれも容易に $V'=\frac{1}{2}V$ であることがわかる。

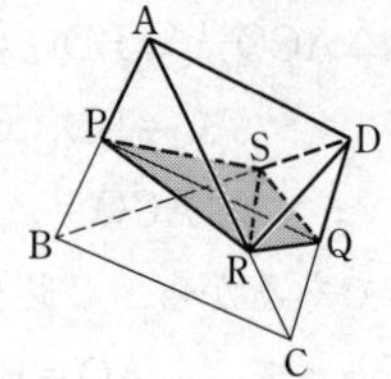

右図のように，平面 α が辺 AC（両端を除く）と点 R で交わるときを考える。このとき，平面 α は辺 BD と点 S で交わり，4 点 P，Q，R，S は同じ平面 α 上にあるから

$$\overrightarrow{PS}=k\overrightarrow{PQ}+l\overrightarrow{PR}\quad (k,\ l\text{ は実数})$$

と表される。

ここで，AR : RC $=t:(1-t)$ $(0<t<1)$ とすると

$$\overrightarrow{PS}=\frac{1}{2}k(\overrightarrow{PC}+\overrightarrow{PD})+l\{(1-t)\overrightarrow{PA}+t\overrightarrow{PC}\}$$

$$=-l(1-t)\overrightarrow{PB}+\left(\frac{1}{2}k+lt\right)\overrightarrow{PC}+\frac{1}{2}k\overrightarrow{PD}\quad (\because\ \overrightarrow{PA}=-\overrightarrow{PB})$$

点 S は，辺 BD 上にあり，$\overrightarrow{PB}$，$\overrightarrow{PC}$，$\overrightarrow{PD}$ は同じ平面上にないから

$$\frac{1}{2}k+lt=0\quad \cdots\cdots③\quad \text{かつ}\quad -l(1-t)+\frac{1}{2}k=1\quad \cdots\cdots④$$

③－④ より　$l=-1$

これと③より　$k=2t$

よって

$$\overrightarrow{PS}=(1-t)\overrightarrow{PB}+t\overrightarrow{PD}$$

であるから，BS : SD $=t:(1-t)$ である。

四角形 APSD の面積は

$$\triangle APS+\triangle ADS=\frac{1}{2}t\cdot\triangle ABD+(1-t)\cdot\triangle ABD=\left(1-\frac{1}{2}t\right)\cdot\triangle ABD$$

また　$\triangle DQS=\frac{1}{2}(1-t)\cdot\triangle BCD$

V' は，四角錐 R-APSD の体積と三角錐 R-DQS の体積の和であるから

$$V'=\left(1-\frac{1}{2}t\right)tV+\frac{1}{2}(1-t)^2V=\frac{1}{2}V$$

平面 α が辺 BC（両端を除く）と交わるときも同様である。

別解　(1)　＜ベクトルを用いた解法＞

$\overrightarrow{AB}=\vec{b}$，$\overrightarrow{AC}=\vec{c}$，$\overrightarrow{AD}=\vec{d}$ とおく。

AC＝BD，AD＝BC より，$|\overrightarrow{AC}|^2=|\overrightarrow{BD}|^2$，$|\overrightarrow{AD}|^2=|\overrightarrow{BC}|^2$ であるから

$$\begin{cases} |\vec{c}|^2=|\vec{d}-\vec{b}|^2 \\ |\vec{d}|^2=|\vec{c}-\vec{b}|^2 \end{cases}$$

すなわち

$$\begin{cases} |\vec{c}|^2=|\vec{d}|^2-2\vec{b}\cdot\vec{d}+|\vec{b}|^2 & \cdots\cdots(ア) \\ |\vec{d}|^2=|\vec{c}|^2-2\vec{b}\cdot\vec{c}+|\vec{b}|^2 & \cdots\cdots(イ) \end{cases}$$

(ア)+(イ) より

$$|\vec{c}|^2+|\vec{d}|^2=|\vec{d}|^2+|\vec{c}|^2-2\vec{b}\cdot(\vec{c}+\vec{d})+2|\vec{b}|^2$$

$$\vec{b}\cdot(\vec{c}+\vec{d})-|\vec{b}|^2=0$$

$$\vec{b}\cdot\{(\vec{c}+\vec{d})-\vec{b}\}=0$$

よって

$$\overrightarrow{AB}\cdot(2\overrightarrow{AQ}-2\overrightarrow{AP})=0$$

$$\overrightarrow{AB}\cdot(\overrightarrow{AQ}-\overrightarrow{AP})=0$$

$$\therefore \quad \overrightarrow{AB}\cdot\overrightarrow{PQ}=0$$

したがって，辺 AB と線分 PQ は垂直である。

◀解　説▶

≪四面体を切ってできる２つの部分の体積の関係≫

向かい合う２組の辺の長さが等しい四面体を切ってできる２つの部分の体積が等しいことを示す問題である。

▶(1)　二等辺三角形の性質を利用するのがわかりやすい。QA＝QB の二等辺三角形 QAB において，底辺 AB の中点を P とすると，AB⊥PQ である。これは，△QPA≡△QPB（３辺相等）から容易に導かれる。

〔別解〕のようにベクトルの内積を用いて示す方法も有力である。

$$\overrightarrow{AB}\cdot\overrightarrow{PQ}=\overrightarrow{AB}\cdot(\overrightarrow{AQ}-\overrightarrow{AP})=\vec{b}\cdot\left(\frac{\vec{c}+\vec{d}}{2}-\frac{\vec{b}}{2}\right)$$

と，(ア)+(イ) から導かれる式に注目することがポイントとなる。

▶(2)　四面体 ABCD が直線 PQ に関して対称であることを示すことによって，平面 α で四面体 ABCD を切ってできる２つの部分が合同，したがって体積が等しいことを示す。そのためには，四面体の頂点の対称性を調べればよい。AB⊥PQ かつ AP＝BP，CD⊥PQ かつ CQ＝DQ から対称性がわかる。直線 PQ を軸に 180° 回転させると重なると考えても同じである。平面 α で四面体 ABCD を切った切り口も PQ に関して対称で，「二等辺三角形」または「凧型（四角形）」である。〔参考〕のように，平面 α

で切ってできる2つの部分のうちの1つを四角錐 R-APSD と三角錐 R-DQS，または3つの三角錐 R-APS，R-ADS，R-DQS に分けて体積を計算することによって，2つの部分の体積が等しいことを示すこともできる。

❖講　評

1　2次関数，領域，微分法に関する問題。(1)は基本的，(2)も軌跡の考え方が理解できていれば容易に解けるが，除外点を正確に把握できたであろうか。

2　整数問題。3の倍数であることの発見と素数の使い方がわかれば短時間で解決できるが，2つのポイントを外すと時間を浪費する。

3　三角関数の問題。適切に変数を設定し4辺の長さを表すことができるか，三角関数の公式を用いて要領よく計算できるかが試されている。

4　複素数を題材にした確率と数列の融合問題で，頻出問題と言える。添え字など細かい所にも注意して記述したい。

5　曲線の長さに関する微・積分法と極限の融合問題。「数学Ⅲ」としては標準的な問題である。(2)は計算力が問われている。

6　空間図形の問題。(1)は初等幾何の知識またはベクトルの内積を利用すれば解けるが，(2)は四面体に関する立体的感覚と柔軟な発想力がなければ解決の糸口さえつかめないであろう。

微・積分法，整数問題，三角関数，確率，空間図形に，数列，極限，複素数を融合した例年通りの内容である。2 6は文系との共通問題，2017年度同様，3題に小問がついている。1(1)と6(1)は易，6(2)は難レベル，その他は標準的な問題であるが，3と5(2)は計算力が必要である。2017年度よりやや易化した感はあるが，どの問題にも油断できないポイントが含まれている。偏りのない総合的な数学の力をつけておくことが重要である。

物理

I

解答　ア．$\dfrac{mg}{k}$　イ．$\dfrac{m}{k}$　ウ．g　エ．③

オ．$\sqrt{\dfrac{mg}{c}}$　カ．$\dfrac{1}{2}\sqrt{\dfrac{m}{cg}}$　キ．5.8m/s　ク．8.2m/s

問１．キ，クの結果より $\dfrac{v_2}{v_1}=\dfrac{8.2}{5.8}=1.4\fallingdotseq\sqrt{2}$ である。また，$\dfrac{m_2}{m_1}=2.0$ であるから，終端速度を v，質量を m とすると v は $\sqrt{m}$ に比例する。よって，オの結果と比べると，抵抗力の大きさは速さの２乗に比例していると考えられる。

ケ．0.3s　コ．④　サ．vS　シ．$-\rho S$

◀解　説▶

≪重力と抵抗力を受ける物体の落下運動≫

(1)　▶ア．$v=v_{\mathrm{f}}$ のとき重力と抵抗力がつりあうから

$$mg=kv_{\mathrm{f}}\qquad\therefore\quad v_{\mathrm{f}}=\frac{mg}{k}$$

▶イ．$v=v_{\mathrm{f}}+\bar{v}$ とすると，式(i)より

$$m\frac{\Delta(v_{\mathrm{f}}+\bar{v})}{\Delta t}=k(v_{\mathrm{f}}-v_{\mathrm{f}}-\bar{v})=-k\bar{v}$$

v_{f} は定数であるから

$$\frac{\Delta\bar{v}}{\Delta t}=-\frac{\bar{v}}{\dfrac{m}{k}}=-\frac{\bar{v}}{\tau_1}\qquad\therefore\quad\tau_1=\frac{m}{k}$$

▶ウ．ア，イの結果より

$$v_{\mathrm{f}}=g\cdot\frac{m}{k}=g\times\tau_1$$

▶エ．$\dfrac{\Delta\bar{v}}{\Delta t}=-\dfrac{\bar{v}}{\tau_1}$ より $\dfrac{\Delta\bar{v}}{\bar{v}}=-\dfrac{\Delta t}{\tau_1}$ であるから，積分して

$$\log_e\bar{v}=-\frac{t}{\tau_1}+C\quad(C\text{ は積分定数})$$

$\therefore\quad \bar{v}=C'e^{-\frac{t}{\tau_1}}\quad (C'=e^C)$

よって　$v=v_f+\bar{v}=v_f+C'e^{-\frac{t}{\tau_1}}$

初速度が0の場合

$$0=v_f+C'\qquad\therefore\quad C'=-v_f$$

時間 t での速度を v_a とすると

$$v_a=v_f\left(1-e^{-\frac{t}{\tau_1}}\right)$$

初速度が $2v_f$ の場合

$$2v_f=v_f+C'\qquad\therefore\quad C'=v_f$$

時間 t での速度を v_b とすると

$$v_b=v_f\left(1+e^{-\frac{t}{\tau_1}}\right)$$

これより，$v_a+v_b=2v_f$ となるから，v_a と v_b は $v=v_f$ の点線に対して上下対称となる。また，指数関数で変化するから，グラフは③である。

(2)　▶オ．アと同様，重力と抵抗力のつりあいより

$$mg=cv_t^2\qquad\therefore\quad v_t=\sqrt{\frac{mg}{c}}$$

▶カ．$v=v_t+\bar{v}$ より

$$m\frac{\Delta(v_t+\bar{v})}{\Delta t}=mg-c(v_t+\bar{v})^2$$

$$=mg-c(v_t^2+2v_t\bar{v}+\bar{v}^2)$$

$\bar{v}$ の1次までで近似し，$mg=cv_t^2$ を用いると，v_t は定数であるから

$$m\frac{\Delta\bar{v}}{\Delta t}=-2cv_t\bar{v}\qquad\therefore\quad \frac{\Delta\bar{v}}{\Delta t}=-\frac{\bar{v}}{\frac{m}{2cv_t}}=-\frac{\bar{v}}{\tau_2}$$

よって，オの結果を用いると

$$\tau_2=\frac{m}{2cv_t}=\frac{m}{2c}\sqrt{\frac{c}{mg}}=\frac{1}{2}\sqrt{\frac{m}{cg}}$$

(3)　▶キ．表1より，どの1.0s間の距離の変化も5.8mであるから

$$v_1=\frac{5.8}{1.0}=5.80\fallingdotseq 5.8\,\text{〔m/s〕}$$

▶ク．表1より，どの1.0s間の距離の変化も8.2mであるから

$$v_2=\frac{8.2}{1.0}=8.20\fallingdotseq 8.2\,\text{〔m/s〕}$$

▶問１．抵抗力の大きさが速さの２乗に比例していれば，オの $v_{\rm t}$ の結果より終端速度は $\sqrt{m}$ に比例するはずである。$m_1:m_2=1:2$ であるから，$v_1:v_2=1:\sqrt{2}$ であることを示せばよい。

▶ケ．オ，カの結果より

$$\tau_2=\frac{1}{2}\sqrt{\frac{m}{cg}}=\frac{1}{2g}\sqrt{\frac{mg}{c}}=\frac{v_{\rm t}}{2g}$$

$m_1=1.0$〔kg〕のとき，$v_{\rm t}=v_1=5.8$〔m/s〕であるから

$$\tau_2=\frac{5.8}{2\times 9.8}=0.29\fallingdotseq 0.3\,\text{〔s〕}$$

▶コ．表１と図２より，実験１，２とも 3.0s 後には終端速度に達している。これに適するのは②・④・⑤である。これらのうち，緩和時間について，実験１で 0.3s，実験２で $0.3\times\sqrt{2}\fallingdotseq 0.4$〔s〕に適しているのは④である（②・⑤では実験２の方がはやく終端速度に達している）。

(4)　▶サ．Δt の間に円柱は $v\Delta t$ 進むから，衝突する質量 Δm は

$$\Delta m=\rho\cdot v\Delta t\cdot S=\rho\times vS\times\Delta t$$

▶シ．運動量保存則より，サの結果を用いて

$$\begin{aligned}mv&=(m+\Delta m)(v+\Delta v)\\&=(m+\rho vS\Delta t)(v+\Delta v)\\&=mv+\rho v^2S\Delta t+m\Delta v+\rho vS\Delta t\cdot\Delta v\end{aligned}$$

Δt，Δv の２次の微小量を無視すると

$$m\Delta v=-\rho v^2S\Delta t\qquad\therefore\quad m\frac{\Delta v}{\Delta t}=-\rho S\times v^2$$

II　解答

(1)　イ．$\dfrac{l}{v_0}$　ロ．$\dfrac{eVl^2}{2mdv_0{}^2}$　ハ．$\sqrt{v_0{}^2+\left(\dfrac{eVl}{mdv_0}\right)^2}$

ニ．$\dfrac{eVl}{mdv_0{}^2}\left(\dfrac{l}{2}+L\right)$　ホ．$\dfrac{Vl}{2V_pd}\left(\dfrac{l}{2}+L\right)$

(2)　ヘ．$\sqrt{\dfrac{2eVy}{md}}$　ト．$\dfrac{2mV}{eB^2d}$　チ．$-\dfrac{eV}{md}$　リ．①　ヌ．①

(3)

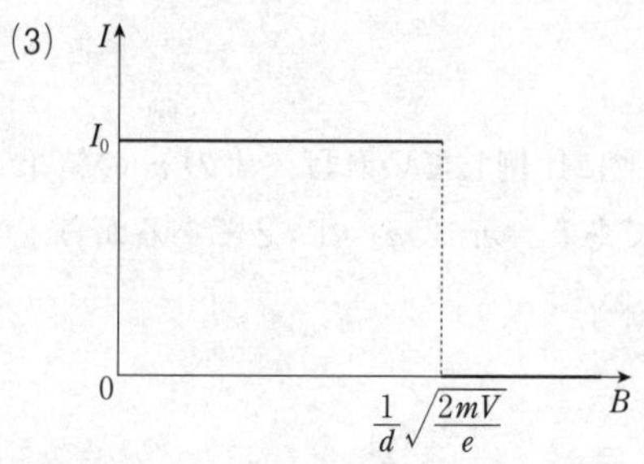

◀解　説▶

≪電界・磁界中の荷電粒子の運動≫

(1)　▶イ．領域1には y 軸負方向に大きさ $E=\dfrac{V}{d}$ の電界が生じるから，電子は y 軸正方向に電界から大きさ eE の力を受ける。x 軸正方向へは速さ v_0 の等速度運動であるから，領域1を通過する時刻 t は

$$t=\frac{l}{v_0}$$

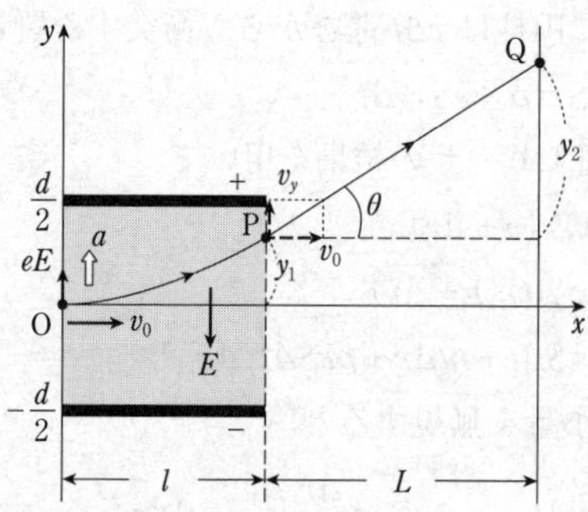

▶ロ．y 軸正方向の加速度の大きさを a とすると，運動方程式より

$$ma=eE=\frac{eV}{d}\qquad\therefore\quad a=\frac{eV}{md}$$

y 軸正方向へは等加速度運動であるから，点Pの y 座標を y_1 とすると

$$y_1=\frac{1}{2}at^2=\frac{1}{2}\cdot\frac{eV}{md}\cdot\left(\frac{l}{v_0}\right)^2=\frac{eVl^2}{2mdv_0{}^2}$$

▶ハ．点Pでの x 軸正方向への速さは v_0 である。y 軸正方向への速さを v_y とすると

$$v_y=at=\frac{eVl}{mdv_0}$$

よって，点Pでの速さを v_{P} とすると

$$v_{\mathrm{P}}=\sqrt{v_0{}^2+v_y{}^2}=\sqrt{v_0{}^2+\left(\frac{eVl}{mdv_0}\right)^2}$$

別解 電子は点Oから点Pへ動くまでに電界から eEy_1 の仕事をされるから，仕事と運動エネルギーの関係より

$$\frac{1}{2}mv_{\mathrm{P}}{}^2=\frac{1}{2}mv_0{}^2+eEy_1$$

$$v_{\mathrm{P}}{}^2=v_0{}^2+\frac{2eV}{md}\cdot\frac{eVl^2}{2mdv_0{}^2}=v_0{}^2+\frac{e^2V^2l^2}{m^2d^2v_0{}^2}$$

$$\therefore\quad v_{\mathrm{P}}=\sqrt{v_0{}^2+\left(\frac{eVl}{mdv_0}\right)^2}$$

▶ニ．電子が点Pを出るときに x 軸となす角を θ とすると

$$\tan\theta=\frac{v_y}{v_0}=\frac{eVl}{mdv_0{}^2}$$

点Pと点Qの y 座標の差を y_2 とすると，PからQまでは等速直線運動なので

$$y_2=L\tan\theta=\frac{eVlL}{mdv_0{}^2}$$

よって，点Qの y 座標を y_{Q} とすると

$$y_{\mathrm{Q}}=y_1+y_2=\frac{eVl}{mdv_0{}^2}\left(\frac{l}{2}+L\right)$$

▶ホ．あらかじめ電圧 V_p で加速したときの速さが v_0 であるから

$$\frac{1}{2}mv_0{}^2=eV_p\qquad\therefore\quad mv_0{}^2=2eV_p$$

よって，ニの結果より

$$y_{\mathrm{Q}}=\frac{Vl}{2V_pd}\left(\frac{l}{2}+L\right)$$

(2) ▶ヘ．電子が磁界から受けるローレンツ力は常に電子の速度と垂直であるから，仕事をしない。電界からは，座標 y へ行くまでに eEy の仕事をされるから，電子の速さを v とすると

$$\frac{1}{2}mv^2=eEy=\frac{eVy}{d}\qquad\therefore\quad v=\sqrt{\frac{2eVy}{md}}$$

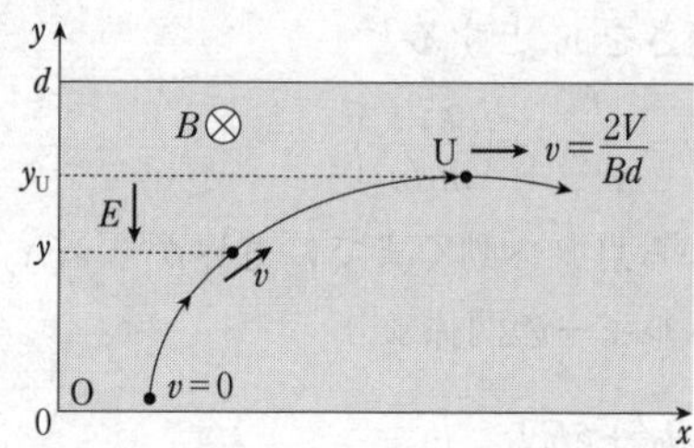

▶ト．への結果で $y=y_U$ のとき $v=\frac{2V}{Bd}$ であるから

$$\sqrt{\frac{2eVy_U}{md}}=\frac{2V}{Bd}$$

整理すると　　$y_U=\frac{2mV}{eB^2d}$

▶チ．電子は y 軸正方向へ電界からの力 eE，y 軸負方向にローレンツ力 evB を受ける。$v=\frac{2V}{Bd}$ より，y 軸方向の加速度を a_U とすると，運動方程式より

$$ma_U=eE-evB$$

$$=\frac{eV}{d}-e\cdot\frac{2V}{Bd}\cdot B=-\frac{eV}{d}$$

$$\therefore\quad a_U=-\frac{eV}{md}$$

▶リ．正のイオンは電界から力を受けて y 軸の負の向きに動き出すが，そうするとローレンツ力を x 軸の正の向きへ受けるので，x 軸の正の向きに移動する。よって，①である。

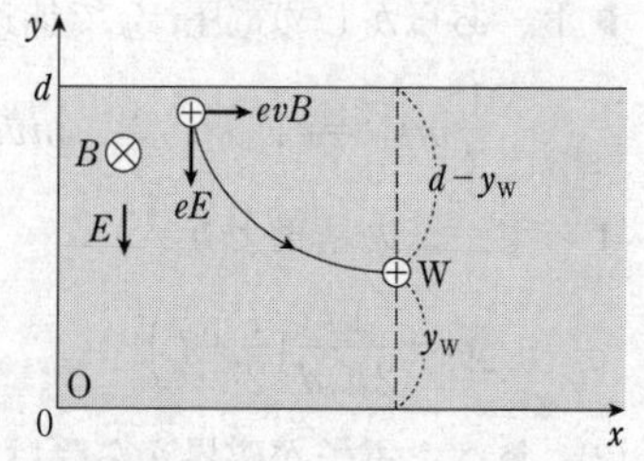

▶ヌ．陽極から点Wまでの距離は $d-y_W$，正のイオンの質量は M であるから，トの結果を用いると，$M>m$ より

$$d-y_W=\frac{2MV}{eB^2d}>\frac{2mV}{eB^2d}=y_U\qquad\therefore\quad y_U<d-y_W$$

よって，①である。

▶(3)　B を大きくしていくと，y_U が小さくなるが d より小さくなると電子が陽極に届かなくなり，$I=0$ となる。このときの B を B_d とすると

$$d=\frac{2mV}{eB_d{}^2d}\qquad \therefore\quad B_d=\frac{1}{d}\sqrt{\frac{2mV}{e}}$$

B が B_d より小さければ電子はすべて陽極に届くので，$I=I_0$ である。

よって，〔解答〕のグラフのようになる。

参考　へ，トの結果は電子の運動方程式を解いて求めることもできる。

座標（x，y）のときの速度成分を（v_x，v_y）とすると，x，y 方向の運動方程式は

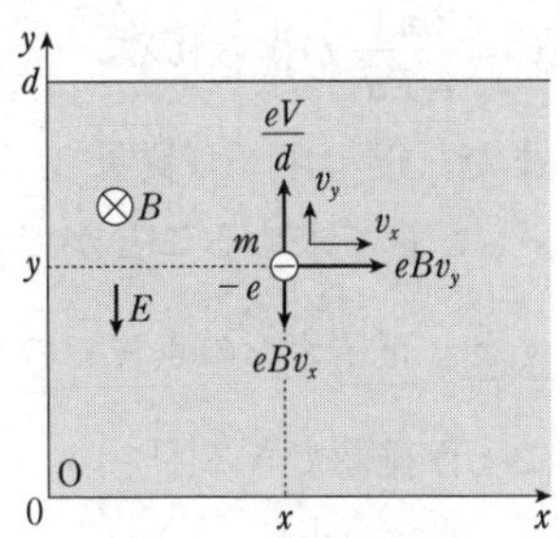

$$\begin{cases} m\dfrac{dv_x}{dt}=eBv_y & \cdots\cdots① \\ m\dfrac{dv_y}{dt}=\dfrac{eV}{d}-eBv_x & \cdots\cdots② \end{cases}$$

①の両辺を t で微分して，②の $\dfrac{dv_y}{dt}$ を代入すると

$$m\frac{d^2v_x}{dt^2}=\frac{eB}{m}\left(\frac{eV}{d}-eBv_x\right)$$

$$\therefore\quad \frac{d^2v_x}{dt^2}=-\frac{e^2B^2}{m^2}\left(v_x-\frac{V}{Bd}\right)$$

これは単振動の運動方程式で，$t=0$ で $v_x=0$ となる解は

$$v_x=\frac{V}{Bd}(1-\cos\omega t)\quad,\quad \omega=\frac{eB}{m}$$

これを積分して，$t=0$ で $x=0$ の解を求めると

$$x=\frac{mV}{eB^2d}(\omega t-\sin\omega t)$$

v_x を①に代入して

$$v_y=\frac{V}{Bd}\sin\omega t$$

これを積分して，$t=0$ で $y=0$ の解を求めると

$$y=\frac{mV}{eB^2d}(1-\cos\omega t)$$

v_x，v_y より

$$v_x{}^2+v_y{}^2=\frac{2eV}{md}y$$

よって，座標（x，y）における電子の速さを v とすると

$$v=\sqrt{v_x{}^2+v_y{}^2}=\sqrt{\frac{2eVy}{md}}$$

となり，ヘの結果が求まる。また，問題文中にあるように，$v_x=\dfrac{2V}{Bd}$ のとき $\cos\omega t=-1$ より $\sin\omega t=0$ であるから，$v_y=0$ となり，トの結果 $y_{\mathrm{U}}=\dfrac{2mV}{eB^2d}$ が得られる。

また，正イオン（質量 M，電荷 $+e$）の場合は，①，②で m を M，e を $-e$ として求めることができる。$t=0$ で $v_x=v_y=0$，$x=0$，$y=d$ として解くと，正イオンの点Wでの x 軸方向の速さは電子の場合と同じ $\dfrac{2V}{Bd}$ となることが確認できる。

なお，$a=\dfrac{mV}{eB^2d}$，$\theta=\omega t$ とおくと

$$\begin{cases}x=a(\theta-\sin\theta)\\ y=a(1-\cos\theta)\end{cases}$$

となるが，これはサイクロイドと呼ばれる曲線で，半径 a の円がすべらずに回転するときに円上の点が描く軌跡である。サイクロイドは，物理的には2点間を摩擦なしですべり下りるとき最短時間となる曲線（最速降下線）や，この曲線に沿って振動する振り子の周期が振幅によらず一定になること（等時曲線）として知られている。

III

解答　あ．$n_lmS\Delta z$　い．$-n_lmg\Delta z$　う．$\dfrac{mg}{kT}$

え．$P_0e^{-\frac{mg}{kT}z}$　お．$\dfrac{P_0}{kT}e^{-\frac{mg}{kT}z}$

問1．式(6)より $n_l\fallingdotseq n(z_l)=\dfrac{P_0}{kT}e^{-\frac{mg}{kT}z_l}$ であるから，l 番目の小領域内の気体分子の位置エネルギーを U_l とすると，$z_l=l\Delta z$ を用いて

$$U_l=mgz_ln_lS\Delta z=\frac{P_0Smg}{kT}\cdot(\Delta z)^2\cdot le^{-l\left(\frac{mg\Delta z}{kT}\right)}$$

与えられた公式を用いると

$$\sum_{l=1}^{\infty} le^{-l\left(\frac{mg\Delta z}{kT}\right)} \fallingdotseq \left(\frac{kT}{mg\Delta z}\right)^2$$

よって，位置エネルギーの総和 U は

$$U=\sum_{l=1}^{\infty} U_l \fallingdotseq \frac{P_0Smg}{kT}\cdot(\Delta z)^2\cdot\left(\frac{kT}{mg\Delta z}\right)^2$$

$$=\frac{P_0S}{mg}kT$$

か．$\dfrac{P_0S}{mg}$　き．$\dfrac{3}{2}kT$　く．kT　け．$\dfrac{5}{2}kT$　こ．$\dfrac{5}{2}k$　さ．①

し．$\dfrac{Mg}{S}$　す．$\dfrac{kT}{gh}\log_e\dfrac{P_BS}{Mg}$　せ．7×10^{-26}kg

◀解　説▶

≪円筒内の気体の圧力・数密度の高度変化，1粒子あたりの比熱≫

(A)　▶あ．小領域にある気体分子の数は $n_lS\Delta z$ であるから，質量は

$$m\times n_lS\Delta z=n_lmS\Delta z$$

▶い．力のつりあいより

$$P_lS=P_{l+1}S+n_lmS\Delta zg$$

$$\therefore\quad P_{l+1}-P_l=-n_lmg\Delta z$$

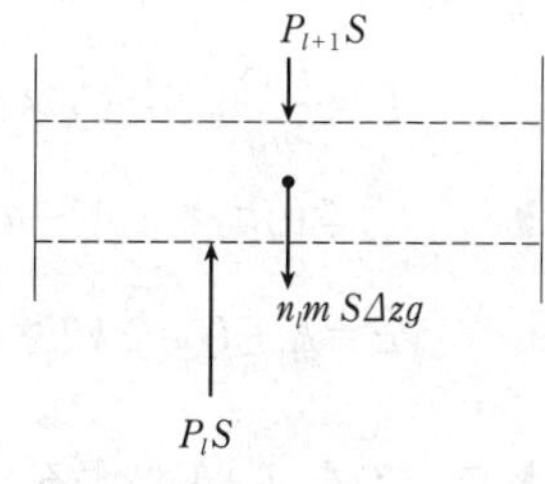

▶う．$n_l=\dfrac{P_l}{kT}$ より

$$P_{l+1}-P_l=-\frac{mg}{kT}\times\Delta zP_l$$

参考　物質量を n，アボガドロ定数を N_A，気体定数を R とすると，ボルツマン定数 $k=\dfrac{R}{N_A}$ を用いれば，理想気体の状態方程式より

$$P_l\cdot S\Delta z=nRT=\frac{n_lS\Delta z}{N_A}RT$$

$$\therefore\quad P_l=n_l\cdot\frac{R}{N_A}T=n_lkT$$

すなわち式(2)が成立する。

▶え．式(3)より，$P_l=P(z)$ とおくと，$P_{l+1}=P(z+\Delta z)$ となるので

$$\frac{P(z+\Delta z)-P(z)}{\Delta z}=-\frac{mg}{kT}P(z)$$

与えられた方程式の解と比較すると，$P(0)=P_0$ より

$P(z)=P_0e^{-\frac{mg}{kT}z}$

▶お．式(2)において，$P_l=P(z)$，$n_l=n(z)$ より

$P(z)=n(z)kT$

$\therefore\quad n(z)=\dfrac{P(z)}{kT}=\dfrac{P_0}{kT}e^{-\frac{mg}{kT}z}$

(B)　▶か．N 個の分子の質量は Nm であるから，底面にはたらく力より

$P_0S=Nmg\qquad\therefore\quad N=\dfrac{P_0S}{mg}$

▶き．エネルギー等分配則より，温度 T のときの単原子分子１個の運動エネルギーは $\dfrac{3}{2}kT$ である。よって，運動エネルギーの総和を K とすると

$K=\dfrac{3}{2}kT\times N$

▶く．位置エネルギーの総和を U とすると，問１と式(7)より

$U=\dfrac{P_0S}{mg}kT=kT\times N$

▶け．力学的エネルギーの総和 E は，き，くの結果より

$E=K+U=\dfrac{5}{2}kT\times N$

▶こ．T を $T+1$ にするとき，E は分子１個あたり $\dfrac{5}{2}k$ 増加する。よって，1粒子あたりの比熱は $\dfrac{5}{2}k$ である。

▶さ．重力場がないときは $U=0$ であるから，$E=\dfrac{3}{2}kT\times N$ となり，１粒子あたりの比熱は $\dfrac{3}{2}k$ となる。よって，①である。

(C)　▶し．ピストンの力のつりあいより

$P(h)S=Mg\qquad\therefore\quad P(h)=\dfrac{Mg}{S}$

▶す．式(5)で $z=h$，$P_0=P_B$ として式(11)を用いると

$P(h)=P_Be^{-\frac{mg}{kT}h}=\dfrac{Mg}{S}\qquad e^{-\frac{mg}{kT}h}=\dfrac{Mg}{P_BS}$

両辺の対数をとると

$$-\frac{mgh}{kT}=\log_e\frac{Mg}{P_BS}$$

$$=-\log_e\frac{P_BS}{Mg}$$

$$\therefore\quad m=\frac{kT}{gh}\log_e\frac{P_BS}{Mg}$$

▶せ．与えられた数値と近似式を用いて

$$m=\frac{1.4\times10^{-23}\times300}{9.8\times30}\times\log_e\frac{1005}{1000}$$

$$=\frac{1.4\times10^{-22}}{9.8}\times\log_e\left(1+\frac{1}{200}\right)$$

$$\fallingdotseq\frac{1.4\times10^{-22}}{9.8\times200}=7.1\times10^{-26}\fallingdotseq7\times10^{-26}\text{〔kg〕}$$

❖講　評

2018 年度も理科 2 科目で 180 分（教育学部理系試験は 1 科目で 90 分），大問 3 題の出題に変化はなかった。Ⅰは抵抗力を受けたときの物体の運動で，速さの 2 乗に比例する抵抗力という難解なテーマが出題された。Ⅱの前半は電界中の電子の運動という頻出のテーマで，受験生にとって解きやすかったであろう。後半は磁界も加わった場合で，一見複雑そうであるが実は解きやすい内容であった。Ⅲの熱力学は微小変化を扱ったかなり数学的な内容で，戸惑った受験生も多かったと思われる。

Ⅰ．ア～ウは終端速度や緩和時間といったあまりなじみのない物理量が出てきて驚かされるが，問題文に従って解いていけば容易に解ける。エのグラフが悩ましく，差がつくであろう。オ～コと問 1 は難解である。指示通りにやれば解けるとは思うが，近似式を用いる理由や，τ_2 と τ_1 の違いなどがよくわからなかった受験生がほとんどだったのではないだろうか。コのグラフ選択がやはり悩ましい。サ・シの近似計算は解けなければいけない。

Ⅱ．イ～ホは完答したい。ヘ・トはローレンツ力が仕事をしないことに気がつけばよいが，運動方程式を解き出すと泥沼にはまる。チは単独で解ける。リ・ヌは負電荷と正電荷で運動が対称的になることがわかれば容易である。(3)は設定が複雑なのでわかりづらいが，電子が陽極に達するかどうかだけが問われている。本問は3題中で最も解きやすかったであろう。

Ⅲ．あ～うは小領域の力のつりあいで，ここで間違えるようではいけない。え・おは数学的には微分方程式を解いて指数関数を求めているのであるが，結果は問題文に与えられているので，式にあてはめるだけでよい。なお，これはⅠの終端速度を求める式と同じである。問1も公式が与えられているので，解答するのはそれほど難しくはないが，数学の問題を解いているようで困惑した受験生もいたであろう。か～けは気体の力学的エネルギーの計算であるが，テーマががらりと変わり，エネルギー等分配則を知っていないと答えにくいので，差がつきそうである。こ・さの1粒子あたりの比熱もわかりにくい概念である。し～せは問題文の指示通りやれば解けるが，対数の近似計算は初めてという受験生も多かったであろう。

全体として，2018年度は3題とも京大らしいユニークなテーマで，計算量も2017年度に比べて増加し，数学的要素の濃いものであった。2017年度は比較的解きやすかったが，2018年度は2016年度以前の難易度に戻った感がある。時間内に解くには，十分な読解力や計算力が必要である。

化学

I 解答

(a) 問1．ア．12　イ．24　ウ．0.39　エ．0.93
オ．0.30　カ．解答省略

問2．A．4　B．解答省略

問3．4.2×10^{-20}J

(b) 問4．(i)あ．$2Cl^- \longrightarrow Cl_2+2e^-$　い．$2H_2O+2e^- \longrightarrow H_2+2OH^-$

(ii)陽極，$4OH^- \longrightarrow 2H_2O+O_2+4e^-$

問5．$HCO_3^- \rightleftarrows H^+ + CO_3^{2-}$

より，電離定数K_aは

$$K_a=\frac{[H^+][CO_3^{2-}]}{[HCO_3^-]}=\frac{10^{-10.0}\times0.100}{0.200}=5.0\times10^{-11.0}\text{〔mol/L〕}$$

調製時にHCl水溶液をv〔mL〕加えたとすると，平衡時の各イオンの物質量はそれぞれ

$$HCO_3^-=0.200+1.00\times\frac{v}{1000}\text{〔mol〕}$$

$$CO_3^{2-}=0.100-1.00\times\frac{v}{1000}\text{〔mol〕}$$

$$H^+=10^{-9.9}\text{〔mol〕}$$

と考えられるので

$$K_a=\frac{10^{-9.9}\times\left(0.100-\frac{v}{1000}\right)}{0.200+\frac{v}{1000}}=5.0\times10^{-11.0}$$

$$\frac{0.100-\frac{v}{1000}}{0.200+\frac{v}{1000}}=\frac{5.0\times10^{-11.0}}{10^{-9.9}}=\frac{5.0\times10^{-11.0}}{10^{-10}\times10^{0.1}}=\frac{1}{2.52}$$

$v=14.7\fallingdotseq15$〔mL〕　……(答)

◀解　説▶

≪氷の結晶格子と粒子の結合，陽イオン交換膜法，緩衝溶液の電離平衡≫

(a)　▶問1．ア．$16\times\frac{1}{2}+4=12$

イ．$16\times\frac{1}{2}+16=24$

ウ．結晶格子の底面は右図のようなひし形となるので，底面積は

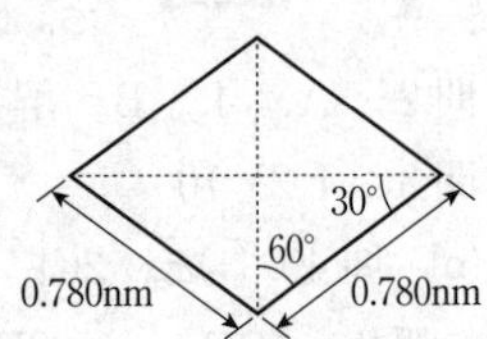

$$\left(0.780\times\frac{\sqrt{3}}{2}\times2\right)\times\left(0.780\times\frac{1}{2}\times2\right)\times\frac{1}{2}$$

$$=0.780^2\times\frac{\sqrt{3}}{2}\,[\mathrm{nm}^2]$$

よって，体積は

$$0.780^2\times\frac{\sqrt{3}}{2}\times0.740=\frac{0.450\times1.73}{2}=0.389\fallingdotseq0.39\,[\mathrm{nm}^3]$$

$$=0.39\times10^{-21}\,[\mathrm{cm}^3]$$

エ．1つの結晶格子に12個分のH_2Oが含まれるので

$$\frac{12\times\dfrac{18.0}{6.0\times10^{23}}}{0.389\times10^{-21}}=0.925\fallingdotseq0.93\,[\mathrm{g/cm}^3]$$

オ．酸素原子のファンデルワールス半径とは，右図のように酸素分子どうしの結合における原子核間距離の半分である。つまり原子を硬い球と仮定した場合の半径でもあり，ファンデルワールス半径では酸素原子の原子核どうしは

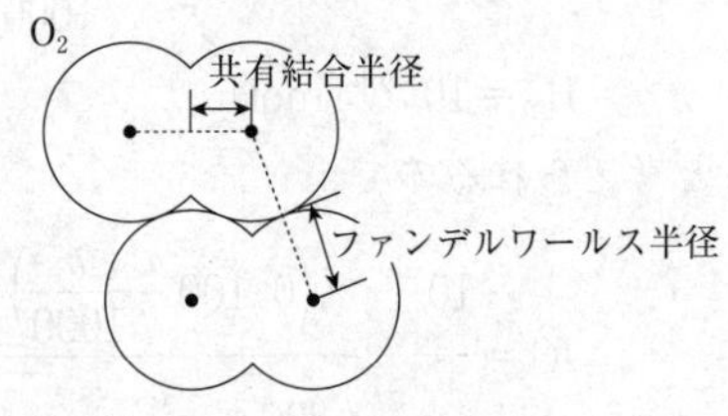

$$0.152\times2=0.304\fallingdotseq0.30\,[\mathrm{nm}]$$

までしか近づけないことになる。しかし，原子核のまわりの電子雲が重なって共有結合や水素結合ができるため，そのときの原子半径はファンデルワールス半径より短くなる。

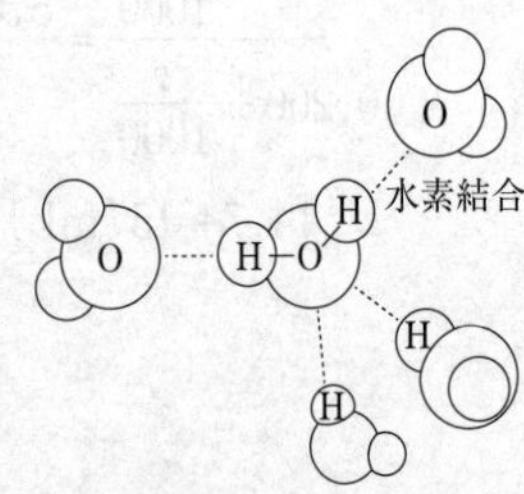

▶問2．A．右図のように，1つの水分子は正四面体の頂点方向にある別の4つの水分子と水

素結合を形成する。

▶問３．問２から，水１分子あたりの水素結合の数は，水分子の数の２倍と考えられる。よって

$$\frac{2.83\times10^{3}}{\frac{1}{18.0}\times6.0\times10^{23}\times2}=4.24\times10^{-20}\fallingdotseq4.2\times10^{-20}\,[\mathrm{J}]$$

(b)　▶問４．陰極では H_2 が発生すると同時に OH^- が生じるが，陽イオン交換膜を通過できないので陰極槽にとどまる。陽極では Cl_2 が発生するが，Na^+ は変化せず陽イオン交換膜を通過して陰極槽に移動する。つまり陰極槽では NaOH 水溶液ができることになる。液の供給と排出を止め，陽イオン交換膜を取り除くと，陰極で生じた OH^- が陽極槽に移動し，〔解答〕のように O_2 が発生する。

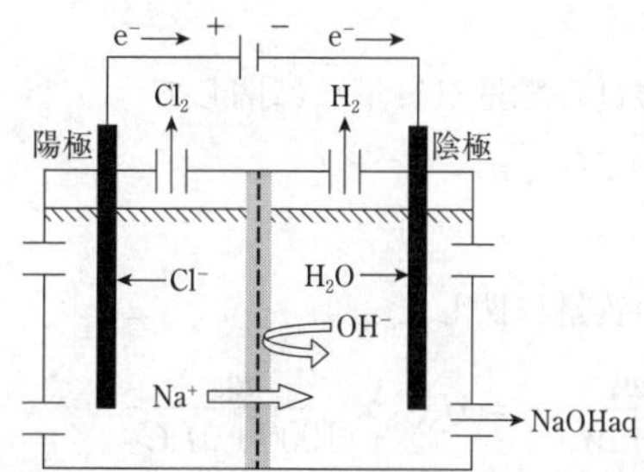

▶問５．題意の緩衝溶液に対して，HCl 水溶液を加えない場合の平衡（Ⓐ），HCl 水溶液を v〔mL〕加えた場合の平衡（Ⓑ）の，各イオンの物質量の関係は次のようになる。

	HCO_3^-	$\rightleftarrows$ H^+	+ CO_3^{2-}	
Ⓐ	0.200	$10^{-10.0}$	0.100	〔mol〕
Ⓑ	$0.200+\dfrac{v}{1000}$	$10^{-9.9}$	$0.100-\dfrac{v}{1000}$	〔mol〕

体積は 1L，電離定数は不変なので，〔解答〕の計算ができる。

II　解答

(a)　問１．$T_1=T_0-K_fC_1$

問２．ア．$\dfrac{w_2M_sC_2}{1000+M_sC_2}$　イ．$\dfrac{C_1(1000+M_sC_2)}{C_2(1000+M_sC_1)}$

問３．(B)

(b)　問 4．あ．$\dfrac{l_{CO}}{l_{O_2}}$　い．$n_{CO}+n_{O_2}-\dfrac{a}{2}$　う．減少

え．$\dfrac{4x^2V}{(n_{CO}-2x)^2(n_{O_2}-x)RT}$

◀解　説▶

≪凝固点降下，CO の燃焼における圧力変化と平衡定数≫

(a)　▶問 1．Δt（凝固点降下度）$=K_f$（モル凝固点降下）$\times C$（質量モル濃度）より　　$T_0-T_1=K_fC_1$　　$T_1=T_0-K_fC_1$

▶問 2．ア．状態②は，$(1000+M_sC_2)$〔g〕の溶液に対して，M_sC_2〔g〕の溶質が溶解していることになる。今，溶液が w_2〔g〕なので

$$M_sC_2\times\frac{w_2}{1000+M_sC_2}=\frac{w_2M_sC_2}{1000+M_sC_2}\text{〔g〕}$$

となる。

イ．ビーカー内の物質の総量（質量）に関して

$$w_1+M_1=w_2+M_2$$

$$M_2=w_1+M_1-w_2\quad\cdots\cdots①$$

ビーカー内の溶質の質量に関して

$$M_sC_1\times\frac{w_1}{1000+M_sC_1}=M_sC_2\times\frac{w_2}{1000+M_sC_2}$$

$$w_2=\frac{w_1C_1(1000+M_sC_2)}{C_2(1000+M_sC_1)}\quad\cdots\cdots②$$

がそれぞれ成り立つ。

②を①に代入して

$$M_2=w_1+M_1-\frac{w_1C_1(1000+M_sC_2)}{C_2(1000+M_sC_1)}$$

$$=M_1+w_1\left\{1-\frac{C_1(1000+M_sC_2)}{C_2(1000+M_sC_1)}\right\}$$

▶問 3．室温付近にある水溶液を冷却した場合の温度と時間のグラフは，右図のようになる。X までは水溶液のまま温度が下がり，X で氷が生じ始める。X－Y 間は水のみが凝固するので，溶液の濃度は次第に大きくなり凝固点が下がる。Y で溶液が飽和し，Y－Z 間は一定の凝固点で水と溶質が

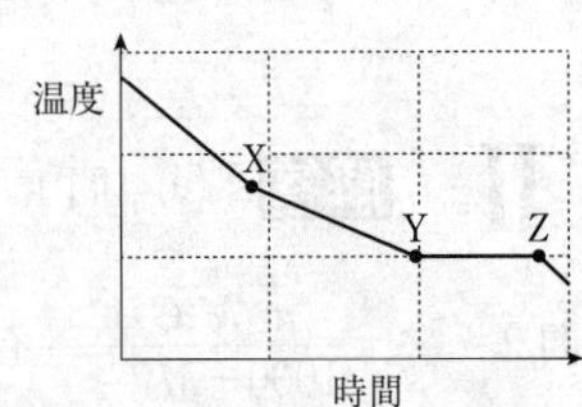

同時に凝固する。Z ですべてが凝固する。加熱する場合の温度変化は，その逆を考える。

(b)　▶問 4．あ．両気体の圧力は等しいため，物質量の比＝体積の比となる。

い．充塡時と平衡時の物質量の関係は次のようになる。

	$2CO$	+ O_2	$\rightleftarrows$ $2CO_2$	
充塡時	n_{CO}	n_{O_2}	$-$	〔mol〕
平衡時	$n_{CO}-a$	$n_{O_2}-\dfrac{a}{2}$	a	〔mol〕

よって

$$n_{CO}-a+n_{O_2}-\frac{a}{2}+a=n_{CO}+n_{O_2}-\frac{a}{2}\text{〔mol〕}$$

う．いより，平衡時の物質量は充塡時より減少しているので，圧力も減少する。

え．平衡状態における全圧を P とすれば

$$K_p=\frac{\left(\dfrac{a}{n_{CO}+n_{O_2}-\dfrac{a}{2}}P\right)^2}{\left(\dfrac{n_{CO}-a}{n_{CO}+n_{O_2}-\dfrac{a}{2}}P\right)^2\left(\dfrac{n_{O_2}-\dfrac{a}{2}}{n_{CO}+n_{O_2}-\dfrac{a}{2}}P\right)}\quad\cdots\cdots③$$

また，$PV=\left(n_{CO}+n_{O_2}-\dfrac{a}{2}\right)RT$ より

$$P=\frac{n_{CO}+n_{O_2}-\dfrac{a}{2}}{V}RT\quad\cdots\cdots④$$

④を③に代入して

$$K_p=\frac{\left(\dfrac{a}{V}RT\right)^2}{\left(\dfrac{n_{CO}-a}{V}RT\right)^2\left(\dfrac{n_{O_2}-\dfrac{a}{2}}{V}RT\right)}\quad\cdots\cdots⑤$$

さらに，$x=\dfrac{a}{2}$ より $a=2x$ を⑤に代入して

$$K_p=\frac{\left(\frac{2x}{V}RT\right)^2}{\left(\frac{n_{CO}-2x}{V}RT\right)^2\left(\frac{n_{O_2}-x}{V}RT\right)}=\frac{4x^2V}{(n_{CO}-2x)^2(n_{O_2}-x)RT}$$

III **解答**　(a)　問1．F．　CH_3　NH−C−CH_3　O　　I．　CH_3　Br　$N^+\equiv NCl^-$

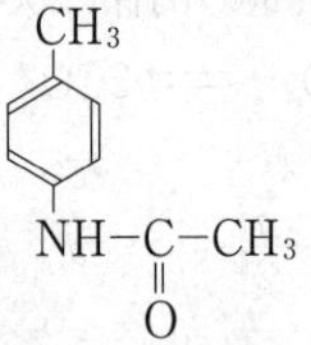

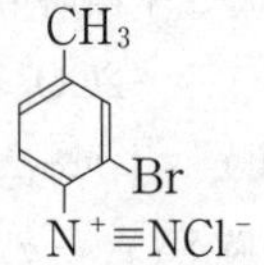

問2．あ．N原子がもつ非共有電子対の影響で，アセチルアミノ基はベンゼン環の電子密度を増加させるため，*o* 位の反応性が上がる。(50字程度)

い．アセチルアミノ基は大きな原子団なので，立体的な障害を発生させ，*o* 位でのさらなる臭素化は起こりにくくなる。(50字程度)

(b)　問3．K． 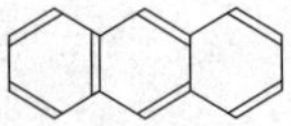　　L． 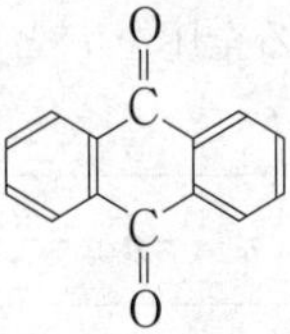　O　C　C　O

問4．う．水層　O． 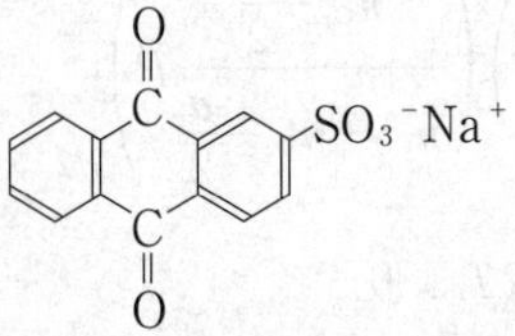　O　C　C　O　$SO_3{}^-Na^+$

問5．2.5kg

◀解　説▶

≪配向性と化合物の合成，アリザリンの合成経路，有機化合物の分離≫

(a)　▶問1・問2．右図のように，トルエンのメチル基は，ベンゼン環に対して電子を押し出す性質（電子供与性）をもつ置換基で，*o* 位と *p* 位の電子密度を大きくするため，ニトロ化はこの位置で起こる（*o*,*p* 配向性)。こうして生成した *p*-ニトロトルエン（C）を還元するとDが得られ，これ

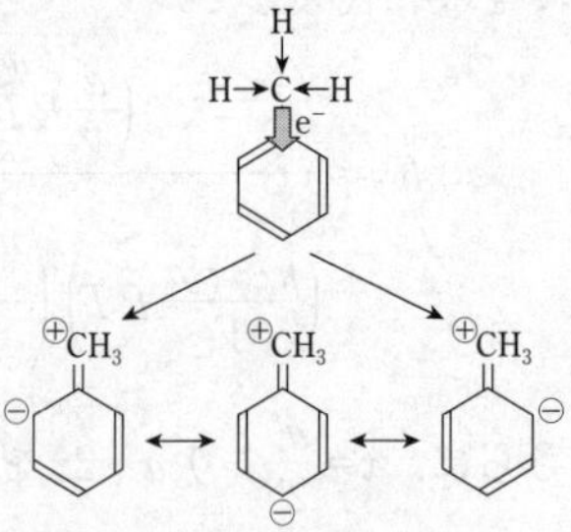

H　H→C←H　e^-　⊕CH_3　⊖　↔　⊕CH_3　⊖　↔　⊕CH_3　⊖

をアセチル化すると〔解答〕にあるFとなる。Fのアセチルアミノ基は，Nがもつ非共有電子対によりメチル基同様電子供与性をもち，o,p 配向性となる。さらに，アセチルアミノ基の立体障害のため，アセチルアミノ基に対して1つの o 位で臭素化が起こり，Gが得られる。Gを加水分解して得られたのがHで，Hをジアゾ化した化合物が〔解答〕にあるIとなる。Iのようなジアゾニウム塩に H_3PO_2（次亜リン酸）を作用させると，次式のように $-N{\equiv}N$ が $-H$ に置換される。

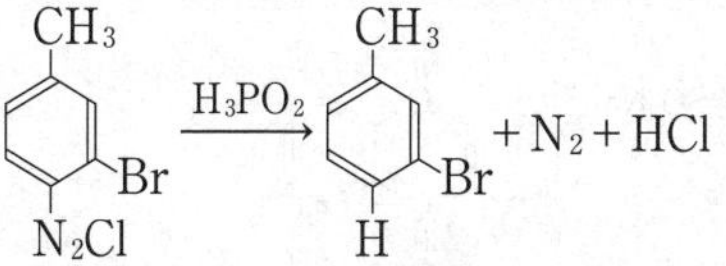

CH_3 / Br / N_2Cl $\xrightarrow{H_3PO_2}$ CH_3 / Br / H $+ N_2 + HCl$

(b)　▶問3．図2の反応経路において，副生成物が存在しない。よって，アリザリンの炭素骨格は変わらないと考え，Kはアントラセンとわかる。さらに，LとNの分子式の差はO1つなので，LはNの $-OH$ を $-H$ に置換した化合物となる。実際に，アントラセンを酸化すると，次式のようにL（9,10-アントラキノン）が生成する。

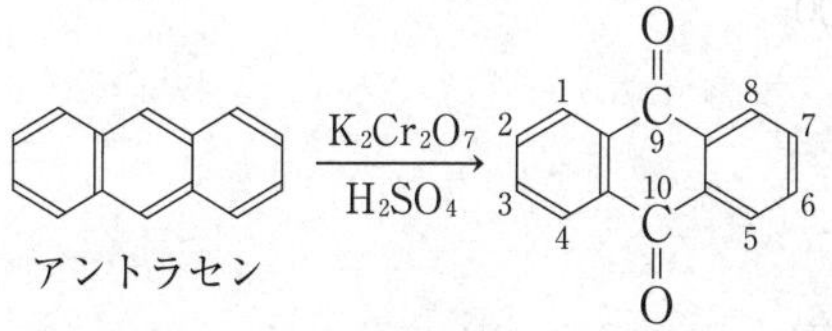

アントラセン $\xrightarrow[H_2SO_4]{K_2Cr_2O_7}$ 9,10-アントラキノン（1〜8, 9, 10 の位置番号付き構造式）

▶問4．LとMの分子式の差は SO_3 なので，MはLをスルホン化した化合物と推定される。スルホ基が置換する位置は，Nとの構造比較から7位であるとわかる。これより，題意の分離は下図のようになる。また，Mをアルカリ融解してスルホ基をヒドロキシ基に置換した化合物がNである。

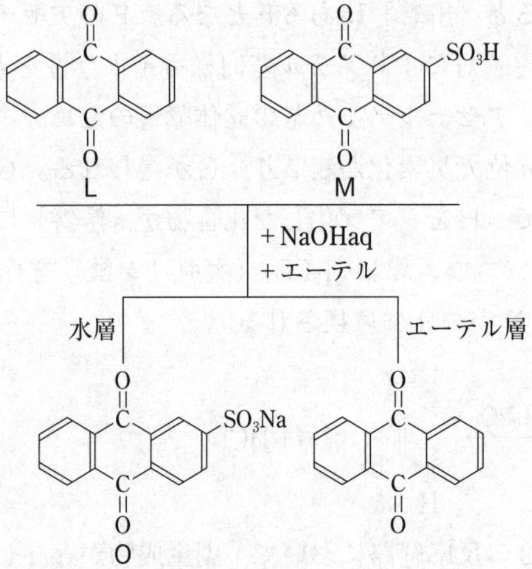

L M

＋NaOHaq
＋エーテル

水層 エーテル層

SO_3H SO_3Na

▶問5．アリザリンの完全燃焼の反応式は

$$C_{14}H_8O_4 + 14O_2 \longrightarrow 14CO_2 + 4H_2O$$

モル質量は 240 g/mol より

$$\frac{960}{240} \times 14 \times 44.0 \times \frac{1}{1000} = 2.46 \fallingdotseq 2.5 \,〔kg〕$$

IV 解答 (a) 問1．

A．$CH_3-CH_2-CH=CH-CH_2-CH=CH-CH_2-\underset{\underset{O}{\|}}{C}-OH$

問2．B．$CH_3-CH=CH-CH_2-CH=CH-CH_2-\underset{\underset{O}{\|}}{C}-OH$

C．$CH_3-CH=CH-CH_2-\underset{\underset{OH}{|}}{CH}-CH_2-CH_2-\underset{\underset{O}{\|}}{C}-OH$

(b) 問3．双性　問4．リシン　問5．$H_3\overset{+}{N}-\overset{\overset{CH_2-COOH}{|}}{CH}-COOH$

(c) 問6．イ．2　ウ．1　エ．+3　オ．−2

問7．9

◀解　説▶

≪カルボン酸の酸化開裂と構造決定，アミノ酸と等電点，ポリペプチドの構造と中和≫

(a)　▶問１．３分子に酸化開裂していることから，Aは C=C を２つもつ化合物とわかり，その開裂反応を次式のように仮定して考える。

$$R_1-CH=CH-R_2-CH=CH-R_3-COOH$$

$$\xrightarrow{KMnO_4} R_1-COOH+HOOC-R_2-COOH+HOOC-R_3-COOH$$

プロピオン酸１分子とマロン酸２分子が生成するには，R_1 がエチル基，R_2 と R_3 は共にメチレン基となる。

▶問２．逆から考えて，次式のようにDを加水分解した化合物がCとなる。

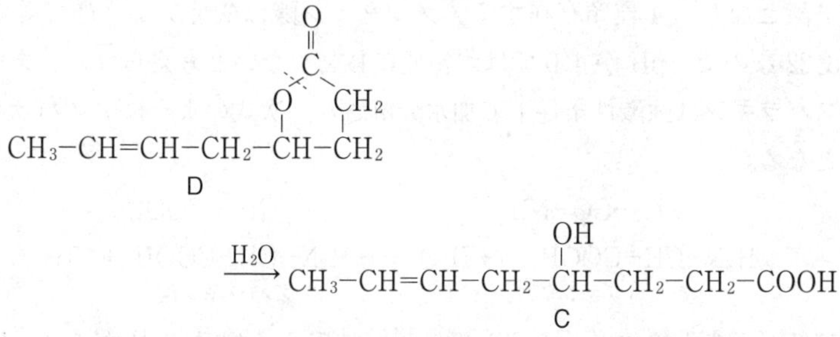

$$\underset{\text{D}}{CH_3-CH=CH-CH_2-\overset{\overset{\overset{O}{\|}}{C}\quad}{\underset{|}{O}\;\;\;\underset{|}{CH_2}}\atop CH-CH_2}$$

$$\xrightarrow{H_2O} \underset{\text{C}}{CH_3-CH=CH-CH_2-\overset{OH}{\overset{|}{C}H}-CH_2-CH_2-COOH}$$

さらに，Cを脱水させるとBの構造がわかるが，次のように２通りの脱水の仕方が考えられる。

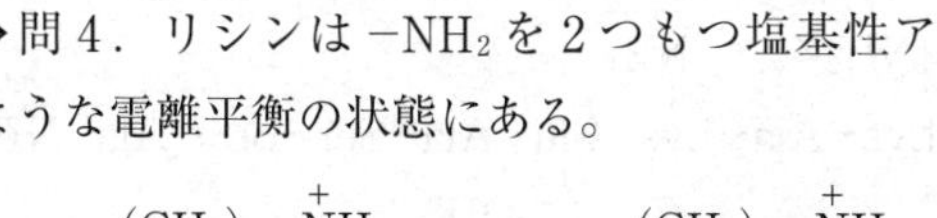

$$\underset{7}{CH_3}-\underset{6}{CH}=\underset{5}{CH}-\underset{4}{\overset{H}{\overset{|}{C}H}}-\underset{3}{\overset{OH}{\overset{|}{C}H}}-\underset{2}{\overset{H}{\overset{|}{C}H}}-\underset{1}{CH_2}-COOH$$

（㋐：4位のHと3位のOH，㋑：3位のOHと2位のH）

ここで，Bは C=C の開裂によりマロン酸が得られるので，㋑の脱水で生じる 2,3 位に C=C をもつ化合物となる。

(b)　▶問４．リシンは $-NH_2$ を２つもつ塩基性アミノ酸で，水中では次式のような電離平衡の状態にある。

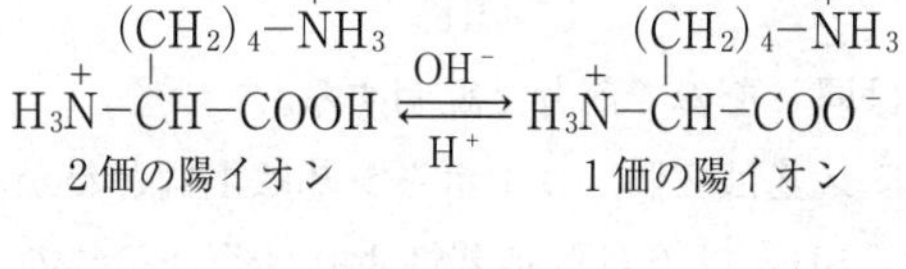

$$\underset{\text{2価の陽イオン}}{H_3\overset{+}{N}-\overset{(CH_2)_4-\overset{+}{N}H_3}{\overset{|}{C}H}-COOH} \underset{H^+}{\overset{OH^-}{\rightleftarrows}} \underset{\text{1価の陽イオン}}{H_3\overset{+}{N}-\overset{(CH_2)_4-\overset{+}{N}H_3}{\overset{|}{C}H}-COO^-}$$

$$\xrightleftharpoons[H^+]{OH^-} \underset{\text{双性イオン}}{H_2N-\underset{}{\overset{(CH_2)_4-\overset{+}{N}H_3}{\overset{|}{C}H}}-COO^-} \xrightleftharpoons[H^+]{OH^-} \underset{\text{1 価の陰イオン}}{H_2N-\overset{(CH_2)_4-NH_2}{\overset{|}{C}H}-COO^-}$$

これより，正と負の電荷を等しくするには，塩基性にして平衡を右に移動させる必要があり，リシンの等電点は 9.75 と考えられる。この水溶液の pH を 7.0 にした場合，上記の平衡が等電点の状態より左に移動していることになり，正に帯電する。よって，陰極側に移動する。

▶問５．等電点と電気泳動の関係を一般化すると，等電点より酸性にすれば陰極側に移動し，塩基性にすれば陽極側に移動する。よって，実験２において pH が 4.0 で陰極側に移動するのは，等電点が 4.0 より大きなアミノ酸となり，４種類存在する。グルタミン酸は酸性アミノ酸で等電点は 3.22 なので，pH が 4.0 では陰極側に移動しないと考えられる。また，アスパラギンは強酸性条件下で加水分解され，次式のようにアスパラギン酸となる。

$$\underset{\text{アスパラギン}}{H_2N-\overset{CH_2-CO-NH_2}{\overset{|}{C}H}-COOH} + H_2O \longrightarrow \underset{\text{アスパラギン酸}}{H_2N-\overset{CH_2-COOH}{\overset{|}{C}H}-COOH} + NH_3$$

アスパラギン酸はグルタミン酸同様酸性アミノ酸で，pH が 4.0 では陰極側に移動しない。つまりＥはアスパラギン酸である。

(c) ▶問６．題意のポリペプチドに関して，末端および側鎖のアミノ基とカルボキシ基の位置を示すと，以下のようになる。

$$H_2N-Ala-Ser-\overset{NH_2}{\overset{|}{Lys}}-Ala-\overset{NH_2}{\overset{|}{Lys}}-\underset{COOH}{\underset{|}{Glu}}-Ala-Ser-Ser-Ala-COOH$$

末端の官能基が逆の

$$HOOC-Ala-Ser-\overset{NH_2}{\overset{|}{Lys}}-Ala-\overset{NH_2}{\overset{|}{Lys}}-\underset{COOH}{\underset{|}{Glu}}-Ala-Ser-Ser-Ala-NH_2$$

も考えられるが，考え方は同じなので前者で説明する。

これより，末端以外でアミノ基は２個，カルボキシ基は１個とわかる。

また，pH＝2.0 は強酸性，pH＝12.0 は強塩基性より，それぞれの水溶液中では以下の陽イオンおよび陰イオンで存在する。

pH＝2.0 の場合

$$H_3\overset{+}{N}-\mathrm{Ala}-\mathrm{Ser}-\overset{\overset{+}{N}H_3}{\overset{|}{\mathrm{Lys}}}-\mathrm{Ala}-\overset{\overset{+}{N}H_3}{\overset{|}{\mathrm{Lys}}}-\underset{\underset{COOH}{|}}{\mathrm{Glu}}-\mathrm{Ala}-\mathrm{Ser}-\mathrm{Ser}-\mathrm{Ala}-COOH$$

pH＝12.0 の場合

$$H_2N-\mathrm{Ala}-\mathrm{Ser}-\overset{NH_2}{\overset{|}{\mathrm{Lys}}}-\mathrm{Ala}-\overset{NH_2}{\overset{|}{\mathrm{Lys}}}-\underset{\underset{COO^-}{|}}{\mathrm{Glu}}-\mathrm{Ala}-\mathrm{Ser}-\mathrm{Ser}-\mathrm{Ala}-COO^-$$

▶問７．等電点では主に次の双性イオンになっていると考えられる。

$$H_2N-\mathrm{Ala}-\mathrm{Ser}-\overset{\overset{+}{N}H_3}{\overset{|}{\mathrm{Lys}}}-\mathrm{Ala}-\overset{\overset{+}{N}H_3}{\overset{|}{\mathrm{Lys}}}-\underset{\underset{COO^-}{|}}{\mathrm{Glu}}-\mathrm{Ala}-\mathrm{Ser}-\mathrm{Ser}-\mathrm{Ala}-COO^-$$

Ｆを NaOHaq で滴定する場合，次のように順次中和されてイオンが変化するが，双性イオンになるまでにＦに対して３倍の物質量の NaOH が必要となる。そこで図４の横軸目盛りが 3.0 のところを読み取ると，pH は約９とわかる。

$$H_3\overset{+}{N}-\mathrm{Ala}-\mathrm{Ser}-\overset{\overset{+}{N}H_3}{\overset{|}{\mathrm{Lys}}}-\mathrm{Ala}-\overset{\overset{+}{N}H_3}{\overset{|}{\mathrm{Lys}}}-\underset{\underset{COOH}{|}}{\mathrm{Glu}}-\mathrm{Ala}-\mathrm{Ser}-\mathrm{Ser}-\mathrm{Ala}-COOH$$

$$\downarrow +NaOH$$

$$H_3\overset{+}{N}-\mathrm{Ala}-\mathrm{Ser}-\overset{\overset{+}{N}H_3}{\overset{|}{\mathrm{Lys}}}-\mathrm{Ala}-\overset{\overset{+}{N}H_3}{\overset{|}{\mathrm{Lys}}}-\underset{\underset{COOH}{|}}{\mathrm{Glu}}-\mathrm{Ala}-\mathrm{Ser}-\mathrm{Ser}-\mathrm{Ala}-COO^-$$

$$\downarrow +NaOH$$

$$H_3\overset{+}{N}-\mathrm{Ala}-\mathrm{Ser}-\overset{\overset{+}{N}H_3}{\overset{|}{\mathrm{Lys}}}-\mathrm{Ala}-\overset{\overset{+}{N}H_3}{\overset{|}{\mathrm{Lys}}}-\underset{\underset{COO^-}{|}}{\mathrm{Glu}}-\mathrm{Ala}-\mathrm{Ser}-\mathrm{Ser}-\mathrm{Ala}-COO^-$$

$$\downarrow +NaOH$$

$$
\begin{array}{c}
\quad\quad\quad\quad\quad\overset{+}{N}H_3 \quad\quad\quad\quad \overset{+}{N}H_3 \\
\quad\quad\quad\quad\quad | \quad\quad\quad\quad\quad\quad | \\
H_2N-Ala-Ser-Lys-Ala-Lys-Glu-Ala-Ser-Ser-Ala-COO^- \\
| \\
COO^-
\end{array}
$$

❖講　評

大問 4 題の出題数や出題パターン・形式はほぼ例年通りである。2018 年度はやや設問数も少なく，易しくなった印象がある。

Ⅰ．(a)は京都大学ではおなじみの結晶格子の問題である。難しくはないが計算ミスに注意する必要がある。ファンデルワールス半径の意味を知っていたかどうか。(b)問 4 は教科書レベルの問題で，確実に解答したい。問 5 は最初の平衡に，体積を変えずに HCl 水溶液を加え平衡がどう移動するか，という発想で考えるとわかりやすい。

Ⅱ．(a)問 1 は公式そのものなので，確実に解答したい。問 2 は与えられた量をよく理解し，代数的な立式ができるかどうか。単位が与えられていないが常識的な単位として判断しよう。(b)問 4 のあ～うは標準的な問題で，確実に解答したい。えはやや難しい。x の表す意味がポイント。

Ⅲ．(a)はリード文をよく読んで理解すれば，問題の意図や図 1 の流れがわかるが，やや難しい。特に問 2 の置換基の効果について記述させる問題は，想像力も必要。(b)はアリザリンの構造から逆にたどり，中間生成物を推定しよう。反応経路の中に，有機化学では定番の反応が含まれることに気づいて応用したい。

Ⅳ．(a)はリード文を読めば反応の仕方がわかるので，それほど難しくない。確実に解答したい。(b)は各アミノ酸の側鎖が与えられているので，構造が考えやすい。アスパラギンが強酸性下で，アスパラギン酸に加水分解することに気づけたかどうか。(c)はポリペプチドのさまざまなイオンの構造と pH の関係が理解できているかがポイントで，やや難しい。

全体を通して，確実に解答できる問題を落とさないことが重要になる。

生物

I 解答

(A) 問1．ア．葉　イ．師管（師部）

問2．フィトクロム

問3．光処理Xで処理された葉ではフロリゲンのはたらきを阻害する物質が合成される。この物質が茎頂部に移動し，花芽形成を抑制する。

問4．(1) 変異した部分以降の塩基の読み枠がずれたため。

(2) 置換結果が元と同じアミノ酸指定であったため。

(B) 問5．ウ．学習　エ．樹状突起　オ．伝達

カ．活動電位（活動電流）　キ．慣れ

問6．神経伝達物質の受容体の増加。

問7．シナプスにはシナプス強度の増加・維持を促進するタンパク質のmRNAが存在しており，物質Aがはたらくことでその翻訳が促進され，シナプス後膜の受容体数を増加・維持させると考えられる。

◀解　説▶

≪花芽形成・遺伝子の変異，学習・神経の可塑性≫

(A) ▶問1．日長条件はある程度成長した葉で感知される。この現象にはフィトクロムなどの色素が関係し，細胞内でのタンパク質合成を通して，花芽形成（フロリゲン合成）が調節される。フロリゲンはFTタンパク質やHd3aタンパク質などと呼ばれるタンパク質がその実体である。日長条件が花芽形成に適したものとなると，葉の細胞の核内でフロリゲンのmRNAの転写が起こり，葉の細胞内でフロリゲンが合成される。合成されたフロリゲンは師管（師部）を通って茎頂分裂組織などの花芽形成部位に運ばれる。

▶問2．日長などの光条件は，葉のフィトクロムという色素の型変換（Pr型 ⟷ Pfr型（活性型））によって感知され，Pfr型によってフロリゲン合成が誘導される。したがって，光受容体はフィトクロムである。

▶問3．実験1とリード文の内容から，短日処理→フロリゲン生成，光処理X→フロリゲン生成なしとわかる。実験2からは，フロリゲンが花芽の形成部分（茎頂部）ではなく，離れた部分で合成され，茎頂部に輸送され

ていることがわかる。実験3と実験4の比較から，葉が除去されると光処理Xは効果を表さないので，光処理Xは葉で感知されるとわかる。さらに実験4では，植物の下部で合成されている（はずの）フロリゲンが茎頂部での花芽形成誘導を行っていないことがわかる。すなわち，植物の下部で作られたフロリゲンのはたらきが光処理Xにより作られた何かにより阻害されていることになる。しかし，阻害の実態がどのようなものであるかは，これらの実験からは明らかでない。そこで光処理Xによって作られた物質により，花芽形成が阻害されたと答えることになる。

実際には，フロリゲンのはたらきを阻害する「アンチフロリゲン（AFT タンパク質）」の存在が知られている。花芽形成にあたっては，まず茎頂の細胞内のFD遺伝子によって作られたFDタンパク質と運ばれてきたフロリゲン（FT タンパク質）が結合したものがはたらいて，花芽形成の初期段階に必要な遺伝子であるAP1遺伝子の転写が促進され，花芽形成が始まる。しかし，（光処理Xにより）アンチフロリゲンが合成されると，茎頂部に運ばれて，FD タンパク質とFT タンパク質の結合を阻害しAP1遺伝子の転写は起こらなくなる。

▶問4．(1) フレームシフト変異という。DNAの塩基配列は3個で1組となり，アミノ酸を指定する。塩基が1つ（または2つ）欠失または挿入されると，読み枠（フレーム）がずれ（シフトし）て，以後のアミノ酸指定が大きく変化する。

(2) アミノ酸20種に対して，3個1組の塩基の組み合わせは64通りあり，1種のアミノ酸に対して複数の塩基の組み合わせが対応している。とくに，3個1組の3番目の塩基が別の塩基に入れ替わってもアミノ酸指定が変わらないことはよくある。この場合は塩基の置換は（タンパク質として現れるはずの）形質としては現れない。

(B) ▶問5．ウ．経験による行動の変化を獲得することを学習という。

エ．神経細胞（ニューロン）には細胞体，軸索と複数の樹状突起と呼ばれる部分がある。

オ・カ．神経細胞間ではアセチルコリンなどの伝達物質により情報（興奮）が伝わり，神経細胞内では情報は活動電位（活動電流）が伝導することで伝わる。

キ．学習の一つである，繰り返される無害な刺激を無視する（応答が衰える）学習を慣れという。

▶問６．外界からの刺激により学習などが起こると，神経細胞には構造的にも機能的にも変化が起こる。これを神経（シナプス）の「可塑性」という。この可塑性により，シナプスでの伝達効率（シナプス強度）が変化するが，シナプス強度が増加する場合の（伝達物質を受け取る側の）シナプスの変化としては樹状突起における「受容体の増加」が代表的なものである。

▶問７．タンパク質への翻訳を阻害しておくとシナプス強度の増加が起こらないことから，シナプス強度の増加にはタンパク質合成が必要とわかる。ただし，細胞体を切り離しても物質Aの効果は変わらないことから，物質AはDNAからmRNAへの転写に関連するものではなく，すでに転写されて細胞質中に送り込まれていたシナプス強度の増加に関わるタンパク質のmRNAの翻訳を促進しているとわかる。ただし，シナプス強度の増加が軸索の側（シナプス前膜）の変化の結果なのか，樹状突起側（シナプス後膜）の変化の結果なのかはわからない。可能性としては，合成されたタンパク質によりシナプス前膜では「伝達物質の放出量が増加する」「放出部位の配置が調節される」「放出された伝達物質の回収，再利用の効率が上昇する」などの可能性が考えられる。シナプス後膜では問６にも述べたように「受容体数を増加させる」などの可能性が考えられる。

II　解答

問１．ア．精原細胞　イ．卵原細胞　ウ．一次精母細胞　エ．二次精母細胞　オ．精細胞

問２．14時間

問３．一次卵母細胞は減数第一分裂を終えて第一極体を放出し，二次卵母細胞となって，減数第二分裂に入る。二次卵母細胞は，第二分裂中期でいったん分裂を停止するが，排卵後に精子が進入すると，第二極体を放出して減数分裂を終え，核が融合して受精が完了する。

問４．胎盤

問５．⑴　F_1 世代の雌は組換え遺伝子をヘテロに持つため，卵形成では組換え遺伝子を含む染色体を持つ卵と含まない染色体を持つ卵がほぼ同じ割合で形成されるから。

⑵　F_1 世代の雌により卵が形成されるとき，GFP 遺伝子により一次卵母

細胞の細胞質内には F_1 世代の雌の DNA から転写された mRNA などの母性因子が含まれており，それにより GFP の緑色蛍光を発すると考えられる。

◀解 説▶

≪マウスの卵形成と胚発生・母性因子≫

▶問１．始原生殖細胞が精巣に移動して精原細胞，卵巣に移動して卵原細胞となる。「減数分裂に入る」のは一次精母細胞と一次卵母細胞である。第一分裂が終わると二次精母細胞，第二分裂が終わると４個の精細胞となる。

▶問２．８個の細胞が $10.5-6.5=4$ 日の間に 1024 個になるのだから，１個の細胞が n 回分裂して $1024\div8=128$ 個になったことになる。$128=2^7$ より，$n=7$ で，分裂回数は７回である。そこで，１回の分裂に要する時間は $4\times24\div7=13.7\fallingdotseq14$ 時間となる。

▶問３．卵巣内において，第一分裂前期で減数第一分裂を停止していた一次卵母細胞は，個体の成熟に伴い第一分裂を再開する。第一分裂を終了し，第一極体を放出した二次卵母細胞は第二分裂に入るが，第二分裂中期で再び分裂は停止する。排卵後に精子がこの二次卵母細胞に進入すると，二次卵母細胞は第二分裂中期で停止していた分裂を再開し，第二極体を放出して，卵細胞となる。その後，卵核と精核が融合して受精は完了する。

▶問４．受精後，卵は卵割しながら子宮に達するころには，内部の細胞塊とそれを包む外部の細胞層に分かれた胚盤胞となっている。外部の細胞層は栄養膜とも呼ばれ，胎盤（の胎児側である絨毛膜）や臍帯（へその緒）の血管などになる。

▶問５．(1) F_1 世代の遺伝子組換え個体の雌は，遺伝子Ａをコードする染色体について組換え遺伝子を持つ染色体と持たない染色体をヘテロに持つ。したがって，この雌が作る卵には，この染色体について組換え遺伝子を持つものと持たないものが１:１の割合で生じる。そこで組換え遺伝子を持たない雄の精子と受精させると，約半数の個体が組換え遺伝子を持つ個体となる。

(2) F_1 雌は，組換え遺伝子を（ヘテロに）持っているから，F_1 雌のすべての細胞は，この組換え遺伝子を持つ。したがって，卵原細胞（一次卵母細胞）もこの遺伝子を持ち，（その遺伝子が発現していれば細胞質内に）

その産物（mRNAなど）を持つことになる。この細胞が減数分裂により卵を形成すると，卵はタンパク質GFPの遺伝子を持たない場合でも，細胞質内にその遺伝子産物は持っていることになる。発生の初期段階においては，この産物がはたらくことによって「母親は持っているが，卵は持っていないはずの遺伝子」の形質が現れることがある。このような卵細胞内の因子を母性因子と呼び，その遺伝子を母性効果遺伝子という。ショウジョウバエの体軸決定に関するビコイドタンパク質のmRNAなどが母性因子の代表的なものである。ただし，ミトコンドリアの遺伝などにみられる細胞質遺伝ではないことに注意すること。なぜならF_1雌が作る卵は，組換え遺伝子を持たない母親の細胞質を受け取っているから，単純な細胞質遺伝であれば，この形質は下線部⑤の胚には現れないはずだからである。

III　解答

(A)　問1．(a)・(d)・(h)・(i)

問2．•数量的に遺伝的な差異を検討できる。

•形態の差を比較しにくい離れた分類群の生物どうしの差異を検討できる。

問3．種3と種4は，分子的には系統が離れているが，沖合で魚食するという生活様式が類似している。このため，雑食で祖先の形態に近いと思われる種5，種6とは異なった形態へと収束的に進化したと考えられる。

(B)　問4．この栽培植物の祖先種は，連鎖したSNP座位1-SNP座位2にA-AとC-Gの組み合わせを持つ2種類のDNAを持ち，A-GとC-Aの組み合わせのDNAはそれらの組換えによって生じた。

問5．(1)“丸”：“しわ”＝0：1　(2)“丸”：“しわ”＝9：7

問6．20％

◀解　説▶

≪系統分類と人為分類・分子系統と形態の類似，一塩基多型（SNP）と組換え≫

(A)　▶問1．系統分類は生物の類縁関係に基づく分類法で自然分類ともいう。(a)・(d)・(h)・(i)がこの分類法による分類群に当たる。これに対して，(b)草本植物と(e)水生植物は生活形による分類，(c)薬用植物と(g)穀類は人類とのつながりからの分類，(f)食虫植物は栄養摂取の観点からの分類で，いずれも人為分類である。

▶問2．タンパク質のアミノ酸配列や，遺伝子の塩基配列の解析から生物の類縁関係を考えようとする学問分野を分子系統学という。この分野で用いられる手法では，従来の分類と比べて「遺伝的な差異の数量化ができる」「表面的な形態によらない（形態に現れなくても）差異を検討できる」「中間の化石がなくても種間の類縁関係を推測できる」などの利点がある。

▶問３．異なる湖に生息する種５，種６はどちらも祖先に近いと思われる種７と同様に雑食性であり，祖先に近い形態を維持した。これに対して，種３と種４はどちらも沖合の魚類を食べるため，体高が低く開けた水域で大きな速度を出せる，よく似た形態に収束するように進化したと考えられる。

(B) ▶問４．各品種は遺伝的にはホモ（純系）であると考える。もしこの２種のSNP座位が独立（連鎖していない）であれば，原種から1000品種もの品種が分化する過程で，DNAのSNP座位の組み合わせはランダムなものとなり，組み合わせの数値は設問文にあるようにそれぞれの対立遺伝子頻度の積に近いものになるはずである。そこで，この栽培植物ではSNP座位１とSNP座位２は連鎖していると考えられる。「組み合わせの頻度が積で求められる期待頻度である」のは「遺伝子座が独立しているときである」ことを知っていれば，逆に「組み合わせの期待頻度が積でない⇒連鎖している」と推測できるだろう。そこで解答としては，「SNP座位１とSNP座位２が連鎖しているから」とだけ記しても間違いではない。しかし，これでは特定の組み合わせの割合が高い理由などに触れていないので，解答としてはもの足りない。

実際にはSNP座位１にA，SNP座位２にAを持つDNA（以下$DNA_{A\text{-}A}$のように記す）や$DNA_{C\text{-}G}$を持つ品種が多く，$DNA_{A\text{-}G}$や$DNA_{C\text{-}A}$を持つ品種は少ない。この理由を推測すると，この栽培植物の原種が持っていたDNAがもともと$DNA_{A\text{-}A}$と$DNA_{C\text{-}G}$の２種であり，品種の固定過程で，この２種のDNAの一方をそのまま受け継いだ品種が多く（45%と35%）なった。これに対して組換えは少数しか起こらないから，組換えで生じる$DNA_{A\text{-}G}$や$DNA_{C\text{-}A}$を品種の固定過程で受け継ぐ品種は15%と5%と少なくなっているものと考えられる。なお，SNP座位１がAとC以外，SNP座位２がAとG以外の塩基が現れるような結果となるDNA（たとえば$DNA_{G\text{-}C}$など）は（生存に不利なので）淘汰されて，現れなかった（残らなかった）と考えられる。これらを解答に加えればよい。

▶問 5．(1)　新規突然変異体と“丸”純系との間の F_1 は“丸”の形質だから，新規突然変異遺伝子は劣性である。新規突然変異遺伝子を r′ とすると，r′ と r はいずれも正常なデンプン分枝酵素Ⅰを合成できず，遺伝子型 r′r′，r′r，rr はすべて“しわ”の形質となる。いま“しわ”と新規突然変異体（遺伝子型 r′r′）の F_1 は r′r だからこの自家受粉による F_2 は r′r′：r′r：rr＝1：2：1となるが，いずれもデンプン分枝酵素Ⅰを合成できず，すべて“しわ”の形質となる。

(2)　新規突然変異遺伝子を s とすると，親に用いた“丸”は RRSS，純系の“しわ”は rrSS，新規突然変異体の“しわ”は RRss である。“丸”純系との間の F_1 は RRSs で正常なデンプン分枝酵素Ⅰを作り，“丸”の形質となる。よって，表現型［RS］は“丸”，［Rs］・［rS］・［rs］は正常なデンプン分枝酵素Ⅰを作れずに“しわ”の形質となる。F_2 は［RS］：［Rs］：［rS］：［rs］＝9：3：3：1だから，“丸”：“しわ”＝9：(3＋3＋1)＝9：7となる。

▶問 6．組換えが起こると親が持たないパターンの DNA やその産物が現れる。親 1 は「小－A」，親 2 は「大－G」のパターンの DNA を持ち，交雑結果の F_1 はこの両者が組み合わさったもの（「小－A」かつ「大－G」）となっている。各番号の BC_1 世代は，戻し交雑に用いた親 2 と同じものから「大－G」を受け継いでいるから，組換えが起こらなかったものは「小－A」・「大－G」または「大－G」・「大－G」のどちらかとなる。この両者のどちらのパターンでもない組み合わせを探す。それらが F_1 で組換えが生じた結果によるものである。すると，番号 2・7・10・16 が組換えの結果生じたものとわかる。BC_1 世代の 2 と 10 が示すパターンは，「小－G」・「大－G」であり，組換えが起きたために生じた「小－G」を持っている。同様に 7 と 16 は「大－A」・「大－G」であり，組換えが起きたために生じた「大－A」を持っている。組換え個体が 4，全個体数が 20 だから，組換え価は 4÷20×100＝20〔%〕である。なお，2 重の組換えは極めて少ないので，起こらなかったと考えてよい。

Ⅳ　解答

(A)　問 1．ア．個体群　イ．ヘルパー

問 2．個体が特定の範囲内に定住するとき，その範囲を行動圏という。さらに，その定住する範囲またはその一部を同種の他個体

の侵入から防衛するとき，防衛される範囲を縄張りという。

問3．(あ)

問4．(a) ㋐

(b) Dだけが子を作り，群れで保育することから，幼期の死亡率が低い型と考えられるため。

(B) 問5．ウ．表皮　エ．クチクラ層

問6．孔辺細胞，根毛

問7．(c) 多くの葉が食害による傷害を受けるような食害昆虫の個体数が多いこと。

(d) 食害昆虫の多い条件下で，毛の密度が高いほど成長量が大きくなる関係があること。

◀解　説▶

≪行動圏と縄張り・群れと順位，誘導防御≫

(A) ▶問1．ア．一定の地域内の同種の個体の集まりを個体群という。

イ．群れの内部で自己は繁殖せず，他個体の繁殖を助けるものをヘルパーという。ヘルパーの存在はミーアキャットやセグロジャッカルなどにみられる。

▶問2．行動圏（home range）も縄張り（territory）も，一定の空間を表す概念である。行動圏は，個体が（通常の）生活を行うときの空間が一定の範囲内であるときの，その空間を意味する。同種の個体間の行動圏は重なることがあり，行動圏内の生活や繁殖に必要な資源が特定の個体によって独占的に利用されるとは限らない。これに対して，縄張りは，行動圏，またはその一部が同種の他の個体に対して防衛される場合に，その防衛される空間をいう。この場合，縄張りである空間内の資源である食物や配偶相手などを縄張り所有者が排他的，独占的に利用する。行動圏と縄張りの違いは「防衛行動」「排他的」「独占的」などの用語の有無で表現されることが多い。

▶問3．リード文末尾に「Dだけが出産し」とあるので，群れの中ではDが最上位と考えられる。するとDはBより優位だからBが行う腹見せ行動は，劣位者が優位者に対して行う行動とわかる。Dは最上位であるので，劣位者の行動である腹見せ行動はAとDではAが，CとDではCが行うことになり，解答は(あ)となる。

▶問４．群れで最優位者の繁殖だけが行われることから，雌当たりの産子数が少ないといえる。また保育（親による保護）も行われることから，生存曲線は幼期における少産少死のㅤ㋐のグラフ型であるとわかる。

(B)　▶問５．陸上植物では乾燥などへの対応として表皮の外側にクチクラ層が発達する。

▶問６．　表皮細胞の中には，孔辺細胞や根毛など高校で学ぶもの以外にも，毛状突起と呼ばれるものもある。じつは根毛もこの一種で，ほかには粘液や蜜を分泌するもの，ここで問題となっている食害を減少させる効果のある剛毛や動物などに付着するかぎ状になったものなどがある。

▶問７．「誘導防御」が適応進化するためには，「毛の密度を高くする」というコストがかかることが「成長量が大きくなる」という利点をもたらすために必要である。そこで「食害昆虫の個体数」や「毛の密度」と「成長量」の関係については，次のように考えられる。

(c)　食害昆虫の個体数が多いときには，毛を生やして（コストをかけて）防御することで食害を低下させるという利点をもたらす。

(d)　コストをかけて毛の密度を高くするほど，食害を低下させる利点も大きくなる。そこで，コストをかける条件として食害昆虫の多い条件下で「毛の密度」を高くするほど，食害を減らした結果として「植物の成長量」が大きくなるという関係があることが必要である。

したがって，誘導防御が適応進化するためには，食害昆虫の個体数が多いことと，その場合に毛の密度の高いほうが成長量が大きいことを述べればよい。

❖講　評

大問は例年通り４題。３題が(A)・(B)に２分割されている。分割されていないものも含め，複数分野からの出題が多い。論述問題については，2017 年度の 20 問から 2018 年度は 15 問と減少した。複雑ではないものの，計算問題は２問出題されているが，例年通り論述問題に重点が置かれた出題となっている。

Ｉの(A)は花芽形成と遺伝子の変異に関する出題で，高校の授業では出てこないアンチフロリゲンに関連する内容を含み，やや難しいところがある。(B)は学習と神経伝達の強度の変化に関する出題で，高校で学習した神経伝達のしくみをもとに柔軟な発想をする必要がある。

Ⅱの前半は，ほ乳類の卵形成と胚発生に関するやや詳細な知識が必要な出題である。後半は「母親の形質が発現している」ことと「細胞質遺伝ではない」ことに気づくかどうかがポイントである。やや難しい。

Ⅲの(A)は分類に関する出題で，最近の分類学の大きな流れである分子系統分類を取り上げたもの，(B)はDNAの塩基を遺伝子とみなして遺伝現象を考えさせるもの。遺伝問題のパターンの一つといえるだろう。

Ⅳは(A)が動物の典型的な社会関係である「縄張り」と「順位」を扱ったものだが，標準的な内容である。(B)は誘導防御という現象をコストと利点という観点で考えさせる内容で，これも難度は標準的なものである。

出題は，高校で学ぶ知識より，学んだ知識をもとに一歩進めてそこから「考える力」を必要とするという性格のものであった。全体的な難度は例年並みだが，「生物は覚えていればよい」と考えている受験生には取りつきにくく，「なぜそうなっているのか」を考えていないと，「手強い」と感じさせられたであろう。

地学

I

解答　問1．ア．主系列　イ．核融合　ウ．赤色巨星
エ．惑星状星雲

問2．恒星は5等級暗くなるごとに光度が 1×10^{-2} 倍になる。シリウスBはシリウスAより10等級暗いので，光度は 1×10^{-4} 倍である。シリウスAの光度は太陽の10倍だから，シリウスBは太陽に対して

$$10\times(1\times10^{-4})=1\times10^{-3}\quad\cdots\cdots(\text{答})$$

問3．天体の光度は全表面から1秒間に放射されるエネルギーで表されるから，太陽，シリウスBの半径をそれぞれ R，r とすると，シュテファン・ボルツマンの法則と問2の結果を用いて

$$4\pi R^2\times\sigma\times6000^4\times1\times10^{-3}=4\pi r^2\times\sigma\times10000^4$$

$$\left(\frac{r}{R}\right)^2=\frac{6000^4\times10^{-3}}{10000^4}=\frac{0.6^4}{10^3}$$

$$\frac{r}{R}=\frac{0.6^2}{10\sqrt{10}}=\frac{0.36}{32}\fallingdotseq\frac{1}{100}$$

よって，シリウスBの半径は太陽の半径の約100分の1である。

問4．シリウスまでの距離は2.6パーセクなので，その年周視差は $\dfrac{1}{2.6}$ 秒角である。

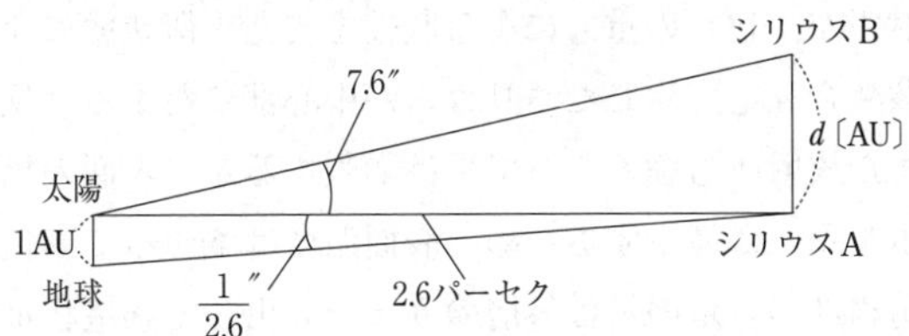

また，連星の見かけの間隔は7.6秒角で，いずれも微小角である。連星の平均距離を d 天文単位とすると，上図に示された関係から次の比例式が成り立つ。

$$\frac{1}{2.6}:7.6=1:d$$

$d=7.6\times2.6=19.7\fallingdotseq20$

よって，シリウスAとシリウスBの平均距離は約 20 天文単位である。

問 5．$M_A:M_B=R_B:R_A=2:1$ より　$M_A=2M_B$

また，連星の平均距離が 20 天文単位，公転周期が 50 年なので

$$M_A+M_B=3M_B=\frac{20^3}{50^2}=3.2$$

よって

$$\left.\begin{array}{l} M_B=\dfrac{3.2}{3}=1.06\fallingdotseq1 \ \text{〔太陽質量〕} \\ M_A=3.2-1.1=2.1\fallingdotseq2 \ \text{〔太陽質量〕} \end{array}\right\} \cdots\cdots\text{(答)}$$

問 6．シリウスBの半径は太陽の 100 分の 1，よって，体積は 100^3 分の 1 である。しかし質量はほぼ等しいので，シリウスBの平均密度を ρ〔g/cm^3〕，太陽の体積を V とすると

$$1.4V=\rho\frac{V}{100^3}$$

$$\therefore\quad \rho=1.4\times10^6\fallingdotseq1\times10^6\,\text{〔}g/cm^3\text{〕}\quad\cdots\cdots\text{(答)}$$

◀解　説▶

≪太陽の進化，連星系≫

▶問 1．恒星が最も長い時間安定して輝くのは，主系列の段階である。太陽は約 50 億年前に誕生し，主系列星としての寿命は約 100 億年と考えられているので，あと 50 億年くらいは主系列星の一つとして輝き続ける。主系列星が安定なのは，中心部で起こる水素の核融合反応で発生するエネルギーの放射圧が，自らの重力による収縮を支え平衡状態になっているからである。核融合反応で生じたヘリウムが中心部にたまると反応の場が外側へ移り，また放射圧も強くなって星は膨張するが，表面の単位面積あたりの放射エネルギーは減少するため，表面温度は下がって赤色巨星となる。その後，太陽程度の質量の星は外層のガスを放出して惑星状星雲を形成し，残った中心部は支えを失い収縮する。このとき表面温度は高くなり，また密度は非常に大きくなって白色わい星へ移行する。

▶問 2．光度とは，天体が単位時間に放射する全エネルギーのことである。エネルギーの多くは可視光線なので，目に見える明るさを表す量と考えてよい。また明るさは等級で表すこともあり，両者は明るさが 100 倍になる

ごとに等級が5小さくなるよう定められている。したがって，シリウスBはシリウスAより 10（=5+5）等級大きい（暗い）ので，明るさは 100 分の1の 100 分の1，すなわち 10^{-4} 倍である。

▶問3．シュテファン・ボルツマンの法則で与えられるエネルギーは単位面積・単位時間あたりの量なので，これに全表面積を乗ずると，その星の光度がわかる。また表面積は半径の2乗に比例する。したがって，星の光度は表面温度の4乗と半径の2乗の積に比例するといえる。しかしいきなりこの関係を公式のように扱って説明するのではなく，σT^4 から順を追ってシリウスBの半径が太陽の約 100 分の1になることを示す。なお，計算式を書きっぱなしにして終わるのではなく，最後は証明すべき結論を再度明示しておきたい（問4も同様）。

▶問4．太陽―シリウス間の距離が長く年周視差や連星の見かけの間隔は微小角なので，三角関数を用いない単純な比例式が成り立つ。描図の指示はないが解答欄は十分広いので，図を描く方が説明がしやすくなる。

▶問5．ケプラーの（第三）法則は数値の単位に〔年〕,〔太陽質量〕を用いると簡潔に表現される。また連星の質量と公転半径に関する逆比例式の扱いに注意して数値を代入する。最終結果は有効数字1桁で表すので，途中はせいぜい2桁の値で扱えば十分である。

▶問6．シリウスBの半径は太陽の 100 分の1なので，その体積は太陽の 100^3 分の1すなわち 10^6 分の1である。設問文には平均質量とあるが，体積に平均密度を乗ずると質量が求まるので，これで等式を作る。

II　解答

問1．ア．エルニーニョ　イ．ラニーニャ　ウ．温室

問2．デリンジャー現象は太陽フレアで放射されたX線や紫外線が原因で起こる現象なので，フレア発生後8分余りで始まる。これに対し磁気嵐は太陽フレアから放出された高エネルギーの荷電粒子が引き起こす現象で，フレア発生後1～数日して始まるため，両者の発生時期は一致しない。

問3．赤道付近の熱帯収束帯で上昇した大気は圏界面付近に達すると水平方向に流れ出す。この流れは地球自転の影響を受け北東方向に向かう。北緯 30° 付近に収束すると下降して亜熱帯高圧帯を形成し，地表面に沿って高緯度側と低緯度側へ流れ出す。低緯度側への流れは地球自転の影響を受

け南西方向へ吹く北東貿易風となって熱帯収束帯に向かい，ハドレー循環を形成する。

問4．(1)

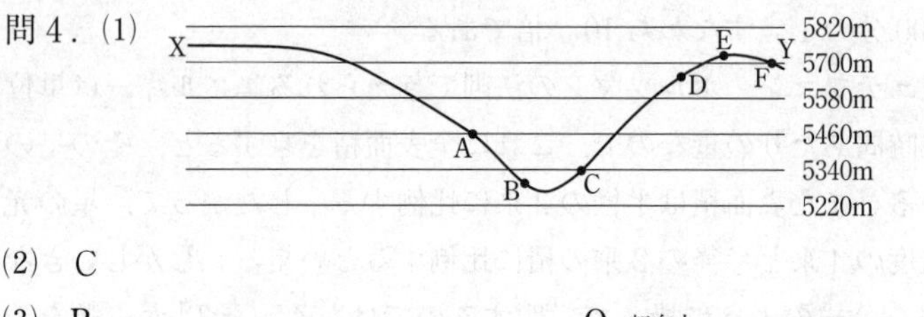

(2) C

(3) P　　Q

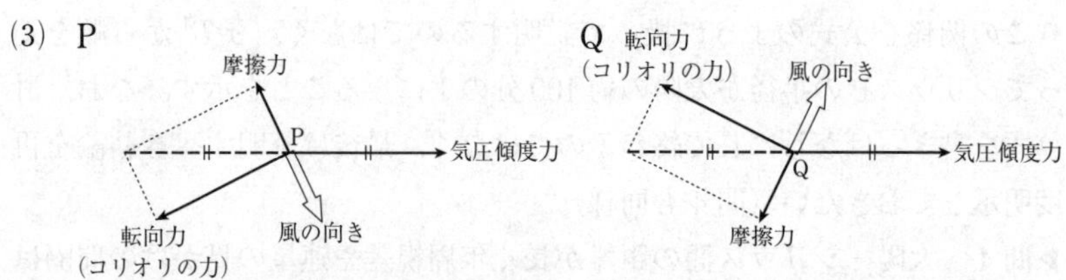

問5．太平洋赤道域の海面上を東から西に向かって吹く貿易風に引きずられて，表層の暖水は西部に吹き寄せられている。そしてそれを補うように東部では深層から冷水が湧昇し，海面水温が低くなっている。この結果，太平洋赤道域では地上付近の大気が相対的に西部で高温・低圧，東部で低温・高圧となり，貿易風を安定して吹かせる要因となっている。

問6．(1) エーロゾル（エアロゾル）

(2) 澄んだ大気中では水蒸気は露点以下になっても凝結せず，過飽和の状態になっている。しかしエーロゾルが存在すると，それを核として凝結が始まり，雲粒が形成される。

◀解　説▶

≪エネルギー輸送と大気・海洋の循環，相互作用≫

▶問1．ア・イ．問5の〔解説〕参照。

ウ．地上からの赤外放射を吸収し，地上に向かって赤外線を再放射するはたらきを温室効果という。このはたらきは温室効果ガスだけでなく，エーロゾルの一部も果たしている。

▶問2．デリンジャー現象は太陽フレアで放射された強いX線や紫外線が電離層を乱すことで起こる通信障害で，光速でやって来るためフレア発生後8分余りで発生する。一方，磁気嵐は太陽フレアから放出された太陽風の高エネルギー荷電粒子が地球磁気圏をゆがめるために生じる現象である。

粒子速度は速くても数百 km/s のためフレア発生後１～数日して始まる。

▶問３．熱帯収束帯で暖められ上昇した大気は圏界面に沿って高緯度方向へ流れ出す。地球自転による転向力は高緯度ほど大きくなるので，この流れはしだいに北東方向に向かうようになる。そして北緯 30° 付近で収束し，下降して亜熱帯高圧帯を形成する。その後は地表面に沿って高緯度側と低緯度側へ流れ出す。低緯度へ向かう流れは転向力を受け北東貿易風となり，熱帯収束帯に戻る。このような循環をハドレー循環とよぶ。風の名称と流れていく向きは逆になっていることに注意する。

▶問４．(1)　断面図は次のように作成する。

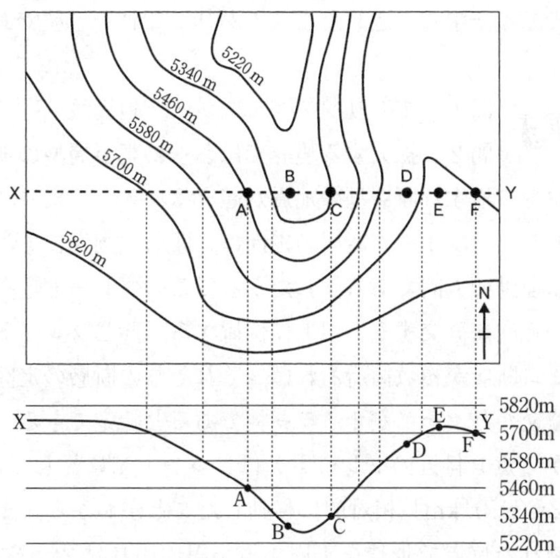

(2)　この高度では，図の上部中央から点B付近にかけ気圧の谷が存在している。気圧の谷の東側では，等圧線に沿って北向きに流れる偏西風の速度がしだいに増すため発散が起こり，それを埋めるように地上から暖気が上昇してくるため，地上では温帯低気圧が発生しやすくなる。

(3)　等圧線が円形であることから，風の流れには遠心力もはたらいているが，主要な３力のつりあいとあるので，ここでは気圧傾度力，転向力（コリオリの力），摩擦力のみを考えればよい。

▶問５．大気と海水は相互に影響し合いながら一つの系として定常状態を生み出している。もし定常状態が揺らぎ，たとえば貿易風が弱まって東西間の水温差・気圧差が小さくなるとエルニーニョ現象，逆のことが起こるとラニーニャ現象，およびそれらに関わる諸現象がもたらされる。いずれも異常現象とはいえ大気・海水の複雑な相互作用の結果であるので，直ちに回復することなく数年間継続することも多い。

▶問6．(1)　大気中に浮遊する塵や液体の微粒子で半径0.001～10μm程度のものをエーロゾルという。海塩粒子や火山灰，土壌粒子のほか，人間活動で放出されたものもある。

(2)　澄んだ大気中では水蒸気は露点以下でも通常は凝結せず，過飽和状態になっている。そこへ何らかの刺激が加えられたり凝結核となるものが入ると，急激に凝結が始まる。しかし微細なため，何らかの原因でその粒子が成長するまでは空中に浮遊したままであり，これが雲粒である。

Ⅲ　解答

問1．ア．リソスフェア　イ．地震波

問2．拡大する境界ではおもに正断層型の地震，すれ違う境界ではおもに横ずれ断層型の地震が起きる。

問3．(1)　トランスフォーム断層の走向は，断層の両側にあるプレートの相対的な回転運動の方向である。したがってこのプレート運動のオイラー極は，断層の走向に直交する大円上に位置する。同じプレートの境界にトランスフォーム断層が複数箇所あれば，それぞれの断層の走向に直交する大円は1点で交わり，そこがオイラー極であると特定できる。

(2)　図1bから点P付近のプレートXはプレートYに対して最近78万年間に19.5×2＝39.0〔km〕相対的に移動したことがわかる。またオイラー極から60°離れた位置で地球を1周する小円の周長は$2\pi\times6400\sin60°$なので，この期間のプレートの相対的な回転角は

$$2\pi\times\frac{39.0}{2\pi\times6400\sin60°}=\frac{39.0\times2}{6400\times1.73}=7.04\times10^{-3}\text{〔ラジアン〕}$$

したがって，78万年（＝780千年）間の回転角速度を求めると

$$\frac{7.04\times10^{-3}}{780}=9.02\times10^{-6}$$

$$\fallingdotseq9.0\times10^{-6}\text{〔ラジアン/1000年〕}\quad\cdots\cdots\text{(答)}$$

問4．(1)　中央海嶺直下に上昇してきたアセノスフェアの物質は，冷却固結してプレートとなる。その後中央海嶺から離れるにつれ表面から冷却が進んで密度が大きくなるとともに，下部には新たにアセノスフェアが冷却

して固結した物質が付け加わってプレートは厚くなっていく。このためアイソスタシーを保とうとしてプレート全体がアセノスフェア中に沈んでいく。したがってプレートの表面すなわち海洋底の深さは，しだいに深くなっていく。

(2)　浅海では炭酸カルシウムに富む殻を持った生物の生産量が高く，遺骸も多く堆積する。しかしある深さより深くなると炭酸カルシウムは海水中に溶け出してしまうのに対し，ケイ質堆積物はほとんど溶け出さないため，深海底ではケイ質に富む生物の遺骸が多くを占めるようになる。

問５．図２ｂによると，６～７億年前の地磁気の北極の移動経路は一致しているので，３大陸は合体していたことが確認できる。しかし７～８億年前は大陸ＡとＢの経路は一致しているが，大陸Ｃは20°西にずれていく。これは８億年前の大陸Ｃが，大陸Ａ・Ｂに対し７億年前に比べ東に20°ずれた位置にあったことを意味する（図３ａ)。さらに８～10億年前は大陸ＡとＣの経路は平行，すなわち両大陸は同一方向へ移動していたが，大陸Ｂはそれらに対して20°東にずれていく。これは大陸ＡとＣの相対位置関係に変化はないが，10億年前の大陸Ｂは大陸Ａ・Ｃに対し８億年前に比べ西に20°ずれた位置にあったことを意味する（図３ｂ)。

◀解　説▶

≪球殻状プレートの運動，大陸移動≫

▶問１．地殻とマントル最上部は硬い岩石で構成されており，リソスフェアとよばれる。その下は温度が高くマントルの岩石の融点に近いため柔らかくて流動しやすくなっており，アセノスフェアとよばれる。ここは地震波速度（特にＳ波速度）の遅い低速度層に相当する。リソスフェアは岩盤の板であるプレートに分かれ，アセノスフェアの上でそれぞれが固有の運動をしている。

▶問２．拡大する境界では水平方向に引っ張る力がはたらくため，正断層型の地震が起こることが多い。ただし断層面の傾きが鉛直に近いと，上下よりも横ずれ成分の多い横ずれ断層型の地震が起きることもある。すれ違い境界では，境界（断層面）をはさんで互いにずれる向きが逆になっている横ずれ断層型の地震がおもに発生する。

▶問３．(1)　プレートの運動は厳密には平板の並進運動ではなく球殻の回転運動であり，一つのプレート内でも場所によって運動の向きや速さは異なる。この回転軸の極にあたるところをオイラー極という。オイラー極を通る大円に対し直交する方向にプレートは回転運動するので，逆にプレートの運動方向の分布からオイラー極の位置を推定することができる。そのための最もわかりやすい手段として，トランスフォーム断層が利用される。

⑵　プレートXのプレートYに対する78万年間の相対移動距離は19.5 kmではなく39.0kmであること，また点Pはオイラー極から60°離れた小円上を回転運動していることに気付けたかどうかがポイントとなる。回転角度はラジアン単位で表すことに注意する。

▶問4．⑴　リソスフェアは中央海嶺では形成されたばかりで非常に薄いが，離れるにつれしだいに厚く高密度に，すなわち重くなっていく。するとその下のアセノスフェアは流動性があるので，アイソスタシーを保とうとしてリソスフェア全体がしだいにアセノスフェア中に沈んでいく。このことはハワイ諸島一天皇海山列など，プレート上に形成された火山島が移動とともにしだいに沈み，海山化していくことで確認できる。

⑵　浅海底には炭酸カルシウムもケイ質物質も堆積する。しかしある深さ（CCD：炭酸塩補償深度という。5000m前後）より深くなると，高圧・低温のため炭酸カルシウムは炭酸水素イオンとカルシウムイオンに分かれ海水中に溶け出す。一方ケイ質堆積物はほとんど溶け出さないため，CCDより深いところではケイ質堆積物の割合が多くなる。

▶問5．極の移動曲線を過去にさかのぼってたどることは，実際の時間経過にそった大陸の移動とは全く逆のことをみていることに注意して，大陸移動の過程を考える。結果的には，それぞれの年代における各大陸から求めた極の位置を一致させるには，各大陸をどこに動かせばよいかを考えることになる。たとえば8億年前の大陸Cを東へ20°動かすと，そこから推定される極も東に20°ずれ，極の推定位置を一致させることができる。

Ⅳ　解答

問1．ア．花こう岩　イ．玄武岩　ウ．単鎖　エ．90
オ．120(60)

問2．SiO_4四面体1個はケイ素1個，酸素4個で構成されるが，酸素のうち2個は他の四面体とは共有されず，2個はそれぞれ隣の四面体と共有されている。したがって，1個のケイ素に対し$1\times2+0.5\times2=3$個の酸素が配置されたパターンが単位となり，それが並んで単鎖状の骨格を作っているとみなせる。よって，輝石を構成するケイ素と酸素の比は1：3である。

問3．角閃石は，SiO_4 四面体が2または3個の酸素を共有して横2列に並んだ複鎖（二重鎖）構造をしている。また黒雲母は，SiO_4 四面体が3個の酸素を共有して平面的に並んだ網状構造をしている。

問4．(1) a．石英 b．斜長石 c．輝石

(2) 水温4℃の水の密度は $1.0\,g/cm^3$ であるから，水中に沈めた体積 v〔cm^3〕の試料は浮力を受け v〔g〕だけ軽くなる。よって

$$v=3.1-2.2=0.9\,〔cm^3〕$$

この試料の質量は $3.1\,g/cm^3$ なので，密度は

$$\frac{3.1}{0.9}=3.44\fallingdotseq 3.4\,〔g/cm^3〕 \quad \cdots\cdots(答)$$

(3) 花こう岩質岩石：密度×組成比の和が全体の平均密度になる。よって

$$2.6\times0.25+2.7\times0.25+2.7\times0.50=2.67\fallingdotseq 2.7\,〔g/cm^3〕 \quad \cdots\cdots(答)$$

玄武岩質岩石：同様に

$$2.7\times0.60+3.4\times0.25+3.6\times0.15=3.01\fallingdotseq 3.0\,〔g/cm^3〕 \quad \cdots\cdots(答)$$

(4) アイソスタシーの成立から，大陸地殻の深さ100.0kmまでの各物質の（密度）×（厚さ）の和と，海洋地殻の深さ100.0kmまでの各物質の（密度）×（厚さ）の和とは等しくなる。よって

$$2.7\times35.0+3.0\times15.0+3.3\times(100.0-35.0+h-15.0)$$
$$=1.0\times4.0+3.0\times7.0+3.3\times(100.0-4.0-7.0)$$
$$3.3h=1.0\times4.0+3.0\times7.0+3.3\times89.0-2.7\times35.0-3.0\times15.0-3.3\times50.0$$
$$=14.2$$
$$h=\frac{14.2}{3.3}=4.30\fallingdotseq 4.3\,〔km〕 \quad \cdots\cdots(答)$$

◀解　説▶

≪ケイ酸塩鉱物の構造，アイソスタシー≫

▶問1．地殻は花こう岩質岩石や玄武岩質岩石で構成されているが，いずれもケイ酸塩鉱物で作られている。ケイ酸塩鉱物の構造の基本単位は SiO_4 四面体で，それらがどのように結合して骨格を作っているか，その並び方によって鉱物の種類が変わる。また骨格構造の違いによって，鉱物

の割れ方（へき開）や結晶面同士の成す角度などにもそれぞれ固有の特徴を示す。

▶問2．となりの四面体と共有される酸素は，0.5個の配置として数える。解答欄は十分広いので，説明のために図を用いてもよい。

▶問3．有色鉱物では，早期に晶出するものほどSiO_4四面体が作る骨格は単純な構造をしている。かんらん石：独立，輝石：単鎖，角閃石：複鎖，黒雲母：平面網状である。なお，無色鉱物はSiO_4四面体が立体的な網状構造をしており，Siが一部Alで置き換わったものが長石類，SiとOのみで構成されているものが石英である。

▶問4．⑴　アとイのどちらにも含まれるbが斜長石である。また花こう岩質岩石だけに含まれるaは石英，玄武岩質岩石だけに含まれるcは輝石である。

⑵　試料の空気中での重さは質量を表し，水中での重さは浮力を受けている分だけ軽くなっているので，2つの重さの差が浮力の大きさであるとみなせる。また浮力の大きさは試料と同体積の水の重さに等しい（アルキメデスの原理）ので，浮力の大きさから試料の体積がわかる。ここでは水の密度は$1.0\,g/cm^3$なので，浮力と体積を表す数値は同じになる。

⑶　各成分の密度と組成比がわかっているとき，それぞれの密度と組成比の積の和が全体の密度になる。

⑷　地下のある面に加わる単位面積あたりの荷重とは，その面に加わる上からの圧力のことで，上にある物質の（密度）×（厚さ）の和で求めることができる。あえて単位をcmなどにそろえたり，重力加速度を乗ずる必要はない。また大陸地殻の下部地殻の底面（深さdとする）から深さ100.0kmまでは，海洋地殻と同じマントル物質が存在しているので，深さdにおいて両地殻の圧力は等しくなっていると考えてよいが，ここでは深さ100.0kmを基準面として等式を作る。

❖講　評

例年通り論述・計算問題中心の大問4題の構成であった。しかし計算は手間のかかる問題が全体としては少なくなり，このため難易度としては，2017年度よりやや易化したといえよう。

Ⅰ　太陽の進化と連星系の物理量に関する内容であった。計算問題は未知の値を求めるものの他に既知の関係を証明するという形式でも出題され，例年になかった傾向といえる。しかし有効数字 1 桁で導出すればよいなど，計算そのものは難しいものではない。問 4 は考え方の説明のため簡単な図を描くなどの工夫もするとよいだろう。

Ⅱ　大気・海洋分野の融合問題で内容は多岐にわたり，決して難問というわけではないが，断片的な知識の羅列だけではきちんと対応できないものであった。問 5 は単に貿易風による吹き寄せだけでなく，大気・海水の相互作用としていかに的確に説明できたかがポイント。

Ⅲ　プレートを平板ではなく球殻とみなし，その運動を考えるものであった。小問ごとにある長めの説明文や図を丁寧に読み込み，運動の様子をいかに 3 次元的に組み立てられるかがよい解答への分岐点である。

Ⅳ　ケイ酸塩鉱物と火成岩に関する限られた範囲での出題であった。とはいえ，最終的にはアイソスタシーの計算まで行う，やや時間のかかる内容であったといえる。問 4 は初めの計算結果を誤ると最後までそれが響いてくるので，細かい配慮と慎重さが求められている。

の『雑々集』は室町時代後期成立の可能性もある）、注目される。文章量は約四二〇字で、例年並み。ただし、和歌は含まれていなかった。総解答量は二〇一七年度と同じく、一〇行。難しかった二〇一七年度に比べて、難易度はかなり易化したが、例年比で言えば標準レベルである。問一の現代語訳問題は標準的。比喩と実意の区別もそう難しくはないはず。問二の内容説明問題は、「たがひに」に合わせて説明できるかどうかが大きなポイント。また、「言葉もなし」の解釈はやや微妙で、迷うかもしれない。まとめにくく、やや難であろう。問三の現代語訳問題は標準的だが、「よすが」の解釈だけはやや難。解答欄が四行あって広いので、それに合わせて語句を補う必要があるのかどうか、判断に迷うかもしれない。「言葉を補いつつ」などの条件は付いていないが、解答欄の大きさをにらみながら、適宜文脈も踏まえて訳した方が適切と見ておきたい。

比較すると増加したが、文章内容はオーソドックスな言語論であり、総じて難易度は、二〇一七年度に比べるとやや易化した。問一は標準的。「一本のキイ・ワード」が「こころ」という和語であることを押さえ、言葉の意味と人間の心の働きとに繋がりがあることを説明する。問二も標準的。分節化という言語の働きが恣意的であることだけでなく、言語による違いについても言及すること。問三も標準的。漠然とした感情が、言語の分節化の働きによって認識されたとたんその言葉の意味通りに形作られるという、言葉による人間の心への働きかけを説明させる問題であることを理解すること。問四はやや難。言葉と心の働きの相互作用という点から意味論の問題点を指摘しつつ、それが学問として不十分であると筆者が考える理由を説明する。

二の現代文（評論）は、科学の方法では決して把握できないものがあるという、科学の限界について述べられた評論文。文章量は二〇一七年度とほぼ同程度である。設問数も二〇一七年度と変わらず三問だが、総解答量は一行減少し九行だった。科学的方法の限界という頻出テーマであったことから、文章自体に読みにくさはなかっただろう。設問内容も、すべて理由説明問題だった二〇一七年度に比べると、理由説明問題が二問になり、内容説明問題も設問条件が付されていたことから解答しやすく、難易度はやや易化した。とはいうものの、理系のみの現代文としては、例年並みの標準的な難易度である。問一の理由説明問題は標準的。科学が前提とする事実について説明した上で、そこに文学的な要素が含まれていることを指摘する。問二の理由説明問題も標準的。「別の意味で極めて貴重なもの」「絶対的なもの」といった漠然とした表現を使わずに、それが意味する内容について具体的に説明すること。問三の内容説明問題は、やや難。「宿命」というニュアンスを説明するのが厄介である。科学の本質を担う科学的手法では人間の本質的な部分を把握できないという点を指摘した上で、科学が万能になり得ないのは、まさに科学を発展させたその手法によるものであるという、科学の限界（＝宿命）について説明する。

三の古文（紀行文）は、江戸時代の連歌師・俳人である西山宗因の文章からの出題。入試で採用されることは稀な出典である。理系では、二〇一三年度以降、これで六年連続、近世作品が出題されたことになり（ただし二〇一五年度

〝①身を寄せる所、②頼りとなる人・縁者、③手段・方法〟の意だが、肥後には宗因の親きょうだいや旧友がいるので、①や②はあると考えられ、ここでは③の意味に解したい。肥後では士官先を失い、生計を立てる手段がなくなったと見ておく。「行く末」は〝将来〟の意。「さだめたる」の「たる」は完了・存続の助動詞で、〝～た・～ている〟の意。「なけれ」は形容詞「なし」の已然形。過去の助動詞「けれ」ではないので、〝なかった〟と過去形で訳さないこと。「ど」は逆接の接続助詞で、〝～けれど・～が〟の意。「しらぬ」の「ぬ」は打消の助動詞「ず」の連体形。「里」は〝人里・村里〟の意で、ここでは〝土地・場所〟などの訳でもよい。「身」は〝流浪のわが身〟くらいに具体化しておくとよい。「はづる」は上二段動詞「はづ（恥づ）」の連体形。「じ」は打消推量の助動詞で、〝～ないだろう・～まい〟の意。

参考　『肥後道記』は、江戸時代前期の連歌師・俳人である西山宗因（一六〇五～一六八二年）の紀行文である。宗因は十五歳の頃から肥後国八代城主・加藤正方に仕えたが、寛永九年（一六三二年）五月に主家改易に伴って浪人し、のちに大坂天満宮の連歌所宗匠となった。また、俳諧にも強く関心を寄せ、談林俳諧の祖となった。『肥後道記』は、主家改易事件の顛末を記した序文と、寛永十年（一六三三年）九月二十五日に故郷熊本を離れて、十月十五日に京へ着くまでの約二十日間の旅を綴った紀行文からなる。今回の問題文は序文の後半の箇所である。

❖講　評

㊀の現代文（評論）は、言語の意味と人間の心的活動の関係性を明らかにした上で、意味論の問題点を指摘した文章。㊀では、二〇一二年度に小説が出題されて以降、二〇一三～二〇一七年度までは、五年連続で随筆の出題が続いていたが、二〇一八年度では評論からの出題となった。設問数は二〇一七年度と変わらず四問であり、二〇一七年度と同様に漢字の書き取りの出題はなく、内容説明問題のみであった。総解答量は、三行増えて一五行とやや増加したものの、理由を問われるものは問四のみであり、二〇一七年度よりは取り組みやすい印象である。文章量は二〇一七年度と

定めて、九月の末頃、秋の別れとともに出立しました。

◀解　説▶

▼問一　比喩としては「民の草葉」「徳風」「かうばしき」「なびき」の四語、あとは比喩というより、意味が二重の語として「あやし」に注意して訳したい。まず、「あやし」は〝①奇妙だ・不思議だ、②身分が低い・卑しい、③粗末だ・みすぼらしい〟の意だが、「民」には②の意味で係り、「草葉」には③の意味で係っている。「民の草葉」（民草ともいう）は、〝民衆〟を〝草葉〟にたとえた語である。「徳風」は、〝仁徳が人を感化していくさま〟を〝風〟にたとえた語で、ここでは二代の藩主の仁徳や徳政を指す。「かうばしき」は、〝（藩主の仁徳や徳政が）すばらしいさま〟を〝（風が）香ばしい〟ことにたとえた語。「なびき」は、〝（人民が藩主に）従うさま〟を〝（草葉が風に吹かれて）なびく〟ことにたとえた語。なお、〔全訳〕のような語順で訳してもよい。

▼問二　「たがひに」とあるので、「宗因」と「親はらから恋しき人」の両面から、「こぞことし（去年今年）のうさつらさ（憂さ辛さ）」が、「言葉もなし」とはどういうことか、説明する。「はらから」は〝兄弟姉妹〟の意。「言葉もなし」は〝それを言い表す言葉が見つからない・言葉では言い表せないほどだ〟の意と考えられる。ただし、「たがひに」で、面と向かい合っているさまをイメージするなら、文字通り〝口から言葉が出てこない〟の意に解して、〈去年と今年の辛酸のあまり、再会しても互いに言葉を発することもできなかった〉などの解釈の余地も残る。

解答のポイントは以下の三点である。

①「こぞことしのうさつらさ」について、宗因の側から説明する
②「こぞことしのうさつらさ」について、「親はらから恋しき人」の側から説明する
③「言葉もなし」とはどういうことか、説明する

▼問三　設問文に「言葉を補いつつ」などの条件はないが、広い解答欄（四行）に合わせながら、適宜言葉を補って訳すのが適切だと思われる。まずどこに「とどまる」のか明らかにする。助動詞「べき」は可能の用法。「よすが」は

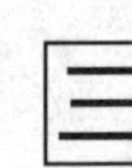

出典 西山宗因『肥後道記』

解答

問一 粗末な草葉も香ばしい風に吹かれてなびくように、身分の低い人民も藩主の仁徳のすばらしさに心から従って

問二 藩主改易以降の、去年から今年にかけての辛苦は、江戸や京にも流浪し帰郷した宗因にとっても、肥後に残っていた親きょうだいなどにとっても、それぞれ言葉では言い表せないほど甚だしかったということ。

問三 肥後に残ることのできる生活の手立てもなく、将来といっても特に決めていることもないけれど、よその知らない人里で生活していくなら、流浪の身の上を恥ずかしく思う必要もないだろう

◆全 訳◆

そもそも（加藤家が）この肥後の国（＝現在の熊本県）を統治し始めなさった年月を数えると、四十年余りで、（清正公・忠広公の）二代にわたる藩主でいらっしゃったので、勇猛な武士も（藩主の）お恵みの厚いことになじみ、身分の低い人民も、粗末な草葉が香ばしい風になびくように、藩主の仁徳のすばらしさに心から従って、家が富み国が栄えていた（のに、そんな）頼み（とする藩主）を失ってから、身の置き所もなさそうにさまよい合っていたことは、当然過ぎることである。物の数にも入らない自分も頼みとしていた主人（の正方公）につき従って、関東の武蔵の国（の江戸）まで流浪して回って、今年の七月頃、京へ帰り上っても、やはり住み慣れた（肥後の）国のことは忘れがたく、親きょうだい（など）恋しい人が多くて、見舞いも兼ねて下りましたが、（藩主改易以降の）去年から今年にかけての辛酸は、互いにそれを表す言葉もない（ほど甚だしかった）。こうしてしばらく滞在して、再び京の方へ（行こう）と思い立ったが、老いた親や旧友などが慕って引きとどめて、「貧しい時世をも同じ場所にいて互いに助け合おう」などと、さまざまに言うのを、振り捨てにくくはございましたが、（肥後に）残ることのできる（生活の）手立てもなく、将来といっても特に決めたこともないけれども、（よその）知らない人里では（流浪の）わが身を恥ずかしく思う必要もないだろうなどと思い

い〉というのが「科学の宿命」の概要である。

さらに、「科学の宿命をその限界と呼ぶべきであるならば」と述べられていることから、「科学の宿命」は〝科学の限界〟の意として言い換えることができるが、そこで留意したいのは、この科学の限界が、本文冒頭で提示された中心話題であり、「科学（の発展）によってすべての問題が解決される可能性を、将来に期待」するといった「素朴な科学万能論」を、「信ずることはできない」という問題提起の解答として書かれたのが、第二段落以降の文章だということである。ここから、〈科学がどれだけ発展しても決して万能にはなり得ないのは、まさに科学を発展させたその手法（科学の本質）によるものである〉というのが、「科学の宿命」つまり限界であると理解することができる。この部分まで踏まえた解答を作成したい。

解答作成のポイントは以下の三点である。

① 設問条件でもある科学の本質の具体的内容を明らかにする
② 科学の本質を担う手法では、人間の本質的な部分を把握できないという点を指摘する
③ 科学の発展が科学的手法によるものである以上、決して万能ではあり得ないという限界に言及する

参考 湯川秀樹（一九〇七〜一九八一年）は、京都府出身の理論物理学者。京都帝国大学理学部を卒業。大阪帝国大学助教授を経て、京都帝国大学教授となった。東京帝国大学、アメリカのプリンストン高等研究所、コロンビア大学などの教授を兼ねたが、定年退官まで京都大学基礎物理学研究所所長の職にあった。中間子の存在を予言し、日本人として初めてノーベル物理学賞を受賞。科学上の業績のほかに、パグウォッシュ会議、世界平和アピール七人委員会などで科学者の平和運動に貢献した。また文筆にもすぐれ、『湯川秀樹自選集』など多くの著書がある。

の前提となる「事実」には、文学が本領とする個人的体験が含まれざるを得ないという点で、〈科学と文学の境界は曖昧になってしまっている〉と言えるのである。

以上の内容を理解した上で、解答を作成する。解答のポイントは以下の二点である。

①　科学が前提とする「事実」について説明する

②　科学が前提とする「事実」の客観化に、文学的な要素が含まれていることを指摘する

▼問二　〈個人的体験を抽象して客観化された多くの事実から法則を導き出す〉という科学の方法では、「最も生き生きした体験の内容であった赤とか青とかいう色の感じそのもの」、すなわち〈個人的体験の内実を担うような感覚や感性〉は脱落せざるを得ない。なぜなら、一部の性質を抽象して客観化することは、同時に、それ以外の性質が捨象されることを意味するからである。そして、この科学の抽象化（捨象化）の働きによって取りこぼされた感覚や感性こそが、芸術的価値の本質で、芸術において不可欠なものなのである。

以上の内容を踏まえて、解答を作成する。解答のポイントは以下の三点である。

①　「赤とか青とかいう色の感じ」という表現を一般化して説明する

②　科学的手法では、感性や感覚を捕えきれない理由を説明する

③　感性や感覚と芸術的価値の関係に言及する

▼問三　まず、傍線部(3)直前の指示語「このような」が、「科学が自己発展を続けてゆくためには、その出発点において、またその途中において、……多くの大切なものを見のがすほかなかった」ことを指していることに留意しよう。「多くの大切なもの」というのは、個人的な体験を担う感覚や感性（問二）であり、また、哲学や宗教の根本ともなる人間の自覚である。そういった人間の本質ともいえる部分を、科学が「見のがすほかなかった」のは、ここまで繰り返し確認してきたように、科学の本質が体験を客観化した事実から法則を定立するという手法にあるからである（問一・問二）。したがって、〈科学の本質を担う科学的手法では、人間の本質といえる部分を把捉することができな

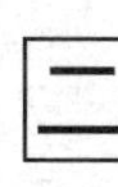

出典　湯川秀樹「科学と哲学のつながり」（湯川秀樹『湯川秀樹―詩と科学』平凡社）

解答

問一　科学が前提とする事実は、個人的体験を他者にも把握できるように客観化したものであるが、個人的経験を他者に向けて表現するのは、文学が本来担う役割であるから。

問二　芸術に不可欠な、感性や感覚といった個人的体験の内実は、体験を客観化する科学では常に捨象されるものだから。

問三　科学の本質が、体験の客観化を経て得た事実から法則を定立するという手法にある以上、どれだけ有用な知識を増やせても、感性や自覚のような体験の本質を担う部分は決して把捉できず、万能にはなれないという科学の限界。

◆要　旨◆

科学が有用な知識を絶え間なく増加し人類に貢献する一方で、大多数の人は漠然とした科学の限界を予想している。その理由は、個人的体験を抽象して客観化された事実を確認し、法則を定立させるという科学の本質的な手法にある。すなわち、科学的手法では、芸術や哲学、宗教の本質となる、決して客観化されえない個人的な体験の内実を担う感性や感覚、人間の自覚などを把捉することができない。こういった限界を自覚することで、科学は、人間の他の諸活動と相補いつつ、人類の全面的な進歩向上に貢献していくべきである。

▲解　説▼

▼問一　第二段落の記述に注目すると、科学に対する定義を与える上で、まず確実に言えるのは、「科学の本質的な部分が事実の確認と、諸事実の間の関連を表す法則の定立にあること」であり、そのための「事実」は「個人的体験であるに止まらず、同時に他の人々の感覚によっても捕え得るという意味における客観性を持たねばならぬ」ことである。したがって、科学が前提とする事実は、〈個人的体験を他者にも把握できるように客観化したもの〉だと言える。しかし、傍線部(1)の直後にあるように「自己の体験の忠実な表現は、むしろ文学の本領だ」、すなわち〈個人的体験を他者に向けて（他者に理解されるように）忠実に表現する〉のは、そもそも文学の役割である。したがって、科学

ろ」に働きかけ、あたかもそういった感情であったかのように「こころ」を規定する。しかし、一方で、第三意味段落で述べられているように、人間の「こころ」も言葉の意味に作用する。人間の「こころ」が言葉の意味に作用して、言葉の意味を変えていくのである。したがって、〈言葉の意味は人間の「こころ」を規定するが、その言葉の意味は人間の「こころ」によって変化するという相互作用のもとに、言葉の意味は成立している〉のだと言えるだろう。

しかし、「意味論は、意味を客観的認識の対象として、当の言語主体から切り離しすぎ」ている（第一意味段落）、と筆者は主張する。これは、〈言葉の「意味」について研究する学問である「意味論」が、その言葉の意味変化にとって重要な働きを担う人間の「心的活動」を考慮していない〉ということを指摘することでもある。ここから、傍線部（4）のように、「意味論」は「『こころ』の学」とならねばなるまい、とする筆者の主張は理解できるだろう。なぜなら、〈「意味」と人間の「こころ」の相互関係において「意味変化」の前提にあるのが「人間」であり、言葉の「意味」を考えるには、人間の「こころ」という要素が必要不可欠だから〉である。

以上の内容をまとめて解答を作成する。ポイントは以下の三点である。

①「意味論」に対する筆者の批判（第一意味段落）を押さえる
②「人間の『こころ』と言葉の『こころ』の相互関係」の具体的内容に言及する
③②の内容を踏まえて、筆者が「意味論」を批判する理由を補う

参考　佐竹昭広（一九二七～二〇〇八年）は、東京都出身の国文学者。京都大学文学部卒業。同大学文学部の教授を務め、名誉教授となる。退職後も成城大学教授や国文学研究資料館館長を歴任し、紫綬褒章を受章した。十九歳で『万葉集』と『古今和歌集』の歌語の法則を発表し注目される。古代・中世文学を、民俗学的視点をくわえて分析するなど、古代から現代までの日本語研究ですぐれた業績をあげるとともに、岩波古語辞典の編纂や『万葉集』の校訂注解など、研究の基礎をつくる仕事にも貢献した。主な著作に、『下剋上の文学』『閑居と乱世 中世文学点描』『古語雑談』などがある。

の連続である外界を、いくつかの類概念に区切り、そこにおける固定した中心、思想の焦点としての名称をもって配置する」のが言語の働きであり、また、その働きによって「客観的世界ははじめて整理せられ、一定の秩序と形態を与えられる」からである。

以上の内容を理解して、解答を作成する。ポイントは以下の二点である。

①　言語の分節化の働きについて説明する：「言語の世界」の説明

②　①を踏まえた上で、言語が違えば、認識の仕方も違う（＝見え方が違う）ということを説明する

▼問三　「言葉が、彼女の『こころ』を鍛えあげてゆく」「人間の『こころ』が、言葉につかみとられて、否応なしに連行されてゆく」といった記述がヒントとなるが、いずれも比喩表現であるので、うまく言い換えて説明する必要がある。「愛」「嫉妬」「憎悪」はいずれも、感情を示す言葉である。したがって、傍線部(3)を一般化すると、〈言葉とともに、その言葉が示す感情が結晶してくる〉ということである。感情が「結晶する」というのは、〝形作られる・現象する〟などの意味合いであろう。では、なぜ、言葉で示されると感情が形作られるのか。それは、問二でも確認したように、〈人間は言葉で世界を分節することで、その事象を認識することができるから〉である。言語化しえなかった漠然とした感情は、言葉によって示されることで認識可能なものとなり、その言葉が持つ意味通りの感情として形作られる。「愛」と示されれば、「愛」だと認識し、「嫉妬」と示されれば「嫉妬」だと認識することで、実際にその言葉通りの感情として明確なものとなるのである。

以上の内容を理解した上で解答を作成すればよい。ポイントは以下の三点である。

①　「愛」「嫉妬」「憎悪」を一般化し、「感情」一般の説明とする

②　「人間の『こころ』が、言葉につかみとられて、否応なしに連行されてゆく」という記述を参考にする

③　「結晶してくる」という比喩のニュアンスが出るように表現を工夫する

▼問四　ここまで確認してきたように、言葉は人間の認識作用と密接にかかわっており、かつ、認識された内容は「ここ

素を抜きにして言葉の意味を探究しようとする「意味論」は、学問として不十分だと言えるだろう。

▲解　説▼

▼問一　＊で区切られた一つ目の意味段落の内容の理解が問われる設問。傍線部(1)を構成している、「語の意味」「言語主体の心的活動」「一本のキイ・ワード」「(〜で)架橋される」という四つの要素に注目してみよう。「言語主体の心的活動」とは〝人間の心の働き〟のことであり、「(〜で)架橋される」という比喩は〝橋渡しされる・繫げられる〟という意味であるから、傍線部(1)はまず〈語の意味と人間の心の働きは、一本のキイ・ワードで繫げられる〉といった意味であることを理解する。では、「語の意味」と「人間の心の働き」を繫げる「一本のキイ・ワード」とは何か。これについては、「『意味』という漢語を知らない時代にも、『意味』を含意する言葉は存在した。それが、『こころ』という和語であった…」という記述から、「こころ」という和語であることがわかる。また、「語の意味」と「こころ」との対応関係は、冒頭部分から繰り返されているように、「語を人間とのアナロジーで捉える観点から導かれた」ものであることにも留意したい。

解答作成のポイントは以下の三点である。

①　語を人間とのアナロジー(類比)で捉える観点であること

②　語の「意味」に対応する概念として「こころ」という和語が用いられてきたこと

③　②から、語の意味と人間の心の働き(＝言語主体の心的活動)が、繫がったものだとわかるということ

▼問二　傍線部(2)の「もっとも客観的に見える自然界」は、〈誰が見ても同じように見える〉とか〈人間の主観に左右されない〉などの内容に言い換えることができる。その自然界が、「実際は、なんら客観的に分割されていない」ということを説明していく上で、ヒントは傍線部(2)の後の具体的説明にある。すなわち、虹の例からもわかるように「言語によって、色彩の目盛りの切り方が相違して」おり、用いる言語が違えば見え方も異なってくる(「同じ虹に対しても、人はその属する言語の構造という既成の論拠の上においてのみ、色合を認知しうる」)。なぜなら、「無限

国語

一

出典　佐竹昭広「意味変化について」（今西祐一郎他編『佐竹昭広集　第二巻　言語の深奥』岩波書店）

解答

問一　語を人間と類比させ、「意味」という概念として用いられてきた「こころ」という和語に注目すると、語の意味と人間の心の働きは切り離せないことがわかるということ。

問二　誰が見ても同じように思える自然界でさえも、連続した世界を分節する人間の言語活動によって初めて認識可能なものとなり、秩序や形態を与えられるため、異なる分節の仕方をする言語活動においては、見え方も違ってくること。

問三　名状しがたい感情だったものが言葉で示されると、その言葉が持つ意味として認識され心に働きかけるため、その意味通りの感情として形作られていくということ。

問四　言葉が人間の心を規定し、人間が言葉の意味を変化させる、という人間と言葉の相互作用を考慮せず、言葉の意味を人間から独立した客観的対象とする意味論には、言葉の意味を研究するのに不可欠な人間という要素が抜け落ちてしまっており、有意義な学問となっていないから。

◆要　旨◆

一般的に「意味論」は、意味を客観的認識の対象として、言語主体である人間から切り離しすぎた傾向があるが、言葉を人間と類比させ、語の「意味」という概念で用いられてきた「こころ」という和語によって語の意味を認識しなおすと、語の意味と人間の心の働きは切り離せないものであることがわかる。語の意味は人間の心に作用するが、その一方で、人間の心が語の意味を変化させるものだからである。言葉の意味変化が、人間の心の変化を前提とする以上、人間という要

/////////////////// ・memo・ ///////////////////

/////////////////// · memo · ///////////////////

//////////////////// · memo · ////////////////////

/////////////////// · memo · ///////////////////

//////////////////// · memo · ////////////////////

//////////////////// · memo · ////////////////////

//////////////////// · memo · ////////////////////

大学赤本シリーズ

京都大学

理系

総合人間〈理系〉・教育〈理系〉・
経済〈理系〉・理・医・薬・工・農学部

別冊問題編

2025

矢印の方向に引くと
本体から取り外せます

目　次

問題編

2019 年度

2018 年度

解答用紙は，赤本オンラインに掲載しています。
https://akahon.net/kkm/kyt/index.html

※掲載内容は，予告なしに変更・中止する場合があります。

2024年度

問題編

前期日程

問 題 編

▶試験科目

学　部	教科	科　　　目
総合人間（理系）・理・農	外国語	コミュニケーション英語Ⅰ・Ⅱ・Ⅲ，英語表現Ⅰ・Ⅱ
	数　学	数学Ⅰ・Ⅱ・Ⅲ・A・B
	理　科	「物理基礎・物理」，「化学基礎・化学」，「生物基礎・生物」，「地学基礎・地学」から２科目選択
	国　語	国語総合・現代文B・古典B
教育（理系）	外国語	コミュニケーション英語Ⅰ・Ⅱ・Ⅲ，英語表現Ⅰ・Ⅱ
	数　学	数学Ⅰ・Ⅱ・Ⅲ・A・B
	理　科	「物理基礎・物理」，「化学基礎・化学」，「生物基礎・生物」，「地学基礎・地学」から１科目選択
	国　語	国語総合・現代文B・古典B
経済（理系）	外国語	コミュニケーション英語Ⅰ・Ⅱ・Ⅲ，英語表現Ⅰ・Ⅱ
	数　学	数学Ⅰ・Ⅱ・Ⅲ・A・B
	国　語	国語総合・現代文B・古典B
医・薬	外国語	コミュニケーション英語Ⅰ・Ⅱ・Ⅲ，英語表現Ⅰ・Ⅱ
	数　学	数学Ⅰ・Ⅱ・Ⅲ・A・B
	理　科	「物理基礎・物理」，「化学基礎・化学」，「生物基礎・生物」から２科目選択
	国　語	国語総合・現代文B・古典B
	面　接	医学部医学科のみに課される

工	外国語	コミュニケーション英語Ⅰ・Ⅱ・Ⅲ，英語表現Ⅰ・Ⅱ
	数 学	数学Ⅰ・Ⅱ・Ⅲ・A・B
	理 科	「物理基礎・物理」，「化学基礎・化学」
	国 語	国語総合・現代文B・古典B

▶**配　点**

学部・学科		外国語	数 学	理 科	国 語	面 接	合 計
総合人間（理系）		150	200	200	150	—	700
教育(理系)		200	200	100	150	—	650
経済(理系)		200	300	—	150	—	650
理		225	300	300	150	—	975
医	医	300	250	300	150	※	1000
	人間健康科	200	200	200	150	—	750
薬		200	200	200	100	—	700
工		200	250	250	100	—	800
農		200	200	200	100	—	700

▶**備　考**

- 外国語はドイツ語，フランス語，中国語も選択できる（経済（理系）・理・医（人間健康科学科）・薬・工学部は英語指定）が，編集の都合上省略。
- 「数学Ⅰ」，「数学Ⅱ」，「数学Ⅲ」，「数学A」は全範囲から出題する。「数学B」は「数列」，「ベクトル」を出題範囲とする。
- 医学部医学科においては，調査書は面接の参考資料とする。

※医学部医学科の面接は，医師・医学研究者としての適性・人間性などについて評価を行い，学科試験の成績と総合して合否を判定する。従って，学科試験の成績の如何にかかわらず不合格となることがある。

英語

（120 分）

（注） 150 点満点。教育（理系）・経済（理系）・医（人間健康科）・薬・工・農学部は 200 点満点に，理学部は 225 点満点に，医（医）学部は 300 点満点に換算。

I 次の文章を読み，設問(1)～(3)に答えなさい。 (50 点)

The creativity literature tells us that, even though we're just now beginning to appreciate the importance of creativity in everyday life, it is a topic pondered by poets and philosophers since time immemorial. In fact, "creativity" has only been a regular part of our vocabulary since the middle of the twentieth century. (a)Its first known written occurrence was in 1875, making it an infant as far as words go. "Creativeness" goes back a bit further, and was more common than creativity until about 1940, but both were used rarely and in an inconsistent kind of way. Strikingly, before about 1950 there were approximately zero articles, books, essays, classes, encyclopedia entries, or anything of the sort dealing explicitly with the subject of "creativity." (The earliest dictionary entry I found was from 1966.) It is not, it turns out, in Plato or Aristotle (even in translation). It's not in Kant (ditto). It's not in Wordsworth or Shelley, or in the Americans Emerson, William James, or John Dewey. As the intellectual historian Paul Oskar Kristeller finds, creativity, though we tend to assume it is a timeless concept, is a term with "poor philosophical and historical credentials." Yet, just around the end of World War II, the use of creativity shot upward — the Big Bang of creativity.

When I tell people the term "creativity" is new, I invariably get the question, "what did we call it before?" And my response, annoying but sincere, is always "what do you mean by 'it'?" There are two assumptions behind the first question, both correct. The first is that words and concepts are not the same thing; the arrival or popularization of a new word does not necessarily mean the arrival of a totally new concept. The senior citizen and the old person, for example, are two different eras' ways for describing the same person — one who is advanced in age. The second assumption is that people have always been talking about the kind of stuff we talk about when we talk about creativity — in the way that people have always talked about old age. It's not totally wrong to say that creativity is, or at least can be in certain instances, a new term for old concepts, such as imagination, inspiration, fantasy, genius, originality, and even phrases like creative imagination and creative power, which long predated creativity itself.

Yet the modern concept of creativity does not perfectly trace back to any one of these older words. Ingenuity or (ア) is too utilitarian; it lacks the artsy vibe. Creativity may invoke monumental achievements in art and science, but as a synonym the term (イ) somehow feels too exclusive and grandiose, while (ウ) is a little too pedestrian, something you might attribute to a pig that finds its way out of its pen. Originality hits closer to the mark, but it's somehow not as soulful — nobody ever says originality is the key to a fulfilling life. (エ), perhaps the term most often used interchangeably with creativity, lacks a sense of productivity. Like fantasy, it doesn't have to leave your head, and it can be utterly preposterous. The prevailing idea among creativity experts is that creativity is the "ability to produce something new and useful." (That phrasing is taken — not coincidentally — from US patent law.) The term "creativity," in other words, allows us to think and say things previous terms don't. It is not a new word for old ideas but a way of expressing thoughts that were previously inexpressible. When people in the postwar era increasingly chose the word "creativity," then, they were subtly distinguishing their meaning from those other, almost universally older concepts. The term may not be precise, but it is vague in precise and meaningful ways. (b)Just as light can be both particle and wave, creativity somehow manages to exist as simultaneously mental and material, playful and practical, artsy and technological, exceptional and pedestrian. This contradictory constellation of meanings and connotations, more than any one definition or theory, is what explains its appeal in postwar America, in which the balance between those very things seemed gravely at stake. The slipperiness was a feature, not a bug.

(1) 下線部(a)を和訳しなさい。ただし，creativeness と creativity は訳さずに英語のまま表記すること。

(2) 空欄（ ア ）～（ エ ）に入る最も適切な名詞を以下の中から選び，解答欄に番号を記入しなさい。同じ語は一度しか使用してはならない。なお，本文中では大文字で始まる語も，選択肢では全て小文字になっている。

① cleverness　② fantasy　③ genius
④ imagination　⑤ inventiveness

(3) 下線部(b)を和訳しなさい。ただし，creativity は訳さずに英語のまま表記すること。

出典追記：The Cult of Creativity : A Surprisingly Recent History by Samuel W. Franklin, The University of Chicago Press

II 次の文章を読み，設問(1)～(4)に答えなさい。 (75 点)

You know what you believe. You know the set of ideologies and beliefs that you hold. Who else out there holds the same beliefs and shares the same ideological worldview? In marketing, we call this segmentation and targeting. Segmentation is the act of taking a heterogeneous group of people, where everyone is different, and putting them in homogeneous-like clusters, where everyone is more alike than they are different. When we segment a population of people, we divide them into groups based on different preferences and attributes so that we can serve them with the best products and marketing messages that will influence them to adopt certain behaviors. That is, after all, the core function of marketing: influencing behavioral adoption. Once the population has been divided into these segments, marketers then select the segments to which they will offer their products. This is the act of targeting. (a)We target a segment (or a number of segments) to pursue that we believe will most likely adopt a desired behavior—buy, vote, watch, subscribe, attend, etc. Although our product may potentially be useful to everyone, we focus our efforts on the people with the highest propensity to move. Considering the influence that culture has on our behavior, due to the social pressures of our tribes and our pursuit of identity congruence, tribes present themselves as the most compelling segment to target.

This perspective calls for a strong consideration if for no other reason than the fact that tribes are real. They're made up of real people, and people use them to communicate who they are and demarcate how they fit in the world. Segments, on the other hand, are not real. (b)They are a construct that marketers create where people are placed into homogeneous-like groups based on a rough substitute that helps us identify who they are and predict what they are likely to do. Segments are clean and neat. But real people are complex and messy. As the astrophysicist Neil deGrasse Tyson once tweeted, "In science, when human behavior enters the equation, things go nonlinear. That's why Physics is easy and Sociology is hard." (c)Real people don't fit into neat little boxes, though we try our best to put them there.

Marketers aren't the only ones guilty of this; we all do it. We put people in boxes to simplify the complexity of the world so that it's easier to make sense of it — not for accuracy but for efficiency. Here's an example. Meet my friend Deborah. Deborah drives a minivan. Does Deborah have kids? Do her kids play a sport? What sport do they play? And where does Deborah live? As you read those questions, you likely draw your answers fairly quickly. You probably thought, Deborah drives a minivan, so she must have kids, who play soccer, and they all live in a cul-de-sac. (d)Sounds about right, right? Well, here's the thing. I gave you one data point about Deborah (she drives a minivan), and you mapped out her entire life. This is what we do — with great cognitive fluidity, I might add. We put people in boxes based on the shortcut characteristics that we assign to people's identity.

(1) 下線部(a)を和訳しなさい。

(2) 下線部(b)を和訳しなさい。

(3) 下線部(c)の理由について，本文にはない具体例を挙げながら，80語以上100語以内の英語で説明しなさい。解答欄の各下線の上に単語1語を記入すること。カンマ(，)等の記号は，その直前の語と同じ下線に含めることとし，1語と数えない。短縮形(例：don't)は1語と数える。

(4) 下線部(d)を和訳しなさい。

Ⅲ 次の文章を英訳しなさい。 (25点)

かつての自分の無知と愚かさを恥じることはよくあるが，それは同時に，未熟な自分に気づいた分だけ成長したことをも示しているのだろう。逆説的だが，自分の無知を悟ったときにこそ，今日の私は昨日の私よりも賢くなっていると言えるのだ。まだまだ知らない世界があることを知る，きっとこれが学ぶということであり，その営みには終わりがないのだろう。

数　学

(150分)

(注) 200点満点。経済(理系)・理学部は300点満点に，医(医)・工学部は250点満点に換算。

1

(30点)

n 個の異なる色を用意する．立方体の各面にいずれかの色を塗る．各面にどの色を塗るかは同様に確からしいとする．辺を共有するどの二つの面にも異なる色が塗られる確率を p_n とする．次の問いに答えよ．

(1) p_4 を求めよ．

(2) $\displaystyle\lim_{n \to \infty} p_n$ を求めよ．

2

(30点)

$|x| \leqq 2$ を満たす複素数 x と，$|y-(8+6i)|=3$ を満たす複素数 y に対して，$z=\dfrac{x+y}{2}$ とする．このような複素数 z が複素数平面において動く領域を図示し，その面積を求めよ．

3 (30点)

座標空間の4点O，A，B，Cは同一平面上にないとする．線分OAの中点をP，線分ABの中点をQとする．実数x，yに対して，直線OC上の点Xと，直線BC上の点Yを次のように定める．

$$\overrightarrow{OX} = x\,\overrightarrow{OC}, \qquad \overrightarrow{BY} = y\,\overrightarrow{BC}$$

このとき，直線QYと直線PXがねじれの位置にあるためのx，yに関する必要十分条件を求めよ．

4 (30点)

与えられた自然数a_0に対して，自然数からなる数列a_0，a_1，a_2，…を次のように定める．

$$a_{n+1} = \begin{cases} \dfrac{a_n}{2} & (a_n \text{が偶数のとき}) \\ \dfrac{3a_n + 1}{2} & (a_n \text{が奇数のとき}) \end{cases}$$

次の問いに答えよ．

(1) a_0，a_1，a_2，a_3がすべて奇数であるような最小の自然数a_0を求めよ．

(2) a_0，a_1，…，a_{10}がすべて奇数であるような最小の自然数a_0を求めよ．

5 (40点)

aは$a \geqq 1$を満たす定数とする．座標平面上で，次の4つの不等式が表す領域をD_aとする．

$$x \geqq 0, \quad \frac{e^x - e^{-x}}{2} \leqq y, \quad y \leqq \frac{e^x + e^{-x}}{2}, \quad y \leqq a$$

次の問いに答えよ．

(1) D_aの面積S_aを求めよ．

(2) $\displaystyle\lim_{a \to \infty} S_a$を求めよ．

6

(40 点)

自然数 k に対して，$a_k = 2^{\sqrt{k}}$ とする．n を自然数とし，a_k の整数部分が n 桁であるような k の個数を N_n とする．また，a_k の整数部分が n 桁であり，その最高位の数字が 1 であるような k の個数を L_n とする．次を求めよ．

$$\lim_{n \to \infty} \frac{L_n}{N_n}$$

ただし，例えば実数 2345.678 の整数部分 2345 は 4 桁で，最高位の数字は 2 である．

物 理

(教育(理系)学部 1科目 90分
その他 2科目 180分)

(注) 100点満点。理・医(医)学部は2科目300点満点に，工学部は2科目250点満点に換算。

物理問題 I

次の文章を読んで，[　　] に適した式または数値を，それぞれの解答欄に記入せよ。なお，[[　　]] はすでに [　　] で与えられたものと同じものを表す。また，**問1**，**問2**では，指示にしたがって，解答をそれぞれの解答欄に記入せよ。ただし，円周率をπ，重力加速度をgとする。空気の抵抗は無視できるものとする。

(1) **図1**のように，質量が無視できる固い棒の下端に，質量がmで小さい球形のおもりを取り付けた振り子について考える。棒は上端の固定点Rを支点として，Rを含む鉛直面内を滑らかに回転する。固定点からおもりの重心(棒の下端)までの距離をL，円周に沿った最下点Oからのおもりの変位をx(右向きを正)，鉛直軸からの棒の回転角をθ(反時計回りを正，単位はラジアン)とする。$|\theta|$は十分に小さく，とくにことわりのない限り$\sin\theta \fallingdotseq \theta$，$\cos\theta \fallingdotseq 1$と近似する。

おもりの円周方向の加速度をa(右向きを正)とするとき，おもりの円周方向の運動方程式はa，m，L，g，xを用いて

$ma =$ [ア]

と表せる。振り子は単振動し，その角振動数は [イ] である。

振動中のある時刻において，おもりの円周方向の速度v(右向きを正)が$v = v_0$で，変位が$x = x_0$であった。ここで，$1 - \cos\theta \fallingdotseq \dfrac{\theta^2}{2}$の近似を用いると，$x = 0$でのおもりの高さを位置エネルギーの基準としたときの力学的エネルギーは，m，L，g，v_0，x_0を用いて [ウ] と表せる。[[ウ]] の力学的エネルギーより，$x = 0$となったときのおもりの円周方向の速さは [エ] である。

また，この単振動における変位 x の振幅は [オ] である。

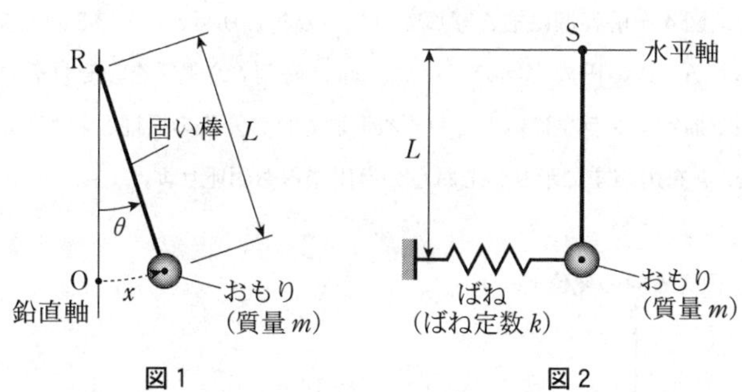

図1　　図2

次に，図2のように，図1の振り子のおもりに，質量が無視できるばねを水平に取り付けた。ばねは十分に長く，ばねが傾くことによる，ばねの伸び，および復元力の大きさと方向への影響は無視できる。ばね定数を k とし，ばねは，棒の回転角が $\theta = 0$ のとき自然長である。$|\theta|$ は十分に小さいため，ばねの伸び s_1 は $s_1 \fallingdotseq x$ で近似する。

図2の振り子と図1の振り子を図3のように並べて配置する。それぞれの振り子は固定点S，Rを支点として同一平面内を回転し，棒A，Bの回転角がともに0のとき，おもりAとおもりBがちょうど接するものとする。おもりA，Bの最下点からの円周に沿った変位を x_A，x_B（右向きを正）とする。また，おもりどうしの反発係数を1とする。

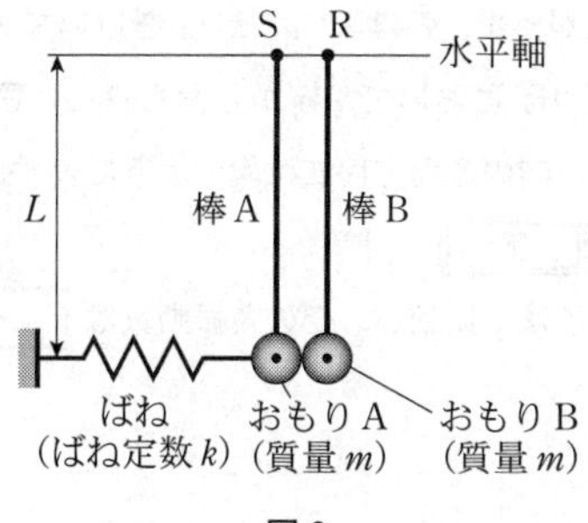

図3

問 1　**図 3** の位置からおもりBのみを右向きに持ち上げて静かに離し，時刻 $t = 0$ において左向きに速さ v_1 でおもりAに衝突させた。$k = \frac{3mg}{L}$ の関係が成り立つとき，**図 4** を解答欄に描き写して，2つのおもりが $t > 0$ で3回衝突するまでのおもりA，Bの円周方向の変位 x_A，x_B と時刻 t の関係を，それぞれ実線および点線で描け。グラフには，それぞれのおもりの変位の振幅とおもりが衝突する時刻を，k を用いずに示せ。それらの導出過程も記述せよ。

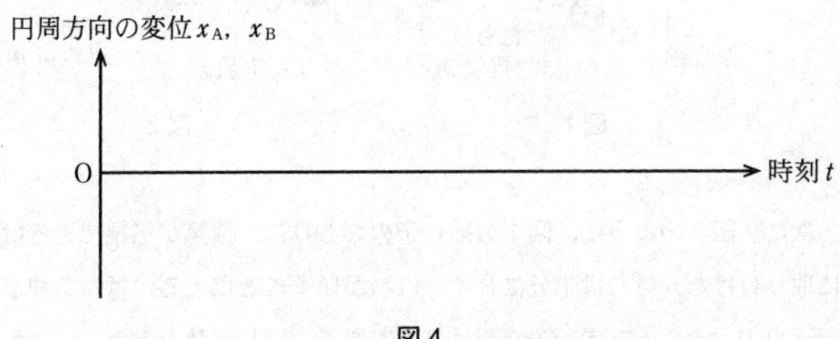

図 4

図 2 の振り子において，**図 5** のように，ばねの位置を固定点Sから距離 d の位置に変更した。おもりの円周方向の変位が x のとき，ばねの伸びは［カ］である。

ここで，おもりにはたらく力を理解するため，振り子の運動中におもりと棒の間にはたらく力を考える。**図 6** のように，おもりから棒の下端に作用する力の円周方向成分を F(右向きを正)とする。ばねと棒の質量は無視できるため，棒にはたらく力の点Sまわりのモーメントのつりあいが，静止しているときと同様に成り立つ。したがって，F は L，d，k，x を用いて $F =$［キ］と表せる。**図 5** のばね付き振り子において，棒からおもりには**図 6** の F の反作用がはたらき，おもりの円周方向の運動方程式は次のように表すことができる。

$ma =$［ア］$- F$

このばね付き振り子は単振動し，その角振動数は［ク］である。

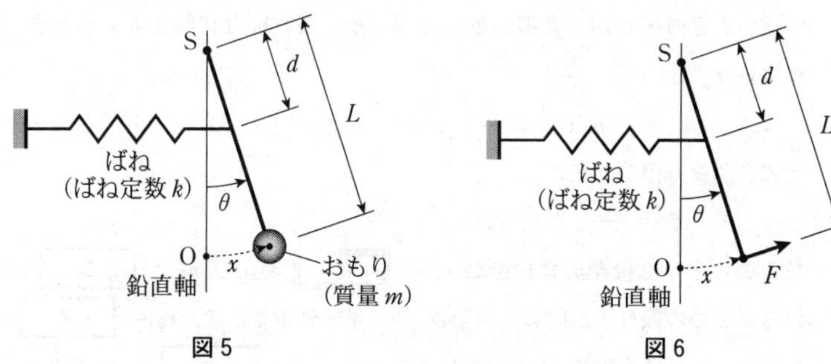

図 5

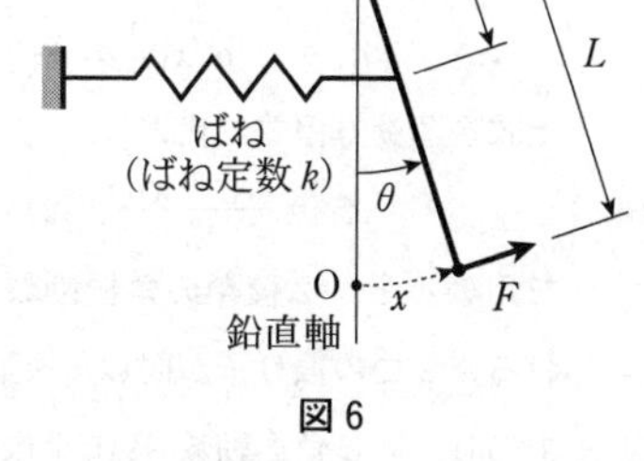

図 6

（2） **図7**のように，**図1**の振り子2つをそれぞれ固定点R，Sで支持し，質量が無視できるばねを，固定点から距離dの位置に取り付けた。ばねは十分に長く，ばねが傾くことによる，ばねの伸び，および復元力の大きさと方向への影響は無視できる。ばね定数をkとし，ばねは，棒C，Dの回転角θ_C，θ_Dがともに0のとき自然長である。$|\theta_C|$，$|\theta_D|$は十分に小さく，$\sin\theta_C \fallingdotseq \theta_C$，$\cos\theta_C \fallingdotseq 1$，$\sin\theta_D \fallingdotseq \theta_D$，$\cos\theta_D \fallingdotseq 1$と近似する。

おもりC，Dの最下点からの円周に沿った変位をx_C，x_D(右向きを正)とすると，ばねの伸びs_2は［ケ］と表せる。おもりC，Dの円周方向の加速度をa_C，a_D(右向きを正)とすると，おもりC，Dの円周方向の運動方程式は，a_C，a_D，m，L，g，d，k，x_C，x_Dを用いて次式で表される。

$ma_C =$ ［コ］

$ma_D =$ ［サ］

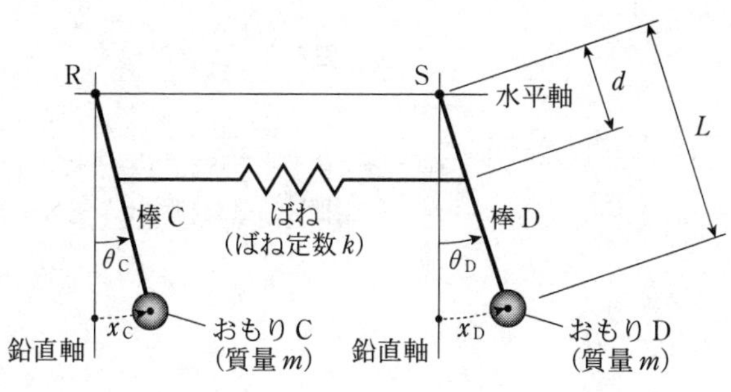

図 7

2つの振り子が同じ角振動数 ω で単振動する特別な状態を考えるとき，次式が成り立つ。

$$a_C = -\omega^2 x_C,\ a_D = -\omega^2 x_D$$

上式を運動方程式に代入し，

$$X_1 = \frac{x_C + x_D}{2},\ X_2 = \frac{x_C - x_D}{2}$$

を用いると，2種類の角振動数 $\omega_1 =$ [イ] および $\omega_2 =$ [シ] が得られる。2つの振り子が同じ角振動数 ω_1 で単振動するとき，$x_C =$ [ス] $\times x_D$ であり，同じ角振動数 ω_2 で単振動するとき，$x_C =$ [セ] $\times x_D$ である。

問2　一般には，図7のおもりC，Dの変位 x_C，x_D は，上記で考えた2種類の単振動の重ね合わせで表すことができる。ここでは $k = \frac{6mg}{L}$ の関係が成り立つ場合を考える。$x_C = x_D = 0$ で静止しているおもりC，Dに対して，時刻 $t = 0$ においておもりDのみに右向きに初速度 v_2 を与えたとき，ばねの伸び s_2 は，図8のように ω_1 の2倍の角振動数で周期的に増減を繰り返した。このとき，$\frac{d}{L}$ の値を求めよ。導出過程も示せ。

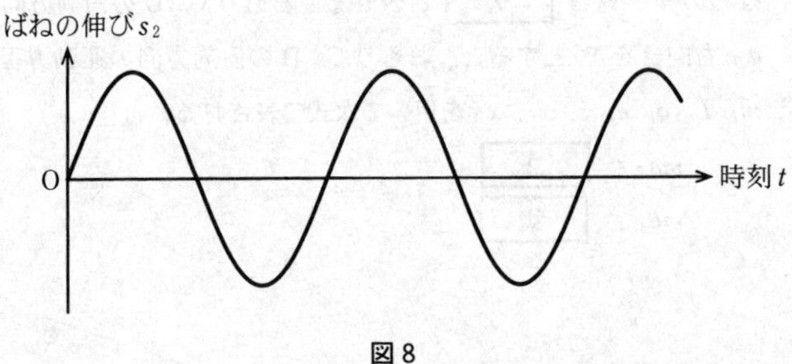

図8

〔解答欄〕問1　ヨコ14.3センチ×タテ19.8センチ
問2　ヨコ14.3センチ×タテ14.3センチ

物理問題　Ⅱ

次の文章を読んで，［　　］に適した式または数値を，{　　}からは適切なものを一つ選びその番号を，それぞれの解答欄に記入せよ。なお，［［　　］］はすでに［　　］で与えられたものと同じものを表す。また，**問1**～**問3**では，指示にしたがって，解答をそれぞれの解答欄に記入せよ。ただし，円周率をπとする。

真空中の時間変化しない磁場内での荷電粒子の運動を考えよう。荷電粒子の運動によって生じる電場と磁場の影響，および重力の影響は無視してよい。

（1）　**図1**のように，y軸上に置かれた十分に長い直線状の導線に，y軸の正の向きに強さIの定常電流が流れている場合を考える。真空の透磁率をμとすると，この電流がつくる磁束密度の大きさは，y軸から距離r離れた点で［　イ　］となる。xy平面上の$x > 0$，$y > 0$の領域に，正方形の1巻きコイルを置く。**図1**に示すように，各辺はx軸あるいはy軸に平行である。ただし，コイルの自己インダクタンスは無視できるものとする。コイルがy軸の正の向きに一定の速さで動くとき，誘導電流は{**ロ**：①図の1の向きに流れる，②図の2の向きに流れる，③流れない}。また，コイルがx軸の正の向きに一定の速さで動くとき，誘導電流は{**ハ**：①図の1の向きに流れる，②図の2の向きに流れる，③流れない}。

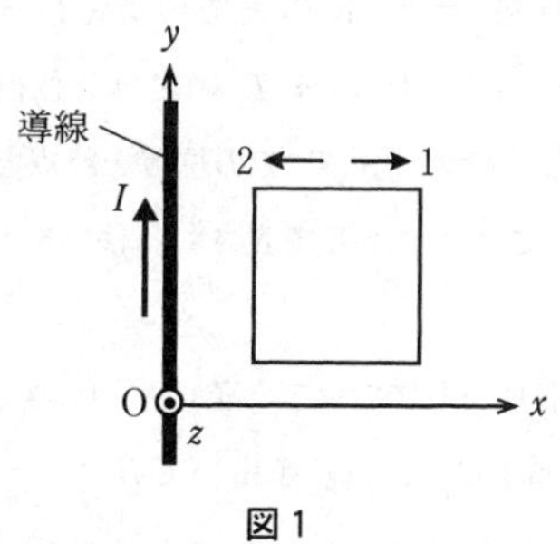

図1

（2）　次に，非一様な磁場中での荷電粒子の運動を考えよう。荷電粒子の大きさは無視でき，その質量はm，電荷は$q(> 0)$とする。簡単のため，**図2**に示すようなモデルで考える。磁場はz軸の負の向きにかかっており，その磁束密度の大きさは，ある$x_0(>0)$に対して，$x<x_0$でB_1，$x \geqq x_0$でB_2とする。ただしB_1とB_2は正の定数で，$B_2<B_1$である。また，粒子が$x=x_0$で定められる平面を通過するとき，その軌道は滑らかにつながり，速さは変化しないとする。

時刻$t=0$で$x=x_0$，$y=0$，$z=0$にある荷電粒子が，x軸の正の向きに速さv_0で運動をはじめた。荷電粒子はまず，$x \geqq x_0$の領域においてローレンツ力によりxy平面内で等速円運動する。$x \geqq x_0$での円軌道の半径は［ニ］となる。荷電粒子が$t>0$ではじめて$x=x_0$に到達するまでにかかる時間T_2は，m，v_0，q，B_2，x_0のうち必要なものを用いて［ホ］と書ける。その後，粒子は$x<x_0$においても等速円運動する。$t=T_2$からふたたび$x=x_0$に到達するまでの時間をT_1とし，T_1+T_2を運動の周期とする。

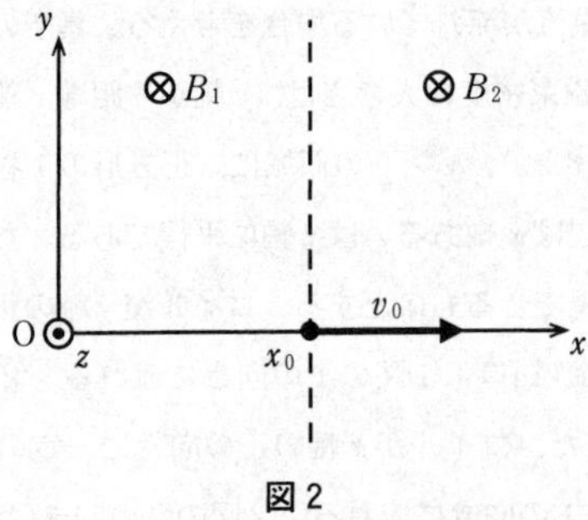

図2

問1　時刻$t=0$から時刻$t=T_1+T_2$までの荷電粒子のxy平面内での軌道を描き，時刻$t=0$，$t=T_2$，$t=T_1+T_2$における位置を示せ。また，時刻$t=0$での位置を始点とし，$t=T_1+T_2$での位置を終点とするベクトルについて，その大きさを答えよ。このベクトルで表される移動をドリフトとよぶ。

問1で考察したドリフトについて，その平均の速さを求めよう。磁束密度の大きさを正の定数aおよび$d(<x_0)$を用いて$B_1=\dfrac{a}{x_0-d}$，$B_2=\dfrac{a}{x_0+d}$と与える。運動の周期T_1+T_2をm，v_0，q，a，d，x_0のうち必要なものを用いて書くと［ヘ］となる。ドリフトの平均の速さは，ドリフトを表すベクトルの大きさを周期で割ることによって求められ，m，v_0，q，a，d，x_0のうち必要なものを用いて［ト］と書ける。一般に，一様でない磁場がある場合にこのようなドリフトが生じ，これは磁場勾配ドリフトとよばれる。

次に，**図3**のように，粒子が時刻 $t=0$ で $x=x_0$，$y=0$，$z=0$ にあり，xy 平面内で x 軸に対する角度が $\frac{\pi}{4}$ の方向に速さ v_0 で運動をはじめる場合を考える。

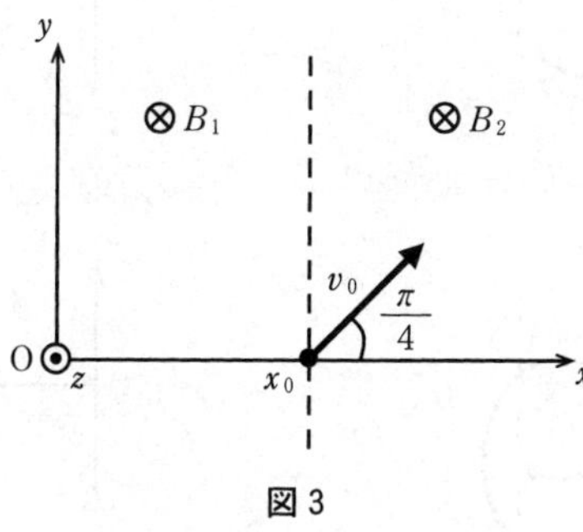

図3

問 2　$t=0$ から，$t>0$ で2回目に $x=x_0$ に達するときまでの粒子の軌道として最も適当なものを**図4**の①～⑧のうちから選び，番号を答えよ。

①
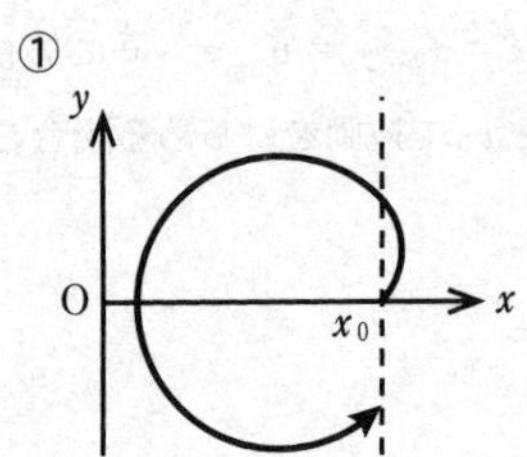

②
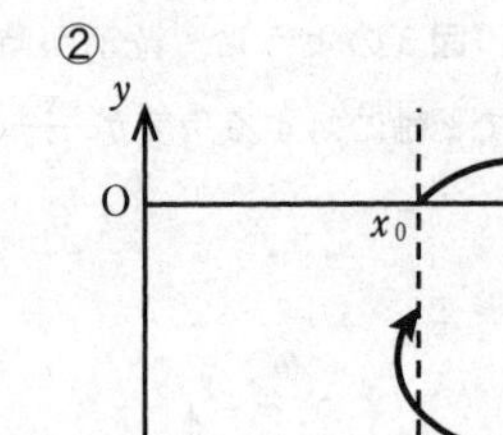

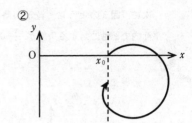

③
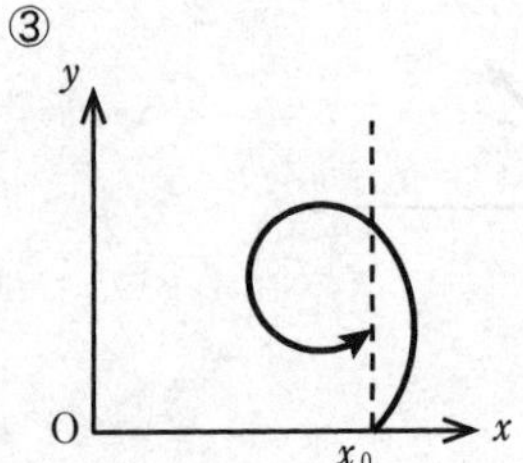

④
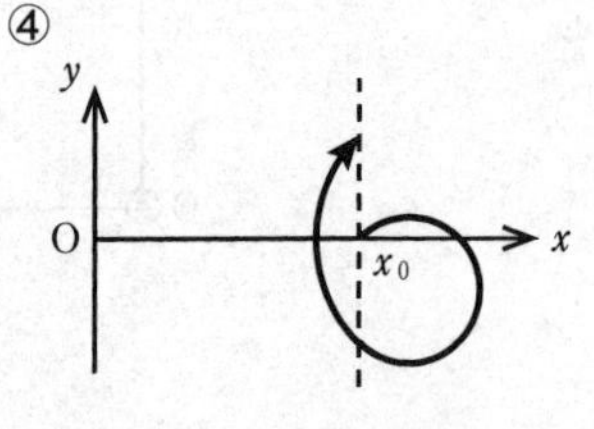

⑤
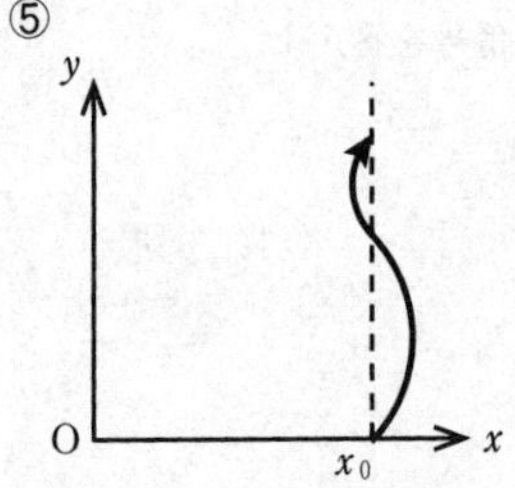

⑥
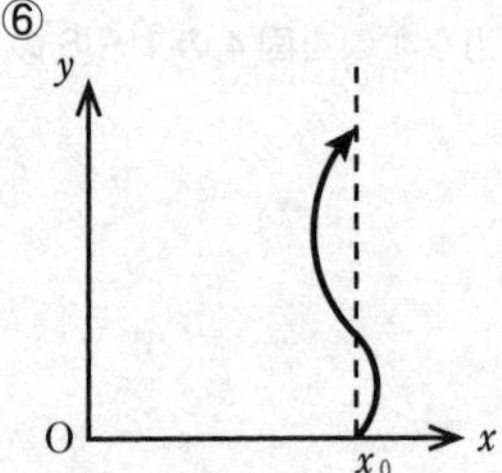

⑦
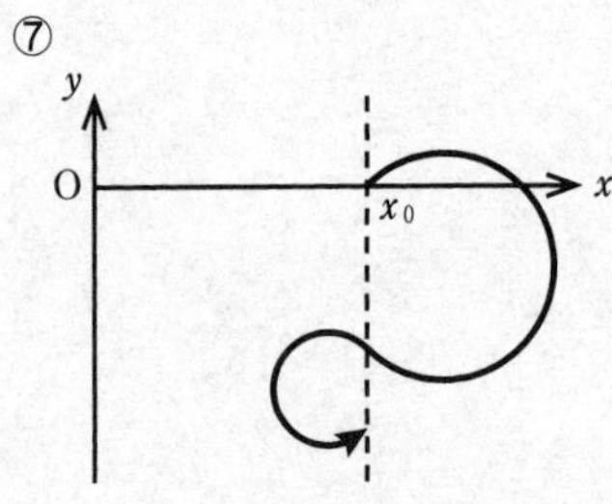

⑧
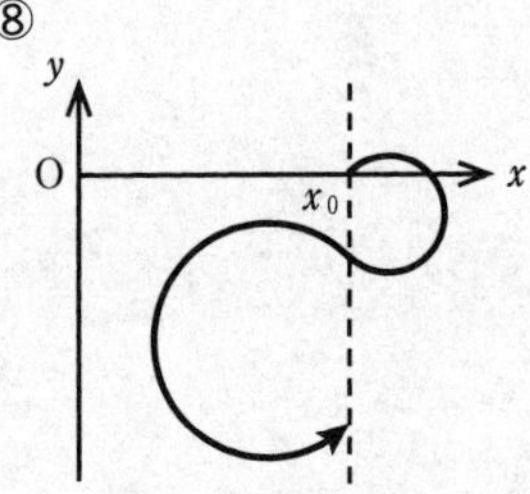

図4

(3)　次に，一様な磁場のもとで，ローレンツ力に加えて外力が荷電粒子にはたらく場合を考えよう。荷電粒子は質量 m，電荷 $q(>0)$ をもち，大きさは無視できるとする。図5のように，z 軸の負の向きの一様な磁場があり，磁束密度の大きさ

を正の定数 B_0 とする。さらに，粒子には x 軸の正の向きに大きさ F の一様な保存力である外力が作用する。磁場および外力はいずれも時間変動しない。

このとき，荷電粒子は x 軸方向には一定の範囲で周期的に振動する。運動中のある時刻で粒子が，x が最小値 x_{min} となる位置にあり速さ v_{a} をもっていたとすると，x が最大値 x_{max} となる位置まで移動したときの速さ v_{b} は，この間に外力がした仕事 $F(x_{\mathrm{max}}-x_{\mathrm{min}})$ が正であるため v_{a} より大きくなる。その後 $x=x_{\mathrm{min}}$ にもどったとき，粒子の速さは v_{a} に比べて{チ：①大きくなる，②小さくなる，③変化しない}。

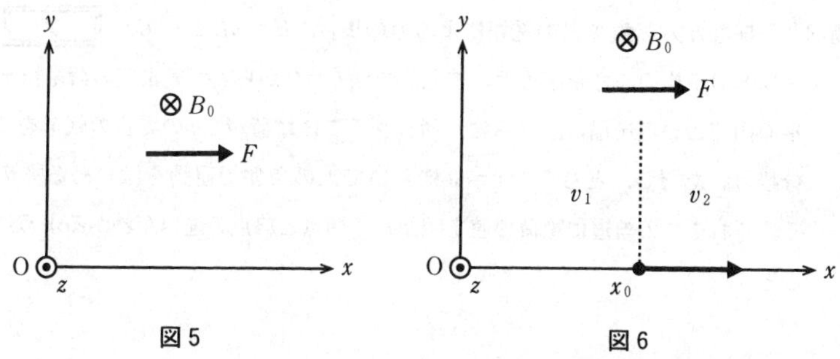

ローレンツ力に対して外力が十分に弱いとき，荷電粒子の運動の等速円運動からのずれはわずかである。以下では，図6のように，（2）と同様に $x<x_0$ の領域と $x \geqq x_0$ の領域に分け，この粒子の運動を，<u>xy 平面内のそれぞれの領域で，異なる速さで等速円運動するモデルで考察する</u>。

荷電粒子は磁場によるローレンツ力をうけ，$x<x_0$ で速さ v_1，$x \geqq x_0$ で速さ v_2 の等速円運動を行うとする。ここで，$v_1<v_2$ である。<u>外力により v_1 と v_2 の差が生じ，それ以外には外力による運動への影響はないと仮定する</u>。また，$x=x_0$ で粒子の軌道は滑らかにつながるとする。ただし，解答に x_{min} および x_{max} は用いないこと。

時刻 $t=0$ で $x=x_0$，$y=0$，$z=0$ にある荷電粒子が x 軸の正の向きに速さ v_2 で等速円運動をはじめた。$x \geqq x_0$ における等速円運動の円の半径は［リ］となり，時刻 $t>0$ で2回目に $x=x_0$ に達するまでの時間 T は［ヌ］となる。時刻 $t=0$ での粒子の位置を始点，$t=T$ での位置を終点とするベクトルがこの場合のドリフトを表す。このベクトルの向きから，z 軸の負の向きの磁場およびx軸の正の向きの外力によって{ル：①x軸の正，②y軸の正，③x軸の負，④y軸の負}の向きにドリフトを生じることがわかる。このドリフトの平均の速さは，そのベクトルの大きさを周期Tで割り，Tを用いずに［ヲ］と求められる。このモデルでは，$x < x_0$と$x \geqq x_0$の各領域における円軌道の半径をそれぞれρ_1，ρ_2とすると，粒子がx軸方向に$x = x_0 - \rho_1$と$x = x_0 + \rho_2$の間を移動する。v_1とv_2の違いによる運動エネルギーの差が$F(\rho_1 + \rho_2)$と等しいとすると，［ヲ］は，m，q，F，B_0，x_0のうち必要なものを用いて［ワ］と表すことができる。

問 3　一様な外力が強さEの電場による力の場合，$F = qE$として，［ワ］のドリフトの平均の速さを求めよ。また，時刻$t = 0$から$t = T$までの荷電粒子のxy平面内での軌道を描け。さらに，同じグラフに電荷が$2q$の場合の軌道を2周期分描け。ただし，どちらも$t = 0$において上の条件で運動をはじめるものとする。それぞれの軌道に電荷の値を明記し，始点と終点の違いがわかるように描くこと。

ここでは簡単なモデルによって考察したが，正確なドリフトの速さは［ワ］の定数倍であり，このような簡単なモデルでも，ドリフトの特性を得ることができる。

〔解答欄〕問1　ヨコ14.3センチ×タテ9.5センチ
問3　ヨコ14.3センチ×タテ9.8センチ

物理問題　Ⅲ

次の文章を読んで，[　　] に適した式または数値を，{　　} からは適切なものを一つ選びその番号を，それぞれの解答欄に記入せよ。なお，[[　　]] はすでに [　　] で与えられたものと同じものを表す。また，**問1**では，指示にしたがって，解答を解答欄に記入せよ。ただし，円周率を π とする。

物質中を光が進むときのふるまいを考え，それを応用した光ファイバーなどについて考察しよう。以下では空気の屈折率を1とする。

(1)　**図1**のように屈折率が n_A の物質Aと屈折率が n_B の物質Bが平らな面で接しており，$n_A > n_B$ とする。AからBへ光が入射したとき，境界面の法線に対する角度として，入射角 ϕ_A，反射角 ϕ'_A，屈折角 ϕ_B を定める。$\phi'_A =$ [あ] であり，ϕ_A，ϕ_B，n_A，n_B の関係は $\dfrac{n_A}{n_B} =$ [い] となる。ϕ_A がある値 ϕ_R より大きいとき，光は境界面で全反射される。ϕ_R と n_A，n_B の関係は $\sin\phi_R =$ [う] である。

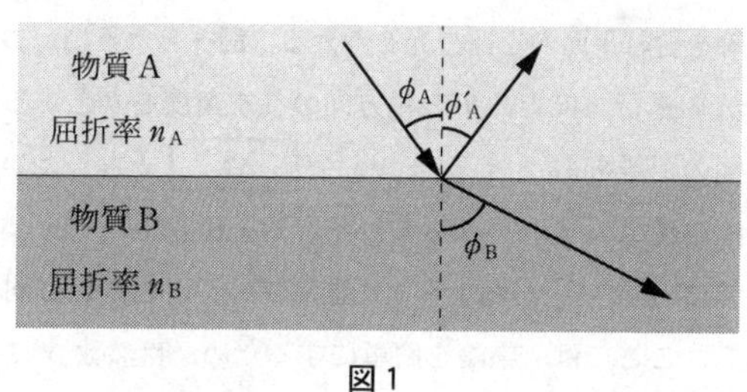

図1

(2)　光ファイバーは，**図2**(a)のように屈折率の異なるガラスを同軸状の細線にしたものである。中心部分をコア，外側部分をクラッドとよぶ。コアとクラッドの屈折率をそれぞれ $n_1 (> 1)$，$n_2 (> 1)$ とする。また，コアの軸を含む平面内を進む光を考える。

屈折率の関係が{**え**：① $n_1 > n_2$，② $n_1 < n_2$，③ $n_1 = n_2$}で，さらにコア内で光の進む方向と光ファイバーの軸方向のなす角度 θ がある角度 θ_0 より小さければ，**図2**(b)のように光はコアとクラッドの境界で全反射される。(1)での議論

をふまえると，θ_0 と n_1 および n_2 の関係は $\sin\theta_0 =$ [お] となる。このように光がコアとクラッドの境界面で全反射されるためには，光ファイバーの端面において空気中からコアに光が入射する際に，軸方向に対する光の入射角 $\theta_{\rm in}$ がある条件を満たす必要がある。その条件を，$\sin\theta_{\rm in}$，n_1，n_2 を用いて表すと，[か] $> \sin\theta_{\rm in}$ となる。ただし，光ファイバーの端面はその軸方向に対して垂直であるとし，端面においてコアの軸上から入射する光を考えよ。

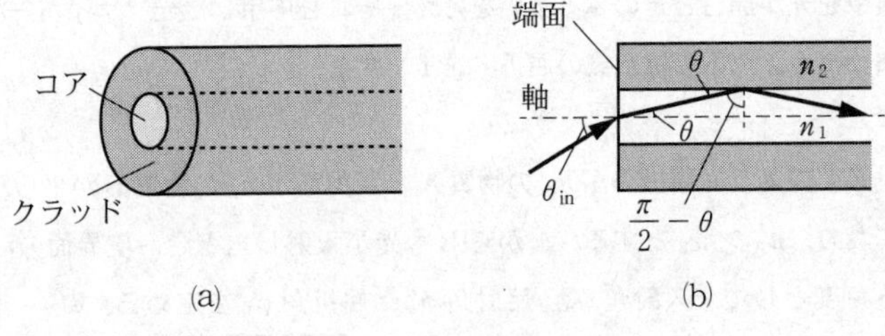

図 2

(3)　入射した光が光ファイバー中を進むためには，(2)の条件だけでは不十分である。それを考察しよう。

コアの軸を含む平面内を進む光を考える。図 3 のように，コア中の光の波長を λ_1 とし，光の進行方向とコアの軸方向のなす角度を θ とする。このとき，径方向の波面間の距離を λ_R とすると，$\lambda_R =$ [き] となっている。したがって，径方向には波長が λ_R の波が生じているとみなせる。

半径 r_1 のコア内で光が弱まらずに進んでいくとき，径方向には定在波が形成されている。ここでは，議論を簡単にするため，自然数 N に対し，コアの直径が λ_R の $\frac{N}{2}$ 倍であればそのような定在波が形成されるとする。このとき，λ_1，r_1，N を用いて，$\sin\theta =$ [く] と表せる。

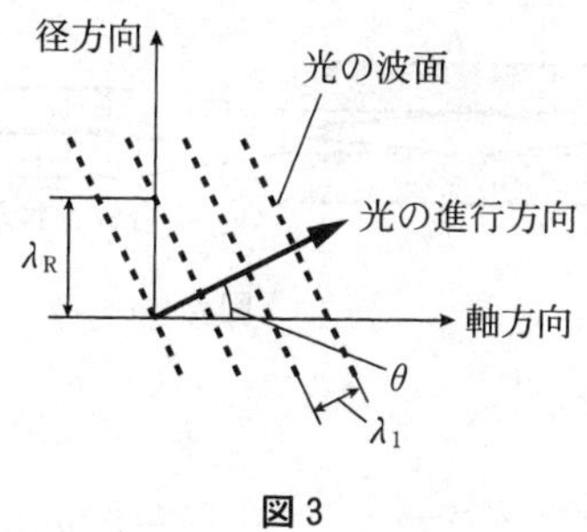

図 3

実際に光ファイバーを使う際には，空気中での波長が λ_0 の光をレンズ等で集光してコアに入射させるため，光はさまざまな θ_{in} で入射し，入射直後の θ は連続的な値を持ち得る。そのうち $\sin\theta =$ [く] を満たすとびとびの値の θ を持つ光だけがコア内を進むことができる。N で特徴づけられるこの光をモードとよぶ。一方，ある N のモードについて，λ_0 がある値 C_N より大きいとき，このモードはコアとクラッドの境界で全反射できず伝わらなくなる。C_N を r_1，n_1，N，θ_0 を用いて表すと，$C_N =$ [け] となる。ここで，$\lambda_1 = \dfrac{\lambda_0}{n_1}$ の関係を用いよ。λ_0 が $C_2 < \lambda_0 < C_1$ を満たすとき，コア内を伝わる光は $N = 1$ のモードのみとなる。下限 C_2 はカットオフ波長とよばれ，r_1，n_1，n_2 を用いて [こ] と表せる。

(4)　以下では，$N = 1$ のモードだけが伝わる場合を考える。コア内の波長が λ_1 の光は，**図 4** のような波の合成の結果，軸方向と垂直な波面をもつ波とみなせる。また，θ が小さい場合を考え，合成された光の波長は λ_1 と等しいとする。

図 5 のように，光ファイバーのコアに，光を散乱する構造を周期的に軸方向に導入したものを考える。これをファイバー・ブラッグ・グレーティング(FBG)という。この構造の周期を a とすると，FBG は間隔 a の回折格子のようにはたらく。すなわち，入射した光のごく一部が散乱されて入射側へと返っていくが，たがいに a 離れた位置からの散乱光が強め合うとき強い光が返っていき，**図 5** の検出器で検出することができる。軸方向に返っていく光が強め合う条件から，検出できる光の最も長い波長は，a，n_1 を用いて $\lambda_0 =$ [さ] と表すことができる。検出器が検出するのは空気中の波長であることに注意せよ。以下では強め合って返っていく光のうち波長が [さ] の光を考え，これを反射光とよぶ。

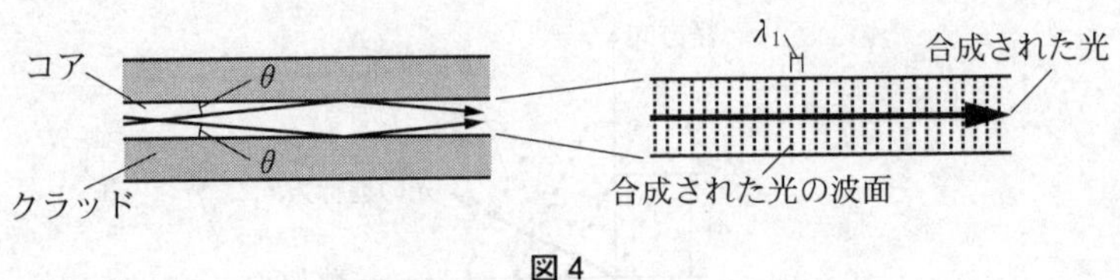

図4

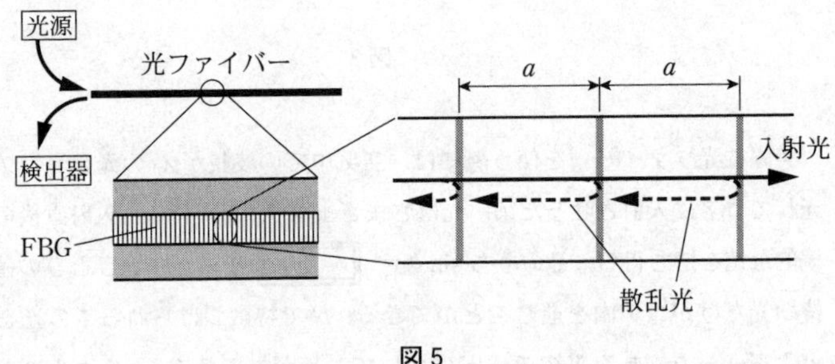

図5

(5) FBGを含む光ファイバーの一部分を考える。これが長さDの状態からDとくらべて十分に小さい量ΔDだけ一様に伸縮し，長さが$D+\Delta D$になると，FBGの周期もaから$a+\Delta a$に変化する。この場合，D，ΔD，a，Δaの関係は［ し ］である。また，この周期の変化により，FBGからの反射光の波長もλ_0から$\lambda_0+\Delta\lambda_0$に変化する。光の波長は高感度に計測できるため，FBGは微小な伸縮を検出するセンサーとして利用できる。ここで，Aを定数として，$\dfrac{\Delta\lambda_0}{\lambda_0}=A\dfrac{\Delta a}{a}$とおく。$A$は，伸縮にともなうFBG内のコアの屈折率の微小な変化の影響などを含んだ係数である。

Aを決定するため，$n_1=1.5$の光ファイバーに波長が1500 nm付近の連続スペクトルの光を導入し，FBGを含む部分の長さを$D=10.00$ mmから変化させながら，FBGからの反射光の強度と波長の関係を空気中で測定した。すると，図6の結果が得られた。この結果から係数Aは有効数字1桁で$A=$［ す ］と求めることができる。

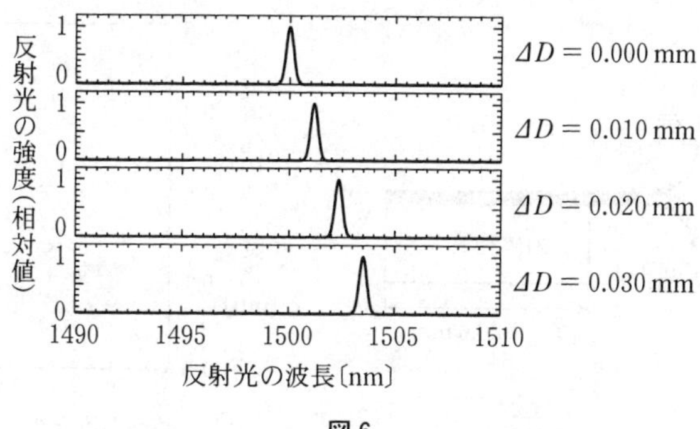

図 6

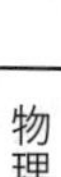

FBG の応用例の一つに，熱膨張測定がある。固体物質の長さを L，絶対温度を T とすると，多くの物質は室温付近において $L = L_0\{1 + \alpha(T - T_0)\}$ という関係を示す。係数 α は線膨張率，T_0 は室温に近い基準温度，L_0 は $T = T_0$ での長さである。

上述の FBG を，長さ $L_0 = 20.0$ mm の固体物質 X の試料に**図 7** (a)のように貼り付けた。X は一様に熱膨張し，光ファイバーは X の熱膨張に完全に追随して伸縮すると仮定する。また，温度変化による n_1 の変化は微小である。FBG に空気中での波長が 1500 nm 付近の連続スペクトルの光を導入すると，基準温度において 1500.00 nm の光が反射され，温度を変えながら反射光の空気中での波長の変化を測定した結果，**図 7** (b)が得られた。ただし，試料の熱膨張以外に起因する波長の変化は差し引いてある。**表 1** は X の候補物質とそれらの線膨張率である。

問 1　実験結果と A の値を用い，X が**表 1** のどの物質かを推定せよ。議論の過程も示せ。

〔解答欄〕ヨコ 14.3 センチ×タテ 9.4 センチ

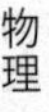

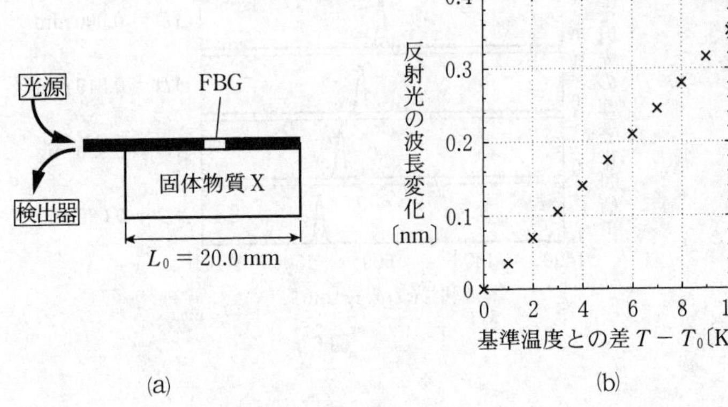

図7

表1

物質名	線膨張率〔10^{-6}/K〕
白金	8.8
銀	18.9
亜鉛	30.2

化　学

（教育(理系)学部　1科目　90分
　　その他　　　　2科目 180分）

(注)　100点満点。理・医（医）学部は2科目300点満点に，工学部は2科目250点満点に換算。

化学問題　I

次の文章(a)，(b)を読み，**問1**～**問6**に答えよ。解答はそれぞれ所定の解答欄に記入せよ。$\sqrt{2}=1.41$，$\sqrt{3}=1.73$とする。

(a)　チタンTiは水素Hを吸収する金属である。原子を球とみなし，Tiの結晶構造を最近接Ti原子どうしが接する完全な六方最密構造とする。H原子の吸収量が少ないとき，Tiは六方最密構造を保ち，吸収されたH原子は**図1**に示す6個のTi原子で囲まれた隙間(八面体隙間)，もしくは4個のTi原子で囲まれた隙間(四面体隙間)に入る。Tiの原子半径をrとし，隙間には周囲のTi原子と接する大きさまでの原子が入ることができるとすると，八面体隙間には半径［ I ］$\times r$，四面体隙間には半径［ II ］$\times r$までの原子が入ることができる。また，六方最密構造ではTi原子1個あたり［ あ ］個の八面体隙間，［ い ］個の四面体隙間が存在する。

H原子の吸収量が増加すると，結晶中のTi原子の配列は六方最密構造から体心立方格子へと変化する。<u>結晶構造が体心立方格子の場合もH原子が入る位置として八面体隙間と四面体隙間が考えられる</u>。体心立方格子中の最近接Ti原子どうしは接しているとする。

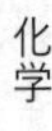

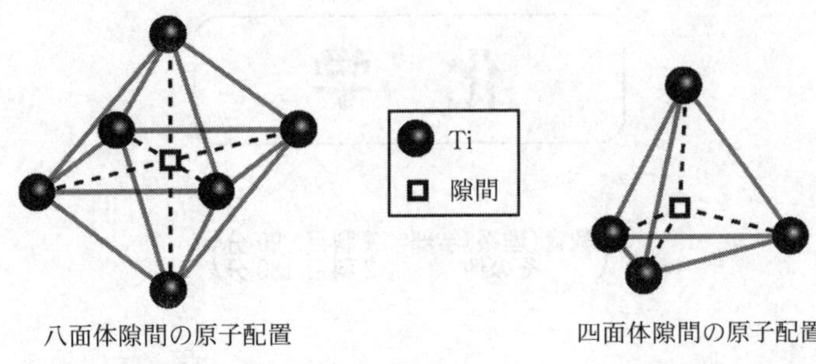

図 1

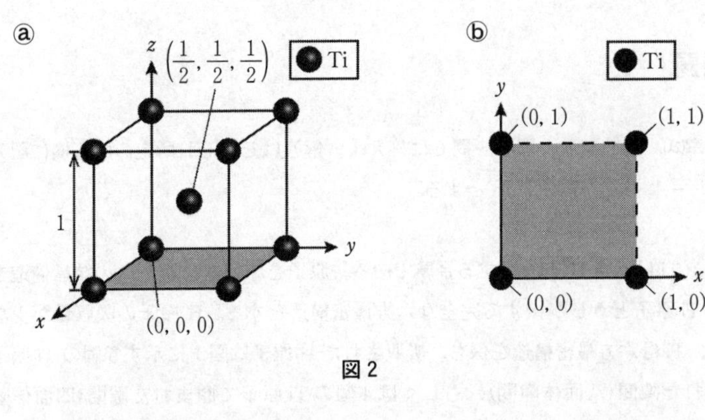

図 2

問 1　[I] と [II] にあてはまる数値を有効数字 2 けたで答えよ。

問 2　[あ] と [い] にあてはまる整数または既約分数を答えよ。

問 3　図 2 ⓐのように体心立方格子の単位格子の一辺の長さを 1 とし，ある Ti 原子の中心を原点にとって xyz 座標を設定する。下線部に関して次の(i)～(iii)の問いに答えよ。

(i)　八面体隙間の中心位置に H 原子が入るとき，H 原子と周囲の 4 つの Ti 原子は同一平面上に存在し，H 原子の中心と周囲の各 Ti 原子の中心との間の距離 $d_{\mathrm{Ti\text{-}H}}$ には異なる 2 つの値が存在する。2 つの $d_{\mathrm{Ti\text{-}H}}$ の値を有効数字 2 けたで答えよ。

(ii)　(i)で定めた八面体隙間の中心位置に H 原子が存在するとき，図 2 ⓑに示す xy 平面 $(z = 0)$ における $0 \leqq x \leqq 1$，$0 \leqq y \leqq 1$ の領域で，八面体隙間に入ったH原子中心の位置として考えられるものすべてを$(x,\ y)$座標の形式で答えよ。xおよびyの値はそれぞれ小数第2位まで答えよ。

(iii) 四面体隙間の中心位置にH原子が入るとき，$d_{\mathrm{Ti\text{-}H}}$には1つの値のみが存在する。(ii)と同じxy平面における$0 \leqq x \leqq 1$，$0 \leqq y \leqq 1$の領域で，四面体隙間の中心位置にH原子が存在するとき，H原子中心の位置として考えられるものすべてを$(x,\ y)$座標の形式で答えよ。xおよびyの値はそれぞれ小数第2位まで答えよ。

(b) パラジウムPdも結晶内部に水素Hを吸収する金属である。**図3**の装置を用いてPdにHを吸収させる実験を行った。**容器1**と**容器2**の間はバルブAによって隔てられ，**容器1**にはバルブBが接続されている。これらのバルブを介して**容器1**に気体を導入したり，**容器1**と**容器2**を排気して真空にしたりできる。容器の内壁は気体原子あるいは分子と反応しないものとする。実験中，装置全体の温度は一定に保たれており，**容器1**と**容器2**の容積は変化しない。接続配管内部およびバルブの内部の体積は無視できる。また，Hの吸収によるPdの体積変化は無視できるものとする。気体はすべて理想気体とみなす。原子量はH = 1.00，O = 16.0，Pd = 106，気体定数は8.31×10^{3} Pa・L/(K・mol)とする。

実験は以下の**操作1**から**操作3**を行った。

操作1

容器2に79.5gのPdを入れた後に，バルブAとバルブBを開けて**容器1**と**容器2**を十分に排気して真空にした。その後，バルブAを閉じて**容器1**のみにアルゴンArを導入してバルブBを閉じたところ，**容器1**の圧力は3.00×10^{5} Paとなった。次にバルブAを開けて，十分に時間が経過すると**容器1**と**容器2**の圧力は2.00×10^{5} Paとなった。PdはArを吸収しないとする。

操作2

操作1の後，バルブAとバルブBを開けてArを十分に排気して**容器1**と**容器2**を真空にした。その後，バルブAを閉じて**容器1**のみに水素分子H_2を導入してバルブBを閉じたところ，**容器1**の圧力は1.00×10^{5} Paとなった。次にバルブAを開けて，十分に時間が経過すると**容器1**と**容器2**の圧力は

5.00×10^4 Pa となり，平衡に達した。

操作 3

操作 2 の後，バルブ A を閉めて，バルブ B を介して**容器 1** のみに酸素分子 O_2 を追加して**容器 1** に存在する H_2 と反応させたところ，H_2 はすべて消費されて 10.0 g の水が生じた。

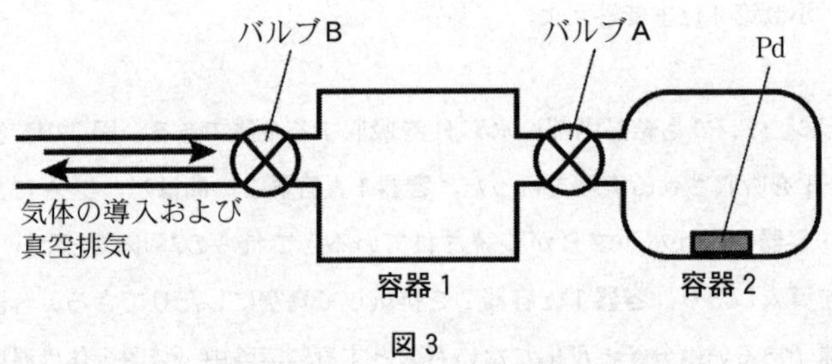

図 3

問 4　一連の実験結果から，**操作 2** 終了後に**容器 1** と**容器 2** に残った気体 H_2 の総物質量は何 mol になるか求め，有効数字 2 けたで答えよ。

問 5　一連の実験結果から，**操作 2** 終了後に Pd に吸収された H 原子の個数が求まる。Pd 原子の個数を N_{Pd}，吸収された H 原子の個数を N_H としたときの原子数の比 $\dfrac{N_H}{N_{Pd}}$ を有効数字 2 けたで答えよ。

問 6　H 原子を吸収した Pd を**容器 2** から取り出して，吸収されたすべての H 原子を気体の H_2 として放出させたとき，温度 300 K，圧力 1.00×10^5 Pa において放出された H_2 がしめる体積〔L〕を有効数字 2 けたで答えよ。

化学問題　Ⅱ

次の文章を読み，**問1**～**問6**に答えよ。解答はそれぞれ所定の解答欄に記入せよ。気体はすべて理想気体とみなし，気体定数はR〔Pa・L/(K・mol)〕とする。水のイオン積は1.00×10^{-14} (mol/L)^2，[X] はmol/Lを単位とした物質Xの濃度とする。必要があれば，$\log_{10} 2 = 0.30$，$\log_{10} 3 = 0.48$，$\log_{10} 5 = 0.70$の値を用いよ。

気体Aを不純物として微量に含んだ気体混合物を，吸収液と接触させることでAを除去するガス吸収操作について考える。以下では，Aのみが吸収される液を用い，気体の圧力および液体中の濃度は常に一様と見なせるものとする。Aの濃度が希薄な条件下では，気体と液体を接触させ十分に時間が経過した後，Aの分圧P_A〔Pa〕と液体に溶解したAの濃度$[A]_{max}$〔mol/L〕の間には次のヘンリーの法則が成り立つ。

$$P_A = H[A]_{max} \qquad (1)$$

ここで，H〔Pa・L/mol〕はヘンリー定数とよばれる比例定数で温度に依存する。温度が高くなると，溶解している分子の［ア］が激しくなるため，ヘンリー定数は多くの場合［イ ｛大きくなる・小さくなる・変化しない｝］。

Aが吸収される速さについて考えると，吸収液の単位表面積および単位時間あたりに吸収されるAの物質量v_A〔mol/(m^2・s)〕は，kを正の定数として次式で与えられる。

$$v_A = k([A]_{max} - [A]) \qquad (2)$$

式(2)からわかるようにv_Aは，ある時点のP_Aに対してAが溶解できる最大の濃度$[A]_{max}$とその時点でのAの濃度[A]との差に比例する。Aの吸収にともなってP_Aは変化するので，それに対応する$[A]_{max}$も時間とともに変化する。

ガス吸収の操作として，温度がT〔K〕で一定の条件下で，以下の**操作1**～**3**をそれぞれ行った。なお，使用前の吸収液にAは含まれず，蒸発や気体の吸収による吸収液の体積変化は考慮しない。

操作1　Aをn_0〔mol〕含む気体混合物の入った密閉容器内において，Aと化学反応しない吸収液をスプレーで均一な直径をもつ球形の微細な液滴にして霧状に散布した。スプレーと吸収液を除く空間の体積はV〔L〕で，十分に時間が経過した後，液滴の直径に変化はなく，Aの分圧はP_1〔Pa〕となった。これより，吸収液には［ウ］〔mol〕のAが吸収されたことがわかる。このとき，使用した吸収液の総体積は［エ］〔L〕である。操作開始時に，吸収液の総体積を変えずに液滴の直径を2倍にすると，最終的に吸収されるAの物質量〔mol〕は［あ］倍に，あ

る P_A と $[A]$ における液滴1個あたりのAの吸収速度〔mol/s〕は［い］倍に，吸収液全体でのAの吸収速度〔mol/s〕は［う］倍になる。

操作2　図1のように，Aをモル分率 f_0 で含む気体混合物を容器下部右側から一定の流量 G〔mol/s〕で供給し，内部で吸収液と接触させたのち，容器上部から排出した。一方，吸収液を一定の流量 W〔mol/s〕で容器上部のスプレーから霧状の液滴として供給し，容器下部からAを含む液として排出した。Aの濃度は希薄であるため，排出される気体混合物と吸収液の流量は，それぞれ G と W と見なしてよい。この操作を継続すると，排出される気体混合物中のAのモル分率 f_A と吸収液中のAのモル分率 g_A は一定となり変化しなくなった。

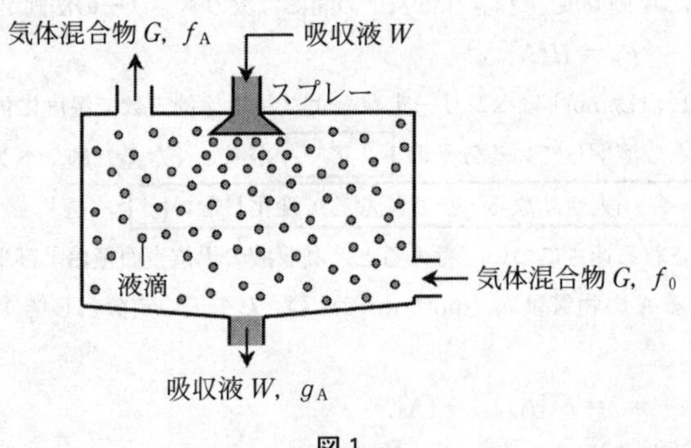

図1

f_A と g_A の値は G や W，容器体積などの条件によって変化するが，ヘンリーの法則が成り立つときには，f_A と g_A の関係は h を定数として次式で表される。

$$f_A = hg_A \qquad (3)$$

この操作では，容器内に単位時間あたりに供給されるAと排出されるAの物質量が等しいため，W は G，f_0，f_A，g_A を用いて［オ］と表される。

操作3　Aは式(4)のように水と反応する。

$$A + H_2O \rightleftarrows AH^+ + OH^- \qquad (4)$$

ここで式(4)の電離定数 K_a は式(5)で表される。

$$K_a = \frac{[AH^+][OH^-]}{[A]} = 1.80 \times 10^{-7}\ \text{mol/L} \qquad (5)$$

ヘンリー定数は $H = 8.00 \times 10^2$ Pa･L/mol である。pH =［え］の塩酸 2.00 L

を吸収液として用いて，**操作 1** と同様に，霧状に散布したところ，十分に時間が経過した後，最終的な吸収液の pH は 7.00 に，A の分圧は 1.00 Pa になった。

問 1 [ア] に適切な用語を，[イ] に{　　}から適切な語句を選択し，記入せよ。[ウ] ～ [オ] に適切な数式を記入せよ。

問 2 [あ] ～ [う] に入る適切な数値を以下の選択肢から 1 つずつ選び記入せよ。なお，選択する数値は重複してもよい。

選択肢						
$\frac{1}{16}$	$\frac{1}{8}$	$\frac{1}{4}$	$\frac{1}{2\sqrt{2}}$	$\frac{1}{2}$	$\frac{1}{\sqrt{2}}$	1
$\sqrt{2}$	2	$2\sqrt{2}$	4	8	16	32

問 3 **操作 1** において，x 軸，y 軸の組み合わせをそれぞれ以下の(i)，(ii)としたときに，その関係を表すグラフの概形として最も適切なものを**図 2** の ⓐ ～ ⓕ からそれぞれ選べ。

(i) x 軸：[A]，y 軸：v_A

(ii) x 軸：時間，y 軸：吸収液内の A の物質量

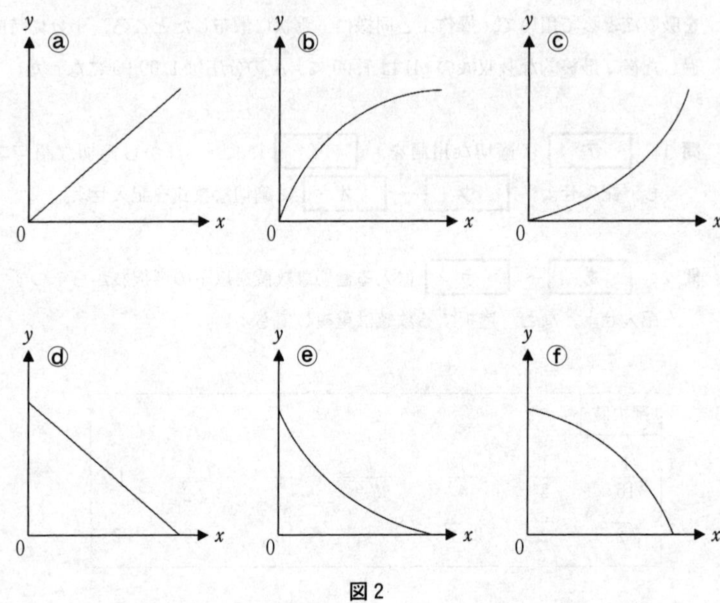

図2

問 4 ガス吸収操作では，吸収液の量は少ない方が望ましい。**操作 2** において，気体混合物中の A のモル分率を f_0 からある値 f_f まで低下させるために必要な，吸収液と気体混合物の流量比 $\frac{W}{G}$ の最小値を，f_0，f_f，h を用いて求めよ。

問 5 式(4)のように吸収液と A が反応する場合でも，十分に時間が経過した後の吸収液中の A の濃度はヘンリーの法則に従うと考えてよい。**操作 3** において，吸収液によって気体混合物から除去された A の物質量〔mol〕を有効数字 2 けたで求めよ。

問 6 [え] に入る適切な数値を小数第 1 位まで求めよ。

化学問題 III

次の文章(a)，(b)を読み，**問1**～**問7**に答えよ。解答はそれぞれ所定の解答欄に記入せよ。ただし，構造式は記入例にならい，シス-トランス異性体(幾何異性体)がわかるように記せ。原子量は H = 1.00，C = 12.0，O = 16.0 とする。

構造式の記入例：

(a) **図1**に示すように，2-メチルプロパンの4つの炭素原子のうち，①の番号を付した3つは，いずれも3つの水素原子と1つのイソプロピル基 $(CH_3)_2CH$— と結合している。つまり，①の炭素原子3つは，いずれも結合している原子と原子団が同じであり，化学的に等価とみなせる。一方，②の番号を付した炭素原子は，1つの水素原子と3つのメチル基 CH_3— と結合している。このことからわかるように，①と②の炭素原子は結合している原子と原子団が異なり，化学的に非等価である。すなわち，2-メチルプロパンは2種類の非等価な炭素原子をもつ。同様の考え方は，鎖状構造のみならず，環状構造にも適用できる。例えば，シクロヘキセンの6つの炭素原子のうち，③の番号を付した2つ，④の番号を付した2つ，⑤の番号を付した2つはそれぞれ等価とみなせる。すなわち，シクロヘキセンは3種類の非等価な炭素原子をもつ。有機化合物の構造決定において，非等価な炭素原子の数は，分子式や反応性とならび，重要な情報である。

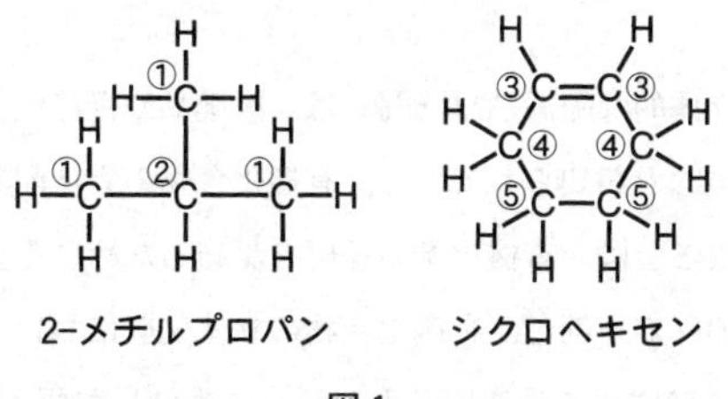

図1

5種類の有機化合物 **(あ)**～**(お)** の構造決定について考えてみよう。これらの化合物はそれぞれ構造異性体の関係にあり，以下の情報が得られている。

化合物（あ）は，炭素，水素，酸素の3種類の原子から構成されており，分子量は86.0であった。25.8 mg の化合物（あ）を完全燃焼させると，27.0 mg の水と66.0 mg の二酸化炭素が生成した。

化合物（あ）と（い）は不斉炭素原子をもたないカルボニル化合物であった。化合物（あ）と（い）をそれぞれ還元し，脱水させたのちに水素分子 H_2 を付加させたところ，同一の飽和炭化水素を与えた。化合物（あ）をアンモニア性硝酸銀水溶液中で熱したところ，銀が析出した。一方，化合物（い）にヨウ素と水酸化ナトリウム水溶液を反応させたところ，黄色沈殿が生じた。

化合物（う）は炭素原子間の二重結合を1つもち，この二重結合を構成する炭素原子に酸素原子は結合していなかった。化合物（う）に水素を付加させたところ，非等価な炭素原子の種類が1つ減少した。この水素付加後の生成物を酸化したところ，化合物（い）が生成した。

化合物（え）と（お）は3種類の非等価な炭素原子をもっていた。化合物（え）は二重結合とメチル基をもたず，ナトリウムとは反応しなかった。一方，化合物（お）はナトリウムと反応して水素分子を発生した。また，化合物（お）を脱水させたのちに水素分子を付加させたところ，化合物（か）が生成した。化合物（か）のすべての炭素原子は等価であった。

問1　化合物（あ）の分子式を求めよ。

問2　化合物（あ）～（お）の構造式を記せ。なお，ここでは鏡像異性体は考慮しない。

(b)　有機化合物の立体的な配置（立体配置）は，医薬品や機能性材料としての性能に大きく影響を及ぼすことが知られている。有機化合物の立体配置を的確に捉え，その3次元構造を知ることは，有機化学の理解を深めるために重要である。

アルケンの付加反応を例に，有機化合物の立体配置について考えてみよう。アルケンは二重結合を形成する炭素原子と，それに直結した原子がすべて同一平面（アルケン平面）上に存在する。アルケンと臭素分子 Br_2 の反応は，2つの臭素原子がアルケン平面をはさんで互いに反対側から付加する。例えば，図2の化合物（き）

への付加反応では，化合物（く）とその鏡像異性体の 2 種類が得られる。なお，R^1～R^4 はたがいに異なる炭化水素基，太線（ ▬ ）は紙面の手前側に出ている結合，破線（ ⦙⦙⦙⦙⦙⦙ ）は紙面の奥側に出ている結合である。一方，白金触媒によるアルケンと水素分子の反応は，2 つの水素原子がアルケン平面の同じ側から付加する。例えば，化合物（き）への付加反応では，生成物（け）とその鏡像異性体の 2 種類が得られる。化合物（く）や（け）は炭素原子を中心とした四面体が連結したような構造をしており，炭素原子間の単結合は，それを軸として回転できる。**図 2** の枠内には，炭素原子間の単結合を 180° 回転させた場合の例を示した。

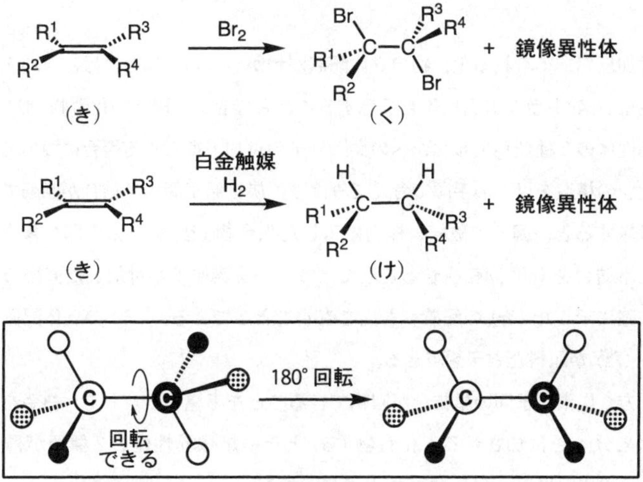

図 2

図 2 のアルケンの付加反応における立体的な特徴を考慮すると，原料アルケンのシス-トランス異性体の違いから，付加反応で得られる化合物の立体配置を予想することができる。例えば，**図 3** のシス形アルケン（**こ**）に臭素分子が付加すると化合物（**さ**）とその鏡像異性体の 2 種類が得られるのに対し，トランス形アルケン（**し**）に臭素分子が付加すると化合物（**す**）とその鏡像異性体の 2 種類が得られる。

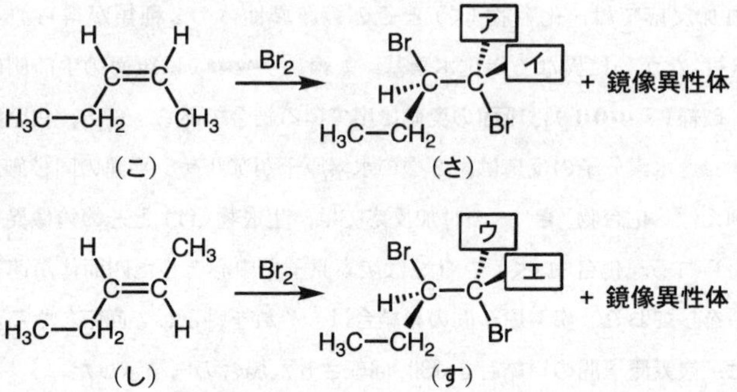

図 3

付加反応で得られる化合物の立体配置がわかっている場合には，原料アルケンの構造やシス-トランス異性体を予想することもできる。**図 4** の化合物 (**せ**) とその鏡像異性体の 2 種類がアルケンへの臭素分子の付加で得られる場合について，原料アルケンの構造を以下の手順で考えてみよう。炭素原子間の単結合が回転できることを考慮すると，**図 4** の破線の枠内に示した化合物 (**せ**) の，太矢印(⬇)で指し示した単結合を 180° 回転させることで，2 つの臭素原子が付加した直後の立体配置を的確に示した (**そ**) の配置へと描き直すことができる。(**そ**) の立体配置からアルケン (**た**) が原料だと予想できる。

一方，炭素原子間の単結合が回転できることを考慮することで，白金を触媒として水素分子を付加させると化合物 (**ち**) とその鏡像異性体の 2 種類が得られる場合，その原料はアルケン (**つ**) だと予想できる。

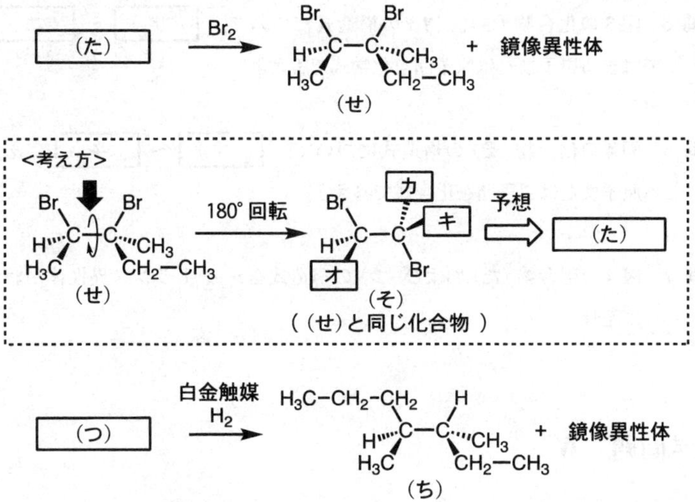
(た)
Br_2
(せ)
+ 鏡像異性体
<考え方>
(せ)
180° 回転
カ
キ
オ
予想
(た)
(そ)
((せ)と同じ化合物)
(つ)
白金触媒
H_2
(ち)
+ 鏡像異性体

図4

問 3　図5のアルケン(て)～(ぬ)に臭素分子が付加した際に，不斉炭素原子を2つ含む化合物を与えるものをすべて選び，記号を記せ。

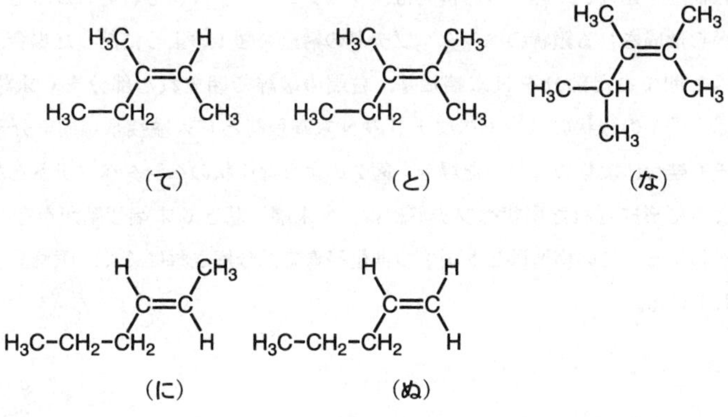
(て)
(と)
(な)
(に)
(ぬ)

図5

問 4　図5のアルケン(て)～(ぬ)に白金を触媒として水素分子を付加させた際に，不斉炭素原子を含む化合物を与えるものをすべて選び，記号を記せ。

問 5　図 3 の化合物 (さ)，(す) の構造式について，［ア］～［エ］にあてはまる原子または原子団を化学式で答えよ。

問 6　図 4 の化合物 (そ) の構造式について，［オ］～［キ］にあてはまる原子または原子団を化学式で答えよ。

問 7　図 4 の化合物 (た) および (つ) の構造式をシス-トランス異性体がわかるように記せ。

化学問題　Ⅳ

次の文章(a)，(b)を読み，**問 1**～**問 7** に答えよ。解答はそれぞれ所定の解答欄に記入せよ。原子量は H = 1.00，C = 12.0，N = 14.0，O = 16.0 とする。

(a)　環状ペプチドは，ペプチド結合などを介して環化したポリペプチドである。ここで，5 つのアミノ酸から形成されるポリペプチド(ペンタペプチド)の鎖状構造と環状構造を比較してみよう。例えば，グリシン，アラニンそれぞれ 2 つとセリン 1 つから形成される鎖状のペンタペプチドの構造を**図 1** のように記した場合，左端の破線で囲まれた部分を N 末端残基，右端の破線で囲まれた部分を C 末端残基とよぶ。**図 1** の鎖状のペンタペプチドの N 末端残基と C 末端残基が同一分子内でペプチド結合によりつながった場合，**図 2** のような環状のペンタペプチドとなる。このように形成された環状ペプチドには，N 末端残基と C 末端残基が存在しないことがわかる。この構造はヒトがもつ消化酵素では分解されにくく，医薬品にも応用されている。

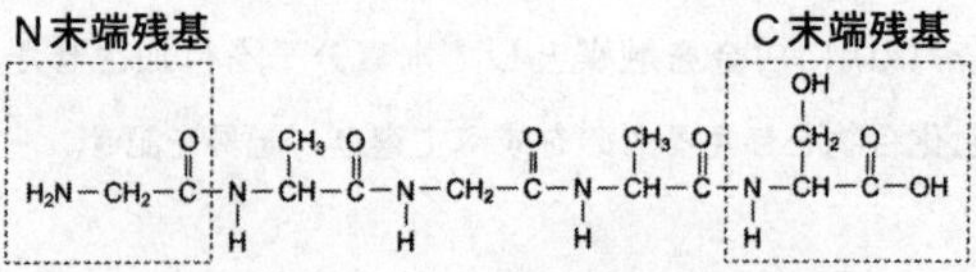

N末端残基　C末端残基

$H_2N-CH_2-C(=O)-NH-CH(CH_3)-C(=O)-NH-CH_2-C(=O)-NH-CH(CH_3)-C(=O)-NH-CH(CH_2OH)-C(=O)-OH$

図 1

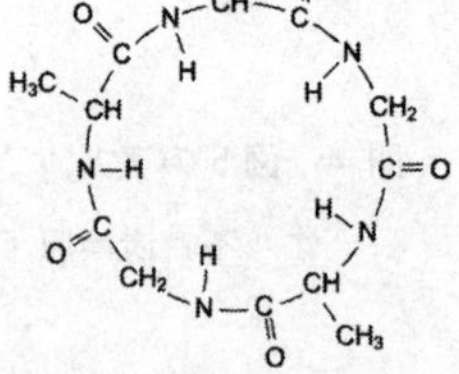

図 2

環状ペプチドであるグラミシジンSは抗生物質として知られる。この化合物は，10個のアミノ酸がすべてペプチド結合により連結したポリペプチドであり，5つの異なるアミノ酸A1，A2，A3，A4およびA5それぞれ1つずつからなるペンタペプチドと，同じ配列のペンタペプチドが結合した環状構造をもつ。グラミシジンSのアミノ酸配列は，A1～A5を用いて**図3**のように表すことができる。

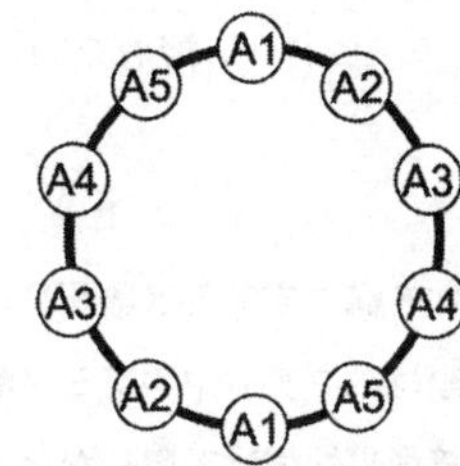

図3　グラミシジンSのアミノ酸配列(太い実線はペプチド結合を示す)

グラミシジンSの構成アミノ酸(A1～A5)はバリン，ロイシン，フェニルアラニン，プロリンおよびヒトのタンパク質には通常含まれないアミノ酸Xからなる。アミノ酸Xを除くアミノ酸の構造を**図4**に示す。各アミノ酸の分子量は，**図4**の括弧内の数値とする。

アミノ酸(分子量)	構造	アミノ酸(分子量)	構造
バリン(117.0)	[CH_3 | CH－CH_3] | H_2N－CH－COOH	フェニルアラニン(165.0)	[ベンゼン環 | CH_2] | H_2N－CH－COOH
ロイシン(131.0)	[CH_3 | CH－CH_3 | CH_2] | H_2N－CH－COOH	プロリン(115.0)	[CH_2 H_2C　CH_2] HN－CH－COOH

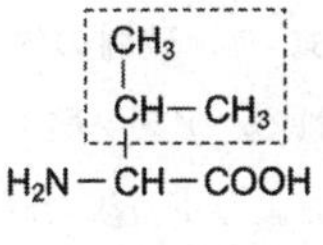

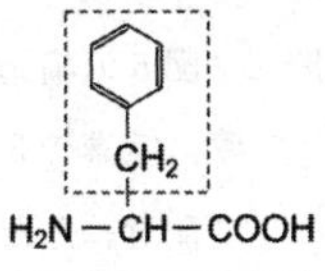

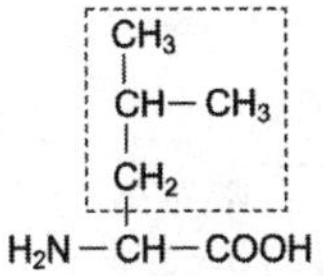

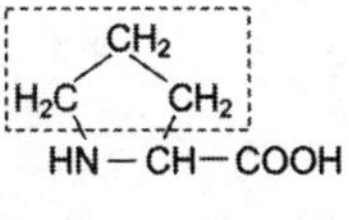

図4　アミノ酸の構造および分子量(破線の枠内は側鎖を示す)

このグラミシジンSに対し，**実験1**から**実験3**をそれぞれ行った。

実験1　68.40 mg のグラミシジンSに塩酸を加えて加熱し完全に加水分解すると，フェニルアラニンが 19.80 mg 得られた。ただし，アミノ酸の塩酸塩の生成は考慮しないものとする。

実験2　228 mg のグラミシジンSに含まれる窒素をすべてアンモニアに変え，生成したアンモニアを 0.20 mol/L の希硫酸 7.0 mL にすべて吸収させた。この溶液を 0.10 mol/L の水酸化ナトリウム水溶液で中和するのに 4.0 mL 要した。

実験3　グラミシジンSにニンヒドリン溶液を加えて加熱すると，紫色に発色した。

問1　文章中の下線部の条件を満たすアミノ酸配列の組み合わせは何通り存在するか答えよ。ただし，側鎖はペプチド中のアミノ酸の連結に関与しないものとする。なお，アミノ酸の鏡像異性体は考慮しない。

問2　**実験1**で消費される水の質量は何 mg か，有効数字3けたで答えよ。

問3　グラミシジンSの分子量を整数で答えよ。

問4　アミノ酸Xの分子量を整数で答えよ。

問5　1分子のアミノ酸Xに含まれる窒素原子の数を答えよ。

問6　図5の構造をもつアミノ酸Xにおいて，破線の枠内の側鎖Rは水素，炭素，窒素の3種類の原子から構成される。アミノ酸Xの構造を図4にならって記せ。ただし，側鎖Rにメチル基および不斉炭素原子は含まれないものとする。

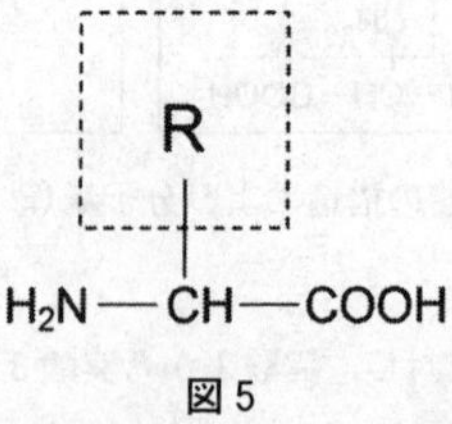

図5

(b) グラミシジンSを構成するアミノ酸A1～A5を用いて，3つの鎖状のトリペプチドを合成した。**図6**は各トリペプチドのアミノ酸配列を示しており，左端はN末端残基，右端はC末端残基を指す。そして，分子量が大きい順にペプチドP1，ペプチドP2，ペプチドP3とした。

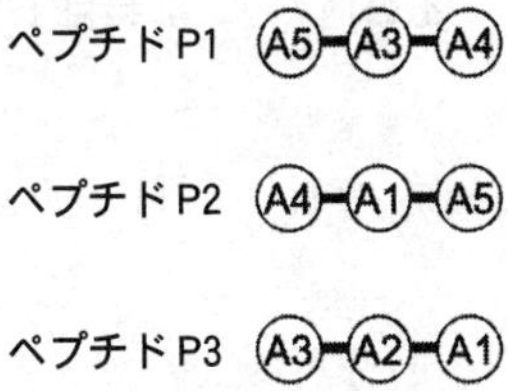

ペプチドP1　A5—A3—A4

ペプチドP2　A4—A1—A5

ペプチドP3　A3—A2—A1

図6　各トリペプチドのアミノ酸配列(太い実線はペプチド結合を示す)

これらペプチドP1～P3に対し，**実験4**と**実験5**をそれぞれ行った。

実験4　各ペプチドにニンヒドリン溶液を加えて加熱した。するとP2とP3のみ紫色に発色した。

実験5　各ペプチドに濃硝酸を加えて十分に加熱し，アンモニア水をさらに加えた。するとP1とP2は橙黄色に発色し，P3は無色のままであった。

問7　A1～A5に該当するアミノ酸は，バリン，ロイシン，フェニルアラニン，プロリンおよびアミノ酸Xのいずれであるかそれぞれ答えよ。

生　物

（教育(理系)学部　1科目　90分
　その他　　　　2科目 180分）

(注)　100点満点。理・医（医）学部は2科目300点満点に換算。

生物問題　I

次の文章(A)，(B)を読み，**問1～問7**に答えよ。解答はすべて所定の解答欄に記入せよ。

(A)　一本鎖RNAは分子内で塩基対を形成して多様な高次構造をとる。例えば，転移RNAは，約80ヌクレオチドからなる機能性RNAであり，その高次構造は**図1**に示すような3つのステムループ構造を含むクローバーの葉に模したモデルで描かれる。ステムループ構造は，分子内で複数の塩基対形成によって生じる二本鎖構造であるステム構造と，一本鎖のループ構造から構成される。**図1**の転移RNAの**34**番目から**36**番目の3ヌクレオチドは，伝令RNA上に刻まれた情報の読み取りを担っており，［ ア ］と呼ばれる。**34**番目の塩基がヒポキサンチンへと変換されている場合は，ヒポキサンチンと伝令RNA上のアデニン，ウラシルおよびシトシンとの間に塩基対形成が可能である。

原核生物の伝令RNAは機能連関した複数のタンパク質の配列情報をもっており，一括した遺伝子発現制御を可能としている。例えば，トリプトファン生合成を担う酵素遺伝子群では，細胞内のトリプトファン濃度が過剰になると［ イ ］タンパク質の発現が誘導され，それが染色体DNA上の［ ウ ］に結合することで，RNA合成酵素による伝令RNAの転写が不可能になるためトリプトファン合成が抑制される。

また，伝令RNA内のステムループ構造が細胞内の低分子化合物や金属などと結合または解離することで，遺伝子発現のスイッチとしても機能するリボスイッチと呼ばれる機構も存在する。たとえば，チアミン二リン酸(TPP)は哺乳動物にとってはビタミンであるチアミンから生成されるエネルギー代謝に関わる補酵素である。細菌内では，TPP がチアミン合成酵素群のタンパク質配列情報をもつ伝令 RNA の翻訳開始点の上流に位置するステムループ構造に結合すると，RNA 合成酵素による RNA 合成反応が停止することが知られている。

問 1　文章中の空欄 ア ～ ウ に適切な語句を記入せよ。

問 2　メチオニン転移 RNA の(**エ**)35 番目と(**オ**)36 番目に入る塩基は，アデニン(A)，ウラシル(U)，グアニン(G)，シトシン(C)のうち何か，それぞれ 1 つ選び，記号を記せ。

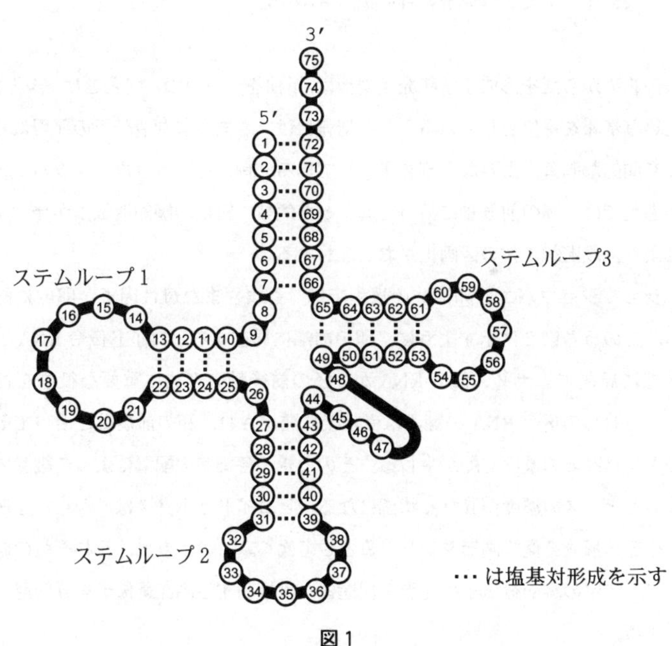

図 1

問 3　次の RNA はステムループ構造をとる。最長のステム構造を形成するときのループを構成する一本鎖部分のヌクレオチドの数はいくつか，答えよ。

5′-CUCCUAAGGUUAAGUCGCCCUCGCCCUGACCCAGCGAGGGCGACUUAACCUUAGGUUUU-3′

問 4 ピリチアミンはチアミンと類似した化学構造をもつ抗菌物質であり，細菌内へ取り込まれると，チアミンと同じ経路によってピリチアミン二リン酸へと変換される。ピリチアミンによって細菌内で低下するものを(あ)～(お)からすべて選び，記号を解答欄①に記せ。また，解答欄②にピリチアミンの作用機構を説明せよ。

(あ) チアミンリン酸化酵素の反応速度

(い) チアミン量

(う) メチオニン転移 RNA 量

(え) TPP リボスイッチへの TPP の親和性

(お) チアミン合成酵素群の伝令 RNA 量

(B) 動物のからだを形成する胚発生過程は，「何を」，「いつ」，「どこに」形成するのかという情報を基盤としている。この情報には，さまざまな遺伝子の発現に対する時間空間的な制御が主要な役割を果たしている。例えば，ショウジョウバエの初期発生過程では，胚の前後軸に沿って異なった領域で複数の調節遺伝子が発現することにより，段階的に体の区画化がおこなわれる。

ショウジョウバエの卵形成の過程では，さまざまな母性因子が卵内に貯えられる。このうち**図 2** に示すように，卵の前端に局在するビコイド伝令 RNA と，卵の後端に局在するナノス伝令 RNA が，胚の前後軸の形成に重要な役割を担っている。これらの伝令 RNA の翻訳は受精後に開始され，胚の前後軸に沿ってそれぞれのタンパク質の濃度勾配が生じる。そのとき，各細胞の配置によって細胞内のビコイドとナノスの濃度が異なる状態になる。ビコイドとナノスは，からだを区画化して体節の形成を促す調節タンパク質として働く。このように，それぞれの濃度に応じて，特定の調節遺伝子の発現を促進または抑制する調節遺伝子を分節遺伝子と総称する。

①分節遺伝子には，ギャップ遺伝子，ペアルール遺伝子，セグメントポラリティー遺伝子という順番で段階的に働く遺伝子群が存在する。ある遺伝子群の遺伝子が発現することによって合成される調節タンパク質は，次の段階の調節遺伝子の発現を制御する。このようなしくみによって胚が前後軸に沿って次第に細かく区画化され，さらにショウジョウバエのからだの基本構造となる体節が形成される。

問 5　**図 2** は，ショウジョウバエの卵内に存在する 4 種類の母性因子であるビコイド，ナノス，ハンチバック，コーダルの各伝令 RNA 濃度について，胚の前後軸に沿った分布を示している。ビコイドタンパク質は，コーダル伝令 RNA の翻訳を阻害し，ナノスタンパク質はハンチバック伝令 RNA の翻訳を阻害する。この結果，初期胚においてハンチバックとコーダルの各タンパク質は，胚の前後軸に沿ってどのような分布を示すようになるか，各々適切なものを**図 3** の(**あ**)～(**し**)から 1 つ選び，ハンチバックについては解答欄①に，コーダルについては解答欄②に，記号を記せ。なお，図中の胚はすべて，左が前方，右が後方である。

問 6　遺伝子 X は，ハンチバックとコーダルの両タンパク質によって転写が促進され，ビコイドとナノスの両タンパク質によって転写が抑制されることにより発現が制御されている。この遺伝子 X の伝令 RNA は，胚の前後軸に沿ってどのような分布を示すと考えられるか，**図 3** の(**あ**)～(**し**)から 1 つ選び，記号を記せ。

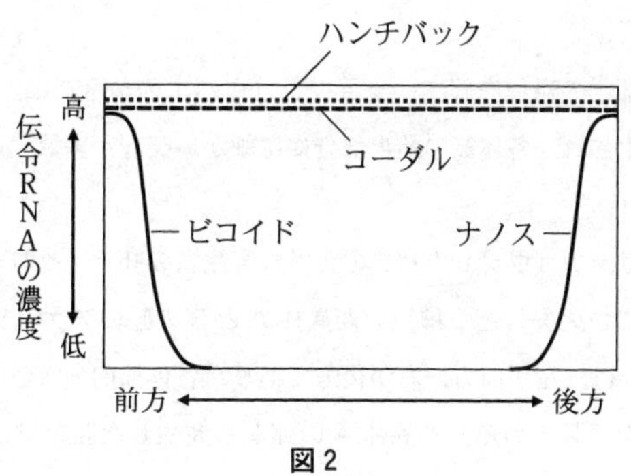

図 2

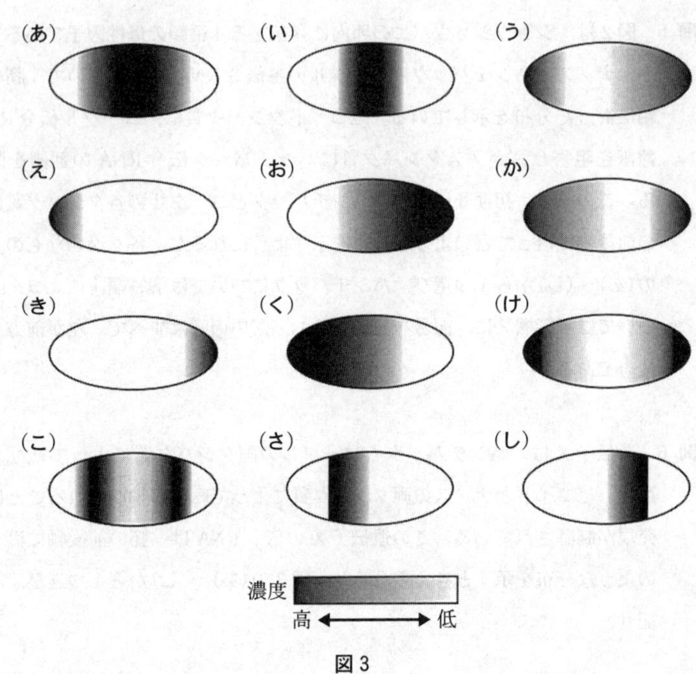

図 3

問 7　下線部①の過程を経て，ショウジョウバエのからだは，最終的に 14 の体節に区画化され，各体節の前半部分には細かい突起が多数生えたパターンが形成される。

図 4 は，ショウジョウバエの正常な野生型の胚と，それぞれ別の分節遺伝子が 1 つずつ欠失した 2 種類の変異体 A と B の胚のスケッチである。いずれも図中の胚は，左が前方，右が後方であり，各体節内の灰色の部分は突起が生えた部分を示している。変異体 A の卵から発生した胚では，胚の前方から数えて偶数番目の体節が消失しており，前後軸に沿って短い胚になっていた。変異体 B の胚も同様に体が前後軸に沿って短くなっていたが，体節の数に変化はなく，各体節の全体に突起が現れていた。これらの変異体 A と B は，どの種類の分節遺伝子の変異体であるか，それぞれ解答欄①に記入せよ。また，各々の変異体でそのような形態の変化が生じる理由を解答欄②に述べよ。

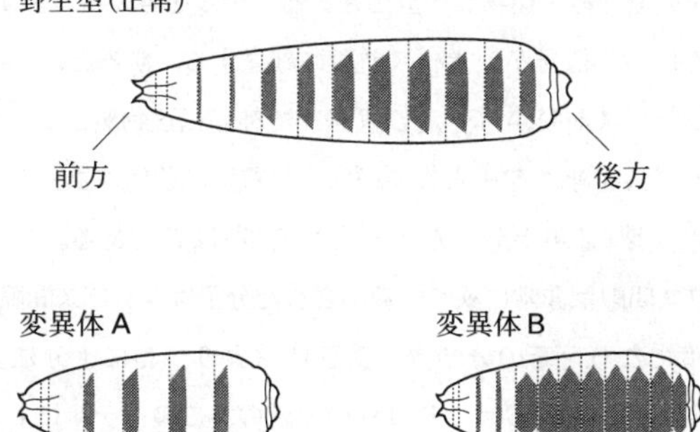

図 4

〔解答欄〕問 4 ②：11.1 センチ× 5 行　問 7 A②・B②：各 10.1 センチ× 5 行

生物問題　Ⅱ

次の文章を読み，**問 1** ～**問** 8 に答えよ。解答はすべて所定の解答欄に記入せよ。

ニューロンは脳を構成する主要な細胞であり，お互いに情報のやりとりをおこなっている。ニューロン同士が情報伝達をおこなう場所はシナプスと呼ばれ，約 20 [ア] の隙間をあけて接続している。

動物の神経―骨格系には，迅速な運動を可能とする様々な情報伝達のしくみが存在する。大脳の運動野にある上位運動ニューロンは，長い軸索をのばし脊髄前角にある下位運動ニューロンに信号を送る。下位運動ニューロンは筋肉へ信号を送る。軸索での信号の伝達速度は，神経繊維の太さと有髄か無髄かによって決まり，ヒトでは速いもので [イ] 近くに達する。有髄神経繊維の軸索は髄鞘が取り囲んでおり，[ウ] 以外の部分では外部と絶縁されている。[ウ] の部分が脱分極すると，離れた次の [ウ] との間で活動電流が生じ，とびとびに信号が伝わる跳躍伝導が起きる。これにより，速い興奮の伝導が可能となる。信号が神経筋接合部に到達すると，神経伝達物質である [エ] がシナプス間隙に放出され，筋細胞の受容体を刺激し筋肉が収縮する。

神経筋接合部における情報伝達速度を考察するために，シナプス前膜から短時間，一定速度で神経伝達物質が放出されるモデルを考える。まず，時刻 $t=0$ において軸索を伝わる信号がシナプス前膜に到達する。すると，$t=0$ から $t=3$ ミリ秒の間，シナプス前膜から一定の速度 A で神経伝達物質がシナプス間隙に放出される。シナプス間隙に存在する神経伝達物質は単位時間あたり一定の確率で消失し，その半減期(量が半分になるまでの時間)は B である。なお，このモデルでは，シナプス間隙は非常に狭く，放出された分子はシナプス間隙を速やかに拡散し均一の濃度になり，その分子数は受容体数よりつねに十分に多いと仮定する。$A=15000$ 個/ミリ秒，$B=1$ ミリ秒のときの，このモデルにおけるシナプス間隙の神経伝達物質の変化を図1に示す。

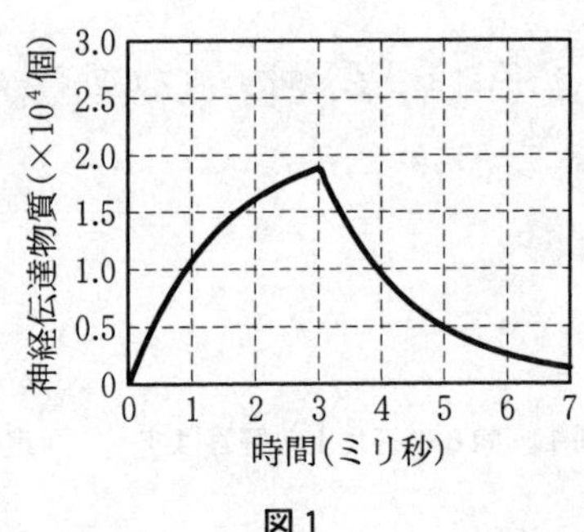

図1

問1　［ア］に適切な長さの単位を記せ。また，［ウ］，［エ］に適切な語句を記せ。

問2　［イ］にもっとも適切なものを(あ)～(お)から1つ選び，記号を記せ。

(あ)　0.01 m/秒　　(い)　0.1 m/秒　　(う)　1 m/秒

(え)　10 m/秒　　(お)　100 m/秒

問3　図1に比べ A が1.5倍に増えたときの，このモデルにおけるシナプス間隙の神経伝達物質量の変化としてもっとも適切なものを図2の(あ)～(か)から1つ選び，記号を記せ。

問 4 **図 1** に比べ B が 2 分の 1 になったときの，このモデルにおけるシナプス間隙の神経伝達物質量の変化としてもっとも適切なものを**図 2** の**(あ)**～**(か)**から 1 つ選び，記号を記せ。

問 5 このモデルでは，シナプス間隙の神経伝達物質が 5000 個以上になると信号が伝わる。シナプスでの迅速な情報伝達には，シナプス間隙の神経伝達物質量が素早く増加し，かつ短時間だけある値以上であることが望ましい。このモデルのシナプスにおける迅速な情報伝達にもっとも重要な性質を，**(あ)**～**(え)**から 1 つ選び，記号を記せ。

(あ) A の値が大きいこと
(い) A の値が小さいこと
(う) B の値が大きいこと
(え) B の値が小さいこと

問 6 実際の神経シナプスでは，**問 5** で答えた性質がどのような機構によって実現されるか，2 つ挙げよ。

〔解答欄〕各 12.6 センチ×1 行

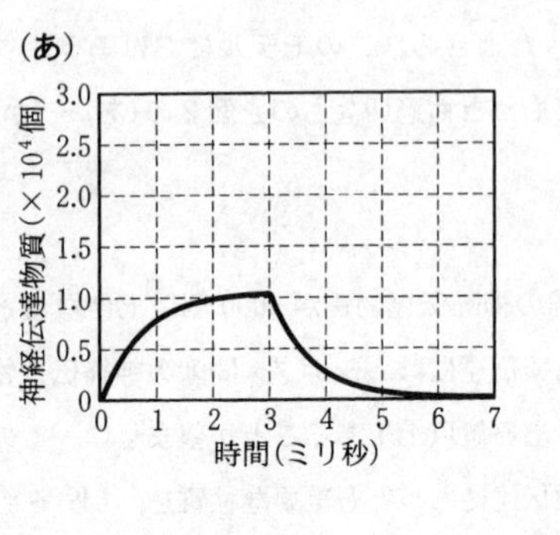

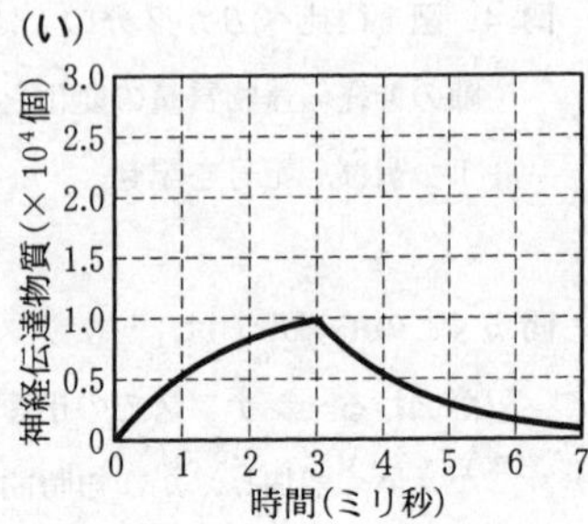

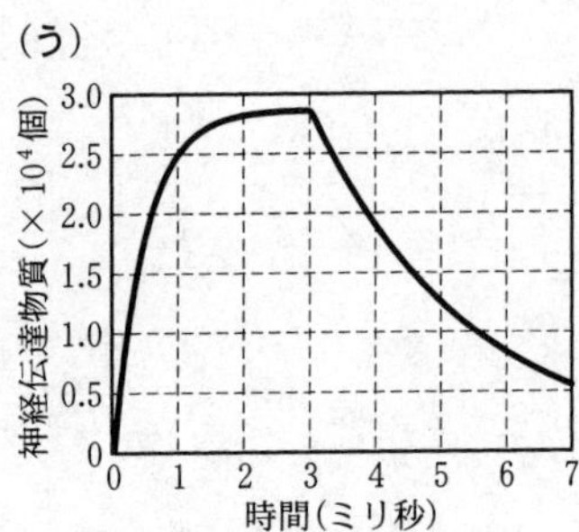

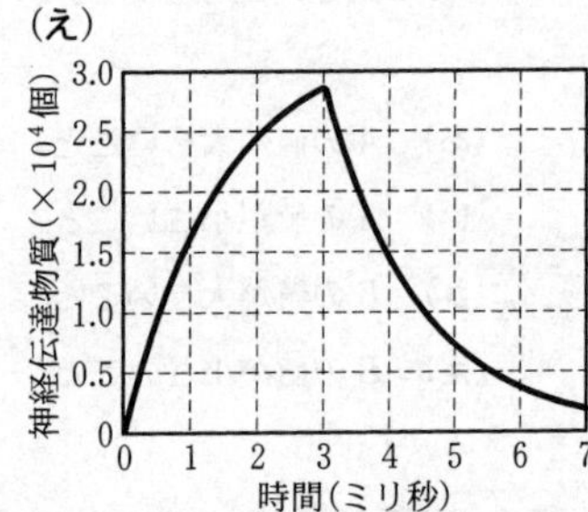

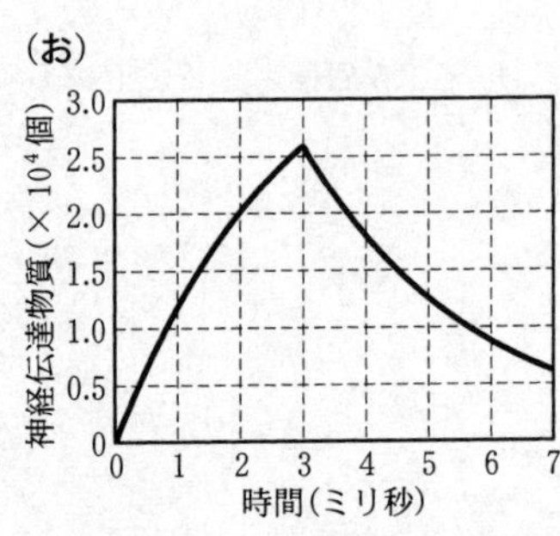

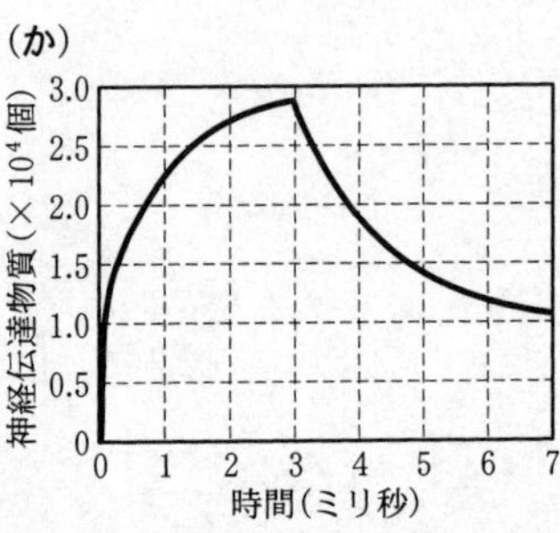

図2

問 7　脳内では，ニューロンはシナプスを介して他のニューロンと複雑な神経回路を形成している。これについて，活動電位にともない蛍光輝度の上昇する膜電位感受性蛍光タンパク質を用いて神経回路を調べる実験をおこなった。マウスの脳に膜電位感受性蛍光タンパク質を導入し，顕微鏡を使って大脳皮質視覚野の観察をおこなった。観察した6つのニューロン(N0～N5)について，ニューロンの蛍光輝度を経時的に測定したところ，**図 3** のような結果が得られた。このとき，N1 とシナプスを形成していると考えられるニューロンを解答欄にすべて記入せよ。ただし 6 つのニューロンはこれら以外のニューロンとシナプスを形成していないものとする。また，シナプス伝達にかかる時間および軸索伝達にかかる時間はいずれのニューロンでも等しいものとする。

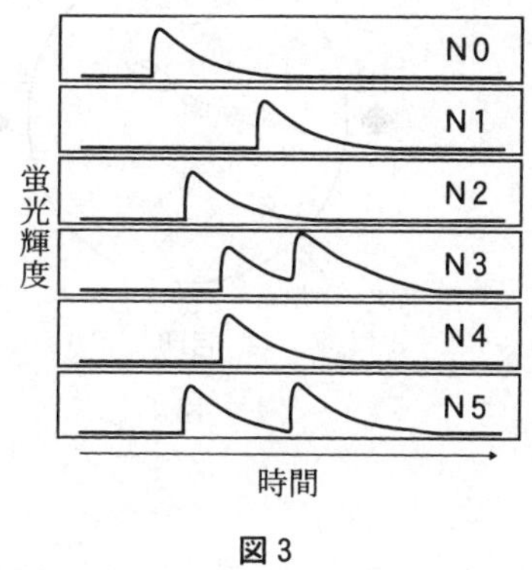

図 3

問 8 記憶には，記銘(書き込む)，保持(維持する)，想起(思い出す)の 3 つの過程が存在する。記憶を評価するための実験手法として，モリス水迷路という行動実験が用いられる。この実験では，**図 4** に示すように，大型の円形プールに濁った水を満たしてマウスをその中で泳がせる。水面下には，マウスに見えないようにプラットフォーム(台)が置いてあり，マウスはそこにたどり着くと足をついて休むことができる。マウスは最初，ランダムに水迷路を泳いでいるうちに偶然プラットフォームに到着するが，実験を毎日繰り返すうちに周囲の目印を利用して学習し，短時間でプラットフォームに到着できるようになる。

野生型マウスならびに，ある脳領域に局所的に神経活動阻害剤を継続して投与し続けたマウスを用いて，モリス水迷路実験をおこなった。水迷路周囲の目印の数を 4 つにして 7 日間実験をおこなったところ，プラットフォームに到着するまでの時間変化について，**図 5** のような結果が得られた。さらに，最後の水迷路実験から 1 ヶ月後，**図 4** の水迷路周囲の目印をそのままにした場合と，3 個とり除いた場合でプラットフォームに到着するまでの時間を比較すると，**図 6** のような結果が得られた。以上の実験結果から，この脳領域の記憶に関する機能について，上述の記憶の過程をふまえて解答欄の枠の範囲内で説明せよ。

〔解答欄〕12.6 センチ× 4 行

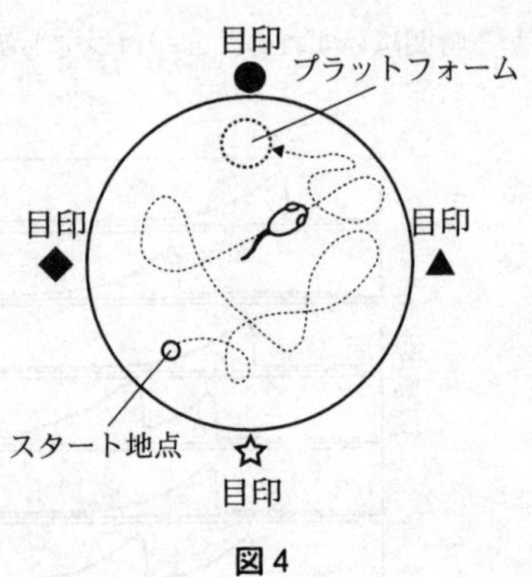

図4

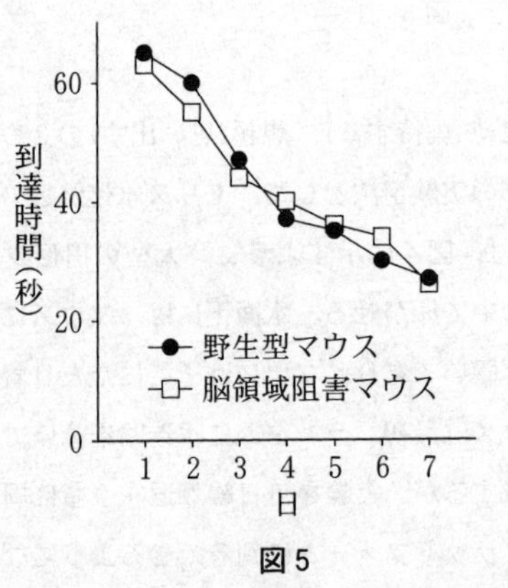

図5

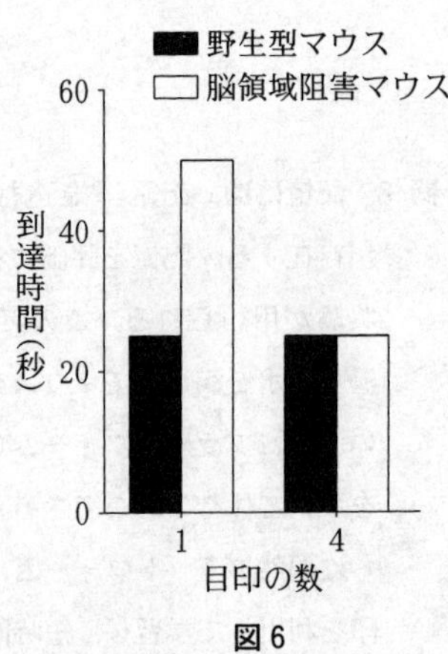

図6

生物問題　Ⅲ

次の文章(A)，(B)を読み，**問 1 ～問 11** に答えよ。解答はすべて所定の解答欄に記入せよ。

(A)　植物の成長量は個体群密度や時間に依存する。**図 1** は異なる個体群密度で栽培したダイズ群落における平均個体重と個体群密度の関係を示したもの，**図 2** は異なる個体群密度で植栽された 13 年後のアカマツの林における，土地面積あたりの幹，枝，葉の現存量と個体群密度の関係を示したものである。密度効果が生じると，ある時点における土地面積あたりの現存量が個体群密度に依存しない現象が知られており，この現象を最終収量一定の法則と呼ぶ。また**表 1** は異なる 4 つの森林生態系 A～D における総生産量，一次生産者の呼吸量，地上部と地下部を合わせた枯死・脱落・被食量，分解者の呼吸量を示している。

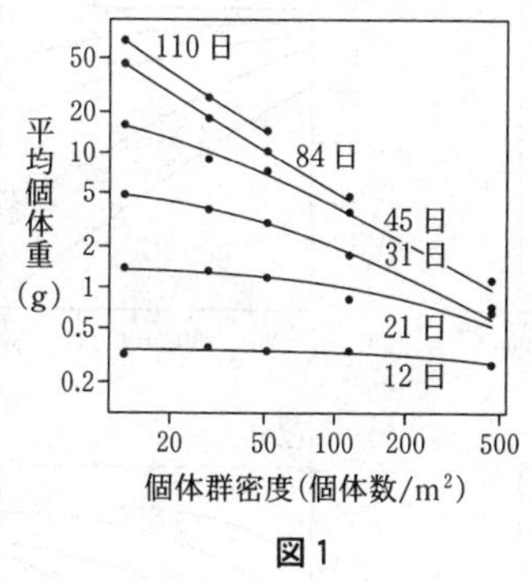

図 1

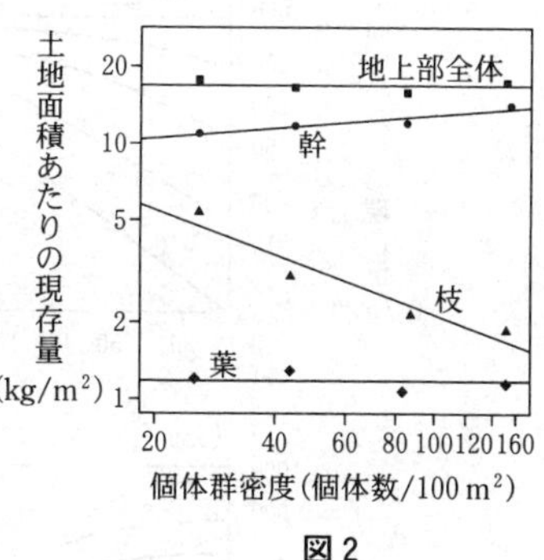

図 2

表 1

	森林生態系			
	A	B	C	D
総生産量	950	1720	2230	3050
一次生産者の呼吸量	451	772	1140	1450
枯死・脱落・被食量	352	720	1021	1329
分解者の呼吸量	420	350	678	972

単位はいずれも gC/(m²・年)。gC は物質生産によって固定された炭素の量を表す単位である。

問 1　図 1 では，84 日目には最終収量一定の法則が成り立っていた。土地面積あたりの現存量と個体群密度の関係を表した図として，もっとも適切なものを，図 3 の(あ)～(か)から 1 つ選び，記号を記せ。なお，6 本の線は下から 12，21，31，45，84，110 日目のデータを示している。

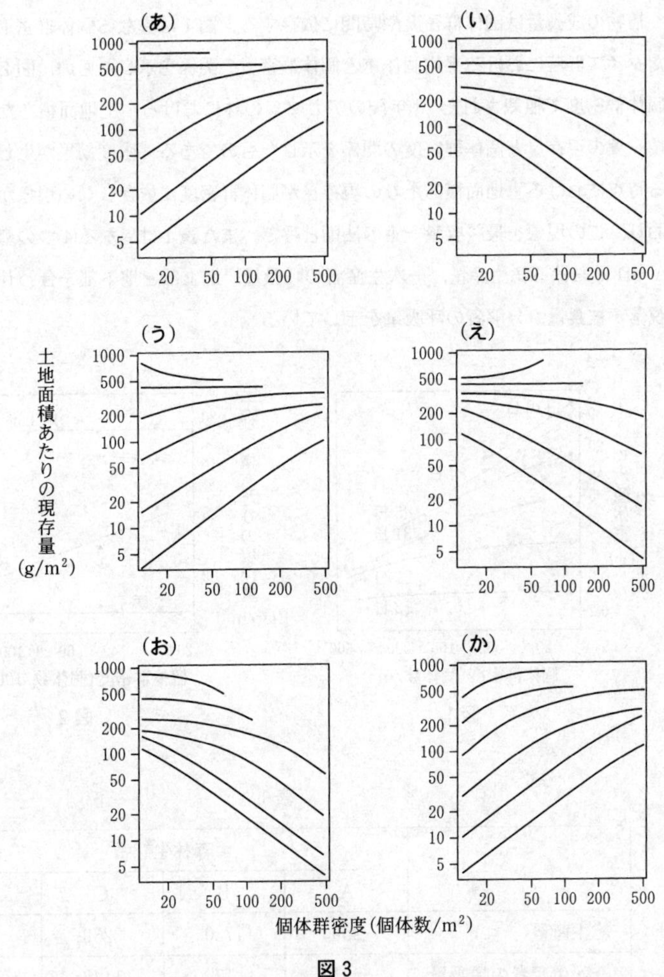

図 3

問 2　図 1 では，自己間引きと呼ばれる現象が生じるため，84 日目と 110 日目の高い個体群密度のデータが欠損している。この現象に関する説明としてもっとも適切なものを(あ)～(え)から１つ選び，記号を記せ。

(あ)　高い個体群密度になると，一個体あたりの葉や茎の量は減るが，個体群密度そのものは変わらない。

(い)　高い個体群密度になると，群落は，生産を維持するために一部の個体を枯らす。

(う)　高い個体群密度になると，資源不足により，一部の個体が自然に枯れる。

(え)　個体群密度は，成長とともに減少し，最終的に一定になる。

問３　**図２**において，幹の現存量に対して最終収量一定の法則は成り立たない。その理由を，個体群密度の違い(個体間の距離の違い)に依存した各器官(幹，枝，葉)の現存量の違いから説明せよ。

問４　**表１**のＡの森林生態系での純生産量(gC/(m^2・年))を答えよ。

問５　**表１**のＡ，Ｂ，Ｃ，Ｄの森林生態系を成長量の小さいものから順に並べて記入せよ。

問６　生態系の有機物の年間蓄積量が負になる場合もある。それはどのような場合か，(あ)～(え)から適切なものをすべて選び，記号を記せ。

(あ)　スギやヒノキの人工林などで成長が旺盛な場合。

(い)　温暖化で気温が高くなり，土壌炭素が分解されて分解者呼吸量の放出が大きい場合。

(う)　土壌有機物が土壌中に多く蓄積された場合。

(え)　大規模な山火事が発生した場合。

(B)　ある諸島の３つの島(**島Ａ**，**島Ｂ**，**島Ｃ**)に，コオロギの一種が生息している。このコオロギのオスには，メスを誘引するために鳴く通常タイプと，鳴く能力が失われている変異タイプの２つのタイプがあることが知られている。このコオロギは

20 世紀末にこの諸島に移入し，移入後に変異タイプが出現した。ここでは，移入前の形質を受け継いでいるものを通常タイプと呼ぶ。**表 2** に示すように，各島で 2 つのタイプの割合は異なる。

コオロギの移入と同時期に，寄生バエの一種もこの諸島に移入した。寄生バエのメスは宿主となるオスのコオロギの位置をその鳴き声により特定し，鳴いている個体に産卵する。寄生バエの幼虫は宿主の体内に潜り込み，最終的に宿主は死に至る。

表 2

島 A	約 95 % のオスが変異タイプ。最初に変異タイプが確認された。
島 B	約 10 % のオスが変異タイプ。**島 A** より後に変異タイプが確認された。
島 C	すべてのオスが通常タイプ。

変異タイプの繁殖戦略(できるだけ多くの子孫を残すための行動・生態)を調べるために，以下の実験を行った。各島のコオロギの生息地に，半径 2 m の円状の観測領域(サークル)を 1 か所ずつ設置した。サークル内のオスの数を計測した後に，オスをすべて取り除いた。次に，サークルの中央に設置したスピーカーで通常タイプのオスの鳴き声を 20 分間再生した後，サークル内のオスの数を計測した。さらに，通常タイプか変異タイプかを記録し，スピーカーからの距離を計測した。実験の結果を**図 4** および**図 5** に示す。

なお，気温などの外的要因はすべての島で等しいものとする。

問 7 この文および図から読み取れる変異タイプのオスが鳴かないことのメリットを解答欄①に，デメリットを解答欄②に，それぞれ簡潔に説明せよ。

問 8 **図 4** の結果からわかる，このコオロギの性質について，もっとも適切なものを(**あ**)～(**お**)から 1 つ選び，記号を記せ。

(**あ**) 変異タイプのオスは，通常タイプよりも交配相手としてメスに好まれる。

(**い**) 変異タイプのオスは互いに排斥し合う。

(う)　通常タイプのオスは，その鳴き声により変異タイプのオスを排斥する。

(え)　変異タイプのオスは，鳴き声により通常タイプのオスの位置を特定することができる。

(お)　通常タイプのオスは，他のオスの鳴き声のない環境を好む。

問 9　**図 5** について，(**ア**)，(**イ**)，(**ウ**)にあてはまる島名を A，B，C から選んで記せ。

問10　**図 5** について，コオロギのオスが変異タイプであるものを(**あ**)～(**え**)からすべて選び，記号を記せ。

問11　変異タイプの繁殖戦略を，**図 4** および**図 5** の結果にもとづき説明せよ。

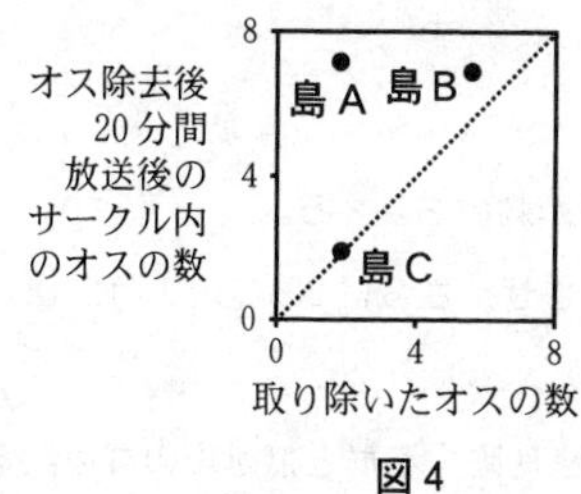

図 4

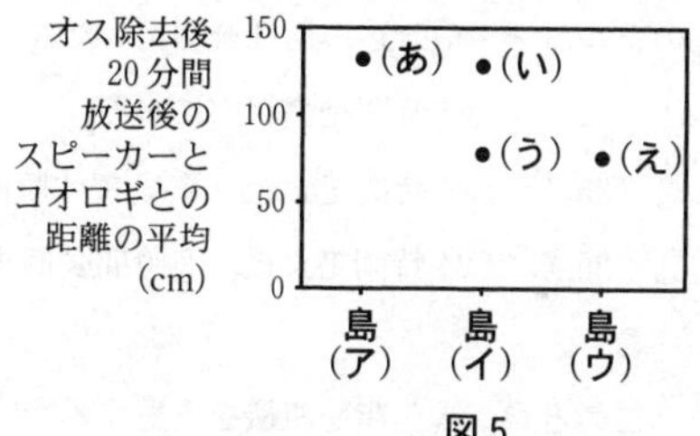

図 5

〔解答欄〕問 3　12.6 センチ × 6 行
問 7 ①・②　各 11.5 センチ × 1 行
問 11　12.6 センチ × 8 行

生物問題 Ⅳ

次の文章を読み，**問1～問3**に答えよ。解答はすべて所定の解答欄に記入せよ。

生物には，外部の環境因子の変化にかかわらず体内の生理状態を常に一定に保とうとする性質，すなわち恒常性がある。例えば，ヒトを含む哺乳類の体温や血糖濃度は，自律神経の作用，ホルモン分泌，細胞の代謝などが連携して維持される。

哺乳類の褐色脂肪組織は，急性の寒冷暴露に応じて熱を生産する特殊な脂肪細胞(褐色脂肪細胞)が集まった組織であり，体温調節に寄与する。寒冷刺激を与えたときの褐色脂肪組織における代謝の変化や熱の生産のしくみを調べることを主な目的として，**実験1～実験3**をおこなった。

実験1：ラットを用いて，以下の3種類の実験条件のもとで全身のさまざまな組織へのグルコース取り込み活性を測定した。

① 25℃で24時間絶食状態にする。

② 25℃で24時間絶食後，4℃で4時間の寒冷刺激を与える。

③ 25℃で24時間絶食後，2時間食餌摂取をさせ，さらに25℃で1時間置いておく。

このとき，褐色脂肪組織を支配する交感神経を切除する群と無処理の群を設定した。また，①～③の実験条件下でのラットの血中インスリン濃度も測定した。結果を**図1**に示す。

実験2：25℃において，ラットの褐色脂肪組織を支配する交感神経を電気刺激した結果，褐色脂肪組織へのグルコース取り込み量が増加するとともに，褐色脂肪組織の温度が上昇した。また，ラットにノルアドレナリンを投与した場合も褐色脂肪組織において同様の応答があることを確認した。これらの応答は，アドレナリン受容体の阻害物質の存在下では消失した。さらに，褐色脂肪細胞を試験管内に取り出して37℃で培養し，インスリン非存在下でノルアドレナリンを添加すると，ノルアドレナリンを添加しない群と比較してグルコースの取り込み量が増加した。

実験3：褐色脂肪細胞のミトコンドリア内膜には，ATP合成酵素を介さずにマトリックスへのH^+の流入を可能にするタンパク質Aが多量に存在することがわかっている。野生型ラットおよびタンパク質A欠損ラットに短時間の寒冷刺激を与えたとき，**表1**に示すような変化が観察された。

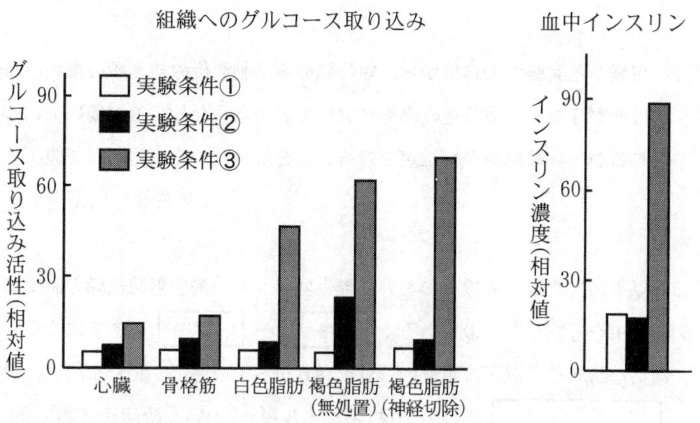

(Shimizu et al. 1991を改変)

図1

表1

	褐色脂肪組織へのグルコース取り込み量	褐色脂肪組織での脂肪の分解量	褐色脂肪組織における温度
野生型ラット	増加した	増加した	上昇した
タンパク質A欠損ラット	増加した	増加した	変化なし

問1　絶食後に食餌摂取をすることにより，血中インスリン上昇とあいまって，いずれの組織でもグルコース取り込み量が著しく増加していることが，**図1**から読み取れる。以下の文章はインスリンを介してグルコース取り込み活性が促進する調節のしくみについて述べたものである。[ア]～[カ]に適切な語句を記入せよ。

食後に血糖濃度が上昇したことを，血流により間脳の[ア]の血糖調節中枢が感知し，血糖調節中枢は[イ]を通じて膵臓の[ウ]の

エ を刺激する。これにより エ からのインスリンの分泌が促進される。インスリンは全身のさまざまな組織の細胞に作用して，オ を介したグルコースの取り込み・分解・脂肪への変換，カ の合成を促進する。

問 2 **実験1**と**実験2**の結果から，短時間の寒冷刺激後の哺乳類の褐色脂肪細胞におけるグルコース取り込み調節においてどのようなしくみが働いていると考えられるか。実験結果から推定できることを解答欄の枠の範囲内で説明せよ。

〔解答欄〕12.6センチ×6行

問 3 以下の文章は，**実験3**において野生型ラットの褐色脂肪組織の温度が上昇した理由を考察したものである。キ ～ ス にあてはまるもっとも適切な語句を，以下の語群の(あ)～(ぬ)から1つ選び，記号を記せ。また空欄 ① については「熱エネルギー」という語句を含めて30字程度で文章の一部を完成せよ。

寒冷刺激後に褐色脂肪組織に取り込まれたグルコースは キ と ク を経て代謝され，ケ によりミトコンドリア内膜の内外に コ が形成される。褐色脂肪組織に存在していた脂肪は寒冷刺激によって サ と シ とに加水分解される反応が促進され，サ は キ で代謝されて ク に入る。一方，シ は炭素を2個ずつ含む部分で順次切断される反応により繰り返し酸化され，ス となって ク に入る。すなわち，脂肪由来の代謝中間物質によってもミトコンドリア内膜の内外で コ が形成される。

褐色脂肪組織以外の組織の細胞ではこの コ がATP合成酵素を駆動してADPと無機リン酸を縮合させることでATPが合成される。それに対して，褐色脂肪細胞ではタンパク質Aが多量に存在するので，タンパク質Aを介したマトリックスへのH^+流入が優先的に起こり，コ が解消される。コ として蓄積されていたエネルギーは ① ため，褐色脂肪組織の温度が上昇すると考えられる。

語群：

（あ） アルコール発酵，（い） オルニチン回路，（う） 解糖系，
（え） 電子伝達系，（お） 糖新生，（か） 乳酸発酵，（き） クエン酸回路，
（く） ピルビン酸，（け） アセチル CoA，（こ） オキサロ酢酸，
（さ） グリセリン，（し） エタノール，（す） 乳酸，（せ） 脂肪酸，
（そ） グリシン，（た） グルタミン，（ち） CO_2，（つ） H_2O，
（て） O_2，（と） Na^+ 濃度勾配，（な） K^+ 濃度勾配，
（に） H^+ 濃度勾配，（ぬ） 電子密度勾配

地　学

(教育(理系)学部　1科目　90分
その他　2科目180分)

(注)　100点満点。理学部は2科目300点満点に換算。

地学問題　I

次の文章(a), (b)を読み，問1～問6に答えよ。解答はすべて所定の解答欄に記入せよ。

(a)　太陽の中心核では，4つの水素原子核が1つのヘリウム原子核に変わる［ア］反応が起きている。中心核の外側には［イ］層が，その外側には［ウ］層，光球がある。また光球のさらに外側には，内側から順に［エ］層，［オ］と呼ばれる大気層がある。

太陽大気中には，プロミネンスと呼ばれる比較的温度の低い雲のようなプラズマの塊があり，これはHα線などで観測されることがある。この<u>プロミネンスはしばしば噴出し</u>①，磁気嵐を引き起こすなど，地球にも影響を与えることがある。

問1　文中の［ア］～［オ］に当てはまる最も適切な語を答えよ。

問2　太陽中心からの距離と温度の関係を示した図として最も適切なものを，次のページの図1の(あ)～(え)から1つ選べ。

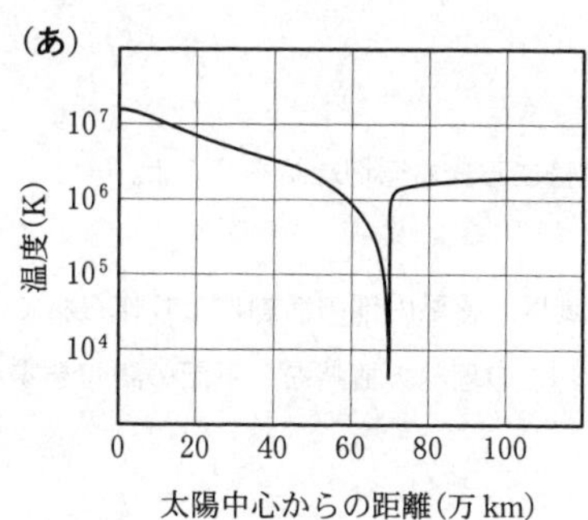

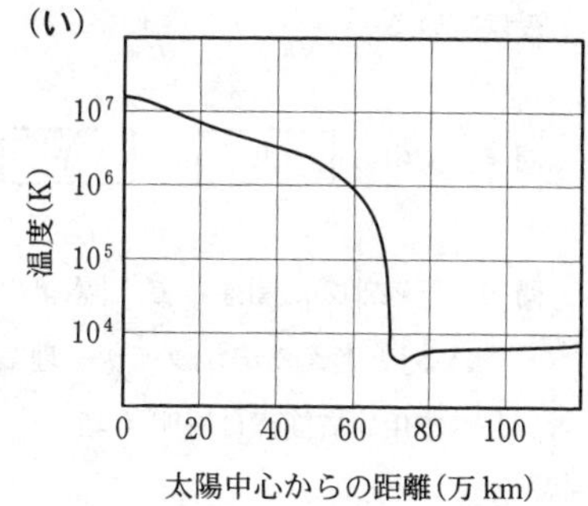

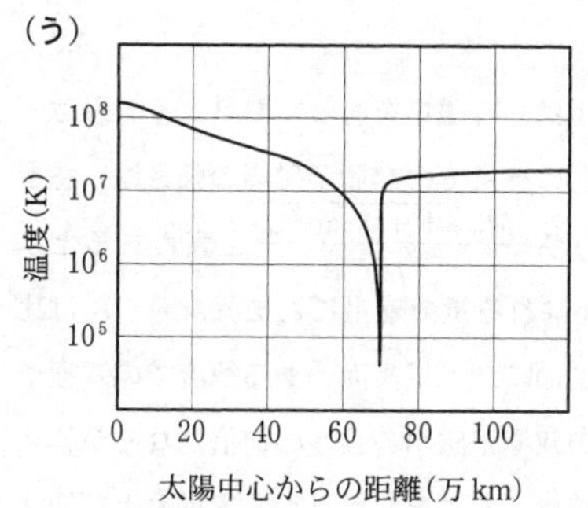

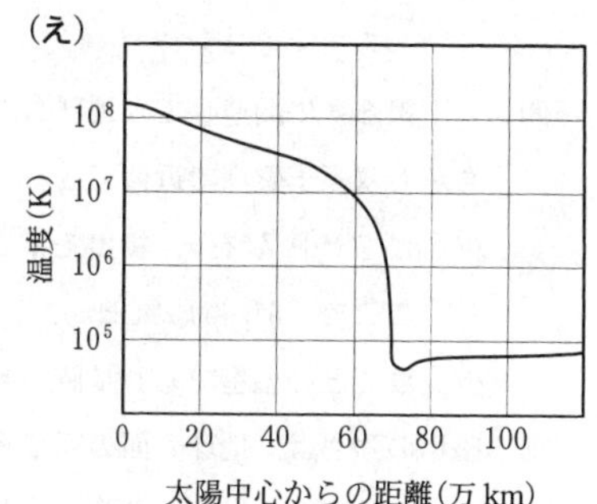

図 1

問 3 下線部①に関連して，あるプロミネンス噴出にともない，Hα 線(本来の波長 0.65628 μm)のスペクトル線が 0.65557 μm にまで偏移する現象を観測した。この噴出するプロミネンスの視線方向の速さを有効数字 1 けたで求めよ。また，このプロミネンスが観測者に対して近づいているのか，遠ざかっているのかを理由とともに述べよ。ただし，光速を 3.0×10^5 km/s とし，導出過程も示すこと。

(b) 現在，太陽系には 8 個の惑星が存在し，それらは [カ] と木星型惑星の 2 つに分類できる。これらの惑星の多くは，<u>その内部に起因する惑星規模の空間スケールの固有磁場</u>②を持っている。こうした惑星の固有磁場は，惑星中心に置いた仮想的な棒磁石が作る磁場で近似できる場合がある。このような磁場は<u>双極子磁場</u>③と呼ばれる。また固有磁場は，磁気圏と呼ばれる領域を惑星の外側に形成し，その磁気圏は，太陽から周辺空間に放出されるプラズマの流れである [キ] の影響を強く受けている。

問 4 文中の [カ] ， [キ] に当てはまる最も適切な語を答えよ。

問 5 下線部②に関連して，「惑星の固有磁場は，惑星内部の活動により作られている」と考えるのがダイナモ理論である。この理論の概略を，下記の語句をすべて用いて簡潔に説明せよ。

語句：電気をよく通す流体，磁場，電流

問 6 下線部③に関連して，地球および木星は固有磁場を有しており，それらはどちらも双極子磁場で近似できる。これらの惑星での双極子磁場の強さは，惑星中心からの距離を r，緯度を ϕ として，$K\dfrac{M_{\mathrm{p}}\sqrt{1+3\sin^2\phi}}{r^3}$ と表されるとする。ここで，M_{p} は磁気モーメントと呼ばれる量で惑星ごとに異なり，K は比例定数でどの惑星でも同じ値である。この時，木星表面のある緯度での双極子磁場の強さは，地球表面の同じ緯度での双極子磁場の強さの何倍になるか答えよ。有効数字 2 けたで計算し，導出過程も示すこと。ただし，木星および地球は球体で近似でき，木星と地球の半径および磁気モーメント M_{p} は，それぞれ 7.0×10^4 km と 6.4×10^3 km，および，1.6×10^{27} Am^2(アンペア平方メートル)と 7.9×10^{22} Am^2 とする。

〔解答欄〕問 3　ヨコ 12.5 センチ×タテ 11.1 センチ
問 5　ヨコ 12.9 センチ×タテ 5.3 センチ
問 6　ヨコ 12.9 センチ×タテ 10.9 センチ

地学問題　Ⅱ

次の文章を読み，**問1**～**問5**に答えよ。解答はすべて所定の解答欄に記入せよ。

海水は様々な時間スケールで循環している。次のページの**図1**は，海水の大規模な水平循環が生じている北半球の大洋の海面高度を模式的に表したものである。この海水循環は亜熱帯環流と呼ばれている。**図1**に表されている海面高度の分布は，①大気の大循環により地点Aの緯度帯と地点Dの緯度帯の地表近傍を吹く風の東西成分が互いに正反対の方向を向いていることから生じている。海面の海水は風の力だけでなく，地球が自転している影響で［ア］力を受け，北半球では進行方向から［イ］側にそれる。風向と海水の動きの方向のずれは水深が増すにつれて大きくなっていき，全体としては風向とは直角方向に海水が移動する［ウ］輸送がおこる。この働きの結果として海水面の高低差が生じ，海水にはそれに応じた［エ］力が働く。［ア］力が［エ］力と釣り合うと，②海水は海面高度の等高線と平行方向に流れるようになる。このような力が釣り合った状態の流れを［オ］という。亜熱帯環流はおおむね［オ］として循環しており，赤道近傍の熱を高緯度地域へと輸送している。

一方，海水はより長い時間スケールでも循環している。海面付近の海水は風や波によって鉛直方向にはよく混合されているものの，季節や地域によって水温は大きく異なっている。この海水の表層混合層の下には水温が大きく低下する［カ］があり，さらにその下には，水温や塩分が水深や地域によってあまり変化しない深層水が分布する。深層水の水温や塩分が地域によってあまり変化しないのは，③グリーンランド沖および南極ウェッデル海から高密度の海水が沈み込み，海洋の深層水が海面を通した熱や淡水のやり取りの影響をあまり受けずに全世界的にゆっくりと循環しているためである。この循環を深層循環という。④深層循環の時間スケールは表層の環流に比べて極めて長いことが知られている。

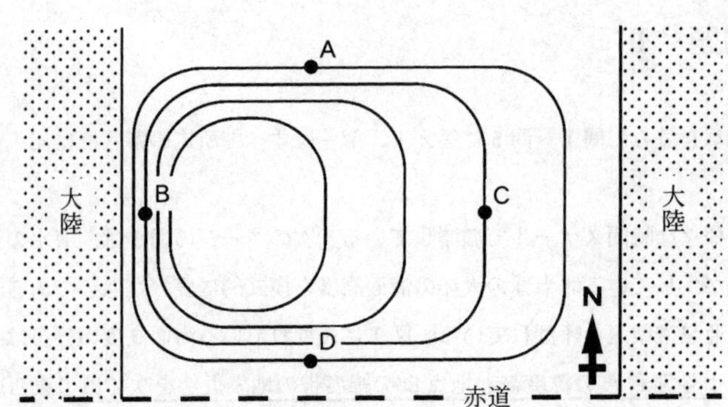

図1 北半球の大洋の模式図。実線は海面高度の等高線を示している。

問 1 文中の ア ～ カ に当てはまる最も適切な語を答えよ。

問 2 下線部①に関連して，以下の(1)～(3)に答えよ。

(1) 地点Aの緯度帯に吹く風の名称を答えよ。また，その風の東西成分はどちらの方位から吹くか記せ。

(2) 地点Dの緯度帯に吹く風の名称を答えよ。また，その風の東西成分はどちらの方位から吹くか記せ。

(3) 地点Dに吹く風と関連した大気の大循環の名称を答えよ。また，その大循環が降水量の分布へ与える影響について説明せよ。

問 3 下線部②に関連して，地点BおよびCの亜熱帯環流の速さはどちらが大きいか答えよ。なお，地点BとCの緯度は等しいものとする。また，**図1**の海面高度の等高線の分布に基づいて，2つの地点で亜熱帯環流の速さが異なる理由を説明せよ。

問 4 下線部③に関連して，これらの海域で海水が高密度となる理由を2つ説明せよ。

問 5 下線部④に関連して，以下の(1)，(2)に答えよ。なお，深層水における水分子の平均滞留時間を1500年とし，全世界の海水量は1.3×10^{18} t，深層水が海水中に占める質量割合は90％とする。海洋表層への降水量は年間3.9×10^{14} t，河川や地下水からの流入量は年間4.6×10^{13} tとする。これらの量は常に一定に保たれており，海底の堆積物や岩石にしみこむ水分子の移動は考えなくてよいものとする。解答の際には導出過程も示し，有効数字2けたで答えること。

(1) 表層から海洋深層水へ流入する年間の海水の質量を答えよ。

(2) 深層水以外の海水における水分子の平均滞留時間を答えよ。

〔解答欄〕問2(3) ヨコ12.5センチ×タテ6.1センチ
問3・問5(2) 各ヨコ12.9センチ×タテ9.8センチ
問4 ヨコ12.9センチ×タテ7.9センチ
問5(1) ヨコ12.9センチ×タテ6.1センチ

地学問題 Ⅲ

次の文章を読み，**問1**～**問7**に答えよ。解答はすべて所定の解答欄に記入せよ。

2023年現在，日本に存在する活火山の数は［ア］であり，その多くは海溝と平行に帯状に分布①している。これは，沈み込んだプレートがある程度の深さに達した時に，マグマがつくられる②ためである。生成したマグマは浮力によって地殻内を上昇し，周囲との密度差がなくなるところでいったん停止して［イ］を形成する。その後，マグマ中に溶け込んでいた揮発性成分③が発泡してマグマの密度が小さくなると，再び上昇して地表から噴出する。これが火山噴火である。

火山噴火様式の多様性は，マグマの粘性やマグマに含まれる揮発性成分の量と関係する。粘性が低く，揮発性成分の量が少ないマグマであれば，［ウ］噴火とよばれる比較的穏やかな噴火になることが多い。粘性が高く，揮発性成分の量が多いと，ストロンボリ式噴火や［エ］噴火となる。浅間山や桜島などでは［エ］噴火がしばしば発生するほか，厚い溶岩も流出する④。さらに粘性が高く，揮発性成分に富むマグマであれば，激しく発泡して連続的に噴出する［オ］噴火とよばれる大規模な爆発的噴火を起こすことになる。［オ］噴火の場合，噴煙は上空に高く立ち上り，風に流されて広域に広がる⑤。また，より大量の火山灰や軽石が噴出するような，極めて大規模な噴火が発生した場合には，地下の［イ］からマグマが急激に失われることになるため，［イ］の上の地表面が陥没して［カ］とよばれる巨大地形を形成する。南九州のある地域では，観測された［キ］のブーゲー異常の分布がきっかけのひとつになって，地下に埋もれた［カ］構造の発見に至った。

マグマが上昇してきて噴火に至る場合，噴火前に地殻変動，地震活動，火山ガス放出量などに変化がみられることがある。それらを捉えるために，［ア］の活火山の半数近くで，24時間体制での観測・監視が行われている。

問 1　文中の［ア］に当てはまる最も適切な数値を，以下の(あ)～(お)から1つ選べ。

(あ)　24　　(い)　52　　(う)　111　　(え)　248　　(お)　491

問 2　文中の［イ］～［キ］に当てはまる最も適切な語を，以下の語群から1つずつ選べ。

語群：正，負，溶岩ドーム(溶岩円頂丘)，カルデラ，成層火山，盾状火山，
ハワイ式，ブルカノ式，プリニー式，マグマだまり，岩脈，岩床

問 3　下線部①に関連して，帯状に分布する火山のうち，最も海溝側のものをつないだ線の名称を答えよ。

問 4　下線部②に関連して，沈み込み帯でマグマが生成される過程を，以下の語群をすべて用いて簡潔に説明せよ。

語群：水，融点，マントル，プレート

問 5　下線部③に関連して，マグマ中に含まれる主要な揮発性成分の組み合わせとして最も適切なものを，以下の(**あ**)～(**え**)から 1 つ選べ。

(**あ**)　窒素，酸素　　(**い**)　窒素，二酸化炭素

(**う**)　水，酸素　　(**え**)　水，二酸化炭素

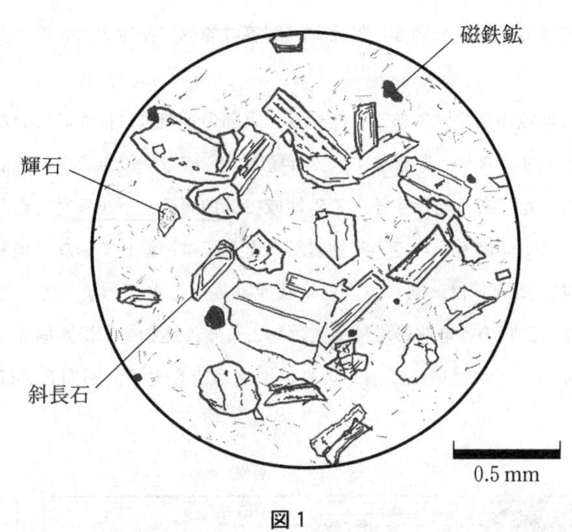

図 1

問 6　下線部④に関連して，**図 1** はこの溶岩の岩石薄片を顕微鏡で観察したときのスケッチである。火山岩に典型的にみられるこのような岩石組織の名称を答えよ。また，この組織の特徴を，その形成過程と関連づけて簡潔に説明せよ。

問 7　下線部⑤に関連して，以下の(1)，(2)に答えよ。

(1)　1991 年 6 月にフィリピンのピナツボ火山で発生した大規模な爆発的噴火では，噴煙は上空 40 km まで達した。この高度が含まれる大気圏の層の名称を答えよ。

(2)　ピナツボ火山で爆発的噴火が発生した後，地球全体の平均地表気温がわずかながら低下した。爆発的噴火の発生後に地球全体で温度低下が生じた原因を簡潔に説明せよ。

〔解答欄〕問4・問6 各ヨコ 12.9 センチ×タテ7センチ
問7(2) ヨコ 12.9 センチ×タテ 6.2 センチ

地学問題 Ⅳ

次の文章を読み，**問1**～**問5**に答えよ。解答はすべて所定の解答欄に記入せよ。

図1はある地域の地質図である。ただし，東部の地質図は描かれていない。破線は地形等高線を表す。A層～E層はすべて堆積岩から成り，侵食を受ける前の各層の厚さはそれぞれ一定であったとする。この地域には地層の上下を判定①できた地点があった。図1中の ✕ 印は逆転している地層が，○ 印は逆転していない地層が確認された地点を表す。断層Fは，同じ方向に2回運動したことがわかっている。それらの運動は，A層～E層の各地層の堆積中には起こらず，運動方向は断層面の走向に直交していたとする。この地域に断層F以外の断層は存在せず，断層Fの断層面は平面である。

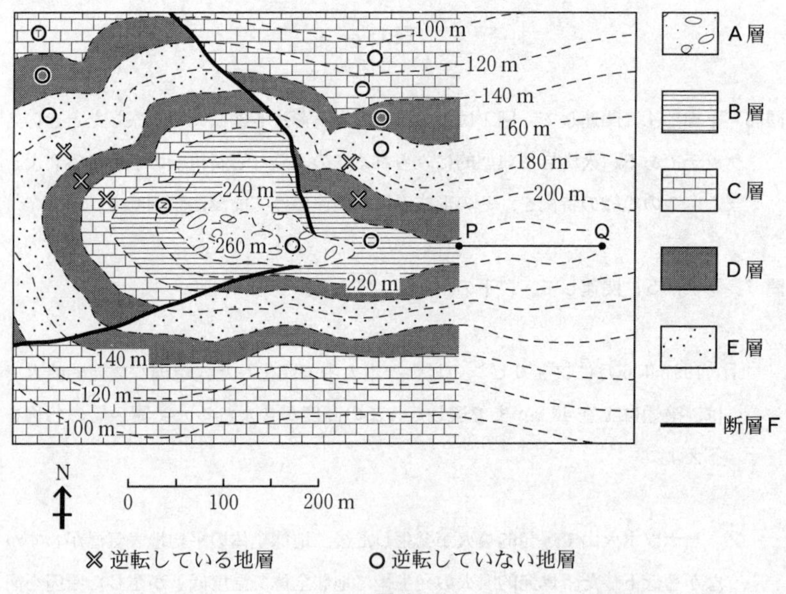

図1

問 1 断層Fについて，以下の(1)〜(3)に答えよ。

(1) 断層面の走向として最も適切なものを，次の(あ)〜(お)から選べ。

(あ) N 0°E　(い) N 30°E　(う) N 60°E
(え) N 30°W　(お) N 60°W

(2) 断層面の傾斜として最も適切なものを，次の(あ)〜(け)から選べ。

(あ) 0°　(い) 30°NE　(う) 60°NE
(え) 30°NW　(お) 60°NW　(か) 30°SE
(き) 60°SE　(く) 30°SW　(け) 60°SW

(3) 断層Fは正断層か，逆断層か答えよ。

問 2 下線部①に関連して，斜交葉理が地層の上下を示す場合がある。**図 2** は地層面に垂直な断面に現れた斜交葉理のスケッチである。地層の上位の向き(堆積年代が新しくなる向き)が(a)，(b)のいずれであるか，解答欄(ⅰ)に記入せよ。また，古流向(地層が堆積した当時の水流の向き)が(c)，(d)のいずれであるか，解答欄(ⅱ)に記入せよ。ただし，**図 2** に描かれた葉理の面の走向はすべて紙面に垂直であるとする。

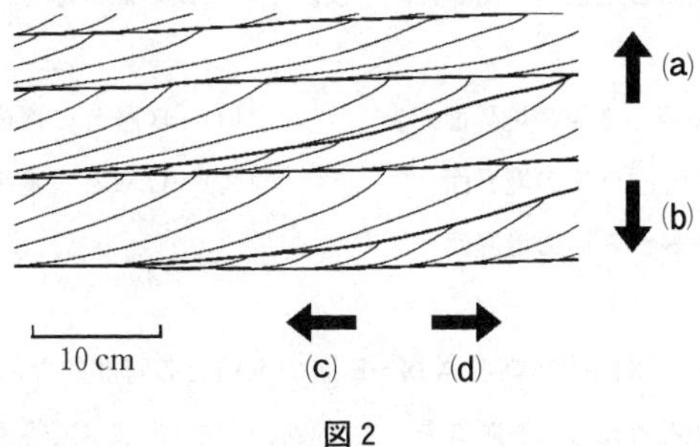

図 2

問 3 C層とD層は海洋プランクトンの遺骸を主体とする遠洋域の深海底の堆積物

から成ることがわかった。C層は主に石灰岩，D層は主にチャートで構成される。このような深海底の堆積物に関連して，以下の(1)，(2)に答えよ。

(1)　C層とD層の岩石の種類の違いは，堆積時の水深の違いのみによって生じたとする。どちらの層の堆積時の水深が深かったと考えられるか，以下の語群の語をすべて用いて簡潔に説明せよ。

語群：有孔虫，放散虫，炭酸塩補償深度，SiO_2，$CaCO_3$

(2)　次の文章を読み，［ア］～［エ］に当てはまる適切な語を答えよ。

ジュラ紀に付加した美濃―丹波帯の地層には，深海底で形成された堆積岩が含まれる。この堆積岩には，付加するまでの数千万年間の地史が記録されている。この期間には，［ア］と呼ばれる超大陸の分裂や，［イ］代末の生物の大量絶滅が起こった。大量絶滅の痕跡を，海水中の［ウ］の欠乏を示す黒色の堆積岩として見ることができる。［イ］代末の大量絶滅では，有孔虫のなかまである［エ］も絶滅した。

問4　図1の地質図が描かれた範囲内の地史について，以下の(1)～(3)に答えよ。

(1)　次の(あ)～(お)のうち不整合面であると考えられるものをすべて選び，そのように判断した根拠を簡潔に述べよ。ただし断層面は除く。

(あ)　A層とB層の境界面　　(い)　B層とC層の境界面
(う)　B層とD層の境界面　　(え)　C層とD層の境界面
(お)　D層とE層の境界面

(2)　断層Fの2回の運動とA層～E層の堆積との時間的な前後関係について，最も適切と考えられる順番を，次の(あ)～(き)を並べて答えよ。

(あ)　A層の堆積　　(い)　B層の堆積

(う) C層の堆積　(え) D層の堆積
(お) E層の堆積　(か) 断層Fの1回目の運動
(き) 断層Fの2回目の運動

(3) 断層Fの2回の運動におけるずれの量について，最も適切な記述を，次の(あ)～(う)から選べ。

(あ) 1回目が2回目の約2倍　(い) 2回目が1回目の約2倍
(う) ほぼ同じ

問 5 図1の東部の地質図が描かれていない部分には，褶曲(しゅうきょく)が見られた。この褶曲について以下の(1)，(2)に答えよ。ただし，褶曲の形成により地層の厚さは変化しなかったとする。

(1) 図1の線分PQに沿う鉛直方向の地質断面図として最も適切なものを，図3の(あ)～(え)から選べ。ただし，すべての地層境界面の走向は南北方向とする。

(2) (1)で選んだ断面図の褶曲した地層は折りたたまれており，地層が急に曲がる部分を除いて地層境界面は水平に近い。このような特徴から，この褶曲は [オ] 褶曲と呼べる。[オ] に当てはまる最も適切な語を答えよ。

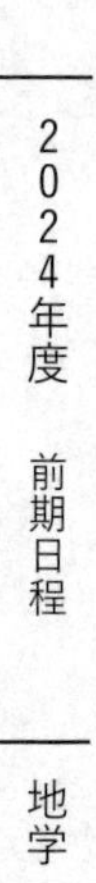

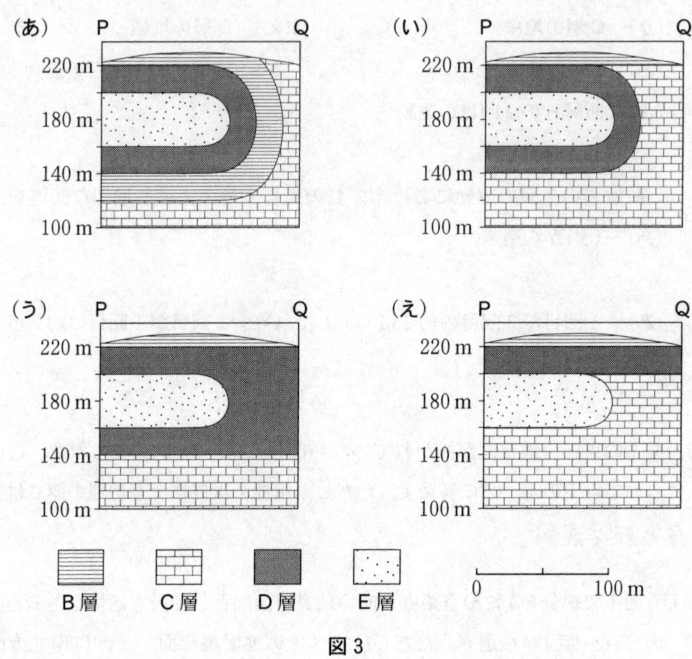

図3

〔解答欄〕問3(1)・問4(1)　各ヨコ12.5センチ×タテ8センチ

理なり。しかるを作者の心は、その道理をしらぬものになりて、里にこそまだ咲かずとも、山の奥には早く咲きそめたる花もあらんかと思ひて、山深く尋ねつつ、分け入れば入るほど余寒つよく、いよいよ風さえて、まだ花の咲くべき気色(けしき)も見えぬゆゑに、さては里のみならず、山の奥までいづくもいづくも花の遅き春かなと思へる意なり。春かなと留(とま)りたるところ、花を待ちかねたる心深し。

（本居宣長『草庵集玉箒(たまばはき)』より）

問一　傍線部(1)はどういうことか、説明せよ。

問二　傍線部(2)はどういうことか、「実の理」と「作者の見る心」の具体的な内容を明らかにしつつ説明せよ。

問三　傍線部(3)を現代語訳せよ。

〔解答欄〕問一　一四センチ×二行
問二　一四センチ×五行

問一　傍線部(1)のように筆者が言うのはなぜか、説明せよ。

問二　傍線部(2)はどういうことか、説明せよ。

問三　傍線部(3)はどういうことか、説明せよ。

〈解答欄〉問一　一四センチ×二行
問二　一四センチ×三行
問三　一四センチ×四行

三

次の文は、『草庵集』(中世の歌人、頓阿の歌集)について、本居宣長が著した注釈書の一節である。「諺解」という注釈書の解釈を引用した後に、「今按ずるに」以下で筆者自身の考えを述べている。これを読んで、後の問に答えよ。(三〇点)

山深く分くればいとど風さえていづくも花の遅き春かな

諺解云はく、端山さへ寒きに、山深く入りてはいよいよ寒きゆゑ、端山の花の遅きのみか、奥山も遅きなり。(1)いづくもといふに里の遅きもこもるべし。今按ずるに、この歌も(2)実の理と作者の見る心とを分けて説くべし。諺解のごとくいひては、混雑して、(3)ことわりたしかならず。山深く分け入る事もよしなくなるなり。歌の意は、まづ奥山ほど寒さのつよきゆゑに、花の咲く事いよいよ遅きが実のような立体的形体を幾何学的に精確にしるすとともに、その形体面の各処の滑らかさ及び光線に対する関係を物理学的にいいあらわすこともまた可能になされるでもありましょう。たとえそれらの仕事は極めて煩雑な手数を要しようとも、それは理論的には何の支障をもつくるものではなく、また一方において人間の芸術の至上的価値を認め、これを永遠に破損のおそれから救うためには、実際上において必要なこととして希求されなくてはならないようになるでしょう。ちょうど私たちの標準の物指し尺度を永遠に保たせるために物理学者が現に多くの手数を費やしてこれを光の波長によりて代えようと試みているように、もし私たちの芸術をその科学と等しく永遠に伝えようとするならば、これらの科学的方法がそこに応用せられるのを至当としなければなりますまい。芸術はかくして常に再現を可能とせられるからです。

私は芸術がその本質的価値を永遠に保存するために、(3)科学の共助を待つことを必要とするという点に極めて多くの興味を感ぜずにはいられません。芸術と科学とは本来私たち人間の思惟作用について全然別個のものに属しています。しかも芸術がその永遠性を保つために科学の普遍的永遠的価値によらなければならないということを悟ったならば、現実の上において両者の交渉がいかに密接であるかに関して、けだし驚くに足りるでありましょう。この意味をよく体得したならば、すべての芸術家は決して科学を疎んずることは出来ないのです。芸術がその自己の生命を永遠に持続するために実際に科学を必要とするからであります。

（石原純『永遠への理想』より。一部省略）

注(＊)

成形美術＝造形芸術。

もあります。私たちはここに芸術の永遠性をこれらにおいて見捨てなければならないのであろうかという重大な問題に衝き当たります。

私は敢えてこれに対して答えましょう。芸術は永遠のものでなければならないと。そしてその永遠的な効果においてのみ芸術の本質的価値が見いだされるものであると。

しからば美術作品の永遠性ということに対し私たちはどう考えたならよいのでしょうか。

何故に美術が常に骨董と結びつかなければならないかを考察しますと、それはこの場合の芸術表現が極めて複雑な自然現象を借り用いてなされているからに外ならないのでしょう。芸術家の手技を必要とすることにおいては音楽もまたこれと等しいものがあるでしょう。ただ音楽においては楽器そのものがすでに一定のなるべく純粋の楽音を発するようにつくられているために、これを簡単な記号的楽譜もしくは蓄音器によりて比較的安全に記することが出来るのですが、美術にありてはそれがより複雑になっているために、そう容易く記号を用いることが出来なくなります。まず音楽では音の一次元的持続を記せばよいのですが、絵画ではそれが通常二次元的面にあらわされ彫塑に到りては三次元的立体になっています。二次元的平面における形体は写真によりてやや完全に模写されますけれども、三次元的立体を機械的に記述することはすでに困難を感じます。その上に絵画の色彩はたとえ一定の顔料絵の具が用いられるとしても、これを調合する程度と、またこれを塗抹する画面材料の光に対する反射及び吸収度の相異によりて種々の変化を呈するために、頗る多様の複雑さを生じます。これが制作者自らの手を煩わさなければならない原因をなしているのです。

けれどももし私たちの科学が十分に発達したとするならば、たとえば絵画面の各処から一定の光(白光)の一定の照度に対して一定の方向に反射せられる光を分析して、各波長に対する光の強さをあらわす曲線を決定することは決して不可能ではありますまい。そうすればかような曲線の多数によりて絵画面全体の模様を最も精確にしるすことが出来るわけです。また彫塑の

二

次の文は、物理学者であり歌人でもある石原純が書いたエッセイの一部である。このエッセイは一九二五年に出版された本に収められている。これを読んで、後の問に答えよ。（三〇点）

*成形美術においてはこれを表現するに当たりて種々の実在の自然物を用います。しかるにこれらの自然物は時代の経過するに従って種々の変化をうけもしくは破損せられることを免れないものです。それ故私たちはそれらの変化を受けたものによりてこれを鑑賞するより外はないことになり、また一たび破損せられたならその美術作品は永遠に失われてしまわなくてはなりません。この意味において美術作品は、文芸音楽が永遠に伝え得られるのに反し、(1)悲しむべき運命を与えられたものでありま す。そしてその美術作品の保存そのことに或(あ)る価値が帰せられるようになり、ここにいわゆる骨董(こっとう)的価値が随伴するのです。

一方から考えますと、骨董作品にあらわれる自然的の変化はまた得がたいものの一つとも見られます。特に絵画における色彩の如きはその顔料に物質的制限があるために、新鮮なる場合に落ちついた感じのあらわれないものが、かえって時日を経て光や熱の徐々の作用のために、いわゆる寂(さび)を生じ気品を増すようになることは常に見られるところです。これらの自然的変化は時代経過の一つの特質であって、たとえ最初からそれを望んでもなし得なかったものを含むことが出来ます。そこに私は骨董的価値の存在を認めるものではありますけれども、しかし翻って考察すれば、これらの価値は単に自然現象に依存するものであって、決して人間の創作としての芸術の本質に関与するものではありません。私たちはこれを当然芸術批判の埒(らち)外におかなくてはならないのです。

なお一歩を進めてこの点に関する根本的な問題に立ち入りて見ますと、(2)美術作品が常に骨董的に取り扱われなければならない理由はそれが自然物を借りてはじめて芸術表現を行っているという性質にあるので、すでにそこに自然現象そのものとの密接な交渉があるわけです。そしてまたその事がらが破損によりて永遠の存続を亡失するという悲しむべき運命をになう所以(ゆえん)で

問一　傍線部（1）はどのような状態を指すのか、説明せよ。

問二　傍線部（2）から読み取れる筆者の心情を説明せよ。

問三　傍線部（3）はどういうことか、説明せよ。

問四　傍線部（4）のように筆者が言うのはなぜか、『祈り』の歌詞に触れつつ説明せよ。

〈解答欄〉問一・問三　各一四センチ×三行
問二　一四センチ×二行
問四　一四センチ×五行

学んだので、この傾向は強まるばかりだった。ペテルブルグに行って半年ほどしたころ、検定試験を受けた。ロシアが主催している試験で、日本でも定期的に開催されているが、受けたのはそのときが初めてだった。まずは大学受験資格を得るために必要なレベルの級を受験した。結果として合格はしたのだが、会話の試験だけは落第点だった。即不合格ではなく特別に会話のみの追試を許された（追試はまあ、なんとか合格した）のは、聞きとりの点数がよく、筆記が満点だったからだ。つまりは聞き分けのいい犬のようなもので、聞けばだいたいなんでもわかるのに、うまく言葉が出てこないのである。ガウ。

それからも意識的に会話をがんばったわけではないが、ある時期から言いたいことがあればいくらでも語れるようになった。けれど私はいまでも「聞く」のがいちばん好きだ。

新しい言語を学ぶ——その魅惑の行為を前に、(3)人は新たに歩きはじめる。母語ではとうにありふれたものになっていたものごとを、もうひとつの言語の世界でひとつひとつ覚えるたびに、見知った世界に新しい名前がついていく。それはオクジャワの『祈り』のようでもある——賢い者には頭を、臆病者には馬を……この歌の解釈は多様で、たとえば「賢い者には頭」というのは、賢さとは心で悟るものだから頭脳とは別物だということを、「幸せな者にはお金」が必要なのは、幸福か否かはお金の問題ではないことをそれぞれ暗示しているとする説や、そうではなく全体として一般常識的な固定観念に対する皮肉なのだとする説などがある。けれどもそれらの解釈とはまた別の層にある要素として、この詩には言語への希求のようなものがあるように思えてならない。この詩を読もうとすると、ひとつひとつの単語の辞書的な意味を疑わざるをえなくなり、賢さや幸せという、普段は自明のものと認識している言葉の意味を考えなおすことになる。そうして緩やかにつながる言葉同士の関連性に目を凝らし、意味の核心に迫ろうとするが、(4)核心は近づいたかと思えばまた遠ざかる。「言葉」と「意味」はひとつにはならない、でもだからこそ面白い——そんな感覚が歌にのって伝わってくる。

（奈倉有里『夕暮れに夜明けの歌を——文学を探しにロシアに行く』イースト・プレスより）

あるからこそ得られる、言語学習者の特殊な幸福状態というものがあるのだ。たぶん。

気づけば、進路というものが自分にあるのならロシア語しかない、と気負うようになっていた。思春期の気負いというのは不思議なもので、いちかばちか、どんな荒唐無稽な夢にでも向かっていける気がする。そのころの自分にとっては、選んだ道で「本気を出せるか否か」というのがいちばん大事な基準だった。(2)加えていうなら、逃げ場がないような崖っぷち、という場所を探してもいた。うちに伝わっていた曽祖父の話を思い出したせいもあるかもしれない。戦後まもなくに亡くなった曽祖父については、一九世紀末の日本にしては珍しく若いうちに英語圏に留学し、帰国後は英文学の翻訳をやっていたということ以外は知らなかったが、ただ「ものすごく変わった人だった」と聞いていた。でも、いいじゃないか。本気でやれるなら。世間一般で普通とみなされている道を外れようとも、ものすごく変わった人だと思われようとも、だからなんだっていうんだ。

私はさらに大規模な書店に出かけ、大きな公立図書館にも通い、ロシア語やロシア文学について手に入る本を片っぱしから手にとった。仲良しの女友達と一緒に本屋へ行くと「ほんと、なっくはロシア関連の本をみつけると見境がないね」と笑われた(「なっく」というのは小学生のころからの私のあだ名だ)。高校卒業後、いっときロシア語の専門学校にも通ったが、やはりロシアに行きたいという思いが強くなった。

そうして私がペテルブルグ行きを決めたのは、二〇〇二年から二〇〇三年にかけて——ちょうど二〇歳になる冬のことだった。

当時の私がどのくらいロシア語ができたのかといえば、とりわけ会話にかんしてはてんでだめだった。もともと文章を読んだり書いたりするのが好きだった私は社交的なほうではなく、いわゆる世間話がものすごく苦手である。ただ、人の話に耳を傾けるのは読み書きにも負けないほど好きで、気の置けない仲の友人数人と集まればひたすら黙って友人たちの会話を聞いているだけで幸せな気分になってしまう(ので、よけいなにも喋(しゃべ)らない)。ロシア語を学ぶにしても得意なところから好き勝手に

幸せな者には　お金を　そして私のことも　お忘れなく……

「でも賢い者なら頭はすでに充分でしょうし、臆病者は馬をもらってももてあましてしまうでしょう、不思議な歌ですね」と解説する沼野先生の飄々(ひょうひょう)とした語り口と、その一風変わった詩に、意味がよくわからないながらも妙に惹(ひ)かれた。なにより優しく心地よいオクジャワの歌声には、いつまでも聴いていたくなるような魅力があった。

それから、少し大きめの本屋へ行って教科書を物色した。ラジオ講座の入門編をやっていたのが宇多文雄先生だったので名前になじみのあった宇多先生の教科書を買い、ついていたCDを丸暗記した。歩きながらウォークマンで聞いていると、否定(ひてい)生格(せいかく)の過去・現在・未来をすべて「お金」で説明する例文――「金がない、金がなかった、金がないだろう」が登場し、くすくす笑っているうちにいつのまにか覚えていた。CDの最後では宇多先生が自らロシア民謡を歌っており、その哀愁ある歌詞が心に残った。

そんなふうにして基礎だろうと応用だろうと歌だろうと節操なくロシア語という言語に取り組んで数年が経ったころ、単語を書き連ねすぎて疲れた手を止めたとき、突然思いもよらない恍惚(こうこつ)とした感覚に襲われてぼうっとなったことがある。なにが起こったのかと当時の私に訊(き)いても、おそらくまともには答えられなかっただろう。そのくらい未知の体験だった――「私」という存在が感じられないくらいに薄れて、自分自身という殻から解放されて楽になるような気がして、その不可思議な多幸感に身を委ねるとますます「私」は真っ白になっていき、その空白にはやく新しい言葉を流し入れたくて心がおどる。ごく幼いころに浮き輪につかまって海に入ったときのような心もとなさを覚えながら、思う――「私」という存在がもう一度生まれていくみたいだ。いや、思う、というよりは感覚的なもので、そういう心地がした、というのに近い。この時期、それから幾度かそんな体験をした。

いま思えばあれは、語学学習のある段階に訪れる脳の変化からきているのかもしれない――(1)言語というものが思考の根本に

国　語

（九〇分）

（注）一〇〇点満点。総合人間（理系）・教育（理系）・経済（理系）・理・医学部は一五〇点満点に換算。

一 次の文は、ロシア文学研究者が自らのロシア語学習歴について述べたものである。これを読んで、後の問に答えよ。（四〇点）

　それから、ＮＨＫのラジオでロシア語講座を聞こうと思い、近所の本屋でテキストを買ってきた。テキストを見ると、月曜から水曜までが入門編、木曜と金曜には応用編をやっている。普通なら入門編をひととおり聞いてから応用編を聞くべきなのかもしれないが、応用編の内容を見たらとても面白そうだったので、欲張ってそちらも聞くことにした。というのもちょうどそのとき、沼野充義先生が吟遊詩人ブラート・オクジャワの歌を読んでいたのだ。たとえば『祈り』と題されたこんな歌である――

神よ　人々に　持たざるものを　与えたまえ
賢い者には　頭を　臆病者には　馬を

////////////////////// · memo · //////////////////////

////////////////// · memo · //////////////////

////////////////////// · **memo** · //////////////////////

/////////////////// · memo · ///////////////////

2023年度

問題編

問題編

▶試験科目

学　部	教　科	科　　目
総合人間(理系)・理・農	外国語	コミュニケーション英語Ⅰ・Ⅱ・Ⅲ，英語表現Ⅰ・Ⅱ
	数　学	数学Ⅰ・Ⅱ・Ⅲ・A・B
	理　科	「物理基礎・物理」，「化学基礎・化学」，「生物基礎・生物」，「地学基礎・地学」から２科目選択
	国　語	国語総合・現代文B・古典B
教育(理系)	外国語	コミュニケーション英語Ⅰ・Ⅱ・Ⅲ，英語表現Ⅰ・Ⅱ
	数　学	数学Ⅰ・Ⅱ・Ⅲ・A・B
	理　科	「物理基礎・物理」，「化学基礎・化学」，「生物基礎・生物」，「地学基礎・地学」から１科目選択
	国　語	国語総合・現代文B・古典B
経済(理系)	外国語	コミュニケーション英語Ⅰ・Ⅱ・Ⅲ，英語表現Ⅰ・Ⅱ
	数　学	数学Ⅰ・Ⅱ・Ⅲ・A・B
	国　語	国語総合・現代文B・古典B
医・薬	外国語	コミュニケーション英語Ⅰ・Ⅱ・Ⅲ，英語表現Ⅰ・Ⅱ
	数　学	数学Ⅰ・Ⅱ・Ⅲ・A・B
	理　科	「物理基礎・物理」，「化学基礎・化学」，「生物基礎・生物」から２科目選択
	国　語	国語総合・現代文B・古典B
	面　接	医学部医学科のみに課される
工	外国語	コミュニケーション英語Ⅰ・Ⅱ・Ⅲ，英語表現Ⅰ・Ⅱ
	数　学	数学Ⅰ・Ⅱ・Ⅲ・A・B
	理　科	「物理基礎・物理」，「化学基礎・化学」
	国　語	国語総合・現代文B・古典B

▶配　点

学部・学科		外国語	数　学	理　科	国　語	面　接	合　計
総合人間（理系）		150	200	200	150	—	700
教育（理系）		200	200	100	150	—	650
経済（理系）		200	300	—	150	—	650
理		225	300	300	150	—	975
医	医	300	250	300	150	※	1000
	人間健康科	200	200	200	150	—	750
薬		200	200	200	100	—	700
工		200	250	250	100	—	800
農		200	200	200	100	—	700

▶備　考

- 外国語はドイツ語，フランス語，中国語も選択できる（経済（理系）・理・医（人間健康科学科）・薬・工学部は英語指定）が，編集の都合上省略。
- 「数学Ⅰ」，「数学Ⅱ」，「数学Ⅲ」，「数学A」は全範囲から出題する。「数学B」は「数列」，「ベクトル」を出題範囲とする。
- 医学部医学科においては，調査書は面接の参考資料とする。

※医学部医学科の面接は，医師・医学研究者としての適性・人間性などについて評価を行い，学科試験の成績と総合して合否を判定する。従って，学科試験の成績の如何にかかわらず不合格となることがある。

英語

（120 分）

（注） 150 点満点。教育（理系）・経済（理系）・医（人間健康科）・薬・工・農学部は 200 点満点に，理学部は 225 点満点に，医（医）学部は 300 点満点に換算。

I 次の文章を読み，下線をほどこした部分(1)〜(3)を和訳しなさい。　(50 点)

Of course, one of the features of modern life, mostly thanks to the internet, is that we all have to constantly make choices about what to pay attention to — what to spend our time on, even if it is for just a few minutes. Many of us today have instant access to far more information than we can ever hope to process, which has meant that our average attention span is getting shorter. (1) The more 'stuff' we have to think about and focus on, the less time we are able to devote to each particular thing. People are quick to blame the internet for this reduced attention span, but while social media certainly plays its part, it is not entirely to blame. This trend can be traced back to when our world first started to become connected early in the last century as technology gave us access to an ever-increasing amount of information.

Today we are exposed to twenty-four-hour breaking news and an exponential rise in the amount of produced and consumed information. As the number of different issues that form our collective public discourse continues to increase, the amount of time and attention we are able to devote to each one inevitably gets compressed. (2) It isn't that our total engagement with all this information is any less, but rather that as the information competing for our attention becomes denser our attention gets spread more thinly, with the result that public debate becomes increasingly fragmented and superficial. The more quickly we switch between topics, the more quickly we lose interest in the previous one. We then find ourselves increasingly engaging only with those subjects that interest us, leading us to become less broadly informed — and potentially less confident in evaluating information outside of the spheres with which we are most familiar.

I am not advocating that we should all devote more time and attention to every topic we encounter, whether we are exposed to information through our family, friends or work colleagues, or by reading books and magazines, the mainstream media, online or on social media, as that would be impossible. But we must learn how to discriminate between what is important, useful and interesting, what is deserving of our attention and time, and what is not. As Feynman so emphatically pointed out, in his response to the journalist's request for a pithy summary of his Nobel Prize work, the topics we do choose to spend more time thinking about and digesting will inevitably require a certain level of commitment. In science, we know that to truly understand a subject requires time and effort. The reward is that concepts which may at first have seemed impenetrable turn out to be comprehensible, straightforward, sometimes even simple. At worst, we acknowledge that they are indeed complicated — not because we are unable to think them through thoroughly and make sense of them, but because they just are complicated.

So, this is the takeaway for us all in daily life. Do you need a PhD in climate science to know that recycling your rubbish is better for the planet than throwing it all in the ocean? Of course not. (3) But taking some time to dig a little deeper into a subject and weighing up the evidence, the pros and cons about an issue, before making up your mind can help you make better decisions in the long run.

Most things in life are difficult to begin with. But, if you're prepared to try, you can cope with far more than you imagine.

出典追記：The Joy of Science by Jim Al-Khalili, Princeton University Press

II 次の文章を読み，下線をほどこした部分(1)～(3)を和訳しなさい。　(50 点)

What are we trying to understand when we try to understand consciousness? Not only do philosophers have no agreed-upon definition of consciousness, some think that it can't be defined at all, that you can understand conscious experiences only by having them. (1)Such philosophers see consciousness as Louis Armstrong purportedly saw jazz: if you need to ask what it is, you're never going to know. Indeed, the task of explaining consciousness to someone who professes not to know — and there are philosophers who do profess this — is much more challenging than that of explaining jazz to the uninitiated. If you don't know what jazz is, you can at least listen to music that is classified as jazz and compare it to its precursor ragtime, its cousin the blues, and its alter ego classical music. Presumably, such an exercise will give you a sense of jazz. But with consciousness, there is nothing to compare it to, since when you are not conscious, you are not aware of anything. Furthermore, jazz has been highly theorized since Armstrong's time, so a trip through the New York Public Library for the Performing Arts may very well provide some insight into the nature of jazz for those who do not know.

Nevertheless, there are written accounts of consciousness intended to provide a sense of what consciousness is for those who claim not to know. Consciousness, it is said, is the state you are in when you are awake or dreaming and what you lack when you are in a dreamless sleep, under anaesthesia*, or in a coma. Yet for those who claim not to know what the word 'consciousness' means, such an explanation will fall flat. Which aspect of being awake illustrates consciousness? Without knowledge of the relevant difference between being awake and being in a dreamless sleep, it would be difficult to know. After all, when I'm awake, my brain activity is different from when I'm in a dreamless sleep, but if I had wanted to convey that consciousness is merely a certain form of brain activity, I could have done that directly. Of course, you may have understood the proffered explanation of consciousness, but I imagine that you understood what consciousness was before you read it.

(2) Some of the very same philosophers who think that nothing can be said to enlighten those who claim to not know what consciousness is have found quite a bit to say about what it is to those who claim to already know. And much of their discussion centres on the idea that for you to be conscious there has to be something it is like to be you: while rocks have no inner experiences — or so most presume — and thus there is nothing it is like to be a rock, you know that there is something it is like to be you, something it is like to savour your morning coffee, to feel the soft fur of a kitten, to feel the sting when that adorable kitten scratches you. These experiences are conscious experiences; they have what philosophers refer to as 'qualitative content' or 'qualia'; there is *something it is like* to have these experiences. And that there is something it is like to have the wealth of experiences we have is, according to various philosophers, what makes life worth living. To be sure, whether the meaning of life resides in inner experience or in outward actions aimed at making the world a better place is worth pondering. But in any event, it does seem that without consciousness, something significant about our lives would be missing.

(3) The claim that to be conscious is for there to be 'something it is like to be you' can be described in terms of having a 'point of view', or a 'perspective'. To have a point of view in this sense is simply to be the centre of conscious experience. Of course, to explain consciousness in terms of having a point of view and then to explain what it is to have a point of view in terms of being conscious is circular. Yet, on the assumption that we cannot explain consciousness in terms of something else (you're not going to understand it, unless you have it), such a circle is to be expected — whether it is a virtuous or a vicious one, however, can be debated.

*anaesthesia 麻酔

出典追記：Philosophy of Mind : A Very Short Introduction by Barbara Gail Montero, Oxford University Press

III 次の文章を英訳しなさい。(25 点)

人間，損得勘定で動くとろくなことがない。あとで見返りがあるだろうと便宜を図っても，恩恵を受けた方はコロッと忘れているものだ。その一方で，善意で助けた相手がずっと感謝していて，こちらが本当に困ったときに恩に報いてくれることもある。「情けは人のためならず」というが，まさに人の世の真理を突いた言葉である。

IV 次の Jo と Naomi の会話が成立するように，下線部(1)〜(4)に入る適当な発言を[　　]で示した語数で記入し，1 文を完成させなさい。解答欄の各下線の上に単語 1 語を記入すること。カンマ(,)等の記号は，その直前の語と同じ下線に含めることとし，1 語と数えない。短縮形(例：don't)は 1 語と数える。(25 点)

Jo: I was just reading an article about lying. Did you know that most people tell lies every day?

Naomi: What? Is that information accurate? I have some doubts because (1)______________. [12 語以内]

Jo: Yeah, I had a hard time accepting it at first, too, but then I considered white lies.

Naomi: I'm not sure I understand. What are white lies?

Jo: They are small lies that most people think are harmless. It's like telling someone that their new haircut looks nice even if you liked their hair better before. You tell the lie just to make them feel better.

Naomi: Oh, I get it. So, another example might be (2)______________. [24 語以内]

Jo: Right. But white lies are not just used to make people feel better. Any small lies that do not really harm anyone are called white lies. For example, if you forget your homework, you might (3)______________. [12語以内]

Naomi: I have to confess that I have told a lie like that before. In fact, I suppose that telling white lies is necessary for society because (4)______________. [16語以内]

Jo: Yes, I guess it is important for those reasons.

数学

(150 分)

(注)　200 点満点。経済(理系)・理学部は 300 点満点に，医(医)・工学部は 250 点満点に換算。

1

(35 点)

次の各問に答えよ.

問 1　定積分 $\displaystyle\int_1^4 \sqrt{x}\,\log(x^2)\,dx$ の値を求めよ.

問 2　整式 $x^{2023}-1$ を整式 $x^4+x^3+x^2+x+1$ で割ったときの余りを求めよ.

2

(30 点)

空間内の 4 点 O，A，B，C は同一平面上にないとする．点 D，P，Q を次のように定める．点 D は $\overrightarrow{\mathrm{OD}}=\overrightarrow{\mathrm{OA}}+2\overrightarrow{\mathrm{OB}}+3\overrightarrow{\mathrm{OC}}$ を満たし，点 P は線分 OA を 1：2 に内分し，点 Q は線分 OB の中点である．さらに，直線 OD 上の点 R を，直線 QR と直線 PC が交点を持つように定める．このとき，線分 OR の長さと線分 RD の長さの比 OR：RD を求めよ.

3

(30 点)

n を自然数とする．1 個のさいころを n 回投げ，出た目を順に X_1，X_2，……，X_n とし，n 個の数の積 $X_1X_2\cdots\cdots X_n$ を Y とする.

(1)　Y が 5 で割り切れる確率を求めよ.

(2)　Y が 15 で割り切れる確率を求めよ．

4

(35 点)

次の関数 $f(x)$ の最大値と最小値を求めよ．

$$f(x)=e^{-x^2}+\frac{1}{4}x^2+1+\frac{1}{e^{-x^2}+\frac{1}{4}x^2+1}\quad(-1\leqq x\leqq 1)$$

ただし，e は自然対数の底であり，その値は $e=2.71\cdots\cdots$ である．

5

(35 点)

O を原点とする xyz 空間において，点 P と点 Q は次の 3 つの条件(a)，(b)，(c)を満たしている．

(a)　点 P は x 軸上にある．

(b)　点 Q は yz 平面上にある．

(c)　線分 OP と線分 OQ の長さの和は 1 である．

点 P と点 Q が条件(a)，(b)，(c)を満たしながらくまなく動くとき，線分 PQ が通過してできる立体の体積を求めよ．

6

(35 点)

p を 3 以上の素数とする．また，θ を実数とする．

(1)　$\cos 3\theta$ と $\cos 4\theta$ を $\cos\theta$ の式として表せ．

(2)　$\cos\theta=\frac{1}{p}$ のとき，$\theta=\frac{m}{n}\cdot\pi$ となるような正の整数 m，n が存在するか否かを理由を付けて判定せよ．

（教育(理系)学部　1科目　90分）
（その他　　　　　2科目 180分）

(注)　100点満点。理・医(医)学部は2科目300点満点に，工学部は2科目250点満点に換算。

物理問題　I

次の文章を読んで，［　　］に適した式または数値を，それぞれの解答欄に記入せよ。なお，［［　　］］はすでに［　　］で与えられたものと同じものを表す。また，**問1**，**問2**では，指示にしたがって，解答をそれぞれの解答欄に記入せよ。ただし，円周率はπとする。

(1)　図1のように点Oを中心とする質量Mの地球のまわりを，地球より十分小さい質量mの宇宙船Uが楕円軌道でまわっている。宇宙船Uから点Oに向かう方向の速さをu，それと垂直な方向の速さをv，宇宙船Uと点O間の距離をrとし，宇宙船Uには点Oに向かう方向の万有引力のみがはたらくものとする。このとき，宇宙船Uの運動エネルギーはm，u，vで表すと［ア］であり，さらに，位置エネルギーは無限遠方を0として万有引力定数GおよびM，m，rで表すと［イ］である。宇宙船Uの力学的エネルギーを負の一定値Eとすると

$$E = \frac{1}{2}mu^2 + V(r)$$

と表すことができる。ここで，ケプラーの第2法則(面積速度一定の法則)が成り立つことから面積速度を一定の値$S = \frac{1}{2}vr$として，rを含む項をまとめた関数$V(r)$をG，M，m，r，Sを用いて表すと［ウ］である。宇宙船Uが楕円軌道を運動する間，$\frac{1}{2}mu^2$は0を最小値とする有限の範囲を変化する。したがって，$E \geqq V(r)$となるrの範囲が，宇宙船Uと点O間の距離が変化する範囲を表す。

問1　関数$V(r)$の概形はどのようになるか。rを横軸，$V(r)$を縦軸として特に$r\to 0$と$r\to\infty$のときの振る舞いがわかるようにグラフに描け。このとき，地球を大きさが無視できる質量Mの質点とみなせ。また，横軸，縦軸に0以外の値を記入する必要はない。

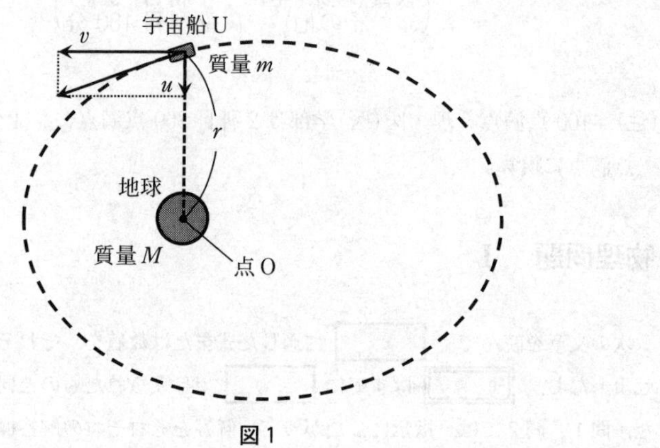

図1

（2）　図2のように，宇宙船Uの軌道が半径Rの円軌道とみなせる場合を考える。このRは以下で常に一定値をとり，したがって，（1）のrと異なることに注意せよ。このとき，宇宙船Uの速さをv，軌道を一周する周期をTとする。周期TをG，M，Rで表すと［　エ　］である。

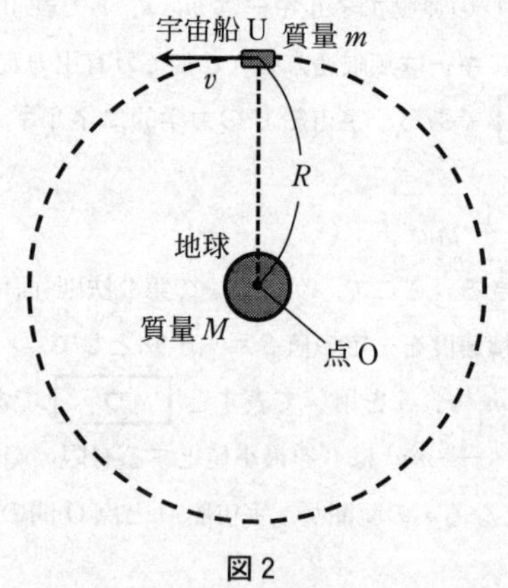

図2

次に，宇宙船Uに，点Oに向かう方向(半径方向)に十分弱い力が外部から瞬間的に加わった場合を考える。すると，宇宙船Uは元の円軌道とはわずかに異なる軌道をたどり始める。この後の運動を以下のように考察しよう。宇宙船Uの半径方向の位置が内向きを正としてΔRだけ内側にずれた点，すなわち点Oから距離$R-\Delta R$の点での，半径方向に垂直な方向の速さを$v+\Delta v$とし，$|\Delta R|$と$|\Delta v|$はそれぞれRとvに比べ常に十分に小さいとする。瞬間的な外力により宇宙船Uの運動エネルギーはわずかに増加するが，半径方向の力であるためケプラーの第2法則はこの間，常に成立する。これより，$\Delta R \times \Delta v$に比例する項を無視すると，R，ΔR，vを用いて$\Delta v =$ [オ] と表せる。

位置が元の円軌道の半径RからΔRだけ内側にずれたことで，宇宙船Uにはたらく力がどのように変化するか求めよう。以下では，$|x|$，$|y|$が1より十分小さいときに成り立つ近似式$(1+x)^p \fallingdotseq 1+px$，$(1+x)^p(1+y)^q \fallingdotseq 1+px+qy$ (p，qは実数)を用いよ。まず，万有引力の大きさの増分をΔRに比例する形でG，M，m，Rを用いて表すと

(万有引力の大きさの増分) = [カ] $\times \Delta R$

である。一方，遠心力は半径$R-\Delta R$，速さ$v+\Delta v$の円運動と同様に考えることができる。これより，遠心力の大きさの増分をΔRに比例する形でm，R，vを用いて表すと

(遠心力の大きさの増分) = [キ] $\times \Delta R$

である。以上より，内向きを正とする合力の増分がΔRに比例する形でG，M，m，Rを用いて

(万有引力の大きさの増分) − (遠心力の大きさの増分) = − [ク] $\times \Delta R$

と求まる。したがって，この力は宇宙船Uの半径方向の位置のずれを元に戻す復元力としてはたらく。この力が引き起こす加速度を内向きを正としてa_Rと定義すると，半径方向の運動方程式は$ma_R = -$ [ク] $\times \Delta R$となる。以上の議論はΔRが負，つまり宇宙船Uの位置が半径Rから外側にずれた場合にも成立する。よって，上記の運動方程式から宇宙船Uは半径方向の微小変位ΔRについて単振動することがわかる。この微小な振動運動の周期をtとすると，宇宙船Uが軌道を一周する周期Tとの比$\dfrac{t}{T}$は [ケ] である。この運動は元の円運動とは異なるものの，宇宙船Uがその後も継続して地球を周回し続けることは変わらない。

（3） 質量mの宇宙船Uが質量Mの天体Xのまわりを運動する場合を考える。mはMより十分小さいとする。宇宙船Uには天体Xからの引力のみがはたらくが，その力の大きさはニュートンの万有引力の法則を含む一般的な形で，

$$(\text{天体Xから宇宙船Uにはたらく引力の大きさ}) = \frac{Am}{r^k}$$

と表せるとする。ここで，rは天体Xの中心から宇宙船Uまでの距離，Aとkは正の定数であり，$A = GM$，$k = 2$ならばニュートンの万有引力の法則に相当する。なお以下では，天体Xからの引力以外の物理法則，すなわち遠心力を表す式とケプラーの第2法則は変わらず成り立つものとする。

いま，任意のkの場合に対して，この引力を向心力とする，天体Xの中心を周回する半径Rの円運動を考えることができる。このときの半径方向に垂直な方向の速さをA，R，kで表すと［コ］である。ここで，宇宙船Uに，天体Xの中心に向かう方向に十分弱い力が外部から瞬間的に加わった場合を考察しよう。

（2）と同様に，宇宙船Uの軌道がわずかに内向きに変化したとする。宇宙船Uの軌道のずれが内向きを正としてΔRの場合，合力の増分を（2）と同様の方法で考えることができる。引力の大きさを表す式が$\dfrac{Am}{R^k}$となったことに注意し，その増分をΔRに比例する形でA，m，R，kを用いて表すと

$$(\text{引力の大きさの増分}) = \boxed{\text{サ}} \times \Delta R$$

である。内向きを正とする合力の増分もΔRに比例する形でA，m，R，kを用いて

$$(\text{引力の大きさの増分}) - (\text{遠心力の大きさの増分}) = -\boxed{\text{シ}} \times \Delta R$$

と求まる。以上の議論はΔRが負，つまり宇宙船Uの位置が半径Rから外側にずれた場合にも成立する。

これより，宇宙船Uの運動はkの値に応じて異なることが以下のようにわかる。まず，（2）で考えたような半径方向の微小振動を伴う運動となるのは$k <$［ス］の場合のみである。また，この場合，微小な振動の周期t_Xと軌道を一周する周期T_Xの比$\dfrac{t_X}{T_X}$はkのみの関数として［セ］と表せる。

問2 $k >$［ス］の場合，軌道が内側にΔRだけずれたときに合力の増分のはたらく向きはどちら向きで，大きさはΔRとともにどのように変わるか，ΔRが正の場合について答えよ。また，その結果，宇宙船Uの運動はどのようになるか述べよ。

〔解答欄〕問1・問2 各ヨコ14.3センチ×タテ8.4センチ

物理問題 II

次の文章を読んで，[ ]に適した式または数値を，{ }からは適切なものを一つ選びその番号を，それぞれの解答欄に記入せよ。なお，[[ ]]はすでに[ ]で与えられたものと同じものを表す。また，**問1**，**問2**では，指示にしたがって，解答をそれぞれの解答欄に記入せよ。ただし，真空中のクーロンの法則の比例定数はk，円周率はπとする。

(1) 真空中に置かれた正の電気量Qの点電荷から出る電気力線の本数を考える。点電荷を中心とする球面を考えると，その球面を貫く単位面積あたりの電気力線の本数(電気力線の密度)は，電場の強さと等しくなるように定められている。このことから，点電荷から出る電気力線の本数は[イ]である。

(2) 真空中にある半径aの導体球Aに正の電気量Qを与えると，電荷は{ロ：①球内全体に，②球の表面に}一様に分布する。球の中心Oから距離rの球面を貫く電気力線の本数は$r \geqq a$では[[イ]]で，電気量Qの点電荷を中心Oに置いたときと同じである。そのため，電場の強さと電位は，点電荷の場合と変わらない。一方，$r < a$では電場の強さは[ハ]で，電位は[ニ]となる。ただし，無限遠を電位の基準(電位 = 0)とする。

(3) (2)の状態にある導体球Aを，**図1**の断面図のように，電荷が与えられていない中空の導体球B(内半径b，厚さd)で囲む。ただし，導体球Aと中空導体球Bは同一の点Oを中心とする。中空導体球Bを，導体球Aがつくる電場の中に置いたので，中空導体球Bには静電誘導によって正電荷と負電荷の分布の偏りが生じた。その結果，$b < r < b + d$では，電場の強さが(2)の状態から変化したが，それ以外の領域では囲む前と同じであった。そのため，$r \geqq b + d$では，電位は無限遠を基準として(2)の状態と変わらない。また，導体球Aと中空導体球Bに挟まれた領域($a < r < b$)においても，(2)の状態から電場が変化

していないので，この領域内の2点間では，電位差も変化しない。よって，中空導体球Bの内側表面($r = b$)と導体球Aの表面($r = a$)との電位差(> 0)は［ホ］と求められる。

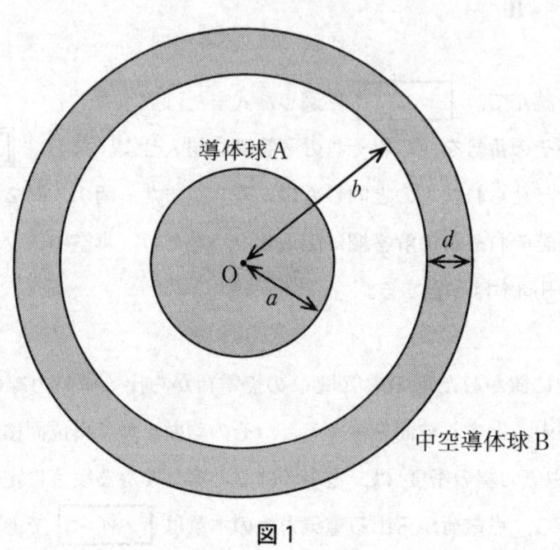

図1

問1　(3)の状態の電位Vについて，rを横軸，Vを縦軸として，グラフを描け。$r = 0$，a，b，$b + d$におけるVの値がわかるように縦軸に記入せよ。

〔解答欄〕ヨコ14.3センチ×タテ10センチ

(4)　(3)の状態から中空導体球Bを接地したところ，電気量［へ］が地表に流れた。接地により中空導体球Bの電位は0になり，導体球Aの電位は［ト］になった。この状態の電荷分布の様子から，導体球Aと中空導体球Bの組み合わせは，Qの電気量を蓄えたコンデンサーとみなすことができる。このコンデンサーの電気容量は［チ］である。

(5)　図2の断面図のように，同一の点Pを中心とする，半径aおよびb($a < b$)の半球形の，厚さを無視できる薄い導体が真空中に置かれている。この装置を利用して，光電効果などで真空中に放出された電子(質量m，電気量$-e$)の運動エネルギーを分析することができる。内側の半球(内球)と外側の半球(外球)の間に電位差V_0(> 0)を与えると，両者に挟まれた領域(領域I)に電場が生じる。ただし，半球の端における電場の乱れや，他の領域の電場は無視できるとする。このとき，内球と外球の組み合わせはコンデンサーとみなすことができる。領域Ⅰに生じる電場の強さは，(4)のコンデンサーに電位差 V_0 を与えたときの値と同じであり，中心Pからの距離 r の関数として r，a，b，V_0 を用いて［　リ　］と表される。

次に，電子が**図 2** の装置のスリット S_1 を通過し，点Xから領域Ⅰに進入した場合を考える。ただし，スリットは十分狭く，**図 2** のように電子は，点Pと点Xを結ぶ直線に対して垂直に通過し，紙面内を運動するものとする。また，重力と地磁気の影響は無視できるとする。特定の速度 v_0 をもったもの，すなわち，特定の運動エネルギー $K_0 = \frac{1}{2}mv_0{}^2$ をもったものだけが，点Pを中心とする等速円運動をし，点Yに到達した後，十分狭いスリット S_2 を通過することができる。ここで，円軌道の半径は $r_0 = \frac{a+b}{2}$ である。このときの電子の運動エネルギー K_0 は a，b，e，V_0 を用いて［　ヌ　］と表すことができる。

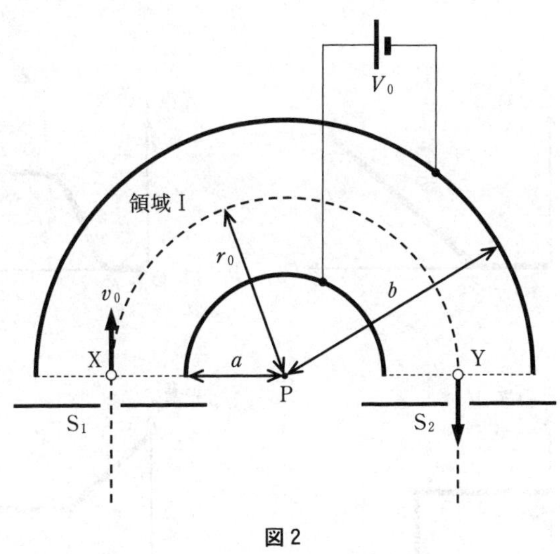

図 2

(6)　金属の表面に紫外線などの光を当てたときの光電効果を考えよう。金属内部の自由電子は，いろいろなエネルギーをもっている。そのエネルギーの最大値を E_M とし，最大のエネルギーをもつ電子を金属の外に取り出すために必要なエネルギーの最小値(仕事関数)を W とする。E_M より低いエネルギーをもつ電子を金属の外に取り出すには，Wより大きいエネルギーが必要である。

ここで特に，金属内部でエネルギー$E_{\mathrm{i}}(< E_{\mathrm{M}})$をもった電子について考える。この電子が，ある波長$\lambda$の単色光を金属に照射したことで，光子のエネルギーを受け取り，運動エネルギーK_{S}の光電子として放出されたとする。このとき，光電子の運動エネルギーK_{S}は，λ，W，E_{M}，E_{i}および真空中の光速c，プランク定数hを用いて［ ル ］と表される。

問 2　放出された光電子の数を，光電子の運動エネルギーK_{S}の関数として描いたとき，そのグラフの概形として最も適切と考えられるものを，**図 3** の①～④のうちから選び，その番号を解答欄に記入せよ。また，グラフを特徴づける運動エネルギーK_{C}をλ，W，E_{M}，E_{i}，c，hのうち必要なもので表せ。

図 2 の装置を利用して，光電子の運動エネルギーの分布を決めることができる。このような方法は光電子分光法と呼ばれている。

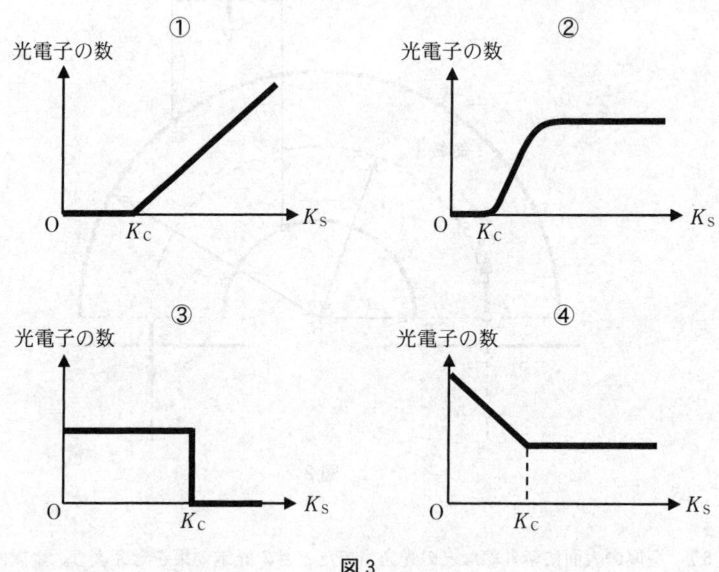

図 3

物理問題　Ⅲ

次の文章を読んで，□に適した式または数値を，それぞれの解答欄に記入せよ。なお，◻︎はすでに□で与えられたものと同じものを表す。**問1**，**問2**では，指示にしたがって，解答をそれぞれの解答欄に記入せよ。ただし，円周率はπとし，角度の単位にはラジアンを用いる。

偏光はディスプレーや光通信，光量子技術など様々な分野で利用されている。この偏光を操作する方法について考えてみよう。

光は電磁波の一種であり，電場と磁場が光の進行方向と垂直に振動しながら伝わる。電場の振動する方向を，ここでは偏光の方向と呼ぶ。電場はベクトルであり，異なる2つの方向の成分に分解し，また合成して考えることができる。偏光板は，ある特定の方向(透過軸と呼ぶ)と平行に振動する電場成分を損失なく透過し，透過軸と垂直に振動する電場成分を完全に遮断するとする。<u>また以下で考える光検出器の信号強度Iは，偏光の方向に依存せず，入射する光の電場の振幅の2乗に比例するものとする</u>。

なお偏光板や光検出器および後述する透明物体は，その表面が光の進行方向と垂直になるように真空中に置かれており，表面における光の位相の変化や反射は無視する。また，以下での入射光の波長の値は真空中での値とする。

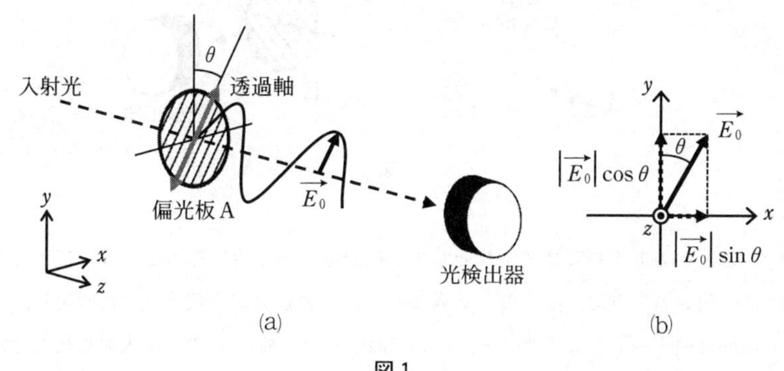

図1

いま図1(a)のように，波長がλ_1の単色の入射光を，偏光板Aを通過させた後，光検出器で検出した。z軸を光の進行方向として図1(a)の左下のようにx軸とy軸をと

り，偏光板の透過軸と y 軸のなす角度を θ とする。偏光板は $0 \leqq \theta \leqq \pi$ の範囲で，xy 平面内で回転できる。入射光にはいろいろな方向に振動する光が一様に含まれている。そのため，θ を上記の範囲で変化させたとき，光検出器の信号強度は I_0 で常に一定であった。また，他の波長の入射光を用いた場合にも同様の結果が得られた。偏光板Aを通過した後の光の状態は，その大きさが電場の振幅で，その向きが電場の向きと一致するベクトル $\overrightarrow{E_0}$（以下，これを振幅ベクトルと呼ぶ）を用いて特徴づけられる。**図1**(b)に示すように，$\overrightarrow{E_0}$ は x 軸方向の成分と y 軸方向の成分に分解して考えることができ，$\overrightarrow{E_0} = (|\overrightarrow{E_0}|\sin\theta,\ |\overrightarrow{E_0}|\cos\theta)$ と表せる。なお**図1**(b)では紙面の裏から表の向きを z 軸の正の方向とする。

(1)　**図2**のように，偏光板Aと光検出器の間に偏光板Bを設置した。偏光板Aの角度 θ_A を0に固定し，偏光板Bの角度 θ_B だけを変化させた場合，前ページの下線部に注意すると，光検出器の信号強度は［　あ　］$\times I_0$ となる。また，偏光板Aの角度 θ_A と，偏光板Bの角度 θ_B を，同じ角度にして変化させた場合の光検出器の信号強度は［　い　］$\times I_0$ となる。

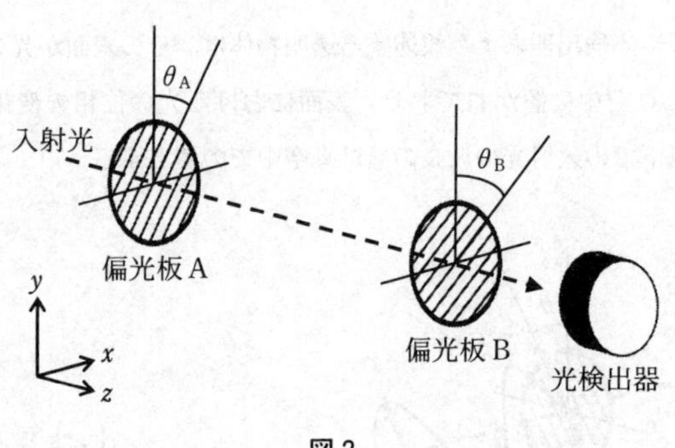

図2

(2)　偏光の方向を操作する方法として，偏光板のみを用いる方法について考えよう。**図3**のように，偏光板Aの角度を0，偏光板Bの角度を $\dfrac{\pi}{2}$ に固定し，その間に偏光板Cを，角度を $\dfrac{\pi}{4}$ にして設置した。波長 λ_1 の光を入射したときの光検出器の信号強度 I は，［　う　］$\times I_0$ である。

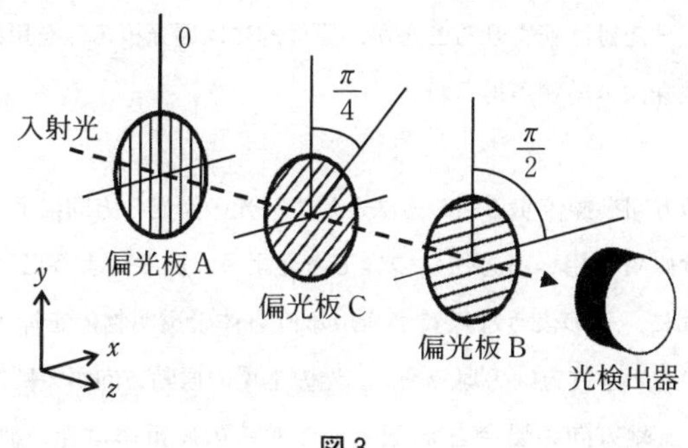

図3

次に図4のように，偏光板Aの角度を 0，偏光板Bの角度を $\dfrac{\pi}{2}$ に固定し，その間に偏光板を $N-1$（Nは2以上の整数）枚設置した。偏光板Aに近いものから順に偏光板 k（$k=1, \cdots, N-1$）と呼び，偏光板 k の角度を $\theta_k=\dfrac{k}{N}\times\dfrac{\pi}{2}$ に設定する。波長 λ_1 の光を入射したときの光検出器の信号強度 I は，［　え　］$\times I_0$ であり，$N=3$ のときには［　お　］$\times I_0$ となる。

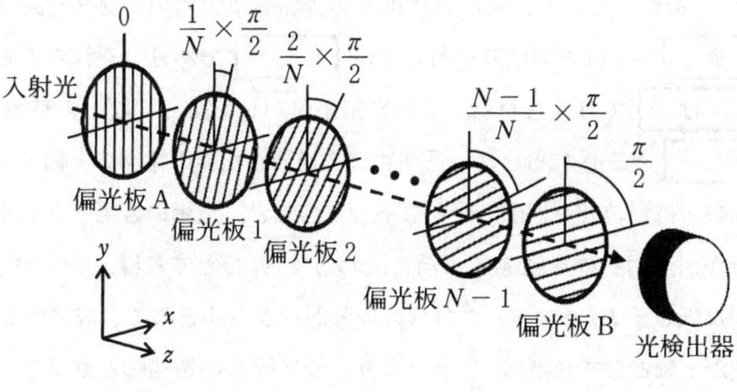

図4

さらに N が1より十分大きい場合について考えてみよう。$|\theta|$ が1より十分小さい（$|\theta|\ll 1$）とき $\sin\theta \fallingdotseq \theta$ と近似でき，また a を定数として $\dfrac{|a|}{N^2}\ll 1$ のとき $\left(1+\dfrac{a}{N^2}\right)^N \fallingdotseq 1+\dfrac{a}{N}$ と近似できることを用いると，［　え　］$\times I_0$ は

$$\left(1-［　か　］\times\frac{1}{N}\right)\times I_0$$

と近似できる。このことから，$N\to\infty$ の極限での光検出器の信号強度 I は，I_0 に漸近することがわかる。この結果より，光強度を減衰させずに偏光の方向

を角度 $\frac{\pi}{2}$ だけ回転させることが，原理的には偏光板のみを用いて可能であるという，興味深い結論が得られる。

（3）　偏光の方向を操作する別の方法として，光の偏光の方向によって屈折率が異なる透明な媒質を用いる方法について考えよう。図5のように，偏光板Aと偏光板Bの間に，そのような媒質からなる直方体の透明物体を挿入した場合を考える。その光の進行方向の厚みを d，光の電場の振動方向が x 軸方向の場合の屈折率を n_x，y 軸方向の場合を n_y とし，これらの屈折率は光の波長によらず一定で，互いに異なる（$n_x \neq n_y$）とする。また，この透明物体中では，光は偏光の方向によらず同じ経路を直進し，光の吸収は無視できるとする。

いま偏光板Aの角度 θ_A と偏光板Bの角度 θ_B をともに $\frac{\pi}{4}$ に設定し，波長 λ_1 の光を入射すると，光検出器の信号強度が0になった。このような状況になる透明物体の最小の厚みを求めてみよう。

偏光板Aを通過した光の偏光方向が y 軸となす角度は $\frac{\pi}{4}$ であり，電場の x 軸方向成分と y 軸方向成分は，それぞれの振幅を E_x，E_y として同位相（位相差0）で振動している。透明物体部分の光路長は電場の x 軸方向成分に対しては［き］，y 軸方向成分に対しては［く］であり，それらの光路差（> 0）は［け］で与えられる。この光路差が，λ_1 および0以上の整数 m を用いて［こ］と表されるとき，透明物体を通過した後の電場の x 軸方向成分と y 軸方向成分は逆位相（位相差 π）となる。このとき，電場の振幅ベクトルの x 軸方向成分が，透明物体を通過する前と変わらず E_x だとすれば，y 軸方向成分は，符号が反転し $-E_y$ となる。これらの成分がベクトルとして合成される結果，偏光方向が y 軸となす角度は $\frac{3}{4}\pi$ となり，偏光板Bの透過軸と直交し，検出器の出力は0となる。この条件を満たす透明物体の最小の厚み d_0 を n_x，n_y，λ_1 を用いて表すと，$d_0 =$［さ］である。

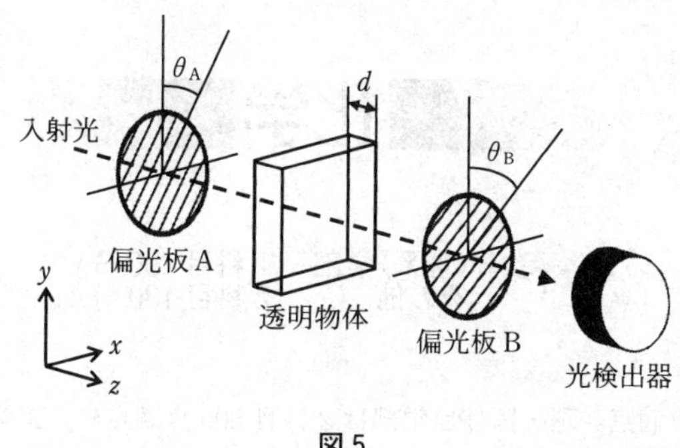

図5

問 1　$d = d_0$ のとき，偏光板Aと偏光板Bの角度をともに θ として，θ を0から $\frac{\pi}{2}$ まで変化させた際の光検出器の信号強度 I の変化を，グラフに描け。その際，θ を横軸，光検出器の信号強度 I を縦軸にとり，信号強度 I の最大値，最小値と，それぞれに対応する θ の値が分かるように図示せよ。

(4)　(3)の状況で，図5の偏光板Aの角度 θ_A と偏光板Bの角度 θ_B をともに $\frac{\pi}{4}$ に設定し，こんどは厚みが d_0 の20倍($d = 20\,d_0$)の同種の透明物体を設置して，波長 λ_1 の光を入射した。このとき，光検出器の信号強度は［　し　］$\times I_0$ となった。

問 2　(4)の状況で，入射光として波長が λ_2 の単色の光を用いると，信号強度は0となった。このような入射光の波長 λ_2 は複数考えられる。$\Delta\lambda = |\lambda_2 - \lambda_1|$ として，最小の $\Delta\lambda$ を，λ_1 を用いて表せ。導出過程も示せ。

以上で調べた，屈折率が異なる媒質における偏光方向の変化は，結晶の性質や厚みを調べる偏光顕微鏡などでも活用されている。

〔解答欄〕問1　ヨコ14.3センチ×タテ9.8センチ
　　　　　問2　ヨコ14.3センチ×タテ19.8センチ

化学

(教育(理系)学部 1科目 90分
その他 2科目 180分)

(注) 100点満点。理・医(医)学部は2科目300点満点に，工学部は2科目250点満点に換算。

化学問題 I

次の文章(a)，(b)を読み，**問1**～**問6**に答えよ。解答はそれぞれ所定の解答欄に記入せよ。原子量は，C = 12 とする。アボガドロ定数は，6.0×10^{23}/mol とする。解答の数値は有効数字2けたで答えよ。

(a) 黒鉛は，**図1**に示すような層状の結晶構造が繰り返された構造をもつ。この結晶の層内の最も近い炭素原子どうしは共有結合で結ばれている。一方，層と層は，共有結合の引力よりも弱い[ア]力で結ばれており，粘着テープにより一層のみをはがしとれることが知られている。この一層のシートはグラフェンと呼ばれ，透明性や電気伝導性に優れることから，透明導電膜や各種センサーなどへの応用が期待されている。

黒鉛は非常に多数のグラフェンが重なった構造を有する一方，活性炭中には，グラフェンが数層だけ重なってできた厚さの薄い構造が多数存在し，それぞれが重なり合うことなく，さまざまな方向を向いているため空隙が大きい。そのため，活性炭は単位質量あたりの表面積が大きく，多くの物質を吸着することができる。

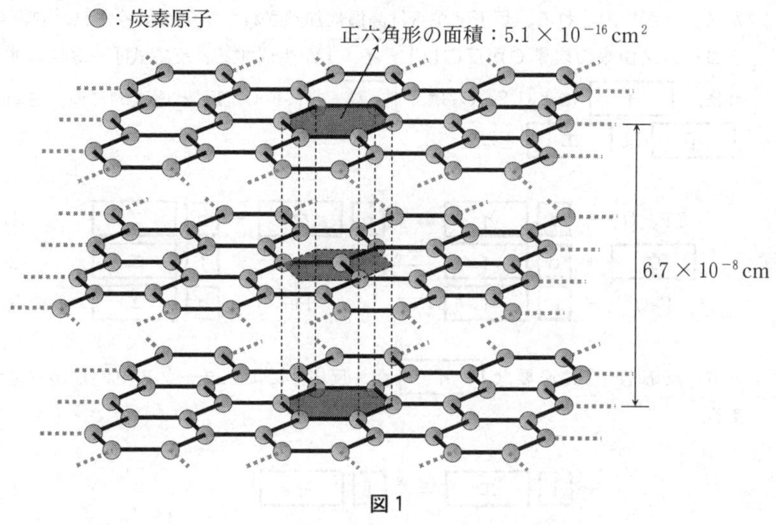

図 1

問 1　［ア］に入る適切な語句を答えよ。

問 2　**図 1** を用いて黒鉛の密度を求め，単位を g/cm^3 としたときの数値を答えよ。

問 3　下線部の構造について，**図 1** のように，同じ大きさのグラフェンが［ア］力で結ばれて 3 層重なった構造が，孤立して存在するものとして，その構造の単位質量あたりの表面積を求め，単位を cm^2/g としたときの数値を答えよ。ただし，表面に露出しているグラフェン面の面積を求めればよく，グラフェンの端で構成される側面の面積は考えなくてよい。また，グラフェン面を平面として面積を求めればよく，面の凹凸は考えなくてよい。

(b)　炭素が工業的に大規模に利用される例のひとつに，鉄鉱石から銑(せん)鉄を製造する溶鉱炉での利用がある。溶鉱炉では炭素を主成分とする固体であるコークスが利用されるが，コークスの溶鉱炉における化学的な役割には，溶鉱炉を高温に保つための燃料としての役割と，鉄鉱石の主成分である酸化鉄 Fe_2O_3 を Fe まで還元するための還元剤を供給する役割がある。溶鉱炉では，**図 2** に示すように，炉頂から鉄鉱石，コークス，石灰石が供給され，反応を起こしながら徐々に下方に移動し，炉底から溶融した銑鉄と，鉄鉱石中の不純物と石灰石が反応・混合してできたスラグが排出される。炉下部からは高温に加熱された空気が供給され，酸素 O_2 とコークス由来の炭素Cが反応し［イ］が生成する。反応式(1)~(3)に示すように，［イ］により Fe_2O_3 は，［ウ］，FeO，Feと逐次的に還元され，［イ］は［エ］となる。

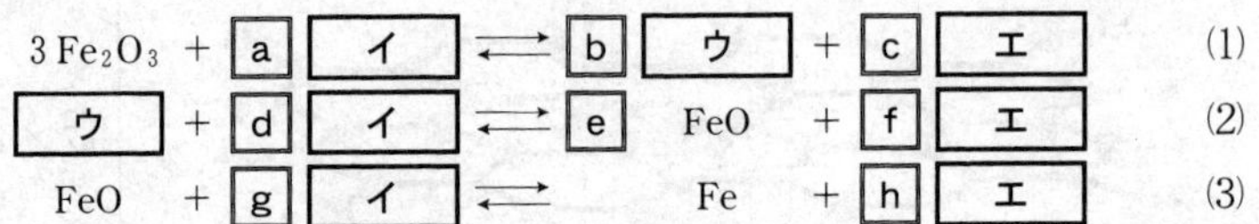

$$3\,Fe_2O_3 + \boxed{a}\,\boxed{イ} \rightleftarrows \boxed{b}\,\boxed{ウ} + \boxed{c}\,\boxed{エ} \quad (1)$$

$$\boxed{ウ} + \boxed{d}\,\boxed{イ} \rightleftarrows \boxed{e}\,FeO + \boxed{f}\,\boxed{エ} \quad (2)$$

$$FeO + \boxed{g}\,\boxed{イ} \rightleftarrows Fe + \boxed{h}\,\boxed{エ} \quad (3)$$

一方，反応(1)~(3)に必要な［イ］が，反応(4)によりコークス中のCから生成する。

$$C + \boxed{i}\,\boxed{エ} \rightleftarrows \boxed{j}\,\boxed{イ} \quad (4)$$

反応(1)~(3)のいずれかと反応(4)がともに進行することで，炭素の消費と酸化鉄の還元が進み，［イ］，［エ］，N_2 を主成分とするガスが炉頂から排出される。反応(1)~(4)はいずれも可逆反応であり，溶鉱炉の運転条件はさまざまな化学平衡の制約を受ける。

この化学平衡の制約に関して，気体として［イ］，［エ］，N_2 のみが存在するものとして，反応(3)と反応(4)のみが起こる場合について考えてみよう。全圧は100 kPa，温度は939 Kであり，この温度での反応(3)と反応(4)の圧平衡定数はそれぞれ1.0(単位なし)，42 kPaである。［イ］，N_2 のモル分率をそれぞれ x，y とすると，反応(3)が右向きに進行するためには，x，y が次の式(5)を満たす必要がある。

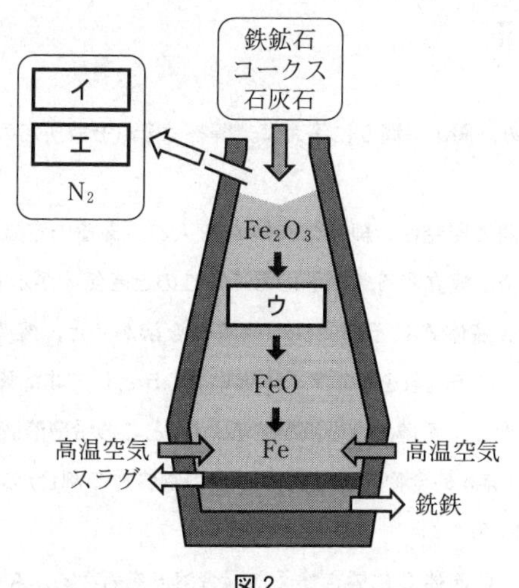

図 2

y [オ {=, >, <}] [カ]　(5)

また，反応(4)が右向きに進行するためには，x，y が次の式(6)を満たす必要がある。

y [キ {=, >, <}] [ク]　(6)

これらのことから，y が [ケ] 以下では，反応(3)と反応(4)がともに右向きに進行する気体組成が存在しないことになる。

問 4　[イ] ～ [エ] に入る適切な化学式を答えよ。また，[a] ～ [j] に入る適切な係数を整数で答えよ。

問 5　[オ]，[キ] に入る適切な記号を，{　　} の中からそれぞれひとつ選択し答えよ。また，[カ]，[ク] に入る適切な式を x を用いて答えよ。

問 6　[ケ] に入る適切な数値を答えよ。

化学問題　Ⅱ

次の文章を読み，**問 1** ～**問 5** に答えよ。解答はそれぞれ所定の解答欄に記入せよ。

真空にした容器に揮発性の純粋な液体 A を入れ，ある一定温度 T で密閉したまま放置し，気液平衡が成立する条件下におく。このとき気体が示す圧力(すなわち蒸気圧)を P_A とする。液体 A に不揮発性の物質 B を溶かすと，溶液の蒸気圧は P_A とは異なる値を示す。この現象を［ア］という。B として非電解質を用い，その少量を A に完全に溶かして希薄溶液を調製する。P_A とこの希薄溶液の蒸気圧の差は，P_A と B のモル分率(溶液の全物質量に対する B の物質量の割合)の積に等しいという関係式が知られている。

物質 B を揮発性の液体 C に置き換えた混合溶液を考える。A と C の組み合わせによっては，液体中の成分 C のモル分率 x_C の大きさによらず，上記の関係式が成立する。すなわち P_A と混合溶液中の成分 A の蒸気圧の差は［イ］と表すことができ，混合溶液中の成分 A の蒸気圧は P_A と［ウ］の積に等しい。ここで，温度 T における純粋な液体 C の蒸気圧を P_C とすると(ただし，$P_C > P_A$)，**図 1** に示すように，A と C から成る混合溶液の全蒸気圧は x_C の一次関数として表せる。したがって，混合溶液中の成分 C の蒸気圧は P_C と［エ］の積に等しい。

成分 C のモル分率を x_{C0} に設定し，A と C から成る混合溶液を調製した。**図 2** に示す実験装置中の密閉型容器 1 をこの溶液で完全に満たした。容器 1 は，バルブ 1 を介して温度制御機能付容器 2 につながっている。容器 2 は，バルブ 2 を介して真空ポンプにつながっており，また，隔壁の水平移動操作によって容積を変更できる。なお，実験装置には，容器 2 内の温度，圧力，および液体中と気体中の成分 C のモル分率を測定する装置が備わっている。予め，容器 2 を真空にし，バルブ 2 を閉じてから，次の**状態Ⅰ～Ⅲ**を順につくった。なお，温度は常に T に保った。また，A と C は気体状態では理想気体としてふるまうものとする。

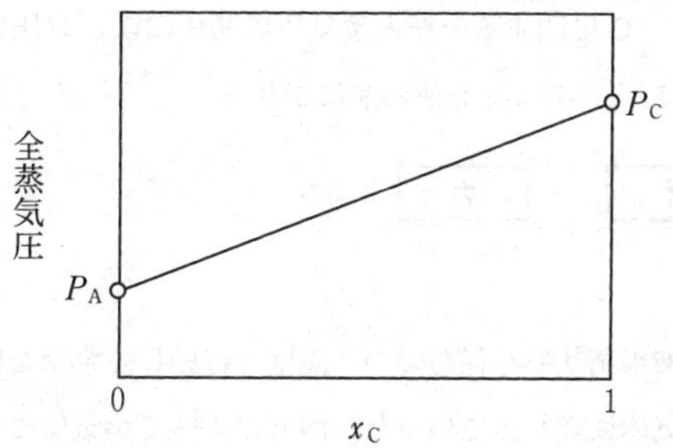

図 1　A と C から成る混合溶液の全蒸気圧と成分 C のモル分率の関係

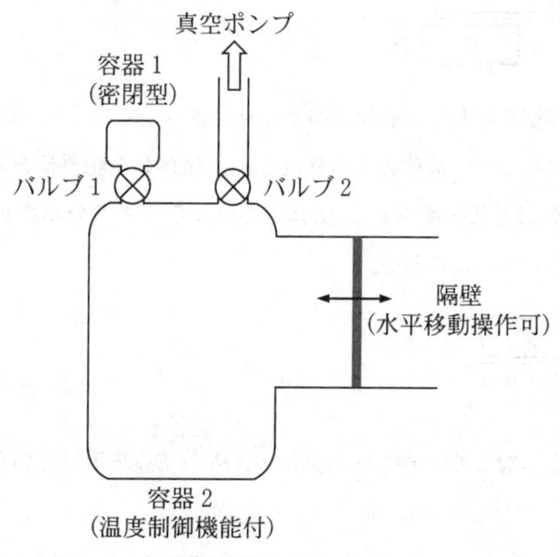

図 2　実験装置

状態 I：バルブ 1 を開き，A と C から成る混合溶液を容器 2 に入れて放置すると溶液の一部が蒸発し，平衡状態になった。このとき圧力計は P_1 を示していた。ここで，液体中の成分 C のモル分率を x_{C1}，気体中の成分 C のモル分率を y_{C1} とする。$P_C > P_A$ の条件より，$y_{C1} > x_{C1}$ になる。分圧の法則が成立するとき，成分 C に関する分圧と気体のモル分率の関係および分圧と蒸気圧の関係を用いると，式(1)に示すように，y_{C1} は x_{C1} の関数として表せる。

$$y_{C1} = \frac{\boxed{\text{オ}}}{P_1} x_{C1} \qquad (1)$$

さらに，成分AとCに関する分圧と蒸気圧の関係および分圧の法則を用いると，式(2)に示すように，y_{C1} は x_{C1} を使わずに表せる。

$$y_{C1} = \frac{\boxed{\text{オ}}}{P_1} \times \frac{\boxed{\text{カ}}}{P_C - P_A} \qquad (2)$$

状態Ⅱ：次に，気液平衡状態を保ちつつ，隔壁を移動して容積をゆっくり大きくしていくと，溶液が気体に変わっていった。溶液のすべてが気体に変わった瞬間，圧力計は $P_2(P_2 < P_1)$ を示していた。この P_2 は式(3)で表せる。

$$P_2 = \frac{\boxed{\text{キ}}}{P_C - (\boxed{\text{ク}})x_{C0}} \qquad (3)$$

状態Ⅲ：次に，隔壁を移動して容積をゆっくり小さくしていくと，気体と液体が共存する平衡状態になった。液体の全物質量を n_L，気体の全物質量を n_G とし，さらに液体中の成分Cのモル分率を x_{C3}，気体中の成分Cのモル分率を y_{C3} とすると，物質量の収支から式(4)が得られる。

$$\frac{n_L}{n_G} = \frac{\boxed{\text{ケ}}}{x_{C0} - x_{C3}} \qquad (4)$$

n_L と n_G が等しくなったとき，圧力計は $P_3(P_3 > P_2)$ を示していた。この P_3 は式(5)で表せる。

$$P_3 = \frac{(\boxed{\text{コ}})(P_C - P_A) + \sqrt{(\boxed{\text{コ}})^2(P_C - P_A)^2 + 4P_AP_C}}{2} \qquad (5)$$

問1　文中の $\boxed{\text{ア}}$ に適切な語句を記入せよ。

問2　文中の $\boxed{\text{イ}}$，$\boxed{\text{ウ}}$，$\boxed{\text{エ}}$ に適切な式を記入せよ。

問3　状態Ⅰに関する等式中の $\boxed{\text{オ}}$，$\boxed{\text{カ}}$ に適切な式を記入せよ。

問4　状態Ⅱに関する等式中の $\boxed{\text{キ}}$，$\boxed{\text{ク}}$ に適切な式を記入せよ。

問5　状態Ⅲに関する等式中の $\boxed{\text{ケ}}$，$\boxed{\text{コ}}$ に適切な式を記入せよ。

化学問題　Ⅲ

次の文章を読み，**問 1** ～**問 4** に答えよ。解答はそれぞれ所定の解答欄に記入せよ。構造式は，記入例にならって記せ。

構造式の記入例：

ベンゼンの 6 つの C—H のうち，1 つが窒素原子に置き換わった化合物をピリジンといい，ピリジンにみられる 5 つの炭素原子と 1 つの窒素原子からなる六角形の骨格をピリジン環という。ピリジン環をもつ化合物では，ピリジン環の窒素原子を 1 位とし，その隣から炭素原子を 2 位，3 位，…と順に番号付けすることで，ピリジン環の炭素原子に結合した置換基の位置を指定できる(**図 1** (**a**))。また，ピリジン環における窒素原子と 2 位の炭素原子との結合と，窒素原子と 6 位の炭素原子との結合は同等である。さらに，2 位と 3 位の炭素原子間の結合と 6 位と 5 位の炭素原子間の結合は同等であり，3 位と 4 位の炭素原子間の結合と 5 位と 4 位の炭素原子間の結合は同等であるため，ピリジン環における単結合と二重結合の位置を交換して表した**図 1** (**a**), (**b**)は全く同等である。また，ピリジンの構造式はベンゼンの構造式にならい，**図 1** (**c**), (**d**)のように表してもよい。

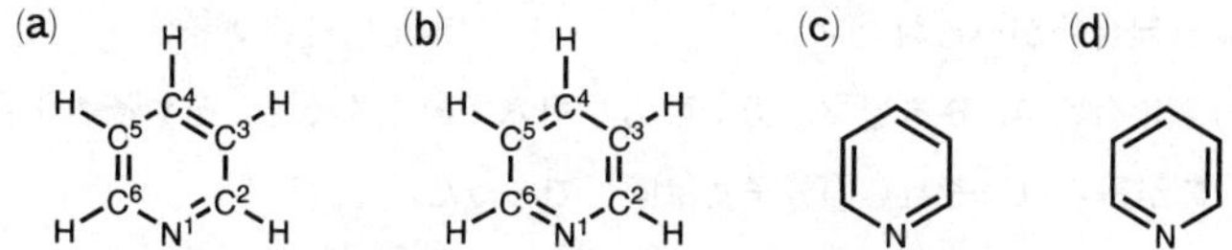

図 1　ピリジンの構造式。N^1 や C^2～C^6 の数字は，ピリジン環の窒素原子と炭素原子の番号付けを表す。

ピリジン環をもつ化合物はベンゼン環をもつ化合物とよく似た性質を示すことがあ

る。例えば，トルエンやスチレンを過マンガン酸カリウムで酸化すると［ア］が生成するのと同じように，ピリジン環の炭素原子に直接結合した炭化水素基は過マンガン酸カリウムで酸化される。

以下では，ピリジン環の炭素原子に結合した置換基は，ベンゼン環の炭素原子に結合した置換基と同様の化学反応を起こすとする。また，ピリジン環をもつ化合物では，化学反応の前後でピリジン環は変化しないとする。

問1　［ア］に当てはまる適切な有機化合物名を答えよ。

問2　分子式C_7H_9Nで表される，ピリジン環をもつ化合物として考えられる構造異性体の数を答えよ。ただし，ピリジン環の窒素原子に置換基は結合しないとする。また，図2に示す4つの構造式は全て同一の化合物を表すことに注意せよ。

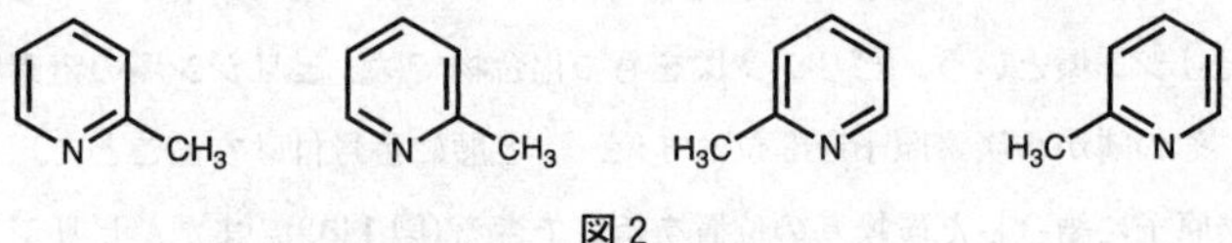

図2

問3　化合物A～Fはいずれも，ベンゼン環を構成する炭素原子のうち隣接する2つの炭素原子に置換基が結合した化合物，またはピリジン環の3位と5位の両方の炭素原子に置換基が結合した化合物である。以下の(あ)～(か)を読み，化合物A～Fの構造式を記せ。

(あ)　化合物A～Dはいずれも同じ分子式$C_7H_7NO_2$で表される。

(い)　トルエンに濃硝酸と濃硫酸の混合物を加えて加熱すると，化合物Aを含む混合物が得られた。

(う)　化合物A，Bを過マンガン酸カリウムで酸化すると，それぞれ化合物E，Fが得られ，それらの分子式は同じであった。

(え)　化合物B，Fにメタノールと濃硫酸を加えて加熱し完全にエステル化すると，それぞれ分子式$C_8H_9NO_2$，$C_9H_9NO_4$で表される化合物が得られた。

(お)　化合物Eをスズと濃塩酸を用いて還元すると化合物Cが得られた。

(か)　化合物Dはヨードホルム反応を示した。

問 4　化合物 G～I はいずれも同じ分子式 $C_9H_{11}NO_2$ で表され，ベンゼン環に 1 つ置換基が結合した化合物，またはピリジン環の 2 位の炭素原子に置換基が結合した化合物である。化合物 G，H は不斉炭素原子をもたず，化合物 I は不斉炭素原子を 1 つもつ。以下の(き)～(け)を読み，化合物 G～I の構造式を記せ。ただし，鏡像異性体は区別しない。

(き)　化合物 G を完全に加水分解するとアルコール J とカルボン酸 K が得られ，アルコール J を硫酸酸性の二クロム酸カリウムで酸化するとアセトンが生成した。

(く)　化合物 H を完全に加水分解するとアルコール L と酢酸が得られた。アルコール L に濃硫酸を加えて加熱し脱水反応を行うと，置換基に二重結合をもつ化合物 M が生成し，化合物 M を過マンガン酸カリウムで酸化するとカルボン酸 K が得られた。

(け)　化合物 I を完全に加水分解すると，化合物 N と分子式 $C_3H_6O_3$ で表される化合物 O が得られた。

化学問題　Ⅳ

次の文章を読み，**問 1**～**問 5** に答えよ。解答はそれぞれ所定の解答欄に記入せよ。問題文中の L はリットルを表す。なお，解答にあたっては，鏡像異性体を区別する必要はない。構造式は，記入例にならい，電離を考慮せずに記せ。原子量は H = 1.0，C = 12，N = 14，O = 16 とする。

構造式の記入例：

```
              O   H                 NH2
              ‖   |                  |
H2N—CH—C—N—CH—CH2—CH—COOH
     |            |
  (ベンゼン環)     OH
```

分子内にアミノ基(—NH_2)とカルボキシ基(—COOH)の両方をもつ化合物をアミ

ノ酸という。タンパク質は約20種類のα-アミノ酸が縮合してできているが，タンパク質を構成しない様々なα-アミノ酸も存在する。なお，ここでは図1の構造式で表されるα-アミノ酸について考える。さらに，図2に示すように，α-アミノ酸以外のアミノ酸も考えられる。

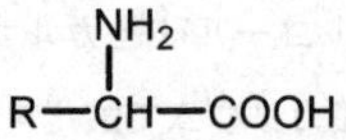

$$\mathrm{R{-}\underset{}{\overset{NH_2}{\overset{|}{C}}}H{-}COOH}$$

図1

$$\mathrm{CH_3{-}\overset{NH_2}{\overset{|}{C}}H{-}CH_2{-}COOH}$$

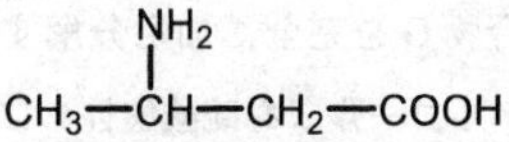

図2

次に，ジペプチドAとトリペプチドBについて以下の情報が与えられている。

ジペプチドAは不斉炭素原子を1つもつ化合物であり，分子式は$C_7H_{12}N_2O_5$であった。Aに塩酸を加えて加熱し，完全に加水分解すると，環状構造をもたない2種類のアミノ酸X1とX2が生じた。X1とX2はいずれも図1の構造式で表されるα-アミノ酸であった。X1を酸触媒の存在下でメタノールと反応させ，完全にエステル化させると，分子式$C_5H_9NO_4$の化合物が得られた。pH 7.0において，それぞれのアミノ酸の電気泳動を行うと，X2はほとんど移動しなかったが，X1は大きく陽極側に移動した。

トリペプチドBの分子量は289であった。Bに塩酸を加えて加熱し，完全に加水分解すると，環状構造をもたない2種類のアミノ酸Y1とY2が物質量比1：2で生じた。Y1とY2のうち，Y2のみが図1の構造式で表されるα-アミノ酸であった。Y1を酸触媒の存在下でメタノールと反応させ，完全にエステル化させると，分子式$C_4H_9NO_2$の化合物が得られた。

Y2中の窒素原子はすべてアミノ基として含まれていた。0.1 molのY2に含まれる窒素原子をすべてアンモニアに変えた。生じたアンモニアを1 mol/Lの硫酸水溶液250 mLに吸収させたのち，残った硫酸を完全に中和するためには，1 mol/Lの水酸化ナトリウム水溶液が300 mL必要であった。この実験結果から，Y2に含まれる窒素の数は［ア］と決定される。

トリペプチドBとアミノ酸Y2は不斉炭素原子をもつが，Y2に対してカルボキシ基を水素原子に置き換える反応を行うと，不斉炭素原子をもたない化合物が得られた。

問1　図2に示した化合物の構造異性体となるアミノ酸の構造式をすべて記せ。ただし，化合物の電離は考慮しないものとする。

問 2　アミノ酸 X 1 と X 2 の構造式を記せ。

問 3　ジペプチド A の構造式を記せ。

問 4　[ア] に当てはまる適切な数値を答えよ。

問 5　アミノ酸 Y 1 と Y 2 の構造式を記せ。

生物

（教育(理系)学部　1科目 90分）
（その他　　　　　2科目 180分）

(注) 100点満点。理・医(医)学部は2科目300点満点に換算。

生物問題 I

次の文章(A), (B)を読み，**問1～問6**に答えよ。解答はすべて所定の解答欄に記入せよ。

(A) ATP合成酵素はミトコンドリアの内膜に存在するタンパク質で，ミトコンドリアの膜間腔(こう)からマトリックスへ H^+ が流入する際の経路になっている。H^+ がATP合成酵素の内部を通過する際，この酵素の回転子と呼ばれる部分が回転し，触媒部位が活性化されることでATPが合成される。このように，H^+ の移動によってATPが合成される仕組みは，化学浸透と呼ばれる。

ミトコンドリアの膜間腔側の H^+ 濃度がマトリックス側の H^+ 濃度より高くても，H^+ の流入によって得られるエネルギーが［ア］に不十分なときにはATP合成酵素の回転子が逆方向に回転し，機能も逆転する。このとき，H^+ はその濃度勾配に［イ］輸送され，［ウ］がおこるので，これは［エ］輸送である。

ATP合成酵素は H^+ の流入によってATPを合成するため，ミトコンドリアの内膜には H^+ をくみ出してエネルギーを蓄える仕組みがある。この仕組みは電子伝達系と呼ばれ，クエン酸回路で得られた電子を使って H^+ をくみ出している。

クエン酸回路では，基質となる有機物を酸化することで<u>電子を取り出し，電子伝達系を構成するタンパク質複合体に電子を渡す</u>①。細胞内の酵素のはたらきによって還元力の強い物質が生成することを，**実験1**によって確かめた。

実験1：ツンベルク管(**図1**)の主室に<u>組織破砕液(ニワトリの胸筋に蒸留水を加えて</u>②

すりつぶしたもの)を，副室にコハク酸ナトリウム水溶液(基質)とメチレンブルー溶液を入れた。次に，ツンベルク管の内部を真空ポンプで減圧した。副室内の溶液を主室に移動させて混合したところ，混合液の色は青色から乳白色に変化した。真空ポンプを外し，混合液を空気にさらすと，混合液の色は青色に戻った。

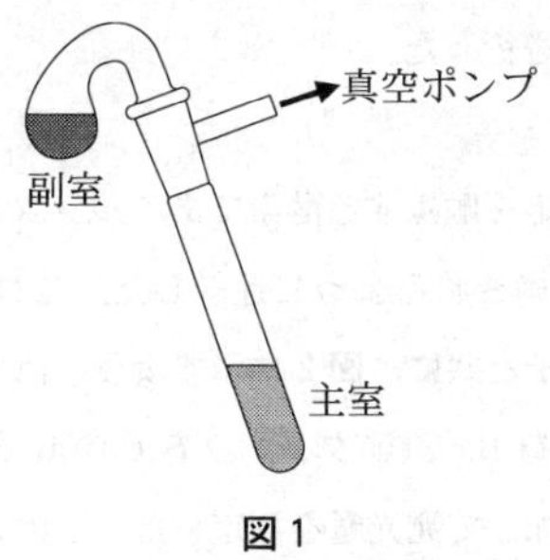

図1

問1　ア ～ エ に当てはまる最も適切な語句を以下の語群から選んで記入せよ。

語群：アセチル CoA の合成，ATP の合成，アセチル CoA の分解，ATP の分解，従って，逆らって，能動，受動

問2　下線部①に関して，クエン酸回路で取り出された電子は H^+ とともに補酵素で運搬される。クエン酸回路と電子伝達系の間で電子を運ぶ補酵素のうち，還元型補酵素を2つ記入せよ。

問3　**実験1**の下線部②に関して，この実験の対照実験として，組織破砕液にどのような操作を加えるべきかを説明せよ。

問4　**実験1**の下線部③に関して，組織破砕液中では，クエン酸回路における有機物の酸化により CO_2 が生成するが，O_2 を遮断すると CO_2 が生成しなくなる。その理由を説明せよ。

〔解答欄〕問3　12.6センチ×1行
問4　12.6センチ×5行

(B)　遺伝子発現は，転写を調節する調節タンパク質によって制御される。調節タンパク質 A と調節タンパク質 B は，複合体を形成した後に遺伝子 X のプロモーターに結合するが，調節タンパク質 C と調節タンパク質 D はプロモーターには結合しないことが知られている。また，調節タンパク質 D は，調節タンパク質 A とも調節タンパク質 B とも結合しない。遺伝子 X の転写調節機構を明らかにするため，下記の**実験 2** から**実験 4** を行った。

実験 2：ホタルの発光反応を触媒する酵素であるルシフェラーゼの遺伝子を，遺伝子 X のプロモーターに制御されるように連結した。これを X レポーター遺伝子とする。X レポーター遺伝子と共に，**図 2** に示すように色々な組み合わせで調節タンパク質 A，調節タンパク質 B，調節タンパク質 C の遺伝子を培養細胞に導入して発現させ，発光基質を添加して発光量を測定した。この方法では，細胞を破砕することなく生物発光を経時的に測定できる。

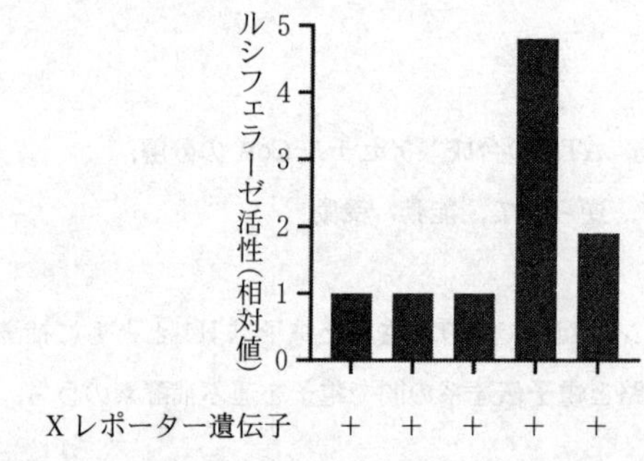

X レポーター遺伝子	＋	＋	＋	＋	＋
調節タンパク質 A 遺伝子	－	＋	－	＋	＋
調節タンパク質 B 遺伝子	－	－	＋	＋	＋
調節タンパク質 C 遺伝子	－	－	－	－	＋

「＋」は遺伝子導入したものを，
「－」はしなかったものを示す。

図 2

実験 3：培養細胞に調節タンパク質 A と調節タンパク質 B の遺伝子を導入し，一定時間後に遺伝子 X の mRNA 量を測定した結果，mRNA 量の上昇が観察された。その後，翻訳阻害剤を添加し，さらに一定時間後に mRNA 量を測定した場合にも mRNA 量の上昇が観察された。

培養細胞に調節タンパク質 D の遺伝子を導入した場合も，一定時間後に遺伝子 X の mRNA 量を測定した結果，mRNA 量は上昇した。しかし，つぎに翻訳阻害剤を添加した後の遺伝子 X の mRNA 量の測定では，mRNA 量の上昇は抑制された。

実験 4：DNA 断片にタンパク質が結合すると，DNA 断片のみの場合よりも全体としての分子量が大きくなり，電気泳動の移動距離が小さくなる。電気泳動による移動距離は，リンの放射性同位体，^{32}P で DNA 断片を標識し，その放射線をオートラジオグラフィーという手法で可視化することで測定できる。

調節タンパク質 A，調節タンパク質 B，調節タンパク質 D と ^{32}P で標識した遺伝子 X のプロモーターの DNA 断片を混合し，電気泳動により分離した(**図 3**)。この ^{32}P 標識 DNA 断片は，単独では移動距離が大きいところに集積したが(レーン L)，調節タンパク質と結合すると移動距離が小さいところにも観察された(レーン M のバンド W)。レーン N では，レーン M の条件に加え，^{32}P 標識 DNA 断片と同じ配列で，標識していない DNA 断片を大過剰に混合した。すると，バンド W が消失した。

また，レーン O とレーン P では，レーン M の条件に加え，それぞれ，調節タンパク質 A に対する抗体と調節タンパク質 D に対する抗体を加えた。

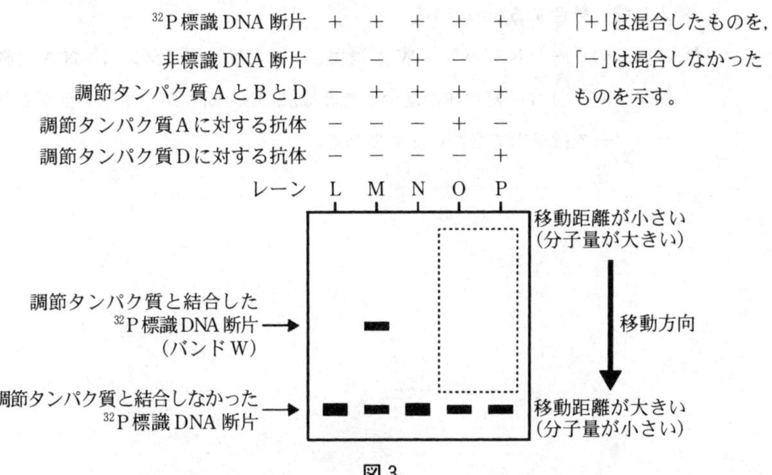

図 3

点線の内側は，電気泳動の結果を表示していない。

問 5　図3において，バンド W は，①レーン O と②レーン P ではどのように観察されるか，その理由も含めてそれぞれ説明せよ。ただし，抗体が調節タンパク質に結合しても，調節タンパク質の DNA への結合は阻害されないものとする。
〔解答欄〕各 12.6 センチ×5行

問 6　次の(あ)～(か)より**実験 2** から**実験 4** をふまえた考察として，適切でない文章をすべて選び，記号を解答欄に記入せよ。

(あ)　遺伝子 X の転写の活性化には，調節タンパク質 A，調節タンパク質 B および調節タンパク質 C が必要である。

(い)　調節タンパク質 C の機能は，調節タンパク質 A と調節タンパク質 B の複合体の形成，あるいは遺伝子 X のプロモーターへの結合を阻害することなどが考えられる。

(う)　調節タンパク質 D による遺伝子 X の転写の活性化には，別の調節タンパク質が必要である。

(え)　遺伝子発現を経時的に調べる実験において，ルシフェラーゼを用いると，生きた細胞で経時的な測定が可能である。

(お)　図3のレーン N でバンド W が消失した理由は，調節タンパク質 A と調節タンパク質 B の複合体が ^{32}P 標識 DNA 断片よりも非標識 DNA 断片により強く結合するためである。

(か)　図3のレーン N でバンド W が消失した理由は，調節タンパク質 A と調節タンパク質 B の複合体が結合した非標識 DNA 断片が，オートラジオグラフィーでは検出できないためである。

生物問題　II

次の文章(A)，(B)を読み，**問1**～**問6**に答えよ。解答はすべて所定の解答欄に記入せよ。

(A)　マイクロサテライトは，染色体に散在する反復配列で，とくにCACACA…のような数塩基の単位配列の繰り返しからなるものである。また個人ごとに異なる繰り返し数をもつ。

以下に，ある個人の染色体上のDNA配列を示す(**図1**)。

```
                                            ①
5′- AGAGG ATCCC CAAGT GCATT [CACA…CA] GGAGC CCATC TGCAG CACAG-3′
                                                   ③
3′- TCTCC TAGGG GTTCA CGTAA [GTGT…GT] CCTCG GGTAG ACGTC GTGTC-5′
   ②
```

図1

枠線部①はCAを単位配列とするマイクロサテライトである。この繰り返し数をPCR法で調べる。下線部②，下線部③の配列に相補的に結合する［　ア　］を使用して**図1**の塩基配列をもつDNA断片を増幅した。増幅されたDNA断片の長さを電気泳動法で調べたところ，2つの異なる長さの断片が観察された。これは父方，母方から由来するそれぞれのマイクロサテライトで単位配列の繰り返し数が異なるためである。このDNA断片は52塩基対と66塩基対の長さをもっていたことから，CAの繰り返し数はそれぞれ［　イ　］回と［　ウ　］回である。

同一染色体上の異なる位置のマイクロサテライトについて，片方の親由来の1本の染色体にある単位配列の繰り返し数の並びをハプロタイプと呼ぶ。

ある個人について，常染色体上で位置がわかっている3つのマイクロサテライトについて，それぞれPCR法で繰り返し数を調査した(**表1**)。**表1**の結果のみでは**図2**に示すような複数のハプロタイプの例が考えられ，一人のマイクロサテライトの実験結果からはハプロタイプを決定することはできない。

ハプロタイプを決定するためには，親子間でのマイクロサテライトの単位配列の繰り返し数の伝わり方の情報を用いる。血縁関係のある親子のある常染色体のマイクロサテライトの単位配列の繰り返し数をPCR法で調べた(**表2**)。

表1

マイクロサテライト番号	観察された単位配列の繰り返し数
1	2, 4
2	3, 6
3	3, 8

例1

マイクロサテライト番号	父親由来の染色体	母親由来の染色体
1	4	2
2	6	3
3	3	8

例2

マイクロサテライト番号	父親由来の染色体	母親由来の染色体
1	2	4
2	6	3
3	3	8

□で囲まれた並びはハプロタイプを示す。

図2

表2

マイクロサテライト番号	観察された単位配列の繰り返し数		
	父	母	子
1	2, 6	3, 4	2, 4
2	3, 6	3, 7	3, 6
3	3, 8	3, 5	3, 8

問1　文中の ア ～ ウ に当てはまる適切な語句または数値を記せ。

問2　**表2**の結果から子の染色体のハプロタイプを**図2**の例にならって記せ。ただし，この領域では乗換えは生じていない。またマイクロサテライトの突然変異は起こっていないとする。

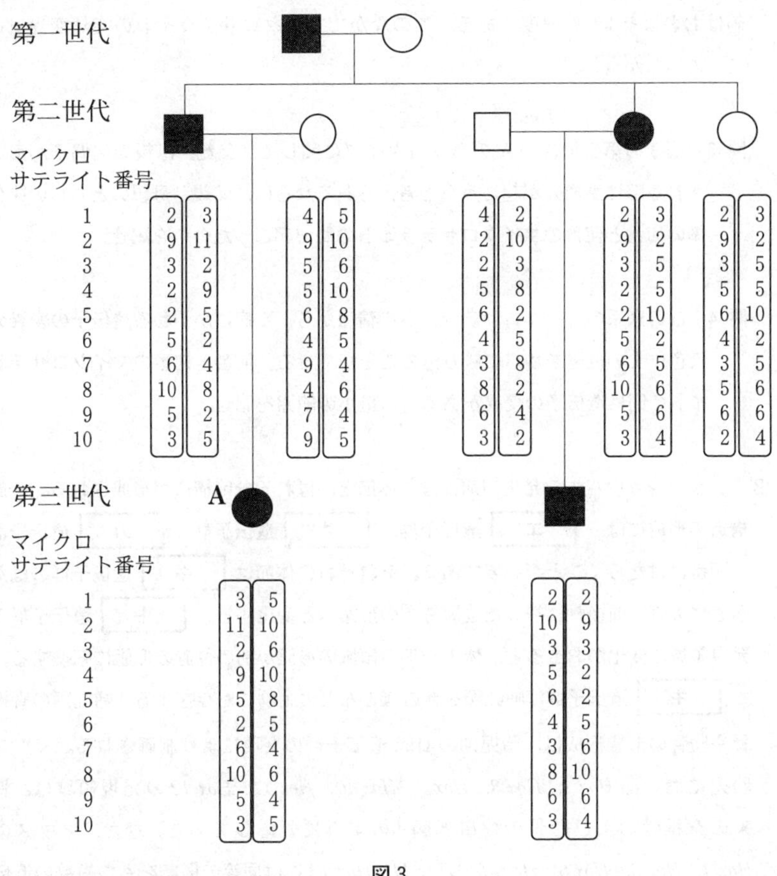

図 3

X 病患者は 10 万人に約 1 人の頻度で見つかり，常染色体上の単一の遺伝子の変異が原因で顕性(優性)遺伝すると考えられる。**図 3** は X 病患者がいる家系図である。□，○はそれぞれ X 病の原因となる遺伝子の変異をもたないと考えられる男性，女性を示す。■，●は X 病患者である男性，女性を示す。上から下に世代が新しくなっている。この家系について，常染色体のマイクロサテライトを調べ，ハプロタイプを決定した結果を示す。X 病にかかわる遺伝子の変異は第 1 マイクロサテライトと第 10 マイクロサテライトの間にあることがわかっていた。その遺伝子の変異は第一世代の患者から伝わっている。これらのマイクロサテライトは同一染色体上で順番にほぼ等間隔に並んでいる。両端のマイクロサテライト間での組換え価はおおよそ30％程度である。このなかでマイクロサテライトの突然変異は起こっていなかった。

問3　図3の第三世代の**A**のハプロタイプに関して，父親，母親の配偶子が形成される際に乗換えが起こったと考えられるならば，父親，母親のどちらの染色体の何番と何番のマイクロサテライトの間で起こったのかを記せ。

問4　この家系のマイクロサテライトの情報から，X病にかかわる遺伝子の変異の染色体上の位置をさらに絞り込むことができる。何番と何番のマイクロサテライトの間に遺伝子の変異があるか，最小の範囲を記せ。

(B)　ショウジョウバエの発生初期には，体節と呼ばれる分節構造が形成される。分節構造の形成には，［エ］遺伝子群，［オ］遺伝子群，［カ］遺伝子群が順番にはたらくことが必要である。それぞれの体節は［キ］遺伝子群のはたらきにより，前後軸に沿った位置特有の形態へと変化する。［キ］遺伝子群の発現領域に変化がおきると，体の一部の領域の形態が別の位置の形態に転換する。

［キ］遺伝子群は哺乳類を含むほとんどの動物にも存在する。哺乳類の脊椎骨や肋骨(ろっこつ)の形態形成は，胎児期のHox遺伝子群の発現により制御される。マウス胎児における*Hox 1*，*Hox 3*，*Hox 6*，*Hox 10*，*Hox 11*，*Hox 12*の発現領域は，将来の脊椎骨および肋骨の位置と図4のように対応していた。なお，マウスの*Hox 1*，*Hox 3*，*Hox 6*，*Hox 10*，*Hox 11*，*Hox 12*には同等の機能をもつ複数の遺伝子が存在するが，本問では簡単のために1つの遺伝子として表した。

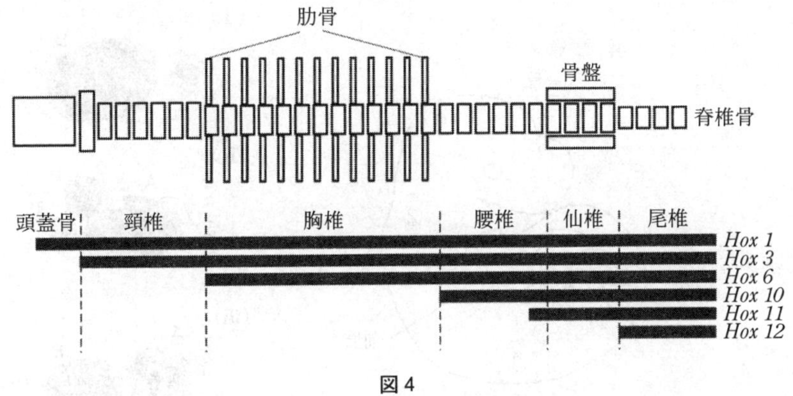

図 4

横棒線はそれぞれの Hox 遺伝子の発現する領域を模式的に表したものである。

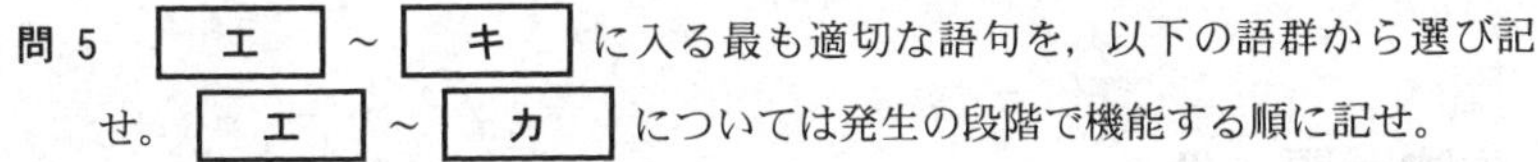

問 5　エ　～　キ　に入る最も適切な語句を，以下の語群から選び記せ。　エ　～　カ　については発生の段階で機能する順に記せ。

語群：BMP，ペアルール，セグメントポラリティー，アポトーシス関連，Smad，ホメオティック，ギャップ，Nodal

問 6　Hox 遺伝子群の空間的配置は，転写の活性化状態と関連があると考えられている。**図 5** は，Hox 遺伝子の染色体上の配置，**図 6** は**図 4** で示した Hox 遺伝子の発現パターンが観察されたマウス胎児，**図 7** は遺伝子の空間的配置をそれぞれ模式的に表しており，**図 7** における **A**，**B** のどちらかは転写が活性化された領域，もう一方は転写が抑制された領域を表す。**図 7** の（**i**）～（**iii**）は，**図 6** ①～④のうち，どの部分の状態を表していると考えられるか，**図 4** を参考に，最も適切なものを番号で答えよ。また，**A**，**B** の転写制御について，転写活性化または転写抑制いずれの状態か記せ。

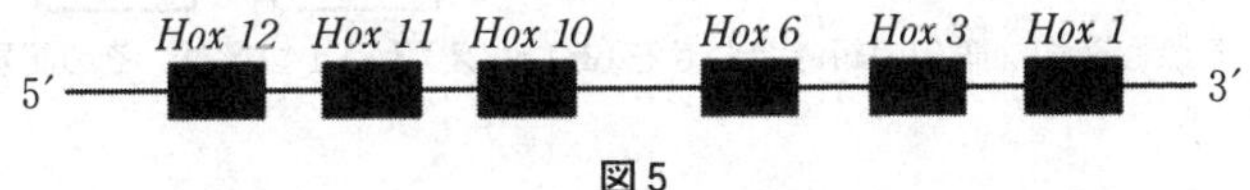

図 5

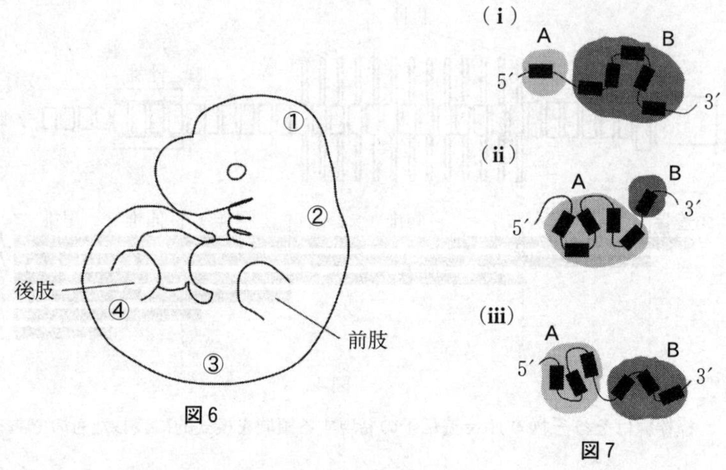

図 6

図 7

生物問題 Ⅲ

次の文章(A), (B)を読み，**問 1 ～問 6** に答えよ。解答はすべて所定の解答欄に記入せよ。

(A) 外界からの刺激に対して意識を介さずに起こる反応を反射と呼び，少数のニューロン間の連絡が，この反応を担っている。しつがい腱反射を例にとると，ひざ関節の下の腱をたたくと伸筋が伸び，この筋肉に並列している筋紡錘が筋肉の伸張を検出し感覚ニューロンが興奮する[①]。次に，感覚ニューロンの興奮が伸筋を支配する運動ニューロンに伝わり伸筋が収縮する[②]。また，感覚ニューロンの興奮は，脊髄の抑制性の介在ニューロンを介して，屈筋を支配する運動ニューロンの活動を抑制する。これにより，屈筋が収縮することなく伸筋が収縮し，足がはね上がる。

問 1 下線部①に関する下記の記述について，［ ア ］，［ イ ］に当てはまる最も適切な語句の組み合わせを(あ)～(え)より 1 つ選び，その記号を記せ。

筋紡錘は筋肉に並列する錘内筋繊維上にあり，筋肉が伸張して錘内筋繊維が一緒に引き伸ばされたときに筋紡錘の感覚ニューロンが興奮する。一方，筋肉が運動ニューロンからの信号を受けて収縮するときには，錘内筋繊維も別の運動ニューロンからの信号を受けて収縮する。したがって，筋収縮時でも錘内筋繊維は［ア］ので，筋紡錘は筋収縮後の筋伸張を検出できる。すなわち，錘内筋繊維が収縮しないときと比べ，筋肉の長さの変化を検出する感度が［イ］。

	ア	イ
(あ)	緩む	上がる
(い)	緩む	下がる
(う)	緩まない	上がる
(え)	緩まない	下がる

問 2　下線部②に関連して，以下の(1)と(2)に答えよ。

(1)　**図 1 A**で示すように末梢神経を適度な強度で電気刺激し筋肉の膜電位を記録した。筋肉の膜電位の経時変化をグラフにすると，**図 1 B**の星印で示される早い波と遅い波の 2 つの応答が検出された。2 つの波が発生する仕組みについて説明せよ。

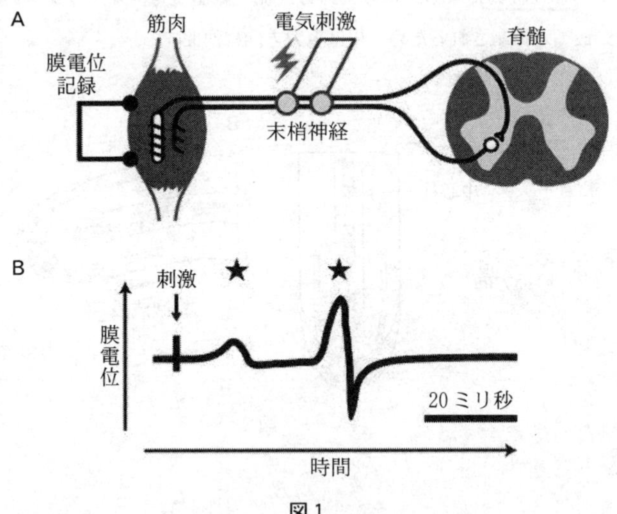

図 1

(2) 1960年代に筋収縮にカルシウムイオンが作用する過程が明らかになった。それ以来，生体内の数多くの現象でカルシウムイオンが重要な機能を担っていることが明らかになっている。カルシウムイオンが制御因子として機能するためには，定常状態での細胞質基質のカルシウムイオン濃度が低く保たれていることが重要である。筋細胞では，どのようにして低いカルシウムイオン濃度を維持しているのか，「筋小胞体」という用語を用いて説明せよ。

〔解答欄〕問2(1)　12.6センチ×5行
　　　　　問2(2)　12.6センチ×3行

(B) 植物は重力の方向を感知し，根は重力に対して正の方向に成長する。根では，その先端にある［ ウ ］が重力の感知に関わる。［ ウ ］では，細胞小器官であるアミロプラストが平衡石として重力の方向を感知するのにはたらく。図2Aは，重力の方向にまっすぐ伸びる根を示す。地上部で作られたオーキシンは，根の中心柱を通って［ ウ ］まで運ばれるが，ここで方向を変え，中心柱の外側の細胞を通って，根の伸長領域に達する。この植物を横倒しにすると，アミロプラストが新しい重力方向に移動し，植物は重力方向の変化を感知する(図2B)。その結果，オーキシンは根の重力方向側の細胞に多く分配されるようになる。これは，オーキシンの極性移動③による。根の重力方向側の細胞では，オーキシンの濃度が高くなり，成長が抑制されるため，根は重力方向に屈曲する。

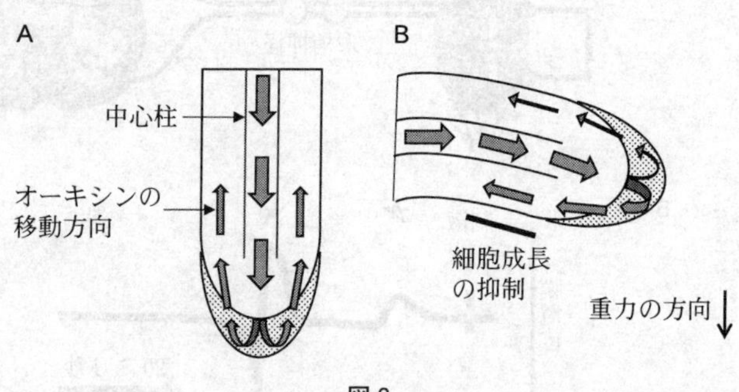

図2

問 3　文中の ［ウ］ に当てはまる適切な語句を記せ。

問 4　下線部③に関して，オーキシンの極性移動に関わる仕組みを，以下の 3 つの用語をすべて用いて説明せよ。

取り込み輸送体，　拡散，　排出輸送体

問 5　横倒しにした植物の茎では，オーキシンは根と同様，重力方向側の細胞に多く分布する。しかし，茎は重力に対して負の屈性を示す。**図 3** は，様々な濃度のオーキシンで処理したときの，ある植物の根と茎の成長に対する影響を示したものである。この図を見て，茎が重力に対して負の屈性を示す理由を説明せよ。

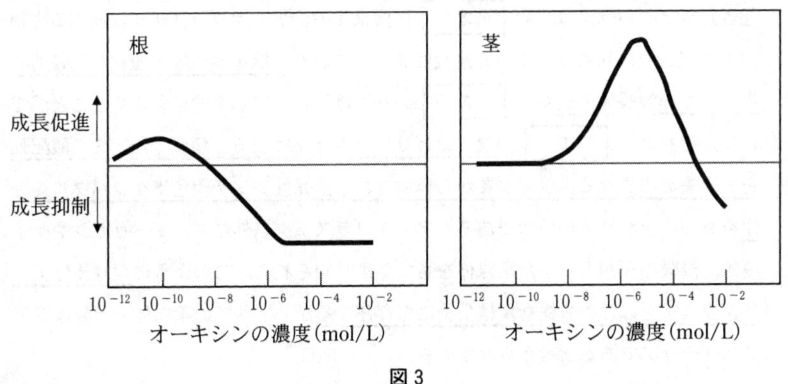

図 3

問 6　根は，葉緑体をもたず，光合成を行わない。根の細胞が，どのように ATP を得るのかを説明せよ。

〔解答欄〕問 4・問 5　各 12.6 センチ× 5 行
問 6　12.6 センチ× 3 行

生物問題　Ⅳ

次の文章(A)，(B)を読み，**問1**～**問7**に答えよ。解答はすべて所定の解答欄に記入せよ。

(A)　光合成生物は多様であり，水圏では藻類が光合成を介した生産者としての役割を担っている。シアノバクテリアを除くと，すべての藻類は真核生物であり，陸上植物と同様にこれらの光合成は葉緑体で行われる。緑藻類は，葉緑体内にクロロフィル［ア］とクロロフィル［イ］，カロテノイドである［ウ］とカロテンをもつ緑色の藻類である。この色素の組み合わせは，緑藻類が陸上植物と系統的に近縁であることとよく一致している。緑藻類および陸上植物，そしてアサクサノリを含む［エ］はアーケプラスチダと呼ばれる生物群に属する。アーケプラスチダに属する生物がもつ葉緑体は，従属栄養性であったアーケプラスチダの祖先で起きたシアノバクテリアの［オ］に由来する。アーケプラスチダに属する生物間でも光合成に利用しやすい光波長は異なっており，緑藻類や陸上植物が比較的利用しにくい波長域の光も①，［エ］の多くは光合成に効率的に利用することができる。これは，［エ］がフィコビリソームと呼ばれる，類似したアミノ酸配列をもつ複数の異なるタンパク質から構成される集光性アンテナ色素タンパク質複合体をもつことが理由の一つである②。アーケプラスチダ以外にも，ミドリムシやケイ藻類，渦鞭毛藻類といった葉緑体をもつ藻類が知られる。このように葉緑体はアーケプラスチダ以外の多様な真核生物にも存在するが③，すべての葉緑体の起源はシアノバクテリアであると考えられている。

問1　文中の［ア］～［オ］に当てはまる適切な語句またはアルファベットを記せ。

問2　下線部①の波長域に該当する色として最も適切なものを，青，緑，オレンジ，赤の4色より1つ選び記せ。

問3　下線部②に関して，フィコビリソーム構成タンパク質の遺伝子の多くは遺伝子重複と遺伝情報の変化によって生じたことがわかっている。

分子系統樹は，生物の系統関係のみならず，遺伝子の進化を知る上でも有用である。例えば図 1 (A)のように，遺伝子重複を経て遺伝子 x と遺伝子 y を生じる進化が，ある生物の種 a と種 b の共通祖先に起きた場合，分子系統樹における，遺伝子 x と遺伝子 y の関係は図 1 (B)のようになると考えられる。

フィコビリソームをもつ 3 種の藻類の系統関係を核 DNA の分子系統解析により調べたところ図 1 (C)のようになった。つぎに，これら 3 種がもつすべてのフィコビリソーム構成タンパク質の遺伝子塩基配列を決定した。そして，それらの遺伝子進化を調べるため，遺伝子塩基配列から推定したタンパク質アミノ酸配列を用いて分子系統解析を行った。フィコビリソーム構成タンパク質の遺伝子の分子系統樹において，APC–β，APC–F，PC–β，PE–β タンパク質の遺伝子の関係は図 1 (D)のようになった。図 1 (C)，(D)に関する以下の(あ)～(く)の記述で誤っているものをすべて選び，その記号を記せ。なお，個体間や種間を遺伝子が移動する現象は考慮しないものとする。

(あ)　ツルシラモはチノリモよりもシゾンと近縁である。

(い)　4 つのタンパク質の遺伝子の中で最も早く誕生した遺伝子は決定できない。

(う)　4 つのタンパク質の遺伝子は，共通の祖先遺伝子をもつ。

(え)　3 種の藻類のうち，シゾンのみ PE–β タンパク質の遺伝子を欠く。

(お)　3 種の藻類の共通祖先は，APC–β，APC–F，PC–β タンパク質の遺伝子をすべて有しており，これら 3 つの遺伝子すべてが 3 種の藻類に遺伝した。

(か)　APC–β タンパク質の遺伝子は，PC–β タンパク質の遺伝子よりも APC–F タンパク質の遺伝子と近縁である。

(き)　PE–β タンパク質の遺伝子は，シゾンの系統から分かれた後に他 2 種の共通祖先において遺伝子重複した PC–β タンパク質の遺伝子が起源である。

(く)　図 1 (D)から読み取れる遺伝子重複の回数は 1 回である。

(A) 遺伝子重複により遺伝子 x と遺伝子 y が生じる過程の概略図

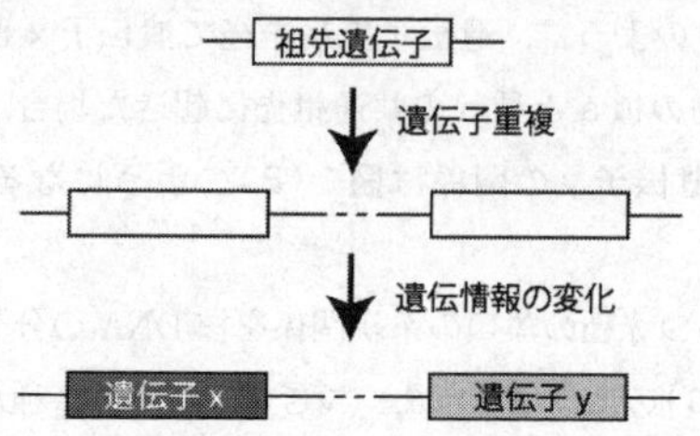

(B) 種 a と種 b の共通祖先に起きた遺伝子重複によって生じた遺伝子 x と遺伝子 y の関係

種 a の遺伝子 x
種 b の遺伝子 x
種 a の遺伝子 y
種 b の遺伝子 y

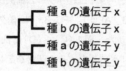

(C) 核 DNA による藻類 3 種の系統関係

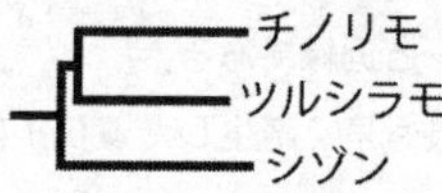

(D) APC-β，APC-F，PC-β，PE-βタンパク質の遺伝子の関係

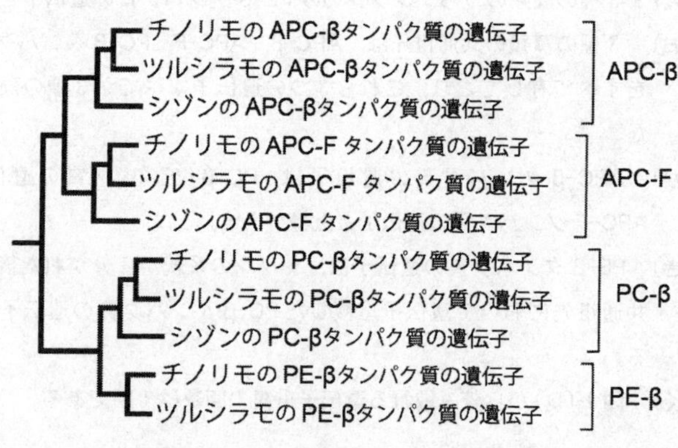

図 1

問 4　ミドリムシやケイ藻類，渦鞭毛藻類は，それぞれトリパノソーマ，卵菌類，ゾウリムシを含む異なる従属栄養性真核生物の系統と近縁であることが核

DNAを用いた分子系統樹によってわかっている。この点に留意し，下線部③はどのような進化過程で説明できるか，「葉緑体の獲得」という点から記せ。ただし，真核生物進化の過程において，以下2つを仮定するものとする。

仮定1　シアノバクテリアが葉緑体になる進化がアーケプラスチダでのみ起こり，その他の真核生物では起こらなかった。

仮定2　問題文中の従属栄養性真核生物の系統は，一度も葉緑体を保持したことがない。

〔解答欄〕12.6センチ×5行

(B)　自然界の生物はある一定の地域に生息する同種の個体の集まりである個体群として特有の性質を持っている。個体群の大きさが変動する様子を観察することで，同種の個体間での関係，異種間の関係，環境の影響などを検討することができる。個体群の大きさを把握する際，面積の大きい地域では全数調査による個体数の把握が難しく，一部のサンプルから個体数を推定する方法がとられる。個体数を推定する方法として，区画法と標識再捕法がある。区画法では，ある地域を一定面積の区画に区切り，調査対象となったいくつかの区画内の個体数を数える。区画内の個体数の平均値から比例計算によって，その地域の個体数を推定する。標識再捕法では，最初に一定数の個体を捕獲し標識をつけて元の個体群に戻す。ある期間の後に，再度，個体を捕獲し，標識がついた個体数を数える。2回目の捕獲時に標識がついていた個体の割合から，その地域の個体数を推定する。

問5　区画法による個体数調査が適した生物の特徴を記せ。

問6　区画法によって推定された個体数が地域の個体数を反映しない場合がある。その理由について，①調査対象とする区画の数，②区画の大きさの2つの観点からそれぞれ説明せよ。

問7　標識再捕法を用いて，ある個体群の個体数を推定する際に(a)～(d)のような問題が生じてしまった場合，標識を付けた時点での個体数の推定結果は，過大評価されるか，過小評価されるかのどちらかである。それぞれの場合について，過大評価される場合は「過大」，または過小評価される場合は「過小」と記入することで解答せよ。

(a)　1回目と2回目捕獲の間に，標識の外れた個体がいた。

(b)　1回目と2回目捕獲の間に，調査地域外から調査地域に個体が移入した。

(c)　1回目と2回目捕獲の間に，標識された個体が死亡した。

(d)　2回目の捕獲時に，非標識個体よりも標識個体に偏って捕獲された。

〔解答欄〕問5　12.6センチ×1行
問6　各12.6センチ×2行

地学

（教育(理系)学部　1科目　90分
　その他　　　　　2科目 180分）

(注)　100点満点。理学部は2科目300点満点に換算。

地学問題　I

次の文章を読み，**問1**～**問5**に答えよ。解答はすべて所定の解答欄に記入せよ。

人類がこれまで観測してきた様々な太陽系外天体までの距離には，太陽近傍の恒星から遠方の銀河まで10けた近くの違いがあり，これは［ア］と地球の大きさの違いに相当する。これほどの距離の違いを計測可能な単一の方法は存在しないため，天体までの距離の測定や推定には，その距離に応じて様々な方法が用いられており，近い天体に適しているものから順に，以下のような方法がある。

太陽近傍の恒星までの距離を測定する方法①である［イ］は，天体の見かけの［ウ］の変化を用いるものである。より遠方の天体までの距離は，天体の真の明るさの推定値と見かけの明るさを比較することで求めることができ，近いものから順に［エ］，［オ］，［カ］の計測手法や観測対象により推定することができる。さらに遠方の天体までの距離は，ハッブルの法則②を用いて推定することができる。

これらの距離測定方法は，複数の方法で計測可能な天体を用いて互いに精度を確認することでつなぎ合わされており，宇宙の［キ］と呼ばれている。

問1　文中の［ア］～［キ］に当てはまる最も適切な語を以下の語群から1つずつ選べ。

語群：リンゴ，米粒，毛髪断面，ケフェウス座δ型変光星，セイファート銀河，大きさ，位置，明るさ，分光視差法，年周視差法，赤方偏移法，食連星，Ia型超新星，ブラックホール，ダークマター，大規模構造，距離はしご問 2　下線部①に関して，5 パーセクの距離にある恒星では，見かけの［ ウ ］がどの程度の周期でどのように変化するか，変化量の数値とともに答えよ。ただし，変化の仕方が複数考えられる場合は，そのうちの 1 つについて答えよ。

問 3　［ エ ］，［ オ ］では，過去の観測で得られた関係から天体の真の明るさを推定している。それぞれについて，どのような天体における何と何の関係か答えよ。

問 4　ある天体 A は数日のうちに見かけの等級が 18.1 等級の明るさまで急激に増光し，その後 1 ヵ月程度かけて減光して見えなくなった。この明るさ変化と分光観測の結果などから，天体 A の最も明るいときの絶対等級は -19.3 等級と推定された。以下の(1)，(2)に答えよ。

(1)　天体 A はどのような天体と考えられるか。**問 1** の語群より選んで答えよ。

(2)　天体 A までの距離を有効数字 2 けたで求めよ。導出過程も示すこと。なお，星間塵（じん）などによる光の吸収の効果はないものとし，$10^{0.48} = 3.0$ とせよ。

問 5　**問 4** の天体 A のスペクトルを調べると，天体 A からの光の波長は 7.00 % 伸びて観測されていることがわかった。下線部②に関して以下の(1)～(4)に答えよ。

(1)　光速を 3.00×10^5 km/s として天体 A の後退速度を有効数字 2 けたで求めよ。

(2)　**問 4**(2)で求めた結果と**問 5**(1)の結果から，ハッブル定数を km/s/メガパーセク（1 メガパーセク = 10^6 パーセク）の単位により有効数字 1 けたで求めよ。

(3)　20 世紀中頃にガモフにより提案された宇宙モデルと**問 5**(2)で求めたハッブル定数を合わせることで，現在の宇宙年齢を概算することが可能である。この宇宙モデル名を答え，**問 5**(2)で求めたハッブル定数から 1 パーセク = 3.1×10^{13} km，1 年 = 3.2×10^7 秒として宇宙年齢の概算値を有効数字 1 けたで求めよ。導出過程も示すこと。

(4) この宇宙モデルが正しいと考えられる主な根拠は，ハッブル定数で示される宇宙膨張以外にもいくつかある。そのうちの1つの概要を簡潔に述べよ。

〔解答欄〕問2　ヨコ12.9センチ×タテ6.3センチ
問4(2)　ヨコ12.9センチ×タテ6.5センチ
問5(3)・(4)　各ヨコ12.9センチ×タテ6.8センチ

地学問題　Ⅱ

次の文章を読み，**問1**～**問7**に答えよ。解答はすべて所定の解答欄に記入せよ。

物体はその表面温度に応じたエネルギーを電磁波として放射する①。太陽が宇宙空間に放射している電磁波(太陽放射)は，X線・紫外線②・可視光線・赤外線・電波などからなるが，地球に届く太陽からの放射エネルギーの約半分は，可視光線によりもたらされる。地球と太陽が平均距離にあるとき，地球の大気上端で太陽放射に垂直な面が単位面積・単位時間あたりに受けるエネルギー量を太陽定数という。太陽定数をS，地球のアルベド(反射率)をA，地球の半径をR，円周率をπとすると，単位時間あたりに地球全体が吸収する太陽放射エネルギーの量は，［ア］と表せる。

一方，地球も，吸収する太陽放射エネルギーと同量のエネルギーを宇宙空間に赤外線として放射しており(地球放射)，放射のつり合った放射平衡の状態にある。放射平衡温度Tで地球が黒体放射しているとすれば，シュテファン・ボルツマンの法則により，シュテファン・ボルツマン定数をσとして，単位時間あたりの地球全体からの放射は［イ］と表される。

したがって，放射のつり合いの式は［ア］＝［イ］となり，放射平衡温度Tは約255Kと求められる。実際の地球表面の平均温度は約288Kで，放射平衡温度より約33K高い。これは，地表から放射された赤外線を吸収する気体による温室効果のためである③。一方，地表から大気を通過して宇宙空間へ直接出ていく赤外線④は，人工衛星による地表の観測に利用されている。地球の自転と同じ周期⑤で公転する静止気象衛星は，雲から放射される赤外線を常に同じ経度帯で観測し，熱帯低気圧や積乱雲の監視⑥に貢献している。

問1　文中の［ア］，［イ］に当てはまる式を答えよ。

問 2　下線部①に関連した記述として正しい文を，以下の(あ)～(え)から1つ選べ。

(あ)　表面温度が高くなるほど，放射されるエネルギー総量が<u>大きくなる</u>とともに，エネルギーが最大になる波長が<u>長くなる</u>。

(い)　表面温度が高くなるほど，放射されるエネルギー総量が<u>大きくなる</u>とともに，エネルギーが最大になる波長が<u>短くなる</u>。

(う)　表面温度が高くなるほど，放射されるエネルギー総量が<u>小さくなる</u>とともに，エネルギーが最大になる波長が<u>長くなる</u>。

(え)　表面温度が高くなるほど，放射されるエネルギー総量が<u>小さくなる</u>とともに，エネルギーが最大になる波長が<u>短くなる</u>。

問 3　下線部②に関連して，X線と紫外線を吸収している熱圏の気温は非常に高いが，単位体積当たりの大気がもつエネルギー量は小さい。その理由を簡潔に述べよ。

問 4　下線部③に関連して，現在地球に最も大きく温室効果をもたらしている気体は何か，答えよ。

問 5　下線部④に関連して，地表から大気に向かって放射される赤外放射エネルギーのうち，大気を通過して宇宙空間に直接出ていく赤外放射エネルギーは何割か，有効数字1けたで答えよ。導出過程も示すこと。ただし，大気上端に到達する太陽放射エネルギーを100とした相対値として，地表から大気に向かって放射される赤外放射エネルギーを120，大気と雲から宇宙空間に向かって放射される赤外放射エネルギーを58，大気と雲によって反射されて宇宙空間へもどる太陽放射エネルギーを23，地表面によって反射されて宇宙空間へもどる太陽放射エネルギーを7.0とする。

問 6　下線部⑤に関連して，地球の自転周期は何時間何分かを求めよ。導出過程も示すこと。ただし，地球の公転周期を365日とする。

問 7　下線部⑥に関連して，以下の(1)，(2)に答えよ。

(1) 熱帯低気圧は赤道上で発生しやすいか，発生しにくいか。理由とともに簡潔に答えよ。

(2) 人工衛星によって雲頂温度が −60.0℃と観測された積乱雲の雲頂高度は何kmか，有効数字2けたで求めよ。導出過程も示すこと。ただし，この雲頂高度は，地上付近での気温が30.0℃，露点が22.0℃の空気塊が上昇して達した高度とする。なお，乾燥断熱減率は10.0℃/km，湿潤断熱減率は5.00℃/km，高度による露点の低下率を2.00℃/kmとし，過飽和はおこらないものとする。

〔解答欄〕問3・問7(1)　各ヨコ12.9センチ×タテ3センチ
問5　ヨコ12.9センチ×タテ10センチ
問6　ヨコ12.9センチ×タテ8.5センチ
問7(2)　ヨコ12.9センチ×タテ9.3センチ

地学問題　Ⅲ

次の文章を読み，**問1～問7**に答えよ。解答はすべて所定の解答欄に記入せよ。

2011年に発生した東北地方太平洋沖地震のように，海溝に位置する［ア］境界において<u>巨大地震が発生すると，大きな津波が発生する</u>①。また，<u>巨大地震により発生した地震波は，地球内部を伝播（ぱ）し世界各地で観測される</u>②。さらに，<u>巨大地震は地形に痕跡を残す</u>③こともあり，過去の巨大地震の履歴を知る手掛かりとなっている。

「地球は複数の硬い板で覆われており，それらの板が水平方向に動くことにより，さまざまな地震，火山活動，地殻変動が起こる」という考え方を［イ］という。［ア］境界で発生する巨大地震の発生原因も［イ］の考え方で解釈されている。また，岩石の［ウ］の測定から，年代とともに移動する見かけの地磁気北極の位置を推定することができるが，<u>得られた見かけの地磁気北極の移動経路が大陸によって異なる</u>④ことも，［イ］の考え方で解釈できる。

近年，高精度で稠（ちゅう）密な地震観測網が整備されたため，地震が発生すると非常に短時間で<u>地震の震源位置</u>⑤やマグニチュードが推定され，メディアを通して伝えられるようになった。

問 1　文中の ア に当てはまる最も適切な語を，以下の語群から 1 つ選べ。

語群：衝突する，　収束する，　拡大する，　すれ違う

問 2　文中の イ ， ウ に当てはまる適切な語を答えよ。

問 3　下線部①に関連して，津波の性質として誤っている記述はどれか。次の(あ)～(お)から，該当するものをすべて選べ。

(あ)　津波の伝播速度は，水深に正比例する。
(い)　津波は，水深に対して波長が非常に長い長波である。
(う)　海岸線に近づくと津波の波高は低くなる。
(え)　深さ 4 km の海洋を伝播する津波の伝播速度は 200 m/s 程度である。
(お)　津波は，海底の急激な隆起や沈降によって発生する。

問 4　下線部②に関連して，**図 1** は地球内部を伝わる地震波の走時曲線である。以下の(1)，(2)に答えよ。

(1)　震央距離(角距離) 103° ～143° の区間は P 波が到達しない区間である。この区間が生じる原因は何か，説明せよ。

(2)　震央距離(角距離) 103° ～180° の区間に S 波の到達はない。この区間に S 波が到達しないのは，地球内部のどの部分のどのような性質が原因か，説明せよ。

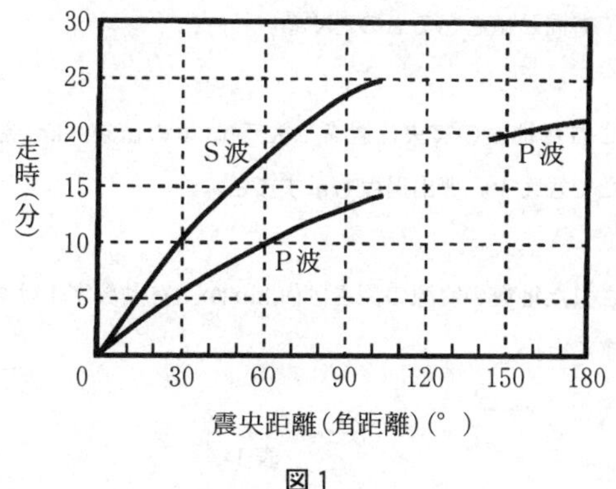

図1

問 5　下線部③に関連して，房総半島南部には海岸線沿いに階段状の地形が発達している。以下の⑴，⑵に答えよ。

⑴　この地形を何と呼ぶか，答えよ。

⑵　この地形はどのようにして形成されたか。形成過程を説明せよ。

問 6　下線部④に関連して，以下の問に答えよ。

M 紀に同じ大陸に属していたことがわかっている 2 つの地点において，岩石の［ ウ ］の測定から見かけの地磁気北極の移動経路を推定した。そして，M 紀における見かけの地磁気北極の位置が 2 つの地点で一致するように，これらの地点における見かけの地磁気北極の移動経路を描いた。すると，2 つの経路は，N 紀のある時期以前は一致していたが，それ以降は一致しなかった。N 紀のその時期に，2 つの地点が属していた大陸に何が起こったと考えられるか。［ イ ］の考え方に基づいて説明せよ。ただし，N 紀は M 紀より後の地質年代である。

問 7　下線部⑤に関連して，以下の⑴，⑵に答えよ。ただし，この地域において地表面は水平とし，地表面に設定された(x, y)座標系における観測点 A～D の位置，P 波および S 波の到着時は**表 1** に示す通りである。また，P 波速度，S 波速度はどこでも同じ値をとるものとする。

⑴　観測された地震の震央位置を与える x，y の値を，km を単位として有効数字 1 けたで答えよ。導出過程も示すこと。

⑵　観測された地震の震源の深さは何 km か，有効数字 1 けたで答えよ。導出過程も示すこと。

表 1

観測点	x(km)	y(km)	標高(m)	P 波到着時	S 波到着時
A	10	30	0	3 時 7 分 15.5 秒	3 時 7 分 18.3 秒
B	20	10	0	3 時 7 分 13.8 秒	3 時 7 分 15.6 秒
C	10	−10	0	3 時 7 分 15.5 秒	3 時 7 分 18.3 秒
D	0	10	0	3 時 7 分 13.8 秒	3 時 7 分 15.6 秒

〔解答欄〕問 4⑴・⑵　各ヨコ 12.9 センチ×タテ 4.2 センチ
問 5⑵・問 6　各ヨコ 12.9 センチ×タテ 5.5 センチ
問 7⑴　ヨコ 12.9 センチ×タテ 7.6 センチ
問 7⑵　ヨコ 12.9 センチ×タテ 10 センチ

地学問題　IV

次の文章を読み，問 1 ～問 6 に答えよ。解答はすべて所定の解答欄に記入せよ。

日本列島の基盤岩の地質構造(地体構造)は，棚倉構造線を境に東北日本と西南日本に分けられ，それぞれ形成年代が異なる地層や岩石による帯状配列によって特徴づけられる。これらは海側から大陸に向かうプレートの沈み込みによって形成されてきたと考えられている。西南日本はさらに中央構造線①を境に内帯と外帯に区分される。内帯では，白亜紀に大規模な［ア］の貫入があった。外帯の海側には白亜紀以降の［イ］が発達している。②約 2000 万～1500 万年前には，大陸の端が裂けて日本海が縁海として形成され，日本列島は現在のような島弧―海溝系となった。図 1 は島弧―海溝系の地下構造を表した模式的な断面図である。ここで火山を表す▲の下の黒い線と楕円(だえん)は，マグマ溜りやマグマの通り道を表す。島弧の下では，マントルの部分融解(部分溶融)により初生マグマができ，③結晶分化作用や同化作用，マグマ混合により，④様々なマグマが生成されて噴出する。島弧地殻の表層部では，主として岩石の熱伝導により大気中に熱が放出されており，⑤モホロビチッチ不連続面(モホ面)までの地温勾配(地下増温率)は，火山地域や熱水地帯を除いて平均的に 20～30 ℃/km である。

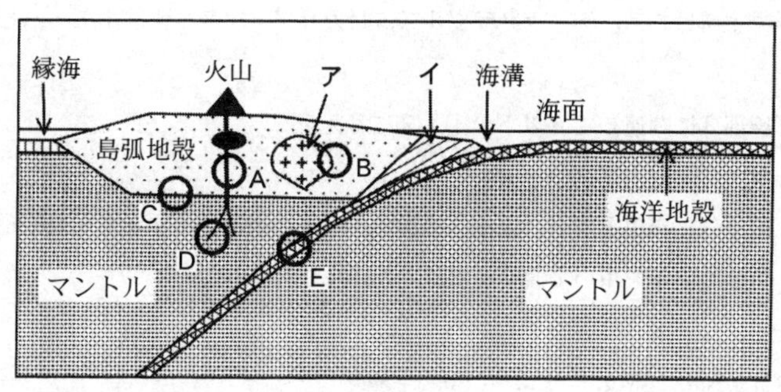

図 1

問 1　文中の［ア］に当てはまる岩石名と，［イ］に当てはまる地質体を表す語を答えよ。ただし，図 1 のア，イには，文中の［ア］，［イ］と同じ語が入る。

問 2　下線部①に関する記述として適切なものを，次の**(あ)**～**(お)**から1つ選べ。

(あ)　中央構造線は横ずれ型の活断層であり，断層をまたいで両側にはどこでも同じ地層が分布している。このため，断層の位置を知るためには，地形的な証拠(断層崖や尾根筋および谷筋のずれなど)が用いられる。

(い)　中央構造線は，北米大陸のサンアンドレアス断層と同じく，大陸地殻を切るように生じたトランスフォーム断層であり，毎年一定速度でずれ続けている。

(う)　中央構造線は過去に日本最長の断層として活動していたが，新第三紀に伊豆―小笠原弧の衝突で一部が曲げられたあと，全域にわたって活動を停止している。

(え)　中央構造線は白亜紀以降に北側に傾く逆断層として活動し，断層の北側に低温高圧型，南側に高温低圧型の広域変成帯が分布する。

(お)　中央構造線が直線的に長く延びる四国において，地表付近の断層面の傾斜は高角だが，地下深部では北側に傾斜する低角断層となっている。

問 3　下線部②の時代に地球上に生息していた可能性が最も高い生物を，次の語群から1つ選べ。

語群：オパビニア，ティラノサウルス，ビカリア，フズリナ，ホモ・ハビリス

問 4　下線部③に関連して，以下の⑴，⑵に答えよ。

⑴　結晶分化作用とはどのような過程か，以下の語群に示す元素記号や化学式のうち3つ以上を用いて説明せよ。

語群：Na,　Mg,　Ca,　Fe,　SiO_2

⑵　同化作用ではどのようにしてマグマの組成が変化するか。図1中の領域Aで同化作用が起きた場合を例に説明せよ。

問 5　下線部④に関連して，島弧の火山に特徴的に見られ，海嶺で生成された海洋地殻にはほとんど見られない火山岩の名称を 2 つ答えよ。

問 6　ある地域の露頭では，苦鉄質(塩基性)の火成岩が変成してできた変成岩Pが，超苦鉄質岩(超塩基性岩)Qと隣り合って分布している。変成岩Pからは，ナトリウムに富む輝石(ヒスイ輝石)が発見された。ヒスイ輝石は，次の変成反応ⓐによって，ナトリウムに富む斜長石(Na 斜長石)から再結晶してできたと考えられる。

変成反応ⓐ：Na 斜長石 → ヒスイ輝石 ＋ 石英

次の**図 2** は，この地域で見つかったヒスイ輝石が変成反応ⓐによって生じる温度圧力領域を表している。図中の太線の上側では，変成反応ⓐが進行する。過去の沈み込み帯における地下の温度分布が，現在と同じであったと仮定し，下線部⑤も考慮した上で，以下の⑴，⑵に答えよ。

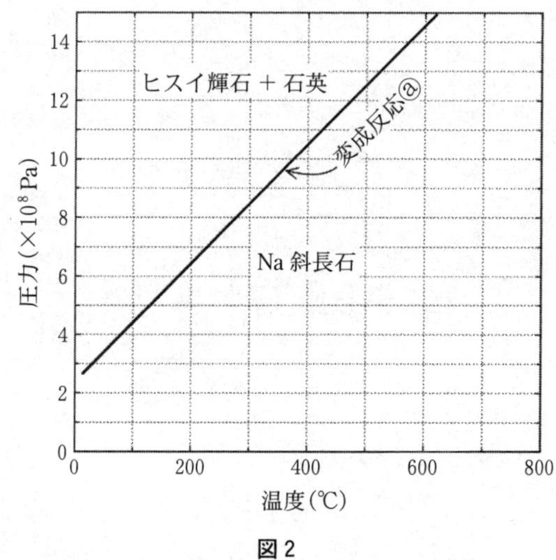

図 2

⑴　変成岩Pにおいて反応ⓐが起こりうる領域を**図 1** のA～Cからすべて選び，理由とともに答えよ。該当するものがない場合はなしと答え，その理由を

説明せよ。計算過程も示すこと。簡単のために，地表の温度は0℃，島弧地殻の厚さは30kmとし，地下の圧力上昇率は3.0×10^7 Pa/kmで一定とする。地表面にかかる大気圧は無視してよい。

(2)　図1中の領域D，Eは変成岩Pが形成された場所と考えられるか，それぞれ理由とともに答えよ。露頭において苦鉄質の変成岩Pが超苦鉄質岩Qと隣接して分布している理由についても説明すること。

〔解答欄〕問4(1)　ヨコ12.9センチ×タテ10センチ
問4(2)　ヨコ12.9センチ×タテ9センチ
問6(1)・(2)　各ヨコ12.9センチ×タテ9.5センチ

問三　傍線部(3)はどういうことか、説明せよ。

〔解答欄〕問一・問三　各タテ一四センチ×三行

るるも、さはあるまじけれど、罪深げなり。さて、このかしこき新君たちも在りふれば、やうやくやすきに流れて、風流妖艶もにくみ給はず、美酒佳肴*(かかう)もまたよしとし給へば、(3)つひには先君にたがふ所すくなく、世の常になり行き給ふなん口惜しき。いま世にほめ奉る君は、さ言ひがひなき事はあるまじけれど、まづ一とせは藤の衣*にやつれ給ひて、おのづから年月へて後は、新令を下し給はんも、またむべならんと我は思ふなり。

（『後松日記』より）

注（*）

四の海＝天下。

先考＝亡父。ここは亡くなった先代の君主のこと。

服＝喪に服すること。

掲焉＝著しいさま。

佳肴＝ごちそう。

藤の衣＝喪服。

問一　傍線部（1）のように筆者が言うのはなぜか、具体的に説明せよ。

問二　傍線部（2）を、指示語と比喩の指す内容を明確にしつつ、現代語訳せよ。

問二　傍線部(2)はどういうことか、説明せよ。

問三　傍線部(3)はどういうことか、小山わか子の歌集にも触れながら説明せよ。

〔解答欄〕問一　タテ一四センチ×二行
問二　タテ一四センチ×三行
問三　タテ一四センチ×四行

三

次の文は、江戸時代後期の有職故実家・松岡行義(ゆきよし)が、当時の為政者について論評したものである。これを読んで、後の問に答えよ。（三〇点）

＊四の海をさまりて二百とせにあまりぬれば、文武の道ならびにひらけて、賢良の君あまたおはしますべし。そが中に、この頃かしかましくほめののしる君おはします。その君の御有様を聞くに、げに高きにゐておごり給はず、下をあはれみ、民をいつくしみ給ふ御おきて、さらにいにしへの明君にも恥ぢ給ふまじき御心ばへなり。されど、今様にものし給ふがあかぬ心地す。その今様といふは、(1)のどけき心おはしまさで急なるがわろきなり。そは、＊先考の＊服、一年も過ぐさず、五十日の服をはるを待ちて、先考の世のおきてを改め、(2)その世にまたなく時めきしものは、いたづら人の様になり、また、谷の埋もれ木の引きかへて花やぐもあり。全て古き名残はあながちになき様にして、我が才のかしこげさを＊掲焉(けちえん)にあらはせば、心なき人は新君をほめ聞こえ奉るままに、先君の誤り世に流るる様なり。されば、我が世にならんことを待ち遠にや思ひゐにけんと推しはから

ぬ。むしろ一片の同情より無関心の方がまだましなのではないか。そして次に来るものは速やかな忘却である。そして僕らはただ自己の孤独の内部に在り、自己の不安にのみ直面している。しかし真の生はこのような、謂わば臆病な、自己保存的な、態度の中には無いだろう。(3)他者をも自己のうちに持つことは自己を希薄ならしめることではない。悲しみを多く感じる機会があることによって、療養所における僕らの生活は真のパトス*に常に洗われているのではないか。

僕がこのようなことを言うのは、僕が小山わか子さんの死を深く悲しんだゆえである。前に書いたように僕はこの人と何のつながりもない。同じ療養所に生活していたのであったが僕は小山さんの顔さえも見たことはない。いかなる生涯であったか、いかに苦しみいかに耐えたか、僕はそれをほとんど何も識らぬ。袖珍版*二十四頁のガリ版刷*の小冊子に、僕はただ小山さんの生活を記録した僅かばかりの歌を読んだのに過ぎぬ。しかしこれらの歌を通して、孤独な終焉に至るまでのその病床の生活が僕に生々しく会得された。このような生き方に感動した。小山さんの死を悲しむということはその送った生が類のなく美しいものであったことに起因している。病者の生は、一般に言って、ただその精神生活をのみ純粋に生きるから、またそこに多くの苦しみと不安とがあるから、かえって生の普遍的な姿を簡明に示している。しかしその中でも、小山わか子さんの生き方は美しい。僕らにとって死を悲しむ心は畢竟*生を惜しむ心である。

（福永武彦「小山わか子さんの歌」〈一九四九年〉より）

注(＊)

パトス＝人を動かす深い感情。　袖珍版＝小型の本。　ガリ版刷＝簡易な印刷物の一種。　畢竟＝結局。

問一　傍線部(1)のように筆者が言うのはなぜか、説明せよ。

二

次の文は、結核で亡くなった小山わか子を追悼して、東京療養所の短歌雑誌に発表されたものである。筆者も当時小山と同じこの療養所にいた。これを読んで、後の問に答えよ。（三〇点）

僕は小山わか子さんについて何ら識るところがない。僕はただ小山さんの死後に編まれた薄い歌集によって、その精神の流れを遥かに望んだばかりである。そして僕がこの人の生き方をかなり自由な想像をもって追体験することが出来るとしても、真実に営まれた生というものはもはや遠く、小山さんの生を識る人の記憶からも既に日々に遠いであろう。その生はもはやここにはない。僕のように無縁な者がこのような文章を書くことさえも既に不思議である。一つの生がまったく終わってしまい、ただ故人を識る人々の記憶の中にのみその生が延長していると考えることは、恐らく人間のはかない諦念のなせる業であろう。しかしこのような記憶、死者の追憶によって埋められた記憶なくしては、僕たちは生のもつ真の悦びに想到し得ないのである。死者が生者に対して意義を持つのは、生者の意識の内部において、彼の純粋の生を常に死の記憶によって新しくするように死者が作用している点にある。死者は死と共に死なず、彼を識る生者の死と共に死ぬと言えるだろう。死者に対する最もよい冥福は彼らの生の記憶を常に美しく保存すること、時と共により一層美しく保存することにある。(1)忘却が死者の最大の敵ではないだろうか。

結核療養所の中に生活する病人にとって、死は常に最も不幸な関心事である。自らの死と共に他者の死というものが異常に生々しく僕らを取り巻いている。僕らはしばしば自らの死の予想に苦しみ、その不安に耐え切れないために他者の死に対して真に悲しむことをなし得ないのではないか。死は厳粛な事実である。しかし療養所の中においては僕らはあまりにこの事実に馴れすぎている。死が日常に在ることによって僕たちは他者の死を厳粛に考えるに堪えない。(2)自らの問題の不安には眼をつぶり得ないゆえに他者の問題に不安を見ようとしない。ある者は冷淡であり非情である。ある者はひと通りの同情をしか注がプロセニアム＝舞台を額縁状に区切る部分。

平土間＝昔の劇場などの、舞台正面の見物席。

ディテュランボス合唱歌＝古代ギリシアの豊穣と酒の神、ディオニュソスを称える賛歌。

縁起＝社寺神殿の由来や霊験などの言い伝え。

ディオニュソス祭儀＝ディオニュソスを祭る活気に満ちた儀式。この祭儀においてディテュランボス合唱歌が歌われた。

問一　傍線部(1)はどういうことか、説明せよ。

問二　傍線部(2)のように筆者が言うのはなぜか、説明せよ。

問三　傍線部(3)のように筆者が言うのはなぜか、説明せよ。

問四　傍線部(4)はどういうことか、本文全体を踏まえて説明せよ。

〔解答欄〕問一～問三　各タテ一四センチ×三行
問四　タテ一四センチ×五行

えたのが近代芸術というものでありますから。観客は舞台のうえに生きた人間を――いや、自己の似顔を――見つけだそうとしている。かれらは薄闇でいじきたなく眼を光らせ、すこしでも自分らしきものを見いだし、それをふところにしまって帰ろうとねらっている。絵を見ても彫刻を見ても、なにかを自分のものにしようと構える。教養とはそういう自我の堆積にほかなりません。自我、自我、自我――かれらが狂気のように求めているものはそれだ。

観客たちの顔をごらんなさい。おたがいの顔を見ようとせず、また他人に自分の顔をのぞかせようともしない。劇場においてさえ、ひとびとは堅く殻をとざして自分のうちに閉じこもり、舞台から他人が得られぬなにものかを自分だけが手にして帰りたいと願っている。自分がいちばん上等なものを、いちばんたくさん、貯蔵庫から盗みだしたいともくろんでいる。劇場ばかりではない。こういう光景は博物館でも展覧会場でも音楽会でも、いや、現代ではいたるところに――街上にも観光バスのなかにも――見うけられはしないでしょうか。そしてそれは小説において――すなわち書斎において――もっともきわまれるものとなっております。(4)現代では、芸術の創造や鑑賞のいとなみにおいてさえ、だれもかれも孤独におちいっている。が、なにより重要なことは、この自分たちの孤独を気づかずにいるということだ。いや、孤独を自覚することすら、孤独からのがれる機縁とはならず、それを深めることによって自我を富ましめようとし、さらに芸術がそのために利用されるというしかけになっております。

（福田恆存『芸術とはなにか』〈一九五〇年〉より）

注（＊）
タブロー＝額縁に納められた絵。ここでは、俳優を配置し、ある場面を絵画のように描き出す「活人画」のような舞台芸術のこと。

るというたんなる受動的な存在だったかというとそうではなく、問うというのは、とりもなおさず精神の運動開始にほかならなかった。もともと芸術家自身、問いを発するひとです。問いを発し、答えを得る――が、それは現実の事象の意味を問い答えることではない。問いとは精神の可能性について精神みずからが発するものであり、答えとはその限界にまでゆきつくことであります。そこでは問いがそのまま答えにならなければならない。中世の神秘劇や奇蹟(きせき)劇は、それをたんなる宗教問答におきかえてしまったのです。そしてそういうものも、ギリシアにないではなかった。が、演劇はディオニュソス祭儀*から生まれたのであり、それ以外のものから生まれたのではなかったのです。神秘劇や奇蹟劇はドラマではなくてタブローでしかなかった。

近代劇も同様であります。劇場の平土間は死んだように静かになってしまった。そこにはなんらの意味においても、精神の運動がおこなわれるさいの活気は見いだされません。俳優も観客も、演劇の与える真の快楽を忘れてしまっている。わずかに保たれていることは、ものまねの快感です。ものまねは演技であって演戯ではない。それは日常生活そのままを演ずることであり、杯をもつ手つきとか落胆した様子とか、そんなことがいかにも真に迫っているということで観客は感心する。ものまねをやる楽しみ、そしてそれを見てわかる楽しみ――(3)そのくらいなら、見せられるより見せる側にまわったほうがよっぽどおもしろい。自立演劇団や作家志望者が増えるゆえんです。鑑賞ということに主体性が欠ければ――すなわち鑑賞者に精神の自由を許さぬ作品が氾濫すれば――だれもかれも造る側にまわりたくなるのであります。主体性とは生きる自覚のことであり、だれしもそれを欲しているのですから。

しかし、今日では劇作家も俳優も、観客にとって自分たちが芸術創造に参与するための道具にすぎぬということを自覚せず、逆に観客を自分たちの道具にしております。稽古場だけではりあいがないから、お客を呼んできて鏡にしようというのだ。今日の俳優はことごとくこの種の自我狂におちいっているらしい。俳優ばかりではない、小説家も画家も、政治家も革命家も、みんなそうだ。そして演劇の観客も、小説読者もその例外ではない。あたりまえです――そういう観劇法や読書法を教実といちいち実地検証して得られる真実性の詐術は――とうてい映画におよびません。演劇芸術は映画とはまったく対蹠(たいせき)的(てき)なものです。むしろ小説の生理のほうが映画に近い。にもかかわらず、現代では演劇と映画とは双生児として併称されております。そのことこそ近代の演劇がいかに堕落したかを物語る明白な証拠ではないでしょうか。

有名な、少々陳腐になったたとえ話があります。『ピーター・パン』という童話劇のなかにティンクという妖精が死ぬ場面が出てまいりますが、このときピーター・パンは観客席の子供たちにむかって、もしきみたちが妖精の存在を信じるならティンクは生きかえる、妖精がいるとおもう子供は手をたたいてくれと頼みます。子供たちはティンクを生かしたい一心で夢中になって手をたたく。これがもし映画だったらどうか。もし映画だったら、たとえ子供たちが手をたたかなくとも、あとにくりひろげられる筋書はすでにフィルムにおさめられ、未来は映写機のなかにしまわれているのです。子供はともかく、大人だったらばかばかしくて手をたたく気にもなりますまい。いや、子供にしたって、一瞬の機を逸したらそれまでだ。子供が手をたたくのを待っている舞台上のピーター・パン、それに応ずるように拍手する子供たち、そしてにっこり笑ってそれにこたえるピーター・パン――(2)この呼吸は映画では不可能です。小説でもだめだ。それこそ演劇の独擅場(どくせんじょう)ではないか。

この一事で明瞭ですが、演劇をはこんでいる主体は俳優ではなく観客であります。舞台における演戯の主体は平土間にあるのだ。ギリシア演劇の発生はそのことをよく物語っております。*ディテュランボス合唱歌をうたい、踊り狂う一群のひとびと、そのなかから中心の頭唱者がひとり分離し、それがのちに俳優となった。俳優とはギリシア語で《答えるひと》という意味です。すなわち、頭唱者が俳優として合唱団から分離しても、あとの群集はただ口をあけてぽかんとそれを眺めていたのではない。俳優が答えるひとなら、そのほかに問うひとがいたはずです。それが観客だ。自分たちのうちから頭唱者を弾(はじ)きだしたところの合唱団、それが今日の観客の起源なのであります。*

俳優は神事や縁起について説明し、神秘の謎を解くひとだったのですが、それなら他のひとたちはそれについて説明を求め

国語

（九〇分）

（注）一〇〇点満点。総合人間（理系）・教育（理系）・経済（理系）・理・医学部は一五〇点満点に換算。

一　次の文を読んで、後の問に答えよ。（四〇点）

演劇はあらゆる芸術の母胎であるようにおもわれる。ドラマはタブロー*に対立する。タブローは《見られるもの》であり、(1)ドラマは《為されるもの》であります。それは舞台においてなにごとかが為されるというだけでない。舞台でなにごとかが為されながら、観客席でそれを見ているだけでは、舞台で為されたことはたんなるタブローになってしまう。ドラマが真に《為されるもの》であるゆえんは、それを為す主体が観客であるからであり、為される場所が舞台ではなくて劇場であるということにほかならない。演劇のリアリティは舞台のうえに、プロセニアム*のかなたにあるのではなく、劇場に、その平土間（ひらどま）*にあるのです。ギリシアの半円劇場における舞台の位置やシェイクスピア時代の劇場の構造を想いだしてください。いや、わが国でも能舞台は、いや歌舞伎の舞台もかつては観客席のなかに突きだしていたのです。近代劇はそれを逆にプロセニアムのかなたに押しこめてしまいました。こうなれば、それは映画にかなわない。見られたもののリアリティは——いいかえれば、生活の現

2022年度

問題編

問題編

▶試験科目

学　部	教 科	科　目
総合人間(理系)・理・農	外国語	コミュニケーション英語Ⅰ・Ⅱ・Ⅲ，英語表現Ⅰ・Ⅱ
	数　学	数学Ⅰ・Ⅱ・Ⅲ・A・B
	理　科	「物理基礎・物理」,「化学基礎・化学」,「生物基礎・生物」,「地学基礎・地学」から２科目選択
	国　語	国語総合・現代文B・古典B
教育(理系)	外国語	コミュニケーション英語Ⅰ・Ⅱ・Ⅲ，英語表現Ⅰ・Ⅱ
	数　学	数学Ⅰ・Ⅱ・Ⅲ・A・B
	理　科	「物理基礎・物理」,「化学基礎・化学」,「生物基礎・生物」,「地学基礎・地学」から１科目選択
	国　語	国語総合・現代文B・古典B
経済(理系)	外国語	コミュニケーション英語Ⅰ・Ⅱ・Ⅲ，英語表現Ⅰ・Ⅱ
	数　学	数学Ⅰ・Ⅱ・Ⅲ・A・B
	国　語	国語総合・現代文B・古典B
医・薬	外国語	コミュニケーション英語Ⅰ・Ⅱ・Ⅲ，英語表現Ⅰ・Ⅱ
	数　学	数学Ⅰ・Ⅱ・Ⅲ・A・B
	理　科	「物理基礎・物理」,「化学基礎・化学」,「生物基礎・生物」から２科目選択
	国　語	国語総合・現代文B・古典B
	面　接	医学部医学科のみに課される
工	外国語	コミュニケーション英語Ⅰ・Ⅱ・Ⅲ，英語表現Ⅰ・Ⅱ
	数　学	数学Ⅰ・Ⅱ・Ⅲ・A・B
	理　科	「物理基礎・物理」,「化学基礎・化学」
	国　語	国語総合・現代文B・古典B

▶配　点

学部・学科		外国語	数　学	理　科	国　語	面　接	合　計
総合人間（理系）		150	200	200	150	—	700
教育（理系）		200	200	100	150	—	650
経済（理系）		200	300	—	150	—	650
理		225	300	300	150	—	975
医	医	300	250	300	150	※	1000
	人間健康科	200	200	200	150	—	750
薬		200	200	200	100	—	700
工		200	250	250	100	—	800
農		200	200	200	100	—	700

▶備　考

- 外国語はドイツ語，フランス語，中国語も選択できる（経済（理系)・理・医（人間健康科学科)・薬・工学部は英語指定）が，編集の都合上省略。
- 「数学Ⅰ」,「数学Ⅱ」,「数学Ⅲ」,「数学A」は全範囲から出題する。「数学B」は「数列」,「ベクトル」を出題範囲とする。
- 医学部医学科においては，調査書は面接の参考資料とする。

※医学部医学科の面接は，医師・医学研究者としての適性・人間性などについて評価を行い，学科試験の成績と総合して合否を判定する。従って，学科試験の成績の如何にかかわらず不合格となることがある。

英語

（120分）

（注）　150点満点。教育（理系）・経済（理系）・医（人間健康科）・薬・工・農学部は200点満点に，理学部は225点満点に，医（医）学部は300点満点に換算。

I　次の文章を読み，下の設問(1)～(3)に答えなさい。　（50点）

That man should have dominion "over all the earth, and over every creeping thing that creepeth upon the earth," is a prophecy that has hardened into fact. Choose just about any metric you want and it tells the same story. People have, by now, directly transformed more than half the ice-free land on earth — some twenty-seven million square miles — and indirectly half of what remains. We have dammed or diverted most of the world's major rivers. Our fertilizer plants and legume crops fix more nitrogen than all terrestrial ecosystems combined, and our planes, cars, and power stations emit about a hundred times more carbon dioxide than volcanoes do. In terms of sheer biomass, the numbers are stark-staring: today people outweigh wild mammals by a ratio of more than eight to one. Add in the weight of our domesticated animals — mostly cows and pigs — and that ratio climbs to twenty-two to one. "In fact," as a recent paper in the *Proceedings of the National Academy of Sciences* observed, "humans and livestock outweigh all vertebrates combined, with the exception of fish." We have become the major driver of extinction and also, probably, of creation of species. So pervasive is man's impact, it is said that we live in a new geological epoch — <u>the Anthropocene</u>(a). In the age of man, there is nowhere to go, and this includes the deepest trenches of the oceans and the middle of the Antarctic ice sheet, that does not already bear our Friday-like* footprints.

An obvious lesson to draw from this turn of events is: be careful what you wish for. Atmospheric warming, ocean warming, ocean acidification, sea-level rise, deglaciation, desertification, eutrophication — these are just some of the by-products of our species's success. (b)Such is the pace of what is blandly labeled "global change" that there are only a handful of comparable examples in earth's history, the most recent being the asteroid impact that ended the reign of the dinosaurs, sixty-six million years ago. Humans are producing no-analog climates, no-analog ecosystems, a whole no-analog future. At this point it might be prudent to scale back our commitments and reduce our impacts. But there are so many of us — as of this writing nearly eight billion — and we are stepped in so far, return seems impracticable.

And so we face a no-analog predicament. (c)If there is to be an answer to the problem of control, it's going to be more control. Only now what's got to be managed is not a nature that exists — or is imagined to exist — apart from the human. Instead, the new effort begins with a planet remade and spirals back on itself — not so much the control of nature as the *control of* the control of nature.

*Friday-like: Friday is the name of a character in Daniel Defoe's novel *Robinson Crusoe* (1719).

(1) 下線部(a) the Anthropocene について，本文に即して日本語で説明しなさい。ただし，本文中に列挙された具体的な特徴から4つを選んで解答に含めること。

(2) 下線部(b)を和訳しなさい。

出典追記：Under a White Sky : The Nature of the Future by Elizabeth Kolbert, Crown Books

(3)　下線部(c)を和訳しなさい。

※解答欄　(1)：ヨコ 12 センチ × 8 行

II　次の文章を読み，下の設問(1)〜(3)に答えなさい。　(50 点)

In examining the history of libraries and the way their collections have evolved over time we are, in many ways, telling the story of the survival of knowledge itself. Every individual book that exists now in these institutions, all the collections that together build up into larger bodies of knowledge, are survivors.

Until the advent of digital information, libraries and archives had well-developed strategies for preserving their collections: paper. The institutions shared the responsibility with their readers. All new users of the Bodleian Library at Oxford University, for example, are still required to formally swear "not to bring into the Library, or kindle therein, any fire or flame," as they have done for over four hundred years. Stable levels of temperature and relative humidity, avoidance of flood and fire, and well-organized shelving were at the heart of preservation strategies. Digital information is inherently less stable and requires a much more proactive approach, not just to the technology itself (such as file formats, operating systems and software). (a) <u>This instability has been amplified by the widespread adoption of online services provided by major technology companies, especially those in the world of social media, for whom preservation of knowledge is a purely commercial consideration.</u>

As more and more of the world's memory is placed online we are effectively outsourcing that memory to the major technology companies that now control the internet. The phrase "Look it up" used to mean searching in the index of a printed book, or going to the right alphabetical entry in an encyclopedia or dictionary. Now it just means typing a word, term or question into a search box, and letting the computer do the rest. Society used to value the training of personal memory, even devising sophisticated exercises for improving the act of memorizing. Those days are gone. There are dangers in the convenience of the internet, however, as the control exercised by the major technology companies over our digital memory is huge. Some organizations, including libraries and archives, are now trying hard to take back control through independently preserving websites, blog posts, social media, even email and other personal digital collections.

(b) "We are drowning in information, but are starved of knowledge," John Naisbitt pointed out as early as 1982 in his book *Megatrends*. A concept of "digital abundance" has since been coined to help understand one important aspect of the digital world, one which my daily life as a librarian brings me to consider often. The amount of digital information available to any user with a computer and an internet connection is overwhelmingly large, too large to be able to comprehend. Librarians and archivists are now deeply concerned with how to search effectively across the mass of available knowledge.

The digital world is full of contradictions. On the one hand the creation of knowledge has never been easier, nor has it been easier to copy texts, images and other forms of information. Storage of digital information on a vast scale is now not only possible but surprisingly inexpensive. Yet storage is not the same thing as preservation. The knowledge stored online is at risk of being lost, as digital information is surprisingly vulnerable to neglect as well as deliberate destruction. (c) There is also the problem that the knowledge we create through our daily online interactions is invisible to most of us, but it can be manipulated and used against society for commercial and political gain. Having it destroyed may be a desirable short-term outcome for many people worried about invasions of privacy but this might ultimately be to the detriment of society.

(1)　下線部(a)を和訳しなさい。

出典追記：Burning the Books：RADIO 4 BOOK OF THE WEEK：A History of Knowledge Under Attack by Richard Ovenden, John Murray Publishers

⑵　下線部(b)を和訳したうえで，具体的にどのようなことを指しているかを，本文に即して説明しなさい。

⑶　下線部(c)を和訳しなさい。

※解答欄　⑵：ヨコ12センチ×6行

Ⅲ　次の文章を英訳しなさい。　(25点)

数ある旅の楽しみのなかで，車窓からの眺めというのもまた捨てがたい。そこに美しい自然が広がっていれば，ただただ目の保養になる。でも，ありふれた田舎や街並みを眺めているのも悪くない。そこに見かける，きっとこの先出会うこともなさそうな人々は，みなそれぞれにその人なりの喜びや悲しみとともに暮らしている。そう思うと，自分の悩み事もどこか遠くに感じられて，心がふっと軽くなる気がするのだ。

Ⅳ　大学で研究をするうえであなたが最も重要と考えることを一つ挙げ，その理由を2点に絞って100語程度の英語で具体的に説明しなさい。　(25点)

数学

（150 分）

（注）　200 点満点。経済（理系）・理学部は 300 点満点に，医（医）・工学部は 250 点満点に換算。

1

（30 点）

$5.4 < \log_4 2022 < 5.5$ であることを示せ．ただし，$0.301 < \log_{10} 2 < 0.3011$ であることは用いてよい．

2

（35 点）

箱の中に 1 から n までの番号がついた n 枚の札がある．ただし $n \geqq 5$ とし，同じ番号の札はないとする．この箱から 3 枚の札を同時に取り出し，札の番号を小さい順に X，Y，Z とする．このとき，$Y - X \geqq 2$ かつ $Z - Y \geqq 2$ となる確率を求めよ．

3

（35 点）

n を自然数とする．3 つの整数 $n^2 + 2$，$n^4 + 2$，$n^6 + 2$ の最大公約数 A_n を求めよ．

4

(30 点)

四面体 OABC が

$$\mathrm{OA}=4,\qquad \mathrm{OB}=\mathrm{AB}=\mathrm{BC}=3,\qquad \mathrm{OC}=\mathrm{AC}=2\sqrt{3}$$

を満たしているとする．P を辺 BC 上の点とし，△OAP の重心を G とする．このとき，次の各問に答えよ．

(1) $\overrightarrow{\mathrm{PG}}\perp\overrightarrow{\mathrm{OA}}$ を示せ．

(2) P が辺 BC 上を動くとき，PG の最小値を求めよ．

5

(35 点)

曲線 $C: y=\cos^3 x\ \left(0\leqq x\leqq\dfrac{\pi}{2}\right)$，$x$ 軸および y 軸で囲まれる図形の面積を S とする．$0<t<\dfrac{\pi}{2}$ とし，C 上の点 $\mathrm{Q}(t,\ \cos^3 t)$ と原点 O，および $\mathrm{P}(t,\ 0)$，$\mathrm{R}(0,\ \cos^3 t)$ を頂点にもつ長方形 OPQR の面積を $f(t)$ とする．このとき，次の各問に答えよ．

(1) S を求めよ．

(2) $f(t)$ は最大値をただ 1 つの t でとることを示せ．そのときの t を α とすると，$f(\alpha)=\dfrac{\cos^4\alpha}{3\sin\alpha}$ であることを示せ．

(3) $\dfrac{f(\alpha)}{S}<\dfrac{9}{16}$ を示せ．

6

(35 点)

数列 $\{x_n\}$，$\{y_n\}$ を次の式

$$x_1=0,\ x_{n+1}=x_n+n+2\cos\left(\frac{2\pi x_n}{3}\right)\qquad (n=1,\ 2,\ 3,\ \cdots),$$

$$y_{3m+1}=3m,\ y_{3m+2}=3m+2,\ y_{3m+3}=3m+4\qquad (m=0,\ 1,\ 2,\ \cdots)$$

により定める．このとき，数列 $\{x_n-y_n\}$ の一般項を求めよ．

物理

(教育(理系)学部　1 科目　90 分
　　その他　　　2 科目 180 分)

(注)　100 点満点。理・医(医)学部は 2 科目 300 点満点に，工学部は 2 科目 250 点満点に換算。

物理問題　I

次の文章を読んで，□ に適した式または数値を，それぞれの解答欄に記入せよ。なお，◻ はすでに □ で与えられたものと同じものを表す。また，**問 1**，**問 2** では，指示にしたがって，解答をそれぞれの解答欄に記入せよ。ただし，重力加速度の大きさは g とし，摩擦や空気抵抗，小球の大きさと回転の影響は無視し，衝突はすべて完全弾性衝突とする。

図 1 のように，鉛直な壁があり，水平な床面から高さ R の位置より上には点 O を中心とする半径 R の半円筒状のくぼみがある。半円筒の下端に質量 M の小球 A が静止しており，左から質量 m の小球 B を速さ v で水平に衝突させる。衝突によって小球 A は水平方向の速さ V を得て，半円筒に沿った滑らかな運動を開始する。運動はすべて同一鉛直面内(すなわち，**図 1** の紙面内)で起きているものとする。

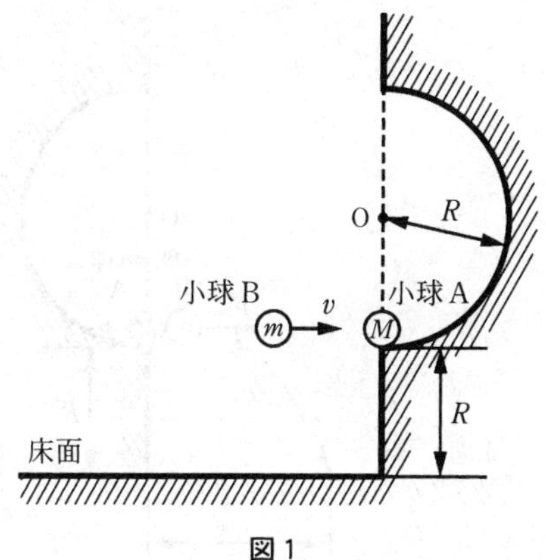

図 1

（1）　図 2 のように小球 B が速さ v' で左向きに跳ね返されるとき，運動量保存の法則から

$$mv = -mv' + \boxed{\text{ア}}$$

が，力学的エネルギー保存の法則から

$$\frac{1}{2}mv^2 = \boxed{\text{イ}}$$

が成立するので，m，M，V を用いて $v = \boxed{\text{ウ}}$，$v' = \boxed{\text{エ}}$ と表せる。これより，小球 B が左向きに跳ね返される条件は M と m を用いて $\boxed{\text{オ}}$ と表せる。さらに，小球 B が床面に落下する地点と壁の距離 L_B も，m，M，V，R，g を用いて $L_B = \boxed{\text{カ}}$ と表せる。

$V = \boxed{\text{キ}}$ のとき，小球 A は半円筒の中心 O と同じ高さまで登る。つまり，$V < \boxed{\text{キ}}$ のとき，小球 A は半円筒の中心 O よりも低い高さまで登ったのちに半円筒に沿って下ってくる。そして半円筒の端から放物線を描いて床面に落下する。ここで，小球 A の落下地点が小球 B の落下地点と同じであるとき，M と m の関係は $\boxed{\text{ク}}$ と表せる。

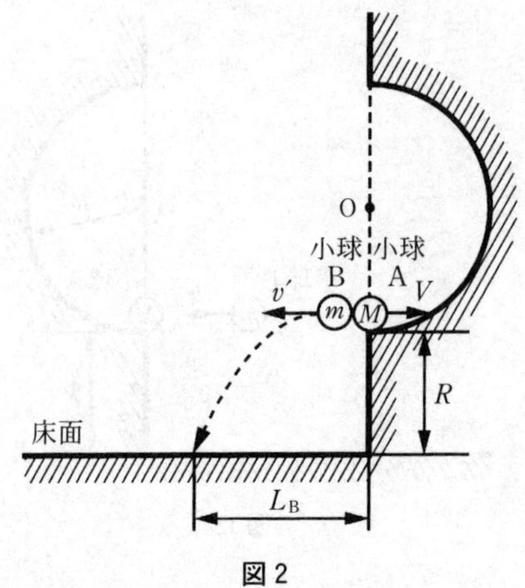

図 2

（2）　**図 3**(a)のように，小球 A が半円筒の中心 O よりも高い位置まで登り，角度 θ のときに半円筒の壁から離れるとする。離れる瞬間における小球 A の速さ V_θ は g，R，θ を用いて $V_\theta =$ **ケ** と表せる。このとき，衝突直後の速さ V も同様に g，R，θ を用いて $V =$ **コ** と表せる。

次に，**図 3**(b)のように，半円筒の壁から離れた小球 A が，はじめに静止していた位置（半円筒の下の端の位置）に落下し，そこで跳ね返って床面に落下する場合を考える。小球 A が跳ね返る面は水平とみなす。

<u>小球 A がはじめに静止していた位置に落下するのは $\cos\theta = \frac{1}{2}$ の場合のみである</u>。これを用いると，はじめの位置に落下する直前における小球 A の水平方向左向きの速さ V_1 は，g と R を用いて $V_1 =$ **サ** と表せ，鉛直方向下向きの速さ V_2 も g と R を用いて $V_2 =$ **シ** と表せる。そして，小球 A が床面に落下する地点と壁の距離 L_A は g，R，V_1，V_2 を用いて $L_A =$ **ス** と表せる。

問 1　下線部で述べたように，小球 A がはじめに静止していた位置に落下するのは $\cos\theta = \frac{1}{2}$ の場合のみであることを示せ。

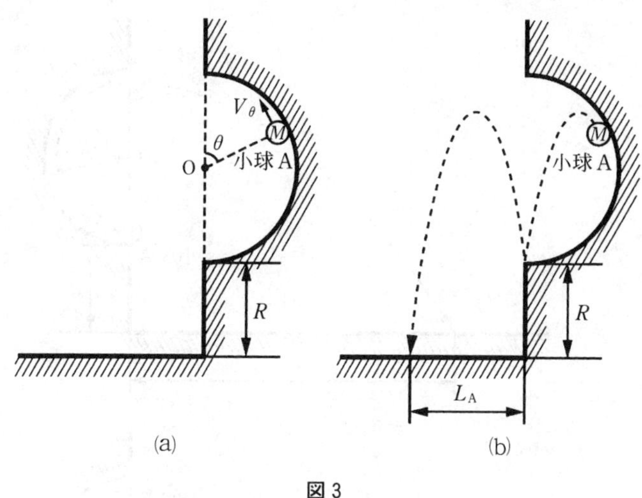

図 3

（3）　速さ V が十分に大きい場合を考える。小球 A は図 4 (a)のように半円筒の上端から水平投射され，壁から距離 L_1 の床面に落下する。一方，落下したときの速さと角度で，落下した位置から小球 A を逆向きに投げ返すと，図 4 (b)のように半円筒を逆向きに周り，下端から速さ V で水平投射され，壁から距離 L_2 離れた位置で床面に落下する。

問 2　これら 2 つの距離の比 $\dfrac{L_1}{L_2}$ は，速さ V が大きくなるにつれて $\sqrt{3}$ に近づく。その理由を簡潔に述べよ。

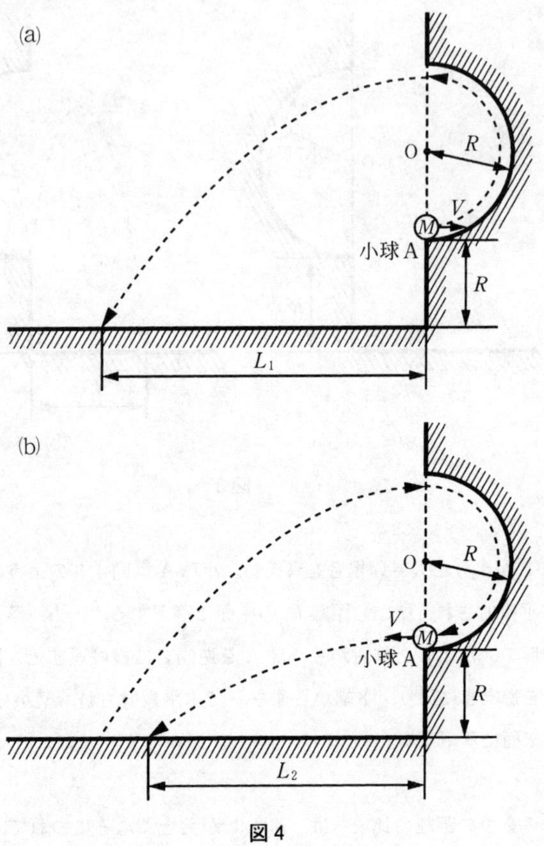

図 4

※解答欄　問 1：ヨコ 14.3 センチ×タテ 19.8 センチ

問 2：ヨコ 14.3 センチ×タテ 8.4 センチ

物理問題　II

次の文章を読んで，□に適した式または数値を，それぞれの解答欄に記入せよ。なお，▣はすでに□で与えられたものと同じものを表す。また，**問 1** では，指示にしたがって，解答を解答欄に記入せよ。

図 1 のように，水平面に無限の長さのはしご型導体が固定されており，その上に接触しないように少し隙間を設けて，直方体状の長い棒磁石が，図に示した N，S の向きで鉛直に配置されている。なお，棒磁石の奥行方向の幅は，はしご型導体の幅と等しく a である。

棒磁石を鉛直に保ったまま，図の右方向に水平に一定の速さ v で動かしているときに，はしご型導体の各部分に生じる電流について考察する。なお，以下の議論では，はしご型導体のどの部分についても，その自己インダクタンスは無視できるものとし，棒磁石の磁化は変化しないものとする。

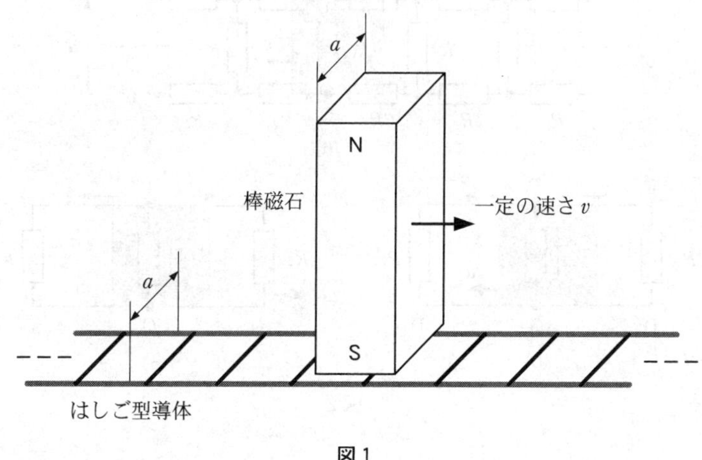

図 1

まず，棒磁石の端面の形状が，はしご型導体の格子のちょうど 1 区画に一致する場合を考える。はしご型導体は，**図 2** (a)のように，抵抗のみからなる左右に無限に続く回路網であると考えることができる。いま，棒磁石が一定の速さ v で PQ を横切っているときを考える。なお，図の灰色の領域に生じている磁束密度 B は，紙面に垂直で，均一かつ一定であるとし，それ以外の領域の磁束密度は 0 とみなせるものとする。また，回路の各部分の抵抗値は，図中に示した R_1，R_2 で与えられるものとする。電流については，各図に示した矢印の向きを正とする。

（1）　ここでは，無限に続く回路網を，**図 2**(b)の回路に置き換えて考える。すなわち，**図 2**(a)の PQ の左右両側の半無限部分が，それぞれ 1 つの抵抗値 R_∞ の抵抗に置き換えられるとする。**図 2**(b)において，棒磁石が PQ を横切っているとき，左の閉回路 QPCD と，右の閉回路 QPC′D′ には，ともに同じ大きさ［　イ　］の誘導起電力が発生する。したがって，Q から P に流れる電流は［　ロ　］と求まる。電流が流れて抵抗において熱としてエネルギーが失われるから，棒磁石を一定の速さ v で動かすには，単位時間当たり［　ハ　］の仕事をしなくてはならない。なお，回路を流れる電流を求めるとき，**図 2**(c)のように，棒磁石が固定され，はしご型導体が速さ v で左に動いていると考えても，結果は同じである。

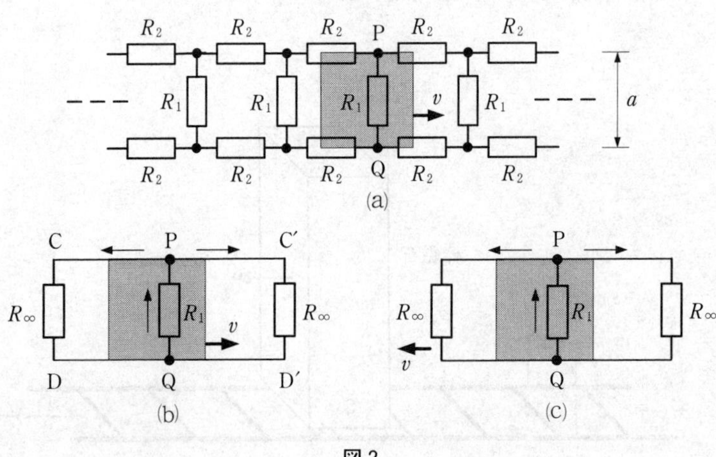

図 2

（2）　次に，はしご型導体と等価とみなした**図 3**(a)に示す無限の回路網について考える。ここで，**図 3**(a)は**図 2**(a)と同じ無限の回路網である。**図 3**(b)は，**図 3**(a)の回路網を P と Q で切り離した左側の部分である。一方で，この半無限回路網は，**図 3**(a)の回路網を，K と L，あるいは M と N で切り離したものと考えることもできる。このことを利用すると，**図 3**(b)に示す半無限回路網の合成抵抗値を求めることができる。また，その合成抵抗値によって，**図3**(a)の回路網のどの半無限部分でも，１つの抵抗に置き換えて考えることができる。

問1　$R_1 : R_2 = 4 : 1$ のときには，**図3**(b)の半無限回路網の合成抵抗値 R_∞（端点Pと端点Qの間の抵抗値）が R_1 と同じになることを示せ。なお，説明のために，図を用いてよい。

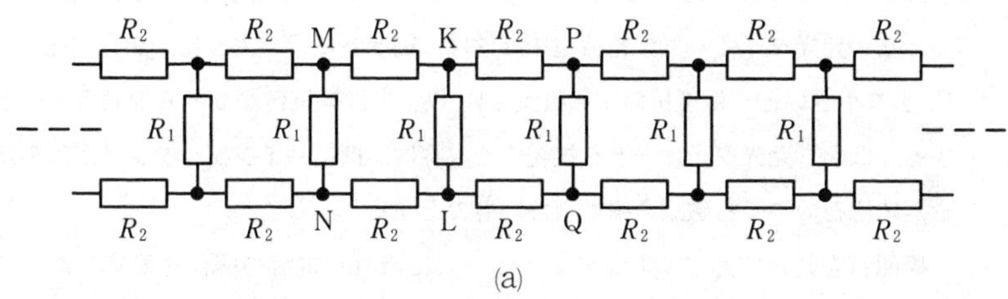

(a)

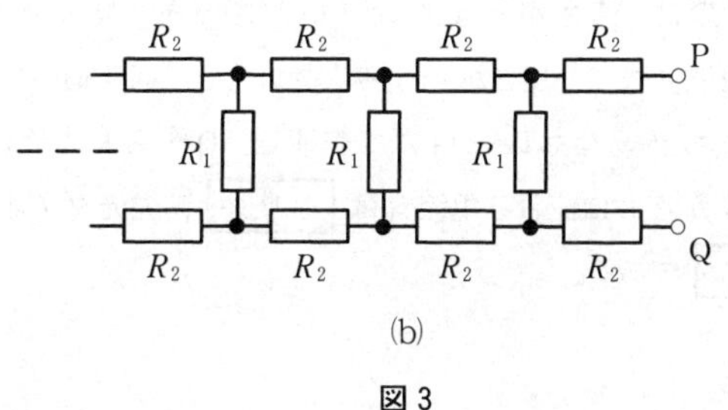

(b)

図3

以下，**図4**，**図5**，**図6**の回路網は，**図2**(a)と同じ無限の回路網である。ただし，(3)，(4)，(5)においては，$R_1 : R_2 = 4 : 1$ の場合に限って考えることとし，$R_\infty = R$，$R_1 = R$，$R_2 = \dfrac{R}{4}$ とおき，［イ］の起電力を E とおく。

(3)　**図4**に示すQからPに流れる電流 I_0 を，改めて R と E を用いて表すと［ニ］である。また，(2)で述べたことを利用すれば，無限の回路網のあらゆる部分の電流を求めることができる。たとえば，KからLに流れる電流 i_1 は，電流 I_0 の［ホ］倍，MからNに流れる電流 i_2 は，電流 I_0 の［ヘ］倍である。

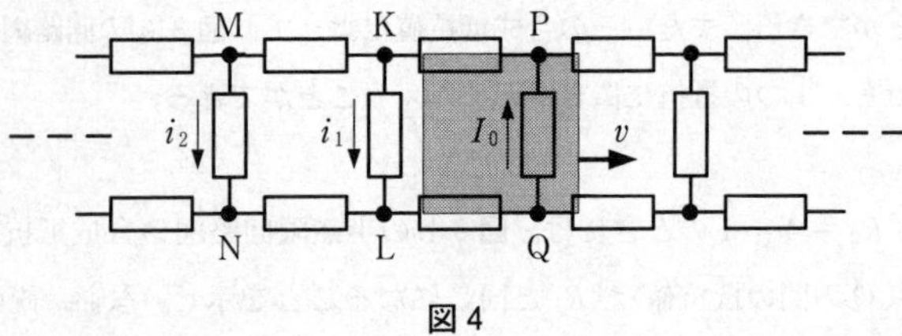

図4

（4）　図5(a)のように，点Pと点Qに発光ダイオードを図に示した向きで接続する。この発光ダイオードの電流電圧特性は，図5(b)に示すように，順方向電圧がV_dより小さいときは抵抗値が無限大，V_d以上では抵抗値が0とみなせるものとする。なお，発光ダイオードを接続する導線は，抵抗やインダクタンスが無視でき，棒磁石のつくる磁束を横切らないものとする。

棒磁石を動かす速さvと発光ダイオードに流れる電流の関係を測定したところ，図5(c)のような関係が得られた。図5(c)に示したように，発光ダイオードに電流が流れるのは，速さがv_0より大きいときであったが，その速さv_0は［ ト ］である。また，速さがv_0より大きいとき，回路網の各部分の電流をR, E, V_dのうち必要なものを用いて表すと，QからPに流れる電流I_0は［ チ ］，KからLに流れる電流i_1は［ リ ］，発光ダイオードを流れる電流は［ ヌ ］である。

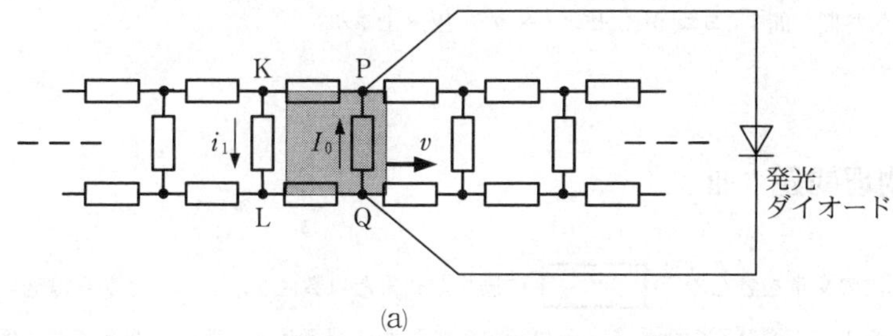

(a)

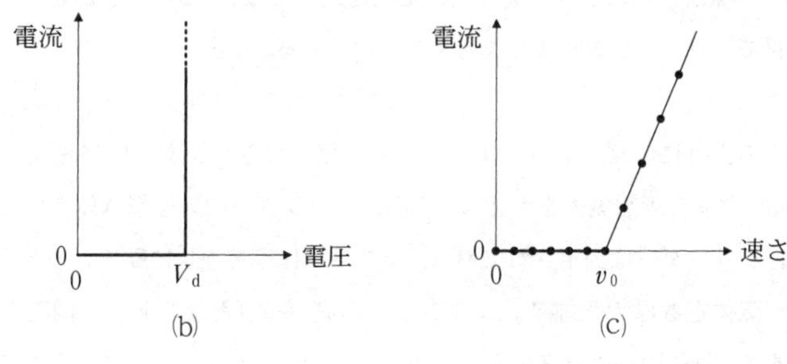

(b)　(c)

図 5

（5） つぎに，棒磁石の端面の形状が，はしご型導体の格子のちょうど3区画に一致する場合を考える(ただし，発光ダイオードは接続していない)。**図 6** は，一定の速さ v で移動している棒磁石による均一な磁束密度 B の範囲が，長方形 NMK′L′ に一致していた位置から少し右に動いたときを表している。この場合，各部分を流れる電流は，（3）の結果を3つ重ね合わせることで容易に求めることができる。各部分の電流を R, E を用いて表すと，Q から P に流れる電流 I_0 は **ル** ，K から L に流れる電流 i_1 は **ヲ** ，M から N に流れる電流 i_2 は **ワ** である。

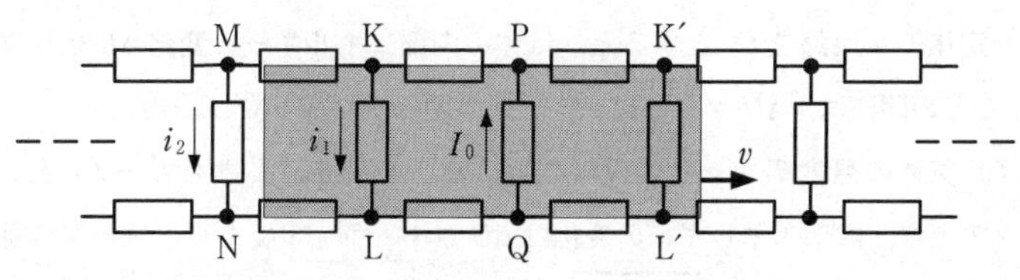

図 6

※解答欄　問 1：ヨコ 14.3 センチ×タテ 12.8 センチ

物理問題　Ⅲ

次の文章を読んで，[　　　]に適した式または数値を，{　　　}からは適切なものをすべて選びその番号を，それぞれの解答欄に記入せよ。**問 1**，**問 2** では，指示にしたがって，解答をそれぞれの解答欄に記入せよ。ただし，ΔT など Δ を付した物理量は微小量であり，1 次の項までを考えるものとする。

(1)　図 1 のように，ピストンによって，断面積 S のシリンダー内に密閉されたモル(mol)数 n の理想気体を考える。以下，シリンダー内の理想気体を単に気体と呼ぶ。シリンダーは固定されており，ピストンは摩擦なしに動くものとする。ここで，気体定数は R とする。シリンダーの底(左端)とピストンの内面との間の長さを L，気体の絶対温度を T とする。このとき，シリンダー内の気体の圧力 p は，$p =$ [あ] である。

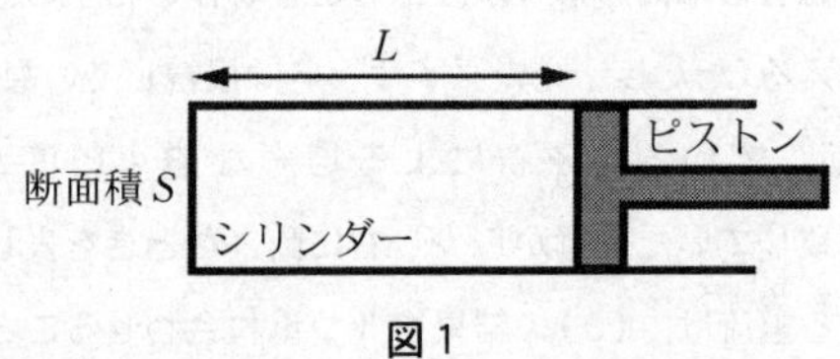

図 1

図 1 の状態から，次の 2 通りの状態変化について考える。

ア）気体の体積を一定に保って外部から熱を加え，温度を $T + \Delta T$ とした。気体は仕事をしないので，その熱はすべて内部エネルギーに変化する。このとき，定積モル比熱を C_V とすると，気体の内部エネルギーの変化 ΔU と温度の変化 ΔT の間には，$\Delta U =$ [い] という関係式が成り立つ。

イ）気体の温度 T を一定に保ってピストンを引き，長さを $L + \Delta L$ とした。このとき，内部エネルギーの変化は $\Delta U =$ [う] であり，気体が外部にした仕事 ΔW は，$\Delta W =$ [え] $\times \Delta L$ となる。

前述のような気体の状態変化を組み合わせて，**図2**のような，過程Ⅰ，過程Ⅱ，過程Ⅲ，過程Ⅳの４つの過程からなる熱力学的なサイクルを考える。

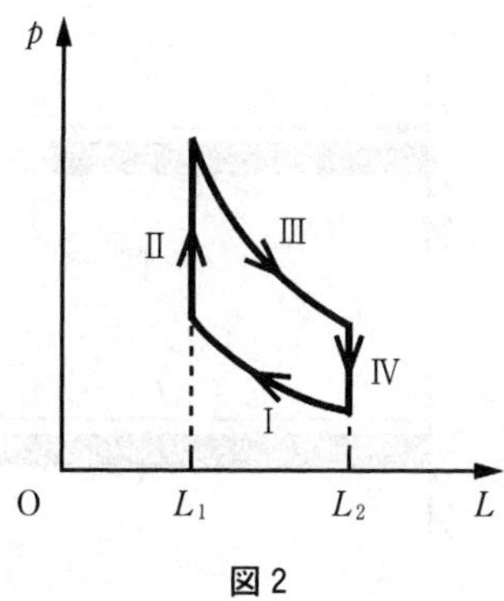

図2

- 過程Ⅰでは，温度を T_A に保ったまま，長さが L_2 から L_1 になるまで，ゆっくりピストンを押す。
- 過程Ⅱでは，長さ L_1 のまま，温度を T_A から T_B に上昇させる。
- 過程Ⅲでは，温度を T_B に保ったまま，長さが L_1 から L_2 になるまで，ゆっくりピストンを引く。
- 過程Ⅳでは，長さ L_2 のまま，温度を T_B から T_A に戻す。

なお，L_1，L_2，T_A，T_B は，ある正の定数であり，$L_1 < L_2$，$T_A < T_B$ を満たす。

これらの過程のうち，気体が吸熱する過程をすべて挙げると，{**お**：①過程Ⅰ，②過程Ⅱ，③過程Ⅲ，④過程Ⅳ}が該当する。このサイクルにおいて，気体が外部に対してする仕事の総量は，{**か**：①正，②０，③負}である。

（2）　理想気体とは異なる物質を用いても，熱力学的なサイクルを作ることができる。以下では，ゴムのように伸縮するヒモを熱力学的に考察してみよう。ヒモを自然長 L_0 から引き伸ばすと，その張力は，引いた向きと逆向きに作用する。ヒモの張力の大きさ F が，絶対温度 T に依存し，長さ $L(\geqq L_0)$ のとき，

$$F = AT(L - L_0)$$

で表せる場合を考える。ここで，L_0 と係数 A は，いずれも T や L によらない正の定数とする。また，このヒモの内部エネルギー U は絶対温度 T に比例し，L

によらない正の係数 K を用いて

$$U = KT$$

と表せるものとする。

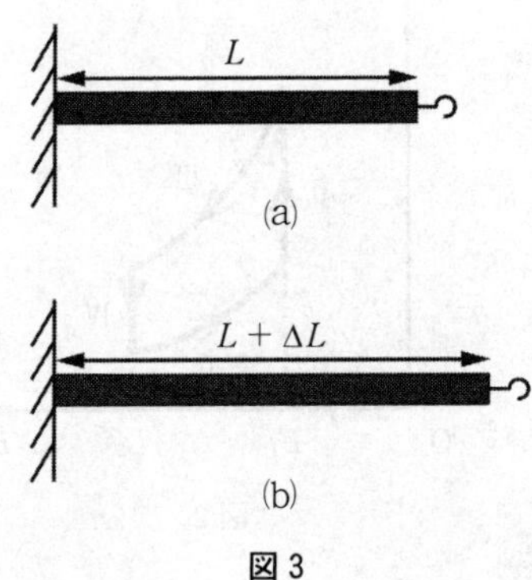

図 3

図 3(a)のような，長さ $L(\geqq L_0)$，温度 T のヒモを，ΔL だけさらに伸ばし，**図 3**(b)のように長さ $L + \Delta L$，温度 $T + \Delta T$ になったとする。この過程で，ヒモが外部にした仕事は，ヒモの張力 F を用いて

$$\Delta W = -F\Delta L$$

と書ける。ヒモの吸熱量を ΔQ とすると，ヒモの内部エネルギーの変化 ΔU は，F，K，ΔW を用いずに表すと，$\Delta U =$ [き] となる。一方，この過程における温度変化に注目すると，$\Delta U = K\Delta T$ とも表せる。それゆえ，このヒモを断熱的にゆっくり伸ばした場合，温度の変化 ΔT は，A，K，L_0，L，T，ΔL を用いて $\Delta T =$ [く] と表せる。

このヒモの状態変化を組み合わせて，以下の過程 α，過程 β，過程 γ，過程 δ の 4 つの過程からなる熱力学的なサイクルを考える。

- 過程 α では，温度を T_A に保ったまま，長さ L が L_1 から L_2 になるまで，ゆっくりヒモを引く。
- 過程 β では，長さ L_2 のまま，温度を T_A から T_B に上昇させる。
- 過程 γ では，温度を T_B に保ったまま，長さ L を変え，L_2 から L_1 まで，ゆっくり戻す。
- 過程 δ では，長さ L_1 のまま，温度を T_B から T_A に戻す。

なお，L_1，L_2，T_A，T_B は，ある正の定数であり，$L_0 < L_1 < L_2$，$T_A < T_B$ を満

たす。

問 1　**図 4** を解答欄に描き写し，過程 α，過程 β，過程 γ，過程 δ からなるサイクルを，ヒモの長さ L を横軸，ヒモの張力の大きさ F を縦軸としてグラフに示せ。その際，過程 α の最初の状態の張力の大きさを F_1，過程 β の最後の状態の張力の大きさを F_2 として，各過程における L と F の変化を実線で示し，それぞれの線に α，β，γ，δ の記号をつけて表せ。また，作図に必要な補助線を破線で示すとともに，状態変化の向きを示す矢印も記入せよ。

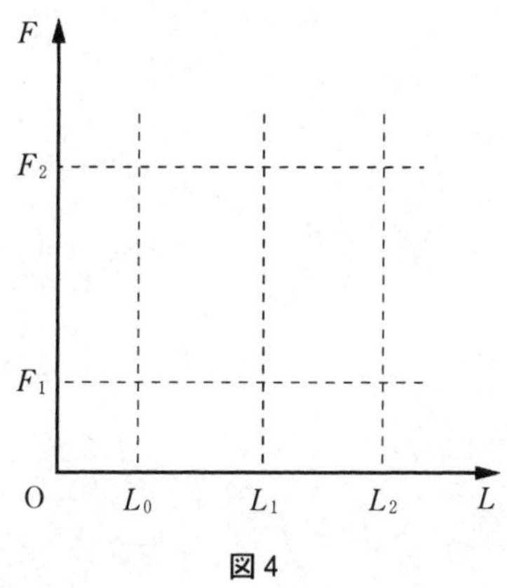

図 4

このサイクルの各過程でヒモが外部にする仕事をみてみよう。各過程でヒモがする仕事は，微小な $\Delta W = -F\Delta L = -AT(L - L_0)\Delta L$ の総和であるが，その大きさは，**問 1** のグラフにおいて，対応する面積を求めることでも計算できる。

過程 α においてヒモがする仕事 W_1 は，T_A，L_1，L_2，A，L_0 を用いると，$W_1 =$ **［け］** と表される。過程 γ においてヒモがする仕事 W_3 は，$W_3 =$ **［こ］** $\times W_1$ と表される。ヒモが過程 β でする仕事 W_2 と過程 δ でする仕事 W_4 は，$W_2 = W_4 =$ **［さ］** である。以上より，この 1 サイクルにおいて，ヒモが外部に対してする仕事の総量は，{**し**：①正，② 0，③負} であることがわかる。

問 2　(1)の理想気体と(2)のヒモでは，系の長さ L を変化させる際の熱力学的な応答が異なる。断熱的に長さLを大きくする場合を例にとり，理想気体およびヒモがする仕事の違いに着目し，両者の内部エネルギーおよび温度の増減をそれぞれ説明せよ。

※解答欄 問2：ヨコ14.3センチ×タテ9.4センチ

化学

(教育(理系)学部　1 科目　90 分
その他　2 科目 180 分)

(注)　100 点満点。理・医(医)学部は 2 科目 300 点満点に，工学部は 2 科目 250 点満点に換算。

化学問題　I

次の文章(a)，(b)を読み，**問 1** ～**問 6** に答えよ。解答はそれぞれ所定の解答欄に記入せよ。問題文中の L はリットルを表す。原子量は，H = 1.0，O = 16，Ca = 40，Cr = 52，Sr = 88，Ba = 137 とする。[X]は，物質 X のモル濃度を示し，単位は mol/L である。

(a)　周期表の 2 族に属する元素は，すべて金属元素である。2 族元素の原子は価電子を 2 個もち，価電子を放出して二価の陽イオンになりやすい。これらの単体は，同じ周期の 1 族に属する元素の単体に比べて，融点が [ア {高く・低く}]，密度が [イ {大きい・小さい}]。

2 族元素のうち，カルシウム，ストロンチウム，バリウム，ラジウムは特に性質がよく似ており，[ウ] と呼ばれる。[ウ] は，イオン化傾向が大きく，その単体は，常温で水と反応して，気体の [エ] を発生し，水酸化物になる。

表 1 は，水酸化カルシウム，水酸化ストロンチウム，水酸化バリウムの，各温度での水への溶解度を示している。これら 3 つの水酸化物を温水にいれ，冷却したときに何が起こるかを見てみよう。なお，この実験において，空気中の二酸化炭素の水溶液への溶解や，水溶液からの水分の蒸発は無視できるものとする。

表 1　各温度における各水酸化物の溶解度(g/100 g 水)

温度(℃)	$Ca(OH)_2$	$Sr(OH)_2$	$Ba(OH)_2$
20	0.16	0.82	3.8
80	0.091	9.4	100

100 g の温水が 80 ℃ に保たれた 3 つのビーカー(i), (ii), (iii)を用意し，5.0 g の水酸化カルシウムをビーカー(i)に，5.0 g の水酸化ストロンチウムをビーカー(ii)に，5.0 g の水酸化バリウムをビーカー(iii)に添加し，温度を保ちつつよく混ぜた。これら 3 つの試料を 20 ℃ まで冷却，静置した後，ビーカーの底の沈殿をとりだし，室温で十分に乾燥させた。これらの試料(以下，沈殿乾燥試料と呼ぶ)について，質量を測定したところ，ビーカー(i)では **オ** g，ビーカー(ii)では **カ** g，ビーカー(iii)では 2.3 g であった。これら 3 つの値のうち 2 つは，**表 1** にしたがって，沈殿乾燥試料が水酸化カルシウム，水酸化ストロンチウム，水酸化バリウムであるとして計算した時の質量と異なっていた。

この原因は，3 つの水酸化物のうち，2 つは以下の式(1)のように，沈殿が n 水和物となるためである。M はカルシウム，ストロンチウム，バリウムのいずれかである。また，n は M に対応した個別の値をとり，正の整数である。

$$M^{2+} + 2\,OH^- + n\,H_2O \longrightarrow M(OH)_2 \cdot n\,H_2O \downarrow \qquad (1)$$

このような水和物の n の値を求めるため，対象試料の温度を一定の速度で上昇させ，質量変化を測定する方法がある。水酸化物の n 水和物は，ある温度になると水和水が一段階で全て脱水し，さらに温度が上昇すると，それぞれの水酸化物の無水物は一段階で全量が酸化物と水に分解するものとする。各反応は 1200 ℃ 以下で生じ，生じた水は蒸発するため，この分が質量減少として測定でき，その結果から n の値を求めることができる。

3 つの沈殿乾燥試料について，温度を一定の速度で上昇させながら質量(初期質量に対する百分率)を測定すると，次のページの**図 1** に示すような結果が得られた。温度上昇に伴って，ある温度になると質量減少が生じている。

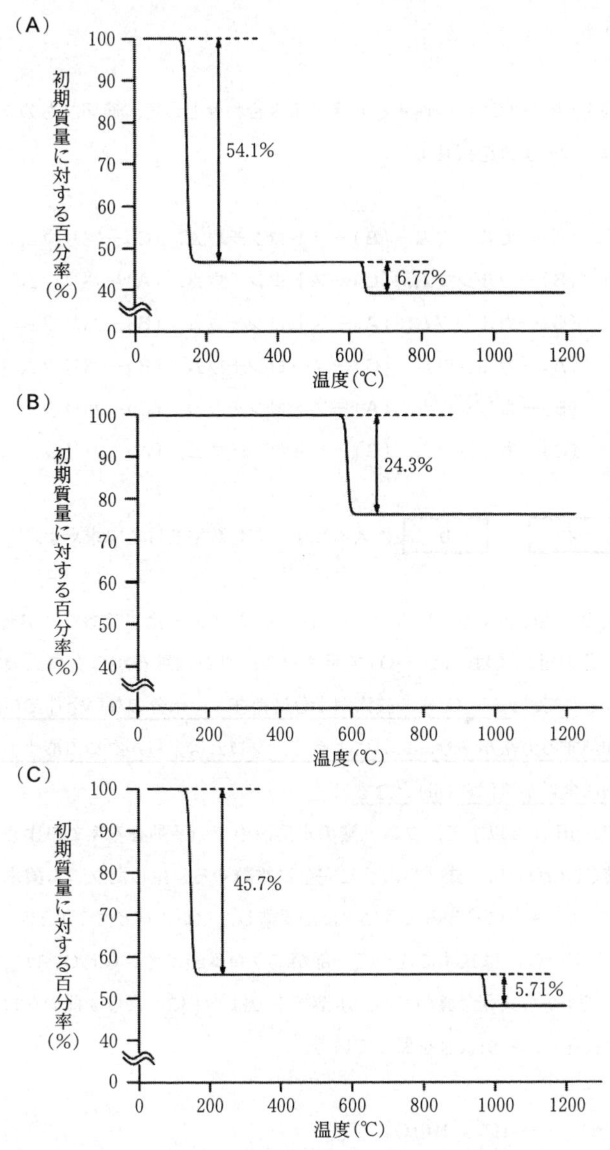

図 1　3 つの沈殿乾燥試料の質量減少分析結果

問 1　［ア］，［イ］に入る適切な語句を，{　　}の中からそれぞれ選択し答えよ。また，［ウ］に適切な語句を，［エ］に適切な化学式を答えよ。

問 2　図1(A)～(C)に関連する元素の組み合わせとして，適切なものを，以下の(あ)～(か)より選択せよ。

(あ)　(A)—カルシウム，(B)—ストロンチウム，(C)—バリウム
(い)　(B)—カルシウム，(C)—ストロンチウム，(A)—バリウム
(う)　(C)—カルシウム，(A)—ストロンチウム，(B)—バリウム
(え)　(A)—カルシウム，(C)—ストロンチウム，(B)—バリウム
(お)　(B)—カルシウム，(A)—ストロンチウム，(C)—バリウム
(か)　(C)—カルシウム，(B)—ストロンチウム，(A)—バリウム

問 3　［オ］，［カ］に入る数値を有効数字2けたで求めよ。

(b)　周期表の6族に属するクロムは，銀白色の光沢のある金属である。主要なクロム鉱石の成分の組成式は，$FeCr_2O_4$ で示される。クロム鉱石からクロム酸塩を製造する一例として，<u>$FeCr_2O_4$を，酸素が十分に存在し，水分のない条件で炭酸ナトリウムと加熱する方法があり，これによって，クロムは全量がクロム酸ナトリウムとなり，鉄は全量が酸化鉄(Ⅲ)となる。</u>

ここで，pHが2以上で，クロム酸の水溶液中での挙動を考えてみよう。まず，クロム酸(H_2CrO_4)は，式(2)のように完全に電離する。生じたクロム酸水素イオン($HCrO_4^-$)は，さらに式(3)のように一部が電離し，クロム酸イオン(CrO_4^{2-})を生じる。また，$HCrO_4^-$ は式(4)に従って一部が二クロム酸イオン($Cr_2O_7^{2-}$)になる。また式(3)と式(4)から式(5)が導かれる。水溶液中では，主にこれら3種のクロムを含むイオンが存在し，平衡状態を保っている。

$$H_2CrO_4 \longrightarrow H^+ + HCrO_4^- \quad (2)$$

$$HCrO_4^- \rightleftarrows H^+ + CrO_4^{2-},\ K_1 = \frac{[CrO_4^{2-}][H^+]}{[HCrO_4^-]} = 1.25 \times 10^{-6}\ \mathrm{mol/L} \quad (3)$$

$$2\,HCrO_4^- \rightleftarrows Cr_2O_7^{2-} + H_2O,\ K_2 = \frac{[Cr_2O_7^{2-}]}{[HCrO_4^-]^2} = 60\ \mathrm{L/mol} \quad (4)$$

$$2\,H^+ + 2\,CrO_4^{2-} \rightleftarrows Cr_2O_7^{2-} + H_2O \quad (5)$$

ただし，K_1，K_2 はそれぞれ，式(3)，式(4)の平衡定数である。

水に加えられた H_2CrO_4 中のクロム原子の全物質量を水溶液の体積で割った値を $[Cr]_{TOTAL}$〔mol/L〕とすると，pH が 2 以上で，$[Cr]_{TOTAL}$ は 3 種のイオンに含まれるクロム原子の水溶液中でのモル濃度の和であることから，$[Cr]_{TOTAL}$ は K_1，K_2，$[H^+]$，$[CrO_4{}^{2-}]$ を用いて，式(6)のように示すことができる。

$$[Cr]_{TOTAL} = [CrO_4{}^{2-}]\left(\boxed{\text{キ}} + \boxed{\text{ク}} \times \frac{1}{K_1} + \boxed{\text{ケ}} \times \frac{[CrO_4{}^{2-}]}{K_1{}^2}\right) \quad (6)$$

図 2 は，横軸に pH，縦軸に $\log_{10}[Cr]_{TOTAL}$ をとったものである。図中には線 A，線 B，線 C のうち 2 つの線にはさまれた領域が 3 つある。これは，pH や $[Cr]_{TOTAL}$ に依存して，3 種のイオンのうち，各領域に表示されたイオンが最も多く存在することを示している。線 A は $HCrO_4{}^-$ と $CrO_4{}^{2-}$ が，線 B は $HCrO_4{}^-$ と $Cr_2O_7{}^{2-}$ が，線 C は $CrO_4{}^{2-}$ と $Cr_2O_7{}^{2-}$ が，同じ濃度になる線である。

図 2 における 3 つの線やその交点に関連する pH やイオン濃度を求めると，線 A 上での pH は $-\log_{10}(\boxed{\text{コ}})$ となる。この関係は $[Cr]_{TOTAL}$ には依存しないので，線 A は縦の直線となる。また，線 B 上での $[Cr_2O_7{}^{2-}]$ は $\boxed{\text{サ}}$ mol/L である。さらに，線 C 上での $[CrO_4{}^{2-}]$ は，$[H^+]$ を用いて式(7)のように示される。

$$[CrO_4{}^{2-}] = \boxed{\text{シ}} \times \frac{1}{[H^+]^2} \quad (7)$$

線 A，線 B，線 C が交わる点 D では，3 種のイオン濃度が同じになり，このときの各イオンの濃度は，$\boxed{\text{サ}}$ mol/L であり，$[Cr]_{TOTAL}$ は $\boxed{\text{ス}}$ mol/L となる。

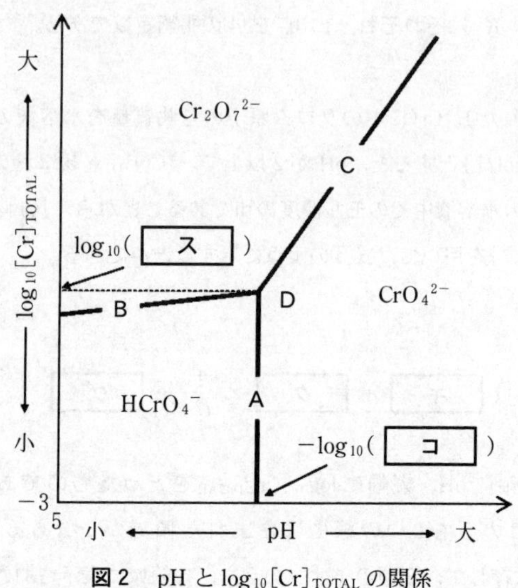

図 2　pH と $log_{10}[Cr]_{TOTAL}$ の関係

問 4　下線部の化学反応式を示せ。

問 5　キ に入る正の整数，および ク ， ケ に入る適切な式を示せ。

問 6　コ ～ ス に入る数値を有効数字 2 けたで答えよ。ただし，シ には，単位をつけて答えよ。

化学問題　Ⅱ

次の文章(a)，(b)を読み，**問 1 ～問 7** に答えよ。解答はそれぞれ所定の解答欄に記入せよ。問題文中の L はリットルを表す。[X]は，物質 X のモル濃度を示し，単位は mol/L である。数値は有効数字 2 けたで答えよ。

(a)　混ざり合わない 2 種類の溶媒（溶媒 1，溶媒 2 とする）を用いた，物質の抽出操作において，両溶媒に可溶な溶質は 2 つの溶媒間を移動する。移動が平衡に達したとき，両溶媒に溶けている溶質の濃度比 P は，定温条件下で一定値を示し，この値 P を分配係数と呼ぶ（**図 1**）。したがって，溶質が両溶媒中で同じ分子として存在するならば，両層に分配される溶質の物質量比は両溶媒の体積比によって決まる。

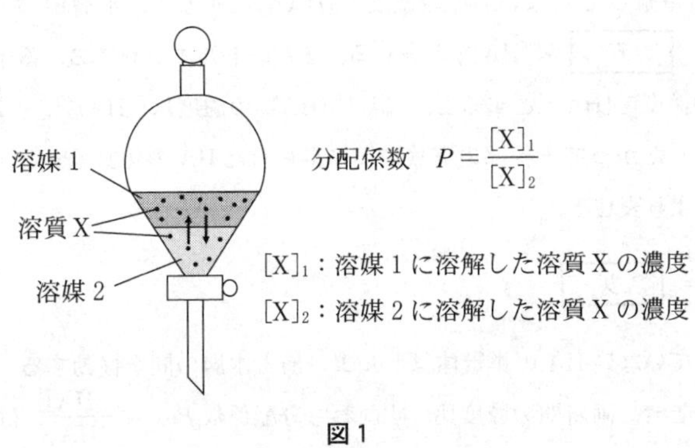

図 1

では，溶質が両溶媒中で異なる状態で存在する場合はどうなるだろうか。例として，トルエンと水を溶媒として用いた，ある 1 価の弱酸 HA の分配を考える。弱酸 HA は水層中で式(1)のように解離する。300 K における HA の電離定数は 2.5×10^{-5} mol/L である。

$$HA \rightleftarrows A^- + H^+ \qquad (1)$$

また，トルエン層中に溶解した HA は水素結合により会合して，式(2)のように二量体 $(HA)_2$ を形成する。300 K における式(2)の平衡定数を K_c〔L/mol〕とする。

$$2\,HA \rightleftarrows (HA)_2 \qquad (2)$$

0.10 L の緩衝液(pH 4.0)に n〔mol〕の弱酸 HA が溶解した水溶液を分液ろうとに入れ，さらに 0.10 L のトルエンを加え，よく振り混ぜたあと 300 K で十分な時間静置した。トルエン層と水層を分離し，トルエン層に移動した HA の物質量(a〔mol〕)を測定した。その結果から，水層中の HA および A^- の総物質量(b〔mol〕$= n - a$)を求めた。

水とトルエンはまったく混ざらないものとし，溶質の溶解による溶液の体積変化は無視できるとする。また，トルエン層中では HA は電離せず，水層中での会合も起きないとする。さらに，水層中で電離したイオン A^- および H^+ はトルエン層に移動せず，同様に二量体は水層へ移動しないとする。pH 4.0 の水層中における電離していない HA の濃度を $[HA]_w$ とすると，水層中の A^- の濃度は $[A^-]_w =$ [ア] $\times [HA]_w$ と表せる。また，トルエン層における単量体としての HA の濃度を $[HA]_t$ とすると，二量体 $(HA)_2$ の濃度は $[(HA)_2]_t =$ [イ] と表せる。したがって下線部の実験により得られた HA の物質量 a と b の比は以下の式(3)により表せる。

$$\frac{a}{b} = \text{[ウ]} \qquad (3)$$

電離していない HA の単量体はトルエン層と水層の間を移動する。移動が平衡に達したとき，両層間の濃度比，すなわち分配係数 $P_{HA} = \frac{[HA]_t}{[HA]_w}$ は定温において一定となる。P_{HA} を用いて式(3)を整理すると式(4)の関係が得られる。

$$\frac{a}{b} = 0.8\,P_{HA} + \text{[エ]} \times K_c P_{HA}{}^2 [HA]_w \qquad (4)$$

水層中の HA および A^- のうち，[オ] %が HA として存在することから，式(4)は式(5)のように表せる。

$$\frac{a}{b} = 0.8\,P_{HA} + \text{[カ]} \times K_c P_{HA}{}^2 b \qquad (5)$$

問 1　下線部において，物質量 a および b の値を求めるため，次の実験を行った。分離したトルエン層を蒸発皿に移した後，加熱することでトルエンだけを完全に蒸発させた。蒸発皿に残った物質の質量は m〔g〕であった。HA の分子量を M とし，物質量 b を求める数式を n，m，M を用いて表せ。ただし，緩衝液に用いた物質はトルエン層に移動せず，加熱による HA の蒸発や分解は起きないものとする。

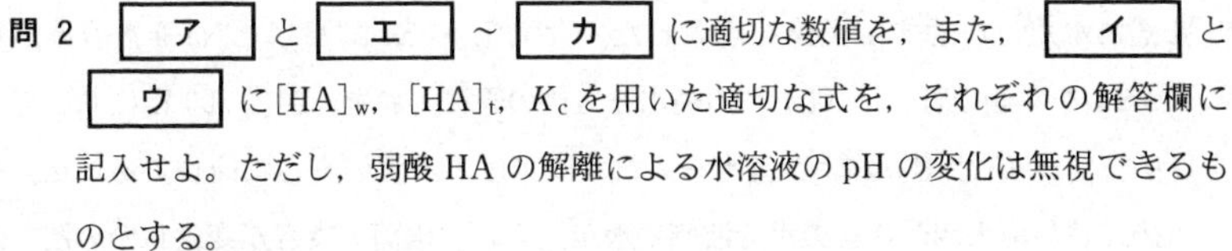

問 2　ア と エ ～ カ に適切な数値を，また，イ と ウ に$[HA]_w$，$[HA]_t$，K_c を用いた適切な式を，それぞれの解答欄に記入せよ。ただし，弱酸 HA の解離による水溶液の pH の変化は無視できるものとする。

問 3　様々な物質量の HA に対して下線部の操作を行ったときの，物質量 b と物質量比 $\dfrac{a}{b}$ の関係を**図 2** に示した。図中の●は各測定によって得られた実験値を表す。トルエン層と水層の間における HA の分配係数 P_{HA} の値を答えよ。

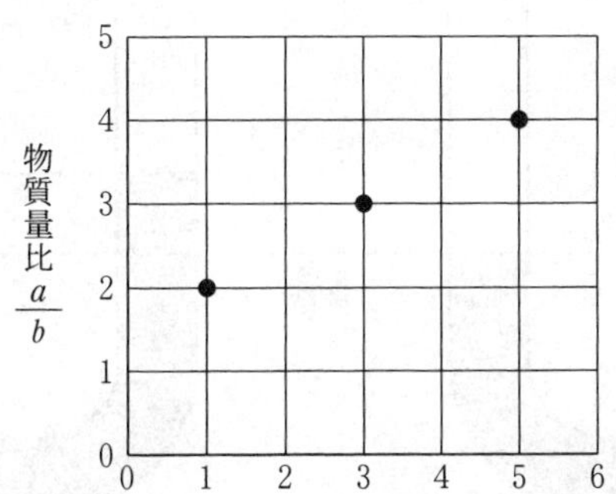

図 2

問 4　以下の文章は，下線部の操作を緩衝液の代わりに純水を用いて HA の濃度を変えた実験について述べたものである。キ ～ ケ に適切な語句を，{　　}の中からそれぞれ選択し答えよ。

水層中では，弱酸 HA の濃度増加により，HA の電離度は キ {大きくなる・小さくなる・変化しない} 。また，トルエン層中では HA の濃度増加により，HA の会合度（トルエン層に溶解したすべての分子 HA の数に対する二量体を形成した分子 HA の数の割合）は， ク {大きくなる・小さくなる・変化しない} 。したがって，分液操作前の HA の物質量 n の増加により，$\dfrac{a}{b}$ の値は ケ {大きくなる・小さくなる・変化しない} 。

(b)　塩化ナトリウム(NaCl)を純水に溶解し，1.00 L の濃度 x〔mol/L〕の希薄溶液を調製した。図 3 に示すように，上部が開いた管内部の断面積が 4.0 cm^2 の U 字管の底部に水だけを通す半透膜を設置した。大気圧下で，調製した NaCl 水溶液から 100 mL を左側の管に，100 mL の純水を右側の管に入れた。温度 300 K において，U 字管に NaCl 水溶液および純水を入れた直後は，水面の高さは同じであった。その後，右の純水側から左の水溶液側に水が流入し，水面の高さが変化し始めた。変化が止まった際の水面の高さの差は 5.0 cm であった。そのとき，移動した水の体積は［　コ　］cm^3 である。ここで，水溶液の密度は純水のそれと等しいとし，高さ 1.0 cm の水柱の圧力は 100 Pa とする。

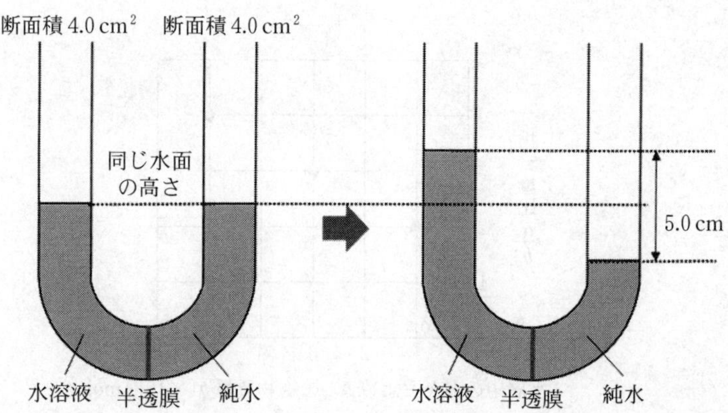

図 3　半透膜を設置した U 字管における純水と水溶液間の水の移行現象

問 5　［　コ　］に当てはまる適切な数値を答えよ。

問 6　調製した NaCl 水溶液の濃度 x〔mol/L〕を答えよ。なお，気体定数は 8.31×10^3 Pa・L/(K・mol) とする。

問 7　次の条件のみを変えた場合，水面の高さの差は条件を変える前(5.0 cm)と比べてどのように変化するか，(あ)～(う)から選び，その記号を記入せよ。

(i)　温度を上げた場合

（あ）　短くなる　　　（い）　変化しない　　　（う）　長くなる

(ii)　U 字管の断面積を大きくした場合

（あ）　短くなる　　　（い）　変化しない　　　（う）　長くなる

(iii)　等量のショ糖を水溶液と純水にそれぞれさらに添加した場合

（あ）　短くなる　　　（い）　変化しない　　　（う）　長くなる

化学問題　Ⅲ

次の文章(a)，(b)を読み，**問 1 〜問 6** に答えよ。解答はそれぞれ所定の解答欄に記入せよ。構造式は，記入例および**図 1**，**図 2** にならって記せ。

構造式の記入例：

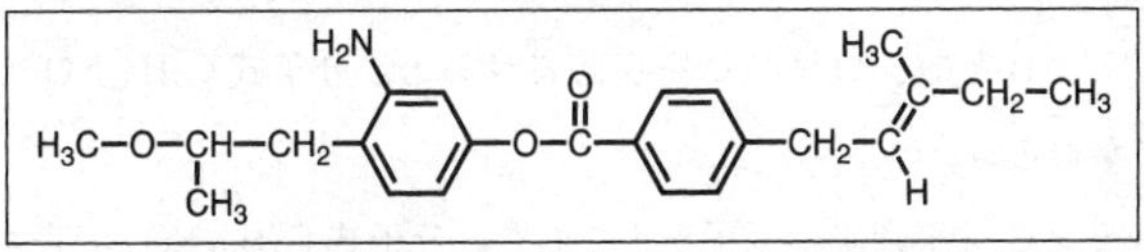

$H_3C-O-CH(CH_3)-CH_2-C_6H_3(NH_2)-O-C(=O)-C_6H_4-CH_2-CH=C(CH_3)-CH_2-CH_3$

(a)　**図 1** に示すように，テレフタル酸ジクロリドと *p*-フェニレンジアミンを用いた縮合重合により，強度や耐熱性に優れた合成繊維が得られる。一般にこのような芳香族ポリアミド系合成繊維は［ア］繊維と呼ばれ，防弾チョッキや防火服に用いられている。

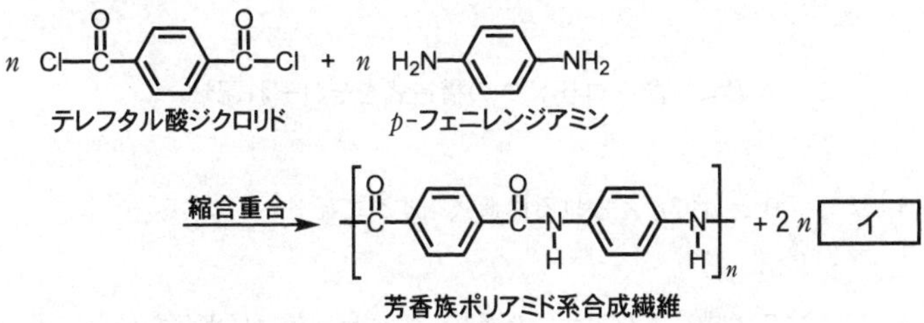

$n\ Cl-C(=O)-C_6H_4-C(=O)-Cl + n\ H_2N-C_6H_4-NH_2$

テレフタル酸ジクロリド　　*p*-フェニレンジアミン

縮合重合 → $\left[-C(=O)-C_6H_4-C(=O)-N(H)-C_6H_4-N(H)-\right]_n$ + 2*n*［イ］

芳香族ポリアミド系合成繊維

図 1

テレフタル酸ジクロリドのような，カルボニル基に塩素原子が結合した構造

(—CO—Cl)をもつ化合物を酸クロリドと呼ぶ。また，アミノ基(—NH_2)をもつ化合物を第一級アミンと呼ぶ。酸クロリドは第一級アミンと速やかに反応し，［イ］の生成を伴ってアミド結合を形成することから，さまざまな低分子化合物の合成にも用いられる(図2)。

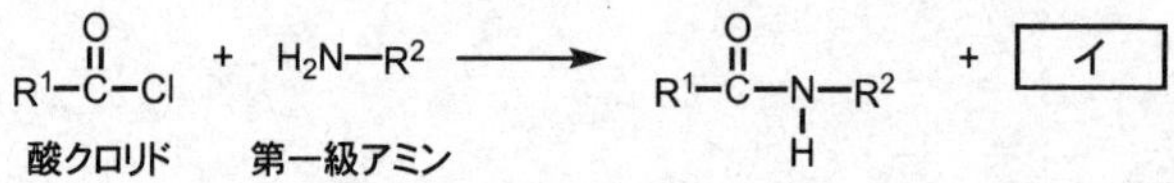

$$R^1-\overset{\overset{\large O}{\|}}{C}-Cl + H_2N-R^2 \longrightarrow R^1-\overset{\overset{\large O}{\|}}{C}-\underset{\underset{\large H}{|}}{N}-R^2 + \boxed{イ}$$

酸クロリド　第一級アミン

図2

第一級アミンA，B，Cと酸クロリドDについて，(あ)～(う)の情報が得られている。

(あ) アミンAと酸クロリドDを反応させると，アセトアニリドが得られた。

(い) アミンBと酸クロリドDを反応させると，分子式$C_5H_{11}NO$で表されるアミドが得られた。

(う) アミンCは不斉炭素原子を1つもち，分子式$C_9H_{11}NO_2$で表される芳香族化合物である。アミンCを酸クロリドDと反応させるとアミドEが得られた。アミドEを完全に加水分解すると，酢酸，メタノール，ベンゼン環をもつアミノ酸が得られた。

問1 ［ア］に当てはまる適切な語句と，［イ］に当てはまる適切な化学式を記入せよ。

問2 アミンAおよび酸クロリドDの構造式をそれぞれ記せ。

問3 アミンBとして考えられる構造式をすべて記せ。

問4 アミンCの構造式を記せ。ただし，鏡像異性体は区別しない。

(b) 分子内に—CO—Clを2つもつ化合物を酸ジクロリドと呼ぶ。第一級アミンFと酸ジクロリドGを反応させると，アミド結合を2つもち，分子式$C_8H_{16}N_2O_2$で表される化合物Hが得られた。化合物Hを部分的に加水分解することで，アミンFと，1つのアミド結合と1つのカルボキシ基をもつ化合物Ｉが得られた。化合物Ｉとフェノールを用いて脱水縮合反応を行うと，分子式 $C_{12}H_{15}NO_3$ で表されるエステルＪが得られた。化合物F，G，Hはいずれも不斉炭素原子をもたず，化合物Ｉ，Ｊは不斉炭素原子を1つもつ。

問 5　アミンFおよび酸ジクロリドGの構造式をそれぞれ記せ。

問 6　エステルＪの構造式を記せ。ただし，鏡像異性体は区別しない。

化学問題　Ⅳ

次の説明文と文章(a)，(b)を読み，**問1**～**問6**に答えよ。解答はそれぞれ所定の解答欄に記入せよ。

単糖はアルドースとケトースの2種類に大別される。**図1**(i)にアルドースの一般式を示す。炭素数が3のアルドースであるL-グリセルアルデヒドは分子内に不斉炭素原子を1つ含み，**図1**(ii)のように示される。太線(◀)は紙面の手前側に向かう結合を，破線(⋯⋯)は紙面の奥側に向かう結合を示す。また，**図1**(iii)のような表記法もあり，左右方向の結合は紙面の手前側に向かう結合を，上下方向の結合は紙面の奥側に向かう結合を示すことにより，**図1**(ii)と同じ構造を表している。

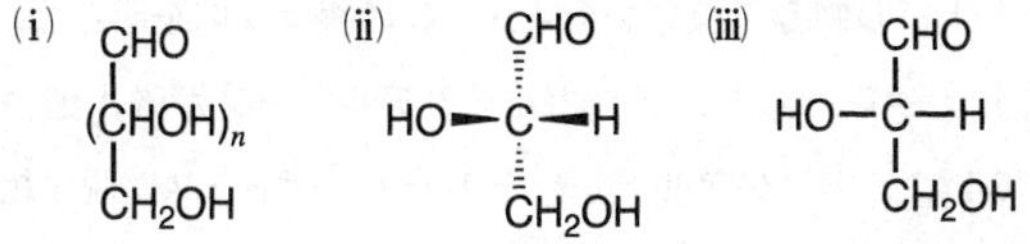

(i)
CHO
|
$(CHOH)_n$
|
CH_2OH

(ii)
CHO
⋮
HO◀C▶H
⋮
CH_2OH

(iii)
CHO
|
HO—C—H
|
CH_2OH

図1　アルドースの一般式(i)とL-グリセルアルデヒドの表記法(ii)および(iii)

(a)　グルコースをアルカリ溶液で処理すると，グルコースが反応し，不安定なエンジオール構造を含む反応中間体を介して，グルコース，アルドースA，フルクトースからなる平衡混合物となる(**図2**)。

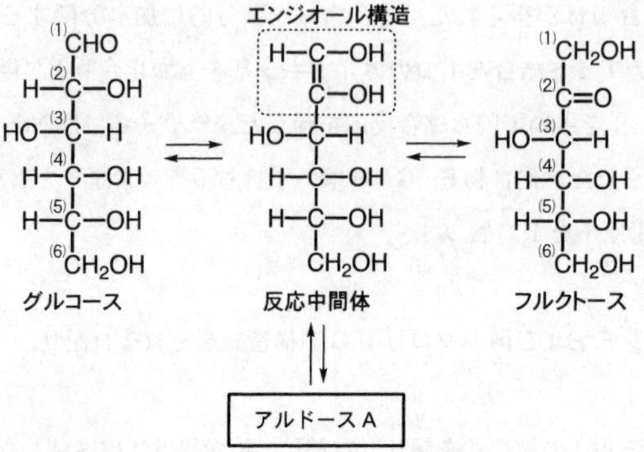

エンジオール構造

グルコース		反応中間体		フルクトース
(1) CHO		H—C—OH		(1) CH_2OH
(2) H—C—OH		‖		(2) C=O
		C—OH		
(3) HO—C—H	⇄	HO—C—H	⇄	(3) HO—C—H
(4) H—C—OH		H—C—OH		(4) H—C—OH
(5) H—C—OH		H—C—OH		(5) H—C—OH
(6) CH_2OH		CH_2OH		(6) CH_2OH

反応中間体 ⇅ アルドースA

図2 グルコースの反応((1)~(6)で示した炭素をそれぞれC1~C6と定める)

問1 図1(i)における炭素数が4(すなわち$n=2$)のアルドースが五員環構造を形成した場合，五員環構造の異性体の数を記せ。ただし，鏡像異性体は区別するものとする。

問2 アルドースAの鎖状構造を，図1(iii)の表記法を使って記せ。ただし，—CHOが上となる向きで表記せよ。

問3 二糖であるB，C，Dは，図3の(ア)~(オ)いずれかの構造をもつ。情報(あ)~(う)をもとに，二糖B，C，Dとして適切な構造を(ア)~(オ)から選び，それぞれ記号で答えよ。

(あ) BおよびDは銀鏡反応を示すが，Cは銀鏡反応を示さない。

(い) CおよびDは，それぞれ2分子のアルドースが脱水縮合した二糖である。Bは，1分子のアルドースと1分子のケトースが脱水縮合した二糖である。

(う) Dを構成する2種類のアルドースは，C1炭素以外のある1箇所の炭素に結合する—OHの立体配置が異なっている。

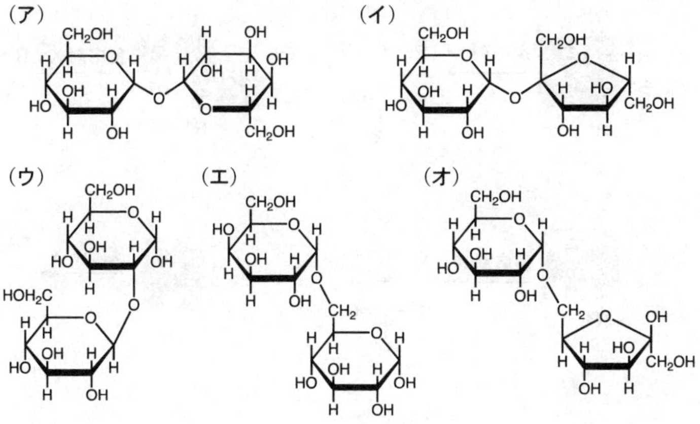

（ア）　（イ）

（ウ）　（エ）　（オ）

図3

(b)　ある反応剤Xを糖に作用させると，**図4**の網かけ部分に示す部分構造が存在する場合にのみ，C—C結合の切断が起こる。また，そうして得られる生成物に**図4**の網かけ部分で示される部分構造が含まれる場合には，さらに続けてC—C結合の切断が起こる。たとえば，1 molのL-グリセルアルデヒドを十分量の反応剤Xで処理すると，最終的には2 molのギ酸と1 molのホルムアルデヒドが生成する。グルコースおよびフルクトースをそれぞれ十分量の反応剤Xで処理したところ，いずれの場合も最終的には炭素数1の化合物のみが生成した。このような手法により，反応剤Xで処理した最終生成物を分析することで，糖の構造を推定できる。

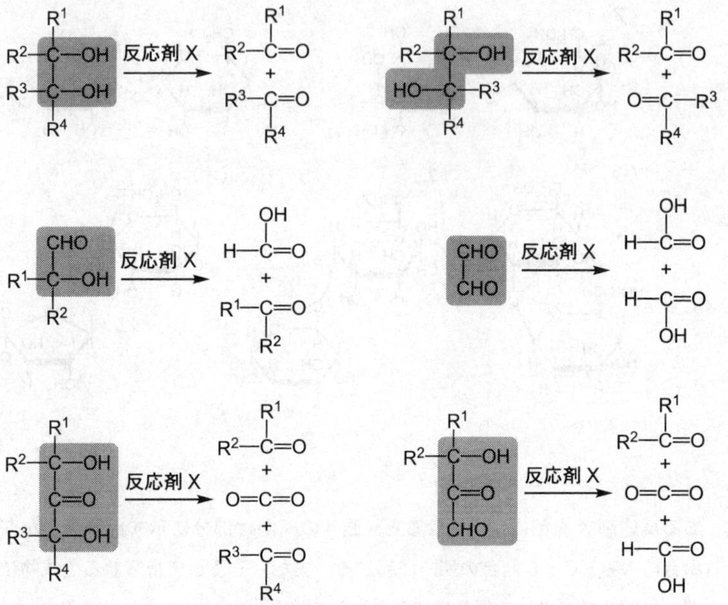

図4　反応剤Xを用いた反応

β型グルコースのC1炭素上の$-OH$が$-OCH_3$に置き換わった化合物E（図5）はβ型の非還元糖である。化合物Eに十分量の反応剤Xを作用させると，図4に示す反応形式に従って，2種類の化合物F，Gが得られた。化合物Fの分子量は化合物Gより大きかった。また，別の実験として，炭素数5のアルドースであり環構造をとる化合物Hについて，C1炭素上の$-OH$を$-OCH_3$へと置換し，環構造をもつβ型の化合物Iを得た。化合物Iに反応剤Xを作用させると，化合物Fのみが得られた。

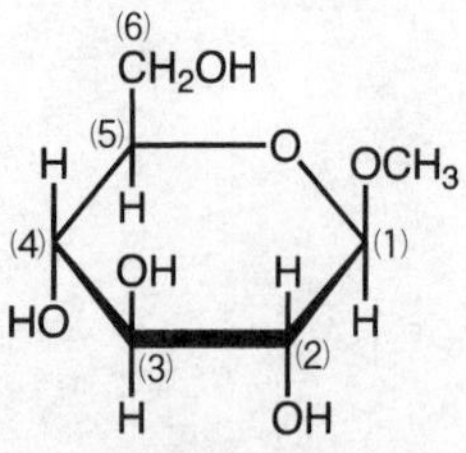

図5　化合物Eの構造式

問 4　下線部について，グルコースおよびフルクトースが鎖状構造をとることを考慮して，全ての最終生成物の構造式と，それぞれの最終生成物に対応する物質量の比を記入例にならって解答欄に記せ。グルコースについては解答欄(I)，フルクトースについては解答欄(II)に記入せよ。ただし，最終生成物の構造式は，物質量の比の大きいものから順に記入するものとする。物質量の比が同じ場合には順序を問わない。

記入例

$$\mathrm{H{-}\overset{\overset{\displaystyle O}{\|}}{C}{-}NH_2} \qquad \mathrm{H{-}C{\equiv}N} \qquad \mathrm{CH_4}$$

(　　4 : 2 : 1　　)

問 5　化合物 G の構造式を記せ。

問 6　β 型の化合物 I として考えられる構造式を図 5 にならって全て記せ。ただし，炭素原子の位置を示す番号(1)～(6)は省略して記入せよ。

生物

（教育（理系）学部　1科目　90分
　その他　　　　　2科目 180分）

（注）　100点満点。理・医（医）学部は2科目300点満点に換算。

生物問題　I

次の文章を読み，**問1～問6**に答えよ。解答はすべて所定の解答欄に記入せよ。

イオンチャネル型受容体の1つであるRは主に神経細胞に発現し，塩化物イオン（Cl^-）の移動を調節している。受容体Rでは構造特異的に分子が結合する部位Aおよび部位Bが同定されている。これらの部位に何も結合しない状態では受容体Rは開口せずCl^-の移動が生じない（**図1(a)**）が，①部位Aに神経伝達物質Laが結合すると受容体Rが開口してCl^-の移動が生じる（**図1(b)**）。部位Bに特異的に結合する化合物Lbは，それだけが受容体Rに結合しても受容体Rは開口せずCl^-の移動は生じない（**図1(c)**）が，神経伝達物質Laおよび化合物Lbがそれぞれ部位Aおよび部位Bに結合すると，神経伝達物質Laのみが結合した場合よりもCl^-の移動量が増大する（**図1(d)**）。②化合物Lbのように受容体Rに作用してCl^-の移動量に影響を及ぼす化合物は神経活動に影響を与え，その効果から神経疾患に対する医薬品の候補になる。

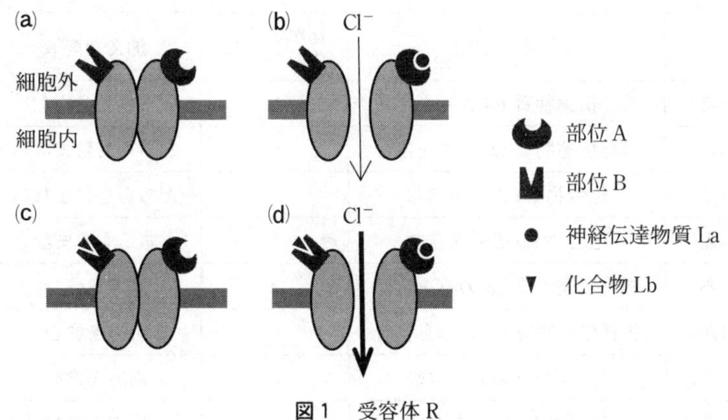

図1　受容体 R

問1　下線部①に関する下記の記述について，[I]，[II] に当てはまる適切な語句の組み合わせを(あ)～(え)より1つ選び，解答欄に記せ。

神経伝達物質 La を神経伝達物質とするシナプスを考える。シナプス後細胞の受容体 R に神経伝達物質 La が結合して Cl^- が細胞内に流入すると，シナプス後細胞の膜電位が [I] 。この電位変化は [II] と呼ばれる。

	I	II
(あ)	上がる	興奮性シナプス後電位(EPSP)
(い)	上がる	抑制性シナプス後電位(IPSP)
(う)	下がる	興奮性シナプス後電位(EPSP)
(え)	下がる	抑制性シナプス後電位(IPSP)

問2　下線部②に関して，受容体 R を発現する神経細胞に対して，神経伝達物質 La のみを含む溶液，化合物 Lb のみを含む溶液，両方を含む溶液，またはどちらも含まない溶液のいずれかを添加した場合を考える。その直後の活動電位の生じやすさについて，予想される関係性を次の(あ)～(く)よりすべて選び，解答欄に記せ。ただし，溶液の添加前は神経伝達物質 La および化合物 Lb は存在しないものとし，受容体 R が開口すると Cl^- は細胞内に流入するものとする。また，活動電位の生じやすさは，「(しやすい) > (しにくい)」で表す。

	加えた溶液	活動電位の生じやすさ	加えた溶液
(あ)	神経伝達物質 La のみを含む	>	どちらも含まない
(い)	神経伝達物質 La のみを含む	<	どちらも含まない
(う)	化合物 Lb のみを含む	>	どちらも含まない
(え)	化合物 Lb のみを含む	<	どちらも含まない
(お)	神経伝達物質 La のみを含む	>	両方を含む
(か)	神経伝達物質 La のみを含む	<	両方を含む
(き)	化合物 Lb のみを含む	>	両方を含む
(く)	化合物 Lb のみを含む	<	両方を含む

多数の既存の化合物から，化合物 Lb のように受容体 R に作用する化合物を新たに探索する場合，それぞれの化合物が受容体 R を介した Cl^- の移動量に与える影響を直接的に評価する方法がある。しかし，そのような直接的な方法では選別に時間がかかってしまう。そこで，受容体 R の部位 B に結合する化合物を短時間で選別する方法を**実験 1**，**実験 2** により構築した。

実験 1：本実験は，受容体 R の特定のアミノ酸を，官能基* X をもつフェニルアラニン(X-フェニルアラニン)に置換し，官能基 X を部位 B の近傍の特定の箇所にもつ受容体 R をヒト由来細胞に発現させることを目的とする。X-フェニルアラニンは，天然には存在しないアミノ酸である。

受容体 R の遺伝子を組み込んだプラスミドを細胞に導入すると，受容体 R の遺伝子は［ア］へ転写される。［ア］の配列においてコドンとよばれる 3 つの塩基配列により 1 つのアミノ酸が指定される。特定のコドンと結合するアンチコドンおよび，そのコドンに対応するアミノ酸と結合する部位を有する［イ］が，アミノ酸をリボソームに運ぶ。リボソームでは［ア］からタンパク質への［ウ］が行われる。

通常の細胞には X-フェニルアラニンを運ぶ［イ］が存在しない。そこでまず，対応するアミノ酸がないコドンの 1 つである UAG と結合するアンチコドンおよび X-フェニルアラニンとの結合部位をもつ［イ］を人工的に作製した(**図 2**)。次に，人工的に作製した［イ］を用いて受容体 R の部位 B の近傍のアミノ酸の1つをX-フェニルアラニンに置換するために，③プラスミドに組み込んだ受容体Rの遺伝子において，部位Bの近傍のアミノ酸の1つを指定するDNA配列を，別のDNA配列で置換した。これらの [イ] およびプラスミド，X-フェニルアラニンなどを一緒に用いることで，部位Bの近傍のアミノ酸の1つが，X-フェニルアラニンに置換された受容体Rをヒト由来細胞に発現させた。この細胞において，X-フェニルアラニンへの置換は，受容体Rの立体構造に影響しなかった。

*官能基：有機化合物の性質を決める特定の原子の集まり

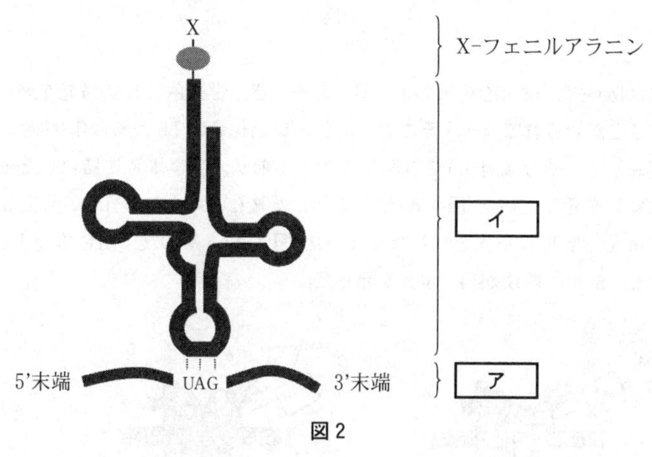

図2

問 3 [ア] ～ [ウ] に当てはまる適切な語句を解答欄に記せ。

問 4 下線部③の「別のDNA配列」としてどのような配列が適切か。アンチセンス鎖のDNA配列を，下記の例にならって配列の方向を明示して解答欄に記せ。

（例） 5'-GGG-3'

実験2：本実験は，受容体Rとの結合性が未知の化合物について，部位Bに結合するかどうかを調べる方法の確立を目的とする。

官能基Xは，水溶液中で官能基Yと共有結合することが知られている。**実験1**

によりヒト由来細胞に発現させた，官能基 X をもつ受容体 R（図 3 (a)）に対して，官能基 Y を持つ蛍光色素 K を反応させて，受容体 R の部位 B の近傍の一か所に蛍光色素 K を結合させた（図 3 (b)）。受容体 R に結合した蛍光色素 K は，特定の波長の光を照射すると蛍光を発した。また，蛍光色素 K の結合は，受容体 R の立体構造に影響しなかった。この細胞を用いて以下の実験を行った。

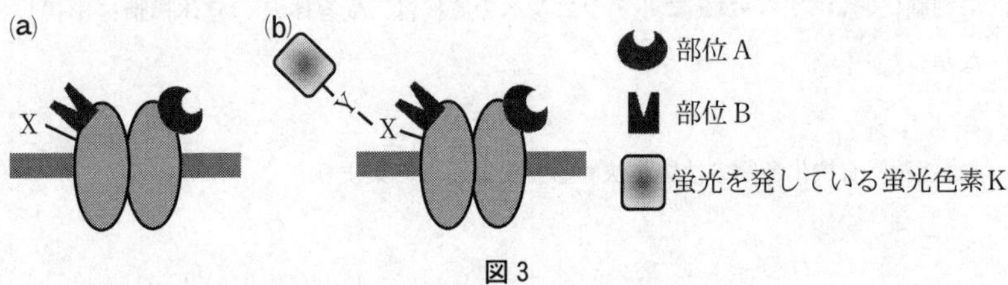

図 3

化合物 Q は，蛍光色素 K の近距離にあるとき，蛍光色素 K の蛍光を発しなくさせることが知られている。そこで，化合物 Q と化合物 Lb の結合体（結合体 Q–Lb）を作製した。結合体 Q–Lb を細胞に添加する前は，受容体 R に結合した蛍光色素 K は蛍光を発していた（図 4 (a)）が，添加した後は，結合体 Q–Lb が部位 B に結合して蛍光色素 K は蛍光を発しなくなった（図 4 (b)）。その後，結合体 Q–Lb を取り除くと，蛍光色素 K が再び蛍光を発した。

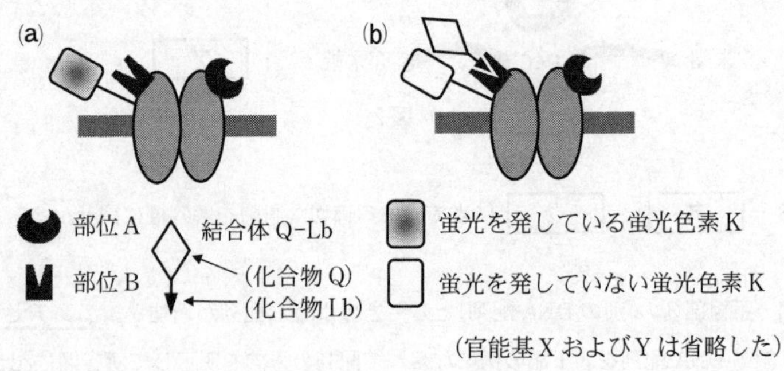

図 4

このように結合体 Q–Lb と化合物 Lb は，部位 B において可逆的かつ競争的に結合した。結合体 Q–Lb および化合物 Lb が存在しないとき，細胞の蛍光強度は f_0 であった(**図 5**)。異なる濃度の結合体 Q–Lb を含む溶液を加えると，結合体 Q–Lb の濃度と細胞の蛍光強度の関係は**図 5** のようになった。結合体 Q–Lb の濃度が c_1 のとき，細胞の蛍光強度は f_1 であった。これらの結果を利用して，④部位 B に結合する化合物の探索を行った。

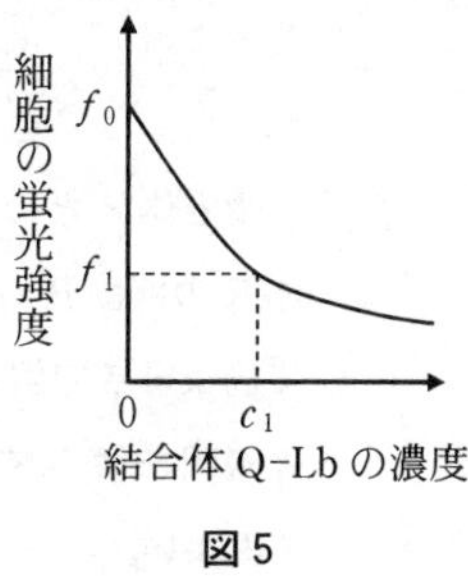

図 5

問 5　**実験** 2 で用意した蛍光標識細胞に，結合体 Q–Lb および異なる濃度の化合物 Lb を含む溶液を加えて細胞の蛍光強度を測定した。結合体 Q–Lb の濃度が c_1 で一定となるようにした場合に，化合物 Lb の濃度と細胞の蛍光強度の関係を示すグラフを以下の**(あ)**～**(か)**より 1 つ選び，その記号を解答欄に記せ。

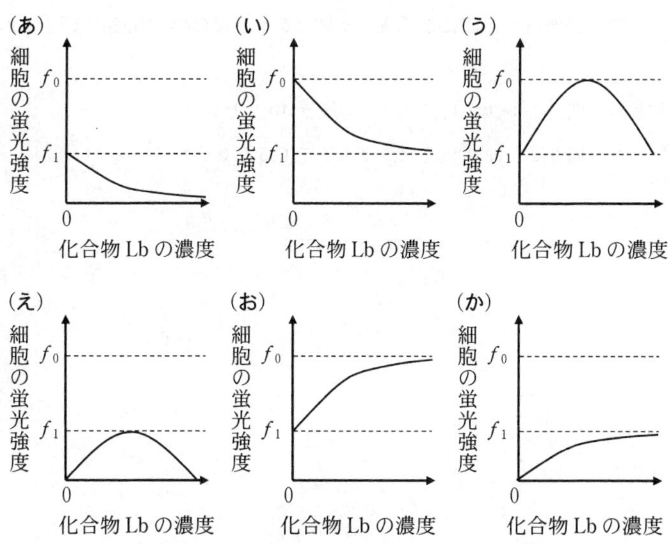

問 6　下線部④に関して，受容体 R との結合性が未知の多数の化合物について，それぞれの化合物が部位 B に結合するかどうかを調べるとき，以下の(1)，(2)

に答えよ。

⑴　受容体Rとの結合性が未知のある化合物Sについて，この化合物が受容体Rの部位Bに結合するかどうかを調べる実験の手順を，作業順序に従って箇条書きで解答欄の枠の範囲内で述べよ。以下の(i)～(iv)の語句(カッコ内の説明を除く)を全て用いること。また，必要なら本文中の他の用語を用いてもよい。

(i)　化合物S(受容体Rとの結合性が未知のある化合物)

(ii)　細胞を培養した容器(**実験2**で用意した蛍光標識細胞を底面に一定数培養した容器であり，複数用いることも可能)

(iii)　蛍光測定装置((ii)の容器の底面の蛍光強度を短時間で測定できる装置)

(iv)　結合体Q–Lb

⑵　化合物Sが受容体Rの部位Bに結合する化合物であった場合，⑴の手順で実験を行った際に予想される結果を解答欄の枠の範囲内で述べよ。

※解答欄　問6⑴：ヨコ11.5センチ×タテ10.2センチ

問6⑵：ヨコ11.5センチ×タテ6.5センチ

生物問題　II

次の文章を読み，**問 1** ～**問 8** に答えよ。解答はすべて所定の解答欄に記入せよ。

メダカは，古くから多くの自然突然変異体が収集されてきたこと，全ゲノム配列が解読されたこと，遺伝子操作技術が整備されたことなどから，モデル生物として利用されている。メダカはヒトと同様に，雄が性染色体ヘテロ接合体の組合せ(XY)，雌が性染色体ホモ接合体の組合せ(XX)であり，いわゆる XY 型の性決定様式をもつ脊椎動物である。メダカの XY 型の性決定では，性は性染色体上に存在する *dmy* と呼ばれる遺伝子で規定され，*dmy* をもつ個体は雄へと成長する。しかし，メダカの性は，この遺伝子のみにより決定されるわけではなく，成長期の環境により影響を受ける。例えば，メダカの幼魚を，適量の女性ホルモンを含む水でふ化後 2 週間程度飼育すると，性染色体の組合せ(XX または XY)に関わらず，全ての個体が卵を産出する雌となる。

この特性を利用し，以下の実験を行った。なお，野生型メダカとは，女性ホルモンを含む水での飼育や遺伝子導入操作を行っていない通常のメダカを意味する。また，女性ホルモンを含む水での 2 週間程度の飼育や性染色体の組合せは，メダカの生存に影響しないものとする。

実験 1：雌個体(XX)と雄個体(XY)を交配して得られたふ化直後の個体を女性ホルモンであるエストロゲンを含む水で 2 週間飼育した。エストロゲンで処理したメダカ(エストロゲンメダカ)は全て雌となり卵を産出するようになった。エストロゲンメダカである**個体 A** と野生型メダカの雄を交配し，通常の飼育下で F_1 世代を得た。これら F_1 世代の雌雄比は，ほぼ雌 1：雄 1 となった。また，エストロゲンメダカである**個体 B** を野生型メダカの雄と交配し，F_1 世代を得た。これら F_1 世代の雌雄比は，ほぼ雌 1：雄 3 となった。次に，①**個体 B** から得られた F_1 世代の**個体 C** を野生型メダカの**個体 D** と交配させた結果，得られた F_2 世代は全て雄となった。

問 1　**実験 1** での**個体 A** の性染色体の組合せを解答欄(1)に，**個体 B** の性染色体の組合せを解答欄(2)に記せ。

問 2　下線部①に関して，**個体C**の性染色体の組合せを解答欄(1)に記せ。また，**個体B**と野生型メダカの雄との交配で得られた F_1 世代中に，**個体C**と同じ性染色体の組合せを有する個体が占める割合として期待される値を，解答欄(2)に既約分数で答えよ。

問 3　下線部①に関して，交配する**個体D**の性を解答欄(1)に記せ。また，**個体D**の性染色体の組合せを解答欄(2)に記せ。

メダカでは人工遺伝子を導入することで，全ての細胞で緑色蛍光が観察される系統を作製することができる。この作製方法の一例として，全ての細胞で発現を誘導するプロモーターと緑色蛍光タンパク質(GFP)遺伝子を連結した人工遺伝子をメダカ受精卵に注入する方法がある。この作製方法では，人工遺伝子の挿入はゲノムDNA上のさまざまな部位に起こり，挿入部位をあらかじめ指定することはできない。

この方法で作製された，「人工遺伝子が染色体の一か所に挿入され，全身の細胞で緑色蛍光が観察される遺伝子導入メダカ(TGメダカ)」を用いて以下の**実験2**，**実験3**を行った。なお，**実験2**，**実験3**では，メダカは女性ホルモンを含まない水で飼育し，染色体の組換えは起こらなかったものとする。

実験2：雌のTGメダカである**個体E**と雄の野生型メダカを交配して得られた受精卵の緑色蛍光を観察した。その結果，受精直後は全ての受精卵で緑色蛍光が観察された②。その後，発生の進行にともない③，半数の胚では緑色蛍光が観察され続けた。成長後も緑色蛍光が観察され続けた個体の雌雄比はほぼ雌1：雄1であった。

実験3：雄のTGメダカである**個体F**と野生型メダカの雌を交配して得られた受精卵において緑色蛍光を観察した。その結果，受精直後は全ての受精卵で緑色蛍光が観察されなかったが④，発生の進行にともない，半数の胚で緑色蛍光が観察されるようになった。また，緑色蛍光が観察された個体は全て雌となった⑤。

問 4　GFPによる緑色蛍光で細胞を標識する方法として，GFPを細胞に注入する方法とGFP遺伝子を発現させるベクターを細胞に導入する方法が考えられる。GFPを注入した場合は，注入直後から緑色蛍光が観察可能であるが，

GFP遺伝子を発現させるベクターを導入した場合は，導入直後には緑色蛍光は観察されず，数時間後に観察可能となる。GFP遺伝子を発現させるベクターを導入した場合，観察可能となるまでに時間を要する理由を解答欄の枠の範囲内で述べよ。

問 5　**実験**2の下線部②について，「受精直後は全ての受精卵で緑色蛍光が観察された」理由を解答欄の枠の範囲内で述べよ。

問 6　**実験**2の下線部③について，「半数の胚では緑色蛍光が観察され続けた」理由を解答欄の枠の範囲内で述べよ。

問 7　**実験**3の下線部④について，下線部②では「受精直後は全ての受精卵で緑色蛍光が観察された」のに対して，「受精直後は全ての受精卵で緑色蛍光が観察されなかった」理由を解答欄の枠の範囲内で述べよ。

問 8　**実験**3の下線部⑤について，何が原因でこのような結果となったのか。その理由を解答欄の枠の範囲内で述べよ。

※解答欄　問4：ヨコ12.6センチ×タテ5.7センチ
問5：ヨコ12.6センチ×タテ7センチ
問6：ヨコ12.6センチ×タテ6.1センチ
問7：ヨコ12.6センチ×タテ5.9センチ
問8：ヨコ12.6センチ×タテ4.2センチ

生物問題　III

次の文章(A)，(B)を読み，**問 1 ～問 6** に答えよ。解答はすべて所定の解答欄に記入せよ。

(A)　植物の成長は内在されたプログラムによって制御されているが，その制御は光などの外部環境の影響を強く受ける。たとえば，種子から発芽した芽生えの形態は，光のある環境(明条件)と光のない環境(暗条件)とでは異なる。明条件と暗条件でシロイヌナズナの種子をそれぞれ寒天培地上で発芽させ，そのまま生育させて，それらの形態を観察した。観察結果を**図 1**（それぞれ**条件 1** と**条件 2**）に模式的に示す。暗条件の芽生えでは子葉展開の抑制や①胚軸の著しい伸長などが観察された。

植物の成長制御において，植物ホルモンの合成と合成されたホルモンに対する応答反応が重要な役割をもつ。エチレンは植物ホルモンの 1 つで，植物の成長に大きな影響を与える。暗条件でエチレンを空気に添加した環境でシロイヌナズナを生育させたときの芽生えの形態と，暗条件でエチレン合成阻害剤を添加した寒天培地上で生育させたときの芽生えの形態を観察した。観察結果を**図 1**（それぞれ**条件 3** と**条件 4**）に模式的に示す。②エチレンあるいはその合成阻害剤を添加した条件で生育させた芽生えの形態は通常の暗条件で生育させた芽生えとは異なっていた。

形態に異常を示すシロイヌナズナの変異体は多数知られている。③その中の変異体 A を通常の暗条件で生育させたところ，あたかもエチレン合成阻害剤を添加した培地で生育させたかのような芽生えの形態を示した。

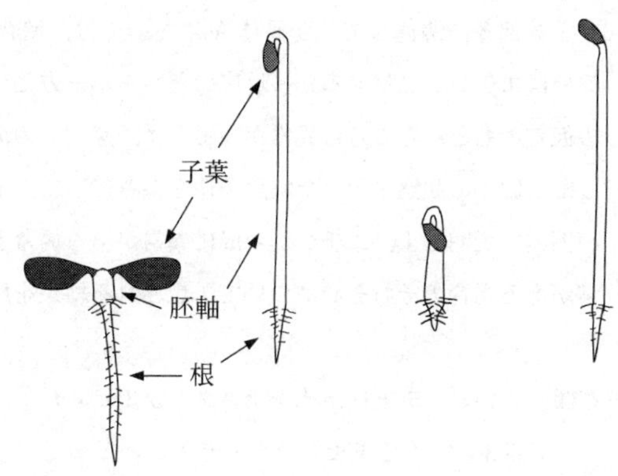

	条件1	条件2	条件3	条件4
光 環 境	明	暗	暗	暗
エチレン添加	なし	なし	あり	なし
エチレン合成阻害剤添加	なし	なし	なし	あり

図1　各芽生えの模式図の直下にそれぞれの実験条件がまとめてある。

問 1　下線部①に関連して，芽生えの胚軸が暗条件で伸びることで，種子が土の中で発芽しても，芽生えの子葉部分が地表に到達することができる。胚軸の伸長に加えて，子葉部分が地表に到達するために重要な胚軸の性質を 1 つあげて，その名称を解答欄に記せ。

問 2　下線部②に関連して，以下の⑴，⑵に答えよ。

⑴　暗条件の芽生えの形態にエチレンが与える作用について，**図1**から読み取れる範囲で全てあげて，解答欄に記せ。ただし，根への作用については記さなくてよい。

⑵　土の中で発芽した芽生えは，土粒子などの障害物との接触に応じてエチレン合成量を増加させる。芽生えの形態に与えるエチレンの作用は，土の中で発芽した植物の生存戦略にどのように役立つと考えられるか。解答欄の枠の範囲内で説明せよ。

問 3　下線部③に関連して，変異体Aにおいては，植物体でのエチレン合成，あるいはエチレンに対する応答反応のどちらか一方に異常があると仮定した。その仮定のもと，どちらに異常があるのか，芽生えの形態観察から調べることにした。**図 1** の観察に用いた実験条件を参考にして，調べる方法を解答欄の枠の範囲内で説明せよ。エチレン合成に異常がある場合と，エチレン応答反応に異常がある場合のそれぞれについて予想される結果を解答に含めること。

※解答欄　問 2(2)：ヨコ 11.5 センチ×タテ 5.3 センチ

問 3：ヨコ 12.6 センチ×タテ 9 センチ

(B)　トウモロコシやインゲンマメなどの作物をさまざまな個体群密度で単植すると，高密度で栽培した方が低密度で栽培したものに比べて，一個体あたりの生物量は小さくなる。しかし，単位面積あたりの全体の生物量は，個体群密度にかかわらず，生育が進むにつれて一定の値に近づく。このような関係を一般に［　ア　］の法則と呼ぶ。

一方，トウモロコシと蔓(つる)性のインゲンマメの両方を，**図 2** のように同じ畑に適切な栽植密度で混植すると，合計の生物量は**図 3** のように混植時と同じ個体数を半分の面積にそれぞれ単植した場合の合計よりも増加することが多い。このように混植の生産性が高くなるのは，系全体としての<u>資源利用効率が高くなる</u>④からである。

しかし，種間の相互作用がそれぞれの種に有益に働くかどうかは，組み合わせが同じでも環境によって異なる。作物の根には菌根菌が共生していることが多く，菌根菌はリンなどの栄養を作物に供給し，光合成産物である有機物を受け取っている。菌根共生にみられるこのような共生関係は，一般に［　イ　］と呼ばれる。この関係は<u>環境が変化すると寄生の関係に変化する</u>⑤ことがある。

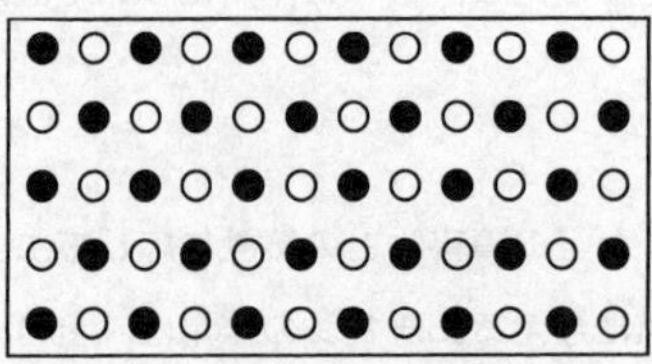

図 2　2 種を混植した畑

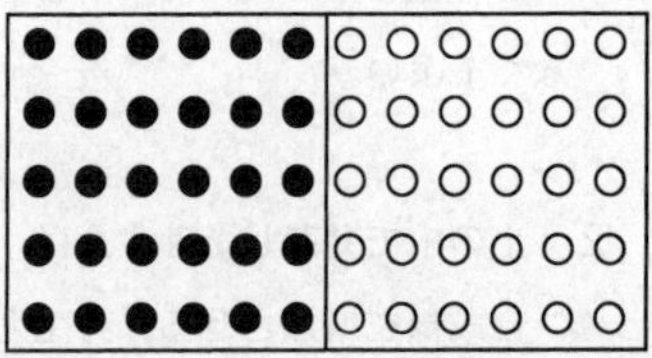

図 3　2 種をそれぞれ単植した畑

問 4　文中の ア と イ に当てはまる適切な語句を解答欄に記せ。

問 5　下線部④に関連して，混植で資源利用効率が高くなる理由を，光と栄養の利用の観点から，解答欄の枠の範囲内で説明せよ。

問 6　下線部⑤について，トウモロコシと菌根菌との関係が寄生の関係に変化するような環境変化にはどのようなものがあるか，以下の(あ)～(お)の中から最も適切なものを１つ選び，その記号を解答欄(1)に記せ。また，その環境では寄生の関係に変化する理由を，解答欄(2)の枠の範囲内で説明せよ。

(あ)　晴天が続いて大気や土壌が乾燥した。
(い)　雨が続いて土壌水分含量が上昇した。
(う)　栽培者が害虫防除の農薬を散布した。
(え)　栽培者が十分な化学肥料を投入した。
(お)　大気中の二酸化炭素濃度が上昇した。

※解答欄　問 5：ヨコ 12.6 センチ×タテ 5.1 センチ
　　　　　問 6(2)：ヨコ 11.5 センチ×タテ 5.3 センチ

生物問題　Ⅳ

次の文章(A), (B)を読み，**問1～問9**に答えよ。解答はすべて所定の解答欄に記入せよ。

(A)　生物種間の共進化は，さまざまなタイプの種間相互作用に見られる。例えば，被子植物の花の形態と送粉昆虫の口器の形態の間には，特定の種間で対応が見られることがあり，共進化の結果と考えられている。南アフリカの低木植生地域に生育し，長い筒状の花をつけるアヤメ科の一種(以下，植物とする)は，長い口器を持つツリアブモドキ科の一種(以下，昆虫とする)によって受粉される(**図1**)。この昆虫は空中に停止(ホバリング)した状態で長く伸びた口器を花筒に差し込んで蜜を吸うが，その際に，毛に覆われた頭部が葯(やく)に接触すると花粉が付着する。花粉が付着した昆虫が他の花を訪れた際に柱頭に接触することにより，受粉が起こる(**図1**)。花筒の長さ(花筒長)と口器の長さ(口器長)のそれぞれの平均値は，地域ごとに互いに類似した値を示すことが多い。このため，それぞれの地域において，2つの形質は自然選択によって共進化してきたと考えられる。

花筒長と口器長に変異が存在する地域において，2つの形質に相互に働く自然選択を明らかにするために，野外実験を行った。この実験では，柱頭に花粉が付いていない花を，花筒長を測定した後に，頭部に花粉を付けた昆虫が飛び回っている野外に設置した。昆虫が訪花した後に，摂取された蜜の量と柱頭に付着した花粉の個数を数えた。また訪花した昆虫は捕獲して，その口器長を測定した。測定結果を使って，さまざまな花筒長と口器長の組み合わせでの，昆虫の蜜摂取量と花の柱頭への花粉の付着数を調べた。**図2**は訪花した昆虫の口器長と摂取した蜜量の関係，**図3**は昆虫が訪れた花の花筒長と柱頭に付着した花粉の個数の関係を表す。さらに**図4**は，口器長と花筒長の差に対する，昆虫が摂取した蜜量の割合と柱頭に付着した花粉の個数の関係を示している。なお，昆虫が訪花した際に，その花の花粉が同じ花の柱頭に付着する可能性は無視できる。

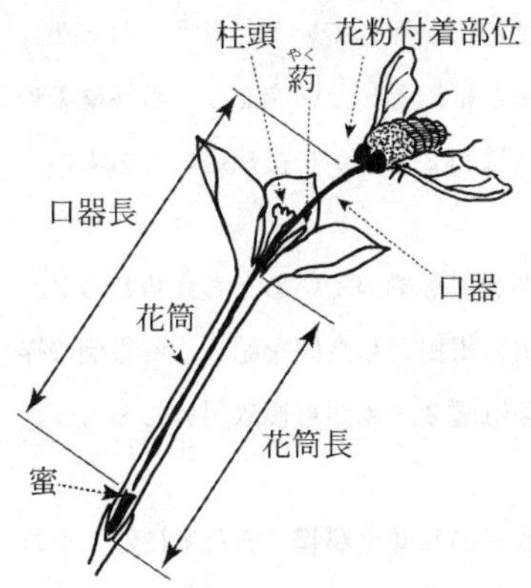

図 1　アヤメ科の一種の花を訪れるツリアブモドキ科昆虫の一種（模式図）。花筒の部分は内部の様子を示す。

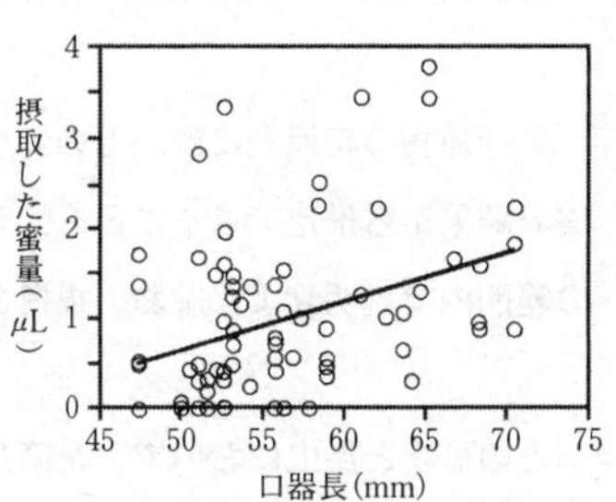

図 2　訪花した昆虫の口器長と摂取した蜜量の関係。

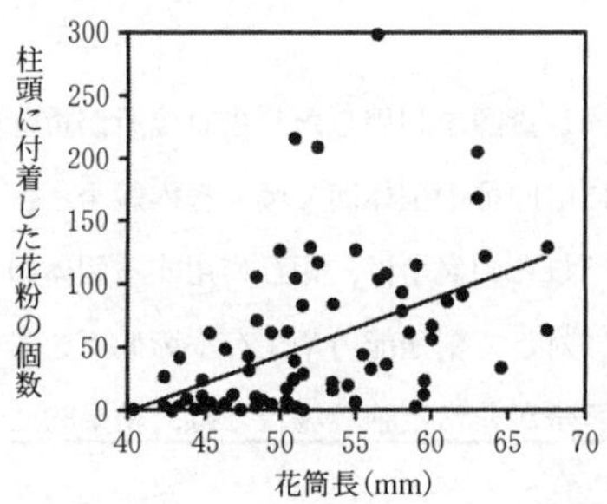

図 3　花筒長と柱頭に付着した花粉の個数の関係。

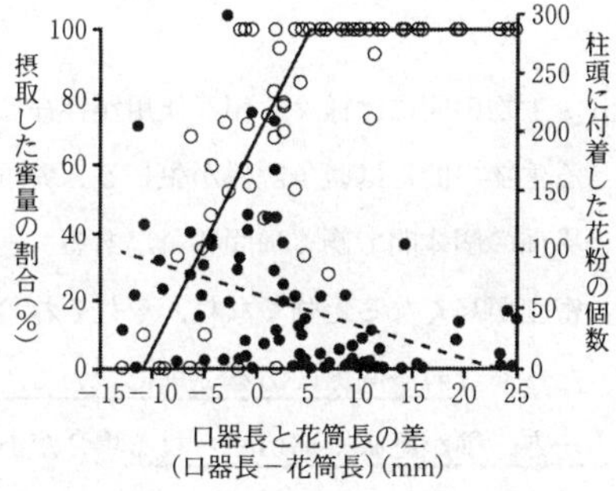

図 4　訪花した昆虫の口器長と花の花筒長の差と，昆虫が摂取した蜜量の割合（訪花前の蜜量に対する百分率。白丸，実線），柱頭に付着した花粉の個数（黒丸，破線）の関係。

（Pauw et al. 2009 を改変）

編集の都合上，図 1 の模式図を類似のものに差し替えています。

問 1　昆虫による送粉を受けるために，この植物が開花中に費やす主要なコストを 1 つ解答欄に記せ。

問 2　この昆虫の口器長には，どのような自然選択が働いていると考えられるか。実験結果から推定できることを，その理由と根拠とした図を記し，解答欄の枠の範囲内で説明せよ。なお，根拠とした図は**図 2 ～ 4** から複数用いてもよい。

問 3　この植物の花筒長には，どのような自然選択が働いていると考えられるか。実験結果から推定できることを，その理由と根拠とした図を記し，解答欄の枠の範囲内で説明せよ。なお，根拠とした図は**図 2 ～ 4** から複数用いてもよい。

問 4　この植物と昆虫において，花筒長と口器長の共進化が起こるためには，それらの形質にみられる個体間の変異に関して，この実験では示されていない条件が必要である。それはどのような条件か。解答欄の枠の範囲内で説明せよ。

※解答欄　問 2・問 3：各ヨコ 12.6 センチ×タテ 5.6 センチ
　　　　　問 4：ヨコ 12.6 センチ×タテ 2.1 センチ

(B)　生物の間には様々な相互作用が存在する。同じ資源を利用したり生息場所が重なる生物の間には競争関係が生じる。競争関係には同種の個体間で働く種内競争と，異種の個体間で働く種間競争がある。一般にそれらの競争は，相互作用する個体の密度が高くなると強くなり，それぞれの個体に対して繁殖能力や生存率の低下をもたらす。①競争関係にある 2 種について，種間競争が非常に強い場合には，結果的に一方の種が絶滅に追いやられる場合がある。

種内競争と種間競争は，相互に関連しながら種の共存に影響をおよぼす。種 A で種内競争が強い場合，種内競争が弱い場合に比べて個体数の増加は［ア］と考えられる。このとき，種内競争が弱い場合に比べて，その種 A と利用する資源が重なり競争的な関係にある別の種 B に対する種間競争の効果は［イ］と考えられる。これは種 B から種 A への効果でも同様である。言いかえると，それぞれの種で種内競争が強い場合には相互の種間競争の効果は［イ］と考えられる。そのためそうした 2 種は［ウ］傾向がある。

また，種間競争は自然選択を通じて種の形質の進化にも影響する。近縁の 2 種の生物が別々の場所で独立に生息する地域では，両者が利用する資源の種類は大きく重なっているが，それら 2 種がともに生息する地域では，②2 種の間で利用する資源の重なりが小さくなるように変化している場合がある。

問 5　下線部①について，この現象を何と呼ぶか。その名称を解答欄に記入せよ。

問 6　文中の［ ア ］に当てはまる，もっとも適切な語句を(あ)～(う)より1つ選びその記号を解答欄に記入せよ。

(あ)　ゆるやかになる　　(い)　急速になる　　(う)　同程度である

問 7　文中の［ イ ］に当てはまる，もっとも適切な語句を(あ)～(う)より1つ選びその記号を解答欄に記入せよ。

(あ)　弱まる　　(い)　強まる　　(う)　同程度である

問 8　文中の［ ウ ］に当てはまる，もっとも適切な語句を(あ)～(う)より1つ選びその記号を解答欄に記入せよ。

(あ)　ともに絶滅しやすい　　(い)　どちらか一方が絶滅しやすい
(う)　共存しやすい

問 9　下線部②は，2種の生息する地域が重なった時に，資源の利用について自然選択が働いたことによる進化の結果であると考えられる。それらの2種において資源利用が進化的に変化したことが，結果として2種の共存にどのように働くか。種間競争の変化と関連させて解答欄の枠の範囲内で説明せよ。

※解答欄　問9：ヨコ12.6センチ×タテ4.7センチ

地学

（教育（理系）学部　1 科目　90 分
　その他　　　　　2 科目 180 分）

（注）　100 点満点。理学部は 2 科目 300 点満点に換算。

地学問題　I

次の文章(a)，(b)を読み，**問 1** ～ **問 5** に答えよ。解答はすべて所定の解答欄に記入せよ。

(a)　通常の銀河と比べて X 線や赤外線などで非常に強いエネルギーを放射する銀河は，活動銀河と呼ばれる。代表的な活動銀河には以下の 3 種類がある。

電波銀河は非常に強い電波を放射している銀河で，形態に基づくハッブルによる銀河の分類を適用すると［ア］であることが多い。

［イ］は主に赤外線で強い放射を出す活動銀河で，ハッブルによる銀河の分類では［ウ］であることが多い。

［エ］は中心部が明るく<u>非常に遠方にある</u>①ため，ほとんどのもので恒星状にしか見えず，銀河の形態ははっきりとはわかっていない。

問 1　文中の［ア］～［エ］に当てはまる適切な語を以下の語群から 1 つずつ選べ。

語群：渦巻銀河，クェーサー，星雲，セイファート銀河，セファイド，
楕円銀河，バルジ，不規則銀河

問 2　下線部①と判断する根拠となる，天体からの放射スペクトルに見られる特徴を簡潔に述べよ。

※解答欄　問 2：ヨコ 12.8 センチ×タテ 3.4 センチ

(b)　2019 年 4 月に，地球から 17 メガパーセク（1 メガパーセクは 10^6 パーセク）の距離にある電波銀河 M 87 の銀河中心部を，世界中の電波望遠鏡で同時観測して解析処理した画像（**図 1**）が発表された。この画像には，直径 40 マイクロ秒（1 マイクロ秒は 10^6 分の 1 秒の角度）のリング状に光る構造が写っている。

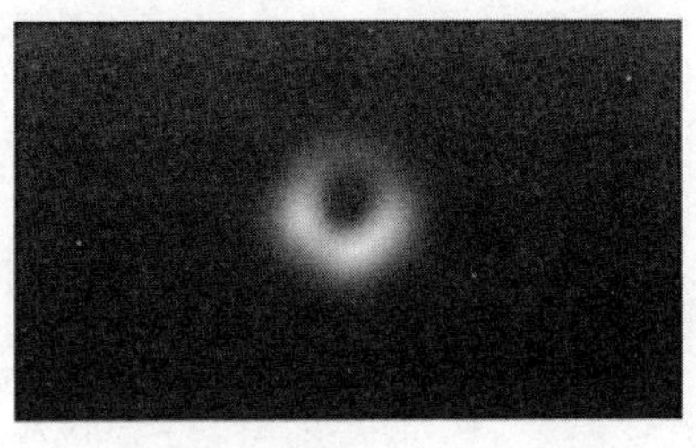

図 1

(https：//eventhorizontelescope.org より)

　ここでは，まず M 87 銀河全体に関する考察から始める。

問 3　M 87 の見かけの等級は 8.8 等級である。以下の(1)，(2)に答えよ。

(1)　$\log_{10} 1.7 = 0.23$ であることを用いて，M 87 の絶対等級を有効数字 2 けたで求めよ。導出過程も示すこと。

(2)　太陽の絶対等級を 5 等級とし，**問 3**(1)で解答した数値からこの天体が太陽の何倍の明るさの光を放射しているか，有効数字 1 けたで求めよ。導出過程も示すこと。

問 4　M 87 では，中心から 32 キロパーセク（1 キロパーセクは 10^3 パーセク）離れた銀河外縁部（明るく光る銀河本体部の少し外側）にある天体が，M 87 銀河中心の周りを周期 6.7 億年で円軌道運動していると考えられている。以下の(1)，(2)に答えよ。

(1)　1 パーセクは 2.1×10^5 天文単位であることを用いて，M 87 の質量が太陽の質量の何倍であるか，有効数字 1 けたで求めよ。導出過程も示すこと。

(2)　**問 3**(2)で求めた明るさと**問 4**(1)で求めた質量の比較から，M 87 を構成する物質もしくは天体に関して考えられることは何か，簡潔に述べよ。

出典追記：EHT Collaboration

問 5　図1に関して以下の(1)～(3)に答えよ。

(1)　図1に写っているリングの直径は太陽系の大きさ(直径100天文単位とする)の何倍であるか，有効数字1けたで求めよ。導出過程も示すこと。

(2)　図1で，中心部がリング部分に比べて暗く見える原因として考えられることは何か，簡潔に述べよ。

(3)　図1に写っている銀河中心部の構造は，我々の銀河(銀河系)でも同様であると予想されているが，銀河系は活動銀河ではない。M 87が活動銀河となっている原因を，銀河系との違いに注意して簡潔に述べよ。

※解答欄　問3(1)・(2)，問4(1)，問5(1)：各ヨコ12.8センチ×タテ3.4センチ
　　　　　問4(2)，問5(2)・(3)：各ヨコ12.8センチ×タテ5.1センチ

地学問題　Ⅱ

次の文章を読み，**問1**～**問7**に答えよ。解答はすべて所定の解答欄に記入せよ。

雲の発生や降水は，大気の運動にともなう水の状態変化によってもたらされている。<u>空気塊が上昇して温度が下がり</u>①，雲粒ができ始める温度を［　ア　］という。雲粒の形成には水蒸気だけでなく，凝結核や氷晶核となる［　イ　］と呼ばれる微粒子を必要とする。雲粒がさらに雨粒や雪の結晶に成長すると降水が起こる。雨粒のでき方は，<u>暖かい雨(氷晶がなく水滴だけの雲から降る雨)と冷たい雨(氷晶雨)</u>②の2つに大別され，氷晶が落下途中で融けなかった場合，<u>雪として地表に達する</u>③。

降水量の緯度別分布は大気の大循環と関係し，<u>熱帯域と中緯度域で多く，亜熱帯域で少ない</u>④。熱帯収束帯はハドレー循環の上昇気流域で，積乱雲の形成が活発で多量の雨が降っており，陸上では熱帯雨林が存在している。一方，亜熱帯高圧帯はハドレー循環の下降気流域で，雲ができにくく，陸上では［　ウ　］のような乾燥地帯が広がり，海上では海水の蒸発が盛んで水蒸気が熱帯域と中緯度域の大気に供給されてい

る。亜熱帯域から地表付近の水蒸気を熱帯収束帯に輸送する貿易風の風向は，北半球が［ エ ］風，南半球が［ オ ］風であり，南北両半球で異なる。

⑤中緯度域は温帯低気圧などが生じ，降水量が多い。日本は中緯度域に位置し，海に囲まれているため降水量が多く，水資源に大変恵まれている。その反面，⑥大雨によって起こる災害も多い。特に積乱雲が次々と発達して局地的に激しい降雨をもたらす集中豪雨は甚大な被害をもたらすため，その予測精度の向上が求められている。

問 1　文中の［ ア ］～［ オ ］に当てはまる適切な語を答えよ。

問 2　下線部①に関連して，空気塊が上昇して温度が下がる理由を，以下の語群の語をすべて用いて述べよ。

語群：気圧，熱，仕事，エネルギー

問 3　下線部②に関連して，以下の(1)，(2)に答えよ。

(1)　氷晶がなく水滴だけの雲から降る暖かい雨について考える。凝結核が多く小さな雲粒しかできない場合，雨はできやすくなるか，できにくくなるかを理由とともに答えよ。

(2)　冷たい雨は氷晶の成長によってできる。過冷却の水滴と共存する場合における氷晶の成長過程を，図 1 に示す過冷却水と氷に対する飽和水蒸気圧の違いに着目して説明せよ。

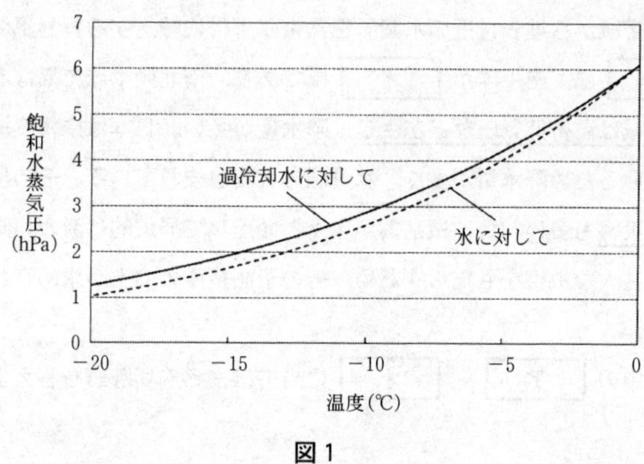

図 1

問 4　下線部③に関連して，降雪によって雪原ができることがある。地表の受け取る太陽放射エネルギーに雪原が与える影響を述べよ。

問 5　下線部④に関連して，降水量と海水の蒸発量の緯度別分布の違いによって生じる海洋の特徴を述べよ。

問 6　下線部⑤に関連して，温帯低気圧が中緯度域で生じる要因を述べよ。

問 7　下線部⑥に関連して，大雨によって起こりやすい土砂災害を 2 つ挙げよ。

※解答欄　問 2：ヨコ 12.8 センチ×6.7 センチ

問 3(1)：ヨコ 12.8 センチ×タテ 5.1 センチ

問 3(2)：ヨコ 12.8 センチ×タテ 8.9 センチ

問 4：ヨコ 12.8 センチ×タテ 4.1 センチ

問 5・問 6：各ヨコ 12.8 センチ×タテ 3.1 センチ

地学問題　Ⅲ

次の文章を読み，**問 1**～**問 7** に答えよ。解答はすべて所定の解答欄に記入せよ。

地震①の多くは，地下の岩石が断層面に沿って破壊され急激にずれる断層運動によって発生する。地震が起こると地震波が地球の内部や表面を伝播(ぱ)する②。地震の規模はマグニチュード(M)で表され，地震の発生頻度は M の増加と共に減少する③。断層運動は，プレート運動によって蓄積された［ア］を解放する。したがって，地震はプレート境界の周辺に多く発生する。プレートが拡大する境界では，［イ］断層型の地震が発生しやすい。海溝付近④では巨大地震が発生し，津波を引き起こすことがある⑤。

地震を起こすプレート運動は，地球内部の熱エネルギーによりマントルが対流することで駆動されている⑥。地球内部から地表に流れ出る熱量を［ウ］熱流量と呼ぶ。

問 1　文中の［ア］～［ウ］に当てはまる適切な語を以下の語群から 1 つずつ選べ。

語群：すべり，ひずみ，本震，正，逆，横ずれ，地温，地殻，地表

問 2　下線部①に関連して最も適切な記述を，次の(**あ**)～(**え**)から 1 つ選べ。

(**あ**)　すべりが起きた断層面の中心の位置を震源と呼ぶ。

(**い**)　現在の日本では，震度は 7 段階の震度階級で表される。

(**う**)　震度は地震波の到達時刻から求めることができる。

(**え**)　地震発生から地震波が観測点に到達するまでの時間を走時と呼ぶ。

問 3　下線部②に関連して最も適切な記述を，次の(**あ**)～(**え**)から 1 つ選べ。

(**あ**)　進行方向と振動方向が垂直な地震波をＰ波と呼ぶ。

(**い**)　Ｓ波は気体中を伝わる。

(う)　表面波はS波より早く観測点に到達する。

(え)　表面波の振幅はS波の振幅に比べ，震央からの距離と共に減衰しにくい。

問 4　下線部③に関連して，**表1**はある10年間において世界で観測された$M5.0$以上のすべての地震について，そのマグニチュードと発生回数の関係を単純化した表である。**表1**の$M9.0$の地震1回が解放するエネルギーは，$M5.0$から$M8.0$の地震全てが解放するエネルギーの総和の何倍になるか。有効数字1けたで答えよ。導出過程も記せ。

表1

マグニチュード	$M5.0$	$M6.0$	$M7.0$	$M8.0$	$M9.0$
発生回数	10,000	1,000	100	10	1

問 5　下線部④に関連して，**図1**は四国地方太平洋沿岸の海溝付近のある観測点で観測された地殻変動の時間変化を表している。**図1**のように，1900年から1940年までにみられる地殻変動が起こる理由を答えよ。

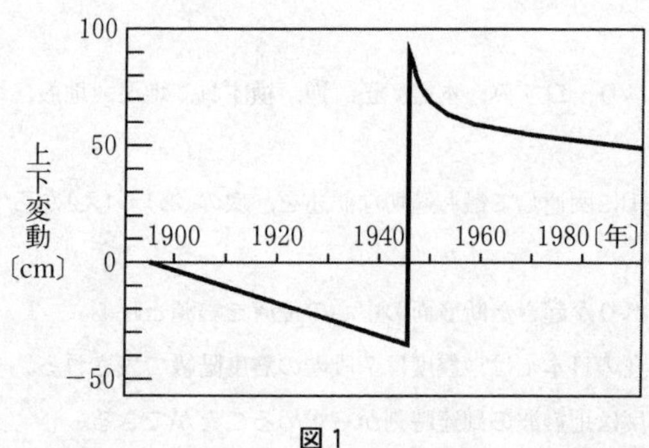

図1

問 6　下線部⑤に関連して，1700年1月26日に北米の西岸で巨大地震が発生し，津波が起きた。津波が地震発生から三陸海岸に最初に到達するのに要した時間を，有効数字1けたで求めよ。計算過程も示すこと。ただし，地震が発生した海域から三陸海岸までの津波の伝播距離は7.2×10^3 km，重力加速度は$1.0\times10\ \mathrm{m/s^2}$，水深は$4.0\times10^3$ mで一定であるとする。

問 7　下線部⑥に関連して，地震の際に解放されるエネルギーの一部は地震波のエネルギーになる。10年間に，地球全体における地球内部から地表に流れ出る熱量によるエネルギーは，地球で発生するすべての地震による地震波のエネルギーの何倍か，有効数字1けたで答えよ。計算過程も示すこと。ただし，地球で10年間で発生するすべての地震による地震波のエネルギーは4.0×10^{18} J，［ウ］熱流量の地表全体の平均値は9.0×10^{-2} W/m^{2}であるとする。また，計算を簡単にするために円周率を3.0，1年間を3.0×10^{7} sであると近似せよ。

※解答欄　問4：ヨコ12.8センチ×タテ9.8センチ
　　　　　問5：ヨコ12.8センチ×タテ5.4センチ
　　　　　問6：ヨコ12.8センチ×タテ5.9センチ
　　　　　問7：ヨコ12.8センチ×タテ8.1センチ

地学問題　Ⅳ

次の文章(a)，(b)を読み，**問1**～**問8**に答えよ。解答はすべて所定の解答欄に記入せよ。

(a)　地球が誕生してから現在まで大気の組成は変化を続け，地球の表層環境と生命活動に大きな影響を与え続けてきた。地球が誕生したころの大気の組成は<u>二酸化炭素の割合が高く酸素はほとんどなかった</u>①が，27億年ほど前に海中で出現した原核生物の［ア］により，光合成による酸素の生成が開始されたと考えられている。25億年ほど前には酸素の生成が盛んになるものの，<u>大気中の酸素濃度は急には上昇せず，23億～20億年前ごろになって上昇したことが地質学的な証拠から推測されている</u>②。その後，<u>6億年ほど前</u>③になるとさらに酸素濃度が急激に上昇し，4億年前までには現在に近い酸素濃度になったと考えられている。その結果，［イ］層の形成が進み生物にとって有害な紫外線が地表に届かなくなり，生物が陸上へ進出することができるようになった。現在も［イ］層は大気圏の中の［ウ］圏に存在し，有害な紫外線が地上に届くことを防いでいる。このように地球の歴史上では大気組成に大きな変化があった。

現在では，二酸化炭素をはじめとする［エ］の増加による気温上昇が問題となっている。その原因として，産業革命以降の化石燃料の使用によって，大気中の二酸化炭素濃度が上昇したことが挙げられる。一方，化石燃料の採掘や畜産業の拡大などによって大気への放出量が増加した［オ］も，温暖化を加速させていることがわかっている。また，温暖化が進むに従って，陸上の永久凍土や海底の堆積物の中に含まれる大量の［オ］が大気中に放出されることが予測されており，温暖化をさらに加速させる可能性が危惧されている。

問１　文中の［ア］～［オ］に当てはまる適切な語を答えよ。

問２　下線部①に関して，大気中に大量に存在した二酸化炭素は様々な過程を経て海洋底へ運ばれて，堆積物中に埋没し大気中から除去された。これらの除去過程について，以下の語群に含まれる語をすべて用いて説明せよ。

語群：光合成，風化，溶解

問３　下線部②に関して，酸素は大気中に大量に供給されるようになる前に，まず化合物として海中に堆積したと考えられている。どのような化合物として堆積したのか，その地質学的な証拠を含めて答えよ。

問４　下線部③に関して，この時期の後のカンブリア紀では，動物が爆発的に多様化し，体のつくりが大きく変化した。カンブリア紀には，どのような体のつくりを持つ動物が増えたのか答えよ。

※解答欄　問２：ヨコ 12.8 センチ×タテ 8.7 センチ

問３・問４：各ヨコ 12.8 センチ×タテ 5.8 センチ

(b)　図１は，ある地域の地形図である。東西南北に等間隔で格子状に調査地点を設定し，そのうちの地点Ａ～Ｄでボーリング調査を行った。その結果，それぞれの地点の地層は泥岩層が主体であることがわかった。また，泥岩層の中には砂岩層と凝灰岩層がそれぞれ一層ずつ挟まれており，凝灰岩層はあるときに広範囲にわたって堆積した同一の凝灰岩層であることがわかった。地表から凝灰岩層までの深さは，地点 A で 40 m，地点 B で 50 m，地点 C で 60 m，地点 D で 40 m であった。なお，この地域では不整合，褶曲（しゅうきょく），断層のいずれもないことがわかっている。

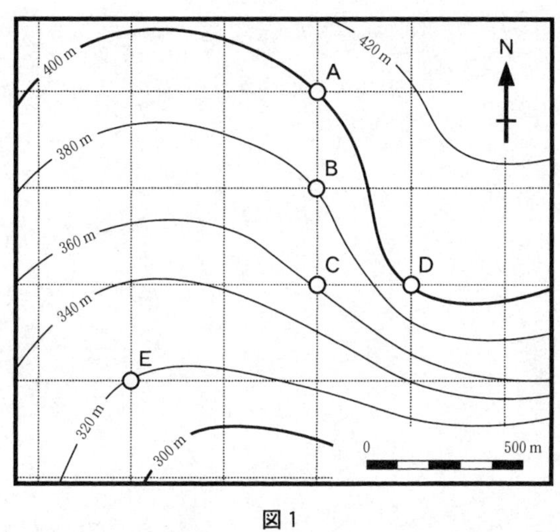

図 1

問 5　砂岩層を観察したところ，下部から上部にかけて堆積物の粒子が大きいものから小さいものへ変化していた。このような構造の名称を答えよ。

問 6　泥岩層からは海洋プランクトンの化石が大量に産出したため堆積した年代を特定することができた。堆積物中に含まれる海洋プランクトンの化石の中には示準化石として有用なものが多い。どのような生物の化石が示準化石として有用であるか。その条件を 2 つ挙げて，それぞれ理由とともに説明せよ。

問 7　凝灰岩層の傾斜方向について，次の(あ)～(え)の中から最も適切なものを選べ。

(あ)　北北西　　(い)　西北西　　(う)　西南西　　(え)　南南西

問 8　地点 E では凝灰岩層は地表から何 m の深さにあると予想できるか。有効数字 2 けたで答えよ。

※解答欄　問 6：ヨコ 12.8 センチ×タテ 8.7 センチ

問一　傍線部(1)で、作者は「山里は雪降り積みて道もなしけふ来む人をあはれとは見む」(『拾遺和歌集』)という和歌の一節を口ずさんでいる。このときの作者の心情を説明せよ。

問二　傍線部(2)を、適宜ことばを補いつつ現代語訳せよ。

問三　傍線部(3)を、「さこそ」の指示内容を明らかにしつつ現代語訳せよ。

※解答欄　問一：タテ一四センチ×三行
問二・問三：各タテ一四センチ×二行

三　次の文は、建礼門院右京大夫の歌集の一節で、死別した恋人、平資盛と過ごした日々を回想して、雪の日の出来事や山里での一齣を綴ったものである。これを読んで、後の問に答えよ。（三〇点）

雪の深く積もりたりしあした、里にて、荒れたる庭を見いだして、(1)「けふ来む人を」とながめつつ、薄柳の衣、紅梅の薄衣など着てゐたりしに、枯野の織物の狩衣、蘇芳の衣、紫の織物の指貫着て、ただひきあけて入り来たりし人の面影、わがありさまには似ず、いとなまめかしく見えしなど、常は忘れがたく覚えて、(2)年月多く積もりぬれど、心には近きも、返す返すむつかし。

年月の積もりはててもその折の雪のあしたはなほぞ恋しき

山里なるところにありし折、艶なる有明に起きいでて、前近き透垣に咲きたりし朝顔を、ただ時の間のさかりこそあはれなれとて見しことも、ただ今の心地するを、(3)＊人をも、花はげにさこそ思ひけめ、なべてはかなきためしにあらざりけるなど、思ひ続けらるることのみさまざまなり。

身の上をげに知らでこそ朝顔の花をほどなきものと言ひけめ

（『建礼門院右京大夫集』より）

注（＊）人をも、花はげにさこそ思ひけめ＝『拾遺和歌集』の和歌「朝顔を何はかなしと思ひけむ人をも花はさこそ見るらめ」を踏まえた表現。

しばらく歩いて行くと、信号が目の前で赤に変わって、その瞬間どうして「春が来たら」って言わないんだろうと思った。そうすれば、誰にも文句を言われないのに。「春が来たら」と言える人間は、春が来ることを確信している。べったりと確かな未来を今の続きとして感じている。その春を自分が体験できると単純に信じ切っている。つまり、自分が明日死ぬかも知れないということをうっかり忘れている。それに対して、「春が来ると」と言う人は、どこでもない場所から一般論を述べている。話し手の存在は薄い。声が小さい。何を恐れているのか。自分はどこにもいないのに、急に濃い欲望、出たい気持ちを述べている。そこに矛盾があるのかもしれない。「春が来ると、出たいです。」鱒男は今どこにいて、どこへ出たいのか。

（多和田葉子「雲をつかむ話」より）

問一　傍線部(1)はどういうことか、説明せよ。

問二　傍線部(2)について、「どきっとした」のはなぜか、説明せよ。

問三　傍線部(3)はどのような「手触り」か、説明せよ。

※解答欄　問一・問二：各タテ一四センチ×三行
　　　　　問三：タテ一四センチ×四行

の真実しか言わず、しかも、そんなことでさえ言うのがばかばかしい、といういらだちが声にも目元の表情にも出てしまう。その鱒男が急に顔をあげて「出たい」と言った時、(2)わたしはどきっとした。前も後ろもなし、ただ「出たい」と言ったのである。どこから出たいと言う以前に、とにかく出たいのだ、という切実な気持ちだけが伝わった。

「書く」を例にすれば分かりやすい。学生たちは、「書きます」など、いわゆる「ですます形」を初級クラスで覚え、中級クラスでは「書きます」から「ます」を引き算して、「たい」を足して、「書きたい」と欲望を表現する。そういう意味では、「書きます」という形は、「書く」という形よりも直接的に欲望につながっていく。鱒を取り除いて鯛（たい）を入れれば欲望が現れる。

そういうわけで鱒男も「出ます」の「ます」を取って「たい」を付けたのだが、それにしても鱒男の「出たい」は突飛で、どこから出たいのか見当がつかない。「出たい、という文章は間違ってはいないけれど、もう少し言ってくれないと意味が分からない」とわたしが言うと、鱒男は眉間に皺（しわ）を寄せてしばらく考えてから恥じらいもためらいも見せずに、「春が来ると、出たいです」という文章を作ってみせた。こうなってくるとどこから出たいのかだけでなく、誰があるいは何が出たいのかまで分からなくなってくる。

「と」を使ってある状況を仮定してから話者の希望を述べるのはまちがいだと日本語の教科書には書いてある。でもその理由を手早く説明するのは難しいだけでなく、わたしにはその瞬間、その文章が間違っているのかどうか、確信が持てなくなった。春が来ると出たい。鱒男は必死でこちらを見ていた。「春が来ると」という文節を他人の庭の木から折ってきて接ぎ木した。どうして春なんだ、と呆（あき）れてみせたい一方、何か本当に言ってみたい時の文章というのは(3)そういう風な手触りなのかもしれない、とも思う。

そしてその日の帰り道、気がつくとわたしは口ずさんでいた。春が来ると、出たいです。春が来ると、出るつもりです。春が来ると出ませんか。春が来ると、いっしょに出ましょうよ。

二

次の文を読んで、後の問に答えよ。（三〇点）

手紙の返事を書こうとしてもなかなか書けない時、つい日記をひろげてしまう。悪い癖だと思う。手紙は一人の人間に向かって真っ直ぐ飛ばさなければならない紙飛行機のようなもので、(1)紙とは言え、尖（とが）った先がもし眼球に刺さってしまったら大変。責任を持って書かなければならない。責任を気にかけすぎると、書きたいことが書けない。それで、とりあえず責任のない日記をひろげてしまうのかもしれない。日記を前にすると頬杖（ほおづえ）がつきたくなる。頬杖をつくと、顎がかくっと上に向けられ、窓ガラスを通して青い空が見える。

今日の西の空は白い鱗（うろこ）に覆われていて、「いわし」がひらがなで浮かんだ。まだ朝早いせいか、いつまで待っても漢字に変換されない。ひらがなの味も悪くない。火を通さないナマの味。ひらがなで「いわし」と書いてみると、まるでドイツ語で「ふぉれれ」と書いた時のように口の中で柔らかく崩れる。フォレレというのは鰯（いわし）ではなく鱒（ます）のことだけれど、頭の中で魚を介さずに単語同士が互いに結びつき合っている。

わたしが心の中でひそかに「鱒男」と呼んでいたブレーメン出身の青年のことを思い出してしまうのは、今手紙を書こうとしている相手と彼が似ているからだろう。数ヵ月前、知人に頼まれてハンブルグ市の成人教育センターで日本語集中講座の手伝いをした。中級を受け持っている先生が喉の手術を受けてしばらく教えられなくなったということで、わたしはアルバイトで代理として雇われ、週に一度、大学の授業が終わってからセンターに足を運んだ。その時の教え子の一人が鱒男だった。言葉に対して繊細でかろやかな遊び心を持つ学生の多い中で、鱒男は口が重く、実直で無骨な印象を与えた。「赤い家の外に出ます」、「火曜日に、町から外に出ました」、「カエルが川から出ました」など、正しさがぎりぎり怪しい例文を作って文法を稽古するにあたっては、あることないこと文章にしてしまった方が練習になるのに、鱒男は「わたしは学生です」など最低限の守り

問一　傍線部(1)はどういうことか、説明せよ。

問二　傍線部(2)はどういうことか、説明せよ。

問三　傍線部(3)のように筆者が言うのはなぜか、説明せよ。

問四　傍線部(4)について、「ほんとうの芸術家」とはどういうものか、本文全体を踏まえて説明せよ。

※解答欄　問一・問三：各タテ一四センチ×三行
　　　　　問二：タテ一四センチ×四行
　　　　　問四：タテ一四センチ×五行

と思った。しようがないからなにか言うと、それがいちいち当たってしまうらしいのです。だが私にはおもしろくもへったくれもない。さらにごそごそと戸棚をさぐっている小林秀雄のやせた後姿を見ながら、なにか、気の毒なような、もの悲しい気分だったのをおぼえています。

美がふんだんにあるというのに、こちらは退屈し、絶望している。

しかし、(4)美に絶望し退屈している者こそほんとうの芸術家なんだけれど。

（岡本太郎『日本の伝統』〈昭和三十一年〉より。一部省略）

注（＊）

コーリンとか、タンニュー、トーハク＝尾形光琳、狩野探幽、長谷川等伯。桃山時代～江戸時代中期に活躍した画家。

古橋＝古橋広之進。第二次世界大戦後、自由形の世界記録を次々と打ち立てた水泳選手。

三鷹事件、下山事件＝いずれも昭和二十四年に国鉄（現ＪＲ）で起こった事件。

大仏殿＝大仏を安置した殿堂。ここは奈良東大寺の大仏殿。

ペダンティック＝物知りぶったさま。

方丈＝禅宗寺院で、住職の居室を言う。

むきつけな＝無遠慮なさま。

小林秀雄＝文芸評論家（一九〇二～一九八三）。古美術収集家としても知られた。

れをうしなったらたいへんです。

石はただの石であるというバカバカしいこと。だがそのまったく即物的な再発見によって、権威やものものしい伝統的価値をたたきわった。そこに近代という空前の人間文化の伝統がはじまったこともたしかです。

なんだ、イシダ、と言った彼らは文化的に根こぎにされてしまった人間の空しさと、みじめさを露呈しているかもしれません。が、そのくらい平気で、むぞうさな気分でぶつかって、しかもなお、もし打ってくるものがあるとしたら、ビリビリつたわってくるとしたら、これは本ものだ。それこそ芸術の力であり、伝統の本質なのです。

戦前、私がフランスから帰ってきたばかりのときでした。*小林秀雄に呼ばれて、自慢の骨董のコレクションを見せられたことがあります。まず奇妙な、どす黒い壺を三つ前に出され、さて、こまった。なにか言わなきゃならない。かつて骨董なんかに興味をもったこともないし、もとうと思ったこともない。徹底的に無知なのです。だが見ていると、一つだけがピンときた。

「これが一等いい」

とたんに相手は「やあ」と声をあげました。

「それは日本に三つしかないヘンコ（骨董としてたいへん尊重される古代朝鮮の水筒型の焼きもの）の逸品の一つなんだ。今まで分かったような顔をしたのが何十人、家に来たか分からないけれど、ズバリと言いあてたのはあなたが初めてだ」

というのです。私のほうでヘエと思った。つぎに、白っぽい大型の壺を出してきました。

「いいんだけれど、どうも口のところがおかしい」というと、彼、ますますおどろいたていで、「するどいですな。あとでつけたものです。これはうれしい」とすっかり感激し、ありったけの秘蔵の品を持ちだしてしまいました。えらいことになったす。

先日、竜安寺(りょうあんじ)をおとずれたときのこと、石庭を眺めていますと、ドヤドヤと数名の人がはいってきました。方丈*の縁に立つなり、

「イシダ、イシダ」

と大きな声で言うのです。そのとっぴょうしのなさ。むきつけ*な口ぶり。さすがの私もあっけにとられました。

彼らは縁を歩きまわりながら、

「イシだけだ」

「なんだ、タカイ」

なるほど、わざわざ車代をはらって、こんな京都のはずれまでやって来て、ただの石がころがしてあるだけだったとしたら、高いにちがいない。

シンとはりつめ、凝固した名園の空気が、この単純素朴な価値判断でバラバラにほどけてしまった。私もほがらかな笑いが腹の底からこみあげてきました。

私自身もかつて大きな期待をもって、はじめてこの庭を見にいって、がっかりしたことがあります。ヘンに観念的なポーズが鼻について、期待した芸術のきびしさが見られなかった。

だがこのあいだから、日本のまちがった伝統意識をくつがえすために、いろいろの古典を見あるき、中世の庭園をもしばしばおとずれているうちに、どうも、神妙に石を凝視しすぎるくせがついたらしい。用心していながら、逆に、うっかり敵の手にのりかかっていたんじゃないか。(3)どうもアブナイ。

『裸の王様』という物語をご存じでしょう。あの中で、「なんだ、王様はハダカで歩いてらぁ」と叫んだ子どもの透明な目。あ

年間のあがりが十とすると、法隆寺は一、古美術の名作をゆたかに持っている寺でも、薬師寺とか唐招提寺などになると、〇・一という比例だったと聞きました。それが金堂が焼け、壁画が見られなくなった、と聞いたとたん、法隆寺の見物人が急に四倍にふえたということです。）

伝統主義者たちの口ぶりは目に見えるようです。「俗物どもは」――「近頃の若いやつらは」――「現代の頽廃（たいはい）」――などと時代を呪い、教養の低下を慨嘆するでしょう。

だが嘆いたって、はじまらないのです。今さら焼けてしまったことを嘆いたり、それをみんなが嘆かないってことをまた嘆いたりするよりも、もっと緊急で、本質的な問題があるはずです。

(2)自分が法隆寺になればよいのです。

失われたものが大きいなら、ならばこそ、それを十分に穴埋めすることはもちろん、その悔いと空虚を逆の力に作用させて、それよりもっとすぐれたものを作る。そう決意すればなんでもない。そしてそれを伝統におしあげたらよいのです。

そのような不逞（ふてい）な気魄（きはく）にこそ、伝統継承の直流があるのです。むかしの夢によりかかったり、くよくよすることは、現在を侮蔑し、おのれを貧困化することにしかならない。

私は嘆かない。どころか、むしろけっこうだと思うのです。このほうがいい。今までの登録商標つきの伝統はもうたくさんだし、だれだって面倒くさくて、そっぽを向くにきまっています。戦争と敗北によって、あきらかな断絶がおこなわれ、いい気な伝統主義にピシリと終止符が打たれたとしたら、一時的な空白、教養の低下なんぞ、お安いご用です。

それはこれから盛りあがってくる世代に、とらわれない新しい目で伝統を直視するチャンスをあたえる。そうさせなければなりません。私がこの、『日本の伝統』を書く意味もそこにあるのです。つまり、だれでもがおそれていまだにそっとしておく、ペダンティック*なヴェールをひっぱがし、みんなの目の前に突きつけ、それを現代人全体の問題にしようと考えるからで

国語

（九〇分）

（注）一〇〇点満点。総合人間（理系）・教育（理系）・経済（理系）・理・医学部は一五〇点満点に換算。

一

次の文を読んで、後の問に答えよ。（四〇点）

現実は残酷です。今日の若い世代に、古典芸術についてたずねてみてごらんなさい。＊コーリンとか、タンニュー、トーハク、なんて言ったら、新薬の名前かなんかと勘ちがいすること、うけあい。そうしてダ・ヴィンチやミケランジェロならご存じだということになると、(1)どっちがこれからの世代に受けつがれる伝統だか分からなくなってきます。

さらに一例。――やや古い話ですが、法隆寺金堂（こんどう）の失火で、壁画を焼失したのは昭和二十四年のことです。この年、某新聞社の十大ニュースの世論調査では、第一位が＊古橋の世界記録、二位が湯川秀樹のノーベル賞、以下、＊三鷹（みたか）事件、下山（しもやま）事件などの後に、あれだけさわがれた法隆寺の壁画焼失という、わが国文化史上の痛恨事は、はるかしっぽのほうの第九位に、やっとすべりこんでいた。これは有名な事実です。（法隆寺は火災によってかえってポピュラーになりました。以前には、＊大仏殿の

//////////////////// · memo · ////////////////////

2021年度

問題編

問題編

▶試験科目

<table>
<tr><th>学　部</th><th>教 科</th><th>科　目</th></tr>
<tr><td rowspan="4">総合人間(理系)・理・農</td><td>外国語</td><td>コミュニケーション英語Ⅰ・Ⅱ・Ⅲ，英語表現Ⅰ・Ⅱ</td></tr>
<tr><td>数　学</td><td>数学Ⅰ・Ⅱ・Ⅲ・A・B</td></tr>
<tr><td>理　科</td><td>「物理基礎・物理」，「化学基礎・化学」，「生物基礎・生物」，「地学基礎・地学」から２科目選択</td></tr>
<tr><td>国　語</td><td>国語総合・現代文B・古典B</td></tr>
<tr><td rowspan="4">教育(理系)</td><td>外国語</td><td>コミュニケーション英語Ⅰ・Ⅱ・Ⅲ，英語表現Ⅰ・Ⅱ</td></tr>
<tr><td>数　学</td><td>数学Ⅰ・Ⅱ・Ⅲ・A・B</td></tr>
<tr><td>理　科</td><td>「物理基礎・物理」，「化学基礎・化学」，「生物基礎・生物」，「地学基礎・地学」から１科目選択</td></tr>
<tr><td>国　語</td><td>国語総合・現代文B・古典B</td></tr>
<tr><td rowspan="3">経済(理系)</td><td>外国語</td><td>コミュニケーション英語Ⅰ・Ⅱ・Ⅲ，英語表現Ⅰ・Ⅱ</td></tr>
<tr><td>数　学</td><td>数学Ⅰ・Ⅱ・Ⅲ・A・B</td></tr>
<tr><td>国　語</td><td>国語総合・現代文B・古典B</td></tr>
<tr><td rowspan="5">医・薬</td><td>外国語</td><td>コミュニケーション英語Ⅰ・Ⅱ・Ⅲ，英語表現Ⅰ・Ⅱ</td></tr>
<tr><td>数　学</td><td>数学Ⅰ・Ⅱ・Ⅲ・A・B</td></tr>
<tr><td>理　科</td><td>「物理基礎・物理」，「化学基礎・化学」，「生物基礎・生物」から２科目選択</td></tr>
<tr><td>国　語</td><td>国語総合・現代文B・古典B</td></tr>
<tr><td>面　接</td><td>医学部医学科のみに課される</td></tr>
<tr><td rowspan="4">工</td><td>外国語</td><td>コミュニケーション英語Ⅰ・Ⅱ・Ⅲ，英語表現Ⅰ・Ⅱ</td></tr>
<tr><td>数　学</td><td>数学Ⅰ・Ⅱ・Ⅲ・A・B</td></tr>
<tr><td>理　科</td><td>「物理基礎・物理」，「化学基礎・化学」</td></tr>
<tr><td>国　語</td><td>国語総合・現代文B・古典B</td></tr>
</table>

▶配　点

学部・学科		外国語	数　学	理　科	国　語	面　接	合　計
総合人間（理系）		150	200	200	150	—	700
教育（理系）		200	200	100	150	—	650
経済（理系）		200	300	—	150	—	650
理		225	300	300	150	—	975
医	医	300	250	300	150	※	1000
	人間健康科	200	200	200	150	—	750
薬		200	200	200	100	—	700
工		200	250	250	100	—	800
農		200	200	200	100	—	700

▶備　考

- 外国語はドイツ語，フランス語，中国語も選択できる（理・医（人間健康科学科）・薬・工学部は英語指定）が，編集の都合上省略。
- 「数学Ⅰ」,「数学Ⅱ」,「数学Ⅲ」,「数学Ａ」は全範囲から出題する。「数学Ｂ」は「数列」,「ベクトル」を出題範囲とする。
- 医学部医学科においては，調査書は面接の参考資料とする。

※医学部医学科の面接は，医師・医学研究者としての適性・人間性などについて評価を行い，学科試験の成績と総合して合否を判定する。従って，学科試験の成績の如何にかかわらず不合格となることがある。

- 新型コロナウイルス感染症の影響に伴う出題範囲等について
  高等学校の教科書にいわゆる発展的な学習内容などとして掲載されるような事項を題材とする問題は，設問中に必要な説明を加えるなどして出題する。

英語

（120 分）

（注）　150 点満点。教育(理系)・経済(理系)・医(人間健康科)・薬・工・農学部は 200 点満点に，理学部は 225 点満点に，医(医)学部は 300 点満点に換算。

I　次の文章の下線をほどこした部分(1)〜(3)を和訳しなさい。　(50 点)

Telling stories is an activity that has been with human beings from the beginning of time. We might go so far as to say we are story-telling animals born with narrative instinct. We go to work in the morning, see our officemates, and tell them what happened on the previous night; we go home in the evening, see our family, and tell them what happened during the day. We love to tell stories and we love to listen to them. Narrative is everywhere: news, gossip, dreams, fantasies, reports, confessions, and so on and so forth.

In particular, we spend a deal of time consuming all kinds of fictional narratives, such as novels, cartoon stories, movies, TV serials. Surely it will be of some use to ponder whether fiction is good for us or not. Indeed, this is a problem with a long history going back to ancient philosophers. Plato famously excluded poets from his ideal republic, for he thought their creations were ultimately untrue. Put in the simplest terms, he regarded poems as lies. He did not believe something offered as fiction could justify itself. His brightest pupil Aristotle thought differently. One major point of Aristotle's theory is said to be: (1) while history expresses the particular, concentrating on specific details as they happened, poetry can illuminate the universal, not allowing the accidental to intervene. Hence the justification.

As the debate continues to the present time, researchers in psychology have shown us a new way of dealing with this old problem. From various experiments, it emerges that fiction has the power to modify us. Reportedly, (2) "when we read nonfiction, we read with our shields up. We are critical and skeptical. But when we are absorbed in a story, we drop our intellectual guard. We are moved emotionally, and this seems to make us rubbery and easy to shape." This might sound rather simplistic, but importantly, researchers are attempting to tell us that reading fiction cultivates empathy. When a reader is immersed in the fictional world, she places herself in the position of characters in the narrative, and the repeated practice of this activity sharpens the ability to understand other people. So, nurturing our interpersonal sensitivity in the real world, fiction, especially literary fiction, can shape us for the better.

Although this is not exactly news, it is surely comforting to have scientific support for the importance of fiction. Nevertheless, a careful distinction is in order here. It may be true that fiction actually makes one behave with better understanding towards the people around one. Empathy, however, does not necessarily lead to social good. A recent article on the topic points out: "Some of the most empathetic people you will ever meet are businesspeople and lawyers. (3) They can grasp another person's feelings in an instant, act on them, and clinch a deal or win a trial. The result may well leave the person on the other side feeling anguished or defeated. Conversely, we have all known bookish, introverted people who are not good at puzzling out other people, or, if they are, lack the ability to act on what they have grasped about the other person." (Here bookish people are, we are meant to understand, keen readers of fiction.) Empathetic understanding and sympathetic action are different matters — how and why they are so, in connection with reading fiction, will be further explored by future research, we hope.

II　次の文章を読み，下の設問(1)〜(3)に答えなさい。　(50 点)

One of the early significant responses to Charles Darwin's thinking came from a highly-talented journalist, George Henry Lewes. Having read a piece by Lewes, Darwin wrote to a friend, saying that the author of that article is "someone who writes capitally, and who knows the subject." Indeed, as a modern scholar states, "apart from Thomas Huxley, no other scientific writer dealt with Darwin's theory with such fairness and knowledge as Lewes" at that time. Here is what Lewes wrote (with modification) about the background of Darwin's most famous book:

The Origin of Species made an epoch. It proposed a hypothesis surpassing all its predecessors in its agreement with facts, and in its wide reach. Because it was the product of long-continued research, and thereby gave articulate expression to the thought which had been inarticulate in many minds, its influence rapidly became European; because it was both old in purpose and novel in conception, it agitated the schools with a revolutionary excitement. No work of our time has been so general in its influence. This extent of influence is less due to the fact of its being a masterly work, enriching science with a great discovery, than to the fact of its being a work which clashed against one and chimed with the other of the two great conceptions of the world that have long ruled, and still rule, the minds of Europe. One side recognized a powerful enemy, the other a mighty champion. It was immediately evident that the question of the "origin of species" derived its significance from the deeper question which loomed behind it. What is that question?

(a) <u>If we trace the history of opinion from the dawn of science in Greece through all succeeding epochs, we shall observe many constantly-reappearing indications of what may be called an intuitive feeling rather</u>

than a distinct vision of the truth that all the varied manifestations of life are but the flowers from a common root — that all the complex forms have been evolved from pre-existing simpler forms. This idea about evolution survived opposition, ridicule, refutation; and the reason of this persistence is that the idea harmonizes with one general conception of the world which has been called the monistic because it reduces all phenomena to community, and all knowledge to unity. This conception is irreconcilable with the rival, or dualistic, conception, which separates and opposes force and matter, life and body. The history of thought is filled with the struggle between these two general conceptions. I think it may be said that every man is somewhat by his training, and still more by his constitution, predisposed towards the monistic or the dualistic conception. There can be little doubt that the acceptance or the rejection of Darwinism has, in the vast majority of cases, been wholly determined by the monistic or dualistic attitude of mind.

(b) And this explains, what would otherwise be inexplicable, the surprising ease and passion with which men wholly incompetent to appreciate the evidence for or against natural selection have adopted or "refuted" it. Elementary ignorance of biology has not prevented them from pronouncing very confidently on this question; and biologists with scorn have asked whether men would attack an astronomical hypothesis with no better equipment. Why not? They feel themselves competent to decide the question from higher grounds. Profoundly convinced of the truth of their general conception of the world, they conclude every hypothesis to be true or false, according as it chimes with, or clashes against, that conception.

So it has been, so it will long continue. The development hypothesis is an inevitable deduction from the monistic conception of the world; and will continue to be the battle-ground of contending schools until the opposition between monism and dualism ceases. For myself, believing in the ultimate triumph of the former, I look on the development hypothesis as one of the great influences which will by its acceptance, in conjunction with the spread of scientific culture, hasten that triumph.

Darwin seems to have liked Lewes's observations on his work, for when he read this and other related pieces, he wrote to the journalist and encouraged him to publish them in a book form. Although from the point of view of today's science what he says may be dated, Lewes remains a highly interesting writer.

(1) 文章全体から判断して,『種の起源』が大きな影響力を持った要因としてLewes が最重要視しているものを,第 2 パラグラフ(*The Origin of Species* から What is that question? まで)から選び,日本語で書きなさい。

(2) 下線部(a)を和訳しなさい。

(3) 下線部(b)を和訳しなさい。

※解答欄 (1):ヨコ 12 センチ× 4 行

III 次の文章を英訳しなさい。 (25 点)

言うまでもなく,転ばぬ先の杖は大切である。しかし,たまには結果をあれこれ心配する前に一歩踏み出す勇気が必要だ。痛い目を見るかもしれないが,失敗を重ねることで人としての円熟味が増すこともあるだろう。あきらめずに何度も立ち上がった体験が,とんでもない困難に直面した時に,それを乗り越える大きな武器となるにちがいない。

Ⅳ Noah と Emma の次の会話を読んで，下線部(1)～(4)に入る適当な発言を（ ）内の条件に従って記入し，英語 1 文を完成させなさい。解答欄の各下線の上に単語 1 語を記入すること。カンマ（, ）等の記号は，その直前の語と同じ下線に含めることとし，1 語と数えない。短縮形（例：don't）は 1 語と数える。 （25 点）

Noah: I went to that new restaurant yesterday.

Emma: How was it?

Noah: I ate a plate of pasta but it was horrible. All the food that restaurant offers must be awful.

Emma: But you have only been there once, haven't you? I think it's too much to say that all dishes are terrible at that restaurant. Maybe you found that pasta terrible because ＿＿＿(1)＿＿＿. （8 語以上 12 語以下で） Another possibility is that ＿＿＿(2)＿＿＿. （12 語以上 16 語以下で）

Noah: Maybe you are right.

Emma: The other day, I learned from a book that this is called a hasty generalization, which means drawing an overly generalized conclusion from one or a few examples. It's so easy for us to make a hasty generalization in everyday life. We often do this not just when we purchase something, but in other situations too. For example, ＿＿＿(3)＿＿＿. （if を用いて 20 語以上 28 語以下で）

Noah: I totally understand what you mean. I'll ＿＿＿(4)＿＿＿. （8 語以上 12 語以下で） That way, I will be able to test whether my claim about that restaurant is true or not.

Emma: Good! I think we should try not to overgeneralize.

数学

(150 分)

(注)　200 点満点。経済(理系)・理学部は 300 点満点に，医(医)・工学部は 250 点満点に換算。

1

(40 点)

次の各問に答えよ.

問 1　xyz 空間の 3 点 $\mathrm{A}(1, 0, 0)$, $\mathrm{B}(0, -1, 0)$, $\mathrm{C}(0, 0, 2)$ を通る平面 α に関して点 $\mathrm{P}(1, 1, 1)$ と対称な点 Q の座標を求めよ. ただし，点 Q が平面 α に関して P と対称であるとは，線分 PQ の中点 M が平面 α 上にあり，直線 PM が P から平面 α に下ろした垂線となることである.

問 2　赤玉，白玉，青玉，黄玉が 1 個ずつ入った袋がある. よくかきまぜた後に袋から玉を 1 個取り出し，その玉の色を記録してから袋に戻す. この試行を繰り返すとき，n 回目の試行で初めて赤玉が取り出されて 4 種類全ての色が記録済みとなる確率を求めよ. ただし n は 4 以上の整数とする.

2

(30 点)

曲線 $y = \frac{1}{2}(x^2 + 1)$ 上の点 P における接線は x 軸と交わるとし，その交点を Q とおく. 線分 PQ の長さを L とするとき，L が取りうる値の最小値を求めよ.

3

(30 点)

無限級数 $\displaystyle\sum_{n=0}^{\infty} \left(\frac{1}{2}\right)^n \cos\frac{n\pi}{6}$ の和を求めよ.

4

(30 点)

曲線 $y=\log(1+\cos x)$ の $0 \leqq x \leqq \dfrac{\pi}{2}$ の部分の長さを求めよ．

5

(30 点)

xy 平面において，2 点 $\mathrm{B}(-\sqrt{3},\ -1)$，$\mathrm{C}(\sqrt{3},\ -1)$ に対し，点 A は次の条件(＊)を満たすとする．

(＊)　$\angle \mathrm{BAC}=\dfrac{\pi}{3}$ かつ点 A の y 座標は正．

次の各問に答えよ．

(1)　$\triangle \mathrm{ABC}$ の外心の座標を求めよ．

(2)　点 A が条件(＊)を満たしながら動くとき，$\triangle \mathrm{ABC}$ の垂心の軌跡を求めよ．

6

(40 点)

次の各問に答えよ．

問 1　n を 2 以上の整数とする．3^n-2^n が素数ならば n も素数であることを示せ．

問 2　a を 1 より大きい定数とする．微分可能な関数 $f(x)$ が $f(a)=af(1)$ を満たすとき，曲線 $y=f(x)$ の接線で原点 $(0,\ 0)$ を通るものが存在することを示せ．

物理

（教育(理系)学部　1 科目　90 分
　その他　　　　　2 科目 180 分）

（注）100 点満点。理・医(医)学部は 2 科目 300 点満点に，工学部は 2 科目 250 点満点に換算。

物理問題　I

次の文章を読んで，□に適した式または数値を，それぞれの解答欄に記入せよ。なお，◫はすでに□で与えられたものと同じものを表す。また，**問 1** では，指示にしたがって，解答をそれぞれの解答欄に記入せよ。ただし，重力加速度の大きさは g とする。

(1)　**図 1**(a)のように，質量 m の小球を，初速度の大きさ V，地表から上向きに角度 θ で投げ上げる。小球は最大高度 h_0 に達した後，落下し始めるが，地点 A の高度 h において，質量 M のボールと一次元的に衝突させ，その反動を利用して小球を高く跳ね上げる。ここで一次元的に衝突するとは，**図 1**(b)のように衝突直前直後の小球とボールが同一直線上に沿って運動することをさし，その直線に沿う衝突軸を定義する。衝突軸は衝突直前のボールの進行方向を正とし，衝突軸方向の速度成分を，以下略して「速度成分」と記載する。なお，衝突は瞬間的に起こるものとし，小球とボールの大きさ，および空気抵抗の影響は無視する。

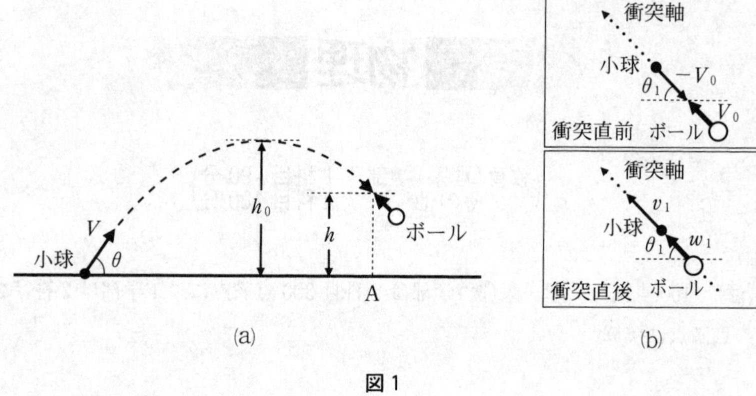

図 1

図 1 (b)のように，衝突直前の小球について，その速度の大きさを V_0，速度の方向と水平面とのなす角度の大きさを θ_1 とすると，V，θ，h，g を用いて $V_0 =$ [ア]，$\sin\theta_1 =$ [イ] と表せる。衝突直後の小球，ボールの速度成分をそれぞれ v_1，w_1 と表し，衝突直前のボールの速度の大きさが小球と同様に V_0 だったとすると，運動量保存則は次式で表される。

$$mv_1 + Mw_1 = \boxed{ウ} \qquad \text{(i)}$$

ここで，[ウ] は m，M，および V_0 を用いて表される量である。衝突が弾性衝突であったとすると，

$$1 = -\frac{v_1 - w_1}{\boxed{エ}} \qquad \text{(ii)}$$

が成り立つので，式(i)，(ii)より，衝突直後の速度成分 v_1，w_1 は，V_0，m，M を用いて $v_1 =$ [オ]，$w_1 =$ [カ] と表せる。これより，ボールの質量 M が小球の質量 m の [キ] 倍だった場合，衝突直後のボールの速度成分 w_1 は 0 となり，衝突直後の小球の速度成分 v_1 の大きさは V_0 の [ク] 倍となる。このとき，跳ね上がった小球が到達する最大高度 h_1 は，h，V，θ，g を用いて $h_1 =$ [ケ] となる。

（2）（1）の小球をさらに高く跳ね上げるため，図 2 のように，最大高度に到達した後に落下してくる小球めがけて，高度 h でボールを衝突させる，という過程を繰り返し行なったとしよう。ここで，（1）と同様に，小球とボールは一次元的に

衝突し，図 3 のように衝突ごとに定義される衝突軸方向の速度成分を，以下略して「速度成分」と記載する。また n 回目($n \geqq 1$)の衝突時のボールは，衝突直前の速度の大きさが V_0，衝突直後の速度成分 w_n が 0 となる質量 M_n を有するものとする。

このとき，n 回目の衝突直後における小球の速度成分 v_n を $a_n V_0$ と表し，衝突が弾性衝突であったとすると，a_n と a_{n-1} の間に，次の関係式が成り立つ。ただし，$n \geqq 2$ とする。

$a_n =$ [コ]　　(iii)

(1)より，$a_1 =$ [ク] であるため，式(iii)を解いて，$a_n =$ [サ] と求まる。これより，$n+1$ 回目の衝突より前に小球が到達する最大高度 h_n は，h，V，θ，g，n を用いて，$h_n =$ [シ] となる。

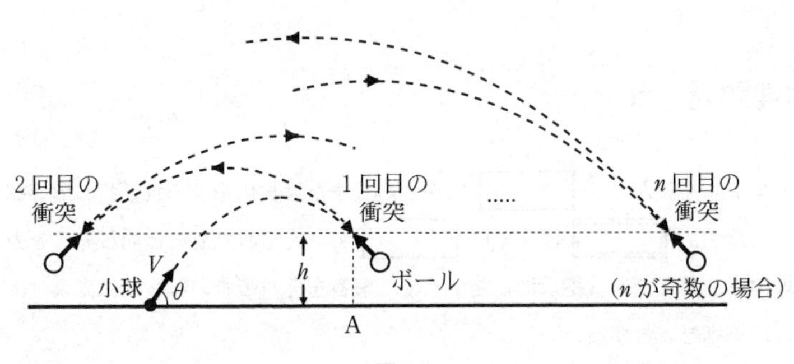

図 2

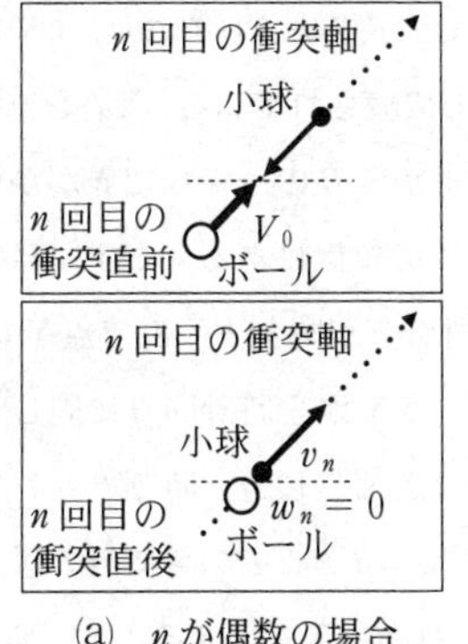

(a)　n が偶数の場合

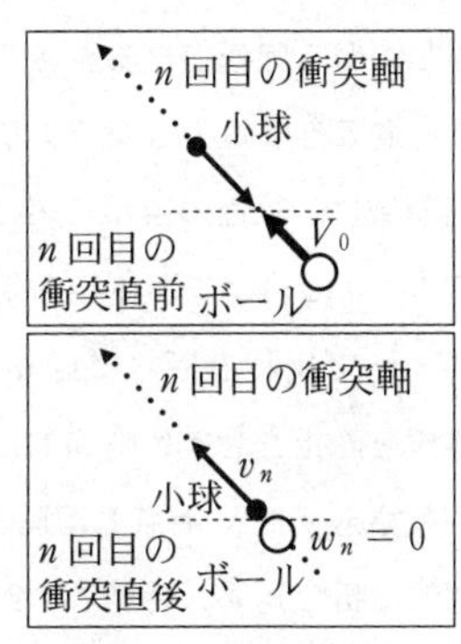

(b)　n が奇数の場合

図 3

問 1　(2)における衝突過程について，以下の問いに答えよ。

(i)　n 回目に衝突させるボールの質量 M_n は，小球の質量 m の何倍にすればよいか。n を用いて表せ。導出過程も示せ。

(ii)　衝突させるボールの質量に上限があると，衝突直後のボールの速度成分が 0 となる衝突回数に上限ができる。ボールの質量の上限が小球の質量 m の 10 倍である場合，衝突回数が上限に達したときの小球が到達する最大高度は，ボールと衝突する前の最大高度 h_0 に比べて何倍になるか，$h = 0$ の場合について答えよ。

※解答欄　問 1 (i)：ヨコ 14.3 センチ×タテ 7 センチ
(ii)：ヨコ 14.3 センチ×タテ 9.4 センチ

物理問題　II

次の文章を読んで，［　　］に適した式または数値を，それぞれの解答欄に記入せよ。なお，［［　　］］はすでに［　　］で与えられたものと同じものを表す。また，**問 1**，**問 2** では，指示にしたがって，解答をそれぞれの解答欄に記入せよ。ただし，円周率を π とする。

図 1 のように，半径 L の円弧形をした導線 XY に，中心 O を支点として端点 P で円弧と接しながら回転できる長さ L の導体棒 OP が接続されており，OY 間に抵抗値 R の抵抗と電気容量 C のコンデンサーが導線で接続されている。XY を直径とする灰色の半円領域に，紙面の裏から表に向かう磁束密度 B の一様な磁界がかけられており，時刻 $t = 0$ において導体棒の端点 P は点 X の位置にある。まず，導体棒を一定の角速度 $\dfrac{\pi}{T}$ で反時計回りに回転させる。端点 P が時刻 $t = T$ で点 Y に到達した後，導体棒を静止させずに瞬間的に折り返す。点 Y から時計回りに同じ大きさの角速度で回転させると，端点 P は時刻 $t = 2T$ で点 X に戻り，時刻 $t = T$ のときと同様に瞬間的に折り返す。時刻 $t = 2T$ 以降は，$0 \leqq t \leqq 2T$ の導体棒の運動を繰り返すとする。導線，導体棒，円弧の接点における抵抗は無視できるとし，時刻 $t = 0$ においてコンデンサーに電荷は蓄えられていなかったものとする。電流の符号は**図 1** の

矢印の向きに流れる場合を正とし，導体棒に生じる起電力の符号は，正の電流を流す場合を正とする。また，回路を流れる電流がつくり出す磁場は無視する。

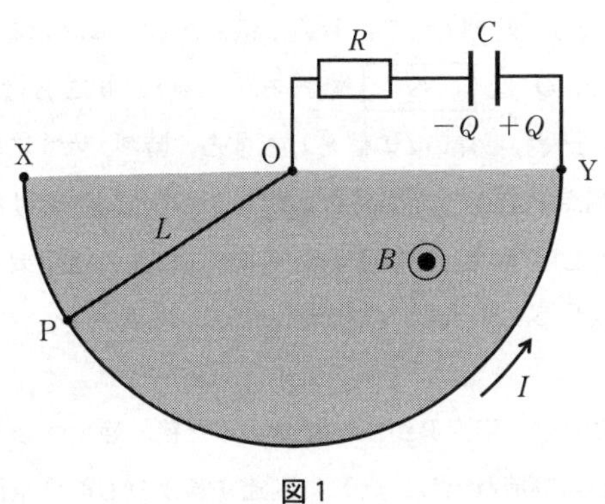

図 1

(1)　時刻 $t = 0$ で導体棒の端点 P が点 X から動き始めたとき，閉回路 OPYO を貫く磁束の変化から，導体棒の両端に生じる起電力は［イ］と求められる。閉回路には電流［ロ］が流れ出し，コンデンサーには電荷が蓄えられ始める。

導体棒が点 Y に向かって回転しているとき，時刻 $t\,(0 < t < T)$ において回路を流れる電流を I，コンデンサーに蓄えられている電気量を Q とする。このとき，キルヒホッフの第 2 法則より

$$\boxed{イ} = IR + \frac{Q}{C} \qquad \text{(i)}$$

の関係がある。電流 I は，時刻 $t = 0$ のときの電流［ロ］よりも小さい。導体棒は回転方向と反対向きに磁界から力を受けるため，導体棒を一定の角速度で回転させ続けるためには，外部から仕事を与えなければならない。いま，微小時間 Δt の間にコンデンサーに蓄えられる電気量が $\Delta Q = I\Delta t$ だけ増加したとする。ただし，微小時間 Δt の間に電流 I は変化せず，ΔQ，Δt の 2 次以上の項は無視することとする。微小時間 Δt の間に抵抗で消費されるジュール熱は［ハ］$\times \Delta t$，コンデンサーに蓄えられる静電エネルギーの増加量は［ニ］$\times \Delta t$ である。ただし，［ハ］，［ニ］は Δt を含まない式で答えること。この両者の和は，I，B，L，T を用いて［ホ］$\times \Delta t$ と表すことができ，Δt の間に外部から導体棒に与えた仕事に等しい。

（2）　導体棒の端点Pが点Xを出発した後，$0 \leqq t \leqq T$ の間においてコンデンサーに蓄えられている電気量 Q は，図2のグラフの曲線で示されるような時間変化を示した。導体棒の角速度が小さく，端点Pが点Yに到達するよりも前に電流が十分小さくなり，時刻 $t = T$ において電流が0とみなせるとき，時刻 $t = T$ における電気量 Q_c は［　へ　］である。時刻 $t = 0$ における曲線の接線が $Q = Q_c$ の直線と交わる点の t の値を t_c とする。時刻 $t = 0$ における接線の傾きが，導体棒の端点Pが点Xを出発した直後の微小時間における電気量の変化を表すことに注意すると，t_c は B, L, T, C, R のうち必要なものを用いて［　ト　］と表せる。

問1　時刻 $t = T$ において端点Pが点Yに到達した後，静止させずに瞬間的に折り返すと，電流が再び流れ出し，点Xに到達するよりも前に電流が0とみなせる状態になったとする。$T \leqq t \leqq 2T$ の間においてコンデンサーに蓄えられている電気量 Q の時間変化を，時刻 $t = T$ における接線の傾きが分かるように，図2と同様に描け。

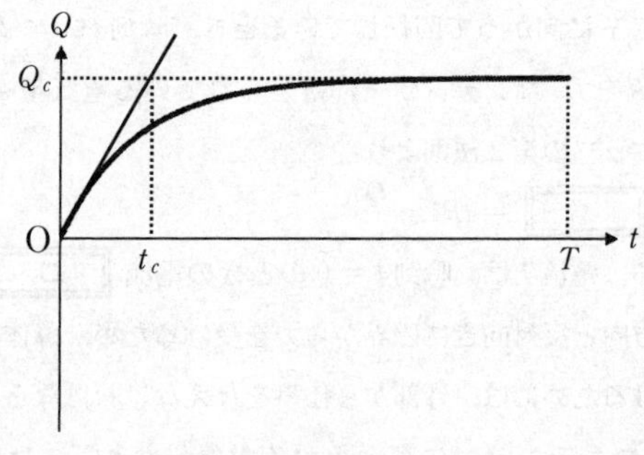

図2

（3）　次に，導体棒の角速度が大きく，時刻 $t = T$ で端点Pが点Yに到達したときに電流が0とみなせない場合を考える。

時刻 t においてコンデンサーに蓄えられている電気量を $Q(t)$，回路を流れる電流を $I(t) = \dfrac{\Delta Q(t)}{\Delta t}$，導体棒に生じる起電力を $V(t)$ とすると，キルヒホッフの第2法則は

$$V(t) = R\frac{\Delta Q(t)}{\Delta t} + \frac{Q(t)}{C} \qquad \text{(ii)}$$

と書くことができ，$Q(t)$についての解が求められることが知られている。ある時刻範囲$t_0 < t < t_1$において導体棒の起電力$V(t)$が一定であるとすると，$t_0 \leqq t \leqq t_1$における$Q(t)$についての式(ii)の解は

$$Q(t) = Q_\infty + (Q_0 - Q_\infty)e^{-a(t-t_0)} \qquad \text{(iii)}$$

と表すことができる。ここで，Q_0は時刻$t = t_0$においてコンデンサーに蓄えられている電気量，Q_∞はt_1が十分大きく，電流が0とみなせるときの時刻$t = t_1$における電気量，$e \fallingdotseq 2.72$は自然対数の底，$a = \dfrac{1}{t_c}$であり，t_cは［ト］で表される定数である。

まず，$0 \leqq t \leqq T$の場合を考える。$0 < t < T$において$V(t)$は一定値［イ］であるので，(2)より$Q_\infty = Q_c$とおける。したがって，$x = e^{-aT}$とおくと，時刻$t = T$においてコンデンサーに蓄えられている電気量は，xを用いて$Q(T) =$［チ］$\times Q_c$と表せる。

次に，$T \leqq t \leqq 2T$，$2T \leqq t \leqq 3T$の場合を考えると，それぞれ$t_0 = T$，$t_0 = 2T$として，式(iii)のQ_0とQ_∞を適当な式で置き換え，$Q(2T)$，$Q(3T)$を求めることができる。時刻$t = 2T$，$t = 3T$においてコンデンサーに蓄えられている電気量は，$Q(T)$と同様にxを用いて，それぞれ$Q(2T) =$［リ］$\times Q_c$，$Q(3T) =$［ヌ］$\times Q_c$と表すことができる。

問 2　導体棒を何度も往復させながら十分な時間が経過したとき，コンデンサーに蓄えられている電気量は，最大値$\dfrac{4}{9}Q_c$と最小値$-\dfrac{4}{9}Q_c$の間で変化し，さらに時間が経過しても最大値と最小値は一定のままであった。この場合のTとt_cの大小関係について，xの値を求めて説明せよ。

※解答欄　問1・問2：各ヨコ 14.3 センチ×タテ 13 センチ

物理問題　Ⅲ

次の文章を読んで，[　　　] に適した式または数値を，それぞれの解答欄に記入せよ。なお，[　　　] はすでに [　　　] で与えられたものと同じものを表す。また，**問 1**，**問 2** では，指示にしたがって，解答をそれぞれの解答欄に記入せよ。ただし，円周率を π とする。

（1）　図 1 のように，X 線の結晶による反射を考える。結晶の中で，原子は間隔 d で平行に並んだ面Ⅰ，Ⅱ，Ⅲ，…上に規則正しく並んでいる。また，X 線の発生源は結晶から十分離れた場所に置かれており，X 線は結晶に対して同じ方向から平行に入射するとしてよい。このとき，入射 X 線と結晶面のなす角度を θ とする。原子により反射された X 線を結晶面から角度 θ の方向にある検出器で検出する。検出器も結晶から十分離れた場所にあり，検出器で観測する反射 X 線は全て平行であるとしてよい。ここで，θ は 0 から $\frac{\pi}{2}$ の範囲で考えるものとする。また，X 線の波長を λ とする。

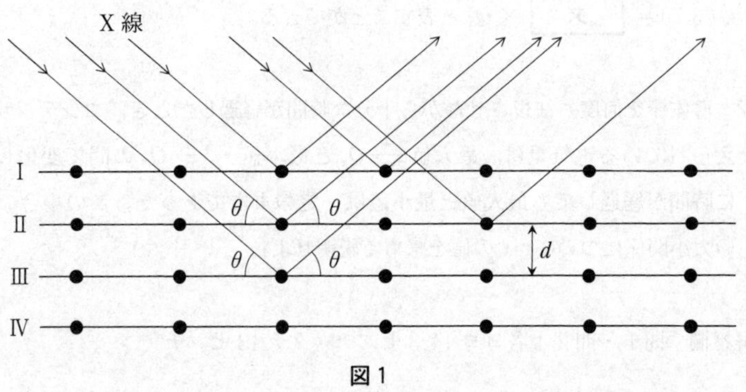

図 1

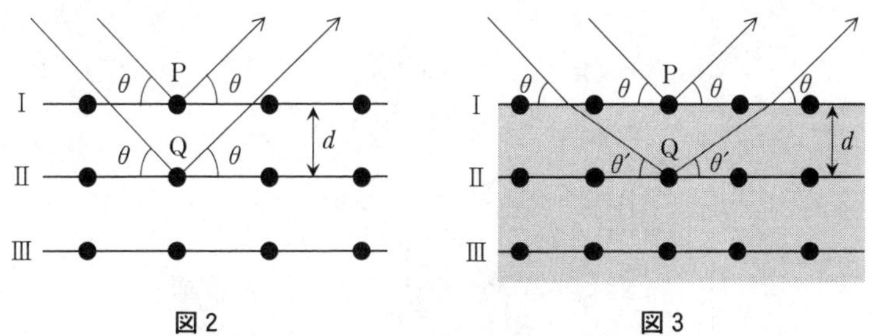

図 2　　　　図 3

図 2 に示すように，結晶面 I 上にある原子 P と，その一層下の結晶面 II 上にある原子 Q による X 線の反射を考える。原子 Q は原子 P の直下にあるものとする。このとき，2 つの X 線の経路差は d および θ を用いて［あ］と表される。従って，2 つの X 線が強め合うための条件式は，k を正の整数として波長 λ，間隔 d，および角度 θ を用いて［い］で表される。

(2)　原子と X 線の間にはたらく力により，X 線の軌道は結晶内に入るとわずかながら変化する。それを屈折率の形で表すと，結晶中の屈折率 n は 1 よりごくわずかに小さい値を持つ。また，X 線の空気中の屈折率は 1 であるとする。屈折率を考慮すると (1) で求めた条件式がどのように変更されるか考察しよう。**図 2** と同様に，結晶面 I 上にある原子 P と，その一層下の結晶面 II 上にある原子 Q による X 線の反射を考える。ただし，X 線は全反射が起こらない角度で入射するものとする。このとき，結晶内では X 線の波長が変化し，**図 3** に描かれているように原子 Q には角度 θ より小さい角度 θ' で X 線が入射することになるが，$\cos\theta$ と $\cos\theta'$ の間には［う］という関係式が成り立つ。また，結晶中の波長を λ' とすると，λ' は空気中での波長 λ と結晶中の屈折率 n を用いて［え］で表される。従って，2 つの X 線の位相の差は，d，λ，n，θ を用いて［お］と表される。ただし，X 線の発生源における 2 つの X 線の初期位相は同じであるものとする。また，［お］が 2π の整数倍の場合には X 線が強め合うという条件から，2 つの X 線が強め合うための条件式は，d，λ，n，θ，正の整数 k を用いて［か］で表される。

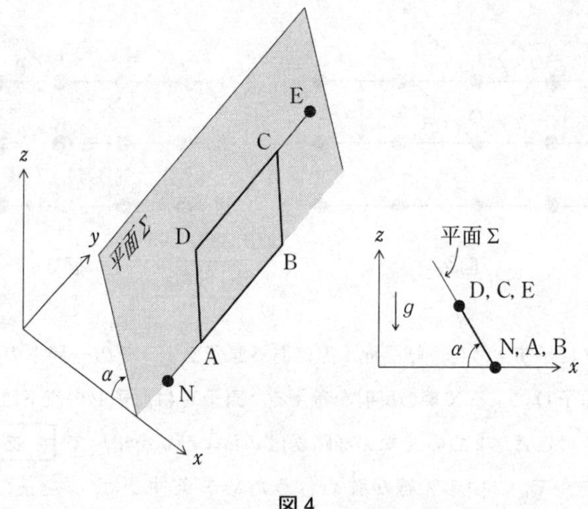

図4

（3）　電子や中性子などの粒子は，波動の性質も示すことが知られている。これをド・ブロイ波（物質波）といい，その波長 λ は粒子の質量を m，速さを v として

$$\lambda=\frac{h}{mv}$$

で与えられる。ここで，h はプランク定数と呼ばれる定数である。ド・ブロイ波は周期 T，波長 λ の正弦波で表せ，粒子が結晶に入射するとX線のときのように回折や干渉が起こる。

いま，**図4**に示すような xy 平面が水平面，z 軸下向きが重力の向きとなるよう直交座標軸をとり，重力加速度の大きさを g とする。平面 Σ は，水平面と交わる直線が y 軸と平行となる平面であり，その直線を軸にして回転できるものとする。平面 Σ が水平面となす角を α とする（**図4**の角度の向きを正とする）。平面 Σ 内に平行四辺形 ABCD，そして点 E，N が存在し，辺 AB は水平面上にある。点 N，A，B および点 D，C，E は，それぞれ同じ直線上にあり，辺 AB と辺 DC の間隔は s である（**図5**参照）。

平面 Σ 内の詳細を**図5**に示す。ここで，中性子が平行四辺形 ABCD 上の辺を運動するよう，適当な結晶を点 A，B，C，D に適切な角度で配置し，点 N にある中性子源から点 A に速さ v_0 を持つ中性子のビームを入射させる。ただし，中性子は十分に速く，中性子の軌道は重力によって影響を受けないとする。また，結晶の厚さは無視できるほど十分薄いとし，さらに，結晶中の屈折率は近似的に

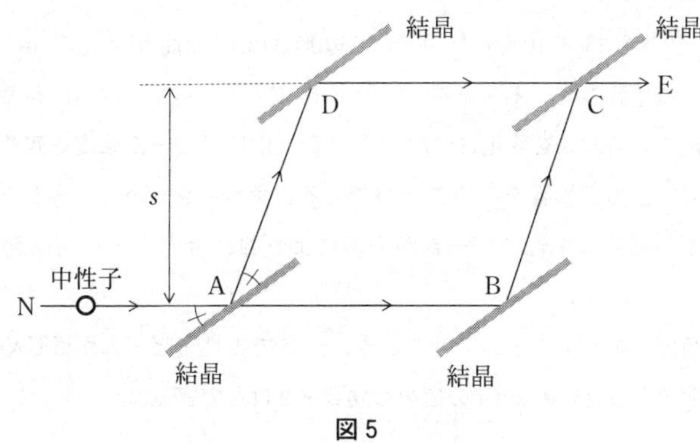

図 5

$n=1$ として取り扱うものとする。中性子の質量を m とし，入射するド・ブロイ波の波長を λ_0 とする。この中性子ビームは一般に結晶を透過する成分と結晶により散乱される成分に分かれるが，散乱される成分に対しては(1)で求めた反射の条件が満たされるものとする。結晶で 2 つに分かれた中性子の波を再度 2 つの結晶上の点 B および D で反射させることにより，点 C に集約させ，点 E でド・ブロイ波を観測する。

$\alpha=\dfrac{\pi}{2}$ にとり，平行四辺形 ABCD が水平面に対して垂直になる場合を考える。中性子が辺 DC を動くときは，速さが v_0 と異なるため，λ_0，g，v_0，s を用いると，波長は［き］となる。［き］と λ_0 の違いは非常に小さいが，2 つの異なる経路によるド・ブロイ波の干渉を見ることにより，中性子に対する重力の影響を観測することができる。

問 1　$\alpha=\dfrac{\pi}{2}$ にとり，辺 AB の長さを ℓ としたとき，中性子が経路 ABCE を通る場合と経路 ADCE を通る場合で，正弦波の位相の差を求め，λ_0，m，g，s，ℓ，h，v_0 の中から必要なものを用いて答えよ。導出過程も示せ。なお，ド・ブロイ波の周期 T は 2 つの経路で変化せず，位相の差は波長の違いのみで決まる。さらに，gs は $v_0{}^2$ に比べてはるかに小さいものとし，必要に応じて $|x|$ が 1 より十分に小さいときに成り立つ近似式

$$\sqrt{1-x} \fallingdotseq 1-\frac{x}{2}$$

を用いてもよい。

問 2　$\dfrac{m^2g}{h^2} = 6.25 \times 10^{13}/\mathrm{m}^3$，平行四辺形 ABCD の面積 $= 10^{-3}\,\mathrm{m}^2$，入射するド・ブロイ波の波長 $\lambda_0 = 1.40 \times 10^{-10}\,\mathrm{m}$ とする。以下の問いに答えよ。

(i)　**図 4** の角度 α を変化させながら点 E で中性子ビーム強度を観測することにより，重力の影響をみることができる。角度 α を 0 から $\dfrac{\pi}{2}$ まで増加させたとき，点 E で中性子ビームが干渉により強め合うことが何回起こるか答えよ。

(ii)　角度 α を 0 から増加させたとき，点 E で中性子ビームがはじめて干渉により弱め合うときの $\sin\alpha$ の値を有効数字 2 けたで答えよ。

※解答欄　問 1：ヨコ 14.3 センチ×タテ 18 センチ
問 2(i)：ヨコ 14.3 センチ×タテ 9.4 センチ
(ii)：ヨコ 14.3 センチ×タテ 7 センチ

■化学■

(教育(理系)学部　1 科目　90 分
　　その他　　　　2 科目 180 分)

(注)　100 点満点。理・医(医)学部は 2 科目 300 点満点に，工学部は 2 科目 250 点満点に換算。

化学問題　I

次の文章を読み，**問 1 ～問 8** に答えよ。解答はそれぞれ所定の解答欄に記入せよ。問題文中の L はリットルを表し，ファラデー定数は 9.65×10^4 C/mol とする。

1.000 mol/L の硫酸銅(Ⅱ)水溶液 10.00 L を，陽極と陰極に白金電極を用い，直流 193 A の一定電流で 1000 秒間電気分解した。電気分解の後で，硫酸銅(Ⅱ)水溶液の銅イオンの濃度を調べるために，以下の手順(1)，(2)に沿ってヨウ素を用いた酸化還元滴定(ヨウ素滴定)を行った。ただし，電気分解の前後で硫酸銅(Ⅱ)水溶液の体積変化は無視できるものとする。

(1)　電気分解後の硫酸銅(Ⅱ)水溶液から 2.00 mL を採取し，純水と少量の緩衝液(後述の下線部㋐)を加え約 50 mL とした。この試料水溶液に，ヨウ化カリウム約 2 g を少量の純水に溶かした水溶液を加えてよく振り混ぜたところ，ヨウ化銅(Ⅰ)の白色微粉末が分散した褐色の懸濁液となった。

(2)　ただちに，(1)の懸濁液に対して 0.1000 mol/L のチオ硫酸ナトリウム標準水溶液による滴定を開始し，懸濁液の褐色が薄くなり淡黄色となってからデンプン水溶液約 1 mL を加えると青紫色を呈した。さらに滴定を続け，懸濁液の青紫色が消えて白色となった点を終点と判定したところ，滴定に要したチオ硫酸ナトリウム標準水溶液の総体積は 18.20 mL であった。ただし，この滴定においてチオ硫酸イオン $S_2O_3^{2-}$ は酸化されて四チオン酸イオン $S_4O_6^{2-}$ になるものとする。

なお，(1)，(2)の水溶液で pH が弱酸性から大きく外れると種々の副反応が起こるため，酢酸水溶液と酢酸ナトリウム水溶液の混合液を緩衝液として用い㋐，(1)，(2)の実験操作中における pH をヨウ素滴定に適切な範囲に維持した。

手順(1)の硫酸銅(Ⅱ)と過剰のヨウ化カリウムの反応は，以下の『　』内の文章で表される。

『硫酸銅(Ⅱ)由来の［ア］はヨウ化カリウム存在下で［イ］されてヨウ化銅(Ⅰ)になり，ヨウ化カリウム由来の［ウ］は一部が［エ］されて［オ］になった。［オ］は純水には難溶性であるが，この実験の水溶液中には［ウ］が多量に存在するため，

［ウ］＋［オ］$\rightleftarrows$［カ］………Ⓐ

式Ⓐに示した平衡により，水溶性の［カ］が生じて水溶液は褐色を呈した。また同時に，上記で生じた難溶性のヨウ化銅(Ⅰ)が分散し，懸濁液になった。』

問 1　『　』内の［ア］～［カ］に入れるべき最も適切な化学式または語句を，以下の選択肢の中から１つずつ選び，それぞれの解答欄に答えよ。

選択肢

Cu^{2+}	Cu^{+}	Cu	SO_4^{2-}
$S_4O_6^{2-}$	K^{+}	K	I^{-}
I_2	I_3^{-}	IO_3^{-}	KI
CuS_2O_3	$Na_2S_2O_3$	酸化	中和
還元	分解		

問 2　『　』内の文章を最も適切に表す１つのイオン反応式を，銅とヨウ素の２種類の元素のみを用いて答えよ。ただし，式Ⓐに示した平衡は完全に右側へ片寄っているとみなして，イオン反応式を書くこと。

問 3　手順(2)で，懸濁液の褐色が薄くなる過程のイオン反応式を答えよ。ただし，褐色は『　』内の［カ］によるものとする。

問 4 手順(1), (2)の実験結果から，電気分解後の硫酸銅(Ⅱ)水溶液に溶けている銅の物質量は何 mol になるか求め，有効数字 3 けたで答えよ。

問 5 下線部㋐では，酢酸の電離反応による緩衝作用を利用している。一般に酢酸の電離反応 $CH_3COOH \rightleftarrows H^+ + CH_3COO^-$ において，緩衝作用のため pH 変化が最も緩やかになるときの pH の値を，各成分の濃度（$[CH_3COOH]$ と $[CH_3COO^-]$）の関係を考え，酢酸の電離定数 K_a を用いた数式で表せ。

問 6 この電気分解の陽極および陰極で起こる反応を，陽極については(a)欄に，陰極については(b)欄に，それぞれ電子(e^-)を含むイオン反応式で示せ。

問 7 この電気分解で陰極に流れた電気量の全てが銅の析出のみに用いられたと仮定した場合，陰極に析出する銅の物質量（理論量）は何 mol になるか求め，有効数字 3 けたで答えよ。

問 8 この電気分解の効率は何％になるか求め，有効数字 2 けたで答えよ。ただし，電気分解の効率(％)は，理論量に対する陰極で実際に析出した物質量の比率(％)とする。

化学問題　Ⅱ

次の文章を読み，**問 1** ～**問 5** に答えよ。解答はそれぞれ所定の解答欄に記入せよ。問題文中の L はリットルを表す。特に指定のない場合，数値は有効数字 2 けたで答えよ。

硫酸は 2 価の酸であり，希硫酸中では，硫酸の一段階目の電離反応(1)はほぼ完全に進行する。

$$H_2SO_4 \rightarrow H^+ + HSO_4^- \qquad (1)$$

一方，二段階目の硫酸水素イオン HSO_4^- の電離反応(2)は完全には進行しない。

$$HSO_4^- \rightleftarrows H^+ + SO_4^{2-} \qquad (2)$$

硫酸の電離反応にともなう反応熱を知るために，ビーカーに入れた硫酸に，ビュレットから水酸化ナトリウム水溶液を加え，温度センサで温度変化を測定する実験を行った。硫酸と水酸化ナトリウム水溶液は，最初，同じ温度になっており，混合すると反応が起きて発熱し温度が上がる。ビーカーには他に電気抵抗などを測定する装置が付いていて，溶存するイオンの濃度を知ることができる。

ビーカーに 0.080 mol/L の希硫酸を 40 mL 入れ，ゆっくりかき混ぜながら，ビュレットから 0.080 mol/L の水酸化ナトリウム水溶液を加えた。得られた電気抵抗などの値から，水酸化ナトリウム水溶液を V_{NaOH}〔mL〕加えた時の，硫酸水素イオン HSO_4^- と硫酸イオン SO_4^{2-} のモル濃度を求め，これら 2 つのイオンの存在比率を得た。その結果を**図 1** に示す。

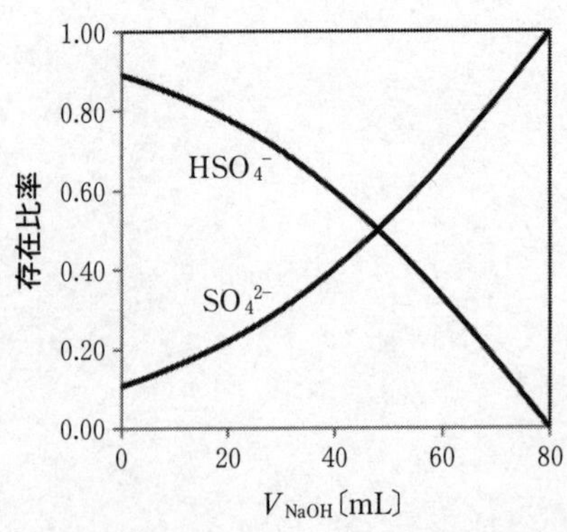

図 1　水酸化ナトリウム水溶液を加えたことによる，硫酸水素イオンと硫酸イオンの存在比率の変化

水酸化ナトリウムを加えない状態($V_{NaOH} = 0$ mL)では，硫酸水素イオンの存在比率は 0.89 であった。この時，水素イオン濃度は［　ア　］mol/L であり，ここから硫酸水素イオンの電離定数

$$K = \frac{[H^+][SO_4{}^{2-}]}{[HSO_4{}^-]} \text{〔mol/L〕} \quad (3)$$

は［　イ　］mol/L と求められる。水酸化ナトリウムを加えるにつれ硫酸水素イオンの比率は減少し，$V_{NaOH} = 40$ mL では 0.60，$V_{NaOH} = 80$ mL では 0 とみなせた。

水酸化ナトリウム水溶液を V_{NaOH}〔mL〕加えたことによる，水素イオン，硫酸水素イオンの物質量の変化量をそれぞれ $\Delta n(H^+)$〔mol〕，$\Delta n(HSO_4{}^-)$〔mol〕とすると，**図 1** に示す V_{NaOH} の範囲では次の式(4)が成立する(X の物質量の変化量 $\Delta n(X)$ は，増加する時には $\Delta n(X) > 0$，減少する時には $\Delta n(X) < 0$ である)。

$$a V_{NaOH} = (\ \text{ウ}\ ) \times \Delta n(H^+) + (\ \text{エ}\ ) \times \Delta n(HSO_4{}^-) \quad (4)$$

ここで $a = 0.080 \times 10^{-3}$ mol/mL であり，$a V_{NaOH}$ は加えた水酸化ナトリウムの物質量である。また水素イオンと水酸化物イオンの反応の反応熱を Q_1〔kJ〕とすると，その熱化学方程式は式(5)となる。

$$H^+ aq + OH^- aq = H_2O(\text{液}) + Q_1 \quad (5)$$

次に，硫酸水素イオンの電離反応の反応熱を Q_2〔kJ〕とすると，その熱化学方程式は式(6)となる。

$$HSO_4{}^- aq = H^+ aq + SO_4{}^{2-} aq + Q_2 \quad (6)$$

したがって，水酸化ナトリウム水溶液を V_{NaOH}〔mL〕加えたことによる発熱量 $q(V_{NaOH})$〔kJ〕は

$$q(V_{NaOH}) = (\ \text{オ}\ ) \times \Delta n(H^+) + (\ \text{カ}\ ) \times \Delta n(HSO_4{}^-) \quad (7)$$

と表せる。

水酸化ナトリウム水溶液を 40 mL 加えた時の発熱量 $q(40)$〔kJ〕，80 mL 加えた時の発熱量 $q(80)$〔kJ〕について，それぞれ式(8)と式(9)が成立する。

$$q(40) = 40a \times \{(\ \text{キ}\ ) \times Q_1 + (\ \text{ク}\ ) \times Q_2\} \quad (8)$$

$$q(80) = 40a \times \{(\ \text{ケ}\ ) \times Q_1 + (\ \text{コ}\ ) \times Q_2\} \quad (9)$$

実験の結果，温度は $V_{NaOH} = 40$ mL で 0.54 ℃，$V_{NaOH} = 80$ mL では 0.76 ℃ 上昇した。水溶液 1 mL の温度を 1 ℃ 上昇させるには溶液の組成によらず 4.2 J の熱量が必要であるとし，ビーカーやセンサの熱容量，外部との熱の出入りなどを無視すると，実験で得られた温度上昇の結果と式(8)と式(9)から，硫酸水素

イオンの電離反応の反応熱 Q_2 は [サ] kJ と見積もられる。したがって [シ] の原理から，硫酸水素イオンの電離定数 K は溶液の温度を上げると [ス {大きくなる・小さくなる}] 。また $V_{\mathrm{NaOH}} = 40$ mL の時の溶液を温めると，溶液の pH は [セ {大きくなる・小さくなる}] 。

新たに，溶液の組み合わせを逆にして，ビーカーに 0.080 mol/L の水酸化ナトリウム水溶液を 30 mL 入れ，ビュレットから 0.080 mol/L の硫酸を加える実験を行った。この時，式(8)と式(9)で用いた $q(40)$ と $q(80)$ を用いて，硫酸を 10 mL 加えた時の発熱量は [ソ] 〔kJ〕，硫酸を 30 mL 加えた時の発熱量は [タ] 〔kJ〕で表される。

問 1　[ア] と [イ] に適切な数値を記入せよ。

問 2　[ウ] と [エ] に適切な整数を記入せよ。[オ] と [カ] に Q_1，Q_2 を用いた適切な式を記入せよ。

問 3　[キ] ～ [サ] に適切な数値を記入せよ。

問 4　[シ] に適切な人名を記入し，[ス] と [セ] に適切な語句をそれぞれ選んで記入せよ。

問 5　[ソ] と [タ] に $q(40)$，$q(80)$ を用いた適切な式を記入せよ。

化学問題　Ⅲ

次の文章(a)，(b)を読み，**問 1** ～**問 4** に答えよ。解答はそれぞれ所定の解答欄に記入せよ。構造式は，**図 1** ～**図 4** にならって記せ。

(a)　木材の主要成分の 1 つであるリグニンは，ベンゼン環と酸素を豊富に含む高分子化合物であり，植物由来バイオマス(再生可能な植物由来生物資源)として期待されている。ある木材から抽出したリグニンの構造は，**図 1** に示されるようなものであった。このリグニンを，空気を遮断して熱分解したところ，フェノールとグアイアコール(**図 2**)に加えて，芳香族化合物 **A**～**E** が得られた。それらの性質を次ページに記す。なお，この反応で得られる化合物は，**図 1** 中に描かれた分子構造において，C—O 結合もしくはベンゼン環以外の C—C 結合が切断され，切断部分が水素原子(H)に置き換わった分子である。また，この分解反応では，ベンゼン環の構造は保持され，ベンゼン環に結合した置換基の位置は変化しなかった。

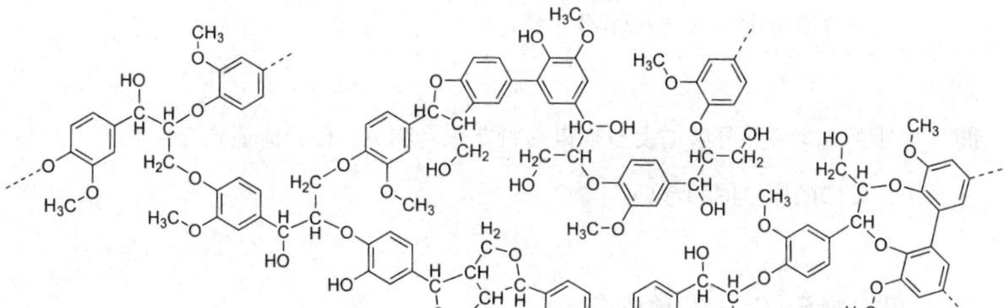

図 1

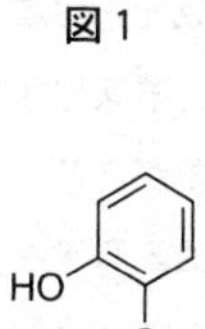

グアイアコール

図 2

化合物A：水にほとんど溶けない。塩化鉄(Ⅲ)で呈色しない。フェノールとメタノールの脱水縮合反応によって合成できる。

化合物B：水にほとんど溶けない。塩化鉄(Ⅲ)で呈色しない。グアイアコールとメタノールの脱水縮合反応によって合成できる。

化合物C：$C_{10}H_{14}O_2$ の分子式で表され，塩化鉄(Ⅲ)で呈色しない。過マンガン酸カリウムと加熱条件で反応させると，塩化鉄(Ⅲ)で呈色しない化合物Fが得られた。Fを熱分解すると，二酸化炭素を放出してBが得られた。

化合物D・E：いずれも $C_8H_{10}O_2$ の分子式で表される三置換ベンゼンであり，塩化鉄(Ⅲ)で呈色する。これらの化合物は，互いに置換基の位置が異なる構造異性体であるが，それぞれをメタノールと脱水縮合したところ，水にほとんど溶けない化合物Gのみが得られた。Gを過マンガン酸カリウムを用いて穏やかに酸化すると，銀鏡反応を示す化合物Hが得られた。Hをさらに酸化するとFが得られた。

問1　リグニンの熱分解によって得られた化合物A～Eの構造式を記せ。ただし，DとEの順序は問わない。

問2　化合物F，G，Hの構造式を記せ。

(b)　石油のような化石資源の主な構成元素は炭素と水素であり，酸素をほとんど含まない。そのため石油を原料として，酸素原子を多く含む有機化合物を製造するためには，多数回の酸化反応を行う必要がある。これに対して，酸素を豊富に含む植物由来バイオマスを原料とすると，酸素原子を多く含む有機化合物を短い工程で製造できる。例えば，重要な化成品であるバニリンは，年間消費量の80％に当たる約3万トンが，化石資源由来のベンゼンから(i)のような工程で製造されている。一方，植物由来バイオマスであるトランス形の二重結合を持つ化合物L（分子式 $C_{10}H_{12}O_2$）を原料として用いれば，(ii)のような工程でバニリンを製造できる。

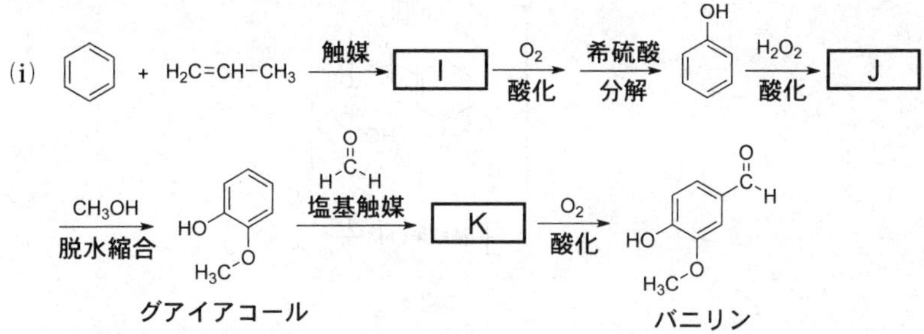

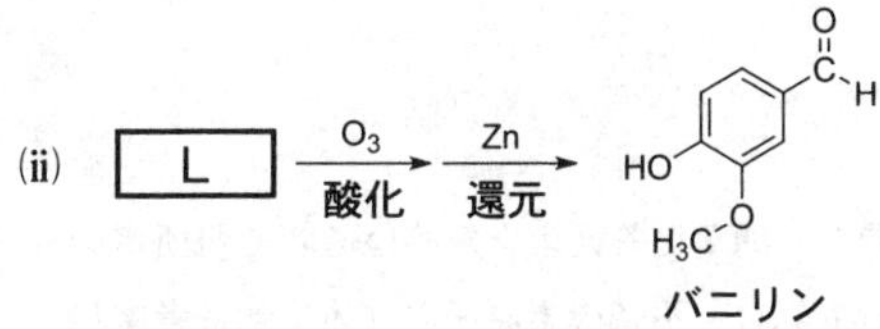

(i) ベンゼン + $H_2C{=}CH{-}CH_3$ —触媒→ [I] —O_2 酸化→ —希硫酸 分解→ フェノール —H_2O_2 酸化→ [J]

—CH_3OH 脱水縮合→ グアイアコール —HCHO 塩基触媒→ [K] —O_2 酸化→ バニリン

(ii) [L] —O_3 酸化→ —Zn 還元→ バニリン

問 3　化合物 I，J，K，L の構造式を記せ。ただし，アルケンにオゾンを作用させた後に還元すると，図 3 のように C=C 結合が切断されて，ケトンあるいはアルデヒドが得られる。

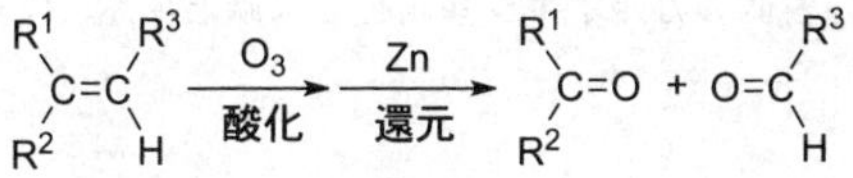

$$R^1R^2C{=}CHR^3 \xrightarrow[\text{酸化}]{O_3} \xrightarrow[\text{還元}]{Zn} R^1R^2C{=}O + O{=}CHR^3$$

図 3

問 4　バニリンは，スギ材から抽出されたリグニンに最も多く含まれる構成単位 M (図 4) の酸化分解によっても得られる。スギ材中のリグニンの含有量は重量比で 30 %，リグニン中の M の含有量は重量比で 50 % であるとして，3.04×10^7 kg のバニリンを製造するのに必要なスギ材の重量〔kg〕を有効数字 3 けたで答えよ。ただし，バニリンは M のみから生成し，この酸化分解によって M は全てバニリンに変換されるものとする。計算に際しては，バニリンの分子量を 152，M の式量を 196 とせよ。

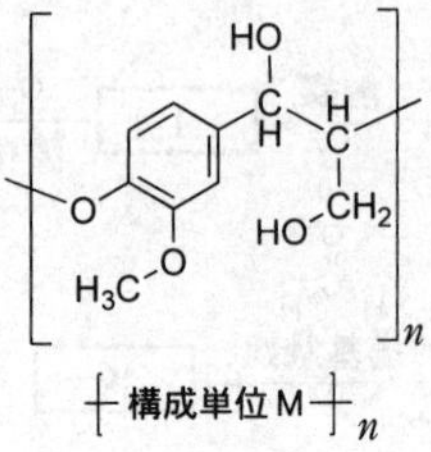

┼構成単位 M┼$_n$

図 4

化学問題　Ⅳ

次の説明文と文章(a)，(b)を読み，**問 1** ～**問 7** に答えよ。解答はそれぞれ所定の解答欄に記入せよ。構造式は**図 1** にならって記し，不斉炭素原子の立体化学は考慮しないものとする。原子量は H ＝ 1.0，C ＝ 12，N ＝ 14，O ＝ 16 とする。

アミノ酸の分子間で，カルボキシ基とアミノ基が脱水縮合して生じる化合物はペプチドと呼ばれ，このとき生じたアミド結合はペプチド結合と呼ばれる。例えば，3 種類のアミノ酸が結合したトリペプチドの構造式は**図 1** のように表記され，左側のアミノ基側を N 末端，右側のカルボキシ基側を C 末端と呼ぶ。代表的なアミノ酸を**表 1** に示す。

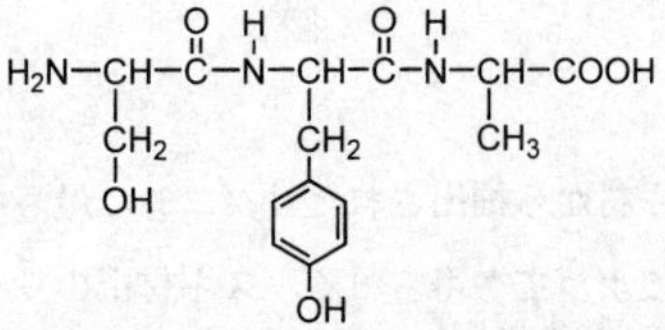

図 1　トリペプチドの構造式の例：N 末端側から順にセリン，チロシン，アラニンがペプチド結合で繋がっている

表 1　代表的なアミノ酸の構造と性質

名称 (等電点・分子量)	構造	名称 (等電点・分子量)	構造
グリシン (5.97・75)	H_2N-CH_2-COOH	プロリン (6.30・115)	COOH HN−CH H_2C　CH_2 CH_2
アスパラギン酸 (2.77・133)	$H_2N-CH-COOH$ ｜ CH_2 ｜ COOH	グルタミン酸 (3.22・147)	$H_2N-CH-COOH$ ｜ CH_2 ｜ CH_2 ｜ COOH
ヒスチジン (7.59・155)	$H_2N-CH-COOH$ ｜ CH_2 ｜ C N　CH HC−NH	フェニルアラニン (5.48・165)	$H_2N-CH-COOH$ ｜ CH_2 ｜ (ベンゼン環)

(a)　ペプチドやそれに由来する化合物は，生理活性を有するものが多く知られている。①人工甘味料アスパルテームは，フェニルアラニン(**表 1**)とメタノールがエステル結合で繋がった化合物(フェニルアラニンメチルエステル)のアミノ基と，アスパラギン酸(**表 1**)の不斉炭素原子に結合したカルボキシ基がペプチド結合で繋がった化合物である。アスパルテームは，ショ糖の 100～200 倍の甘味を示すため，工業的に生産され広く利用されている。

アスパルテームの合成法を**図 2** に示した。アスパラギン酸とギ酸がアミド結合で繋がった化合物(アスパラギン酸ギ酸アミド)を出発原料として，分子内に存在する 2 つのカルボキシ基を脱水縮合させると，酸無水物 X が得られる。これをフェニルアラニンメチルエステルと反応させると，互いに構造異性体である化合物 Y と Z が混合物として得られる。この混合物から化合物 Y を回収し，その後，酸性条件下で Y を加水分解してギ酸を脱離させると，目的物であるアスパルテームが得られる。

図 2　アスパルテームの化学合成法

問 1　下線部①を考慮して，化合物 X，Y および Z の構造式を記せ。

問 2　アスパルテームの構造式を記せ。

(b)　生物の体内には様々なペプチドやそれに由来する化合物が存在し，恒常性の維持に深く関与している。大脳視床下部に存在する化合物 A はペプチドに由来する構造を持つ分子であり，脳下垂体からのホルモンの分泌に関与している。A の構造を決定する目的で実験を行ったところ，以下の情報が得られた。

(ア)　化合物 A の分子量は 362，分子式は $C_{16}H_{22}N_6O_4$ であった。

(イ)　濃塩酸を用いて化合物 A の分子内に含まれる全てのペプチド結合あるいはアミド結合を切断し，完全に加水分解すると，ヒスチジンに加え**表 1** の中の 2 種類のアミノ酸が得られ，その物質量の比は 1：1：1 となった。

(ウ)　**(イ)**で得られた 3 種類のアミノ酸の水溶液にニンヒドリン水溶液を加えて温めたところ，すぐに赤紫～青に呈色したものは 2 種類であった。

(エ)　②(イ)で得られた 3 種類のアミノ酸を pH 6.0 の緩衝液中で電気泳動を行ったところ，陽極側に移動したのは 1 種類のみであった。

(オ)　化合物 A には，分子内でアミド結合を形成した五員環構造が含まれることがわかった。このような環状アミドは「ラクタム」と呼ばれる。

(カ)　化合物 A をアセチル化する目的で，酸無水物 B(分子量 102) と反応させたが，アセチル化物は得られなかった。ところが，③化合物 A を水酸化ナトリウム水溶液中で穏やかに攪拌(かくはん)すると分子量 380 の化合物が得られ，この化合物を酸無水物 B と反応させると，アセチル化が進行して新たな化合物が得られた。なお，この条件ではアミド結合を構成する N—H はアセチル化されない。

(キ)　ある試薬を用いて化合物 A のヒスチジンのカルボキシ基側のペプチド結合を切断したところ，反応は完全に進行し，2 種類の有機化合物が得られた。

(ク)　**(ア)**～**(キ)**の情報をもとに，化合物 A の加水分解で得られた 3 種類のアミノ酸の配列を推定し，順番にペプチド結合で繋がったトリペプチド C を合成したが，化合物 A とは分子量が一致しなかった。

(ケ)　トリペプチド C を，酸触媒を含むメタノール中で攪拌し，得られた物質をアンモニアと反応させると化合物 A が得られた。

問 3　化合物Aの加水分解で得られたアミノ酸 3 種類のうち，ヒスチジン以外の残り 2 種類を**表 1** から選びその名称を答えよ。

問 4　下線部②について，以下の文章は，電気泳動で陽極側に移動したアミノ酸の性質を述べたものである。[a] ～ [d] に当てはまる語句や数字を答えよ。[I] と [II] には適切なイオンの構造式を示せ。

（**エ**）の電気泳動で陽極側に移動したアミノ酸は，側鎖に [a] 基を持つため，[b] アミノ酸と呼ばれる。このアミノ酸は水溶液中では pH に応じて [c] 種類のイオンの形をとり，[b] 側に等電点を持つ。pH 6.0 の水溶液中では，[I] の構造を持つイオンの割合が最大となり，pH を大きくすると [II] の割合が増大する。pH 6.0 付近では，このアミノ酸の分子は [d] に帯電しているため，電気泳動によって陽極側に移動する。

問 5　下線部③に関する以下の問いに答えよ。

i）酸無水物Bの物質名を答えよ。

ii）下線部③の反応について，アセチル化が進行した理由を「**ラクタム**」という語句を含めて，40 字以内で説明せよ。

問 6　トリペプチドCのアミノ酸配列をN末端側から順に表記せよ。**図 1** に示したトリペプチドの場合，「**セリン―チロシン―アラニン**」と表記する。

問 7　化合物Aの構造式を記せ。

生物

（教育(理系)学部　1 科目　90 分
　その他　　　　　2 科目 180 分）

（注）100 点満点。理・医(医)学部は 2 科目 300 点満点に換算。

生物問題　I

次の文章を読み，**問 1** ～**問 4** に答えよ。解答はすべて所定の解答欄に記入せよ。

生物は，1 つの遺伝子から機能の異なる複数のタンパク質を生み出し，発現するタンパク質の多様性を高めるしくみをもつことにより，より高度な適応能力を発揮することができる。そのようなしくみの一例として，1 つの遺伝子内の異なる場所から転写が開始されることによって長さの異なる複数の mRNA が生じる転写開始点選択と呼ばれる現象が知られている。最近，様々な刺激に対する生物の応答に転写開始点選択が関わることが明らかになってきた。

例えばシロイヌナズナでは，光受容体フィトクロムを介した光刺激に対する応答において転写開始点選択が行われ，細胞内での存在場所(局在部位)が異なる複数のタンパク質が同じ遺伝子から生み出され，それらが異なる役割を果たす現象が知られている。そのような制御を受ける遺伝子の 1 つである遺伝子 X には，**図 1** で示すように 2 つの転写開始点が存在し，転写開始点①からは mRNA X 1 が転写され，また転写開始点②からは mRNA X 2 が転写される。そして，mRNA X 1 の開始コドン①からはタンパク質 X 1 が，一方 mRNA X 2 の開始コドン②からはタンパク質 X 2 が翻訳される。これらのタンパク質は同じコドンの読み枠で翻訳され，終止コドンも共通であり，アミノ基末端側の長さだけが異なる。そして開始コドン①と開始コドン②の間の塩基配列は，タンパク質を葉緑体に輸送するために必要十分なアミノ酸配列である葉緑体移行シグナルを指定する。

光刺激の有無によって遺伝子 X の転写開始点がどのように選択されるか，またその結果どのような機能を持つタンパク質が生み出されるかを調べるために，以下の4つの実験を行った。

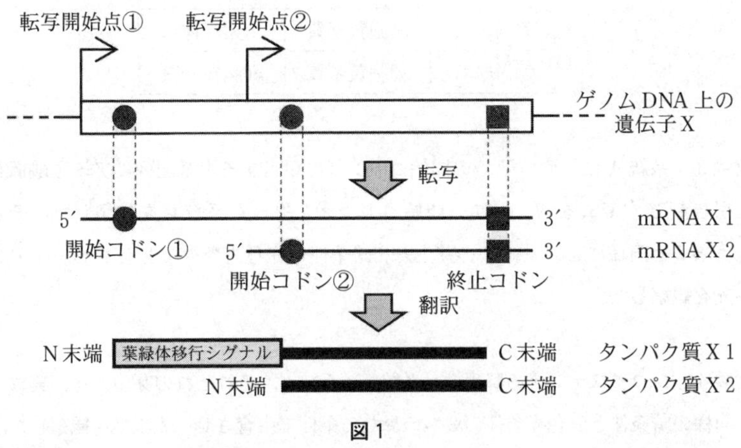

図1

●は開始コドンを，■は終止コドンを表す。また，タンパク質のアミノ基末端をN末端，カルボキシ基末端をC末端と表す。

実験1：ゲノム編集と呼ばれる技術によって，ゲノムを構成するDNAの特定の塩基配列を思い通りに改変することが可能である。この技術をシロイヌナズナに用いて，タンパク質X 1とタンパク質X 2の局在部位をいずれも可視化する目的で，緑色蛍光タンパク質(GFP)のアミノ酸配列を指定するDNA断片(GFP遺伝子断片)を遺伝子X内のある特定の場所に挿入し，系統Aを作製した。

実験2：系統Aからフィトクロムを発現させる遺伝子を完全に欠失させ，系統Bを作製した。そして系統Aと系統Bの芽生えを暗条件と赤色光条件の2つの条件で生育させ，GFPが発する蛍光が細胞内のどの部位に局在するかを観察した。生育条件と蛍光が観察された部位を**表1**に示す。

表1　GFP 蛍光の局在部位

	生育条件	
	暗条件	赤色光条件
系統 A	細胞質基質	葉緑体
系統 B	細胞質基質	細胞質基質

実験3：系統Aに，遺伝子Xの開始コドン②に相当する塩基配列にアミノ酸置換を引き起こす変異を導入して，開始コドン②を失った系統Cを作製した。そして**実験2**と同様にこの系統Cの芽生えを暗条件と赤色光条件で生育させ，GFPの蛍光を観察した。

実験4：シロイヌナズナの野生株，系統A，系統C，それぞれの芽生えを，**実験2**と同様の暗条件と赤色光条件の2つの異なる条件で生育させ，表現型を観察した。その結果，赤色光条件では3つの系統はいずれも正常な生育を示した。それに対して暗条件では，野生株と系統Aに比べて，系統Cの芽生えの根が短くなっていた。

問1　**実験1**に記したように，タンパク質X1，X2の局在部位をいずれもGFPの蛍光により可視化するためには，GFP遺伝子断片を遺伝子X内のどの場所に挿入すればよいと考えられるか。最も適切な場所を，**図2**の(**あ**)～(**お**)より1つ選び，その記号を解答欄に記せ。ただし，挿入するGFP遺伝子断片には，開始コドンと終止コドンに相当する配列は含まれないものとする。

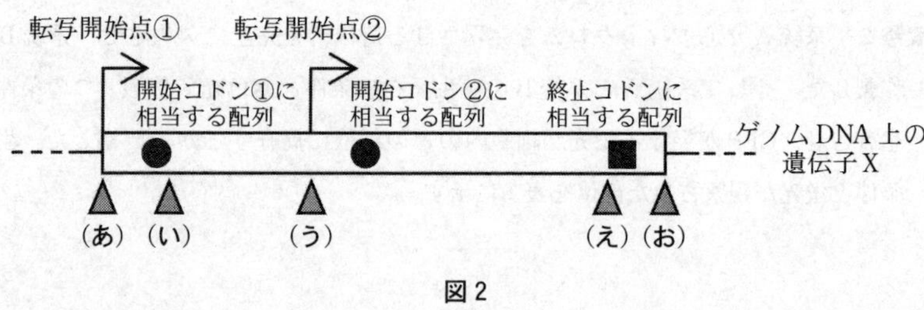

図2

問2　次の文章は，**実験2**の結果をもとに考えられる，赤色光刺激に応答した遺伝子Xの転写開始点選択についての記述である。文中の ア ～

［ウ］に入る語の組み合わせとして最も適切なものを(あ)～(え)より1つ選び，その記号を解答欄に記せ。

赤色光刺激により活性化されたフィトクロムの働きによって，遺伝子Xの転写開始点が［ア］から［イ］に切り替わり，［ウ］に局在するタンパク質がつくられる。

	ア	イ	ウ
(あ)	転写開始点①	転写開始点②	細胞質基質
(い)	転写開始点①	転写開始点②	葉緑体
(う)	転写開始点②	転写開始点①	細胞質基質
(え)	転写開始点②	転写開始点①	葉緑体

問 3　**実験** 3で作製した系統Cにおいて，GFPの蛍光が観察されるとすれば，細胞内のどの部位に観察されると考えられるか。あるいは，蛍光は観察されないと考えられるか。最も適切な組み合わせを，以下の(あ)～(け)より1つ選び，その記号を解答欄に記せ。ただし，野生株の遺伝子Xには，あらゆるコドンの読み枠において開始コドン①と開始コドン②の2つの開始コドンしか存在しないものとする。

	生育条件	
	暗条件	赤色光条件
(あ)	葉緑体	葉緑体
(い)	葉緑体	細胞質基質
(う)	葉緑体	観察されない
(え)	細胞質基質	葉緑体
(お)	細胞質基質	細胞質基質
(か)	細胞質基質	観察されない
(き)	観察されない	葉緑体
(く)	観察されない	細胞質基質
(け)	観察されない	観察されない

問 4　**実験 4** の観察結果に対して最も適切な説明を，以下の(あ)～(く)より 1 つ選び，その記号を解答欄(1)に記せ。また，その説明を選択した理由を解答欄(2)の枠の範囲内で記せ。

(あ)　タンパク質 X 1 は赤色光条件で根の十分な伸長に必要である。
(い)　タンパク質 X 1 は赤色光条件で根の過度な伸長を抑制する。
(う)　タンパク質 X 1 は暗条件で根の十分な伸長に必要である。
(え)　タンパク質 X 1 は暗条件で根の過度な伸長を抑制する。
(お)　タンパク質 X 2 は赤色光条件で根の十分な伸長に必要である。
(か)　タンパク質 X 2 は赤色光条件で根の過度な伸長を抑制する。
(き)　タンパク質 X 2 は暗条件で根の十分な伸長に必要である。
(く)　タンパク質 X 2 は暗条件で根の過度な伸長を抑制する。

※解答欄　問 4(2)：ヨコ 11.5 センチ×タテ 6 センチ

生物問題　Ⅱ

次の文章を読み，**問 1** ～**問 6** に答えよ。解答はすべて所定の解答欄に記入せよ。

マウスで発見された遺伝性疾患はヒトの遺伝性疾患と対応する場合が多く，ヒトの疾患を検討するモデルとしてマウスは有用である。

マウスにおいて発見されたある遺伝性疾患の原因遺伝子座 X を決定するため，次のような交配実験を行った(**図 1**)。いずれも当該疾患を発症していない黒色の**オス 1** と黒色の**メス 1** を交配したところ，8 匹のマウスが生まれ，その中に白色かつ疾患を発症するマウスが出現した。同様に，黒色の**オス 2** と黒色の**メス 2**，黒色の**オス 3** と黒色の**メス 3** をそれぞれ交配したところ，それぞれ 8 匹と 9 匹のマウスが生まれた。疾患を発症するマウスの大多数は白色であったが，1 匹だけ黒色で疾患を発症するマウスが出現した。この結果から，毛の色を決める遺伝子座 A と疾患の原因遺伝子座 X が［ ア ］していると考えられた。

そこで，疾患の原因遺伝子座 X が存在する染色体上の位置を決定するため，毛の色を決める遺伝子座 A が存在する染色体領域に遺伝子座 A をはさむように位置するマーカー遺伝子座ＢとＣを用いて子マウスの［　イ　］を決定した(図１)。

マーカー遺伝子座とは，相同染色体間で塩基配列がわずかに異なる部分を利用して対立遺伝子の組み合わせである［　イ　］を容易に判定できるような遺伝子座であり，染色体上の位置の目印としての役割を果たす。なお，遺伝子座ＢとＣの間で相同染色体間の二重乗換えはなく，また，新たな突然変異は生じないものとする。

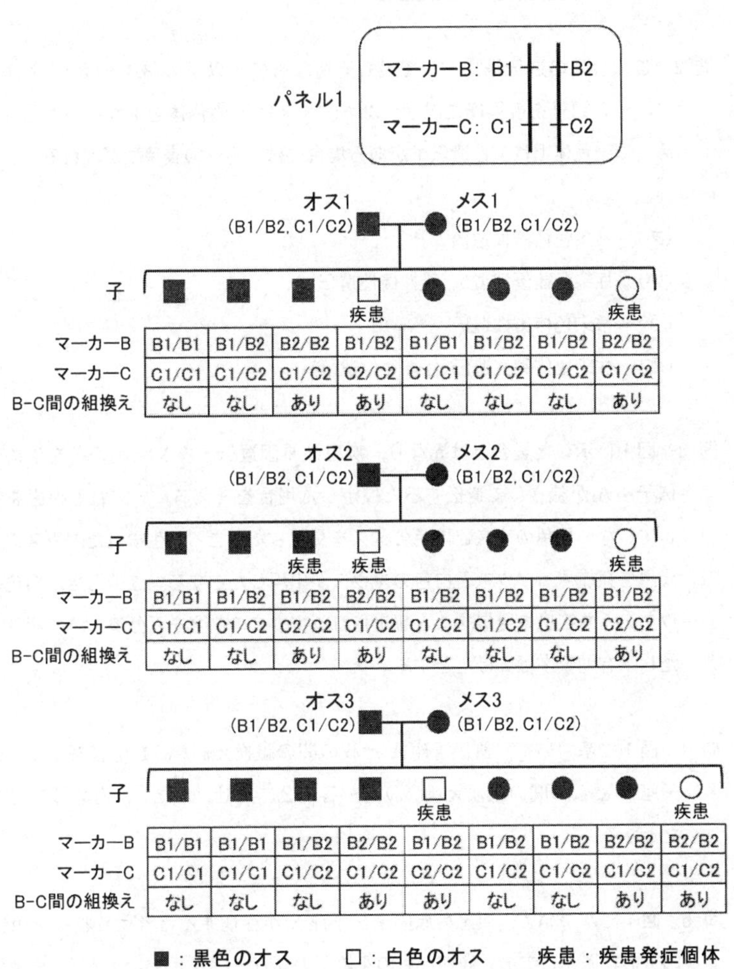

オス1 × メス1 の子

子	■	■	■	□ 疾患	●	●	●	○ 疾患
マーカーB	B1/B1	B1/B2	B2/B2	B1/B2	B1/B1	B1/B2	B1/B2	B2/B2
マーカーC	C1/C1	C1/C2	C1/C2	C2/C2	C1/C1	C1/C2	C1/C2	C1/C2
B-C間の組換え	なし	なし	あり	あり	なし	なし	なし	あり

オス2 × メス2 の子

子	■	■	■ 疾患	□ 疾患	●	●	●	○ 疾患
マーカーB	B1/B1	B1/B2	B1/B2	B2/B2	B1/B2	B1/B2	B1/B2	B1/B2
マーカーC	C1/C1	C1/C2	C2/C2	C1/C2	C1/C2	C1/C2	C1/C2	C2/C2
B-C間の組換え	なし	なし	あり	あり	なし	なし	なし	あり

オス3 × メス3 の子

子	■	■	■	■	□ 疾患	●	●	●	○ 疾患
マーカーB	B1/B1	B1/B1	B1/B2	B2/B2	B1/B2	B1/B2	B1/B2	B2/B2	B2/B2
マーカーC	C1/C1	C1/C1	C1/C2	C1/C2	C2/C2	C1/C2	C1/C2	C1/C2	C1/C2
B-C間の組換え	なし	なし	なし	あり	あり	なし	なし	あり	あり

図１

オス1～3および**メス**1～3は，マーカー遺伝子座BとCについて**パネル**1に示すようなヘテロ接合体である。なお，マーカー遺伝子座Bの対立遺伝子をB1，B2と表記する。C1，C2も同様である。マーカー遺伝子座BとCの間に生じた組換えの有無を**B–C 間の組換え**欄に示す。

問 1　文中の［ア］と［イ］に当てはまる適切な語句を解答欄に記せ。

問 2　この疾患の遺伝様式として最も適切なものを以下の(**あ**)～(**え**)より1つ選び，その記号を解答欄に記せ。なお，オスはX染色体を1本しかもたないため，X染色体上に劣性遺伝子がある場合には，劣性の表現型が現れる。

(**あ**)　常染色体優性遺伝

(**い**)　性染色体優性遺伝(伴性優性遺伝)

(**う**)　常染色体劣性遺伝

(**え**)　性染色体劣性遺伝(伴性劣性遺伝)

問 3　図1に示した場合とは異なり，疾患の原因遺伝子座Xと毛の色を決める遺伝子座Aが独立して遺伝すると仮定した場合を考える。いずれも疾患を発症していない黒色のオスと黒色のメスを交配したところ，生まれたマウスの中に疾患を発症するマウスと白色のマウスが出現したとする。このとき，白色のマウスのうち疾患を発症すると想定されるマウスの割合を百分率(%)で記せ。ただし，有効数字は2けたとする。

問 4　図1に基づいて，遺伝子座AとBの間の組換え価(%)を解答欄(1)に，遺伝子座AとCの間の組換え価(%)を解答欄(2)に記せ。ただし，有効数字は2けたとする。

問 5　図1に基づいて，疾患の原因遺伝子座Xが存在すると考えられる染色体地図上の位置として最も適切なものを以下の(**あ**)～(**え**)より1つ選び，その記号を解答欄に記せ。

(あ)　遺伝子座AとBの間の染色体領域

(い)　遺伝子座AとCの間の染色体領域

(う)　遺伝子座BとCが存在する染色体上で，遺伝子座BとCの間以外の領域

(え)　遺伝子座BとCが存在する染色体とは別の染色体上の領域

問 6　図1に基づいて，遺伝子座A，B，Cのうち，疾患の原因遺伝子座Xの最も近くに存在すると考えられる遺伝子座を解答欄(1)に，その遺伝子座と遺伝子座Xの間の組換え価(%)を解答欄(2)に記せ。ただし，有効数字は2けたとする。

生物問題　Ⅲ

次の文章(A)，(B)を読み，**問 1** ～**問 7** に答えよ。解答はすべて所定の解答欄に記入せよ。

(A)　植物は，様々な外部環境の変化に応じて形態などを変化させながら，成長や生殖を行っている。春から初夏にかけて開花するアブラナ科のシロイヌナズナやイネ科のコムギは長日植物と呼ばれ，長日条件で花芽を形成する。長日植物の中には，この長日条件に加えて，春化に必要な［ア］を経験することが花芽形成に必須である植物も知られている。これに対し，コムギと同じイネ科に属するイネは，基本的には短日条件で花芽を形成すると考えられている。このように，種によって花芽が形成されるための日長条件は異なるが，タンパク質である［イ］が茎頂分裂組織に運ばれて花芽形成が誘導される共通の分子機構が存在する。

イネは熱帯・亜熱帯地域を起源とする。気温が 20 ℃ 以下になると生育が大幅に遅延し，9 ℃ 以下では生育がほぼ停止する。熱帯地域のモンスーン・アジアでは雨季と乾季があり，定期的に洪水や干ばつが起きる。そのため，イネでは日長を正確に感知し，不良環境条件を回避して開花・結実するしくみが発達したと考えられている。一方，人類は日長などの環境変化に対し感受性が異なる様々なイネの自然変異種を見出すとともに，栽培環境を整えることで，野生イネが自生しえない高緯度地域①や降水量の少ない時期②においても，栽培を可能としてきた。

問 1　文中の［ア］に当てはまる適切な語句を解答欄に記せ。

問 2　文中の［イ］に当てはまる適切な語を以下の(あ)～(か)の中から選び，その記号を解答欄に記せ。

(あ)　アブシジン酸　　(い)　オーキシン　　(う)　サイトカイニン
(え)　ジベレリン　　(お)　フロリゲン　　(か)　エチレン

問 3　下線部①に関連して，**図 1** に示したイネの品種 A と品種 D を亜寒帯(冷帯)地域にある札幌市で栽培することにした。種まきを 5 月下旬に行い，温室(平均気温 26 ℃，自然日長)で栽培した場合，それぞれの開花はいつ頃になると予想されるか。**図 2** を参考にして，推定される開花時期を以下の(あ)～(お)の中から選び，その記号を品種 A については解答欄⑴に，品種 D については解答欄⑵に記せ。ただし，平均気温 26 ℃ の時，花芽形成から開花までに要する日数は，品種や日長によらず約 35 日とする。なお，**図 1** における品種 A の点線は，品種 A の限界暗期が 12 時間であることを示している。

一方，札幌市の屋外で 5 月下旬に品種 A の種まきを行い栽培した場合には開花が観察されない。その理由として考えられることを，解答欄⑶に記せ。ただし，日長が花芽形成を誘導する分子機構は，他の環境要因の影響を受けないものとする。

(あ)　8 月下旬　　(い)　9 月上旬　　(う)　9 月下旬
(え)　10 月上旬　　(お)　10 月下旬以降

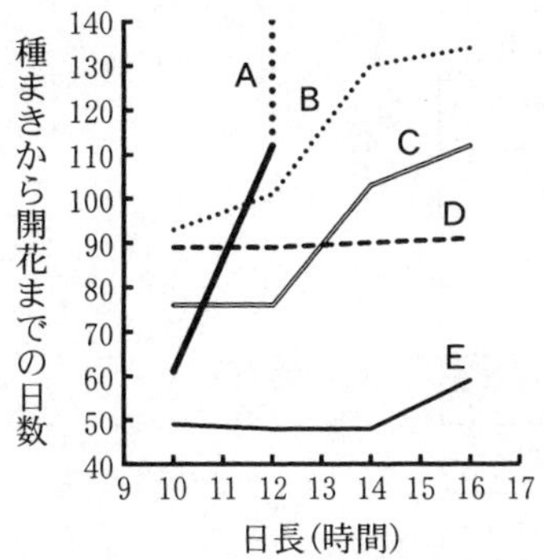

図1　イネ5品種(A~E)を様々な日長条件下(気温 26 ℃)で栽培した時の種まきから開花までの日数(Vergara and Chang, 1985 の図を改変)

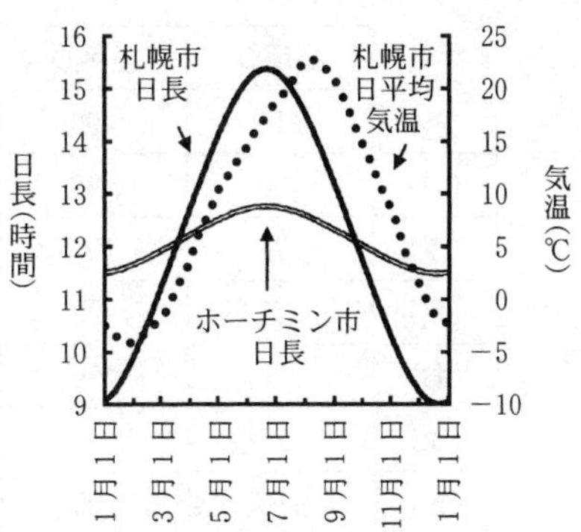

図2　札幌市とホーチミン市の日長と札幌市の日平均気温の季節変化(国立天文台と気象庁のデータより作図)

問 4　下線部②に関連して，熱帯地域の乾季ではイネの栽培は困難であったが，かんがい設備や排水設備の整備により，稲作が可能になった事例もある。ベトナム国ホーチミン市近郊のメコンデルタで乾季の始まる 12 月に種まきを行い，**図1**に示した品種B~Eを栽培することにした。この場合，品種Bの開花期における現存量を 100 とすると，品種C~Eの開花期における現存量(概数)はどのような値になると予測されるか。最も適切な値の組み合わせを，以下の(**あ**)~(**く**)の中から選び，その記号を解答欄に記せ。ただし，現存量の一日あたりの増加量は全品種で同一であり，生育期間を通し一定とする。また，メコンデルタの乾季の気温は 26 ℃，日長はホーチミン市の日長と同一と仮定する。

	品種C	品種D	品種E
(あ)	110	90	50
(い)	100	90	60
(う)	75	100	50
(え)	75	90	50
(お)	110	100	50
(か)	75	90	60
(き)	110	100	60
(く)	100	90	50

※解答欄　問 3(3)：ヨコ 11.6 センチ×タテ 5.6 センチ

(B)　動物は外界からの刺激を受容器で感知し，その情報を筋肉などの効果器に伝えて様々な反応や行動を起こす。その情報を仲介するのが神経系である。脊椎動物において，受容器の1つである視覚器官では網膜の［ア］と桿(かん)体細胞の2種類の視細胞が光を受容し，聴覚器官では有毛細胞が空気の振動である音波を感知する。また，化学物質は嗅上皮の嗅細胞や味覚芽(味蕾)の味細胞により受容され，体の平衡感覚は前庭や半規管で感知されるなど，様々な種類の受容器がある。このうち聴覚器官や半規管では，物理的刺激が細胞膜上のイオンチャネルの開閉を直接的に変化させて細胞の［イ］を変化させる。一方，化学物質を受容する嗅細胞や味細胞では，多くの場合Gタンパク質共役型受容体が化学物質を受容する。③Gタンパク質共役型受容体が少数活性化された場合でも，多数のセカンドメッセンジャーを介して多くのイオンチャネル開閉が変化することにより，効果的な刺激受容が可能になる。

問 5　文中の［ア］，［イ］に当てはまる適切な語句を解答欄に記せ。

問 6　受容器で感知した情報が処理されるしくみについて記した次の文章を読み，以下の(1)～(3)に答えよ。

明暗など光刺激のコントラストは，視細胞で受容され神経回路での処理を経て強調された後，脳へ伝えられることがある。そのしくみについて，単純化した神経回路を想定して考察する(図 3，図 4)。

図 3 に示す神経回路において，神経細胞「a」～「f」はすべて興奮性シナプスをつくる細胞で，隣接する神経細胞「a」～「c」はそれぞれ感覚細胞からの伝達により引き起こされる興奮と同じ頻度の興奮を，神経細胞「d」～「f」に引き起こすものとする。なお，図 3 左端の棒グラフは，感覚細胞からの伝達により引き起こされる「a」～「c」の興奮頻度を表し，ここでは「b」の興奮頻度が「a」と「c」の興奮頻度の 2 倍である。

図 4 では，神経細胞「g」を図 3 で示した神経回路に加えた場合を想定する。「g」には「b」からシナプスを介した情報伝達が起こり，「d」と「f」は「g」からシナプスを介した情報伝達を等しく受ける。

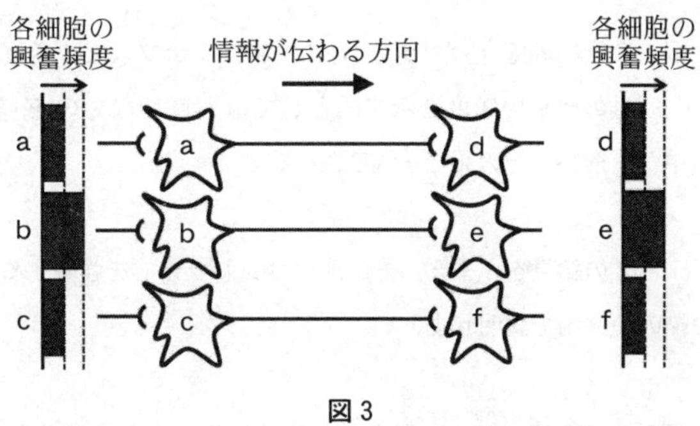

図 3

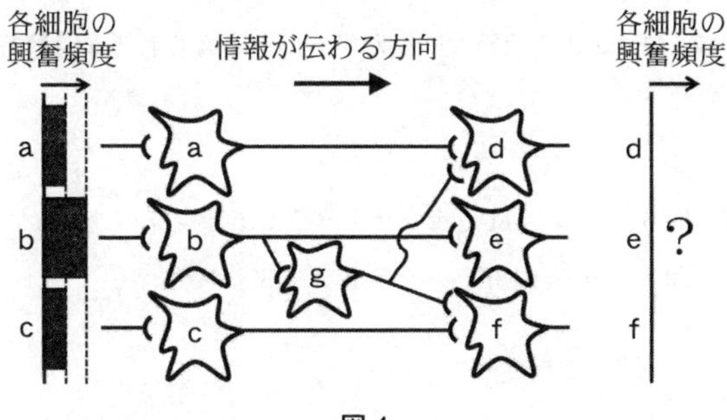

図 4

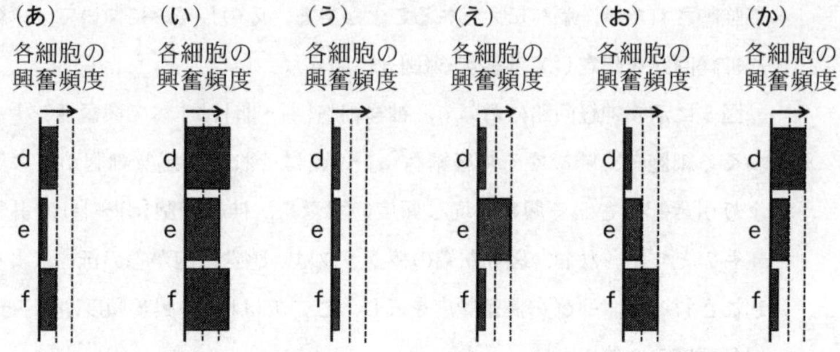

⑴　図4の神経細胞「g」が「d」と「f」に興奮性シナプスをつくっている場合に，「d」～「f」の興奮の頻度を示す図として最も適切なものを，上の(あ)～(か)の中から選び，その記号を解答欄に記せ。

⑵　図4の神経細胞「g」が「d」と「f」に抑制性シナプスをつくっている場合に，「d」～「f」の興奮の頻度を示す図として最も適切なものを，上の(あ)～(か)の中から選び，その記号を解答欄に記せ。

⑶　⑴と⑵の結果をふまえ，光刺激のコントラストを強調するしくみを解答欄の枠の範囲内で説明せよ。

問 7　下線部③に関連して，少数の受容体活性化により多数のセカンドメッセンジャーが産生される過程で，酵素が重要な役割を担うことが多い。この過程において，酵素のどのような特徴が役立つと考えられるか。解答欄の枠の範囲内で説明せよ。

※解答欄　問6⑶：ヨコ 11.6 センチ×タテ 5.6 センチ

問7：ヨコ 12.6 センチ×タテ 2.8 センチ

生物問題　Ⅳ

次の文章(A)，(B)を読み，**問 1 ～問 7** に答えよ。解答はすべて所定の解答欄に記入せよ。

(A)　植食性昆虫(以下では，単に昆虫と省略する)と植物の間には捕食者—被食者の関係があるが，植物はただ食べられている(食害を受けている)だけではない。<u>植物は，昆虫による食害を受けると，その部位で食害を防ぐ応答を開始する</u>。これを防御応答と呼ぶ。さらに植物体内の［ア］を移動する信号の伝達を介して，植物体全体で防御応答を含むさまざまな応答が誘導される。

複数種の昆虫が同じ植物を食害する場合，それらの間に防御応答を介した間接的な相互作用が成り立つことがある。ある植物の地上部を食害する昆虫と地下部を食害する昆虫との間にも，こうした相互作用があるのだろうか。この疑問に答えるために，トウモロコシの栽培品種の植物体を用いて実験を行った。実験材料として，トウモロコシの根に食害を与えるハムシ科の昆虫 A(体長約 5 mm の幼虫)と，葉に食害を与えるヤガ科の昆虫 B(体長約 5 mm の幼虫)を用い，昆虫 A の生育に対する昆虫 B の影響を調べた。なお，昆虫 A 単独，あるいは昆虫 B 単独の食害を受けると，トウモロコシはそれぞれの昆虫に対する特異的な防御応答をただちに開始するとともに，植物体全体で防御応答を含むさまざまな応答を示すことがわかっている。実施した実験方法は以下の通りである。

1 株ずつポットに植えた丈高約 30 cm のトウモロコシを 45 株用意し，温度，湿度，明暗条件を一定にした室内で 7 日間栽培した。その際，ポットを 3 つのグループ(各グループ 15 ポット)に分け，グループごとに，**図 1** に示す 3 種類の実験条件を設定した。各条件において昆虫 A の体重を接種前と回収後に計測し，体重増加量の平均値を算出した。

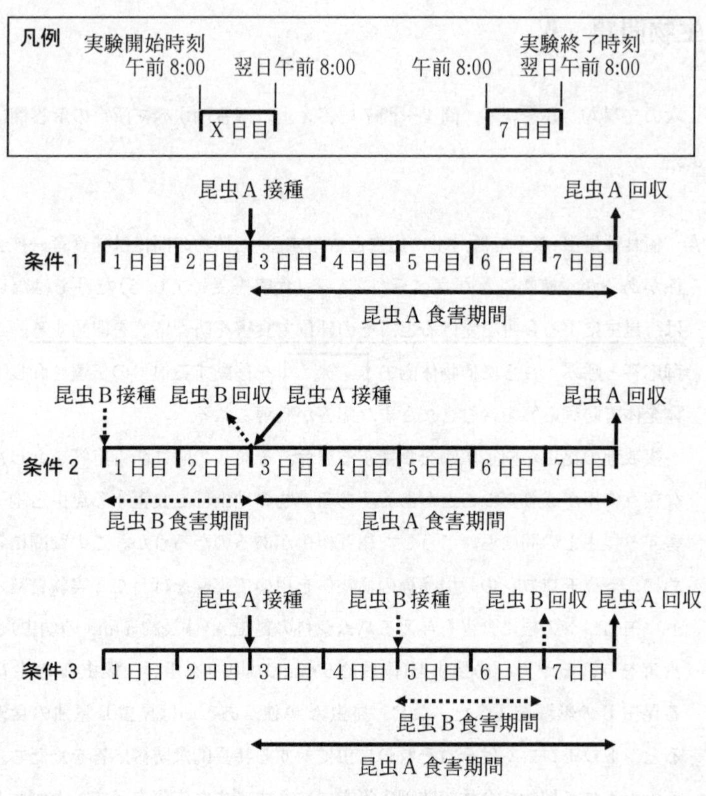

図1

接種とは，植物に昆虫を接触させ食害を起こさせる操作である。下向き矢印と上向き矢印は，昆虫の接種と回収を表し，水平方向の矢印は昆虫の食害期間を表す。実線は昆虫Aについての，点線は昆虫Bについての操作を表す。一日は午前8時から翌日午前8時までとし，午前8時を各日の実験開始時刻と呼ぶ(**凡例**の左側)。また7日目の実験が終わる午前8時を実験終了時刻と呼ぶ(**凡例**の右側)。

条件1：3日目の実験開始時刻にポット植のトウモロコシ株の根に昆虫Aを4頭接種し，実験終了時刻に全個体を回収した。

条件2：1日目の実験開始時刻にポット植のトウモロコシ株の葉に昆虫Bを12頭接種し，3日目の実験開始時刻に全個体を回収した。昆虫Bの回収後，直ちにトウモロコシ株の根に昆虫Aを4頭接種し，実験終了時刻に全個体を回収した。

条件 3：3 日目の実験開始時刻にポット植のトウモロコシ株の根に昆虫 A を 4 頭接種し，その後，5 日目の実験開始時刻にトウモロコシ株の葉に昆虫 B を 12 頭接種した。昆虫 B は 7 日目の実験開始時刻に全個体を回収した。昆虫 A は実験終了時刻に全個体を回収した。

実験の実施期間を通して，昆虫 A，昆虫 B による食害量がトウモロコシの成長に与える影響は無視できるものとし，また栽培期間中のトウモロコシの成長は実験結果に影響を及ぼさなかったとする。実験の結果を**図 2** に示す。

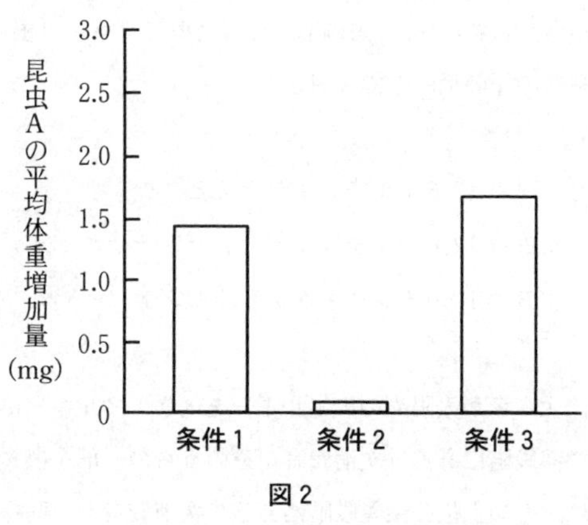

図 2

(Erb et al., 2011 の図を改変)

問 1 文中の ア に当てはまる適切な語句を解答欄に記せ。

問 2 下線部は昆虫による食害の記述であるが，植物は病原体に感染した場合にも感染部位で様々な防御応答を示す。そのような防御応答のしくみを 1 つあげ，解答欄の枠の範囲内で説明せよ。

問 3 **図 2** に示された**条件 1** の結果は，トウモロコシの昆虫 A に対する防御応答下での，昆虫 A の体重増加量を示している。この値と**条件 2** における体重増加量の値との間には著しい違いがある。この違いは，**条件 2** では，昆虫 A が根をほとんど食害できなかったことを示している。昆虫Aが根を食害できなかった理由を「防御応答」，「誘導」，「葉」という語をすべて用い，解答欄の枠の範囲内で説明せよ。

問 4　**条件 2** と**条件 3** において，昆虫Bの食害期間は同じ長さであったにもかかわらず，**条件 3** での昆虫Aの体重増加量は，**条件 2** より大きく，**条件 1** と同程度であった。何がこの体重増加量の違いを引き起こしたのだろうか。この理由を明らかにするため，**条件 2** と**条件 3** で昆虫Bの体重増加量を調べる実験を計画した。実験の結果，昆虫Bの体重が**条件 2** では増加し，**条件 3** では増加しなかった場合，昆虫Aの体重増加量の違いが発生した理由としてどのようなことが考えられるか。「防御応答」，「誘導」，「葉」，「根」という語をすべて用い，解答欄の枠の範囲内で説明せよ。

※解答欄　問 2：ヨコ 12.6 センチ×タテ 2.2 センチ
　　　　　問 3：ヨコ 12.6 センチ×タテ 3.5 センチ
　　　　　問 4：ヨコ 12.6 センチ×タテ 6.4 センチ

(B)　生態系では，生産者が太陽光のエネルギーを化学エネルギーに変換して生産を行い，その次の栄養段階にある一次消費者がそのうちの一部を摂食し，同化し，生産を行う。さらに，その上位の栄養段階にある二次消費者も，同様に，一次消費者による生産量の一部を利用する。それぞれの段階において，摂食されないエネルギー，同化されないエネルギー，生産に用いられないエネルギー，成長の過程で起こる組織の枯死や老廃物の排出で失われるエネルギーがあり，ある栄養段階での生産量の一部だけが次の栄養段階に移行する。これらの関係をまとめた模式図は生産力ピラミッド（あるいは生産速度ピラミッド）と呼ばれ，ピラミッドの段の間での年間同化量の相対値（ある栄養段階の年間同化量をその一つ前の栄養段階の年間同化量で割った値）をエネルギー効率と呼ぶ。また，ある生物群において，生産量を同化量で割った値を生産効率と呼ぶ。

問 5　陸域の単位面積あたりに到達する光のエネルギーの年間総量と季節的変動は，緯度によって異なる。その結果として，赤道域と中緯度域で生産力ピラミッドの１段目の大きさ(総生産量)がどのように異なるかを，解答欄の枠の範囲内で説明せよ。

問 6　生産者と一次消費者の間のエネルギー効率に影響する要因を以下の(**あ**)～(**お**)の中からすべて選び，その記号を解答欄に記せ。

(**あ**)　植物の単位重量あたりの呼吸量
(**い**)　植物の成長に伴う落葉，落枝などの枯死量
(**う**)　植物の生産効率
(**え**)　植食性動物の単位重量あたりの呼吸量
(**お**)　植食性動物の不消化排出量

問 7　**表 1** は３つの動物群について生産効率を調べた結果を示す。この表に例示したように，一般に哺乳類は無脊椎動物に比べ，生産効率が低い。この理由を解答欄の枠の範囲内で記せ。

表 1

動　物　群	生産効率(%)
小型哺乳類	1.51
その他の哺乳類	3.14
昆虫以外の無脊椎動物	25.0

(Humphreys, 1979 の表を改変)

※解答欄　問５：ヨコ 12.6 センチ×タテ 3.8 センチ
　　　　　問７：ヨコ 12.6 センチ×タテ 4.8 センチ

地学

(教育(理系)学部　1 科目　90 分
　その他　　　　 2 科目 180 分)

(注)　100 点満点。理学部は 2 科目 300 点満点に換算。

地学問題　I

次の文章(a), (b)を読み，**問 1** ～**問 4** に答えよ。解答はすべて所定の解答欄に記入せよ。

(a)　天の川銀河(銀河系)にはおよそ 2000 億個の主系列星が含まれる。これらの主系列星のうち，太陽の 0.5 倍より大きく 7 倍より小さい質量をもつ主系列星は，晩年を迎え中心部で [ア] が燃えつきると [イ] を主成分とする外層のガスを放出する。ガスの放出と同時に星の中心部は重力収縮し [ウ] となる。放出されたガスは [ウ] からの光によって輝き，惑星状星雲となるが，ガスは広がり続け 1 万年程度で惑星状星雲ではなくなる。

問 1　文中の [ア] ～ [ウ] に当てはまる適切な語を以下の語群から 1 つずつ選べ。重複して選択してもよい。

語群：鉄，酸素，炭素，ヘリウム，水素，原始星，白色わい星，中性子星，ブラックホール

問 2　天の川銀河では星ができ始めてから 100 億年以上経過しており，太陽の主系列星としての寿命はほぼ 100 億年と考えられている。天の川銀河の主系列星がすべて太陽と同じ質量をもち，これらの主系列星が時間的に一定の割合で誕生し，すべて惑星状星雲に進化すると仮定し，以下の(1)～(3)に答えよ。

(1)　1つの恒星が惑星状星雲でいる時間は，主系列星としての寿命に対して何パーセントか。有効数字1けたで求めよ。

(2)　現在，天の川銀河に存在すると期待される惑星状星雲の数はいくつか。有効数字1けたで答えよ。

(3)　可視光で惑星状星雲を探査すると，天の川銀河の中心方向では，観測された惑星状星雲は期待される数より大幅に少なく，暗かった。その原因を30字以内で述べよ。

(b)　近年，観測技術の発展により多くの太陽系外の惑星(系外惑星)の存在が明らかになってきた。しかし，いまだに系外惑星の姿を直接観察することは極めて困難である。その理由は，惑星をもつ恒星(主星)に対して惑星が暗く，主星と惑星の距離が近いためである。

ここでは，地球から1パーセクの距離にある主星とその周囲を円軌道で公転する系外惑星を観察する。なお地球はこの惑星の公転面内にあるとする。

問 3　この主星の表面温度を4500 K とする。この主星の単位波長あたりの放射エネルギーが最大となるのはどの波長帯か。以下の語群から1つ選び，その理由も記せ。

語群：X 線，紫外線，可視光線，赤外線

問 4　この主星を絶対等級が6等の主系列星，この惑星を半径7500 km の球，公転半径を1天文単位(1.5×10^{8} km)として，以下の(1)~(5)に答えよ。

(1)　2つの天体を観察したとき，それらの天体のなす角を離角という。惑星と主星の離角が最も大きくなるときの値を秒(″)で答えよ。

(2)　主星の見かけの等級を答えよ。

⑶　惑星が主星から受ける単位時間あたりのエネルギーは，主星が放射する単位時間あたりのエネルギーの何倍になるか。有効数字2けたで答えよ。導出過程も記せ。

⑷　惑星の見かけの等級を答えよ。導出過程も記せ。ただし，惑星は⑶で考えた主星からの光を全て等方に放射しているものとする。必要であれば，等級の差と明るさの比を示した**表1**を用いよ。

表1

等級の差	1	2	3	4	5
明るさの比	2.5	6.3	16	40	100

⑸　惑星の公転周期は1年より長いか短いかを理由とともに答えよ。ただし，太陽の絶対等級を5等とする。

※解答欄　問3・問4⑶：各ヨコ12.9センチ×タテ4センチ

問4⑷：ヨコ13.2センチ×タテ4.9センチ

⑸：ヨコ13.2センチ×タテ9.5センチ

地学問題　II

次の文章を読んで，**問 1** ～**問 6** に答えよ。解答はすべて所定の解答欄に記入せよ。

地球では大気と ア による低緯度域から高緯度域への熱の輸送があるために，緯度による温度の違いが小さくなっている。大気によるこのような緯度間の熱の輸送①には，水の蒸発・凝結によって吸収・放出される イ の輸送もある。大気温度の高度による変化を見ると， ウ 界面で温度が極大になっている。これは，大気中のオゾンが大気をあたためているためである。ただし，大気温度の極大域は，オゾン層②と呼ばれるオゾン密度が高い層よりも高い高度にある③。

地球大気においてオゾンは，酸素分子が太陽からの紫外線によって分解され，さらに別の酸素分子と結びつくことで生成されている。そのためにオゾンの生成量は太陽からの紫外線の入射量が多い エ 域で最も多い。オゾンの分解によって生じている現象としてはオゾンホール④がある。オゾンホールが出現するのは，フロンなどから出された オ がオゾンを分解するためである。1980 年代以降にオゾンホールの発生と拡大が観測されたため，フロンの排出を規制することによって，オゾン量の減少を抑制することが進められている。

問 1　文中の ア ～ オ に当てはまる適切な語を以下の語群から 1 つずつ選べ。ただし，同じ語を二度以上用いてはならない。

語群：長波放射，短波放射，大陸，海洋，断熱，地熱，潜熱，顕熱（けんねつ），対流圏，成層圏，中間圏，熱圏，低緯度，中緯度，高緯度，窒素分子，酸素分子，塩素原子，メタン，二酸化炭素

問 2　下線部①に関連して，大気による低緯度域から高緯度域への熱輸送における，「ハドレー循環」と「偏西風波動」の役割について説明せよ。

問 3　下線部②に関連して，地球の大気にオゾン層が形成された理由を生物と関連させて述べよ。また，オゾン層の形成が生物の進化に与えた影響を述べよ。

問 4　下線部③に関連して，大気温度の極大域がオゾン層よりも高い高度にある理由を述べよ。

問 5　下線部④に関連して，以下の(1)，(2)に答えよ。

(1)　フロンは，極域よりも人間活動の活発な中緯度域と低緯度域から多く放出されているが，フロンが原因となるオゾンの分解は極域で多く起こっている。その理由を述べよ。

(2)　フロンが原因となるオゾンの分解は北極域よりも南極域で多く起こっているが，その理由を以下の語群の語をすべて用いて述べよ。

語群：極渦，成層圏突然昇温

問 6　大気中の酸素分子からのオゾンの生成量は，太陽の黒点数と同じく約 11 年の周期で増減しており，太陽の黒点数が多い時には多く，黒点数が少ない時には少ない。両者にこのような関係がある理由を述べよ。

※解答欄　問 2：ヨコ 12.2 センチ×タテ 5.5 センチ
問 3：ヨコ 12.2 センチ×タテ 11 センチ
問 4：ヨコ 12.2 センチ×タテ 5.3 センチ
問 5(1)：ヨコ 12.2 センチ×タテ 7.6 センチ
(2)：ヨコ 12.2 センチ×タテ 9.5 センチ
問 6：ヨコ 12.2 センチ×タテ 10.3 センチ

地学問題　Ⅲ

次の文章を読み，**問**1～**問**7に答えよ。解答はすべて所定の解答欄に記入せよ。

地球の表面は，複数の硬いプレートに覆われていて，そのプレートが動くことで地震・火山活動や造山運動が起きている。プレートは［ア］とその下の［イ］最上部からなる硬い層で成り立っており，プレートの下には［ウ］と呼ばれる比較的軟らかい層①が存在する。［ア］と［イ］の境界面は［エ］と呼ばれ，地震波の速度が，［エ］の上側に比べ，下側で急激に増加する。プレート運動に関連して，海洋底には海嶺②，海溝やトラフ③が存在する。

日本列島およびその周辺は，プレートの境界部に位置していることから，地震活動が活発な地域である。日本で発生する地震には，主に，プレート境界で発生する地震，沈み込む海のプレート内で発生する地震④，陸のプレート内で発生する地震⑤がある。

問 1　文中の［ア］～［エ］に当てはまる適切な語を答えよ。

問 2　下線部①の層を伝わるS波の速度は，その層の上下にある層に比べて大きいか，小さいか答えよ。

問 3　海のプレート表面から深さ 4 km までに見られる代表的な岩石として適切なものを，以下の語群から 2 つ選べ。

語群：花こう岩，玄武岩，安山岩，流紋岩，斑れい岩，閃緑（せんりょく）岩

問 4　下線部②に関連して，海嶺軸から離れるにつれ，プレートは厚さを増す。この理由を説明せよ。

問 5　下線部③に関連して，日本海溝に沿って見られるフリーエア重力異常の特徴と，そのような重力異常になる理由を説明せよ。

問 6　下線部④に関連して，**図 1** は日本列島周辺における深さ 100～600 km の太平洋プレートの等深線（破線）の模式図を示している。プレート内地震の例として，**図 1** の領域 A の深さ約 400 km で起こる深発地震がある。その地震の際，震央近くの近畿地方や中部地方の震度は小さいが，震央から遠い東日本の太平洋側で震度が大きい。このような震度分布になる理由を説明せよ。

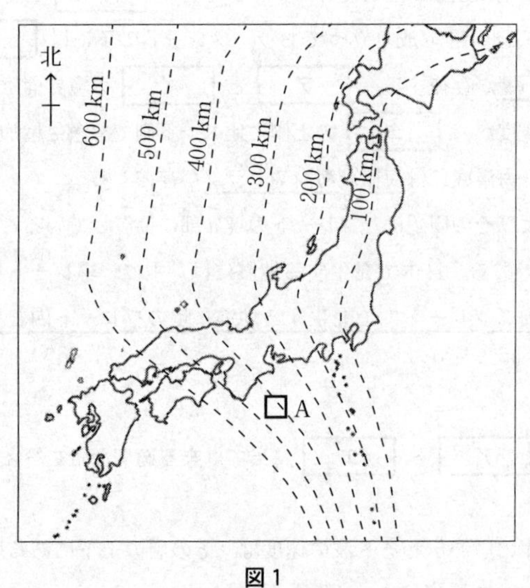

図 1

問 7　下線部⑤に関連して，**図 2** は日本国外のある地域で発生した地震の本震（大きい丸）と余震（小さい丸）の震央分布とする。この本震の震源の深さは 24 km である。地表の観測点 A～D（△印）はそれぞれ本震の震央に対して，真西，真北，真東，真南に位置している。この地域の P 波速度と S 波速度はそれぞれ場所によらず一定で，地表面は水平であるとする。以下の⑴，⑵に答えよ。

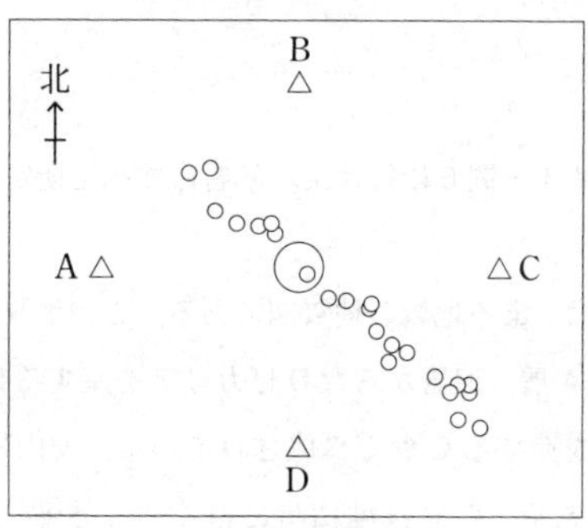

図 2

(1) 観測された本震の地震波を解析した結果，ある観測点でP波の初動の上下成分が下向き，南北成分が北向きを示していた。この観測点はA～Dのどれにあたるか，解答欄(i)に記入せよ。また，本震が横ずれ断層で発生したとすると，この地域が圧縮されている方向と断層のずれの方向の組み合わせとして，最も適切なものを，以下の(**あ**)～(**え**)より 1 つ選び解答欄(ii)に記せ。

(**あ**)　東—西，右横ずれ
(**い**)　東—西，左横ずれ
(**う**)　南—北，右横ずれ
(**え**)　南—北，左横ずれ

(2) ある観測点において，本震の初期微動継続時間が 5.0 秒である場合，この観測点から震央までの距離を有効数字 2 けたで答えよ。計算過程も示すこと。なお，この地域における大森公式の比例係数を 8.0 km/s とする。

※解答欄　問 4・問 5：各ヨコ 11.4 センチ×タテ 3.3 センチ
　　　　　問 6：ヨコ 11.4 センチ×タテ 5.1 センチ
　　　　　問 7(2)：ヨコ 11.4 センチ×タテ 4.2 センチ

地学問題　Ⅳ

次の文章を読み，**問 1 ～問 6** に答えよ。解答はすべて所定の解答欄に記入せよ。

次のページの**図 1** は，ある地域の地質図である。この地域の地層は，第四紀に堆積した凝灰岩①からなる A 層，泥岩からなりビカリアを産する B 層，砂岩からなりヌンムリテス(カヘイ石)を産する C 層で構成されている。安山岩からなる平板状の貫入岩体も観察される。A 層～C 層は堆積時にはすべて水平であったとする。地層は褶曲(しゅうきょく)しておらず，地層の逆転もない。この地域には**図 1** に描かれた断層が存在し，それ以外の断層はないとする。この地域の地層境界，断層のいずれも平面である。断層が形成された後は，地層境界面，断層面および貫入面の走向と傾斜は変化していない。

問 1　この地域に見られる断層について，以下の⑴～⑶に答えよ。

⑴　断層面の走向として最も適切なものを，次の**(あ)～(お)**から選べ。

(あ)　N 60°W　　**(い)**　N 30°W　　**(う)**　N 0°E
(え)　N 30°E　　**(お)**　N 60°E

⑵　断層面の傾斜として最も適切なものを，次の**(あ)～(え)**から選べ。

(あ)　30°W　　**(い)**　60°W　　**(う)**　30°E　　**(え)**　60°E

⑶　断層の種類を以下の語群から選べ。また，そのように判断した理由を答えよ。

語群：正断層，逆断層，左横ずれ断層，右横ずれ断層

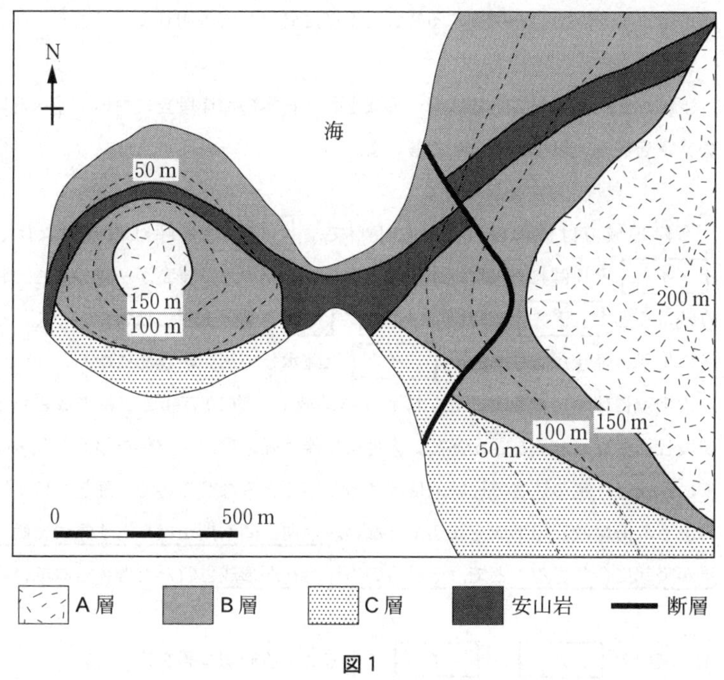

図 1

問 2　B 層が堆積した地質時代(紀)には，日本海が形成されたと考えられている。この地質時代(紀)の名称を答えよ。

問 3　C 層が堆積した地質時代(紀)に起こった出来事を，次の(**あ**)～(**え**)からすべて選べ。

(**あ**)　インド亜大陸とアジア大陸の衝突が始まった。
(**い**)　人類が出現した。
(**う**)　パンゲア超大陸が分裂し始めた。
(**え**)　南極大陸が他の大陸から分離し，急激に寒冷化した。

問 4　A 層，B 層，C 層，安山岩，断層の形成順序を古い方から答えよ。

問 5　下線部①は，火砕流堆積物が固結したものであることがわかった。火砕流と土石流の違いを，流れを構成する物質と温度に着目して説明せよ。

問 6　下線部①に関連して，第四紀に形成された日本の海岸段丘について述べた以下の文章を読み，以下の(1)，(2)に答えよ。

海岸地域では波の侵食作用によって，［ア］と呼ばれる急な崖と，［イ］と呼ばれる平坦地がつくられることがある。侵食が一定の高さで起こり続けると［ア］は陸側へ後退し，［イ］は水平に拡大していく。その後に地盤の隆起が起こると，［イ］は離水して海岸段丘面になる。

大地震に伴って数百年ごとに隆起する地域で，約 10 万年ごとに形成された海岸段丘面が見られることがある。大地震に伴う隆起は，1 万年を超える長い時間では，ほぼ一定の速さで連続的に起こっているとみなせるので，隆起だけではこのような海岸段丘の形成を説明できない。氷期と間氷期が繰り返す気候変動の効果が隆起に合わさることで，それらの海岸段丘が形成された②と考えられている。

(1)　文中の［ア］，［イ］に当てはまる適切な語を答えよ。

(2)　下線部②において［イ］と呼ばれる平坦地の拡大が起こりやすいのは，温暖化する時期と寒冷化する時期のどちらの時期か答えよ。また，なぜその時期に拡大が起こりやすいのかを説明せよ。

※解答欄　問 1(3)・問 5・問 6(2)：各ヨコ 12.9 センチ×タテ 5.3 センチ

※解答欄　問一：タテ一四センチ×二行
問二・問三：各タテ一四センチ×三行

度稽古したるよりも重宝なり。たがひに非を沙汰し、是をあらはす故に、「人はさ心得たれども、我はさは心得ず」など云ふ事有るなり。

（『正徹物語』より）

注（＊）

才覚＝知識。

解了＝了解。

幽玄・長高体＝いずれも和歌の歌体を評する言葉。

会＝歌を詠み合う歌会のこと。

懐紙短冊＝歌会で歌を書きつける紙。

了俊＝今川了俊。正徹の和歌の師。

衆議判の歌合＝左右に分かれて歌の優劣を競う歌合の中で、左右から互いに批評し合って判定を行うもの。

問一　傍線部（1）を、適宜ことばを補いつつ、現代語訳せよ。

問二　傍線部（2）のようになるのはなぜか、説明せよ。

問三　傍線部（3）について、「歌を沙汰ある」の意味を明らかにしつつ、なぜそれが「第一の稽古」となるのか、本文全体を踏まえて説明せよ。

問一　傍線部(1)のように筆者が考える根拠はなにか、説明せよ。

問二　傍線部(2)の考えに筆者が反対するのはなぜか、説明せよ。

問三　傍線部(3)はどういうことか、説明せよ。

※解答欄　問一～問三：各タテ一四センチ×三行

三

次の文を読んで、後の問に答えよ。（三〇点）

歌詠みは才覚*をおぼゆべからず。ただ歌の心をよく心得て解了*あるがよきなり。「よく心得て」とはさとる心なり。歌をよく心得たる人は、歌上手にもなるなり。我等は古歌をみる時も、「この歌の心はなにとしたる心ぞ。これは幽玄*の歌か、長高体*とや云ふべき」などあてがふなり。(1)「ここの詞をば我今詠まば、かくはえ詠むまじきよ」など思ひ侍るなり。上手の歌には、歌ごとに心をつけて案じて心得ぬ所などあらば、人に尋ね問ひ侍るべきなり。会*などにあひても、やがて懐紙短冊*かいくりて置きて、心得られねどもおけば、(2)我が歌の位のあがることも有るまじきなり。また心得ねども、その人の言はれつれば、「さにこそあんなれ」とて、そのままおく人もあり。此方（こなた）からは「え心得られぬかし」とは申しにくき事なり。了俊*の申されしは、歌詠みどもあつまりて、歌をば詠まずして、(3)歌を沙汰あるが第一の稽古なり。また衆議判*の歌合に一度もあひぬれば、千度二千交流しうるわけがありません。

歌人は、古語に不必要に執着して来たように言われます。ちょっと見ると、たしかに、因襲的な古語へのなずみ方はかなり一般的なもののように見える。しかし、見方をかえれば、一部の自覚した人たちをのぞくと、一般の歌人は、案外、現代口語の世界にのみ安住して来たのではありませんか。ある表現内容を、この厳密な定型の約束のもとに表明するために、古今東西に語を求める態度は、はたして歌人のすべてにゆきわたっていたでしょうか。

民族（みんぞく）のエミグラチオはいにしへも国のさかひをつひに越えにき　（斎藤茂吉）

「民族」という漢語は、現代口語における頻繁な使用例を背景において選出されています。「エミグラチオ」はラテン語で、移住とか移住民を言いますが、（英語やドイツ語ではなく）ラテン語を使うことによって、日本語と同じく母音で終わらせて、一首への音韻上の親和性をたかめています。「いにしへも……」以下は、いわゆる文語的な表現ですが、「昔も今も」とか「国境線」とか「越境」とかいう概念を、たくみに、短歌の言葉に翻訳して、しかもそこに、沈痛なひびきをこもらせているのです。この歌における茂吉は、(3)彼の全教養をあげて、うたうべき思想内容と短歌定型律とに忠実たらんと努めているように見えます。この態度の前には、すでに通俗の口語文語の区別は消えているのです。

（岡井隆「韻と律」より）

注（＊）

晏如＝落ち着いているさま。

定型詩の概念は、もともと、その詩型が、以上の意味で自然に反し、人工の約束という側面を持つことによってのみ成立するものではあるまいか、とわたしは思います。

(2)古代日本語を背景にした時には、短歌詩型は、今よりもはるかに自然で、作りやすかったろう、などと羨ましげに言う声を時々聞くことがあります。また、古代日本語から抽出された詩型が、近代に通用するわけがないから、近代短歌の貧困さは、この時代錯誤によるものだといった論をなす人もあります。

だが、一体、詩は散文に解消されうる位置にみずから晏如(あんじょ)*たりうるものですか。詩ほど、散文を超えて、それに対立しようとするものはない。定型詩型は、つねに、その型へと、あらゆる内容を還元せねばならぬ、集約せねばならぬという意味では、日常語の自然なリズムと闘い、それを断ち切り、また強引に接続するというエネルギッシュな作業を、詩人に要求するものではありませんか。定型は、その意味では、かたちの上から、外から、非日常的な詩の世界を支えるバネ仕掛のワクとも言えましょう。

古代においても、中世にあっても、短歌は、現代と変わらぬ、むつかしさを抱えていたとみるべきではないでしょうか。日常語の世界から、一つ飛躍したところに短歌の世界はある。しかし、それは、日常語の世界に単に反してあるのではなく、そこに基礎を置いて、そこの世界のささやきがおのずから叫びにまで高まり煮つまるかたちをとって、(反日常ではなく)非日常的世界へと昇華するのではないでしょうか。

短歌が、各時代の文章語の文法的なあるいは語彙の上での遺産を、いまなお使っているのは、単純な理由ではないと考えます。少なくとも、この詩型と現代日本語(とくに音声言語という意味での口語)との不協和が、主たる理由とは思えません。どの時代にあっても、一定の音数律上の約束を持ち、この短さを持った詩型なら、その時代の口語や散文文章語とそうたやすく

二　次の文を読んで、後の問に答えよ。（三〇点）

短歌を五七五七七と呼ぶ場合に、見逃してはならない点が一つあります。というのは、この音数律が日本語――とくに日常語から自然に、するすると引き出され、定着したなどというものではないということです。それは、「自然に」どころか、「不自然に」存在します。定型とは、つねに、超日常的な不自然な規約にほかなりません。(1)

五七の音数律には、あるいは日本語の日常態からの自然な推移・定着があるかも知れません。また、さらにさかのぼって、五拍、七拍という拍数が一かたまりの句単位を形づくりやすいということは、日本語の自然かも知れません。国語学者たちの分析は、たしかにそういう結論を許しているようです。しかし、五拍がまず最初に来て、次に七拍が接続し、さらに五拍、そして七拍、最後に七拍で締めくくるという、この五と七の特殊な連結法――組み合わせは、必然でしょうか。

五、七、五、七、七は、これを拍数の多い少ないにしたがって各句単位の読過時間の長短からみれば、短・長・短・長・長というリズムになります。そして、長句と短句の拍数差は、二拍にすぎず、たとえば長句と短句の間に倍数関係が成り立つようなことはない。また、短句はすべて五拍であり長句はすべて七拍であって、五拍七拍以外の拍数を含まない。

この特殊なかたち、組み合わせは、おそらく、日常語あるいは散文の持っている乱雑で即興的で無方向な、またそれだけに生き生きと多彩で変化するリズム（むろん、それもまた音数律です。不定の一回かぎりの音数律です。日本語でリズム感を出すには、音数律によるほかないのです。）からは、到底、抽出しがたい。たとえ、日本語の散文のリズムが、結局は、七五音数律のヴァリエーションに還元できるとしても、短歌の五拍七拍のこの特殊な組み合わせ方は、不自然と呼ぶよりほかないのではないでしょうか。

問一　傍線部(1)について、なぜ「忘れ得ぬ言葉」となったのか、説明せよ。

問二　傍線部(2)はどういうことか、説明せよ。

問三　傍線部(3)はどういうことか、説明せよ。

問四　傍線部(4)のように筆者が言うのはなぜか、説明せよ。

※解答欄　問一～問三：各タテ一四センチ×三行
問四：タテ一四センチ×四行

分の一部になる。彼の言葉は自分のうちで血肉の域を越えて骨身に響くものになってくる。それが忘れ得ぬ言葉ということである。その言葉が想起されるたびに、言葉は語った人間の「顔」、肉身の彼自身、を伴って現われてくる。そしてその言葉を反芻するたびに、我々は我々の内部でその彼の存在の内部へ探り入り、彼を解読することになる。それによって彼はますます実在性をもってもくるし、同時にまたますます我々自身の一部にもなってくる。つまり、言葉は人間関係の隠れた不可思議さを現わしてくる。

私にとって、山崎の場合がまさしくそうであった。彼と彼の言葉を思い出す毎に、彼はますます私に近付いてくるようでもあるし、私がますます彼のなかへ、もはや何も答えない彼という「人間」の奥へ、入って行って、彼を解読しているようでもある。生きているとか死んでいるとかという区別を越えた、そういう人間関係は、夢のような話と思われるかも知れないが、私にはいわゆる現実よりも一層実在的に感ぜられるのである。明日には忘れられる「現実」よりも、何十年たってもますます実感を増すものの方が一層実在的ではないだろうか。本当の人間関係はそういう不思議な「縁」という性質があり、人間とはそういうものではないだろうか。

（西谷啓治「忘れ得ぬ言葉」〈一九六〇年〉より。一部省略）

注（＊）

チブス＝チフスのこと。

セマンティックス＝意味論。言語表現とその指示対象との関係の哲学的研究を指す。

論理実証主義＝二〇世紀初頭の哲学運動。哲学の任務はもっぱら科学の命題の論理的分析にあるとする。

「世間知らず」であったことを知った。という事は、裏からいえば、山崎の友情が私に実感となることによって、私は彼という「人間」の存在に本当の意味で実在的に触れることが出来、そして彼という「人間」の実在に触れることにおいて、本当の意味での「世間」に実在的に触れることが出来たということである。他の「人間」に触れ、彼とのつながりのなかで自分というものを見る眼が開けて初めて、普通に世間といわれるような虚妄でない実在の「世間」に触れたように思う。自分というものにサイド・ライトが当てられたのと世間というものを知ったのとは同時であった。それまでは、本質的な意味で「世間知らず」であり、同時に「自分知らず」であった。ずっと後になって考えたことだが、仏教でよく「縁」と言うのは、今いったような意味での人間とのつながり、又あらゆるものとのつながりのことではないであろうか。それはともかく、そういう意味で「人間」に触れ、「世間」に触れたことが、絶望的な気持のなかにいた当時の私には、何か奥知れぬ所から一筋の光が射して来て、生きる力を与えてくれるかのようであった。

それにしても、ほんのちょっとした言葉が「忘れ得ぬ」ものになるのだから、言葉というものは不思議なものだと思う。現代のセマンティックス*の人々や論理実証主義*の哲学の人々が何と言おうと、言葉の本源は、生き身の人間がそれを語るというところにある。忘れ得ぬ言葉ということは、他人が自分のうちへ入って来て定着し、自分の一部になることだろうが、そのなり方はいろいろである。書物から来た言葉の場合には、どんなに深く自分を動かしたものでも、それが繰返し想起され反芻(はんすう)されているうちに、初めそれが帯びていた筆者のマークがだんだん薄れてくる。言葉の抽象的な意味内容だけが自分のうちに定着して、血肉に同化したかのように自分のうちへ紛れ込んでしまう。ところが、(4)言葉が生き身の人間の口から自分に語られた場合は、全く別である。その場合には言葉は、それを発した人間と一体になって自分のうちへ入ってくる。それが忘れ得ないものになるという時には、独立した他の人間がその人間としての実在性をもって自分のうちに定着し、自分とつながりながら自や景色の美しさ、軽いボートを操って釣をしたり泳いだりして遊ぶ楽しさのことなどを、はずんだ気持で、調子づいて話していた。その時、彼は突然軽く笑いながら、一言、「君も随分おぼっちゃんだなア」と言った。そしてそれが私には(1)「忘れ得ぬ言葉」になってしまった。彼はその言葉を嘲りや嫌味の気持で言ったわけではない。彼はそういう、自分自身を卑しめるたぐいのことは、もともと出来ない人柄であった。だから、単にからかい半分の軽い気持で言ったに違いない。しかしそれを聞いた私にとっては、その一言は何かハッとさせるものをもっていた。私はその時の自分の心が自分自身のことで一杯になっていて、彼の友情、彼が私のために払ってくれた犠牲、についての思いが、そこに少しも影を落していないことに気付かされた。しかもその時の自分のそういう心持というばかりでなく、自分というもの、それまでの自分の心の持ち方というものが、鏡にうつし出されたかのような感じであった。いわば生れてからこのかたの自分に突然サイド・ライトが当てられて、それまで気が付かなかった自分の姿に気が付いたというような気持であった。彼の眼には、散々厄介をかけながら好い気持でしゃべっていたわたしが、罪のない無邪気なおぼっちゃんと映ったに違いない。しかしその一言によって、(2)私の眼には、その自分の「罪のない」ことがそれ自身罪あることと映って来たのである。それは眼が開かれたような衝撃であった。実際に、私はそれ以来自分がおとなの段階、乃至はおとなに近い段階に押し上げられたと思っている。

　実はそれまでにも高等学校の頃など、時たま友人達から「世間知らず」とか「おぼっちゃん」とか言われたことがある。兄弟姉妹というものをもたない独り子として育ったので、そういうところが実際あったのかも知れない。しかしそういう場合いくら「世間知らず」といわれても、殆んど痛痒を感じなかった。というのは、少年の時に父親を失って以来、物質的にも精神的にもいろいろな種類の苦痛を嘗めて、いわば人生絶望の稜線上を歩いているような状態で、批評した友人達よりはずっと「世間」の何たるかを知っているという気持だったし、同時にまたそういう「世間」的なものを、十把一からげに自分の後にして来たような気持だったからである。しかし今度はまるで違っていた。(3)今度は、自分が、以前に言われたとは全く別の意味において

国語

（九〇分）

（注）一〇〇点満点。総合人間（理系）・教育（理系）・経済（理系）・理・医学部は一五〇点満点に換算。

一

次の文を読んで、後の問に答えよ。（四〇点）

もうかれこれ三十何年も前の話である。当時、私は京都大学の学生で、北白川に下宿し、やはり東京から来て同じ区域にいた何人かと特に親しいグループを作っていた。（今でも親しくつき合っている。）いずれも気儘（きまま）な者ばかりだったが、ただ兄貴株の山崎深造だけは別であった。彼はおだやかな、思いやりの深い、そして晴れやかな落着きを感じさせるような人間で、時にはかなり辛辣な皮肉も言ったが、不思議に少しも嫌な気持が起らなかった。彼だけは既におとなであった。

京都へ来て二年目の六月に、私は熱を出し、チブス*の疑いがあるというので入院させられることになった。そのとき彼は、私の蒲団（ふとん）があまり汚れているというので、自分のを分けて貸してくれた。そして入院の手続きから必要な買物まで、万事世話をしてくれた。幸いチブスではないとわかって、半月程して退院したが、医師のすすめで、そろそろ始まる夏休みには東京へ帰らずに郷里で保養することにした。それで、退院の直後、私は彼の下宿の部屋で雑談しながら、郷里の海

//////////////////// · memo · ////////////////////

2020年度

問題編

問題編

▶試験科目

学　部	教 科	科　　目
総合人間(理系)・理・農	外国語	コミュニケーション英語Ⅰ・Ⅱ・Ⅲ，英語表現Ⅰ・Ⅱ
	数　学	数学Ⅰ・Ⅱ・Ⅲ・A・B
	理　科	「物理基礎・物理」,「化学基礎・化学」,「生物基礎・生物」,「地学基礎・地学」から2科目選択
	国　語	国語総合・現代文B・古典B
教育(理系)	外国語	コミュニケーション英語Ⅰ・Ⅱ・Ⅲ，英語表現Ⅰ・Ⅱ
	数　学	数学Ⅰ・Ⅱ・Ⅲ・A・B
	理　科	「物理基礎・物理」,「化学基礎・化学」,「生物基礎・生物」,「地学基礎・地学」から1科目選択
	国　語	国語総合・現代文B・古典B
経済(理系)	外国語	コミュニケーション英語Ⅰ・Ⅱ・Ⅲ，英語表現Ⅰ・Ⅱ
	数　学	数学Ⅰ・Ⅱ・Ⅲ・A・B
	国　語	国語総合・現代文B・古典B
医・薬	外国語	コミュニケーション英語Ⅰ・Ⅱ・Ⅲ，英語表現Ⅰ・Ⅱ
	数　学	数学Ⅰ・Ⅱ・Ⅲ・A・B
	理　科	「物理基礎・物理」,「化学基礎・化学」,「生物基礎・生物」から2科目選択
	国　語	国語総合・現代文B・古典B
	面　接	医学部医学科のみに課される
工	外国語	コミュニケーション英語Ⅰ・Ⅱ・Ⅲ，英語表現Ⅰ・Ⅱ
	数　学	数学Ⅰ・Ⅱ・Ⅲ・A・B
	理　科	「物理基礎・物理」,「化学基礎・化学」
	国　語	国語総合・現代文B・古典B

▶配　点

学部・学科		外国語	数　学	理　科	国　語	面　接	合　計
総合人間（理系）		150	200	200	150	—	700
教育（理系）		200	200	100	150	—	650
経済（理系）		200	300	—	150	—	650
理		225	300	300	150	—	975
医	医	300	250	300	150	※	1000
	人間健康科	200	200	200	150	—	750
薬		200	200	200	100	—	700
工		200	250	250	100	—	800
農		200	200	200	100	—	700

▶備　考

- 外国語はドイツ語，フランス語，中国語も選択できる（理・医（人間健康科学科）・薬・工学部は英語指定）が，編集の都合上省略。
- 「数学Ⅰ」，「数学Ⅱ」，「数学Ⅲ」，「数学A」は全範囲から出題する。「数学B」は「数列」，「ベクトル」を出題範囲とする。
- 医学部医学科においては，調査書は面接の参考資料とする。

※医学部医学科の面接は，医師・医学研究者としての適性・人間性などについて評価を行い，学科試験の成績と総合して合否を判定する。従って，学科試験の成績の如何にかかわらず不合格となることがある。

英語

（120分）

（注）　150点満点。教育（理系）・経済（理系）・医（人間健康科）・薬・工・農学部は200点満点に，理学部は225点満点に，医（医）学部は300点満点に換算。

I　次の文章を読み，下の設問(1)〜(3)に答えなさい。　（50点）

Various doctrines of human cognitive superiority are made plausible by a comparison of human beings and the chimpanzees. For questions of evolutionary cognition, this focus is one-sided. Consider the evolution of cooperation in social insects, such as the Matabele ant. After a termite attack, these ants provide medical services. Having called for help by means of a chemical signal, injured ants are brought back to the nest. Their increased chance of recovery benefits the entire colony. Red forest ants have the ability to perform simple arithmetic operations and to convey the results to other ants.

When it comes to adaptations in animals that require sophisticated neural control, evolution offers <u>other spectacular examples</u>(a). The banded archerfish is able to spit a stream of water at its prey, compensating for refraction at the boundary between air and water. It can also track the distance of its prey, so that the jet develops its greatest force just before impact. Laboratory experiments show that the banded archerfish spits on target even when the trajectory of its prey varies. Spit hunting is a technique that requires the same timing used in throwing, an activity otherwise regarded as unique in the animal kingdom. In human beings, the development of throwing has led to an enormous further development of the brain. And the archerfish? The calculations required for its extraordinary hunting technique are based on the interplay of about six neurons. Neural mini-networks could therefore be much more widespread in the animal kingdom than previously thought.

Research on honeybees has brought to light the cognitive capabilities of (b) minibrains. Honeybees have no brains in the real sense. Their neuronal density, however, is among the highest in insects, with roughly 960 thousand neurons — far fewer than any vertebrate. Even if the brain size of honeybees is normalized to their body size, their relative brain size is lower than most vertebrates. Insect behavior should be less complex, less flexible, and less modifiable than vertebrate behavior. But honeybees learn quickly how to extract pollen and nectar from a large number of different flowers. They care for their young, organize the distribution of tasks, and, with the help of the waggle dance, they inform each other about the location and quality of distant food and water.

Early research by Karl von Frisch suggested that such abilities cannot be the result of inflexible information processing and rigid behavioral programs. Honeybees learn and they remember. The most recent experimental research has, in confirming this conclusion, created an astonishing picture of the honeybee's cognitive competence. Their representation of the world does not consist entirely of associative chains. It is far more complex, flexible, and integrative. Honeybees show context-dependent learning and remembering, and even some forms of concept formation. Bees are able to classify images based on such abstract features as bilateral symmetry and radial symmetry; they can comprehend landscapes in a general way, and spontaneously come to classify new images. They have recently been promoted to the set of species capable of social learning and tool use.

(c) In any case, the much smaller brain of the bee does not appear to be a fundamental limitation for comparable cognitive processes, or at least their performance. The similarities between mammals and bees are astonishing, but they cannot be traced to homologous neurological developments. As long as the animal's neural architecture remains unknown, we cannot determine the cause of their similarity.

⑴　下線部⒜の具体例として，このパラグラフではテッポウウオが獲物に水を噴射して狩りをする能力が紹介されている。その能力の特長を 3 点，日本語で箇条書きにしなさい。

⑵　下線部⒝でいう minibrains とは，ミツバチの場合，具体的にはどのような意味で用いられているか。本文に即して日本語で説明しなさい。

⑶　下線部⒞を和訳しなさい。

※解答欄　⑴：1 点につきヨコ 12.0 センチ× 2 行
　　　　　⑵：ヨコ 12.0 センチ× 7 行

Ⅱ　次の文章は，自ら「インディアン」としての誇りを持つアメリカ先住民の著者が，北アメリカ大陸における自分たちの歴史について語ったものである。これを読み，下の設問⑴〜⑵に答えなさい。　(50 点)

Despite the variety of tribal belief (or perhaps in part because of it), North America is uniformly seen as an Indian homeland that has shaped and been shaped by the Indians living there then and living there now. Over these homelands various empires and nation-states — Spanish, British, French, Dutch, and, later, American — have crawled, mapping and claiming as they went. But neither these maps nor the conquests enabled by them eradicated or obscured the fact that immigrants made their homes and villages and towns and cities *on top of* Indian homelands. Any history that persists in using the old model of New World history as something made by white people and done to Indian people, therefore, is not a real history of this place. Rather, as the historian Colin Calloway has suggested, history didn't come to the New World with Cabot or Columbus; they — and those who followed — brought European history to the unfolding histories already here.

When Europeans first arrived on the Atlantic coast, they landed on a richly settled and incredibly fecund homeland to hundreds of tribes. When prehistoric first Indians emerged in what is now the eastern United States, the water levels were considerably lower than they are now, because much of the world's water was trapped in glaciers that spread across a large part of the Northern Hemisphere. Because of this, (a) coastal archaeology has uncovered only a very fractured record of habitation.

Even so, five-thousand-year-old shell middens in Florida and North Carolina suggest vibrant coastal cultures in this region. In Virginia alone there are thousands of known prehistoric village sites. How these early tribes were organized or how they understood themselves is hard to know. What made for a relatively easy life — abundant rivers, streams, and springs, plentiful fuel, fairly constant aquatic and terrestrial food sources, and a relatively mild climate — (b) makes for bad archaeology. It seems that, in this early period, coastal Indians lived in small villages of about 150 people and that they were fairly mobile, spending part of the year on the coast, part farther inland, and getting most of their calories from fish and game and opportunistic harvests of nuts and berries. Populations seem to have risen and shrunk like the tide, depending on the availability of calories. Archaeological evidence suggests that between 2500 and 2000 BCE, tribal groups began making clay pots, which indicates a more sedentary lifestyle, the need for storage (which in turn suggests that there were food surpluses), and a greater reliance on plants for sustenance. A bit later eastern coastal and woodland Indians were planting or cultivating sunflowers, lamb's-quarter, gourds, goosefoot, knotweed, and Jerusalem artichokes.

When Ponce de León arrived in Florida in 1513, with explicit permission from the Spanish crown to explore and settle the region, Indians had been living there for at least twelve thousand years. Because of the lower water levels, during prehistoric times Florida's land mass was double what it is today, so much of the archaeological evidence is under the sea. It was also much drier and supported all sorts of megafauna such as bison and mastodon. As megafauna died out (climate change, hunting), the fruits of the sea in turn supported very large Archaic and Paleolithic societies. Agriculture was late in coming to Florida, appearing only around 700 BCE, and some noncoastal Florida tribes still had no forms of agriculture at the time of Spanish conquest. Presumably the rich fresh and brackish water ecosystems were more than enough to support a lot of different peoples. What the Spanish encountered beginning in 1513 was a vast, heterogeneous collection of tribes, among them the Ais, Alafay, Amacano, Apalachee, Bomto, Calusa, Chatot, Chine, Guale, Jororo, Luca, Mayaca, Mayaimi, Mocoso, Pacara, Pensacola, Pohoy, Surruque, Tequesta, Timicua, and Viscayno, to name but a few.

From The Heartbeat of Wounded Knee: Native America from 1890 to the Present by David Treuer, Riverhead

(1) 下線部(a)の理由を，第2パラグラフおよび第4パラグラフの内容にもとづき，日本語でまとめなさい。

(2) 下線部(b)の理由を，第3パラグラフの内容にもとづき，日本語でまとめなさい。

※解答欄 (1)・(2)：各ヨコ12.0センチ×12行

Ⅲ 次の文章を英訳しなさい。 (25点)

お金のなかった学生時代にはやっとの思いで手に入れたレコードをすり切れるまで聴いたものだ。歌のタイトルや歌詞も全部憶えていた。それが今ではネットで買ったきり一度も聴いていないCDやダウンロード作品が山積みになっている。持っているのに気付かず，同じ作品をまた買ってしまうことさえある。モノがないからこそ大切にするというのはまさにその通りだと痛感せずにいられない。

Ⅳ 大学生の吉田さんが海外の大学へ留学しようとしている。吉田さんになったつもりで，担当者に奨学金についての問い合わせをする丁寧な文章を，解答欄におさまるように英語で作成しなさい。 (25点)

※解答欄　ヨコ12.0センチ×11行

書き出し：To whom it may concern,

書き終り：Best regards,

Y. Yoshida

数学

（150分）

（注）　200点満点。経済(理系)・理学部は300点満点に，医(医)・工学部は250点満点に換算。

1　　(30点)

a, b は実数で，$a > 0$ とする．z に関する方程式

$$z^3 + 3az^2 + bz + 1 = 0 \qquad (*)$$

は3つの相異なる解を持ち，それらは複素数平面上で一辺の長さが $\sqrt{3}a$ の正三角形の頂点となっているとする．このとき，a, b と$(*)$の3つの解を求めよ．

2　　(30点)

p を正の整数とする．α, β は x に関する方程式 $x^2 - 2px - 1 = 0$ の2つの解で，$|\alpha| > 1$ であるとする．

(1)　すべての正の整数 n に対し，$\alpha^n + \beta^n$ は整数であり，さらに偶数であることを証明せよ．

(2)　極限 $\lim_{n \to \infty} (-\alpha)^n \sin(\alpha^n \pi)$ を求めよ．

3

(35 点)

k を正の実数とする．座標空間において，原点 O を中心とする半径 1 の球面上の 4 点 A, B, C, D が次の関係式を満たしている．

$$\overrightarrow{OA}\cdot\overrightarrow{OB}=\overrightarrow{OC}\cdot\overrightarrow{OD}=\frac{1}{2},$$
$$\overrightarrow{OA}\cdot\overrightarrow{OC}=\overrightarrow{OB}\cdot\overrightarrow{OC}=-\frac{\sqrt{6}}{4},$$
$$\overrightarrow{OA}\cdot\overrightarrow{OD}=\overrightarrow{OB}\cdot\overrightarrow{OD}=k.$$

このとき，k の値を求めよ．ただし，座標空間の点 X, Y に対して，$\overrightarrow{OX}\cdot\overrightarrow{OY}$ は，$\overrightarrow{OX}$ と $\overrightarrow{OY}$ の内積を表す．

4

(35 点)

正の整数 a に対して，

$$a=3^bc\ \ (b, c \text{ は整数で } c \text{ は } 3 \text{ で割り切れない})$$

の形に書いたとき，$B(a)=b$ と定める．例えば，$B(3^2\cdot5)=2$ である．

m, n は整数で，次の条件を満たすとする．

(i)　$1\leqq m\leqq30$.

(ii)　$1\leqq n\leqq30$.

(iii)　n は 3 で割り切れない．

このような (m, n) について

$$f(m, n)=m^3+n^2+n+3$$

とするとき，

$$A(m, n)=B(f(m, n))$$

の最大値を求めよ．また，$A(m, n)$ の最大値を与えるような (m, n) をすべて求めよ．

5　(35 点)

縦 4 個，横 4 個のマス目のそれぞれに 1，2，3，4 の数字を入れていく．このマス目の横の並びを行といい，縦の並びを列という．どの行にも，どの列にも同じ数字が 1 回しか現れない入れ方は何通りあるか求めよ．下図はこのような入れ方の 1 例である．

1	2	3	4
3	4	1	2
4	1	2	3
2	3	4	1

6　(35 点)

x, y, z を座標とする空間において，xz 平面内の曲線

$$z = \sqrt{\log(1+x)} \quad (0 \leqq x \leqq 1)$$

を z 軸のまわりに 1 回転させるとき，この曲線が通過した部分よりなる図形を S とする．この S をさらに x 軸のまわりに 1 回転させるとき，S が通過した部分よりなる立体を V とする．このとき，V の体積を求めよ．

物理

（教育(理系)学部　1 科目　90 分
　その他　　　　　2 科目 180 分）

(注)　100 点満点。理・医(医)学部は 2 科目 300 点満点に，工学部は 2 科目 250 点満点に換算。

物理問題　I

次の文章を読んで，□に適した式または数値を，それぞれの解答欄に記入せよ。なお，⊡はすでに□で与えられたものと同じものを表す。また，**問 1** では，指示にしたがって，解答を解答欄に記入せよ。

以下では，ばね定数 k で自然長 ℓ のばね，および長さ L の糸を用いる。ばねや糸の質量は無視できるものとし，重力加速度の大きさを g，円周率を π とする。

(1)　**図 1** のように，質量 m の 2 つの小球(質点)を糸とばねでつるし，つり合いの位置で静止させた。2 つの小球は鉛直方向にのみ運動するものとし，糸がたるんでいないときの小球 1 の位置を原点として，鉛直下向きを座標軸の正の向きとする。また，小球 1 は天井にぶつからず，小球同士は衝突しないものとする。

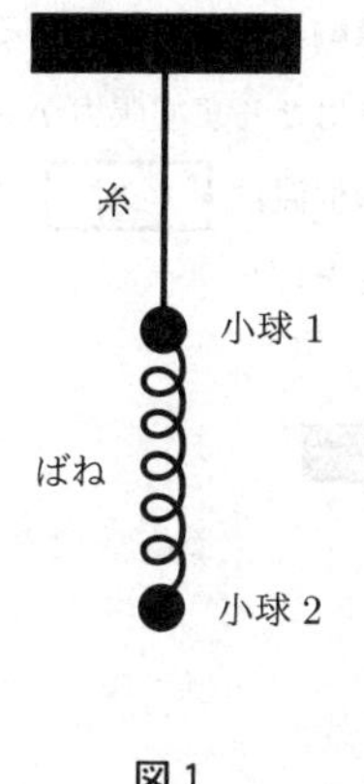

図 1

いま，小球 2 をつり合いの位置から長さ d だけ引き下げ，静かに手を離す。d が十分に小さいときは，運動の途中で糸はたるまず，小球 2 は位置 ア を中心とした，振幅 イ の単振動をおこなう。d がある値より大きいときは，運動の途中で糸がたるむ。小球 1 にはたらく重力，糸の張力，ばねの力のつり合いを考えると，糸がたるみ始めた瞬間の小球 2 の位置は m，g，k，ℓ を用いて ウ と表されるので，運動の途中で糸がたるむための条件は，$d >$ エ とわかる。

次に，d が十分に大きく，糸がたるむ場合の運動を考えよう。小球 1，2 の位置をそれぞれ x_1，x_2 とし，重心の位置 $\frac{x_1 + x_2}{2}$，および小球 1 からみた小球 2 の相対位置 $x = x_2 - x_1$ について，糸がたるみ始めてから再びたるみがなくなるまでの運動を考える。2 つの小球にはたらくばねの力は，互いに逆向きで大きさが等しいので，重心はばねの力の影響を受けずに鉛直投げ上げ運動をおこなう。糸がたるみ始めた瞬間における重心の速さを m，g，k，d を用いて表すと オ となる。一方，2 つの小球にはたらく重力は，向きが同じで大きさが等しいので，相対位置 x は重力の影響を受けずにばねの力で単振動をおこない，その周期は カ で与えられる。また，小球 1 の速度が最小値をとる瞬間において，小球 1 からみた小球 2 の相対速度は キ × オ とわかる。

（2）　**図 2** のように，質量 m の 2 つの小球(質点)をばねと糸でつるす。2 つの小球は鉛直方向にのみ運動するものとし，ばねが自然長のときの小球 1 の位置を原点として，鉛直下向きを座標軸の正の向きとする。いま図3のように，小球2を支えて静止させたところ，糸はたるまず張力が0であり，小球1も静止していたとする。このとき，小球1の位置は［ク］である。この状態から，時刻0に小球2を上方に速さ v で打ち上げた。

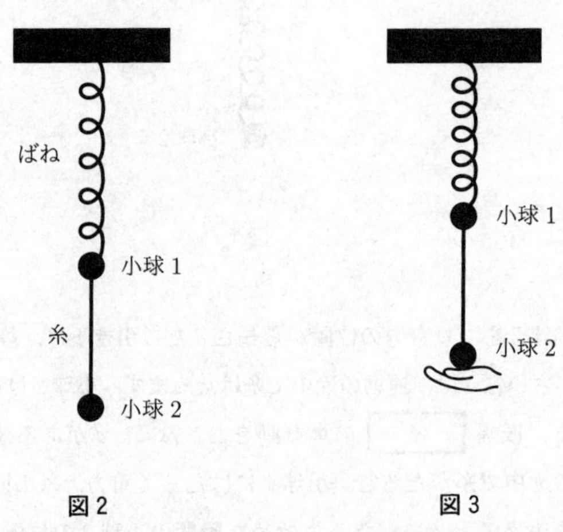

図2　　図3

まず，打ち上げ後に，小球2が小球1に衝突せず落下に転じる場合を考える。小球2が落下し，打ち上げられた位置に戻ってきたとき，糸のたるみがなくなる。たるみがなくなる前後で小球1，2の力学的エネルギーの和は保存されるものとすると，たるみがなくなった直後には，小球2の速度は［ケ］であり，小球1は振幅が［コ］の単振動を始める。

次に，打ち上げ後に，小球2が落下せず小球1と弾性衝突する場合を考える。衝突直後の小球1の速さ v' は，v，g，L を用いて［サ］と表される。衝突後，2つの小球は糸がたるんだまま運動し，小球1が衝突時の位置に戻るまでのある時刻 T に糸のたるみがなくなった。その直後からしばらくの間，糸のたるみがないまま運動が続く条件を考えよう。まず，時刻 T に，小球の間の距離は L である。また，たるみがなくなる前後で小球1，2の力学的エネルギーの和は保存されるものとすると，時刻 T の直後に糸がたるまないためには，時刻 T の直前に小球1からみた小球2の速度は［シ］でなければならない。よって，小球1にはたらくばねの力 F は，時刻 T の直前に $F \geqq 0$ である(鉛直下向きを正とする)。一方，時刻 T には糸のたるみがないため張力が 0 以上であるが，そのとき $F>0$ ならば直後に糸がたるんでしまう。以上のことより，いま考えている運動においては，時刻 T に小球 1 の位置は ［ス］ でなければならない。

2 つの小球の力学的エネルギーが，衝突後から時刻 T の間はそれぞれ保存することを考えると，得られた条件より打ち上げの速さ v は，m，g，k，L を用いて表される関係式 $v^2=$ ［セ］ を満たすことがわかる。

問 1　小球同士が弾性衝突した時刻を T' とする。**図 4** を解答欄に描き写し，時刻 0 から T までの，小球の速度を表すグラフを描け。なお，小球 1 を実線で，小球 2 を二重線で表すこととする。**図 4** に示されている値以外に，速度や時間の値を書き加える必要はない。

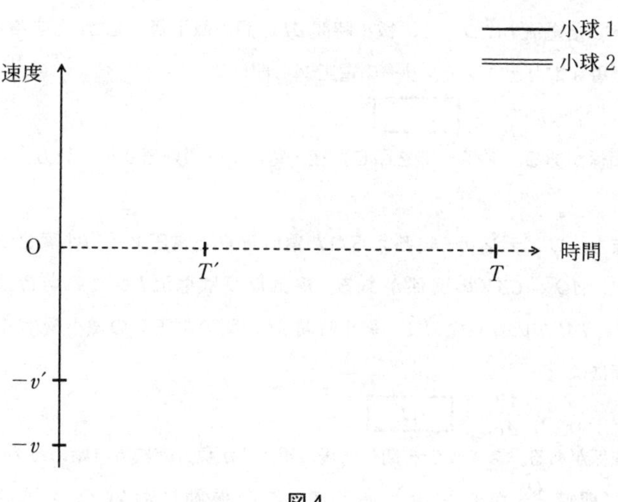

図 4

物理問題　II

次の文章を読んで，[　　]に適した式または数値を，それぞれの解答欄に記入せよ。なお，[[　　]]はすでに[　　]で与えられたものと同じものを表す。また，**問1～問3**では，指示にしたがって，解答をそれぞれの解答欄に記入せよ。ただし，円周率をπとする。

(1)　**図1**のように，自己インダクタンスLのコイル，スイッチ，電気容量Cのコンデンサーからなる回路がある。コンデンサーに蓄えられる電気量Qとコンデンサーの両端に現れる電圧Vの間には$Q=CV$の関係が成り立つ。コンデンサーに初期の電気量$Q=Q_0(Q_0>0)$を与え，スイッチを閉じたところ，周期$2\pi\sqrt{LC}$の電気振動が発生した。このとき，**図1**のコイルを流れる矢印の方向を正とした電流Iについて，微小時間Δtの間の微小変化をΔIとすると，コイルの誘導起電力とコンデンサーの電圧Vの間には

$$L\frac{\Delta I}{\Delta t}=\boxed{\text{イ}} \qquad \text{(i)}$$

の関係がある。スイッチを閉じた後，電流Iは初期値0から負方向に流れ始める。

また，コンデンサーに蓄えられた電気量Qと電圧Vの微小変化ΔQ，ΔVの間に，$\Delta Q=C\Delta V$の関係がある。電気量Qは電流Iが負の場合は減少し，$\Delta Q=I\Delta t$が成り立つので，微小時間Δtの間の電圧Vの微小変化ΔVと電流Iの間には

$$C\frac{\Delta V}{\Delta t}=\boxed{\text{ロ}} \qquad \text{(ii)}$$

の関係がある。スイッチを閉じた後，電流Iが負方向に流れ始めるので，電圧Vは初期値$\frac{Q_0}{C}$から減少し始める。この振動において，VはIに対して[ハ]だけ位相が遅れる。また，Iの最大値は[ニ]である。

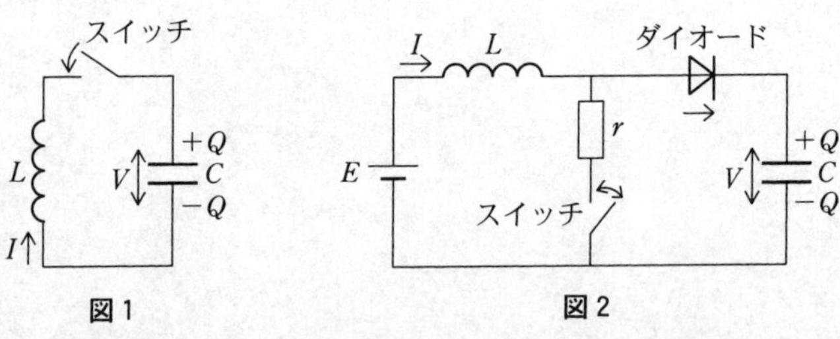

図1　　図2

（2） **図2**のように，電圧Eの直流電源，自己インダクタンスLのコイル，スイッチ，抵抗値rの抵抗，ダイオード，電気容量Cのコンデンサーからなる回路がある。ダイオードは理想的な整流作用をもつとし，矢印で示した順方向の抵抗は0，逆方向の抵抗は無限大とする。

十分長い間スイッチを閉じると，コイルの誘導起電力は消滅し，ダイオードには電流が流れなくなる。このときコイルに流れる電流Iは［ホ］である。次に，時刻$t=0$にスイッチを開けた。その直後のコイルに流れる電流I_0は［ホ］である。コンデンサーが，時刻$t=0$にスイッチを開ける前に電源と等しい電圧Eで充電されていた場合を考える。コンデンサーの両端に現れる電圧VのEからの変化分を$V'=V-E$とおくと，スイッチを開けた直後のV'の値は0である。スイッチを開けた後，ダイオードに電流が流れ，コンデンサーが充電されるとともに，V'は正となり，Iは減少し始める。微小時間Δtの間のIの微小変化ΔI，V'の微小変化$\Delta V'$とI，V'の間には

$$\begin{cases} L\dfrac{\Delta I}{\Delta t} = \boxed{\text{ヘ}} \\ C\dfrac{\Delta V'}{\Delta t} = \boxed{\text{ト}} \end{cases} \qquad \text{(iii)}$$

の関係がある。式(iii)は式(i)，(ii)と同じ形をしているため，初期値$I=I_0$，$V'=0$の電気振動が始まるが，ダイオードが存在するためにIは負にならず，**図3**のように時刻$T_1=$［チ］に振動は停止する。

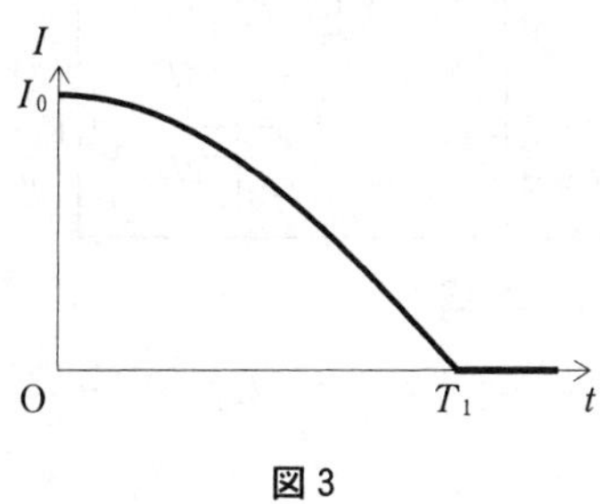

図3

問1　コイルに蓄えられていた初期のエネルギー，電源から供給されるエネルギー，コンデンサーに蓄積されるエネルギーの関係から時刻T_1におけるコンデンサーの両端に現れる電圧を求め，Vの時間変化を**図3**と同様に描け。

（3）　**図 2** の回路から抵抗値 r の抵抗を取り去り，抵抗値 R の抵抗を加えた**図 4** の回路を，電源と抵抗を直接接続した**図 5** の回路と比較してみよう。ただし，**図 4** の回路ではスイッチを微小時間 Δt_1 だけ閉じ，その後微小時間 Δt_2 だけ開ける操作を微小時間 $T = \Delta t_1 + \Delta t_2$ で周期的にくりかえすものとする。また，微小時間 Δt_1 の間のコイルを流れる電流 I，コンデンサーの両端に現れる電圧 V の微小変化をそれぞれ ΔI_1，ΔV_1，微小時間 Δt_2 の間の I，V の微小変化をそれぞれ ΔI_2，ΔV_2 とする。

スイッチが閉じた状態では，電圧 V を正とするとダイオードに電流は流れず，電源の電圧 E により電流 I は増加，コンデンサーは抵抗 R を通して放電し

$$\begin{cases} L\dfrac{\Delta I_1}{\Delta t_1} = \boxed{\text{リ}} \\ C\dfrac{\Delta V_1}{\Delta t_1} = \boxed{\text{ヌ}} \end{cases} \qquad \text{(iv)}$$

の関係が成立する。スイッチが開いた状態では，電流 I を正とするとダイオードに電流が流れ

$$\begin{cases} L\dfrac{\Delta I_2}{\Delta t_2} = \boxed{\text{ル}} \\ C\dfrac{\Delta V_2}{\Delta t_2} = \boxed{\text{ヲ}} \end{cases} \qquad \text{(v)}$$

の関係が成立する。

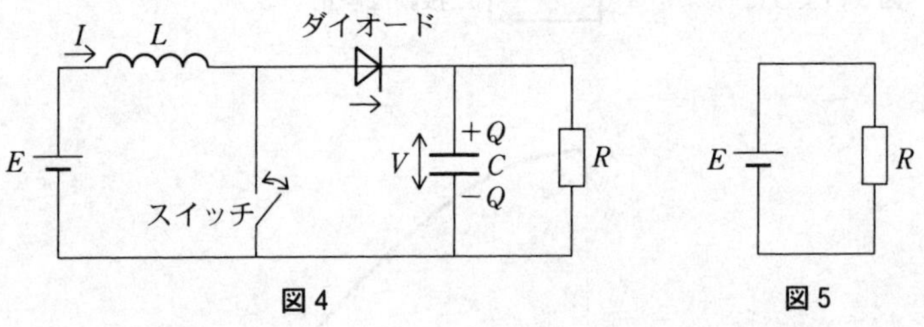

図 4　　　　図 5

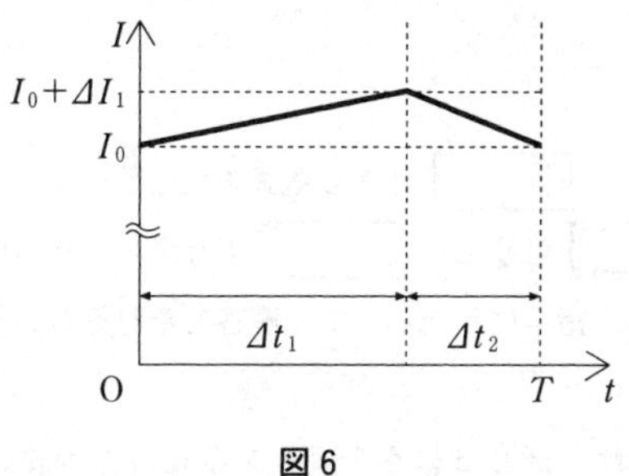

図 6

十分時間がたち，I, V が微小時間 T で周期的に変化する定常状態になったときの 1 周期 $0 \leqq t \leqq T$ の間の電流 I の変化は**図 6** のようになった。ただし，スイッチを閉じた瞬間を $t = 0$ とし，そのときの電流 I と電圧 V をそれぞれ $I = I_0$, $V = V_0$ とおく。また，定常状態の ΔI_1, ΔI_2, ΔV_1, ΔV_2 は，式(iv), (v) において $I = I_0$, $V = V_0$ を代入することにより，I_0, V_0 を用いて表現できるものとする。

問 2　定常状態になったときの 1 周期では $\Delta I_1 + \Delta I_2 = 0$，$\Delta V_1 + \Delta V_2 = 0$ が成り立つ。$\Delta t_1 = \alpha \Delta t_2$ のとき，電圧 V_0，電流 I_0 を α, E, R のうち必要なものを用いて表せ。また，$\alpha = 1$ の場合の電圧 V の変化を，**図 6** を参考に E, C, R, T のうち必要なものを用いて描け。

問 3　**問 2** で得られたように，**図 4** の回路は電源の電圧 E よりも大きな電圧 V を作り出すことができる。ここで**図 4** と**図 5** の抵抗で消費される電力を考える。コンデンサーの両端に現れる電圧 V は，ΔV_1, ΔV_2 が V_0 より十分小さいとき，$V = V_0$ の一定値とみなせる。この場合，$\Delta t_1 = \alpha \Delta t_2$ のとき，**図 4** の抵抗で消費される電力は**図 5** の抵抗で消費される電力の何倍になるか，α を用いて答えよ。

※解答欄　問 1：ヨコ 14 センチ×タテ 18 センチ
問 2：ヨコ 14 センチ×タテ 13 センチ
問 3：ヨコ 14 センチ×タテ 5 センチ

物理問題　Ⅲ

次の文章を読んで，［　　］に適した式または数値を，それぞれの解答欄に記入せよ。なお，［［　　］］はすでに［　　］で与えられたものと同じものを表す。また，**問 1**，**問 2** では，指示にしたがって，解答をそれぞれの解答欄に記入せよ。

図 1 のように，x 軸，y 軸，z 軸を 3 辺とする立方体の箱の中を多数の粒子(質量 m)が，壁面に衝突しながら運動している。この立方体の各辺の長さは一定の速さ w で時間とともに増大する。すなわち，時刻 t における各辺の長さは $L + wt$ であるとする(L は定数)。したがって，立方体の各面の面積も時間とともに大きくなる。具体的には，原点 O を頂点とする 3 つの面はそれぞれの位置に固定され，他の 3 つの面がそれぞれに垂直な方向に一定の速さ w で移動するとする。ただし，各面が移動する速さ w は粒子の速さに比べて十分に小さいとする。以下では，$x = 0$ の位置にある面を壁 A，それに対面し，x 軸の正の向きに速さ w で移動する面を壁 B と呼ぶ。粒子にはたらく重力の影響は無視する。

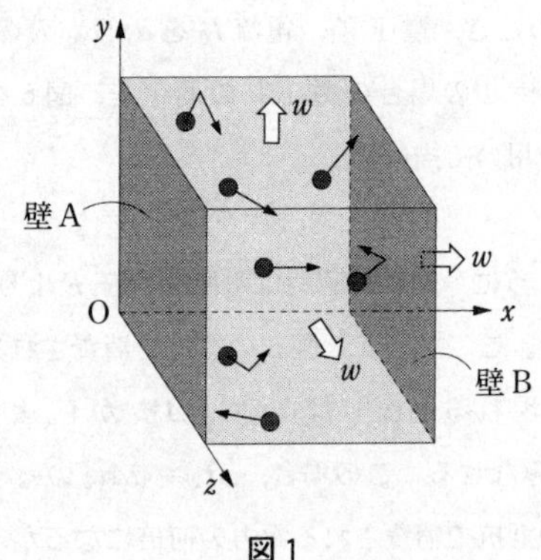

図 1

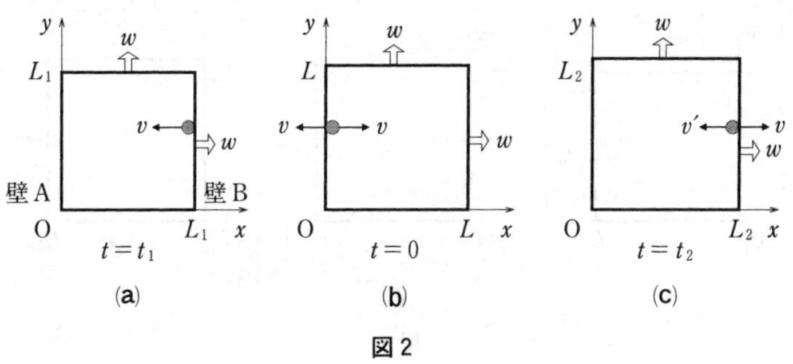

図 2

以下では簡単のために，速度が x 軸の正あるいは負の方向を向いた 1 つの粒子を考え，まず，図 2 の(a)→(b)→(c)で表された過程を考察する。この粒子と他の粒子との衝突はないものとする。図 2 は，図 1 の立方体を z 軸の正の側から見たものである。時刻 $t=t_1(t_1<0)$ において，立方体の辺の長さは L_1 であり，粒子は壁 B 上にあって速度は x 軸の負の方向を向き，その大きさは v であるとする。その後，時刻 $t=0$ において粒子は壁 A に弾性衝突し，衝突後の速度は x 軸の正の向きに大きさ v となった。$t=0$ における立方体の辺の長さは L である。さらに時刻 $t=t_2(t_2>0)$ において，粒子は壁 B に弾性衝突し，直後の速度は x 軸の負の向きに大きさ v' となった。$t=t_2$ における立方体の辺の長さは L_2 であった。L_1 と L_2 を L，v，w を用いて表すと $L_1=$ [あ]，$L_2=$ [い] であり，図 2 の過程の時間 $T_{12}=t_2-t_1$ は L，v，w を用いて $T_{12}=$ [う] と表される。さらに，w は v に比べて十分に小さいため，[[う]] を L，v，$\dfrac{w}{v}$ で表し，微小な $\dfrac{w}{v}$ の 2 次以上を無視する近似を行うと，$T_{12}\fallingdotseq$ [え] となる。なお，必要ならその絶対値が微小な実数 x に対する近似式 $\dfrac{1}{1+x}\fallingdotseq 1-x$ を用いてよい。壁 A が粒子から受ける x 軸方向の力の時間平均 $\overline{F}_x$ は，粒子が受ける力積 $-\overline{F}_xT_{12}$ が時刻 $t=0$ における衝突での粒子の x 軸方向の運動量変化に等しいとした関係式から求まる。そこで，壁 A が粒子から受ける圧力 P を，$|\overline{F}_x|$ を壁 A の面積で割ったものとする。T_{12} として [[え]] を用い，壁 A の面積を衝突時刻 $t=0$ での L^2 であるとすると，m，v，L を用いて $P=$ [お] となる。なお，[[お]] は w にはよらない量である。

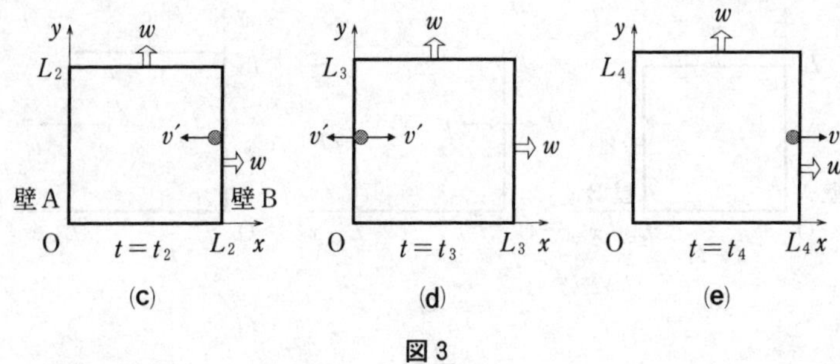

図 3

次に，図 3 の(c)→(d)→(e)で表される，時刻 $t=t_2$ に速さ v' で壁 B を離れた粒子が，再び壁 A に弾性衝突し，壁 B に戻ってくるまでの過程を考える。まず，v' は v と w により

$$v' = v - aw \tag{i}$$

と与えられ，定数 a は $a=$ [か] である。しかし，以下の解答では，指示された場合を除き，v' を v と w で表す際は，a を用いた式(i)の右辺の表式を用いること。粒子が時刻 $t=t_3$ に壁 A に弾性衝突した時の立方体の辺の長さ L_3 は L，v，v'，w を用いて $L_3=$ [き] となる。図 3 の過程により壁 A が粒子から受ける圧力 P' は，図 2 の過程に対する $P=$ [[お]] の結果において，v を v' に，L を L_3 に置き換えることで得られる。そこで，圧力の変化分 $\Delta P = P' - P$ を考え，比 $\dfrac{\Delta P}{P}$ を $\dfrac{w}{v}$ の関数として表し，$\dfrac{w}{v}$ の 2 次以上を無視すると

$$\frac{\Delta P}{P} = \boxed{\text{く}} \times \frac{w}{v} \tag{ii}$$

となる。ここで，[[く]] は a を用いて表される量である。式(ii)の導出において，必要なら，その絶対値が微小な実数 x の 2 次以上を無視する近似で

$$(1+a_1x)^{b_1}(1+a_2x)^{b_2}\left(1+\frac{a_3x}{1+cx}\right)^{b_3} \fallingdotseq 1+(a_1b_1+a_2b_2+a_3b_3)x$$

であることを用いてよい。ここで，a_1，a_2，a_3，b_1，b_2，b_3，c は任意の実数である。

さらに，図 2 の過程での粒子の壁 A への衝突時刻 $t=0$ における立方体の体積 $V=L^3$ と，図 3 の過程での衝突時刻 $t=t_3$ における体積 $V'=(L_3)^3$ に対して，体積の変化分 $\Delta V = V' - V$ を考える。比 $\dfrac{\Delta V}{V}$ を $\dfrac{w}{v}$ の関数として表し，$\dfrac{w}{v}$ の 2 次以上を無視すると

$$\frac{\Delta V}{V} = \boxed{\text{け}} \times \frac{w}{v} \tag{iii}$$

となる。式(ii)と式(iii)の結果から，$\dfrac{\Delta P}{P}$ と $\dfrac{\Delta V}{V}$ の間に

$$\frac{\Delta P}{P}+\gamma\frac{\Delta V}{V}=0 \tag{iv}$$

の関係式が成り立つことが分かる。ここで，γ は a を用いて $\gamma =$ [こ] で与えられる。

以上の式(iv)の導出は，x 軸方向にのみ運動する 1 つの粒子に注目したものであり，圧力 P はその粒子のみから壁 A が受ける圧力であった。しかし，P をあらゆる方向に運動する全ての粒子から壁 A が受ける圧力とし，ΔP と ΔV を与えられた微小時間内での変化分としても，式(iv)が成り立つことが示される。さらに，P が $P+\Delta P$ に，V が $V+\Delta V$ に微小に変化する間に立方体内の粒子からなる理想気体の絶対温度が T から $T+\Delta T$ に微小に変化したとすると，式(iv)は理想気体の状態方程式を用いることで

$$\frac{\Delta T}{T}+\boxed{\text{さ}}\times\frac{\Delta V}{V}=0$$

と表すこともできる。ここで，[さ] は γ を用いて表される量であり，微小量 $\dfrac{\Delta P}{P}$，$\dfrac{\Delta V}{V}$，$\dfrac{\Delta T}{T}$ の 2 次以上を無視した。

関係式(iv)は，理想気体の断熱変化におけるポアソンの法則として知られたものであり，a の値 [か] を代入した γ の値 [し] は単原子分子気体のものを再現している。しかし，多原子分子気体の場合は，式(iv)の定数 γ は [し] とは異なる値をとる。

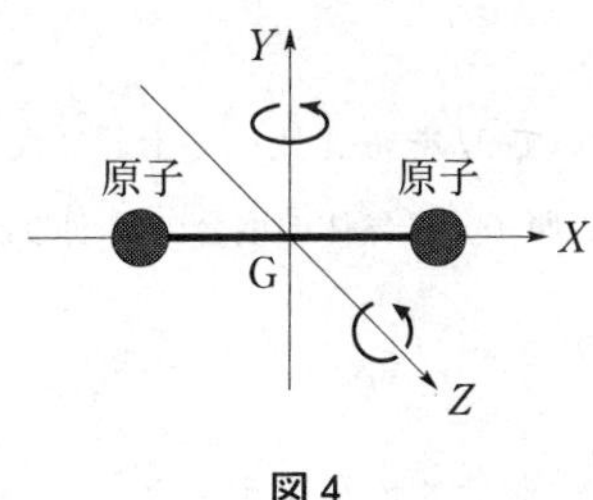

図 4

そこで，**図 1** の立方体内を x 軸方向に運動する 1 粒子を再び考え，次のようなモデルを用いて，二原子分子気体に対する式(iv)の γ を求めてみよう。二原子分子を 2 つの質点(原子)が長さ一定で質量を無視できるまっすぐな棒でつながったものと見なすと，この二原子分子には重心の並進運動の他に，**図 4** のように，重心(**図 4** の原点 G)

のまわりの，Y 軸と Z 軸を回転軸とする 2 つの回転運動がある。いま，**図 1** の立方体の中を x 軸方向に並進運動する二原子分子に対して**図 2** と**図 3** の過程を考える。この二原子分子のエネルギー E は，重心の x 軸方向の並進運動のエネルギー K_x と重心のまわりの 2 つの回転運動のエネルギーの和であるとし，各回転運動のエネルギーの値がどれも $\frac{1}{3}K_x$ に等しく，$E=\left(1+\frac{2}{3}\right)K_x$ の関係が常に成り立っていると仮定する。この場合の，**図 2(c)**で表された，時刻 $t=t_2$ における分子と壁 B の衝突後の分子の速さ v' を求めるために，この衝突を二原子分子（質量 m）と壁 B に対応した重い物体（質量 M）の x 軸方向の衝突過程に置き換え，最後に質量 M を質量 m に比べて十分に大きくする。この衝突において，**図 4** の二原子分子の構造を直接に考慮する必要はなく，二原子分子は上記のエネルギー E を持った質量 m の粒子と考えればよい。衝突前後の分子と物体の速度は**図 5** の通りとする。

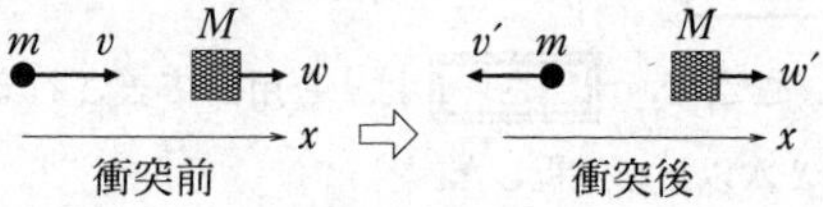

図 5

問 1　**図 5** の衝突過程におけるエネルギー保存と運動量保存の関係式を書きくだせ。それらより，衝突後の二原子分子の速さ v' を v，w，$\frac{m}{M}$ を用いて表わせ。なお，v' を導出する途中計算を書く必要はない。

問 2　**問 1** で求めた v' においてM を m に比べて十分に大きくする，すなわち，$\frac{m}{M}$ を近似的に 0 として，二原子分子気体の場合の式(i)の a の値と式(iv)の γ の値を求めよ。

※解答欄　問 1：ヨコ 14.7 センチ×タテ 10 センチ
　　　　　問 2：ヨコ 14.7 センチ×タテ 8 センチ

化学

（教育（理系）学部　1 科目　90 分
　　その他　　　　2 科目 180 分）

（注）　100 点満点。理・医（医）学部は 2 科目 300 点満点に，工学部は 2 科目 250 点満点に換算。

化学問題　I

次の文章(a)，(b)を読み，**問 1 ～問 4** に答えよ。解答はそれぞれ所定の解答欄に記入せよ。問題中の L はリットルを表す。水のイオン積は 1.0×10^{-14} (mol/L)^2，硫化カドミウムの溶解度積は 2.1×10^{-20} (mol/L)^2，〔X〕は mol/L を単位とした X の濃度とする。また，$\sqrt{6}$ は 2.4 とする。

(a)　重金属イオンを含む廃液は環境汚染の原因となる。そこで，硫化物イオン S^{2-} を含む溶液と混合して硫化物として沈殿・除去する方法がある。S^{2-} は硫化水素の水中での電離により生じる。硫化水素の圧力が 1 気圧のとき，25 ℃ の水 1 L に溶ける硫化水素の物質量は，pH や溶液組成によらず 1.0×10^{-1} mol である。以下では，この条件で硫化水素を溶解させた場合の平衡を考える。硫化水素の 1 段階目と 2 段階目の電離平衡の反応式と電離定数は，以下のとおりである。

$$H_2S \rightleftarrows H^+ + HS^- \qquad K_{a1} = 1.0 \times 10^{-7} \text{ mol/L}$$

$$HS^- \rightleftarrows H^+ + S^{2-} \qquad K_{a2} = 1.0 \times 10^{-14} \text{ mol/L}$$

水溶液中に微量のカドミウムイオン Cd^{2+} が溶解しているときを考える。この場合，硫化水素の 2 段階目の電離定数は 1 段階目の電離定数に比べてかなり小さく，水溶液の水素イオン濃度〔H^+〕にはほとんど影響しない。また，水酸化物イオン OH^- の濃度が低いため，OH^- の Cd^{2+} への配位は無視できる。このとき，水溶液の pH は［　ア　］であり，硫化物イオン濃度〔S^{2-}〕は［　イ　］mol/L である。水溶液中のカドミウムイオン濃度〔Cd^{2+}〕が［　ウ　］mol/L 以上になると，硫化カドミウムの沈殿が生成することになる。

ここで，塩基を加えて水素イオン濃度を 1.0×10^{-7} mol/L（pH＝7）にした場合を考える。この場合も，OH^- の Cd^{2+} への配位は無視でき，硫化物イオン濃度〔S^{2-}〕は［　エ　］mol/L となる。したがって，水溶液中のカドミウムイオン濃度〔Cd^{2+}〕が［　オ　］mol/L 以上になると，硫化カドミウムの沈殿が生成することになる。

同様に，塩基を加えて水素イオン濃度を 1.0×10^{-14} mol/L（pH＝14）にした場合を考える。この場合は，OH^- の Cd^{2+} への配位を考慮する必要がある。その反応式と平衡定数は以下のとおりである。

$$Cd^{2+} + OH^- \rightleftarrows [Cd(OH)]^+ \qquad K_{b1} = 1.4\times10^4\ (\text{mol/L})^{-1}$$
$$[Cd(OH)]^+ + OH^- \rightleftarrows Cd(OH)_2 \qquad K_{b2} = 1.7\times10^4\ (\text{mol/L})^{-1}$$
$$Cd(OH)_2 + OH^- \rightleftarrows [Cd(OH)_3]^- \qquad K_{b3} = 1.0\ (\text{mol/L})^{-1}$$
$$[Cd(OH)_3]^- + OH^- \rightleftarrows [Cd(OH)_4]^{2-} \qquad K_{b4} = 1.0\ (\text{mol/L})^{-1}$$

ここで，$Cd(OH)_2$ はすべて水に溶解していると考えてよい。各成分の濃度に関しては，以下の関係が成り立つ。

$$[[Cd(OH)]^+] = K_{b1}[Cd^{2+}][OH^-] = \boxed{\text{カ}} \times [Cd^{2+}]$$
$$[Cd(OH)_2] = K_{b2}[[Cd(OH)]^+][OH^-] = \boxed{\text{キ}} \times [Cd^{2+}]$$
$$[[Cd(OH)_3]^-] = K_{b3}[Cd(OH)_2][OH^-] = \boxed{\text{ク}} \times [Cd^{2+}]$$
$$[[Cd(OH)_4]^{2-}] = K_{b4}[[Cd(OH)_3]^-][OH^-] = \boxed{\text{ケ}} \times [Cd^{2+}]$$

水溶液中の全カドミウム濃度〔Cd〕$_{total}$ は以下の式で表される。

$$[Cd]_{total} = [Cd^{2+}] + [[Cd(OH)]^+] + [Cd(OH)_2] + [[Cd(OH)_3]^-] + [[Cd(OH)_4]^{2-}]$$
$$= \boxed{\text{コ}} \times [Cd^{2+}]$$

ここで，pH＝14 では電離していない硫化水素濃度〔H_2S〕は無視できるので，硫化物イオン濃度〔S^{2-}〕は［　サ　］mol/L となる。したがって，OH^- が配位していないカドミウムイオン濃度〔Cd^{2+}〕が［　シ　］mol/L 以上になると，硫化カドミウムの沈殿が生成することになる。このとき，水溶液中の全カドミウム濃度〔Cd〕$_{total}$ は［　ス　］mol/L である。

このように，カドミウムを硫化物として沈殿させ処理するときには，pH が高すぎても低すぎても良くないことがわかる。

問 1　ア ～ ス にあてはまる数値を，ア は整数で，その他は有効数字 2 けたで答えよ。塩基を加えたときの体積変化は無視できるものとする。

(b)　硫化カドミウムの結晶構造として閃(せん)亜鉛鉱型構造とウルツ鉱型構造が知られている。どちらの構造もイオン半径の大きな S^{2-} が最密充填構造をとり，その隙間にイオン半径の小さい Cd^{2+} が存在すると考えると理解しやすい。

図 1 は S^{2-} の最密充填構造の第 1 層と第 2 層を横と上から見た図を表し，第 1 層と第 2 層の間における 6 個の S^{2-} に囲まれている隙間(八面体間隙)と 4 個の S^{2-} に囲まれている隙間(四面体間隙)を示している。したがって，最密充填構造では，S^{2-} の数に対して，八面体間隙と四面体間隙の数はそれぞれ あ 倍および い 倍存在する。閃亜鉛鉱型構造とウルツ鉱型構造の中での S^{2-} の位置を**図 2**，**図 3** に●で示す。閃亜鉛鉱型構造とウルツ鉱型構造は，それぞれ**図 2**，**図 3** に示すような構造単位(格子)の繰り返しにより構成されている。閃亜鉛鉱型構造でもウルツ鉱型構造でも，Cd^{2+} は四面体間隙に存在し，1 個の Cd^{2+} に配位する 4 個の S^{2-} は正四面体の頂点に位置している。

閃亜鉛鉱型構造では，S^{2-} は**図 2** に示すように面心立方格子をとり，Cd^{2+} が四面体間隙に一つおきに存在する。**図 2** には格子の高さを 1 とした場合の，それぞれ高さ(相対的な高さ) 0，$\frac{1}{2}$，1 の断面における S^{2-} の配置(断面図)も示している。

ウルツ鉱型構造では，S^{2-} は**図 3** に示すように六方最密充填構造をとり，Cd^{2+} は，閃亜鉛鉱型構造と同様に，四面体間隙に一つおきに存在する。**図 3** には格子の高さを 1 とした場合の，それぞれ相対的な高さ 0，$\frac{1}{2}$，1 の断面の S^{2-} の配置も示している。**図 3** の格子の中には う 個の S^{2-} が含まれており，**図 3** に示す S^{2-} 間距離が 0.41 nm の場合，格子の高さ h は え nm となる。

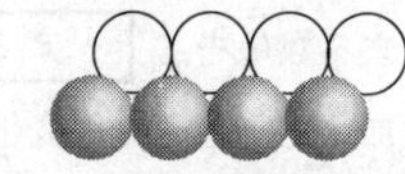

横から見た図

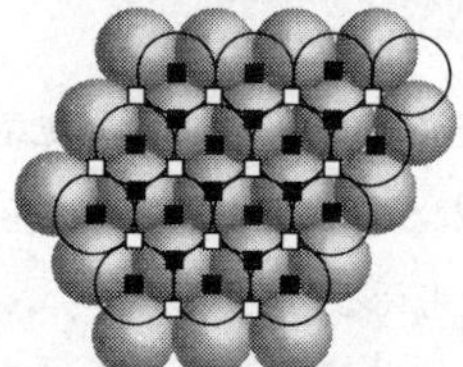

上から見た図

図 1

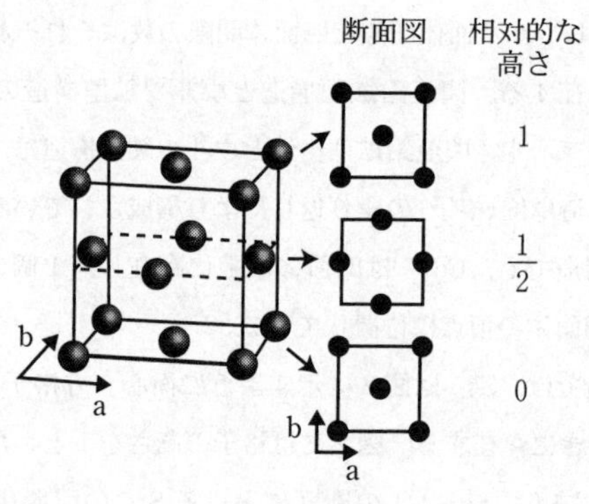

図 2

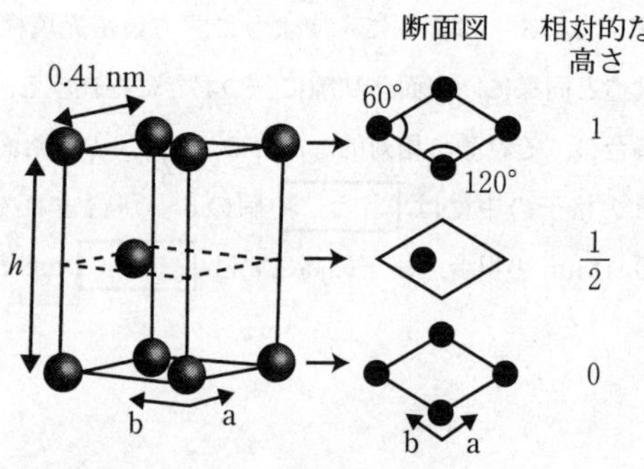

図 3

問 2 [あ] ～ [う] にあてはまる適切な整数または既約分数を答えよ。

問 3 [え] にあてはまる適切な数値を有効数字2けたで答えよ。

問 4 閃亜鉛鉱型構造の格子の中での Cd^{2+} の中心を通る断面を，**図2**に示す断面に平行な面で切り出し，Cd^{2+} の配置を○で示した図(断面図)を例として**図4**に示す。また，格子の高さを1とした場合の断面のそれぞれの高さも**図4**に示している。閃亜鉛鉱型構造の場合，2通りの組み合わせが考えられる。

ウルツ鉱型構造の格子の中での Cd^{2+} の中心を通る断面を，**図3**に示す断面に平行な面で切り出した場合を考える。**図4**の例にならって，適切な断面図と相対的な高さを [お] ～ [し] に入れて**図5**を完成させよ。ウルツ鉱型構造の場合も，閃亜鉛鉱型構造の場合と同様に，2通りの組み合わせが考えられる。ただし，[か]，[く]，および，[こ]，[し] は既約分数で答え，それぞれ値の小さな順に記せ。

断面図	相対的な高さ
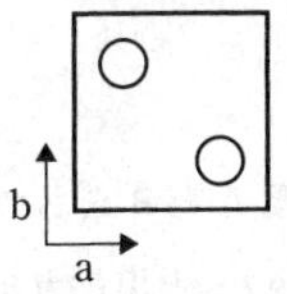 b a	$\frac{1}{4}$
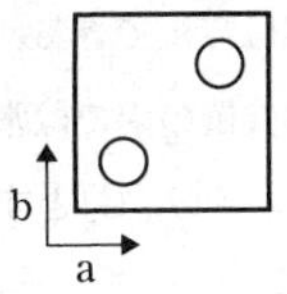 b a	$\frac{3}{4}$

断面図	相対的な高さ
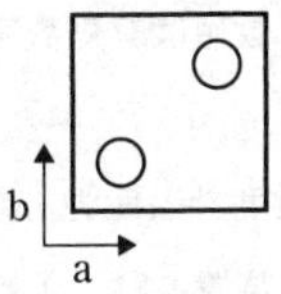 b a	$\frac{1}{4}$
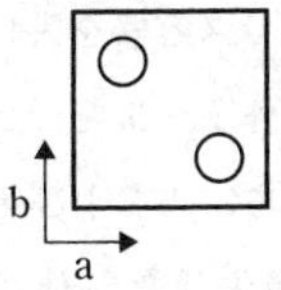 b a	$\frac{3}{4}$

図4 閃亜鉛鉱型構造の Cd^{2+} 配置の表示例

断面図	相対的な高さ
お (b ← → a)	か
き (b ← → a)	く

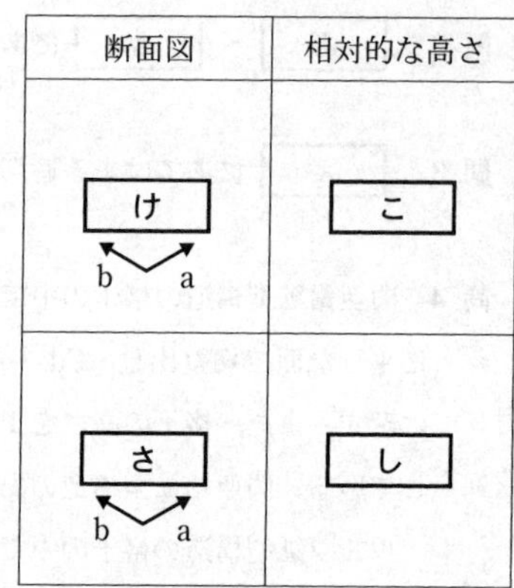

図 5　ウルツ鉱型構造の Cd^{2+} 配置

化学問題　II

次の文章(a), (b)を読み，**問 1** ～**問 7** に答えよ。解答はそれぞれ所定の解答欄に記入せよ。気体はすべて理想気体とみなす。また，問題文中の L はリットルを表す。特に指定のない場合，数値は有効数字 2 けたで答えよ。

(a)　図 1 のように温度計と圧力計が設置され，2 つの白金電極 A と B をもつ電解装置に水を入れた。装置には，1：1 の物質量比の塩化ナトリウムと塩化カルシウムの粉末を封じたガラス容器を入れてある。ガラス容器の体積は無視できる。この装置を用いて次の**操作 I** ～**III** を行った。一連の操作において，装置の中では常に水の気液平衡が成り立ち，水および気相部分の温度は等しく，これを T[℃] とする。また，空気および発生した気体の水への溶解は無視できる。ファラデー定数は 9.65×10^4 C/mol，気体定数は 8.31×10^3 Pa・L/(mol・K)，大気圧は 1.013×10^5 Pa とする。

操作 I　$T = 87$ ℃ としてバルブを開き，装置内の圧力を大気圧にしたのち，バルブを閉じた。次にガラス容器を割り，中の塩化物を溶解したところ，塩化物は完全に電離し，電解質水溶液の濃度は均一になった。このとき温度 T は 87 ℃ で変わらなかった。

操作Ⅱ　**操作Ⅰ**に続いて，バルブを閉じたまま装置全体の温度を下げ $T = 27$ ℃ にしたところ，圧力計は［ア］Pa を示した。このとき溶質の析出は起きなかった。

操作Ⅲ　**操作Ⅱ**に続いてバルブを開き，装置内の圧力を大気圧にしたのち，バルブを閉じた。次に $T = 27$ ℃ に保ったまま電解装置のスイッチを入れて，1.00×10^2 mA の電流を 32 分 10 秒間流した。このとき，圧力計は［イ］Pa を示し，気相の体積は 3.00×10^2 mL であった。

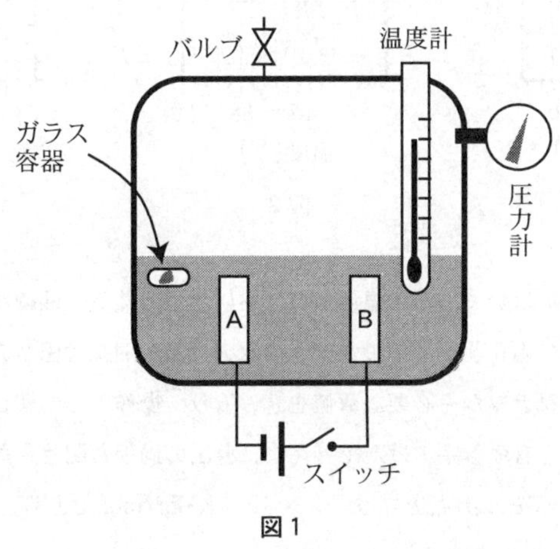

図１

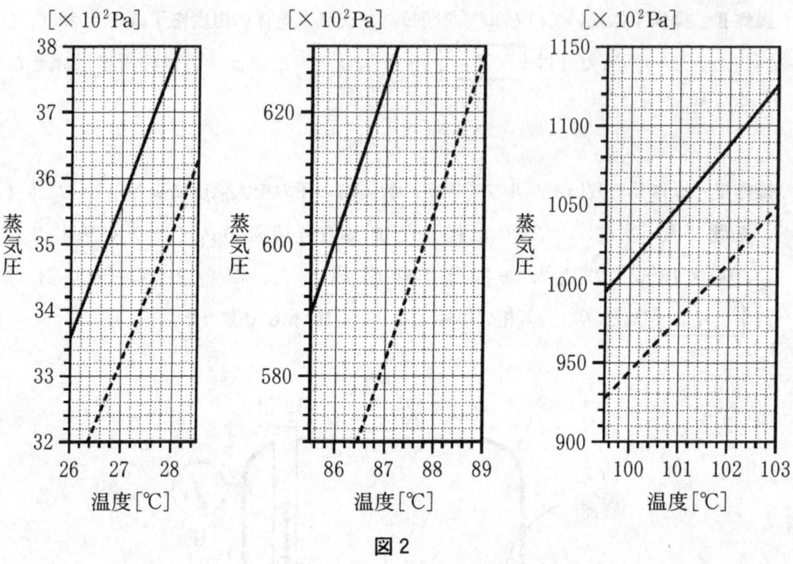

図 2

問 1　**図 2** の実線はいくつかの温度領域における水の蒸気圧曲線を表している。ガラス容器中の塩化物が溶解した状態の水の蒸気圧曲線は**図 2** の破線で与えられる。**図 2** のグラフから必要な数値を読み取り，**操作 I** で溶解した塩化カルシウムの物質量を有効数字 1 けたで答えよ。導出の過程も記せ。ただし，水の大気圧下におけるモル沸点上昇は 5.2×10^{-1} K·kg/mol であり，装置内の水の質量は 1.3×10^{2} g とする。

問 2　**操作 II** について，**図 2** のグラフから必要な数値を読み取り，[ア] に入る適切な数値を答えよ。

問 3　**操作 III** について，陰極 A と陽極 B におけるイオン反応式(半反応式)をそれぞれ記せ。

問 4　[イ] に入る適切な数値を答えよ。ただし，発生した気体の水への溶解，および**操作 III** における反応での溶質の減少による水蒸気圧の変化は無視できる。また，電極で生成したイオンや気体はそれ以後反応しないものとする。

(b)　高温の黒鉛 C に二酸化炭素 CO_2 を反応させると，一酸化炭素 CO を生じ，(1)式で表される平衡状態に達する。

$$CO_2(\text{気}) + C(\text{固}) \rightleftarrows 2\,CO(\text{気}) \tag{1}$$

図 3 は CO_2 の分圧 p_{CO2}[Pa] を横軸に，CO の分圧 p_{CO}[Pa] を縦軸にとって，気体の状態を図示したものである。曲線はある温度 T_e で(1)式の平衡状態が成立するときの，p_{CO2} と p_{CO} の関係を表しており，このとき圧平衡定数 K_P[Pa] は(2)式で表される。

$$K_P = \frac{(p_{CO})^2}{p_{CO2}} \tag{2}$$

図 3 から数値を読み取ることで，K_P = **［ウ］** Pa と求められる。

この反応に関する次の一連の**操作 1 ～ 3** を行った。なお，気体の体積に対して黒鉛の体積は無視し，気体は常に(1)式の平衡状態にあるとする。

操作 1：可動式のピストンを備えた容器に過剰量の黒鉛，および CO_2 を入れて，圧力が P_1[Pa] になるように調整した(**図 4**)。最初，容器全体は十分低温に保たれており，(1)式の正反応はほとんど進行しなかった。このとき，気体は**図 3** の点 A の状態にあると考えられる。

操作 2：次に，容器内の気体の全圧を一定(P_1)に保ちながら，容器全体の温度を T_e までゆっくり上昇させたところ，**図 3** の点線に沿って**矢印①**の方向に気体の平衡が移動し，気体の体積は V_1[L] となった。このとき，気体は**図 3** の点 B の状態にあると考えられる。

操作 3：引き続き，温度を T_e に保ったままピストンを押して気体をゆっくり圧縮したところ，**図 3** の曲線に沿って**矢印②**の方向に気体の平衡が移動し，気体の体積は V_2[L]，気体の全圧は P_2[Pa] となった。

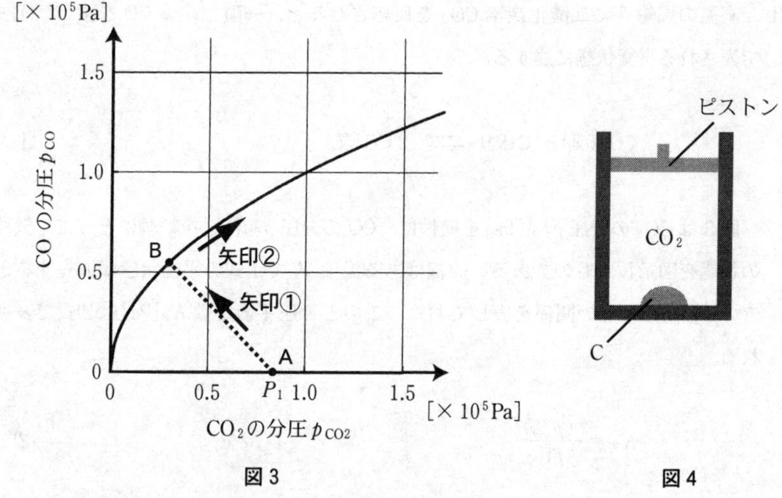

図3　　図4

問5　［ウ］にあてはまる適切な数値を答えよ。

問6　図3の点線を表す式を p_{CO}，p_{CO2}，P_1 を用いて記せ。

問7　最初(点A)の圧力を $P_1 = 7.5 \times 10^4$ Pa として，上記の**操作**1～3を行った。その結果，CO の分圧と CO_2 の分圧が等しくなった。このとき，次の(i)～(iii)の問いに答えよ。

(i)　点BにおけるCOの分圧(p_{CO})の値を単位を含めて答えよ。

(ii)　$\frac{P_2}{P_1}$ の値を整数または既約分数で答えよ。

(iii)　$\frac{V_2}{V_1}$ の値を整数または既約分数で答えよ。導出の過程も記せ。

※解答欄　問1：ヨコ13.2センチ×タテ15.3センチ
問7(iii)：ヨコ12.0センチ×タテ15.3センチ

化学問題　Ⅲ

次の文章を読んで，**問 1** に答えよ。解答はそれぞれ所定の解答欄に記入せよ。原子量は H = 1.0，C = 12，O = 16 とする。

化合物 **A** は，炭素，水素，酸素の 3 種類の原子から構成されており，分子内に複数のエステル結合をもつ有機分子であった。化合物 **A** は，不斉炭素を 1 つもち，分子量は 348 であった。化合物 **A** を 1.00×10^{-3} mol はかりとって完全燃焼させた。その結果，216 mg の水と 836 mg の二酸化炭素が生成した。次に，化合物 **A** を加水分解した。その結果，化合物 **A** の分子内に含まれる，いくつかのエステル結合は，ヒドロキシ基とカルボキシ基に変換され，化合物 **A** からは複数の化合物の混合物が得られた。そこで，それらの混合物に含まれていた 7 種類の化合物 **B**～**H** を，それぞれ単一の化合物として分離した。化合物 **B**，**C**，**D** は，化合物 **A** の加水分解が部分的にしか進行しなかったことで生じた，分子内にエステル結合が残った化合物であった。これらの異なる化合物 **B**～**H** の構造を明らかにするために行った分析，または反応操作とその結果を，次の(**あ**)～(**か**)に示す。

(**あ**)　化合物 **B** を加水分解することで，化合物 **B** の分子内に含まれるエステル結合を切断した。その結果，化合物 **E** と化合物 **F** が得られた。

(**い**)　化合物 **C** の組成式は $C_7H_{14}O_3$ であった。

(**う**)　化合物 **D** は，カルボキシ基をもつ化合物であり，その組成式は C_3H_3O であった。

(**え**)　化合物 **E** は分子式 $C_4H_4O_4$ のジカルボン酸であった。化合物 **E** は，その幾何異性体(シス-トランス異性体)よりも，同一条件下での水への溶解度が小さかった。

(**お**)　化合物 **G** は，3 つの $-CH_3$ をもつアルコールであった。分子式 C_5H_{10} のアルケンに酸を触媒として水を付加させる反応によっても，化合物 **G** を合成できた。

(か)　化合物 H は分子量が 122 であり，この化合物 H を酸化したところ，テレフタル酸が得られた。

問 1　化合物 A～H の構造式を，それぞれ指定された解答欄に，記入例にならって記せ。ただし，幾何異性体(シス-トランス異性体)は区別し，鏡像異性体は区別する必要がない。

構造式の記入例：

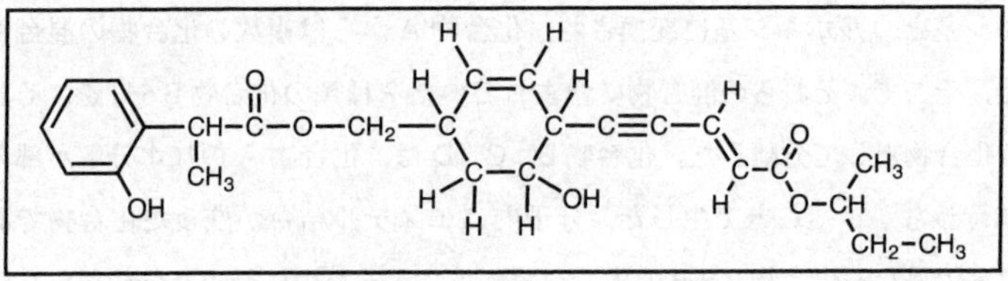

化学問題　Ⅳ

次の文章を読んで，**問 1**～**問 3** に答えよ。解答はそれぞれ所定の解答欄に記入せよ。

L-グリセルアルデヒドは分子内に不斉炭素原子をひとつ含む炭素数 3 の単糖である。その立体配置は**図 1 a** のように示すことができ，太線(▬)は紙面の手前側へ出ている結合，破線(┉)は紙面の奥側に向かう結合を示す。これとは別に，**図 1 b** のような表記法があり，左右方向の結合は紙面の手前側に出た結合，上下方向の結合は紙面の奥側に向かう結合を示し，中心となる炭素を交点とした十字形で示される。**図 1 b** の表記法は「フィッシャー投影式」と呼ばれ，炭素原子に結合した原子あるいは原子団の立体配置を二次元的に示すための簡便な方法である。

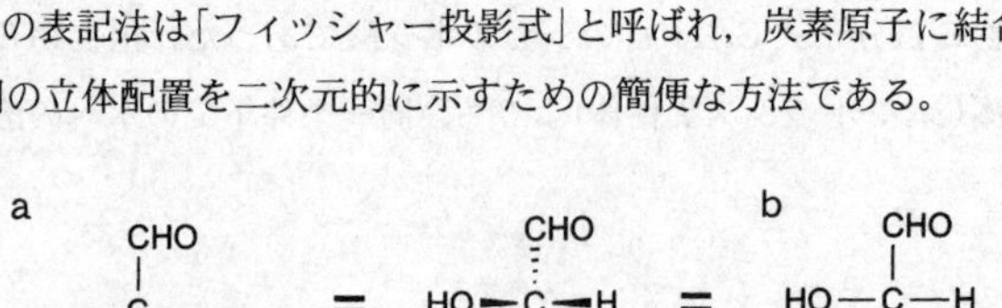

図 1　L-グリセルアルデヒドの表記法の比較

天然の単糖であるD-グルコースの鎖状構造を，フィッシャー投影式を用いて，鏡像異性体であるL-グルコースの鎖状構造とともに**図2a**に示した。両者を比較すると，分子内の4箇所すべての不斉炭素原子に結合した原子の配置は，鏡像の関係にある。D-フルクトース(天然型)とその鏡像異性体(L-フルクトース)についても，フィッシャー投影式を**図2b**に示した。

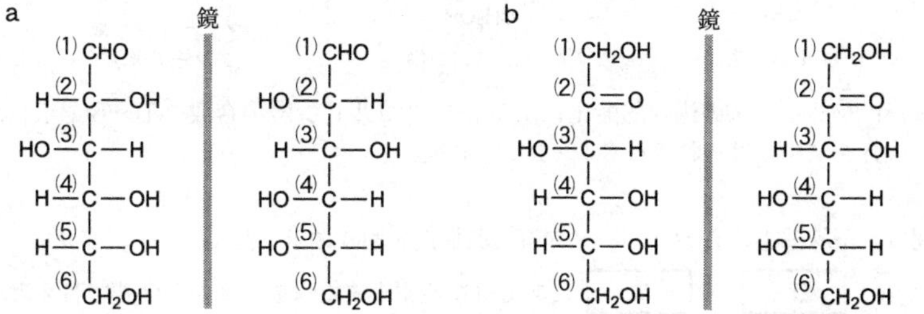

	a　D-グルコース	鏡	L-グルコース	b　D-フルクトース	鏡	L-フルクトース
(1)	CHO		CHO	CH_2OH		CH_2OH
(2)	H—C—OH		HO—C—H	C=O		C=O
(3)	HO—C—H		H—C—OH	HO—C—H		H—C—OH
(4)	H—C—OH		HO—C—H	H—C—OH		HO—C—H
(5)	H—C—OH		HO—C—H	H—C—OH		HO—C—H
(6)	CH_2OH		CH_2OH	CH_2OH		CH_2OH

図2　単糖の鎖状構造の例。(1)～(6)で示した炭素を文中ではそれぞれC1～C6とする。

L-ソルボースはD-フルクトースの立体異性体のひとつであり，**図3**のフィッシャー投影式のとおり，C5炭素に結合した原子あるいは原子団の立体配置のみ，D-フルクトースと異なっている。また，D-フルクトースと同様に，水溶液中では鎖状構造と環状構造の平衡状態として存在し，C5炭素に結合したヒドロキシ基がカルボニル基と反応した<u>五員環構造</u>①をとることができる。

L-アスコルビン酸(ビタミンC)はL-ソルボースから**図3**に示した経路で合成される。まず，<u>L-ソルボースのC1炭素を含むCH_2OH基を選択的にカルボキシ基まで酸化することで</u>②，2-ケト-L-グロン酸が合成される。続いて，<u>脱水縮合反応によって分子内エステル結合が形成され</u>③，ケト形のL-アスコルビン酸が得られる。この化合物はエノール形のL-アスコルビン酸へ変化する。

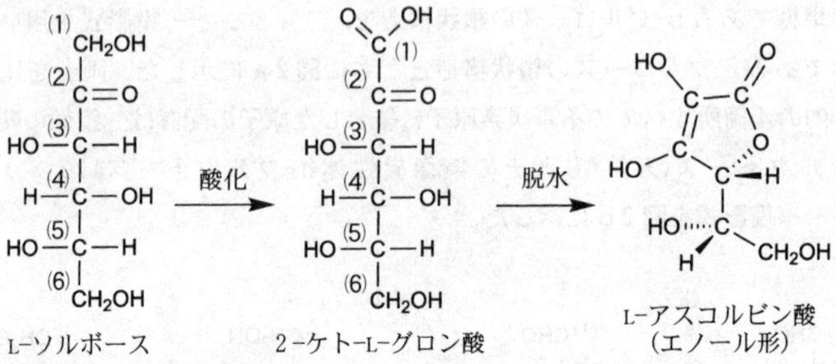

(1) CH_2OH ― (2) C=O ― (3) HO―C―H ― (4) H―C―OH ― (5) HO―C―H ― (6) CH_2OH

L-ソルボース

―酸化→

COOH (1) ― (2) C=O ― (3) HO―C―H ― (4) H―C―OH ― (5) HO―C―H ― (6) CH_2OH

2-ケト-L-グロン酸

―脱水→

L-アスコルビン酸
(エノール形)

図3　L-ソルボースの選択的酸化によるL-アスコルビン酸の合成。(1)～(6)で示した炭素を文中ではそれぞれC1～C6とする。

問1　下線部①のL-ソルボースの五員環構造を図4に示した。

[ア]～[エ]にあてはまる原子または原子団を化学式で答えよ。

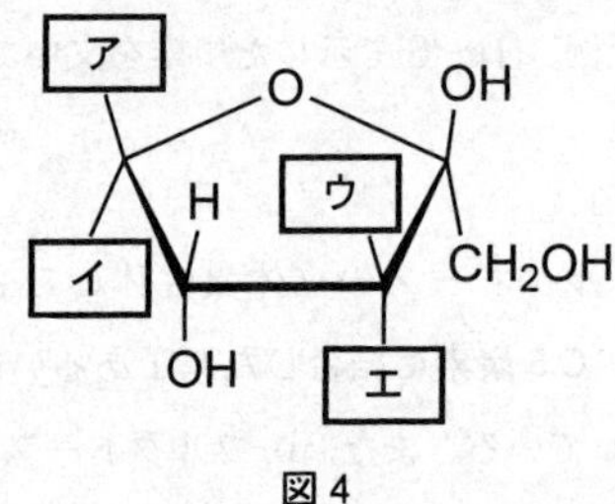

図4

問2　下線部②に関する次の文を読み，(i)と(ii)に答えよ。

複数のヒドロキシ基をもつ化合物において，特定のヒドロキシ基のみを反応させる方法のひとつに，反応させたくないヒドロキシ基を一時的に異なる化学構造に変換し，望まない反応を防ぐという手法がある。このような手法は「保護」と呼ばれ，その概念を図5aに示した。空間的に近接した2つのヒドロキシ基を，アセトンと反応(アセタール化)させることで，五員環構造にしている。この環構造は，1,2-型環構造と呼ばれ，酸化反応の影響を受けない。一方で，酸性条件下では加水分解により開裂し，もとのヒドロキシ基に戻る。図5bのような配置のヒドロキシ基の間でもアセタール化は進行し，六員環構造(1,3-型環構造)を与える。また，分子内に3つ以上のヒドロキシ基が含まれる場合(図5aや5c)は，より近接した2つのヒドロキシ基の間でアセタール化がおこる。

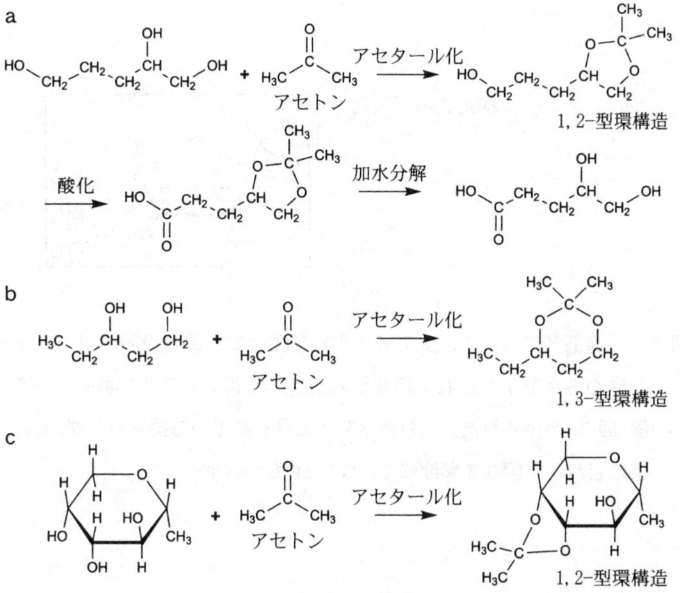

a

b

c

図 5　アセタール化によるヒドロキシ基の保護の例

図 4 の五員環構造をとった L−ソルボースがアセトンと反応すると，分子内の 5 箇所のヒドロキシ基のうち， **I** と **II** に結合したものは 1, 2−型環構造として「保護」され， **III** と **IV** に結合したものは 1, 3−型環構造として「保護」された。この状態で残された CH_2OH 基を酸化し，その後に加水分解を行ったところ，2−ケト−L−グロン酸（**図 3**）が合成できた。

(i)　上記の文章の **I** ～ **IV** にあてはまる炭素を，**図 3** を参照して，C 1 ～C 6 から選べ。

(ii)　単糖類の化学反応に興味を持った大学生の A さんは，D−グルコースをアセトンと反応させ，得られた化合物の構造を解析した。その結果，D−グルコースは，水溶液中の存在比が非常に小さい五員環構造をとってアセトンと反応したことがわかった。また，その反応により得られた化合物には 2 つの

1, 2-型環構造が含まれることが判明した。A さんが得た化合物の構造を，下記の記入例にならって示せ。不斉炭素がある場合は，その立体構造がわかるようにすること。

構造式の記入例：

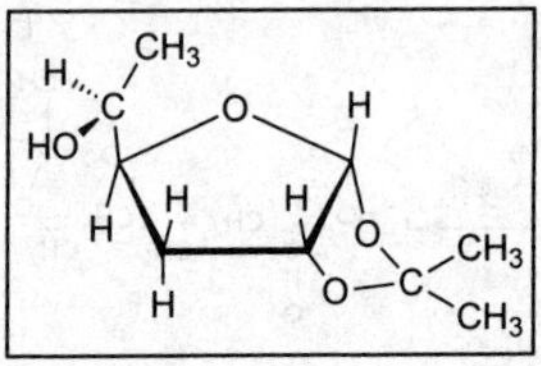

問 3　下線部③について，L-アスコルビン酸合成の最終段階では，2-ケト-L-グロン酸から水分子がとれて縮合がおこり，環状エステルであるL-アスコルビン酸(**図 3**)が得られた。とれた水分子に含まれている酸素原子が結合していた炭素はどれか。**図 3** を参照して，**C 1** ～**C 6** から選べ。

生物

(教育(理系)学部　1科目　90分)
(　その他　　　　2科目 180分)

(注)　100点満点。理・医(医)学部は2科目300点満点に換算。

生物問題　I

次の文章(A)，(B)を読み，**問1～問8**に答えよ。解答はすべて所定の解答欄に記入せよ。

(A)　ヒトにおいて，タンパク質をコードする遺伝子は，通常，複数のエキソンと，その間にある［ア］から成り立っている。遺伝子のDNAから転写されてできたmRNA前駆体は，［イ］という過程により［ア］が取り除かれ，mRNAになる。そして，このmRNAは，細胞質でポリペプチドに翻訳される。

いま，ある常染色体優性遺伝性の疾患Xについて検討する。この疾患をつかさどる遺伝子Yは4つのエキソンをもつ。遺伝子Yのエキソン1から4のそれぞれに存在するコード領域は1600，430，1941，1510塩基長であり，コードされているポリペプチドYは，1826個のアミノ酸から構成されている。**図1**にそれらコード領域の開始点と終点近傍の塩基配列を示す。

エキソン1	エキソン2	エキソン3	エキソン4
1 … 1600	1 … 430	1 … 1941	1 … 1510
ATGTT・・CTCAG	GGCGG・・ATGAG	GGTCT・・GTGAG	GGAAA・・TGTAA

塩基上の数字は各コード領域の最初の塩基を1番とした塩基番号を表す。

図1

ここで，疾患 X 発症の原因として，遺伝子 Y の［ア］の突然変異により，［イ］が正常に行われず，一部のエキソンが欠失した mRNA が合成される 2 つの変異（Ⅰ型変異，Ⅱ型変異）を考える。Ⅰ型変異ではエキソン 1，3，4 の，Ⅱ型変異ではエキソン 1，2，4 の全長に対応した mRNA が合成され，それぞれ，ポリペプチド Y-ⅰ と Y-ⅱ が産生される。Y-ⅰ と Y-ⅱ は，一次構造は互いに異なるものの，いずれも 1179 個のアミノ酸から構成されている。

一般的なタンパク質の分泌過程では，［ウ］によって翻訳されたポリペプチドが，シグナルペプチドの働きによって［エ］に入り，折りたたまれる。その後，このポリペプチドは［オ］へ輸送されて濃縮された後に，細胞外へと運ばれる。

ポリペプチド Y は，［エ］で前駆型三量体を形成した後，安定な三重らせん構造をもつ成熟型三量体となり，細胞外に分泌される（図 2）。前駆型三量体が形成されるためには，3 つのポリペプチド Y における，エキソン 4 によってコードされているアミノ酸配列が必要で，エキソン 1 ～ 3 によってコードされているアミノ酸配列は前駆型三量体の形成には影響しない。

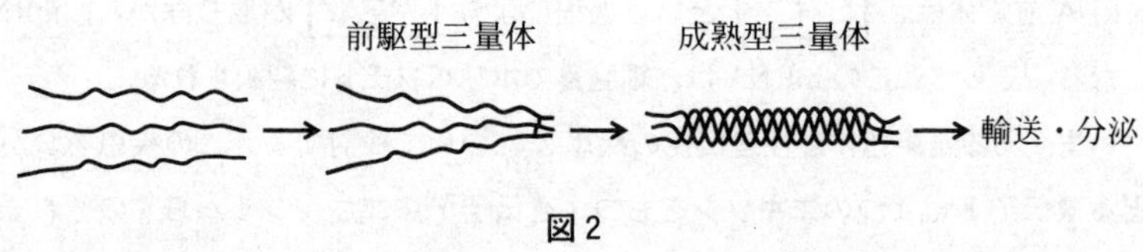

図 2

問 1　文中の［ア］～［オ］に当てはまる適切な語句を解答欄に記せ。

問 2　UAA，UAG，UGA は終止コドンである。遺伝子 Y のⅠ型変異，Ⅱ型変異の mRNA の翻訳において，終止として働くコドンが存在するエキソンの番号をそれぞれ解答欄ⅠとⅡに記せ。

問 3　ポリペプチド Y のエキソン 3 がコードする領域を抗原とする抗体 A 3 がある。この抗体 A 3 とポリペプチド Y-ⅰ の結合を調べたところ，ポリペプチド Y-ⅰ には抗体 A 3 と特異的に結合する部位は存在しないことがわかった。結合する部位が存在しない理由を解答欄の枠の範囲内で説明せよ。

問 4　I 型変異のヘテロ接合体細胞が産生するポリペプチド Y と Y-i に関する適切な記述を以下の(**あ**)～(**え**)からすべて選び，記号を解答欄に記せ。

(**あ**)　分泌された成熟型三量体は Y-i を含む。

(**い**)　分泌された成熟型三量体は Y を含む。

(**う**)　細胞内の前駆型三量体は Y-i を含む。

(**え**)　細胞内の前駆型三量体は Y を含む。

問 5　II 型変異のヘテロ接合体細胞が産生するポリペプチド Y と Y-ii について調べたところ，分泌された成熟型三量体はポリペプチド Y のみからなること，および，前駆型三量体がポリペプチド Y-ii を含んでいる場合は，成熟できないまま細胞小器官内に蓄積し分泌されないことがわかった。

正常な遺伝子 *Y* をホモでもつ細胞が分泌するポリペプチド Y の成熟型三量体の量を 1 としたときに，I 型変異のヘテロ接合体細胞と，II 型変異のヘテロ接合体細胞が，それぞれ分泌する成熟型三量体の量を推定し，解答欄 I と II に既約分数で記せ。ただし，遺伝子 *Y* の転写・翻訳の効率は遺伝子型にかかわらず同一とする。

(B)　放射線や化学物質などは DNA 損傷を引き起こし，突然変異の要因となる。そのため，細胞には DNA の損傷を修復する機構が備わっている。DNA 損傷の 1 つに，シトシン(C)が化学変化してウラシル(U)となるものがある。この損傷は，主に塩基除去過程を経て修復されることが知られている。この過程を図 3 に示す。まずウラシルがグリコシラーゼという酵素により除去された後，残ったデオキシリボースの 5' 側および 3' 側のリン酸基の結合が AP エンドヌクレアーゼなどにより切断される。その後，相補鎖を利用した反応によって，除去された部位に正しいヌクレオチドが挿入され，正常な塩基対へと修復される。

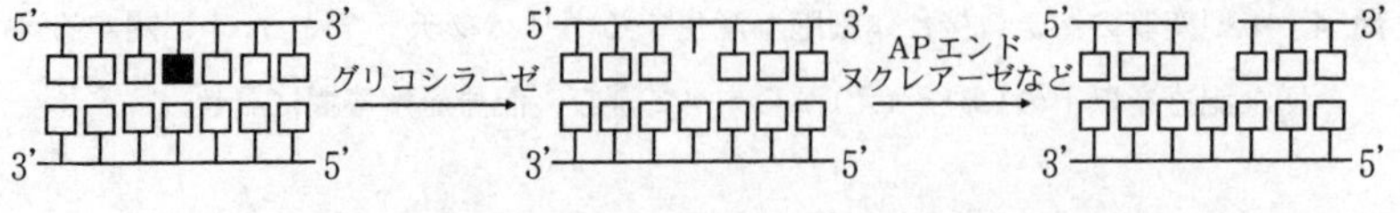

□は通常の塩基を，■はCがUに変化した部位を表す。

図3

このウラシルの塩基除去修復に関連する実験を行うために，まず，以下に示す塩基配列のように5'末端側から21番目にウラシルをもつ39塩基長のDNAを合成し，5'末端を放射性同位体で標識した(★印)。

5'-★**TAGACGGATGAATATTGAGGUAAGAAGTTGGATTTGGTA**-3'
（1，10，20，30番目の塩基の上に番号）

次に，ウラシルと向き合う塩基以外は，上記の標識DNAとすべて相補的になるDNAを合成し，標識DNAと合わせて下記の2本鎖DNAを作製した。

5'-★**TAGACGGATGAATATTGAGGUAAGAAGTTGGATTTGGTA**-3'
3'-　**ATCTGCCTACTTATAACTCCGTTCTTCAACCTAAACCAT**-5'

この2本鎖DNAを用い，次の2つの実験を行った。

実験1：2本鎖DNAに損傷塩基部分を除去する関連タンパク質(グリコシラーゼ，APエンドヌクレアーゼなど)と除去部位の修復を行うタンパク質A，タンパク質B，および化合物Zを異なる組み合せで加え，さらに酵素反応に必要なATPを加えた5種類の試料を用意し，37℃で1時間反応を行った。反応後，各試料中のDNAを1本鎖にして電気泳動を行い，5'末端の放射性同位体標識(★)を利用して検出した結果を模式図にしたものが**図4**である。**図4**中の＋は，タンパク質または化合物が試料中に含まれることを，－は含まれないことを意味する。

試料	1	2	3	4	5
損傷塩基除去関連タンパク質	−	＋	＋	＋	＋
タンパク質 A	−	−	＋	＋	＋
タンパク質 B	−	−	−	−	＋
化合物 Z	−	−	−	＋	＋

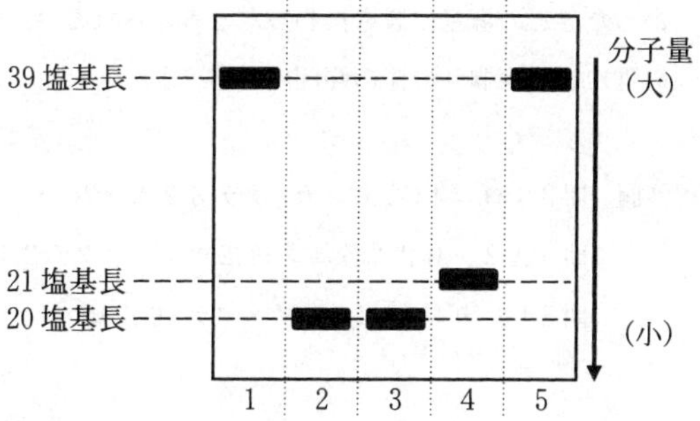

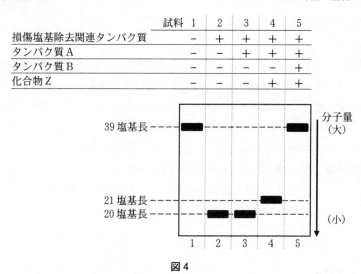

図 4

実験 2：前頁の 2 本鎖 DNA をプラスミドに組みこみ，ウラシルの修復機構が損なわれた大腸菌に取り込ませた。この大腸菌を培養してプラスミドを増殖させた後，そのプラスミドを回収した。

問 6　タンパク質 A とタンパク質 B として最も適切なものを，次の**(あ)**～**(お)**から 1 つずつ選び，それぞれ解答欄 **A 1** と **B 1** に記せ。また，それらのはたらきを，それぞれ解答欄 **A 2** と **B 2** の枠の範囲内で記せ。

(あ)　DNA ポリメラーゼ　　**(い)**　DNA ヘリカーゼ
(う)　DNA リガーゼ　　**(え)**　RNA ポリメラーゼ
(お)　ヒストン

問 7　化合物 Z として最も適切なものを，次の**(あ)**～**(き)**より 1 つ選び，解答欄に記せ。

(あ)　デオキシアデノシン三リン酸　　**(い)**　デオキシシチジン三リン酸
(う)　デオキシグアノシン三リン酸　　**(え)**　デオキシチミジン三リン酸
(お)　シチジン三リン酸　　**(か)**　グアノシン三リン酸

（き）　ウリジン三リン酸

問 8　**実験 2** で回収したプラスミドには，配列が異なるものが 2 種類あり，いずれも，組みこんだ 2 本鎖 DNA のウラシル(U)が他の塩基に置き換わったものであった。どの塩基に置き換わったと考えられるか，解答欄Ⅰに記せ。また，その理由を解答欄Ⅱの枠の範囲内で述べよ。

※解答欄　問 3：ヨコ 12.2 センチ×タテ 8.2 センチ
問 6 A 2・B 2：各ヨコ 11.2 センチ×タテ 2.1 センチ
問 8 Ⅱ：ヨコ 11.2 センチ×タテ 10.4 センチ

生物問題　Ⅱ

次の文章を読み，**問 1** ～**問 4** に答えよ。解答はすべて所定の解答欄に記入せよ。

ショウジョウバエの雌個体の卵巣では，体細胞分裂により，卵原細胞から卵母細胞が形成される。次いで，①減数分裂により，卵母細胞から卵が形成される。いま，卵母細胞でのみ転写される遺伝子 G を考える。その転写産物は卵母細胞の細胞質基質に蓄積し，胚の正常な背腹軸の形成に必須である。また，遺伝子座 G には，野生型の対立遺伝子 G に加えて変異型の対立遺伝子 g が存在し，対立遺伝子 g からは機能的な転写産物がまったく産生されない。一方，成熟したショウジョウバエ個体の体色を決定する遺伝子座 E には，野生型の対立遺伝子 E および変異型の対立遺伝子 e が存在する。遺伝子型 EE および Ee の個体の体色は正常色(黄褐色)であり，遺伝子型 ee の個体は暗黒色になる。なお，遺伝子座 G と遺伝子座 E は常染色体上で連鎖しており，その間の組換え価は 10 % である。

実験：②対立遺伝子 G と対立遺伝子 E が一つの染色体上に存在している遺伝子型 $Gg\ Ee$ の雌個体と，遺伝子型 $gg\ Ee$ の雄個体を交配したところ，産卵されたすべての受精卵がふ化し，多数の F_1 個体が得られた。次に，③生育した多数の F_1 雌個体の中から 1 個体を無作為に選び，遺伝子型 $gg\ Ee$ の雄個体と交配し F_2 個体を得る実験を行った。この実験を繰り返したところ，一部の交配において，F_1 雌個体が産卵した受精卵はすべてふ化しなかった。④ なお，一連の実験では新たな突然変異は生じないものとする。

問 1　下線部①に関連して，一般的な減数分裂において，卵母細胞から卵とともに形成される細胞の名称を記せ。

問 2　下線部②の雌個体の卵巣内に形成されるすべての卵のうち，対立遺伝子 g と E を同時にもつ卵が占める比率として期待される値を，既約分数で答えよ。ただし，二重組み換えは生じないものとする。

問 3　下線部③の F_1 雌個体について，対立遺伝子(G, g)と対立遺伝子(E, e)に関する出現可能な遺伝子型は下記の**表** 1 に示すように 6 つある。**表** 1 中の **ア** ～ **カ** は，それぞれの遺伝子型が F_1 雌個体全体に占める比率として期待される値である。これらを計算して，既約分数で答えよ。

表 1

遺伝子型	F_1 雌個体全体に占める比率として期待される値
Gg EE	**ア**
Gg Ee	**イ**
Gg ee	**ウ**
gg EE	**エ**
gg Ee	**オ**
gg ee	**カ**

問 4　下線部④に関連して，得られた F_2 個体のなかには，「体色が暗黒色，かつ産卵した受精卵がすべてふ化しない雌個体」が出現すると予想される。この個体が，F_2 個体全体に占める比率を，導出過程とともに記せ。ただし，すべて

のF$_1$雌個体が同数の卵を産み，雄個体と雌個体が同一の比率で出現すると仮定せよ。

※解答欄　問4：ヨコ12.2センチ×タテ19.9センチ

生物問題　Ⅲ

次の文章を読み，**問1**～**問3**に答えよ。解答はすべて所定の解答欄に記入せよ。

植物は環境からの様々なストレスを受けている。陸上での深刻なストレスの1つが乾燥である。一部の植物は，①養水分を効率よく吸収するために根を，吸収した養水分を効率よく輸送するために維管束を発達させた。また，体の表面からの水分の損失を防ぐためにクチクラ層を形成するようになった。その一方で，外界とのガス交換を行うために気孔を発達させた。一般に，気孔は②明暗の環境変化に応答して開閉する。しかし，気孔が開口するとそこから水分が失われるため，③乾燥ストレスを受けている植物は，明暗にかかわらず気孔を閉じなければならない。この乾燥ストレスに対する気孔の応答は，明暗に対する応答とは異なるものである。

問1　下線部①に関連して，根および維管束をいずれももたない植物を以下の**(あ)**～**(き)**よりすべて選び，記号で解答欄に記せ。

(あ)　セン類　　**(い)**　ヒカゲノカズラ類　　**(う)**　タイ類
(え)　ツノゴケ類　　**(お)**　シダ類　　**(か)**　裸子植物
(き)　被子植物

問2　下線部②に関連して，以下の⑴，⑵に答えよ。

⑴　気孔の開口は，ある受容体が特定の波長領域の光を吸収して促進される。**ⓐ**この光受容体タンパク質の名称は何か，また，**ⓑ**この受容体はおもに何色の光を吸収するか，解答欄に記せ。

(2) 光受容後の気孔が開口するまでの過程を，(c)孔辺細胞の細胞質基質の浸透圧が上昇するまでと，(d)その後，気孔が開口するまでに分けて，(c)と(d)のそれぞれについて以下の用語をすべて用いて，解答欄の枠の範囲内で説明せよ。なお，用いる用語の順番や回数は問わない。

(c) ポンプ，チャネル　　　(d) 膨圧，細胞壁

問 3 下線部③に関連して，一般に，植物が乾燥ストレスを受けている場合，光があたっている方が，光があたっていない場合に比べて障害が発生しやすい。C_3 植物において，その理由は次の文章のように説明できる。

文中の ア ～ ウ に入る適切な語句を(あ)～(け)より 1 つずつ選び，記号で解答欄に記せ。

光合成では，葉緑体のチラコイドで作られた化学物質が，ストロマでの炭素同化の反応に使われる。植物には，強光下で，光合成色素によって吸収された光エネルギーの過剰分を ア エネルギーのかたちで安全に放散する調節防御機構が備わっている。気孔が閉じて葉肉組織の二酸化炭素濃度が低下し，カルビン・ベンソン回路の反応速度が低下すると，チラコイドでの電子伝達反応の最終的な電子受容体である イ の供給量が低下する。そのため，乾燥ストレス下で光があたっている場合，吸収された光エネルギーの過剰分が調節防御能力を超えてしまい，活性酸素を生じさせる。植物に含まれるアスコルビン酸や光合成色素である ウ は活性酸素を消去するはたらきをもつ抗酸化物質である。しかし，植物のもつ消去能力を上回る量の活性酸素が生じると，細胞や葉緑体に障害を及ぼす。

(あ) 電気	(い) 熱	(う) 化学
(え) $NADP^+$	(お) NAD^+	(か) ADP
(き) アントシアニン	(く) カロテン	(け) フィトクロム

※解答欄　問 2 (2)(c)・(d)：各ヨコ 10.2 センチ×タテ 6.9 センチ

生物問題　Ⅳ

次の文章(A), (B)を読み，**問1～問6**に答えよ。解答はすべて所定の解答欄に記入せよ。

(A)　紅藻は，様々な水深に分布している。潮間帯(水深0m付近)から紅藻Aを，水深8mから紅藻Bを採取し，石英ガラス板に挟んで吸収スペクトルを測定した(**図1**)。次に，それぞれの紅藻に，白色光を照射した際の光合成速度を，光強度を変えて測定した(**図2**)。さらに，紅藻Bの光合成の作用スペクトルを測定したところ**図3**のようになった。これらの実験結果と，**図4**に示す，水中に到達する太陽光の波長と強度の関係から，<u>紅藻Bは生育場所の光環境に適応していると考えることができた</u>。

問1　一般的な植物の緑葉や緑藻類細胞が示す光合成の作用スペクトルは，**図3**のスペクトルとどのように異なるか，解答欄の枠の範囲内で説明せよ。

問2　下線部のように考えた理由を，**図1～図4**から読み取れることを個々に述べながら，以下の用語をすべて用いて，解答欄の枠の範囲内で説明せよ。なお，用いる用語の順番や回数は問わない。

光合成，　緑色光，　光飽和点，　吸収，　弱い光

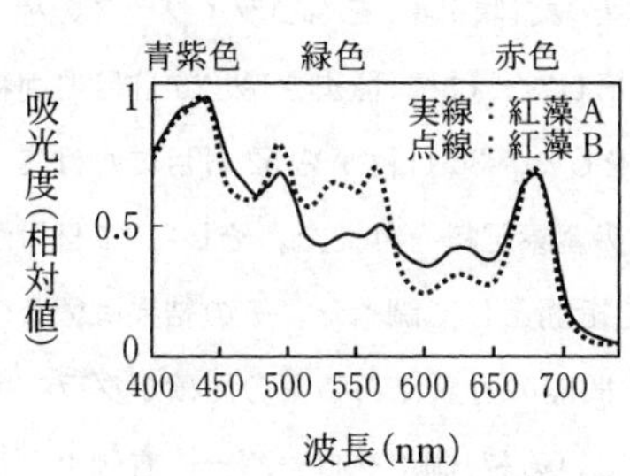

図1　縦軸は，最大の吸光度を 1 としたときの相対値である。(横浜，1973 の図を改変)

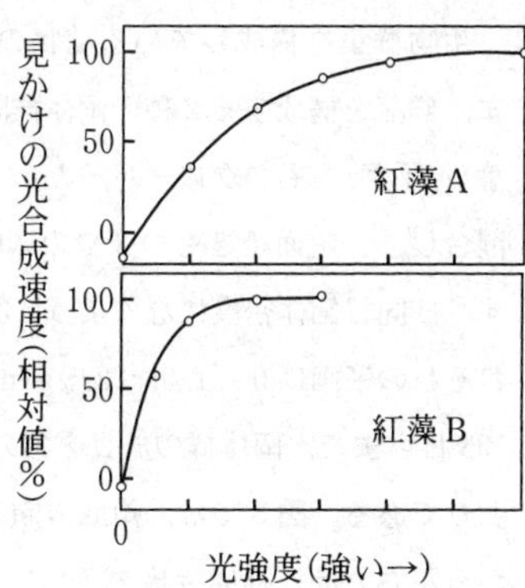

図2　縦軸は，光飽和点における見かけの光合成速度に対する相対値(％)である。上下の図の横軸の目盛は同じである。(横浜，1973 の図を改変)

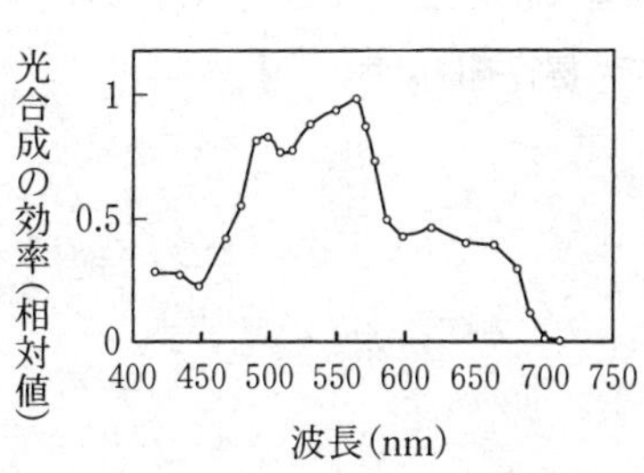

図3　縦軸は，波長 570 nm における値を 1 としたときの相対値である。(Haxo and Blinks, 1950 の図を改変)

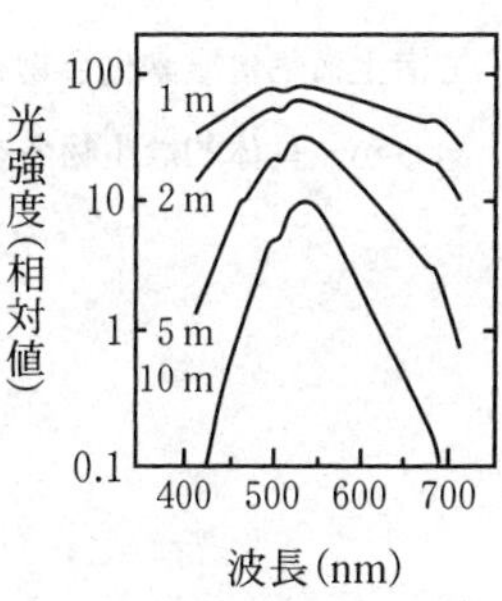

図4　縦軸は，海水面(0 m)での太陽光の最大の光強度を 100 としたときの相対値，図中の数字は水深を示している。(Wozniak and Dera, 2007 の図を改変)

(B)　生物群集を構成している植物の集団を植物群落という(以下，群落と呼ぶ)。いま，群落を構成する2種の個体群間の種間競争を実験的に調べるために，広葉型の葉(水平葉)をもつクローバーと，イネ科型の葉(傾斜葉)をもつライグラスの種子を混合し，一定面積をもつ3つの区画で栽培した。は種(種まき)後20日目に両種がすべて同じ個体密度になるように間引きをした。36日目から52日目にかけて，それぞれの区画に0，7.5，22.5 g/m^2 の量の窒素肥料を与えた。そして67日目から133日目まで，個体群の成長を葉の面積を指標として調べた。その結果は**図5**のとおりである。**図5**では，鉛直方向3.5 cm間隔の各層にある葉の面積がグラフ中央から左右方向に横向き棒グラフで示されている(左側：クローバー，右側：ライグラス)。葉の面積は区画の面積に対する相対値で表し，以下，葉面積と呼ぶ(非光合成器官の面積は含まない)。なお，は種時の土壌中には根粒菌が含まれていた。また，窒素肥料以外の条件については，区画間で同一になるように管理されたものとする。113日目以降，ライグラスでは茎が伸長し穂が生じた。

問3　クローバーなどマメ科植物の根に共生する根粒菌は，空気中の窒素を固定して宿主植物に窒素化合物を供給する。窒素固定生物には他にどのようなものがあるか。具体的な生物名を2つ挙げて，解答欄に記せ。

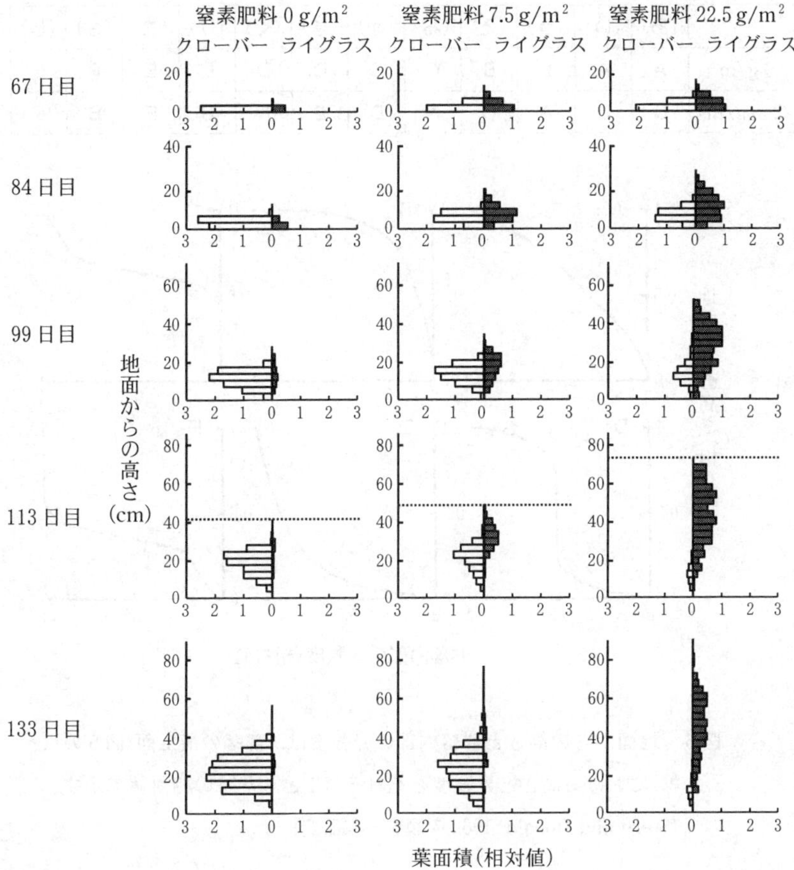

図5　113日目における点線は群落の最上面を示す。□はクローバーを，■はライグラスを表す。(Stern and Donald, 1962 の図を改変)

問4　113日目の窒素肥料条件が $0\,g/m^2$ と $22.5\,g/m^2$ の群落について，地面からの高さと群落内部の光強度の関係を調べた。**図6**のグラフ**A**～**F**のうち，各群落の結果として最も適切な組み合わせを下表の(**あ**)～(**し**)の中から1つ選び，記号を解答欄に記せ。

	(あ)	(い)	(う)	(え)	(お)	(か)	(き)	(く)	(け)	(こ)	(さ)	(し)
0 g/m^2	A	A	B	B	C	C	D	D	E	E	F	F
22.5 g/m^2	D	C	A	C	A	D	E	F	B	F	B	E

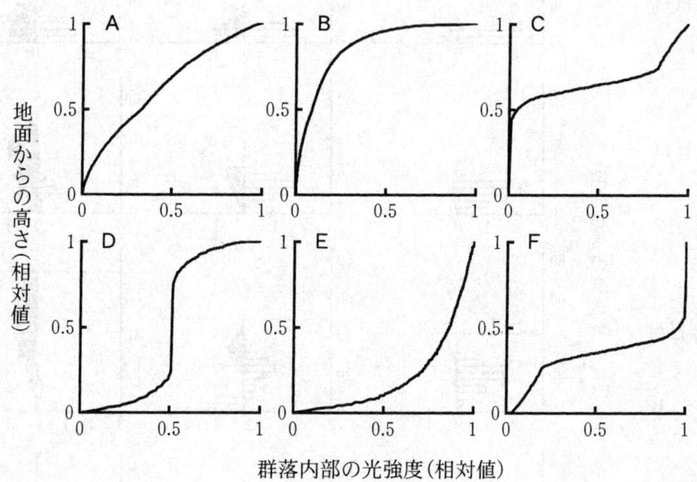

図 6　地面からの高さと群落内部の光強度は，群落の最上面(図 5 の点線)における高さと光強度をそれぞれ 1 とした時の相対値で示す。(Stern and Donald, 1962 の図を一部改変)

問 5　99 日目では葉面積が拡大し，3 つの群落の生産構造に明らかな差異が認められる。一般に葉面積が十分大きい場合，イネ科型の草本の生産構造をもつ個体群は広葉型の草本の生産構造をもつ個体群よりも，物質生産が有利であると考えられる。その理由として適切なものを以下の(あ)～(え)の中からすべて選び，記号を解答欄に記せ。

(あ)　イネ科型個体群では，葉を支えるための茎の割合が少なくてすむ。

(い)　広葉型個体群では葉が群落上層に局在するため，弱光下での個体群呼吸量が多い。

(う)　群落下層に当たる光は弱いので，イネ科型個体群の方が蒸散が少なく，水の損失が少ない。

(え) 群落内部の光強度以外の条件が個体群間で等しいとき，群落下層まで光が入り込むイネ科型個体群の方が，強光下での個体群光合成量が多い。

問6 84日目までは，7.5 g/m^2 と 22.5 g/m^2 の窒素肥料条件ともに，クローバーとライグラスの間で葉面積は大きく変わらない。しかし，133日目の両植物の葉面積は大きく異なる。このように133日目で差が生じた理由を，「競争」という用語を用い，7.5 g/m^2 と 22.5 g/m^2 の窒素肥料条件のそれぞれで優占種となる植物名およびそれらの特性を踏まえて解答欄に記せ。なお，ライグラスの穂形成に伴う葉の枯死については考慮しないものとする。

※解答欄 問1：ヨコ12.2センチ×タテ4.1センチ

問2：ヨコ12.2センチ×タテ12.4センチ

問6：ヨコ12.2センチ×タテ8.3センチ

地学

（教育（理系）学部　1 科目　90 分
　　その他　　　　2 科目 180 分）

（注）100 点満点。理学部は 2 科目 300 点満点に換算。

地学問題　I

次の文章(a)，(b)を読み，**問** 1 ～**問** 6 に答えよ。解答はすべて所定の解答欄に記入せよ。

(a)　天の川銀河（銀河系）には多数の恒星が含まれ，その構造はハロー①・円盤・バルジに分けられる。宇宙には，天の川銀河の他にも，恒星の大集団である銀河が多数存在する。［ア］銀河は星間ガスが少なく，赤みがかっている②。［イ］銀河や［ウ］銀河は，星間ガスが多く，恒星が円盤状に分布している。銀河団の中心部のような銀河密度の大きいところでは［ア］銀河の割合が多く，逆に銀河密度の小さいところでは［イ］銀河や［ウ］銀河の割合が多い。

問 1　文中の［ア］～［ウ］に当てはまる適切な語句を，以下の語群から 1 つずつ選べ。

語群：渦巻，棒渦巻，楕円，不規則

問 2　下線部①のハローに多く存在する天体を，以下の語群Ａおよび語群Ｂからそれぞれ 1 つずつ選べ。

語群Ａ：種族Ⅰの星，種族Ⅱの星

語群Ｂ：散開星団，球状星団，散光星雲，暗黒星雲

問 3　下線部②に関連して，宇宙初期の短期間に大量の恒星が生まれ，その後，星形成が起きなかった銀河は，現在では赤みがかった銀河となる。銀河を構成する恒星の性質にもとづいて，その理由を述べよ。

(b)　銀河系の中心には巨大なブラックホールが存在すると考えられている。銀河系中心部の恒星の運動の測定などから，銀河系中心のブラックホールの存在およびその性質が調べられている。

図1に，銀河系中心付近の二つの恒星XとYの運動の模式図を示す。恒星XとYの軌道は銀河系中心を中心とした円軌道である。恒星XとYの公転面と地球上の観測者は，同じ平面上に存在する。恒星Xの軌道半径は 1.5×10^{11} km であり，恒星Yの軌道はその外側にある。恒星XとYの質量はブラックホールの質量に比べて無視でき，その円運動はケプラーの法則に従うとする。

以下の解答においては，簡単のため太陽と地球間の平均距離を 1.5×10^{8} km，地球と銀河系中心間の距離を 10^{4} パーセクとして計算すること。

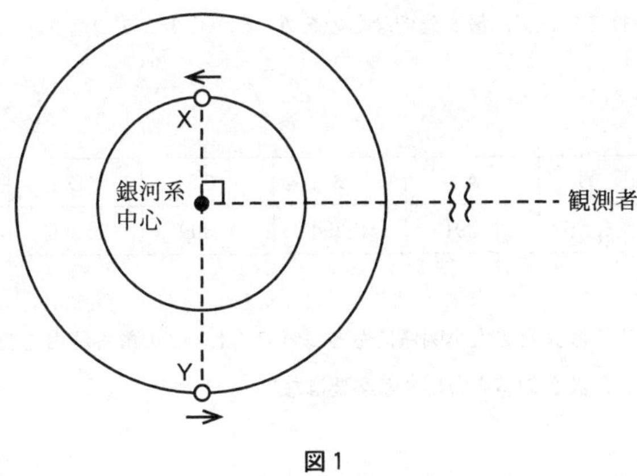

図1

問 4　銀河系中心方向には大量の星間塵が存在し，恒星Xから地球に届く光はこの星間塵を通過する際に吸収を受け，その強さが1万分の1になったとする。その結果，恒星Xの見かけの等級は18等であった。吸収が無いとしたときの本来の恒星Xの絶対等級を，有効数字1けたで求めよ。導出過程も記せ。

問 5　恒星 X の公転周期は 15 年である。銀河系中心のブラックホールの質量は太陽質量の何倍か，有効数字 1 けたで求めよ。導出過程も記せ。ただし，恒星 X の軌道の内側にはブラックホールのみが存在するとする。

問 6　恒星 X と Y，地球上の観測者の位置関係は**図 1** のとおりであるとする。図中の矢印は，恒星 X，Y の公転運動の向きを表す。以下の(1)～(3)に答えよ。ただし，図中の矢印の長さは公転速度の大きさとは無関係であり，銀河系中心に対する地球の運動や地球の自転の効果は無視できるものとする。

(1)　恒星 X と銀河系中心が天球上でなす角度を求めよ。角度の単位は秒を用い，有効数字 1 けたで答えよ。導出過程も記せ。

(2)　恒星 X，Y のスペクトルの観測を行ったところ，本来の波長が 1.300 μm であるスペクトル線が見つかった。恒星 X，Y から観測されたスペクトル線の波長は，**表 1** で示された A～E の波長のいずれかである。恒星 X，Y のそれぞれについて，最も適切なものを A～E から 1 つずつ選べ。

表 1

記　号	A	B	C	D	E
波長(μm)	1.291	1.294	1.300	1.306	1.309

(3)　本来の波長との大小関係にもとづいて，上の(2)の解答理由を説明せよ。観測された波長の値を導出する必要はない。

※解答欄　問 3 ：ヨコ 13.0 センチ×タテ 6.2 センチ
問 4 ：ヨコ 13.1 センチ×タテ 7.8 センチ
問 5 ：ヨコ 13.2 センチ×タテ 7.7 センチ
問 6(1)：ヨコ 13.2 センチ×タテ 4.9 センチ
問 6(3)：ヨコ 13.2 センチ×タテ 9.5 センチ

地学問題　II

次の文章を読み，**問1**～**問4**に答えよ。解答はすべて所定の解答欄に記入せよ。

気温減率が湿潤断熱減率よりも大きく，乾燥断熱減率よりも小さい場合には，大気の状態を［ア］不安定と呼ぶ。この状態において，水蒸気が飽和していない空気塊が強制的に持ち上げられ続ける場合には，ある高度に達すると水蒸気が凝結して雲ができ始め①，まわりの空気より高温になるまで持ち上げられると，その後は強制的に持ち上げられなくても空気塊は上昇を続ける。一方，気温減率が乾燥断熱減率よりも大きい場合には，大気の状態を［イ］不安定と呼ぶ。**表1**のような気温分布を持つ大気に対して，地上付近にある温度28.0℃の空気塊が上昇したときに，水蒸気が凝結して雲ができ始める高度は500mであった②。この空気塊はその後も上昇を続け，高度［A］mまで達すると上昇しなくなった。

対流圏では一般的に地表付近の気温が高く，高度とともに気温は低くなる。しかし，上空のほうが気温が高くなる領域③が発生することがあり［ウ］層と呼ばれる。対流圏より上では，［エ］圏と［オ］圏において，一般的に高度とともに気温は高くなっている。

表1　高度500mごとの気温

高度(m)	0	500	1000	1500	2000	2500	3000	3500	4000
気温(℃)	28.0	20.8	17.2	15.1	13.3	11.7	10.1	8.6	7.2

問1　文中の［ア］～［オ］に適切な語を記入せよ。

問2　下線部①に関連して，このように空気塊を強制的に持ち上げて雲を発生させるような上昇流がおこる場合を2つ述べよ。

問3　空気塊の上昇に関連して，以下の(1)～(3)に答えよ。なお，乾燥断熱減率は1.0℃/100m，湿潤断熱減率は0.5℃/100mとし，過飽和はおこらないものとする。

⑴　下線部②に関連して，この空気塊の高度 500 m における温度を有効数字 2 けたで求めよ。導出過程も示すこと。

⑵　この空気塊の地上における相対湿度を有効数字 2 けたで求めよ。導出過程も示すこと。なお，高度による露点の低下率は 0.2 ℃/100 m とし，地上での飽和水蒸気圧は**表 2** のとおりとする。

表 2　地上における気温と飽和水蒸気圧の関係

気温(℃)	23.0	24.0	25.0	26.0	27.0	28.0
飽和水蒸気圧(hPa)	28.1	29.8	31.7	33.6	35.7	37.8

⑶　文中の [A] に入る数字を有効数字 2 けたで求めよ。導出過程も示すこと。高度 500 m ごとの気温は**表 1** に示されている。この 500 m ごとの高度の間では気温減率は一定であるとする。

問 4　下線部③に関連して，以下の⑴，⑵に答えよ。

⑴　よく晴れた夜には，このような領域が地表付近で発生することがある。その原因を述べよ。

⑵　地表付近での大気汚染が悪化するときに，このような領域の発生がその要因の 1 つと考えられることがある。その理由を述べよ。

※解答欄　問 2：ヨコ 12.1 センチ×タテ 5.5 センチ
問 3⑴：ヨコ 12.1 センチ×タテ 3.3 センチ
問 3⑵：ヨコ 12.2 センチ×タテ 7.6 センチ
問 3⑶：ヨコ 12.1 センチ×タテ 13.3 センチ
問 4⑴：ヨコ 12.1 センチ×タテ 4.9 センチ
問 4⑵：ヨコ 12.1 センチ×タテ 4.2 センチ

地学問題　III

次の文章を読み，**問 1** ～**問 6** に答えよ。解答はすべて所定の解答欄に記入せよ。

地球内部は，大まかには層構造をなしている。**図 1** は，深さに対するある特性の変化のようすを示しており，3 つの層 A，B，C があることがわかる。B 層の物質の主な元素は［ア］である。C 層は，地球の［イ］によって B 層の物質が時間とともに徐々に［ウ］することで，大きくなってきた。［エ］層での活発な流動が，地磁気をつくっている。

層の中では同じ深さでも，場所により，種々の特性に小さな変化がある。A 層の物質の大規模な上昇流がある南太平洋の仏領ポリネシアでは，周辺に比べて，地震波速度が［オ］い領域が A 層にある。一方，深発地震が発生している日本周辺①では，A 層の中に下降流を示す特徴がみられる。地震波速度の 3 次元的な分布は地震波トモグラフィーという手法②で推測される。ジオイドの起伏③も A 層での対流の影響を受けている。

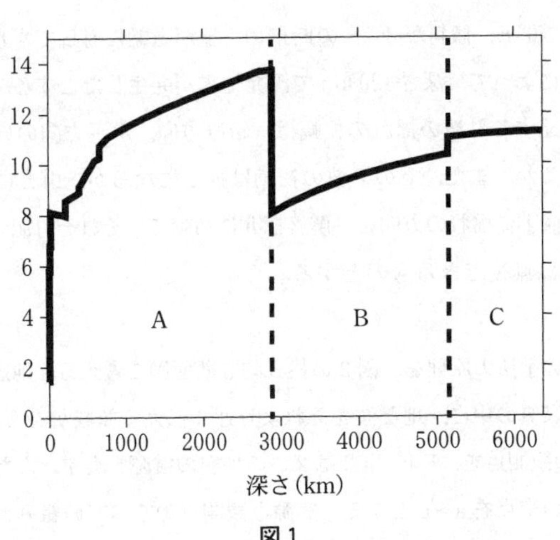

図 1

問 1　文中の［ア］～［オ］に最も適切な語または記号を次の語群から選び記入せよ。ただし，同じ語または記号を二度以上用いてはならない。

語群：Fe，Si，Mg，Ni，回転，加熱，冷却，膨張，部分溶融，液化，固化，A，B，C，速，遅

問 2　**図 1** の縦軸が示すものとその単位を，次の語群から，それぞれ選べ。

語群：P 波速度，S 波速度，密度，km/s，m/s，mm/s，kg/m^3，kg/cm^3，g/cm^3

問 3　C 層の存在は地震波の観測からみつかった。どのような観測事実から B 層の下に C 層があることがわかるか，答えよ。

問 4　下線部①に関連して，以下の(1)，(2)に答えよ。

(1)　日本付近の深発地震の震源分布には空間的な特徴がみられる。その特徴を 1 つ答えよ。

(2)　走向が N0° E，傾斜が 30° E の断層の下盤が上盤に対してずり落ちるような断層運動によって，深さ 120 km で深発地震が発生したとする。震源の真上の地表に到達する P 波の揺れの振幅は，鉛直方向，水平方向のいずれの方向に大きくなるか。また，その P 波の初動は押しになるか，引きになるか，答えよ。解答欄(i)に揺れの方向を，解答欄(ii)に初動を，それぞれ記せ。なお，地震波の屈折は無視できるものとする。

問 5　下線部②の手法の原理を，**図 2** の模式的な断面図で考える。地震波速度が一定の値をもつ媒質の中に，地震波をそれより速く伝える領域があるとする。S 1 ～ S 6 は地表の観測点を，E 1，E 2 は 2 つの地震の震源を表す。また，震源と観測点を結ぶ線の交点を a～o とする。震源と観測点のすべての組み合わせで，地震波の到達する時間を調べた。その結果，3 つの組み合わせ，すなわち E 1 と S 5，E 2 と S 2，E 2 と S 3 の組み合わせだけで，地震波速度を一定の値と仮定した場合に予想される時間より地震波が早く到達することがわかった。地震波を速く伝える領域が交点を含んでいることがわかっている場合，その領域に含まれ

る可能性のある交点を，交点 a～o の中からすべて答えよ。地震波の屈折は無視できるものとし，地震波を遅く伝える領域はないものとする。

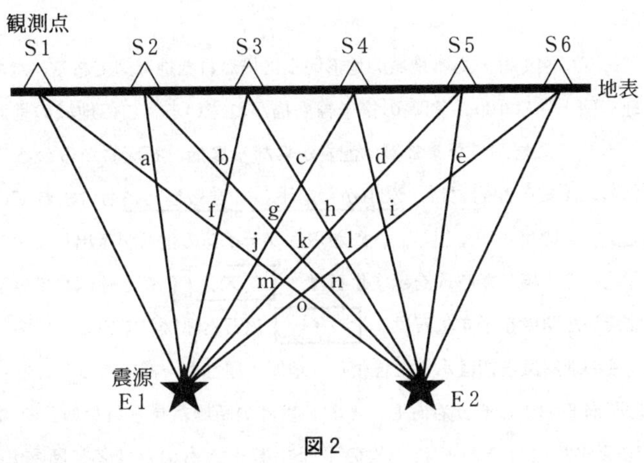

図 2

問 6　下線部③に関連して，ジオイドの起伏は地下の構造を反映する。地形は地球楕円体に沿っているが，ジオイドが地球楕円体に対して高くなっている場所があったとする。このとき，この場所の地下に，どのような性質の物質があると考えられるか，答えよ。

※解答欄　問 3：ヨコ 11.0 センチ×タテ 4.2 センチ
問 4(1)：ヨコ 11.3 センチ×タテ 2.2 センチ
問 6：ヨコ 11.5 センチ×タテ 2.8 センチ

地学問題　Ⅳ

次の文章を読み，**問 1** ～**問 6** に答えよ。解答はすべて所定の解答欄に記入せよ。

次のページの**図 1** は，ある地域の地形図上に描かれた地質図である。なお，解答のため，地形図上には 100 m 間隔の格子線も描かれている。この地域の地層は，泥岩からなる A 層，砂岩からなる B 層，泥岩からなる C 層，石灰岩からなる D 層で構成されている。A 層の泥岩には，<u>氷山から落下して堆積した礫（れき）</u>も含まれている。C 層からはモノチスの化石が産出し，D 層からはフデイシの化石が産出している。これらのような地層の堆積した時代を示す化石は，［ ア ］化石と呼ばれている。一方，地層の堆積した環境を示す化石は，［ イ ］化石と呼ばれている。

この地域の地層は当初は水平に堆積し，地層の厚さも一様であった。さらに，この地域には断層 E および F が存在し，それら以外の断層は見られない。断層 E と F の断層面は形成時にはそれぞれ一枚の平面であったものとする。断層 E の走向は N 90°E，断層 F の走向は N 0°E である。二つの断層が活動して以降，この地域の地層は褶曲（しゅうきょく）しておらず，地層や断層面の走向と傾斜は変化していない。

問 1　文中の［ ア ］，［ イ ］に当てはまる適切な語を答えよ。

問 2　下線部に関連して，氷山から落下して堆積した礫が，約 7 億年前に赤道域で堆積した地層に含まれていることがある。このことが示す地球の過去の気候に関する出来事は何と呼ばれるか，答えよ。

問 3　C 層と D 層はどちらが先に堆積した地層と考えられるか，理由を含めて答えよ。その際に，以下の語群から 2 つの語を用いること。

語群：冥王代，太古代，原生代，顕生代，古生代，中生代，新生代

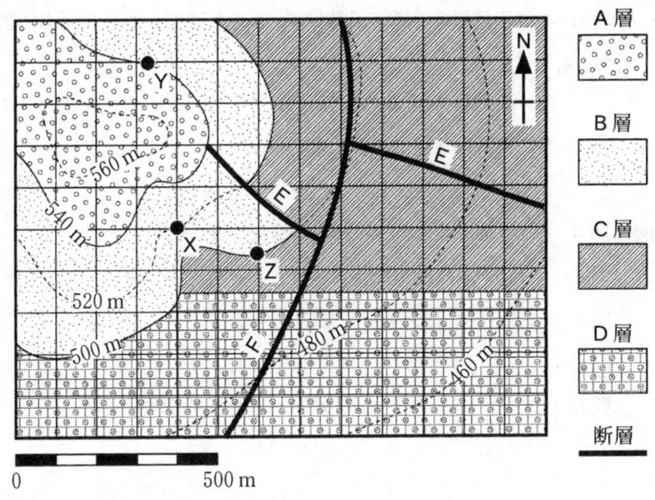

図1

問 4　この地域に見られる断層の種類に関して，以下の⑴，⑵に答えよ。

⑴　断層Eの種類を下の語群から選び，そのように判断した理由を答えよ。

⑵　断層Fの種類を下の語群から選び，そのように判断した理由を答えよ。

語群：正断層，逆断層，左横ずれ断層，右横ずれ断層

問 5　X地点において，鉛直に地表から深度40 mまでのボーリングを行った。このとき，掘削試料で観察される地層と断層の記号を，地表面に近い方から順に答えよ。また，断層が現れる深度と，地層の境界の深度を述べよ。

問 6　この地域に見られる地層の関係に関して，以下の⑴，⑵に答えよ。

⑴　Y地点における地層AとBの関係として最も適切なものを下の語群から選び，そのように判断した理由を答えよ。

(2)　Z地点における地層BとCの関係として最も適切なものを下の語群から選び，そのように判断した理由を答えよ。

語群：整合関係，不整合関係，断層関係

※解答欄　問3：ヨコ10.5センチ×タテ6.8センチ

問4(1)・(2)：各ヨコ10.2センチ×タテ5.8センチ

問5：ヨコ10.4センチ×タテ5.2センチ

問6(1)：ヨコ10.4センチ×タテ4.9センチ

問6(2)：ヨコ10.4センチ×タテ4.2センチ

問三　傍線部(3)はどういうことか、説明せよ。

※解答欄　問一：タテ一四センチ×二行
問二：タテ一四センチ×三行
問三：タテ一四センチ×四行

三　次の文は、江戸時代の国学者、富士谷御杖（ふじたにみつえ）による随筆の一部である。これを読んで、後の問に答えよ。（三〇点）

せめてといふ詞、中昔*までは、ただ迫りてといふ心にのみ用ひたり。古今集に、「いとせめて恋しき時はぬばたまの夜の衣をかへしてぞきる」、その外、例ひくにいとまあらず。しかるにその後、いま俗言にいふに同じきせめてをば、歌にもよむことなりぬ。げに事がらによりては、いはまほしくおぼゆる時々もある詞なるを、(1)いかでかいにしへ人は、この詞なくて事もかかれざりしぞと、心得がたくおぼえしに、万葉集、巻の二に、(2)「妹が家も継ぎて見ましを大和なる大島の嶺（ね）に家もあらましを」といふ歌を見て、はじめて思ひしりぬるは、この妹が家もといふも文字なり。これ即ち後世のせめての心なるなり。その故は、妹がかほの見まほしきが本意なれど、それかなはねば、せめてその家なりとも、継ぎて見ましをとの心なればなり。

これによりて思へば、ふるくはありて後世はなく、後世はありてふるくはなき詞ども多かるも、よくたづねなば、(3)思ひよらぬ詞もて、その用をなしたる事、たがひにあるべしとぞおぼゆる。なほ精（くは）しくたづぬべきなり。

（『北辺随筆』より）

注（*）

中昔＝ここでは平安時代ごろを指す。

問一　傍線部(1)を、「この詞」の指す内容を明らかにしつつ現代語訳せよ。

問二　傍線部(2)はどういう気持ちを述べたものか、筆者の解釈にしたがって説明せよ。

『東京行進曲』＝昭和四年（一九二九）に公開された同名の映画の主題歌。
西条八十＝詩人・童謡作家。『東京行進曲』の作詞者でもある。
『かなりや』＝大正七年（一九一八）に西条八十が発表した詩で、後に曲が付けられた。
小盆地宇宙＝盆地の底に町などがあり、その周囲が農村や丘陵などに囲まれた空間。
背戸＝ここでは家の後ろの方、裏手。『かなりや』の歌詞に現れる。

問一　傍線部（1）について、どのような意味で「危機」なのか、説明せよ。

問二　傍線部（2）のように言うのはなぜか、本文に即して説明せよ。

問三　傍線部（3）について、「大人たちの心情に訴えかける」ことができたのはなぜか、説明せよ。

※解答欄　問一～問三：各タテ一四センチ×三行

よ、この「後ろの山」は前近代が抱えもっていた深い闇の恐怖空間であった。こうした「後ろの山」や「背戸(せど)*」という言葉で表現される空間が、当時の子どもたちにとって、さらには大人たちにとっても謎めいた闇の空間としてまだしっかり生きていたのである。児童文学者の村瀬学は、『子ども体験』という本のなかで、次のように説いている。

子どもたちの直面する空間には、常に「向う側」「背後」があって、それがよくわからないと不安になるのである。仏壇や納戸の恐さは、その暗さが特有の「向う側」を隠しもっている感じがするからである。

しかし、これは子どもたちだけではなく、大人たちにとっても同様であった。『かなりや』のような明るさと暗さが漂う大正童謡が流行った理由の一つは、それが子どもたちに向けての歌であると装いつつ、(3)じつは大人たちの心情に訴えかけるように仕組まれていたからである。それゆえ大人たちの心を揺さぶり支持されたのである。

（小松和彦『妖怪学新考　妖怪からみる日本人の心』より）

注（＊）

『陰翳礼讃』＝谷崎潤一郎の随筆。昭和八年（一九三三）から翌年にかけて発表された。

かげろう＝姿などが見えたり消えたりするという意味の動詞。

魑魅＝山林の精気から生じるという化け物。

眷属＝身内、配下の者。

土蜘蛛＝クモの姿をした妖怪。

とその明かりの陰にできる闇とがほどよく調和したところに日本文化の美しさを見いだし、明る過ぎる電灯によってそうした陰翳のある世界が消失しようとしていることを憂い悲しんでいるのである。すなわち、明かりのない闇も好ましくはないが、闇のない白日のような過度の明るさも好ましいことではなく、光りと闇の織りなす陰翳ある状態こそ理想だというわけである。

谷崎はそこに日本の美の理想的姿を見いだした。しかし、陰翳の作用の重要性はその配合調和の度合いに多少の違いはあるにせよ、美のみではなく、日本人の精神や日本文化全体、さらにいえば人間全体にとっても重要なことだといっていいのではなかろうか。

谷崎の文章からもわかるように、光りと闇の、ときには対立し相克し、ときには調和するという関係が崩れ、急速に闇の領域が私たち日本人の前から消滅していったのは、電線が全国に張りめぐらされていった大正から昭和にかけての時代であった。この時代に大正デモクラシーという名のもとに、近代化の波が庶民のあいだにも押し寄せ、その一方で、人々は資本主義・近代的消費社会のシステムのなかへ編入されていったのである。銀座にネオンが輝き、『東京行進曲』*が明るい大都会の明るいイメージをアッピールし始めたころである。そのころから高度成長期にかけて、戦争という緩慢期はあったものの、闇の領域が人々の身辺から消え、(2)<u>それとともに多くの妖怪たちの姿も消え去ってしまったのである。</u>

大正時代に流行(はや)った童謡に西条八十(さいじょうやそ)*の『かなりや』*がある。「唄を忘れた金糸雀(かなりや)は、後(うしろ)の山に捨てましょか、いえいえ、それはなりませぬ」というフレーズのこの歌を、私たち現代人もときどき思い出し口ずさむことがある。この歌の「かなりや」が海の向こうからやってきた西洋の文明を象徴しているとすれば、「後ろの山」は人間の完全な管理下に置かれた山でなく、それ以前の「闇」の領域としての恐怖に満ちた山であった。この「後ろの山」は自分の家のすぐ裏手の山であったかもしれないし、小盆地宇宙*モデルでいう周囲の山であったかもしれない。あるいは近くの森や林や野原だったかもしれない。いずれであったにせ

二　次の文を読んで、後の問に答えよ。（三〇点）

　私たちの身の回りから「闇」がなくなりだしたのは、いつのころからだろうか。地域によって違いがあるのは当然であるが、文学者の鋭い感性で(1)「闇」の喪失の危機を感じ取った谷崎潤一郎が、*『陰翳礼讃』という文章のなかで「私は、われわれが既に失いつつある陰翳の世界を、せめて文学の領域へでも呼び返してみたい。文学という殿堂の檐を深くし、壁を暗くし、見え過ぎるものを闇に押し込め、無用の室内装飾を剝ぎ取ってみたい。それも軒並みとは云わない、一軒ぐらいそう云う家があってもよかろう。まあどう云う工合になるか、試しに電灯を消してみることだ」と書いたのが、昭和の初めのことであった。もうこのころには、闇の喪失が目立ったものになってきていたのである。その文章のなかで、谷崎は妖怪の出現しそうな室内の陰翳のある闇について、こう書き記している。

　現代の人は久しく電灯の明りに馴れて、こう云う闇のあったことを忘れているのである。分けても屋内の「眼に見える闇」は、何かチラチラと*かげろうものがあるような気がして、幻覚を起し易いので、或る場合には屋外の闇よりも凄味がある。*魑魅とか妖怪変化とかの跳躍するのはけだしこう云う闇であろうが、その中に深い帳を垂れ、屛風や襖を幾重にも囲って住んでいた女と云うのも、やはりその魑魅の*眷属ではなかったか。闇は定めしその女達を十重二十重に取り巻いて、襟や、袖口や、裾の合わせ目や、至るところの空隙を塡めていたであろう。いや、事に依ると、逆に彼女達の体から、その歯を染めた口の中や黒髪の先から、*土蜘蛛の吐く蜘蛛のいとの如く吐き出されていたのかも知れない。

谷崎が嘆いているのは、「眼に見える闇」の喪失であって、「眼が効かない漆黒の闇」の喪失ではない。燭台や行灯の明かり

注（＊）
ツルゲーネフ＝ロシアの小説家。
アウグスチヌス＝四～五世紀のキリスト教会の神学者。
〈人生はひとつの崩壊の過程に過ぎない〉＝アメリカの小説家フィッツジェラルドのことば。いくら努力しようとも人生は不幸へ向かう無意味な過程に過ぎないという見方を表す。
決定論＝すべてのできごとはあらかじめ決まったとおりに生起するという考え。

問一　傍線部(1)はどういうことか、説明せよ。

問二　傍線部(2)はどういうことか、説明せよ。

問三　傍線部(3)はどういうことか、文中のアウグスチヌスの議論を参考に説明せよ。

問四　傍線部(4)について、このような信念が失われたのはなぜか、説明せよ。

※解答欄　問一・問二・問四：各タテ一四センチ×三行
問三：タテ一四センチ×四行

世界に好奇心をはせ、大人たちの話に耳を澄ます。その秘密をときほぐし、実態を知らせてくれるものは、彼らの体験談だと思うわけだ。しかし、体験談は真実をあきらかに示すというよりも、しばしば真実を覆ってしまうものだということを、彼は知る。その結果、体験談の語り直しが行われた。それが小説であったといえよう。つまり、体験談からは現れてこない人間の真実に気付いて、これをあらわにする方法を考えた。それがリアリズムの小説であり、(4)かつては、真実は小説でなければ語り得ないという信念さえあった。

成果はあったといえよう。リアリズム小説は、人生の分厚い雑多な層を透視するレントゲン光線のような役割を果たした。しかし、その結果もたらされたのは、*〈人生はひとつの崩壊の過程に過ぎない〉という結論めいたことだった。トルストイが反省し、苦しんだことは、リアリズムがもたらしたこのような*決定論であった。この開拓者にはリアリズムの行き着いた場所があきたらなかった。更にその先に、果て知れない地域が拡(ひろ)がっていたわけだ。

人の世はそれ自体が喩(たと)え話のようなもので、意味を隠し持っている。これは大勢の人間の思い込みであって、それをあきらかにしたいという意思は捨てきれない。この場合、人生の外貌を形づくっている大きな要素は、人の口から出る言葉・言葉だ。体験談もまた、永遠に雑草のようにはびこって、地球を覆っている。

リアリズムの小説は、それへの優れた考察であり、解釈であったが、この生(なま)の言葉の原野に較(くら)べれば、庭園のようなものであったことはいうまでもない。これからも、或る種の人々は言葉・言葉にいどみ続けるであろうが、その場合、鍵になるのは、体験談と告白という二つの観念の識別、把握のし方であるように、私には思える。

（小川国夫「体験と告白」）

つまり〈あばく〉ということなのだが、それでは、人間はなぜ自分たちの弱点について書き、また、それを読むのだろうか。その積極的意義は見当たらない。人間研究をしたいからだ、といっても充分な答えにはならない。きれいごとの答えではあるが、本当ではない。せいぜい、小説を書いたり読んだりするのが面白いからだ、としかいえない。さまざまな性質の違いはあるにせよ、小説とは興味本位のものなのだ。

更に、(3)人間が人間に対して抱くこの種の興味が、いかに矛盾しているかを衝いた人がいる。それはアウグスチヌス*で、彼がいうには、劇を見る人は他者をあわれむことを欲しているが、自分があわれであることは欲しない。アウグスチヌスがいいたいのは、人間は本来あわれであるのに、その事実を自認しようとはしないで、劇を見たりして、他人の運命をあわれむことなどを望んでいるということだ。ここに彼の実存主義があり、まことに鋭敏な洞察だ。劇が多くの人の心をとらえることはだれも知っているが、それは酔うためであって、あわれな自己を直視するのを避けるためだという。或いは、劇が存在するのは、観客の自己認識の甘さによりかかっているというわけだ。アウグスチヌスのこの冷厳な見方には、反論の余地はない。彼がこうした認識に到る前、劇や物語に耽溺し、いうまでもなく一流の鑑賞者だったことを思うと、なお更だ。

トルストイの思想が、これにはなはだ似ていることは、知る人も多いだろう。彼はあの大部の傑作を成した後に、また新しい世界に踏み込んで行った。そして、考えて行くにつれ、自分の小説を含め、往時読まれていた大部分の小説を否定せざるを得なくなった。この思想と彼が築き上げた近代小説とは、互いに矛盾したままで併存し、現代に残ってしまったわけで、例えていうなら、小説という山脈の中心は空洞で、暗闇に寒々と風が吹き抜けている観がある。その後の小説家たちは、この事態を放置したままで、小説を書き続けているのだ。勿論私も、こうした人々の中の一個のチンピラに過ぎないわけだけれど、以上のアウグスチヌスとトルストイの思想は心に懸っていて、時々灰色の雲のように心を去来している。

だれも子供の頃には、見聞きするものすべてが量り知れない意味を孕んでいるように思っている。その一つとして、人間のているのはリアリズムの感覚だ。ところで、彼がリアリズムの衣の下で本当にいわんとしていることは、自分は勇敢だったということだとすれば、多くの場合、それは真実に反する。

非真実をいかに本当らしく語るか、ということが彼の本能的な性向だ。したがって、真実を知ろうとする人は、言葉の分厚い層の奥を見きわめようとする。その人の意は言葉を次々と剝ぎ取って行くことに注がれる。或(ある)いは、言葉の霧を透明化することに注がれる。つまり、これを高度のリアリズム精神といえよう。

井原西鶴の作品について、いわゆるキー・ワードに当たる言葉は何であろうか、と考えたことがある。それは読む人によってさまざまだろうが、私には、〈真実よりつらきことはなし〉という一句であるように思える。冒頭の例でいうなら、自分は勇敢だと証明しようとする人に、君は実は勇敢ではない、と気付かせることだ。西鶴らしい直言だ。勇敢だと思う、思わせようと努める心の奥に、臆病なのではないかと危惧を抱いている。臆病であることは隠さなければならない。(1)それと今一つ、それにこだわっている自分も見抜かれたくない。

しかし、たとえ見抜かれてしまったとしても、彼にも反論の根拠はある。自分を見透かした人間にとっても、その人自身の〈真実〉はこの上なくつらい。その人間も自分の弱点のつらさを知っているからこそ、相手の弱点を識別できる、と反論し得る。この間の事情をユーモアをもって語ったのはツルゲーネフ*だ。彼はいう。(2)他人を有効に罵りたければ、自分の欠点を相手のこととして並べ立てればいい。

ここまで、私は体験談について書いて来た。つまり、人間にはこうした共有の過敏な粘膜がある。それは好ましく写真に撮られたいという望みに似ている。自分の好ましい姿を、写真の〈真〉によって保証されたいのだ。しかし願望が混っている以上、結果は全てが真とはいえない。この場合願望とは、人間に共有な過敏な粘膜を、それぞれに包み隠したい意思といえよう。ここで小説について触れると、こうした人間の弱点が、いわゆるリアリズム小説の第一の着眼点なのだ。筆がこの部分に相わたらなければ、小説の迫力は湧かない。

国語

（九〇分）

（注）一〇〇点満点。総合人間（理系）・教育（理系）・経済（理系）・理・医学部は一五〇点満点に換算。

一　次の文を読んで、後の問に答えよ。（四〇点）

例えば戦争に関してだけれど、体験をそれがあったままに語り得る人はまれだ。意識して潤色しなくても、自然に武勇談になってしまうことが多い。武勇談につきもののフィクションはいく種類かあるだろうが、その一例は、自分は臆病ではなかった、むしろ勇敢だったと証明するためのものだ。或（あ）ることを証明するためにフィクションが必要というのは逆説めくけれども、そういう場合が多い。自分に都合のいい事実だけを語り、都合が悪いことは黙っているというのも一種のフィクションであろう。

このことは戦争に限らず、すべての体験談にあてはまる。つまり言葉で事実を美化する。だから、言葉とは便利なもの、といわれるわけだ。しかし、よく考えれば逆で、言葉とは不便なもの、といわなければならない。なぜなら、言葉は体験の真実を隠してしまうからだ。霧みたいなもので、本人に対してさえ、真実のありかを判（わか）らなくしてしまう。なぜ言葉はこのように否定的に働くのだろう。それは、語る人が他人の納得を得ようとして、話の客観化に心を砕くからだ。つまり、彼の心を占め

//////////////////// · memo · ////////////////////

2019年度

問題編

問題編

▶試験科目

学　部	教　科	科　　　目
総合人間(理系)・理・農	外国語	コミュニケーション英語Ⅰ・Ⅱ・Ⅲ，英語表現Ⅰ・Ⅱ
	数　学	数学Ⅰ・Ⅱ・Ⅲ・A・B
	理　科	「物理基礎・物理」，「化学基礎・化学」，「生物基礎・生物」，「地学基礎・地学」から２科目選択
	国　語	国語総合・現代文B・古典B
教育(理系)	外国語	コミュニケーション英語Ⅰ・Ⅱ・Ⅲ，英語表現Ⅰ・Ⅱ
	数　学	数学Ⅰ・Ⅱ・Ⅲ・A・B
	理　科	「物理基礎・物理」，「化学基礎・化学」，「生物基礎・生物」，「地学基礎・地学」から１科目選択
	国　語	国語総合・現代文B・古典B
経済(理系)	外国語	コミュニケーション英語Ⅰ・Ⅱ・Ⅲ，英語表現Ⅰ・Ⅱ
	数　学	数学Ⅰ・Ⅱ・Ⅲ・A・B
	国　語	国語総合・現代文B・古典B
医・薬	外国語	コミュニケーション英語Ⅰ・Ⅱ・Ⅲ，英語表現Ⅰ・Ⅱ
	数　学	数学Ⅰ・Ⅱ・Ⅲ・A・B
	理　科	「物理基礎・物理」，「化学基礎・化学」，「生物基礎・生物」から２科目選択
	国　語	国語総合・現代文B・古典B
	面　接	医学部医学科のみに課される
工	外国語	コミュニケーション英語Ⅰ・Ⅱ・Ⅲ，英語表現Ⅰ・Ⅱ
	数　学	数学Ⅰ・Ⅱ・Ⅲ・A・B
	理　科	「物理基礎・物理」，「化学基礎・化学」
	国　語	国語総合・現代文B・古典B

▶配　点

学部・学科		外国語	数　学	理　科	国　語	面　接	合　計
総合人間（理系）		150	200	200	150	—	700
教育（理系）		200	200	100	150	—	650
経済（理系）		200	300	—	150	—	650
理		225	300	300	150	—	975
医	医	300	250	300	150	※	1000
	人間健康科	200	200	200	150	—	750
薬		200	200	200	100	—	700
工		200	250	250	100	—	800
農		200	200	200	100	—	700

▶備　考

- 外国語はドイツ語，フランス語，中国語も選択できる（理・医（人間健康科学科）・薬・工学部は英語指定）が，編集の都合上省略。
- 「数学Ⅰ」,「数学Ⅱ」,「数学Ⅲ」,「数学A」は全範囲から出題する。「数学B」は「数列」,「ベクトル」を出題範囲とする。
- 医学部医学科においては，調査書は面接の参考資料とする。

※医学部医学科の面接は，医師・医学研究者としての適性・人間性などについて評価を行い，学科試験の成績と総合して合否を判定する。従って，学科試験の成績の如何にかかわらず不合格となることがある。

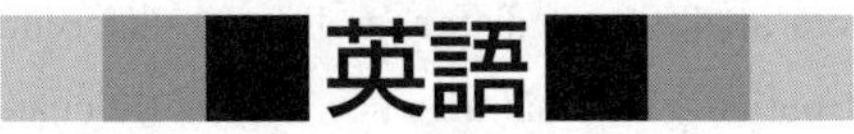

英語

（120 分）

（注）150 点満点。教育(理系)・経済(理系)・医(人間健康科)・薬・工・農学部は 200 点満点に，理学部は 225 点満点に，医(医)学部は 300 点満点に換算。

I　次の文章を読み，下の設問(1)～(4)に答えなさい。　（50 点）

Virtual reality is a means for creating comprehensive illusions that you are in a different place, perhaps a fantastical, alien environment, perhaps with a body that is far from human. And yet, it is also the farthest-reaching apparatus for researching what a human being *is* in terms of cognition and perception.

In order for the visual aspect of the virtual reality to work, for example, you have to calculate what your eyes should see in the virtual world as you look around. Your eyes wander and the virtual reality computer must constantly, and as instantly as possible, calculate whatever graphic images they would see were the virtual world real. When you turn to look to the right, the virtual world must turn to the left in compensation, to create the illusion that it is stationary, outside of you and independent. Unlike prior media devices, every component of virtual reality must function in tight reflection of the motion of the human body.

(a)<u>That is why virtual reality researchers prefer verbs to nouns when it comes to describing how people interact with reality.</u> Vision depends on continuous experiments carried out by the nervous system and actualized in large part through the motion of the head and eyes. The body and the brain are constantly probing and testing reality.

Look around you and notice what happens as you move your head just a tiny bit. If you move your head absolutely as little as you can, you will still see that edges of objects at different distances line up differently with each other in response to the motion. You will also see the subtle changes in the lighting and texture of many things. Look at another person's skin and you will see that you are probing into the interior of the skin as your head moves. The skin and eyes evolved together to make this work. If you look at another person, you will see, if you pay close attention, an infinite variety of tiny head motion messages bouncing back and forth between you and the person whom you are looking at. (b)There is a secret visual motion language between all people.

From the brain's point of view, reality is the expectation of what the next moment will be like, but that expectation must constantly be adjusted. Vision works by pursuing and noticing changes instead of constancies and therefore a neural expectation exists of what is about to be seen. (c)Your nervous system acts a little like a scientific community; it is greedily curious, constantly testing out ideas about what's out in the world. A virtual reality system succeeds when it temporarily convinces the "community" to support another hypothesis. Once the nervous system has been given enough cues to treat the virtual world as the world on which to base expectations, virtual reality can start to feel real.

Some virtual reality believers think that virtual reality will eventually become better than the human nervous system, so that it would not (ア) sense to try to improve it anymore. I do not see things that way. One reason is that the human nervous system (イ) from hundreds of millions of years of evolution. When we think technology can (ウ) our bodies in a comprehensive way, we are (エ) what we know about our bodies and physical reality. The universe doesn't have infinitely fine grains, and the body is already tuned in as finely as anything can ever be, when it needs to be.

(1)　下線部(a)はどのようなことを意味しているか，日本語で説明しなさい。

(2)　下線部(b)の内容を，本文に即して日本語で説明しなさい。

(3) 下線部(c)を和訳しなさい。

(4) 空欄（ ア ）～（ エ ）に入る最も適切な動詞を以下の中から選び，解答欄に記入しなさい。そのさい，必要であれば適切な形に変えること。また，同じ語は一度しか使用してはならない。

behave　　benefit　　forget　　make　　predict　　surpass

※解答欄　(1)：ヨコ 12.1 センチ× 6 行
　　　　　(2)：ヨコ 12.1 センチ× 5 行

II 次の文章を読み，下の設問(1)～(4)に答えなさい。　　　　(75 点)

The first commercially available digital camera was launched in 1990. <u>In the decade that followed, it created a lot of anxiety in photographers and photography scholars. Some went as far as declaring photography dead as a result of this shift.</u>(a) Initially this was considered too steep a change to be classified as a reconfiguration*, rather it was seen as a break. A death of something old. A birth of something new.

Digital images can also be easily copied, duplicated and edited. The latter made the flexibility of what photos can be seen as representing more obvious. It also made representing ourselves and our lives easy, cheap and quick. Additional shots now come with no additional costs, and we can and do take 10, 20, 30 snaps of any given thing to sort through later. In addition to transforming the individual value of the image, <u>this has altered the emotional meanings we attributed both to keeping and getting rid of individual photographs.</u>(b) Printed images of loved ones used to be kept even if they were out of focus, blurry or had development mistakes on them. In the context of the massive amount of digital images, the labour of love now becomes the cleaning, sorting, tagging, categorizing and deleting majority of the photos. While it is occasionally claimed that this emergent acceptance of deleting photos is indicative of their diminished social worth, there are plenty of digital snapshots that are printed out, displayed as the lock-screen on devices, or used as the background of the computer screen. Overall, we can say that digitalization has shifted the focus of photography from photographs themselves to the act of taking pictures.

The first camera phones date back to the very beginning of the twenty-first century. In early 2001, the BBC reported on the first cell phone with a camera invented in Japan. Readers from around the world offered their ideas on what such a peculiar invention might be good for. Some said it could have many uses for teenagers (streamlining shopping for outfits, proving you have met a pop idol, setting up your friends on dates) but would be pretty pointless for adults. Others thought it would be a practical aid for spying, taking sneak pictures of your competitors' produce or quickly reporting traffic accidents and injuries. (c) <u>Yet others thought it might be nice for travelers to keep in touch with their families or hobbyists to show art or collections to others. My personal favourites include commenters who wrote they couldn't wait for the device to be available at a reasonable price in their home country, so they can take pictures of the friendly dogs they meet at the park. Someone suggested the camera needs to be on the front to allow for video calls, which didn't happen in practice until 2003.</u>

A digital culture scholar claims that the fact that we always carry a camera alters what can be and is seen, recorded, discussed and remembered. Some photography scholars propose that camera phones and camera phone images have (d) <u>three social uses</u> — to capture memories, to maintain relationships, and to express yourself. In contrast, another scholar argues that the camera phone is no different from other portable image making devices and that the uses and meanings attributed to home videos in 1980s have been exactly the same — memory, communication and self-expression. In this sense, the social function of photography seems to have remained despite the changes through various reconfigurations of technology and cultural imaginaries about it.

*reconfiguration = modification; redesign

(1)　下線部(a)を和訳しなさい。

(2)　下線部(b)は具体的にどのようなことを指しているか，本文に即して日本語で説明しなさい。

(3)　下線部(c)を和訳しなさい。

(4)　下線部(d)の three social uses のうち，あなた自身が camera phone を使うならばどれを重視するか。1つを選び，具体例を挙げて理由を100語程度の英語で述べなさい。

※解答欄　(2)：ヨコ 12.1 センチ×9行

Ⅲ　次の文章を英訳しなさい。　(25点)

「マイノリティ」という言葉を聞くと，全体のなかの少数者をまず思い浮かべるかもしれない。しかし，マイノリティという概念を数だけの問題に還元するのは間違いのもとである。人種あるいは宗教のような属性によって定義づけられる集団は，歴史的，文化的な条件によって社会的弱者になっている場合，マイノリティと呼ばれる。こうした意味で，数としては少なくない集団でもマイノリティとなる。例えば，組織の管理職のほとんどが男性である社会では，女性はマイノリティと考えられる。

数学

（150 分）

（注）　200 点満点。経済（理系）・理学部は 300 点満点に，医（医）・工学部は 250 点満点に換算。

解答に際して常用対数の値が必要なときは，常用対数表を利用すること。

1

（40 点）

次の各問に答えよ。

問 1　$0 < \theta < \frac{\pi}{2}$ とする。$\cos\theta$ は有理数ではないが，$\cos 2\theta$ と $\cos 3\theta$ がともに有理数となるような θ の値を求めよ。ただし，p が素数のとき，$\sqrt{p}$ が有理数でないことは証明なしに用いてよい。

問 2　次の定積分の値を求めよ。

⑴　$\displaystyle\int_0^{\frac{\pi}{4}} \frac{x}{\cos^2 x}\,dx$　　⑵　$\displaystyle\int_0^{\frac{\pi}{4}} \frac{dx}{\cos x}$

2

（30 点）

$f(x) = x^3 + 2x^2 + 2$ とする。$|f(n)|$ と $|f(n+1)|$ がともに素数となる整数 n をすべて求めよ。

3

(35 点)

鋭角三角形 ABC を考え，その面積を S とする。$0 < t < 1$ をみたす実数 t に対し，線分 AC を $t : 1 - t$ に内分する点を Q，線分 BQ を $t : 1 - t$ に内分する点を P とする。実数 t がこの範囲を動くときに点 P の描く曲線と，線分 BC によって囲まれる部分の面積を，S を用いて表せ。

4

(30 点)

1 つのさいころを n 回続けて投げ，出た目を順に $X_1, X_2, \cdots, X_n$ とする。このとき次の条件をみたす確率を n を用いて表せ。ただし $X_0 = 0$ としておく。

条件：$1 \leqq k \leqq n$ をみたす k のうち，$X_{k-1} \leqq 4$ かつ $X_k \geqq 5$ が成立するような k の値はただ 1 つである。

5

(30 点)

半径 1 の球面上の 5 点 A, B_1, B_2, B_3, B_4 は，正方形 $B_1B_2B_3B_4$ を底面とする四角錐をなしている。この 5 点が球面上を動くとき，四角錐 $AB_1B_2B_3B_4$ の体積の最大値を求めよ。

6

(35 点)

i は虚数単位とする。$(1 + i)^n + (1 - i)^n > 10^{10}$ をみたす最小の正の整数 n を求めよ。

常用対数表(一)

数	0	1	2	3	4	5	6	7	8	9
1.0	.0000	.0043	.0086	.0128	.0170	.0212	.0253	.0294	.0334	.0374
1.1	.0414	.0453	.0492	.0531	.0569	.0607	.0645	.0682	.0719	.0755
1.2	.0792	.0828	.0864	.0899	.0934	.0969	.1004	.1038	.1072	.1106
1.3	.1139	.1173	.1206	.1239	.1271	.1303	.1335	.1367	.1399	.1430
1.4	.1461	.1492	.1523	.1553	.1584	.1614	.1644	.1673	.1703	.1732
1.5	.1761	.1790	.1818	.1847	.1875	.1903	.1931	.1959	.1987	.2014
1.6	.2041	.2068	.2095	.2122	.2148	.2175	.2201	.2227	.2253	.2279
1.7	.2304	.2330	.2355	.2380	.2405	.2430	.2455	.2480	.2504	.2529
1.8	.2553	.2577	.2601	.2625	.2648	.2672	.2695	.2718	.2742	.2765
1.9	.2788	.2810	.2833	.2856	.2878	.2900	.2923	.2945	.2967	.2989
2.0	.3010	.3032	.3054	.3075	.3096	.3118	.3139	.3160	.3181	.3201
2.1	.3222	.3243	.3263	.3284	.3304	.3324	.3345	.3365	.3385	.3404
2.2	.3424	.3444	.3464	.3483	.3502	.3522	.3541	.3560	.3579	.3598
2.3	.3617	.3636	.3655	.3674	.3692	.3711	.3729	.3747	.3766	.3784
2.4	.3802	.3820	.3838	.3856	.3874	.3892	.3909	.3927	.3945	.3962
2.5	.3979	.3997	.4014	.4031	.4048	.4065	.4082	.4099	.4116	.4133
2.6	.4150	.4166	.4183	.4200	.4216	.4232	.4249	.4265	.4281	.4298
2.7	.4314	.4330	.4346	.4362	.4378	.4393	.4409	.4425	.4440	.4456
2.8	.4472	.4487	.4502	.4518	.4533	.4548	.4564	.4579	.4594	.4609
2.9	.4624	.4639	.4654	.4669	.4683	.4698	.4713	.4728	.4742	.4757
3.0	.4771	.4786	.4800	.4814	.4829	.4843	.4857	.4871	.4886	.4900
3.1	.4914	.4928	.4942	.4955	.4969	.4983	.4997	.5011	.5024	.5038
3.2	.5051	.5065	.5079	.5092	.5105	.5119	.5132	.5145	.5159	.5172
3.3	.5185	.5198	.5211	.5224	.5237	.5250	.5263	.5276	.5289	.5302
3.4	.5315	.5328	.5340	.5353	.5366	.5378	.5391	.5403	.5416	.5428
3.5	.5441	.5453	.5465	.5478	.5490	.5502	.5514	.5527	.5539	.5551
3.6	.5563	.5575	.5587	.5599	.5611	.5623	.5635	.5647	.5658	.5670
3.7	.5682	.5694	.5705	.5717	.5729	.5740	.5752	.5763	.5775	.5786
3.8	.5798	.5809	.5821	.5832	.5843	.5855	.5866	.5877	.5888	.5899
3.9	.5911	.5922	.5933	.5944	.5955	.5966	.5977	.5988	.5999	.6010
4.0	.6021	.6031	.6042	.6053	.6064	.6075	.6085	.6096	.6107	.6117
4.1	.6128	.6138	.6149	.6160	.6170	.6180	.6191	.6201	.6212	.6222
4.2	.6232	.6243	.6253	.6263	.6274	.6284	.6294	.6304	.6314	.6325
4.3	.6335	.6345	.6355	.6365	.6375	.6385	.6395	.6405	.6415	.6425
4.4	.6435	.6444	.6454	.6464	.6474	.6484	.6493	.6503	.6513	.6522
4.5	.6532	.6542	.6551	.6561	.6571	.6580	.6590	.6599	.6609	.6618
4.6	.6628	.6637	.6646	.6656	.6665	.6675	.6684	.6693	.6702	.6712
4.7	.6721	.6730	.6739	.6749	.6758	.6767	.6776	.6785	.6794	.6803
4.8	.6812	.6821	.6830	.6839	.6848	.6857	.6866	.6875	.6884	.6893
4.9	.6902	.6911	.6920	.6928	.6937	.6946	.6955	.6964	.6972	.6981
5.0	.6990	.6998	.7007	.7016	.7024	.7033	.7042	.7050	.7059	.7067
5.1	.7076	.7084	.7093	.7101	.7110	.7118	.7126	.7135	.7143	.7152
5.2	.7160	.7168	.7177	.7185	.7193	.7202	.7210	.7218	.7226	.7235
5.3	.7243	.7251	.7259	.7267	.7275	.7284	.7292	.7300	.7308	.7316
5.4	.7324	.7332	.7340	.7348	.7356	.7364	.7372	.7380	.7388	.7396

小数第 5 位を四捨五入し，小数第 4 位まで掲載している。

常用対数表(二)

数	0	1	2	3	4	5	6	7	8	9
5.5	.7404	.7412	.7419	.7427	.7435	.7443	.7451	.7459	.7466	.7474
5.6	.7482	.7490	.7497	.7505	.7513	.7520	.7528	.7536	.7543	.7551
5.7	.7559	.7566	.7574	.7582	.7589	.7597	.7604	.7612	.7619	.7627
5.8	.7634	.7642	.7649	.7657	.7664	.7672	.7679	.7686	.7694	.7701
5.9	.7709	.7716	.7723	.7731	.7738	.7745	.7752	.7760	.7767	.7774
6.0	.7782	.7789	.7796	.7803	.7810	.7818	.7825	.7832	.7839	.7846
6.1	.7853	.7860	.7868	.7875	.7882	.7889	.7896	.7903	.7910	.7917
6.2	.7924	.7931	.7938	.7945	.7952	.7959	.7966	.7973	.7980	.7987
6.3	.7993	.8000	.8007	.8014	.8021	.8028	.8035	.8041	.8048	.8055
6.4	.8062	.8069	.8075	.8082	.8089	.8096	.8102	.8109	.8116	.8122
6.5	.8129	.8136	.8142	.8149	.8156	.8162	.8169	.8176	.8182	.8189
6.6	.8195	.8202	.8209	.8215	.8222	.8228	.8235	.8241	.8248	.8254
6.7	.8261	.8267	.8274	.8280	.8287	.8293	.8299	.8306	.8312	.8319
6.8	.8325	.8331	.8338	.8344	.8351	.8357	.8363	.8370	.8376	.8382
6.9	.8388	.8395	.8401	.8407	.8414	.8420	.8426	.8432	.8439	.8445
7.0	.8451	.8457	.8463	.8470	.8476	.8482	.8488	.8494	.8500	.8506
7.1	.8513	.8519	.8525	.8531	.8537	.8543	.8549	.8555	.8561	.8567
7.2	.8573	.8579	.8585	.8591	.8597	.8603	.8609	.8615	.8621	.8627
7.3	.8633	.8639	.8645	.8651	.8657	.8663	.8669	.8675	.8681	.8686
7.4	.8692	.8698	.8704	.8710	.8716	.8722	.8727	.8733	.8739	.8745
7.5	.8751	.8756	.8762	.8768	.8774	.8779	.8785	.8791	.8797	.8802
7.6	.8808	.8814	.8820	.8825	.8831	.8837	.8842	.8848	.8854	.8859
7.7	.8865	.8871	.8876	.8882	.8887	.8893	.8899	.8904	.8910	.8915
7.8	.8921	.8927	.8932	.8938	.8943	.8949	.8954	.8960	.8965	.8971
7.9	.8976	.8982	.8987	.8993	.8998	.9004	.9009	.9015	.9020	.9025
8.0	.9031	.9036	.9042	.9047	.9053	.9058	.9063	.9069	.9074	.9079
8.1	.9085	.9090	.9096	.9101	.9106	.9112	.9117	.9122	.9128	.9133
8.2	.9138	.9143	.9149	.9154	.9159	.9165	.9170	.9175	.9180	.9186
8.3	.9191	.9196	.9201	.9206	.9212	.9217	.9222	.9227	.9232	.9238
8.4	.9243	.9248	.9253	.9258	.9263	.9269	.9274	.9279	.9284	.9289
8.5	.9294	.9299	.9304	.9309	.9315	.9320	.9325	.9330	.9335	.9340
8.6	.9345	.9350	.9355	.9360	.9365	.9370	.9375	.9380	.9385	.9390
8.7	.9395	.9400	.9405	.9410	.9415	.9420	.9425	.9430	.9435	.9440
8.8	.9445	.9450	.9455	.9460	.9465	.9469	.9474	.9479	.9484	.9489
8.9	.9494	.9499	.9504	.9509	.9513	.9518	.9523	.9528	.9533	.9538
9.0	.9542	.9547	.9552	.9557	.9562	.9566	.9571	.9576	.9581	.9586
9.1	.9590	.9595	.9600	.9605	.9609	.9614	.9619	.9624	.9628	.9633
9.2	.9638	.9643	.9647	.9652	.9657	.9661	.9666	.9671	.9675	.9680
9.3	.9685	.9689	.9694	.9699	.9703	.9708	.9713	.9717	.9722	.9727
9.4	.9731	.9736	.9741	.9745	.9750	.9754	.9759	.9763	.9768	.9773
9.5	.9777	.9782	.9786	.9791	.9795	.9800	.9805	.9809	.9814	.9818
9.6	.9823	.9827	.9832	.9836	.9841	.9845	.9850	.9854	.9859	.9863
9.7	.9868	.9872	.9877	.9881	.9886	.9890	.9894	.9899	.9903	.9908
9.8	.9912	.9917	.9921	.9926	.9930	.9934	.9939	.9943	.9948	.9952
9.9	.9956	.9961	.9965	.9969	.9974	.9978	.9983	.9987	.9991	.9996

小数第 5 位を四捨五入し，小数第 4 位まで掲載している。

物理

（教育（理系）学部　1 科目　90 分
　その他　　　　　2 科目 180 分）

（注）　100 点満点。理・医（医）学部は 2 科目 300 点満点に，工学部は 2 科目 250 点満点に換算。

物理問題　I

次の文章を読んで，□ に適した式または数値を，それぞれの解答欄に記入せよ。なお，▣ はすでに □ で与えられたものと同じものを表す。また，**問 1** では，指示にしたがって，解答を解答欄に記入せよ。ただし，円周率を π とする。

図 1 のように，点 O を中心とする質量 M の地球のまわりを，質量 m_Z の人工衛星 Z が半径 R の円軌道を角速度 ω でまわっている。この人工衛星の運動について，以下の（1），（2）に答えよ。

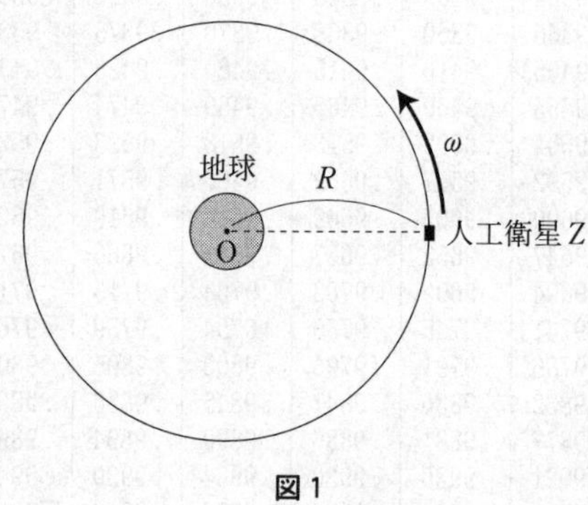

図 1

（1）　図 2 (a)のように，この人工衛星 Z に，質量 m_A の小物体 A と質量 m_B の小物体Bを，2本の長さがそれぞれaとbのひもで取り付ける。これらのひもの質量はm_Z，m_A，m_Bとくらべて無視できる。また，m_Z，m_Aおよびm_BはMとくらべて十分小さく，人工衛星Z，小物体Aと小物体Bの間の万有引力は無視できるものとする。

これらの物体は，**図2**(b)のように，常に，小物体Aが人工衛星Zと地球の中心Oを結ぶ線上の地球と反対側，小物体Bが人工衛星Zと地球の中心Oを結ぶ線上の地球側にあるという配置を保ちつつ，人工衛星Zは小物体AとBを取り付ける前と同じ円軌道上を角速度ωで運動した。

小物体Aに働く万有引力の大きさは，M，m_A，R，a，および万有引力定数Gを用いて［ア］と表される。また，小物体Aが人工衛星Zと同じ角速度ωで運動することから，小物体Aにはたらく遠心力は，m_A，R，a，ωを用いて表すと［イ］となる。このことから，小物体Aにはたらく力のつりあいの式は，小物体Aと人工衛星Zの間のひもの張力をN_Aとして，

$$\boxed{ア} + N_A = \boxed{イ} \qquad \text{(i)}$$

となる。同様にして，小物体Bにはたらく万有引力の大きさは，M，m_B，R，b，Gを用いて［ウ］と表され，遠心力はm_B，R，b，ωを用いて表すと［エ］となる。このことから，小物体Bにはたらく力のつりあいの式は，小物体Bと人工衛星Zの間のひもの張力をN_Bとして，

$$\boxed{ウ} = N_B + \boxed{エ} \qquad \text{(ii)}$$

となる。

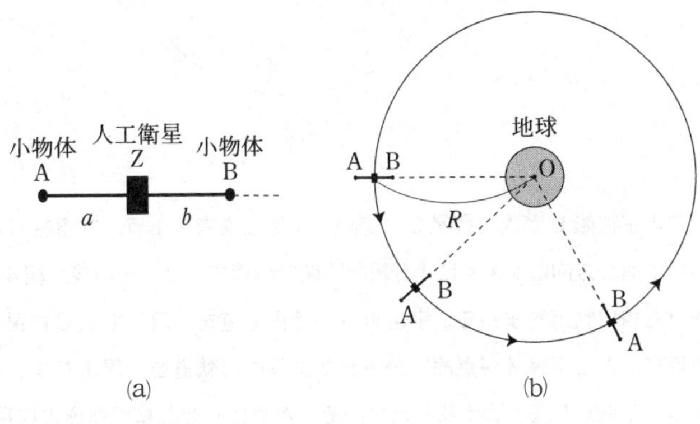

図2

人工衛星Zが小物体AとBを取り付ける前と同じ円軌道を角速度ωで動き続けたことから，張力N_AとN_Bの間には，cをある数値として，$N_A = cN_B$という関係が成立していたことがわかる。このcの値は　オ　である。

ここで，ひもの長さa，bが円軌道の半径Rとくらべて十分小さいとする。このとき，$\varepsilon\,(>0)$がRとくらべて十分小さいときに成り立つ近似式$\dfrac{1}{(R\pm\varepsilon)^n} \fallingdotseq \dfrac{1}{R^n}\left(1\mp n\dfrac{\varepsilon}{R}\right)$（複号同順）$(n=1,\ 2,\ \cdots)$を用いると，$m_A$，$m_B$，$a$，$b$の間に，$k$をある数値として，$\dfrac{m_A}{m_B}=\left(\dfrac{a}{b}\right)^k$という関係が成立していることがわかる。この$k$の値は　カ　である。また，張力$N_A$は$a$に比例しており，その比例係数を$m_A$と$\omega$を用いて表すと，$\dfrac{N_A}{a}=$　キ　となる。

(2)　図3のように，人工衛星Zから角度θ〔rad〕遅れて，質量m_Uの宇宙船Uが同じ円軌道上を同じ速さで運動している。人工衛星Zと宇宙船Uの間の万有引力は無視できるとする。人工衛星Zと宇宙船Uの速さV_0をM，R，および万有引力定数Gを用いて表すと，$V_0=$　ク　である。

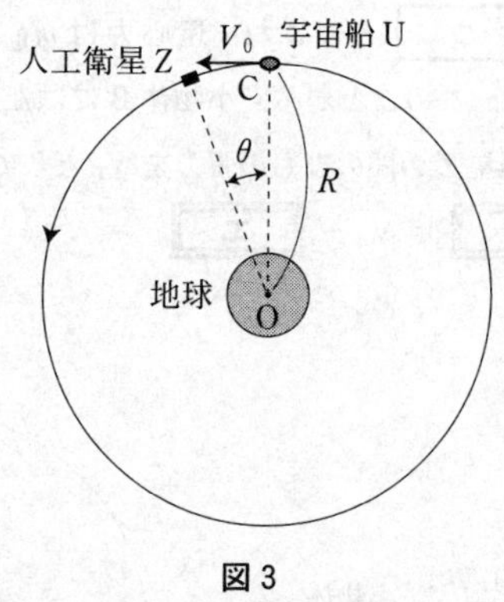

図3

この宇宙船Uが人工衛星Zに追いつくことを考えよう。宇宙船Uは，点Cにおいて進む方向は変えずに十分短い時間で減速すると，その後，図4の実線で表された楕円軌道をまわる。宇宙船Uが楕円軌道を一周して点Cに戻ってくると同時に，人工衛星Zが点線で表されたように円軌道を一周より少し短い距離をまわって点Cに着くようにしたい。そのために必要な楕円軌道の周期T_1と円軌道の周期T_0の間に成り立つ関係を，θを用いて表すと，$\dfrac{T_1}{T_0}=$　ケ　となる。

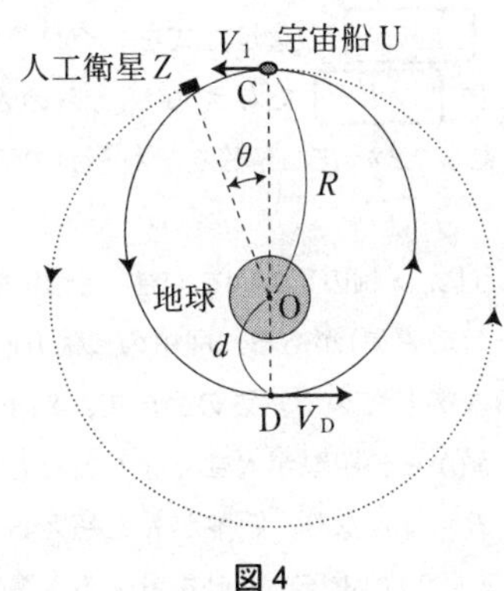

図 4

上で述べたような方法で宇宙船Uが人工衛星Zに追いつくために必要な点Cでの宇宙船Uの減速後の速さ $V_1(<V_0)$ を求めよう。

図 4 のように，楕円軌道上において宇宙船Uがもっとも地球の中心Oに近い位置が点Dであり，この点DとOとの距離を d とする。距離 d の R に対する比は，ケプラーの第 3 法則を用いると，楕円軌道の周期 T_1 と円軌道の周期 T_0 の関数として，$\frac{d}{R}=$ [コ] と表される。ケプラーの第 2 法則(面積速度一定の法則)および力学的エネルギー保存の法則を点Dでの宇宙船Uの速さ V_D を用いて記述し，さらに，$V_0=$ [ク] の関係を用いると，V_1 の V_0 に対する比は d と R を用いて $\frac{V_1}{V_0}=$ [サ] と表すことができる。

問 1 遅れの角度 θ が π と比べて十分小さいとき，宇宙船Uが上に述べたように人工衛星Zに追いつくために必要な速さの変化量 $\Delta V=V_1-V_0$ を考える。δ の絶対値が1にくらべて十分小さいときに成り立つ近似式 $(1+\delta)^x \fallingdotseq 1+x\delta$ (x は実数)を用いて，ΔV が θ と V_0 に比例することを示し，その比例係数 $\frac{\Delta V}{\theta V_0}$ の値を求めよ。

※解答欄 ヨコ 13.7 センチ×タテ 18.2 センチ

物理問題　II

次の文章を読んで，[　　　]に適した式を，それぞれの解答欄に記入せよ。なお，[　　　]はすでに[　　　]で与えられたものと同じものを表す。また，**問1**，**問2**では，指示にしたがって，解答をそれぞれの解答欄に記入せよ。

図1～図3に示すように，z軸の正方向を向き，z軸に関して軸対称な磁場(磁束密度が同一円周上では一定の磁場)がある。図中のz軸方向の太線矢印は，$z=0$の面内の点での磁束密度$\vec{B}$を表している。この面内で，磁束密度の大きさBは，z軸上で最大値B_0をとり，z軸からの距離が大きくなるとともに距離の1次関数として減少し，距離Rにおいて$B=0$となり，距離がRを超えると$B=0$である。この磁場中で質量m，電荷$-e(e>0)$の電子の運動を考える。電子の運動により発生する磁場は無視してよい。ただし，円周率をπとする。

(1)　まず磁場は時間変化しないとする。このとき，$z=0$の面内で，z軸から距離$r(\leqq R)$における磁束密度の大きさ$B(r)$は，B_0, R, rを用いて表すと[　イ　]となる。

図1のように，長さRのまっすぐで太さを無視できる孤立した導体棒OAが，$z=0$の面内で，z軸上の点Oを回転中心として一定の角速度ωで回転している。ここで，回転をはじめて十分時間が経過し，導体棒中の電子の分布が時間的に変化しなくなった状態を考える。回転は十分に遅く，電子にはたらく遠心力は無視できるとする。このとき，点Oから距離$r(\leqq R)$の位置の導体棒内の電子にはたらくローレンツ力の大きさは，e, B_0, R, r, ωを用いて表すと[　ロ　]である。導体棒中にはローレンツ力とつりあう力を電子に与える電場が発生している。その電場の大きさEは，rの位置において[　ハ　]である。

導体棒の両端間に発生する電位差は，電場の大きさEをrの関数として図示したとき，$E(r)$とr軸で囲まれた図形の面積として計算できる。これを用いると導体棒の両端間の電位差は[　ニ　]となる。ここで，必要であれば，関数$f(x)=(x-p)(q-x)$のグラフとx軸で囲まれた図形の面積が$\frac{1}{6}(q-p)^3$であることを用いてよい。ただし，p, qは任意の実数$(q>p)$である。

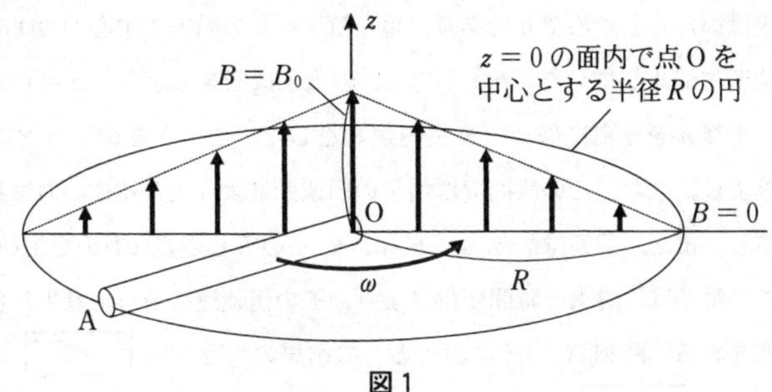

図 1

(2)　$z=0$ の面内で，点 O を中心とする半径 R の円を貫く磁束 Φ_R を求めよう。**図 2** において，$z=0$ の面内で点 O から距離 $r(\leqq R)$ の位置にあり，z 軸に垂直な微小面(面積 ΔS)を貫く磁束 $\Delta\Phi$ は，B_0，R，r，ΔS を用いて表すと **ホ** となる。また，Φ_R は円内の $\Delta\Phi$ の総和であり，$\Phi_R=\dfrac{1}{3}\pi R^2 B_0$ となる。必要であればこのことを利用して**問 1** に答えよ。

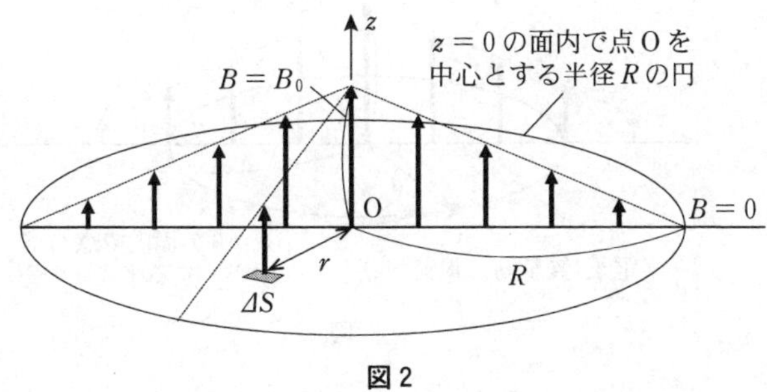

図 2

問 1　$z=0$ の面内で点 O を中心とする半径 $a\ (\leqq R)$ の円を貫く磁束 Φ_a は，

$$\Phi_a=\pi B_0 a^2\left(1-\frac{2a}{3R}\right)$$

であることを示せ。

※解答欄　ヨコ 13.7 センチ×タテ 8.0 センチ

(3)　つぎに，磁束密度の大きさ B を時間変化させたときの真空中におかれた 1 個の電子の運動を考える。 **イ** の磁束密度の大きさの式において，B_0 を時刻 t とともに $B_0=bt$（b は正の定数）と変化させる。時刻 $t=0$ において，磁束密度はいたるところで0であり，電子は$z=0$の面内で中心Oから距離$a(\leqq R)$の位置に静止していた。$t>0$で，この電子は図3のように$z=0$の面内を運動し，半径aを一定に保ったまま円運動をした。このときのaとRの関係を求めてみよう。なお，この設問では電子の円運動により生じる遠心力は無視できないとする。また，解答は，m，e，b，a，R，tのうち必要なものを用いて表せ。

この電子は，磁束の時間変化により，その円軌道に沿って発生した電場により加速される。時刻$t(>0)$におけるこの電場の大きさは［ヘ］であり，電子の速さは［ト］である。

問 2　加速されても半径aを一定に保ったまま電子が回転することができるa/Rの値を，導出過程も示して答えよ。

※解答欄　ヨコ13.7センチ×タテ14.5センチ

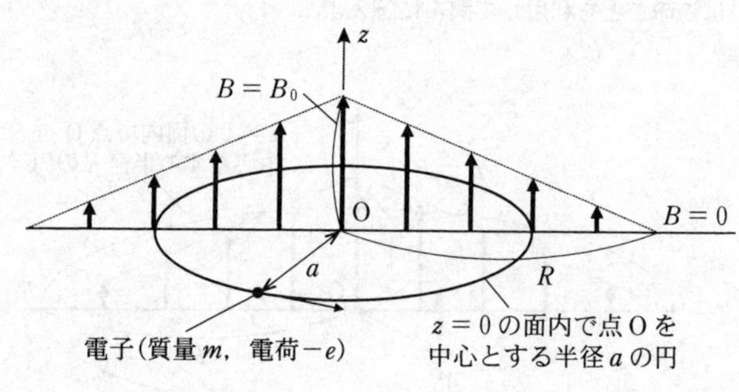

図3

物理問題　III

次の文章を読んで，［　　］に適した式または数値を，それぞれの解答欄に記入せよ。なお，［［　　］］はすでに［　　］で与えられたものと同じものを表す。また，**問 1** ～**問 3** では，指示にしたがって，解答をそれぞれの解答欄に記入せよ。ただし，円周率を π とする。

図 1 のような，大気中に置かれた厚さ D の透明で平面状の薄膜を考える。薄膜の屈折率 n は，大気の屈折率（1 とする）より大きい。薄膜の表面 A，B に垂直な方向に z 軸をとり，面 A と面 B の z 座標をそれぞれ $z = 0$，$z = D$ とする。

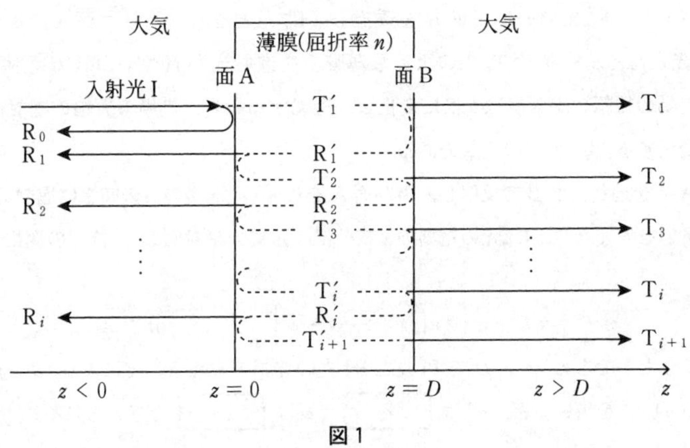

図 1

面 A に対して垂直に，直線偏光したレーザー光（入射光 I）を，z 軸の負の方から正の向きに照射する。光は横波の電磁波であるが，ここでは簡単のために，電場のみを考え，電場の方向は x 軸方向（紙面に垂直な方向）とする。

入射光 I の電場の x 成分は，$z < 0$ において，

$$E_1 = E \sin 2\pi\left(ft - \frac{z}{\lambda}\right) \qquad \text{(i)}$$

と与えられるとする。E は入射光 I の電場の振幅，t は時刻，f は光の振動数，λ は大気中における光の波長である。ここでは，光の電場の振幅の 2 乗を光の強度とよぶことにする。例えば，入射光 I の強度は E^2 である。ただし，以下の設問において，大気中および薄膜内における光の強度の減衰は考えない。

図 1 に示すように，大気中を進む入射光 I の一部は面 A において反射し，残りは面 A を透過して，薄膜内に侵入する。このとき，反射した光の電場の振幅の絶対値は入射光の振幅の絶対値の p 倍となり，透過する光の電場の振幅の絶対値は入射光の振幅の絶対値の q 倍になる。p と q は，1より小さい正の実数定数である。ただし，面を透過する際，光の位相は変化しない。**図 1** のように，最初に面 A で反射する光を R_0 光，面 A を透過し，薄膜中を z 軸の正の向きに進む光を T_1' 光と書く。

T_1' 光の波長は [あ] である。また，時刻 t，位置 z での電場の x 成分は，R_0 光では $E_{R_0} =$ [い]，T_1' 光では $E_{T_1'} =$ [う] となる。

図 1 に示すように，薄膜は大気と面 A および面 B で接するので，光は反射，または透過を繰り返す。i を 1 以上の整数とすると，T_i' 光の一部は面 B を透過し，z 軸の正の向きに進む T_i 光となり，残りは面 B で反射し，z 軸の負の向きに進む R_i' 光となる。さらに，R_i' 光の一部は面 A を透過し，R_i 光となり，残りは面 A で反射し，T_{i+1}' 光となる。R_i' 光や T_i' 光のような薄膜中を進む光が面 A や面 B で反射するとき，電場の振幅の絶対値は p 倍に変化し，透過するとき，電場の振幅の絶対値は q' 倍に変化する。q' は正の実数である。

面 A を透過し，面 B で反射し，再び面 A を透過し，z 軸の負の向きに進む R_1 光のふるまいを考えたい。R_1 光の電場の x 成分は，振幅の絶対値 E' と位相の変化 ϕ を用いて，

$$E_{R_1} = E' \sin\left\{2\pi\left(ft + \frac{z}{\lambda}\right) + \phi\right\} \qquad \text{(ii)}$$

とおくことができる。$z = D$ で T_1' 光と R_1' 光の位相を考えることにより，E，p，q，q'，λ，D，n を用いると，E' は [え]，ϕ は [お] と与えられる。

問 1　大気中を z 軸の負の向きに進む R_0 光と R_1 光の干渉を考える。干渉してできる光の電場は，R_0 光と R_1 光の電場の重ね合わせにより，振幅 A と位相の変化 β を用いて，

$$E_{R_0} + E_{R_1} = A \sin\left\{2\pi\left(ft + \frac{z}{\lambda}\right) + \beta\right\} \qquad \text{(iii)}$$

と書くことができる。E_{R_0} は，[い] で求めた電場の式を表す。式(iii)で与えられる光の強度 A^2 を，導出過程を示して E，p，q，q'，ϕ を用いて表せ。ここで，必要なら，実数 a，b，θ に対し，$a\sin\theta + b\cos\theta = \sqrt{a^2+b^2}\sin(\theta+\beta)$ が成り立つことを用いてよい。ただし，β は $\cos\beta = \dfrac{a}{\sqrt{a^2+b^2}}$，$\sin\beta = \dfrac{b}{\sqrt{a^2+b^2}}$ を満たす実数である。

以上より，R_0光とR_1光の干渉によってできる光の強度が最大になるのは，1以上の整数mを用いると，厚さDが波長λの［か］倍になるときであり，そのときの電場の振幅は［き］である。

つぎに，面Bをz軸の正の向きに透過する光について考える。T_1光とT_2光が干渉してできる光の強度が最大になるとき，1以上の整数mを用いると，薄膜の厚さDは波長λの［く］倍である。また，このとき，干渉してできる光の振幅は［け］となる。一方，干渉光の強度が最小となるのは，同様に1以上の整数mを用いると，Dがλの［こ］倍のときであり，その振幅は［さ］である。

問2　T_1光とT_2光だけでなく，面Bをz軸の正の向きに透過する光の全てが干渉してできる光を考える。薄膜の厚さDが大気中の波長λの［く］倍のときと，［こ］倍のときのそれぞれの条件のもとで，面Bをz軸の正の向きに透過する全ての光が干渉してできる光の強度を求めよう。ここで，p，q，q'の間には，$p^2 + qq' = 1$が成り立つものとする。これを用いて，干渉光の強度をqとq'を含まない形で導出過程を示して表せ。ここで，必要であれば，$|d| < 1$を満たす実数dに対し，$\sum_{k=0}^{\infty} d^k = \frac{1}{1-d}$が成り立つことを用いてよい。

問3　異なるpの値をもつ薄膜X，Yについて，入射光の波長を変えながら，薄膜を透過してくる光の強度を測定したところ，**図2**のようになった。実線と点線は，薄膜X，Yに対して得られたデータである。ここで，pは波長によって変わらないものとする。白色光から，特定の波長の光を選択して抽出するには，薄膜X，Yのどちらを用いるのがより適当か，また，それはどのような値のpをもつ薄膜か，その理由とともに述べよ。

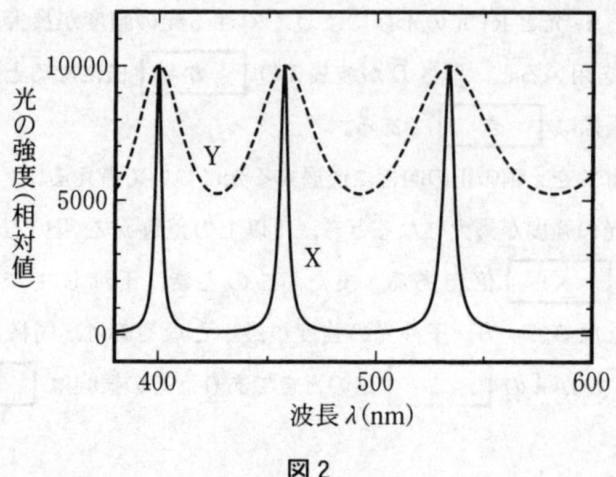

図 2

※解答欄　問 1・問 2：各ヨコ 13.7 センチ×タテ 18.2 センチ
問 3：ヨコ 13.7 センチ×タテ 10.0 センチ

化学

（教育（理系）学部　1科目　90分
　その他　　　　　2科目　180分）

（注）　100点満点。理・医（医）学部は2科目300点満点に，工学部は2科目250点満点に換算。

化学問題　I

次の文章(a)，(b)を読み，問1～問5に答えよ。解答はそれぞれ所定の解答欄に記入せよ。問題中のLはリットルを表す。[X]はmol/Lを単位としたイオンXの濃度とし，塩化銀の溶解度積を1.8×10^{-10}(mol/L)^2，クロム酸銀の溶解度積を3.6×10^{-12}(mol/L)^3，臭化銀の溶解度積を5.4×10^{-13}(mol/L)^{2}とする。数値は有効数字2けたで答えよ。

(a)　沈殿生成を利用して，水溶液中の塩化物イオン濃度を定量することができる。塩化物イオンを含む水溶液にクロム酸カリウム水溶液を指示薬として加え，既知の濃度の硝酸銀水溶液を滴下すると，まず塩化銀の白色沈殿が生成する。さらに滴下をすすめるとクロム酸銀の暗赤色沈殿が生成し，滴定前に存在した塩化物イオンのほぼ全量が塩化銀として沈殿する。したがって，この時点を滴定の終点とすることで，試料溶液中の塩化物イオン濃度を見積もることができる。この滴定実験では，試料溶液を中性付近に保つ必要がある。これは酸性条件下では以下の反応(1)が起こり，また塩基性条件下では褐色の酸化銀が生成するためである。

$$2\,CrO_4^{2-} + 2\,H^+ \rightarrow 2\,HCrO_4^- \rightarrow \boxed{\quad あ \quad} \quad (1)$$

以下では，滴定過程において，試料溶液内の塩化物イオンとクロム酸イオンの濃度が変化する様子を，グラフを用いて考察しよう。図1は，滴定前の塩化物イオン

濃度を 1.0×10^{-1} mol/L，クロム酸イオン濃度を 1.0×10^{-3} mol/L として，硝酸銀水溶液の滴下にともなう各イオンの濃度変化を，銀イオン濃度に対して示したグラフである。なお，試料溶液は中性とし，滴定による体積変化は無視する。硝酸銀水溶液を滴下すると銀イオン濃度が増加し，1.8×10^{-9} mol/L に達したときに塩化銀が生成し始める。その結果，溶液内の塩化物イオン濃度は減少し始める。このとき，クロム酸イオン濃度はまだ変化しない。さらに滴定をすすめて，銀イオン濃度が ［　I　］ mol/L に達したところで，クロム酸銀の生成が始まり，溶液内のクロム酸イオン濃度は減少する。クロム酸銀が生成し始めた時点が，滴定の終点に対応する。このとき，溶液内に残存する塩化物イオンの濃度は ［　II　］ mol/L である。この値は，塩化物イオンの初期濃度と比べて非常に小さく，ほぼ全量が塩化銀として沈殿していると言える。

一方，滴定の終点において$[Ag^+]=[Cl^-]$が成立する場合，最初に溶液内に存在していた塩化物イオンの濃度をより正確に定量することができる。①ただし，図 1 の実験条件ではそれが成立していない。

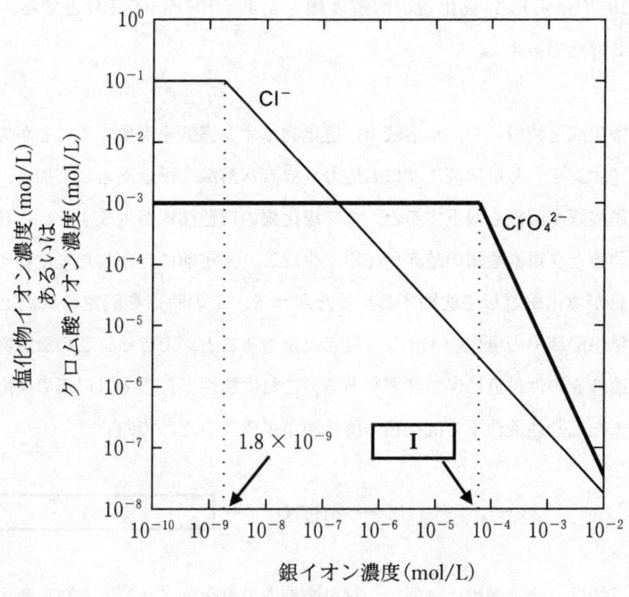

図 1

問 1 [　あ　] にあてはまる適切な化学式等を記入せよ。

問 2 [　I　], [　II　] にあてはまる適切な数値を答えよ。

問 3 本滴定実験では，滴定前に加える指示薬の濃度を変えると滴定終点において溶液内に存在する各イオンの濃度が変わる。下線部①に関して，$[Ag^+] = [Cl^-]$，すなわち加えた銀イオンの物質量と滴定前に存在していた塩化物イオンの物質量が滴定終点で等しくなるためには，滴定前の試料溶液におけるクロム酸イオン濃度はいくらであればよいか答えよ。

(b) 銀イオン濃度の異なる 2 つの水溶液を用いて，電池を作ることができる。**図 2** に示すように，過剰量の塩化銀により飽和した水溶液に塩化カリウムを加えて各イオンの濃度を調整した水溶液 **A** と，過剰量の臭化銀により飽和した水溶液に臭化カリウムを加えて各イオンの濃度を調整した水溶液 **B** を用意して，各水溶液に銀電極を浸した。以下では，電極表面で進行する反応は $Ag^+ + e^- \rightleftarrows Ag$ のみであるとする。また，各水溶液は理想的な塩橋を通して電気的に接続されており，銀イオン，塩化物イオン，臭化物イオンは塩橋を通して移動しないとする。

まず，水溶液 **A** について $[Cl^-] = 1.0 \times 10^{-3}$ mol/L，水溶液 **B** について $[Br^-] = 1.0 \times 10^{-3}$ mol/L とした。このとき水溶液 **A** について $[Ag^+] =$ [　III　] mol/L，水溶液 **B** について $[Ag^+] =$ [　IV　] mol/L であるので，水溶液 **A** と水溶液 **B** の銀イオン濃度に差がある。ここで両電極間をスイッチを入れて接続したところ，それぞれの銀電極表面においてこの濃度差を小さくするように反応が進行した。すなわち，水溶液 **A** の電極表面では{**ア**： 1. 酸化， 2. 還元}反応が起こり，電流が電流計を通して{**イ**： 1. 水溶液 **A** から水溶液 **B**， 2. 水溶液 **B** から水溶液 **A**}の方向へ流れた。このとき，水溶液 **A** と平衡にある塩化銀の物質量は{**ウ**： 1. 増加した， 2. 減少した， 3. 変化しなかった}。このまま電流を流し続けたところ，水溶液 **A** について $[Cl^-] = 2.0 \times 10^{-3}$ mol/L となったところで，平衡状態に達し電流が流れなくなった。このとき，水溶液 **B** について $[Br^-] =$ [　V　] mol/L であった。

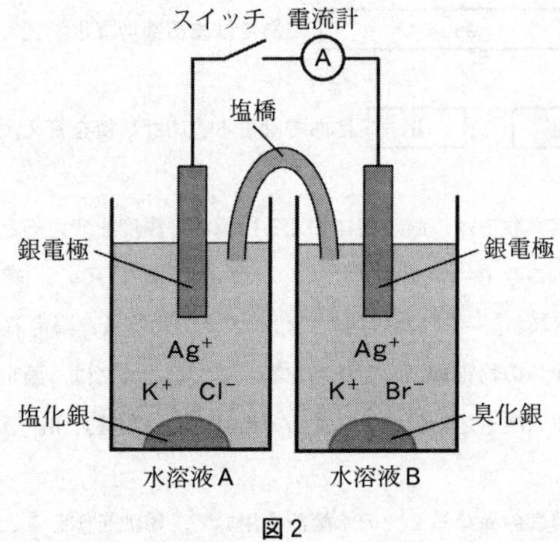

図 2

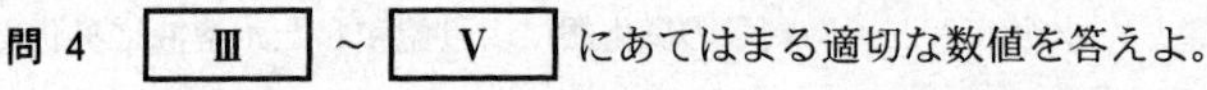

問 4　［Ⅲ］～［Ⅴ］にあてはまる適切な数値を答えよ。

問 5　{ア}，{イ}，{ウ}について{　　}内の適切な語句を選び，その番号を答えよ。

化学問題　Ⅱ

次の文章(a)，(b)を読み，**問１**～**問５**に答えよ。解答はそれぞれ所定の解答欄に記入せよ。

(a)　分子や多原子イオンを構成する化学結合は，電子式を用いて表すことができる。図１の例のように，価電子からなる電子対は，それぞれの原子の周りに４組(水素原子の場合は１組)配置される①とする。電子対には，［ア］結合を形成する［ア］電子対と，［ア］結合を形成していない［イ］電子対の２種類がある。電子対には他の電子対と反発する性質がある。

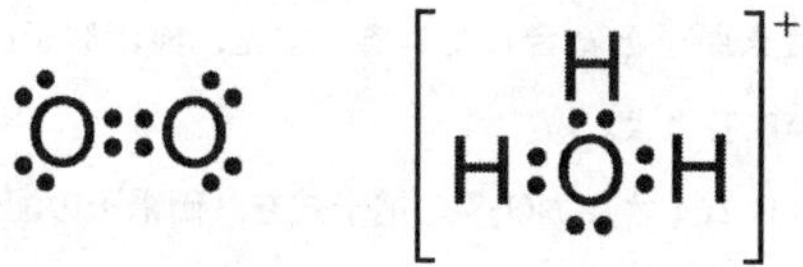

図１　O_2 と H_3O^+ の電子式の例

２種類の異なる元素Ｅおよび元素Ｚからなる分子を考える。この分子では１つのＥ原子が中心原子となり周囲の複数個のＺ原子と結合を形成し，Ｚ原子間の結合はないものとする。このとき，Ｚ原子は，Ｅ原子周りのすべての電子対の間の反発が最小になるように配置される②とする。ここで，異なる種類の電子対や異なる種類の結合の間の反発の大きさの違いを無視する。以上のように考えると，Ｅ原子とＺ原子からなる分子について，代表的な化合物とその分子の形は**表１**のようにまとめられる。

表１

化合物名	分子の形	中心原子(Ｅ原子)の周りの電子対の組数	
		［ア］電子対	［イ］電子対
［ウ］	直線形	4	［エ］
［オ］	折れ線形	［カ］	2
メタン	正四面体形	［キ］	［ク］
［ケ］	三角錐(すい)形	3	［コ］

問1　文章(a)および表1の［ア］～［コ］にあてはまる適切な語または数字を答えよ。ただし，［ウ］，［オ］，［ケ］にあてはまる化合物は，それぞれ次の5つの条件を満たすものとする。

・各化合物において，EおよびZ原子は，炭素，水素，酸素，窒素のいずれかである。

・電気的に中性である。

・Z原子の数は2または3である。

・不対電子がない。

・常温常圧で安定である。

問2　ニトロニウムイオン$NO_2{}^+$は1価の多原子イオンで，窒素原子が中心原子となり2つの酸素原子と結合している。また，酸素原子間の結合はない。次の(1)，(2)の問いに答えよ。

(1)　ニトロニウムイオン$NO_2{}^+$の電子式を，価電子の配置が下線部①の規則に従うとして，**図1**の例にならって1つ記せ。

(2)　酸素原子の配置が下線部②の規則に従うとき，ニトロニウムイオン$NO_2{}^+$の形を，**表1**にあげた分子の形から選んで答えよ。

(b)　気体の化合物Aと気体の化合物Bが容器内で

$$\mathrm{A} \rightleftarrows 2\mathrm{B} \qquad (1)$$

の平衡状態にある。AおよびBは理想気体である。濃度平衡定数K_cはAのモル濃度[A]とBのモル濃度[B]を用いて

$$K_c = \boxed{\text{あ}} \qquad (2)$$

と表される。一方，式(1)の反応において，圧平衡定数K_pはAの分圧p_AとBの分圧p_Bを用いて

$$K_p = \frac{(p_B)^2}{p_A} \qquad (3)$$

で与えられ，濃度平衡定数K_cと気体定数Rおよび絶対温度Tを用いて

$$K_p = \boxed{\text{い}} \qquad (4)$$

と表される。また，式(1)の反応において，モル分率平衡定数K_xはAのモル分率x_AとBのモル分率x_Bを用いて

$$K_x = \frac{(x_B)^2}{x_A} \qquad (5)$$

で与えられ，圧平衡定数 K_p および全圧 p を用いて

$$K_x = \boxed{\text{う}} \tag{6}$$

と表される。

図2に示すように，体積 V_1 の**容器1**と体積 V_2 の**容器2**が開閉できるコックを備えた配管で接続されている。**容器1**と**容器2**の内部は常に一定の絶対温度 T に保たれている。また，$V_2 = 2V_1$ であり，接続配管内部およびコックの内部の体積は無視できるものとする。最初，コックは閉じられており，**容器1**と**容器2**の内部は空である。

コックを閉じたまま，**容器1**内にAとBの混合気体を注入して，式(1)の反応が平衡状態に達したときに**容器1**内のAのモル分率 x_A とBのモル分率 x_B が等しくなるようにしたい。$x_A = x_B$ のとき，モル分率平衡定数 K_x は $\boxed{\text{え}}$ であるから，平衡状態において**容器1**内の全圧 p が K_p の $\boxed{\text{お}}$ 倍となるまで混合気体を注入すればよい。

容器1内の全圧 p を K_p の $\boxed{\text{お}}$ 倍にした後，コックを徐々に開いた。式(1)の反応が平衡状態に達したとき，**容器1**および**容器2**に含まれるAの物質量の合計は，コックを開く直前に**容器1**に含まれていたAの物質量の $\boxed{\text{か}}$ 倍になる。

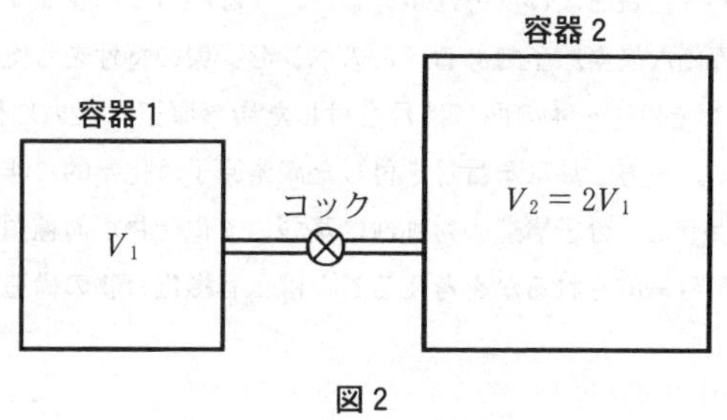

図2

問3 $\boxed{\text{あ}}$ ～ $\boxed{\text{う}}$ にあてはまる適切な式を答えよ。

問4 $\boxed{\text{え}}$，$\boxed{\text{お}}$ にあてはまる適切な数値を答えよ。

問5 $\boxed{\text{か}}$ にあてはまる適切な数値を，途中の計算も示して答えよ。

※解答欄　ヨコ11.6センチ×タテ16.0センチ

化学問題　Ⅲ

次の文章(a)，(b)を読み，**問 1** ～**問 7** に答えよ。解答はそれぞれ所定の解答欄に記入せよ。構造式は記入例にならって記せ。なお，原子の同位体や化合物の光学異性体については考慮しないこととする。原子量は，H = 1.0，C = 12.0，O = 16.0 とする。

構造式の記入例：

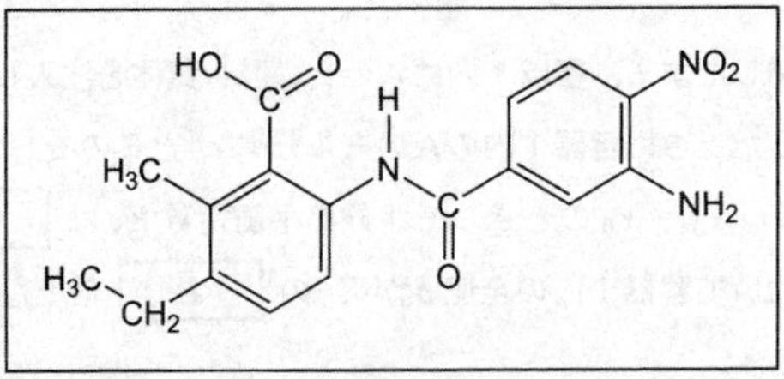

(a)　ベンゼン(C_6H_6)は，6 個の炭素原子が同一平面上で結合した正六角形の環状構造をもつ。これらの炭素原子間の結合は長さ・性質ともにすべて同等であり，単結合と二重結合の中間的な状態にある。これらの炭素原子は，いずれも環境が同じであり，化学的な性質および反応性が等しい。すなわち，ベンゼンの 6 個の炭素原子は化学的に等価な炭素原子である。このベンゼン環の特性を考慮すると，**図 1** に示す *o*-キシレンでは①～④の同じ番号を付した炭素原子は互いに化学的に等価な炭素原子である。一方，異なる番号を付した炭素原子は化学的に非等価な炭素原子である。このように，分子構造の対称性に基づいて化合物が何種類の化学的に非等価な炭素原子から構成されるかを考えることは，有機化合物の構造決定を行う際に重要である。

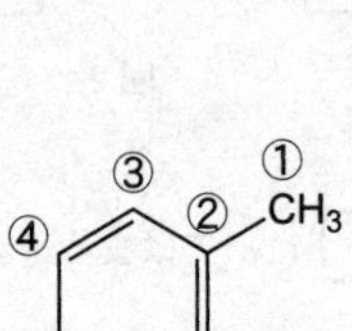

図 1

分子式が C_9H_{12} で表される 8 つの芳香族化合物（A ～ H）を，何種類の化学的に非等価な炭素原子で構成されるかによって分類する。化合物Aには3種類の化学的に非等価な炭素原子があり，化合物Bと化合物Cにはそれぞれ6種類の化学的に非等価な炭素原子がある。化合物Cは工業的に重要な化合物として知られ，空気酸化した後に分解することでフェノールとともに［ア］を与える。

化合物Dと化合物Eにはそれぞれ7種類の化学的に非等価な炭素原子があり，化合物F，化合物G，および化合物Hのいずれにも化学的に等価な炭素原子がない。化合物Dは過マンガン酸カリウム水溶液と反応し，炭素原子数の減少をともなって，安息香酸を与える。過マンガン酸カリウム水溶液を用いる同様の反応により，化合物Eからは化合物Iが得られる。化合物Iは［イ］との反応により，ペットボトルの原料として用いられているポリエステル系合成繊維を与える。

問1 ［ア］，［イ］にあてはまる適切な化合物名または構造式を記せ。

問2 化合物A，B，Dの構造式をそれぞれ記せ。

問3 化合物Aに濃硝酸と濃硫酸の混合物を反応させると，主な生成物として化合物Jが得られた。化合物Jにスズと濃塩酸を作用させた後，強塩基で処理すると，化合物Kが得られた。化合物Jおよび化合物Kはいずれも化学的に非等価な炭素原子の種類の数が化合物Aと同じ3種類であった。化合物Jおよび化合物Kの構造式を記せ。

問4 化合物Eから化合物Iを得る反応において，化合物Eの物質量の80.0％が化合物Iになった。得られた化合物Iをすべて完全燃焼させると，CO_2が88.0gが排出された。この反応で用いた化合物Eの質量は何gか。有効数字3けたで答えよ。

(b) **図2**の左に示すように，窒素原子が2つのカルボニル基に挟まれ，カルボニル炭素-窒素結合を2つもつ構造(網かけ部分)をイミド構造と呼び，その構造をもつ化合物をイミドと呼ぶ。一般的にイミドのカルボニル炭素-窒素結合はアミドのカルボニル炭素-窒素結合に比べて容易に加水分解されることが知られている。そのため，温和な条件におけるイミドの加水分解では**図2**に示す**反応(1)**あるいは**反応(2)**が進行し，カルボニル炭素-窒素結合が１つ切断されてアミドとカルボン酸が得られる。**反応(1)**と**反応(2)**のどちらがより起こりやすいかは分子の構造および反応条件などに左右される。また，１つのイミドに対して**反応(1)**と**反応(2)**の両方が起こることもある。その場合，**反応(1)**と**反応(2)**の生成物は混在する。

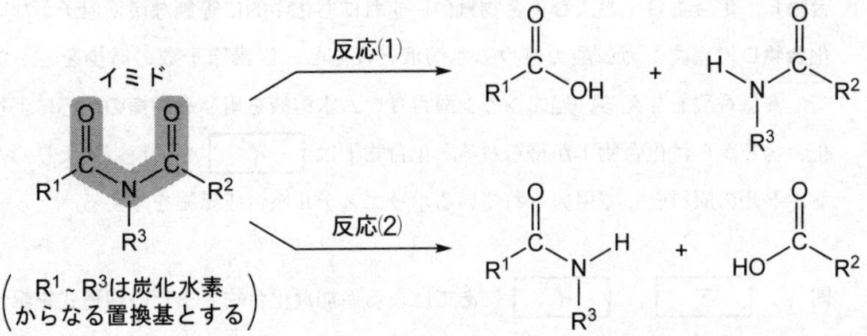

図２

分子式 $C_{20}H_{15}NO_2$ で表される化合物Ｌは１つのイミド構造をもつ。化合物Ｌを温和な条件で加水分解したところ，芳香族カルボン酸Ｍとアミド N（分子式 $C_{13}H_{11}NO$）のみが得られた。また化合物Ｎのアミド結合を完全に加水分解した際には化合物Ｍと化合物Ｏが得られた。化合物Ｏをさらし粉（主成分：次亜塩素酸カルシウム）水溶液に加えたところ赤紫色を呈した。

分子式 $C_{23}H_{21}NO_2$ で表される化合物Ｐは１つのイミド構造をもつ。化合物Ｐを温和な条件で加水分解したところ，*p*-メチル安息香酸，芳香族カルボン酸Ｑ，アミドＳ，アミドＴが混合物として得られた。化合物Ｓのアミド結合を完全に加水分解した際には，化合物Ｏと *p*-メチル安息香酸が得られた。また，化合物Ｔのアミド結合を完全に加水分解した際には，化合物Ｏと化合物Ｑが得られた。化合物Ｑのカルボキシ基はベンゼン環に直接結合しており，そのいずれのオルト位にも水素原子が結合していた。

問５　化合物Ｍ，Ｏの構造式をそれぞれ記せ。

問６　化合物Ｌの構造式を記せ。

問 7　化合物Qとして考えられる構造式をすべて記せ。

化学問題　Ⅳ

次の文章(a)，(b)を読み，**問 1** ～ **問 6** に答えよ。解答はそれぞれ所定の解答欄に記入せよ。

(a)　アルデヒド基をもつ単糖は，アルドースと呼ばれる。**図 1** の一般式で表されるアルドースのうち，炭素数が 3 のアルドース（$n = 1$）は，不斉炭素原子を 1 個有し，2 種類の立体異性体が存在する。これらは互いに鏡像異性の関係にあり，重なり合わない。**図 2 a** に示すように，これらの構造において ◀ は紙面の表（手前）側に向かう結合を，┅ は紙面の裏（奥）側に向かう結合をそれぞれ示している。また，**図 2 b** のような表記法もあり，左右方向の結合は紙面の表（手前）側に向かう結合を，上下方向の結合は紙面の裏（奥）側に向かう結合をそれぞれ示し，**図 2 a** と同じ構造を表している。また，この表記法ではアルデヒド基を上下方向のいちばん上に書くこととする。

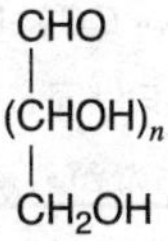

CHO
|
$(CHOH)_n$
|
CH_2OH

図 1

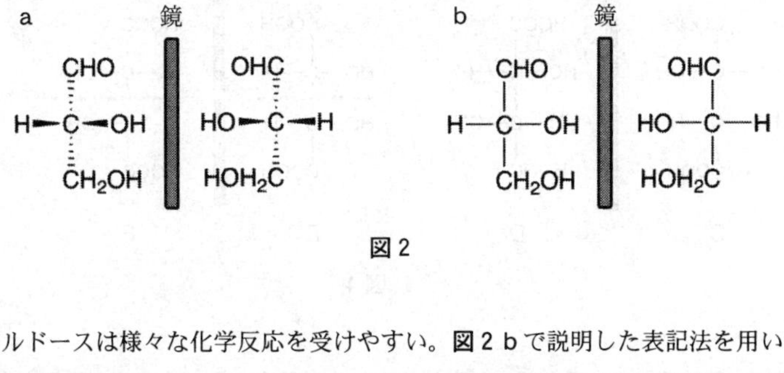

a　　鏡　　　　　　　　b　　鏡

CHO　OHC　　　　CHO　OHC
H―C―OH　HO―C―H　　H―C―OH　HO―C―H
CH_2OH　HOH_2C　　CH_2OH　HOH_2C

図 2

アルドースは様々な化学反応を受けやすい。**図 2 b** で説明した表記法を用いて，**図 3** に炭素数が 4 のアルドース（**図 1**：$n = 2$）の反応例を示す。アルドースを硝酸で酸化すると，ジカルボン酸 **A** が得られる（**図 3**：**反応 1**）。また，アルドースに対して適切な条件下で反応を行うと，点線で囲った部分で分解が起こり，炭素が 1 個減少した B が生成する(**図 3**：**反応 2**)。ただし，これらの反応過程で，不斉炭素原子に結合したヒドロキシ基の立体的な配置は変化しないものとする。

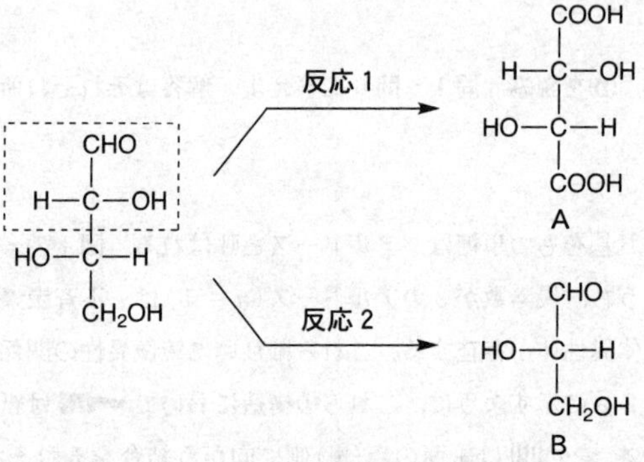

図 3

炭素数が 4 のアルドース(**図 1**：$n = 2$)は，不斉炭素原子を 2 個もつことから，鏡像異性体を含めて<u>4 種類の立体異性体</u>①が存在する。これらを**反応 1** で酸化すると酒石酸が得られる。酒石酸は不斉炭素原子を 2 個もつが，3 種類の立体異性体しか存在しない。なぜなら，**図 4** において C は D の鏡像異性体であるが，E は鏡に映した F と重なり合うことから，E と F は同じ化合物であるためである。E (あるいは F)のように，<u>不斉炭素原子をもちながら鏡像異性体が存在しない化合物には，分子内に対称面がある</u>②。

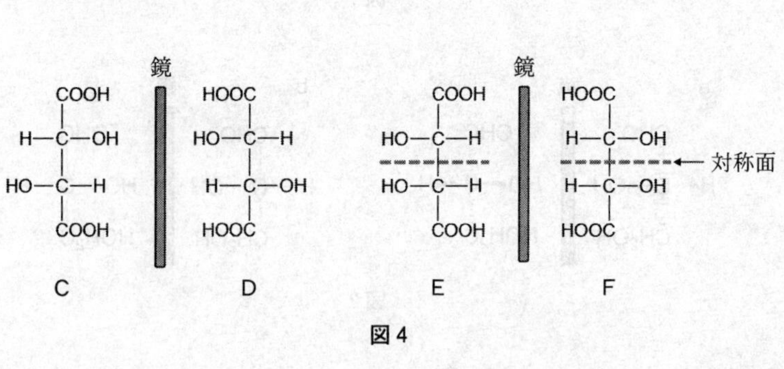

図 4

問 1　下線部①の 4 種類の立体異性体に対して**反応 2** を行うと，2 種類の生成物が得られた。これら 2 種類の生成物の構造式を，**図 3** で用いた表記法を使って記せ。

問 2　**図 5** に示した炭素数が 5 のアルドース（**図 1** ：$n = 3$）に対して**反応 1** を行った場合，その生成物の鏡像異性体が存在しないものを，下線部②に基づいて**(あ)**～**(く)**からすべて選べ。

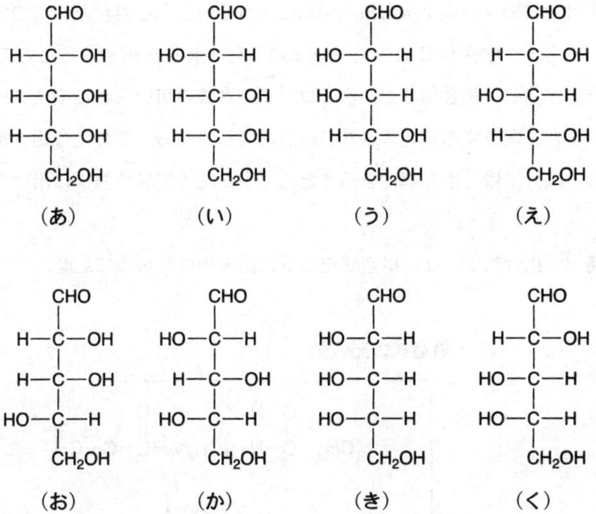

```
    CHO              CHO              CHO              CHO
     |                |                |                |
 H—C—OH          HO—C—H           HO—C—H           H—C—OH
     |                |                |                |
 H—C—OH           H—C—OH          HO—C—H          HO—C—H
     |                |                |                |
 H—C—OH           H—C—OH           H—C—OH           H—C—OH
     |                |                |                |
    CH2OH            CH2OH            CH2OH            CH2OH
   (あ)             (い)             (う)             (え)

    CHO              CHO              CHO              CHO
     |                |                |                |
 H—C—OH          HO—C—H           HO—C—H           H—C—OH
     |                |                |                |
 H—C—OH           H—C—OH          HO—C—H          HO—C—H
     |                |                |                |
HO—C—H           HO—C—H           HO—C—H          HO—C—H
     |                |                |                |
    CH2OH            CH2OH            CH2OH            CH2OH
   (お)             (か)             (き)             (く)
```

図 5

問 3　化合物 G は**図 5** の**(あ)**～**(く)**のいずれかである。G に対して**反応 1** を行うと，鏡像異性体をもつ化合物が得られた。また G に対して**反応 2** を行うと化合物 H が生成し，続いて**反応 1** で酸化すると，**図 4** の E（あるいは F）が得られた。このような条件を満たす G と H には，それぞれ複数の構造が考えられる。H として考えられる構造式を，**図 3** で用いた表記法を使ってすべて記せ。さらに，G として考えられるものを**(あ)**～**(く)**からすべて選べ。

(b) 持続可能な発展に向けて，資源循環や環境保全に配慮した素材開発が求められている。これに関する下の(i)，(ii)の文章を読み，**問 4 〜問 6** に答えよ。

(i) ナイロン 66 やナイロン 6 と同じ官能基を有し，化学式が $C_{11}H_{21}NO$ で表される構造を繰り返しもつ高分子がある。ナイロン 66 やナイロン 6 は石油を原料として合成される高分子であるのに対し，この高分子は植物油脂を原料とする化合物Ｉを重合することで合成され，自動車部品などに使われている。なお，化合物Ｉは分岐のない炭化水素鎖の両端にそれぞれ異なる官能基を 1 つずつ有する。

一方，化学式が $C_6H_{10}O_2$ で表される化合物Ｊを重合することで合成される高分子がある。化合物Ｊと，ナイロン 6 の合成に用いられるモノマーは，それぞれの重合に関与する官能基以外の構造が同じである。この化合物Ｊを重合して得られる高分子は，生分解性を示すため，生ゴミ堆肥袋や漁網に用いられている。

問 4　化合物Ｉ，Ｊの構造式を以下の記入例にならって記せ。

構造式の記入例：

$$CH_3-\overset{\overset{\displaystyle O}{\|}}{C}-\overset{\overset{\displaystyle H}{|}}{N}-(CH_2)_3-\overset{\overset{\displaystyle O}{\|}}{C}-O-CH_3$$

あるいは

$$CH_3-\overset{\overset{\displaystyle O}{\|}}{C}-\overset{\overset{\displaystyle H}{|}}{N}-CH_2-CH_2-CH_2-\overset{\overset{\displaystyle O}{\|}}{C}-O-CH_3$$

(ii) 植物油脂由来のオレイン酸を原料とするヒドロキシ酸である化合物Ｋがある。化合物Ｋの炭素数はオレイン酸と同じである。化合物Ｋは分岐のない炭化水素鎖の両端にそれぞれヒドロキシ基とカルボキシ基を有する。

一方，二糖である化合物Ｌは，β-グルコース（**図 6**）2 分子が，一方の分子の C 1 原子ともう一方の分子の C 2 原子の間でグリコシド結合を形成したものである。

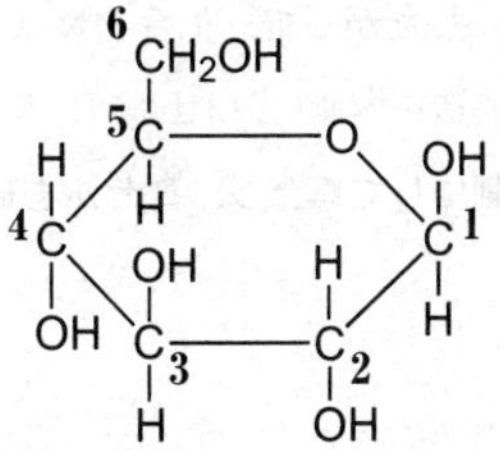

図 6　数字 **1** ～ **6** は β-グルコース分子中の炭素原子の番号を示し，それぞれの炭素原子を問題文中で C 1 ～C 6 と表記する。

ここで，1 分子の化合物Ｋと 1 分子の化合物Ｌから得られる化合物Ｍがある。化合物Ｍは，化合物Ｋと化合物Ｌが，立体配置を保持したまま，2 箇所で分子間脱水縮合した化合物である。化合物Ｍはフェーリング液を還元しない。化合物Ｍにおいて，化合物Ｋに由来するカルボキシ基は，化合物Ｌのグリコシド結合にＣ1 原子を与えた β-グルコースのＣ4 原子のヒドロキシ基と脱水縮合している。化合物Ｍは界面活性作用を示す。一方，化合物Ｍに含まれる一つの結合をある条件で加水分解して得られる化合物Ｎがある。化合物Ｎもフェーリング液を還元しない。③化合物Ｎは pH に依存して変化する界面活性作用を示す。

問 5　図 6 に示す β-グルコースの構造を参考にして，化合物Ｌの構造を示せ。また，化合物Ｌのヒドロキシ基に関して，化合物Ｍにおいて化合物Ｋのヒドロキシ基と脱水縮合しているヒドロキシ基を丸（◯）で，化合物Ｋのカルボキシ基と脱水縮合しているヒドロキシ基を四角（□）で囲め。

問 6　下線部③に関する次の文章を読み，{**け**} ～ {**せ**} のそれぞれで適切な語句を選び，その番号を答えよ。

化合物Ｎは化合物Ｍの {**け**：1. グリコシド，2. エステル，3. エーテル} 結合が加水分解された構造をもち，{**こ**：1. アルデヒド，2. ヒドロキシ，3. カルボキシ} 基を有する。{**こ**} 基は pH を 4 から 9 に変化させるとその電離度が大きく変わる。pH が 4 の水溶液中では，大部分の {**こ**} 基は {**さ**：1. 電離し，2. 電離せず}，その結果として {**し**：1. 化合物Ｋ，2. 化合物Ｌ} に由来する部分構造がより {**す**：1. 親水性，2. 疎水性} を示すようになる。したがって，化合物Nは，pH が 4 の水溶液中では，{し}に由来する部分構造を内側に，{せ：1．化合物K，2．化合物L}に由来する部分構造を外側にして集合し，ミセルを形成する。

生物

（教育（理系）学部　1科目　90 分
その他　　　　　2科目 180 分）

（注）100 点満点。理・医（医）学部は 2 科目 300 点満点に換算。

生物問題　I

次の文章を読み，**問1～問4**に答えよ。解答はすべて所定の解答欄に記入せよ。

1つの遺伝子の異常が原因となって発症する病気を総称して単一遺伝子疾患①と呼ぶ。ある単一遺伝子疾患の原因となる遺伝子 *P* は常染色体上に存在し，酵素Pをコードする。酵素Pは，1本のポリペプチド鎖のみからなる単量体として機能する。この酵素Pは化合物Xを基質として化合物Yに変換する反応を触媒するが，遺伝子 *P* に異常が生じた結果，化合物Xが体内に蓄積して毒性を発揮することでこの疾患が発症する。その疾患の患者Kの2本の相同染色体上の遺伝子 *P* には，それぞれ1箇所ずつ，異なる1アミノ酸置換を引き起こす突然変異（変異 a，変異 b）が生じていた。通常，タンパク質はそれぞれに固有の立体構造に折りたたまれてはじめて機能を持ち，折りたたまれたタンパク質の内部には疎水性アミノ酸が，表面には親水性アミノ酸が多く見られる。変異 a では，酵素Pの立体構造上表面に位置する親水性アミノ酸が別の親水性アミノ酸に置換される。一方，変異 b では，酵素Pの立体構造上内部に位置する疎水性アミノ酸が親水性アミノ酸に置換される。患者Kで見いだされた遺伝子変異が酵素Pの性質に及ぼす影響を調べるため，正常型対立遺伝子 P^{wt} から作られる正常型酵素 $\mathrm{P^{wt}}$，変異 a を持つ対立遺伝子 P^{a} から作られる酵素 $\mathrm{P^{a}}$，および変異 b を持つ対立遺伝子 P^{b} から作られる酵素 $\mathrm{P^{b}}$ を，それぞれ 4 ℃で注意深く精製した後，以下の実験を行った。

実験1：精製したそれぞれの酵素 1 μg を 25 ℃の水溶液中で化合物Xと混合して反

応させ，生成する化合物Ｙの量を測定することによって，各酵素の反応速度を求めた。化合物Ｘの濃度のみが異なる様々な条件で反応を行い，反応に用いた化合物Ｘの濃度と反応速度の関係を各酵素について調べたところ**図１**のようになった。

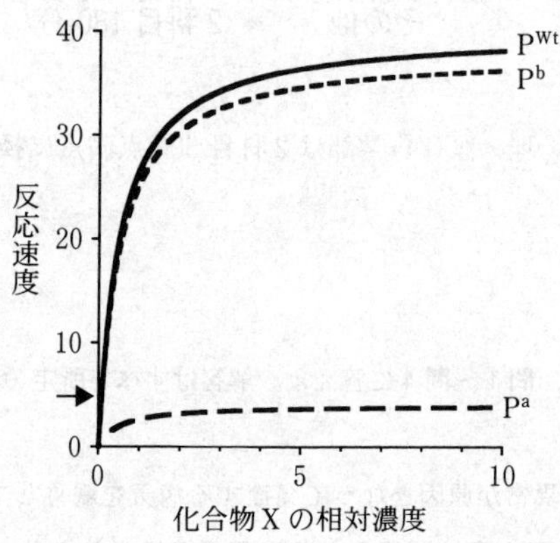

図１　反応に用いた化合物Ｘの相対濃度(横軸)と反応速度(縦軸)の関係

健常者の生体内における化合物Ｘの濃度を１とした。反応速度は，１分あたりに生成した化合物Ｙの量(μg/分)である。また，十分に高い化合物Ｘの濃度を用いて反応を行った場合においても，P^{a} の反応速度が５μg/分(図中矢印)を越えることはなかった。

実験２：次に，温度による影響を検討するため，精製した各酵素を 25 ℃あるいは 37 ℃で１時間おいた後，**実験１**と同様の方法で，25 ℃における酵素反応速度を測定した。反応には健常者の生体内濃度の 10 倍の化合物Ｘを用いた。各条件での酵素反応速度を**表１**に示す。

表1　種々の条件下における酵素Ｐの反応速度

表中の数値は１分あたりに生成した化合物Ｙの量(μg/分)を示す。

使用した酵素	反応測定前の条件	
	25 ℃　1 時間	37 ℃　1 時間
正常型酵素 P^{wt}	38	38
変異型酵素 P^{a}	4	4
変異型酵素 P^{b}	36	3

問 1　下線部①に関連して，代表的な単一遺伝子疾患としてフェニルケトン尿症がある。フェニルケトン尿症は，アミノ酸のひとつであるフェニルアラニンを水酸化する酵素の遺伝子異常により引き起こされる。フェニルアラニンを基質としたときのこの酵素の反応生成物の名称を，次の**(あ)**～**(お)**より１つ選び，記号を解答欄に記入せよ。

(あ)　アラニン

(い)　ダイニン

(う)　グリコーゲン

(え)　システイン

(お)　チロシン

問 2　**実験1**において，変異ａに起因するアミノ酸の置換によって酵素Ｐの酵素活性が**図1**に示すように変化した理由として，最も適切なものを**(あ)**～**(え)**より１つ選び，記号を解答欄に記入せよ。

(あ)　酵素反応の活性化エネルギーが低下したため。

(い)　酵素反応の活性化エネルギーが上昇したため。

(う)　酵素Ｐと化合物Ｘが結合する力が弱まったため。

(え)　酵素Ｐと化合物Ｘが結合する力が強まったため。

問 3　**実験2**において，酵素を 37 ℃でおいた後に反応速度を測定した際に，変異型酵素 P^{b} で大幅な酵素活性の低下が見られた理由を考え，解答欄の枠の範囲内で説明せよ。

問 4　患者Kの生物学上の両親のDNA配列を調べたところ，父親はP^{wt}とP^{a}を，母親はP^{wt}とP^{b}を持っており，どちらも疾患症状を呈していなかった。すなわち，P^{a}およびP^{b}はどちらも劣性遺伝する。患者Kが疾患を発症する理由と，その両親が発症していない理由を生体内における酵素活性の観点から考え，実験結果を引用しながら，解答欄の枠の範囲内で説明せよ。ただし，各相同染色体から発現する酵素Pの分子数は変異の有無に関わらず同等であるものとする。

※解答欄　問3：ヨコ12.6センチ×タテ4.0センチ
　　　　　問4：ヨコ12.6センチ×タテ6.0センチ

生物問題　Ⅱ

次の文章(A)，(B)を読み，**問1**～**問6**に答えよ。解答はすべて所定の解答欄に記入せよ。

(A)　野生型のカイコガ幼虫の皮膚の細胞には，脂質二重膜で囲まれた顆粒の中に尿酸の結晶が蓄えられている。この顆粒(尿酸顆粒)は光を乱反射するため，野生型の幼虫の皮膚は白色に見える。

カイコガの性決定様式はZW型であり，雌はZW，雄はZZの性染色体をもつ。Z染色体上には，尿酸顆粒の形成に必要な遺伝子Aが存在する。カイコガにおいて尿酸は消化管，脂肪体(ヒトの肝臓と似た機能をもつ組織)，排せつ器官などの組織や器官で作られ，その一部が<u>血液を経由して皮膚の細胞内に運ばれる</u>①。遺伝子Aから作られるタンパク質は，皮膚の細胞内で尿酸を尿酸顆粒の中に蓄積させる役割をもっている。遺伝子Aには突然変異によって機能を失った対立遺伝子aが存在する。野生型の対立遺伝子AをもつZ染色体をZ^{A}，対立遺伝子aをもつZ染色体をZ^{a}とそれぞれ表す場合，$Z^{A}W$，$Z^{A}Z^{A}$，$Z^{A}Z^{a}$の幼虫は皮膚全体が白色となり，$Z^{a}W$，$Z^{a}Z^{a}$の幼虫は皮膚全体が透明となる。

実験1：純系の野生型のカイコガどうしを交配し，受精直後の卵を得た(**図1**)。その後，核の分裂が卵の中心部で盛んに行われる時期②の卵の細胞質に，遺伝子 A 特異的に機能欠損型の突然変異を誘発することができる変異原を注入した。この処理を行った卵からふ化した幼虫は，1つの生物の体に遺伝的に異なる細胞が混在する個体となった。多数の卵に対してこの処理を行い，ふ化した幼虫を育てて観察すると，多くの幼虫では皮膚全体が白色のままであった。しかし，一部の幼虫では皮膚に透明になった領域がまばらに形成されており，透明になった領域と白色の領域は明瞭な境界をもって接していた③。観察した幼虫の雌と雄の個体数の比(性比)は1：1であったが，皮膚に透明の領域をもつ幼虫は [ア] のほうが多かった。

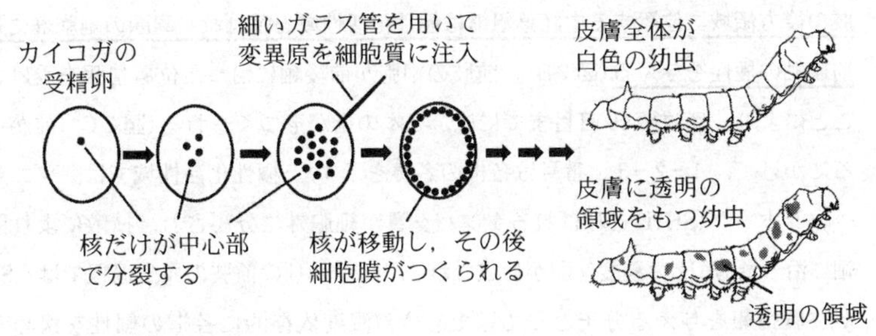

図1

実験2：**実験1**で得られた，皮膚に透明になった領域がまばらに形成された幼虫のうち，[イ] を成虫まで育てて，異性の純系の野生型の成虫と交配して次世代の卵を得た。これらの卵からふ化した幼虫④を育てて観察すると，一部の幼虫では皮膚全体が透明になっていた。観察した幼虫の性比は1：1であったが，皮膚全体が透明になった幼虫はすべて [ウ] であった。

問1　文中の [ア] ～ [ウ] にはそれぞれ「雌」または「雄」のどちらかが当てはまる。適切な方を選択し，解答欄に記せ。

問2　下線部①に関連して，昆虫の血管系を何と呼ぶか，解答欄**エ**に記せ。また，その特徴を解答欄**オ**の枠の範囲内で説明せよ。

問3　カイコガの受精卵では下線部②の時期を経た後に卵割が起きる。昆虫でみられるこのような卵割の様式を，魚類や鳥類の卵割の様式と区別して特に何と呼ぶか，解答欄に記せ。

問 4　下線部④について，これらの幼虫では親世代でみられた下線部③のような表現型はみられず，皮膚が透明になった場合は常に皮膚全体が透明になっていた。このように親世代と子世代で皮膚の表現型が異なった理由を，解答欄の枠の範囲内で説明せよ。

(B)　ニワトリの前肢の発生は，受精後3日目頃の胚で始まる(**図2A**)。⑤この時期の前肢の後方領域に位置する中胚葉組織は極性化活性域と呼ばれ，周囲の細胞群に対し前後軸の極性を与える(**図2B**)。前肢の細胞が前後軸に沿った位置情報を受けとることにより，受精後10日目までには，3本の指が形づくられる(**図2C**，前から後ろにかけて，**1-2-3**。番号は各指の名称を示す)。極性化活性域では，ソニックヘッジホッグ(SHH)と呼ばれるタンパク質が細胞外に分泌され，拡散により前後軸に沿ったSHHの濃度勾配が形成される。ニワトリの前肢の発生過程では，SHHが位置情報を与える分子としてはたらき，濃度依存的に各指の個性を決める。SHHのように，濃度に応じて細胞に位置情報を与え，細胞の発生運命を決める物質を，⑥モルフォゲンと呼ぶ。

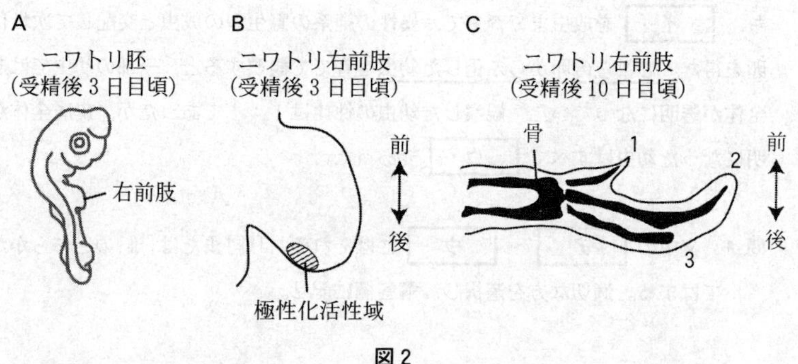

図2

この図のB，Cはニワトリの右前肢を背側から眺めたものである。

問 5　下線部⑤に関連して，極性化活性域のように，誘導作用をもつ胚領域を何と呼ぶか，解答欄に記せ。

問 6 下線部⑥に関連して，次の文章を読み，以下の(1)～(3)に答えよ。

モルフォゲンの変化が位置情報に与える影響を定量的に表現するための数理モデルを考える。1 次元空間 $x(\geqq 0)$ において，モルフォゲンは供給源 $x = 0$ の位置から分泌され，x 軸の正の向きに拡散し分解されるものとし，その濃度 y を，

$$y = ae^{-bx} \qquad \text{式(i)}$$

でモデル化する(**図 3**)。a はモルフォゲンの分泌量に関する係数，b は拡散・分解によるモルフォゲンの広がりの程度を表す係数である。ここで，モルフォゲンの濃度が c となる x 軸上の位置を X とする。なお，$b > 0$，$0 < c < a$ とする。e は自然対数の底(ネイピア数)を表す。

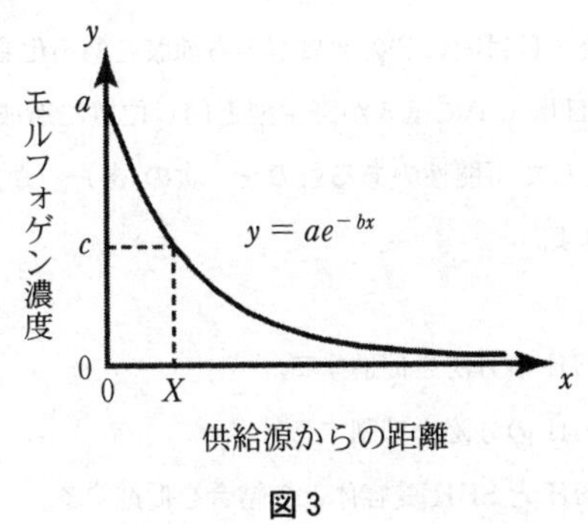

図 3

(1) a，b，c を用いて，位置 X を表す式を，解答欄に記せ。

(2) モルフォゲン濃度に関するモデル**式**(i)をニワトリ前肢に適用する。極性化活性域に x 軸の原点を置き，右前肢の前後軸に沿って x 軸を**図 4** のように定める。野生型の SHH の濃度は，**式**(i)において $a = 1.0$，$b = 0.030$，すなわち $y = e^{-0.030x}$ で表されるものとする。また，SHH の濃度が 0.50 において指 3 (**図 2 C**)の位置が定まるものとする。x の単位は μm である。

さて，野生型に比べ，SHH の分泌量が 2 倍となる変異型の個体がいると

しよう。この変異型個体における指3の位置は，野生型個体と比べてどのように変化すると考えられるか。位置の変化について向きと距離（有効数字2けた）を導出過程とともに，解答欄の枠の範囲内で記せ。ただし，$\log_e 2$ を 0.69 として計算せよ。

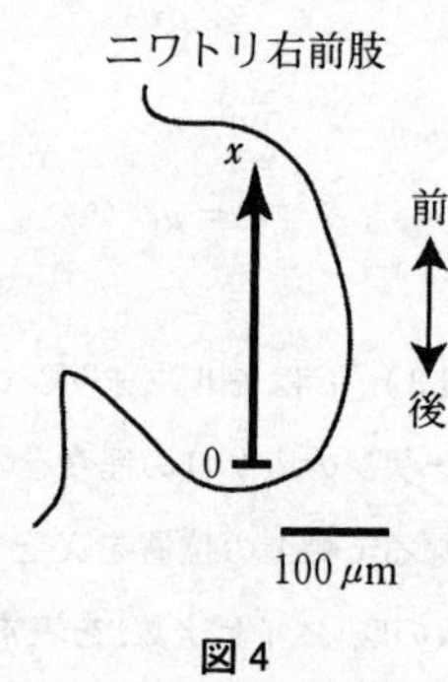

図4

(3)　受精後3日目頃の(2)の変異型の右前肢をある化合物で処理したところ，受精後10日目までに指3が野生型と同じ位置に形成された。この化合物がもつ効果として可能性のあるものを，次の(あ)～(か)からすべて選び，解答欄に記入せよ。

(あ)　SHH の分泌を促進する。
(い)　SHH の分泌を抑制する。
(う)　SHH と SHH 受容体との結合を促進する。
(え)　SHH と SHH 受容体との結合を抑制する。
(お)　分泌後の SHH の分解を促進する。
(か)　分泌後の SHH の分解を抑制する。

※解答欄　問2オ：ヨコ 11.6 センチ×タテ 1.5 センチ
問4：ヨコ 12.6 センチ×タテ 6.0 センチ
問6(2)：ヨコ 11.5 センチ×タテ 11.6 センチ

生物問題　Ⅲ

次の文章を読み，**問 1** ～**問 4** に答えよ。解答はすべて所定の解答欄に記入せよ。

植物の種子には成熟後に［ア］し，生育に不適当な時期を種子のまま長い間耐えられるようになるものが多い。これらの種子では成熟する過程で，植物ホルモンである［イ］の含有量が増加し，貯蔵物質の蓄積や脱水が誘導されるとともに，種子の乾燥耐性が獲得される。種子の［ア］は，吸水や一定期間の低温あるいは光にあたることなどが刺激となり解除される。［イ］によって［ア］が維持されている場合には，別の植物ホルモンであるジベレリンが増加することによって［ア］が解除されることが多い。

光にあたることでジベレリンの合成が誘導され，発芽が促進される種子が知られており，光発芽種子とよばれる。光発芽種子の発芽は，種子にあたる赤色光(波長 660 nm 付近)と遠赤色光(波長 730 nm 付近)の比率によって促進あるいは抑制されており①，その調節には［ウ］とよばれる光受容体が関わっている。この光受容体には赤色光吸収型(Pr 型)と遠赤色光吸収型(Pfr 型)があり，種子の中で［エ］が増加するとジベレリンの合成が誘導され，光発芽種子の発芽が促進される。

問 1　文中の［ア］，［イ］に当てはまる適切な語句を解答欄に記せ。

問 2　下線部①に関して，植物の葉が生い茂った下では光発芽種子は発芽しにくい。このような発芽抑制を引き起こす光の特徴と，生い茂った葉を通ることによって光の特徴が変化する仕組みを，光合成色素の名称を 1 つ挙げながら，解答欄の枠の範囲内で説明せよ。

問 3　文中の［ウ］と［エ］に入る語句の組合せとして適切なものを**(あ)**～**(か)**の中から選び，解答欄に記せ。

(あ)　**ウ**：フィトクロム　　　**エ**：赤色光吸収型
(い)　**ウ**：フィトクロム　　　**エ**：遠赤色光吸収型
(う)　**ウ**：フォトトロピン　　**エ**：赤色光吸収型

(え)　ウ：フォトトロピン　エ：遠赤色光吸収型

(お)　ウ：クリプトクロム　エ：赤色光吸収型

(か)　ウ：クリプトクロム　エ：遠赤色光吸収型

問 4　森林に生育する野生の樹木の中にも，光発芽種子を持つものがある。そのような樹木の種子は，鳥が丸飲みにできる程度の大きさをもち，周囲に果肉や油脂分に富んだ層を持つことが多い。このような種子の性状と光発芽という特性が結びつくことで，これらの樹木は生存上有利になっていると考えられる。その理由として考えられることを，これらの樹木が子孫を残しやすくなる環境条件を挙げながら，解答欄の枠の範囲内で説明せよ。

※解答欄　問 2：ヨコ 12.6 センチ×タテ 4.0 センチ
　　　　　問 4：ヨコ 12.6 センチ×タテ 7.7 センチ

生物問題　Ⅳ

次の文章(A)，(B)を読み，**問 1 ～問 6** に答えよ。解答はすべて所定の解答欄に記入せよ。

(A)　新しく種が生じる過程には，地理的隔離による種分化と，地理的隔離を伴わない種分化がある。地理的隔離による種分化は，異所的種分化ともいい，生物集団が地理的に隔離されることで起こる。例えば，1 つの生物集団が複数の集団に地理的に分かれ，互いに行き来がなくなるとする。地理的に隔離されたそれぞれの集団には，独立に突然変異が生じ，自然選択を受け，様々な形質に差異が生じる。そのような集団どうしが再び出会っても交配できないとき，両者の間には［ ア ］が成立しているという。このとき，両者はすでに種分化した別の種とみなすことができる。また，<u>自然選択とは無関係に，偶然によって集団内の遺伝子頻度が変化すること</u>①もあり，これを［ イ ］という。自然選択と同様に，［ イ ］も種分化に寄与する要因である。

ある研究グループが，世界中の様々な島において，被子植物と陸産貝類(カタツムリなど）の種分化率（種分化の起こりやすさ）と島の面積との関係を調べた。文献データをもとに，単一の祖先種に由来すると考えられる子孫が，島内で複数の種に種分化しているかどうかを調べ，島ごとに種分化率を算出し，島の面積と比較した。**図1**にそれぞれの結果を示す。なお，種分化率は，0に近いほど種分化が起こりにくく，1に近いほど種分化が起こりやすいことを示す。また，種分化率に対する絶滅の影響は考えないこととする。

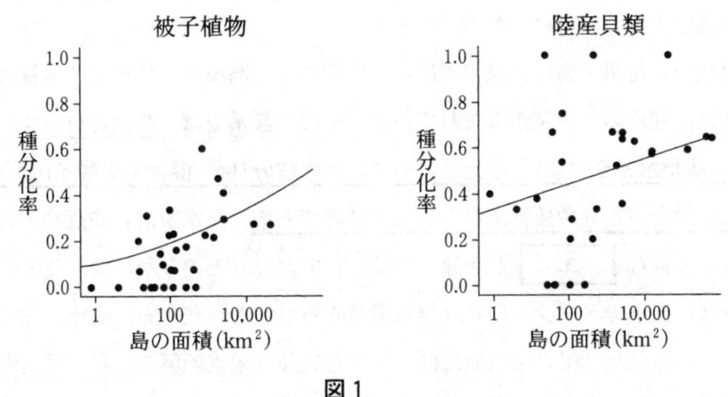

図1

黒点は，島ごとの種分化率と島の面積を表す。実線は，種分化率と島の面積の間の相関関係を示したものである。（Kisel and Barraclough, 2010 の図を改変）

問1　文中の　ア　，　イ　に当てはまる適切な語句を解答欄に記せ。

問2　大陸から多数の個体が島に移動して形成された集団と，少数の個体が島に移動して形成された集団があるとする。集団の形成直後について着目すると，遺伝子プールの対立遺伝子頻度に関して，もとの大陸の集団との違いが大きくなりやすいのは，どちらの集団か。下線部①を参考にしながら，その理由も含め，解答欄の枠の範囲内で説明せよ。なお，個体の移動による大陸の集団の大きさの変化は，無視できるものとする。

問3　**図1**を作成した研究グループは，陸産貝類の種分化が生じている島の最小面積が，被子植物のそれに比べて小さいことを指摘している。また，この図からは，被子植物の方が陸産貝類よりも，種分化率が低い傾向がみられる。このような種分化率の違いがみられる原因として考えられることを，被子植物と陸産貝類が個体の分布を広げたり，遺伝子の分布を広げる仕組みに着目して，解答欄の枠の範囲内で記せ。

(B) 生命が誕生する以前の有機物の生成・複雑化過程を化学進化と呼ぶ。RNA ワールド説によると，ごく初期の生命体では，RNA が遺伝と［ウ］の両方の役割を担っていたとされる。化学進化や生物の初期進化を支えた環境の1つとして，海底の熱水噴出孔があげられる。

現在でも暗黒・高圧の熱水噴出孔の周辺には，高温から低温まで多様な環境が形成され，独自の生態系が育まれている。その生態系では，②酸化されやすい熱水成分(例：硫化水素や水素)と還元されやすい海水成分(例：酸素や硝酸イオン)を反応させる化学合成独立栄養細菌が主要な生産者である。熱水噴出孔の近傍の高温環境からは，多様な［エ］が単離・培養されており，そのなかには，120 ℃を越えるような高温下でメタンを作りながら増殖するものも存在する。また，熱水噴出孔からさらに離れた低温の海底面には，化学合成独立栄養細菌を③自身の細胞内に共生させるチューブワーム(環形動物)やシロウリガイ(軟体動物)と呼ばれる，独自の進化を遂げた大型の生物が密集して生息している。そのような生物は，共生細菌からほぼすべての栄養を摂取しており，チューブワームは，特定の共生細菌を毎世代環境中から獲得する。一方，シロウリガイの共生細菌は，卵を介して親から子へ伝えられる。また，シロウリガイの共生細菌は，チューブワームの共生細菌と比べると，3分の1程度の遺伝子しか有していない。

問4 文中の［ウ］，［エ］に当てはまる適切な語句を解答欄に記せ。ただし，［エ］にはドメインの名称を記せ。

問5 下線部②で述べられている反応を利用して物質生産が行われる仕組みを，以下の4つの語句をすべて用いて解答欄の枠の範囲内で説明せよ。

炭酸同化，水素イオン(H^+)濃度勾配，電子伝達系，ATP

問6 下線部③で述べられている，細菌が宿主生物の細胞内に共生する現象は，熱水噴出孔以外の様々な環境でもみられ，宿主生物に新しい機能を付与するなど，生物進化の歴史を通して重要な役割を果たしてきた。チューブワームの共生細菌と比較して，シロウリガイの共生細菌だけを分離・培養することは，より難しいと考えられる。文章(B)に書かれた情報をもとに，その理由を解答欄の枠の範囲内で述べよ。

※解答欄　問 2：ヨコ 12.6 センチ×タテ 5.0 センチ
問 3・問 5：各ヨコ 12.6 センチ×タテ 7.0 センチ
問 6：ヨコ 12.6 センチ×タテ 4.0 センチ

地学

(教育(理系)学部　1科目　90分
　その他　　　　2科目 180分)

(注)　100点満点。理学部は2科目300点満点に換算。

地学問題　I

次の文章を読み，**問1**～**問5**に答えよ。解答はすべて所定の解答欄に記入せよ。

主系列星の内部では［ア］個の水素原子核が1個のヘリウム原子核になる核融合反応が起きている。中心部の水素が核融合反応により枯渇すると，その恒星は主系列からはずれる。太陽と同じ質量をもつ恒星の場合，主系列星としての寿命は約100億年であり，主系列星である間に星全体の質量の10％の水素を消費する。

太陽の質量の0.5倍から8倍の間にある恒星の場合，主系列からはずれた後に外層が膨らみ，赤色巨星①となる。これがさらに進化し，炭素や酸素を多く含む中心核が残り，白色わい星②となる。太陽の10倍以上の質量をもつ恒星は，最後には主に［イ］からなる中心核を形成し，［ウ］爆発を起こしてその生涯を閉じる。

図1は，2つの異なる散開星団ⅠとⅡを構成する主系列星(黒丸)のHR図である。横軸に恒星の表面温度，縦軸に光度(単位時間当たりの全放射エネルギー)が示してある。それぞれの星団内では，さまざまな質量をもった恒星が，過去のある時期に同時に生まれたとする。ただし，2つの星団Ⅰ，Ⅱの年齢(星団内の恒星が誕生してから現在までの時間)は異なる。星団Ⅰに含まれる主系列星の中で最も光度の大きい恒星Aは太陽の16倍の光度を持ち，星団Ⅱに含まれる主系列星の中で最も光度の大きい恒星Bは太陽の1万倍の光度を持つ。

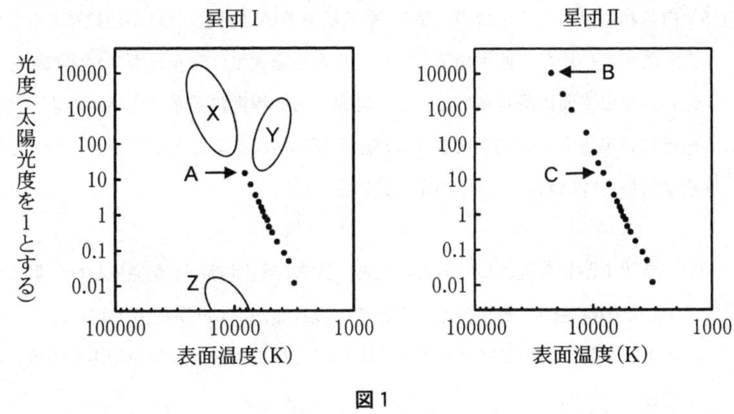

図1

問1 文中の ア ， イ ， ウ にそれぞれ適切な数値，元素名，語を記入せよ。

問2 下線部①，②の恒星を図1に示した場合，X，Y，Zのどの領域に含まれるか。それぞれについて，X，Y，Zの中から選べ。

問3 星団Ⅰまでの距離は100パーセクである。それぞれの星団の大きさは星団までの距離に比べて十分小さく，宇宙空間における塵などによる光の吸収の効果はないとして以下の(1)，(2)に答えよ。

(1) 星団Ⅰを構成する恒星が示す年周視差はいくらか。角度の単位は秒(″)を用い，有効数字1けたで答えよ。

(2) 星団Ⅰの恒星Aと星団Ⅱの恒星Cは同じ表面温度を持つが，その見かけの等級は恒星Cの方が5等級暗いとする。星団Ⅱまでの距離を有効数字1けたで求めよ。

問4 主系列星の光度は質量の4乗に比例し，主系列に滞在する間に消費する水素の質量は恒星の質量に比例すると考える。太陽の主系列星としての寿命を100億年とし，星団Ⅰの年齢を有効数字2けたで求めよ。導出過程も示すこと。

問 5　白色わい星ともう１つの恒星(主系列星あるいは赤色巨星)が連星系をなし両者の距離が近い場合，連星相手の恒星から水素を大量に含んだガスが流れ込み，白色わい星の表面に降り積もる。この結果，ある程度の質量の水素がたまった後に白色わい星表面で短期間に水素の核融合反応が起こることがある。このような現象は新星と呼ばれる。以下の⑴，⑵に答えよ。

⑴　星団ⅠとⅡを観測していたところ，片方の星団で新星が発生した。新星が発生したのは星団ⅠとⅡのどちらと考えられるか。150字程度で理由とともに答えよ。解答においては，もう一方の星団で新星が発生しない理由を明確に示すこと。

⑵　ある新星において，水素の核融合反応が0.1年間持続した。その際の時間あたりエネルギー発生率は，太陽光度の１万倍であった。核融合反応で消費された水素の質量は太陽質量の何倍か。導出過程とともに有効数字１けたで答えよ。

※解答欄　問4・問5⑵：各ヨコ13.7センチ×タテ4.0センチ

地学問題　II

次の文章を読み，**問1～問6**に答えよ。解答はすべて所定の解答欄に記入せよ。

太陽系にはさまざまな特徴を持つ惑星が存在し，それらは太陽に近い方から主に岩石と金属からなる［ア］惑星と木星以遠に存在する木星型惑星の2つに大別できる。木星型惑星のうち，木星と土星は主にガスからなっているが，［イ］や海王星はガスだけでなく氷も多く含む。

各惑星には，太陽放射が降り注いでいるだけでなく，［ウ］と呼ばれるプラズマ流も太陽から吹きつけている。惑星がその内部の活動によって作り出している固有の磁場を持っている場合には，固有磁場を持つ惑星と［ウ］との間に電磁気的な相互作用①が起きる。なお，惑星が持つ固有磁場は，その惑星の中心に置いた仮想的な棒磁石が作る磁場に似ている場合が多い。このような磁場を，双極子磁場②と呼ぶ。

現在の地球に降り注ぐ太陽放射エネルギーは，一部が宇宙空間に反射されたり大気で吸収され③たりするため，地球表面で吸収されるのはその約半分である。一方，地球表面もエネルギーを放射しているが，その多くは大気中で吸収される。この大気中での地球表面からの放射エネルギーの吸収は，地球表面の温度を高める効果を持つ④。

地球表面に届く太陽放射エネルギーが緯度により異なることや，陸と海とで暖まりやすさが異なることにより，地球表面の温度は場所によって大きく変化する。その結果，大気の下層で吸収される熱も場所により変化し，［エ］帯で上昇し［オ］帯で下降するハドレー循環や，季節風が引き起こされる。大気循環にともなって吹く洋上の風は，海洋の循環（海流）を引き起こす。風や海流が空気や海水を運ぶため，海洋から大気に運ばれる熱も場所により変化する⑤。

問1　文中の［ア］～［オ］に適切な語を記入せよ。

問2　下線部①に関連して，［ウ］と地球のオーロラとの関係を，以下の語群に含まれる語をすべて用いて，100字程度で説明せよ。

語群：プラズマ，磁力線，荷電粒子，大気

問 3　下線部②に関連して，この磁場の磁力線の概略を現在の地球の場合について示しているのは，次の**図** A～D のうちどれか。最も適切な図を 1 つ選び，その記号を解答欄に記入せよ。ただし，**図** A～D で太い上向きの縦矢印は地球の自転軸を表し，上が地理的北である。

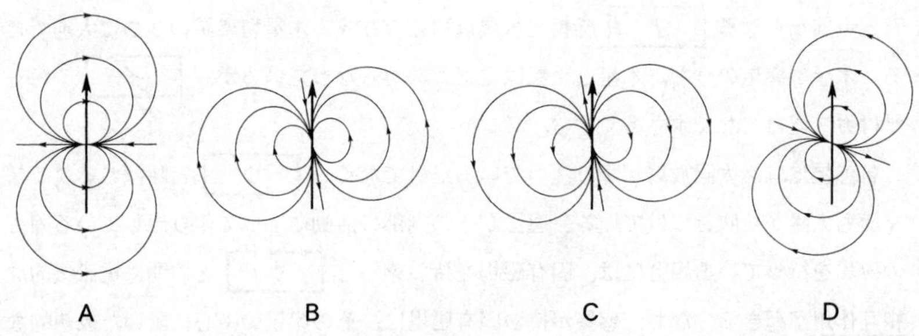

問 4　下線部③に関連して，大気の組成の変化にともない，太陽放射に含まれるある波長帯の電磁波が大気上層に吸収されるようになったため，古生代に生物が陸上に進出するようになったと考えられている。変化した大気の組成と吸収された波長帯の電磁波を具体的にあげながら，大気の組成の変化と太陽放射の吸収，そして生物の陸上進出の関係を 100 字程度で説明せよ。

問 5　下線部④の効果を大まかに捉えるため，**図** 1 のように地球表面と宇宙空間の間に均質な大気層が存在する簡単な場合を考えよう。太陽放射エネルギー S は，30 % が宇宙空間へ反射，20 % が大気で吸収され，50 % が地球表面で吸収されるとする。また，地球表面からの放射エネルギー E は R %$(0 \leqq R \leqq 100)$ が大気層に吸収され，残りが宇宙空間に放射されるとする。さらに，大気層は地球表面と宇宙空間に向けてそれぞれ A だけのエネルギーを放射しているとする。地球表面および大気層では，吸収するエネルギーと放射するエネルギーがつり合っているとし，また放射および表面温度に空間的な変化はないとする。S，E，A は単位時間・単位面積当たりのエネルギーとして，下の(1)，(2)に答えよ。

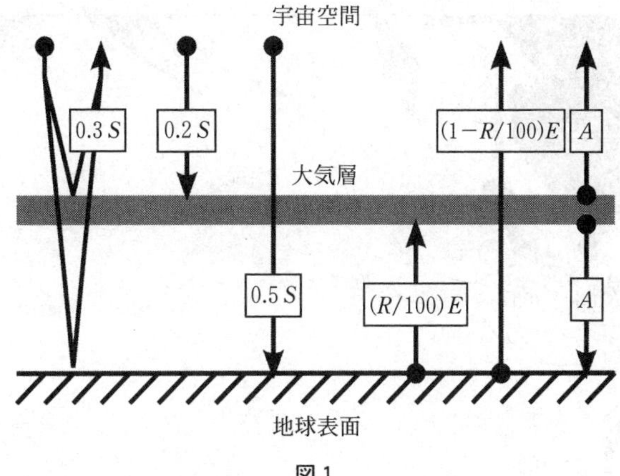

図 1

(1) 大気層および地球表面の単位時間・単位面積当たりの放射エネルギーのつり合いの式をそれぞれ示せ。

(2) 地球表面からの放射エネルギーを大気が吸収する割合（R %）が増えると，地球表面の温度 T が上昇することを，上の(1)で求めた関係から示せ。ただし，太陽放射エネルギー S とその反射や吸収の割合は変わらないとし，また地球表面からの放射エネルギー E と表面温度 T の間にはシュテファン・ボルツマンの法則（$E=\sigma T^4$，σ はシュテファン・ボルツマン定数）が成り立つとする。

※解答欄　(1)：ヨコ 13.7 センチ×タテ 4.0 センチ
　　　　　(2)：ヨコ 13.7 センチ×タテ 6.0 センチ

問 6　下線部⑤に関連して，**図 2** は冬季の北太平洋において海洋から大気へ運ばれる単位時間・単位面積あたりの熱量（単位は W/m^2）の平均的な分布を示す。日本の周辺では，図中の他の場所と比べて大量の熱が運ばれている。その理由を，以下の語群に含まれる語をすべて用いて 150 字程度で説明せよ。

語群：季節風，亜熱帯環流，潜熱，顕熱

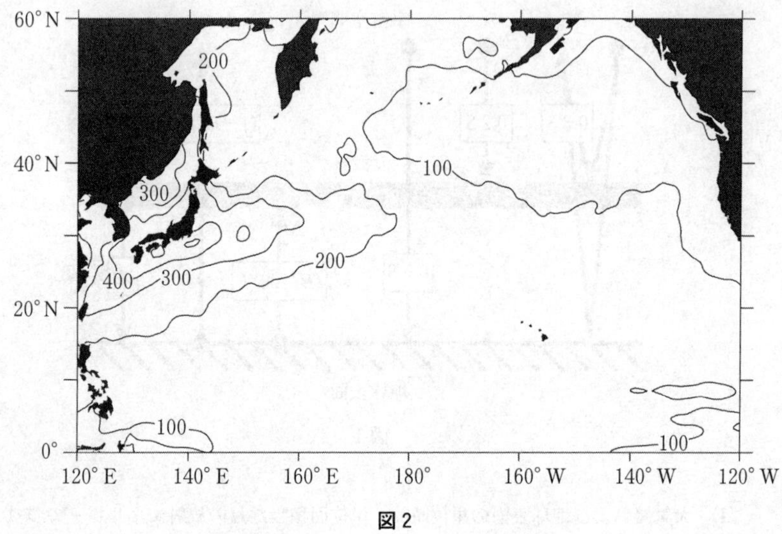

図 2

地学問題　Ⅲ

次の文章(a), (b)を読み，**問1～問7**に答えよ。解答はすべて所定の解答欄に記入せよ。

(a)　地球上の物体にはたらく重力は，地球の質量による万有引力と地球の自転による遠心力との合力である。地球の平均海水面は重力の方向に垂直であり，平均海水面を仮想的に陸域にも延長した面を［　ア　］，［　ア　］に最も近い回転楕円体を［　イ　］という。

地球内部の密度分布が同心球状であると仮定して理論的に計算された重力加速度の値を［　ウ　］と呼ぶ。重力加速度の実測値を他の地域と比較するためには，実測値を［　ア　］における値に補正する必要がある。補正した値と［　ウ　］との差を重力異常と呼び，それには補正のしかたによりフリーエア異常①と［　エ　］異常がある。日本海溝や南海トラフなどの海溝部では顕著な重力異常が観測されている。

日本海溝や南海トラフでは，陸のプレートとその下に沈み込む海洋のプレートの間の境界面浅部で大規模な［オ］断層型の海溝型地震が繰り返し発生していることが知られている。このような海溝型地震は津波の発生を伴うことがある。例えば，②1960 年 5 月 22 日にチリ沖で発生したマグニチュード 9.5 の海溝型地震により津波が発生し，太平洋を伝播して三陸沿岸にも大きな被害をもたらした。

問 1　文中の［ア］～［オ］に適切な語を入れよ。ただし［オ］には正，逆，横ずれのいずれかの語を入れること。

問 2　下線部①に関連して，フリーエア異常について説明せよ。さらに，アイソスタシーが成り立っている地域では顕著なフリーエア異常が観測されない理由を述べよ。

問 3　下線部②で述べた津波が地震発生から三陸海岸に最初に到達するまでに要した時間を，有効数字 2 けたで求めよ。計算過程も示すこと。ただし，地震が発生した海域と三陸海岸の間の距離は 1.7×10^4 km，水深は 4.0×10^3 m で一定であり，重力加速度は 1.0×10^1 m/s^2 であるとする。

(b)　地球上の活動的な火山の多くはプレート境界付近に分布している。例えば，環太平洋火山帯の大部分はプレート沈み込み帯に沿って存在しており，そこでは沈み込むプレートの上面が深さ約［カ］km となる場所の直上付近に火山フロントが存在する。冷たいプレートが沈み込む場所で火山帯が形成される要因としては，沈み込みによってもたらされるマントルの反転流による温度上昇に加えて，沈み込むプレートが持ち込む［キ］によって岩石の融点が降下することによる。この結果，マントルを構成する［ク］岩が部分溶融して［ケ］質の③本源マグマが形成され，それが上昇し火山活動がおこる。

一方，拡大型境界である中央海嶺付近では，海底に流れ出した［ケ］質の溶岩が急冷されてできる丸みを帯びた［コ］岩が広く観察される。ここでは，アセノスフェアが高温を保ったまま上昇する際に，［サ］が低下することにより岩石が部分溶融しマグマが形成される。同様の［サ］の低下による岩石の部分溶融は，ハワイなどのホットスポットでも生じていると考えられる。これらの火山活動は④火山岩などの年代測定によりたどることが可能である。

問 4　文中の［ カ ］には1，10，100，1000のいずれかから適切な数値を，［ キ ］～［ コ ］には適切な語を記入せよ。

問 5　文中の［ サ ］に最も適切な語を次の語群から選び記入せよ。

語群：重力，揚力，圧力，起潮力

問 6　下線部③に関連して，均質な本源マグマから，多様な化学組成を持つマグマが形成される過程(作用)がいくつか知られている。その1つである結晶分化作用とは何か，40字程度で説明せよ。

問 7　下線部④に関連して，以下の⑴，⑵に答えよ。

⑴　火山岩の放射年代測定に広く用いられる方法を1つあげよ。

⑵　測定に用いた放射性同位体の半減期が1.0×10^{7}年であるとし，測定した試料に残っている放射性同位体の量が岩石形成時の値の$\frac{1}{32}$であるとする。岩石形成後現在までにどれだけの時間が経過したか，有効数字2けたで答えよ。計算過程も示すこと。

※解答欄　問2：ヨコ13.7センチ×タテ6.0センチ
問3：ヨコ13.7センチ×タテ5.0センチ
問7⑵：ヨコ13.7センチ×タテ4.0センチ

地学問題　Ⅳ

次の文章を読み，**問 1** ～**問 7** に答えよ。解答はすべて所定の解答欄に記入せよ。

ある地域で地質調査を行ったところ，この地域は凝灰岩，泥岩，花こう岩からなることがわかり，**図 1** に示す地質図が作成できた。この地域の凝灰岩と泥岩の境界，断層のいずれも平面であり，断層の走向方向のずれはなく，地層の逆転もない。ここに示された凝灰岩は同一の層である。花こう岩の近くでは，泥岩に変成作用が生じていることが観察された①。また，花こう岩と凝灰岩の境界付近の×印の場所には黒鉱鉱床の存在が知られている②。なお，図中にある等高線の間隔は 10 m であり，水平距離を表すために描いた南北方向の細線の間隔は 10 m である。

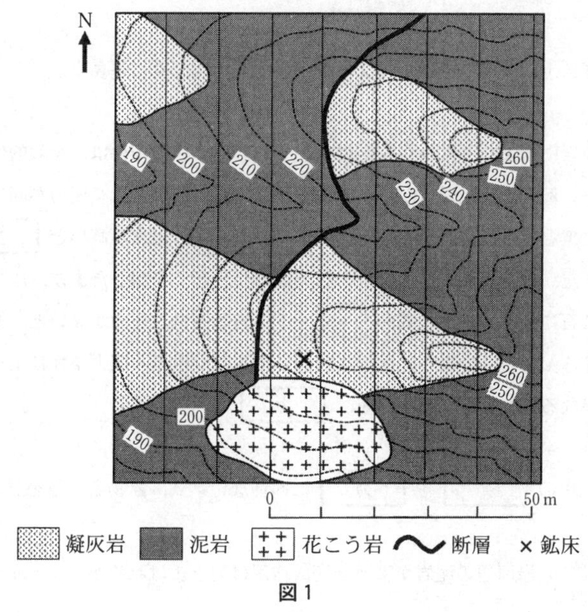

図 1

問 1　凝灰岩と泥岩との境界の走向・傾斜，断層の走向・傾斜の正しい組み合わせを**表 1** の a～f から選択せよ。なお，境界と断層の傾斜角はそれぞれ 50°，60° とし，走向の EW は N 90°E あるいは N 90°W，NS は N 0°E あるいは N 0°W と同じ意味である。

表 1

記号	境界の走向・傾斜	断層の走向・傾斜
a	EW, 50°N	NS, 60°E
b	EW, 50°S	NS, 60°W
c	NS, 50°W	N20°E, 60°NW
d	NS, 50°W	N20°E, 60°SE
e	NS, 50°E	N20°E, 60°NW
f	NS, 50°E	N20°E, 60°SE

問 2　図 1 中の断層は正断層か，逆断層か答えよ。

問 3　図 1 中の凝灰岩，泥岩，花こう岩，断層の生成順序を答えよ。

問 4　下線部①に関連した以下の文章を読み，次の(1)～(4)に答えよ。

変成岩に含まれる鉱物が安定に存在する温度・圧力条件は，実験的に決められている。例えば，化学式が［ア］の鉱物は，温度が低く圧力が高いと，らん晶石に，温度と圧力がともに低いと［イ］に，温度が高いと［ウ］になる。また，化学式が［エ］の石英は同じ化学式を保ったまま，圧力が高いとコース石に変化し，化学式が［オ］の方解石は，圧力が高いと，あられ石に変化する。これらのように化学式は同じであるが温度・圧力条件によって結晶構造が異なる鉱物どうしの関係を，［カ］という。

(1)　文中の［ア］～［カ］に適切な化学式，鉱物名，語を記入せよ。

(2)　花こう岩周辺の泥岩が被った変成作用は何とよばれるか。

(3)　次の語群から，遺骸が［エ］を主成分とする生物を 2 つ選び答えよ。

語群：珪藻（けいそう），サンゴ，フズリナ，放散虫，ウミユリ

(4) 石英と方解石はともに，無色，透明な鉱物である。これらを野外観察において区別する方法を1つ答えよ。

※解答欄　(4)：ヨコ13.7センチ×タテ4.0センチ

問5 図1に示す花こう岩の分布域において，露頭から採取した試料で鉱物組成を調べたところ，主に石英と粘土鉱物から構成されていた。このような鉱物組成になった理由を，化学的風化の観点から50字程度で説明せよ。

問6 花こう岩の露頭には，玉ねぎ状構造が見られた。この構造をつくった物理的(機械的)風化作用について50字程度で説明せよ。

問7 下線部②でも述べた黒鉱鉱床は，日本列島では1500万年前ごろに生成した。そのころには，南方にあった伊豆・小笠原弧が本州に衝突したなどの大きな地殻変動が生じた。この衝突のほかに起きた日本列島形成に関わる地殻変動と関連させながら，黒鉱鉱床がどのようにして生成されたのかについて50字程度で説明せよ。

問一　文中の和歌は、姫君が亡くなった実母に呼びかけたものである。そのことを踏まえて、傍線部(1)を現代語訳せよ。

問二　傍線部(2)はどういうことを言っているのか、説明せよ。

問三　傍線部(3)を現代語訳せよ。

※解答欄　問一・問二：タテ一四センチ×二行
問三：タテ一四センチ×三行

三　次の文は、実母に先立たれた姫君が継母に疎まれ、姉妹たちの世話をさせられるなど、つらい日々を送っていた頃の様子を述べたものである。これを読んで、後の問に答えよ。（三〇点）

八月一日頃なるべし。君ひとり臥(ふ)し、寝(い)も寝(ね)られぬままに、「母君、我を迎へたまへ」と、「わびし」と言ひつつ、

（1）我につゆあはれをかけば立ち帰り共にを*消えよ憂き離れなむ

心なぐさめに言ひがひなし。つとめて、物語してのついでに、「これがかく申すは*、いかがし侍らむ。かくてのみは、いかがは、し果てさせたまはむ」と言ふに、いらへもせず。わづらひてゐたるほどに、「三の君*の御手水(てうづ)参れ*」とて召さるれば、立ちぬ。心のうちには、（2）とありともかかりとも、よきことはありなむや、女親(めおや)のおはせぬに、幸ひなき身と知りて、いかで死なむと思ふ心深し。（3）尼になりても、殿の内離るまじければ、ただ消え失せなむわざもがなと思ほす。

（『落窪物語』より）

注（＊）

を＝強意の間投助詞。

これがかく申すは＝姫君に仕える侍女あこきの言葉。「これ」はあこきの恋人である帯刀(たちはき)のこと。「かく申す」は、帯刀の主人である少将が姫君と結婚したがっていることを、あこきに伝えたことを指す。

三の君＝継母の実の娘で、姫君の姉妹にあたる。

御手水参れ＝手を洗う水を差し上げなさい。

され、ときに共感され、説得に成功し等々のために、そこにある何かにすぎない。そうして、(3)批評のほうが、その対象よりわかりやすいと考えるのは、真実に反する。

(吉田秀和「音を言葉でおきかえること」より)

問一　傍線部(1)について、良い批評家はどうして手間をかけるのか、説明せよ。

問二　傍線部(2)はどういうことか、説明せよ。

問三　傍線部(3)のように筆者が考えるのはなぜか、説明せよ。

※解答欄　問一～問三：各タテ一四センチ×三行

い。名批評家とは端的な言葉で的確に特性指摘のできる人をさすと、私は近年ますます考えるようになってきた。モーツァルトを「耳におけるシェイクスピア的恐怖」と呼んだスタンダールだとか、シューベルトの大交響曲を「天国的長さ」と呼んだシューマンだとかがその典型的な例で、後世にとっては、そういう言葉をはなれて、その対象を考えるのがむずかしくなってしまったくらいである。ベートーヴェンのソナタに勝手に《月光ソナタ》という名をつけた人物もその一人かもしれない。

しかし、これはまた、対象に一つの枠をはめてしまい、作品を傷つけることにもなる。そのために、たとえば凡庸な演奏家はますますそのレッテルにふさわしい演奏を心がけ、凡庸な批評家はその角度からしか作品を評価できなくなる。ということは逆に、すぐれた演奏家なら既成概念をぶちこわし、作品を再び生まれたこの無垢の姿に戻そうとするだろう。こうして、批評は新しい行動を呼びさますきっかけにもなりうるわけである。

しかし、いずれにしろ元来が鑑定し評価し分類する仕事から離れるわけにいかない批評にとっては、音を言葉でおきかえる過程で、「レッテルをはるやり方」からまぬがれるのは至難の業となる。音楽批評、音楽評論とは、音楽家や音楽作品を含む「音楽的事物」「音楽的現象」に言葉をつける仕事、名前を与える作業にほかならない。別の言い方をすれば、ある作品を「美しい」とか、ある演奏を「上手だ」とかいう無性格な中性的な言葉で呼ぶのは、(2)批評の降伏の印にほかならない。

だが音楽批評に限らず、およそ美術、演劇、文学等の批評一般にまつわる誤解の中でも、批評を読めば作家なり作品なりがわかりやすくなるだろうという考えほど広く流布しているものはなかろう。しかし批評は解説ではない。私は前に対象の核心を端的にいいあてる力と書いたが、作品そのものはけっして核心だけでできているのではない。核心だけでできこうとすると『月光ソナタ』や『運命交響曲』になってしまうのであり、その時、作品は別のものでしかなくなる。

批評は作品を、作家を理解するうえで、役に立つと同じだけ、邪魔をするだろう。それは批評がそれ自身、一つの作品だからである。では批評は何の役に立つのか？　批評は、言葉によるほかの芸術と同じように、読まれ、刺激し、反発され、否定

※解答欄　問一・問四：各タテ一四センチ×三行
　　　　　問二・問三：各タテ一四センチ×四行

二　次の文は、「音楽評論家になるにはどうすればよいのか」という高校生からの質問に答えたものである。これを読んで、後の問に答えよ。（三〇点）

批評家とは批評を書いて暮らすのを業とする人間というにすぎない。音楽評論家になりたければ、まず音楽を勉強することです。現に最近の音楽批評家には音楽大学で楽理とか音楽学とかを修めた人もボツボツ見かける。わが国の既成の評論家にそういう経歴の人が少ないのは、これらの学科が戦後の産物だからにすぎない。

だが、それだけですべてがきまりはしない。それに批評家といっても、その中にいろいろと良否の別がある。

その違いはどこにあるか。私の思うに、芸術家や作品を評価するうえで自分の考えをいつも絶対に正しいと思わず、むしろ自分の好みや主観的傾向を意識して、それを、いうなれば、読者が「そういえばそうだな」と納得できる道具に変える心構えと能力のある人が批評家なのではなかろうか。論議が正しくなければ困るのだが、自分がいつも正しいと限らないことをわきまえた人でないと、他人を説得し、納得させるために、自分の考えを筋道たてて説明したり、正当化につとめたり検討したり訂正したりという手間をかける気にならないのではないか。これをしない人は、たとえ音楽の天才であり大理論家であっても、批評家ではないのではないか。

また批評家はすべて言葉を使うわけだが、すぐれた批評家とは対象の核心を簡潔な言葉でいいあてる力がなければならないて語るつもりはない。だが、自然科学が文化全体の中でもちうる一つのオー*ルタナティブな姿を、寺田物理学は示唆している。私にはそう思われてならない。

（金森修『科学思想史の哲学』より）

注（*）

原基的＝全ての大もととなる。
クロード・ベルナール＝一九世紀フランスの医師、生理学者。実験医学の祖として知られる。
箴言＝教訓を含んだ短い句、格言。
オールタナティブな＝alternative「代替的な、代案となる」の意。

問一　傍線部（1）のように言われるのはなぜか、説明せよ。

問二　傍線部（2）のように言われるのはなぜか、説明せよ。

問三　傍線部（3）はどのような意味か、説明せよ。

問四　傍線部（4）のように言われるのはなぜか、説明せよ。

くべきだ。もちろん寺田には、プロの物理学者として多くの業績があり、それについて私などがあれこれ口を挟む余地はない。だが、寺田が「趣味の物理学」、「小屋掛け物理学」としての相貌を顕著に示すのは、割れ目、墨流し、金平糖の研究などの一連の仕事、あるいは、まさに日常世界での経験に〈科学的検討〉を加えた一連のエッセイを通してなのだ。かの有名な市電の混み具合を巡るエッセイ（「電車の混雑について」）などが、その代表的なものだろう。

それはあたかも、先に触れた、(3)近代科学の〈経験からの退却〉を惜しむかのような風情なのだ。ただ、注意しよう。寺田がX線回折の研究では同時代的にみて重要な貢献をなしたとか、地球物理学の分野で力を発揮したなどという事実は、決して看過されてはならない。仮に彼が、〈経験からの退却〉を惜しんだとしても、それは例えば一八世紀フランスの素人物理学者、トレサン伯爵が大著で〈電流〉を論じたありさまとは、あくまでも一線を画する。トレサン伯爵の〈電流一元論〉は、荒唐無稽、珍妙奇天烈な議論のオンパレードだ。その最大の特徴は、物理学的言説であろうとしながらも、あくまでも日常的水準での直観が基盤となり、その直観からそのまま連続的な推論がなされているところにある。それはまさに(4)〈経験からの退却〉のし損ないなのである。

それに対して、寺田の場合には、同時代の学問的物理学の言説空間の中で或る程度行くところまで行った後での遡行的な運動なのであり、途中で頓挫した前進運動なのではない。〈日常世界〉と〈物理学世界〉のどこか途中に潜む、恐らくは無数にある中間点、そこをいったん通り過ぎた後で、また戻ろうとすること。その興味深い往復運動がもつ可能性に、西欧自然科学が本格的に導入されてから百年もしない内に目を向けた貴重な人物――それが寺田寅彦なのだ。

プロの物理学者は、その後、寺田の学統をあまり積極的に受け継ごうとはしていないらしい。中谷宇吉郎については、さすがに一定の研究が進んでいるようだが、宇田道隆や平田森三など、興味深い境地を実現しえている何人かの物理学者たちに、私のような部外者ではなく、物理学者自身も目を向けて、その可能性に思いを馳せてほしい。いまさら〈日本的科学〉などにつ切だった。なぜなら、日常的な経験などは、ごちゃごちゃとした混乱の集積であるに過ぎず、それをいくら漫然と観察しても、科学的知見などには到達できないからだ。伝統的経験へのこの上ない不信感、それこそが、近代科学の黎明期に成立した特殊な眼差しだったのだ。

(2)〈実験〉は、〈経験〉の漫然とした延長ではない（確かに、近代科学以降も系統的観察を中心とした科学は存在する。だがそれは一応度外視し、実験中心の科学を科学の範型と見る）。一定の目的意識により条件を純化し、可能な限り感覚受容を装置によって代替させることで、緻密さの保証をする。＊原基的構想がどの程度妥当かを、〈道具と数〉の援助を介在させながら試してみること——それこそが実験なのであり、それは、経験は経験でも極めて構築的な経験、極めて人工的な経験なのだ。ベーコン風にいうなら、それは〈暗闇での暗中模索〉とはほど遠い。さらに時代が下り、一九世紀半ばにもなってから、＊クロード・ベルナールが『実験医学序説』の冒頭のかなりの紙数を割いて力説していたのも、それと似たようなことだった。

その意味で、若干＊箴言めかした逆説を弄するなら、経験科学は非・経験科学、というより、特殊な経験構成を前提とした科学だということになる。日常的世界での経験などは、多くの場合、科学にとってはそのままでは使い物にならない〈前・経験〉、あるいは〈亜・経験〉であるに過ぎず、その華やかで賑々しい経験世界からの一種の退却こそが、実定的な科学的認識には必要な前提だと見做されるのである。学問的な物理世界で語られるのは、あくまでも〈紫色〉ではなく〈波長〉であり、〈笛太鼓〉ではなく〈波動〉なのだ。特に物理学の場合には、基底概念自体が、自然界の模写から来ているというよりは、大幅な単純化と抽象化を経た上で構成された概念だという印象が強い。後はその基底概念が孕む物理的含意を演繹的に敷衍し、それが正しいかどうかを、ときどき実験でチェックする。私から見ると、どうもプロの物理学者たちの仕事はそのような種類のものに見える。いずれにしろ、それが〈日常世界〉の技巧的模写などではないというのは、確かなものに思えるのだ。

それを確認した上で述べるなら、寺田寅彦の物理学が、いささか変わった物理学だということは、やはり改めて強調してお

国語

(九〇分)

(注) 一〇〇点満点。総合人間(理系)・教育(理系)・経済(理系)・理・医学部は一五〇点満点に換算。

一 次の文を読んで、後の問に答えよ。(四〇点)

現代イタリアの重要な思想家、アガンベンには「インファンティアと歴史」という論攷がある。その冒頭近くに、われわれの問題意識からしても極めて興味深い指摘がなされている。

常識的な理解では、一七世紀前後に西欧で近代科学が生まれたのは、それまで〈書斎〉であれこれ観念を振り回しては世界を理解していたつもりになっていた人間が、実際に〈外〉に出て、物事をしっかり見るようになったからだ。観念から経験へ。それこそが、〈科学の科学性〉を保証するものなのだ。――こんな類いの話をさんざん聞かされてきたわれわれだが、アガンベンは、それをほぼ逆転させるのである。

彼にいわせれば、(1)事態は遥かに複雑なのだ。それは、今述べたばかりの〈常識〉とは、むしろ逆方向を向いている。近代科学がその実定的科学性に向けて一歩を踏み出すためには、それまで〈経験〉と思われてきたことをあまり信用し過ぎないことが大

2018年度

問題編

問題編

▶試験科目

学　部	教　科	科　　　目
総合人間(理系)・理・農	外国語	コミュニケーション英語Ⅰ・Ⅱ・Ⅲ，英語表現Ⅰ・Ⅱ
	数　学	数学Ⅰ・Ⅱ・Ⅲ・A・B
	理　科	「物理基礎・物理」，「化学基礎・化学」，「生物基礎・生物」，「地学基礎・地学」から２科目選択
	国　語	国語総合・現代文B・古典B
教育(理系)	外国語	コミュニケーション英語Ⅰ・Ⅱ・Ⅲ，英語表現Ⅰ・Ⅱ
	数　学	数学Ⅰ・Ⅱ・Ⅲ・A・B
	理　科	「物理基礎・物理」，「化学基礎・化学」，「生物基礎・生物」，「地学基礎・地学」から１科目選択
	国　語	国語総合・現代文B・古典B
経済(理系)	外国語	コミュニケーション英語Ⅰ・Ⅱ・Ⅲ，英語表現Ⅰ・Ⅱ
	数　学	数学Ⅰ・Ⅱ・Ⅲ・A・B
	国　語	国語総合・現代文B・古典B
医・薬	外国語	コミュニケーション英語Ⅰ・Ⅱ・Ⅲ，英語表現Ⅰ・Ⅱ
	数　学	数学Ⅰ・Ⅱ・Ⅲ・A・B
	理　科	「物理基礎・物理」，「化学基礎・化学」，「生物基礎・生物」から２科目選択
	国　語	国語総合・現代文B・古典B
	面　接	医学部医学科のみに課される
工	外国語	コミュニケーション英語Ⅰ・Ⅱ・Ⅲ，英語表現Ⅰ・Ⅱ
	数　学	数学Ⅰ・Ⅱ・Ⅲ・A・B
	理　科	「物理基礎・物理」，「化学基礎・化学」
	国　語	国語総合・現代文B・古典B

▶配　点

学部・学科		外国語	数　学	理　科	国　語	面　接	合　計
総合人間（理系）		150	200	200	150	—	700
教育（理系）		200	200	100	150	—	650
経済（理系）		200	300	—	150	—	650
理		225	300	300	150	—	975
医	医	300	250	300	150	※	1000
	人間健康科	200	200	200	150	—	750
薬		200	200	200	100	—	700
工		200	250	250	100	—	800
農		200	200	200	100	—	700

▶備　考

- 外国語はドイツ語，フランス語，中国語も選択できる（理・医（人間健康科学科）・薬・工学部は英語指定）が，編集の都合上省略。
- 「数学Ⅰ」,「数学Ⅱ」,「数学Ⅲ」,「数学A」は全範囲から出題する。「数学B」は「数列」,「ベクトル」を出題範囲とする。
- 医学部医学科においては，調査書は面接の参考資料にする。

※医学部医学科の面接は，医師・医学研究者としての適性・人間性などについて評価を行い，学科試験の成績と総合して合否を判定する。従って，学科試験の成績の如何にかかわらず不合格となることがある。

（120 分）

（注）　150 点満点。教育（理系）・経済（理系）・医（人間健康科）・薬・工・農学部は 200 点満点に，理学部は 225 点満点に，医（医）学部は 300 点満点に換算。

I　次の文章を読み，下の設問(1)～(3)に答えなさい。　　　　　　　　（50 点）

Luckily for all of us, many people are interested in helping others; some devote their careers and lives to it. Not everyone is so inclined, of course, and most people are self-interested at least some of the time. An evolutionary biologist or psychologist might say that we are *always* self-interested, and that our effort to help others is simply our attempt to feel good about ourselves. Regardless of our motivations, however, a remarkable number of us help out our colleagues, family, friends, and even strangers.

Although admirable, there is a risk in helping others, which is related to the possibility that helping can actually be selfish. That risk lies in falling prey to what some call "the savior complex."(a) This is just what it sounds like — an attitude or stance toward the world where you believe you are the expert who can suddenly appear to save others. It is an uneven approach to helping, in which the helper believes he or she has all of the answers, knows just what to do, and that the person or group in need has been waiting for a savior to come along.

While this is a genuine problem, we should not let the real pitfalls of the savior complex extinguish one of the most humane instincts there is — the instinct to lend a hand. The trick is to help others without believing yourself to be, or acting like you are, their savior.

(b) All of which is to say that *how* you help matters just as much as that you *do* help, which is why it is essential to begin by asking, "How can I help?" If you start with this question, you are asking, with humility, for direction. You are recognizing that others are experts in their own lives, and you are affording them the opportunity to remain in charge, even if you are providing some help.

I recently heard a great story on *The Moth*, which underscored the importance of asking *how* you can help. *The Moth* is a radio program and podcast that features true stories, told live by people from around the world. The stories are fascinating, including a recent one from a woman in her eighties, who explained how she valued her independence. She loved the fact that she had always taken care of herself and that she could still do so into her eighth decade. And then she had a stroke.

While she was in the hospital, her neighbors in her New York City apartment building made some minor renovations to her apartment to make it easier for her to (ア) a walker, which she would need after her first stroke. To (イ), she was taken aback, as she was cordial but not good friends with her neighbors. But their gesture of goodwill inspired her to (ウ) that some dependence on others could actually enrich her life, especially if she returned the favor. So she hung a sign on her apartment door welcoming her neighbors to (エ) a chat. She then recounted how her neighbors often came by to talk and emphasized with gratitude that, when they offered to help, they always asked *how* they could help. By asking her how they could help, she explained, they were allowing her to (オ) her independence and dignity.

(1) 下線部(a)はどのようなものか。本文に即して日本語で説明しなさい。解答欄におさまる長さにすること。

(2) 下線部(b)を和訳しなさい。

(3)　空欄(　ア　)～(　オ　)に入る最も適切な語句を以下の中から選び，番号を記入しなさい。同じ語句は一度しか使用してはならない。

① begin with　　② come in for　　③ deny
④ live there with　　⑤ recognize　　⑥ retain

※解答欄　(1)：ヨコ 12.1 センチ×6行

II　次の文章を読み，下の設問(1)～(3)に答えなさい。　(50点)

Regardless of whether asteroids* and comets supplied Earth with the water currently held in its oceans, it is clear that they contain significant quantities of rather useful materials. In a future where the demands on Earth-bound resources could outweigh what is producible, asteroids and comets may prove essential.

By rendezvousing and landing on comets and asteroids (things that we've already done), we can do several major things.(a) First, we'll be able to alter their orbits. Should we find one on a collision course with Earth, we could subtly push it a little in order to make sure it misses. Caught early enough, the changes in the orbit needed for it to miss Earth are relatively minor. Alternatively, should we find one with enough interesting materials to make it worth exploiting, we could alter its orbit so it moves into a new, stable orbit around Earth or the moon. This would cut down on the amount of commuting necessary to bring the collected resources back to Earth. Second, whether the object is left on its original orbit or put into orbit around Earth or the moon, we'll still be able to process the materials in their usual places to produce fuel in space and, perhaps, supply other demands back on Earth. An asteroid or comet could become the first space-based service station and provide water, fuel, and building materials.

Both orbital modification of asteroids and comets, and the mining of materials from them, are achievable goals. However, how do we find them, how do we know we've found them all, how do we calculate their orbits, how do we know if they pose an impact threat, and how do we know what they are made of?

The ones that we are very interested in are the so-called Near-Earth Objects (NEOs). (b) Finding them takes either patience or luck. Asteroids are mainly contained to within a few degrees of the plane of the solar system, much like the planets, but comets could come from any direction. They could also be moving really quickly. This makes it challenging to rendezvous with one and perhaps modify its trajectory enough to somehow make it safe.

Regardless of the challenge, the only way we are going to find them is if we monitor the whole sky for their signatures: faint pinpoints of light moving against the background stars. Somewhat like the planets themselves, NEOs look like faint wandering stars.

The surfaces of both asteroids and comets can be quite dark, so they typically don't reflect much light. This makes them very faint and means that, unless we are using a really big telescope that collects a lot of light, we simply may not spot them all. (c) However, there are NEO search programs funded by NASA that network underutilized small telescopes. These telescopes generally have large fields of view for maximizing the areas of sky that can be monitored, but they still struggle to detect the really faint objects that have diameters below one hundred meters. On top of all that, these telescopes are only used for NEO hunting a fraction of the available time when perhaps they should be entirely dedicated to it.

*asteroid: one of the many small planets that move around the Sun, especially between Mars and Jupiter

(1)　下線部(a)の内容を本文に即して日本語で説明しなさい。解答欄におさまる長さにすること。

(2)　下線部(b)を和訳しなさい。

(3)　下線部(c)を和訳しなさい。

※解答欄　(1)：ヨコ 12.1 センチ× 3 行

Ⅲ　次の文章を英訳しなさい。途中の下線部には，ふさわしい内容を自分で考えて補い，全体としてまとまりのある英文に仕上げなさい。下線部の前後の文章もすべて英訳し，解答欄におさまる長さにすること。　(25 点)

海外からの観光客に和食が人気だという話になったときに，文化が違うのだから味がわかるのか疑問だと言った人がいたが，はたしてそうだろうか。＿＿。さらに言うならば，日本人であっても育った環境はさまざまなので，日本人ならわかるということでもない。

※解答欄：ヨコ 12.1 センチ× 12 行

Ⅳ 次の会話を読んで，下線部(1)～(4)に入る適当な発言を，解答欄におさまるように英語で書きなさい。（25 点）

[In the Teacher's Office]

TEACHER: Please sit down.

STUDENT: Thank you for seeing me.

TEACHER: I'm sorry you missed yesterday's lesson. You probably have some questions about the homework. Basically, you have to type a short report and submit it to me next Thursday. Do you have a computer to type the report?

STUDENT: Yes, I have a new laptop. Could you explain the topic again please?

TEACHER: You have to describe similarities and differences of London and New York. Begin with similarities, followed by differences. For your research, first read the essay by Glendon. You can find it on the course website.

STUDENT: (1)________________________________

TEACHER: Glendon? It's G-l-e-n-d-o-n. Her first name is Sarah — S-a-r-a-h.

STUDENT: Thank you. I'll look at the website. I'm not sure I understand all of the details regarding the report format.
(2)________________________________

TEACHER: Okay. The first detail is you have to type and print out the report. Also, type your name and the date at the top-left of the report. Next, be sure to write a clear title. For this report, it's important to write in paragraphs. Again, start with up to four similarities and then describe what you believe are the three main differences. You must support your main points with information from your reading research. An example of the format is also on the course website. Tell me about your experience writing essays or reports in English, Japanese, or other languages.

STUDENT: (3)______________________________

____

TEACHER: I understand. Oh, and don't forget in two weeks we have our final examination. Please study for it.

STUDENT: (4)______________________________

TEACHER: That's a good question. My advice is to study chapters 1 to 4 in the textbook.

※解答欄 (1)・(2)・(4)：各ヨコ 12.1 センチ× 2 行

(3)：ヨコ 12.1 センチ× 4 行

数学

(150 分)

(注)　200 点満点。経済(理系)・理学部は 300 点満点に，医(医)・工学部は 250 点満点に換算。

1

(30 点)

0 でない実数 a，b，c は次の条件(i)と(ii)を満たしながら動くものとする．

(i)　$1 + c^2 \leqq 2a$.

(ii)　2 つの放物線 $C_1 : y = ax^2$ と $C_2 : y = b(x-1)^2 + c$ は接している．

ただし，2 つの曲線が接するとは，ある共有点において共通の接線をもつことであり，その共有点を接点という．

(1)　C_1 と C_2 の接点の座標を a と c を用いて表せ．

(2)　C_1 と C_2 の接点が動く範囲を求め，その範囲を図示せよ．

2

(30 点)

$n^3 - 7n + 9$ が素数となるような整数 n をすべて求めよ．

3

(35点)

α は $0 < \alpha \leqq \dfrac{\pi}{2}$ を満たす定数とし，四角形ABCDに関する次の2つの条件を考える．

(i)　四角形ABCDは半径1の円に内接する．

(ii)　$\angle \mathrm{ABC} = \angle \mathrm{DAB} = \alpha$．

条件(i)と(ii)を満たす四角形のなかで，4辺の長さの積

$$k = \mathrm{AB} \cdot \mathrm{BC} \cdot \mathrm{CD} \cdot \mathrm{DA}$$

が最大となるものについて，k の値を求めよ．

4

(35点)

コインを n 回投げて複素数 z_1，z_2，…，z_n を次のように定める．

(i)　1回目に表が出れば $z_1 = \dfrac{-1+\sqrt{3}i}{2}$ とし，裏が出れば $z_1 = 1$ とする．

(ii)　$k = 2, 3, \cdots, n$ のとき，k 回目に表が出れば $z_k = \dfrac{-1+\sqrt{3}i}{2} z_{k-1}$ とし，裏が出れば $z_k = \overline{z_{k-1}}$ とする．ただし，$\overline{z_{k-1}}$ は z_{k-1} の共役複素数である．

このとき，$z_n = 1$ となる確率を求めよ．

5

(35点)

曲線 $y = \log x$ 上の点 $\mathrm{A}(t, \log t)$ における法線上に，点Bを $\mathrm{AB} = 1$ となるようにとる．ただしBの x 座標は t より大きいとする．

(1)　点Bの座標 $(u(t), v(t))$ を求めよ．また $\left(\dfrac{du}{dt}, \dfrac{dv}{dt}\right)$ を求めよ．

(2)　実数 r は $0 < r < 1$ を満たすとし，t が r から1まで動くときに点Aと点Bが描く曲線の長さをそれぞれ $L_1(r)$，$L_2(r)$ とする．このとき，極限 $\displaystyle\lim_{r \to +0} (L_1(r) - L_2(r))$ を求めよ．

6

(35 点)

四面体 ABCD は AC = BD, AD = BC を満たすとし，辺 AB の中点を P, 辺 CD の中点を Q とする.

(1) 辺 AB と線分 PQ は垂直であることを示せ.

(2) 線分 PQ を含む平面 α で四面体 ABCD を切って 2 つの部分に分ける. このとき，2 つの部分の体積は等しいことを示せ.

物理

（教育（理系）学部　1 科目　90 分
　その他　　　　　　2 科目 180 分）

（注）100 点満点。理・医（医）学部は 2 科目 300 点満点に，工学部は 2 科目 250 点満点に換算。

物理問題　I

次の文章を読んで，［　　］には適した式または数値を，｛　　｝からは適切なものを選びその番号を，それぞれの解答欄に記入せよ。数値の場合は単位も明記すること。なお，［［　　］］はすでに［　　］で与えられたものと同じものを表す。**問 1** では，指示にしたがって，解答を解答欄に記入せよ。また，重力加速度の大きさを g とする。浮力は無視してよい。

（1）　質量 m の物体が重力と抵抗力を受けて鉛直下向きに速度 v で落下している。抵抗力の大きさは物体の速さに比例すると仮定し，比例定数を k とする。また，速度，加速度は鉛直下向きを正にとる。この物体の運動方程式は微小時間 Δt での速度の変化を Δv とすると

$$m\frac{\Delta v}{\Delta t} = mg - kv$$

で与えられる。この状況では，落下を開始して一定時間の後には，物体の運動は，近似的に等速度運動になる。このときの速度を終端速度という。終端速度 v_{f} は重力と抵抗力がつりあう条件で決まり，$v_{\mathrm{f}} =$ ［ア］ で与えられる。また，終端速度を用いると運動方程式は

$$m\frac{\Delta v}{\Delta t} = k(v_{\mathrm{f}} - v) \qquad \text{(i)}$$

と表せる。時間とともに速度 v がどのように終端速度に近づくか議論しよう。そのため，$v = v_{\mathrm{f}} + \bar{v}$ として終端速度からのずれ $\bar{v}$ を導入すると，式(i)より

$$\frac{\Delta \bar{v}}{\Delta t} = -\frac{\bar{v}}{\boxed{\text{イ}}}$$

が導かれる。なお，$\Delta\bar{v}$ は微小時間 Δt での $\bar{v}$ の変化である。ここで $\tau_1 =$ [イ] は緩和時間とよばれ，速度が終端速度 v_f に近づく時間の目安である。この場合，緩和時間 τ_1 と終端速度 v_f との間には

$$v_f = \boxed{\text{ウ}} \times \tau_1$$

という関係がある。

ここで2種類の初期条件を考える。一方は初速度0，他方は初速度が終端速度の2倍である。これらの条件における速度の変化を正しく表しているグラフは図1の{エ：①，②，③，④}である。ただし，点線は終端速度を表している。

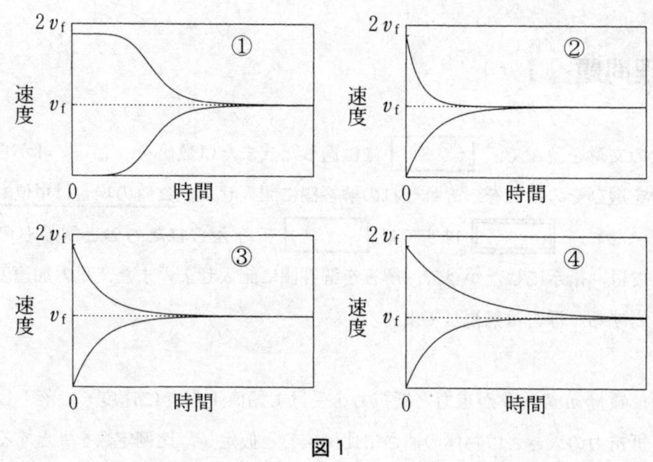

図1

（2） 次に，抵抗力の大きさが物体の速さの2乗に比例する場合を考えよう。鉛直下向きの速度を v とすると，物体の運動方程式は

$$m\frac{\Delta v}{\Delta t} = mg - cv^2$$

で与えられる。定数 c を抵抗係数とよぶことにする。このとき，終端速度 v_t は m，g，c を用いて $v_t =$ [オ] で与えられる。(1)と同様に，時間とともに速度 v がどのように終端速度に近づくか議論しよう。そのため，$v = v_t + \bar{v}$ と終端速度からのずれ $\bar{v}$ を導入する。速度が終端速度に近い，すなわち $|\bar{v}|$ が v_t より十分小さい($|\bar{v}| \ll v_t$)として，$\bar{v}$ の1次までで近似すると，終端速度からのずれ $\bar{v}$ の時間変化は

$$\frac{\Delta\bar{v}}{\Delta t} = -\frac{\bar{v}}{\tau_2}$$

と表すことができる。ここで τ_2 は緩和時間とよばれ，物体の速度が終端速度 v_t

に近づく時間の目安であり，m，g，c を用いて $\tau_2 =$ **カ** で与えられる。

(3)　水中で物体を静かに落下させ，落下を始めてからの時間と落下距離の関係を計測した。この実験結果について考えよう。なお，重力加速度の大きさ g は $9.8\,\mathrm{m/s^2}$ とする。

この実験では，一方は質量 $m_1 = 1.0\,\mathrm{kg}$ の物体，他方は質量 $m_2 = 2.0\,\mathrm{kg}$ の物体と，形状は同じで質量だけ異なる 2 種類の物体を落下させた。それぞれを実験 1，実験 2 とよぶことにする。2 つの実験の結果を**表 1** に示すとともに，物体の時間と落下距離の関係をグラフにすると**図 2** のようになる。

表 1

$m_1 = 1.0\,\mathrm{kg}$ の物体の結果(実験 1)					$m_2 = 2.0\,\mathrm{kg}$ の物体の結果(実験 2)				
時間(s)	3.0	4.0	5.0	6.0	時間(s)	3.0	4.0	5.0	6.0
落下距離(m)	15.0	20.8	26.6	32.4	落下距離(m)	19.8	28.0	36.2	44.4

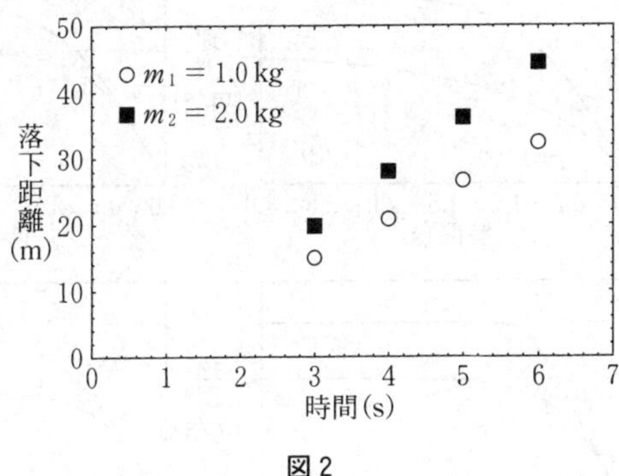

図 2

質量 $m_1 = 1.0\,\mathrm{kg}$ と質量 $m_2 = 2.0\,\mathrm{kg}$ の物体の終端速度をそれぞれ v_1，v_2 とする。実験結果より，終端速度の大きさは有効数字 2 桁で，$v_1 =$ **キ** ，$v_2 =$ **ク** である。

問 1　(3)の 2 つの実験結果より，抵抗力の大きさは速さの 2 乗に比例していると考えられる。その理由を示せ。ただし，抵抗力に関する定数 k，c はそれぞれ物体の形状で決まり，質量に依存しないと考えてよい。

※解答欄　ヨコ 13.7 センチ×タテ 8.0 センチ

また，実験１，すなわち質量 $m_1 = 1.0\,\mathrm{kg}$ の物体を落下させた場合について，実験データから得られた終端速度をもとに緩和時間 τ_2 の数値を有効数字１桁で計算すると $\tau_2 =$ **ケ** となり，速やかに終端速度に達していることが理解できる。抵抗力の大きさは速さの２乗に比例するとして，物体を静かに落下させてから時間 3.0 s までの速度の変化を実験１，２の両方について正しく描いているのは**図３**の｛**コ**：①，②，③，④，⑤，⑥｝である。ただし，２本の点線は実験１，２それぞれの終端速度を表している。

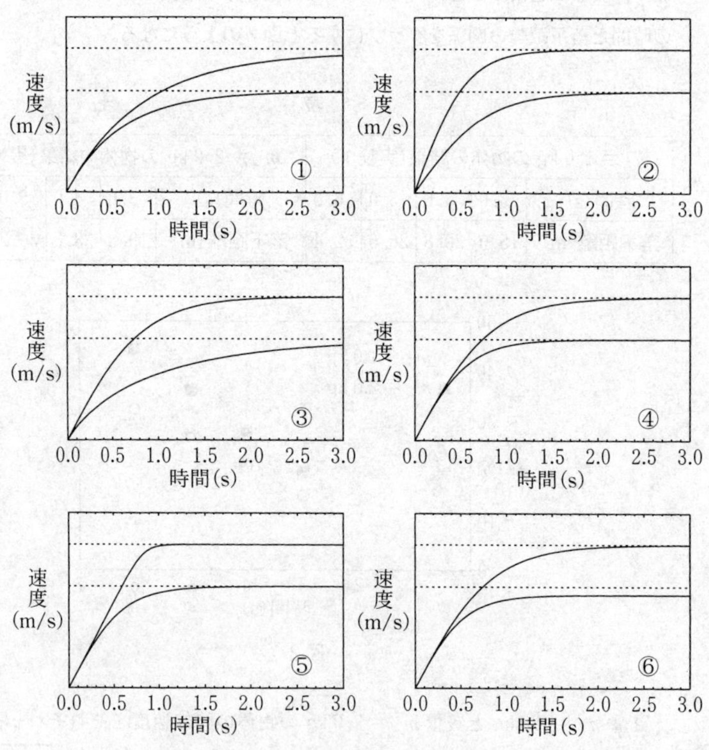

図３

（4） 速さの 2 乗に比例する抵抗力について簡単な力学モデルを用いてさらに考察する。**図 4** のように，断面積 S，質量 m の円柱形の物体が水中を運動している。水から受ける効果だけを考えたいので，物体は水平方向に運動しているとする。水の密度は ρ とする。速度，加速度は右向きを正にとり，時刻 t での物体の速度は v とする。ここで，この物体が時刻 t から微小時間 Δt の間，物体の前面がこの微小時間に通過する領域を占めていた微小質量 $\Delta m = \rho \times$ [サ] $\times \Delta t$ の静止した水のかたまりと衝突すると考える。その結果，時刻 $t + \Delta t$ には水のかたまりは物体と一体となって速度 $v + \Delta v$ で運動することになる。物体と水のかたまりを合わせた全運動量が保存されるので，微小時間 Δt の間に生じる微小な速度変化 Δv より

$$m\frac{\Delta v}{\Delta t} = \boxed{\quad シ \quad} \times v^2$$

のように，水のかたまりとの衝突により物体に作用する力を導くことができる。ただし，微小量 Δt，Δv の 1 次までを残し，2 次は無視すること。

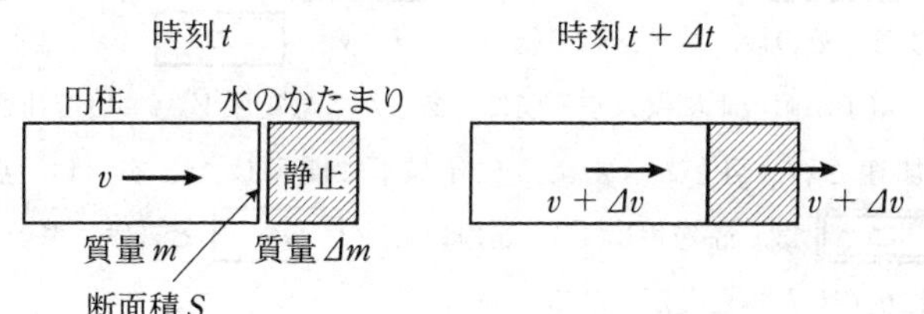

図 4

物理問題　II

次の文章を読んで，［　　］には適した式または値を，｛　　｝からは適切なものを選びその番号を，それぞれの解答欄に記入せよ。なお，［［　　］］はすでに［　　］で与えられたものと同じものを表す。ただし，eを電気素量とし，重力と地磁気の影響は無視してよい。

(1)　図1に示すように，真空中のxyz空間で電子(質量m，電気量$-e$)が運動する場合を考える。間隔dの対向電極に電圧$V(>0)$をかけ，領域1に電界を形成する。図1は，この領域をz軸正方向(紙面手前方向)の領域から見たx—y平面図である。なお，x軸方向の電極幅をℓ，z軸方向の電極幅は十分に大きいとする。時刻$t=0$に，原点O($x=0$，$y=0$，$z=0$)をx軸正方向に速さv_0で通過した電子は，対向電極がつくる電界によりその軌道が変化する。電子は，時刻$t=$［　イ　］に，点P($x=\ell$，$y=$［　ロ　］，$z=0$)を速さ［　ハ　］で通過する。その後，電子は点Q($x=\ell+L$，$y=$［　ニ　］，$z=0$)に達した。もし，電子が領域1に侵入する前に，あらかじめ電圧$V_p(>0)$で速さ0からv_0まで加速され，図1に示すように領域1に侵入したとすれば，点Qのy座標［［　ニ　］］は，v_0を用いずV_pを用いて，［　ホ　］と書け，電子の質量，電気量に依存しないことがわかる。

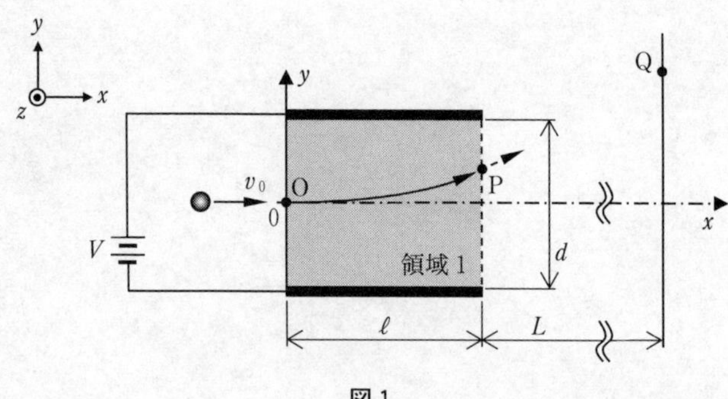

図 1

（2）　**図 2** に示すように，x 軸方向に十分に長い対向電極間にはさまれた真空の領域 2 に，電圧 $V(V > 0)$ をかけ，さらに z 軸負方向(紙面奥方向)に磁束密度 B の磁界をかける場合を考える。陰極の位置を $y = 0$ とする。領域 2 内の陰極表面近傍($y \fallingdotseq 0$)で静止していた電子(速さ $v = 0$)は，電界より陽極方向に力を受け加速し，同時に磁界による力も受ける。**図 2** では，その電子の軌道が部分的に示されている。軌道内の任意の座標 $y(> 0)$ における電子の速さは［ **ヘ** ］である。また，電子が陽極に最も接近した点 U を通過したとき，x 軸方向の速さが $2V/(Bd)$，y 軸方向の速さが 0 であった。この点 U の y 座標を y_U とすると，$y_U =$［ **ト** ］である。なお，点 U における y 軸方向の加速度は［ **チ** ］である。

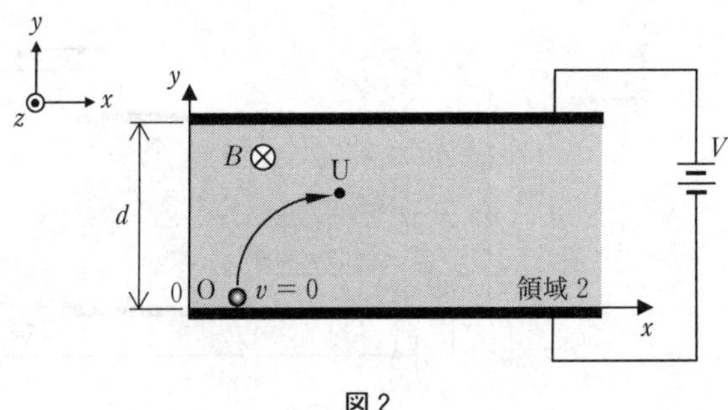

図 2

次に，領域 2 内の陽極表面近傍($y \fallingdotseq d$)で静止していた正のイオン(質量 M, 電気量 $+e$)の運動について考える。ただし，$M > m$ が成り立つとする。領域 2 において正のイオンは，{**リ**：①x 軸の正，②x 軸の負}の向きに移動する。さらに，イオンが陰極に到達しない場合，陰極に最も近づく点 W の y 座標を $y_W(0 < y_W < d)$ とすると，{**ヌ**：①$y_U < d - y_W$，②$y_U = d - y_W$，③$y_U > d - y_W$}が成り立つ。

（3）　**図 3** に示すように，**図 2** の領域 2 内の陰極近傍（$y \fallingdotseq 0$）にフィラメントを設置し，フィラメントから多数の電子が，十分に小さい速さ（$v \fallingdotseq 0$）で定常的に供給されている場合を考える。ただし，電子の供給量は常に一定であるとする。これを領域 3 とする。ただし，フィラメントにかける電圧は，V より十分に小さいものとする。また，電子は，互いに他の電子に影響されることなく運動するものとする。ここで，対向電極からなる回路に流れる電流の大きさを I とする。領域 3 において磁界が形成されていない状態（$B = 0$）で，$I = I_0$ であった。その後，磁界をかけ磁束密度 B を徐々に増加させると，I が変化した。以下の**図 4** を解答欄に描き写し，（**2**）を参考に I を B の関数としてグラフに示せ。その際，I が特徴的な変化を示す B の値があれば，その値を示せ。

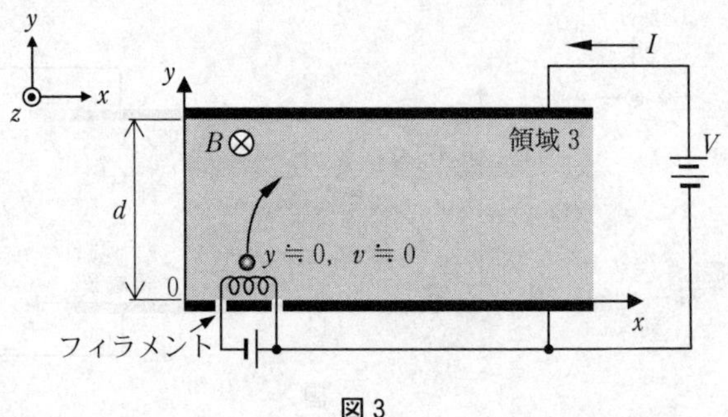

図 3

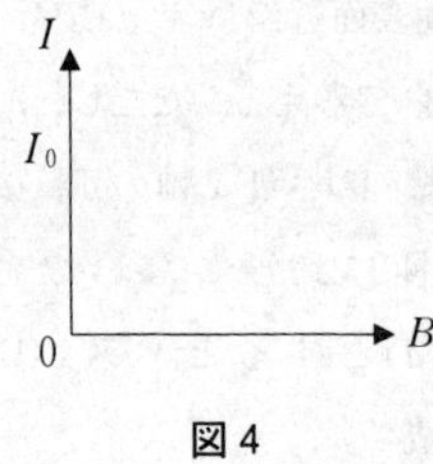

図 4

物理問題　III

次の文章を読んで，□には適した式または数値を，{　　}からは適切なものを選びその番号を，それぞれの解答欄に記入せよ。<u>数値の場合は単位も明記すること</u>。また，**問 1** では指示にしたがって，解答を解答欄に記入せよ。

(A)　**図 1** のように，鉛直方向に半無限に延びた円筒の内部を，1 個当たりの質量が m の同種の単原子分子からなる理想気体で満たした。ここで，円筒内の無限上方は真空であるとし，円筒の内側の断面積を S とする。また，底面からの高さを表す座標を z，ボルツマン定数を k とし，重力加速度の大きさは高さによらず g であるとする。また，円筒内の気体は平衡状態にあり，温度は高さによらず一定の値 T をとるものとする。

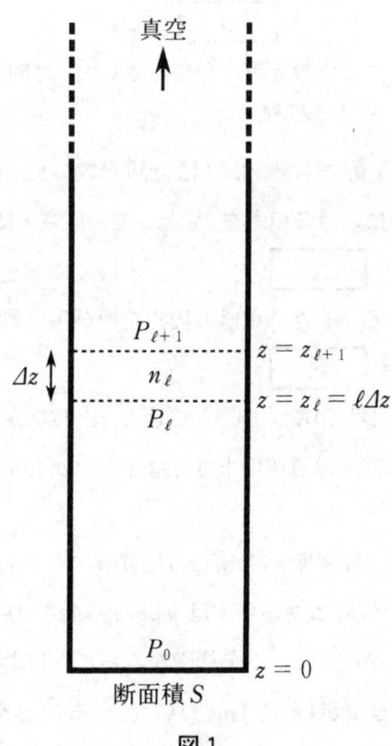

図 1

温度は高さによらないが，気体の圧力や気体分子の数密度(単位体積当たりの個数)は高さzの関数となる。これを求めるため，図1のように円筒内を高さΔzずつの小領域に分けてみよう。このとき，高さ$z_\ell=\ell\Delta z$から$z_{\ell+1}=(\ell+1)\Delta z=z_\ell+\Delta z$までの体積$S\Delta z$の小領域では，$\Delta z$が小さい限り，気体分子の数密度は一定とみなすことができる。それをn_ℓとすれば，小領域にある気体の質量は［　あ　］となる。したがって，この小領域に作用する上からの圧力を$P_{\ell+1}$，下からの圧力をP_ℓとすれば，力のつりあいより，

$$P_{\ell+1}-P_\ell=\boxed{\text{い}} \qquad (1)$$

の関係が成立する。一方，この小領域内の気体の圧力は，Δzの1次のずれを無視すればP_ℓと見なしてよく，圧力P_ℓと数密度n_ℓの間には，理想気体の状態方程式

$$P_\ell=n_\ell kT \qquad (2)$$

が成立する。式(1)と式(2)からn_ℓを消去すれば，次の方程式

$$P_{\ell+1}-P_\ell=-\boxed{\text{う}}\times\Delta zP_\ell \qquad (3)$$

が得られる。ここで，定数aと十分に小さいΔzに関する方程式

$$\frac{f(z+\Delta z)-f(z)}{\Delta z}=-af(z) \qquad (4)$$

の解は$f(z)=f(0)\mathrm{e}^{-az}$($\mathrm{e}\fallingdotseq 2.72$は自然対数の底)で与えられる。これを用いれば，底面$z=0$における圧力をP_0として，高さzにおける圧力$P(z)$は

$$P(z)=\boxed{\text{え}} \qquad (5)$$

となることがわかる。また，状態方程式を再び用いれば，数密度$n(z)$は

$$n(z)=\boxed{\text{お}} \qquad (6)$$

で与えられることがわかる。式(5)と式(6)より，位置が高くなるにつれて気体の圧力と気体分子の数密度は急速に小さくなることがわかる。

問1　ℓ番目の小領域の数密度$n_\ell\fallingdotseq n(z_\ell)$は式(6)で与えられる。また，$\ell$番目の小領域内の気体分子の位置エネルギーは$mgz_\ell n_\ell S\Delta z$で与えられる。これらのことと$z_\ell=\ell\Delta z$を用いながら$\Delta z\to 0$の極限をとることにより，円筒内の気体分子の位置エネルギーの総和が$(P_0S/(mg))kT$となることを示せ。なお，必要であれば，1よりも十分小さな正の数αについて成り立つ級数の公式

$$\sum_{\ell=1}^{\infty}\ell\mathrm{e}^{-\ell\alpha}=\mathrm{e}^{-\alpha}+2\mathrm{e}^{-2\alpha}+3\mathrm{e}^{-3\alpha}+\cdots=\frac{\mathrm{e}^{\alpha}}{(\mathrm{e}^{\alpha}-1)^2}\fallingdotseq\frac{1}{\alpha^2}$$

を用いてもよい。

※解答欄　ヨコ13.7センチ×タテ8.0センチ

(B)　次に，**(A)**の円筒内にある単原子分子の理想気体の１粒子あたりの比熱(温度を１K 上げるのに必要な気体分子１個あたりのエネルギー)を計算してみよう。まず，底面には気体の全質量に比例した圧力がかかっていることから，円筒内の気体分子の総数 N は，底面での圧力 P_0 を用いて

$$N = \boxed{\text{か}} \qquad (7)$$

で与えられる。一方，円筒内の単原子気体分子の運動エネルギーの総和は，容器内で温度が一定ということから，

$$\boxed{\text{き}} \times N \qquad (8)$$

である。また，円筒内の気体分子の位置エネルギーの総和は，**問１**と式(7)より，

$$\boxed{\text{く}} \times N \qquad (9)$$

となる。したがって，円筒内の気体分子の力学的エネルギーの総和 E は，

$$E = \boxed{\text{け}} \times N \qquad (10)$$

となり，１粒子あたりの比熱は $\boxed{\text{こ}}$ であることがわかる。これは，重力場がない時の体積一定の容器に閉じ込めた単原子理想気体の１粒子あたりの比熱と比較して，{**さ**：①大きい，②同じである，③小さい}。

(C)　**図２**のように，**(A)**で与えた断面積 S の円筒の中に同種の単原子分子からなる理想気体を入れ，今度は，ピストンを用いて密閉した。ここで，容器の外部は真空であり，またピストンは，滑らかに，かつ鉛直方向のみに動けるものとし，ピストン自体の質量と厚さは無視できるものとする。また，円筒内の気体は平衡状態にあり，温度は高さによらず一定の値 T をとるものとする。

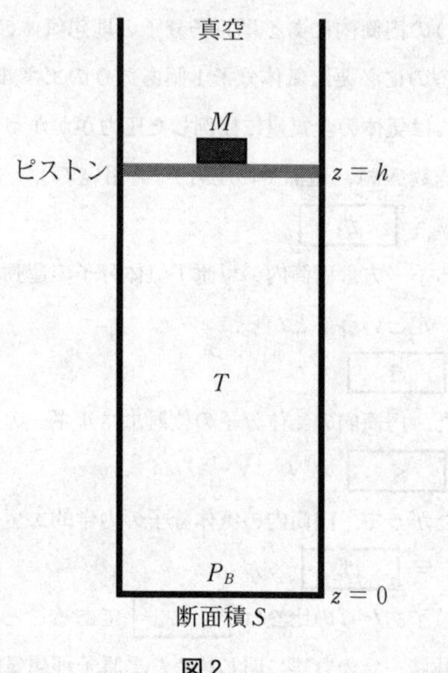

図2

ピストンに質量Mのおもりを載せたところ，ピストンは高さhの位置で静止し，底面での圧力はP_Bであった。この実験から，気体分子1個の質量mを求めてみよう。

まず，高さhにおける圧力$P(h)$は，M，S，gを用いて，

$$P(h) = \boxed{\text{し}} \tag{11}$$

と表される。また，図2の状況は，図1の半無限容器における「高さ$z=h$より上にある全ての気体分子の質量の総和」を「おもりの質量M」に置き換えることと同等である。これらのことに注意すれば，式(11)と式(5)を組み合わせることで，気体分子1個の質量mが，k，T，h，P_B，S，M，gの関数として，

$$m = \boxed{\text{す}} \tag{12}$$

と表されることがわかる。

図2の実験装置を用いて計測を行ったところ，温度$T=300\ \mathrm{K}$のもとで，$Mg=1000\ \mathrm{N}$，$P_BS=1005\ \mathrm{N}$，$h=30\ \mathrm{m}$であった。これらのデータから気体分子1個の質量を有効数字1桁で求めれば，$\boxed{\text{せ}}$となる。ここで，ボルツマン定数は$k=1.4\times10^{-23}\ \mathrm{J/K}$とし，重力加速度の大きさは$g=9.8\ \mathrm{m/s^2}$とせよ。また，必要ならば，絶対値が1よりも十分小さな数xについて成り立つ近似式$e^{\pm x} \fallingdotseq 1\pm x$あるいは$\log_e(1\pm x) \fallingdotseq \pm x$を用いてもよい。

化学

（教育(理系)学部　1科目　90分
　その他　　　　2科目 180分）

(注)　100点満点。理・医(医)学部は2科目300点満点に，工学部は2科目250点満点に換算。

化学問題　I

次の(a)，(b)について，**問1～問5**に答えよ。解答はそれぞれ所定の解答欄に記入せよ。なお，アボガドロ定数は6.0×10^{23}/molとし，問題中のLはリットルを表す。水のイオン積は$1.0 \times 10^{-14}(\mathrm{mol/L})^2$とし，原子量はH＝1.0，C＝12.0，O＝16.0，Na＝23.0とする。必要があれば，$\sqrt{3} = 1.73$，$0.780 \times 0.780 \times 0.740 = 0.450$，$\sqrt[10]{10} = 10^{0.1} = 1.26$，$1\,\mathrm{nm} = 10^{-7}\,\mathrm{cm}$を用いよ。数値は有効数字2けたで答えよ。

(a)　氷(H_2Oの結晶)中の原子配置を**図1**に示す。図中，酸素原子と水素原子を大小の丸で示す。この結晶格子では白色の丸で示す16個の酸素原子と16個の水素原子が結晶格子の面に存在し，灰色の丸で示す4個の酸素原子と16個の水素原子が結晶格子内にある。したがって，［ア］個の酸素原子と［イ］個の水素原子が一つの結晶格子内に含まれることになる。一方，結晶格子の長さは$a = b = 0.780$ nm，$c = 0.740$ nmでa軸とc軸およびb軸とc軸のなす角度は90°であり，a軸とb軸のなす角度は120°である。その体積は［ウ］$\times 10^{-21}\,\mathrm{cm}^3$と計算される。これらの値を用いて氷の密度を求めると［エ］$\mathrm{g/cm^3}$となり，氷は液体の水に浮くことが分かる。

酸素原子のファンデルワールス半径は0.152 nmであるので二つの酸素原子の原子核同士は［オ］nmまでしか近づくことができない。**図1**の点線は結晶中の酸素原子の中心間の距離を示し，その長さはすべて0.276 nmである。この理由は，二つの酸素原子の間には水素原子が存在し，水素結合を形成するためである。

図1から分かるように1個の水分子は{A：1，2，3，4}方向に水素結合を形成する。実際，図1の結晶構造は共有結合の結晶である［カ］の炭素の位置を酸素が占めた構造となっている。結晶中の水分子の結合角（∠H—O—H）は水蒸気中の水分子のときとは少し異なり{B：104.5°，106.5°，109.5°，120.0°}となっている。

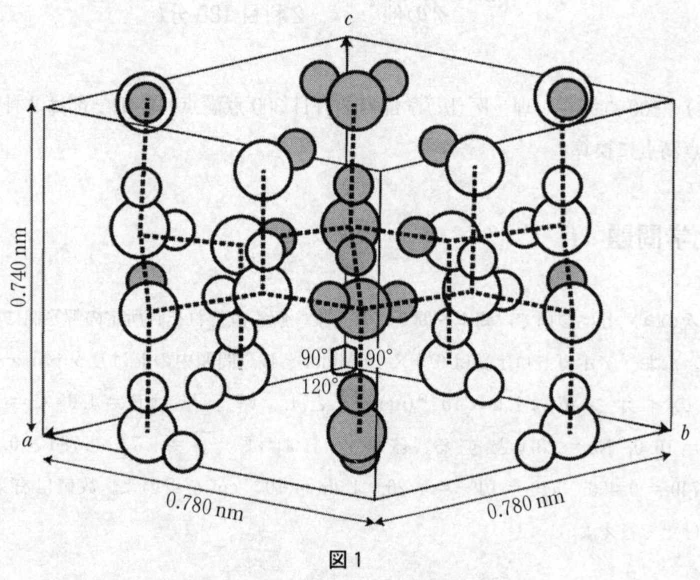

図1

問1　［ア］～［カ］に適切な語句または数値を答えよ。

問2　{A}，{B}の中から，それぞれ最もふさわしい数と角度を答えよ。

問3　氷の昇華熱は2.83 kJ/gであることが知られている。昇華熱の原因がすべて水素結合によるものとすると，水素結合1ヶ所あたりの結合エネルギーはいくらになるかJ単位で答えよ。

※問1［カ］ならびに問2{B}は解答しないようにとの大学からの指示があった。

（編集部注）

(b) 工業的な製造プロセスにおいて，NaOH は陽イオン交換膜で仕切られた電解槽(図 2)内で，NaCl を電気分解することで得られている①。陽極槽および陰極槽には，それぞれ連続的に NaCl 飽和水溶液と純水が供給され，陰極槽から NaOH 水溶液を得ている。

ナトリウムの炭酸塩である $NaHCO_3$ と Na_2CO_3 の混合水溶液中ではそれらが加水分解して，HCO_3^- および CO_3^{2-} が電離平衡の状態にある②。この溶液は塩基性の緩衝溶液としても使用されている。

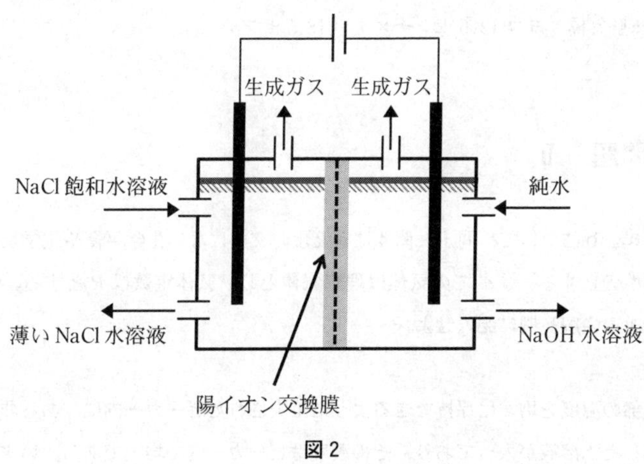

図 2

問 4 下線部①について，以下の(i)，(ii)に答えよ。

(i) それぞれの電極上で起こる反応をイオン反応式(電子 e^- を含む)で示せ。解答欄の**あ**には陽極上の反応を，**い**には陰極上の反応を記入すること。

(ii) この電気分解を行っている途中で，液の供給と排出を止め，陽イオン交換膜を取り除いて電気分解を継続させると，電極上で解答(i)の反応とは異なる新たな反応が起こる。いずれの電極で起こるか答えよ。また，どのような反応かをイオン反応式で書け。ただし，電極は腐食されないものとする。

問5　下線部②について，以下の問に答えよ。なお，解答には計算過程も示すこと。

Na_2CO_3 0.100 mol と $NaHCO_3$ 0.200 mol を純水に溶かし，1 L の水溶液とすると，pH は 10.0 となる。この溶液の調製時に 1.00 mol/L の HCl 水溶液を加えて pH＝9.9 にする。必要な HCl 水溶液の体積(mL)を答えよ。なお，この条件においては，水の電離平衡以外は，HCO_3^- と CO_3^{2-} の間での電離平衡のみを考慮すればよい。

※解答欄　ヨコ 12.6 センチ×タテ 18.5 センチ

化学問題　II

次の(a)，(b)について，**問1**～**問4**に答えよ。文中にない化学平衡や化学反応は考慮しないものとする。すべての気体は理想気体とし，気体定数は R とする。解答はそれぞれ所定の解答欄に記入せよ。

(a)　内部の温度を均一に保持できるように工夫されたビーカー内に，ある非電解質が溶解した水溶液が入っており，その濃度はビーカー内で均一である。いまこの溶液は温度 T_1 にて氷と共存して平衡状態に至っており，このときの氷の質量は M_1，溶液の質量は w_1，溶媒 1 kg に溶けている溶質の物質量(質量モル濃度)は C_1 であった(状態①)。この状態から，平衡状態を保ったままゆっくりと温度 T_2 まで冷却させた(状態②)。この溶液の凝固点は，凝固点降下によって純水の凝固点 T_0 よりも低い値となる。**図1**に実線で示すように，凝固点降下度と濃度は常に比例していた。また，状態①から状態②の過程において，常に氷と溶液が共存した状態であった。

解答に際し，水のモル凝固点降下を K_f，溶質の分子量は M_s とすること。なお，氷の内部に溶質が含有されることはないとする。

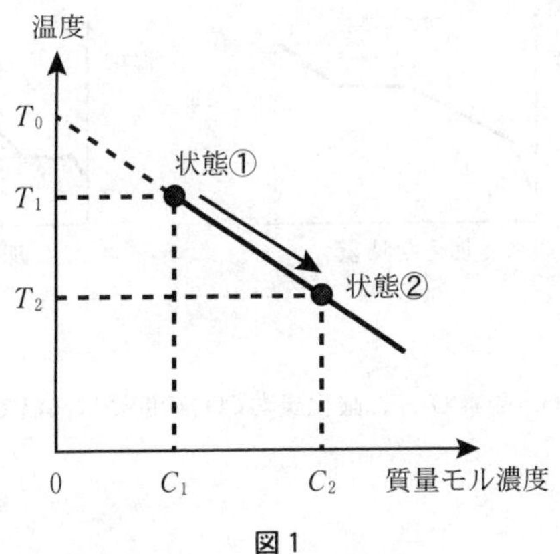

図 1

問 1　温度 T_1 と質量モル濃度 C_1 との関係を数式で示せ。

問 2　状態②における溶質の質量は，溶液の質量 w_2 と質量モル濃度 C_2 を使って［　ア　］と書ける。溶液中の溶質の量は状態①と②で不変である。また，ビーカー内の物質の総量も状態①と②で不変である。状態②における氷の質量 M_2 は w_2 を含まない式で，$M_2 = M_1 + w_1$(1 − ［　イ　］)と書ける。(ア)，(イ)に入る式を答えよ。

問 3　状態②からさらに冷却すると，溶液中の水と溶質が同時に凝固し，一定の融点を示す固体相を形成した。この状態から，一定速度で熱を加え，室温付近まで加熱させた。この過程における温度変化として最も近いものを以下の図(A)～(D)から選べ。

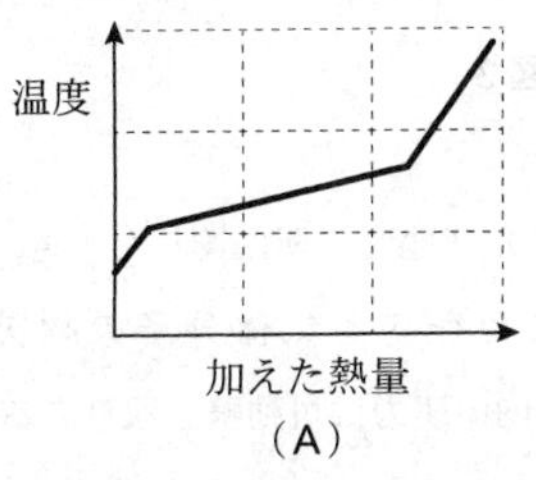

(A)

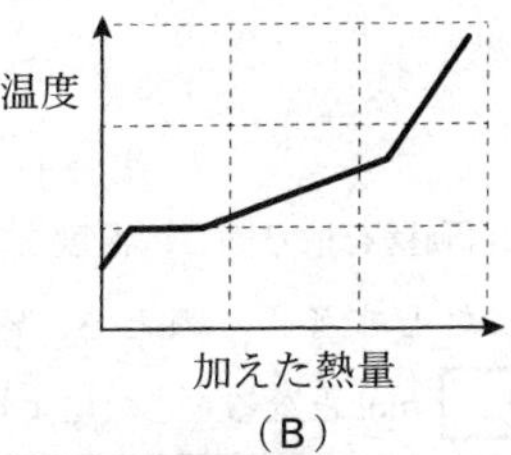

(B)

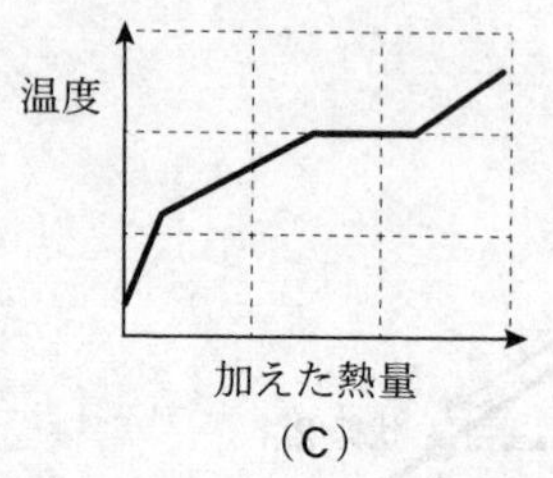

（C）

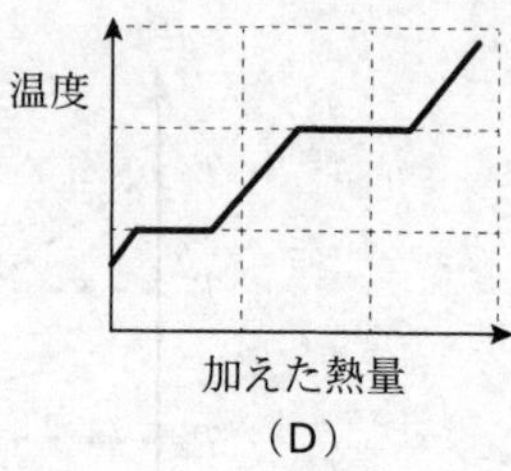

（D）

(b)　一酸化炭素 CO，酸素 O_2，二酸化炭素 CO_2 の間には高温で式(1)の化学平衡が存在する。

$$2\,CO + O_2 \rightleftarrows 2\,CO_2 \qquad (1)$$

熱は通すが物質は通さない透熱壁で囲まれた，断面積 S と内部容積 V が一定な容器を準備した。その内部を物質を通さない可動壁で仕切り，一方には CO を，もう一方には O_2 を充填したとする。可動壁の厚さは無視できるものとする。容器内部の可動壁は，高温（温度 T）での平衡時，**図 2** に示したようにそれぞれの気体の充填されている部分の長さが l_{CO} と l_{O_2} となる位置で静止していた。CO と O_2 の物質量をそれぞれ n_{CO}，n_{O_2} とすると，このときの気体の物質量の比は，n_{CO}/n_{O_2} ＝ [　あ　] である。

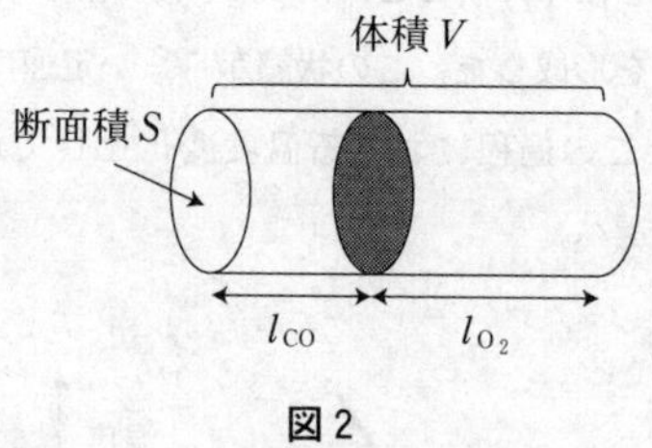

図 2

次に可動壁を取り除き，温度を T に保った状態で平衡に達したとき，CO_2 が a mol 生成したとする。このとき，容器内に存在する気体分子の物質量の合計は [　い　] mol となる。これにより，容器内の圧力は可動壁を取り去る前の圧力と比べ，xRT/V だけ [う｛減少・増加｝] した。ここで x は，圧平衡定数 K_p，および V，R，T，n_{CO}，n_{O_2} を含むが，a を含まない x についての下記の方程式(2)を満たす正の値である。

$$K_p = \boxed{\text{え}} \qquad (2)$$

問 4　［あ］，［い］，［え］に入る適切な式を記せ。また，［う］に適切な語句を{　　}の中から選択せよ。

化学問題　Ⅲ

次の(a)，(b)について，**問 1** ～**問 5** に答えよ。解答はそれぞれ所定の解答欄に記入せよ。構造式を記入するときは，記入例にならって記せ。なお，幾何異性体は区別し，光学異性体は区別しないものとする。また，原子量は H = 1.0，C = 12.0，O = 16.0 とする。

構造式の記入例：

$Na^{+}\ {}^{-}O-CH_2-C_6H_4-C(=O)-O-CH(CH_3)-CH_2-C(H)(\ldots)-C\equiv C-H$

(a)　芳香族炭化水素であるベンゼン(C_6H_6)の水素原子を他の原子あるいは原子団で置換すると，単に分子の大きさが増すだけではなく，残りの水素原子をさらに置換するときのベンゼン環の反応性が大きく変化する。すなわち，一置換ベンゼン($C_6H_5—X$)のベンゼン環の置換反応において，置換基 X はベンゼン環の反応性と次に入る置換基の置換位置（配向性）に大きな影響を及ぼす。置換基の持つ電子的な効果はよく調べられており，置換基を有するベンゼンの反応性は体系的に理解されている。例えば，鉄粉を触媒として用いる臭素(Br_2)によるトルエン($C_6H_5—CH_3$)のベンゼン環の臭素化反応は，ベンゼンよりも 1000 倍以上速く進行する。主生成物は，*o*-ブロモトルエン（約 60 %）と *p*-ブロモトルエン（約 35 %）であり，*m*-ブロモトルエンはほとんど生成しない(5％以下)。この結果は，トルエンのメチル基によりベンゼン環の電子密度が増加し，ベンゼン環の反応性が増したことを示している。また，この電子的な効果は，オルト(o)位とパラ(p)位で大きいことを示している。一方，アセトフェノンのベンゼン環の臭素化反応は，アセチル基がベンゼン環の電子密度を減少させるため，ベンゼンの臭素化反応に比べはるかに遅い。また，m-ブロモアセトフェノンが主生成物として得られる。

なお，アセトフェノンの構造式は $C_6H_5-\overset{\overset{\large O}{\|}}{C}-CH_3$ であり，$-\overset{\overset{\large O}{\|}}{C}-CH_3$ をアセチル基と呼ぶ。

問1　上述したように，トルエンの臭素化反応により m-ブロモトルエンを選択的に合成することは困難である。そこで，m-ブロモトルエンを選択的に合成する方法として，**図1**の合成経路を考えた。化合物Fおよび化合物Iの構造式を記せ。

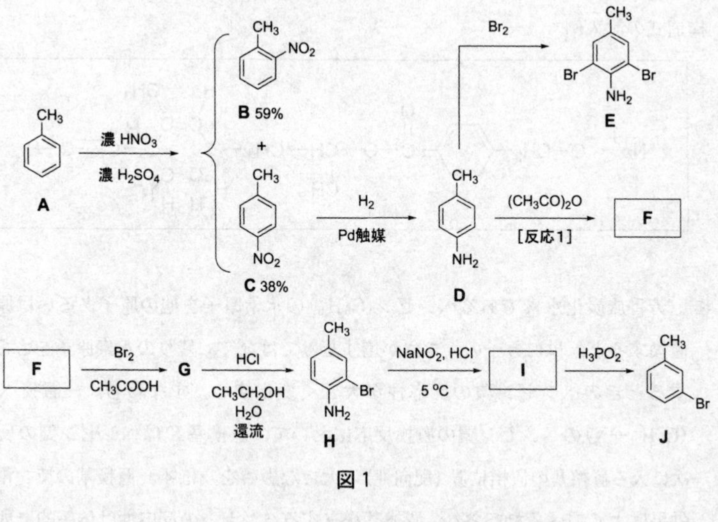

A　濃 HNO_3 / 濃 H_2SO_4 →　B 59%　+　C 38%

C　H_2 / Pd触媒 →　D　$(CH_3CO)_2O$ [反応1] →　F

D　Br_2 →　E

F　Br_2 / CH_3COOH →　G　HCl / CH_3CH_2OH / H_2O / 還流 →　H　$NaNO_2$, HCl / 5 °C →　I　H_3PO_2 →　J

図1

問2　図1に示したように，化合物Dの臭素化反応を行うとベンゼン環上の2ヶ所に臭素原子が導入された化合物Eが得られてしまう。そこで，m-ブロモトルエンJを選択的に合成するため，**[反応1]**で化合物Dを化合物Fに変換し，その置換基の効果により化合物 F の臭素化反応が目的の 1 ヶ所でのみ起こる合成経路を考えた。[**反応 1**]により得られた化合物 F の置換基が化合物 F の反応性におよぼす電子的な効果を解答欄の**あ**に，また立体的な効果を解答欄の**い**に，それぞれ 50 文字程度で説明せよ。

※解答欄　あ・い：各 50 字のマス目と 11.5 センチ× 2 行

(b) アリザリンは，アカネの根から採れる赤色染料として古くから知られており，初めて人工的に合成された染料でもある。また，**図 2** に示した合成方法が開発されるまでは，1.0 kg のアリザリンを得るために約 100 kg のアカネの根が必要であった。

石炭由来の芳香族炭化水素 K を，二クロム酸カリウム($K_2Cr_2O_7$)の希硫酸水溶液に加えて加熱すると，水に不溶な化合物 L が生成した。次に，化合物 L を濃硫酸と加熱することにより，水溶性の化合物 M と未反応の化合物 L の混合物が得られた。単離精製した化合物 M と固体の水酸化カリウム(KOH)を高温で反応させることにより化合物 N が生成した。最後に，アルカリ性条件下で化合物 N と酸素との反応を行い，続いて中和することによりアリザリンが得られた。

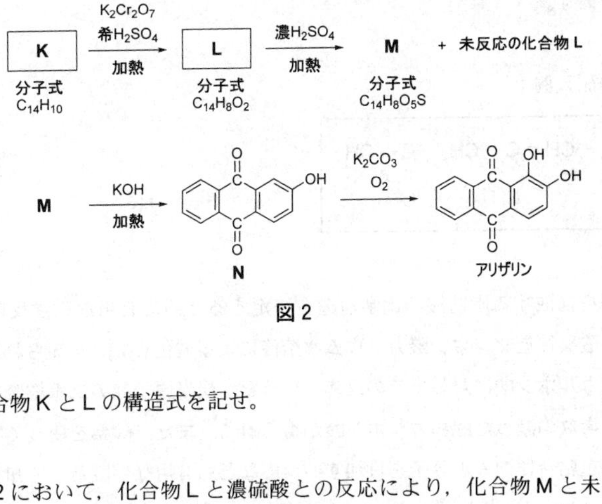

図 2

問 3　化合物 K と L の構造式を記せ。

問 4　**図 2** において，化合物 L と濃硫酸との反応により，化合物 M と未反応の化合物 L との混合物が得られた。この溶液に，十分な量の水酸化ナトリウム水溶液とエーテルを加え，よく振り混ぜ，水層とエーテル層に分離した。続いて，両層の溶液をそれぞれ濃縮した結果，粉末状の化合物 L および化合物 O

が得られた。

化合物Oは，主に水層およびエーテル層のどちらから得られた粉末に含まれるかを解答欄うに，化合物Oの構造式を解答欄Oに記せ。

なお，化合物Oは，硫酸酸性条件下において容易に化合物Mに変換される。

問 5　化石資源由来の化学製品を焼却廃棄した際に排出される CO_2 は，地球温暖化への影響が大きいと考えられている。960 g のアリザリンを完全燃焼により焼却廃棄する際，大気中に排出される CO_2 の質量(kg)を有効数字 2 けたで答えよ。

化学問題 Ⅳ

次の(a)～(c)について，**問 1**～**問 7** に答えよ。解答はそれぞれ所定の解答欄に記入せよ。構造式を記入するときは，記入例にならって記せ。なお，幾何異性体(シス・トランス異性体)，および光学異性体は区別しないものとする。また，[X]は化合物 X の濃度を表す。

構造式の記入例：

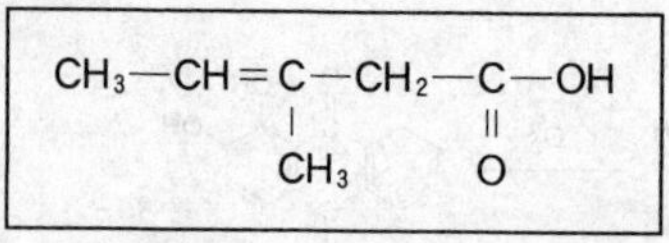

```
CH3—CH＝C—CH2—C—OH
        |      ‖
       CH3     O
```

(a)　油脂を構成する脂肪酸の化学構造を決定するために有用な化学反応の一つとして，硫酸酸性過マンガン酸カリウム水溶液による酸化(図 1)が知られている。不飽和モノカルボン酸に対してこの反応を行うと，炭素原子間の二重結合を酸化開裂させ，炭素数の減った飽和カルボン酸が得られる。また，酵素を使って特定の炭素原子間二重結合にのみ水分子を付加する反応なども有用な手段として知られている。

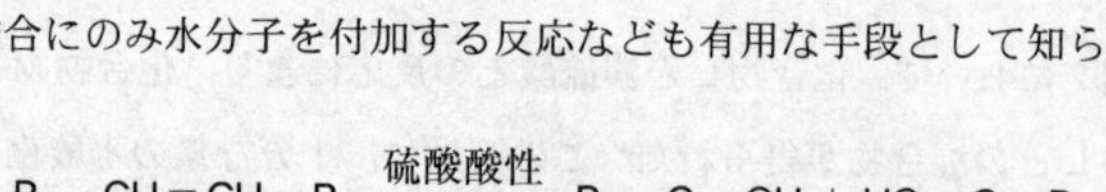

$$R_1-CH=CH-R_2 \xrightarrow[KMnO_4]{\text{硫酸酸性}} R_1-\underset{\underset{O}{\|}}{C}-OH + HO-\underset{\underset{O}{\|}}{C}-R_2$$

図 1

以降で扱う化合物について，これらの反応が炭素原子間の二重結合にのみ起き，また，目的とする反応を触媒する酵素が利用できるものとして，**問 1**，**問 2** に答えよ。

問 1　三重結合を含まない不飽和モノカルボン酸 A に対して**図 1** に示した酸化反応を行ったところ，A の 1 分子からプロピオン酸(CH_3—CH_2—COOH)が 1 分子とマロン酸(HOOC—CH_2—COOH)が 2 分子得られた。不飽和モノカルボン酸 A の構造式を記せ。

問 2　不飽和モノカルボン酸 B に対して**図 1** に示した酸化反応を行ったところ，マロン酸(HOOC—CH_2—COOH)を含む飽和カルボン酸の混合物が得られた。また，B に対して脂肪酸分子内で特定の位置にある炭素間二重結合のみに水分子を付加する酵素を作用させたところ，脂肪族ヒドロキシ酸 C が得られた。C を酸性条件下で処理すると，炭素数を変えることなく，**図 2** に構造式を示した分子内環状エステル化合物 D が得られた。

不飽和カルボン酸 B と脂肪族ヒドロキシ酸 C の構造式を，それぞれ解答欄 B，C に記せ。

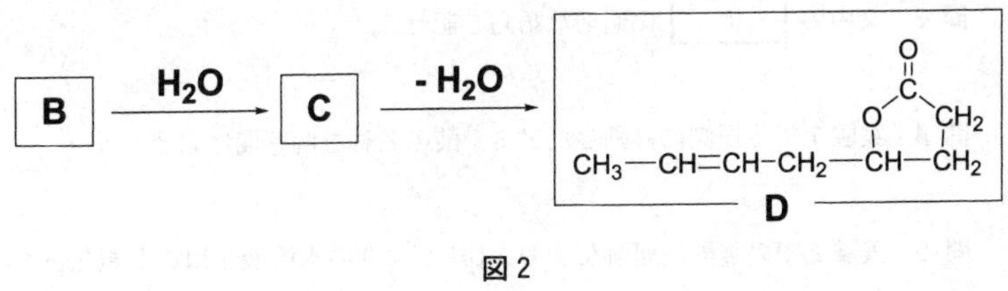

図 2

(b)　一般にアミノ酸は水に溶けやすいが，これはアミノ酸が水中で電離した構造をとるからである。ある pH 条件下の水溶液中では，アミノ酸は正と負の電荷を合わせもった［　ア　］イオンの状態で存在する。アミノ酸を含む水溶液の pH を変化させると，アミノ酸 1 分子中の正と負の電荷の割合が変化するので，アミノ酸の混合水溶液を適当な pH のもとで電気泳動を行うと，各アミノ酸を分離することができる。

図 3 に示す構造をもつ 5 種類のアミノ酸について，以下に示す**実験 1**，**実験 2** を行った。ただし，5 種類のアミノ酸の等電点は，3.22，5.41，5.68，6.00，9.75

のいずれかである。

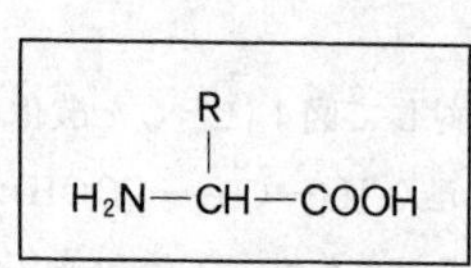

R(側鎖)	名　称	略　号
$-CH_3$	アラニン	Ala
$-CH_2-OH$	セリン	Ser
$-(CH_2)_4-NH_2$	リシン	Lys
$-CH_2-CO-NH_2$	アスパラギン	Asn
$-(CH_2)_2-COOH$	グルタミン酸	Glu

図3

実験1：5種類のアミノ酸の混合物をpHが7.0の水溶液を用いて電気泳動を行うと，1種類のアミノ酸が陰極側に移動した。

実験2：5種類のアミノ酸の混合物をpHが4.0の水溶液を用いて電気泳動を行うと，4種類のアミノ酸が陰極側へ移動した。しかし，5種類のアミノ酸を強酸性条件下で処理したのちpHが4.0の水溶液を用いて電気泳動を行うと，3種類のアミノ酸のみが陰極側に移動した。

問3　文中の［ア］に適切な語句を記せ。

問4　**実験1**で陰極側に移動したアミノ酸の名称を解答欄に記せ。

問5　**実験2**での強酸性処理により，pHが4.0の水溶液を用いた電気泳動で陽極側に移動する新たなアミノ酸Eが得られた。このアミノ酸Eの強酸性条件下での構造をイオン式を用いて記せ。

(c)　アミノ酸がペプチド(アミド)結合により結合したものの内，アミノ酸の数が数十個以上のものはタンパク質と呼ばれ，特有の立体構造を形成する。アミノ酸の数が数十個以下のものは一般にポリペプチドと呼ばれている。10個のアミノ酸からなるポリペプチドFのアミノ酸の配列を以下に示す。

Ala―Ser-Lys-Ala-Lys-Glu-Ala-Ser-Ser―Ala
F

このポリペプチドのすべてのカルボキシ基を非解離状態にする最小限の酸を加えた後に，一定濃度の NaOH を用いて滴定した。このポリペプチドには酸，塩基に関わる解離基として，アミノ基末端とカルボキシ基末端以外にアミノ酸側鎖の［イ］個のアミノ基と［ウ］個のカルボキシ基が含まれている。このポリペプチドの荷電状態は pH によって異なり，

pH 2.0 では，{エ：－4，－3，－2，－1，0，＋1，＋2，＋3，＋4}に荷電し，

pH 12.0 では{オ：－4，－3，－2，－1，0，＋1，＋2，＋3，＋4}に荷電している。

問 6　文中の［イ］，［ウ］に適切な数値を記し，{エ}，{オ}から適切な数値を選べ。

問 7　図 4 はポリペプチド F を NaOH 水溶液を用いて滴定したときの滴定曲線を示している。ポリペプチド F の分子全体の荷電が 0 となる pH(等電点)に最も近い整数値を答えよ。

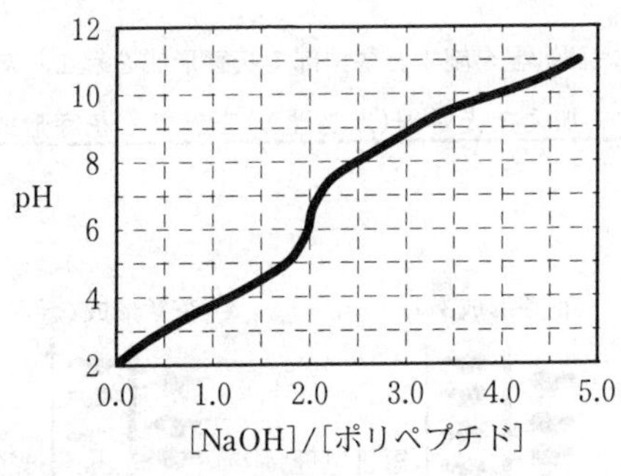

図 4

生物

（教育（理系）学部　1 科目　90 分
　その他　　　　　2 科目 180 分）

（注）　100 点満点。理・医（医）学部は 2 科目 300 点満点に換算。

生物問題　I

次の文章(A)，(B)を読み，**問 1** ～ **問 7** に答えよ。解答はすべて所定の解答欄に記入せよ。

(A)　被子植物の花芽形成において光周性を示す例が多く知られている。その反応様式は，植物によって異なり，多様である。光周性の花成刺激を担う因子として花成ホルモン（フロリゲン）が知られている。花成ホルモンは日長条件に応じて［ア］で合成され，茎の［イ］を通って茎頂分裂組織に伝えられる。

ある短日植物の花芽形成に関する光周性のしくみを調べるため，以下の**実験 1** ～ **実験 4** を行った。

実験 1：植物に短日処理を施すと茎頂部で花芽形成を起こしたが，短日処理の暗期中に短い光照射を加えた光処理（光処理 X）を施すと花芽形成は見られなかった（図 1）。①

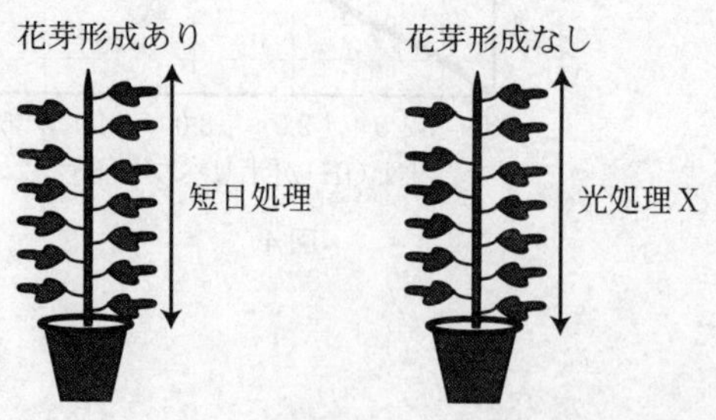

図 1

実験 2：植物の上部(茎頂に近い部分)の葉を除去したあと，短日処理を植物全体に施すと茎頂部で花芽形成を起こしたが，同様の植物に光処理 X を施すと花芽形成は見られなかった(**図 2**)。

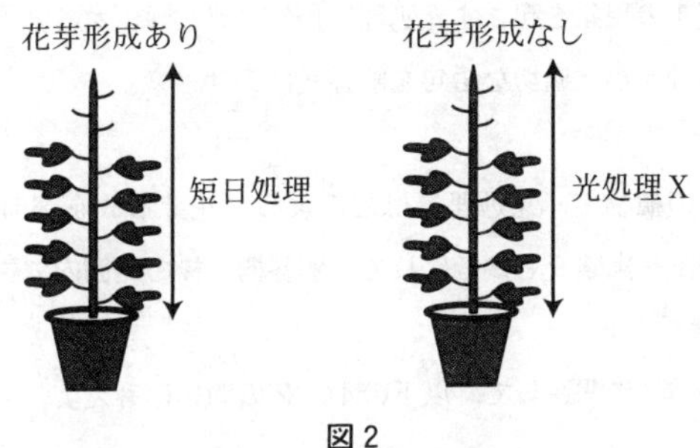

図 2

実験 3：植物の上部(**実験 2** と同程度)の葉を除去したあと，葉のない上部には光処理 X を施し，葉のある下部には短日処理を施した結果，茎頂部で花芽形成を起こした(**図 3**)。

実験 4：植物の上部(**実験 2** と同程度)には光処理 X を施し，それより下部には短日処理を施した結果，花芽形成は見られなかった(**図 4**)。

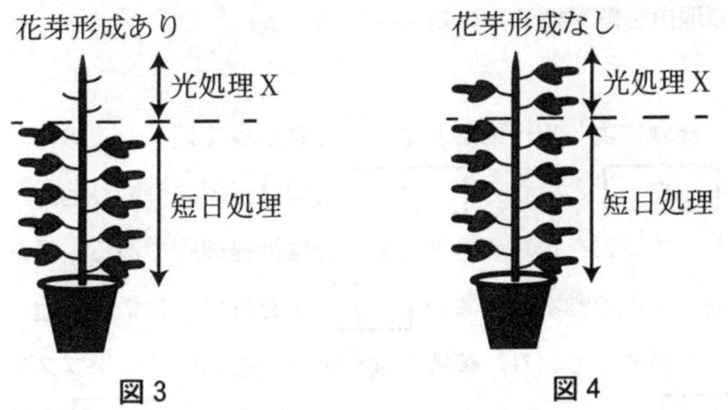

図 3　　**図 4**

栽培植物では，同じ植物種でもさまざまな花芽形成時期を示す品種がみられ，栽培される地域の生育環境に適した花成時期の品種が選ばれている。それらの品種の成立に，光周性に関与する遺伝子に生じた突然変異が重要な要因となった例が知られている。

問１　文中の［　ア　］，［　イ　］に当てはまる適切な語句を解答欄に記せ。ただし，［　ア　］は器官名を，［　イ　］は組織名を記せ。

問２　下線部①の現象を起こす光処理は「光中断」と呼ばれる。「光中断」ではたらく光受容体は何か，適切な語句を解答欄に記せ。

問３　**実験**４の植物で，光処理Ｘはどのように花芽形成を調節したと考えられるか。**実験**１～**実験**３も参考にして，解答欄の枠の範囲内で説明せよ。

問４　「突然変異」に関連して，以下の⑴，⑵の問いに答えよ。

⑴　ある遺伝子のタンパク質を指定（コード）する部分の内部に起こった１ヌクレオチド欠失変異により，その遺伝子に指定されるタンパク質の複数のアミノ酸が変化した。その理由を解答欄の枠の範囲内で述べよ。

⑵　ある遺伝子のタンパク質を指定する部分の内部に１塩基置換変異が生じたが，その遺伝子に指定されるタンパク質のアミノ酸配列は変化しなかった。その理由を解答欄の枠の範囲内で述べよ。

(B)　動物は，経験によって行動が変化し，それが長く続く。この行動の変化を獲得することを［　ウ　］という。［　ウ　］には試行錯誤や刷り込みが知られている。神経系において情報を伝える処理をするのは神経細胞である。神経細胞は細胞体から多くの場合１本の軸索と複数の［　エ　］を持つ。軸索は，他の細胞とごく狭い隙間を介して接続しており，接続部はシナプスといい，シナプスで情報が伝わることを［　オ　］という。軸索上で情報を運ぶのは，［　カ　］であるが，神経細胞間で情報を運ぶのは神経伝達物質と呼ばれる化学物質である。

記憶の定着は，繰り返しの復習により向上する。<u>これは特定の神経回路を構成する神経細胞の間での情報の受け渡し効率が高まる</u>②ためと考えられる。軟体動物のアメフラシは，水管に接触刺激を与えるとえらを引っ込める筋肉運動を示す。水管を触る接触刺激を繰り返すとえらを引っ込めなくなる。このような，ある刺激に対する応答が衰える現象は［　ウ　］の１つで［　キ　］といい，えらを引っ込める運動神経と感覚神経との間のシナプスで，感覚神経から放出される神経伝達物質の量が減少し，シナプスでの情報の受け渡し効率(シナプス強度)が低下するために起こる。神経系における記憶の多くがシナプス強度を変化させる③ことによって実現している。

問 5　文中の［ウ］～［キ］に当てはまる適切な語句を解答欄に記せ。

問 6　下線部②の要因として，神経伝達物質を受け取る側の膜でおこる変化を 1 つあげ，解答欄の枠の範囲内で記入せよ。

問 7　下線部③に関連して，以下の**実験 5** を行った。

実験 5：ネズミの脳より海馬を単離し，組織切片を作成した。軸索近傍に置いた電極で軸索へ電気刺激を与え，刺激に対するシナプスでの反応を細胞外の記録用電極を使って測定した。この測定法を使って神経細胞間のシナプス強度の変化に関する実験を行った(**図 5**)。切片を物質 A で 30 分間処理すると，海馬内の神経回路でシナプス強度が増加し，それが持続する現象が観察された(対照実験群)。このシナプス強度の増加は，タンパク質への翻訳を阻害する薬剤 B の処理を行う実験群では観察されなかった(薬剤 B 処理群)。また，シナプスを細胞体から物理的に切り離した切片でも物質 A で 30 分間処理するとシナプス強度の増加と維持が観察された(細胞体-シナプス切断群)。

この一連の実験にもとづき，物質 A によるシナプス強度の増加・維持のしくみについて，解答欄の枠の範囲内で説明せよ。なお，薬剤 B 処理は，細胞の生存，形態への影響はなく，切断行為はシナプス強度への影響はないものとする。

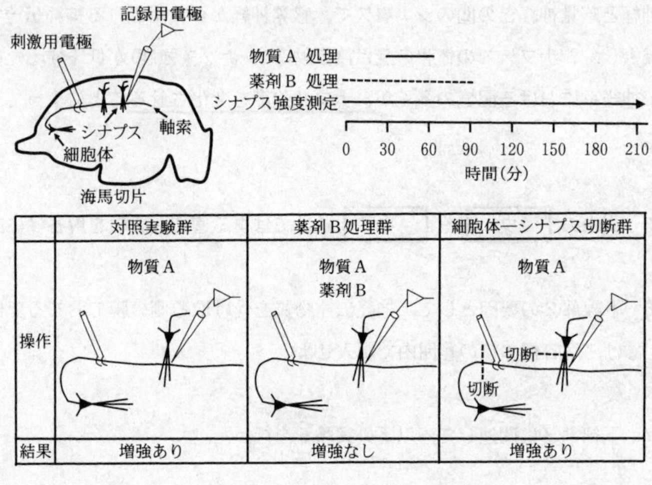

図 5

※解答欄　問 3・問 7：各ヨコ 12.6 センチ×タテ 3.0 センチ
問 4(1)・(2)：各ヨコ 11.5 センチ×タテ 2.0 センチ
問 6：ヨコ 12.6 センチ×タテ 1.5 センチ

生物問題　Ⅱ

次の文章を読み，**問** 1 ～**問** 5 に答えよ。解答はすべて所定の解答欄に記入せよ。

多くの動物では，精子や卵のもとになる細胞は始原生殖細胞と呼ばれ，マウスにおいては受精後 6.5 日という比較的早い時期に約 8 個の細胞として出現し，受精後 10.5 日までに約 1000 個にまで増殖する①。増殖した始原生殖細胞は雄では後に精巣に分化する器官に，雌では後に卵巣に分化する器官に移動し，それぞれ［ア］と［イ］になり，受精後 13.5 日までに 25000 個ほどになって分裂を停止する。精巣内の［ア］は G_1 期で細胞周期を停止する。卵巣内の［イ］は細胞周期の G_2 期を終えた後減数分裂を開始するが，これらの細胞は第一分裂前期まで進み，減数分裂を停止する。精巣内の［ア］は，個体が成熟すると分裂を再開し，その一部が［ウ］となり減数分裂第一分裂に入る。第一分裂終了後には［エ］が形成され，次の第二分裂後には 4 つの［オ］が作られる。雌では個体の成熟に伴い一部の細胞が減数分裂を再開し②，最終的には排卵されて受精に至る。マウスでは受精後 4 ～ 5 日目に子宮に達した胚は，内部の細胞塊とそれを包む外部の細胞層③とに分かれており，胚盤胞と呼ばれる。近年では，マウス受精卵における遺伝子発現に関する研究④は格段の進歩を遂げており，発生に関わる新たな事象が明らかになってきている。

問 1　文中の［ア］～［オ］に当てはまる適切な語句を解答欄に記せ。

問 2　下線部①に関連して，この間に 8 個の細胞が 1024 個にまで増殖したとすると，この時期の始原生殖細胞の細胞周期は何時間かを四捨五入して整数で答えよ。ただし，各分裂における細胞周期の長さは等しいとする。

問 3　下線部②に関連して，雌の減数分裂の再開から終了までの過程を，「極体」という用語を用いて，解答欄の枠の範囲内で説明せよ。

問 4　下線部③に関連して，内部の細胞塊は将来胎仔になるが，外部の細胞層が将来形成する構造を何と呼ぶか，その名称を解答欄に記せ。

下線部④に関連して，下記のような**実験**を行った。

実験：ある遺伝子 A のプロモーター領域の下流に緑色蛍光を発するタンパク質 GFP を指定(コード)する遺伝子を接続した組換え DNA を構築し，この遺伝子をマウス受精卵に導入して遺伝子組換えマウスを作製した。この遺伝子組換え個体の雄と組換え遺伝子を持たない雌を交配させて，雌雄の遺伝子組換え個体(F_1 世代)を得た。次に，F_1 世代の遺伝子組換え個体の雌の卵と組換え遺伝子を持たない雄の精子を用いて体外受精を行った後，受精卵を胚盤胞期まで培養した。胚盤胞期に達した胚の一部の細胞を取り出して組換え遺伝子の有無を調べた結果，⑤約半数の胚が組換え遺伝子を持っていたが，胚盤胞期に達した胚を蛍光顕微鏡下で観察すると，すべての胚で GFP の緑色蛍光が観察された。

問 5　下線部⑤に関連して，以下の(1)，(2)の問いに答えよ。

(1)　約半数の胚が組換え遺伝子を持っていたことについて，配偶子の形成過程で考えられる理由を解答欄の枠の範囲内で述べよ。

(2)　約半数の胚しか組換え遺伝子を持っていなかったにもかかわらず，すべての胚で GFP の緑色蛍光が観察された理由について解答欄の枠の範囲内で述べよ。

※解答欄　問 3：ヨコ 12.6 センチ×タテ 4.0 センチ
問 5(1)・(2)：各ヨコ 11.5 センチ×タテ 4.0 センチ

生物問題　Ⅲ

次の文章(A)，(B)を読み，**問 1** ～**問 6** に答えよ。解答はすべて所定の解答欄に記入せよ。

(A)　時間とともに進化し，新たな形質を獲得してきた生物種の系統関係を，枝分かれした樹形図で表したものが系統樹である。生物種の特徴を詳しく比較して，共通した特徴をもつものをまとめることで，系統樹を作成することができる。①このような生物間の系統関係に基づいた生物の分類を系統分類という。また，人間の役に立つように便宜的な方法で整理した分類を人為分類という。

ある地域に点在する湖には，近縁でありながら様々な形態を持った淡水魚が多数種生息していることが知られていたが，これらの種について外部形態から系統分類を行うのは困難であった。例えば，**図 1** に示したように，岩の間にすむ水生昆虫を食べる種 1 と種 2 や，沖合の魚類を食べる種 3 と種 4 は，それぞれ類似した口の形態を示すが，これらの類似性が系統関係を反映したものかどうか，外部形態のみからは明らかにできなかった。②この困難を解決したのが DNA 塩基配列情報を用いた解析である。この地域の湖および川に生息し，雑食性で，祖先的と考えられる口の形態を持つ魚（種 5，種 6，種 7）を解析対象種に加えて，DNA 塩基配列情報を用いた解析を行った結果，**図 2** に示される系統関係が明らかになった。

問 1　下線部①について，下記の植物群のうち，系統分類によるものはどれか。該当するものをすべて選び，記号で解答欄に記せ。

(a)　被子植物　　(b)　草本植物　　(c)　薬用植物　　(d)　単子葉植物
(e)　水生植物　　(f)　食虫植物　　(g)　穀　類　　(h)　イネ科
(i)　サクラ属

問 2　下線部②について，系統関係の推定において DNA 塩基配列を比較することが外部形態の比較よりも優れている点を 2 つあげ，解答欄の枠の範囲内で述べよ。

問 3　図 1 と図 2 の情報をもとに，種 3 と種 4 の形態の類似性はどのように生じたと考えられるか。種 5 と種 6 の形態の類似性と対比させ，「祖先の形態」という語を用いて，解答欄の枠の範囲内で説明せよ。

食性 ＼ 生息地	湖A	湖B
岩の間にすむ水生昆虫を食べる	種 1	種 2
沖合の魚類を食べる	種 3	種 4
雑食性	種 5	種 6

食性 ＼ 生息地	川
雑食性	種 7

図 1

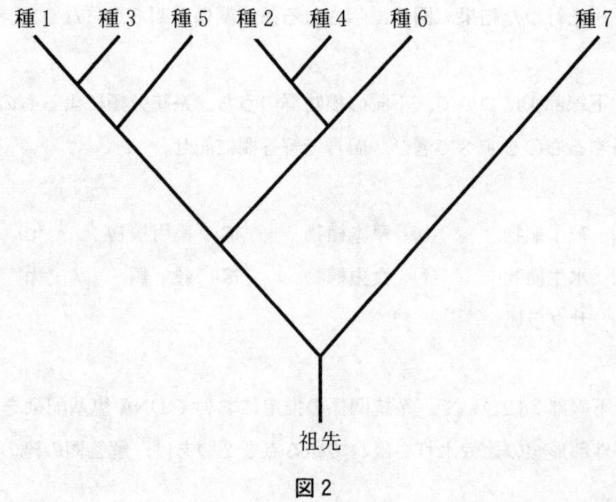

図 2

(B)　異なった対立遺伝子をそれぞれホモ接合でもつ両親(遺伝子型 A_1A_1 と A_2A_2)間の子のヘテロ接合体(遺伝子型 A_1A_2)が，両親のどちらかと同じ形質を示す遺伝様式を優性，中間の形質を示す遺伝様式を不完全優性，そして両親の両方の形質を示す遺伝様式を共優性という。タンパク質のアミノ酸配列やDNAの塩基配列の違いを検出する様々な分子生物学的手法が開発されている。電気泳動で検出される分子の移動度の差異やPCRによるDNA断片増幅の有無のように特定の手法で検出されるタンパク質やDNA配列の特徴を形質として捉えれば，それらの形質もまた優性や共優性の遺伝様式を示す。③DNAの塩基配列の違いを最も正確に検出するのが塩基配列解読法である。この方法で検出される一塩基多型(SNP)もメンデルの法則に従って遺伝するので，DNA配列中のSNP部位を遺伝子座(座位)とみなすことができる。

メンデルは，エンドウの種子の形態("丸"か"しわ")を観察した。それから100年以上のちに，この形質がデンプン分枝酵素I(SBEI)遺伝子座によって支配されていて，"丸"純系(遺伝子型 *RR*)では機能的な酵素が作られて丸い種子となるのに対し，"しわ"純系(遺伝子型 *rr*)ではSBEI遺伝子機能が転移因子(トランスポゾン)の挿入によって破壊されていることがわかった。*R* と *r* の対立遺伝子はトランスポゾン配列を挟むプライマーを用いたPCR産物の電気泳動により識別することができる。

問4　下線部③に関連して，ある栽培植物の1000品種について2つのSNP座位(SNP座位1とSNP座位2)の遺伝子型を調査して対立遺伝子頻度を求めた。SNP座位1ではアデニン(A)が60％でシトシン(C)が40％であり，SNP座位2ではアデニン(A)とグアニン(G)がそれぞれ50％であった。2つのSNP座位の対立遺伝子の組み合わせの頻度(**表1**)は，それぞれの対立遺伝子頻度の積で求められる期待頻度からずれていた。この現象が起きる要因を解答欄の枠の範囲で説明せよ。

表1

		SNP座位2の対立遺伝子	
		A	G
SNP座位1の対立遺伝子	A	45％	15％
	C	5％	35％

問 5　“丸”純系(遺伝子型 *RR*)のエンドウを毎世代自家受粉して栽培していたら，“しわ”の表現型を示す新規突然変異体が生じた。この新規“しわ”突然変異体を“丸”純系と交配したところ，F_1 はすべて“丸”となった。新規突然変異がSBEI遺伝子座に起こった変異なのかを確認するために，新規突然変異体と“しわ”純系(遺伝子型 *rr*)間の F_1 を自家受粉して得られた F_2 の表現型を調査した。以下の(1)，(2)の場合に期待される表現型の分離比(“丸”：“しわ”)を解答欄に記せ。ただし，SBEI遺伝子座内での組換えは起きないとする。

(1)　新規突然変異がSBEI遺伝子座に起きた場合

(2)　新規突然変異がSBEI遺伝子座と連鎖しない遺伝子座に起きた場合

問 6　SBEI遺伝子座に連鎖する共優性のSNP座位について調査したところ，*RR* の純系(親1)ではアデニン(A)のホモ接合，*rr* の純系(親2)ではグアニン(G)のホモ接合であった。この両者の F_1 を *rr* 純系で戻し交雑をして得た子孫(BC_1 世代)でSBEI遺伝子座とSNP座位は図3に示したように分離していた。SBEI遺伝子座とSNP座位との間の組換え価(%)を求め，有効数字2けたで解答欄に記せ。

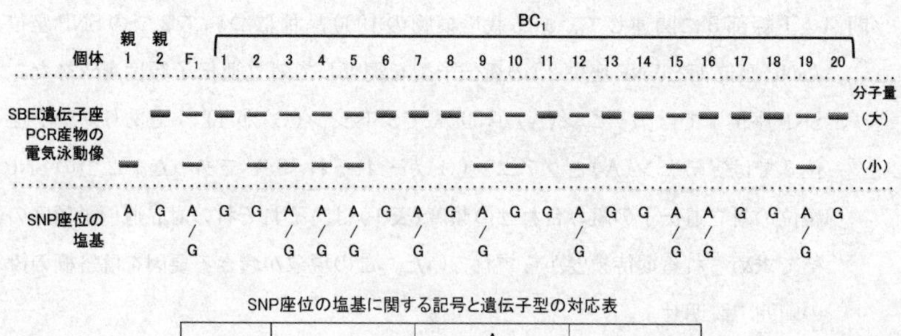

SNP座位の塩基に関する記号と遺伝子型の対応表

記号	A	A/G	G
遺伝子型	Aのホモ接合	AとGのヘテロ接合	Gのホモ接合

図3

※解答欄　問2：1点につきヨコ12.6センチ×タテ2.0センチ
問3：ヨコ12.6センチ×タテ5.0センチ
問4：ヨコ12.6センチ×タテ3.0センチ

生物問題　Ⅳ

次の文章(A)，(B)を読み，**問1～問7**に答えよ。解答はすべて所定の解答欄に記入せよ。

(A)　一般的に，ある一定地域内で，互いに交配したり影響を与え合ったりする同種個体の集まりを［ア］と呼ぶ。動物の場合，同じ［ア］内の個体どうしの関係は，通常は互いに避け合って生活しているような場合から，群れを作って一緒に生活しているような場合まで様々である。

ある哺乳類で個体間の相互作用を調べるために，野外調査を行った。その結果，この動物は個体ごとの縄張り(テリトリー)[①]は作らず，複数の個体が群れを作っていることが明らかになった。群れ内の個体間では，一方が他方に腹を見せる行動が観察された。どちらの個体が腹見せ行動をするかの観察を積み重ねたところ，腹見せ行動によって群れ内のA～Dという成体雌4個体の順位が第1位から第4位まで一義的に決まり，同順位はないことが明らかになった[②]。**表1**にその結果の一部を示す。

翌年の出産期後にこれらの雌の出産状況を確認したところ，Dだけが出産し，それ以外の雌はDの子育てを手伝っていることが明らかになった。このように共同繁殖で子育てを手伝う個体を，哺乳類や鳥類では［イ］という。

表1

腹見せ行動をした個体	相手個体
A	B
B	D
C	B

問1　文中の［　ア　］，［　イ　］に当てはまる適切な語句を解答欄に記せ。

問2　下線部①について，動物の「縄張り」とは何か。「行動圏」との違いが明確になるように，解答欄の枠の範囲内で述べよ。

問3　下線部②および表1から，AとDの個体間およびCとDの個体間では，それぞれどちらが腹見せ行動をすると考えられるか。以下の(あ)～(え)から正しい組み合わせを選び，解答欄に記せ。

(あ)　AとC　　(い)　DとC　　(う)　AとD　　(え)　DとD

問4　文章(A)に書かれた特徴から考えると，(a)この動物種の生存曲線は，図1の㋐～㋗のグラフのうちどれに最も近い形になると考えられるか解答欄に記せ。また，(b)その理由を文章(A)に示したこの動物の特徴に即して，解答欄の枠の範囲内で述べよ。ただし，グラフの横軸は年齢，縦軸は生存個体数とする。

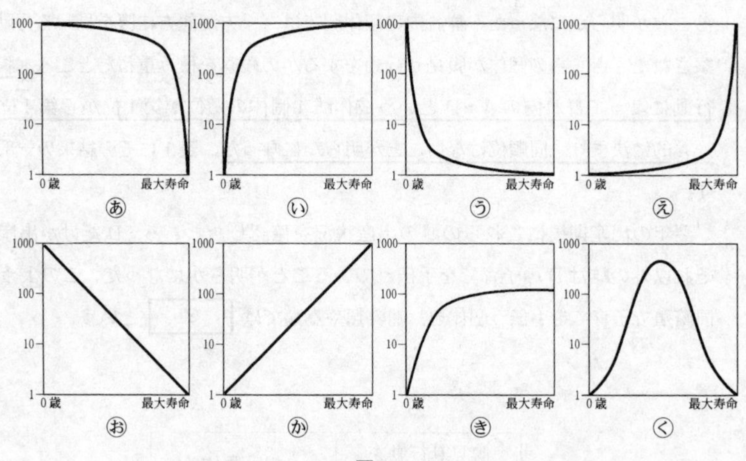

図1

(B) 植物の器官は複数の特徴的な組織からなる。そのうち植物の表面をなす組織として，1層の細胞からなる［ウ］組織があり，内部を保護している。多くの植物の葉や茎では，その外側に［エ］が発達しており，植物体が乾燥することを防いでいる。③植物の表面を構成する細胞の中には，単一の細胞が分化して特殊なはたらきをするものがある。葉や茎の表面に生える毛にも単一の細胞からなるものがある。葉に生える毛の機能の1つとして，食害昆虫に対する防御があげられる。

ある植物の葉に生える毛についての研究を実施した。この植物を同一の環境下で生育させ，何も処理しない無処理区に対して，葉に傷害を施す傷害処理区を設けた。傷害処理区では，葉の表面を針で傷つける処理を行い，その直後に新たに形成された葉について毛の密度を調べた。④これら両処理区における葉の毛の密度を比較したところ，図2の結果が得られた。また，毛の密度のみが異なる葉を食害昆虫に摂食させたところ，毛の密度が高いと食害昆虫の体重増加量が低下し，毛が食害に対する防御としてはたらくことがわかった。さらに，この植物の野外集団の調査をおこなった結果，食害昆虫がほとんどいない環境下では毛の密度が低く，食害昆虫の多い環境下では毛の密度が高かった。

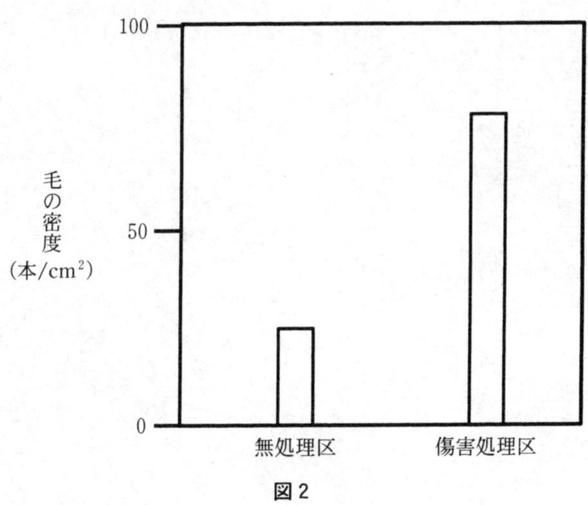

図2

問 5　文中の ウ ， エ に当てはまる適切な語句を解答欄に記せ。

問 6　下線部③について，葉や茎に生える毛以外で，植物の表面を構成する単一の細胞が特殊化した例を2つあげ，その細胞の名称を解答欄に記せ。

問 7　下線部④の傷害に対する毛の密度の応答は，「誘導防御」と呼ばれ，食害に対して適応進化した性質である。この誘導防御が適応進化するための条件として考えられることを，(c)食害昆虫の個体数，(d)植物の成長量と毛の密度との関係，それぞれについて解答欄の枠の範囲内で説明せよ。

※解答欄　問2：ヨコ12.6センチ×タテ4.0センチ
問4(b)：ヨコ11.5センチ×タテ4.0センチ
問7(c)・(d)：各ヨコ11.5センチ×タテ3.0センチ

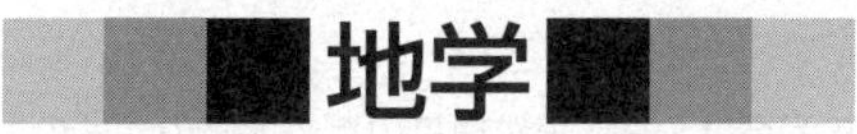

地学

（教育(理系)学部　1科目　90分
　その他　　　　2科目 180分）

（注）100点満点。理学部は2科目300点満点に換算。

地学問題　I

次の文章を読み，**問1～問6**に答えよ。解答はすべて所定の解答欄に記入せよ。

太陽は約50億年前に誕生し，今後約50億年は安定して輝くと考えられている。このような状態にある星を［ア］星という。太陽の放射エネルギーの源は，［イ］反応であり，水素をヘリウムに変えることでエネルギーを放出している。太陽質量程度の星の［ア］以降の進化は，次のように考えられている。［イ］反応で生成されたヘリウムは星の中心にたまり，ヘリウム中心核が形成されていく。やがて，この核を取り囲む殻状の部分で水素の［イ］反応が進むようになる。こうなると星の半径は増大し，これに伴い表面温度が下がる。このような進化段階にある星のことを［ウ］という。その後，星はその外層大気を放出し，［エ］を形成する。外層大気がなくなると，半径は小さいが温度が高い中心核だけが残り，これを白色わい星という。

冬の大三角をつくる恒星シリウスは単独の星ではなく，A型星と白色わい星の連星である。望遠鏡を使ってシリウスを観測すると，明るい星(これをシリウスAとする)とこれより10等級暗い星(シリウスBとする)が近接して存在していることがわかる。長年観測を続けると，この2つの星は，両者の重心を中心に回転しており，その公転周期は50年であることがわかる。また，その平均間隔は角度で7.6秒角である。ここで，1秒角は1度の3600分の1である。以下では簡単のため，星は球状であり等方的に光を放射しているとし，また連星の公転軌道面はわれわれの視線に対して垂直であると仮定する。

問 1 文中の ア ～ エ に適切な語を記入せよ。

問 2 シリウスAの光度は，ここでは簡単のため太陽の光度の 10 倍とする。シリウスBの光度は太陽の光度の何倍であるか，有効数字1けたで求めよ。導出過程も示すこと。

問 3 恒星表面の単位面積から1秒間に放出されるエネルギーは，星の表面温度を T[K]として，σT^4[W/m^2]である。σはシュテファン・ボルツマン定数で，5.7×10^{-8} W/(m^2・K^4)である。太陽の表面温度は 6000 K で，シリウスBの表面温度は 10000 K である。シリウスBの半径は太陽の半径の約 100 分の1であることを考え方とともに式で示せ。

問 4 われわれからシリウスまでの距離は 2.6 パーセク(8.6 光年)である。シリウスAとシリウスBの間の平均距離は約 20 天文単位であることを考え方とともに式で示せ。

問 5 シリウスAとシリウスBの質量をそれぞれ M_A，M_B とする。この連星の重心からシリウスAまでの平均距離を R_A，シリウスBまでの平均距離を R_B とすると，これら4つの量の間には，$M_A : M_B = R_B : R_A$ の関係があり，観測から $R_B : R_A = 2 : 1$ であることがわかる。また，連星にケプラーの法則を適用すると

$$(\text{平均距離})^3/(\text{公転周期})^2 = M_A + M_B$$

の関係がある。ただし，距離は天文単位，時間は年，質量は太陽質量を単位としている。M_A と M_B を太陽質量を単位として有効数字1けたで求めよ。導出過程も示すこと。

問 6 以上の結果から，シリウスBの 1 cm^3 あたりの平均質量を有効数字1けたで求めよ。導出過程も示すこと。なお，太陽の平均密度は 1.4 g/cm^3 である。

※解答欄　問2：ヨコ 13.7 センチ×タテ 3.5 センチ
問3・問5・問6：各ヨコ 13.7 センチ×タテ 5.0 センチ
問4：ヨコ 13.7 センチ×タテ 4.0 センチ

地学問題　II

次の文章を読み，**問1**～**問6**に答えよ。解答はすべて所定の解答欄に記入せよ。

地球は太陽放射エネルギーを受け取り①，地球放射によりエネルギーを放出している。地球のエネルギー収支は全体ではつり合っているが，地域的に見ると，低緯度側で受け取る分が大きく，高緯度側で失う分が大きい。このため，大気循環や海洋循環などによって低緯度地域から高緯度地域へ熱エネルギーの輸送が生じている。大気循環は，年平均で見ると，赤道から緯度30°付近の低緯度帯②，緯度30°付近から60°付近の中緯度帯③，緯度60°付近から極付近の高緯度帯の3つの地域で異なる様相を示している。

大気の循環は海洋の運動に影響を及ぼしている。平年の状態においては，太平洋熱帯域の西部に暖かい海水が集まる一方，太平洋赤道域の東部で赤道湧昇により海面温度が低くなる④。この太平洋赤道域東部において，数年に一度，海面水温が平年より高い状態が続いたり，逆に低い状態が続いたりすることがある。前者を［　ア　］現象，後者を［　イ　］現象とよぶ。

大気の循環は，人間活動や火山噴火などによって大気中に放出された微粒子⑤などの物質の輸送も引き起こす。このような微粒子は，太陽放射を散乱・吸収して地上に到達する日射量を減少させ，気温を低下させる日傘効果をもつ一方，地上からの赤外放射を吸収し一部を下向きに再放射する［　ウ　］効果ももっている。

問1　文中の［　ア　］～［　ウ　］に適切な語を記入せよ。

問2　下線部①に関連して，太陽活動の地球への影響として，太陽フレアにより引き起こされるデリンジャー現象や磁気嵐が挙げられる。これらが1つの太陽フレアにより引き起こされたとしても，発生する時刻は一致しない。その理由を述べよ。

問3　下線部②に関連して，低緯度帯における大気循環はハドレー循環とよばれている。北半球におけるハドレー循環を形成する大気の水平方向及び鉛直方向の流れを説明せよ。水平方向に関しては流れの方角も述べること。

問 4　下線部③に関連して，以下の(1)～(3)に答えよ。

(1)　図 1 はある日の北半球中緯度帯の 500 hPa の高層天気図である。破線 X-Y 断面での 500 hPa の等圧線を描け。等圧線には A～F それぞれに対応する位置を書き入れること。

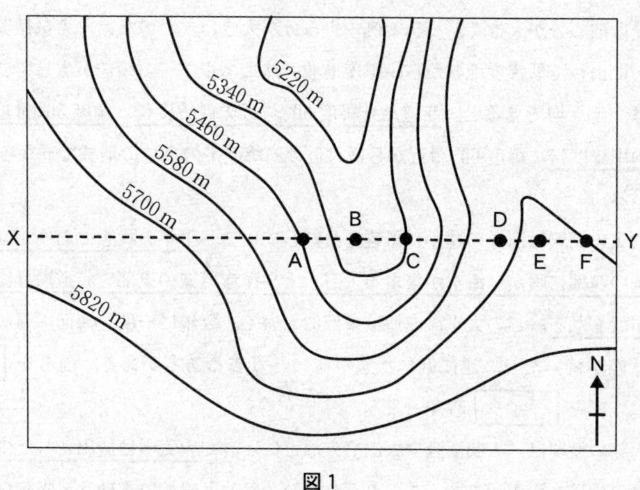

図 1

(2)　図 1 のような高層天気図のとき，地上で温帯低気圧が発達しやすい場所として最も適切な場所を図 1 の A～F から選べ。

(3)　図 2 に示すような，北半球および南半球の地上における等圧線が円形の温帯低気圧について，P と Q の位置における風の流れにはたらく主要な 3 つの力のつりあいを，それぞれの名称とともに図示せよ。また，風の向きも合わせて図示せよ。ただし，上を北として図示すること。

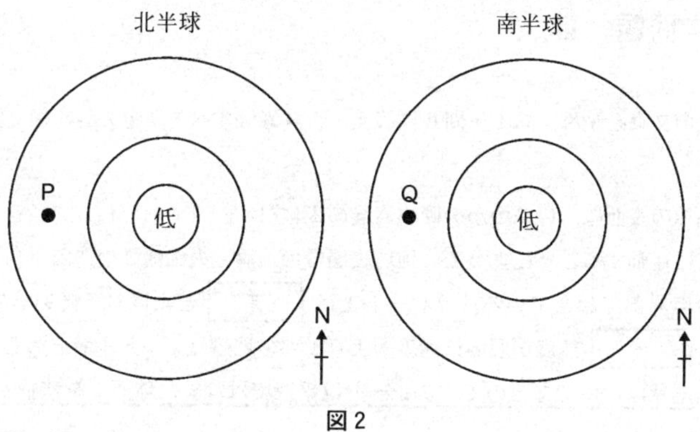

図2

問5　下線部④に関連して，太平洋においてこのような現象が生じるメカニズムを，大気との相互作用に言及しつつ説明せよ。

問6　下線部⑤に関連して，以下の(1)，(2)に答えよ。

(1)　大気中に浮遊する液体や固体の微粒子の名称を答えよ。

(2)　そのような微粒子から雲が形成される過程を説明せよ。

※解答欄　問2・問4(1)：各ヨコ13.7センチ×タテ6.0センチ
問3：ヨコ13.7センチ×タテ5.0センチ
問4(3)P・Q：各ヨコ5.5センチ×タテ5.5センチ
問5：ヨコ13.7センチ×タテ9.0センチ
問6(2)：ヨコ13.7センチ×タテ4.5センチ

地学問題　Ⅲ

次の文章を読み，**問1**～**問5**に答えよ。解答はすべて所定の解答欄に記入せよ。

地球の表面は，いくつかの硬い岩盤の板「プレート」でおおわれている。プレートが相互に運動することによって，地球表層での地震・火山活動や造山運動などがプレートの境界部で起きている。プレートとは［　ア　］とよばれる硬い岩層のことであり，［　イ　］速度が遅い低速度層より上部の地殻とマントル最上部とからできている。①地球は球体であるので，プレートは平板ではなく，球面上を移動する薄い殻(球殻)である。

プレートの境界には，プレートが拡大する境界，収束する境界，そして，すれ違う境界の3種類がある。②拡大する境界の中央海嶺では海洋のプレートが形成されている。拡大する境界が大陸にある場合は，大陸の分裂が起こり，地溝帯が形成される。収束する境界の海溝では，一方のプレートに他方のプレートが沈み込んでいる。大陸縁の海溝において，沈み込んでいくプレート上に大陸がある場合は，その大陸は沈み込まれる側の大陸と衝突することになる。その結果として，③複数の大陸がひとまとまりになった大陸塊が形成される。

問1　文中の［　ア　］と［　イ　］に適切な語を入れよ。

問2　プレートが拡大する境界とすれ違う境界では，どのような断層型の地震が主に起きるか，それぞれの境界について1つずつ答えよ。

問3　下線部①に関連した以下の文章を読み，以下の(1)，(2)に答えよ。

今，2つのプレート間の運動を，一方のプレートを固定したときの他方のプレートの運動として考えよう。この相対的なプレート運動は，地球の中心を通る軸周りの回転運動と見なすことができ，その回転軸が地球表面と交わる点をオイラー極という。プレート運動は，オイラー極の位置と軸周りの回転運動の角速度(単位時間当たりに回転する角度)によって表すことができる。

(1) オイラー極の位置は，トランスフォーム断層の走向から推定することができる。その理由と推定方法を説明せよ。

(2) **図1 a**のように，2つのプレート(プレートX，Y)の境界には中央海嶺が存在している。**図1 a**の点P付近では，**図1 b**のような磁気異常のしま模様が認められた。中央海嶺の軸に最も近い正と負の磁気異常の境界までの距離は，中央海嶺の軸から両側に 19.5 km 離れていた。プレートYに対するプレートXの運動の角速度を求めよ。角速度は 1000 年当たりの回転角度(ラジアン/1000 年)として算出し，有効数字 2 けたで示せ。計算過程も示すこと。なお，プレートYに対するプレートXの運動のオイラー極は**図1 a**に示したとおりで，オイラー極から点Pまでの角度は 60° である。また，最近の地磁気の極性の逆転現象は 78 万年前に起こったとし，地球の半径は 6400 km，$\sqrt{3} = 1.73$ とせよ。

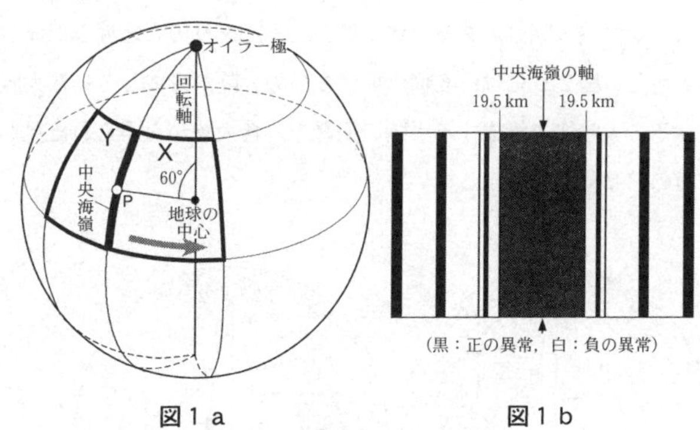

図1 a　　**図1 b**

問 4　下線部②に関連して，以下の(1)，(2)に答えよ。

(1) 海洋のプレートが中央海嶺で形成されてから時間が経過するに従って，海洋底の深さはどのように変化するか，その変化をもたらす要因とともに説明せよ。

⑵　**問 4**⑴の海洋底の深さの変化に応じて，陸から離れた遠洋域の海洋底の堆積物の種類や構成は変化することが知られている。遠洋域の堆積物は，主に生物起源のものからなり，それには，炭酸カルシウムに富むものとケイ質に富むものとがある。そのような堆積物では，海洋底の深さの変化に応じてどのような変化が見られるか，その変化をもたらす理由とともに説明せよ。

問 5　下線部③に関連した以下の文章を読み，以下に答えよ。

ある大陸 A があったとする。その大陸に分布する 10 億年前から 5 億年前までの岩石の残留磁化を測定し，その方位から地磁気の北極の位置を求めた。その位置は，**図 2 a** に示すように大陸 A に対して年代とともに移動していた。地磁気の北極の位置は変わらないとすると，この地磁気の北極の移動は見かけのもので，プレート運動による大陸 A の移動の結果であると考えることができる。ある大陸 B，C からも同様にして見かけの地磁気の北極の移動経路を求めた。その結果，3 つの大陸は，ある年代にはひとまとまりの大陸塊を形成していたことがわかった。**図 2 b** には，6 億年前に 3 つの大陸が形成していた大陸塊を示す。また，その大陸塊を構成する大陸の配置で，各大陸から得られた見かけの地磁気の北極の移動経路を表示している。

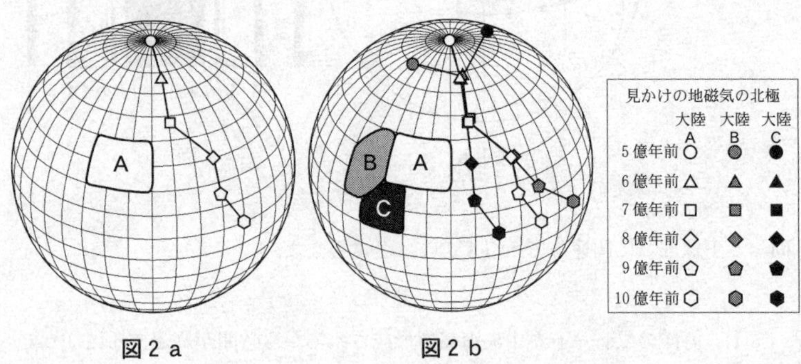

図 2 a　　図 2 b

図 2 b の見かけの地磁気の北極の移動経路に基づけば，8 億年前と10 億年前の大陸配置は大陸 A を固定した場合，それぞれ**図 3 a** と**図 3 b** に示すとおりであったと考えられる。なぜそのように考えることができるか，それぞれについて説明せよ。なお，**図 2**，**図 3** の緯度線と経度線は10° 間隔である。

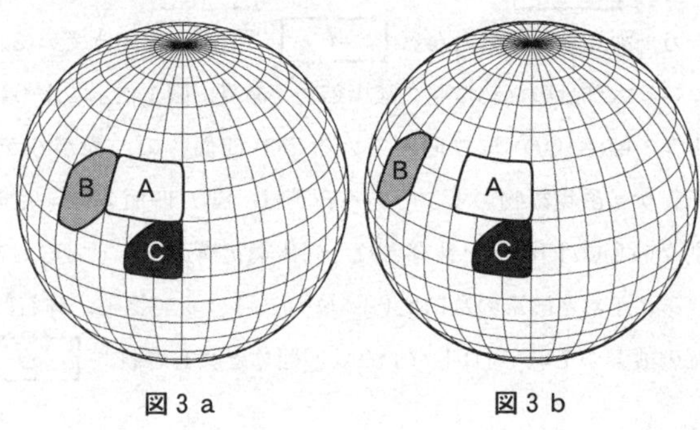

図 3 a　　**図 3 b**

※解答欄　問 2 ：ヨコ 13.7 センチ×タテ 3.0 センチ

問 3 (1)：ヨコ 13.7 センチ×タテ 7.0 センチ

問 3 (2)：ヨコ 13.7 センチ×タテ 11.0 センチ

問 4 (1)・(2)：各ヨコ 13.7 センチ×タテ 6.5 センチ

問 5 ：ヨコ 13.7 センチ×タテ 13.0 センチ

地学問題 Ⅳ

次の文章を読み，**問1**～**問4**に答えよ。解答はすべて所定の解答欄に記入せよ。

大陸地殻は，［ア］質岩石の上部地殻と［イ］質岩石の下部地殻からできている。一方，海洋地殻はほとんど［イ］質岩石からできている。これらの地殻を構成している大部分の鉱物はケイ酸塩鉱物であり，**図1**に示すように，1つのケイ素(Si)を4つの酸素(O)が取り囲んでいるSiO_4四面体のつながりがその骨組みとなっている。ケイ酸塩鉱物の1つである石英は，SiO_4四面体の4個すべての酸素がそれぞれ別々のSiO_4四面体と共有された立体網状構造をしている。このとき，石英中に含まれるケイ素と酸素の数の比(Si：O)は，1：2である。輝石は，SiO_4四面体のうち2個の酸素がそれぞれ別々のSiO_4四面体と共有された［ウ］状構造をしている。

輝石と角閃(かくせん)石，黒雲母を偏光顕微鏡で観察したところ，輝石と角閃石では2方向のへき開が，黒雲母では1方向のへき開が見られた。へき開のなす角度は，輝石では約［エ］度，角閃石では約［オ］度であった。この違いは，結晶構造の違いを反映している。

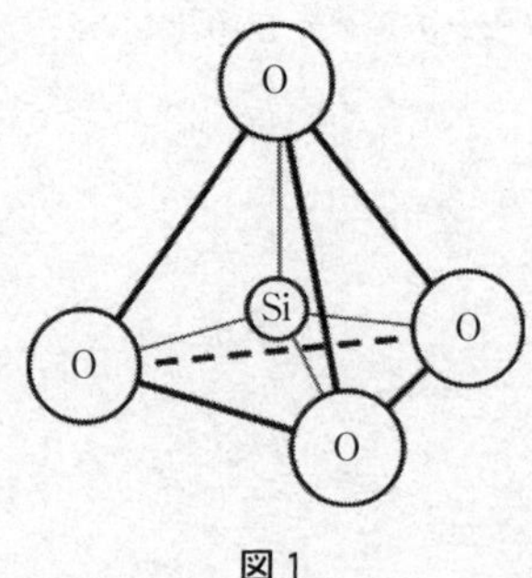

図1

問1 文中の［ア］～［オ］に適切な語句，数値を記入せよ。

問2 輝石のケイ素と酸素の数の比(Si：O)を，理由とともに答えよ。

問3 下線部に関連して，角閃石，黒雲母の結晶構造の特徴を，SiO_4四面体のつながり方に着目して答えよ。

問 4 [ア] 質岩石，[イ] 質岩石を構成する鉱物は，石英，カリ長石，斜長石，輝石，かんらん石であるとする。**表 1** は，それらの鉱物の体積比を示している。以下の(1)~(4)に答えよ。

表 1

	[ア] 質岩石	[イ] 質岩石
カリ長石	25 %	—
[a]	25 %	—
[b]	50 %	60 %
[c]	—	25 %
かんらん石	—	15 %

(1) 表中の [a] ~ [c] に適切な鉱物名を記入せよ。

(2) 輝石を糸でつるし，ばねばかりを用いて空気中での重さと水温 4 ℃ の水中での重さを測定したところ，それぞれ 3.1 g，2.2 g を示した。この輝石の密度を有効数字 2 けたで求めよ。計算過程も示すこと。糸の体積，重さは測定に影響しないものとする。

(3) 石英，カリ長石，斜長石，かんらん石の密度を，それぞれ 2.7 g/cm^3，2.6 g/cm^3，2.7 g/cm^3，3.6 g/cm^3 としたとき，この [ア] 質岩石，[イ] 質岩石の密度を有効数字 2 けたで求めよ。計算過程も示すこと。ただし，輝石の密度は**問 4** (2)の結果を用いよ。

(4) **図 2** に示す大陸と海洋においては，海面から深さ 100.0 km にある面でアイソスタシーが成り立っているとする。すなわち，その面に加わる単位面積あたりの荷重はどこでも等しい。このとき，海面からの大陸の高度 h[km]を有効数字 2 けたで求めよ。計算過程も示すこと。ただし，大陸は厚さ 35.0 km の［ア］質岩石の上部地殻と厚さ 15.0 km の［イ］質岩石の下部地殻をもつとする。また，海洋地殻は厚さ 7.0 km の［イ］質岩石からできているとし，海水の厚さは 4.0 km とする。マントルの密度および海水の密度はそれぞれ 3.3 g/cm^3，1.0 g/cm^3 とし，［ア］質岩石および［イ］質岩石の密度は**問 4 (3)**の結果を用いよ。

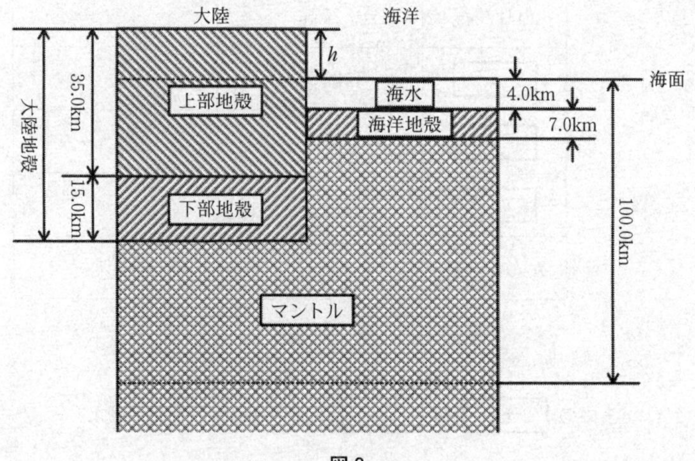

図 2

※解答欄　問 2：ヨコ 13.7 センチ×タテ 8.0 センチ

問 3：ヨコ 13.7 センチ×タテ 4.0 センチ

問 4 (2)：ヨコ 13.7 センチ×タテ 5.5 センチ

問 4 (3)：ヨコ 13.7 センチ×タテ 7.0 センチ

問 4 (4)：ヨコ 13.7 センチ×タテ 9.5 センチ

問二　傍線部(2)はどのようなことを言っているのか、説明せよ。

問三　傍線部(3)を現代語訳せよ。

※解答欄　問二：タテ一四センチ×四行

三　次の文は、肥後国八代（やつしろ）城主、加藤正方に仕えた西山宗因が著したものである。寛永九年（一六三二）五月、正方の主君であった肥後国熊本藩主の改易処分に伴い、宗因は正方ともども流浪の身となった。これを読んで、後の問に答えよ。（三〇点）

抑（そもそも）この肥後の国をたもちはじめ給ひし年月を数ふれば、四十年あまり、二代の管領にていまそがりければ、たけきもののふも恩沢のあつきになつき、(1)あやしの民の草葉も徳風のかうばしきになびきて、家とみ国さかえたるたのみをうしなひてより、所なげにまどひあへる事、ことわりにも過ぎたり。数ならぬ身もたのみし人に伴ひて、東がた武蔵の国までさすらへありきて、ことし文月のころ都へ帰りのぼりても、なほ住みなれし国の事は忘れがたく、親はらから恋しき人おほくて、とぶらひがてらまかりくだりしに、(2)こぞことしのうさつらさ、たがひに言葉もなし。かくてしばらくありて、また京のかたへと思ひ立つに、老いたる親、古き友などしたひとどめて、まづしき世をもおなじ所にありてかたみに力をも添へむなど、さまざまにいふを、ふりすてがたくは侍りつれど、(3)とどまるべきよすがもなく、行く末とてもさだめたる事もなけれど、しらぬ里は身をはづることもあらじなど思ひさだめて、長月の末つ方、秋の別れとともに立ち出で侍る。

（『肥後道記』より）

注（＊）
二代の管領にていまそがりければ＝加藤清正、忠広の父子二代にわたって肥後国熊本藩主であったということ。
たのみし人＝加藤正方を指す。

問一　傍線部(1)を、比喩を明らかにしつつ現代語訳せよ。

いる。人間の自覚ということ自体がその最も著しい例である。哲学や宗教の根がここにある以上、上記のごとき意味における科学が完全にそれらに取って代ることは不可能であろう。科学の適用される領域はいくらでも広がってゆくであろう。このいわば遠心的な方面には恐らく限界を見出し得ないかも知れない。それは哲学や宗教にも著しい影響を及ぼすであろう。しかし、科学が自己発展を続けてゆくためには、その出発点において、またその途中において、故意に、もしくは気がつかずに、多くの大切なものを見のがすほかなかったのである。このような(3)科学の宿命をその限界と呼ぶべきであるならば、それは科学の弱点であるよりもむしろ長所でもあるかも知れない。なぜかといえば、この点を反省することによって、科学は人間の他の諸活動と相補いつつ、人類の全面的な進歩向上に、より一層大きな貢献をなし得ることになるからである。

（湯川秀樹「科学と哲学のつながり」より）

問一　傍線部(1)のように筆者が考えるのはなぜか、説明せよ。

問二　傍線部(2)のように筆者が考えるのはなぜか、説明せよ。

問三　傍線部(3)「科学の宿命」とは何か、筆者の考える「科学」の本質を明らかにしつつ説明せよ。

※解答欄　問一：タテ一四センチ×三行
問二：タテ一四センチ×二行
問三：タテ一四センチ×四行

なりとも具体的な解答を与えようとすると、まず科学に対するはっきりした定義を与えることが必要になってくる。ところがそれは決して容易でなく、どんな定義に対してもいろいろな異論が起り得るのである。しかし科学の本質的な部分が事実の確認と、諸事実の間の関連を表す法則の定立にあることだけは何人(なんぴと)も認めるであろう。事実とは何か、法則とは何かという段になると、また意見の違いを生ずるであろう。しかしいずれにしても、とにかく事実という以上は一人の人の個人的体験であるに止まらず、同時に他の人々の感覚によっても捕え得るという意味における客観性を持たねばならぬ。したがって自分だけにしか見えない夢や幻覚などは、一応「事実」でないとして除外されるであろう。もっとも心理学などにとっては、夢や幻覚でも研究対象となり得るが、その場合にもやはり、体験内容が言葉その他の方法で表現ないし記録されることによって、広い意味での事実にまで客観化されることが必要であろう。この辺までくると、(1)科学と文学との境目は、もはやはっきりとはきめられない。自己の体験の忠実な表現は、むしろ文学の本領だともいえるであろう。それが科学の対象として価値を持ち得るためには、体験の中から引出され客観化された多くの事実を相互に比較することによって、共通性ないし差違が見出され、法則の定立にまで発展する可能性がなければならぬ。赤とか青とかいう私の感じは、そのままでは他の人の感じと比較のしようがない。物理学の発達に伴って、色の感じの違いが、光の波長の違いにまで抽象化され客観化されることによって、はじめて色や光に関する一般的な法則が把握されることになるのである。その反面においてしかし、私自身にとって最も生き生きした体験の内容であった赤とか青とかいう色の感じそのものは、この抽象化の過程の途中で脱落してしまうことを免れないのである。科学的知識がますます豊富となり、正確となってゆく代償として、私どもにとって別の意味で極めて貴重なものが、随分たくさん科学の網目からもれてゆくのを如何(いかん)ともできないのである。科学が進歩するにしたがって、芸術の種類や形態にも著しい変化が起るであろう。しかし(2)芸術的価値の本質は、つねに科学の網によって捕えられないところにしか見出されないであろう。

一言にしていえば、私どもの体験には必ず他と比較したり、客観化したりすることのできないある絶対的なものが含まれて

問三　傍線部(3)はどういうことか、説明せよ。

問四　傍線部(4)のように筆者が考えるのはなぜか、説明せよ。

※解答欄　問一・問三：各タテ一四センチ×三行
　　　　　問二：タテ一四センチ×四行
　　　　　問四：タテ一四センチ×五行

二

次の文を読んで、後の問に答えよ。（三〇点）

「科学には限界があるかどうか」という質問をしばしば受ける。科学が自分自身の方法にしたがって確実なそして有用な知識を絶え間なく増加し、人類のために厖大（ぼうだい）かつ永続的な共有財産を蓄積しつつあるのを見ると、科学によってすべての問題が解決される可能性を、将来に期待してもよさそうに思われる。しかしまたその反面において人間のさまざまな活動の中のある部分が、ある方向に発展していった結果として、今日科学といわれるものができ上がったこと、したがってつねに科学と多かれ少なかれ独立する他の種類の他の方向に向っての人間活動が存在し、それらと科学とがある場合には提携し、ある場合には背馳（はいち）しつつ発展するものであること、現在の科学者にとってまだ多くの未知の領域が残っていることなどを考慮すると、素朴な科学万能論を信ずることはできないのである。

大多数の人は、恐らく何等かの意味において漠然とした科学の限界を予想しているに違いないのであるが、この問題に多少葉の「こころ」を変える力は、すなわち、人間の「こころ」であって、言葉の「こころ」が、人間から独立して、勝手に変わるのではない。言葉の意味変化が、人間の「こころ」の変化を前提とする以上、人間の「こころ」の側から、言葉の「こころ」が追究されなければならないのは当然であろう。(4)意味論は、人間の「こころ」と言葉の「こころ」の相互関係を究明する「こころ」の学とならない限り、人間の学としての「意味」を持ちえないといっても過言ではない。

（佐竹昭広「意味変化について」より。一部省略）

注（＊）

アナロジカル＝analogical「類推による、類推的な」の意。

ヘボンの辞書＝ジェームス・カーティス・ヘボンによって幕末に編纂された、英語による日本語の辞書。

日葡辞書＝ポルトガル語による日本語の辞書。一六〇三年から一六〇四年にかけてイエズス会によって長崎で出版された。

ロデシヤ＝アフリカ大陸南部の地域名称。現在のザンビアとジンバブエを合わせた地域にあたり、二〇以上の言語が話されている。同じく西アフリカのリベリア共和国も三〇近い言語が話されている多言語国家。

問一　傍線部(1)はどういうことか、説明せよ。

問二　傍線部(2)はどういうことか、説明せよ。

の行為や心理を一つの言葉で名づけるならば、あなたは、その人に、その人の行為や心理を啓示することになる。その人は、名づけられた言葉を手がかりに、あらためて自分をかえりみるだろう。

「泣きぬれた天使」という往年のフランス映画にも、そうした場面があった。ジュヌヴィエーヴは、盲目の彫刻家に対する友情とも憐愍（れんびん）ともつかない漠然たる心情を、他人から「愛（アムール）」という言葉で啓示されたとき、自分のすべてが決定されたことを知った。今度は、「愛」という言葉が、彼女の「こころ」を鍛えあげてゆく。或いは、人間の「こころ」が、言葉につかみとられて、否応なしに連行されてゆくのだといってもいい。「愛」とか「嫉妬」とか「憎悪」とかいう言葉が現れると、(3)その言葉とともに、愛や嫉妬や憎悪が結晶してくる。もやもやした感情を、「愛」でとらえるか、「嫉妬」でとらえるか、「憎悪」でとらえるか、結びつき次第で、彼の運命は大きく違ってくるであろう。彼は「愛」をそだてることに成功するかもしれない。「嫉妬」に懊悩（おうのう）する男になるかもしれない。「憎悪」のあまり、女を殺す大罪を犯すに至るかもしれない。

*

人間の「こころ」と言葉の「こころ」との間には、相互にはたらきかける二つの力がある。一つは、言葉の「こころ」が人間の「こころ」に作用する力であったが、もう一つは、人間の「こころ」が、言葉の「こころ」に作用して、それを変えてゆく力である。言葉が、人間世界の細目に対してごく大まかにしか配置されていないものである以上、われわれは、自分の「こころ」を、適切な言葉によって表現できないという不幸を宿命的に負わされている。どうしても、「こころ」を託すべき言葉がなければ、穴埋めに、新語を創造し、古語を復活し、外国語を借用するという方法も講ぜられる。

人間は、絶えず、その人、その時代に固有の「こころ」を持った言葉をさがし求めているものだ。新しい「こころ」は、それを関連づけることのできそうな「こころ」を持った言葉を見つけて、その中に押しこまれる。あとから押しこまれた方の「こころ」が、人々から強力に支持されつづければ、新しい「こころ」は、古い「こころ」を押しのけて、新規にその主人ともなりうる。言分けない。言語によって、色彩の目盛りの切り方が相違しているのである。これが直ちに言語の構造の問題と結びついていることは、言語構造の概念を説明するための雛型（ひながた）として、スペクトルの例が好んで採りあげられることを想起すれば十分である。言語が構造であること、構造とは分節的統一にほかならないことを、ここからわれわれは容易に認めることができる。思考活動は、この目盛りの切り方、言語の構造性に応じて営まれる。同じ虹に対しても、人はその属する言語の構造という既成の論拠の上においてのみ、色合を認知しうるのである。スペクトル中の色帯の数を、ミクロン単位で数えるならば、三七五種の多くにのぼると言われる。それを何色かに分割するということは、無限の連続である外界を、いくつかの類概念に区切り、そこにおける固定した中心、思想の焦点としての名称をもって配置することである。曖昧で不確かで変動しやすい人間の知覚は、名称によって新しい形をとり始める。客観的世界ははじめて整理せられ、一定の秩序と形態を与えられる。朦朧（もうろう）として不分明な個人の感情、捉えがたい心理の内面も、すべて名称による以外には、自己を客観化し明確化するすべを持たない。スタンダールの『赤と黒』に、ジュリアンとの媾曳（あいびき）のあとで、幸福の陶酔に耽（ふけ）っていたその夜のド・レーナル夫人が、突然、自分の行為の「姦通（アデュルテール）」という怖ろしい言葉に宛てはまるのに気づいて愕然（がくぜん）とする場面がある。言語以前の無意識の状態における個人的感情が、判然たる姿をとってその性格を客観的に現示するものは名称であることを、これは端的に物語っている」。考えてみれば、これほど危険千万なことはない。言葉によって、カオスがコスモスに転化することは事実だとしても、そのとき、名づけられたものは、他のあらゆる属性を切り捨てられ、無垢の純潔性を失ってしまう。

　ベンジャミン・リー・ウォーフも言うように、言語とは、それ自体、話者の知覚に指向を与える一つの様式であり、言語は、話者にとって、経験を意味のある範疇（はんちゅう）に分析するための習慣的な様式を準備するものである。言語が押しつける恣意的な分類法、その上に立つ一定数の限られた言葉で、無限の連続性を帯びている内的外的世界を名づけること、それは、言語主体に指示して彼を特定のチャンネルへと追いこむこと、外部から一つの決定を強制することではないか。もしあなたが、或る人し、「意味」という漢語を知らない時代にも、「意味」を含意する言葉は存在した。それが、「こころ」という和語であったことは、あらためて紹介するまでもない。のみならず、この事実は、たとえ偶然であるかもしれないにせよ、語を人間とのアナロジーで捉える観点から導かれた、「意味」と「こころ」の対応関係にいみじくも合致している。

一般に、意味論は、意味を客観的認識の対象として、当の言語主体から切り離しすぎたうらみがある。いま、語の意味を、「こころ」という和語によって認識しなおしてみるとき、(1)語の意味と言語主体の心的活動は、確実に一本のキイ・ワードで架橋されることになるであろう。意味論にとって、これは、すこぶる重要な示唆だとはいえないであろうか。

＊

共鳴、親愛、納得、熱狂、うれしさ、驚嘆、ありがたさ、勇気、救ひ、融和、同類、不思議などと、いろいろの言葉を案じてみましたけれど、どれも皆、気にいりません。重ねて、語彙の貧弱を、くるしく思ひます。（太宰治『風の便り』）

事物は、それを名づける言葉が見出されない限り、存在しないに等しい。言語主体は、なにか明晰（めいせき）なかたちで認識したいものがあるとき、現在の自分の「こころ」に過不足なく適合する「こころ」を具有した言葉をさがし求める。そうして、該当する言葉がつかまえられないとき、自分の「語彙の貧弱を、くるしく思」う。だが、語彙の多寡など、所詮は程度の差である。いくら語彙の豊富な人間でも、自分の「こころ」をぴたりと表現できない苦しみから完全に自由であることはできない。人間の世界は、言葉によって縦横に細分されてはいるものの、語の配分は、決してわれわれの経験世界に密着した精密度で行われているわけではない。(2)もっとも客観的に見える自然界ですら、実際は、なんら客観的に分割されていないというのが、言葉の世界である。以前、「語彙の構造と思考の形態」と題する小論の中で、次のように述べたことがある。「スペクトルにかけられた色彩を、現代日本語は七色で表わす。しかし英語では六色であり、ロデシヤ＊の一言語では三色、リベリアの一言語では二色にしか

国語

（九〇分）

（注）一〇〇点満点。総合人間（理系）・教育（理系）・経済（理系）・理・医学部は一五〇点満点に換算。

一　次の文を読んで、後の問に答えよ。（四〇点）

皆人の「からだ」ばかりの寺参り　「こころ」は宿にかせぎをぞする　（為愚痴物語巻六ノ一二）

生きた人間を「からだ」と「こころ」で対立させる二元論的把握は、視野を転じて、言語記号の成り立ちという問題に対しても、アナロジカル*に適用することができる。

言語記号は、一定の音声形式と意味とから成り立っている。人間の「からだ」が「こころ」の器であるなら、音声形式も、また、意味の器にほかならない。「からだ」に「こころ」の宿っているものが生きた「身」であるなら、音声形式に意味の宿っているものが、すなわち「語」にほかならない。

語の成り立ちを「身」との対比において把握する観点から、とりわけ注目される問題は、「語」の意味に対応する概念として、「身」の方に、「こころ」という言葉が見出されることである。わが国で、「意味」という言葉が、いつごろから使用されるようになったのかは判然としない。ヘボン*の辞書には収められているが、日葡辞書*など中世の辞書には見当らないようである。しか

//////////////////// · memo · ////////////////////

//////////////////// · memo · ////////////////////

教学社 刊行一覧

2025年版 大学赤本シリーズ

国公立大学（都道府県順）

374大学556点
全都道府県を網羅

全国の書店で取り扱っています。店頭にない場合は，お取り寄せができます。

1 北海道大学（文系－前期日程）
2 北海道大学（理系－前期日程） 医
3 北海道大学（後期日程）
4 旭川医科大学（医学部〈医学科〉） 医
5 小樽商科大学
6 帯広畜産大学
7 北海道教育大学
8 室蘭工業大学／北見工業大学
9 釧路公立大学
10 公立千歳科学技術大学
11 公立はこだて未来大学 総推
12 札幌医科大学（医学部） 医
13 弘前大学 医
14 岩手大学
15 岩手県立大学・盛岡短期大学部・宮古短期大学部
16 東北大学（文系－前期日程）
17 東北大学（理系－前期日程） 医
18 東北大学（後期日程）
19 宮城教育大学
20 宮城大学
21 秋田大学 医
22 秋田県立大学
23 国際教養大学 総推
24 山形大学 医
25 福島大学
26 会津大学
27 福島県立医科大学（医・保健科学部） 医
28 茨城大学（文系）
29 茨城大学（理系）
30 筑波大学（推薦入試） 医 総推
31 筑波大学（文系－前期日程）
32 筑波大学（理系－前期日程） 医
33 筑波大学（後期日程）
34 宇都宮大学
35 群馬大学 医
36 群馬県立女子大学
37 高崎経済大学
38 前橋工科大学
39 埼玉大学（文系）
40 埼玉大学（理系）
41 千葉大学（文系－前期日程）
42 千葉大学（理系－前期日程） 医
43 千葉大学（後期日程） 医
44 東京大学（文科） DL
45 東京大学（理科） DL 医
46 お茶の水女子大学
47 電気通信大学
48 東京外国語大学 DL
49 東京海洋大学
50 東京科学大学（旧 東京工業大学）
51 東京科学大学（旧 東京医科歯科大学） 医
52 東京学芸大学
53 東京藝術大学
54 東京農工大学
55 一橋大学（前期日程）
56 一橋大学（後期日程）
57 東京都立大学（文系）
58 東京都立大学（理系）
59 横浜国立大学（文系）
60 横浜国立大学（理系）
61 横浜市立大学（国際教養・国際商・理・データサイエンス・医〈看護〉学部）
62 横浜市立大学（医学部〈医学科〉） 医
63 新潟大学（人文・教育〈文系〉・法・経済科・医〈看護〉・創生学部）
64 新潟大学（教育〈理系〉・理・医〈看護を除く〉・歯・工・農学部） 医
65 新潟県立大学
66 富山大学（文系）
67 富山大学（理系） 医
68 富山県立大学
69 金沢大学（文系）
70 金沢大学（理系） 医
71 福井大学（教育・医〈看護〉・工・国際地域学部）
72 福井大学（医学部〈医学科〉） 医
73 福井県立大学
74 山梨大学（教育・医〈看護〉・工・生命環境学部）
75 山梨大学（医学部〈医学科〉） 医
76 都留文科大学
77 信州大学（文系－前期日程）
78 信州大学（理系－前期日程） 医
79 信州大学（後期日程）
80 公立諏訪東京理科大学 総推
81 岐阜大学（前期日程） 医
82 岐阜大学（後期日程）
83 岐阜薬科大学
84 静岡大学（前期日程）
85 静岡大学（後期日程）
86 浜松医科大学（医学部〈医学科〉） 医
87 静岡県立大学
88 静岡文化芸術大学
89 名古屋大学（文系）
90 名古屋大学（理系） 医
91 愛知教育大学
92 名古屋工業大学
93 愛知県立大学
94 名古屋市立大学（経済・人文社会・芸術工・看護・総合生命理・データサイエンス学部）
95 名古屋市立大学（医学部〈医学科〉） 医
96 名古屋市立大学（薬学部）
97 三重大学（人文・教育・医〈看護〉学部）
98 三重大学（医〈医〉・工・生物資源学部） 医
99 滋賀大学
100 滋賀医科大学（医学部〈医学科〉） 医
101 滋賀県立大学
102 京都大学（文系）
103 京都大学（理系） 医
104 京都教育大学
105 京都工芸繊維大学
106 京都府立大学
107 京都府立医科大学（医学部〈医学科〉） 医
108 大阪大学（文系） DL
109 大阪大学（理系） 医
110 大阪教育大学
111 大阪公立大学（現代システム科学域〈文系〉・文・法・経済・商・看護・生活科〈居住環境・人間福祉〉学部－前期日程）
112 大阪公立大学（現代システム科学域〈理系〉・理・工・農・獣医・医・生活科〈食栄養〉学部－前期日程） 医
113 大阪公立大学（中期日程）
114 大阪公立大学（後期日程）
115 神戸大学（文系－前期日程）
116 神戸大学（理系－前期日程） 医
117 神戸大学（後期日程）
118 神戸市外国語大学 DL
119 兵庫県立大学（国際商経・社会情報科・看護学部）
120 兵庫県立大学（工・理・環境人間学部）
121 奈良教育大学／奈良県立大学
122 奈良女子大学
123 奈良県立医科大学（医学部〈医学科〉） 医
124 和歌山大学
125 和歌山県立医科大学（医・薬学部） 医
126 鳥取大学 医
127 公立鳥取環境大学
128 島根大学 医
129 岡山大学（文系）
130 岡山大学（理系） 医
131 岡山県立大学
132 広島大学（文系－前期日程）
133 広島大学（理系－前期日程） 医
134 広島大学（後期日程）
135 尾道市立大学 総推
136 県立広島大学
137 広島市立大学
138 福山市立大学 総推
139 山口大学（人文・教育〈文系〉・経済・医〈看護〉・国際総合科学部）
140 山口大学（教育〈理系〉・理・医〈看護を除く〉・工・農・共同獣医学部） 医
141 山陽小野田市立山口東京理科大学 総推
142 下関市立大学／山口県立大学
143 周南公立大学 新 総推
144 徳島大学 医
145 香川大学 医
146 愛媛大学 医
147 高知大学 医
148 高知工科大学
149 九州大学（文系－前期日程）
150 九州大学（理系－前期日程） 医
151 九州大学（後期日程）
152 九州工業大学
153 福岡教育大学
154 北九州市立大学
155 九州歯科大学
156 福岡県立大学／福岡女子大学
157 佐賀大学 医
158 長崎大学（多文化社会・教育〈文系〉・経済・医〈保健〉・環境科〈文系〉学部）
159 長崎大学（教育〈理系〉・医〈医〉・歯・薬・情報データ科・工・環境科〈理系〉・水産学部） 医
160 長崎県立大学 総推
161 熊本大学（文・教育・法・医〈看護〉学部・情報融合学環〈文系型〉）
162 熊本大学（理・医〈看護を除く〉・薬・工学部・情報融合学環〈理系型〉） 医
163 熊本県立大学
164 大分大学（教育・経済・医〈看護〉・理工・福祉健康科学部）
165 大分大学（医学部〈医・先進医療科学科〉） 医
166 宮崎大学（教育・医〈看護〉・工・農・地域資源創成学部）
167 宮崎大学（医学部〈医学科〉） 医
168 鹿児島大学（文系）
169 鹿児島大学（理系） 医
170 琉球大学 医

2025年版　大学赤本シリーズ

国公立大学 その他

171 〔国公立大〕医学部医学科 総合型選抜・学校推薦型選抜※ 医 総推
172 看護・医療系大学〈国公立 東日本〉※
173 看護・医療系大学〈国公立 中日本〉※
174 看護・医療系大学〈国公立 西日本〉※
175 海上保安大学校／気象大学校
176 航空保安大学校
177 国立看護大学校
178 防衛大学校 総推
179 防衛医科大学校（医学科） 医
180 防衛医科大学校（看護学科）

※ No.171～174の収載大学は赤本ウェブサイト（http://akahon.net/）でご確認ください。

私立大学①

北海道の大学（50音順）

201 札幌大学
202 札幌学院大学
203 北星学園大学
204 北海学園大学
205 北海道医療大学
206 北海道科学大学
207 北海道武蔵女子大学・短期大学
208 酪農学園大学（獣医学群〈獣医学類〉）

東北の大学（50音順）

209 岩手医科大学（医・歯・薬学部） 医
210 仙台大学 総推
211 東北医科薬科大学（医・薬学部） 医
212 東北学院大学
213 東北工業大学
214 東北福祉大学
215 宮城学院女子大学 総推

関東の大学（50音順）

あ行（関東の大学）

216 青山学院大学（法・国際政治経済学部－個別学部日程）
217 青山学院大学（経済学部－個別学部日程）
218 青山学院大学（経営学部－個別学部日程）
219 青山学院大学（文・教育人間科学部－個別学部日程）
220 青山学院大学（総合文化政策・社会情報・地球社会共生・コミュニティ人間科学部－個別学部日程）
221 青山学院大学（理工学部－個別学部日程）
222 青山学院大学（全学部日程）
223 麻布大学（獣医、生命・環境科学部）
224 亜細亜大学
226 桜美林大学
227 大妻女子大学・短期大学部

か行（関東の大学）

228 学習院大学（法学部－コア試験）
229 学習院大学（経済学部－コア試験）
230 学習院大学（文学部－コア試験）
231 学習院大学（国際社会科学部－コア試験）
232 学習院大学（理学部－コア試験）
233 学習院女子大学
234 神奈川大学（給費生試験）
235 神奈川大学（一般入試）
236 神奈川工科大学
237 鎌倉女子大学・短期大学部
238 川村学園女子大学
239 神田外語大学
240 関東学院大学
241 北里大学（理学部）
242 北里大学（医学部） 医
243 北里大学（薬学部）
244 北里大学（看護・医療衛生学部）
245 北里大学（未来工・獣医・海洋生命科学部）
246 共立女子大学・短期大学
247 杏林大学（医学部） 医
248 杏林大学（保健学部）
249 群馬医療福祉大学・短期大学部
250 群馬パース大学 総推
251 慶應義塾大学（法学部）
252 慶應義塾大学（経済学部）
253 慶應義塾大学（商学部）
254 慶應義塾大学（文学部） 総推
255 慶應義塾大学（総合政策学部）
256 慶應義塾大学（環境情報学部）
257 慶應義塾大学（理工学部）
258 慶應義塾大学（医学部） 医
259 慶應義塾大学（薬学部）
260 慶應義塾大学（看護医療学部）
261 工学院大学
262 國學院大學
263 国際医療福祉大学 医
264 国際基督教大学
265 国士舘大学
266 駒澤大学（一般選抜T方式・S方式）
267 駒澤大学（全学部統一日程選抜）

さ行（関東の大学）

268 埼玉医科大学（医学部） 医
269 相模女子大学・短期大学部
270 産業能率大学
271 自治医科大学（医学部） 医
272 自治医科大学（看護学部）／東京慈恵会医科大学（医学部〈看護学科〉）
273 実践女子大学 総推
274 芝浦工業大学（前期日程）
275 芝浦工業大学（全学統一日程・後期日程）
276 十文字学園女子大学
277 淑徳大学
278 順天堂大学（医学部） 医
279 順天堂大学（スポーツ健康科・医療看護・保健看護・国際教養・保健医療・医療科・健康データサイエンス・薬学部） 総推
280 上智大学（神・文・総合人間科学部）
281 上智大学（法・経済学部）
282 上智大学（外国語・総合グローバル学部）
283 上智大学（理工学部）
284 上智大学（TEAPスコア利用方式）
285 湘南工科大学
286 昭和大学（医学部） 医
287 昭和大学（歯・薬・保健医療学部）
288 昭和女子大学
289 昭和薬科大学
290 女子栄養大学・短期大学部 総推
291 白百合女子大学
292 成蹊大学（法学部－A方式）
293 成蹊大学（経済・経営学部－A方式）
294 成蹊大学（文学部－A方式）
295 成蹊大学（理工学部－A方式）
296 成蹊大学（E方式・G方式・P方式）
297 成城大学（経済・社会イノベーション学部－A方式）
298 成城大学（文芸・法学部－A方式）
299 成城大学（S方式〈全学部統一選抜〉）
300 聖心女子大学
301 清泉女子大学
303 聖マリアンナ医科大学 医
304 聖路加国際大学（看護学部）
305 専修大学（スカラシップ・全国入試）
306 専修大学（前期入試〈学部個別入試〉）
307 専修大学（前期入試〈全学部入試・スカラシップ入試〉）

た行（関東の大学）

308 大正大学
309 大東文化大学
310 高崎健康福祉大学
311 拓殖大学
312 玉川大学
313 多摩美術大学
314 千葉工業大学
315 中央大学（法学部－学部別選抜）
316 中央大学（経済学部－学部別選抜）
317 中央大学（商学部－学部別選抜）
318 中央大学（文学部－学部別選抜）
319 中央大学（総合政策学部－学部別選抜）
320 中央大学（国際経営・国際情報学部－学部別選抜）
321 中央大学（理工学部－学部別選抜）
322 中央大学（5学部共通選抜）
323 中央学院大学
324 津田塾大学
325 帝京大学（薬・経済・法・文・外国語・教育・理工・医療技術・福岡医療技術学部）
326 帝京大学（医学部） 医
327 帝京科学大学 総推
328 帝京平成大学 総推
329 東海大学（医〈医〉学部を除く－一般選抜）
330 東海大学（文系・理系学部統一選抜）
331 東海大学（医学部〈医学科〉） 医
332 東京医科大学（医学部〈医学科〉） 医
333 東京家政大学・短期大学部 総推
334 東京経済大学
335 東京工科大学
336 東京工芸大学
337 東京国際大学
338 東京歯科大学
339 東京慈恵会医科大学（医学部〈医学科〉） 医
340 東京情報大学
341 東京女子大学
342 東京女子医科大学（医学部） 医
343 東京電機大学
344 東京都市大学
345 東京農業大学
346 東京薬科大学（薬学部） 総推
347 東京薬科大学（生命科学部） 総推
348 東京理科大学（理学部〈第一部〉－B方式）
349 東京理科大学（創域理工学部－B方式・S方式）
350 東京理科大学（工学部－B方式）
351 東京理科大学（先進工学部－B方式）
352 東京理科大学（薬学部－B方式）
353 東京理科大学（経営学部－B方式）
354 東京理科大学（C方式、グローバル方式、理学部〈第二部〉－B方式）
355 東邦大学（医学部） 医
356 東邦大学（薬学部）

2025年版　大学赤本シリーズ

私立大学②

357 東邦大学(理・看護・健康科学部)
358 東洋大学(文・経済・経営・法・社会・国際・国際観光学部)
359 東洋大学(情報連携・福祉社会デザイン・健康スポーツ科・理工・総合情報・生命科・食環境科学部)
360 東洋大学(英語〈3日程×3カ年〉)
361 東洋大学(国語〈3日程×3カ年〉)
362 東洋大学(日本史・世界史〈2日程×3カ年〉)
363 東洋英和女学院大学
364 常磐大学・短期大学 総推
365 獨協大学
366 獨協医科大学(医学部) 医

な行(関東の大学)

367 二松学舎大学
368 日本大学(法学部)
369 日本大学(経済学部)
370 日本大学(商学部)
371 日本大学(文理学部〈文系〉)
372 日本大学(文理学部〈理系〉)
373 日本大学(芸術学部〈専門試験併用型〉)
374 日本大学(国際関係学部)
375 日本大学(危機管理・スポーツ科学部)
376 日本大学(理工学部)
377 日本大学(生産工・工学部)
378 日本大学(生物資源科学部)
379 日本大学(医学部) 医
380 日本大学(歯・松戸歯学部)
381 日本大学(薬学部)
382 日本大学(N全学統一方式ー医・芸術〈専門試験併用型〉学部を除く)
383 日本医科大学 医
384 日本工業大学
385 日本歯科大学
386 日本社会事業大学 総推
387 日本獣医生命科学大学
388 日本女子大学
389 日本体育大学

は行(関東の大学)

390 白鷗大学(学業特待選抜・一般選抜)
391 フェリス女学院大学
392 文教大学
393 法政大学(法〈I日程〉・文〈II日程〉・経営〈II日程〉学部ーA方式)
394 法政大学(法〈II日程〉・国際文化・キャリアデザイン学部ーA方式)
395 法政大学(文〈I日程〉・経営〈I日程〉・人間環境・グローバル教養学部ーA方式)
396 法政大学(経済〈I日程〉・社会〈I日程〉・現代福祉学部ーA方式)
397 法政大学(経済〈II日程〉・社会〈II日程〉・スポーツ健康学部ーA方式)
398 法政大学(情報科・デザイン工・理工・生命科学部ーA方式)
399 法政大学(T日程〈統一日程〉・英語外部試験利用入試)
400 星薬科大学 総推

ま行(関東の大学)

401 武蔵大学
402 武蔵野大学
403 武蔵野美術大学
404 明海大学
405 明治大学(法学部ー学部別入試)
406 明治大学(政治経済学部ー学部別入試)
407 明治大学(商学部ー学部別入試)
408 明治大学(経営学部ー学部別入試)
409 明治大学(文学部ー学部別入試)
410 明治大学(国際日本学部ー学部別入試)
411 明治大学(情報コミュニケーション学部ー学部別入試)
412 明治大学(理工学部ー学部別入試)
413 明治大学(総合数理学部ー学部別入試)
414 明治大学(農学部ー学部別入試)
415 明治大学(全学部統一入試)
416 明治学院大学(A日程)
417 明治学院大学(全学部日程)
418 明治薬科大学 総推
419 明星大学
420 目白大学・短期大学部

ら・わ行(関東の大学)

421 立教大学(文系学部ー一般入試〈大学独自の英語を課さない日程〉)
422 立教大学(国語〈3日程×3カ年〉)
423 立教大学(日本史・世界史〈2日程×3カ年〉)
424 立教大学(文学部ー一般入試〈大学独自の英語を課す日程〉)
425 立教大学(理学部ー一般入試)
426 立正大学
427 早稲田大学(法学部)
428 早稲田大学(政治経済学部)
429 早稲田大学(商学部)
430 早稲田大学(社会科学部)
431 早稲田大学(文学部)
432 早稲田大学(文化構想学部)
433 早稲田大学(教育学部〈文科系〉)
434 早稲田大学(教育学部〈理科系〉)
435 早稲田大学(人間科・スポーツ科学部)
436 早稲田大学(国際教養学部)
437 早稲田大学(基幹理工・創造理工・先進理工学部)
438 和洋女子大学 総推

中部の大学(50音順)

439 愛知大学
440 愛知医科大学(医学部) 医
441 愛知学院大学・短期大学部
442 愛知工業大学 総推
443 愛知淑徳大学
444 朝日大学 総推
445 金沢医科大学(医学部) 医
446 金沢工業大学
447 岐阜聖徳学園大学 総推
448 金城学院大学
449 至学館大学 総推
450 静岡理工科大学
451 椙山女学園大学
452 大同大学
453 中京大学
454 中部大学
455 名古屋外国語大学 総推
456 名古屋学院大学 総推
457 名古屋学芸大学 総推
458 名古屋女子大学 総推
459 南山大学(外国語〈英米〉・法・総合政策・国際教養学部)
460 南山大学(人文・外国語〈英米を除く〉・経済・経営・理工学部)
461 新潟国際情報大学
462 日本福祉大学
463 福井工業大学
464 藤田医科大学(医学部) 医
465 藤田医科大学(医療科・保健衛生学部)
466 名城大学(法・経営・経済・外国語・人間・都市情報学部)
467 名城大学(情報工・理工・農・薬学部)
468 山梨学院大学

近畿の大学(50音順)

469 追手門学院大学 総推
470 大阪医科薬科大学(医学部) 医
471 大阪医科薬科大学(薬学部) 総推
472 大阪学院大学 総推
473 大阪経済大学 総推
474 大阪経済法科大学 総推
475 大阪工業大学 総推
476 大阪国際大学・短期大学部 総推
477 大阪産業大学 総推
478 大阪歯科大学(歯学部)
479 大阪商業大学 総推
480 大阪成蹊大学・短期大学 総推
481 大谷大学 総推
482 大手前大学・短期大学 総推
483 関西大学(文系)
484 関西大学(理系)
485 関西大学(英語〈3日程×3カ年〉)
486 関西大学(国語〈3日程×3カ年〉)
487 関西大学(日本史・世界史・文系数学〈3日程×3カ年〉)
488 関西医科大学(医学部) 医
489 関西医療大学 総推
490 関西外国語大学・短期大学部 総推
491 関西学院大学(文・法・商・人間福祉・総合政策学部ー学部個別日程)
492 関西学院大学(神・社会・経済・国際・教育学部ー学部個別日程)
493 関西学院大学(全学部日程〈文系型〉)
494 関西学院大学(全学部日程〈理系型〉)
495 関西学院大学(共通テスト併用日程〈数学〉・英数日程)
496 関西学院大学(英語〈3日程×3カ年〉) 新
497 関西学院大学(国語〈3日程×3カ年〉) 新
498 関西学院大学(日本史・世界史・文系数学〈3日程×3カ年〉) 新
499 畿央大学 総推
500 京都外国語大学・短期大学 総推
502 京都産業大学(公募推薦入試) 総推
503 京都産業大学(一般選抜入試〈前期日程〉)
504 京都女子大学 総推
505 京都先端科学大学 総推
506 京都橘大学 総推
507 京都ノートルダム女子大学 総推
508 京都薬科大学 総推
509 近畿大学・短期大学部(医学部を除くー推薦入試) 総推
510 近畿大学・短期大学部(医学部を除くー一般入試前期)
511 近畿大学(英語〈医学部を除く3日程×3カ年〉)
512 近畿大学(理系数学〈医学部を除く3日程×3カ年〉)
513 近畿大学(国語〈医学部を除く3日程×3カ年〉)
514 近畿大学(医学部ー推薦入試・一般入試前期) 医 総推
515 近畿大学・短期大学部(一般入試後期) 医
516 皇學館大学 総推
517 甲南大学 総推
518 甲南女子大学(学校推薦型選抜) 新 総推
519 神戸学院大学 総推
520 神戸国際大学 総推
521 神戸女学院大学 総推
522 神戸女子大学・短期大学 総推
523 神戸薬科大学 総推
524 四天王寺大学・短期大学部 総推
525 摂南大学(公募制推薦入試) 総推
526 摂南大学(一般選抜前期日程)
527 帝塚山学院大学 総推
528 同志社大学(法、グローバル・コミュニケーション学部ー学部個別日程)

いつも受験生のそばに―赤本

大学入試シリーズ+α
入試対策も共通テスト対策も赤本で

入試対策

赤本プラス

赤本プラスとは，**過去問演習の効果を最大にする**ためのシリーズです。「赤本」であぶり出された弱点を，赤本プラスで克服しましょう。

- 大学入試 すぐわかる**英文法** DL
- 大学入試 ひと目でわかる**英文読解**
- 大学入試 絶対できる**英語リスニング** DL
- 大学入試 すぐ書ける**自由英作文**
- 大学入試 ぐんぐん読める **英語長文〔BASIC〕** DL
- 大学入試 ぐんぐん読める **英語長文〔STANDARD〕** DL
- 大学入試 ぐんぐん読める **英語長文〔ADVANCED〕** DL
- 大学入試 正しく書ける**英作文**
- 大学入試 最短でマスターする **数学I・II・III・A・B・C**
- 大学入試 突破力を鍛える**最難関の数学**
- 大学入試 知らなきゃ解けない **古文常識・和歌**
- 大学入試 ちゃんと身につく**物理**
- 大学入試 もっと身につく **物理問題集**（①力学・波動）
- 大学入試 もっと身につく **物理問題集**（②熱力学・電磁気・原子）

入試対策

英検® 赤本シリーズ

英検®（実用英語技能検定）の対策書。
過去問集と参考書で万全の対策ができます。

▶過去問集（2024年度版）

- 英検®準1級過去問集 DL
- 英検®2級過去問集 DL
- 英検®準2級過去問集 DL
- 英検®3級過去問集 DL

▶参考書

- 竹岡の英検®準1級マスター DL
- 竹岡の英検®2級マスター CD DL
- 竹岡の英検®準2級マスター CD DL
- 竹岡の英検®3級マスター CD DL

CD リスニングCDつき　DL 音声無料配信
新 2024年新刊・改訂

入試対策

赤本プレミアム

赤本の教学社だからこそ作れた、
過去問ベストセレクション

- 東大数学プレミアム
- 東大現代文プレミアム
- 京大数学プレミアム〔改訂版〕
- 京大古典プレミアム

入試対策

赤本メディカルシリーズ

過去問を徹底的に研究し，独自の出題傾向をもつメディカル系の入試に役立つ内容を精選した実戦的なシリーズ。

- 〔国公立大〕医学部の英語〔3訂版〕
- 私立医大の英語〔長文読解編〕〔3訂版〕
- 私立医大の英語〔文法・語法編〕〔改訂版〕
- 医学部の実戦小論文〔3訂版〕
- 医歯薬系の英単語〔4訂版〕
- 医系小論文 最頻出論点20〔4訂版〕
- 医学部の面接〔4訂版〕

入試対策

体系シリーズ

国公立大二次・難関私大突破へ，自学自習に適したハイレベル問題集。

- 体系英語長文
- 体系英作文
- 体系現代文
- 体系世界史
- 体系物理〔第7版〕

入試対策

単行本

▶英語

- Q&A即決英語勉強法
- TEAP攻略問題集 CD
- 東大の英単語〔新装版〕
- 早慶上智の英単語〔改訂版〕

▶国語・小論文

- 著者に注目！ 現代文問題集
- ブレない小論文の書き方 樋口式ワークノート

▶レシピ集

- 奥薗壽子の赤本合格レシピ

入試対策　共通テスト対策

赤本手帳

- 赤本手帳（2025年度受験用） プラムレッド
- 赤本手帳（2025年度受験用） インディゴブルー
- 赤本手帳（2025年度受験用） ナチュラルホワイト

入試対策

風呂で覚えるシリーズ

水をはじく特殊な紙を使用。いつでもどこでも読めるから，ちょっとした時間を有効に使える！

- 風呂で覚える英単語〔4訂新装版〕
- 風呂で覚える英熟語〔改訂新装版〕
- 風呂で覚える古文単語〔改訂新装版〕
- 風呂で覚える古文文法〔改訂新装版〕
- 風呂で覚える漢文〔改訂新装版〕
- 風呂で覚える日本史〔年代〕〔改訂新装版〕
- 風呂で覚える世界史〔年代〕〔改訂新装版〕
- 風呂で覚える倫理〔改訂版〕
- 風呂で覚える百人一首〔改訂版〕

共通テスト対策

満点のコツシリーズ

共通テストで満点を狙うための実戦的参考書。
重要度の増したリスニング対策は
「カリスマ講師」竹岡広信が一回読みにも
対応できるコツを伝授！

- 共通テスト英語〔リスニング〕 満点のコツ〔改訂版〕 新 DL
- 共通テスト古文 満点のコツ〔改訂版〕 新
- 共通テスト漢文 満点のコツ〔改訂版〕 新

入試対策　共通テスト対策

赤本ポケットシリーズ

▶共通テスト対策

- 共通テスト日本史〔文化史〕

▶系統別進路ガイド

- デザイン系学科をめざすあなたへ

英語の過去問、解きっぱなしにしていませんか？

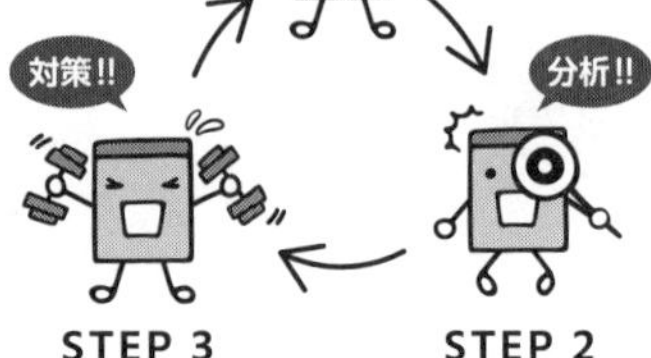

過去問を解いてみると、自分の弱い部分が見えてくる！

受験生は、英語のこんなことで悩んでいる…!?

【英文読解編】

- 単語をつなぎ合わせて読んでます…
- **まずは頻出の構文パターンを頭に叩き込もう**
- 下線部訳が苦手…
- **SVOCを丁寧に分析できるようになろう**

【英語長文編】

- いつも時間切れになってしまう…
- **速読を妨げる原因を見つけよう**
- 何度も同じところを読み返してしまう…
- **展開を予測しながら読み進めよう**

【英作文編】

- ［和文英訳］ってどう対策したらいいの？
- **頻出パターンから、日本語⇒英語の転換に慣れよう**
- いろんな解答例があると混乱します…
- **試験会場でも書けそうな例に絞ってあるので覚えやすい**

【自由英作文編】

- 何から手をつけたらよいの…？
- **志望校の出題形式や頻出テーマをチェック!**
- 自由と言われてもどう書き始めたらよいの…？
- **自由英作文特有の「解答の型」を知ろう**

こんな悩みをまるっと解決してくれるのが、赤本プラスです。

英文構造がビジュアルで理解できる！
大学入試 ひと目でわかる 英文読解

6つのステップで、「正確に速く」読めるようになる！
大学入試 ぐんぐん読める 英語長文 BASIC / STANDARD / ADVANCED

頻出パターン×厳選例文で ムダなく［和文英訳］対策！
New
大学入試 正しく書ける 英作文

頻出テーマ×重要度順 最大効率で対策できる！
大学入試 すぐ書ける 自由英作文

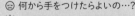

赤本プラスは、数学・物理・古文もあるよ

（英語8点・古文1点・数学2点・物理3点）

くわしくは